中国红十字

年鉴

2005/2006

台海出版社

2005年7月20日，中国国家主席、中国红十字会名誉会长胡锦涛在人民大会堂会见了红十字国际委员会主席克伦贝格尔。胡锦涛赞赏红十字国际委员会在国际人道主义事务方面所发挥的重要作用，积极评价中国红十字会与红十字国际委员会的友好交流与合作。他表示，中国政府高度重视红十字事业。愿为保护人类的生命和健康，促进人类和平共处、和谐发展做出更大贡献。

中国国家主席、中国红十字会名誉会长胡锦涛为第40届南丁格尔奖章获得者颁发奖章。

中共中央宣传部、中国红十字会总会、中华人民共和国卫生部、中华护理学会联合举办了南丁格尔奖章获得者先进事迹巡回报告活动，并编辑出版了《中国的南丁格尔》—中国南丁格尔奖章获得者先进事迹报告文学集。中国红十字会会长彭珮云在武警总医院看望护士时，将《中国的南丁格尔》一书赠送给年轻的护理工作者。

国务院副总理吴仪会见红十字会与红新月会国际联合会主席苏亚雷斯·托罗。

全国政协副主席周铁农一行考察北京市红十字会，中国红十字会常务副会长江亦曼介绍情况。

中国红十字会召开理顺地（市）级红十字会管理体制座谈会。

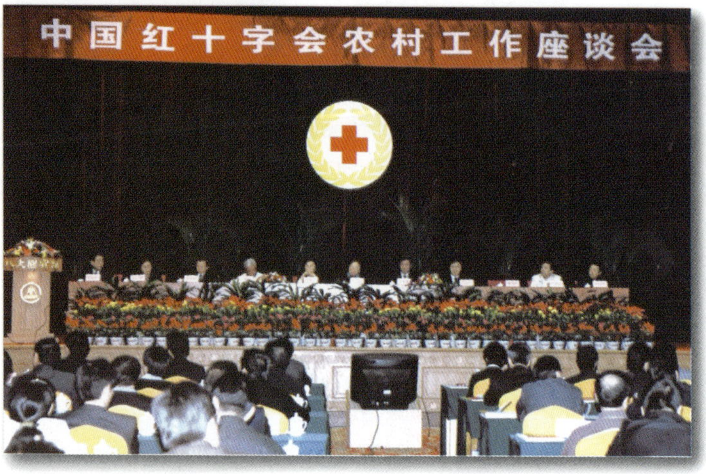

中国红十字会召开农村工作座谈会。

中国公益事业与构建和谐社会高层论坛在北京举办。

2006年1月21日，中国红十字会会长彭珮云在“红十字之友联谊会”上为著名歌唱家关牧村颁发中国红十字会“博爱大使”荣誉证书。

中国红十字会会长彭珮云为中国造血干细胞捐献者资料库第30万名志愿者颁发证书。

全国红十字青少年工作会议召开。

红十字博爱送万家活动中，会领导把慰问品送给少数民族群众。

会领导把温暖送进少数民族家庭。

会领导为友谊村奠基。

会领导向灾民发放救灾物资。

中国红十字会常务副会长江亦曼率团参加中国——斯里兰卡友谊村开工典礼。

澳门特别行政区红十字会援建博爱小学。

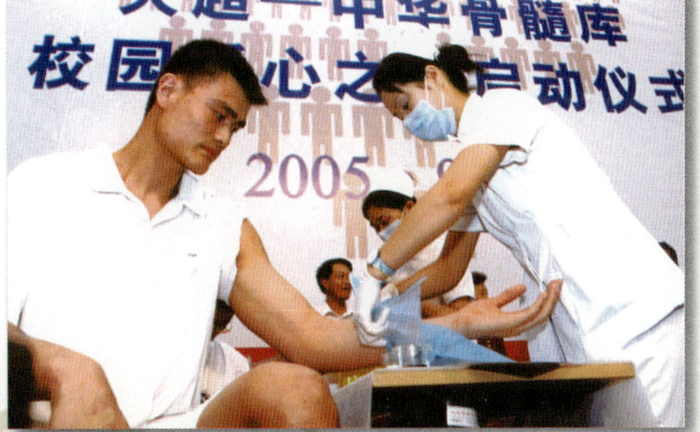

姚明成为中国造血干细胞捐献者资料库志愿者。

中蒙两国开展预防艾滋病宣传活动。

红十字青少年在开展卫生救护培训演练。

中国红十字会为在印度洋海啸救援中捐赠善款的企业和个人颁发荣誉证书。

编辑说明

一、《中国红十字年鉴》是中国红十字会总会根据中国红十字事业发展的需要决定编辑出版的。继《中国红十字年鉴·2004/2005创刊号》出版发行后，《中国红十字年鉴·2005/2006卷》又跟广大读者见面了。在此，谨向参与和配合此项工作的各级红十字会、向参与该卷选题、撰写、编辑、发行工作的红十字同仁表示衷心的感谢。

二、为保持年鉴的系统性和延续性，《中国红十字年鉴·2005/2006卷》其主要词条和篇目仍为近年来党和国家领导人关于红十字会工作的指示、讲话、题词、文章，国家法律和国家有关部门法规以及文件，中国红十字会2005/2006年的文献汇编、成果展示及大事记等，对促进红十字事业的发展具有重要意义和作用。

三、中国红十字年鉴编委会由中国红十字会领导、中国红十字会总会机关各部门及直属单位主要负责人、省级（含港澳）红十字会常务副会长或专职副会长、行业红十字会负责人组成。中国红十字年鉴编委会负责领导、组织协调和审稿工作。中国红十字年鉴编辑部设在中国红十字会总会报刊社，年鉴编辑部负责本年鉴的组稿、编辑、出版、发行工作。各省级（自治区、直辖市、铁路与商业、生产建设兵团、特别行政区）红十字会，计划单列市、省会城市、直辖市城区红十字会指定专门人员担当撰稿任务。

四、《中国红十字年鉴·2005/2006卷》共包括8大篇章，《文献篇》、《纪事篇》、《总会篇》、《专业篇》、《研究篇》、《人名篇》、《分会篇》、《资讯篇》。其中，《总会篇》和《分会篇》中涉及年度工作所收主要词条与篇目的时间要求，一般起始于2005年1月1日，截止于2006年1月底；《资讯篇》中新增红十字运动与奥林匹克运动等知识类专业性的词条与篇目，以丰富本年鉴的辞书功能。

五、《中国红十字年鉴·2005/2006卷》删去了在创刊号中的《纵览篇》，将创刊号中的《专业篇》与《数据篇》合并为新的《专业篇》；《分会篇》在保留并修订各省、自治区、直辖市红十字会的篇目和词条的同时，增加了省会城市、计划单列市、直辖市城区红十字会的篇目和词条，《资讯篇》还将联络方式扩大至县以上红十字会。

六、为了方便读者查找词条和篇目，本年鉴各大篇章中凡涉及到的各级红十字会和人名的排列顺序，基本上是按照中国红十字会总会行政区划与发文规定的顺序排列的。

七、《中国红十字年鉴·2005/2006卷》涉及面广，时间跨度大，编者的历史知识和专业水平有限，缺点和错误在所难免，欢迎各界读者和专家批评指正。对《中国红十字年鉴·2005/2006卷》的意见和建议请按如下办法联系——

单位/部门：中国红十字年鉴编辑部
联 系 人：李兰颂　傅　虹　冯志国
电话/传真：010—65249584
地　　址：北京市东城区干面胡同43号104室
邮政编码：100010
电子信箱：zhnj2004@yahoo. com. cn

目　录

一　文　献　篇

中共中央、全国人大、国务院、全国政协领导的讲话、致信、题词

法律、法规

重要文件

二 纪 事 篇

大 事 记

重大活动及会议

三　总　会　篇

四 专 业 篇

专业会议介绍

会史考辨

六 人名篇

中国红十字会历届领导人

人物志

人　名　录

七　分　会　篇

省、自治区、直辖市红十字会

铁路、商业系统红十字会

生产建设兵团红十字会

特别行政区红十字会

八 资 讯 篇

公共词条与篇目

国际委员会与国际联合会

中国红十字会总会及省、自治区、直辖市、铁路、商业系统、生产建设兵团、特别行政区分会联络方式

壹

文献篇

▲ 蕉荫著本草 （中国画） 刘大为 作

▲ 救死扶伤（书法） 赵朴初 作

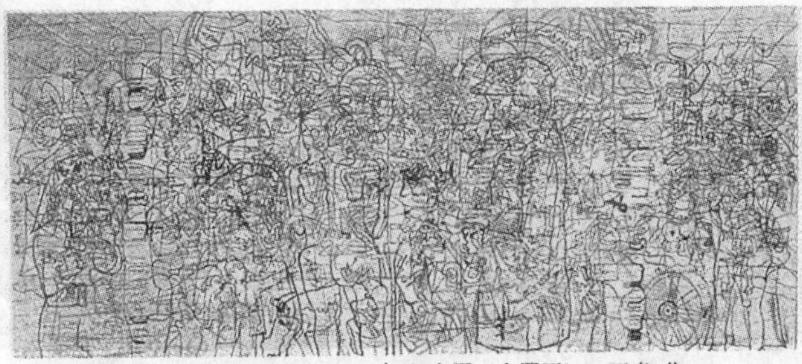

▲ 红实图（中国画） 石虎 作

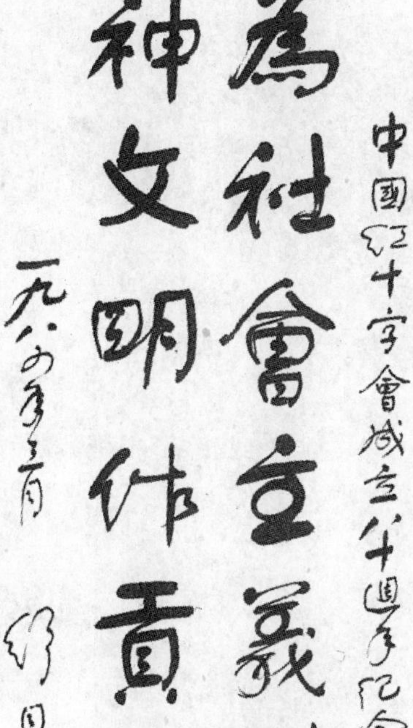

◀ 贺八十周年（书法）舒同 作

◀ 牡丹（中国画） 李蝉 作

以上均为中国红十字会收藏的捐赠作品

中共中央、全国人大、国务院、全国政协领导的讲话、致信、题词

在中国红十字会第八次全国会员代表大会上的讲话、致信

胡锦涛在接见中国红十字会第八次全国会员代表大会代表时的讲话

（2004年10月27日）

同志们：

在中国红十字会成立100周年和中国红十字会第八次全国会员代表大会召开之际，我代表党中央、国务院，向大家表示热烈的祝贺！向为红十字事业的发展做出显著成绩的先进集体和先进个人，表示崇高的敬意！向全国广大红十字会会员，表示诚挚的问候！

红十字事业是一项造福人类的崇高事业。红十字会作为国际人道主义组织，在发扬人道主义精神、保护人的生命和健康、促进人类和平与进步事业等方面发挥着积极作用。中国红十字会成立100年来，为祖国、为人民做了大量卓有成效的工作。特别是改革开放以来，中国红十字事业取得了长足发展，为社会主义物质文明、政治文明、精神文明建设做出了重要贡献。

当前，全党全国各族人民正在为全面建设小康社会、加快推进社会主义现代化而团结奋斗。中国红十字会作为重要的社会团体，在这个历史进程中是可以大有作为的。希望红十字会认真贯彻“三个代表”重要思想，按照科学发展观的要求，大力弘扬人道、博爱、奉献精神，在协助政府开展人道主义援助和促进经济社会发展等方面继续发挥积极作用。希望广大红十字工作者进一步增强光荣感和责任感，关爱社会、关爱生命，爱岗敬业、乐于奉献，为全面建设小康社会、推进人类和平与进步事业做出自己的贡献。

各级党委和政府要进一步加强对红十字会工作的领导，认真贯彻红十字会法，切实帮助解决红十字事业发展中遇到的困难和问题，充分发挥红十字会的积极作用，努力开创我国红十字事业的新局面！

最后，预祝大会取得圆满成功！

吴仪在中国红十字会第八次全国会员代表大会上的致辞

（2004年10月27日）

同志们：

在中国红十字会建会100周年之际，中

国红十字会第八次全国会员代表大会隆重召开了。刚才，中共中央总书记、国家主席、中央军委主席、中国红十字会名誉会长胡锦涛，中共中央政治局常委、国务院总理温家宝，中共中央政治局常委、国家副主席曾庆红等领导同志亲切接见了会议代表。胡锦涛同志发表了重要讲话，代表党中央、国务院向大会的召开表示了热烈的祝贺，向全国广大红十字工作者、会员和志愿者，向香港、澳门特别行政区红十字会和台湾红十字组织，向长期支持中国红十字事业的社会各界人士和有关国际组织的友人，表示了亲切的慰问，并对发展我国红十字事业提出了希望，这是对我国红十字事业的最大支持和鼓舞。

中国红十字会作为人道主义社会救助团体，100年来始终发扬“人道、博爱、奉献”的红十字精神，无论是战争年代，还是和平时期，都不畏艰险，积极参与人道主义救助工作，履行人道主义救助职责，经受住了战乱、灾害、突发事件的严峻考验，为社会、为人民、为国家做出了不可磨灭的贡献，谱写了感人至深的篇章；在相关领域的国际交流与合作中，发挥了重要作用，产生了重要的国际影响，赢得了国际社会的广泛赞誉。

中国共产党和中国政府历来十分关心红十字事业，始终重视指导、扶持和推动红十字运动的发展。1993年，《中华人民共和国红十字会法》公布施行，标志着中国红十字事业走上了法制化轨道，进入了新的发展时期。中国红十字会第七次全国会员代表大会召开以来的5年间，在党和政府的关心、重视和支持下，中国的红十字事业又有了新的发展。中国红十字会遵循国际红十字运动基本原则，认真贯彻红十字会法，服务于全面建设小康社会大局，做了大量富有成效的工作：积极参与自然灾害的救助，培训红十字救护人员，参与无偿献血的宣传动员工作，组织开展预防控制艾滋病的“青年同伴教育”活动，配合学校开展健康教育和素质教育，加快中国造血干细胞捐献者资料库建设，努力推动捐献遗体工作，兴办老年公寓、康复医院、弱智儿童学校、抗癌乐园等，在人道主义救助工作领域较好地发挥了政府的助手作用。特别是在去年抗击非典的斗争中，中国红十字会按照党中央、国务院的部署，积极宣传非典防治知识，接受社会捐赠并及时分发捐赠款物，为抗击非典做出了突出贡献。中国红十字会还积极参与国际红十字运动，开展国际合作，并向遭受战乱和自然灾害的国家提供国际人道主义救援。

实践证明，红十字会在开展人道主义救助工作，维护国家改革、发展、稳定大局和“三个文明”建设中，发挥了独特优势，起到了积极作用，已经成为社会主义现代化建设和全面建设小康社会的一支重要力量。大力发展红十字事业，是贯彻落实“三个代表”重要思想、坚持以人为本、树立和落实科学发展观、构建社会主义和谐社会的需要，符合广大人民群众的愿望。希望各级党委、政府及有关部门继续支持红十字事业，把红十字工作纳入“三个文明”建设之中，支持红十字会依法理顺管理体制，帮助红十字会解决发展中的实际困难和问题。希望全社会更加关心、支持红十字会的工作，积极参与人道主义救助事业。

希望中国红十字会在新一届理事会的领导下，认真贯彻落实红十字会法，坚持依法建会、依法治会、依法兴会。要以保护人的生命和健康、改善最易受损害群体境况为目标，进一步弘扬“人道、博爱、奉献”的红十字精神和求真务实、开拓创新、艰苦创业、奋发图强的精神，充分发挥自身优势，当好政府在人道主义救助领域的助手，继续做好人道主义救助工作。要积极探索并建立充满生机与活力、符合自身特点的组织机构和运行机制，努力建立适应社会主义市场经济体制的募捐和筹资渠道，广泛宣传和动员更多的人支持和参与红十字事业。要继续按照国际红十字运动基本原则，积极开展同国际红十字组织和各国红十字会与红新月会的交流与合作，更加广泛地参与到国际红十字运动中去，更加广泛地争取国际红十字组织对我国的支持，促进我国红十字事业不断发展。

同志们，让我们高举邓小平理论和“三个代表”重要思想伟大旗帜，紧密团结在以胡锦涛同志为总书记的党中央周围，为全面建设小康社会，实现中华民族的伟大复兴，促进世界和平与发展做出新的更大的贡献！

祝大会圆满成功。

彭珮云在中国红十字会第八次全国会员代表大会闭幕式上的讲话

（2004年10月29日）

在纪念中国红十字会诞生100周年之际，具有重要意义的中国红十字会第八次全国会员代表大会，今天就要胜利闭幕了。我对这次大会的圆满成功表示热烈的祝贺！

我们开了一个很好的大会。党中央和国务院对我们这次大会的召开高度重视。大会开幕式前，胡锦涛、温家宝、曾庆红等党中央、全国人大、国务院、全国政协的领导同志接见了大会全体代表，胡锦涛同志发表了重要讲话。吴仪、贺国强等同志出席了开幕式。吴仪同志代表党中央、国务院在开幕式上致辞。胡锦涛同志的重要讲话和吴仪同志的致辞充分肯定中国红十字会成立100年来为祖国、为人民做了大量卓有成效的工作，特别是改革开放以来，为维护国家改革、发展、稳定大局和“三个文明”建设做出了重要贡献；指出在全面建设小康社会、加快推进社会主义现代化的历史进程中，中国红十字会可以大有作为并对进一步做好红十字会的工作提出了殷切的希望和明确的要求。这是对我们极大的鼓舞和鞭策。胡锦涛同志出任中国红十字会名誉会长，司马仪·艾买提、何鲁丽、韩启德、傅铁山、黄孟复、张怀西同志出任中国红十字会名誉副会长。这是对我们极大的支持。

参加这次大会的正式代表共740人，是历届代表大会代表人数最多的一次。香港、澳门特别行政区红十字会的9位代表出席了大会。我们这次大会，得到了党中央、国务院及各有关部门、全国各地方及社会各界的积极支持。有40多名省部级领导出席了大会。来自各级红十字会的专兼职干部、会员和志愿工作者代表以及社会各界关心、支持红十字事业的人士3000多人出席了开幕式。代表们认真审议了七届理事会工作报告、中国红十字事业2005～2009年发展规划、中国红十字会章程修改草案，一致通过了这3份文件。第八届理事会选举产生了新一届领导机构。与会代表一致认为这次大会是一次承前启后、继往开来的大会，鼓舞士气、催人奋进的大会。大家密切联系实际，积极建言献策，共商发展大计，进一步增强了光荣感和责任感，增强了齐心协力推进红十字事业发展的决心和信心。

感谢理事们对我的信任，再次选举我担任中国红十字会会长。我深知大家的期待，也深感责任的重大。我将和新一届理事会成员一起，忠实地履行《中华人民共和国红十字会法》（以下简称红十字会法）和《中国红十字会章程》所赋予的职责，继承和发扬多年来特别是七大以来取得的成绩和积累的经验，尽心竭力做好工作，进一步开创中国特色红十字事业的新局面。

党的“十六大”提出了全面建设小康社会的奋斗目标，要求在本世纪头20年，集中力量，全面建设惠及13亿人口的更高水平的小康社会。十六届三中全会提出了坚持以人为本，树立全面、协调、可持续的发展观，促进经济社会和人的全面发展。十六届四中全会再一次强调必须坚持立党为公，执政为民，始终保持党同人民群众的血肉联系；提出要坚持最广泛最充分地调动一切积极因素，不断提高构建社会主义和谐社会的能力；要高度重视和关心欠发达地区、比较困难的行业和群众，在全社会大力提倡团结互助、扶危济困的良好风尚，形成平等友爱、融洽和谐的人际环境。这都为新世纪新阶段红十字会工作进一步指明了方向和任务。我们一定要认真学习、深刻领会、坚决贯彻落实党的“十六大”和十六届三中全会、四中全会精神，在协助政府发展社会救助事业、维护安定团结、建设和谐社会等方面更好地发挥作用。

我国正处于并将长期处于社会主义初级阶段，当前又处于改革发展的关键时期，社会利益关系更为复杂，新情况新问题层出不穷。我国农村至今还有2900万人口尚未脱离贫困，城市还有2200万人口难以维持最低生活水平；我国又是一个自然灾害频发的国家；有许多困难的群众需要关怀和救助。国际上，影响和平与发展的不确定因素在增加，世界还很不安宁，加之各国经济发展很不平衡，全球生态恶化，自然灾害和疾病增多，世界上遭受苦难的人也需要人道援助。中国红十字会作为从事人道主义工作的社会救助团体、国际红十字运动的重要成员，应当清醒地认识到新的形势和任务对我们提出了更高的要求，我们应当在我国社会生活和国际红十字运动中发挥更大的作用。我们一定要认真贯彻落实胡锦涛同志讲话和吴仪同志致辞的精神，始终牢记“保护人的生命和健康，发扬人道主义精神，促进和平进步事业”的宗旨，认真实施红十字会法和中国红十字事业2005～2009年发展规划，为全面建设小康社会，加快推进社会主义现代化，维护世界和平与促进共同发展贡献力量。

红十字会有着自己鲜明的特点和优势。红十字会是国际性的人道主义组织。中国红十字会与国际红十字组织和各国红十字会或红新月会有着友好合作的关系。红十字会以“动员人道力量、改善最易受损害人群的境况”为工作目标，有广阔的工作领域和空间。中国红十字会历史悠久，成绩卓著，有良好的社会声誉，拥有巨大的无形资产。这些特点和优势为红十字事业的发展提供了十分有利的条件。我们应当充分认识并善于利用这些特点和优势，推动我国红十字事业快速、健康、持续发展。

建设中国特色的红十字事业是建设中国特色社会主义伟大事业的组成部分。为了更好地发挥红十字会的作用，必须把中国红十字会建设成为充满生机与活力、密切联系群众、符合自身特点的社会团体。

要使红十字会充满生机与活力，就必须服从国家的大局，适应群众的需求，充分发挥红十字会自身的特点和优势，使红十字会成为政府在人道主义救助工作领域的得力助手，党联系群众的桥梁与纽带。中国红十字会虽然已经有100年的历史，但是由于种种原因，社会知名度还不够高，救助实力还不强，体制、机制还不健全，各地分会发展还不平衡，工作中还存在很多困难。我们必须正视困难，克服困难。既要积极争取政府的支持、资助、保障和监督；又要主动开拓，奋力拼搏，创造性地开展工作，打造自己的"品牌"，而不能消极等待，无所作为，墨守成规。我们不仅要做好传统的各项业务工作，还要积极开拓新的工作领域，为人民多做实事好事。只有在实践中不断自我完善，不断开拓创新，不断作出新的业绩，红十字会才会充满生机与活力，作出更大的贡献，受到国家的重视和群众的欢迎。

红十字会要在社会生活中发挥更大的作用，最重要的是要密切联系群众。必须牢记全心全意为人民服务的宗旨，始终保持与人民群众的血肉联系，一切为了群众，一切依靠群众。要经常深入基层，倾听群众的呼声，了解群众的疾苦，急群众之所急，帮群众之所需，真心实意地为群众谋利益。这是我们的工作目的，也是我们的力量之源，胜利之本。要发展更多的红十字会会员，壮大红十字志愿工作者队伍，搞好红十字会的基层组织建设，紧密团结和依靠社会上热心于红十字事业的人士，调动广大人民群众的积极性、创造性，共同做好红十字会工作。

作为一个社会团体，红十字会应当有符合自身特点的科学的管理体制和社会化、开放式的运行机制。实践证明，只有理顺了管理体制，使红十字会依法独立自主地开展工作，才能更好地发挥红十字会的作用，调动红十字会工作人员的积极性，创造性，提高工作效率。在理顺管理体制的同时，必须积极探索和推进工作机制的创新。只有建立了社会化、开放式的运行机制，才能更好地动员社会上人道的力量，齐心协力开辟红十字事业的美好前景。

为了建设中国特色红十字事业，必须切实加强红十字会自身建设。要加强领导班子建设，实施人才强会战略，努力建设一支热心红十字事业，爱岗敬业、乐于奉献、勇于开拓，精通业务、廉洁公正、会做群众工作的红十字会专职干部队伍，使干部都能真正认识到自己所从事的是一项崇高而伟大的事业，自觉自愿地为它奋斗；同时，要切实加强能力建设，努力造就一批能开拓中国特色红十字事业的社会活动家。

在今天这个特殊的时刻，我想起了国际红十字运动的创始人——亨利·杜南先生。这位瑞士银行家的儿子，把全部身心都投入创立红十字运动之中，自己却因为为红十字事业奔波而破产。100多年来，杜南先生所创立的伟大事业凝聚了遍及全球180多个国家的几代红十字人，他们用汗水与鲜血、青春与生命同战争、瘟疫、灾害和贫穷相抗争，融会成一个多世纪以来人类文明史上波澜壮阔的画卷！我想起了中国红十字运动的创始者们。100年前，在那个满目疮痍、民不聊生、动荡不安的时代，这些红十字先驱们在战区出入烽火，在灾区出入瘟疫，屡屡濒于危难之中，却始终坚忍耐劳，无私无畏，并由此开启了中国红十字会一百年的辉煌！我也想起了李德全等老会长以及云曙碧等一大批先进的红十字人，是他们在新中国，在改革开放的年代，艰苦奋斗，无私奉献，锐意改革，谱写了中国红十字会壮丽的新篇章。作为一名100年后接过红十字这面神圣旗帜的人，我感到很光荣，很自豪。我坚信，有党和政府的关怀和支持，有红十字会法的保障，有社会上热心于人道主义事业的各界人士的参与，有一支经过实际工作锻炼的专职干部队伍，有2000多万红十字会会员和几十万志愿工作者，有多年来积累的成功经验，只要我们坚持正确的方向，弘扬人道、博爱、奉献的红十字精神，发扬"求真务实、开拓创新、艰苦创业、奋发图强"的作风，兢兢业业、扎扎实实地工作，我们的事业一定会得到更快更好的发展，中国红十字会的明天一定会更加光辉灿烂。谢谢大家！

在纪念中国红十字会建会一百周年大会（座谈会）上的讲话、致辞、贺信、题词

温家宝致中国红十字会建会一百周年的贺词

（2004年5月8日）

值此中国红十字会建会100周年之际，谨致衷心的祝贺！并向广大红十字工作者、会员及志愿工作表示亲切的问候和崇高的敬意！

100年来，中国红十字会弘扬人道、博爱、奉献的红十字精神，无论是战争年代，还是和平时期，都不畏艰险，积极参与人道主义救助工作，经受了战乱、灾害、突发事件的严峻考验，谱写了可歌可泣、感人至深的光辉篇章，对国家、对社会、对人民做出了不可磨灭的贡献。他们出色的工作赢得了社会各界和国际舆论的广泛赞誉。

红十字事业是崇高的事业，是造福民众的事业。中国共产党和中国政府历来高度重视红十字事业，积极扶持和推动红十字运动的发展。在新的历史时期，希望中国红十字会继续发扬光大红十字精神，全面履行《中华人民共和国红十字会法》赋予的职责，为中华年民族的伟大复兴和维护世界和平做出更大的贡献。

吴仪在中国红十字会建会一百周年纪念大会上的讲话

（2004年5月8日）

各位来宾、各位朋友，同志们：

值此世界红十字日之际，中国红十字会召开建会100周年纪念大会，很有意义。我代表国务院向致力于中国红十字事业的广大红十字工作者、会员和志愿者表示热烈的祝贺并致以崇高的敬意！向香港、澳门特别行政区红十字会和台湾红十字组织的同仁们致以亲切的问候！向红十字国际委员会、红十字会与红新月会国际联合会及各国红十字会或红新月会的朋友们致以良好的祝愿！

100年前，在国际红十字运动的影响下，中国红十字会应运诞生。100年来，中国红十字会奉行国际红十字人道主义理念，不断发扬光大"人道、博爱、奉献"的红十

字精神，无论是在战时、灾时，还是在平时，始终不分种族、民族，不分宗教、信仰，致力于“改善最易受损害群体境况”。特别是新中国成立后，在党和政府的关心支持下，中国红十字会得到了前所未有的发展，在开展人道主义救助、救护、救援等方面做了大量卓有成效的工作：建立了较为完善的备灾救灾网络和群众性自救互救网络，传播国际人道法和红十字基本知识，普及卫生救护和防病知识，开展卫生救护、预防艾滋病宣传等方面的培训，开展社区红十字服务，开展有益于青少年身心健康的红十字青少年活动，参与和推动无偿献血工作，建立中国造血干细胞捐献者资料库，协助政府参与突发事件的救助，进行国际人道主义援助，促进国际交流与合作，加强与港澳台的联系，等等。特别是在去年抗击非典的斗争中，中国红十字会按照党中央、国务院的部署，积极宣传预防非典知识，接受社会捐赠并及时分发了捐赠款物，为夺取抗击非典斗争的阶段性胜利做出了重要贡献。长期以来，中国红十字会以其突出的业绩和奉献，在国内外赢得了广泛的赞誉。

中国红十字会诞生100年来，在奋斗中前行，在人民的沃土中发展壮大。今天，中国红十字会已经成为我国社会主义现代化建设的重要力量。大力发展中国红十字事业，是全面建设小康社会的需要，是人民群众的要求，是时代发展的要求。我们将一如既往地重视、关心和支持红十字事业，积极理顺红十字会的管理体制，努力帮助解决红十字会的实际困难和问题，充分发挥红十字会的优势和独特作用，保护好、发挥好红十字会的积极性。希望中国红十字会遵循人道、公正、中立、独立、志愿服务、统一和普遍的国际红十字运动基本原则，坚持依法建会、依法治会、依法兴会，积极探索并加紧建立充满生机与活力、符合自身特点的运行机制，充分发挥自身优势和独特的作用，为中华民族的伟大复兴做出更大的贡献！

彭珮云在纪念中国红十字会建会100周年座谈会上的讲话

（2004年3月10日）

今天，是中国红十字会建会100周年的日子。100年来，中国红十字会遵循国际红十字运动的基本原则，弘扬“人道、博爱、奉献”精神，无论是在战争年代，还是在和平时期，无论是在灾害横行的时候，还是在严重的突发事件面前，都为人民群众做了大量好事，涌现了许许多多的动人事迹。新中国成立以后，中国红十字会在协助政府处理战争遗留问题，开展民间外交，沟通海峡两岸关系等方面还发挥了其他组织不能替代的作用。改革开放以来，中国红十字事业有了长足的发展。1993年10月31日《中华人民共和国红十字会法》（以下简称“红十字会法”）颁布施行。中国红十字会坚持依法治会，在备灾救灾、普及卫生救护和防病知识、推动无偿献血、建设造血干细胞捐献者资料库、开展红十字青少年活动、传播国际人道法和红十字运动基本知识以及参加国际人道主义救援工作等方面都付出了艰辛的努力，取得了可喜的成绩，在人道主义救助工作领域发挥了政府的助手作用，在社会上赢得了广泛的赞誉。

在纪念中国红十字会建会100周年之

际，我谨向关心和支持红十字会的各级党委、人大、政府、政协和社会各界表示衷心的感谢！向全国各级红十字组织、广大红十字工作者、会员和志愿工作者致以节日的祝贺！向香港、澳门特别行政区红十字会、台湾红十字同仁致以节日的问候！向红十字国际委员会、红十字会与红新月会国际联合会及各国红十字会或红新月会表示良好的祝愿！

中国红十字会虽然已经有100年的历史，但从某种意义上说，目前仍处于开创时期。各地红十字会的工作发展还很不平衡；红十字会的管理体制还没有完全理顺，组织建设还不健全，工作人员的素质有待提高；红十字会的社会知名度还不高，救助实力还不强。

回首百年，功绩显著；展望未来，任重道远。我们要以纪念红十字会百年华诞为契机，认真总结经验，奋发进取，求真务实，努力开拓红十字事业的新局面。要大力宣传、全面贯彻“红十字会法”，把红十字会建设成为充满生机与活力、密切联系群众、符合自身特点的从事人道主义工作的社会救助团体，为“保护人的生命和健康，发扬人道主义精神，促进和平进步事业”作出更大的贡献。希望各级党委、政府及有关部门依据“红十字会法”继续支持、资助、保障、监督红十字会的工作。希望全社会更加关心、支持红十字会，积极参与帮助城乡困难群体的人道主义救助事业。

彭珮云在中国红十字会建会100周年纪念大会上的讲话

（2004年5月8日）

今天是5月8日世界红十字与红新月日，是世界红十字与红新月大家庭的共同节日。今年，也是中国红十字会建会100周年。我们在此欢聚一堂，共同庆祝世界红十字与红新月日，纪念中国红十字会建会100周年，回顾历史，展望未来，意义非同寻常。此时此刻，我和大家一样，心情感到无比喜悦和激动。

首先在此，我代表中国红十字会向全国各级红十字组织、广大红十字工作者、会员和志愿工作者致以节日的祝贺！向前来参加今天大会的红十字会与红新月会国际联合会、红十字国际委员会以及友好国家的红十字会或红新月会的领导人、国际组织代表及社会各界的朋友们表示热烈的欢迎！

国务院总理温家宝同志为中国红十字会建会一百周年发来了贺词，国务院副总理吴仪同志今天亲临纪念大会，这充分体现了党和国家对红十字事业的高度重视和关怀。中央和国务院有关部门以及兄弟社团的领导同志在百忙中来参加会议，体现了对红十字事业的关心和支持。我代表中国红十字会向一直关心和支持红十字会工作的各级党委、人大、政府、政协及社会各界表示衷心的感谢！

中国红十字会成立于1904年3月10日。在灾难深重的旧中国，中国红十字会就在人道救助领域开展了卓有成效的工作。那时，红十字会的工作人员和许多献身于红十字事业的仁人志士，冒着枪林弹雨，活跃于战区救护伤员和平民百姓，或者奔走于灾区赈济救助灾民，在极其艰难的社会条件下履行人道主义使命。

新中国成立后，中国红十字会在周恩来总理的亲自关怀和主持下，进行了协商改组。1952年，第18届国际红十字大会承认中国红十字会是中国唯一合法的全国性红十字会。中国红十字会是新中国在国际组织中恢复合法席位的第一个组织。

改革开放以来，中国红十字事业得到了长足的发展。特别是1993年全国人大常委会颁布实施《中华人民共和国红十字会法》以来，中国红十字会深入学习宣传贯彻红十字会法，坚持依法建会、依法治会、依法兴会，各项工作取得了显著的成绩。

中国红十字会的100年，是从无到有、从小到大、自强不息、不断前进的100年；中国红十字会的100年，是为国分忧、为民解难、艰苦奋斗、无私奉献的100年。

中国红十字会组织不断发展壮大。目前，全国县以上按行政区域都建立了红十字会，另有两个全国性行业（铁路和商业）分会。拥有遍及全国的7万多个基层组织，2000多万名会员、40万名志愿工作者。1997年和1999年，香港、澳门相继回归祖国，同时圆满解决了香港、澳门特别行政区红十字会作为隶属于中国红十字会且享有高度自治权的地方分会的相关问题，受到国际联合会的称赞。

中国红十字会参与了国内历次重大自然灾害的救助工作。从1987年到2003年，中国红十字会总会共募集到境内外捐助款物折合人民币28.6亿多元，对1亿多受灾群众进行了救助。同时初步建成了红十字会备灾救灾体系。

我会在许多行业和群体中开展了初级卫生救护知识培训工作。近10年来，全国共培训红十字救护员1000多万人次。我们积极推动无偿献血工作，与卫生部定期开展无偿献血评奖表彰活动。我会受政府委托，负责建设中国造血干细胞捐献者资料库，经过几年的努力，全国已建立起27个省级分库、25个组织配型试验室和1个质量控制试验室，建成了数据传输网络系统。到目前为止，中国造血干细胞捐献者资料库已有13万人份的捐献者资料经检测入库，为国内及10多个国家和地区的患者或医院提供检索服务5000多人次，有1300多份志愿者与患者的HLA分型相合，成功移植118例。资料库的建成为白血病等患者带来了生的希望。我们在全国各级各类学校中开展了红十字青少年活动，配合学校的德育工作和健康教育，培养青少年的公德意识和卫生习惯。我们十分重视艾滋病预防和关爱艾滋病患者工作，在云南等15个省（区、市）开展了预防艾滋病的“青年同伴者教育”项目。该项目曾受到联合国秘书长科菲·安南的称赞。

我会积极响应党中央、国务院的号召，连续六年在元旦、春节期间开展了“红十字博爱送万家”活动，共投入1.6亿元人民币，对80万户贫困家庭进行了慰问。许多地方红十字会根据当地群众的需求和自身能力，采取多种形式开展了面向困难群众的社区红十字服务工作，相继办起了老年公寓、护理院、康复医院、弱智儿童学校、孤儿之家、抗癌乐园等等，为他们提供人道救助服务。

在协助政府应对突发公共卫生事件中我会也发挥了重要作用。在2003年抗击非典斗争中，我会根据党中央和国务院的部署，认真做好接受社会捐赠和宣传预防非典知识的工作。全国红十字会系统共接受国内外社会捐赠的款物折合人民币达6.85亿多元，并及时处分捐赠款物，主动接受监督。

我会在沟通海峡两岸关系中发挥了特殊作用。20世纪80年代末，我会通过红十字国际委员会与台湾红十字组织取得了联系。从查人转信到直接对话，从签订《金门协议》到参与两岸遣返见证作业，逐步建立了两岸红十字组织的密切合作关系。1991年8月，总会派员赴台探视“闽狮渔”事件的大陆渔民，是海峡两岸隔绝42年后大陆人员首次赴台处理公务。自1994年以来，多次举办海峡两岸红十字青少年夏（冬）令营，增进了台湾青少年对祖国大陆的亲情和认知感。近年来，还圆满参与了“广源轮海难”、“华航空难”等事件的善后处理事宜。

红十字会作为国际性的、从事人道主义工作的社会救助团体，还在许多方面发挥了其他组织不能替代的特殊作用。

一是协助政府处理战争遗留问题。例如，在中日邦交正常化之前，协助大批日侨与战俘回国、接受日本移交中国劳工遗骨；在抗美援朝战争中组织国际医疗大队，参与战俘的探视和交换；在中印、中越自卫反击战时参与了战俘的探视和交换等特殊的人道主义工作。

二是广泛开展民间外交。新中国成立初期，红十字会是我国对外交往的重要渠道。中国红十字会通过参加国际大会、参与国际红十字组织的工作以及与其他国家红十字会交往等途径，向国际社会广泛宣传介绍新中国。中国红十字会利用自己的特殊身份先后与一些国家的红十字会建立了民间交往关系，为我国与这些国家之间建立正式外交关系做出了积极的努力。

我会积极开展与红十字国际委员会、红十字会与红新月会国际联合会以及友好国家红十字会或红新月会的交流与合作。每年投入600多万元人民币对遭受战乱和自然灾害的国家进行人道主义援助。

在我国，“红十字”这个闪耀着人道主义光芒的名字，已经深深植根于民众，植根于中华大地。“红十字”已成为全球信赖与安全的标志，成为人类和平与进步的希望。我们今天纪念她，就是要让所有的人都知道，并永远记住一种精神——这就是“人道、博爱、奉献”精神；我们今天纪念她，就是要激励全国的红十字工作者、红十字会员、志愿者继续艰苦奋斗、奋发图强，使红十字精神发扬光大。

中国红十字会虽然已经走过了一百年的风雨历程，但由于历史发展进程中的曲折，从某种意义上讲，现在还处于开创时期。今天我们站在新世纪新阶段的起点上，国际国内形势的发展为我们提供了前所未有的广阔而缤纷的舞台，也向我们提出了新的更高的要求，我们要以昂扬的斗志、饱满的热情，将中国特色红十字事业继续向前推进，在人道主义救助领域为全面建设小康社会、为中华民族的伟大复兴做出更大的贡献，同时要更加积极参与国际红十字运动，发挥与我国国际地位相称的影响和作用。为此，我们将继续遵循国际红十字运动基本原则，认真贯彻《中华人民共和国红十字会法》，坚持以人为本的科学发展观，更好地服务大局、服务社会、服务民众。要加快理顺红十字会的管理体制，努力建立充满生机与活力、密切联系群众、符合红十字会特点的组织机构和运行机制，以更加开放的社会化的组织架构，广泛吸纳社会上热心人道主义工作的人士参与红十字会工作，大力发展志愿工作者队伍，增强红十字事业的力量；要强化宣传和传播手段，充分利用“红十字”这一巨大的无形资产，提高知名度和公信力，扩大社会影响；要十分重视加强自身建设，注重人才培养，提高红十字会工作人员的综合素质，不断学习新知识，总结新经验，解决新问题，以永不停息的进取精神，大胆开拓，求真务实，为红十字事业的发展提供强有力的组织和人才保障。

今年世界红十字与红新月日的主题是“停止歧视”，我们要积极响应。我们将一如既往地尽最大可能向国外遭受战争或自然灾害的人们提供人道主义援助，无论其种族、性别、年龄、肤色、出身、能力或残疾贫弱，我们都应伸出无私的援助之手，以维护人类尊严，促进世界和平。在国内，我们要认真履行红十字会法赋予的七项职责，尽最大可能帮助那些面临特殊困难的群众，用我们的真情和付出，把温暖和关爱洒向每一个角落。

同志们，我们的事业是崇高而伟大的事业！我坚信，有党和国家的关心与扶持，有广大红十字工作者、红十字会员、志愿者的努力与奉献，有社会各界朋友的支持与帮助，有红十字国际委员会、红十字会与红新月会国际联合会和各国红十字会或红新月会的合作，中国的红十字事业一定会迎来更加光辉灿烂的明天！

题 词

人道　博爱　奉献
贺中国红十字会成立一百周年

何鲁丽
2004年3月

以博爱之心，做慈善之事，行人道之举。

顾秀莲
2004年3月

博爱百年弘扬人道主义

傅铁山
2004年4月13日

奉行人道宗旨救助弱势群体
纪念中国红十字会成立一百周年

周铁农
2004年3月

弘扬人道博爱奉献
贺中国红十字会100周年

徐匡迪
2004年3月23日

弘扬人道主义推进博爱精神
贺中国红十字会成立一百周年

张怀西
2004年3月

纪念中国红十字会建会一百周年
承前启后继往开来开创红十字事业新

局面

彭珮云

2004年3月

博爱铸辉煌奉献洒人间

庆祝中国红十字会建会一百周年

钱正英

2004年3月

认真地遵循红会宗旨出色地完成红会任务

庆祝中国红十字会成立一百周年

钱信忠

2004年3月

法律、法规

法律、法规

中华人民共和国红十字会法

（1993年10月31日第八届全国人民代表大会常委会第四次会议通过 1993年10月31日中华人民共和国主席令第14号公布 自公布之日起施行）

第一章　总　　则

第一条　为了保护人的生命和健康，发扬人道主义精神，促进和平进步事业，保障红十字会依法履行职责，制定本法。

第二条　中国红十字会是中华人民共和国统一的红十字组织，是从事人道主义工作的社会救助团体。

第三条　中华人民共和国公民，不分民族、种族、性别、职业、宗教信仰、教育程度，承认中国红十字会章程并缴纳会费的，可以自愿参加红十字会。

第四条　中国红十字会遵守宪法和法律，遵循国际红十字和红新月运动确立的基本原则，依照中国参加的日内瓦公约及其附加议定书和中国红十字会章程，独立自主地开展工作。

第五条　人民政府对红十字会给予支持和资助，保障红十字会依法履行职责，并对其活动进行监督；红十字会协助人民政府开展与其职责有关的活动。

第六条　中国红十字会根据独立、平等、互相尊重的原则，发展同各国红十字会和红新月会的友好合作关系。

第七条　中国红十字会使用白底红十字标志。

第二章　组　　织

第八条　县级以上按行政区域建立地方各级红十字会，根据实际工作需要配备专职工作人员。

全国性行业根据需要可以建立行业红十字会。

全国建立中国红十字会总会。

第九条　各级红十字会理事会由会员代表大会民主选举产生。理事会民主选举产生会长和副会长。

各级红十字会会员代表大会闭会期间，由理事会执行会员代表大会的决议。

理事会向会员代表大会负责并报告工作，接受其监督。

上级红十字会指导下级红十字会工作。

第十条　中国红十字会总会设名誉会长和名誉副会长。名誉会长和名誉副会长由中国红十字会总会理事会聘请。

第十一条　中国红十字会总会具有社会团体法人资格；地方各级红十字会、行业红十字会依法取得社会团体法人资格。

第三章　职　　责

第十二条　红十字会履行下列职责：

（一）开展救灾的准备工作；在自然灾害和突发事件中，对伤病人员和其他受害者进行救助；

（二）普及卫生救护和防病知识，进行初级卫生救护培训，组织群众参加现场救护；参与输血献血工作，推动无偿献血；开展其他人道主义服务活动；

（三）开展红十字青少年活动；

（四）参加国际人道主义救援工作；

（五）宣传国际红十字和红新月运动的基本原则和日内瓦公约及其附加议定书；

（六）依照国际红十字和红新月运动的基本原则，完成人民政府委托事宜；

（七）依照日内瓦公约及其附加议定书的有关规定开展工作。

第十三条　红十字会有权处分其接受的救助物资；在处分捐赠款物时，应当尊重捐赠者的意愿。

第十四条　在自然灾害和突发事件中，执行救助任务并标有红十字标志的人员、物资和交通工具有优先通行的权利。

第十五条　任何组织和个人不得拒绝、阻碍红十字会工作人员依法履行职责。

在自然灾害和突发事件中，以暴力、威胁方法阻碍红十字会工作人员依法履行职责的，比照刑法第一百五十七条的规定追究刑事责任；阻碍红十字会工作人员依法履行职责未使用暴力、威胁方法的，比照治安管理处罚条例第十九条的规定处罚。

第四章　标　　志

第十六条　红十字标志具有保护作用和标明作用。

红十字标志的保护使用，是标示在武装冲突中必须受到尊重和保护的人员和设备。其使用办法，依照日内瓦公约及其附加议定书的有关规定执行。

红十字标志的标明使用，是标示与红十字活动有关的人或者物。其使用办法，由国务院规定。

第十七条 因宗教信仰使用红新月标志的，其使用办法适用红十字标志的使用规定。

第十八条 军队使用红十字标志，依照日内瓦公约及其附加议定书的有关规定执行。

第十九条 禁止滥用红十字标志。

对于滥用红十字标志的，红十字会有权要求其停止使用；拒绝停止使用的，红十字会可以提请人民政府按照有关法律、法规的规定予以处理。

第五章 经费与财产

第二十条 红十字会经费的主要来源：

（一）红十字会会员缴纳的会费；

（二）接受国内外组织和个人捐赠的款物；

（三）动产和不动产的收入；

（四）人民政府的拨款。

第二十一条 国家对红十字会兴办的与其宗旨相符的社会福利事业给予扶持。

第二十二条 红十字会为开展救助工作，可以进行募捐活动。

第二十三条 红十字会接受用于救助和公益事业的捐赠物资，按照国家有关规定享受减税、免税的优惠待遇。

第二十四条 红十字会建立经费审查监督制度。

红十字会的经费使用应当与其宗旨相一致。

红十字会对接受的境外捐赠款物，应当建立专项审查监督制度。

红十字会经费的来源和使用情况每年向红十字会理事会报告。

第二十五条 红十字会的经费使用情况依照国家有关法律、法规的规定，接受人民政府的检查监督。

第二十六条 任何组织和个人不得侵占和挪用红十字会的经费和财产。

第六章 附 则

第二十七条 本法所称“国际红十字和红新月运动确立的基本原则”，是指 1986 年 10 月日内瓦国际红十字大会第二十五次会议通过的“国际红十字和红新月运动章程”中确立的人道性、公正性、中立性、独立性、志愿服务、统一性和普遍性七项基本原则。

本法所称“日内瓦公约”，是指中国加入的于 1949 年 8 月 12 日缔结的日内瓦四公约，即：《改善战地武装部队伤者病者境遇之日内瓦公约》、《改善海上武装部队伤者病者及遇船难者境遇之日内瓦公约》、《关于战俘待遇之日内瓦公约》和《关于战时保护平民之日内瓦公约》。

本法所称日内瓦公约“附加议定书”，是指中国加入的于 1977 年 6 月 8 日缔结的《1949 年 8 月 12 日日内瓦四公约关于保护国际性武装冲突受难者的附加议定书》和《1949 年 8 月 12 日日内瓦四公约关于保护非国际性武装冲突受难者的附加议定书》。

第二十八条 本法自公布之日起施行。

中华人民共和国
红十字标志使用办法

（1996年1月29日中华人民共和国国务院、中华人民共和国中央军事委员会令第194号发布　自发布之日起施行）

第一章　总　　则

第一条　为了维护红十字标志的严肃性，正确使用红十字标志，依照红十字会法的有关规定，制定本办法。

第二条　红十字标志是白底红十字。

第三条　红十字标志是国际人道主义保护标志，是武装力量医疗机构的特定标志，是红十字会的专用标志。

除本办法规定的外，禁止任何组织或者个人使用红十字标志。

第四条　红十字标志具有保护作用和标明作用，二者不得混淆使用。

第五条　地方各级人民政府依照本办法对本行政区域内红十字标志的使用实施监督管理。

地方各级红十字会应当协助本级人民政府对红十字标志的使用实施监督管理。

第二章　红十字标志的保护性使用

第六条　红十字标志的保护性使用，是指在武装冲突中，冲突各方对依照本办法的规定佩带红十字标志的人员和标有红十字标志的处所及其物品、医务运输工具，必须予以保护和尊重。

第七条　红十字作为保护性标志使用时，不得在标志上添加任何内容。

红十字作为保护性标志使用时，用在旗帜上的，红十字不得触及旗帜的边缘；用在臂章上的，红十字应当置于臂章的中间部位；用在建筑物上的，红十字应当置于建筑物顶部的明显部位。

红十字作为保护性标志使用时，应当在尽可能远的地方或者不同的方向得以辨认；在夜间或者能见度低时，应当以灯光照明或者用发光物装饰。

第八条　在武装冲突中，下列人员可以使用保护性红十字标志：

（一）武装力量医疗机构的医务人员和工作人员；

（二）红十字会的工作人员和医务人员；

（三）经国务院或者中央军事委员会批准的国际红十字组织和外国红十字组织的工作人员和医务人员；

（四）军用的和民用的医务运输工具上的医务人员和工作人员；

（五）经国务院或者中央军事委员会批准的国内外的志愿救助团体人员和民用医疗机构的医务人员。

第九条　在武装冲突中，下列机构或者组织及其处所、物品、医务运输工具可以使用保护性红十字标志：

（一）武装力量的医疗机构；

（二）参加救助活动的红十字会；

（三）经国务院或者中央军事委员会批准的国内外的志愿救助团体和医疗机构；

（四）经国务院或者中央军事委员会批准的国际组织。

第十条 使用保护性红十字标志的人员，必须随身携带由国务院或者中央军事委员会授权的部门签发的身份证明。

第十一条 武装力量医疗机构的人员、处所及其物品、医务运输工具，和平时期可以使用保护性红十字标志作为标记。

第三章 红十字标志的标明性使用

标明性使用第十二条红十字标志的标明性使用，是指对与红十字活动有关的人或者物的标示。

第十三条 红十字作为标明性标志使用时,在红十字下方必须伴以红十字会的名称或者名称缩写,并不得将红十字置于建筑物顶部。

红十字会的工作人员、会员和其他有关人员履行职责时，应当佩带标有红十字的小尺寸臂章；不履行职责时，可以佩带标有红十字的小尺寸胸针或者胸章。

第十四条 下列人员可以使用标明性红十字标志：

（一）红十字会工作人员；

（二）红十字会会员；

（三）红十字青少年会员。

第十五条 下列场所可以使用标明性红十字标志：

（一）红十字会使用的建筑物；

（二）红十字会所属的医疗机构；

（三）红十字会开展符合其宗旨的活动场所。

第十六条 下列物品、运输工具可以使用标明性红十字标志：

（一）红十字会的徽章、奖章、证章；

（二）红十字会的印刷品、宣传品；

（三）红十字会的救灾、救护物资及运输工具。

第十七条 在本办法规定的范围以外需要使用标明性红十字标志的，由红十字会总会批准。

第四章 红十字标志的禁止使用

第十八条 红十字标志不得用于：

（一）商标或者商业性广告；

（二）非红十字会或者非武装力量的医疗机构；

（三）药店、兽医站；

（四）商品的包装；

（五）公司的标志；

（六）工程设计、产品设计；

（七）本办法规定可以使用红十字标志以外的其他情形。

第五章 罚 则

第十九条 对违反本办法的规定，有下列情形之一的，红十字会有权予以劝阻，并要求其停止使用；拒绝停止使用的，红十字会可以提请人民政府责令停止使用：

（一）红十字会的工作人员、会员、红十字青少年会员以外的人员使用标明性红十字标志的；

（二）非红十字会使用的建筑物及其他场所使用标明性红十字标志的；

（三）非红十字会的医疗机构使用标明

性红十字标志的；

（四）不属于红十字会的物品、运输工具等使用标明性红十字标志的；

（五）有违反本办法规定使用红十字标志的其他情形的。

第二十条 违反本办法第十八条的规定，擅自使用红十字标志的，由县级以上人民政府责令停止使用，没收非法所得，并处1万元以下的罚款。

第二十一条 阻碍红十字会工作人员依法履行职责的，依法给予治安管理处罚或者追究刑事责任。

第二十二条 武装力量中的组织和人员有违反本办法规定行为的，由军队有关部门处理。

第六章 附 则

第二十三条 本办法有关红十字标志保护性使用的规定未尽事宜，依照日内瓦公约及其附加议定书的有关规定执行。

前款日内瓦公约及其附加议定书是指《中华人民共和国红十字会法》第二十七条规定的公约和议定书。

第二十四条 本办法自发布之日起施行。

中华人民共和国献血法

（1997年12月29日第八届全国人民代表大会常务委员会第二十九次会议通过 1997年12月29日中华人民共和国主席令第93号公布 自1998年10月1日起施行）

第一条 为保证医疗临床用血需要和安全，保障献血者和用血者身体健康，发扬人道主义精神，促进社会主义物质文明和精神文明建设，制定本法。

第二条 国家实行无偿献血制度。

国家提倡18周岁至55周岁的健康公民自愿献血。

第三条 地方各级人民政府领导本行政区域内的献血工作，统一规划并负责组织、协调有关部门共同做好献血工作。

第四条 县级以上各级人民政府卫生行政部门监督管理献血工作。

各级红十字会依法参与、推动献血工作。

第五条 各级人民政府采取措施广泛宣传献血的意义，普及献血的科学知识，开展预防和控制经血液途径传播的疾病的教育。

新闻媒介应当开展献血的社会公益性宣传。

第六条 国家机关、军队、社会团体、企业事业组织、居民委员会、村民委员会，应当动员和组织本单位或者本居住区的适龄公民参加献血。

现役军人献血的动员和组织办法，由中国人民解放军卫生主管部门制定。

对献血者，发给国务院卫生行政部门制作的无偿献血证书，有关单位可以给予适当补贴。

第七条 国家鼓励国家工作人员、现役军人和高等学校在校学生率先献血，为树立社会新风尚作表率。

第八条 血站是采集、提供临床用血的机构，是不以营利为目的的公益性组织。设立血站向公民采集血液，必须经国务院卫生行政部1刁或者省、自治区、直辖市人民政府卫生行政部门批准。血站应当为献血者提供各种安全、卫生、便利的条件。血站的设立条件和管理办法由国务院卫生行政部门制定。

第九条 血站对献血者必须免费进行必要的健康检查；身体状况不符合献血条件的，血站应当向其说明情况，不得采集血液。献血者的身体健康条件由国务院卫生行政部门规定。

血站对献血者每次采集血液量一般为200毫升，最多不得超过400毫升，两次采集间隔期不少于6个月。

严格禁止血站违反前款规定对献血者超量、频繁采集血液。

第十条 血站采集血液必须严格遵守有关操作规程和制度，采血必须由具有采血资格的医务人员进行，一次性采血器材用后必须销毁，确保献血者的身体健康。

血站应当根据国务院卫生行政部门制定的标准，保证血液质量。

血站对采集的血液必须进行检测；未经检测或者检测不合格的血液，不得向医疗机构提供。

第十一条 无偿献血的血液必须用于临床，不得买卖。血站、医疗机构不得将无偿献血的血液出售给单采血浆站或者血液制品生产单位。

第十二条 临床用血的包装、储存、运输，必须符合国家规定的卫生标准和要求。

第十三条 医疗机构对临床用血必须进行核查，不得将不符合国家规定标准的血液用于临床。

第十四条 公民临床用血时只交付用于血液的采集、储存、分离、检验等费用；具体收费标准由国务院卫生行政部门会同国务院价格主管部门制定。

无偿献血者临床需要用血时，免交前款规定的费用；无偿献血者的配偶和直系亲属临床需要用血时，可以按照省、自治区、直辖市人民政府的规定免交或者减交前款规定的费用。

第十五条 为保障公民临床急救用血的需要，国家提倡并指导择期手术的患者自身储血，动员家庭、亲友、所在单位以及社会互助献血。

为保证应急用血，医疗机构可以临时采集血液，但应当依照本法规定，确保采血用血安全。

第十六条 医疗机构临床用血应当制定用血计划，遵循合理、科学的原则，不得浪费和滥用血液。

医疗机构应当积极推行按血液成份针对医疗实际需要输血，具体管理办法由国务院卫生行政部门制定。

国家鼓励临床用血新技术的研究和推广。

第十七条 各级人民政府和红十字会对积极参加献血和在献血工作中做出显著成绩的单位和个人，给予奖励。

第十八条 有下列行为之一的，由县级以上地方人民政府卫生行政部门予以取缔，没收违法所得，可以并处10万元以下的罚款；构成犯罪的，依法追究刑事责任：

（一）非法采集血液的；

（二）血站、医疗机构出售无偿献血的血液的；

（三）非法组织他人出卖血液的。

第十九条 血站违反有关操作规程和制度采集血液，由县级以上地方人民政府卫生行政部门责令改正；给献血者健康造成损害的，应当依法赔偿，对直接负责的主管人员和其他直接责任人员，依法给予行政处分；构成犯罪的，依法追究刑事责任。

第二十条 临床用血的包装、储存、运输，不符合国家规定的卫生标准和要求的，由县级以上地方人民政府卫生行政部门责令改正，给予警告，可以并处1万元以下的罚款。

第二十一条 血站违反本法的规定，向医疗机构提供不符合国家规定标准的血液的，由县级以上人民政府卫生行政部门责令改正；情节严重，造成经血液途径传播的疾病传播或者有传播严重危险的，限期整顿，对直接负责的主管人员和其他直接责任人员，依法给予行政处分；构成犯罪的，依法追究刑事责任。

第二十二条 医疗机构的医务人员违反本法规定，将不符合国家规定标准的血液用于患者的，由县级以上地方人民政府卫生行政部门责令改正；给患者健康造成损害的，应当依法赔偿，对直接负责的主管人员和其他直接责任人员，依法给予行政处分；构成犯罪的，依法追究刑事责任。

第二十三条 卫生行政部门及其工作人员在献血、用血的监督管理工作中，玩忽职守，造成严重后果，构成犯罪的，依法追究刑事责任；尚不构成犯罪的，依法给予行政处分。

第二十四条 本法自1998年10月1日起施行。

中华人民共和国
公益事业捐赠法

（1999年6月28日第九届全国人民代表大会常务委员会第十次会议通过）

目 录

第一章 总 则

第一条 为了鼓励捐赠，规范捐赠和受赠行为，保护捐赠人、受赠人和受益人的合法权益，促进公益事业的发展，制定本法。

第二条 自然人、法人或者其他组织自愿无偿向依法成立的公益性社会团体和公益性非营利的事业单位捐赠财产，用于公益事业的，适用本法。

第三条 本法所称公益事业是指非营利的下列事项：

（一）救助灾害、救济贫困、扶助残疾人等困难的社会群体和个人的活动；

（二）教育、科学、文化、卫生、体育事业；

（三）环境保护、社会公共设施建设；

（四）促进社会发展和进步的其他社会公共和福利事业。

第四条 捐赠应当是自愿和无偿的，禁止强行摊派或者变相摊派，不得以捐赠为名从事营利活动。

第五条 捐赠财产的使用应当尊重捐赠人的意愿，符合公益目的，不得将捐赠财产挪作他用。

严格禁止血站违反前款规定对献血者超量、频繁采集血液。

第六条 捐赠应当遵守法律、法规，不得违背社会公德，不得损害公共利益和其他公民的合法权益。

第七条 公益性社会团体受赠的财产及其增值为社会公共财产，受国家法律保护，任何单位和个人不得侵占、挪用和损毁。

第八条 国家鼓励公益事业的发展，对公益性社会团体和公益性非营利的事业单位给予扶持和优待。

国家鼓励自然人、法人或者其他组织对公益事业进行捐赠。

对公益事业捐赠有突出贡献的自然人、法人或者其他组织，由人民政府或者有关部门予以表彰。对捐赠入进行公开表彰，应当事先征求捐赠人的意见。

第二章　捐赠和受赠

第九条 自然人、法人或者其他组织可以选择符合其捐赠意愿的公益性社会团体和公益性非营利的事业单位进行捐赠。捐赠的财产应当是其有权处分的合法财产。

第十条 公益性社会团体和公益性非营利的事业单位可以依照本法接受捐赠。

本法所称公益性社会团体是指依法成立的，以发展公益事业为宗旨的基金会、慈善组织等社会团体。

本法所称公益性非营利的事业单位是指依法成立的，从事公益事业的不以营利为目的的教育机构、科学研究机构、医疗卫生机构、社会公共文化机构、社会公共体育机构和社会福利机构等。

第十一条 在发生自然灾害时或者境外捐赠人要求县级以上人民政府及其部门作为受赠人时，县级以上人民政府及其部门可以接受捐赠，并依照本法的有关规定对捐赠财产进行管理。

县级以上人民政府及其部门可以将受赠财产转交公益性社会团体或者公益性非营利的事业单位；也可以按照捐赠人的意愿分发或者兴办公益事业，但是不得以本机关为受益对象。

第十二条 捐赠人可以与受赠人就捐赠财产的种类、质量、数量和用途等内容订立捐赠协议。捐赠人有权决定捐赠的数量、用途和方式。

捐赠人应当依法履行捐赠协议，按照捐赠协议约定的期限和方式将捐赠财产转移给受赠人。

第十三条 捐赠人捐赠财产兴建公益事业工程项月，应当与受赠人订立捐赠协议，对工程项目的资金、建设、管理和使用作出约定。

捐赠的公益事业工程项目由受赠单位按照国家有关规定办理项目审批手续，并组织施工或者由受赠人和捐赠人共同组织施工。工程质量应当符合国家质量标准。

捐赠的公益事业工程项目竣工后，受赠单位应当将工程建设、建设资金的使用和工程质量验收情况向捐赠人通报。

第十四条 捐赠人对于捐赠的公益事业工程项目可以留名纪念；捐赠人单独捐赠的工程项目或者主要由捐赠人出资兴建的工程项目，可以由捐赠人提出工程项目的名称，报县级以上人民政府批准。

第十五条 境外捐赠人捐赠的财产，由受赠人按照国家有关规定办理入境手续；捐赠实行许可证管理的物品，由受赠人按照国家有关规定办理许可证申领手续，海关凭许可证验放、监管。

华侨向境内捐赠的，县级以上人民政府侨务部门可以协助办理有关入境手续，为捐赠人实施捐赠项目提供帮助。

第三章 捐赠财产的使用和管理

第十六条 受赠人接受捐赠后，应当向捐赠人出具合法、有效的收据，将受赠财产登记造册，妥善保管。

第十七条 公益性社会团体应当将受赠财产用于资助符合其宗旨的活动和事业。对于接受的救助灾害的捐赠财产，应当及时用于救助活动。基金会每年用于资助公益事业的资金数额，不得低于国家规定的比例。

公益性社会团体应当严格遵守国家的有关规定，按照合法、安全、有效的原则，积极实现捐赠财产的保值增值。

公益性非营利的事业单位应当将受赠财产用于发展本单位的公益事业，不得挪作他用。

对于不易储存、运输和超过实际需要的受赠财产，受赠人可以变卖，所取得的全部收入，应当用于捐赠目的。

第十八条 受赠人与捐赠人订立了捐赠协议的，应当按照协议约定的用途使用捐赠财产，不得擅自改变捐赠财产的用途。如果确需改变用途的，应当征得捐赠人的同意。

第十九条 受赠人应当依照国家有关规定，建立健全财务会计制度和受赠财产的使用制度，加强对受赠财产的管理。

第二十条 受赠人每年度应当向政府有关部门报告受赠财产的使用、管理情况，接受监督。必要时，政府有关部门可以对其财务进行审计。

海关对减免关税的捐赠物品依法实施监督和管理。

县级以上人民政府侨务部门可以参与对华侨向境内捐赠财产使用与管理的监督。

第二十一条 捐赠人有权向受赠人查询捐赠财产的使用、管理情况，并提出意见和建议。对于捐赠人的查询，受赠人应当如实答复。

第二十二条 受赠人应当公开接受捐赠的情况和受赠财产的使用、管理情况，接受社会监督。

第二十三条 公益性社会团体应当厉行节约，降低管理成本；工作人员的工资和办公费用从利息等收入中按照国家规定的标准开支。

第四章 优惠措施

第二十四条 公司和其他企业依照本法的规定捐赠财产用于公益事业，依照法律、行政法规的规定享受企业所得税方面的优惠。

第二十五条 自然人和个体工商户依照本法的规定捐赠财产用于公益事业，依照法律、行政法规的规定享受个人所得税方面的优惠。

第二十六条 境外向公益性社会团体和公益性非营利的事业单位捐赠的用于公益事业的物资，依照法律、行政法规的规定减征或者免征进口关税和进口环节、的增值税。

第二十七条 对于捐赠的工程项目，当地人民政府应当给予支持和优惠。

第五章 法律责任

第二十八条 受赠人未征得捐赠人的许可，擅自改变捐赠财产的性质、用途的，由县级以上人民政府有关部门责令改正，给予警告。拒不改正的，经征求捐赠人的意见，由县级以上人民政府将捐赠财产交由与其宗旨相同或者相似的公益性社会团体或者公益性非营利的事业单位管理。

第二十九条 挪用、侵占或者贪污捐赠款物的，由县级以上人民政府有关部门责令退还所用、所得款物，并处以罚款；对直接责任人员，由所在单位依照有关规定予以处理；构成犯罪的，依法追究刑事责任。

依照前款追回、追缴的捐赠款物，应当用于原捐赠目的和用途。

第三十条 在捐赠活动中，有下列行为之一的，依照法律、法规的有关规定予以处罚；构成犯罪的，依法追究刑事责任：

（一）逃汇、骗购外汇的；

（二）偷税、逃税的；

（三）进行走私活动的；

（四）未经海关许可并且未补缴应缴税额，擅自将减税、免税进口的捐赠物资在境内销售、转让或者移作他用的。

第三十一条 受赠单位的工作人员，滥用职权，玩忽职守，徇私舞弊，致使捐赠财产造成重大损失的，由所在单位依照有关规定予以处理；构成犯罪的，依法追究刑事责任。

第六章 附 则

第三十二条 本法自1999年9月1日起施行。

中华人民共和国商标法

（1982年8月23日第五届全国人民代表大会常务委员会第二十四次会议通过 根据1993年2月22日第七届全国人民代表大会常务委员会第三十次会议《关于修改〈中华人民共和国商标法〉的决定》第一次修正 根据2001年10月27日第九届全国人民代表大会常务委员会第二十四次会议《关于修改〈中华人民共和国商标法〉的决定》第二次修正）

目 录

第一章 总 则

第一条 为了加强商标管理，保护商标专用权，促使生产、经营者保证商品和服务质量，维护商标信誉，以保障消费者和生产、经营者的利益，促进社会主义市场经济的发展，特制定本法。

第二条 国务院工商行政管理部门商标局主管全国商标注册和管理的工作。

国务院工商行政管理部门设立商标评审委员会，负责处理商标争议事宜。

第三条 经商标局核准注册的商标为注册商标，包括商品商标、服务商标和集体商标、证明商标；商标注册人享有商标专用权，受法律保护。

本法所称集体商标，是指以团体、协会或者其他组织名义注册，供该组织成员在商事活动中使用，以表明使用者在该组织中的成员资格的标志。

本法所称证明商标，是指由对某种商品或者服务具有监督能力的组织所控制，而由该组织以外的单位或者个人使用于其商品或者服务，用以证明该商品或者服务的原产地、原料、制造方法、质量或者其他特定品质的标志。

集体商标、证明商标注册和管理的特殊事项，由国务院工商行政管理部门规定。

第四条 自然人、法人或者其他组织对其生产、制造、加工、拣选或者经销的商品，需要取得商标专用权的，应当向商标局申请商品商标注册。

自然人、法人或者其他组织对其提供的服务项目，需要取得商标专用权的，应当向商标局申请服务商标注册。

本法有关商品商标的规定，适用于服务商标。

第五条 两个以上的自然人、法人或者其他组织可以共同向商标局申请注册同一商标，共同享有和行使该商标专用权。

第六条 国家规定必须使用注册商标的商品，必须申请商标注册，未经核准注册的，不得在市场销售。

第七条 商标使用人应当对其使用商标的商品质量负责。各级工商行政管理部门应当通过商标管理，制止欺骗消费者的行为。

第八条 任何能够将自然人、法人或者其他组织的商品与他人的商品区别开的可视性标志，包括文字、图形、字母、数字、三维标志和颜色组合，以及上述要素的组合，均可以作为商标申请注册。

第九条 申请注册的商标，应当有显著特征，便于识别，并不得与他人在先取得的合法权利相冲突。

商标注册人有权标明“注册商标”或者注册标记。

第十条 下列标志不得作为商标使用：

（一）同中华人民共和国的国家名称、国旗、国徽、军旗、勋章相同或者近似的，以及同中央国家机关所在地特定地点的名称或者标志性建筑物的名称、图形相同的；

（二）同外国的国家名称、国旗、国徽、军旗相同或者近似的，但该国政府同意的除外；

（三）同政府间国际组织的名称、旗帜、徽记相同或者近似的，但经该组织同意或者不易误导公众的除外；

（四）与表明实施控制、予以保证的官方标志、检验印记相同或者近似的，但经授权的除外；

（五）同“红十字”、“红新月”的名称、标志相同或者近似的；

（六）带有民族歧视性的；

（七）夸大宣传并带有欺骗性的；

（八）有害于社会主义道德风尚或者有其他不良影响的。

县级以上行政区划的地名或者公众知晓的外国地名，不得作为商标。但是，地名具有其他含义或者作为集体商标、证明商标组成部分的除外；已经注册的使用地名的商标继续有效。

第十一条 下列标志不得作为商标注册：

（一）仅有本商品的通用名称、图形、型号的；

（二）仅仅直接表示商品的质量、主要原料、功能、用途、重量、数量及其他特点的；

（三）缺乏显著特征的。

前款所列标志经过使用取得显著特征，并便于识别的，可以作为商标注册。

第十二条 以三维标志申请注册商标的，仅由商品自身的性质产生的形状、为获得技术效果而需有的商品形状或者使商品具有实质性价值的形状，不得注册。

第十三条 就相同或者类似商品申请注册的商标是复制、摹仿或者翻译他人未在中国注册的驰名商标，容易导致混淆的，不予注册并禁止使用。

就不相同或者不相类似商品申请注册的商标是复制、摹仿或者翻译他人已经在中国注册的驰名商标，误导公众，致使该驰名商标注册人的利益可能受到损害的，不予注册并禁止使用。

第十四条 认定驰名商标应当考虑下列因素：

（一）相关公众对该商标的知晓程度；

（二）该商标使用的持续时间；

（三）该商标的任何宣传工作的持续时间、程度和地理范围；

（四）该商标作为驰名商标受保护的记录；

（五）该商标驰名的其他因素。

第十五条 未经授权，代理人或者代表人以自己的名义将被代理人或者被代表人的商标进行注册，被代理人或者被代表人提出异议的，不予注册并禁止使用。

第十六条 商标中有商品的地理标志，而该商品并非来源于该标志所标示的地区，误导公众的，不予注册并禁止使用；但是，已经善意取得注册的继续有效。

前款所称地理标志，是指标示某商品来源于某地区，该商品的特定质量、信誉或者其他特征，主要由该地区的自然因素或者人文因素所决定的标志。

第十七条 外国人或者外国企业在中国申请商标注册的，应当按其所属国和中华人民共和国签订的协议或者共同参加的国际条约办理，或者按对等原则办理。

第十八条 外国人或者外国企业在中国申请商标注册和办理其他商标事宜的，应当委托国家认可的具有商标代理资格的组织代理。

第二章　商标注册的申请

第十九条 申请商标注册的，应当按规定的商品分类表填报使用商标的商品类别和商品名称。

第二十条 商标注册申请人在不同类别的商品上申请注册同一商标的，应当按商品分类表提出注册申请。

第二十一条 注册商标需要在同一类的其他商品上使用的，应当另行提出注册申请。

第二十二条 注册商标需要改变其标志的，应当重新提出注册申请。

第二十三条 注册商标需要变更注册人的名义、地址或者其他注册事项的，应当提出变更申请。

第二十四条 商标注册申请人自其商标在外国第一次提出商标注册申请之日起六个月内，又在中国就相同商品以同一商标提出商标注册申请的，依照该外国同中国签订的协议或者共同参加的国际条约，或者按照相互承认优先权的原则，可以享有优先权。

依照前款要求优先权的，应当在提出商标注册申请的时候提出书面声明，并且在三个月内提交第一次提出的商标注册申请文件的副本；未提出书面声明或者逾期未提交商标注册申请文件副本的，视为未要求优先权。

第二十五条 商标在中国政府主办的或者承认的国际展览会展出的商品上首次使用的，自该商品展出之日起6个月内，该商标的注册申请人可以享有优先权。

依照前款要求优先权的，应当在提出商标注册申请的时候提出书面声明，并且在三个月内提交展出其商品的展览会名称、在展出商品上使用该商标的证据、展出日期等证明文件；未提出书面声明或者逾期未提交证明文件的，视为未要求优先权。

第二十六条 为申请商标注册所申报的事项和所提供的材料应当真实、准确、完整。

第三章 商标注册的审查和核准

第二十七条 申请注册的商标，凡符合本法有关规定的，由商标局初步审定，予以公告。

第二十八条 申请注册的商标，凡不符合本法有关规定或者同他人在同一种商品或者类似商品上已经注册的或者初步审定的商标相同或者近似的，由商标局驳回申请，不予公告。

第二十九条 两个或者两个以上的商标注册申请人，在同一种商品或者类似商品上，以相同或者近似的商标申请注册的，初步审定并公告申请在先的商标；同一天申请的，初步审定并公告使用在先的商标，驳回其他人的申请，不予公告。

第三十条 对初步审定的商标，自公告之日起3个月内，任何人均可以提出异议。公告期满无异议的，予以核准注册，发给商标注册证，并予公告。

第三十一条 申请商标注册不得损害他人现有的在先权利，也不得以不正当手段抢先注册他人已经使用并有一定影响的商标。

第三十二条 对驳回申请、不予公告的商标，商标局应当书面通知商标注册申请人。商标注册申请人不服的，可以自收到通知之日起15日内向商标评审委员会申请复审，由商标评审委员会做出决定，并书面通知申请人。

当事人对商标评审委员会的决定不服

的，可以自收到通知之日起 30 日内向人民法院起诉。

第三十三条 对初步审定、予以公告的商标提出异议的，商标局应当听取异议人和被异议人陈述事实和理由，经调查核实后，做出裁定。当事人不服的，可以自收到通知之日起十五日内向商标评审委员会申请复审，由商标评审委员会做出裁定，并书面通知异议人和被异议人。

当事人对商标评审委员会的裁定不服的，可以自收到通知之日起三十日内向人民法院起诉。人民法院应当通知商标复审程序的对方当事人作为第三人参加诉讼。

第三十四条 当事人在法定期限内对商标局做出的裁定不申请复审或者对商标评审委员会做出的裁定不向人民法院起诉的，裁定生效。

经裁定异议不能成立的，予以核准注册，发给商标注册证，并予公告；经裁定异议成立的，不予核准注册。

经裁定异议不能成立而核准注册的，商标注册申请人取得商标专用权的时间自初审公告三个月期满之日起计算。

第三十五条 对商标注册申请和商标复审申请应当及时进行审查。

第三十六条 商标注册申请人或者注册人发现商标申请文件或者注册文件有明显错误的，可以申请更正。商标局依法在其职权范围内作出更正，并通知当事人。

前款所称更正错误不涉及商标申请文件或者注册文件的实质性内容。

第四章 注册商标的续展、转让和使用许可

第三十七条 注册商标的有效期为 10 年，自核准注册之日起计算。

第三十八条 注册商标有效期满，需要继续使用的，应当在期满前六个月内申请续展注册；在此期间未能提出申请的，可以给予 6 个月的宽展期。宽展期满仍未提出申请的，注销其注册商标。

每次续展注册的有效期为 10 年。

续展注册经核准后，予以公告。

第三十九条 转让注册商标的，转让人和受让人应当签订转让协议，并共同向商标局提出申请。受让人应当保证使用该注册商标的商品质量。

转让注册商标经核准后，予以公告。受让人自公告之日起享有商标专用权。

第四十条 商标注册人可以通过签订商标使用许可合同，许可他人使用其注册商标。许可人应当监督被许可人使用其注册商标的商品质量。被许可人应当保证使用该注册商标的商品质量。

经许可使用他人注册商标的，必须在使用该注册商标的商品上标明被许可人的名称和商品产地。

商标使用许可合同应当报商标局备案。

第五章 注册商标争议的裁定

第四十一条 已经注册的商标，违反本法第十条、第十一条、第十二条规定的，或

者是以欺骗手段或者其他不正当手段取得注册的，由商标局撤销该注册商标；其他单位或者个人可以请求商标评审委员会裁定撤销该注册商标。

已经注册的商标，违反本法第十三条、第十五条、第十六条、第三十一条规定的，自商标注册之日起五年内，商标所有人或者利害关系人可以请求商标评审委员会裁定撤销该注册商标。对恶意注册的，驰名商标所有人不受五年的时间限制。

除前两款规定的情形外，对已经注册的商标有争议的，可以自该商标经核准注册之日起五年内，向商标评审委员会申请裁定。

商标评审委员会收到裁定申请后，应当通知有关当事人，并限期提出答辩。

第四十二条 对核准注册前已经提出异议并经裁定的商标，不得再以相同的事实和理由申请裁定。

第四十三条 商标评审委员会做出维持或者撤销注册商标的裁定后，应当书面通知有关当事人。

当事人对商标评审委员会的裁定不服的，可以自收到通知之日起 30 日内向人民法院起诉。人民法院应当通知商标裁定程序的对方当事人作为第三人参加诉讼。

第六章 商标使用的管理

第四十四条 使用注册商标，有下列行为之一的，由商标局责令限期改正或者撤销其注册商标：

（一）自行改变注册商标的；

（二）自行改变注册商标的注册人名义、地址或者其他注册事项的；

（三）自行转让注册商标的；

（四）连续三年停止使用的。

第四十五条 使用注册商标，其商品粗制滥造，以次充好，欺骗消费者的，由各级工商行政管理部门分别不同情况，责令限期改正，并可以予以通报或者处以罚款，或者由商标局撤销其注册商标。

第四十六条 注册商标被撤销的或者期满不再续展的，自撤销或者注销之日起一年内，商标局对与该商标相同或者近似的商标注册申请，不予核准。

第四十七条 违反本法第六条规定的，由地方工商行政管理部门责令限期申请注册，可以并处罚款。

第四十八条 使用未注册商标，有下列行为之一的，由地方工商行政管理部门予以制止，限期改正，并可以予以通报或者处以罚款：

（一）冒充注册商标的；

（二）违反本法第十条规定的；

（三）粗制滥造，以次充好，欺骗消费者的。

第四十九条 对商标局撤销注册商标的决定，当事人不服的，可以自收到通知之日起十五日内向商标评审委员会申请复审，由商标评审委员会做出决定，并书面通知申请人。

当事人对商标评审委员会的决定不服的，可以自收到通知之日起三十日内向人民法院起诉。

第五十条 对工商行政管理部门根据本法第四十五条、第四十七条、第四十八条的规定做出的罚款决定，当事人不服的，可以自收到通知之日起十五日内，向人民法院起诉；期满不起诉又不履行的，由有关工商行政管理部门申请人民法院强制执行。

第七章　注册商标专用权的保护

第五十一条　注册商标的专用权，以核准注册的商标和核定使用的商品为限。

第五十二条　有下列行为之一的，均属侵犯注册商标专用权：

（一）未经商标注册人的许可，在同一种商品或者类似商品上使用与其注册商标相同或者近似的商标的；

（二）销售侵犯注册商标专用权的商品的；

（三）伪造、擅自制造他人注册商标标识或者销售伪造、擅自制造的注册商标标识的；

（四）未经商标注册人同意，更换其注册商标并将该更换商标的商品又投入市场的；

（五）给他人的注册商标专用权造成其他损害的。

第五十三条　有本法第五十二条所列侵犯注册商标专用权行为之一，引起纠纷的，由当事人协商解决；不愿协商或者协商不成的，商标注册人或者利害关系人可以向人民法院起诉，也可以请求工商行政管理部门处理。工商行政管理部门处理时，认定侵权行为成立的，责令立即停止侵权行为，没收、销毁侵权商品和专门用于制造侵权商品、伪造注册商标标识的工具，并可处以罚款。当事人对处理决定不服的，可以自收到处理通知之日起十五日内依照《中华人民共和国行政诉讼法》向人民法院起诉；侵权人期满不起诉又不履行的，工商行政管理部门可以申请人民法院强制执行。进行处理的工商行政管理部门根据当事人的请求，可以就侵犯商标专用权的赔偿数额进行调解；调解不成的，当事人可以依照《中华人民共和国民事诉讼法》向人民法院起诉。

第五十四条　对侵犯注册商标专用权的行为，工商行政管理部门有权依法查处；涉嫌犯罪的，应当及时移送司法机关依法处理。

第五十五条　县级以上工商行政管理部门根据已经取得的违法嫌疑证据或者举报，对涉嫌侵犯他人注册商标专用权的行为进行查处时，可以行使下列职权：

（一）询问有关当事人，调查与侵犯他人注册商标专用权有关的情况；

（二）查阅、复制当事人与侵权活动有关的合同、发票、帐簿以及其他有关资料；

（三）对当事人涉嫌从事侵犯他人注册商标专用权活动的场所实施现场检查；

（四）检查与侵权活动有关的物品；对有证据证明是侵犯他人注册商标专用权的物品，可以查封或者扣押。

工商行政管理部门依法行使前款规定的职权时，当事人应当予以协助、配合，不得拒绝、阻挠。

第五十六条　侵犯商标专用权的赔偿数额，为侵权人在侵权期间因侵权所获得的利益，或者被侵权人在被侵权期间因被侵权所受到的损失，包括被侵权人为制止侵权行为所支付的合理开支。

前款所称侵权人因侵权所得利益，或者被侵权人因被侵权所受损失难以确定的，由人民法院根据侵权行为的情节判决给予五十万元以下的赔偿。

销售不知道是侵犯注册商标专用权的商

品，能证明该商品是自己合法取得的并说明提供者的，不承担赔偿责任。

第五十七条 商标注册人或者利害关系人有证据证明他人正在实施或者即将实施侵犯其注册商标专用权的行为，如不及时制止，将会使其合法权益受到难以弥补的损害的，可以在起诉前向人民法院申请采取责令停止有关行为和财产保全的措施。

人民法院处理前款申请，适用《中华人民共和国民事诉讼法》第九十三条至第九十六条和第九十九条的规定。

第五十八条 为制止侵权行为，在证据可能灭失或者以后难以取得的情况下，商标注册人或者利害关系人可以在起诉前向人民法院申请保全证据。

人民法院接受申请后，必须在四十八小时内做出裁定；裁定采取保全措施的，应当立即开始执行。

人民法院可以责令申请人提供担保，申请人不提供担保的，驳回申请。

申请人在人民法院采取保全措施后十五日内不起诉的，人民法院应当解除保全措施。

第五十九条 未经商标注册人许可，在同一种商品上使用与其注册商标相同的商标，构成犯罪的，除赔偿被侵权人的损失外，依法追究刑事责任。

伪造、擅自制造他人注册商标标识或者销售伪造、擅自制造的注册商标标识，构成犯罪的，除赔偿被侵权人的损失外，依法追究刑事责任。

销售明知是假冒注册商标的商品，构成犯罪的，除赔偿被侵权人的损失外，依法追究刑事责任。

第六十条 从事商标注册、管理和复审工作的国家机关工作人员必须秉公执法，廉洁自律，忠于职守，文明服务。

商标局、商标评审委员会以及从事商标注册、管理和复审工作的国家机关工作人员不得从事商标代理业务和商品生产经营活动。

第六十一条 工商行政管理部门应当建立健全内部监督制度，对负责商标注册、管理和复审工作的国家机关工作人员执行法律、行政法规和遵守纪律的情况，进行监督检查。

第六十二条 从事商标注册、管理和复审工作的国家机关工作人员玩忽职守、滥用职权、徇私舞弊，违法办理商标注册、管理和复审事项，收受当事人财物，牟取不正当利益，构成犯罪的，依法追究刑事责任；尚不构成犯罪的，依法给予行政处分。

第八章 附 则

第六十三条 申请商标注册和办理其他商标事宜的，应当缴纳费用，具体收费标准另定。

第六十四条 本法自1983年3月1日起施行。1963年4月10日国务院公布的《商标管理条例》同时废止；其他有关商标管理的规定，凡与本法抵触的，同时失效。

本法施行前已经注册的商标继续有效。

特殊标志管理条例

（1996年7月13日　国务院令第202号发布）

第一章　总　　则

第一条　为了加强对特殊标志的管理，推动文化、体育、科学研究及其他社会公益活动的发展，保护特殊标志所有人、使用人和消费者的合法权益，制定本条例。

第二条　本条例所称特殊标志，是指经国务院批准举办的全国性和国际性的文化、体育、科学研究及其他社会公益活动所使用的，由文字、图形组成的名称及缩写、会徽、吉祥物等标志。

第三条　经国务院工商行政管理部门核准登记的特殊标志，受本条例保护。

第四条　含有下列内容的文字、图形组成的特殊标志，不予登记：

（一）有损于国家或者国际组织的尊严或者形象的；

（二）有害于社会善良习俗和公共秩序的；

（三）带有民族歧视性，不利于民族团结的；

（四）缺乏显著性，不便于识别的；

（五）法律、行政法规禁止的其他内容。

第五条　特殊标志所有人使用或者许可他人使用特殊标志所募集的资金，必须用于特殊标志所服务的社会公益事业，并接受国务院财政部门、审计部门的监督。

第二章　特殊标志的登记

第六条　举办社会公益活动的组织者或者筹备者对其使用的名称、会徽、吉祥物等特殊标志，需要保护的，应当向国务院工商行政管理部门提出登记申请。登记申请可以直接办理，也可以委托他人代理。

第七条　申请特殊标志登记，应当填写特殊标志登记申请书并提交下列文件：

（一）国务院批准举办该社会公益活动的文件；

（二）准许他人使用特殊标志的条件及管理办法；

（三）特殊标志图样5份，黑白墨稿1份。图样应当清晰，便于粘贴，用光洁耐用的纸张印制或者用照片代替，长和宽不大于10厘米、不小于5厘米；

（四）委托他人代理的，应当附代理人委托书，注明委托事项和权限；

（五）国务院工商行政管理部门认为应当提交的其他文件。

第八条　国务院工商行政管理部门收到申请后，按照以下规定处理：

（一）符合本条例有关规定，申请文件齐备无误的，自收到申请之日起15日内，发给特殊标志登记申请受理通知书，并在发出通知之日起2个月内，将特殊标志有关事项、图样和核准使用的商品和服务项目，在特殊标志登记簿上登记，发给特殊标志登记证书。

特殊标志经核准登记后，由国务院工商行政管理部门公告。

（二）申请文件不齐备或者有误的，自收到申请之日起自10日内发给特殊标志登记申请补正通知书，并限其自收到通知之日起15日内予以补正；期满不补正或者补正仍不符合规定的，发给特殊标志登记申请不予受理通知书。

（三）违反本条例第四条规定的，自收到申请之日起15日内发给特殊标志登记申请驳回通知书。申请人对驳回通知不服的，可以自收到驳回通知之日起15日内，向国务院工商行政管理部门申请复议。

前款所到各类通知书，由国务院工商行政管理部门送达申请人或者其代理人。因故不能直接送交的，以国务院工商行政管理部门公告或者邮寄之日起的20日为送达日期。

第九条 特殊标志有效期为4年。自核准登记日起计算。特殊标志所有人可以在有效期满前3个月内提出延期申请，延长的期限由国务院工商行政管理部门根据实际情况和需要决定。特殊标志所有人变更地址，应当自变更之日起1个月内报国务院工商行政管理部门备案。

第十条 已获准登记的特殊标志有下列情形之一的，任何单位和个人可以在特殊标志公告刊登之日至其有效期满的期间，向国务院工商行政管理部门申明理由并提供相应证据，请求宣告特殊标志登记无效：

（一）同已在先申请的特殊标志相同或者近似的；

（二）同已在先申请注册的商标或者已获得注册的商标相同或者近似的；

（三）同已在先申请外观设计专利或者已依法取得专利权的外观设计专利相同或者近似的；

（四）侵犯他人著作权的。

第十一条 国务院工商行政管理部门自收到特殊标志登记无效申请之日起10日内，通知被申请人并限其自收到通知之日起15日内作出答辩。

被申请人拒绝答辩或者无正当理由超过答辩期限的，视为放弃答辩的权利。

第十二条 国务院工商行政管理部门自收到特殊标志登记无效申请之日起3个月内作出裁定，并通知当事人；当事人对裁定不服的，可以自收到通知之日起15日内，向国务院工商行政管理部门申请复议。

第三章 特殊标志的使用与保护

第十三条 特殊标志所有人可以在与其公益活动相关的广告、纪念品及其他物品上使用该标志，并许可他人在国务院工商行政管理部门核准使用该标志的商品或者服务项目上使用。

第十四条 特殊标志的使用人应当是依法成立的企业、事业单位、社会团体、个体工商户。

特殊标志使用人应当同所有人签订书面使用合同。

特殊标志使用人应当自合同签订之日起1个月内，将合同副本报国务院工商行政管理部门备案，并报使用人所在地县级以上人民政府工商行政管理部门存查。

第十五条 特殊标志所有人或者使用人有下列行为之一的，由其所在地或者行为发生地县级以上人民政府工商行政管理部门责令改正，可以处5万元以下的罚款；情节严重的，由县级以上人民政府工商行政管理部门责令使用人停止使用该特殊标志，由国务院工商行政管理部门撤销所有人的特殊标志登记：

（一）擅自改变特殊标志文字、图形的；

（二）许可他人使用特殊标志，未签订使用合同，或者使用人在规定期限内未报国务院工商行政管理部门备案或者未报所在地县级以上人民政府工商行政管理机关存查的；

（三）超出核准登记的商品或者服务范围使用的。

第十六条 有下列行为之一的，由县级以上人民政府工商行政管理部门责令侵权人立即停止侵权行为，没收侵权商品，没收违法所得，并处违法所得5倍以下的罚款，没有违法所得的，处1万元以下的罚款：

（一）擅自使用与所有人的特殊标志相同或者近似的文字、图形或者其组合的；

（二）未经特殊标志所有人许可，擅自制造、销售其特殊标志或者将其特殊标志用于商业活动的；

（三）有给特殊标志所有人造成经济损失的其他行为的。

第十七条 特殊标志所有人或者使用人发现特殊标志所有权或者使用权被侵害时，可以向侵权人所在地或者侵权行为发生地县级以上人民政府工商行政管理部门投诉；也可以直接向人民法院起诉。

工商行政管理部门受理特殊标志侵权案件投诉的，应当依特殊标志所有人的请求，就侵权的民事赔偿主持调解；调解不成的，特殊标志所有人可以向人民法院起诉。

第十八条 工商行政管理部门受理特殊标志侵权案件，在调查取证时，可以行使下列职权，有关当事人应当予以协助，不得拒绝：

（一）询问有关当事人；

（二）检查与侵权活动有关的物品；

（三）调查与侵权活动有关的行为；

（四）查阅、复制与侵权活动有关的合同、帐册等业务资料。

第四章 附 则

第十九条 特殊标志申请费、公告费、登记费的收费标准，由国务院财政部门、物价部门会同国务院工商行政管理部门制定。

第二十条 申请特殊标志登记有关文书格式由国务院工商行政管理部门制定。

第二十一条 经国务院批准代表中国参加国际性文化、体育、科学研究等活动的组织所使用的名称、徽记、吉祥物等标志的保护，参照本条例的规定施行。

第二十二条 本条例自发布之日起施行。

中华人民共和国防空法

（1996年10月29日第八届全国人民代表大会常务委员会第二十二次会议通过）

目 录

第一章　总　　则

第一条　为了有效地组织人民防空，保护人民的生命和财产安全，保障社会主义现代化建设的顺利进行，制定本法。

第二条　人民防空是国防的组成部分。国家根据国防需要，动员和组织群众采取防护措施，防范和减轻空袭危害。

人民防空实行长期准备、重点建设、平战结合的方针，贯彻与经济建设协调发展、与城市建设相结合的原则。

第三条　县级以上人民政府应当将人民防空建设纳入国民经济和社会发展计划。

第四条　人民防空经费由国家和社会共同负担。

中央负担的人民防空经费，列入中央预算；县级以上地方各级人民政府负担的人民防空经费，列入地方各级预算。

有关单位应当按照国家规定负担人民防空费用。

第五条　国家对人民防空设施建设按照有关规定给予优惠。

国家鼓励、支持企业事业组织、社会团体和个人，通过多种途径，投资进行人民防空工程建设；人民防空工程平时由投资者使用管理，收益归投资者所有。

第六条　国务院、中央军事委员会领导全国的人民防空工作。

大军区根据国务院、中央军事委员会的授权领导本区域的人民防空工作。

县级以上地方各级人民政府和同级军事机关领导本行政区域的人民防空工作。

第七条　国家人民防空主管部门管理全国的人民防空工作。

大军区人民防空主管部门管理本区域的人民防空工作。

县级以上地方各级人民政府人民防空主管部门管理本行政区域的人民防空工作。

中央国家机关人民防空主管部门管理中央国家机关的人民防空工作。

人民防空主管部门的设置、职责和任务，由国务院、中央军事委员会规定。

县级以上人民政府的计划、规划、建设等有关部门在各自的职责范围内负责有关的人民防空工作。

第八条　一切组织和个人都有得到人民防空保护的权利，都必须依法履行人民防空的义务。

第九条　国家保护人民防空设施不受侵害。禁止任何组织或者个人破坏、侵占人民防空设施。

第十条　县级以上人民政府和军事机关对在人民防空工作中做出显著成绩的组织或者个人，给予奖励。

第二章　防护重点

第十一条　城市是人民防空的重点。国家对城市实行分类防护。

城市的防护类别、防护标准，由国务院、中央军事委员会规定。

第十二条　城市人民政府应当制定防空袭方案及实施计划，必要时可以组织演习。

第十三条 城市人民政府应当制定人民防空工程建设规划，并纳入城市总体规划。

第十四条 城市的地下交通干线以及其他地下工程的建设，应当兼顾人民防空需要。

第十五条 为战时储备粮食、医药、油料和其他必需物资的工程，应当建在地下或者其他隐蔽地点。

第十六条 对重要的经济目标，有关部门必须采取有效防护措施，并制定应急抢险抢修方案。

前款所称重要的经济目标，包括重要的工矿企业、科研基地、交通枢纽、通信枢纽、桥梁、水库、仓库、电站等。

第十七条 人民防空主管部门应当依照规定对城市和经济目标的人民防空建设进行监督检查。被检查单位应当如实提供情况和必要的资料。

第三章 人民防空工程

第十八条 人民防空工程包括为保障战时人员与物资掩蔽、人民防空指挥、医疗救护等而单独修建的地下防护建筑，以及结合地面建筑修建的战时可用于防空的地下室。

第十九条 国家对人民防空工程建设，按照不同的防护要求，实行分类指导。

国家根据国防建设的需要，结合城市建设和经济发展水平，制定人民防空工程建设规划。

第二十条 建设人民防空工程，应当在保证战时使用效能的前提下，有利于平时的经济建设、群众的生产生活和工程的开发利用。

第二十一条 人民防空指挥工程、公用的人员掩蔽工程和疏散干道工程由人民防空主管部门负责组织修建；医疗救护、物资储备等专用工程由其他有关部门负责组织修建。

有关单位负责修建本单位的人员与物资掩蔽工程。

第二十二条 城市新建民用建筑，按照国家有关规定修建战时可用于防空的地下室。

第二十三条 人民防空工程建设的设计、施工、质量必须符合国家规定的防护标准和质量标准。

人民防空工程专用设备的定型、生产必须符合国家规定的标准。

第二十四条 县级以上人民政府有关部门对人民防空工程所需的建设用地应当依法予以保障；对人民防空工程连接城市的道路、供电、供热、供水、排水、通信等系统的设施建设，应当提供必要的条件。

第二十五条 人民防空主管部门对人民防空工程的维护管理进行监督检查。

公用的人民防空工程的维护管理由人民防空主管部门负责。

有关单位应当按照国家规定对已经修建或者使用的人民防空工程进行维护管理，使其保持良好使用状态。

第二十六条 国家鼓励平时利用人民防空工程为经济建设和人民生活服务。平时利用人民防空工程，不得影响其防空效能。

第二十七条 任何组织或者个人不得进行影响人民防空工程使用或者降低人民防空工程防护能力的作业，不得向人民防空工程内排入废水、废气和倾倒废弃物，不得在人民防空工程内生产、储存爆炸、剧毒、易燃、放射性和腐蚀性物品。

第二十八条 任何组织或者个人不得擅自拆除本法第二十一条规定的人民防空工程；确需拆除的，必须报经人民防空主管部门批准，并由拆除单位负责补建或者补偿。

第四章 通信和警报

第二十九条 国家保障人民防空通信、警报的畅通，以迅速准确地传递、发放防空警报信号，有效地组织、指挥人民防空。

第三十条 国家人民防空主管部门负责制定全国的人民防空通信、警报建设规划，组织全国的人民防空通信、警报网的建设和管理。

县级以上地方各级人民政府人民防空主管部门负责制定本行政区域的人民防空通信、警报建设规划，组织本行政区域人民防空通信、警报网的建设和管理。

第三十一条 邮电部门、军队通信部门和人民防空主管部门应当按照国家规定的任务和人民防空通信、警报建设规划，对人民防空通信实施保障。

第三十二条 人民防空主管部门建设通信、警报网所需的电路、频率，邮电部门、军队通信部门、无线电管理机构应当予以保障；安装人民防空通信、警报设施，有关单位或者个人应当提供方便条件，不得阻挠。

国家用于人民防空通信的专用频率和防空警报音响信号，任何组织或者个人不得占用、混同。

第三十三条 通信、广播、电视系统，战时必须优先传递、发放防空警报信号。

第三十四条 军队有关部门应当向人民防空主管部门通报空中情报，协助训练有关专业人员。

第三十五条 人民防空通信、警报设施必须保持良好使用状态。

设置在有关单位的人民防空警报设施，由其所在单位维护管理，不得擅自拆除。

县级以上地方各级人民政府根据需要可以组织试鸣防空警报；并在试鸣的五日以前发布公告。

第三十六条 人民防空通信、警报设施平时应当为抢险救灾服务。

第五章 疏 散

第三十七条 人民防空疏散由县级以上人民政府统一组织。

人民防空疏散必须根据国家发布的命令实施，任何组织不得擅自行动。

第三十八条 城市人民防空疏散计划，由县级以上人民政府根据需要组织有关部门制定。

预定的疏散地区，在本行政区域内的，由本级人民政府确定；跨越本行政区域的，由上一级人民政府确定。

第三十九条 县级以上人民政府应当组织有关部门和单位，做好城市疏散人口安置和物资储运、供应的准备工作。

第四十条 农村人口在有必要疏散时，由当地人民政府按照就近的原则组织实施。

第六章 群众防空组织

第四十一条 县级以上地方各级人民政

府应当根据人民防空的需要，组织有关部门建立群众防空组织。

群众防空组织战时担负抢险抢修、医疗救护、防火灭火、防疫灭菌、消毒和消除沾染、保障通信联络、抢救人员和抢运物资、维护社会治安等任务，平时应当协助防汛、防震等部门担负抢险救灾任务。

第四十二条 群众防空组织由下列部门负责组建：

（一）城建、公用、电力等部门组建抢险抢修队；

（二）卫生、医药部门组建医疗救护队；

（三）公安部门组建消防队、治安队；

（四）卫生、化工、环保等部门组建防化防疫队；

（五）邮电部门组建通信队；

（六）交通运输部门组建运输队。

红十字会组织依法进行救护工作。

第四十三条 群众防空组织所需装备、器材和经费由人民防空主管部门和组建单位提供。

第四十四条 群众防空组织应当根据人民防空主管部门制定的训练大纲和训练计划进行专业训练。

第七章 人民防空教育

第四十五条 国家开展人民防空教育，使公民增强国防观念，掌握人民防空的基本知识和技能。

第四十六条 国家人民防空主管部门负责组织制定人民防空教育计划，规定教育内容。

在校学生的人民防空教育，由各级教育主管部门和人民防空主管部门组织实施。

国家机关、社会团体、企业事业组织人员的人民防空教育，由所在单位组织实施；其他人员的人民防空教育，由城乡基层人民政府组织实施。

第四十七条 新闻、出版、广播、电影、电视、文化等有关部门应当协助开展人民防空教育。

第八章 法律责任

第四十八条 城市新建民用建筑，违反国家有关规定不修建战时可用于防空的地下室的，由县级以上人民政府人民防空主管部门对当事人给予警告，并责令限期修建，可以并处10万元以下的罚款。

第四十九条 有下列行为之一的，由县级以上人民政府人民防空主管部门对当事人给予警告，并责令限期改正违法行为，可以对个人并处5000元以下的罚款、对单位并处1万元至5万元的罚款；造成损失的，应当依法赔偿损失：

（一）侵占人民防空工程的；

（二）不按照国家规定的防护标准和质量标准修建人民防空工程的；

（三）违反国家有关规定，改变人民防空工程主体结构、拆除人民防空工程设备设施或者采用其他方法危害人民防空工程的安全和使用效能的；

（四）拆除人民防空工程后拒不补建的；

（五）占用人民防空通信专用频率、使用与防空警报相同的音响信号或者擅自拆除人民防空通信、警报设备设施的；

（六）阻挠安装人民防空通信、警报设施，拒不改正的；

（七）向人民防空工程内排入废水、废气或者倾倒废弃物的。

第五十条 违反本法规定，故意损坏人民防空设施或者在人民防空工程内生产、储存爆炸、剧毒、易燃、放射性等危险品，尚不构成犯罪的，依照治安管理处罚条例的有关规定处罚；构成犯罪的，依法追究刑事责任。

第五十一条 人民防空主管部门的工作人员玩忽职守、滥用职权、徇私舞弊或者有其他违法、失职行为构成犯罪的，依法追究刑事责任；尚不构成犯罪的，依法给予行政处分。

第九章 附 则

第五十二条 省、自治区、直辖市人民代表大会常务委员会可以根据本法制定实施办法。

第五十三条 本法自 1997 年 1 月 1 日起施行。

破坏性地震应急条例

（1995 年 2 月 11 日中华人民共和国国务院令第 172 号公布 自 1995 年 4 月 1 日起施行）

目 录

第一章 总 则

第一条 为了加强对破坏性地震应急活动的管理，减轻地震灾害损失，保障国家财产和公民人身、财产安全，维护社会秩序，制定本条例。

第二条 在中华人民共和国境内从事破坏性地震应急活动，必须遵守本条例。

第三条 地震应急工作实行政府领导、统一管理和分级、分部门负责的原则。

第四条 各级人民政府应当加强地震应急的宣传、教育工作，提高社会防震减灾意识。

第五条 任何组织和个人都有参加地震应急活动的义务。

中国人民解放军和中国人民武装警察部队是地震应急工作的重要力量。

第二章 应急机构

第六条 国务院防震减灾工作主管部门指导和监督全国地震应急工作。国务院有关部门按照各自的职责，具体负责本部门的地震应急工作。

第七条 造成特大损失的严重破坏性地震发生后，国务院设立抗震救灾指挥部，国务院防震减灾工作主管部门为其办事机构；国务院有关部门设立本部门的地震应急机构。

第八条 县级以上地方人民政府防震减灾工作主管部门指导和监督本行政区域内的地震应急工作。

破坏性地震发生后，有关县级以上地方人民政府应当设立抗震救灾指挥部，对本行政区域内的地震应急工作实行集中领导，其办事机构设在本级人民政府防震减灾工作主管部门或者本级人民政府指定的其他部门；国务院另有规定的，从其规定。

第三章 应急预案

第九条 国家的破坏性地震应急预案，由国务院防震减灾工作主管部门会同国务院有关部门制定，报国务院批准。

第十条 国务院有关部门应当根据国家的破坏性地震应急预案，制定本部门的破坏性地震应急预案，并报国务院防震减灾工作主管部门备案。

第十一条 根据地震灾害预测，可能发生破坏性地震地区的县级以上地方人民政府防震减灾工作主管部门应当会同同级有关部门以及有关单位，参照国家的破坏性地震应急预案，制定本行政区域内的破坏性地震应急预案，报本级人民政府批准；省、自治区和人口在100万以上的城市的破坏性地震应急预案，还应当报国务院防震减灾工作主管部门备案。

第十二条 部门和地方制定破坏性地震应急预案，应当从本部门或者本地区的实际情况出发，做到切实可行。

第十三条 破坏性地震应急预案应当包括下列主要内容：

（一）应急机构的组成和职责；

（二）应急通信保障；

（三）抢险救援的人员、资金、物资准备；

（四）灾害评估准备；

（五）应急行动方案。

第十四条 制定破坏性地震应急预案的部门和地方，应当根据震情的变化以及实施中发现的问题，及时对其制定的破坏性地震应急预案进行修订、补充；涉及重大事项调整的，应当报经原批准机关同意。

第四章 临震应急

第十五条 地震临震预报，由省、自治区、直辖市人民政府依照国务院有关发布地震预报的规定统一发布，其他任何组织或者个人不得发布地震预报。

任何组织或者个人都不得传播有关地震的谣言。发生地震谣传时，防震减灾工作主管部门应当协助人民政府迅速予以平息和澄清。

第十六条 破坏性地震临震预报发布后，有关省、自治区、直辖市人民政府可以宣布预报区进入临震应急期，并指明临震应急期的起止时间。

临震应急期一般为10日；必要时，可以延长10日。

第十七条 在临震应急期，有关地方人民政府应当根据震情，统一部署破坏性地震应急预案的实施工作，并对临震应急活动中发生的争议采取紧急处理措施。

第十八条 在临震应急期，各级防震减灾工作主管部门应当协助本级人民政府对实施破坏性地震应急预案工作进行检查。

第十九条 在临震应急期，有关地方人民政府应当根据实际情况，向预报区的居民以及其他人员提出避震撤离的劝告；情况紧急时，应当有组织地进行避震疏散。

第二十条 在临震应急期，有关地方人民政府有权在本行政区域内紧急调用物资、设备、人员和占用场地，任何组织或者个人都不得阻拦；调用物资、设备或者占用场地的，事后应当及时归还或者给予补偿。

第二十一条 在临震应急期，有关部门应当对生命线工程和次生灾害源采取紧急防护措施。

第五章 震后应急

第二十二条 破坏性地震发生后，有关的省、自治区、直辖市人民政府应当宣布灾区进入震后应急期，并指明震后应急期的起止时间。

震后应急期一般为 10 日；必要时，可以延长 20 日。

第二十三条 破坏性地震发生后，抗震救灾指挥部应当及时组织实施破坏性地震应急预案，及时将震情、灾情及其发展趋势等信息报告上一级人民政府。

第二十四条 防震减灾工作主管部门应当加强现场地震监测预报工作，并及时会同有关部门评估地震灾害损失；灾情调查结果，应当及时报告本级人民政府抗震救灾指挥部和上一级防震减灾工作主管部门。

第二十五条 交通、铁路、民航等部门应当尽快恢复被损毁的道路、铁路、水港、空港和有关设施，并优先保证抢险救援人员、物资的运输和灾民的疏散。其他部门有交通运输工具的，应当无条件服从抗震救灾指挥部的征用或者调用。

第二十六条 通信部门应当尽快恢复被破坏的通信设施，保证抗震救灾通信畅通。其他部门有通信设施的，应当优先为破坏性地震应急工作服务。

第二十七条 供水、供电部门应当尽快恢复被破坏的供水、供电设施，保证灾区用水、用电。

第二十八条 卫生部门应当立即组织急救队伍，利用各种医疗设施或者建立临时治疗点，抢救伤员，及时检查、监测灾区的饮用水源、食品等，采取有效措施防止和控制传染病的暴发流行，并向受灾人员提供精神、心理卫生方面的帮助。医药部门应当及时提供救灾所需药品。其他部门应当配合卫生、医药部门，做好卫生防疫以及伤亡人员的抢救、处理工作。

第二十九条 民政部门应当迅速设置避难场所和救济物资供应点，提供救济物品等，保障灾民的基本生活，做好灾民的转移和安置工作。其他部门应当支持、配合民政部门妥善安置灾民。

第三十条 公安部门应当加强灾区的治安管理和安全保卫工作，预防和制止各种破坏活动，维护社会治安，保证抢险救灾工作顺利进行，尽快恢复社会秩序。

第三十一条 石油、化工、水利、电力、建设等部门和单位以及危险品生产、储运等单位，应当按照各自的职责，对可能发生或者已经发生次生灾害的地点和设施采取紧急处置措施，并加强监视、控制，防止灾害扩展。

公安消防机构应当严密监视灾区火灾的发生；出现火灾时，应当组织力量抢救人员和物资，并采取有效防范措施，防止火势扩大、蔓延。

第三十二条 广播电台、电视台等新闻单位应当根据抗震救灾指挥部提供的情况，按照规定及时向公众发布震情、灾情等有关信息，并做好宣传、报道工作。

第三十三条 抗震救灾指挥部可以请求非灾区的人民政府接受并妥善安置灾民和提供其他救援。

第三十四条 破坏性地震发生后，国内非灾区提供的紧急救援，由抗震救灾指挥部负责接受和安排；国际社会提供的紧急救援，由国务院民政部门负责接受和安排；国外红十字会和国际社会通过中国红十字会提供的紧急救援，由中国红十字会负责接受和安排。

第三十五条 因严重破坏性地震应急的需要，可以在灾区实行特别管制措施。省、自治区、直辖市行政区域内的特别管制措施，由省、自治区、直辖市人民政府决定；跨省、自治区、直辖市的特别管制措施，由有关省、自治区、直辖市人民政府共同决定或者由国务院决定；中断干线交通或者封锁国境的特别管制措施，由国务院决定。

特别管制措施的解除，由原决定机关宣布。

第六章 奖励和处罚

第三十六条 在破坏性地震应急活动中有下列事迹之一的，由其所在单位、上级机关或者防震减灾工作主管部门给予表彰或者奖励：

（一）出色完成破坏性地震应急任务的；

（二）保护国家、集体和公民的财产或者抢救人员有功的；

（三）及时排除险情，防止灾害扩大，成绩显著的；

（四）对地震应急工作提出重大建议，实施效果显著的；

（五）因震情、灾情测报准确和信息传递及时而减轻灾害损失的；

（六）及时供应用于应急救灾的物资和工具或者节约经费开支，成绩显著的；

（七）有其他特殊贡献的。

第三十七条 有下列行为之一的，对负有直接责任的主管人员和其他直接责任人员依法给予行政处分；属于违反治安管理行为的，依照治安管理处罚条例的规定给予处罚；构成犯罪的，依法追究刑事责任：

（一）不按照本条例规定制定破坏性地震应急预案的；

（二）不按照破坏性地震应急预案的规定和抗震救灾指挥部的要求实施破坏性地震应急预案的；

（三）违抗抗震救灾指挥部命令，拒不承担地震应急任务的；

（四）阻挠抗震救灾指挥部紧急调用物资、人员或者占用场地的；

（五）贪污、挪用、盗窃地震应急工作经费或者物资的；

（六）有特定责任的国家工作人员在临震应急期或者震后应急期不坚守岗位，不及时掌握震情、灾情，临阵脱逃或者玩忽职守的；

（七）在临震应急期或者震后应急期哄抢国家、集体或者公民的财产的；

（八）阻碍抗震救灾人员执行职务或者进行破坏活动的；

（九）不按照规定和实际情况报告灾情的；

（十）散布谣言，扰乱社会秩序，影响破坏性地震应急工作的；

（十一）有对破坏性地震应急工作造成危害的其他行为的。

第七章 附 则

第三十八条 本条例下列用语的含义：

（一）“地震应急”，是指为了减轻地震灾害而采取的不同于正常工作程序的紧急防灾和抢险行动；

（二）“破坏性地震”，是指造成一定数量的人员伤亡和经济损失的地震事件；

（三）“严重破坏性地震”，是指造成严重的人员伤亡和经济损失，使灾区丧失或者部分丧失自我恢复能力，需要国家采取对抗行动的地震事件；

（四）“生命线工程”，是指对社会生活、生产有重大影响的交通、通信、供水、排水、供电、供气、输油等工程系统；

（五）“次生灾害源”，是指因地震而可能引发水灾、火灾、爆炸等灾害的易燃易爆物品、有毒物质贮存设施、水坝、堤岸等。

第三十九条 本条例自 1995 年 4 月 1 日起施行。

社会团体登记管理条例

（1998 年 10 月 25 日国务院令第 250 号发布）

第一章 总 则

第一条 为了保障公民的结社自由，维护社会团体的合法权益，加强对社会团体的登记管理，促进社会主义物质文明、精神文明建设，制定本条例。

第二条 本条例所称社会团体，是指中国公民自愿组成，为实现会员共同意愿，按照其章程开展活动的非营利性社会组织。

国家机关以外的组织可以作为单位会员加入社会团体。

第三条 成立社会团体，应当经其业务主管单位审查同意，并依照本条例的规定进行登记。社会团体应当具备法人条件。

下列团体不属于本条例规定登记的范围：

（一）参加中国人民政治协商会议的人民团体；

（二）由国务院机构编制管理机关核定，并经国务院批准免于登记的团体；

（三）机关、团体、企业事业单位内部经本单位批准成立、在本单位内部活动的团体。

第四条 社会团体必须遵守宪法、法律、法规和国家政策，不得反对宪法确定的基本原则，不得危害国家的统一、安全和民族的团结，不得损害国家利益、社会公共利益以及其他组织和公民的合法权益，不得违背社会道德风尚。

社会团体不得从事营利性经营活动。第五条国家保护社会团体依照法律、法规及其章程开展活动，任何组织和个人不得非法干涉。

第六条 国务院民政部门和县级以上地方各级人民政府民政部门是本级人民政府的社会团体登记管理机关（以下简称登记管理机关）。

国务院有关部门和县级以上地方各级人民政府有关部门、国务院或者县级以上地方各级人民政府授权的组织，是有关行业、学科或者业务范围内社会团体的业务主管单位(以下简称业务主管单位)。

法律、行政法规对社会团体的监督管理另有规定的，依照有关法律、行政法规的规定执行。

第二章 管 辖

第七条 全国性的社会团体，由国务院的登记管理机关负责登记管理；地方性的社会团体，由所在地人民政府的登记管理机关负责登记管理；跨行政区域的社会团体，由所跨行政区域的共同上一级人民政府的登记管理机关负责登记管理。

第八条 登记管理机关、业务主管单位与其管辖的社会团体的住所不在一地的，可以委托社会团体住所地的登记管理机关、业务主管单位负责委托范围内的监督管理工作。

第三章 成 立 登 记

第九条 申请成立社会团体，应当经其业务主管单位审查同意，由发起人向登记管理机关申请筹备。第十条成立社会团体，应当具备下列条件：

（一）有 50 个以上的个人会员或者 30 个以上的单位会员；个人会员、单位会员混合组成的，会员总数不得少于 50 个；

（二）有规范的名称和相应的组织机构；

（三）有固定的住所；

（四）有与其业务活动相适应的专职工作人员；

（五）有合法的资产和经费来源，全国性的社会团体有 10 万元以上活动资金，地方性的社会团体和跨行政区域的社会团体有 3 万元以上活动资金；

（六）有独立承担民事责任的能力。社会团体的名称应当符合法律、法规的规定，不得违背社会道德风尚。社会团体的名称应当与其业务范围、成员分布、活动地域相一致，准确反映其特征。全国性的社会团体的名称冠以“中国”、“全国”、“中华”等字样的，应当按照国家有关规定经过批准，地方性的社会团体的名称不得冠以“中国”、“全国”、“中华”等字样。

第十一条 申请筹备成立社会团体，发起人应当向登记管理机关提交下列文件：

（一）筹备申请书；

（二）业务主管单位的批准文件；

（三）验资报告、场所使用权证明；

（四）发起人和拟任负责人的基本情况、身份证明；

（五）章程草案。

第十二条 登记管理机关应当自收到本条例第十一条所列全部有效文件之日起 60 日内，作出批准或者不批准筹备的决定；不批准的，应当向发起人说明理由。

第十三条 有下列情形之一的，登记管理机关不予批准筹备：

（一）有根据证明申请筹备的社会团体的宗旨、业务范围不符合本条例第四条的规定的；

（二）在同一行政区域内已有业务范围相同或者相似的社会团体，没有必要成立的；

（三）发起人、拟任负责人正在或者曾经受到剥夺政治权利的刑事处罚，或者不具有完全民事行为能力的；

（四）在申请筹备时弄虚作假的；

（五）有法律、行政法规禁止的其他情形的。

第十四条 筹备成立的社会团体，应当自登记管理机关批准筹备之日起 6 个月内召开会员大会或者会员代表大会，通过章程，产生执行机构、负责人和法定代表人，并向登记管理机关申请成立登记。筹备期间不得开展筹备以外的活动。

社会团体的法定代表人，不得同时担任其他社会团体的法定代表人。

第十五条 社会团体的章程应当包括下列事项：

（一）名称、住所；

（二）宗旨、业务范围和活动地域；

（三）会员资格及其权利、义务；

（四）民主的组织管理制度，执行机构的产生程序；

（五）负责人的条件和产生、罢免的程序；

（六）资产管理和使用的原则；

（七）章程的修改程序；

（八）终止程序和终止后资产的处理；

（九）应当由章程规定的其他事项。第十六条登记管理机关应当自收到完成筹备工作的社会团体的登记申请书及有关文件之日起 30 日内完成审查工作。对没有本条例第十三条所列情形，且筹备工作符合要求、章程内容完备的社会团体，准予登记，发给《社会团体法人登记证书》。登记事项包括：

（一）名称；

（二）住所；

（三）宗旨、业务范围和活动地域；

（四）法定代表人；

（五）活动资金；

（六）业务主管单位。对不予登记的，应当将不予登记的决定通知申请人。

第十七条 依照法律规定，自批准成立之日起即具有法人资格的社会团体，应当自批准成立之日起 60 日内向登记管理机关备案。登记管理机关自收到备案文件之日起 30 日内发给《社会团体法人登记证书》。社会团体备案事项，除本条例第十六条所列事项外，还应当包括业务主管单位依法出具的批准文件。

第十八条 社会团体凭《社会团体法人登记证书》申请刻制印章，开立银行帐户。社会团体应当将印章式样和银行帐号报登记管理机关备案。

第十九条 社会团体成立后拟设立分支机构、代表机构的，应当经业务主管单位审查同意，向登记管理机关提交有关分支机构、代表机构的名称、业务范围、场所和主要负责人等情况的文件，申请登记。

社会团体的分支机构、代表机构是社会团体的组成部分，不具有法人资格，应当按照其所属于的社会团体的章程所规定的宗旨和业务范围，在该社会团体授权的范围内开展活动、发展会员。社会团体的分支机构不得再设立分支机构。社会团体不得设立地域性的分支机构。

第四章　变更登记、注销登记

第二十条　社会团体的登记事项、备案事项需要变更的，应当自业务主管单位审查同意之日起 30 日内，向登记管理机关申请变更登记、变更备案（以下统称变更登记）。社会团体修改章程，应当自业务主管单位审查同意之日起 30 日内，报登记管理机关核准。

第二十一条　社会团体有下列情形之一的，应当在业务主管单位审查同意后，向登记管理机关申请注销登记、注销备案（以下统称注销登记）：

（一）完成社会团体章程规定的宗旨的；

（二）自行解散的；

（三）分立、合并的；

（四）由于其他原因终止的。

第二十二条　社会团体在办理注销登记前，应当在业务主管单位及其他有关机关的指导下，成立清算组织，完成清算工作。清算期间，社会团体不得开展清算以外的活动。

第二十三条　社会团体应当自清算结束之日起 15 日内向登记管理机关办理注销登记。办理注销登记，应当提交法定代表人签署的注销登记申请书、业务主管单位的审查文件和清算报告书。登记管理机关准予注销登记的，发给注销证明文件，收缴该社会团体的登记证书、印章和财务凭证。

第二十四条　社会团体撤销其所属分支机构、代表机构的，经业务主管单位审查同意后，办理注销手续。社会团体注销的，其所属分支机构、代表机构同时注销。

第二十五条　社会团体处分注销后的剩余财产，按照国家有关规定办理。

第二十六条　社会团体成立、注销或者变更名称、住所、法定代表人，由登记管理机关予以公告。

第五章　监督管理

第二十七条　登记管理机关履行下列监督管理职责：

（一）负责社会团体的成立、变更、注销的登记或者备案；

（二）对社会团体实施年度检查；

（三）对社会团体违反本条例的问题进行监督检查，对社会团体违反本条例的行为给予行政处罚。

第二十八条　业务主管单位履行下列监督管理职责：

（一）负责社会团体筹备申请、成立登记、变更登记、注销登记前的审查；

（二）监督、指导社会团体遵守宪法、法律、法规和国家政策，依据其章程开展活动；

（三）负责社会团体年度检查的初审；

（四）协助登记管理机关和其他有关部门查处社会团体的违法行为；

（五）会同有关机关指导社会团体的清

算事宜。

业务主管单位履行前款规定的职责，不得向社会团体收取费用。

第二十九条 社会团体的资产来源必须合法，任何单位和个人不得侵占、私分或者挪用社会团体的资产。

社会团体的经费，以及开展章程规定的活动按照国家有关规定所取得的合法收入，必须用于章程规定的业务活动，不得在会员中分配。

社会团体接受捐赠、资助，必须符合章程规定的宗旨和业务范围，必须根据与捐赠人、资助人约定的期限、方式和合法用途使用。社会团体应当向业务主管单位报告接受、使用捐赠、资助的有关情况，并应当将有关情况以适当方式向社会公布。

社会团体专职工作人员的工资和保险福利待遇，参照国家对事业单位的有关规定执行。

第三十条 社会团体必须执行国家规定的财务管理制度，接受财政部门的监督；资产来源属于国家拨款或者社会捐赠、资助的，还应当接受审计机关的监督。

社会团体在换届或者更换法定代表人之前，登记管理机关、业务主管单位应当组织对其进行财务审计。

第三十一条 社会团体应当于每年 3 月 31 日前向业务主管单位报送上一年度的工作报告，经业务主管单位初审同意后，于 5 月 31 日前报送登记管理机关，接受年度检查。工作报告的内容包括：本社会团体遵守法律法规和国家政策的情况、依照本条例履行登记手续的情况、按照章程开展活动的情况、人员和机构变动的情况以及财务管理的情况。

对于依照本条例第十七条的规定发给《社会团体法人登记证书》的社会团体，登记管理机关对其应当简化年度检查的内容。

第六章 罚 则

第三十二条 社会团体在申请登记时弄虚作假，骗取登记的，或者自取得《社会团体法人登记证书》之日起 1 年未开展活动的，由登记管理机关予以撤销登记。

第三十三条 社会团体有下列情形之一的，由登记管理机关给予警告，责令改正，可以限期停止活动，并可以责令撤换直接负责的主管人员；情节严重的，予以撤销登记；构成犯罪的，依法追究刑事责任：

（一）涂改、出租、出借《社会团体法人登记证书》，或者出租、出借社会团体印章的；

（二）超出章程规定的宗旨和业务范围进行活动的；

（三）拒不接受或者不按照规定接受监督检查的；

（四）不按照规定办理变更登记的；

（五）擅自设立分支机构、代表机构，或者对分支机构、代表机构疏于管理，造成严重后果的；

（六）从事营利性的经营活动的；

（七）侵占、私分、挪用社会团体资产或者所接受的捐赠、资助的；

（八）违反国家有关规定收取费用、筹集资金或者接受、使用捐赠、资助的。

前款规定的行为有违法经营额或者违法所得的，予以没收，可以并处违法经营额 1 倍以上 3 倍以下或者违法所得 3 倍以上 5 倍以下的罚款。

第三十四条 社会团体的活动违反其他法律、法规的，由有关国家机关依法处理；有关国家机关认为应当撤销登记的，由登记管理机关撤销登记。

第三十五条 未经批准，擅自开展社会团体筹备活动，或者未经登记，擅自以社会团体名义进行活动，以及被撤销登记的社会团体继续以社会团体名义进行活动的，由登记管理机关予以取缔，没收非法财产；构成犯罪的，依法追究刑事责任；尚不构成犯罪的，依法给予治安管理处罚。

第三十六条 社会团体被责令限期停止活动的，由登记管理机关封存《社会团体法人登记证书》、印章和财务凭证。社会团体被撤销登记的，由登记管理机关收缴《社会团体法人登记证书》和印章。

第三十七条 登记管理机关、业务主管单位的工作人员滥用职权、徇私舞弊、玩忽职守构成犯罪的，依法追究刑事责任；尚不构成犯罪的，依法给予行政处分。

第七章 附 则

第三十八条 《社会团体法人登记证书》的式样由国务院民政部门制定。

对社会团体进行年度检查不得收取费用。

第三十九条 本条例施行前已经成立的社会团体，应当自本条例施行之日起1年内依照本条例有关规定申请重新登记。

第四十条 本条例自发布之日起施行。1989年10月25日国务院发布的《社会团体登记管理条例》同时废止。

基金会管理条例

（2004年2月11日国务院第39次常务会议通过 2004年3月8日中华人民共和国国务院令第400号公布 自2004年6月1日起施行）

第一章 总 则

第一条 为了规范基金会的组织和活动，维护基金会、捐赠人和受益人的合法权益，促进社会力量参与公益事业，制定本条例。

第二条 本条例所称基金会，是指利用自然人、法人或者其他组织捐赠的财产，以从事公益事业为目的，按照本条例的规定成立的非营利性法人。

第三条 基金会分为面向公众募捐的基金会（以下简称公募基金会）和不得面向公众募捐的基金会（以下简称非公募基金会）。公募基金会按照募捐的地域范围，分为全国性公募基金会和地方性公募基金会。

第四条 基金会必须遵守宪法、法律、法规、规章和国家政策，不得危害国家安全、统一和民族团结，不得违背社会公德。

第五条 基金会依照章程从事公益活动，应当遵循公开、透明的原则。

第六条 国务院民政部门和省、自治区、直辖市人民政府民政部门是基金会的登记管理机关。

国务院民政部门负责下列基金会、基金会代表机构的登记管理工作：

（一）全国性公募基金会；

（二）拟由非内地居民担任法定代表人的基金会；

（三）原始基金超过 2000 万元，发起人向国务院民政部门提出设立申请的非公募基金会；

（四）境外基金会在中国内地设立的代表机构。

省、自治区、直辖市人民政府民政部门负责本行政区域内地方性公募基金会和不属于前款规定情况的非公募基金会的登记管理工作。

第七条 国务院有关部门或者国务院授权的组织，是国务院民政部门登记的基金会、境外基金会代表机构的业务主管单位。

省、自治区、直辖市人民政府有关部门或者省、自治区、直辖市人民政府授权的组织，是省、自治区、直辖市人民政府民政部门登记的基金会的业务主管单位。

第二章 设立、变更和注销

第八条 设立基金会，应当具备下列条件：

（一）为特定的公益目的而设立；

（二）全国性公募基金会的原始基金不低于 800 万元人民币，地方性公募基金会的原始基金不低于 400 万元人民币，非公募基金会的原始基金不低于 200 万元人民币；原始基金必须为到账货币资金；

（三）有规范的名称、章程、组织机构以及与其开展活动相适应的专职工作人员；

（四）有固定的住所；

（五）能够独立承担民事责任。

第九条 申请设立基金会，申请人应当向登记管理机关提交下列文件：

（一）申请书；

（二）章程草案；

（三）验资证明和住所证明；

（四）理事名单、身份证明以及拟任理事长、副理事长、秘书长简历；

（五）业务主管单位同意设立的文件。

第十条 基金会章程必须明确基金会的公益性质，不得规定使特定自然人、法人或者其他组织受益的内容。

基金会章程应当载明下列事项：

（一）名称及住所；

（二）设立宗旨和公益活动的业务范围；

（三）原始基金数额；

（四）理事会的组成、职权和议事规则，理事的资格、产生程序和任期；

（五）法定代表人的职责；

（六）监事的职责、资格、产生程序和任期；

（七）财务会计报告的编制、审定制度；

（八）财产的管理、使用制度；

（九）基金会的终止条件、程序和终止后财产的处理。

第十一条 登记管理机关应当自收到本条例第九条所列全部有效文件之日起 60 日内，作出准予或者不予登记的决定。准予登记的，发给《基金会法人登记证书》；不予登记的，应当书面说明理由。

基金会设立登记的事项包括：名称、住所、类型、宗旨、公益活动的业务范围、原始基金数额和法定代表人。

第十二条 基金会拟设立分支机构、代表机构的，应当向原登记管理机关提出登记申请，并提交拟设机构的名称、住所和负责人等情况的文件。

登记管理机关应当自收到前款所列全部有效文件之日起60日内作出准予或者不予登记的决定。准予登记的，发给《基金会分支（代表）机构登记证书》；不予登记的，应当书面说明理由。

基金会分支机构、基金会代表机构设立登记的事项包括：名称、住所、公益活动的业务范围和负责人。

基金会分支机构、基金会代表机构依据基金会的授权开展活动，不具有法人资格。

第十三条 境外基金会在中国内地设立代表机构，应当经有关业务主管单位同意后，向登记管理机关提交下列文件：

（一）申请书；

（二）基金会在境外依法登记成立的证明和基金会章程；

（三）拟设代表机构负责人身份证明及简历；

（四）住所证明；

（五）业务主管单位同意在中国内地设立代表机构的文件。

登记管理机关应当自收到前款所列全部有效文件之日起60日内，作出准予或者不予登记的决定。准予登记的，发给《境外基金会代表机构登记证书》；不予登记的，应当书面说明理由。

境外基金会代表机构设立登记的事项包括：名称、住所、公益活动的业务范围和负责人。

境外基金会代表机构应当从事符合中国公益事业性质的公益活动。境外基金会对其在中国内地代表机构的民事行为，依照中国法律承担民事责任。

第十四条 基金会、境外基金会代表机构依照本条例登记后，应当依法办理税务登记。

基金会、境外基金会代表机构，凭登记证书依法申请组织机构代码、刻制印章、开立银行账户。

基金会、境外基金会代表机构应当将组织机构代码、印章式样、银行账号以及税务登记证件复印件报登记管理机关备案。

第十五条 基金会、基金会分支机构、基金会代表机构和境外基金会代表机构的登记事项需要变更的，应当向登记管理机关申请变更登记。

基金会修改章程，应当征得其业务主管单位的同意，并报登记管理机关核准。

第十六条 基金会、境外基金会代表机构有下列情形之一的，应当向登记管理机关申请注销登记：

（一）按照章程规定终止的；

（二）无法按照章程规定的宗旨继续从事公益活动的；

（三）由于其他原因终止的。

第十七条 基金会撤销其分支机构、代表机构的，应当向登记管理机关办理分支机构、代表机构的注销登记。

基金会注销的，其分支机构、代表机构同时注销。

第十八条 基金会在办理注销登记前，应当在登记管理机关、业务主管单位的指导下成立清算组织，完成清算工作。

基金会应当自清算结束之日起15日内向登记管理机关办理注销登记；在清算期间不得开展清算以外的活动。

第十九条 基金会、基金会分支机构、基金会代表机构以及境外基金会代表机构的设立、变更、注销登记，由登记管理机关向社会公告。

第三章 组织机构

第二十条 基金会设理事会，理事为5人至25人，理事任期由章程规定，但每届任期不得超过5年。理事任期届满，连选可以连任。

用私人财产设立的非公募基金会，相互间有近亲属关系的基金会理事，总数不得超过理事总人数的三分之一；其他基金会，具有近亲属关系的不得同时在理事会任职。

在基金会领取报酬的理事不得超过理事总人数的三分之一。

理事会设理事长、副理事长和秘书长，从理事中选举产生，理事长是基金会的法定代表人。

第二十一条 理事会是基金会的决策机构，依法行使章程规定的职权。

理事会每年至少召开2次会议。理事会会议须有三分之二以上理事出席方能召开；理事会决议须经出席理事过半数通过方为有效。

下列重要事项的决议，须经出席理事表决，三分之二以上通过方为有效：

（一）章程的修改；

（二）选举或者罢免理事长、副理事长、秘书长；

（三）章程规定的重大募捐、投资活动；

（四）基金会的分立、合并。

理事会会议应当制作会议记录，并由出席理事审阅、签名。

第二十二条 基金会设监事。监事任期与理事任期相同。理事、理事的近亲属和基金会财会人员不得兼任监事。

监事依照章程规定的程序检查基金会财务和会计资料，监督理事会遵守法律和章程的情况。

监事列席理事会会议，有权向理事会提出质询和建议，并应当向登记管理机关、业务主管单位以及税务、会计主管部门反映情况。

第二十三条 基金会理事长、副理事长和秘书长不得由现职国家工作人员兼任。基金会的法定代表人，不得同时担任其他组织的法定代表人。公募基金会和原始基金来自中国内地的非公募基金会的法定代表人，应当由内地居民担任。

因犯罪被判处管制、拘役或者有期徒刑，刑期执行完毕之日起未逾5年的，因犯罪被判处剥夺政治权利正在执行期间或者曾经被判处剥夺政治权利的，以及曾在因违法被撤销登记的基金会担任理事长、副理事长或者秘书长，且对该基金会的违法行为负有个人责任，自该基金会被撤销之日起未逾5年的，不得担任基金会的理事长、副理事长或者秘书长。

基金会理事遇有个人利益与基金会利益关联时，不得参与相关事宜的决策；基金会理事、监事及其近亲属不得与其所在的基金会有任何交易行为。

监事和未在基金会担任专职工作的理事不得从基金会获取报酬。

第二十四条 担任基金会理事长、副理事长或者秘书长的香港居民、澳门居民、台湾居民、外国人以及境外基金会代表机构的负责人，每年在中国内地居留时间不得少于3个月。

第四章 财产的管理和使用

第二十五条 基金会组织募捐、接受捐赠，应当符合章程规定的宗旨和公益活动的业务范围。境外基金会代表机构不得在中国境内组织募捐、接受捐赠。

公募基金会组织募捐，应当向社会公布募得资金后拟开展的公益活动和资金的详细使用计划。

第二十六条 基金会及其捐赠人、受益人依照法律、行政法规的规定享受税收优惠。

第二十七条 基金会的财产及其他收入受法律保护，任何单位和个人不得私分、侵占、挪用。

基金会应当根据章程规定的宗旨和公益活动的业务范围使用其财产；捐赠协议明确了具体使用方式的捐赠，根据捐赠协议的约定使用。

接受捐赠的物资无法用于符合其宗旨的用途时，基金会可以依法拍卖或者变卖，所得收入用于捐赠目的。

第二十八条 基金会应当按照合法、安全、有效的原则实现基金的保值、增值。

第二十九条 公募基金会每年用于从事章程规定的公益事业支出，不得低于上一年总收入的70%；非公募基金会每年用于从事章程规定的公益事业支出，不得低于上一年基金余额的8%。

基金会工作人员工资福利和行政办公支出不得超过当年总支出的10%。

第三十条 基金会开展公益资助项目，应当向社会公布所开展的公益资助项目种类以及申请、评审程序。

第三十一条 基金会可以与受助人签订协议，约定资助方式、资助数额以及资金用途和使用方式。

基金会有权对资助的使用情况进行监督。受助人未按协议约定使用资助或者有其他违反协议情形的，基金会有权解除资助协议。

第三十二条 基金会应当执行国家统一的会计制度，依法进行会计核算、建立健全内部会计监督制度。

第三十三条 基金会注销后的剩余财产应当按照章程的规定用于公益目的；无法按照章程规定处理的，由登记管理机关组织捐赠给与该基金会性质、宗旨相同的社会公益组织，并向社会公告。

第五章 监督管理

第三十四条 基金会登记管理机关履行下列监督管理职责：

（一）对基金会、境外基金会代表机构实施年度检查；

（二）对基金会、境外基金会代表机构依照本条例及其章程开展活动的情况进行日常监督管理；

（三）对基金会、境外基金会代表机构违反本条例的行为依法进行处罚。

第三十五条 基金会业务主管单位履行下列监督管理职责：

（一）指导、监督基金会、境外基金会代表机构依据法律和章程开展公益活动；

（二）负责基金会、境外基金会代表机构年度检查的初审；

（三）配合登记管理机关、其他执法部门查处基金会、境外基金会代表机构的违法行为。

第三十六条 基金会、境外基金会代表机构应当于每年 3 月 31 日前向登记管理机关报送上一年度工作报告，接受年度检查。年度工作报告在报送登记管理机关前应当经业务主管单位审查同意。

年度工作报告应当包括：财务会计报告、注册会计师审计报告，开展募捐、接受捐赠、提供资助等活动的情况以及人员和机构的变动情况等。

第三十七条 基金会应当接受税务、会计主管部门依法实施的税务监督和会计监督。

基金会在换届和更换法定代表人之前，应当进行财务审计。

第三十八条 基金会、境外基金会代表机构应当在通过登记管理机关的年度检查后，将年度工作报告在登记管理机关指定的媒体上公布，接受社会公众的查询、监督。

第三十九条 捐赠人有权向基金会查询捐赠财产的使用、管理情况，并提出意见和建议。对于捐赠人的查询，基金会应当及时如实答复。

基金会违反捐赠协议使用捐赠财产的，捐赠人有权要求基金会遵守捐赠协议或者向人民法院申请撤销捐赠行为、解除捐赠协议。

第六章 法律责任

第四十条 未经登记或者被撤销登记后以基金会、基金会分支机构、基金会代表机构或者境外基金会代表机构名义开展活动的，由登记管理机关予以取缔，没收非法财产并向社会公告。

第四十一条 基金会、基金会分支机构、基金会代表机构或者境外基金会代表机构有下列情形之一的，登记管理机关应当撤销登记：

（一）在申请登记时弄虚作假骗取登记的，或者自取得登记证书之日起 12 个月内未按章程规定开展活动的；

（二）符合注销条件，不按照本条例的规定办理注销登记仍继续开展活动的。

第四十二条 基金会、基金会分支机构、基金会代表机构或者境外基金会代表机构有下列情形之一的，由登记管理机关给予警告、责令停止活动；情节严重的，可以撤销登记：

（一）未按照章程规定的宗旨和公益活动的业务范围进行活动的；

（二）在填制会计凭证、登记会计账簿、编制财务会计报告中弄虚作假的；

（三）不按照规定办理变更登记的；

（四）未按照本条例的规定完成公益事业支出额度的；

（五）未按照本条例的规定接受年度检查，或者年度检查不合格的；

（六）不履行信息公布义务或者公布虚假信息的。

基金会、境外基金会代表机构有前款所列行为的，登记管理机关应当提请税务机关责令补交违法行为存续期间所享受的税收减免。

第四十三条 基金会理事会违反本条例和章程规定决策不当，致使基金会遭受财产损失的，参与决策的理事应当承担相应的赔偿责任。

基金会理事、监事以及专职工作人员私分、侵占、挪用基金会财产的，应当退还非法占用的财产；构成犯罪的，依法追究刑事责任。

第四十四条 基金会、境外基金会代表机构被责令停止活动的，由登记管理机关封存其登记证书、印章和财务凭证。

第四十五条 登记管理机关、业务主管单位工作人员滥用职权、玩忽职守、徇私舞弊，构成犯罪的，依法追究刑事责任；尚不构成犯罪的，依法给予行政处分或者纪律处分。

第七章 附 则

第四十六条 本条例所称境外基金会，是指在外国以及中华人民共和国香港特别行政区、澳门特别行政区和台湾地区合法成立的基金会。

第四十七条 基金会设立申请书、基金会年度工作报告的格式以及基金会章程范本，由国务院民政部门制订。

第四十八条 本条例自2004年6月1日起施行，1988年9月27日国务院发布的《基金会管理办法》同时废止。

本条例施行前已经设立的基金会、境外基金会代表机构，应当自本条例施行之日起6个月内，按照本条例的规定申请换发登记证书。

重 要 文 件

中共中央、全国人大、国务院及各部委有关红十字会工作的文件

国务院办公厅转发中国红十字会总会《关于进一步加强红十字会工作意见》的通知

（国办发〔2004〕85号）

各省、自治区、直辖市人民政府，国务院各部委、各直属机构：

中国红十字会总会《关于进一步加强红十字会工作的意见》已经国务院同意，现转发给你们，请认真贯彻执行。

附：

中国红十字会总会《关于进一步加强红十字会工作的意见》

（2004年11月）

党和政府一贯高度重视、积极扶持和推动中国红十字事业的发展。自新中国建立特别是改革开放以来，红十字事业逐步走上法制化管理轨道，红十字会的管理体制和运行机制逐步理顺，救灾救助网络不断完善，国际交流与合作日益扩大，开展了大量卓有成效的人道主

义救助工作，为保障人民群众的生命安全和身体健康，维护国家改革、发展、稳定大局，增进同国际社会的交往，促进人类和平与进步事业，发挥了十分重要的作用。为贯彻落实《中华人民共和国红十字会法》(以下简称《红十字会法》)，推进我国红十字事业的发展，充分发挥各级红十字会的作用，现就进一步加强红十字会工作提出如下意见：

一、充分认识红十字会的地位和作用

国际红十字运动以“人道、公正、中立、独立、志愿服务、统一、普遍”为基本原则，以保护人的生命和健康，保护人类尊严，促进人与人之间的相互了解、友谊和合作，促进持久和平为宗旨。中国红十字会奉行国际红十字运动的基本原则和宗旨，弘扬“人道、博爱、奉献”的红十字精神，致力于“动员人道力量、改善最易受损害群体的境况”，协助政府开展人道主义救助工作，是我国社会主义现代化建设的重要力量。大力发展红十字事业，是实践“三个代表”重要思想，树立和落实以人为本、全面协调可持续科学发展观的必然要求，是国家的需要、人民的需要，也是时代发展的需要，对加强社会主义物质文明、政治文明和精神文明建设协调发展，构建社会主义和谐社会，实现全面建设小康社会的目标，具有重要的意义和作用。地方各级人民政府要高度重视、关心和支持红十字会工作，把支持红十字事业的发展作为义不容辞的重要责任，要明确一名负责同志联系红十字会工作。要认真贯彻落实《红十字会法》，保障各级红十字会依法独立自主地开展工作。要把支持红十字事业发展的工作摆到重要议事日程，纳入地方经济社会发展计划。要与转变政府职能紧密结合起来，切实加强红十字会工作，充分发挥红十字会在协助政府开展人道主义援助和促进经济社会发展等方面的积极作用。要充分调动社会各方面的积极性，形成全社会支持红十字会工作的良好局面。

二、切实加强对红十字事业的扶持

要加大对红十字事业的支持力度，切实帮助解决红十字事业发展中遇到的困难和问题。帮助并鼓励红十字会继续做好备灾救灾、社会募捐、初级卫生救护培训、社区红十字服务、宣传推动无偿献血、中国造血干细胞捐献者资料库建设、预防宣传艾滋病防治知识和关怀艾滋病病毒感染者及患者、红十字青少年活动以及国际和地区间交流与合作等公益性工作。根据外交工作需要，对红十字会参与国际人道主义救助工作以及开展民间外交的经费给予支持。要依法将资助红十字事业的经费纳入各级财政预算，支持红十字会的人道主义救助工作和有关公益性工作。

对红十字会兴办与其宗旨相符的社会福利事业和社区红十字服务项目，要按照有关规定给予政策优惠和扶持；对红十字会的救灾救助物资，要按照法律和行政法规的有关规定优先运输、优先放行，并减免有关费用。要积极支持红十字公益性宣传。

三、切实帮助红十字会提高救助能力

要帮助各级红十字会建立有效筹资机制，不断增强救助能力。支持红十字会依据《红十字会法》和《中华人民共和国公益事业捐赠法》的有关规定募集资金，支持红十字会拓宽民间捐资、社会募捐和国际捐赠等各种筹资渠道。要支持红十字会建立公开、公平、公正、高效的救灾救助制度，根据“尊重捐赠者意愿”的原则依法处分救灾救助物资，有关部门按规定做好监督和检查工作。

在国家灾害救助体系建设中要充分考虑

红十字会的作用，支持红十字会加强备灾救灾基础设施和救灾救助网络建设，帮助红十字会完善应急反应机制，形成协助政府做好救灾救助的工作体系。

四、大力加强红十字会组织机构和干部队伍建设

要支持红十字会加强干部队伍和组织机构建设，提高依法履行职责以及开展各项活动的能力和水平。要按照《红十字会法》的规定和《中共中央办公厅国务院办公厅关于印发〈21个群众团体机关机构改革意见〉的通知》（中办发〔2000〕31号）的要求，进一步完善红十字会机关管理体制。要加强各级红十字会领导班子建设，帮助红十字会加强干部队伍建设，注意吸收红十字会主要负责人参加有关协调机构和会议活动。要帮助解决好各级红十字会工作人员参照公务员管理的问题，为各级红十字会推荐得力的干部，并加强对干部的培训，不断提高干部的思想政策水平和业务能力，努力建设一支爱岗敬业、乐于奉献、勇于开拓、精通业务、廉洁公正、会做群众工作的干部队伍。要充分发挥各级红十字会理事会、基层组织、会员和志愿工作者的作用，广泛动员社会力量，合理利用社会资源，形成优势互补、有效合作、共同提高的社会化工作机制，努力把红十字会建成充满生机与活力、密切联系群众、符合自身特点的从事人道主义工作的社会救助团体。

五、努力推动国际和地区间交流与合作的深入开展

要充分发挥红十字会在开展民间外交方面的独特优势，继续鼓励和支持红十字会积极参与国际红十字运动，加强与国际红十字组织、各国红十字会和红新月会及其他国际组织的交流与合作，扩大合作规模和领域，努力引进资金、技术和项目，切实保障项目的实施，并配合国家外交工作需要积极向遭受战乱和自然灾害的国家和地区提供国际人道主义救助。

要支持红十字会按照“一国两制”的方针，进一步密切与香港、澳门特别行政区红十字分会的交流与合作，加强与台湾红十字组织的交流与合作，继续发挥红十字会在祖国统一大业中的特殊作用。

中央机构编制委员会办公室《关于印发〈中国红十字会总会机关主要职责、内设机构和人员编制方案〉的通知》

（中央编办发〔2001〕34号）

中国红十字会总会：

《中国红十字会总会机关主要职责、内设机构和人员编制方案》经中央机构编制委员会办公室审核，并报中央编委领导批准，现予印发。

附：

《中国红十字会总会机关主要职责、内设机构和人员编制方案》

（2001年10月12日）

根据《中共中央办公厅、国务院办公厅关于印发〈21个群众团体机关机构改革意见〉的通知》（中办发〔2000〕31 号）精神，中国红十字会总会机关主要职责、内设机构和人员编制方案确定如下：

一、职责调整

中国红十字会总会机关的主要职责，在1995 年“三定”方案规定基础上增加两项：

（一）指导中国红十字会地方分会开展全国性活动。

（二）负责建设和管理“中国造血干细胞捐献者资料库”。

在改革中要改进运行机制，一是通过人道主义的救助活动，为政府分忧，为群众解难。二是加强调查研究，组织经验交流；大力开展公益活动，以活动树“品牌”。三是发扬红十字会的优良传统和作风，大力弘扬“人道、博爱、奉献”的精神，把工作重点放到基层。

二、主要职责

中国红十字会是从事人道主义工作的社会救助团体。中国红十字会总会由国务院领导联系。其机关主要职责是：

（一）组织贯彻实施《中华人民共和国红十字会法》，执行《中国红十字会章程》，指导地方红十字会分会开展全国性活动，推动中国红十字会各项工作的开展。

（二）开展救灾的准备工作；在自然灾害和突发事件中，对伤病人员和其他受害者进行救助。

（三）开展人道领域内的社区服务和社会公益活动；组织开展群众性初级卫生救护训练，参加国际人道主义救助工作。

（四）开展与国际红十字组织和各国红十字会或红新月会的友好合作与交流；宣传国际红十字和红新月运动的基本原则和日内瓦公约及其附加议定书，并依照有关规定开展工作。

（五）开展有益于青少年身心健康的、弘扬人道主义精神的红十字青少年活动。

（六）依据《中华人民共和国红十字会法》和《中华人民共和国献血法》的规定，推动无偿献血工作，建设和管理“中国造血干细胞捐献者资料库”。

（七）按照“一国两制”的原则，加强与香港、澳门特别行政区红十字会的交往与合作；协助政府开展对台工作，开展两岸红十字组织的交流、合作。

（八）完成政府交办和委托的其它工作。

三、内设机构

中国红十字会总会机关内设 4 个部门和机关党委。

（一）办公室（对外可使用“人事部”印章）

负责总会工作综合协调、会议组织、文电处理、秘书事务、机要保密、安全保卫、档案管理、来信来访、计算机网络建设等工作；负责总会机关机构编制和人事管理；负责总会资产和财务管理，指导、监督直属单位的财务工作；依法管理中国红十字会总会接受的国内、国外组织与个人捐助款项。

（二）赈济救护部

组织开展救灾的准备工作，统筹总会救灾、备灾设施的建设和管理；指导地方红十字会分会救灾、备灾设施的建设工作；负责组织培训救灾骨干队伍，在自然灾害和突发事件中组织开展救护和救助，根据灾情向国内外发出呼吁，提供人道主义援助；开展群众性初级卫生救护训练，组织群众参加意外伤害和自然灾害的现场救助；组织会员和志愿工作者开展社区服务及其他人道主义服务活动；推动无偿献血，指导冠名红十字会的医院、血站、卫生站的业务建设，负责“中国造血干细胞捐赠者资料库（中华骨髓库）”的建设和管理等工作。

（三）事业发展部

负责组织开展对国际红十字运动及中国红十字事业发展的有关政策、理论的研究，组织起草红十字工作的有关重要文件；宣传、检查、督促、指导《中华人民共和国红十字会法》和《中华人民共和国红十字标志使用办法》的实施；负责传播日内瓦公约及其附加议定书、红十字与红新月运动七项基本原则，组织、开展重大宣传活动；负责指导地方红十字会分会的组织建设与志愿工作者队伍建设；组织红十字青少年活动；负责对挂靠在总会的符合红十字宗旨的社会福利事业单位和经济实体的管理等工作，依法接受国内外组织和个人的捐赠。

（四）联络部

负责红十字组织对外及香港÷澳门特别行政区和台湾地区交往、合作事宜；负责中国红十字会参与国际红十字与红新月运动的具体事宜；协助政府依照日内瓦公约及其附加议定书的有关规定开展工作；负责联系国际人道主义救助工作；实施对外捐助；负责总会与有关国际组织、各国红十字会或红新月会的交流与合作；指导地方红十字会开展对外合作与交流言协助政府开展对台工作，处理有关事务，促进两岸红十字组织的交流、合作。

机关党委。负责机关和在京直属单位的党群工作。

四、人员编制和领导职数

中国红十字会总会机关人员编制为60名（其中行政编制45名，财政补贴事业编制15名）。

领导职数：会长1名（兼），常务副会长1名，副会长1名，秘书长1名，副秘书长1名；部门正、副领导职数9名（含机关党委专职副书记1名）。

离退休干部工作机构和人员编制保持稳定。

财政部、国家税务总局《关于企业等社会力量向红十字事业捐赠有关问题的通知》

（财税〔2001〕28号 2001年3月8日）

各省、自治区、直辖市、计划单列市财政厅（局）、国家税务局、地方税务局、红十字会：

为鼓励企业等社会力量向红十字事业的捐赠，财政部、国家税务总局联合下发了《关于企业等社会力量向红十字事业捐赠有关所得税政策问题的通知》（财税〔2000〕30号）。为更好地贯彻落实此项政策，现就有关问题通知如下：

一、关于“红十字事业”的认定

县级以上（含县级）红十字会，按照《中华人民共和国红十字会法》和《中国红十字会章程》所赋予的职责开展的相关活动为“红十字事业”。具体有以下十项：

（一）红十字会为开展救灾工作兴建和管理备灾救灾设施；自然灾害和突发事件中，红十字会开展的救护和救助活动。

（二）红十字会开展的卫生救护和防病知识的宣传普及；对易发生意外伤害的行业和人群开展的初级卫生救护培训，以及意外伤害、自然灾害的现场救护。

（三）无偿献血的宣传、发动及表彰工作。

（四）中国造血干细胞捐赠者资料库（中华骨髓库）的建设与管理，以及其他有关人道主义服务工作。

（五）各级红十字会兴办的符合红十字会宗旨的社会福利事业；红十字会的人员培训、机关建设等。

（六）红十字青少年工作及其开展的活动。

（七）国际人道主义救援工作。

（八）依法开展的募捐活动。

（九）宣传国际人道主义法、红十字与红新月运动基本原则和《中华人民共和国红十字会法》。

（十）县级以上（含县级）人民政府委托红十字会办理的其他“红十字事业”。

二、对受赠者和转赠者资格的认定

鉴于现阶段各级地方红十字会机构管理体制多元化的情况，为使接受的捐赠真正用于发展红十字事业，维护国家正常的税收秩序，对受赠者、转赠者的资格认定为：

（一）完全具有受赠者、转赠者资格的红十字会

县级以上（含县级）红十字会的管理体制及办事机构、编制经同级编制部门核定，由同级政府领导联系者为完全具有受赠者、转赠者资格的红十字会。捐赠给这些红十字会及其“红十字事业”，捐赠者准予享受在计算缴纳企业所得税和个人所得税时全额扣除的优惠政策。

（二）部分具有受赠和转赠资格的红十字会

由政府某部门代管或挂靠在政府某一部门的县级以上（含县级）红十字会为部分具有受赠者、转赠者资格的红十字会。这些红十字会及其“红十字事业”，只有在中国红十字会总会号召开展重大活动（以总会文件为准）时接受的捐赠和转赠，捐赠者方可享受在计算缴纳企业所得税和个人所得税时全额扣除的优惠政策。除此之外，接受定向捐赠或转赠，必须经中国红十字会总会认可，捐赠者方可享受在计算缴纳企业所得税和个人所得税时全额扣除的优惠政策。

（三）接受捐赠的红十字会应按照财务隶属关系分别使用由中央或省级财政部门统一印（监）制的捐赠票据，并加盖接受捐赠或转赠的红十字会的财务专用印章。

（四）为增强中国红十字会总会的协调及救助能力，县级以上（含县级）红十字会将接受的捐赠资金（不包括实物部分），按10%的比例逐笔上交中国红十字会总会，上交资金全部用于“红十字事业”。

（五）任何组织和个人不得侵占和挪用向红十字事业的捐赠。对违反本办法，骗取所得税税前扣除或伪造捐赠票据者，按国家有关法律法规处罚。

财政部、国家税务总局、海关总署《关于发布〈扶贫、慈善性捐赠物资免征进口税收暂行办法〉的通知》

（财税〔2000〕152号 2001年1月15日）

国务院各部委、各直属机构，各省、自治区、直辖市人民政府：

经国务院批准，现将《扶贫、慈善性捐赠物资免征进口税收暂行办法》印发，请遵照执行。

附：

《扶贫、慈善性捐赠物资免征进口税收暂行办法》

第一条 为促进公益事业的健康发展，规范对扶贫、慈善事业捐赠物资的进口管理，根据《中华人民共和国公益事业捐赠法》有关规定，制定本办法。

第二条 对境外捐赠人无偿向受赠人捐赠的直接用于扶贫、慈善事业的物资，免征进口关税和进口环节增值税。

第三条 本办法所称扶贫、慈善事业是指非营利的扶贫济困、慈善救助等社会慈善和福利事业。

第四条 本办法所称境外捐赠人是指中华人民共和国关境外的自然人、法人或者其他组织。

第五条 本办法所称受赠人是指：

（一）经国务院主管部门依法批准成立的，以人道救助和发展扶贫、慈善事业为宗旨的社会团体。

（二）国务院有关部门和各省、自治区、直辖市人民政府。

第六条 本办法所称用于扶贫、慈善公益性事业的物资是指：

（一）新的衣服、被褥、鞋帽、帐篷、手套、睡袋、毛毯及其他维持基本生活的必需用品等。

（二）食品类及饮用水（调味品、水产品、水果、饮料、烟酒等除外）。

（三）医疗类包括直接用于治疗特困患者疾病或贫困地区治疗地方病及基本医疗卫生、公共环境卫生所需的基本医疗药品、基本医疗器械、医疗书籍和资料。

（四）直接用于公共图书馆、公共博物馆、中等专科学校、高中（包括职业高中）、初中、小学、幼儿园教育的教学仪器、教材、图书、资料和一般学习用品。

（五）直接用于环境保护的专用仪器。

（六）经国务院批准的其他直接用于扶贫、慈善事业的物资。

前款物资不包括国家明令停止减免进口税收的二十种商品、汽车、生产性设备、生产性原材料及半成品等。捐赠物资应为新品，在捐赠物资内不得夹带有害环境、公共卫生和社会道德及政治渗透等违禁物品。

第七条 进口的捐赠物资，由受赠人向海关提出免税申请，海关按规定负责审批并进行后续管理。经批准免税进口的捐赠物资，由海关进行专项统计。

第八条 进口的捐赠物资按国家规定属配额、特定登记和进口许可证管理的商品，受赠人应向有关部门申请配额、登记证明和进口许可证，海关凭证验放。

第九条 经批准免税进口的捐赠物资，依照《中华人民共和国公益事业捐赠法》第三章有关条款进行使用和管理。

第十条 免税进口的扶贫、慈善性捐赠进口物资，不得以任何形式转让、出售、出租或移作他用。如有违反，按国家有关法律、法规处理。

第十一条 （一）外国政府、国际组织无偿捐赠的扶贫、慈善物资按《中华人民共和国海关法》和《中华人民共和国增值税暂行条例》有关规定继续执行，不适用本办法。(二)经国务院特别批准的免征进口税的捐赠物资，不适用本办法。

第十二条 本办法由财政部会同国家税务总局、海关总署解释。

第十三条 海关总署根据本办法制定具体实施办法。

第十四条 本办法自发布之日起施行。

财政部、国家税务总局《关于企业等社会力量向红十字事业捐赠有关所得税政策问题的通知》

（财税〔2000〕30号 2000年7月12日）

各省、自治区、直辖市、计划单列市财政厅(局)、国家税务局、地方税务局：

根据国务院决定精神，为支持红十字事业发展，现对企业等社会力量向红十字事业捐赠的有关所得税政策问题通知如下：

企业、事业单位、社会团体和个人等社会力量，通过非营利性的社会团体和国家机关（包括中国红十字会）向红十字事业的捐赠，在计算缴纳企业所得税和个人所得税时准予全额扣除。

本通知自2000年1月1日起执行。

中央机构编制委员会办公室《关于理顺中国红十字会总会管理体制的通知》

（中编办字〔1999〕136号 1999年12月29日）

中国红十字会总会：

为了推动和协调《中华人民共和国红十字会法》的贯彻实施，便于你会开展国际交往，在国际上发挥积极的影响和作用，有利于中国红十字会依照红十字会法和章程，独立自主地全面开展工作，有利于加强政府对红十字会工作的领导和协调，经报请中央编委领导批准，将中国红十字会总会由“卫生部代管”改由国务院领导联系，其机关党的工作由中央国家机关工委领导、干部按中组部有关规定进行管理、经费列国管局。

维持原来外事工作归口外交部、对台工作由中台办指导的管理关系不变。

中华人民共和国新闻出版署《关于对中国红十字总会归口管理报刊的复函》

中国红十字会总会：

红报刊字〔2000〕63号、卫办新发〔2000〕第132号均已收悉。

根据中编办《关于理顺中国红十字会管

理体制的通知》（中编办字〔1999〕136 号）的精神，同意原由你会主办、卫生部主管的《中国红十字报》和《博爱》杂志由你会主管主办。卫生部不再做其主管单位。其他登记项目不变。

请到北京市新闻出版局办理变更手续。

中共中央组织部《关于党政机关领导干部兼任中国红十字会领导职务的答复》

（干办字〔1998〕15 号）

中国红十字会总会党组：

红党字［1998］第 006 号文收悉。

经研究，同意你们关于党政机关领导干部可以兼任中国红十字会领导职务的意见。党政机关领导干部兼任地方各级红十字会和行业红十字会领导职务问题，可由地方各级党委和行业党委根据工作需要研究确定。

民政部《关于救灾募捐义演等有关问题的通知》

（民办发〔1998〕9 号　1998 年 9 月 3 日）

各省、自治区、直辖市民政厅（局），各计划单列市民政局：

根据《国务院办公厅关于加强救灾捐赠管理工作的通知》（国办发明电［1998］14 号）精神，为了进一步加强对救灾募捐义演、义卖、义诊、义展、义赛、义画、义拍等活动的管理，维护捐赠者和受捐赠者的合法权益，并确保救灾募捐义演等活动合法有序，现就有关问题通知如下：

一、救灾募捐义演活动的审批程序

必须按照国务院 1997 年发布的《营业性演出管理条例》和民政部 1994 年发布的《社会福利性募捐义演管理暂行办法》的规定，严格履行报批手续。举办者必须向当地县级以上人民政府民政部门提出申请，经民政部门核准报同级文化行政部门批准后方可举办。

二、救灾募捐义演活动的申报内容

民政部门接受申办者提交申请书时，必须要求申办者同时提供资信证明、接受单位的认定材料、演出计划、演出地点、演出场次、演出时间、演出票价、必要费用开支预算、所得善款额度、公证部门同意公证的证明等材料。

三、救灾募捐义演的经费预算决算

举办义演所得收入，除去必要的费用开支以外，其余收入必须全部移交受捐者，受捐者要单独设立账户，专账管理，并给捐赠者开具收据和捐赠证书，捐赠款物的数额要向社会公布。捐赠义演等活动的全过程必须经公证部门公证，举办者必须按照国家财会制度进行结算，并由审计部门进行全面审计，将决算报告报原审批部门。

四、其他救灾募捐活动

救灾募捐义卖、义诊、义展、义赛、义画、义拍等活动必须严格管理，参照救灾募捐义演规定由各级民政部门从严审核。同时，义卖、义拍活动审核后要经工商部门批准；义展活动审核后要经文化部门批准；义赛活动审核后由体育行政部门批准。

五、监督检查

救灾募捐义演、义卖、义诊、义展、义赛、义画、义拍等活动必须在法律范围内进行。凡经批准举办的义演、义卖、义诊、义展、义赛、义画、义拍等活动必须在举办现场公示批准文本，否则按非法募捐行为处理。

对于非法举办救灾募捐义演、义卖、义诊、义展、义赛、义画、义拍等活动的，由公安部门予以制止，并依法严肃查处；对以义演、义卖、义诊、义展、义赛、义画、义拍等名义诈骗钱财的，由公安、司法部门依法严厉惩处。

各级民政部门负责检查募捐义演、义卖、义诊、义展、义赛、义画、义拍等款物的落实情况，捐赠者和受捐赠者不得挪用捐赠款物，违者由民政部门会同有关部门坚决依法查处。

侵吞募捐义演款物的，依据《营业性演出管理条例》第四十六条规定，由文化部门会同民政部门责令举办者将违法所得送交受捐者，并处违法所得3倍以上5倍以下的罚款；情节严重的，由原发证机关责令停业整顿直至吊销相关的许可证；构成犯罪的，依法追究刑事责任。

侵吞义卖、义诊、义展、义赛、义画、义拍等募捐款物的，由民政部门报同级人民政府会同公安、体育、工商等有关部门给予严肃处理。

在救灾募捐义演、义卖、义诊、义展、义赛、义画、义拍等活动中进行非法募捐的社会团体，民政部门要依据《社会团体登记管理条例》的有关规定予以处理。

监察部门对机关和事业单位侵吞救灾捐赠款物的，要及时通报上级监察部门，对主要负责人和直接责任人给予行政处分。

国务院办公厅《关于加强救灾捐赠管理工作的通知》

（国办发明电〔1998〕14号　1998年8月23日）

各省，自治区、直辖市人民政府，国务院各部委、各直属机构：

今年我国长江、松花江流域发生严重洪涝灾害，全国各族人民、港澳台同胞、海外侨胞十分关心灾区人民，纷纷慷慨解囊，掀起了捐款捐物献爱心的热潮，充分体现了中华民族“一方有难，八方支援”的传统美德。广泛开展的社会捐赠活动，将对帮助灾区人民克服困难、重建家园起到重要作用。但在救灾捐赠活动中也出现了一些诸如募捐渠道混乱，捐赠款物分配多头等问题，个别地方甚至出现了以救灾募捐名义进行诈骗活动的现象，这些问题如不及时解决，不仅会挫伤社会各界的捐赠积极性，严重影响救灾捐赠工作的正常进行，而且会扰乱正常的社会秩序，影响整个救灾工作的正常有序开展。为切实组织好救灾捐赠工作，加强对救灾捐赠款物的管理使用，现就有关问题通知如下：

一、救灾捐赠工作要有领导。有组织地规范进行。各地、各部门要切实加强对救灾捐赠工作的领导，把救灾捐赠工作作为夺取抗灾救灾全面胜利的重要措施来抓，统筹安排，精心指导，周密部署。救灾捐赠工作由民政部门统一组织，各系统、各部门只能在本系统、本单位内组织救灾捐赠活动。除中国红十字会外，未经民政部门同意，任何个人、任何单位不得在社会上开展任何形式的救灾募捐活动。义演、义卖、义诊等救灾募捐活动，必须按照国务院1997年发布的《营业性演出管理条例》和民政部1994年发布的《社会福利性募捐义演管理暂行办法》的规定，严格履行报批手续。江西、湖南、湖北、安徽、福建、广西、黑龙江、吉林、内蒙古等重灾省（区）的各级民政部门要有专门机构负责接收省内外的救灾捐款。其他省份的民政部门也必须组织好救灾捐赠工作。任何系统开展救灾捐赠工作，都必须坚持自愿原则，不得搞行政命令、硬性摊派。

二、要切实管好用好救灾捐赠款物。接收救灾捐赠必须做到手续完备、专账管理、专人负责、账款相符、账目清楚。接收的每一笔捐款，都要当面点清，开具收据。救灾捐赠款物要坚持专款专物专用、集中使用、统一制定分配方案、分头组织实施的原则。定向捐赠的款物，必须按捐赠者意愿使用，非定向捐赠的款物，除少量用于紧急转移安置灾民生活所需外，要重点用于帮助灾民重建或新建家园。

中央和国家机关有关部门、非重灾省区及全国性民间组织要将救灾捐赠的接收情况及时报民政部，由民政部负责统计汇总，并按照国务院确定的原则，根据灾情统筹平衡，制定非定向捐赠款物的分配方案，由各部门、各单位具体组织实施。

国有企业救灾捐赠（包括现金和实物），按现行财税制度规定，在年度应纳税所得额3%以内的部分可以从应纳税所得额中抵扣，超过年度应纳税所得额3%以上的部分只能从税后企业工资基金结余和福利费中列支。所有国有企业都必须严格执行国家财税法规，不得将救灾捐赠抵扣营业收入，不得因此影响各项税收的缴纳。

重灾省（区）的各级民政部门统一接收本行政区域内外的救灾捐赠，制定分配使用方案，报同级政府批准后组织实施，同时将方案报上级主管部门。

三、加强对救灾捐赠工作的监督、检查。捐赠款物的接收、分配、使用情况要及时向社会公布，自觉接收公众监督。救灾捐赠工作的主管部门要及时查处和取缔各种形式的非法募捐活动。新闻媒介要充分发挥舆论监督作用，揭露救灾捐赠工作中的违纪、违法现象。

审计、监察部门要对救灾捐赠工作跟踪检查、审计，发现问题及时处理。公安、司法部门要坚决打击借募捐名义从事诈骗活动等救灾捐赠工作中的违法犯罪行为。

财政部、国务院关税税则委员会、国家税务总局、海关总署《关于印发〈关于救灾捐赠物资免征进口税收暂行办法〉的通知》

（财税字〔1998〕98号　1998年6月29日）

民政部、中国红十字会、中华全国妇女联合会：

经国务院批准，现将《关于救灾捐赠物资免征进口税收的暂行办法》印发给你们，请按照执行。

关于救灾捐赠物资免征进口税收的暂行办法

第一条 为有利于灾区紧急救援，规范救灾捐赠进口物资的管理，制定本办法。

第二条 对外国民间团体、企业、友好人士和华侨、香港居民和台湾、澳门同胞无偿向我境内受灾地区捐赠的直接用于救灾的物资，在合理数量范围内，免征进口关税和进口环节增值税、消费税。

第三条 享受救灾捐赠物资进口免税的区域限于新华社对外发布和民政部《中国灾情信息》公布的受灾地区。

第四条 免税进口的救灾捐赠物资限于：

（一）食品类（不包括调味品、水产品、水果、饮料、酒等）；

（二）新的服装、被褥、鞋帽、帐篷、手套、睡袋、毛毯及其他维持基本生活的必需用品等；

（三）药品类（包括治疗、消毒、抗菌等）、疫苗、白蛋白、急救用医疗器械、消杀灭药械等；

（四）抢救工具（包括担架、橡皮艇、救生衣等）；

（五）经国务院批准的其他直接用于灾区救援的物资。

第五条 救灾捐赠物资进口免税的审批管理：

（一）救灾捐赠进口物资一般应由民政部（中国国际减灾十年委员会）提出免税申请，对于来自国际和友好国家及香港特别行政区、台湾、澳门红十字会和妇女组织捐赠的物资分别由中国红十字会、中华全国妇女联合会提出免税申请，海关总署依照本规定进行审核并办理免税手续。免税进口的救灾捐赠物资按渠道分别由民政部（如涉及国务院有关部门，民政部应会同相关部门）、中国红十字会、中华全国妇女联合会负责接收、管理并及时发送给受灾地区。

（二）接受的捐赠物资，按国家规定属配额、特定登记和进口许可证管理的商品，应向有关部门申请配额、登记证明和进口许可证，海关凭证验放。

第六条 各地区、各有关部门要加强管理，不得以任何形式将免税进口的救灾捐赠物资转让、出售、出租或移作他用，如违反上述规定，由海关按《中华人民共和国海关法》有关条款规定处理。

第七条 外国政府、国际组织无偿捐赠的救灾物资按《中华人民共和国海关法》第三十九条和《中华人民共和国增值税暂行条例》第十六条有关规定执行，不适用本办法。

第八条 本办法由财政部会同国务院关税税则委员会、国家税务总局、海关总署负责解释。

第九条 本办法自发布之日起施行。

财政部、国家税务总局《关于对社会团体收取的会费收入不征收营业税的通知》

（财税字〔1997〕63号 1997年5月21日）

最近，一些地方和部门要求对社会团体收取的会费收入是否应征收营业税问题予以明确。经研究，通知如下，请遵照执行。

一、社会团体按财政部门或民政部门规

定标准收取的会费，是非应税收入，不属于营业税的征收范围，不征收营业税。

二、社会团体会费，是指社会团体在国家法规、政策许可的范围内，依照社团章程的规定，收取的个人会员和团体会员的款额。

三、本通知所称的社会团体是指在中华人民共和国境内经国家社团主管部门批准成立的非营利性的协会、学会、联合会、研究会、基金会、联谊会、促进会、商会等民间群众社会组织。

四、各党派、共青团、工会、妇联、中科协、青联、台联、侨联收取的党费、会费，比照上述规定执行。

中共中央组织部、人事部《关于印发中国红十字会总会机关参照〈国家公务员暂行条例〉管理的实施方案的通知》

（组通字〔1996〕48号）

各省、自治区、直辖市党委和人民政府，中国红十字会总会党组：

中央已决定，在国家行政机关有计划、有步骤地推行国家公务员制度的同时，各级红十字会机关参照《国家公务员暂行条例》进行管理。现将《中国红十字会总会机关参照〈国家公务员暂行条例〉管理的实施方案》印发给你们。

中国红十字会总会机关参照《国家公务员暂行条例》管理的工作，按照本方案执行。地方各级红十字会机关参照《国家公务员暂行条例》管理的工作，由各省、自治区、直辖市党委组织部会同有关部门，按照本方案规定的原则，结合本地区红十字会的实际情况，制定具体实施办法，经同级党委审批后组织实施。实施办法报中央组织部、人事部备案，并抄送中国红十字会总会。

红十字会机关参照《国家公务员暂行条例》管理，是红十字会机关干部人事制度改革的一项重要工作。各级党委要切实加强领导，严格执行《中华人民共和国红十字会法》、《中国红十字会章程》和有关规定，及时研究和解决实施工作中出现的问题，做好思想政治工作，保证参照管理工作顺利进行。要通过这项工作，进一步加强机关工作人员的教育、培养和管理，不断提高人员素质，提高工作效率，更好地发挥红十字会在保护人的生命和健康、发扬人道主义精神、促进和平进步事业中的作用。

1996年11月7日

中央机构编制委员会办公室《关于印发〈中国红十字会总会机构改革方案〉的通知》

（中编办字〔1995〕52号）

中国红十字会总会：

《中国红十字会总会机构改革方案》经中央机构编制委员会办公室审核，并报国务院领导批准，现予印发。

附：

《中国红十字会总会机构改革方案》

（红字〔1995〕第062号　1995年4月19日）

根据《中共中央关于印发〈关于党政机构改革的方案〉和〈关于党政机构改革方案的实施意见〉的通知》（中发〔1993〕7号）和中央机构编制委员会第五次会议确定的社团机构改革的原则，中国红十字会总会机构改革方案确定如下：

一、机构改革的指导思想

中国红十字会总会的机构改革，要全面贯彻《中华人民共和国红十字会法》，按照《中国红十字会章程》有效地开展工作，本着“明确职能、理顺关系、分类归口、提高效率”的原则，调整并精简内设机构和人员编制，使各项工作适应改革和发展的需要，努力建设具有中国特色的红十字会。

二、主要工作任务

中国红十字会是中华人民共和国统一的红十字组织，是从事人道主义工作的社会救助团体。中国红十字会总会由卫生部代管。其主要工作任务是：

1. 制订中国红十字工作的方针、政策，指导全国各地红十字会加强自身建设、组织建设和开展各项工作。

2. 开展备灾救灾工作，在自然灾害和突发事件中，对伤病人员和其他受害者实施救助；参加国际人道主义救援工作。

3. 开展人道领域内的社会服务和社会公益活动。组织开展群众性初级卫生救护训练和现场急救；推动全国无偿献血和非血缘关系骨髓移植工作的开展。

4. 组织红十字青少年开展社会主义精神文明和弘扬人道主义活动。

5. 与红十字国际组织和各国红十字会建立关系、友好往来，开展人道领域方面的技术交流与合作。

6. 向国内外宣传国际红十字和红新月运动确立的基本原则和日内瓦公约及其附加议定书、《中华人民共和国红十字会法》、中国和国际红十字运动等。

7. 协助政府开展对台工作，促进两岸红十字组织的交往与合作。

8. 完成政府委托的其他有关事宜。

三、内设机构

根据上述主要任务，中国红十字会总会机关内设四个部、室和机关党委

1. 办公室

负责总会机关有关工作的综合协调；负责秘书、机要、保密、档案、文电处理，综合性会议和较大型活动的组织；负责总会机关和事业单位机构编制和人事管理；负责机关、事业单位财务及国内外捐助款项的管理、指导与审计工作；负责对挂靠在总会的企事业单位的管理工作。

2. 国内工作一部

负责统筹并指导各备灾中心的建设和管理，组织培训救灾骨干队伍，加强备灾工作；负责自然灾害发生后的灾情调查、积极参与救助灾民；负责向红十字国际组织和海内外通报灾情，发出争取援助的呼吁，组织社会募捐；负责赈灾款物的分配、救灾物资的采购，与财务部门共同进行赈灾财务管理

及内部审计。

开展群众性初级卫生救护训练，普及卫生防病知识，在全国建立红十字自救互救网络；指导红十字会医院、血站、卫生站的建设；宣传和推动无偿献血，开展非血缘关系骨髓移植检索工作，管理中华骨髓库；负责人体器官捐献的动员、组织及有关的国际交流与合作等

3. 国内工作二部

负责指导各级红十字会的组织发展与建设、会务知识的普及教育、专（兼）职干部的培训，会费的收缴、使用、管理的监督指导；组织红十字青少年的国内外活动与交往；进行中国红十字事业发展的方针及理论、国际国内红十字运动的历史、现状及未来的研究；组织起草红十字工作的有关方针、政策性文件，宣传、检查、督促、指导红十字会法的实施；指导全国红十字会系统的宣传工作，组织全国性的重大宣传活动；向国内外宣传中国和国际红十字运动，对报刊社进行政策督导。

4. 联络部

负责中国红十字会参与国际红十字运动的具体事宜；协助政府开展民间外交捐助；负责与有关国际组织、各国红十字会的联系、交流与合作；统筹安排各业务部门涉外工作；搞好年度外事计划的制订，落实互访活动的组织安排与翻译工作。加强与港、澳、台红十字组织的交往、合作；检查指导地方红十字会有关港、澳事务工作，促进红十字活动的双向交流；组织港、澳、台情调研，协助政府处理有关事

5. 机关党委

负责机关和事业单位党的组织、思想、作风建设、纪检、监察和机关党委日常事务；领导机关工会、共青团工作。

四、人员编制和领导职数

中国红十字会总会机关定编 73 名（其中行政编制 45 名，全额拨款事业编制 28 名），离退休干部工作人员编制 3 名单列。领导职数：会长 1 名（兼）、专职副会长 3 名（其中 1 名兼任秘书长）；副秘书长 1 名；部、室正、副领导职数 9 名（其中副局级领导职数 5 名，含机关党委专职副书记 1 名）。

五、事业单位和编制

中国红十字会总会直属事业单位 3 个，自收自支事业编制 157 名，其中：

1. 中国红十字会总会机关服务中心自收自支事业编制 20 名；

2. 中国红十字会总会报刊社自收自支事业编制 40 名；

3. 中国红十字会总会训练中心自收自支事业编制 97 名。

民政部、财政部《关于社会团体收取会费的通知》

（民社发〔1992〕27 号　1992 年 10 月 4 日）

各省、自治区、直辖市民政、财政厅（局）：

为了使社会团体合理收取会费，并加强对会费的管理，特作如下通知：

一、在中华人民共和国境内组织的，经社团登记管理机关核准登记的各种协会、学会、研究会、联合会、联谊会、促进会、商会等社会团体，方可收取会费。

社会团体会费，是指社会团体在国家法规、政策许可的范围内，依据社会团体章程

规定，收取的个人会员和团体会员的款额。

社会团体收取会费，应坚持取之有度，用之得当的原则。

二、社会团体收取会费的标准，应根据为会员提供服务的合理开支需要，结合会员的受益程度制定。

社会团体收取会费的标准，应由社会团体理事会或常务理事会通过，经业务主管部门审核后，报社团登记管理机关审定。

社会团体收取会费标准变更时，应按上述程序核定。

全国性社会团体收取个人会员的会费标准：普通会员年度会费不得超过10元（永久性会员除外）；全国性社会团体收取团体会员的会费标准：企业会员单位自有资金500万元以上的，年度会费不得超过300元；自有资金1000万元以上的，年度会费不得超过500元；自有资金2000万元以上的，年度会费不得超过1000元；自有资金5000万元以上的，年度会费不得超过2000元。事业单位和社会团体年度会费不得超过300元。

跨省（自治区、直辖市）性社会团体收取会费的标准，可参照全国性同类社会团体的会费标准执行。

地方性社会团体如何收取会费，可参照本通知规定，由省、自治区、直辖市民政部门会商财政部门制定具体办法。

外籍会员的会费标准，可参照国际惯例确定。

三、社会团体会费，个人会员应由个人负担，不得由所在单位支付；团体会员会费，企业应从自有资金中开支；事业单位从预算包干结余（收支结余）中开支；社会团体从自有资金中开支。

社会团体的会费，应用于围绕团体宗旨开展业务活动，支付专职工作人员的工资、福利和办公开支，不得挪作他用。

社会团体收取会费，必须使用由财政部门监制、民政部门统一印制的“社会团体会费收据”。

社会团体必须建立健全财务制度，配备专职或兼职财会人员，设立会费收支账册，加强会费收支管理，并接受财政部门的监督。

社会团体如违反本通知有关规定收取会费，会员有权拒付。

四、社会团体每年应向其理事会公布会费的收支情况，并在年检时向社团登记管理机关报告，接受监督。社团登记管理机关根据工作需要，可随时检查社会团体的会费收支情况。

社会团体有下列情形之一者，属乱收会费，社团登记管理机关可分别给予罚款、没收非法所得会费、停止活动的处罚：

（一）违反本通知规定，擅自提高会费标准的；

（二）不使用本通知规定的会费票据而收取会费或涂改、转让、伪造收费票据的；

（三）未按本通知规定使用会费的；

（四）其他违反本通知规定的行为。

五、本通知自1993年7月1日起执行。

中国红十字会总会与有关部委联合发的文件

中国红十字会总会、中华人民共和国民政部《关于表彰全国社区红十字服务示范市（区）的决定》

红赈字〔2005〕16号

中国红十字会总会与民政部于2003年6月联合印发《关于开展全国社区红十字服务示范活动的意见》后，“红十字关爱进社区”及社区红十字服务示范市（区）的创建活动在全国展开。基层红十字会积极参与创建活动，付出了辛勤努力，做出了积极贡献，取得了突出成绩。为了表彰他们的工作业绩，弘扬他们的进取精神，促进社区红十字服务工作更加普遍、深入地开展，中国红十字会总会和民政部决定，对福建省厦门市等28个市（区）社区红十字服务工作授予全国社区红十字服务示范市（区）称号并予以表彰：

一、全国社区红十字服务示范市6个

福建省厦门市、河北省保定市、四川省宜宾市、辽宁省营口市、新疆维吾尔自治区昌吉市、浙江省温岭市。

二、全国社区红十字服务示范区22个

北京市：东城区、西城区、宣武区、崇文区、通州区；

天津市：河西区；

上海市：徐汇区、嘉定区、静安区、南汇区；

内蒙古自治区赤峰市：松山区；

江苏省南京市：玄武区、秦淮区、下关区、建邺区、白下区、江宁区；

江苏省无锡市：南长区、惠山区；

河南省焦作市：解放区；

江西省赣州市：章贡区；

福建省厦门市：思明区。

以上表彰的28个示范市（区），是社区红十字服务示范创建活动中的优秀典型。希望受表彰的市（区）把荣誉作为新的起点，不断努力，再创佳绩。

各地社区要向受表彰的示范市（区）学习，学习他们实践“三个代表”重要思想，坚持围绕中心、服务大局的政治坚定性；学习他们热爱红十字事业的执着精神；学习他们以人为本、求真务实的科学态度；学习他们关爱困难群体、甘于奉献、不畏困难、开拓进取的敬业品质，积极开展示范市（区）创建活动，使社区红十字服务工作在推进社区建设中发挥政府助手作用，为建立社会主义和谐社会、实现小康社会的宏伟目标做出更大的贡献。

2005年2月16日

中国红十字会总会、卫生部《关于加强中国造血干细胞捐献者资料库（中华骨髓库）及分库建设的通知》

（红赈字〔2002〕28号）

各省、自治区、直辖市红十字会、卫生厅

(局)：

20多年来的实践证明，造血干细胞移植是治疗白血病等疾病的有效手段，建立造血干细胞捐献者资料库是这种治疗手段必备的辅助支持系统。目前，美国、加拿大、法国、德国、荷兰、日本等国家相继建立了造血干细胞供者资料库（骨髓库），并且通过国际互联网帮助病人查找供者。我国台湾已有21万供者的资料，至今，已有80余名台湾同胞向祖国大陆患者捐献了造血干细胞。作为造血干细胞移植的主要对象白血病患者，每年新增4万人以上，其中50%以上是青少年和儿童。目前，全国虽然有近10万名志愿者报名捐献造血干细胞，但因组织管理体系和技术保障体系尚在建设和完善中，因此还未建立起全国联网的造血干细胞资料库。

为此，中国红十字会总会在国务院领导的关怀下，受卫生部的委托，负责中国造血干细胞捐献者资料库（中华骨髓库）的建设和管理。各地红十字会和卫生行政部门在这项工作上要提高认识、加强领导、密切配合、积极行动，争取政府和社会的支持，加速中国造血干细胞捐献者资料库的建设。为使中国造血干细胞捐献者资料库的建设统一化、规范化、科学化、制度化，现将有关事宜通知如下：

一、中国造血干细胞捐献者资料库由中国红十字会总会统一规划布局、统一机构名称、统一工作程序、统一检测标准、统一资料管理。

二、经中央编办批准，中国红十字会总会建立中国造血干细胞捐献者资料库管理中心（以下简称“国家级管理中心”），负责造血干细胞捐献者资料库总体规划的制定和实施；指导和管理全国造血干细胞捐献者资料库等工作。

三、中国造血干细胞捐献者资料库设立专家委员会，负责中国造血干细胞捐献者资料库的技术指导。

四、有条件的省、自治区、直辖市红十字会可建立“中国造血干细胞捐献者资料库xx省分库”，同时设立相应的管理机构，即中国造血干细胞捐献者资料库xx省管理中心（以下简称“省级管理中心”），并报“国家级管理中心”备案。

五、“省级管理中心”负责向社会征集志愿捐献者和统一管理本省志愿捐献者的HLA（人类白细胞抗原）分型资料；为临床提供造血干细胞资料检索等工作。

六、“省级管理中心”按“国家级管理中心”要求，建立全国统一的电子网络管理系统，及时向“国家级管理中心”报送HLA分型数据资料。

七、国家血液检定机构或受其委托的机构负责对中国造血干细胞捐献者资料库各省分库HLA组织配型实验室的质量控制和技术指导。

八、“省级管理中心”可通过招标方式，在提出申请的、符合国家卫生行政部门标准的实验室中推荐HLA组织配型实验室，经国家血液检定机构或受其委托的机构认定、省级卫生行政部门批准，并报“国家级管理中心”备案后，可作为中国造血干细胞捐献者资料库定点HLA组织配型实验室。

九、中国造血干细胞捐献者资料库及省级分库面向省级以上卫生行政部门审定的造血干细胞移植医院提供HLA分型检索配型服务。

中国红十字会总会、民政部《关于开展社区红十字服务工作的通知》

（红赈字〔2002〕100号 2002年12月16日）

各省、自治区、直辖市红十字会，民政厅（局）：

根据党的“十六大报告”中关于“加强公共服务设施建设，改善生活环境，发展社区服务，方便群众生活”的精神和《中共中央办公厅、国务院办公厅关于转发（民政部关于在全国推进城市社区建设的意见）的通知》（中办发〔2000〕23号）的要求，以及红十字会与红新月会国际联合会关于将“社区卫生和关怀”列入四项核心工作之一的号召，各地红十字会积极配合政府，在城市社区建设中，开展多种形式的符合红十字会宗旨的社区红十字服务活动，为提高广大居民群众的生活质量，救助弱势群体，促进社会稳定发挥了积极的作用。“扎根基层、服务社区”已成为各级红十字会当前和今后一项重要工作。但从全国来看，红十字会参与社区建设工作发展还不平衡。为使红十字会工作更好地融入社区，服务社区，

现就有关事项通知如下：

一、社区红十字服务工作的基本原则、目标和任务

社区红十字服务工作是政府社区建设工作的一个补充。红十字会在各级政府的支持、指导下，依照《中华人民共和国红十字会法》和《中国红十字会章程》，以社区为依托，以红十字会会员和热心公益事业的广大志愿者为服务主体，以社区居民特别是弱势群体为服务对象，开展社会服务、宣传培训、募捐救助等人道主义工作。

（一）基本原则

1. 以人为本、服务弱势——坚持以解决政府关注的难点和群众关心的热点问题为主社会上的弱势群体和广大居民提供人道主义服务。

2. 政府支持、突出特色——在各级政府部门的支持和指导下，根据社区建设的发展需要，选准、选好切入点，开展具有红十字会特色的社会救助与服务活动。

3. 因地制宜、资源共享——根据自身条件和当地实际，充分利用社区服务中心和社区居委会的资源，组织开展群众性的宣传、培训等公益活动。

4. 健全队伍、规范管理——在各级红十字会领导下，街道红十字会专（兼）职人员负责社区红十字服务工作，建立以红十字会会员和志愿者、社区居委会、社区群众广泛参与的红十字服务体系，明确服务对象和服务项目，组织开展服务活动，制定相应的规章制度，逐步形成从上到下的红十字救助和服务网络。

（二）目标和任务

1. 总体目标

到2010年，省、市、县级红十字会都要开展服务社区工作。省、市级红十字会主要抓总体规划、示范指导和推广进度，并且建立信息服务网络；区、县级红十字会重点抓组织管理与具体实施，逐步实现社区红十字服务工作的规范化和网络化。

2. 基本目标

（1）2004年前，各级政府将红十字会

工作列入社区建设规划；各省、自治区、直辖市所属市、县级红十字会开展这项工作的进展为：东部地区实现 60% 以上，中部地区实现 40% 以上，西部地区实现 30% 以上；以后逐年增加 10%。

(2) 各省会城市和计划单列市要先行一步，在 2004 年前全部开展试点和推广工作。有条件的城市可根据国务院 11 个部委发出的《关于加快发展城市社区卫生服务的意见》（卫基妇发〔2002〕186 号）参与社区卫生服务，创办社区卫生服务机构，也可将原有的红十字社区卫生服务站（点）按照 11 个部委《意见》的要求进行改造、充实并开展服务活动。

(3) 开展“红十字关爱进社区”活动。以现有的备灾救灾中心、服务站、工作站、活动站、卫生站等为基地，开展保健、咨询、登记、募集、租借、义卖、帮困、扶老、助残等项服务；利用社区资源，进行红十字会基本知识传播，开展群众性的卫生救护培训和造血干细胞捐献宣传工作，参与无偿献血、艾滋病预防、遗体捐献等科学知识的宣传普及活动。尚无活动基地的可联合有关部门创造条件开展救助服务活动，同时要不断扩大服务队伍，增加服务项目，拓宽服务范围，增强服务技能，改进服务设施，提高服务质量，发挥红十字会在社区的救灾、救护、救助等人道主义的服务作用。

3. 主要任务

(1) 社会服务

在对孤、老、病、残、困等弱势群体进行帮困救助的同时，面向广大群众，开展符合红十字会宗旨的便民、利民、助民活动。集中人力、物力、财力，充实服务设施，把公益性无偿服务、互助性低偿服务、市场性有偿服务结合起来，形成多层次、多类型、广覆盖的社区红十字服务网络，并且持久、稳定地开展下去。

(2) 宣传培训

采取多种形式，宣传红十字会知识，动员社会各界关心和支持红十字事业。招募具有专业技术特长的志愿者，组织开展院前救护、居家护理、卫生保健、家庭安全等知识的培训，使社区居民增强自我保健知识，掌握自救互救技能，提高身心健康水平和生活质量。

(3) 募捐救助

采取多种形式，开展募捐、租借、义卖活动，并遵照捐赠者意愿及义卖收入用于救助灾区和最需要帮助的困难群体。

二、开展社区红十字服务工作的总体要求

（一）加强领导，协调互动将募集的款物和租借服务

各级民政部门作为推进社区建设的职能部门，要支持社区红十字服务工作，充分发挥红十字会人道主义社会救助团体在社区建设中的作用，将社区红十字服务工作纳入城市社区建设规划和社区工作的内容，并加以指导，协调各方，疏通渠道，为顺利开展社区红十字服务工作，实现基本目标和总体目标搭建工作平台。社区居委会对社区红十字服务工作给予具体指导和帮助。

各级红十字会把服务社区工作纳入议事日程，并作为一项重要工作去抓。已经开展这项工作的，要建立健全检查指导、监督保障、总结表彰和定期向政府部门通报的工作制度；尚未开展起来的，要制订计划、研究措施，为尽快开展社区红十字服务工作创造必要条件。要对红十字会会员、志愿者进行

业务培训，使其明确职责，拓宽社区工作知识范围，提高社区服务管理水平，把社区红十字服务工作与社区精神文明建设紧密地结合起来，形成街道红十字会、社区居委会、红十字服务基地和驻地各行各业、广大居民群众齐抓共管、协调互动、优势互补的工作关系，为社会的不断进步和人民群众的幸福生活创造一个良好的服务环境。

（二）注重创新，力求发展

在开展社会服务、宣传培训、募捐救助工作的同时，还要随着本地经济条件和居民需求的变化，大胆探索、勇于实践，选择多种形式、拓宽工作内容、更新服务项目，并使社区红十字服务工作理念、工作方法、服务内容既适合社区整体工作的开展，又根据群众的需求不断创新。

推进社区红十字服务工作要坚持从实际出发，合理制订计划，落实整体规划；结合本地特色，进行分类指导。制定、实施计划和整体规划要做到短期与中、长期相结合，以可持续发展为着眼点；以困难群体的需求为服务内容；以群众满意为服务标准；整体工作以加强社区建设、稳定社会秩序、提高群众生活质量为目的。大、中城市的社区资源相对充裕，应在服务内容上形成各自的特色；小城市社区应结合实际在服务管理上寻求突破。要集中人力、物力、财力，抓一、二个示范区或示范点，以点带面，逐步推开。充分利用民政部命名的全国社区建设示范城的优势，开展社区红十字服务示范活动。采取多种形式，广泛筹集资金，为深入持久地开展社区红十字服务工作创造有利条件，并加强对服务基地及红十字活动专项款物的监管工作，保证社区红十字服务工作规范有序地进行。

（三）总结表彰，激励先进

要建立以服务时间和服务业绩为主要内容的考核奖励制度，制订评选奖励标准，大力宣传社区红十字服务工作中涌现出的先进人物和先进集体，特别要注意发展和培育社区红十字志愿者队伍，并在思想上激励他们，生活上关心他们，工作上爱护他们，努力为他们开展工作创造必要条件。最大限度地调动居民群众参与社区红十字服务的积极性和创造性，努力满足社区群众多层次的需求。

各地在依法开展社区红十字服务的同时，坚持“一手抓推进，一手抓研究”的工作思路，注重抓基础工作，解决关键问题。抓推进要由点到面、从大中城市向小城市直至覆盖全国；抓研究要解决不断出现的新情况、新问题，使社区红十字服务这项利国利民的人道主义事业深入持久、扎实有效地开展下去。为全面建设小康社会，加快推进社会主义现代化，开创中国特色社会主义事业新局面做出更大的贡献。

中国红十字会总会、教育部《关于印发〈学校红十字会工作规则〉的通知》

（红事字〔2002〕9号　2002年2月21日）

各省、自治区、直辖市红十字会，教育厅（教委）：

现将《学校红十字会工作规则》印发给你们，请结合素质教育的实施，因地因校制宜，在大、中、小学校施行。1988年制定的《学校红十字会工作暂行规程》同时废止。

附：

学校红十字会工作规则

第一条 为加强学校社会主义精神文明建设，贯彻国家的教育方针，全面推进素质教育，根据《中华人民共和国红十字会法》、《中共中央国务院关于深化教育改革全面推进素质教育的决定》和《中国红十字会章程》，结合学校实际，制定本规则。

第二条 学校红十字会是以学生为主体、师生员工共同参加的中国红十字会的基层组织。在学校领导和教育行政部门、上级红十字会指导下，开展符合红十字会宗旨的活动。

第三条 学校的师生员工，凡符合《中国红十字会章程》的规定，由本人申请，校红十字会批准，均可成为红十字会个人会员。在校学生加入红十字会的为红十字青少年会员。

入会者，登记备案，发给“会员证”和“会员证章”。

第四条 会员享有和承担《中国红十字会章程》规定的权利和义务。毕业转学或参加工作（调动工作）的会员，凭原会员证到新单位红十字会报到，登记注册，不需再办理人会手续。转入单位没有建立红十字组织的，可保留会籍。

第五条 学校红十字会的名称为：在“红十字会”前冠以学校名称。学校红十字会可根据学校结构和会员人数情况设不同层次和类型的分会及会员小组。

第六条 学校红十字会的最高权力机构是会员代表大会。

会员代表大会一般每2年召开一次，必要时可提前或延期召开。其职权是：

（一）选举学校红十字会理事会；

（二）听取和审查理事会工作报告和财务报告；

（三）决定其他重大事项。

第七条学校红十字会的领导机构是学校红十字会理事会。理事会由校级领导、学校有关部门负责人和红十字青少年会员代表组成。会长由校级领导出任，副会长由学校有关部门负责人出任。秘书长、副秘书长由会长提名，理事会决定，负责日常工作。

第八条 学校红十字会的基本任务是：

（一）学习、宣传《中华人民共和国红十字会法》、《中华人民共和国红十字标志使用办法》和红十字运动基本知识；

（二）配合学校素质教育，培养学生的创新精神和实践能力，使广大红十字青少年成为受益者、服务者和参与管理者，促进学生德智体美全面发展；

（三）根据青少年的不同年龄、不同知识层次，开展思想品德、卫生与健康等相关知识教育。组织与专业有关的社会调查、社会实践和社区志愿服务活动；

（四）在校内外广泛开展体现人道精神的救死扶伤、扶危济困、敬老助残、尊师爱幼等助人为乐的活动；

（五）根据青少年的年龄特点开展形式活泼的、有益于青少年身心健康的夏（冬）令营活动；

（六）开展与各国红十字青少年之间的友好交往活动；

（七）教职员工会员除参加学校红十字

会统一组织的活动外，要具体指导青少年会员的日常活动。

第九条 各级教育行政部门和红十字会共同成立红十字会学校工作委员会，指导学校红十字会开展工作；学校要把红十字会工作列入学校工作议事日程。

学校红十字会理事会要定期研究红十字青少年工作，使其活动制度化、规范化、知识化、趣味化，符合学校实际，富有教育意义，促进青少年身心健康成长。

学校红十字会应设立红十字活动场所。学校红十字会应与共青团、少先队和学生会等群众组织密切配合，开展活动。

第十条 学校红十字会的经费除来源于会费外，学校应给予补助。

第十一条 会员应按《中国红十字会会费管理办法》缴纳会费。青少年会员按年度缴纳会费，数额不限，原则上不超过5元，其他会员年度会费不超过10元，会费由学校红十字会负责收缴、使用和管理，80%留学校红十字会，20%缴纳上级红十字会。会费使用情况，定期向学校红十字会理事会报告。

第十二条 被评为先进会员的师生员工，应享受学校相应的荣誉待遇，由学校记入人事档案。

会员工作突出或做出重大贡献，可报请上级红十字会授予荣誉称号。

第十三条 本规则自发布之日起施行。原中国红十字会总会、国家教育委员会1988年6月21日颁布的《学校红十字会工作暂行规程》同时废止。

人事部、中国红十字会总会《关于做好全国红十字会系统先进集体和先进工作者、劳动模范评选工作的通知》

（人发〔2001〕101号）

各省、自治区、直辖市人事厅（局）、红十字会：

为进一步调动红十字会系统广大工作人员的积极性，更好地发挥先进模范人物的骨干带头作用，实践江泽民同志“三个代表”重要思想，推动红十字事业的深入发展，人事部、中国红十字会总会决定，今年评选表彰一批全国红十字会系统先进集体和先进工作者、劳动模范。这是新中国成立以来在全国红十字会系统首次进行的表彰活动，具有重大的社会影响，为做好工作，现将有关事项通知如下：

一、评选范围及表彰名额

先进集体评选范围是：全国红十字会系统中的各级单位。

先进工作者、劳动模范评选范围是：全国红十字会系统的专职工作人员（不含离退休人员）。已获得省部级以上先进工作者、劳动模范荣誉称号的人员不参加本次先进工作者、劳动模范的评选。

31个省、自治区、直辖市红十字会先进集体各1个，先进工作者或劳动模范各1名。

二、评选方法及程序

评选工作由红十字会和人事部门共同负责组织。在评选中要严格掌握条件（附件

2)，好中选优。充分发扬民主，坚持群众路线，自下而上逐级推荐审核。

（一）申报先进集体需填写《全国红十字会系统先进集体呈报审批表》一式三份。经所在地区红十字会、人事部门核查后，逐级推荐上报；由省级红十字会和人事厅（局）审核，报评选表彰工作领导小组批准。

（二）申报先进工作者、劳动模范需填写《全国红十字会系统先进个人呈报审批表》一式三份。审查、报批手续及方法与先进集体的审查、报批程序及方法相同。

（三）呈报审批材料要求填写完整，内容真实，主要事迹突出，文字简练。先进集体事迹材料限2500字左右，先进工作者、劳动模范事迹材料限2000字左右。均采用第三人称写法。所有材料于今年10月底前报评选表彰工作领导小组。

三、奖励办法

（一）被授予“全国红十字会系统先进集体”称号的单位，由中国红十字会总会和人事部颁发奖牌。

（二）被授予全国红十字会系统先进工作者、劳动模范的人员，由中国红十字会总会和人事部颁发奖章和证书。

四、组织领导

为了加强对评选表彰工作的组织领导，人事部和中国红十字会总会联合组成全国红十字会系统先进集体和先进个人评选表彰工作领导小组（名单详见附件1）。领导小组下设办公室，办公室设在中国红十字会总会办公室（人事处），负责评选表彰的具体工作（联系电话：65251014 地址：北京市东城区干面胡同53号邮编：100010）。

表彰全国红十字会系统先进集体和先进工作者、劳动模范是一项政策性很强的工作，各地人事部门、红十字会的领导要高度重视，精心组织，严格把关，确保评选质量，突出评选表彰工作效果。通过评选表彰活动，大力宣传先进集体和先进工作者、劳动模范的典型事迹和“人道、博爱、奉献”的红十字精神，在全国红十字会系统广泛开展学先进、赶先进、争当先进的良好风气，促进广大红十字会工作者的思想作风建设和职业道德建设，为建设有中国特色的红十字事业做出新的贡献。

2001年9月25日

中国红十字会总会、教育部、公安部、民政部、国土资源部、建设部、铁道部、交通部、卫生部、民航总局、国家林业局、国家旅游局、国家安全生产监督管理局、中国电力企业联合会、中国商业联合会《关于印发〈中国红十字会关于广泛深入开展救护工作的意见〉的通知》

（红一字〔2001〕44号 2001年8月24日）

各省、自治区、直辖市红十字会，教育、公安、民政、国土资源、建设、铁道、交通、卫生、民航、林业、旅游、安全生产监督管理局（厅、委），电力企业、商业联合会：

中国红十字会是以人道主义为宗旨的社会救助团体，致力于保护人的生命和健康，在政府有关部门多年的支持下，认真开展了救护知识的培训和防病知识的普及工作，为维护生产作业人员健康，提高大众健康水平作出了积极贡献。特别是《中华人民共和国红十字会法》颁布以来，在教育、公安、民政、国土资源、建设、铁路、交通、卫生、民航、林业、旅游、安全监管、电力、商业等有关部门的大力支持下，各级红十字会和广大红十字工作者，认真履行《中华人民共和国红十字会法》赋予的“普及卫生救护和防病知识，进行初级卫生救护培训，组织群众参加现场救护”职责，积极开展救护培训工作，取得了“与安全生产相结合、与职业培训相结合、与精神文明建设相结合、与发展红十字组织相结合”的成功经验，倡导了“人道、博爱、奉献”的精神，为我国的精神文明和经济建设做出了积极贡献。

我国自然灾害多发，各种生产第一线的意外突发事件及生产事故经常发生，中国红十字会开展的救护工作为减少事故和自然灾害造成的损失、保护生产力起到了积极的作用，是实践江泽民总书记关于“三个代表”和“以德治国”重要思想的具体体现。

2000年4月，李岚清副总理在听取中国红十字会工作汇报时指出：“红十字会的工作非常重要，红十字会组织的群众性救护活动很好，一是培养助人精神，二是学习卫生救护常识，要大力提倡，进一步普及”。李副总理的讲话对救护工作提出了新的要求。去年9月，中国红十字会召开了全国救护工作会议，会议制定了今后救护工作的奋斗目标，即经过若干年的努力，在有人身伤害事故的现场，就有经过红十字会培训的红十字救护员开展现场救护。会议通过的《中国红十字会关于广泛深入开展救护工作的意见》符合各部门的安全生产的要求，有利于保护广大第一线人员的健康，完善安全生产措施。红十字会开展的救护工作，必将在我国今后的经济建设和社会发展中发挥积极的作用。现将《中国红十字会关于广泛深入开展救护工作的意见》发给你们，请积极配合，认真贯彻执行，有关部门要给予大力支持，红十字会要切实组织、开展好救护工作，为我国的经济建设和人类健康事业，为红十字人道主义事业做出更大的贡献。

附：

中国红十字会《关于广泛深入开展救护工作的意见》

现场救护是红十字运动的起源，是红十字会与红新月会国际联合会四项核心任务之一；是《中华人民共和国红十字会法》赋予红十字组织的七项职责之一；也是中国红十字会“生命工程”的重要内容。我国红十字组织依法开展现场救护及培训工作，经过培训的红十字救护员在参与自然灾害救助、处理突发事件、保障安全生产、普及救护知识、提高群众自救互救能力方面发挥了积极作用，为保护人的生命和健康作出了贡献。

我国属自然灾害多发国家，各种灾害、突发事件、意外伤害、生产事故时常威胁着人的生命与安全。开展现场群众性初级的救护工作对减少上述伤害而致的死亡和伤残将起到积极的作用。人们越来越迫切地要求了解和掌握自救互救技能。李岚清副总理曾指出：“红十字会的工作非常重要，红十字会组织的群众性救护活动很好，一是培养助人精神，二是学习卫生救护常识，要大力提倡，进一步普及”。李副总理的指示，对我们的工作提出了新的要求。为贯彻李副总理的指示精神，落实《中国红十字会2000—2004年工作规划纲要》，大力开展全民参与的救护普及培训，拓宽工作领域，进一步提高红十字会救护整体水平和群众自救互救能力，在有人身伤害事故的现场，就有经过红十字会培训的红十字救护员参加现场救护，根据《中华人民共和国红十字会法》提出以下指导意见。

一、指导思想

贯彻《中华人民共和国红十字会法》中关于“为了保护人的生命和健康，发扬人道主义精神，促进和平进步事业”的宗旨；实现红十字运动七项基本原则和红十字会与红新月会国际联合会确定的“改善最易受损害群体的境况”的工作目标；大力开展全民参与的救护普及培训，为我国的社会和经济发展服务。

二、工作目标与任务

1. 2004年前，救护普及人数达到当地人口总数的0.5～1%。在乡镇、街道的每个红十字基层单位有2—3个红十字救护员。

2. 扩大培训范围，在现有行业救护培训的基础上，协调有关部门，在2004年前再拓展2～3个行业的救护培训。

3. 到2004年，在救护工作开展较好的省、自治区、直辖市及省辖市和一些行业系统中达到每150～300个人中有一名接受过救护培训并考核合格的红十字救护员。

4. 5年内在省级红十字会建立2～3个全国区域性救护培训基地（依托区域性备灾救灾中心和红十字医疗机构）。

5. 加强开展救护工作的指导，规范培训教材。研究制定指导全国不同区域和不同层次的救护培训大纲，实行全国统一的救护培训师资标准及红十字救护员证件。

6. 制订总会及地方红十字会在紧急状况下组织红十字救护员配合医务人员进行现场医疗救护预案。

7. 有条件的地方开办以“一老一小”为服务对象的康复机构以及进行残疾儿童的教育和康复等项目。

三、措施和要求

（一）提高认识，加强领导

救护工作是红十字会的传统业务和主要工作之一。普及卫生救护和防病知识，进行初级卫生救护培训，提高群众自救互救能力，组织群众参加现场救护是《中华人民共和国红十字会法》赋予各级红十字会的职责。要全面理解救护工作的含义，它不仅是一般的救护和防病知识的普及，而且是社会主义精神文明建设、提高人口素质、促进安全生产和红十字社会服务的重要内容之一。

（二）加强管理、抓出实效

各级红十字会要有相应的职能部门或人员负责此项工作，要将此项工作列入年度计划和工作规划，实行目标管理责任制，明确分工，落实责任，抓出成效。总会将加强分类指导和检查，定期举办全国或区域性救护工作经验交流会及研讨会，总结经验，发现典型，推动工作。对工作中成绩突出的红十字会专职人员要给予奖励，推动救护工作全面发展。

（三）加强同政府及其他组织的协调与合作

各级政府有关部门对红十字会开展的：救护工作应予以支持。各级红十字会要加强同政府有关部门的协调及情况沟通，争取支持。严格执行国家的有关法律、法规，接受有关部门的监督审计。要协调有关团体和组织，深入社区开展卫生救护知识的普及，促使普及救护知识成为社区工作的重要内容之一。加强同其他组织的合作，争取共同发展。

（四）严格规范培训，确保培训质量

总会和省（自治区、直辖市）红十字会要积极建立救护培训基地，发挥指导和辐射作用。省级红十字会要特别重视师资培训，建立一支高素质的、稳固的师资队伍。地市级以下红十字会由各省根据实际情况分级管理。各级红十字会要按总会要求做到四统一，即：统一教学计划，统一教材，统一质量标准，统一考核发证。在保护人的生命和健康方面发挥现场急救的作用。

（五）加大宣传和传播人道主义精神的力度

各级红十字会要注重救护工作的宣传，注意把开展救护培训同传播人道主义精神、同发展和壮大红十字组织、同职业培训、同精神文明建设结合起来。通过举办救护培训，扩大红十字会的影响，提高红十字会的声誉。

（六）加强与有关国家红十字会的合作与交往，及时吸取先进技术和经验，不断提高救护培训的水平。

中华全国总工会、共青团中央、全国妇女联合会、中国红十字会总会、中国输血协会《无偿献血倡议书》

10月1日，《中华人民共和国献血法》正式实施。国家实行无偿献血制度，这是关系到我国输血、献血制度的全面改革和人民健康的大事，标志着我国的血液事业从此走向法制化管理的轨道。

无偿献血是健康适龄的志愿者捐献自身少量的血液、血浆或血液成分而不收取任何报酬的行为。是人间传递真情的红色纽带，更是中华民族团结互助传统美德的具体体现。无偿献血者不仅用自己的热血拯救了同胞的生命，也用自己的博大情怀倡导了一种助人为乐的社会风尚。

在全国各族各界人民的共同努力下，近年来，我国的无偿献血事业得到了发展，涌现出一大批无偿献血的先进个人和单位。但是，随着我国医疗事业的发展，需要安全的、足够的血液拯救患者，需要我们携起手来，共同参加到无偿献血的行列中，为国家无偿献血制度的确立和实施铺垫基石。

为了更好地宣传贯彻《中华人民共和国献血法》，我们特向全国广大职工、共青团员、各界妇女、红十字会会员及广大输血工作者倡议如下：

一、积极投身到宣传《中华人民共和国献血法》的活动中，向人民群众宣传施行《献血法》的重要性和紧迫性。使群众明了国家实行无偿献血制度的最大受益者是民众本身；血液是可以再生的，科学献血不仅无损健康，更有利于体内新陈代谢，有益身心的科学道理，帮助人民群众消除观念上的障碍，树立正确的献血观。

二、从自身做起，带头无偿献血。各级干部更要身体力行，用涓涓热血、殷殷深情去救助那些危难中的同胞，在我国献血新旧体制的转变时期，发扬“人人为我，我为人人”的相互精神，协助国家确立无偿献血制度，用我们的爱心，去营造一个充满“人道、博爱、奉献”精神的美丽家园。

1998 年 9 月 18 日

中共中央宣传部、全国人大教科文卫委员会、国务院法制办、教育部、民政部、司法部、文化部、卫生部、解放军总政治部、国家广播电影电视总局、中华全国总工会、共青团中央、中华全国妇女联合会、中国红十字会总会《关于学习宣传和贯彻实施〈中华人民共和国献血法〉的通知》

各省、自治区、直辖市、计划单列市党委宣传部、人大常委会、政府法制局（办）、教委（教育厅、高教厅）、民政厅（局）、司法厅（局）、文化厅（局）、卫生厅（局）、各军区、各军兵种、各总部、国防科工委、军事科学院、国防大学、武警部队政治部、广播电影电视厅（局）、总工会、团委、妇女联合会、红十字会：

《中华人民共和国献血法》（以下简称《献血法》）已于 1997 年 12 月 29 日由第八届全国人民代表大会常务委员会第二十九次会议审议通过，并经国家主席江泽民签署公布，将于 1998 年 10 月 1 日起施行。

《献血法》的公布实施是我国血液管理工作的一件大事，为加强我国采供血工作的监督管理提供了法律依据，标志着我国血液工作开始进入全面依法管理的新阶段。《献血法》对于提高血液质量，预防和控制经血液途径传播的疾病（如乙肝、丙肝、梅毒、艾滋病等），保障献血者和用血者的身体健康，保证医疗用血需要，促进临床合理、科学用血和血液事业的发展；对于进一步弘扬人道主义精神，加强和促进精神文明建设都将产生重大的深远的影响。

为做好《献血法》的学习宣传和贯彻实施工作，现将有关事项通知如下

一、各省、自治区、直辖市及计划单列市和各有关部门要把学习、宣传和贯彻实施《献血法》列入议事日程，作为当前的一项重要任务抓紧抓好。各级党委宣传部门要加强对学习、宣传《献血法》工作的领导，把《献血法》的学习、宣传纳入精神文明建设内容来抓。各级人大有关专门委员会应积极参与并加强对《献血法》学习、宣传和贯彻实施工作的指导和监督。各新闻单位要将《献血法》列入宣传工作计划。宣传部门、司法行政部门应将学习、宣传《献血法》列入 1998 年普法学习的内容之一。卫生行政部门应将学习、宣传和贯彻实施《献血法》作为今年工作的重点，列入工作计划，作出具体安排，并配合司法部门，依法严厉打击非法采供血液活动，严惩“血头”、“血霸”。各有关部门应互相支持，密切配合，认真部署，做好《献血法》的宣传、普及工作。

二、学习宣传和贯彻实施《献血法》要与贯彻落实国务院 208 号令《血液制品管理条例》和卫生部关于血液管理工作的规章、标准、规程相结合。认真落实血液管理“三统一”的原则（即以省、自治区、直辖市为区域，实行统一规划采供血机构、统一管理血源、统一采供血和合理用血的原则），切

实保证血液及血液制品质量，保障人民身体健康，使我国血液管理工作再上一个新台阶。

三、各级地方人民政府和卫生行政部门要把无偿献血宣传活动当作一项长期的工作来抓，要结合每年5月国际红十字日，广泛深入开展无偿献血宣传月活动。今年9月要掀起一个宣传高潮，为《献血法》的顺利实施作好舆论准备。宣传的重点是无偿献血光荣，科学献血无损健康。地方各级红十字会应积极参与无偿献血宣传活动；各级地方人民政府和各高等院校应积极配合无偿献血宣传活动，做好国家公务员、高等院校学生无偿献血的宣传、动员和组织工作；解放军三总部有关部门做好现役军人的无偿献血宣传、动员、组织工作；以保证无偿献血制度实施初期临床用血的需求。

四、学习和宣传《献血法》应采取多种形式。如在报刊、电台、电视台开辟专题、专栏或对有关人士进行专访，召开专家、学者、各界人士座谈会，举办知识竞赛等群众喜闻乐见的形式。通过宣传，使《献血法》的重要意义、基本内容和献血的生理知识家喻户晓，深入人心，形成全社会重视、支持和积极参与无偿献血的局面，真正体现无偿献血互相帮助、无私奉献的精神。

五、《献血法》是我国血液管理工作的重要法律依据。卫生部将按照《献血法》的要求，尽快完善配套的法规和规章，保障《献血法》的全面实施。各省、自治区、直辖市及有立法权的城市也应结合贯彻实施《献血法》的需要和本地的实际情况安排好地方无偿献血立法工作，抓紧制定与贯彻实施《献血法》密切相关的地方性血液管理法规。

六、为全面搞好《献血法》的学习、宣传和贯彻实施工作，卫生部将会同有关部门适时检查学习、宣传、贯彻实施《献血法》的情况。各级卫生行政部门要主动协调有关部门，加强协作，密切配合，共同做好贯彻实施《献血法》的工作。各地要及时总结好做法、好经验，使学习、宣传贯彻《献血法》工作落到实处。

1998年4月4日

卫生部、中国红十字会总会《关于下发〈红十字（会）医疗机构规章〉的通知》

（1996年12月19日中国红十字会总会、卫生部发布）

各省、自治区、直辖市卫生厅（局）、红十字会：

为进一步加强对红十字（会）医疗机构的规范化建设，使其更好地从事人道主义服务事业，特根据有关文件和全国的实际情况制定了《红十字（会）医疗机构规章》，现发给你们，请遵照执行。

本规定由中国红十字会总会监督检查执行情况，并负责解释。

附：

《红十字（会）医疗机构规章》

（1996年12月19日中国红十字会总会、卫生部发布）

一、总 则

第一条 为了进一步加强对红十字（会）医疗机构的规范化建设，根据《中华人民共和国红十字会法》、《中国红十字会章程》和卫生部、中国红十字会《关于红十字医院、血站命名的暂行规定》的有关规定制定本规章。

第二条 红十字会医疗机构是指由红十字会主办的医疗机构；红十字医疗机构是指以红十字命名或冠以红十字名称的医疗机构。红十字会医疗机构是红十字会的基层事业单位，是从事人道主义医疗服务的机构。

第三条 红十字（会）医疗机构所从事的人道主义服务工作（救护培训以及紧急救护）是红十字运动的重要组成部分。

二、条件和义务

第四条 遵守《中华人民共和国红十字会法》，承认《中国红十字会章程》，愿意为红十字事业作贡献，履行红十字会义务，并经所在地卫生行政部门正式审批允许执业的医疗机构，都可以向同级红十字会提出命名申请。具体审批手续按卫生部、中国红十字会总会红卫字1992第（081）号《关于红十字医院、血站命名的暂行规定》执行。

第五条 红十字（会）医疗机构在履行人道主义义务、从事人道主义服务时，必须坚持红十字运动的人道、公正、中立、独立、志愿服务、统一、普遍的七项基本原则，遵循人道主义宗旨。

第六条 红十字（会）医疗机构要积极为最易受损害的人群服务，优先照顾救助因战争、灾害和意外伤害而蒙受苦难的人群。

第七条 红十字（会）医疗机构要有良好的服务质量和优秀的管理水平。

第八条 要求以红十字命名的红十字医疗机构，必须具有一定的影响，在征得所属主管部门或省级卫生行政部门批准后，向省级红十字会提出命名申请，由省级红十字会提出审定意见后报中国红十字会总会审核批准。

要求以红十字命名的省级以下的医疗机构由省级红十字会审批。

第九条 由红十字会创办和管理的红十字医疗机构，命名时在地区名称后加“红十字会”字样；由政府或某些部门主管并申请命名的医疗机构，命名时在地区名称后加“红十字”字样。

第十条 由海外侨胞和台港澳同胞个人投资、捐助而创办的医疗机构，要求以红十字命名时由省级以上红十字会审批。

第十一条 定期缴纳会费是红十字（会）医疗救护机构的义务，缴纳办法按中国红十字会总会红青字（1994）第240号《关于下发（中国红十字会会费缴纳使用和管理条例）的通知》执行。

三、组　织

第十二条　各级红十字会医疗机构隶属同级红十字会和卫生行政部门领导，红十字医疗机构应接受红十字会人道主义服务方面的指导。

第十三条　在自然灾害和突发事件中，根据红十字会的人道主义宗旨，开展积极有效的人道主义救援工作。红十字会医疗机构应服从卫生行政部门的指挥，各级红十字会应积极配合卫生行政部门开展救援工作。

第十四条　红十字会医疗机构可设理事会，由该单位的领导和热心红十字事业的知名人士组成；红十字医疗机构可根据需要设立相应的组织。

第十五条　红十字会医疗机构可设立专门或与机构本身科室合署的红十字会办公室，配备相应的工作人员。

第十六条　各级红十字组织可对所辖红十字会医疗机构进行考核，考核优秀者予以奖励，不合格者，按管理权限予以处罚。考核评比办法，红十字会总会将另行颁发。各级红十字会有权取消红十字会医疗机构所冠以的红十字会名称。

四、职责权利

第十七条　宣传、贯彻、执行《中华人民共和国红十字会法》。

第十八条　红十字会医疗机构应当积极参加当地红十字会组织的各项活动红十字会汇报开展红十字工作的情况。

定期向当地红十字会汇报开展红十字工作的情况。

第十九条　大力宣传并弘扬红十字精神，协助红十字会开展现场、群众性、初级的救护技术培训，进行以人道主义为宗旨的义诊，开展卫生咨询和健康教育活动等。

第二十条　红十字（会）医疗机构可参加国内外红十字组织安排的技术合作与交流。

第二十一条　红十字（会）医疗机构可以依照《中华人民共和国红十字会法》的有关规定接受国内外的捐赠。

第二十二条　依照《中华人民共和国红十字会法》，参与红十字会组织的其他各项活动和工作。

五、经　费

第二十三条　经费来源

1. 政府拨款；
2. 业务收入；
3. 捐赠；
4. 会费；
5. 其他收入。

第二十四条　建立严格的收支制度，接受有关部门的审查监督。

六、附　则

第二十五条　本规定与以往总会颁布的文件相抵之处，按本规定执行。

第二十六条　本规定解释权在中国红十字会总会。

第二十七条 本规定自公布之日起施行。

卫生部、中国红十字会总会《关于红十字医院、血站命名的暂行规定》

（红卫字〔1992〕第081号 1992年6月6日）

各省、自治区、直辖市卫生厅（局）、红十字会（红十字会与红新月会联合会）：

根据日内瓦公约的有关规定和卫生部、中国红十字会总会红组字（1992）第016号文件精神，为维护红十字的严肃性，使红十字医疗机构、血站命名制度化、规范化，特制定本暂行规定。

第一条 红十字医院、血站的名称

凡以红十字命名的医院、血站，一律在地区名称（或系统名称）后加“红十字”和医院或血站名称。

第二条 医院、血站申请冠以红十字名称的条件

凡经政府主管部门批准的医院、血站符合下述条件之一，并遵守红十字会章程，忠诚红十字事业，履行红十字义务，遵守国家有关政策、法规者，可以志愿申请命名。

1. 由红十字会创办（包括历史上创办）的医院、血站。

2. 由政府主管部门正式批准隶属于红十字会的医院、血站。

3. 国内、外红十字会提供资助援建的医院、血站。

4. 红十字会与卫生行政部门共同建立并有红十字会参与管理的医院、血站。

5. 历史上与红十字会关系密切或对红十字事业做过特殊贡献的医院、血站。

第三条 医院、血站冠以红十字名称的申报、审批手续

1. 符合申请条件的医院、血站，属红十字会系统的，直接向当地县级或设区的市级红十字会提出命名申请；属卫生行政部门与红十字会合办的，在征得卫生行政部门的正式批准后，向当地县级或设区的市级红十字会提出命名申请。

2. 县级或设区的市级红十字会在接到命名申请后，按使用红十字名称的条件，提出审定意见并向省级红十字会呈报书面请示，由省级红十字会审核批复，并报同级卫生行政主管部门和中国红十字会总会备案。

3. 县级或设区的市级红十字会接到省级红十字会批复后，方可正式发文答复提出申请的医院或血站。

4. 对过去已用红十字或红十字会命名的医院、血站，由各级红十字会根据第二条的规定进行清理，符合条件的要补办有关手续。

第四条 红十字医院、血站的义务

1. 凡以红十字命名的医院、血站，均应接受当地红十字会的工作指导，定期向当地红十字会汇报开展红十字工作的情况。

2. 积极参加当地红十字会组织的各项活动。

3. 在自然灾害或突发事件时，根据当地政府和红十字会的要求，开展积极、有效的人道主义援助工作。

4. 向当地红十字会提供发展红十字事业的资金，特别是红十字血站要提供用于宣传、动员、组织献血活动的专项费用。

5. 红十字医院要积极宣传并弘扬红十字精神，协助当地红十字会开展卫生救护培训、义诊和卫生咨询等工作。

6. 红十字血站以实行人道主义为宗旨，认真落实输血工作“三统一”，树立高度的工作责任感，保证供血质量。

7. 红十字血站要积极宣传和严格执行卫生行政部门制定的标准和管理要求，大力推行无偿献血，把无偿献血作为血站工作的重点。

第五条 红十字医院、血站的权利

1. 可参加国内、外红十字会组织的技术协作与交流学习、出国考察、进修，引进先进的管理经验，利用红十字会渠道开展单位间的国际交往，培养人才。

2. 可接受红十字会提供的国内、外援助。

3. 对各级红十字会的工作提出批评和建议。

第六条 凡不符合上述规定而以红十字命名的医院、血站，由当地红十字会提出取消命名的审查意见，经省级红十字会核准后，报同级卫生行政主管部门和中国红十字会总会备案，由当地红十字会督促执行。

取消红十字命名换用其他名称的医院、血站，需报卫生行政主管部门批准。

中国红十字会总会、民政部《关于密切配合、充分发挥红十字会的作用，做好社会福利工作的通知》

（红总发〔1987〕22号　1987年8月28日）

各省、自治区、直辖市民政厅（局）、红十字会（红十字会与红新月会联合会），各计划单列市（区）民政局、红十字会：

中国红十字会是全国性的人民卫生救护、社会福利团体，也是有145个国家参加的国际红十字会与红新月会协会的执行理事。1950年，中国红十字会改组以后，为医治战争创伤，提高人民的健康水平，做了不少有益于人民群众的工作。1985年，中国红十字会召开了第四次全国代表大会，各项工作又有了较大的发展。现在29个省、自治区、直辖市都已经恢复或新建了红十字会组织，会员总数已达376万人。目前，红十字会的工作重点是在大中城市，部分省、自治区已开始逐渐向农村发展。红十字会“四大”在会章中，正式确定中国红十字会为全国性的人民卫生救护和社会福利团体，把社会福利工作提到了更重要的地位。各级红十字会配合政府和民政等部门，发动街道、服务行业红十字会组织的广大会员和学校的红十字青少年以及更多的红十字志愿工作者，开展了广泛的敬老助残、扶危济困、助人为乐的社会服务活动。有些地方已做到了定人、定点、定时、定内容的包户、包人服务，为社会上的孤老、残疾人、孤儿等解决了不少困难。在发生自然灾害时，各地红十字组织本着人道主义宗旨，组织人力、物力、发动募捐，救助受灾群众，协助政府进行了力所能及的工作。

红十字会工作的积极开展越来越多地得到了政府和人民的欢迎和支持。去年赵紫阳总理在接见外宾时指出：“政府一向重视和支持作为中国政府助手的红十字会的工作。”“中国国家大，是发展中国家，有许多事政府管不过来，顾不上，需要中国红十字会帮助，希望红十字会在这方面发挥更大作用。”

中共中央在精神文明建设的决议中强调："在社会公共生活中，要大力发扬社会主义人道主义精神，尊重人、关心人，特别要注意保护儿童、尊重妇女、尊敬老人、尊敬烈军属和荣誉军人，关心帮助鳏寡孤独和残疾人。"中国红十字会的各级组织，有广泛联系群众的有利条件，在上述方面，配合政府已经做了一些工作，今后还可以发挥更多的作用。因此，我们希望各级民政机关，广大民政干部同各级红十字会组织之间要相互加强联系，在救灾、社会救济和进一步开展为孤老残幼社会服务活动中，充分发挥红十字会助手作用，把我国的社会福利工作做得更好，为人民造福，促进两个文明的建设。

外交部、中国民用航空局、国家旅游局、中国银行、中国红十字会总会《关于在部分民航机场、外宾宾馆、货币兑换处等公共场所试设红十字募捐箱的通知》

（红总字〔1986〕第14号
1986年5月8日）

各有关省、自治区、直辖市人民政府外办、民航管理局、旅游局、中国银行分行、红十字会：

随着我国对外开放工作的开展，每年各国来华访问旅游者不断增加，曾发生过外国人在离境前不愿将剩余的人民币和外汇券带回其本国，又找不到适当地方捐献，只好回国后请我国使馆转捐给红十字会等情况。有的外国人建议在适当地方设立红十字募捐箱，我们也认为这种做法既能满足外宾尽人道主义的愿望，减少外宾带出零星人民币或外汇券的不便，又能增加红十字活动经费，发展红十字事业。根据中国红十字会章程有关向社会募捐的规定，并参照各国红十字会的习惯做法，决定以红十字会的名义在外国人出入境的少数民航机场，宾馆、货币兑换处等公共场所试设固定的红十字募捐箱。

附：

中国红十字会总会《试设红十字募捐箱的暂行规定》

（1986年5月8日）

随着我国对外开放工作的开展，每年来华访问、旅游人员不断增加，为满足部分外宾尽人道主义的愿望，解决外宾出境时零星人民币、外币带出的不便，根据中国红十字会章程有关向社会募捐的规定，并参照各国红十字会的习惯做法，现决定在部分城市的有关场所试设固定的红十字募捐箱，现将有关事宜规定如下：

一、设立募捐箱的城市和地点

先在北京、上海、广州、西安、南京、桂林等六个城市的机场、宾馆及外币兑换处等公共场所设立固定的红十字募捐箱。以后其他城市和场所如需要设立，应报中国红十字会总会批准。

二、募捐箱式样

募捐箱由中国红十字会总会提供统一式样，由设立城市的红十字会制作并使用。

三、募捐箱的管理和捐款的使用原则

募捐箱由有关单位负责放置和妥善管理。红十字会指定专人同有关单位一起定期开箱，点收捐款。捐款用于红十字会的卫生救护、社会救济和社会福利事业，不得挪作他用。募捐箱具体管理办法请各市红十字会与省、自治区、直辖市红十字会及有关部门和单位协商并试行。

四、各地设立募捐箱的数目开始不宜过多，以便不断总结经验。

国家体委、民政部、劳动人事部、教育部、卫生部、中国红十字会总会、中国盲人聋哑人协会、全国总工会、共青团中央《关于积极地、有计划地开展伤残人体育活动的通知》

（〔83〕体群字107号　1983年12月20日）

各省、市、自治区体委，民政厅（局），劳动人事厅、局（劳动局），教育厅（局），卫生厅（局），红十字会，盲人聋哑人协会，工会，团委，火车头体协，银鹰体协，水利电力体协，各体育学院：

今年10月在天津举办了全国伤残人体育邀请赛。有13个省、市、自治区168名运动员参加了田径、游泳、乒乓球三个项目的比赛。这是我国建国以来规模最大的一次伤残人运动会。

运动会期间召开了全国伤残人体育工作者和伤残运动员代表大会，明确了伤残人体育工作的方针、任务，成立了中国伤残人体育协会。中国红十字会总会会长、卫生部顾问钱信忠同志担任协会主席。

伤残人体育是社会主义体育事业的组成部分。发动和组织伤残人锻炼身体，参加体育比赛，不仅可以增进身体健康，恢复增强肢体和内脏器官功能，而且可以扩大生活领域，丰富生活内容，增添生活乐趣，鼓舞他们增强生活的勇气和信心，为四化建设贡献力量。因此，开展伤残人体育活动是一项很重要的工作，各部门应予以重视，加强领导，把伤残人体育进一步开展起来。

首先，要广泛宣传伤残人体育的重要意义，宣传在社会主义制度下党和政府对伤残人的照顾和关怀，唤起各部门、各方面，以及整个社会都来关心和支持伤残人参加体育活动。

其次，要积极筹建地方和基层伤残人体育协会，把各方面的力量都组织起来，有计划地开展活动，组织比赛。明年拟举办全国伤残人运动会，各地应做好充分准备。

第三，这是一项新的工作，基础差，底子薄，一方面缺乏经验，另一方面还存在很多困难，需要全社会各有关部门从人力、物力和财力等方面给以大力支持。各体育场、馆要为伤残人开展体育活动，组织体育比赛提供方便，尽可能优待伤残人参观比赛，有条件的地方应划出区域或设置专门席位。

现将钱信忠、徐寅生、钟师统等同志的讲话，协会领导人名单，协会委员名单，协会章程等有关文件发给你们，请参照执行。

教育部、卫生部、国家体育运动委员会、国家基本建设委员会、文化部、中央广播事业局、共青团中央、全国妇女联合会、保卫儿童全国委员会、中国红十字会总会《关于贯彻执行〈保护学生视力工作实施办法（试行）〉的联合通知》

（〔82〕教体字 001 号）

我国的社会主义现代化建设，要求各级各类学校认真贯彻德、智、体全面发展的教育方针，培养大量又红又专、体魄健全的人才和劳动后备军。

近年来，学生中近视眼发病率有明显增高，视力下降情况比较突出，严重影响着教育方针的全面贯彻落实和为四化建设培养合格人才，这个问题必须予以高度重视和切实解决。

近视眼是学生中的一种常见病。虽然发病原因比较复杂，但是经验证明，只要在各级政府的统一领导下，教育、卫生、体委、建委、文化、广播事业、共青团、妇联、保卫儿童委员会、红十字会等部门密切配合，宣传动员，组织全社会各方面的力量，认真贯彻预防为主的方针，采取积极的防治措施，减轻学生学习负担，加强进行保护视力的教育，改善学习条件，积极开展体育活动，增强学生体质，学生近视眼的发生是可以得到控制或减少的。

为了有效地保护学生视力，预防近视，使青少年健康成长，特制定本办法。

一、各级教育、卫生、体委等部门应有领导分管、专人负责保护学生视力工作。由教育部门牵头，会同卫生、体委等部门协商研究，统一计划，统一布置，统一检查，统一总结。

二、学校应把保护学生视力工作列入学校工作计划，指定 1 名校长负责，做到期初有计划，期中有检查，期末有总结；并把保护学生视力工作作为学校评先进集体、优秀教师条件之一。

班主任应把保护学生视力工作作为自己的工作职责之一，及时掌握学生视力情况，积极配合学校卫生人员、保健教师做好保护视力工作。

各科教师应重视教学卫生，改进教学方法，提高教学质量，严格按照教学计划、教学大纲的规定组织教学活动，不得用各种形式任意增加课时和在节假日补课。学校卫生人员、保健教师，每学期应制订保护学生视力工作计划及措施，并与班主任及有关人员密切协作，认真做好保护学生视力工作。

三、学校的教学用房（教室、阅览室、实验室）要符合卫生标准。不符合卫生标准的教学用房要逐步进行改造。新建、改建教学用房的建筑设计应符合国家设计标准规范中有关卫生要求。

教学用房应根据所处地区纬度和气候条件选择最好朝向。一般可朝南或东南。有条件的可争取双侧采光。单侧采光的教学用房，光线应从左方射入，进深不大于窗上缘至室内地面高度的 2 倍。

教学用房的自然采光要求光线均匀。采光系数（窗的透光面积与室内地面面积之比）应不低于 1∶6。窗外不应有高大的遮挡物。自然采光条件较差的教学用房要采取增加侧窗或天窗、亮瓦等办法改善。确实无法改善的应增加人工照明。

教学用房人工照明的灯具要合理布置，使照度均匀。灯的悬挂高度距桌面不低于1.7米。每个桌面上的照度不低于一百勒克斯。（按新的卫生标准要求，不低于150勒克斯——编者）

教学用房的墙面、天棚宜用浅淡颜色，并应定期粉刷。室内要经常打扫，保持墙面、门窗、玻璃、灯具的清洁。室内不要张贴过多的标语、图片。

黑板应经常保持乌黑或墨绿，避免直射和反射眩光。教师板书要工整，字体不要过小。

四、课桌椅应符合卫生标准，并按学生身高配置，要定期调换学生的座位。

五、注意改进教学方法、减轻学生学习负担，切实控制学生学习时间。每日学习时间（包括自习）与课外活动小学生不超过六小时，中学生不超过七小时，大学生不超过八小时。学校应作出规定，适当控制学生课外作业的分量。

学校应保证学生课间休息，督促学生参加课间活动，教师不得任意延长上课时间或用各种方式变相占用学生课间休息。

六、认真上好体育课，坚持开展课外体育活动，积极施行《国家体育锻炼标准》，做好广播体操，保证每日一小时的体育锻炼，对体弱学生也要组织开展适宜的体育活动。

要教育学生认真做好眼保健操。学生每日上下午各做眼保健操一次。

为了保证上述体育活动的开展，学校要有相应的体育场地和必要的体育设施。

七、保证学生睡眠时间，每日小学生不少于10小时，中学生不少于9小时，大学生不少于8小时。学生宿舍应规定晚间熄灯制度。

八、有计划地开展预防近视眼的教育，培养学生良好的用眼卫生习惯，要做到：读写姿势端正、眼睛距书本1市尺；看书、写字半小时到1小时要休息片刻；不躺在床上看书，不在行进的车中看书，不在暗弱或强光下看书、写字。

小学生使用的铅笔要色泽饱和，浓淡适中，勿削过细过尖。学生书写字体不宜过小。注意抓好保护学龄前儿童视力，培养幼儿用眼的卫生习惯。

九、学校要经常向学生家长宣传保护视力的重要性和方法，使家长为学生创造良好的学习条件，改进家庭的采光和照明，督促学生遵守合理的生活制度。

十、各校外教育机构及图书馆、阅览室等，也应按照要求为学生学习、阅读或从事实验等提供必要的照明条件。

十一、出版部门对供学生阅读的教科书、图书、期刊、画报、报纸等出版物要注意印刷清晰、字体图文不能过小。

十二、报刊、电影、电台、电视台等宣传部门要采取多种形式，广泛宣传预防学生近视眼的重要意义和科学方法，以引起社会各方面的重视。

十三、学校要定期检查学生视力，详细纪录，及时统计分析、研究近视原因。对一点五至一点零正常视力的学生，要积极预防，控制新发病。

要认真总结、有计划地推广安全可靠、行之有效、简便易行的矫治方法，在治疗中，重点应是零点四至零点九（小学），零点六至零点九（大、中学）的学生。

十四、卫生防疫站要对学校做好经常性和预防性卫生监督、预防近视工作的技术指导和学生视力监测工作。卫生防疫站、有关专业防治科研机构、医学院校应把学生近视眼防治工作列为重点科研课题之一，有计划、有步骤、有组织地开展工作；同时，有责任定期举办各种类型的预防近视学习班和进修班，提高各级学校卫生人员的业务水平。

眼科专业人员要参加和指导防治学生近视眼工作。

十五、本办法由教育部、卫生部、国家体育运动委员会、国家基本建设委员会、文化部、中央广播事业局、共青团中央、全国妇女联合会、保卫儿童全国委员会、中国红十字会总会联合颁布试行。

中国红十字会有关文件

中国红十字会章程

（二〇〇〇四年十月二十九日中国红十字会第八次全国会员代表大会通过）

第一章　总　　则

第一条　为发展中国特色红十字事业，依照《中华人民共和国红十字会法》，制定本章程。

第二条　中国红十字会是中华人民共和国统一的红十字组织，是从事人道主义工作的社会救助团体，是国际红十字运动的成员。

第三条　中国红十字会以发扬人道、博爱、奉献的红十字精神，保护人的生命和健康，促进人类和平进步事业为宗旨。

第四条　县级以上〔含县级（下同)〕按行政区域建立红十字会，根据工作需要配备专职工作人员。

第五条　各级红十字会协助人民政府开展与自己职责有关的活动，接受同级人民政府对红十字会的支持、资助和监督。各级人民政府保障红十字会依法履行职责。

第六条　中国红十字会遵守国家宪法和法律，遵循国际红十字运动确立的人道、公正、中立、独立、志愿服务、统一及普遍七项基本原则，依照日内瓦公约及其附加议定书、《中华人民共和国红十字会法》和本章程，独立自主地开展工作。

第七条　中国红十字会根据独立、平等、互相尊重的原则参与国际红十字运动，发展同有关国际组织和各国红十字会或红新月会的友好合作关系。

第八条　地方各级红十字会和全国性行业红十字会是中国红十字会的分会；上级红十字会指导下级红十字会的工作；下级红十字会向上级红十字会报告重要事项。

第九条　中国红十字会总会（以下简称总会）具有社会团体法人资格，地方各级红十字会、行业红十字会依法取得社会团体法人资格。

第十条　中国红十字会总会会址设在北京。县级以上地方各级红十字会会址设在同级政府所在地。

第十一条　县级以上各级红十字会机关工作人员参照《国家公务员暂行条例》管理。

第十二条 县级以上各级红十字会对为红十字事业做出显著贡献的集体、红十字会工作人员、会员和志愿工作者及社会各界人士给予表彰奖励；对为红十字事业做出重大贡献者，按有关规定授予荣誉称号。

第二章 职责与权利

第十三条 红十字会在和平时期履行下列职责：

（一）宣传和执行《中华人民共和国红十字会法》和《中华人民共和国红十字标志使用办法》，纠正滥用红十字标志现象；

（二）开展救灾的准备工作，建设和管理备灾救灾设施；在自然灾害和突发事件中，开展救护和救助工作；根据自然灾害和突发事件的具体情况，由总会向国内外发出呼吁，依法接受国内外组织和个人的捐赠；地方各级红十字会在辖区内发出呼吁，依法接受国内外组织和个人的捐赠，及时向灾区群众和受难者提供急需的人道主义援助；

（三）开展卫生救护和防病知识的宣传普及；在易发生意外伤害的行业和基层组织开展初级卫生救护培训，组织群众参加意外伤害和自然灾害的现场救护；

（四）协助各级人民政府开展无偿献血的宣传推动工作，与各级人民政府共同对先进单位和个人进行表彰奖励；

（五）开展社会服务及社区红十字服务工作；组织会员、志愿工作者在社区开展社会服务、宣传培训、募捐救助活动；

（六）推动遗体（器官）捐献工作；开展预防控制艾滋病宣传和健康教育、关心爱护艾滋病病毒感染者、患者及其他救助工作；开展其他人道救助工作；

（七）开展有益于青少年身心健康的红十字青少年活动；

（八）宣传日内瓦公约及其附加议定书、红十字与红新月运动七项基本原则；

（九）建设和管理中国造血干细胞捐献者资料库；开展捐献造血干细胞的宣传动员、组织工作；

（十）依法开展募捐活动；在公共场所设置红十字募捐箱并进行管理；依照法律法规自主处分募捐款物；

（十一）兴办符合红十字会宗旨的社会福利事业；

（十二）参加国际人道主义救援工作；开展与国际红十字组织和各国红十字会或红新月会及其他国际组织的交流与合作；

（十三）完成人民政府委托事宜。

第十四条 依据日内瓦公约及其附加议定书，红十字会在战时和武装冲突时期履行下列职责：

（一）组织红十字救护队，参与战场救护；

（二）在武装部队中依法开展传染病的防治工作；

（三）对战区平民进行救助；

（四）协助战俘、被监禁者及难民与家人取得联系，转交钱物，并为此建立必要的通信渠道；

（五）参与探视和见证交换战俘。

第十五条 执行人道主义救助任务的红十字会工作人员，在战争和武装冲突中受日内瓦公约及其附加议定书的保护，在自然灾害和突发事件中受国家有关法律法规的保护。

第十六条 在自然灾害和突发事件中，

佩戴红十字标志的人员和标有红十字标志的物资、交通工具优先通行。

第十七条 在自然灾害和突发事件中，为执行救助任务的需要，红十字会救援人员优先使用公共通信工具。

第十八条 红十字会兴办的社会福利事业按照国家有关规定，享受税收优惠政策。

第十九条 红十字会接受的国（境）外组织和个人捐赠的救灾物资，按照国家有关规定享受减税、免税优惠。有关部门优先安排运输和办理有关放行手续。

第二十条 红十字会开展活动和宣传工作，广播、电视、报刊、网络等新闻媒体应积极支持。

第三章 会员与志愿工作者

第二十一条 中华人民共和国公民，不分民族、种族、性别、职业、宗教、信仰、教育程度，遵守《中华人民共和国红十字会法》，承认本章程，自愿缴纳会费的，可以申请加入红十字会。

第二十二条 红十字会会员分为个人会员和团体会员。

公民以个人身份加入红十字会的为个人会员，在校学生加入红十字会的为红十字青少年会员；机关、企业事业单位及有关团体加入红十字会的为团体会员。

第二十三条 个人入会由本人自愿申请，经所在地基层红十字组织批准，报县级以上红十字会备案，发给会员证，成为红十字会会员；对红十字事业做出较大贡献的单位和个人，县级以上红十字会可以直接吸收为会员。机关、企业事业单位及有关团体加入红十字会，须提出书面申请，由县级以上红十字会批准，发给证书和标牌，成为红十字会团体会员；团体会员单位应有专人负责红十字会工作。

第二十四条 对中国红十字事业做出贡献的中外人士，可以授予荣誉会员称号。荣誉会员称号由县级以上红十字会批准，并授予同级红十字会荣誉会员称号。

第二十五条 会员的权利：

（一）参加红十字会的有关活动、会议及专业培训；

（二）有选举权、被选举权和表决权；

（三）对红十字会工作提出建议和批评；

（四）佩戴红十字标志；

（五）其他合法权益。

团体会员的权利由该单位法定代表人行使。

第二十六条 会员的义务：

（一）学习、宣传和贯彻《中华人民共和国红十字会法》、《中华人民共和国红十字标志使用办法》；传播国际人道法和红十字运动的基本知识；

（二）遵守《中国红十字会章程》；

（三）按期缴纳会费；

（四）完成红十字会交办的任务；维护红十字会的合法权益。

第二十七条 会员有退会的自由。会员退会，经原批准机关审核，收回会员证及标牌；个人会员退会的，需报原备案机关备案。

会员有下列原因之一视为自动退会：

（一）连续两年不参加红十字会活动；

（二）连续两年不缴纳会费；

（三）团体会员法人撤销、合并、解散。

第二十八条 中外人士，不分职业、种族、宗教，遵守中国法律、法规，志愿提供人道服务，不计报酬，均可成为红十字志愿工作者。

各级红十字会应积极发展红十字志愿工作者队伍，为志愿工作者提供必要的工作条件，组织其开展人道主义服务工作。

志愿工作者应遵循红十字会宗旨，发扬红十字精神，参与红十字会的活动，提供志愿服务。

第四章　全国组织机构

第二十九条　全国会员代表大会。

中国红十字会的最高权力机关是全国会员代表大会。全国会员代表大会每五年召开一次，由中国红十字会理事会召集，如遇特殊情况可提前或延期召开。

全国会员代表大会的代表由总会和地方红十字会推选的会员代表以及与有关部门协商产生的代表和特邀代表组成。代表比例由常务理事会根据会员人数和红十字事业发展需要决定。

全国会员代表大会的职权是：

（一）选举中国红十字会理事；

（二）修改《中国红十字会章程》；

（三）审议批准理事会的工作报告；

（四）审议批准理事会提交的工作规划；

（五）决定中国红十字会的重大事项。

第三十条　中国红十字会设名誉会长、名誉副会长和名誉理事，根据工作需要，可以设顾问。名誉会长聘请国家主席担任。

第三十一条　理事会。

理事会在全国会员代表大会闭会期间执行其决议。理事会任期五年，下一次全国会员代表大会召开时换届。理事构成及比例由常务理事会根据需要决定。

理事会会议由常务理事会召集，每年召开一次。其职责是：

（一）聘请名誉会长、名誉副会长；

（二）选举常务理事；

（三）选举会长、常务副会长、副会长；

（四）根据会长提名，决定秘书长；

（五）增补、更换或罢免理事；

（六）审查批准常务理事会的工作报告并向全国会员代表大会报告工作；

（七）制定发展红十字事业的大政方针、长远规划和年度工作计划；

（八）决定其他重大事项。

第三十二条　常务理事会。

常务理事会对理事会负责并接受其监督。常务理事会由理事会选举产生的常务理事组成。常务理事会会议每年召开两次，由会长或常务副会长召集并主持。其职责是：

（一）依照《中华人民共和国红十字会法》和本章程的规定，向理事会推荐名誉副会长的人选；

（二）提出修改章程的议案；

（三）审议年度工作报告、计划；

（四）审议总会接受捐赠款物的使用情况；

（五）向理事会提出更换、增补及罢免理事的议案；

（六）批准成立全国性行业红十字会；

（七）聘请名誉理事；

（八）决定其他重要事项。

第三十三条　执行委员会。

执行委员会对常务理事会负责。执行委员会由驻总会机关的专职常务理事组成。常务副会长任执行委员会主任并担任中国红十字会法定代表人。执行委员会的职责是：

（一）执行会员代表大会、理事会和常务理事会的决议，主持总会日常工作；

（二）负责编制总会经费预算，审核总会年度财务决算；

（三）指导全国红十字会的工作；

（四）管理总会的动产和不动产；

（五）承担总会的民事、法律责任；

（六）负责对外交流与合作；

（七）聘请顾问；授予名誉会员；

（八）批准成立专门委员会；

（九）完成理事会和常务理事会交办的其他事宜。

第五章 地方、行业和基层组织机构

第三十四条 地方红十字会。

各级地方红十字会的权力机关是同级会员代表大会。各级地方红十字会会员代表大会每5年召开一次，由同级红十字会理事会召集，如遇特殊情况可提前或延期召开。

各级地方红十字会建立理事会和常务理事会，任期五年。有3名以上（含3名）专职常务理事的红十字会，可设执行委员会，主持日常工作。

省、地、县级红十字会名誉会长由同级领导担任，并由同级理事会聘请。

第三十五条 行业红十字会。

全国性行业成立的红十字会为中国红十字会的行业红十字会，由中国红十字会常务理事会批准。其工作机构设置和人员配备，由行业红十字会常务理事会根据工作需要决定。

行业红十字会按照红十字运动七项基本原则，依照《中华人民共和国红十字会法》，遵循本章程，结合本行业特点开展工作。

第三十六条 基层组织。

乡镇、街道、企业、事业单位和学校建立的红十字会为基层组织。村民委员会、居民委员会以及企业、事业单位的科室、车间、学校的年级建立的红十字组织为会员小组。红十字会基层组织和会员小组的主要职责是：宣传普及红十字知识，开展人道主义的救助活动，进行初级救护培训及健康教育。

第三十七条 省、地、县级红十字会会长一般应推选同级领导担任，其工作变动时应及时改选。常务（专职）副会长和正、副秘书长应保持相对稳定。

第六章 特别行政区组织机构

第三十八条 特别行政区红十字会为中国红十字会享有高度自治的地方分会。

第三十九条 特别行政区分会依照红十字运动七项基本原则，结合特别行政区实际独立自主地开展工作。

第四十条 特别行政区分会可参照本章程，依据特别行政区法律法规自行制定其组织规程或组织条例，并报总会备案。

第七章 经费和财产

第四十一条 红十字会经费的主要来源：

（一）红十字会会员缴纳的会费；

（二）接受境内外组织和个人捐赠的款物；

（三）动产和不动产的收入；

（四）人民政府的拨款；

（五）其他合法收入。

第四十二条 各级红十字会建立经费审查监督制度；接受审计部门审计和相关部门监督。

对会费的使用和管理，按《中国红十字会会费管理办法》的规定执行。

对接受境内外组织和个人定向捐赠款物的使用和管理，按《中国红十字会募捐和接受捐赠工作条例》的规定执行。

第四十三条 红十字会的经费和财产受法律保护，任何组织和个人不得侵占和挪用。

第四十四条 总会建立中国红十字基金会，地方红十字会依照相关法规建立红十字基金会或设立专项基金。

第八章 标志会徽会旗

第四十五条 中国红十字会使用日内瓦公约规定的白底红十字标志。其使用方法依照《中华人民共和国红十字标志使用办法》和《中国红十字会红十字标志标明性使用规定》的规定执行。

第四十六条 中国红十字会的会徽为金黄色橄榄枝环绕的白底红十字。

第四十七条 中国红十字会的会旗为白色旗帜正中央印制中国红十字会会徽。

第四十八条 全国各级红十字会统一使用白底红十字标志和会徽、会旗。

红十字标志、红十字旗、中国红十字会会徽和会旗（样式附后）以及会员证、团体会员标牌、荣誉证书等的制作按照中国红十字会的有关规定执行。

第九章 附 则

第四十九条 本章程所称“日内瓦公约”，是指中国加入的于1949年8月12日缔结的日内瓦四公约，即：《改善战地武装部队伤者病者境遇之日内瓦公约》、《改善海上武装部队伤者病者及遇船难者境遇之日内瓦公约》、《关于战俘待遇之日内瓦公约》和《关于战时保护平民之日内瓦公约》。

本章程所称日内瓦公约“附加协议书”，是指中国加入的于1977年6月8日缔结的《1949年8月12日日内瓦四公约关于保护国际性武装冲突受难者的附加议定书》和《1949年8月12日日内瓦四公约关于保护非国际性武装冲突受难者的附加议定书》。

本章程所称国际人道法，是指在战争或武装冲突中，依据条例和惯例，以保护不直接参与军事行动（如平民百姓）或不再参加军事行动（如军队的伤、病员和俘虏）的人员为目的、规定各交战国或武装冲突各方之间交战行为的原则、规则和制度的总体。

第五十条 中国红十字会英文译名为：“Red Cross Society of China ”。

第五十一条 地方和行业红十字会的名称为：在行政区域名称或行业名称后加“红十字会”；对外交往中的称谓为：在行政区域名称或行业名称前加“中国红十字会”，在行政区域名称或行业名称后加“分会”，英文译名为：“Red Cross Society of China ＊＊＊ Branch ”。

第五十二条 基层组织的名称为：乡镇、街道、企业、事业单位和学校名称后加“红十字会”。

红十字会员小组的名称为：单位名称后加“红十字会员小组”。

第五十三条 特别行政区红十字会的名称为：“中国＊＊特别行政区红十字会”［英文译名：The Red Cross of the＊＊Special Administrative Region of the People's Republic of China］简称：“＊＊红十字会（中国红十字会分会）”［英文译名：＊＊Red Cross (Branch of the Red Cross Society of China)］。

第五十四条 本章程自通过之日起生效，并报国务院备案。

第五十五条 本章程的修改权属中国红十字会全国会员代表大会，解释权属中国红十字会总会。

第五十六条 省、自治区、直辖市和新疆生产建设兵团红十字会及行业红十字会可依据本章程制定实施办法，并报总会备案。

第二十八届红十字与红新月国际大会召开，我国政府及我会作出承诺

第二十八届红十字与新月国际大会召开

2003年12月2日，作为红十字与红新月运动发源地的日内瓦，迎来了第二十八届红十字与红新月国际大会。

4年一度的国际大会是红十字与红新月运动的最高审议机构。运动各成员的代表与日内瓦公约缔约国代表一道参加大会，讨论共同关心的人道主义事务。

第二十八届红十字与红新月国际大会的主题是“维护人类尊严”。以王立忠常务副会长为团长的中国红十字会代表团出席了大会并在一般性辩论中发言，指出和平与发展仍是当今世界主流。但是，人道主义也面临许多挑战。中国红十字会希望与各位大会代表交流经验，并结合本国实际，在人道主义事务中做出应有的贡献。特别是在救助灾害和疾病的受害者方面加强红十字会与政府的合作，明确各自的职责。中国红十字会在第二十七届大会上所做的备灾和传播承诺已经圆满完成，在这次大会上还要做出新的承诺，包括社区服务、灾害管理、传播和急救培训。

以中国常驻日内瓦联合国机构和其他国际组织代表沙祖康大使为团长的中国政府代表团也在大会上发言，表明中国政府全面尊重并履行国际人道法义务和支持国际红十字与红新月运动人道主义工作的立场。中国政府代表团还承诺支持中国红十字会依照《中华人民共和国红十字会法》开展传播人道法、救灾备灾、公共卫生和社会救助等工作。

继上届国际大会的做法，第二十八届国际大会号召参加会议的各国政府和红十字会代表团围绕“维护人类尊严”主题，就减轻武装冲突和灾害、疾病给人类带来的痛苦做出新的承诺。在大会结束时，共收到了191个代表团做出的360项承诺。内容涉及失踪人员、武器控制、减灾备灾、疾病预防控制等多个方面。

第二十八届国际大会最重要的议程是讨论和通过《“维护人类尊严”宣言》和《人

道主义行动议程》。在大会召开前，负责组织国际大会的红十字与红新月常设委员会就邀请一些有代表性的重要国家驻日内瓦的大使组成专门工作组对这两个文件进行多次磋商。尽管如此，在大会期间，各代表团，特别是专门设立的起草委员会仍然对不长的案文字斟句酌，反复修改。经过4天通宵达旦的磋商，最终于12月6日上午通过了这两份文件。值得一提的是，文件通过后，仍有政府代表团声明对文件部分内容提出保留，要求记录在案。

《“维护人类尊严”宣言》强烈表达了《日内瓦公约》缔约国和红十字与红新月运动对一切武装冲突、灾害和疾病的受害者的境遇的极度关切；呼吁对国际人道法的尊重；减轻人们遭受武装冲突、灾害和疾病影响的易受损程度；维护人类尊严；倡导宽容、反对歧视、尊重差异。

《人道主义行动议程》关注现今世界损害人类尊严的因素以及最为紧迫的人道主义挑战，包括在武装冲突中失散亲属的痛苦；拥有、使用和滥用武器所造成的生命代价；自然灾害给易受损人群带来的危害和影响；艾滋病和其他疾病引起的羞辱、歧视现象。在这四个工作方面提出以行动为导向的具体目标，以及各国政府和国际红十字与红新月运动各成员共同维护人类尊严的行动机制。

中国红十字会的代表在分委员会的会议上发言介绍了2003年上半年在中国发生的非典以及中国红十字会抗击非典的工作，受到了与会者的好评。

在国际大会前，代表红十字与红新月运动最高机构的代表会议于11月30日至12月2日举行。会议全面审议了国际大会的相关文件，并以隆重的仪式颁发了亨利·杜南奖章。2003年共有4人荣获这一代表运动最高荣誉，他们中有从二战时期就参加红十字工作的原红十字国际委员会代表；有在发展和传播国际人道法方面做出突出贡献的学者；也有长期担任国家红十字会领导，在国内和国际工作中功绩卓著的志愿工作者和专职人员。

中国红十字会代表团
参加联合会第十四届大会

2003年11月28日，以王立忠常务副会长为团长的中国红十字会代表团在瑞士日内瓦出席了红十字会与红新月会国际联合会第十四届大会。代表团成员包括秘书长苏菊香等总会工作人员。香港特别行政区红十字会总监林胡秀霞、副秘书长黄莫辉和澳门特别行政区红十字会主席黄如楷作为中国红十字会代表团成员一同参加了会议。

根据国际联合会章程，每2年召开一次的大会是联合会的最高机构。大会的职能是制定联合会的重要方针政策、接纳新成员、选举联合会主席和领导委员会、任命秘书长、批准工作计划和预算等。

11月28日上午，来自178个成员国红十字会和红新月会的近800名代表经过严格的安检措施，进入日内瓦国际会议中心。在简短的开幕式上，来自南非SOWETO地区红十字会的合唱团表演了极具非洲风情的歌舞。25名合唱演员全部是业余表演者，他们的正式职业是艾滋病患者的家庭护理员。他们的年龄和身段早已不再年轻，但他们极具感染力的歌声和动人心魄的节奏让人难以忘怀。

大会由联合会主席托罗（西班牙籍）主

持。会议首先审议了接纳新成员的议题。根据红十字运动章程，一个国家红十字会若想加入联合会首先必须得到红十字国际委员会的承认。而在这之前，该红十字会需要满足和达到10项条件，其中包括其所在国家政府应是日内瓦公约的缔约国、该红十字会应宣布信守红十字基本原则以及运动和联合会的章程、会员向所有国民开放、服务和活动覆盖该国境内的所有地区等。本次大会审议的加入申请来自库克群岛红十字会、哈萨克斯坦红新月会和密克罗尼西亚联邦红十字会。在全体与会者的热烈掌声中，大会正式接纳了这3个国家红十字会，从而使红十字与红新月运动的成员数达到了181个。

鉴于联合会原任秘书长迪迪埃·沙佩戴尔在2003年6月辞职，在联合会主席的提议下，领导委员会临时任命时任芬兰红十字会秘书长的马库·尼斯卡拉代理秘书长职务，同时开始着手寻聘新的秘书长。经过委托国际猎头公司的帮助，最后从100多个候选人中确定7人入围。2003年10月召开的领导委员会通过了由联合会主席为首的选拔小组的最终提名，同意把马库·尼斯卡拉作为唯一的候选人向联合会大会提名。11月28日，大会一致同意任命马库·尼斯卡拉为联合会的新任秘书长。

马库·尼斯卡拉2003年58岁，参加红十字会已经有33年。70年代末，他曾作为联合会代表在赞比亚、坦桑尼亚和津巴布韦工作过，80年代中期他曾担任联合会秘书处的欧洲部主任，自1988年开始，他一直担任芬兰红十字会秘书长。联合会主席托罗认为尼斯卡拉具有长期丰富的红十字会工作经验，是联合会秘书长的最佳人选。

联合会目前所经历的财政困难成为本届大会与会者关注的焦点之一。由于美国红十字会自2000年开始以对新标志问题得不到解决而不满为理由已经连续4年拒绝向联合会交纳会费，导致联合会财政遇到空前困难。按照联合会大会通过的各国红十字会交纳会费的标准，美国红十字会的年度会费额度占总会费预算的四分之一，约合800万瑞士法郎。连续拖欠4年，使联合会的正常预算极度捉襟见肘，储备基金告罄。面对窘境，联合会秘书处不得不大幅度削减支出，减少活动并大量裁员。大会在通过秘书长提出的2004～2005年工作计划和工作预算的同时，敦促秘书长进一步开源节流，同时呼吁美国红十字会以联合会的团结和工作为重，尽快补交拖欠会费。

中国红十字会代表团积极地参加了领导委员会和联合会大会的讨论，在发言中，鼓励联合会依据《2010战略》的精神，以与时俱进和不断创新的态度，扬长避短，开展符合自身特点的工作，并希望联合会在40年后的今天能以令人信服的业绩争取重新获得诺贝尔和平奖。在分工作组的会议上，香港分会的代表介绍了中国红十字会2003年防治非典的工作，特别介绍了香港特别行政区红十字会的经验，得到了与会各国红十字会代表的高度评价。

附1：

中国政府在第28届红十字与红新月国际大会上的承诺

兹承诺，在2004～2007年：

一、履行日内瓦四公约及其附加议定书

等中国批准、加入的国际人道法文书的有关规定。

二、加强国际人道法传播，包括在军队中进行人道法教育。

三、推进灾害紧急救援体系建设，制定省、地、县三级政府的救灾应急预案。

四、加强公共卫生能力建设，促进经济和社会的协调发展。进一步健全传染病监测、预防、治疗和信息通报网络。

五、执行《中华人民共和国红十字会法》。

六、支持中国红十字会在传播人道法、救灾备灾、公公卫生和社会救助等方面的工作。

七、发展与红十字国际委员会、红十字会与红新月会国际联合会的合作关系。继续与红十字国际委员会就其在北京设立地区代表处问题进行磋商，并争取达成一致。

中国政府出席第二十八届红十字与红新月国际大会代表团团长

中国常驻联合国日内瓦办事处代表沙祖康大使

2003年12月4日

附2：

中国红十字会在第28届红十字与红新月国际大会上的承诺

兹承诺，2004年～2007年**中国红十字会将：**

一、提高各级分会救灾能力，加强对红十字会工作人员的救灾培训工作。每年都要举办救灾培训班或研讨会，培训的目的是查找问题并寻求解决办法。

二、加强红十字会救灾工作的筹资能力和渠道，为更多的灾民服务。

三、鼓励和帮助省级分会建设备灾救灾中心。

2007**年的评估标准：**

·总会每年举办1～2期救灾培训班或研讨会，每期参与人数约70人。

·灾害易发省份的红十字会每年最少要搞一次救灾培训班，接受培训人员在50人以上。

·每年举办专题研讨会筹资办法和途径。逐年增加国内筹款（物）与国外筹款（物）的比例，减少对境外资金的依赖性。

·在两个省建立社区备灾、救灾试点工作。

兹承诺，在2004～2007**年：**

中国红十字会将在全国培训合格的红十字救护员，普及救护知识。

2007**年的评估标准：**

·救护培训普及人数达到当地人口总数的0.5%～1%以上。

·在乡镇、街道的每个红十字基层单位有2～3名红十字救护员。

·在开展救护培训的省、自治区、直辖市及省辖市和一些行业中每150～300人中有一名接受过救护培训并考核合格的红十字救护员。

兹承诺，在2004**年～**2007**年：**

一、加强社区红十字服务工作的交流与研讨，推动红十字社区服务示范市、示范区创建活动，使红十字会社区服务工作逐步从大、中城市向中、小城市扩展。

二、支持和帮助地方分会建立社区红十

字卫生站（或服务站、工作站）。

三、开展对社区红十字卫生站（或服务站、工作站）站长管理技能和志愿者服务技能的培训。

四、为孤儿、老年人、重症患者、残疾人、特困家庭提供经常性的服务和帮助。

五、在社区开展募捐、义卖活动，将募集、租借、义卖款物用于需要帮助的家庭和受灾地区群众。

六、利用社区一切可以利用的条件，对社区群众开展院前救护、居家护理、卫生保健、家庭安全等知识的培训，增强居民自我保健意识，掌握自救互救技能，提高身心健康水平。同时进行红十字运动、备灾救灾、预防艾滋病、无偿献血、遗体捐献、干细胞捐献等知识的宣传。

2007 年的评估标准：

·总会每年举办 1～2 次（省级、省会城市、计划单列市）研讨会或培训班，受训 40 人以上。

·争取 2007 年全国 50% 县以上红十字会开展服务社区工作。

兹承诺，在 2004～2007 年：

中国红十字会将继续与红十字国际委员会合作，在红十字会系统、社区、学校和部队中传播国际红十字红新月运动基本知识和国际人道法。

2007 年的评估标准：

·与红十字国际委员会的 2004 年传播合作计划圆满完成。

·制定并执行 2005 年以后与红十字国际委员会的传播合作计划。

·组织和举办一系列包括全国性和区域性的传播人员培训班。

·培训传播骨干，支持他们组织本地区的传播工作。

·用中文翻译、编写并印发针对不同传播对象的教材（包括音像教材）。

·将一些重要教材翻译成少数民族文字印发。

·与红十字国际委员会签署《探索人道法》项目的合作计划。在学校传播国际人道法。

·继续协助红十字国际委员会在中国武装部队内开展各种形式的有关国际人道法的传播和培训工作。

中国红十字会出席第二十八届红十字与红新月国际大会代表团团长

王立忠

2003 年 12 月 4 日

中国红十字会总会机关参照《国家公务员暂行条例》管理的实施方案

为加强中国红十字会总会机关建设，进一步提高机关工作人员素质和机关工作效能，有效地遵循国际红十字运动的基本原则，更好地发挥中国红十字会总会的职能作用，根据《中华人民共和国红十字会法》和《中国红十字会章程》及有关规定，参照《国家公务员暂行条例》和《国家公务员制度实施方案》（国发[1993]78 号），结合中国红十字会总会机关的实际情况，制定本方案。

一、实施范围

中国红十字会总会机关中除工勤人员以

外的工作人员，参照《国家公务员暂行条例》进行管理；在红十字会总会机关兼任领导职务的人员，实行所在部门、单位的人事管理制度。

中国红十字会总会所属事业单位，不列入参照《国家公务员暂行条例》管理的范围。

二、职务设置

中国红十字会总会机关设置领导职务序列和非领导职务序列。

选任的领导职务，按照《中国红十字会章程》和有关规定设置，序列为：副会长、会长。非选任的领导职务的领导职务序列为：副处长、处长、副部长（副主任）、部长（主任）、副秘书长、秘书长。设置其他名称的领导职务，与上列职务层次相对应。

非领导职务序列为：办事员、干事、副科级干事、正科级干事。如确因工作需要设置少量司、处级干事，职数由人事部商中央组织部确定。

领导职务和非领导职务，要在确定职能、机构、编制的基础上，在规定的职数限额内设置。任用领导职务和非领导职务人员，要严格任职条件，并按照管理权限和审批程序办理。

三、职级对应

中国红十字会总会机关工作人员职务与级别的对应关系是：

（1）部长（主任）：六至八级；

（2）副部长（副主任）、处长：七至十级；

（3）副处长：八至十一级；

（4）正科级干事：九至十二级；

（5）副科级干事：九至十三级；

（6）干事：九至十四级；

（7）办事员：十至十五级。

与上述职务相对应的其他职务，适用上述规定。

中国红十字会总会会长、专职副会长、秘书长、副秘书长和党组书记、副书记、成员，分别按干部管理权限审批确认的职级对应级别。

中国红十字会总会机关工作人员的级别，按管理权限由任免机关根据上述规定的职务与级别的对应关系，按照《机关工作人员工资制度改革方案》（国发[1993]79 号）和《机关工作人员工资制度改革实施办法》（国办发[1993]85 号）规定的定级办法确定。

四、工资制度及工资套改

中国红十字会总会机关列入参照《国家公务员暂行条例》管理范围的人员，实行职务级别工资制。工资套改和晋升的具体办法，按照《机关工作人员工资制度改革方案》和《机关工作人员工资制度改革实施办法》执行。

中国红十字会总会机关工人（包括技术工人和普通工人），分别实行岗位技术等级（职务）工资制和岗位工资制。其工资套改和晋升及机关退（离）休人员增加退（离）休费的具体办法，分别按照上述工资制度改革文件的有关规定执行。

五、招考与选调

中国红十字会总会机关录用工作人员，采用招考与选调两种方式。部分工作岗位可实行聘用制。

录用科级以下（含科级）工作人员，实行公开招考或有限竞争性考试，按照德才兼备的原则择优录用。考试录用的方法和程序，参照国家公务员考试录用的有关规定办理。

副处级以上（含副处级）职位出现空缺

时，可以从内部晋升，也可以从党政机关、人民团体、企事业单位中，经过严格考核，择优选调符合任职条件者担任，还可以采用公开招考的办法择优任用。

招考和选调工作人员，须在核定的编制员额和上级批准的增员指标内进行，并按管理权限和审批程序办理。

六、其他制度

中国红十字会总会机关工作人员的职位分类、考核、奖励、纪律、职务升降、职务任免、培训、交流、回避、工资保险福利、辞职辞退、退休、申诉控告等，参照《国家公务员暂行条例》的有关规定执行。

七、实施办法和步骤

中国红十字会总会机关参照《国家公务员暂行条例》管理的工作，结合机构改革和工资制度改革，有计划、有步骤地组织实施。

实施工作分以下三个阶段进行：

（一）准备阶段。组织工作班子；制定实施办法；培训工作骨干；进行参照《国家公务员暂行条例》管理的目的、意义和基本内容的宣传教育；搞好现有机关工作人员基本情况的调查摸底。

（二）实施阶段。具体按以下步骤进行：

1. 在机构改革的基础上，按规定合理设置领导与非领导职位，制定职位说明书，明确职责任务及任职资格条件。

2. 在严格考核的基础上，按照任职资格和条件，调整配备人员。按照有关规定和管理权限，审批确定工作人员级别，实施职级工资制，实现机关工作人员向参照国家公务员制度管理的过渡。同时妥善安置分流出机关的人员。

3. 按照本方案确定的原则和有关规定，结合机关实际，参照执行《国家公务员暂行条例》各项管理制度及其细则，逐步建立健全符合本机关性质特点的人事管理制度，并组织实施。

（三）总结检查阶段。在职位分类、人员过渡等实施工作完成后，认真进行总结和检查。重点总结检查职位设置、领导和非领导职务的任命、级别确定、职级工资制的实施情况等，巩固和完善实施的成果，对存在的问题，认真分析研究，制定改进措施。总结检查情况向有关部门写出报告。

八、组织领导

中国红十字会总会机关参照《国家公务员暂行条例》管理的工作，在总会党组领导下进行，具体工作由总会人事部门负责。

本方案由中共中央组织部和人事部负责解释。

中共中央组织部办公厅

1996 年 11 月 15 日印

中国红十字基金会章程

（2005 年 3 月）

第一章 总 则

第一条 本基金会的全称是：中国红十字基金会；简称为：中国红基会。英文译名为“Chinese Red Cross Foundation”，缩写为“CRCF”。

第二条 本基金会属于公募基金会。本基金会面向公众募捐的地域范围是：国内外。

第三条 本基金会的宗旨：贯彻执行《中华人民共和国红十字会法》，发扬人道、博爱、奉献的红十字精神，保护人的生命和健康，为红十字事业筹集资金和物资，构建红十字社会公益服务体系，开展人道主义救助工作。

第四条 本基金会的原始基金数额为人民币800万元，来源于企业和有关人士的捐赠。

第五条 本基金会的登记管理机关是民政部，业务主管单位是中国红十字会。

第六条 本基金会的住所：中国北京市东城区干面胡同53号。

第二章 业务范围

第七条 本基金会公益活动的业务范围：

（一）呼吁社会各界积极参与红十字救死扶伤、扶危济困、敬老助残、助人为乐等人道主义救助活动，为社会公益事业作贡献；

（二）开展与国际友好团体、个人及港、澳、台同胞和海外侨胞的友好往来和相互合作；

（三）根据需要，依法在有关国家和地区设立分支机构或代表机构，不断拓展海外业务和项目合作；

（四）弘扬中华民族爱老敬老的传统美德，通过各种有效形式，积极兴办老年福利事业，倡导社会新风，促进社会文明；

（五）积极促进和创办群众医疗救护事业，救死扶伤，为受损害人群减轻痛苦；

（六）支持和兴办具有红十字特色的教育事业，为贫困学生就学提供和创造机会；

（七）开展适合自身特点的其他社会救助活动；

（八）通过各种直接和间接形式，积极向社会募捐款物，增加基金来源；

（九）采取多种合法有效的方式，实现基金的保值增值。

第三章 组织机构、负责人

第八条 本基金会由9至25名理事组成理事会。本基金会理事每届任期五年，任期届满，连选可以连任。

第九条 理事的资格

（一）具有独立民事行为能力；

（二）热心基金会所从事的公益事业；

（三）具有与理事工作相适应的工作阅历和工作经验；

（四）能够尽职尽责，保障捐赠财产的使用符合捐赠人的意愿和基金会的公益目的，保障基金会财产的安全及保值增值；

（五）廉洁奉公，办事公道。

第十条 理事的产生和罢免

（一）第一届理事由业务主管单位、主要捐赠人、发起人分别提名并共同协商确定；

（二）理事会换届改选时，由业务主管单位、理事会、主要捐赠人共同提名候选人并组织领导小组，组织全部候选人共同选举产生新一届理事；

（三）罢免、增补理事应当经理事会表决通过，报业务主管单位审查同意；

（四）理事的选举和罢免结果报登记管

理机关备案。

第十一条 理事的权利和义务

（一）参与基金会的领导工作；

（二）对基金会的重大决策有表决权；

（三）对基金会运作有建议权；

（四）有履行本章程规定的权力和责任的义务。

第十二条 本基金会的决策机构是理事会。理事会行使下列职权：

（一）制定和修改章程，决定机构的使命、战略和目标；

（二）选举和罢免理事长、副理事长、秘书长；

（三）决定重大业务活动计划，包括资金的募集、管理和使用计划；决定机构资产运作的原则、策略、途径和重大投资事项，对资产安全负责；

（四）审查机构年度财务报告；

（五）制定机构政策和重要管理制度；

（六）决定设立办事机构、分支机构、代表机构；

（七）决定由秘书长提名的副秘书长和各部门主要负责人的聘任；

（八）听取、审议秘书长工作报告，检查秘书长的工作，给予秘书长工作支持并评估其绩效；

（九）决定基金会的分立、合并或终止；

（十）决定其他重大事项。

第十三条 理事会每年至少召开两次会议。理事会会议由理事长负责召集和主持。

有三分之一理事提议，必须召开理事会会议。如理事长不能召集，提议理事可推选召集人。召开理事会会议，理事长或召集人需提前五日通知全体理事、监事。

第十四条 理事会会议需有三分之二以上理事出席方能召开；理事会决议须经出席理事过半数通过方为有效。

下列重要事项的决议，须经出席理事表决，三分之二以上通过方为有效：

（一）章程的修改；

（二）选举或罢免理事长、副理事长、秘书长；

（三）章程规定的重大募捐、投资活动；

（四）基金会的分立、合并。

第十五条 理事会会议应当制作会议记录。形成决议的，应当当场制作会议纪要，并由出席理事审阅、签名。理事会决议违反法律、法规或章程规定，致使基金会遭受损失的，参与决议的理事应当承担责任。但经证明在表决时反对并记载于会议纪要的，该理事可免除责任。

第十六条 本基金会设监事 1—2 名。监事任期与理事相同，期满可以连任。

第十七条 理事、理事的近亲属和基金会财会人员不得任监事。

第十八条 监事的产生和罢免：

（一）监事由主要捐赠人、业务主管单位分别选派；

（二）登记管理机关根据工作需要选派；

（三）监事的变更依照其产生程序。

第十九条 监事的权利和义务

监事依照章程规定的程序检查基金会财务和会计资料，监督理事会遵守法律和章程的情况。

监事列席理事会会议，有权向理事会提出质询和建议，并应当向登记管理机关、业务主管单位以及税务、会计主管部门反映情况。

监事应当遵守有关法律法规和基金会章程，忠实履行职责。

第二十条 在本基金会领取报酬的理事不得超过理事总人数的三分之一。监事和未在基金会担任专职工作的理事不得从基金会获取报酬。本基金会为非专职理事和监事提供必要的工作费用，费用包括交通费、办公费、调研费、差旅费等。理事和监事的工作费用列入本基金会的管理行政费用。

第二十一条 本基金会理事遇有个人利益与基金会利益关联时，不得参与相关事宜的决策；基金会理事、监事及其近亲属不得与基金会有任何交易行为。

第二十二条 理事会设理事长、副理事长和秘书长，从理事中选举产生。

第二十三条 本基金会理事长、副理事长、秘书长，必须符合以下条件：

（一）在基金会业务领域内有较大影响；

（二）理事长、副理事长、秘书长最高任职年龄不超过70周岁，秘书长为专职；

（三）身体健康，能坚持正常工作；

（四）具有完全民事行为能力。

第二十四条 有下列情形之一的人员，不能担任本基金会的理事长、副理事长、秘书长：

（一）属于现职国家工作人员的；

（二）因犯罪被判处管制、拘役或者有期徒刑，刑期执行完毕之日起未逾5年的；

（三）因犯罪被判处剥夺政治权利正在执行期间或者曾经被判处剥夺政治权利的；

（四）曾在因违法被撤销登记的基金会担任理事长、副理事长、或者秘书长，且对该基金会的违法行为负有个人责任，自该基金会被撤销之日起未逾5年的。

第二十五条 担任本基金会理事长、副理事长或者秘书长的香港居民、澳门居民、台湾居民以及外国人，每年在中国内地居留时间不得少于3个月。

第二十六条 本基金会的理事长、副理事长、秘书长每届任期五年，连任不超过两届。因特殊情况需超届连任的，须经理事会特殊程序表决通过，报业务主管单位审查并经登记管理机关批准同意后，方可任职。

第二十七条 本基金会理事长为基金会法定代表人。本基金会法定代表人不兼任其他组织的法定代表人。

本基金会法定代表人应当由中国内地居民担任。

本基金会法定代表人在任期间，基金会发生违反《基金会管理条例》和本章程的行为，法定代表人应当承担相关责任。因法定代表人失职，导致基金会发生违法行为或基金会财产损失的，法定代表人应当承担个人责任。

第二十八条 本基金会理事长行使下列职权：

（一）召集和主持理事会会议；

（二）制定理事会工作计划并付诸执行，检查理事会决议的落实情况；

（三）代表基金会签署或授权签署重要文件；

（四）章程和理事会赋予的其他职权。

第二十九条 本基金会副理事长、秘书长在理事长领导下开展工作，秘书长行使下列职权：

1. 主持开展基金会的日常工作，组织实施理事会决议；

2. 拟定资金的筹集、管理和使用计划；

3. 拟定基金会的重要管理规章制度，报理事会审批；

4. 提议聘任或解聘副秘书长以及各部门主要负责人，由理事会决定；

5. 决定各部门专职工作人员的聘用，推荐和领导一支有社会责任和有效能的秘书处管理团队；

6. 章程和理事会赋予的其他职权。

第三十条　根据工作需要，本基金会设立名誉会长、名誉副会长和名誉理事，不享有决策权。

第四章　财产的管理和使用

第三十一条　本基金会为公募基金会，本基金会的收入来源于：

（一）组织募捐的收入；

（二）自然人、法人或其他组织自愿捐赠；

（三）投资收益；

（四）其他合法收入等。

第三十二条　本基金会组织募捐、接受捐赠，应当遵守法律法规，符合章程规定的宗旨和公益活动的业务范围。

第三十三条　本基金会组织募捐时，应当向社会公布募得资金后拟开展的公益活动和资金的详细使用计划。重大募捐活动应当报业务主管单位和登记管理机关备案。

本基金会组织募捐，不得以任何形式进行摊派及变相摊派。

第三十四条　本基金会的财产及其他收入受法律保护，任何单位、个人不得侵占、私分、挪用。

第三十五条　本基金会根据章程规定的宗旨和公益活动的业务范围使用财产；捐赠协议明确了具体使用方式的捐赠，根据捐赠协议的约定使用。

接受捐赠的物资无法用于符合本基金会宗旨的用途时，基金会可以依法拍卖或者变卖，所得收入用于捐赠目的。

第三十六条　本基金会财产主要用于：

（一）开展红十字救助活动；

（二）兴办和资助医疗、教育、老年、扶贫等社会福利事业。

第三十七条　本基金会的重大募捐、投资活动是指：

（一）赈灾、救灾；

（二）开展社会性救助活动；

（三）兴办和资助公益性社会福利事业。

第三十八条　本基金会按照合法、安全、有效的原则实现基金的保值、增值。

第三十九条　本基金会每年用于从事章程规定的公益事业支出，不得低于上一年总收入的70％。

本基金会工作人员工资福利和行政办公支出不得超过当年总支出的10％。

第四十条　本基金会开展公益资助项目，应当向社会公开所开展的公益资助项目种类以及申请、评审程序。

第四十一条　捐赠人有权向本基金会查询捐赠财产的使用、管理情况，并提出意见和建议。对于捐赠人的查询，基金会应当及时如实答复。

本基金会违反捐赠协议使用捐赠财产的，捐赠人有权要求基金会遵守捐赠协议或者向人民法院申请撤销捐赠行为、解除捐赠协议。

第四十二条　本基金会可以与受助人签订协议，约定资助方式、资助数额以及资金用途和使用方式。本基金会有权对资助的使用情况进行监督。受助人未按协议约定使用资助或者有其他违反协议情形的，本基金会有权解除资助协议。

第四十三条 本基金会应当执行国家统一的会计制度，依法进行会计核算、建立健全内部会计监督制度，保证会计资料合法、真实、准确、完整。

本基金会接受税务、会计主管部门依法实施的税务监督和会计监督。

第四十四条 本基金会配备具有专业资格的会计人员。会计不得兼出纳。会计人员调动工作或离职时，必须与接管人员办清交接手续。

第四十五条 本基金会每年 1 月 1 日至 12 月 31 日为业务及会计年度，每年 3 月 31 日前，理事会对下列事项进行审定：

（一）上年度业务报告及经费收支决算；

（二）本年度业务计划及经费收支预算；

（三）财产清册。

第四十六条 本基金会进行年检、换届、更换法定代表人以及清算，应当进行财务审计。

第四十七条 本基金会按照《基金会管理条例》规定接受登记管理机关组织的年度检查。

第四十八条 本基金会通过登记管理机关的年度检查后，将年度工作报告在登记管理机关指定的媒体上公布，接受社会公众的查询、监督。

第五章 终止和剩余财产处理

第四十九条 本基金会有以下情形之一，应当终止：

（一）完成章程规定的宗旨的；

（二）无法按照章程规定的宗旨继续从事公益活动的；

（三）基金会发生分立、合并的。

第五十条 本基金会终止，应在理事会表决通过后 15 日内，报业务主管单位审查同意。经业务主管单位审查同意后 15 日内，向登记管理机关申请注销登记。

第五十一条 本基金会办理注销登记前，应当在登记管理机关、业务主管单位的指导下成立清算组织，完成清算工作。

本基金会应当自清算结束之日起 15 日内向登记管理机关办理注销登记；在清算期间不开展清算以外的活动。

第五十二条 本基金会注销后的剩余财产，应当在业务主管单位和登记管理机关的监督下，通过以下方式用于公益目的：

（一）资助兴办的公益福利事业；

（二）捐赠给中国红十字会。

第六章 章程修改

第五十三条 本章程的修改，须经理事会表决通过后 15 日内，报业务主管单位审查同意。经业务主管单位审查同意后，报登记管理机关核准。

第七章 附 则

第五十四条 本章程经 2005 年 3 月 25 日理事会表决通过。

第五十五条 本章程的解释权属于理事会。

第五十六条 本章程自登记管理机关核准之日起生效。

中国红十字会会费管理办法

（红二字〔2001〕19号 2001年5月1日）

第一条 为加强中国红十字会会费的收缴、使用与管理，根据《中华人民共和国红十字会法》和《中国红十字会章程》及国家有规定，制定本办法。

第二条 按期缴纳会费是会员应尽的义务；会员缴纳的会费，是红十字会经费的主要来源之一。

第三条 会费的收缴、使用与管理应坚持取之有度、用之得当的原则。

第四条 个人会员会费，由基层红十字会收缴；团体会员会费，由审批发放团体会员证书的红十字会收缴。

第五条 个人会员的会费标准：成人会员年度会费不超过10元；青少年会员年度会费不超过5元。

第六条 团体会员的会费标准：单位职工人数200人以下的，年度会费不超过300元；200～500人的，年度会费不超过500元；500～1000人的，年度会费不超过1000元；1000～2000人，年度会费不超过1500元；2000人以上的，年度会费不超过2000元。

第七条 具有红十字会基层组织和团体会员双重身份的单位，在单位缴纳团体会员会费的同时，个人会员还应按规定缴纳个人会员会费。

第八条 个人会员和团体会员自愿缴纳会费超过年度会费标准的，应予以鼓励，并视情况给予奖励。

第九条 个人会员会费应由个人负担，不得由所在单位支付。团体会员会费，应从企业管理费或自有资金中开支。

第十条 会员连续两年不按期缴纳会费的，视为自动退会，应予以注销。

第十一条 基层红十字会应将收缴会费的20%缴纳上一级红十字会，80%留本级红十字会。县、地、省级红十字会应将收缴会费的30%逐级缴纳上一级红十字会，70%留本级红十字会。省级红十字会向总会缴纳会费的时间，应在当年12月底以前。全国性行业建立的行业红十字会，比照省级红十字会的比例和做法，向总会缴纳会费。

第十二条 会费应用于开展与红十字会宗旨相一致的各项活动，不得挪作他用。

第十三条 会费使用须经各级红十字会执行委员会或办事机构领导集体研究决定。

第十四条 各级红十字会应建立会费收缴、使用与管理制度。设专人负责会费收缴、使用与管理工作，建立收支明细账目。每年将会费收支情况向理事会报告。

第十五条 地方各级红十字会要接受上一级红十字会对会费收缴、使用与管理工作的监督和检查。

第十六条 各级红十字会应将年度会费收缴、使用与管理情况报上一级红十字会。对会费收缴、使用与管理工作开展好的红十字会，上一级红十字会应予以奖励。

第十七条 本办法解释权属中国红十字会总会。

第十八条 本办法经第七届常务理事会第二次会议通过，自2001年5月1日起施行。1997年4月14日制定的《中国红十字会会费收缴与管理办法》同时废止。

关于进一步推进红十字志愿服务工作的意见

（红事字〔2002〕15 号　2002 年 2 月 16 日）

各省、自治区、直辖市红十字会，铁路系统红十字会：

志愿服务作为一项重要的社会公益事业在世界各国特别是发达国家已蓬勃发展，甚至成为一种时代发展潮流，这为红十字志愿服务工作带来了历史性的机遇，同时也提出了新的挑战和更高的要求。根据《联合会志愿工作政策》（红十字会与红新月会国际联合会 1999 年 10 月大会通过）的规定，结合我国的具体实际，红十字志愿服务是指红十字会的会员和志愿工作者，出自完全自愿的动机，不谋取任何经济、物质的好处，用自己的经验、技能和时间，为最易受损害群体提供的服务。这种奉献行为符合《中华人民共和国红十字会法》和《中国红十字会章程》的有关规定，也符合国际红十字运动的原则。为做好这项工作，现提出如下意见：

一、明确意义，把握方向，提高推进志愿服务的思想认识

志愿服务是红十字运动七项基本原则之一，是红十字运动的基本价值观和态度，是人道、博爱、奉献精神的集中体现，是实践红十字运动志愿服务基本原则的重要途径和方式。实践证明，开展志愿服务活动，有利于吸引社会各界人士参加红十字活动，使我们的事业植根于广大民众之中；有利于解决红十字会人力财力不足的矛盾，调动社会力量为民重服务，合理配置资源；有利于弘扬人道、博爱、奉献精神和中华民族的传统美德，改善人际关系，净化社会风气，促进社会主义精神文明建设。

二、加强领导，制订规划，加大推进志愿服务的工作力度

各级红十字会特别是省级红十字会要高度重视志愿服务工作。在推进志愿服务的工作中，各级红十字会的主要领导要亲自过问，经常给予关注和指导，分管领导要切实负起责任，把工作落到实处。充分发挥各级领导的组织、指导和服务作用。各级红十字会要把志愿服务工作作为一项长期的目标，摆上重要议事日程。在调查研究的基础上，制订中长期的工作规划和年度实施计划。制定规划要立足长远，具有前瞻性；实施计划要着眼于现实，注重可操作性。要帮助和指导基层红十字会组织开展志愿服务工作，并及时发现问题，总结经验，使志愿服务工作有计划、有步骤地进行。

三、健全组织，壮大队伍，形成推进志愿服务的整体合力

各级红十字会在加强机关建设的基础上，要积极发展会员和志愿工作者，把会员和志愿工作者队伍作为开展志愿服务的载体，形成网络，在提高质量、发挥作用上下功夫。积极发展会员，既要积极发展个人会员，又要积极发展团体会员。充分体现红十字会作为群众团体的社会性特点，拓展范围，面向社会，辐射城乡，强化会员意识，增强组织活力。积极吸收志愿工作者，充分体现红十字会作为群众团体的广泛性特点，招募不计报酬、短期或长期、志愿参加红十字会活动的社会各界人士，作为红十字志愿工作者。有条件的地方可设立专门委员会，规范对红十字志愿工作者的招募、管理、组织、培训、使用。

四、开展活动，分类指导，营造推进志愿服务的社会氛围

红十字会志愿服务工作的生命力在于开展活动。要紧密联系红十字会的宗旨，配合红十字会中心工作，围绕“博爱系列社会工程”，根据各地实际，定期、不定期地开展形式多样的服务群众、奉献社会的活动。在活动中发展，在实践中提高。开展志愿服务活动应当因地制宜，形式多样，切实可行。从开展志愿服务的模式上分，有条件、有基础的地方，可以组织会员和志愿工作者开展多种形式的志愿服务活动；力量薄弱的地方，可以联合其他团体、行业共同开展志愿服务活动；可以组织会员和志愿工作者参与社区服务，将红十字志愿服务工作纳入社区建设，等等。从开展志愿服务的内容上分，有提供技能的服务，有提供知识的服务，有提供时间的服务，等等。无论何种模式，何种内容的服务，都要突出红十字会的特色，体现红十字会的精神，扩大红十字会的社会影响，争取更多的人理解和支持红十字事业。

五、更新理念，共享资源，拓展推进志愿服务的工作思路

红十字运动所倡导的志愿服务，是一种无私奉献的价值理念，也是一种适应时代发展的社会实践，它对人类社会的文明和进步起到了积极的作用，而社会实践也为它注入了新鲜的经验和内容。我们要拓展思路，开阔眼界，共享成功的资源和理念。比如，要适应社会主义市场经济的特点，确保志愿服务工作不得替代或有损有偿服务；对会员和志愿工作者开展的志愿服务工作要提供必要的条件；对合理的开支应予以报销；用志愿服务的时间来衡量会员和志愿工作者为社会所创造的价值和财富；以及青年志愿者具有创新意识的“志愿服务时间储蓄制度”，等等。在借鉴中学习，在继承中发展，审时度势，与时俱进，红十字运动所倡导的志愿服务将会发挥越来越大的作用。

六、循序渐进，持久发展，创造推进志愿服务的崭新业绩

《中华人民共和国红十字会法》和《中国红十字会章程》对志愿服务都做了规定，从法律和制度上为我们开展志愿服务工作做出了规范并提出了保障。各地在开展志愿服务工作中取得了一些成绩，积累了一些经验。但从总体上讲，我们的志愿服务工作发展很不平衡，还面临一系列问题，如公众对红十字志愿服务了解还不深入，参与意识不强，缺乏足够的资金支持，缺乏政策法规的指导；在志愿工作者队伍的招募、培训、管理、使用以及理论研究等方面还缺乏广度和深度。

建立社会主义市场经济体制对红十字会的工作提出了新的要求，红十字会必须服务于社会主义市场经济体制的建设，同时也必须主动与此相适应，实现自身的新发展。激烈的市场竞争将给我国社会带来许多变化，同时也需要构建与之相适应的思想道德体系，发挥制衡和调适的功能。红十字会在这方面可以大有作为，红十字会开展的志愿服务活动是可以发挥独特作用的。要清醒地认识形势，把握机遇，迎接挑战，扎扎实实做好志愿服务工作，循序渐进，持久发展，不断总结经验，以崭新业绩，迎接中国红十字会建会100周年。

中国红十字会红十字标志标明性使用规定

（1997年4月4日中国红十字会第六届理事会第四次会议通过）

第一条 依据《中华人民共和国红十字标志使用办法》制定本规定。

第二条 中国红十字会使用的标明性红十字标志为加名称的白底红十字标志，红十字由五个相等的正方形组成。

红十字标志的常用式样见附件（共八种）。

第三条 下列人员可以使用红十字标志：

（一）各级红十字会专（兼）职工作人员；

（二）红十字会会员；

（三）红十字青少年会员；

（四）红十字会志愿工作者；

（五）红十字会雇用的人员。

第四条 下列场所可以使用红十字标志：

（一）红十字会机关使用的建筑物；

（二）红十字会的医院、血站、救护站（点）；

（三）红十字会的备灾救灾中心、仓库；

（四）红十字会兴办的其他社会公益事业单位；

（五）红十字会开展赈济、救护、募捐等活动的场所。

第五条 下列物品和运输工具可以使用红十字标志：

（一）红十字会的宣传印刷品、办公用品、纪念品；

（二）红十字会的徽章、臂章、奖章、证章、证书；

（三）红十字会的救护器械、器材；

（四）红十字会用于备灾救灾的衣、食、药品等物资的包装；

（五）红十字会用于救助的运输工具；

（六）红十字会开展募捐活动的物品。

第六条 红十字标志的使用方法：

（一）红十字会会员、红十字青少年会员、红十字志愿工作者和红十字会专（兼）职工作人员平时可佩戴红十字会会徽或穿着印有红十字装饰图案的服装；执行救助任务的红十字会人员应佩带红十字臂章、胸章或穿着印有红十字标志的制服；

（二）红十字会的机构、医院、血站、备灾救灾中心（仓库）、救护培训中心挂长方条形或矩形标牌，底色为白色，红十字在上部，下面用黑色字标明单位全称，各级红十字会的备灾救灾中心（仓库）、救护培训中心用中国红十字会会徽作标记，会徽在正面墙壁上方显著位置，会徽下方用醒目字体标明单位名称；

（三）红十字会的赈灾、救护车辆（含飞行器、船艇），在车身后玻璃下方正中位置喷涂白底红十字，驾驶室两侧车门喷涂红十字，红十字下方标明红十字会名称；车顶的警灯、警报器按公安部门的规定安装，境外捐助车辆的警灯、警报器和车身喷字的，维持原样，驾驶室两侧车门喷涂红十字并标明红十字会名称；救灾和紧急救护临时雇用的车辆均按本规定张贴标明性红十字标志，悬挂红十字会会旗；

（四）使用民族文字的地区，在单位标

牌和胸章、臂章上可加用民族文字；

（五）经批准冠名红十字会（或红十字）医院、血站等事业单位挂矩形标牌，标牌底色为白色，红十字在中央，单位名称环绕红十字，用黑色字标明；

（六）红十字会的各级团体会员单位，分别由各级红十字会授予矩形挂牌，其形状与冠名红十字会单位的挂牌相同，名称由国家或地区名称加红十字会团体会员单位组成；

（七）红十字会所属企业单位及挂靠单位平时不得使用红十字标志，在执行人道主义救助任务和参加红十字会活动时，使用红十字标牌、红十字旗、红十字会会徽进行标明；

（八）大型集会、文艺演出的各种体育竞赛场馆由红十字会设置救护站，用红十字旗或红十字标牌标明；红十字会举办的会议，主席台上方挂红十字会会徽，会场内摆放会旗和红十字旗；

（九）红十字会的宣传印刷品、办公用品、纪念品可直接印制红十字和红十字会会徽；红十字会用于救护、赈济的器械、器材和衣服、食品、药品等物品的包装应直接印制或用不干胶贴的红十字标志标明；

（十）中国红十字会总会批准开展的义卖活动，其义卖品可用红十字标志标明。

第七条 红十字徽章、臂章、奖章、证章、证书按总会统一设计模式，由各省、自治区、直辖市、副省级城市红十字会制作；带有红十字的特殊标记、吉祥物等由中国红十字会总会制作。

第八条 本规定的解释权归中国红十字会总会。

第九条 本规定由中国红十字会理事会通过并报国务院备案后实施。

第十条 本规定于 1997 年 11 月 1 日起施行。此前总会的各种文件凡与本规定不一致者，以本规定为准。

图案说明：

1. 全部标牌均为白底，十字为正红色，字为黑色；

2. 比例尺寸按图中标示；

3. 图 5，两个圆为红色，红十字上部为汉字，标明省（自治区、直辖市）红十字名称，民族文字的使用按地方法规执行；十字下部为英文译名，内容必须为“中国红十字会××省（自治区、直辖市）分会”，外形作成正方形；作胸章适当大些，作臂章适当小些。

4. 图 6，(1) 矩形标牌；(2) 长方形标牌。民族文字的使用按地方法规执行。

5. 图 8，红十字应醒目，“红十字募捐箱”用中英文两种文字标明；底座用金属材料，箱体用有机玻璃材料，要求玻璃明亮，底座装饰讲究，锁及安全措施应在暗处，英文字样为：

HELP THE RED CROSS HELP THE NEEDY

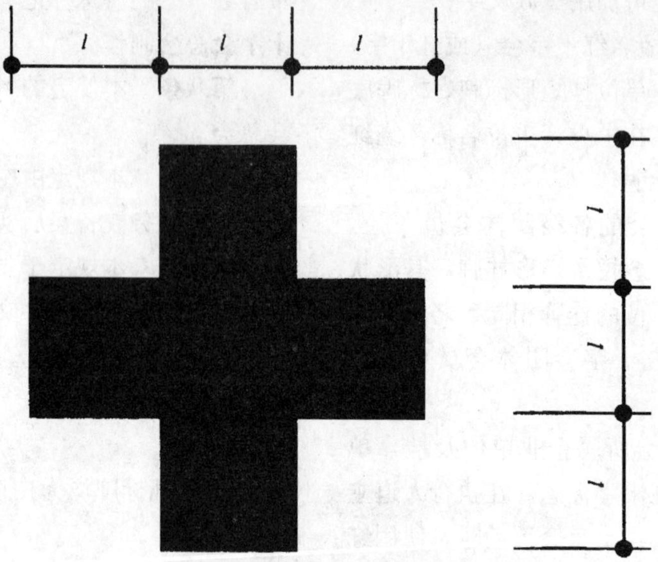

图 1　红十字标准样式

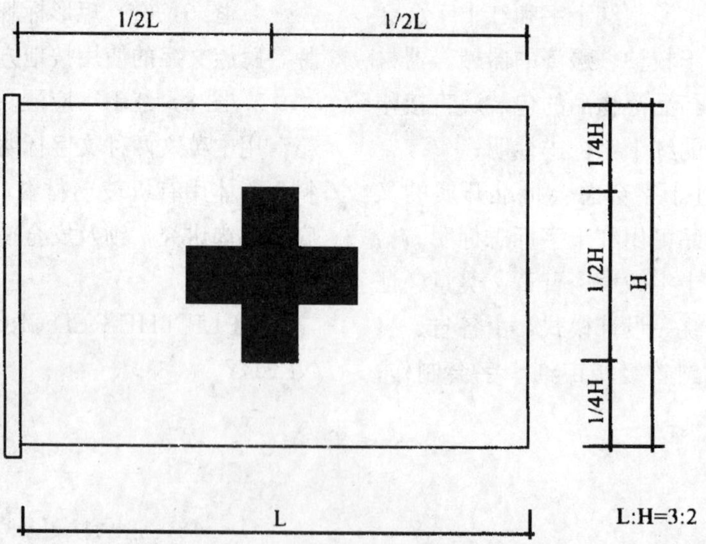

图 2　红十字会旗

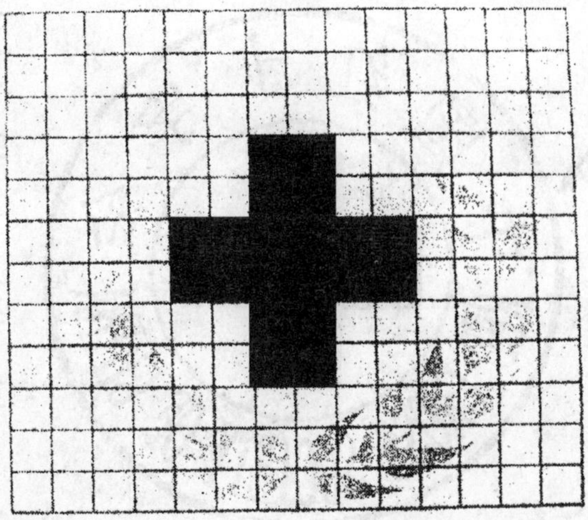

颜色注明：十字——正红色 橄榄枝——金色

图 3 红十字标准样式

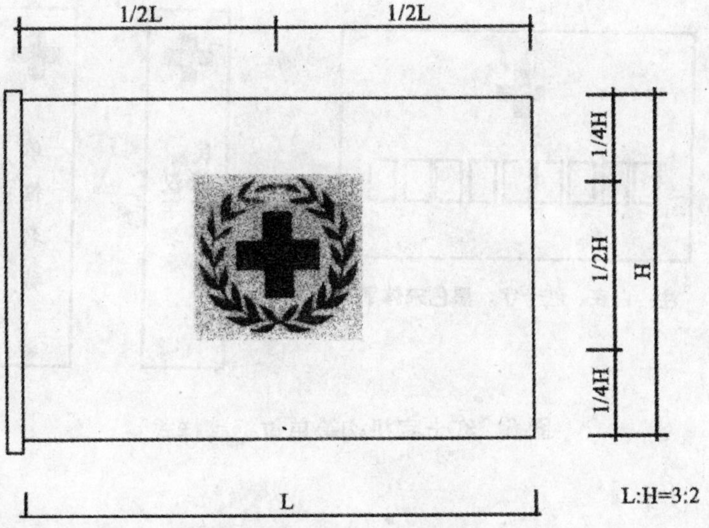

图 4 中国红十字会会旗

图 5　红十字胸章、臂章

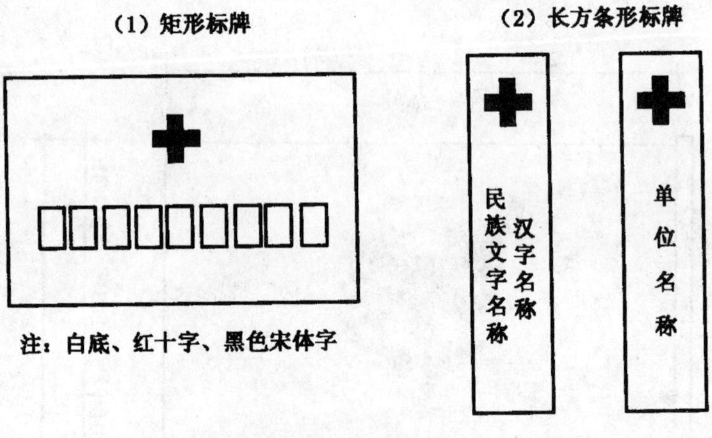

图 6　红十字机构等单位标牌样式

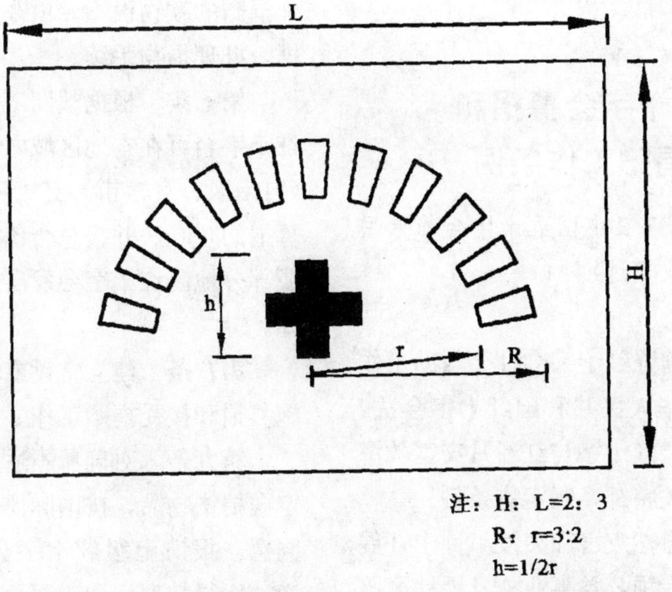

图 7　冠名红十字、红十字会团体单位标牌

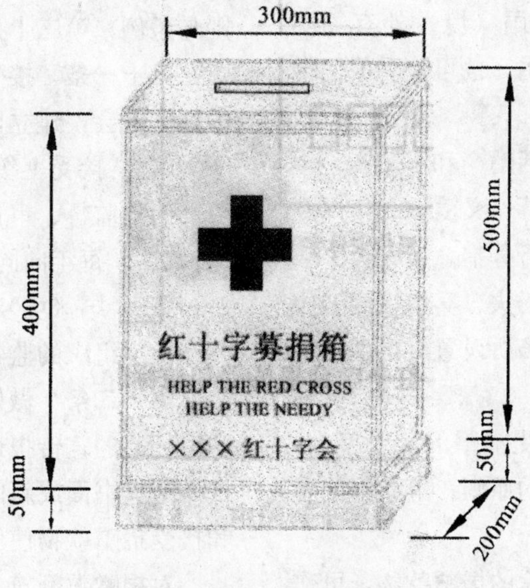

图 8　红十字募捐箱

中国红十字会募捐和接受捐赠工作条例

（1997年7月7日中国红十字会第六届理事会第四次会议通过）

第一条 为增强红十字会社会救助工作能力，依据《中华人民共和国红十字会法》有关规定，参照《红十字与红新月灾害救济原则与条例》有关精神，制定本条例。

第二条 在自然灾害和突发事件中开展救助工作；建立专项公益事业；开展社区服务及救助、赈济准备工作，可以进行募捐活动。

第三条 可向国内企事业单位、团体、组织、个人和社会各界以及在遵守国际红十字运动规定范围内，向国（境）外有关团体、组织、人士进行募捐，也可接受他们捐赠的款物。

募捐和接受捐赠包括动产和不动产。

第四条 可采取劝募、义演、义卖以及举办大型活动等形式进行募捐。

可在机场、车站、码头、宾馆饭店、旅游景点以及商场等公共场所设置红十字募捐箱，进行募捐。

第五条 募捐和接受捐赠的红十字会，对捐赠者应当坚持自愿的原则；尊重捐赠者的意愿。

接受无指定专项用途的捐赠款物，可作为红十字会的经费，用于发展红十字事业，按红十字会的有关规定管理使用。

第六条 募捐和接受捐赠的款物，要“专款专用”、合理分发使用；接受国（境）外捐赠的款物设立专项账户；均开具捐款收据，办理捐物手续。

第七条 根据救助工作需要，地方各级红十字会可在本地区域内开展募捐活动：省（自治区、直辖市）红十字会可在国内发出募捐的呼吁、并报总会备案；总会可向全国或部分地区红十字会发出开展募捐活动的通知。

第八条 建立常设或临时募捐机构，实施募捐和接受捐赠工作。

第九条 对确属不适用救助对象需要的定向捐赠物品，按国际惯例，经征得捐赠人同意。报请上级红十字会批准，可将其变卖，所得款项仍用于原救助对象。

第十条 为自然灾害和突发事件进行募捐和接受捐赠的款物，在紧急救助阶段结束之后，剩余的款物纳入救灾基金进行管理，其使用办法按《红十字与红新月灾害救济原则与条例》第三十条规定执行。

第十一条 接受、转赠、使用捐赠款物的红十字会，建立监督、审计制度。

（一）接受上级红十字会或当地政府有关部门的监督、审计；

（二）每年向同级理事会报告；

（三）国（境）外捐赠的款物，接受国际红十字组织的监督、审计。

第十二条 做好募捐的发动、接受、转赠等环节的宣传报道工作。

通过书面或新闻媒体向捐赠者反馈募捐和接受捐赠款物使用情况的信息。

对捐赠数额较多（包括物资折价）的，可举行捐赠仪式、颁发证书。

第十三条 捐赠物资的转送及其所需费用：

（一）转送捐赠物资应及时、有效，转

送救助物资的红十字会人员及其转送用于救助的物资和交通工具依据红十字会法享受优先通行权利；

（二）争取当地政府免收转送捐赠物资的运输、公路、储存等费用；

（三）可向当地政府申请资助；

（四）根据红十字会与红新月会国际联合会规定和国际惯例，可从募捐款中提取3～5%的管理费支付。

第十四条 每年年底各省（自治区、直辖市）红十字会汇总省内红十字会募捐和接受捐赠款物的数额（按当地价格折合），填报“中国红十字会募捐和接受捐赠情况统计表”，上报总会备案。

第十五条 各省、自治区、直辖市红十字会可依据本条例制定实施办法。

第十六条 本条例解释权归中国红十字会总会。

第十七条 本条例自1997年7月7日起施行，此前总会的相关文件与本条例不一致者，以本条例为准。

第十八条 本条例由中国红十字会理事会制定。

中国红十字会理事会组织规程（暂行）

（1998年4月3日第六届理事会第五次会议通过）

第一章 总 则

第一条 为加强理事会建设，使中国红十字运动沿着法制化轨道健康发展，依据《中华人民共和国红十字会法》和《中国红十字会章程》，制定本组织规程。

第二条 理事会由全国会员代表大会民主选举产生；实行民主集中制原则。

第三条 理事会在全国会员代表大会闭会期间是最高决策机构，负责执行全国会员代表大会的决议。

第二章 组 织

第四条 理事会设常务理事会、执行委员会、专门委员会。

第五条 理事会理事候选人应来自社会各界、行政区域、有关行业及单位，并有相对比例。

理事候选人来自社会各界、有关行业及单位者，由总会与理事候选人所在单位协商产生；来自行政区域者，由该区域的地方红十字推荐产生；执行委员会可直接推荐理事候选人若干名。

理事候选人由全国会员代表大会理事资格审查委员会负责审核，提交全国会员代表大会选举。

第六条 每届理事会任期5年，下一次全国会员代表大会召开时换届。

第七条 理事会会议由常务理事会负责召集，每年召开一次，因特殊情况，可提前或推迟。

第八条 在理事会闭会期间，由会长、常务副会长、副会长和正、副秘书长组成常务理事会；常务理事会会议由会长或常务副会长召集，每年不少于二次。

第九条 常务理事会下设执行委员会；

执行委员会由驻总会机关的常务副会长、副会长和正、副秘书长组成；常务副会长任执行委员会主任委员，其他成员为委员。

第十条 理事会下设：

（一）备灾救灾财务委员会；

（二）政策法规咨询委员会；

（三）红十字青少年工作委员会；

（四）推进无偿献血委员会；

（五）志愿工作者委员会；

（六）卫生救护工作委员会。

上述各委员会委员由理事和经理事会聘任的非理事人员组成，在常务理事会领导下开展工作。

第三章 理事会职责

第十一条 负责召集全国会员代表大会；向全国会员代表大会报告工作。

第十二条 制定中国红十字会工作方针政策、长期目标规划和年度工作计划；决定其他重大事项；监督指导各级红十字会贯彻全国会员代表大会决议。

第十三条 审查常务理事会的工作报告；审查执行委员会的备灾救灾财务工作报告。

第十四条 聘请名誉会长和名誉副会长；选举会长、常务副会长、副会长；根据会长提名决定秘书长、副秘书长人选；审议更换、增免理事。

第十五条 在特殊情况下，可修改《中国红十字会章程》个别条款，提交下次全国会员代表大会确认。

第十六条 向全国会员代表大会负责并接受其监督。

第四章 常务理事会职责

第十七条 执行全国会员代表大会和理事会决议；检查、指导各级红十字会贯彻执行全国会员代表大会和理事会决议。

第十八条 向理事会提交红十字会工作方针政策、长期目标规划和年度工作计划草案。

第十九条 向理事会报告工作。

第二十条 向理事会推荐聘请名誉会长、名誉副会长的人选；提出选举会长、副会长的人选。

第二十一条 聘请名誉理事；向理事会提交需更换、增免理事的议案。

第二十二条 在特殊情况下，可向理事会提交修改《中国红十字会章程》的特别议案。

第二十三条 研究决定重要会务工作；遇重大事项，在特殊情况下可先决定，再向理事会报告。

第二十四条 向理事会负责并接受其监督。

第五章 执行委员会职责

第二十五条 执行全国会员代表大会和理事会决议；指导地方红十字会及行业红十字会工作。

第二十六条 执行常务理事会决定；向常务理事会负责并接受监督。

第二十七条 领导总会机关日常工作；负责联系、协调中国红十字会与国（境）外的国际红十字组织以及各国和地区红十字组织的交往与合作，与国内相关部门、行业及单位的各项业务来往。

第二十八条 向常务理事会提交需研究决定各事项的草案。

第六章 理事条件和更换

第二十九条 遵守国际红十字运动七项基本原则，贯彻红十字会法，执行中国红十字会章程，自愿为红十字事业服务。

第三十条 担任社会公职的理事应是在职的有关领导；工作在社会各界的理事，应具有较高社会知名度；行政区域及行业的理事，应是这些行政区域及行业红十字会的会长或副会长。

第三十一条 因理事工作变动等原因，由原理事单位在理事会召开之前提前 1 个月提出理事更换人，并报总会。

第三十二条 理事在任期间连续 3 年不参加理事会会议者，自动取消理事资格。

第七章 理事职责

第三十三条 参与制定红十字会工作方针政策；参加理事会会议及理事会工作；对理事会建设提出意见和建议。

第三十四条 监督检查红十字会工作。

第三十五条 有选举权、被选举权和表决权。

第三十六条 维护理事会团结和统一，执行理事会决议；担任社会公职的理事，更要自觉执行红十字会法和维护红十字合法权益，按社团机制参与运作红十字会工作。

第三十七条 按照理事会决议，每年为红十字会解决一些实际问题；定期参加红十字会活动。

第八章 附 则

第三十八条 各省（自治区、直辖市）红十字会可依据此组织规程制定其理事会组织条例或办法，并报总会备案。

第三十九条 本组织规程解释权归中国红十字会总会。

第四十条 本组织规程自理事会通过之日起施行。

关于认真贯彻国务院通知精神积极开展艾滋病预防宣传工作的通知

（红赈发〔2004〕号）

各省、自治区、直辖市红十字会，铁路、武警系统红十字会：

2004 年 2 月日，国务院办公厅下发了《国务院关于切实加强艾滋病防治工作的通知》（国发〔2004〕7 号文件），明确指出了自 1985 年我国首次报告艾滋病病例以来，艾滋病在我国的流行呈快速上升的趋势，艾滋病防治工作面临严重挑战。我国正经历艾滋病局部流行并向其他一些地区扩散的严重趋势，造成艾滋病流行蔓延的社会因素仍广泛存在，我国艾滋病流行蔓延的势头还没有得到有效的遏制。为有效遏制艾滋病疫情快速上升的趋势，切实加强艾滋病防治工作，向全国发出了动员令，号召各地区、各部门及全国各族人民在党中央、国务院的正确领导下，制定防治规划、明确相关政策、落实防治措施、开展健康教育、加强患者救治。并就加强组织领导，明确职责任务；坚持预防为主，实施综合治理；加强疫情检测，规范疫情报告；落实救治政策，做好药品供给；加大投入力度，保障防治经费；开展关怀救助，加强病人管理和开展国际合作，提高防治水平诸方面提出了明确的要求。

中国红十字会是从事人道主义工作的社会救助团体，是政府在人道领域的助手。

中国红十字会第六届理事会第四次会议《关于接纳香港红十字会为中国红十字会分会的特别决议》

鉴于自1997年7月1日中华人民共和国政府将恢复对香港行使主权，设立香港特别行政区。根据国际红十字运动的“统一性”原则，香港红十字会正式向中国红十字会申请香港红十字会在此之前将脱离英国红十字会，于1997年7月1日起加入中国红十字会，成为中国香港特别行政区红十字会。

中国红十字会第六届理事会第四次会议审议通过：

自1997年7月1日起接纳香港红十字会为中国红十字会的一个享有高度自治的地方红十字会，其名称为“中国香港特别行政区红十字会”〔英文：The Red Cross Of the Hong Kong Special Administrative Region Of the People's Republic of China〕简称：“香港红十字会分会”〔英文：Hong Kong Red Cross（Branch of the Red Cross Society of China)〕。

中国红十字会第六届理事会第六次会议《关于接纳澳门红十字会为中国红十字会高度自治分会的特别决议》

（1999年10月10日）

鉴于自1999年12月20日中华人民共和国政府恢复对澳门行使主权，设立澳门特别行政区。根据国际红十字运动的“统一性”原则，澳门红十字会正式向中国红十字会申请：澳门红十字会将在1999年12月19日24时脱离葡萄牙红十字会；于1999年12月20日零时加入中国红十字会，成为中国红十字会澳门特别行政区红十字会。

中国红十字会第六届理事会第六次会议审议，根据《中华人民共和国澳门特别行政区基本法》和国际红十字运动基本原则中的“统一性”原则，一致通过决定：自1999年12月20日起接纳澳门红十字会为中国红十字会的一个享有高度自治权的地方红十字会，其名称为“中国澳门特别行政区红十字会〔英文：The Red Cross of the Macau Special China〕”简称：“澳门红十字会（中国红十字会分会）”〔英文：Macau Red Cross（Branch of the Red Cross Society of China)〕。

海峡两岸红十字组织在金门商谈达成有关海上遣返协议（金门协议）

（1990 年 9 月 20 日）

海峡两岸红十字组织代表韩长林、陈长文等于本年 9 月中旬在金门就双方参与见证其主管部门执行海上遣返事宜举行工作商谈，充分交换意见后，达成协议。协议如下：

一、遣返原则：

应确保遣返作业符合人道精神与安全便利的原则。

二、遣返对象：

（一）违反有关规定进入对方地区的居民（但因捕鱼作业遭遇紧急避风等不可抗力因素必须暂入对方地区者，不在此列）。

（二）刑事嫌疑犯或刑事犯。

三、遣返交接地点：

双方商定为马尾～马祖（马祖～马尾），但依被遣返人员的原居地分布情况及气候、海象等因素，双方得协议另择厦门～金门（金门～厦门）。

四、遣返程序：

（一）一方应将被遣返人员的有关资料通知对方，对方应于 20 日内核查答复，并按商定的时间、地点遣返交接。如核查对象有疑问者，亦应通知对方以便复查。

（二）遣返交接双方均用红十字专用船，并用民用船只在约定地点引导。遣返船、引导船均悬挂白底红十字旗（不挂其他旗帜，不使用其他的标志）。

（三）遣返交接时，应由双方事先约定的代表二方签署交接见证书。

五、其他：

双方应尽速解决有关技术问题，以期在短期间内付诸实施。如有未尽事宜，双方得另行商定。

中国红十字事业 2005～2009 年发展规划

（2004 年 10 月 29 日中国红十字会第八次全国会员代表大会通过）

目　　录

21 世纪头 20 年，对我国来说，是一个必须紧紧抓住的重要战略机遇期。中国红十字会作为重要的社会团体，在这个历史进程中是可以大有作为的。过去五年，中国红十字会坚持以邓小平理论和“三个代表”重要思想为指导，工作取得了显著成绩。今后五年，中国红十字会将处于深化改革加快发展的关键阶段，面临着良好的机遇和严峻的挑战。要坚持用邓小平理论和“三个代表”重要思想统领红十字会工作，树立和落实以人为本、全面协调可持续的科学发展观，抓住机遇，迎接挑战，与时俱进，求真务实，开拓创新，艰苦创业，奋发图强，充分发挥自身优势，当好政府在人道主义救助领域的助手，努力开创中国特色红十字事业的新局面。为全面建设小康社会推进人类和平进步事业作出贡献。依据党和国家在这一时期的战略部署、《中华人民共和国红十字会法》（以下简称红十字会法）赋予的职责以及红十字会与红新月会国际联合会《2010战略》的要求，制定中国红十字事业2005～2009年发展规划。

一、指导方针和总体目标

1. **今后5年，发展中国红十字事业的指导方针是：**

——坚持用邓小平理论和“三个代表”重要思想统领红十字会工作，把发展作为第一要务，弘扬“人道、博爱、奉献”的红十字精神，以“动员人道力量，改善最易受损群体境况”作为工作的出发点和落脚点，服从服务于党和国家的中心工作，在社会主义物质文明、政治文明、精神文明建设中积极发挥作用。

——坚持依法建会、依法治会、依法兴会。认真贯彻实施红十字会法，把红十字会法作为建会之基、治会之本、兴会之纲。争取各级政府的支持和资助，保障红十字会依法履行职责，并对红十字会开展的活动进行监督，把红十字事业纳入当地社会经济发展总体规划。

——坚持以人为本、全面协调可持续发展的科学发展观，用改革的精神推动工作，着力从体制、机制上解决红十字事业发展中的突出问题，坚持在继承中创新，在改革中发展。

——坚持动员社会力量，合理利用社会资源，努力形成社会化、开放式的工作格局。加强自身建设，积极推进机制创新，把中国红十字会建设成为充满生机与活力、密切联系群众、符合自身特点的从事人道主义工作的社会救助团体。

——坚持遵循国际红十字运动基本原则，积极参与国际红十字运动，扩大对外交流与合作，努力提高中国红十字会在国际红十字运动中的地位，发挥更大的作用。

——坚持从实际出发，竭力为群众办实事、办好事、求实效。发挥各级红十字会的积极性和创造性，因地制宜地开展工作。注重突出重点与整体推进相结合，加强分类指导，推动各地红十字会工作协调发展。

2. **今后五年，发展中国红十字事业的总体目标是：**

全面贯彻实施红十字会法，理顺地（市）级以上红十字会管理体制，积极推进县级红十字会理顺管理体制；大力加强红十字会基层组织建设，到2009年，基层组织发展到36万个以上，其中学校红十字会争取达到25万个；各级红十字会专职人员根据工作需要有所增加；会员人数达到5000万人以上，其中青少年会员达到2000万人以上；红十字会志愿工作者队伍突破100万人；提高救灾、救护、救助能力，每年筹措救灾救助款物力争达到3亿元人民币，参加初级卫生救护培训人数超过人口总数的1%，大力推进社区红十字服务工作，中国造血干细胞捐献者资料库有效库容量超过45万人份；继续加强与港、澳分会和台湾红十字组织的合作；积极推进国际与地区间交流与合作，在国际红十字运动中发挥更大作用。

二、推动法制建设 争取政策支持

3. 全面贯彻实施红十字会法及相关法律法规

全国红十字会系统要切实把学习、宣传、贯彻实施红十字会法、《中华人民共和国红十字标志使用办法》（以下简称红十字标志使用办法）及地方人大制定的实施红十字会法办法或条例列入重要议事日程，带头学法、懂法、守法、用法，履行法律赋予的职责。还要重视学习宣传和贯彻执行与红十字事业相关的法律法规以及规范社会团体公益事业的法律法规。要制定新的五年普法宣传教育规划，纳入当地“五五”普法宣传教育总体规划。要积极向各级党政领导、有关部门广泛宣传普及红十字会法，争取各级政府的支持、资助、保障、监督。

4. 进一步健全法律法规体系

尚未制定实施红十字会法办法或条例的省、自治区红十字会，要配合当地人大尽快制定。总会和各省、自治区、直辖市红十字会及有立法权的城市红十字会，要积极争取并配合国务院相关部门及地方政府制定与红十字会法相配套的行政法规和地方性法规、政府规章和规范化文件。推动有关遗体（器官）捐献的立法进程。

5. 加大执法检查力度

积极争取并配合当地人大、政协及政府相关部门，经常开展实施红十字会法、红十字标志使用办法及地方实施红十字会法办法或条例的执法检查和视察；自觉接受社会监督。

6. 积极争取政策支持

充分利用好现有政策，积极争取新政策，为红十字事业营造良好的政策环境。关注国家改革发展的大局，及时了解、认真研究相关社会经济领域的政策，积极争取相关部门制定有利于红十字事业发展的政策。

三、理顺管理体制 加强组织建设

7. 理顺管理体制，健全组织机构

5年内，理顺地（市）级以上红十字会管理体制，积极推进县级红十字会理顺管理体制并探索不同的模式。人口大县、灾害频发的县级红十字会要率先理顺管理体制。县级以上红十字会要切实加强组织建设，积极争取必要的条件，努力做到有编制、有机构、有人员、有经费、有办公地点，逐步形成机构健全、队伍精干、独立工作、运转良好的工作机制。

8. 加强基层建设，促进组织发展

在城市社区、农村、机关、厂矿建立健全基层红十字组织。全国红十字基层组织平均每年增长10%以上。创造条件，加强农村和贫困地区的红十字会工作，经过试点，积累经验，逐步推广。积极发展行业红十字会并加强管理。总会和省级红十字会要着重加强对基层组织工作的调查研究和指导。积极促进和发展省际间红十字会的对口支援、项目合作与经验交流。

9. **巩固和发展红十字会员队伍**

摸清会员队伍的现状，强化会员意识，巩固和发展会员队伍。全国红十字会会员人数平均每年增长10%以上。加大会费收缴力度，规范收缴工作，修订《中国红十字会会费收缴使用管理办法》，各级红十字会按规定逐级缴纳会费。

10. **加强红十字青少年工作**

积极推动各级各类学校建立红十字组织，到2009年，争取50%以上的学校成立红十字组织，成立学校红十字工作委员会，制定《学校红十字工作委员会工作职责》，对学校红十字工作实行科学化、制度化、规范化管理。组织开展创建红十字示范校、标兵校活动。青少年会员增加1倍，达到2000万人以上。

学校红十字青少年工作要与爱国主义教育、未成年人思想道德建设教育结合起来，对青少年会员传播国际人道法和红十字运动基本知识，进行"人道、博爱、奉献"的红十字精神教育和健康教育，开展初级卫生救护培训，组织符合红十字会宗旨、有利于青少年身心健康、丰富多彩的宣传、服务、救助活动。

11. **壮大红十字志愿工作者队伍**

广泛吸收热心红十字事业的人士加入红十字志愿工作者队伍。5年内，全国红十字志愿工作者人数突破100万。

制订《中国红十字会志愿工作者管理办法》和《发展红十字志愿工作者工作规划》，规范志愿工作者的招募、培训、使用、管理和奖励办法，统一标志、证书、证章，充分调动志愿工作者的积极性和创造性。经常组织具有号召力和社会影响力、受群众欢迎的红十字志愿服务活动，有效地发挥红十字志愿工作者的作用。

四、强化宣传工作 弘扬红十字精神

12. **拓宽宣传领域，提高宣传效果**

加大对"人道、博爱、奉献"红十字精神的宣传力度，把弘扬红十字精神、宣传红十字运动基本知识、传播国际人道法与社会主义精神文明建设、思想道德建设紧密结合，积极争取各级党委、政府支持、将红十字会工作纳入当地精神文明建设规划。

加强新闻舆论宣传工作，充分发挥电视、广播、报纸、杂志、网络等媒体的作用，争取媒体宣传的优惠政策，与媒体保持良好的合作关系。在新闻工作者队伍中积极发展红十字志愿工作者。

搞好宣传品的开发、制作。开展具有知识性、趣味性和广泛适应性的宣传活动，努力创作文艺精品，扩大宣传效果，增强感染力，提高红十字会的知名度、社会信誉度和群众满意度。积极探索运用市场化运作方式，拓宽宣传渠道和宣传方式。

总会和省级红十字会建立新闻信息发布制度。

加强对外宣传，不断扩大中国红十字会的国际影响。

13. **加强宣传阵地和队伍建设**

办好《中国红十字报》、《博爱》杂志及

地方红十字报刊，提高报刊质量，增强可读性。充分发挥红十字网站作用，广交红十字网友，提高红十字网站社会点击率。使之成为广大会员、志愿工作者的信息中心和服务站。省级红十字会要加强宣传阵地建设，实现全国红十字系统宣传信息畅通。

加强红十字会宣传队伍的能力建设。认真研究宣传工作的内容和方法，开展工作研讨与经验交流，培训骨干，提高宣传工作策划能力和整体水平，使红十字工作者成为红十字精神的传播者、倡导者。宣传工作要有专人负责，有必要的经费投入。

14. **积极开展红十字理论研究**

对国际红十字运动与中国红十字运动进行理论研究和探讨，逐步形成中国特色红十字事业的理论体系。特别要加强对红十字工作实践的理论研究，善于用理论指导实践。

五、突出救灾工作 提高应急能力

15. **切实做好备灾救灾工作**

要把备灾救灾作为红十字会的首要任务抓紧抓好。适应国家对灾害救援的要求，规范备灾救灾管理，提高备灾救灾管理水平，加大救灾工作力度，努力成为非政府组织中的主要救援力量。

16. **完善自然灾害和突发事件应急反应机制**

建立快速高效的灾害救援反应机制，落实《中国红十字会总会自然灾害与突发事件应急预案》。省级红十字会制定相应的应急预案，形成自下而上报灾、自上而下指导、各地互相支援、快捷高效的救灾工作体系。及时配合政府处理好重大突发性事件。

17. **加强应对自然灾害和突发事件的能力建设**

加强红十字会备灾救灾网络建设。总会建立中国红十字会备灾救灾仓库，加强对六个区域性备灾救灾中心的指导和管理。

有条件的省级红十字会建立备灾救灾中心，灾害频发的地（州、市）红十字会因地制宜地建立备灾救灾中心或仓库。加强制度建设和分级管理，有效发挥备灾救灾中心（仓库）的作用。举办救灾培训班和研讨会，提高分会备灾救灾、自救互救及应对突发事件的能力。

18. **做好募捐救助工作**

及时向社会通报情况，动员社会各界关注和支持红十字会的救灾工作。适时呼吁国际救助。认真执行公益事业捐赠法及有关规定，建立公开、透明、公正、高效的救灾物资采购制度。接受并积极配合审计部门的审计评估和社会监督，维护红十字会的信誉。

19. **规范救灾信息管理**

提高处理自然灾害和突发事件的信息搜集和管理水平，建立总会、省、地、县级红十字会的救灾信息传递系统，确保救灾信息畅通、迅速和准确。

六、深化救护救助工作 拓展社会服务领域

20. **广泛开展初级卫生救护培训，普及群众性防病救灾知识**

到2009年，参加初级卫生救护培训人数超过当地人口总数的1%。直辖市和省会城市及部分行业达到每150～300人中有一

名培训合格的红十字救护员。乡镇、社区的红十字基层组织有2～3名红十字救护员。组织群众开展意外伤害和自然灾害的现场救护。

21. 把“红十字博爱送万家”活动做实、做大、做持久

各级红十字会要深入持久地开展“红十字博爱送万家”活动，坚持以社会募集为主，争取政府配套为辅，结合各地实际，针对群众需求的热点、政府关心的重点、社会关注的焦点开展这项活动。要逐步扩大救助范围，让更多需要帮助的人从中受益。依照公平、公正、公开原则选择救助对象和发放救助物资。

22. 把“红十字关爱进社区”活动做深、做细、做扎实

贯彻落实总会与民政部联合印发的《关于开展社区红十字服务工作的通知》和《关于开展全国社区红十字服务示范活动的意见》，广泛开展社区红十字服务工作。要逐步形成多类型、广覆盖、以社区红十字服务站（点）为载体的服务网点，开展普及红十字知识、卫生保健、预防艾滋病等基本知识的宣传和防灾避险、自救互救、居家护理等技能的培训，开展对困难群体的救助活动。社区红十字服务工作，可以综合运用公益性无偿服务、互助性低偿服务、市场性有偿服务等不同方式，增强可持续发展的能力。各级红十字会要加强指导检查和宣传培训，及时总结和交流经验，使社区红十字服务工作逐步从大、中城市向中、小城市扩展，从城市社区向农村基层延伸。

搞好社区红十字服务示范市（区）创建活动。到2009年，各省级红十字会有3～5个地、县级市（区）达到国家级社区红十字服务示范标准，副省级城市和省会城市基本上达到国家级或省级示范标准。

23. 把“中国造血干细胞捐献者资料库”做成惠及患者、造福社会的生命希望之库

加快中国造血干细胞捐献者资料库的建设，继续争取政府和社会各界广泛支持，扩大造血干细胞捐献者队伍。到2009年，省级红十字会要全部建立分库。提高造血干细胞捐献者资料库的科技含量，积极推动支撑资料库健康发展的科学研究工作，推广应用先进适用的研究成果。优化HLA定点组织配型实验室的结构和布局，加强质量控制实验室建设。做好供者和受者的服务工作。

24. 推动无偿献血宣传和表彰工作

通过广泛、深入的宣传，扩大无偿献血者队伍。与政府共同开展无偿献血表彰活动。

25. 关爱艾滋病患者和艾滋病病毒感染者，搞好青年同伴教育

落实国务院《关于切实加强艾滋病防治工作的通知》及总会《关于积极开展预防艾滋病工作的意见》，开展预防艾滋病宣传及关怀艾滋病患者和艾滋病病毒感染者的人道服务工作。把预防艾滋病工作列入议事日程，及时总结经验，加以推广，使“青年同伴教育”逐步扩展到全国。

26. 积极推动遗体（器官）捐献工作

已开展这项工作的红十字会要协同有关部门制定和完善地方法规和政府规章，依法做好规范遗体（器官）捐献登记和接收的服务管理工作。争取更多人志愿参与遗体（器官）捐献活动，为捐献者建立荣誉纪念碑、林，用以安抚亲属、感召社会、激励后人。

27. 加强对各级红十字（会）医疗机构

的指导，规范冠名工作，开展符合红十字会宗旨的服务活动。

七、建立与完善社会化工作机制营造良好公益环境

28. **汇聚社会人道力量，建立与完善社会化工作机制**

进一步转变观念，积极探索和建立区别于政府部门的、充满生机与活力的运行机制。广泛动员和充分利用各种社会资源，争取社会各界广泛参与人道救助事业。争取党委、政府及有关部门的支持，努力完成并积极争取政府委托的项目。积极与企事业单位开展合作项目，帮助捐赠单位树立公益形象。加强与其他社团的联系与合作，实现优势互补、资源共享，共同开展有利于广大群众的公益活动。重视与社会知名人士、志愿者、捐赠者、受益人之间的沟通，对其善举给予表彰和鼓励，并及时反馈有关情况，征求意见和建议。

29. **改善常务理事会、理事会的结构，形成充分发挥常务理事、理事作用的工作机制。**

总会及省级红十字会根据工作需要成立专门委员会。

30. **突出特色、打造精品**

突出以人为本理念，树立精品意识。加强活动策划，提出有创意、感动人、吸引人的口号，打造符合红十字会宗旨、凸显地方特色、深受百姓欢迎的精品，提高红十字会公益形象。聘请社会名人出任形象代表，为特色活动制作鲜明的标志，扩大知名度。

八、拓宽筹资渠道增强救助实力

31. **争取各级政府支持**

积极争取各级政府支持，切实帮助解决红十字事业发展中遇到的困难和问题。争取各级政府支持红十字会依法开展募捐工作，接受捐赠，独立处分救助物资。今后5年，总会继续争取国家彩票公益金和海关罚没的侵权物资用于救助赈济。

32. **依法开展筹资工作，拓宽筹资渠道**

依法开展筹资工作，提高红十字会的救助实力。积极探索对外开放和社会主义市场经济条件下筹资的新路子，广泛建立筹资渠道，与大型企业、民营企业、跨国公司，各类商会、协会建立稳定的合作关系，发挥行业红十字会在筹资工作中的作用，争取更多稳定的救助资金。鼓励民间捐资，保护群众捐赠热情，在城市居民中募集多余衣被及生活用品，集腋成裘；兴办符合红十字会宗旨的服务设施和实体。

要充分利用红十字会的无形资产，维护红十字会的权益。

33. **改进筹资方式，做好项目工作**

通过举办义演义卖等大型公益活动，开展面对面、电话、手机短信、信函、网络等方式筹资，实行筹资方式多样化。

善于通过项目运作方式筹集资金，不断开发引进既符合群众要求和捐助者意愿，又得到政府支持的品牌项目。加强项目策划，用好的项目吸引社会资源支持公益事业，激发公众自觉自愿的捐助行为。建立科学规范的项目管理制度，保证项目的社会效应。

34. 加强筹资工作的能力建设

发挥基金会等筹资机构的作用，鼓励各地红十字会建立救助、救济、互助等类基金。培养一支有现代公益意识、较强策划能力和一定专业知识的筹资队伍。

35. 加强监督，维护红十字会的信誉

建立、健全社会捐赠公开制度，自觉接受组织监督、舆论监督和社会监督，接受并配合审计部门的审计。尊重捐赠者意愿，管好用好各类基金、救助金，及时向捐赠者反馈所捐款物的去向和用途。建立公开、透明、公正、高效的物资采购制度，维护红十字会的信誉。

九、扩大国际与地区间交流与合作加强与港澳分会和台湾红十字组织的密切合作

36. 加强国际交流与合作

与红十字国际组织、各国红十字会或红新月会以及其他国际组织开展多边和双边交流与合作，积极参与国际红十字运动。信守并落实中国红十字会在红十字与红新月国际大会上的承诺，认真履行我会作为红十字与红新月国际联合会领导委员会成员的职责。主动配合国家外交需要，发挥我会在民间外交中的独特作用，完成政府交办的人道主义工作。

做好现有的国际合作项目，扩大合作规模和领域。努力为西部地区、经济欠发达地区和东北老工业基地引进国际合作项目，提高项目质量和效益。有重点地开展与发展中国家红十字会间的项目合作。

加强对分会外事工作的指导、协调和服务工作。重点加强对周边国家、发展中国家、主要捐助国红十字会和红十字国际组织的交往。提高外事工作人员的综合素质，开拓对外联络工作新局面。

37. 根据总会分别与香港、澳门特别行政区红十字会签署的《会谈纪要》的规定，进一步密切与港、澳分会之间的合作。

为港、澳分会与内地分会之间的合作创造有利条件，使之共同发展，共同提高。

38. 加强与台湾红十字组织的交流与合作。

继续开展两岸红十字青少年交流，备灾救灾、无偿献血、捐献造血干细胞、传播国际人道法等方面的合作，不断丰富活动内容、增进活动效果。

十、加强自身建设提高综合素质

39. 加强党的领导，抓好领导班子建设

省级红十字会机关建立党组，发挥党组的领导核心作用。各级红十字会机关建立党的基层组织，发挥党的基层组织的战斗堡垒作用和共产党员的先锋模范作用。

加强领导班子自身建设，特别要配备好一把手，积极争取把德才兼备、年富力强、有较强组织协调能力的干部选拔到各级红十字会领导岗位上，使领导班子成为团结实干、高效廉洁的坚强集体。

40. 完善管理制度，健全激励机制

健全和完善救灾、救护、救助及加强自身建设的各项管理制度，保证各项工作有章可循。

红十字会机关内部实行目标管理制度，上下级红十字会之间签订目标责任书。争取将政府支持红十字会工作的情况列入各级政府目标管理体系之中。

健全激励机制，开展评选先进工作者、优秀会员、志愿者之星、“十佳”等争先创优活动，营造积极向上、团结和谐的工作氛围。

全国红十字会各项统计信息联网，务求统计数字及时、准确、真实。

41. **实施人才强会战略**

重视发现人才、用好人才、引进人才、培养人才，建设一支热爱红十字事业、爱岗敬业、乐于奉献、勇于开拓、精通业务、廉洁公正、会做群众工作的干部队伍。

制定红十字会系统培训规划，编写《中国红十字会干部培训手册》。总会负责对省级红十字会领导、省级和省会城市及副省级城市红十字会业务骨干、红十字系统师资队伍的培训和指导。统一制定教学计划、教学大纲和培训标准。省级红十字会根据实际需要制定培训规划，有计划、有步骤地开展对地、县级和基层红十字会工作人员的培训。

加强红十字会干部队伍的能力建设，提高红十字会干部的思想政治水平、学习能力、实践能力、创新能力和社会活动能力。优化红十字会干部队伍的年龄、知识、专业结构，争取红十字会工作人员逐步达到大专以上文化水平，建立充满生机与活力的人才工作机制。

42. **发扬志愿奉献的精神和求真务实的作风，认真研究解决影响红十字事业深入发展的实际问题，办实事、求实效、寻思路、谋发展。**

红十字事业是崇高而伟大的事业。我们要承前启后，继往开来，与时俱进，开拓创新，为发展中国特色的红十字事业和实现全面建设小康社会的奋斗目标而努力奋斗。

贰

纪事篇

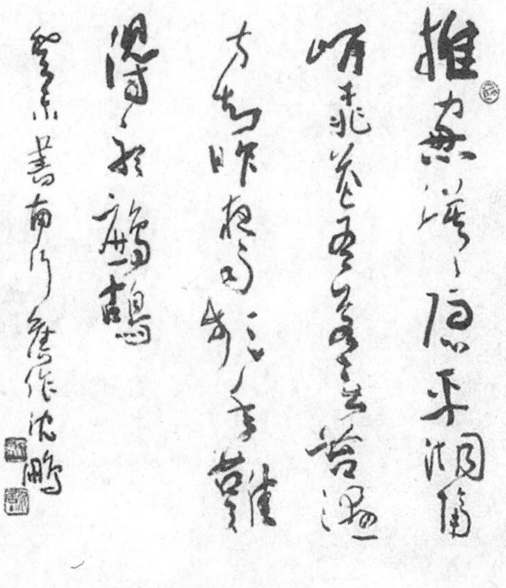

▲南行（书法） 沈鹏 作

▲牵牛花（中国画） 齐良芷 作

▲ 博爱矜慈（书法） 李铎 作

▲水牛图（中国画） 黄胄 作

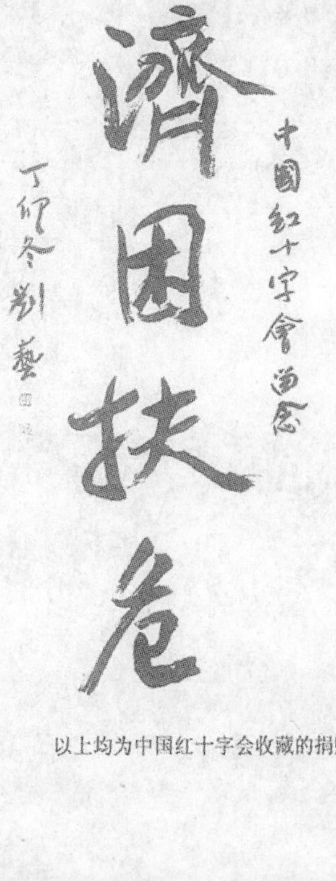

▶济困扶危（书法） 刘艺 作

以上均为中国红十字会收藏的捐赠作品

大 事 记

2005 年大事记

1 月

1 月 1 日，副会长苏菊香参加了在总会举办的中国佛教学会为印度洋海啸灾区捐赠仪式，捐赠人民币 11349178.61 元，事业发展部部长蓝军一同参加。

1 月 1 日下午，赈济救护部部长史解放代表总会参加了民政部关于印度洋海啸募捐工作部署会议。

1 月 2～12 日，中央电视台四套栏目在总会捐赠现场进行现场直播，同时，中国红十字会会长彭珮云、常务副会长江亦曼、副会长苏菊香、副会长兼秘书长郭长江以及赈济救护部部长史解放、事业发展部部长蓝军、联络部部长王小华等领导轮流做客中央电视台四套接受采访。

1 月 4 日，常务副会长江亦曼参加中央电视台第四套的“让世界了解你”栏目。事业发展部部长蓝军一同参加。

1 月 4～6 日，国际联合会东亚地区办事处主任亨利、约汉斯·帕罗分别接受中央台记者关于海啸救助的采访。

1 月 5 日，中国红十字会会长彭珮云、常务副会长江亦曼、副会长苏菊香、副会长兼秘书长郭长江接受中国石油天然气集团公司为印度洋海啸的 1256 万元人民币捐款，并举行了捐赠仪式。事业发展部部长蓝军参加了捐赠仪式。

1 月 5 日，副会长兼秘书长郭长江接受联想集团为印度洋海啸 413.8 万元人民币的捐赠。事业发展部部长蓝军参加了捐赠仪式。

1 月 5 日，常务副会长江亦曼、副会长苏菊香、副会长兼秘书长郭长江接受国家计划生育委员会 30 万元人民币的捐款。事业发展部部长蓝军参加了捐赠仪式。

1 月 5 日，总会接受中国电信公司 300 万元人民币的捐款，事业发展部部长蓝军前往公司送奖励证书。

1 月 5～8 日，由中国红十字会顾问王立忠、办公室副主任张淑爱、赈济救护部社区服务处处长雷淑敏等组成的“送温暖”慰问组赴北京、天津参加“红十字博爱送万家”活动。

1 月 5～8 日，由中国红十字会顾问汤声闻、总会联络部副部长龚怡怡、赈济救护部赈济处郭建阳组成的“送温暖”慰问组赴江西省参加“红十字博爱送万家”活动。

1 月 6 日，中国红十字会会长彭珮云、常务副会长江亦曼、副会长苏菊香、副会长兼秘书长郭长江接受中国远洋运输（集团）总公司为印度洋海啸的 1000 万元人民币捐款，并举行了捐赠仪式。事业发展部部长蓝军参加了捐赠仪式。

1 月 6 日，总会与慈善总会、外交部、文化部等联合组织“同一首歌”大型文艺义演，中国红十字会会长彭珮云、常务副会长江亦曼、副会长苏菊香、副会长兼秘书长郭长江观看了演出。义演共募集到44万人民币的捐款。事业发展部部长蓝军参加了捐赠仪式。总会组织与青少年处组织了80名志愿工作者参加服务。

1月6日，总会接受曾伟、杨容容夫妇100万元的个人捐款。

1月7日，中国红十字会会长彭珮云、常务副会长江亦曼、副会长苏菊香、副会长兼秘书长郭长江接受中国石油化工集团公司为印度洋海啸的577万元人民币捐款，并举行了捐赠仪式。事业发展部部长蓝军参加了捐赠仪式。

1月7日，副会长兼秘书长郭长江接受中国运载火箭技术研究院为印度洋海啸的57万元捐款。事业发展部部长蓝军参加了捐赠仪式。

1月7日，常务副会长江亦曼、副会长苏菊香、副会长兼秘书长郭长江接受杭州娃哈哈集团有限公司捐赠的915.15万元物资。事业发展部部长蓝军参加了捐赠仪式。

1月7日，常务副会长江亦曼、副会长苏菊香、副会长兼秘书长郭长江接受中国工商银行100万元的捐款。事业发展部部长蓝军参加了捐赠仪式。

1月8日，常务副会长江亦曼接受中国美术家协会100万元人民币的捐赠。事业发展部部长蓝军参加了捐赠仪式。

1月8～12日，由郭长江副会长、机关党委副书记高崇华、办公室财务与资产管理处副处长王晓燕、赈济救护部社区服务处章红梅组成的“送温暖”慰问组赴新疆和新疆生产建设兵团参加“红十字博爱送万家”活动。

1月9日，常务副会长江亦曼、副会长苏菊香、副会长兼秘书长郭长江接受惠学新、董宝坤夫妇为印度洋海啸的500万元人民币捐款。事业发展部部长蓝军参加了捐赠仪式。

1月9日，常务副会长江亦曼出席了在首都体育馆举行的由总会主办的“爱，来自中国”大型赈灾义演，事业发展部部长蓝军参加。

1月9日，副会长兼秘书长郭长江接受ABB（中国）有限公司的100万元人民币捐款。事业发展部部长蓝军参加了捐赠仪式。

1月9日，常务副会长江亦曼、副会长苏菊香、副会长兼秘书长郭长江接受中国国际航空公司的捐款。事业发展部部长蓝军参加了捐赠仪式。

1月9日，在首都国际机场举行为海啸受灾国捐赠物资的起运仪式，常务副会长江亦曼、副会长苏菊香、副会长兼秘书长郭长江参加，并为中国国际航空公司颁发了奖章和奖牌。事业发展部部长蓝军参加了捐赠仪式。

1月9～10日，赈济救护部救护与献血推动处李庆华赴上海，与上海市红十字会、上海华山医院共同研究组派中国红十字赴印尼海啸灾区救援医疗队事宜。

1月9～14日，由副会长苏菊香、事业发展部副部长杨喜兰、赈济救护部救护与献血推动处处长赵振岗组成的“送温暖”慰问组赴甘肃、宁夏参加“红十字博爱送万家”活动。

1月9～15日，由中国红十字会顾问孙爱明、机关服务中心主任陈明仁、赈济救护部赈济处副处长王志民组成的“送温暖”慰问组赴河北、山西省参加“红十字博爱送万家”活动。

1月10日，常务副会长江亦曼、副会长苏菊香、副会长兼秘书长郭长江接受中国移动公司为印度洋海啸300万元人民币的捐赠。事业发展部部长蓝军参加了捐赠仪式。

1月10日，常务副会长江亦曼、副会长苏菊香、副会长兼秘书长郭长江接受中国平安人寿保险股份有限公司为印度洋海啸100万元人民币的捐赠。事业发展部部长蓝军参加了捐赠仪式。

1月10日，常务副会长江亦曼、副会长苏菊香、副会长兼秘书长郭长江参加了在民族宫大剧院举行的总会与中国曲艺家协会联合联合举办的为印度洋海啸灾区募捐的“笑星大义演共同献爱心”专场晚会。事业发展部部长蓝军参加。

1月10日，常务副会长江亦曼、副会长苏菊香、副会长兼秘书长郭长江接受中国移动公司300万元人民币的捐款。事业发展部部长蓝军参加了捐赠仪式。

1月10日，赈济救护部部长史解放及救护与献血推动处李庆华参加外交部召开的印度洋海啸救援会议。

1月10日，联络部部长王小华与国际联合会东亚地区办事处主任亨利讨论红十字会工作组赴海啸灾区事宜。

1月10日，韩国红十字会派驻日内瓦国际联合会代表李永姬拜访我会。赈济救护部赈济处处长杨绪生、联络部多边合作处调研员周阿燕等进行了情况介绍。

1月10日，联络部部长王小华与赈济救护部赈济处处长杨绪生代表我会参加外交部召开的有关海啸募捐协调会。

1月11日，常务副会长江亦曼出席在京西宾馆召开的中纪委第五次会议。

1月11日，总会接受丁磊的1000万元个人捐款，事业发展部部长蓝军前往其公司颁发中国红十字会博爱牌匾及证书。

1月12日，中国红十字会会长彭珮云在总会接受中央一套“东方之子”栏目的专访。

1月13日，副会长兼秘书长郭长江接受国美电器有限公司1000万元人民币的捐款。事业发展部部长蓝军参加了捐赠仪式。

1月13～18日，由常务副会长江亦曼、办公室主任袁天义、综合处副处长郑玉真、赈济救护部社区服务处处长雷淑敏组成的“送温暖”慰问组赴青海、四川参加“红十字博爱送万家”活动。

1月14日，总会接受中国海洋石油总公司80万元人民币的捐款，事业发展部部长蓝军颁发“中国红十字会人道服务奖章”及证书。

1月14～19日，以联络部部长王小华以及刘皓、陈启洪为一组，以联络部副部长龚怡怡及赈济救护部赈济处处长杨绪生、中央电视台记者周一兵、王鹏为一组的中国红十字会救援考察小组分赴印尼和斯里兰卡进行了灾情考察。

1月14～20日，由中国红十字会会长彭珮云、中国红十字会顾问汤声闻、赈济救护部部长史解放、社区服务处章红梅等组成的“送温暖”慰问组赴安徽省参加“红十字博爱送万家”活动。彭会长一行还对安徽省的工作进行了调研。

1月15日，由乒羽中心等单位发起，总会与国家体育总局共同主办的主题为“让世界充满爱”的赈灾义赛在首都体育学院大学生体育馆举行，副会长兼秘书长郭长江出席，总会组织与青少年处组织了20名志愿者参加服务。事业发展部部长蓝军一同参加。

1月15日，总会接受松下电器中外全体员工10万元人民币的捐款，事业发展部部长蓝军前往公司颁发“中国红十字会人道服务奖章”及证书。

1月17日，副会长苏菊香参加国务院召开的全国安全生产电视电话会议。

1月17～26日，中国红十字会血液代表团访问了日本红十字会。联络部多边合作处负责人裘海玲、山西省红十字会副会长冯晋生、天津血站袁玉华、河北血站张海等参加了出访。

1月18日，常务副会长江亦曼参加在人民大会堂召开的牛玉儒先进事迹报告会。

1月18日，副会长苏菊香接受丰田汽车（中国）投资总公司30万元人民币的捐款。事业发展部部长蓝军参加了捐赠仪式。

1月18日，赈济救护部赈济处副处长王志民、联络部双边合作处副处长张虎、多边合作处调研员周阿燕会见了澳大利亚负责欧盟改水改厕项目代表玛格丽特、凯瑟琳及联合会东亚地区办事处代表麦克。

1月18～22日，由赈济救护部副部长杨会新及事业发展部筹资与宣传处助理调研员王宪、赈济救护部郭建阳组成的中国红十字会救援考察小组赴泰国进行了灾情考察。

1月18～22日，联络部戴晓明、于丽颖随同我会援助印尼红十字会的救灾物资用包机赴印尼，专程捐赠物资。

1月19日，副会长兼秘书长郭长江会见了美国芝麻工作室的亚洲地区主任盛立夫、新华教育基金会总裁蔡制傧。联络部双边合作处副处长张虎参加了会见。

1月20日，总会接受国家电网公司300万元人民币的捐款，事业发展部部长蓝军前往公司颁发“中国红十字会人道服务奖章”及证书。

1月21日，常务副会长江亦曼参加全国妇联组织的活动。

1月21日，在邮票总局召开中国印度洋地震海啸邮票首发式，捐款200万元，常务副会长江亦曼出席仪式。事业发展部部长蓝军一同参加。

1月21日，副会长苏菊香与联合会东亚地区办事处主任亨利进行了工作会谈。联络部部长王小华及多边合作处调研员周阿燕参加了会谈。

1月24日，总会召开保持党员先进性教育活动动员大会，常务副会长江亦曼、副会长苏菊香、副会长兼秘书长郭长江出席大会。

1月25日，在总会召开中国红十字会印度洋海啸新闻通报会，常务副会长江亦曼、副会长苏菊香、副会长兼秘书长郭长江参加。国际委员会东亚地区代表团团长傅天羽、联合会东亚地区办事处主任亨利、印尼、斯里兰卡等受灾国驻华使节参加了通报会。

1月25日至2月1日，总会组织红十字青少年代表赴台湾参加海峡两岸红十字青少年冬令营活动。办公室副主任张淑爱、事业发展部副部长杨喜兰及联络部台港澳事务处副处长李立东、赈济救护部救护与献血推动处助理调研员吴秋莎，以及北京、上海、广东的12名学生代表参加了这次活动。

1月26日，赈济救护部救护与献血推动处处长赵振岗与国际联合会东亚地区办事处代表奥德瑞商谈艾滋病工作。联络部多边合作处调研员周阿燕、赈济救护部救护与献血推动处助理调研员李庆华参加了会谈。

1月27日，联络部双边合作处副处长张虎与挪威红十字会项目代表让就陕西合作项目开展情况进行了工作会谈。

1月30日至2月4日，联络部部长王小华赴瑞典参加国际联合会顾问小组会议。

1月31日至2月3日，赈济救护部赈济处处长杨绪生赴广西，参加第三期改水项目竣工及第四期旱厕项目启动会议。

2月

2月5日，总会党组召开印度洋地震级海啸救援工作表彰大会，对在救援工作中表现突出的先进个人予以表彰，号召全体党员干部职工向先进学习。

2月6日，南丁格尔奖评审会议在总会举行。卫生部医政司、总后卫生部医疗局、中华护理学会有关同志及总会赈济救护部部长史解放、副部长杨会新、救护与献血推动处处长赵振岗、助理调研员吴秋莎参加了评审会。

2月13～18日，联络部部长王小华代表中国红十字会参加了在印尼举行的印尼灾害重建国际研讨会。

2月14日，赈济救护部副部长杨会新及救护与献血推动处处长赵振岗、联络部双边合作处副处长张虎、赈济救护部救护与献血推动处助理调研员李庆华与加拿大红十字会项目代表张云红就项目的情况进行了会谈。

2月18日，副会长苏菊香会见了应我会邀请来华进行工作访问的挪威红十字会代表团。代表团由挪威红十字会理事莱恩等人组成，于17～28日来华进行工作访问，重点了解挪威红十字会与我会在吉林省延边州开展的合作项目进展情况。联络部双边合作处副处长张虎等陪同前往延吉。

2月23日，赈济救护部部长史解放、机关服务中心主任陈明仁及赈济救护处处长杨绪生、副处长王志民与中国国际工程咨询公司专家组讨论中国红十字会总会备灾物资仓库可行性研究报告修改意见。

2月23日，联络部副部长龚怡怡会见美国国防部助理帮办等一行，就中美两国朝鲜战争老兵交流一事进行了商谈。

2月24日，常务副会长江亦曼、副会长苏菊香向我驻斯里兰卡孙大使介绍了有关援助海啸的工作。联络部部长王小华参加了会谈。

2月25～27日，中国红十字会2005年工作会议暨全国社区红十字服务示范市、区命名表彰大会在厦门召开。中国红十字会会长彭珮云、常务副会长江亦曼、副会长苏菊香、郭长江出席了会议并为他们颁奖。会议讨论通过了2005年度工作要点，表彰了28个荣获示范市、区称号的红十字会。天津天狮集团为此颁奖大会赞助100万元。

2月27日，中国红十字会会长彭珮云赴福建省福州市、泉州市、漳州市对基层红十字会工作进行调研。彭会长秘书陆慧丽、事业发展部政策法规处处长梁少华陪同前往。

3月

3月1～6日，赈济救护部赈济处处长杨绪生赴香港参加印度洋海啸灾区救助工作总结会。

3月2～6日，常务副会长江亦曼赴香港参加由红十字会与红新月会国际联合会举办的东南亚海啸重建工作研讨会。联络部部长王小华、赈济救护部副部长杨会新、联络部副部长龚怡怡以及赈济救护部赈济处处长杨绪生、联络部台港澳事务处副处长李立东等陪同参加会议并协助香港红十字会安排会议相关事宜。

3月4日，副会长苏菊香参加了斯里兰卡驻华使馆举办的为海啸救助活动举行的慈善义卖活动。联络部多边合作处调研员周阿燕陪同参加了活动。

3月9日，救护员教材会议在总会召开，苏菊香副会长、孙爱明顾问、赈济救护部部长史解放、副部长杨会新参加了会议。

3月10日，联络部副部长龚怡怡与国际联合会东亚地区办事处代表霍普进行了工作会谈。

3月10日，赈济救护部副部长杨会新与澳大利亚红十字会艾滋病项目代表丽莎就项目的开展情况进行了会谈。赈济救护部救护与献血推动处处长赵振岗、联络部双边合作处副处长张虎、赈济救护部救护与献血推动处助理调研员李庆华参加了会谈。

3月14日，国际委员会东亚地区办事处主任傅天羽与联络部进行工作会谈。

3月15日，常务副会长江亦曼、副会长苏菊香、郭长江等会领导赴房山参观儿童康复中心，赈济救护部部长史解放、联络部部长王小华、赈济救护部副部长杨会新、救护与献血推动处处长赵振岗、联络部多边合作处负责人裘海玲陪同参观。

3月16日，红十字会与红新月会国际联合会东亚地区办事处代表奥德瑞与赈济救护部进行工作会谈。

3月17日，红十字会与红新月会国际联合会驻东亚地区办事处主任亨利来总会向会领导和机关干部介绍联合会改革等有关情况。

3月18～24日，副会长苏菊香率中国红十字会代表团参加在沙特举行的阿拉伯地区红十字会组织联络大会。联络部多边合作处调研员周阿燕等陪同前往。

3月22日、24日，常务副会长江亦曼在北京进行工作调研。赈济救护部赈济处处长杨绪生等陪同。

3月25日，总会顾问孙爱明会见了挪威船级社相关人员，就开展合作项目交换了意见。赈济救护部社区服务处处长雷淑敏、联络部双边合作处副处长张虎参加了会谈。

3月28日，副会长苏菊香与红十字会与红新月会国际联合会驻东亚地区办事处主任亨利进行了工作会谈。联络部部长王小华以及多边合作处负责人裘海玲参加了会谈。

3月28～29日，赈济救护部与香港红十字会就救灾备灾、无偿献血、社区服务等项目合作情况进行了会谈。

3月30日，赈济救护部史解放部长参加中英艾滋病项目领导委员会工作会议。

3月31日至4月2日，中国红十字会2004年传播工作评估表彰会暨传播骨干培训班在沈阳举办，中国红十字会副会长兼秘书长郭长江出席开幕式并发表讲话。联络部部长王小华以及多边合作处负责人裘海玲一同参加。

4月

4月1日，常务副会长江亦曼、办公室副主任张淑爱、事业发展部政策法规处处长梁少华等一行5人到西城区红十字会博爱超市进行调研（北京红十字会调研活动）。

4月3日，会长彭珮云会见了以克罗地亚副议长、红十字会副会长马尔洛维奇为团长的克罗地亚红十字会代表团一行。同一天，常务副会长江亦曼与马尔洛维奇副会长进行了工作会谈。4日，全国人大常委会副委员长乌云其木格会见了马尔洛维奇副会长等一行。克罗地亚红十字会代表团应我会的邀请，于3～8日来华进行工作访问。代表团5人，除访问北京，还访问了西安、上海，之后访问香港红十字会。副会长苏菊香、联络部张虎全程陪同访问。

4月3～10日，赈济救护部救护与献血推动处处长赵振岗参加中英艾滋病策略支持项目赴云南考察艾滋病项目活动。

4月6日，国家副总理吴仪会见了红十字会与红新月会国际联合会主席托伦等一行。会长彭珮云、常务副会长江亦曼、副会长兼秘书长郭长江、联络部长王小华参加了会见。红十字会与红新月会国际联合会主席托伦是应我会的邀请，于5～8日来华进行工作访问。裘海玲、刘皓参加了陪同工作。5日下午，会长彭珮云会见了托伦。

4月6～29日，总会救护师资提高班（三期）在总会训练中心举办。副会长兼秘书长郭长江、顾问孙爱明、赈济救护部部长史解放、训练中心主任杨会新分别出席开班仪式并讲话。来自全国各地98名学员参加了培训。

4月10～13日，事业发展部筹资与宣传处处长王舒侬赴陕西举办挪威红十字会项目培训班。

4月12～18日，赈济救护部救护与献血推动处李庆华参加由苏菊香副会长带队的在湖南的综合工作调研。

4月12日，英国海外发展研究会（ODI）代表与中国社会科学院有关人员来总会联络部了解援外工作情况。联络部部长王小华进行了接待。

4月12日，总会直属机关团支部举办了2005年团员青年工作会议。中国红十字会副会长兼秘书长、机关党委书记郭长江，机关党委副书记高崇华，中国造血干细胞捐献者资料库管理中心主任、总会机关党委青年委员洪俊岭，总会机关和直属单位35岁以下青年人参加了会议。

4月13日，副会长兼秘书长郭长江会见了安哥拉驻华大使，听取了有关安哥拉的卫生状况的介绍。联络部双边处处长张虎参加了会见。

4月18日，赈济救护部部长史解放、救护与献血推动处处长赵振岗与联合会代表处卫生代表奥德瑞女士进行工作会谈。

4月18～22日，裘海玲陪同任浩赴广西考察国际委员会改水改厕项目（项目资金50万元）。

4月18～22日，曲靖、郭建阳、龙奕赴马来西亚参加志愿工作者系统建设会议。

4月19日，会长彭珮云、常务副会长江亦曼会见台湾红十字组织理事彭芳谷先生。王小华、李立东参加了会见。

4月22～25日，常务副会长江亦曼赴印度尼西亚参加中国红十字会援建印尼海啸灾区重建项目——中印友谊村的签字仪式。王小华、戴晓明、于丽颖、王宪参加了出访。

4月23～25日，由上海红十字会接待的厄瓜多尔红十字会一分会的代表团来京访问。

4月24～29日，赈济救护部部长史解放、社区服务处处长雷淑敏、事业发展部政策法规处骆文娟赴广东省进行工作调研。

4月24～29日，联络部多边处处长裘海玲参加在福建由联合国难民署举办的灾害紧急反应培训班。

4月25～30日，张虎参加海南省红十字会代表团，赴泰国向泰国红十字会捐赠海啸救助款300万元。

4月26～29日，赈济救护部赈济处处长杨绪生赴澳门参加“两岸及港澳四地救灾工作交流会”。

4月26～29日，常务副会长江亦曼赴日内瓦参加第11届领导委员会会议。王小华、刘皓陪同前往。

4月26～29日，副会长苏菊香率率总会代表团赴澳门参加海啸两岸及港澳红十字赈灾工作交流会。杨绪生、李立东、周健参加了会议。

4月24～26日，事业发展部政策法规处处长梁少华赴重庆参加了中央和国家机关2005年普法依法治理工作座谈会，会议共有中央和国家机关102家单位、112名代表参加。

4月28日，总会直属机关团支部组织团员青年到北京植物园开展春游活动。

5月

4月25日至5月2日，常务副会长江亦曼赴日内瓦参加领导委员会会议。联络部部长王小华陪同出席了会议。

5月7日，联络部部长王小华与红十字国际委员会东亚地区代表团主任傅天羽、任浩会谈，商讨国际委员会与外交部协议草案。人民大学朱文奇参加了讨论。

5月8日，会长彭珮云、常务副会长江亦曼、副会长苏菊香参加了为纪念世界红十字日在北京二中举行救护表演活动。

5月9日，副会长苏菊香会见澳大利亚红十字会国际部主管潘尼及项目代表4人。联络部部长王小华、联络部副部长龚怡怡、联络部双边处副处长张虎参加了会见。

5月10日，会长彭珮云、常务副会长江亦曼出席了在北京市血液中心举行的由中国红十字会总会、北京市红十字会血液中心主办，完美（中国）日用品有限公司承办的“完美百城千店万人无偿献血周”启动仪式。

5月10～16日，副会长兼秘书长郭长江率中国红十字会代表团赴蒙古参加东亚地区合作会议。联络部部长王小华、赈济救护部救护与无偿献血推动处处长赵振岗陪同出席了会议。

5月15～21日，事业发展部组织与青少年处处长沈南冰赴四川、上海参加探索人道法培训班。

5月17～27日，赈济救护部部长史解放、救护与无偿献血推动处助理调研员李庆华参加了总会与联合会举办的艾滋病青年同伴教育核心领导人培训班。

5月18～25日，联络部副部长龚怡怡赴日内瓦参加捐款国红会会议。

5月19日，挪威红十字会项目代表让与事业发展部筹资与宣传处处长王舒侬、联络部双边处副处长张虎就陕西项目进行工作会谈。

5月22～31日，联络部部长王小华赴萨摩亚参加太平洋地区合作会议。

5月23日，副会长苏菊香会见应湖北红十字会的邀请来华进行工作访问的德国红十字会巴登符腾堡州红十字会会长门孜先生等2人。联络部双边处副处长张虎、湖北省红十字会秘书长冯芊参加了会见。

5月23日，常务副会长江亦曼、副会长苏菊香、副会长兼秘书长郭长江以及总会相关人员听取了联合会东亚地区办事处主任亨利的项目管理介绍。

5月24～26日，联络部多边处副处长裘海玲赴上海参加国际委员会东亚地区办事处与军队举办的人道法及战俘待遇培训班。

5月25日，常务副会长江亦曼、副会长兼秘书长郭长江参加了救灾减灾论坛。赈济救护部部长史解放、赈济救护部赈济处处长杨绪生参加了论坛活动。

5月25～26日，联络部台港澳事务处副处长李立东参加国台办举办的对台工作会议。

5月28～29日，副会长苏菊香赴江西赣州考察灾情，机关纪委副书记张莉陪同。

5月31日，常务副会长江亦曼主持了在全国政协礼堂举行的印度洋海啸救援表彰会，副会长苏菊香宣读表彰决定，北京等16个省级红十字会获海啸救援最佳组织奖，中国石油天然气集团公司等15家企业和单位及丁磊等7人获特别贡献将，中央电视台新闻中心等25家单位获特别支持奖，并赠予香港、澳门红十字会特别奖。印尼、斯里兰卡、泰国驻华使馆共6人参加我海啸表彰大会。香港红十字会助理总监李思泌、傅黄秀仪，澳门红十字会会长黄汝凯、曹国希等4人参加了海啸表彰大会。

6月

6月3～4日，副会长苏菊香出席了在总会训练中心召开的社区红十字服务工作征求意见讨论会。12个省、区、市，4个计划单列市的代表出席了会议。赈济救护部部长史解放、副部长雷淑敏、社区服务处处长白藟参加了会议。

6月4日，常务副会长江亦曼、副会长苏菊香会见了斯里兰卡红会会长及财务委员会主席，双方就中斯友谊村建设及斯红会会长2人赴台湾问题进行了工作会谈。联络部部长王小华、联络部副部长龚怡怡、联络部双边处处长张虎参加了会见。

6月7～8日，副会长苏菊香赴云南参加了“中国红十字会预防控制艾滋病五年规划”研讨会，赈济救护部部长史解放、赈济处副处长李庆华、救护与无偿献血推动处副处长郭建阳参加了会议。

6月9～14日，副会长兼秘书长郭长江率中国红十字会代表团访问土耳其红新月会，并参加其137周年庆典活动。事业发展部筹资与宣传处副处长王宪、赈济救护部赈济处调研员王志民、中国红十字基金会副秘书长张峻陪同出访。

6月10日，联络部副部长龚怡怡与挪威红会项目代表让就陕西项目进行工作会谈。

6月10～12日，赈济救护部赈济处副处长李庆华、事业发展部筹资与宣传处助理调研员陈启洪赴湖南娄底、邵阳考察灾情。

6月14日，副会长苏菊香参加了在北京举行的“世界献血日”纪念活动，赈济救护部部长史解放陪同出席了活动。

6月14日，联络部部长王小华、副部长龚怡怡与联合会办事处主任亨利进行工作会谈。

6月15日，常务副会长江亦曼、副会长苏菊香与法中接近协会主席李益民等3人就合作开展预防艾滋病进行了会谈。赈济救护部部长史解放、赈济救护部赈济处副处长李庆华、救护与无偿献血推动处副处长郭建阳、联络部部长王小华、副部长龚怡怡、联络部双边处处长张虎、项目办主任杨绪生参加了会谈。

6月16日，会长彭珮云、常务副会长江亦曼应邀参加泰国友好人士常媛的家庭招待会。联络部部长王小华陪同出席了招待会。

6月16日，副会长苏菊香与美国驻华使馆环境与科技部参赞沈岱波、艾波及钱其红就美对我灾区进行10万美元捐赠事宜进行了会谈。赈济救护部部长史解放、联络部副部长龚怡怡、联络部双边处处长张虎、项目办主任杨绪生、赈济救护部赈济处处长王平、副处长李庆华参加了会谈。

6月16～19日，赈济救护部社区服务处处长白藟陪同香港红十字会赴江西上饶市考察香港红十字会援助的农村社区备灾项目。

6月18日，副会长苏菊香会见了应湖南红十字会邀请，来华进行工作访问的德国黑森州红十字会会长伦施女士等3人。伦施会长等3人在华访问7天，除北京外，主要是对湖南省红十字会进行访问。联络部双边处处长张虎陪同出席了会见。

6月20日，总会召开保持共产党员先进性教育活动总结大会。会上，授予张淑爱、白莹、郭建阳、章红梅、蓝军、夏洪艳、龚怡怡、龙奕、葛志林、韩玉文、陈自明、熊世琦、陈明仁、王连庆、冯志国、尉颖颖、江丹、杜海英、冯瑞珍、张玉玲等20名同志“中国红十字会总会优秀共产党员”荣誉称号。

6月20日，联络部部长王小华参加了对外友协为美国People to People代表团举行的座谈会。

6月21日，副会长苏菊香参加美驻华使馆的捐赠10万美元救灾款仪式。赈济救护部赈济处处长王平陪同参加了捐赠仪式。

6月21～27日，在中国红十字会总会、国美电器公司、北京晚报的共同邀请下，12位泰国海啸孤儿及3位陪同人员来京参加“风雨之后见彩虹”活动。

6月21日，副会长苏菊香会见了由泰国来京的12位海啸孤儿。联络部副部长龚怡怡、联络部双边处处长张虎、事业发展部筹资与宣传处处长王舒侬、副处长王宪参加了活动。

6月21～23日，常务副会长江亦曼、副会长兼秘书长郭长江出席了在吉林召开中国红十字会理顺地市级红十字会管理体制座谈会。北京、山西、吉林、黑龙江等13个地方红十字会参加会议，中编办和地方编制部门的同志也受邀参加会议。

6月22日，副会长苏菊香出席总会与武警总医院扶贫救心活动合作协议签署仪式，赈济救护部部长史解放、救护与无偿献血推动处副处长郭建阳参加了仪式。

6月22～26日，常务副会长江亦曼、副会长苏菊香赴黑龙江宁安市沙兰镇灾区考察灾情，慰问灾民，开展灾后心理救助活动。赈济救护部部长史解放、赈济处副处长李庆华、事业发展部筹资与宣传处副处长王宪陪同赴灾区考察。

6月22～25日，赈济救护部社区服务处处长白藟陪同香港红十字会项目官员赴河北省承德市围场县考察香港红十字会援助的农村社区备灾项目。

6月24～26日，常务副会长江亦曼在吉林省政协副主席、省红十字会常务副会长孙耀廷和副会长韩丽娟等的陪同下，对吉林省通化、白山市红十字会工作进行了调研考察。事业发展部副部长梁少华陪同参加了调研。

6月26日，赈济救护部部长史解放参加了北京嘉俊科技发展有限公司与中国老年保健协会共同发起的“健康管理‘1+1’工程”启动仪式，并接受嘉俊公司捐赠给我会的价值100万元的免费体检和健康产品。社区服务处处长白藟参加了仪式。

6月26日至7月1日，联络部双边处助理调研员戴晓明代表中国红十字会陪同4位花冈劳工幸存者及遗属赴日本参加在秋田县大馆举行的追悼会。

6月27日，副会长苏菊香与联合会东亚地区办事处主任进行工作会谈。

6月28日，赈济救护部部长史解放出席了在北京举行的中英艾滋病策略支持项目委员会第六次会议。

6月29日，联络部副部长龚怡怡与澳大利亚红会项目代表莉莎进行工作会谈。

6月30日，副会长苏菊香代表中国红十字会，参加在总会训练中心举行的花冈暴动60周年纪念活动。联络部部长王小华、副部长龚怡怡、联络部双边处处长张虎、事业发展部筹资与宣传处副处长王宪、助理调研员陈启洪参加了活动。

7月

7月1日，常务副会长江亦曼、副会长苏菊香、副会长兼秘书长郭长江在总会听取广西壮族自治区副主席、红十字会会长刘新文、自治区红十字会副会长方南亭汇报灾情，赈济救护部部长史解放、事业发展部部长蓝军、赈济救护部赈济处处长王平、调研员王志民陪同听取了汇报。

7月1～5日，赈济救护部赈济处副处长李庆华赴日本参加第七届亚太地区艾滋病大会。

7月5日，常务副会长江亦曼、副会长苏菊香会见日本红十字会副会长、国际部长东浦洋等人3人，联络部部长王小华、副部长龚怡怡、双边处处长张虎参加了会见。

7月5～8日，副会长兼秘书长郭长江赴广西柳州、来宾、贵港、梧州等水灾地区考察灾情并慰问灾民，赈济救护部赈济处处长王平、事业发展部筹资与宣传处调研员陈启洪陪同联合会官员古庆祥、香港红十字会葛思恒一同参加了考察和慰问。

7月6～8日，常务副会长江亦曼、副会长苏菊香出席了在京召开的由联合会东亚地区办事处主办的东亚5国红十字会领导人会议，朝鲜红十字会常务副会长、日本红十字会副会长、韩国红十字会副会长、蒙古红会副秘书长和联合会总部官员等人出席会议，联络部部长王小华、副部长龚怡怡、多边处处长裘海玲参加了会议。

7月7日，会长彭珮云、常务副会长江亦曼会见泰国副议长拉丽达为团长的泰国青年访华团等5人，联络部部长王小华、双边处处长张虎参加了会见。

7月11日，常务副会长江亦曼参加了

在清华大学举行的“公益事业与和谐社会”国际研讨会开幕式，事业发展部副部长梁少华陪同参加了开幕式。

7月11日，联络部部长王小华在总会与美国红十字会驻华项目代表进行工作会谈，项目办主任杨绪生、联络部双边处处长张虎、助理调研员戴晓明参加了会谈。

7月12日，会长彭珮云、常务副会长江亦曼、副会长苏菊香、副会长兼秘书长郭长江及有关领导第三十九届南丁格尔奖颁奖大会及座谈会。

7月12日，会长彭珮云、副会长苏菊香、副会长兼秘书长郭长江会见了由俄罗斯红十字会会长帕蒂安娜尼克兰柯率领的代表团，联络部部长王小华、副部长龚怡怡、双边处处长张虎参加了会见。

7月12～17日，常务副会长江亦曼率团访问香港、澳门红十字会，办公室主任王海京、联络部台港澳事务处处长李立东、江苏红十字会副会长张立明、海南红十字会副会长赵国卫随行。

7月13日，副会长苏菊香、副会长兼秘书长郭长江在总会听取了湖南省红十字会副会长侯炳文关于灾情及救灾工作的汇报，办公室副主任张淑爱、赈济救护部部长史解放、赈济处处长王平、事业发展部筹资与宣传处副处长王宪参加了会议。

7月14日，副会长兼秘书长郭长江参加了在天伦王朝酒店举行的筹资工作委员会会议，事业发展部部长蓝军、副部长梁少华、筹资与宣传处处长王舒侬、副处长王宪参加了会议。

7月18日，副会长苏菊香在总会与联合会东亚办事处代表奥德瑞就我国灾害情况进行会谈。联络部部长王小华、赈济救护部赈济处处长王平参加了会谈。

7月19～22日，赈济救护部赈济处副处长李庆华赴四川广元、绵阳水灾地区慰问及考察灾情。

7月19～21日，国际委员会主席克伦贝格尔来华与我外交部签署在北京设立地区代表处协议。国际委员会亚太地区总干事瑞托、东亚代表团团长付天羽、代表任浩陪同活动。

7月19日，会长彭珮云设晚宴招待国际委员会主席克伦贝格尔，常务副会长江亦曼、副会长苏菊香、副会长兼秘书长郭长江、联络部部长王小华、副部长龚怡怡作陪。下午，解放军总政治部唐天标副主任会见了克伦贝格尔。

7月20日下午，中共中央总书记、国家主席、中国红十字会名誉会长胡锦涛会见克伦贝格尔一行，会长彭珮云、常务副会长江亦曼、副会长苏菊香和副会长兼秘书长郭长江参加了会见。当日，克伦贝格尔与外交部长李肇签署关于在北京设立地区代表处的协议。

7月20日，赈济救护部救护与无偿献血推动处副处长郭建阳赴蒙古参加第十七届ART会议。

7月21日，常务副会长江亦曼会见了来访的圭亚那总理夫人，联络部副部长龚怡怡、联络部双边处处长张虎、助理调研员戴晓明参加了会见。

7月21日，常务副会长江亦曼、副会长苏菊香、副会长兼秘书长郭长江在总会听取了内蒙古自治区人大副主任、红十字会会长宝音德力格尔，副会长桂忠等关于灾情的汇报。办公室主任王海京、赈济救护部部长史解放、事业发展部部长蓝军参与听取了汇报。

7月21～25日，联络部台港澳事务处处长李立东陪同澳门红十字会志愿工作者赴山西开展志愿服务。

7月24～31日，副会长苏菊香率中国红十字会工作组赴斯里兰卡、马尔代夫商谈海啸重建事宜，联络部双边处处长张虎、助理调研员戴晓明随同前往。

7月24～26日，副会长兼秘书长郭长江赴福建灾区进行慰问并考察灾情，赈济救护部赈济处调研员王志民、事业发展部筹资与宣传处副处长王宪陪同前往。

7月25～30日，常务副会长江亦曼赴内蒙古扎莱特旗、扎兰屯市慰问灾民、发放救灾物资并考察灾情，联络部部长王小华、赈济救护部赈济处处长王平、筹资与宣传处助理调研员陈启洪陪同前往。

7月28日，名誉副会长韩启德、副会长朱庆生、副会长兼秘书长郭长江出席了总会与武警总医院联合开展的“扶贫救心”活动启动仪式，赈济救护部部长史解放、事业发展部部长蓝军参加了仪式。

8月

8月2日，副会长苏菊香与联合会东亚地区办事处主任亨利谈水灾呼吁事，联络部部长王小华、多边处处长裘海玲、赈济救护部部长史解放参加了会谈。

8月3日，联络部副部长龚怡怡赴房山参加房山儿童康复中心项目协调会，多边处处长裘海玲参加了会议。

8月4～9日，事业发展部部长蓝军率工作组赴黑龙江考察灾情，赈济救护部赈济处调研员王志民、事业发展部筹资与宣传处副处长王宪参加考察。

8月5～9日，赈济救护部部长史解放率工作组赴安徽、江苏考察灾情，赈济救护部赈济处副处长李庆华参加考察。

8月8日，常务副会长江亦曼签发了《中国红十字会预防控制艾滋病2005～2009年工作规划》。

8月9～16日，联络部部长王小华出席了在云南举行的海峡两岸红十字青少年夏令营，台港澳处处长李立东陪同出席了夏令营。

8月10日，赈济救护部部长史解放与东亚地区办事处主任亨利会谈救灾呼吁事。

8月11日，常务副会长江亦曼会见军控协会秘书长李根信，商谈合作事宜，联络部双边处处长张虎参加了会见。

8月17～26日，常务副会长江亦曼率中国红十字会及慈善总会代表，赴斯里兰卡、马尔代夫参加我海啸重建项目的开工仪式及进行考察，联络部部长王小华参加了考察。

8月18～21日，副会长苏菊香率工作组赴辽宁考察灾情，赈济救护部赈济处处长王平、事业发展部筹资与宣传处处长王舒侬参加考察。

8月18～25日，台湾红十字组织郝龙斌来大陆访问，联络部台港澳处处长李立东陪同访问。

8月22日，联络部副部长龚怡怡与澳大利亚红会驻华项目代表翠西进行工作会谈。

8月22日，联络部副部长龚怡怡与美国红会驻华项目代表袁明熙进行工作会谈，双边处处长张虎参加了会谈。

8月23～27日，副会长兼秘书长郭长

江率代表团访问朝鲜红十字会，联络部副部长龚怡怡陪同出访。

8月26日，王小华与美国红十字会国际政策与关系高级主管布赖恩·玛尤斯基以及驻北京项目代表袁明熙就美红十字会团来访一事进行具体商谈，双边处处长张虎参加了会谈。

8月29日至9月2日，美国红十字会代表团应邀访问我会，30日，常务副会长江亦曼会见了来访的美国红十字会志愿者事务主管凯特·福布斯等3人，副会长苏菊香、郭长江及各业务部门的负责人参加了会谈。

8月29日至9月1日，赈济救护部赈济处副处长李庆华与联合会救灾代表赴广西检查救灾物资发放情况。

8月30日，副会长兼秘书长郭长江出席了在总会举行的形象与公益研讨会，事业发展部部长蓝军参加了会议。

9月

9月1日，会长彭珮云、常务副会长江亦曼参加了新西兰驻华大使举办的宴会。当天，常务副会长江亦曼会见了新西兰红十字会会长。

9月3～6日，联络部部长王小华赴新加坡参加2006年亚太地区会议筹备会议。

9月3日，副会长兼秘书长郭长江出席了全国学校红十字工作委员会第一次工作会议，会议由事业发展部部长蓝军主持。

9月4～6日，会长彭珮云出席了全国红十字青少年工作会议。常务副会长江亦曼、副会长苏菊香、郭长江参加了会议。

9月7日，会长彭珮云会见了韩国红十字会会长韩完相率领的韩国红十字会代表团一行5人。这次韩国红十字会是应我会的邀请，来华进行工作访问，代表团访问了北京、安徽、上海。常务副会长江亦曼、副会长苏菊香、郭长江、联络部部长王小华、副部长龚怡怡等参加了活动。

9月9日，会长彭珮云在总会与卫生部领导会谈。常务副会长江亦曼、副会长苏菊香、郭长江、办公室主任王海京参加了会谈。

9月9～12日，赈济救护部赈济处处长王平赴湖北备灾救灾中心工作调研，并赴安徽考察灾情。

9月10日，副会长兼秘书长郭长江在南京参加世界急救日活动。

9月10～18日，常务副会长江亦曼率代表团访问台湾红十字组织，联络部部长王小华、台港澳处处长李立东、事业发展部部长蓝军、赈济救护部副部长雷淑敏、办公室助理巡视员袁天义、报刊社社长吴苾雯、福建红十字会副会长黄毅敏、云南红十字会副会长詹海峰随团出访。

9月12～16日，副会长兼秘书长郭长江率代表团考察日本爱知博览会红十字馆，为2010年上海博览会时，举办红十字馆做准备。事业发展部筹资与宣传处处长王舒侬、联络部双边处处长张虎随团出访。

9月14～17日，赈济救护部部长史解放赴浙江台州等地考察灾情，赈济处副处长李庆华参加了考察。

9月15～17日，赈济救护部赈济处处长王平与香港红十字会总监胡郭秀萍赴四川发放救灾大米。

9月19～28日，会长彭珮云率代表团访问西班牙、葡萄牙红十字会。副会长苏菊香、联络部副部长龚怡怡、彭会长秘书陆慧丽等随团出访。

9月20日，联络部双边处助理调研员戴晓明与美国红十字会项目代表接受青苗国际幼儿园儿童为美国水灾的捐款。

9月21日，副会长兼秘书长郭长江会见菲律宾驻华大使，听取有关11月大会竞选事宜。联络部双边处处长张虎、多边处处长裘海玲参加了会见。

9月21日，副会长兼秘书长郭长江会见了日本红十字会访华团一行5人。此次日本红十字会代表团是应我会邀请，来华进行血液事业经验交流。代表团访问了北京、天津、甘肃、上海红十字会。联络部部长王小华、多边处处长裘海玲参加了活动。

9月21～25日，赈济救护部部长史解放陪同澳门红十字会代表赴黑龙江、安徽进行救灾工作考察。赈济救护部副部长雷淑敏、联络部台港澳处处长李立东参加了考察。

9月23日，中宣部、中国红十字会、卫生部、中华护理学会联合举办南丁格尔奖章获得者先进事迹巡回报告首场报告会，常务副会长江亦曼、副会长苏菊香、郭长江出席了报告会。

9月26～28日，顾问孙爱明赴宁夏出席社区红十字志愿服务培训班，赈济救护部副部长雷淑敏、社区服务处处长白嘉参加了培训班。

9月27～29日，副会长兼秘书长郭长江赴济南、兰州出席了南丁格尔奖章获得者先进事迹巡回报告会。事业发展部部长蓝军、筹资与宣传处处长王舒侬参加了报告会。

9月27日至10月2日，常务副会长江亦曼代表我会赴日内瓦出席联合会领导委员会会议。联络部部长王小华陪同出席了会议。

9月28～30日，赈济救护部部长史解放赴海南考察灾情，赈济处副处长李庆华参加了考察。

9月30日，副会长苏菊香出席了在总会召开的中国红十字会备灾救灾工作委员会第一次会议，赈济救护部副部长雷淑敏、赈济处处长王平参加了会议。

10月

10月8日，总会召开第三次工会会员代表大会，选举产生新一届工会委员会。

10月9日，总会召开共青团员大会，选举产生共青团中国红十字会总会委员会。

10月9～15日，事业发展部组织与青少年处处长沈南冰率教育部、上海市教委、上海市红十字会和四川省教委、四川省红十字会等人员组成的代表团赴马来西亚吉隆坡参加亚太地区探索人道法研讨会。

10月10日，全国政协副主席周铁农率全国政协社会和法制委员会考察组，对北京市贯彻落实《中华人民共和国红十字法》的情况、红十字会依法履行职责和红十字会在构建社会主义和谐社会中发挥作用的情况进行了考察。周铁农副主席作了重要讲话。常务副会长江亦曼，副会长兼秘书长郭长江，北京市政府副市长、北京市红十字会会长孙安民、市政协副主席满运来等陪同考察。

10月10日，常务副会长江亦曼在总会会见了巴基斯坦驻华大使等三人，联络部部长王小华、双边处处长张虎、助理调研员戴晓明参加了会见。

10月10日，副会长兼秘书长郭长江出席心灵阳光工程大学生心理咨询暨突发事件的心理干预国际研讨会开幕式，事业发展部部长蓝军、联络部副部长龚怡怡参加了研讨会。

10月12日，常务副会长江亦曼会见了参加“心灵阳光工程”国际研讨会的国外代表，联络部副部长龚怡怡参加了会见。

10月13日，常务副会长江亦曼出席了在总会106会议室举行的李连杰向中国红十字会捐赠50万元支持心灵阳光工程捐赠仪式，副会长兼秘书长郭长江、事业发展部部长蓝军参加了仪式。

10月13日，副会长兼秘书长郭长江出席李连杰北京大学演讲会，事业发展部部长蓝军、筹资与宣传处副处长王宪随同前往。

10月14日，会长彭珮云会见了加拿大红十字会名誉副会长珍尼特戴维逊等2人，常务副会长江亦曼、副会长苏菊香及联络部部长王小华、彭珮云的秘书陆慧丽参加了会见。

10月15～18日，赈济救护部赈济处副处长李庆华赴山东考察灾情。

10月17日副会长兼秘书长郭长江会见了来访的以副秘书长哲单巴为团长的蒙古红十字会代表团5人，联络部副部长龚怡怡、双边处处长张虎参加了会见。17～23日，代表团访问了天津市和陕西省红十字会。

10月17日在北京人民大会堂，与全国总工会、全国妇联、共青团中央、残疾人联合会、宋庆龄基金会、人民日报等部门联合主办“中国公益事业与构建和谐社会”高层论坛。全国人大常委会副委员长、中国红十字会名誉副会长司马义·艾买提，全国政协副主席、中国红十字会名誉副会长张怀西，中国红十字会会长彭珮云出席论坛。中共中央统战部副部长、全国工商联第一副主席胡德平，民政部副部长、中国红十字会副会长姜力，中国红十字会常务副会长江亦曼，全国总工会书记处书记、纪检组组长张鸣起，共青团中央书记处书记尔肯江·吐拉洪，中华全国妇女联合会副主席、书记处书记莫文秀，中国残联执行理事会理事张宝林，中国宋庆龄基金会党组书记、副主席俞贵麟等到会。中国红十字会副会长兼秘书长郭长江、中国宋庆龄基金会秘书长李宁分别主持了论坛。此外还有全国人大、全国政协、中央统战部、国务院发展研究中心、中国社科院、北京大学、中央党校、中国市场学会、中国人口福利基金会、福特基金会等相关部门的领导、专家、学者出席。

10月17～21日，联络部部长王小华赴瑞士参加由联合会举办的海啸救助工作协调会。

10月18～22日，联络部副部长龚怡怡赴海南参加海南省红十字会领导干部培训班的授课。

10月21～22日，会长彭珮云出席了在山东省青岛市召开的中国红十字会农村工作座谈会，常务副会长江亦曼、山东省副省长王军民、副会长兼秘书长郭长江参加了会议。

10月22～26日，事业发展部部长蓝军参加中国红十字会2005年华东地区传播红十字运动基本知识培训班。

10月23日，常务副会长江亦曼会见了来访的斯里兰卡城市发展及供水部常务秘书，副会长苏菊香、联络部部长王小华、助理调研员戴晓明参加了会见。

10月24日，常务副会长江亦曼在北京

会见了国际联合会主席托罗，联络部部长王小华参加了会见。

10 月 28 日，副会长苏菊香出席全民健康促进工作委员会第一次会议。

10 月 30 日，副会长兼秘书长郭长江出席在北京万城华府别墅会馆举行的“儿童手拉手 爱心无国界”为巴基斯坦地震灾区募捐活动，事业发展部部长蓝军随同前往。

11月

11 月 5～10 日，塞黑红十字会会长率代表团 3 人应邀访问了总会及山东红十字会。副会长兼秘书长郭长江会见了代表团一行，联络部部长王小华、台港澳处处长李立东参加了会见。

11 月 6 日，副会长兼秘书长郭长江出席在人民大会堂举行的国际和平周开幕式，中国红十字会获“特别贡献奖”，事业发展部筹资与宣传处处长王舒侬参加了开幕式。

11 月 6～16 日，联络部双边处助理调研员戴晓明、总会特聘工程监理以及慈善总会和中水电代表赴斯里兰卡、马尔代夫进行海啸救援项目的落实。

11 月 7～10 日，保加利亚红十字会会长率领的 3 人代表团应邀访问了总会。常务副会长江亦曼会见了代表团，联络部副部长龚怡怡、双边处处长张虎参加了会见。

11 月 9～18 日，常务副会长江亦曼率代表团参加了在韩国汉城举办了的联合会第十五届大会及代表会议，副会长兼秘书长郭长江、赈济救护部部长史解放、事业发展部部长蓝军、联络部部长王小华、项目办主任杨绪生、多边处处长裘海玲等随同前往。

11 月 18～24 日，希腊红十字会会长率领的 3 人代表团应邀访问了我会。常务副会长江亦曼会见了代表团一行，副会长兼秘书长郭长江、办公室主任王海京、联络部双边处处长张虎参加了会见。

11 月 18～23 日，阿尔巴尼亚红十字会会长率领的 3 人代表团应邀访问了总会。副会长苏菊香会见了代表团，办公室主任王海京、联络部双边处处长张虎参加了会见。

11 月 18～21 日，罗马尼亚红十字会副会长访问总会。副会长兼秘书长郭长江进行了会见，联络部双边处处长张虎参加了会见。

11 月 19 日，会长彭珮云会见了来访我会的约旦红新月会会长率领的代表团，常务副会长江亦曼、联络部部长王小华参加了会见。约旦红新月会代表团应我会的邀请，于 19～23 日来华进行访问。

11 月 20 日，常务副会长江亦曼出席在人民大会堂举行的中华慈善大会开幕式，副会长兼秘书长郭长江、事业发展部筹资与宣传处处长王舒侬参加了开幕式。

11 月 20 日，事业发展部部长蓝军出席李连杰中山大学演讲会。

11 月 21～30 日，根据中日交流计划，由赈济救护部无偿献血与救护推动处处长赵振岗、联络部双边处处长张虎、台港澳处处长李立东、山东红十字会副会长张心宝、新疆生产建设兵团副会长王国建组成的中国红十字会代表团访问了日本红十字会。

11 月 24 日，事业发展部部长蓝军出席在总会举行的北京迪康生物科技有限公司捐赠抗流感药物仪式，筹资与宣传处处长王舒侬参加了仪式。

11 月 28 日，副会长兼秘书长郭长江出席李连杰四川大学演讲会。

11月28～29日，赈济处处长王平赴江西考察地震灾情。

11月29日，名誉副会长韩启德、黄孟复、会长彭珮云出席了在北京站举行的“红丝带神州行”预防艾滋病列车宣传活动启动仪式，常务副会长江亦曼、副会长苏菊香及办公室主任王海京参加了启动仪式。

11月29日，全国政协伍绍祖常委带队的全国政协检查组就四川省贯彻执行《中华人民共和国红十字会法》的相关情况，在省政协会议室听取了四川省人民政府副省长、省红十字会会长刘晓峰和省红十字会常务副会长张波的专题汇报。省编办、省财政厅、省教育厅的相关负责人向检查组汇报了有关红十字事业发展的工作情况。副会长兼秘书长郭长江参加了汇报会。

11月29日，联络部副部长龚怡怡会见了韩国红十字会庆尚北道分会代表团28人。

11月30日至12月2日，常务副会长江亦曼参加了预防艾滋病列车宣传活动及在二连浩特举行的文艺汇演。

12月

12月2日，常务副会长江亦曼在总会会见了以陈丰义为团长的台湾红十字组织访问团，联络部部长王小华、台港澳处处长李立东参加了会见。12月1～11日，联络部台港澳处处长李立东陪同访问团访问了西安、南京。

12月3～12日，会长彭珮云率慰问组赴云南、贵州开展“红十字博爱送万家”慰问活动，常务副会长江亦曼、赈济救护部副部长雷淑敏、赈济处处长王平随同前往。

12月4日，事业发展部部长蓝军出席李连杰复旦大学演讲会，筹资与宣传处处长王舒依随同前往。

12月5～15日，办公室主任王海京率总会高官访问团访问了联合会和委员会驻瑞士总部、驻波黑代表团和波黑及塞黑红十字会，联络部多边处处长裘海玲随同前往。

12月8～11日，副会长兼秘书长郭长江率慰问组赴黑龙江开展“红十字博爱送万家”慰问活动，赈济救护部无偿献血与救护推动处副处长郭建阳随同前往。

12月8日，赈济救护部部长史解放与联合会办事处主任亨利进行会谈，联络部双边处处长张虎、赈济救护部赈济处副处长李庆华参加了会谈。

12月8～10日，联络部部长王小华参加外交学院举办的新闻发言人培训班。

12月12～17日，联络部部长王小华赴泰国，与泰国红十字会商定海啸重建项目。

12月13日，会长彭珮云出席在北京举行的中国红十字会“红十字博爱送万家”活动启动仪式，常务副会长江亦曼、顾问王立忠、副会长苏菊香、副会长兼秘书长郭长江、顾问孙爱明、汤声闻、办公室主任王海京、赈济救护部部长史解放、副部长雷淑敏、社区服务处处长白矗参加了仪式。

12月13日，联络部副部长龚怡怡、项目办公室主任杨绪生与挪威红十字会国际部长进行了会谈。

12月13日，联络部副部长龚怡怡与美国国防部代表团进行会谈，双边处处长张虎参加了会谈。

12月14～21日，副会长兼秘书长郭长江率中国红十字会代表团参加在斯里兰卡及马尔代夫的海啸合作项目的开工仪式和已建成房屋的交接仪式，联络部副部长龚怡怡、双边处助理调研员戴晓明、事业发展部筹资与宣传处副处长王宪、法律顾问刘安元及慈善总会、中国移动、中远、中央电视台、中水电的代表参加了仪式。

12月14～20日，顾问孙爱明率慰问组赴新疆维吾尔族自治区、新疆生产建设兵团开展“红十字博爱送万家”慰问活动，赈济救护部社区服务处处长白藟随同前往。

12月14～20日，顾问汤声闻率慰问组赴甘肃、青海开展“红十字博爱送万家”慰问活动，办公室人事处处长肖连敏随同前往。

12月18～21日，副会长苏菊香率慰问组赴内蒙古开展“红十字博爱送万家”慰问活动，办公室离退休干部处处长董永红、赈济救护部赈济处副处长李庆华随同前往。

12月22日，常务副会长江亦曼与我驻柬埔寨大使张金风就彭会长明年访柬事进行商谈，副会长苏菊香、联络部部长王小华参加了商谈。

12月22日，副会长兼秘书长郭长江出席在北京天伦王朝酒店召开的宣传工作委员会会议，事业发展部部长蓝军、副部长梁少华、筹资与宣传处处长王舒侬、副处长王宪、组织与青少年处处长沈南冰、政策法规处副处长夏洪艳参加了会议。

12月23日，会长彭珮云出席在总会105会议室召开的中国红十字会第八届理事会第二次常务理事会会议。常务副会长江亦曼、副会长苏菊香、副会长兼秘书长郭长江、办公室主任王海京参加会议。

12月26日，会长彭珮云出席爱心超越国界——中国红十字会海啸一周年救援工作通报会，常务副会长江亦曼、副会长苏菊香、副会长兼秘书长郭长江、事业发展部部长蓝军等参加了会议。

12月26～28日，赈济救护部部长史解放赴广州参加中国红十字会备灾救灾工作研讨会，办公室财资处处长王晓燕、赈济救护部赈济处处长王平、副处长李庆华、调研员王志民共同前往。

12月27日，副会长兼秘书长郭长江出席中国红十字志愿工作委员会第一次工作会议，会议由事业发展部蓝军部长主持。

12月28日上午，会长彭珮云出席中国红十字会与建设银行签署战略合作协议新闻发布会，常务副会长江亦曼、副会长苏菊香、副会长兼秘书长郭长江、办公室主任王海京参加发布会。

工 作 会 议

彭珮云在中国红十字会第八届理事会第二次会议暨宣传工作会议上的讲话

发扬成绩，坚定信心

刚刚过去的一年是中国红十字会第八届理事会成立后的开局之年。一年来，全国各级红十字会认真贯彻落实中国红十字会第八次会员代表大会精神、《国务院办公厅转发中国红十字会总会关于进一步加强红十字会工作意见的通知》和《中国红十字事业2005～2009年发展规划》，各项工作蓬勃开展，取得了可喜的成绩。

我们之所以能取得这样的成绩，首先是，“八大”以来，各级党委政府更加重视和支持红十字会的工作，加强了对红十字会支持、资助、保障、监督的力度，为红十字事业的发展创造了更好的条件；在“八大”精神鼓舞下，各级红十字会工作人员的积极性空前高涨，奋发有为，扎实工作，推动了各项业务的新进展，并不断向新的领域拓展。

各级红十字会更进一步加强了与政府有关部门、新闻媒体、社会团体、国内外相关组织的联系与合作，初步形成了社会化、开放式的工作格局，在汇聚人道力量，营造良好的公益环境方面有了一个好的开端。进一步加强了基层组织建设，会员及志愿工作者队伍得到了进一步壮大。

在印度洋海啸等灾害的国际救援活动中，中国红十字会发挥了独特的优势和重要的作用，产生了良好的影响。在第十五届红十字会与红新月会国际联合会大会上，再次高票当选为国际联合会领导委员会成员，在国际红十字运动中发挥的作用日益增强。

在这一年，我们更加重视红十字会的自身建设。理顺管理体制为做好红十字会工作提供了重要的组织保障。理顺管理体制后，一批比较年轻、有改革精神，有一定社会活动能力的同志充实到各级红十字会领导岗位和业务部门，使工作有新的进步。开展保持共产党员先进性教育活动又为开创红十字会工作的新局面提供了强大的精神动力。

所以，我们必须充分肯定过去一年的工作成绩，坚定信心，继续发扬成绩，克服缺点，战胜困难，开拓前进，争取在新的一年里做出更大的成绩。

在新的发展阶段，红十字事业应当有更大的发展

党的“十六大”提出了全面建设惠及十几亿人口的更高水平的小康社会的奋斗目标。十六届三中全会提出了坚持以人为本，全面协调可持续的科学发展观。四中全会进一步明确提出了构建社会主义和谐社会的重大任务。3 个月前闭幕的五中全会通过的“关于制定国民经济和社会发展第十一个五年规划的建议”强调，本世纪头二十年是我国发展的重要战略机遇期，“十一五”时期尤为关键。我们必须紧紧抓住机遇，应对各种挑战，开创社会主义经济建设、政治建设、文化建设、社会建设的新局面，为后十年顺利发展打下基础。建议指出，要坚持以科学发展观统领经济社会发展全局。促进社会和谐是我国发展的重要目标和必要条件。要按照以人为本的要求，从解决关系人民群众切身利益的现实问题入手，更加注重经济社会协调发展，加快发展社会事业，促进人的全面发展；更加注重社会公平，使全体人民共享改革发展成果；更加注重民主法制建设，正确处理改革发展稳定的关系，保持社会安定团结。建议还提出了推进社会主义和谐社会建设的各项任务与措施，其中包括要健全党委领导、政府负责、社会协同、公众参与的社会管理格局；加强和谐社区、和谐村镇建设，倡导人与人和睦相处，增强社会和谐基础；加快完善社会保障体系，加强社会福利事业建设，完善优抚保障机制和社会救助体系，支持社会慈善、社会捐赠、群众互助等社会扶助活动；提高人民群众健康水平，完善公共卫生和医疗服务体系，提高疾

病预防和医疗救治服务能力，认真研究并逐步解决群众看病难、看病贵问题；建立健全社会预警体系和应急救援、社会动员机制，提高处置突发性事件能力；加强各种自然灾害预测预报，提高防灾减灾能力等等。在一个多月前召开的中央经济工作会议上，胡锦涛同志把着力解决人民群众最关心、最直接、最现实的利益问题，推动和谐社会建设列为2006年经济工作的一项主要任务。不久前，胡锦涛同志亲自倡导共产党员开展为困难群众特别是受灾群众送温暖活动，强调要通过开展这项活动，体现我们党立党为公，执政为民的根本宗旨。中央的这些指示精神既为我们进一步做好工作指明了方向，提出了新任务，新要求，也提供了新的机遇，新的舞台。我们一定要认真贯彻落实，推动中国特色红十字事业快速健康发展，为构建社会主义和谐社会，全面建设小康社会发挥应有的作用，做出更大的贡献。

我国是一个幅员辽阔、人口众多的发展中国家，正处在社会主义初级阶段；生产力还不发达，城乡区域发展不平衡，而且自然灾害频发；存在着许多需要救助的贫困群众。每年有近6000万以上的灾民需要救济，有2200多万城市低收入人口享受低保，有7500多万农村绝对贫困人口和低收入人口需要救助。此外，还有6000万残疾人和1.4亿60岁以上的老人需要社会提供帮助。因此，必须大力发展公益事业，广泛动员社会各界的力量，协助政府做好人道救助工作。中华民族自古以来就有乐善好施、扶贫济困的优良传统。新中国成立以来，特别是改革开放以来，在党和政府的直接关怀和积极倡导下，我国的公益事业取得了长足的进展，成立了一大批公益组织，涌现了一大批热心公益事业的社会各界人士。公益事业在加强社会互助、调节贫富差距、缓解社会矛盾、提高公民素质、融洽人际关系等方面发挥了很好的作用。随着经济社会的发展和社会主义精神文明建设的加强，我国公益事业的发展方兴未艾，前景广阔。但是，我们也要清醒地看到，我国的公益事业还处于发展的初级阶段，社会公众的公益意识、公益组织、捐赠机制、法律制度以及捐赠款物的管理使用和监督，都还存在着不少问题，与构建社会主义和谐社会的要求相比、与世界上一些发达国家的情况相比，还有较大的差距，迫切需要大力促进我国公益事业的发展。

中国红十字会成立100年来，为祖国、为人民做了大量有益的工作，在社会上享有良好的声誉，又是国际红十字运动的成员，与国际红十字组织及各国红十字会有着良好的合作关系。正如胡锦涛同志在接见中国红十字会第八次会员代表大会代表时指出的那样，中国红十字会作为重要的社会团体，在全面建设小康社会，加快推进社会主义现代化的历史进程中是可以大有作为的。我们要认清形势，明确任务，发挥优势，扎实工作，与其他公益组织加强合作，共同推动公益事业向前发展。为此，要努力做到以下三点：

一是要着力打造公益品牌。具有号召力、公信力的公益品牌项目能激发公众的参与热情，并能广泛吸引社会资源。我们要继续做好做实红十字博爱送万家、中国造血干细胞捐献者资料库、红十字天使计划等工作，着力打造红十字会的品牌项目，动员更多热心于公益事业的社会力量参与到公益事业中来。

二是要不断提高社会公信力。红十字会

既没有政府机构的行政权力，也不具备营利机构的经济实力，必须依靠社会公信力作为立身之本。良好的社会信誉是红十字会的无形资产。公信度越高，无形资产就越大，所带来的有形资产也会越多。因此，我们要像爱护眼睛一样爱护红十字会的信誉，切实管好用好募捐来的款物。要依法办事，坚持公开公正的原则，廉洁自律，自觉接受社会监督，以赢得捐赠者和受益者双方的信赖。

三是要积极传播公益文化。在社会上提倡团结互助、平等友爱、扶贫济困的良好风尚，进一步唤起公众的公益意识，增强公众的社会责任感，营造公益事业高尚的社会氛围，使公益行为成为公众的自觉行动。

总之，在全面建设小康社会、加快推进社会主义现代化的新的发展阶段，我们要以坚强的信念、蓬勃的朝气、实干的精神、推动红十字事业有更大的发展。

不断提高工作水平
积极开拓新的领域

红十字会要在人道主义工作领域发挥更好的作用，必须不断提高工作水平。因此，《中国红十字会2006年工作要点》特别提出，要重视对红十字会工作自身规律的研究，使业务工作向专业化、规范化、科学化方向发展。备灾救灾是红十字会的首要任务，初级卫生救护培训、推动无偿献血、开展红十字青少年活动等项工作，是红十字会的传统业务，在长期的实践中积累了丰富的经验。应该在总结经验的基础上掌握每项工作的专业知识和科学规律，形成一套完善的工作规范，并随着形势发展的需要不断丰富工作内容，创新工作方式方法，把这些工作越做越好。

要持之以恒地将“红十字博爱送万家”、“中国造血干细胞捐献者资料库”、“红十字天使计划”等品牌项目做好、做大、做实。各地红十字会也要精心打造自己的品牌项目，例如：上海、北京红十字会的少儿住院基金，使许多少年儿童和他们的家庭受益，得到了群众的欢迎。希望今年有更多的城市把这个项目开展起来。云南省红十字会的“爱咨家”和“阳光家园”项目已经把艾滋病预防与关爱工作拓展到高危人群之中，收效很好。艾滋病防治工作关系到经济发展、社会稳定、国家安全和民族兴衰。目前，我国艾滋病传播和蔓延的势头还没有得到有效遏制。我们要充分认识加强艾滋病防治工作的重要性和紧迫性，配合政府，广泛开展宣传教育和对艾滋病病毒感染者与患者的关怀救助活动。

各级红十字会要紧紧围绕党和政府的中心任务和本地群众的需求，积极开拓新的工作领域。党的十六届五中全会提出要建设社会主义新农村，这是一项重大而长期的历史任务。解决好农业、农村、农民问题，事关全面建设小康社会和社会主义现代化建设的全局，是党和国家工作的重中之重。各级红十字会要高度重视农村红十字会工作，当前要主动协助政府加快推进新型农村合作医疗制度建设，参与农村医疗救助工作，认真搞好试点，取得工作经验，为解决农民看病难、看病贵的问题尽一份力量。最近，我国一些地区发生高致病性禽流感疫情，党中央、国务院已经做出统一部署，各地红十字会要配合政府做好防控禽流感的宣传工作。

努力把红十字会建设成为充满生机与活力、密切联系群众、符合自身特点的社会救

助团体

要继续推动理顺管理体制的工作。理顺管理体制，是红十字会工作快速健康发展的必要的组织保证。这些年来的经验证明，如果红十字会的管理体制不理顺，就很难把工作做得更好。“八大”以来，这项工作进展较快，全国已有近60%的地市级红十字会理顺了管理体制。但是，目前这项工作还存在许多问题和困难。要积极主动地向党政领导和有关部门反映情况，争取支持。理顺体制需要解决编制问题，但是只要大家认识到给红十字会少量编制，红十字会就可以帮助政府做很多事情，这个问题是可以得到解决的。希望各地红十字会继续努力，争取今年将这项工作再推进一大步。各级地方红十字会要遵循《中国红十字会章程》，定期召开会员代表大会，建立理事会和常务理事会，充分发挥常务理事、理事的作用，并根据工作需要配备专职人员，依法履行职责。

要切实加强基层组织建设。我在去年二月的工作会议上曾着重指出，红十字会服务的对象在基层，依靠的力量在基层。只有把基层组织建设好，紧紧依靠广大会员和志愿工作者，才能做好红十字会的工作，扩大红十字会的影响。希望大家把做好各项业务工作同加强基层组织建设密切结合起来。要高度重视、切实加强社区、农村、学校、医院和机关、企业红十字会基层组织的建设，夯实红十字会的群众基础。要深入调查研究，及时发现、总结和推广基层创造的好经验，精心培养好的典型；还要积极发展基层组织，壮大会员和志愿工作者队伍。

要建立与完善社会化、开放式的工作机制。“八大”提出了这个方针。去年，我们在这方面进行了积极的探索，收到了良好的成效。我们要继续加强与政府相关部门、社会团体和新闻媒体的联系与合作，广泛动员和充分利用各种社会资源，争取社会各界参与人道救助事业，并帮助捐赠单位树立公益形象。要努力完成政府委托的项目及与相关机构和企事业单位合作的项目，积极争取新的合作项目。还要与国际红十字组织、各国红十字会与其它国际组织、境外机关机构加强交流与合作，进一步开拓国际交流与合作的新局面。

“八大”以来，总会和许多地方红十字会增加了名誉会长、副会长和来自社会各界的理事、常务理事、名誉理事。他们十分关心红十字事业，给予了很大的支持。我们要经常向他们通报工作情况，邀请他们参加活动，听取他们的意见，更好地发挥他们的作用。

要切实加强自身建设。这是做好红十字会工作、发展红十字事业的关键。去年开展的保持共产党员先进性教育活动，提高了红十字会系统各级党组织的战斗力和党员队伍的素质。要巩固先进性教育的成果，建立长效机制，把先进性教育经常化、制度化，充分发挥党组织的战斗堡垒作用和共产党员的先锋模范作用。要加强各级红十字会领导班子的建设。领导班子成员要在各方面起表率作用，自觉维护班子团结。主要负责人要增强民主意识，善于发挥班子其他成员的作用。其他成员要增强大局意识，尊重和支持主要负责人履行职责。要采取切实有效的措施，抓住学习培训和实践锻炼这两个关键环节，以思想政治建设为根本，以能力建设为重点，进一步加强红十字会干部队伍建设，使红十字会干部做到热爱红十字事业，爱岗敬业，乐于奉献；不断增强围绕中心、服务大局的意识，提高组织群众、宣传群众、服务群众的本领，树立清正廉洁、公道正派的良好形象。要善于学习，善于调查研究，勇于开拓创新；密切联系实际，加强对国际红十字运动的理论研究，为建设中国特色红十字事业提供科学依据和智力支持。

红十字事业是崇高而伟大的事业。我们要抓住当前发展红十字事业的大好机遇，勇于迎接挑战，振奋精神，团结实干，努力开创中国红十字事业的新局面，为实现全面建设小康社会和构建社会主义和谐社会做出新的更大的贡献。

江亦曼在中国红十字会第八届理事会第二次会议上的工作报告

2005年工作回顾

2005年，是全国各族人民在党中央、国务院领导下，贯彻党的“十六大”和十六届三中、四中、五中全会精神，胜利完成国民经济和社会发展第十个五年计划的一年，也是中国红十字会第八届理事会的开局之年。一年来，在彭珮云会长的领导下，各位理事和各级红十字会认真贯彻落实国务院办公厅转发中国红十字会总会关于进一步加强红十字会工作意见的通知和第八次全国会员代表大会精神，用科学发展观统领红十字事业发展全局，与时俱进，开拓创新，各项工作取得显著进展。

一、积极开展保持共产党员先进性教育活动，取得“两手抓、两不误、两促进”的效果

根据党中央关于开展保持共产党员先进性教育活动的部署，总会和全国县级以上红十字会在2005年上半年集中开展了以实践“三个代表”重要思想为主要内容的保持共产党员先进性教育活动。总会及各省级红十字会党组、各基层红十字会党组织按照党中央的部署，认真组织，周密安排，以高度的政治责任感开展保持共产党员先进性教育，并将教育成效反映在红十字事业发展中，切实做到“两手抓、两不误、两促进”，达到提高党员素质、解决突出问题、服务人民群众、促进业务工作的良好效果。在先进性教育活动中，各级红十字会党组织开展了共产党员先进性标准的讨论，查找党建工作的不足和制约事业发展的问题，制定整改方案并逐一认真落实，使红十字会系统广大党员进一步明确了“立党为公、执政为民”的要求与红十字会宗旨的内在联系，调动了党员心系群众、做好救灾救助工作的紧迫性和责任感。

先进性教育活动期间，正值印度洋海啸救助、红十字博爱送万家和国内救灾工作任务十分繁重的时刻，为确保两手抓、两促进，总会党组提出“以共产党员先进性推动赈灾募捐活动顺利进行”的号召，各级红十字会党组织积极响应。这次印度洋海啸救援工作成为我会迄今为止规模和影响最大、效果最好的一次国际人道救援工作，与发挥红十字会系统共产党员的先锋模范作用是分不开的。各级红十字会还以先进性教育为动力，积极开展国内救灾工作和人道救助活动，受到了党政领导和灾区群众的欢迎和赞扬。

中央保持共产党员先进性教育第42督导组对总会党组在先进性教育活动中组织得力、成效明显，给予了充分肯定。河南、广西、四川、贵州等省（区、市）红十字会党组受到当地保持先进性教育督导组的表扬。

二、贯彻“八大”精神，争取党委政府支持，理顺管理体制工作取得突破性进展

2004年中国红十字会第八次全国会员代表大会召开和国务院办公厅转发中国红十字会总会关于进一步加强红十字会工作意见的通知下发之后，各级党委、政府加大了支持红十字会工作的力度。截至2005年底，全国已经有23个省（区、市）人民政府转发或出台了《关于加强红十字会工作的意见》，吉林、浙江、广东、海南、云南、宁夏等省（区、市）党委、政府专门听取了红十字会的汇报，帮助解决长期制约红十字事业发展的问题。各级红十字会认真贯彻“八大”精神，落实五年规划提出的目标，影响不断扩大，工作更加活跃。

由于党委、政府的重视与支持，加快了理顺地（市）级红十字会管理体制的步伐。为加大理顺管理体制工作的力度，总会主要领导分别给一些地方的主要领导写信，到地方调研时进行宣传督促，引起党政领导的重视与支持。总会召开了有编制部门参加的理顺地（市）级红十字会管理体制座谈会，分析理顺地（市）级红十字会管理体制的现状和问题，总结经验，理清工作思路，得到中央和地方编制部门的理解和支持。许多省政府或政府办公厅发出的《关于加强红十字会工作》文件中都对理顺红十字会管理体制提出明确要求。目前，北京、天津、河北、内蒙古、辽宁、吉林、江西7个省（区、市）已全部理顺地（市）级红十字会管理体制。山西、上海、广东、宁夏4个省（区、市）编办已下发理顺地（市）级红十字会管理体制的文件。地市级红十字会理顺管理体制超过80%的有黑龙江、上海、江苏、山东、新疆5个省（区、市）；超过50%的有湖南、广西、四川3个省（区、市），广东省政府召开专题会议，促进理顺红十字会管理体制工作。截至2005年底，全国有235个地（市）级和435个县级红十字会理顺管理体制，占全国地（市）级和县级总数的58.9%和15.7%。分别比2004年提高了23.9和6.7个百分点。

三、备灾救灾应急反应能力和救助实力得到进一步增强

2005年我会国际人道救援和国内灾害救助工作取得优异成绩。在印度洋海啸灾害国际救援活动中，全国红十字会系统紧急动员，全力以赴，仅一个多月就募集捐款4.27亿元人民币。截至11月30日我会共接受海啸捐赠款物4.43亿元人民币。我会通过多边和双边渠道，及时将捐款用于紧急救灾阶段和灾后重建阶段。目前，已经拨付和承诺2.6亿多元人民币，占捐赠收入的59%。为印度尼西亚、斯里兰卡、泰国、马尔代夫、缅甸等主要受灾国家修建友谊村、社区卫生室、学校等设施。国家主席胡锦涛与印尼总统苏西洛共同见证了两国红十字会签署“中国印尼友谊村建设合作备忘录”。目前，援助项目进展顺利，余款将根据重建工作的进展逐步到位。“卡特里娜”飓风袭击美国南部各州造成自然灾害后，我会及时向美国红十字会捐款10万美元，后又募捐36.6万元人民币进行援助。向南亚地区强烈地震遭受重大损失的巴基斯坦和印度红十字会分别提供10万美元和5万美元紧急捐款，迅速组织专机为巴基斯坦运送价值320万元人民币的救助物资，并为巴基斯坦红会募集救助款139.7万元人民币。

2005年我国自然灾害频发，其特点是来势猛、种类多、发生范围广、持续时间长，30个省普遍受灾，部分省区反复受灾。总会向各省红十字会及时下发了《关于做好2005年洪涝灾害救助工作的通知》，适时通报了灾情，先后派出18个（50人次）救灾考察小组，对13个受灾严重省份进行考察、救助。通过国际联合会向国际社会发出呼吁，对湖南、江西、安徽等5省（区）提供救助。全年总会和地方共投入救助款物价值2.2亿元人民币，其中总会投入5800多万元的款物，对28个省、区和新疆生产建设兵团进行了救助。各级红十字会在自然灾害发生时，"第一时间"到达现场紧急救助，展示了红十字会快速反应的能力。各省之间也伸出援助之手，相互支援。香港、澳门红十字会也及时对灾区实施了救助。

国际国内的救灾行动，极大地考验和锻炼了我会的应急救助能力，得到国际社会和我国政府、广大群众的充分肯定和高度赞扬。

根据国务院部署，经过两年努力，我会制定出台了《中国红十字会总会自然灾害等突发公共事件应急预案》，已被国务院纳入国家突发公共事件总体应急预案体系中。在2005年的救灾工作中，总会在内蒙古扎兰屯市开展了兴建红十字村的灾后重建工作，在黑龙江省宁安市沙兰镇泥石流灾害救助中，首次组织心理专家对灾民进行心理援助，收到良好效果。中国红十字会总会备灾救灾中心筹备工作已全面启动。

2005年我会继续开展"红十字博爱送万家"活动。年初为13个省（区、市）和新疆建设兵团红十字会送去价值4278万元款物（其中地方配套3728万元），使21.4万户的85.6万贫困人口受益。为响应国家关于扶持人口较少民族发展的号召，年底我会联合国家民委开展了为全国22个人口较少民族贫困家庭送温暖活动，为9个省（区）和新疆建设兵团红十字会送去价值近800万元款物（其中总会投入300万元彩票公益金），使4万户、16万多人口的人口较少民族贫困人口受益。为帮助灾区群众安全过冬，向14个受灾省调拨棉衣3万件。

四、协调有关部门齐抓共管，红十字青少年工作呈现新的生机

2005年9月，总会联合教育部、卫生部、共青团中央共同召开了全国红十字青少年工作会议，总结、交流和推广了红十字青少年工作的经验和做法，明确了今后一个时期红十字青少年工作的目标任务、工作及具体要求。四部门联合下发了《关于加强学校红十字会工作的指导意见》。总会成立了全国学校红十字会工作委员会，制发了《中国红十字青少年2005～2009年发展规划》、《红十字模范校表彰管理办法》等文件，形成了教育、卫生、红十字会、共青团齐抓共管红十字青少年工作的格局，标志着红十字青少年工作将进入新的发展阶段。这次会议后，各省（区、市）政府领导和教育、卫生、共青团等部门更加重视和支持红十字青少年工作。辽宁省分管省领导听取红十字青少年工作汇报，并作重要批示，江苏省红十字会联合教育、卫生、共青团等部门开展调研，天津市制定了红十字青少年工作发展规划，浙江、湖北等省（区、市）召开了红十字青少年工作会议，湖北省政府办公厅专门发文要求全省重视和支持红十字青少年工作。

五、推动农村红十字会工作，积极参与建立新型农村合作医疗和医疗救助制度

年初，总会决定把加强农村红十字会工

作作为2005年度的重点工作。总会领导分工负责，到基层认真调查研究，发现并推广开展农村红十字会工作的经验。特别是彭会长多次深入农村基层调研，总结山东青岛即墨市、福建石狮市锦尚镇的成功经验。总会及时向国务院报告山东省红十字会参与新型农村合作医疗的情况，被国务院新型农村合作医疗部际联席会议吸收为成员单位。

10月，总会在山东省青岛市召开中国红十字会农村工作座谈会，对农村红十字会工作进行全面总结，交流经验，提出了红十字会在农村工作的主要任务和近期的工作重点，探索农村基层红十字会的建会模式和组织形式，动员和部署中国红十字会参与新型农村合作医疗和医疗救助试点工作，是一次非常重要的会议。会议之后，各级红十字会开展农村工作力度逐步加大，农村基层组织建设正在稳步推进。

六、不断提升我会在国际红十字运动中的影响，积极开展民间外交，为国家外交大局服务

过去一年里，我会在国际红十字运动中积极发挥领导委员会成员的作用，主动参与国际事务，配合国家外交大局开展工作。多次向各种自然灾害和紧急事件提供国际人道援助，支持联合会改革方案，为国际红十字运动的发展作出了贡献。去年11月，在韩国召开的第十五届红十字会与红新月会国际联合会大会上，我会以136票的绝对优势再次当选为联合会领导委员会成员。

联合会、国际委员会及红十字会与红新月会常设委员会主席、美国、俄罗斯等重要国家红十字会代表团相继来华访问，彭珮云等会领导先后率团出访西班牙、葡萄牙、印尼、斯里兰卡、沙特、土耳其及海啸受灾国红会。第二期红十字会高官考察团赴日内瓦考察学习。国际委员会在北京设立东亚地区代表团。这些标志着我会与国际红十字组织及各国红十字会间的友好合作关系进入了一个新的发展阶段。

2005年，总会及地方红十字会加强和规范了对外合作项目的管理。总会同澳大利亚、荷兰、加拿大、美国、挪威、瑞士、瑞典等国红十字会在22个省（区、市）开展双边合作项目，与联合会、国际委员会合作在6个省（区、市）开展了预防控制艾滋病的青年同伴教育、改水改厕、健康教育、农村社区备灾、视力复明、乡村医生培训、组织能力建设、灾后重建学校、假肢康复等项目，促进了当地红十字会工作。近年来，云南省红十字会争取国际援助和募集救助款物近1亿元人民币，四川省红十字会争取十几个国际非政府组织无偿援助资金6000多万元开展项目，使100多万群众受益。

七、初步形成大宣传格局，红十字会的社会影响力进一步扩大

2005年宣传工作呈现生动活泼的局面。一是全国红十字会系统抓住重大活动和有利时机，统一开展宣传活动，初步形成全国联动的大宣传格局。在印度洋海啸救援工作中，中央电视台在总会设立直播点，第一时间直播中国人民国际人道主义情怀，弘扬红十字会精神，产生了巨大的社会影响。二是抓宣传形式的创新。探索尝试了电视广告宣传与电视栏目合作追踪报道、现场直播与演播室联动、领导人做客重要访谈节目等宣传形式。胡锦涛主席为第四十届南丁格尔奖章获奖者颁奖后，我会与中宣部、卫生部、中华护理协会联合举办巡回报告会，编写《中国南丁格尔奖章获得者先进事迹报告文集》，在全国掀起“学习南丁格尔精神，平凡岗位献爱心”的活动。三是积极联手相关社团举办有影响的活动，扩大红十字会影响。与全国总工会、共青团中央、全国妇联、中国残联、中国宋庆龄基金会和人民日报联合开展了“中国公益事业与构建和谐社会”高层论坛。参加了国际慈善学者会议、中华慈善大会等各种论坛和研讨会。经努力争取，我会推荐的中国平安保险（集团）股份有限公司、上海造血干细胞捐献志愿者俱乐部等 7 个单位，关牧村、金金龙等 6 名优秀个人获得民政部授予的“中华慈善奖”，山东青岛市“微尘”、福建三明市红十字会干部林瑞班被评为“第二届全国十大公益之星”。四是宣传方式灵活多样，宣传空间不断扩大。总会在 100 所高校开展了“心灵阳光”项目，通过组织心理学专家开展讲座，对有心理障碍的大学生进行心理支持。中国造血干细胞捐献者资料库管理中心利用姚明的名人效应和救助小凯丽等典型事例的广泛宣传，产生了较好的效果。中国红十字基金会推出“红十字天使计划”，与媒体广泛合作，提高了知名度。各级红十字会也不断发掘鲜活的宣传题材、典型的人物故事、独特的报道视角，加强了与媒体的合作。

2005 年，总会接受捐赠收入 5.79 亿元人民币，再创捐赠收入新高。中国红十字基金会自去年 3 月换届以来，已争取社会募捐 2442 万元人民币，援建了 22 所博爱小学和 2 所乡镇卫生院。为 13 名白血病等重大疾病的农村儿童提供医疗救助，累计资助支出 1539 万元。各级红十字会通过加强与企业和社会各方面的合作，开展为社会和群众服务的项目，建立了多种形式的筹资渠道，尝试并实现了筹资方式的多样化，争取到了更多稳定的捐助渠道。同时，严格内部监督，主动接受审计部门的审计监督，对审计中发现的问题及时进行整改。

此外，其他各项工作也有新的进展。卫生救护培训扎实开展，全国共举办师资培训班 232 期，培训师资 7456 人、红十字救护员 250 万人。继续推动无偿献血工作。制发《中国红十字会 2005～2009 年预防控制艾滋病工作规划》，与铁道部联合在世界艾滋病日开展列车宣传活动。制定了《中国造血干细胞捐赠者资料库 2006～2010 年发展规划》，造血干细胞捐献者资料库总入库量达到 35.6 万人份，为患者和移植医院提供检索服务 1400 多人次，134 位志愿者捐献了造血干细胞，其中：向美国、新加坡各提供 1 例，向香港地区提供 5 例。遗体（器官）捐献工作、社区红十字服务和人道法传播工作健康开展。截至 2005 年底，全国基层组织 9.1 万多个，团体会员 8 万多个，会员 2577 万名（其中青少年会员 1380 万名），志愿工作者 56.8 万多名。首次实现全国 31 个省（区、市）红十字会向总会交纳会费。

2005 年总会和省级分会继续与香港、澳门红十字会和台湾红十字组织保持良好的合作关系。香港护士冯玉娟首次荣获南丁格尔奖章。总会和港澳分会在印度洋海啸救援工作中相互配合，共同参与。我会常务副会长率团访问台湾红十字组织并热情接待台湾红十字组织代表团来祖国大陆访问，举办海峡两岸红十字青少年夏令营，推进了两岸同胞特别是年轻一代的了解和交流。见证遣返工作继续顺利开展，全年共接受遣返 19 批 2185 人。

各位理事，各位代表，2005 年是全国各级红十字会广大干部和会员勤奋工作的一年，是迈大步的一年，是取得丰硕成果的一年。在这一年里，各级红十字会的专兼职干部、广大会员和志愿工作者付出了艰辛的努力，为全面建设小康社会、构建社会主义和谐社会作出了重要贡献。我代表常务理事会向同志们致以崇高的敬意和衷心的感谢！

总结全年的工作，我们有以下四点体会：

（一）只有用科学发展观统领红十字会工作并运用于实际工作中，才能推动红十字会工作不断发展

一年的工作实践使我们认识到，全面落实科学发展观，一是要努力实现区域间的协调发展。我国幅员辽阔，东西部差别很大。各地要在统一性原则的基础上，从实际出发，发挥自身优势，形成东西部相互促进，取长补短、均衡发展的局面。近年来贵州、西藏、陕西、甘肃、青海、宁夏通过对口支援，发挥自身的潜力，各项工作有了长足的发展。二是要努力实现城乡协调发展。要结合城市和农村红十字工作的不同特点，加强城市社区和农村乡镇的红十字工作，依托城市，辐射、带动、促进、支援农村红十字会工作，促进农村和城市的共同发展。三是要努力实现可持续的发展。用科学发展观指导备灾救灾、卫生救护、宣传筹资、社区服务等业务工作，建立使各项业务工作健康持续发展的机制。重视红十字会理论和业务工作自身规律的研究，用理论指导实践，不断提升业务工作水平，使业务工作向专业化、规范化、科学化方向发展。善于借助外脑为事业发展提供理论支撑。使传统的业务不断焕发生机，适应市场经济的环境，积极开拓新的业务领域。四是要努力实现国际国内工作的协调发展。要立足于国内工作，丰富国内工作，加强业务建设和能力建设。同时，积极参与国际红十字运动，借鉴各国红十字会的有益经验，用国内工作扩大国际影响，用国际红十字运动的有益经验促进国内工作。

（二）只有紧紧围绕党和政府的中心工作，有所作为，才能得到党和政府的重视、人民群众的欢迎

一年来，总会和各级红十字会围绕党和政府的中心开展工作的意识进一步增强。山东省红十字会主动参与建立新型农村合作医疗制度试点工作，上海、北京等地大力推动建立少儿住院互助金，四川、辽宁、安徽等省配合预防禽流感及时开展宣传教育工作，青海省红十字会被吸纳为本省社会救助体系成员单位，开展“博爱一日捐”活动；国务院把我会备灾救灾工作纳入国家突发公共事件总体应急预案体系中，我会围绕加强青少年思想道德建设，协调教育、卫生、共青团等部门，共同加强红十字青少年工作，我们把2006年送温暖活动的对象选定在救助人口较少民族贫困家庭，把防控艾滋病宣传重点放在流动人口群体中，都是主动贴近党和政府的中心工作，贴近广大群众的需求，因此受到各级政府和广大人民群众的欢迎。只有这样做，红十字会才能有旺盛的生命力和影响力。

（三）只有建立社会化、开放式的工作格局，才能使红十字会充满生机和活力

红十字会是群众团体，只有建立社会化、开放式的工作格局，形成有别于政府、符合自身特点的运行机制，才能充满活力，运转灵活，充分发挥自身的优势和独特作用。一年来，我们积极争取党中央国务院的重视和支持，加强与编制、民政、卫生、教育、财政、铁路、民委等政府部门的沟通与

合作，主动与工、青、妇、宋庆龄基金会、中华慈善总会等群众团体联手开展活动；与新华社、人民日报、经济日报、学术机构及知名学者共同举办有影响力的活动，初步形成了社会化、开放式的工作格局。这种格局有利于团结、动员和充分利用、整合社会资源，交流公益文化，共享公益成果；有利于增强与企业、社会知名人士、志愿者、捐助者、受益人之间的交流互动；有利于提高红十字会参与社会活动的能力、公信度和社会影响力。我们深深体会到：红十字会只有不断凸显自己的特色，以开放的姿态，积极开展有影响的活动，才能具有生命力和活力；只有动员社会各方面的广泛参与，才能把事业做大、做强；只有坚持社会化、开放式的工作格局，才能使红十字事业呈现勃勃生机。

（四）只有始终加强红十字干部队伍建设，才能为事业发展带来不竭动力

红十字会工作涉及面很广很宽，需要一大批有奉献精神、会做群众工作的各级专兼职干部坚忍不拔地努力拼搏。年初，我们在开展保持共产党员先进性教育活动的同时，又承担了印度洋海啸救援、国内救灾、送温暖等重要工作，任务十分繁重。值得我们自豪的是，在这次锻炼和考验中，广大红十字会干部在关键时刻站得出来，冲得上去，勤奋工作，无私奉献，取得了骄人的业绩。实践证明，保持共产党员先进性教育，提高了红十字会系统党员队伍的整体素质和各级党组织的战斗力，为红十字事业的健康发展注入了生机和活力。我们体会到，必须通过制度建设，建立长效机制，把先进性教育经常化、制度化，发挥党员的先锋模范作用和基层党组织的战斗堡垒作用，充分调动广大干部的积极性，才能真正建设一支理想信念坚定、有奉献精神、业务能力强的红十字会干部队伍，为红十字事业的发展带来不竭动力。

同志们：我们虽然取得了较好的成绩，但也要清醒地看到，从总体上看，红十字事业的发展还很不平衡；筹资的力度还不够，方式还比较单一，救助实力有待加强；应急体系有待进一步完善。这些问题，虽然我们早有认识，但缺乏有效的措施和手段，应该引起我们的高度重视，下决心予以解决。

苏菊香在中国红十字会第八届理事会第二次会议暨宣传工作会议闭幕式上的讲话

（2006年1月7日）

中国红十字会第八届理事会第二次会议暨宣传工作会议经过与会代表的共同努力，各项议程和任务已经顺利完成，我代表中国红十字会第八届常务理事会和执行委员会对会议的圆满成功表示热烈地祝贺！

下面，我对会议做一总结。

一、会议的基本情况

这次会议是在全党、全国各族人民积极贯彻党的十六届五中全会精神和深入开展保持党员先进性教育活动的形势下召开的。这次会议是根据章程规定履行理事会，议事规则的会议，也是一次总结工作、交流经验的会议，同时又是一次部署新一年工作的会议。会议的召开对于贯彻落实《中国红十字事业2005～2009年发展规划》，推动中国红十字事业深入健康地发展，具有十分重要的

意义。

开幕式上，中国红十字会会长彭珮云同志发表了重要讲话。彭会长说，在“八大”精神的鼓舞下，各级红十字会工作人员的积极性空前高涨，奋发有为，扎实工作，推动了各项业务工作取得了新进展。彭会长指出，中央提出的科学发展观、构建社会主义和谐社会和建设社会主义新农村的号召，为中国红十字事业的发展提供了更为广阔的空间，在新的发展阶段，红十字会应当有更大的发展和作为，以更加开放的姿态为构建社会主义和谐社会作出新的更大贡献。彭会长要求各级红十字会要着力提高社会公信度，大力传播公益理念，努力打造公益品牌。同时要加强自身建设，依法履行职责，努力把红十字会建设成为充满生机与活力、密切联系群众、符合自身特点的社会救助团体。彭会长的讲话高屋建瓴，立意高远，使大家深受启发，倍受鼓舞。

江亦曼常务副会长代表常务理事会作的工作报告全面回顾了2005年各级红十字会在依法履行职责中所取得的突出成绩，尤其是开展保持共产党员先进性教育、印度洋海啸救助及理顺管理体制、宣传、备灾救灾、红十字青少年、参与建立新型农村合作医疗和医疗救助制度、民间外交等重点工作取得的突破性进展。实事求是地指出了目前事业发展中存在的困难和挑战，概括总结出“只有用科学发展观统领红十字会工作并运用于实际工作中，才能推动红十字会工作不断发展”、“只有紧紧围绕党和政府的中心工作，有所作为，才能得到党和政府的重视，人民群众的欢迎”、“只有建立社会化、开放式的工作格局，才能使红十字事业充满生机和活力”、“只有始终重视加强红十字干部队伍建设，才能为事业发展带来不竭动力”四条体会。同时江亦曼常务副会长对2006年工作作了部署，提出要切实加强理顺地市级红十字会管理体制、灾害应急管理、卫生救护、宣传筹资、参与新型农村合作医疗和医疗救助试点及建立少儿住院医疗互助金等项工作的要求，她要求2006年要扎实提高各项业务工作水平，不断拓展新的领域，创新性地开展工作。与会代表认为，工作报告中所提到的成绩实事求是、令人鼓舞，任务光荣艰巨、催人奋进，四条体会既是我们实践的总结，也是今后工作所要遵循的。

本次理事会上，我们通过了关于更换、增补理事和常务理事的决议，通过了关于更换副会长的决议和关于新任秘书长的决议。经过本次调整，现在第八届理事会的结构更加趋于合理，力量更加壮大，相信在理事会的正确领导下，我们的事业将会开展得更加蓬勃，更加富有生机。

与会代表听取了中国红十字会总会2005年接受捐赠资金及彩票公益金收支情况的报告。在今年年初召开的工作会议上，我们提交了财务报告，反响很好，这是一项依法依章的重要内容，既增强了红十字会财务情况的透明度与公开性，又为更好地开展募捐工作创造了有利条件。向理事会报告经费和财产的使用情况，及时接受政府的审计和社会的监督，有利于提高红十字会的社会公信度，这将成为各级红十字会都要坚持的制度。

会上，海南省等10个地方红十字会与大家共同分享了他们艰苦创业、开拓进取，发展红十字事业的经验。10个地方红十字会的发言都很精彩，全面地反映了各级红十字会贯彻“八大”精神，在各项主要业务工作中创造的新领域、新成绩、新经验，展示了良好的精神面貌。同时，我们也高兴地看到，近年来，西藏、宁夏等一些基础薄弱的红十字会充分发挥自身潜力，各项工作取得了长足的进步。这10个地方红十字会的经验从不同角度、不同侧面、不同程度反映了他们开拓创新、求真务实的精神面貌，用出色的工作赢得了社会各界的广泛关注和支持，都很值得各级红十字会借鉴和学习。

今天上午我们召开了宣传工作会议。中宣部宣教局程雪飞处长代表中宣部宣教局领导在会上讲话。程处长从党和国家事业发展的战略高度，阐述了做好宣传工作的重要性，她指出要坚持用“三个代表”重要思想统领宣传工作，宣传工作要为党和政府的中心工作做好舆论服务，要切实加强和改善对宣传工作的领导，不断开创宣传工作的新局面。同时，表示中宣部将一如既往地支持红十字事业的宣传，使红十字会在社会主义和谐社会建设中发挥更大作用。

郭长江副会长在宣传工作会议上总结了我会近几年来宣传工作的成功经验，分析了新时期新阶段宣传工作面临的新形势新任务，实事求是地指出了我们宣传工作中还存在的问题与不足，部署了当前和今后一个时期的宣传工作。他要求各级红十字会要认真贯彻落实《中国红十字会关于加强和改进宣传工作的意见》，不断加大宣传力度，为开创红十字事业的新发展服好务。江苏、天津两省市红十字会还就他们在宣传工作中所积累的经验作了介绍。

今天上午，在分组讨论会上，代表们就彭会长讲话和江亦曼常务副会长所作的工作报告、如何落实2006年工作要点的措施、如何加强红十字会宣传工作等问题进行了讨论。同志们一致认为，彭会长的讲话、江亦曼常务副会长所作的工作报告以及2006年工作要点，对于我们在新形势下做好各项工作，在全面建设小康社会和构建社会主义和谐社会的进程中更好地发挥作用，具有十分重要的指导意义。宣传工作会议召开后，代表们反映通过相互交流和学习，增强了对宣传工作重要性的认识，开阔了眼界，增强了信心，表示要更加重视对红十字会宣传工作的投入，努力工作，再创佳绩。讨论中，同志们畅所欲言，谏言献策，也提出了很多很好的意见和建议。会后我们将根据各位代表的意见和建议，认真研究相应措施，集中理事和代表们的意见，修改相关文件，力争把各项工作做得更好。

在这次会议的预备会上，我们还召开了省红十字会副会长参加的新农合试点工作部署会，对参与新型农村合作医疗和医疗救助工作的试点单位下一步开展工作进行了相关部署。

二、会议主要收获

讨论中，与会代表一致认为，这次会议召开的非常及时，在新的一年刚刚开始的时候，就召开理事会，使各级红十字会明确总会的工作思路和工作重点，便于与各级政府的中心工作相结合，及时安排部署新一年的工作。同时，代表都认为，彭会长自始至终参加会议，与代表们一起讨论研究工作，使代表们深受教育和鼓舞。综合大家的反映，会议有以下几方面的收获：

（一）明确了今后工作的指导思想。《中国红十字事业2005－2009年发展规划》和2006年工作要点都提出要坚持以邓小平理论和“三个代表”重要思想为指导，特别强调坚持以科学发展观统领红十字会工作发展全局。与会代表在讨论中认为，我们必须自觉运用科学发展观来指导工作，要坚持以发展为第一要务，促进经济社会协调发展，协助政府搞好社会救助事业，保持社会稳定，促进社会和谐。要牢固树立以人为本的“为民”观念，维护好、发展好、保护好人民群众的根本利益，特别要关注最易受损害群体的境况。

（二）更加明确了今后工作的总体目标。大会提交的2006年度工作要点是根据五年发展规划制定的年度计划，要点在明确常规工作的基础上，还特别强调了几项需要着力推动的工作：要继续理顺地市级红十字会管理体制，切实加强灾害应急管理、卫生救护和宣传筹资工作，加大推动参与新型农村合作医疗和医疗救助试点及建立少儿住院医疗互助金工作的力度，扎实提高各项业务工作水平，不断拓展新的工作领域，创新性地开展工作。这些目标是综合考虑当前红十字会发展现状和未来几年发展的各方面条件提出的，是积极稳妥的，既有重点也兼顾到其他工作的要求。

（三）更加认识到宣传工作的重要性。在讨论中大家一致认为：红十字事业的发展更是离不开宣传，做好新形势下的宣传工作，必须在继承和发扬成功经验和优良传统的基础上，科学地认识和把握新形势下宣传工作的特点和规律，形成新思路，探索新办法，开辟新途径，取得新成效。要坚持贴近实际、贴近生活、贴近群众，把宣传工作做实做大做活，更好地动员社会力量参与红十字事业，支持红十字会工作。

（四）更加明确了加强自身建设的重要性。彭会长讲话、江亦曼常务副会长作的工作报告、2006年工作要点都以重要篇幅提到了各级红十字会要加强自身建设和干部队伍建设。代表们说，红十字事业是一项造福人类的崇高而伟大的事业，但同时红十字会工作又是一项非常困难、非常艰苦的工作，需要广大干部进行艰苦奋斗、努力拼搏、坚忍不拔的努力才能打开工作局面。在今后的工作中，我们要特别注意加强各级红十字会的领导班子建设和干部队伍建设，扎实推进制度建设和效能建设，不断提高各级红十字会干部的管理能力和水平，为全面实现五年规划提供坚实的组织保证。

三、关于会议精神的贯彻落实

这次大会工作任务都已明确，关键是抓好各项工作的落实。首先，要及时把会议情况向上级党委和政府有关领导汇报，努力争取党委、政府的重视和支持；二是要认真组织广大干部和会员学习领会彭会长的讲话精神，落实江亦曼常务副会长在工作报告所提出的任务和要求，要以红十字会法为根本，按照《中国红十字会2006年工作要点》，结合本地实际，因地制宜制定本地今年的年度工作计划。要抓住重点，攻破难点，取得实效。特别是对依法理顺管理体制工作，要抓住公务员法实施的有利时机，加大争取推进理顺地市级红十字会管理体制的力度，努力实现2006年75%的地市理顺管理体制的目标。要认真总结新农合试点经验，按照总会部署抓落实，加大推广的力度，抓好落实。要结合落实应急预案，积极争取开展卫生救护培训工作的政策，把这项直接关系人的生命和健康的工作深入开展起来；三是要采取多种行之有效的宣传方式和手段，开展多种形式的宣传活动，向广大会员和志愿工作者进行传达，积极向社会宣传红十字会在贯彻落实科学发展观和维护社会和谐稳定方面的特殊作用，动员更多的社会力量参与红十字运动。各地要将贯彻本次会议的情况及时通过各种形式及时向总会报告。

同志们！2006年是全面落实《中国红十字事业2005－2009年发展规划》的重要一年，是使我们的事业跨上一个更高台阶的重要一年。今年的任务十分繁重和艰巨，摆在我们面前的困难还很多，我们要紧紧抓住机遇，树立信心，应对各种挑战，求真务实，狠抓落实，为实现五年规划的各项任务而兢兢业业地工作，为开创中国红十字事业发展的新局面而努力奋斗。

谁持彩练当空舞，风劲扬帆正当时！让我们紧密地团结在以胡锦涛同志为总书记的党中央周围，高举邓小平理论和“三个代表”重要思想的伟大旗帜，用科学发展观统领红十字会工作，统一思想，凝聚力量，开拓进取，扎实工作，为全面完成第八次全国会员代表大会确定的各项战略任务脚踏实地地一步步向前进！

郭长江在中国红十字会第八届理事会第二次会议暨宣传工作会议上的讲话

（2006年1月7日）

我们红十字会宣传工作会议是和八届二次理事会套在一起召开的。出席我们宣传工作会议的有一些省红十字会的会长，他们都在省里担任着重要的职务，还有各省级红十字会的常务副会长、秘书长。这无疑加重了我们这次宣传工作会议的份量。也可以说，这是第八届理事会对宣传工作更加重视的一个标志。

我们已经多年没有召开宣传工作会议了。这些年，只是召开过宣传工作座谈会、研讨会以及报刊发行工作会议。自从《中华人民共和国红十字会法》颁布以来，随着红十字事业的大发展，宣传工作也越来越显得重要起来。应该说，我们这次红十字会宣传工作会议的召开，是红十字事业发展的需要，也是红十字事业发展的必然。

这次会议的主要任务是：以邓小平理论和“三个代表”重要思想为指导，深入学习贯彻党的十六届五中全会和全国宣传部会议精神，坚持科学发展观，总结中国红十字会近些年来，特别是八大以来的宣传工作，规划和部署今后一个时期的宣传工作，统一思想、凝聚力量、服务大局、开拓创新，进一步加强和改进红十字会宣传工作，努力开创红十字会宣传工作新局面，为促进和谐社会建设贡献力量。

下面，我讲几点意见。

一、围绕党和政府的中心工作，积极进取，红十字会宣传工作在实践中取得新进展和新成效

近些年来，特别是八大以来，中国红十字会宣传工作紧紧围绕宣传贯彻“三个代表”重要思想和党的十六大和十六届五中全会精神，坚持科学发展观，弘扬“人道、博爱、奉献”的红十字精神，在围绕大局、服务大局、推动经济社会发展、维护社会稳定、保护人的生命和健康、促进和谐社会建设过程中，在传播红十字理念，树立和提升红十字会形象，扩大红十字会在国内外的影响，凝聚与感召社会力量奉献和服务于红十字事业等方面，做了大量工作，迈出了实实在在的步伐，取得了明显成效，呈现出很好

的发展势头。

1. 宣传工作的指导思想更加明确。为找准红十字会宣传工作在红十字事业中的位置，总会于2003、2004年连续两年召开部分省市宣传工作座谈会，加强调研，总结经验，探讨进一步加强和改进红十字会宣传工作的思路和意见，将强化宣传工作纳入到《中国红十字事业2005～2009年发展规划》中，研究制定了《中国红十字会关于加强和改进宣传工作的意见》。几年来，各级红十字会以邓小平理论和“三个代表”重要思想为指导，坚持科学发展观，围绕红十字会中心工作，不断加大对“人道、博爱、奉献”红十字精神的宣传力度，把弘扬红十字精神、宣传红十字运动基本知识、传播国际人道法与社会主义精神文明建设和青少年思想道德建设紧密结合，既服务了大局，又扩大了红十字会的影响，体现了红十字会宣传工作的基本职能。

2. 大宣传格局的意识逐步树立。几年来，各级红十字会的宣传部门一直致力于重大活动和工作品牌的宣传，致力于自然灾害等突发公共事件救助工作的宣传。在这些宣传工作的过程中，有意识地引导全国红十字系统推动大宣传格局的形成，红十字会大宣传格局的意识逐步树立。

在“五八”世界红十字日、备灾救灾、红十字博爱送万家、造血干细胞捐献者资料库建设、艾滋病预防以及红十字天使计划等方面，都有较大规模的宣传活动，产生了较好的社会影响。特别是在印度洋海啸救援的宣传工作中，围绕党和政府重大工作部署，抓住时机，动员所能动员的宣传力量，利用所能利用的宣传手段，真正形成了上下联动、左右互动的立体宣传效果。不仅大大提高了红十字会的影响力和美誉度，而且极大地激发了人民群众参与红十字救助工作的热情，是一次非常成功的宣传活动。在红十字事业的发展过程中，从来都是我们比较被动地请求新闻媒体宣传报道我们的工作，新闻媒体主动大规模宣传报道红十字会工作的局面是不多见的。这次就连中央电视台这样重要的主流媒体都主动在中国红十字会总会设立直播报道工作点，各家报纸、广播、电视、互联网的宣传报道铺天盖地。这样集中宣传中国红十字会工作的局面，对具有百年历史的中国红会十字会来说是前所未有的。

3. 宣传形式在探索中得以发展。几年来，红十字会宣传工作逐步形成了一些适合自身特点，并且行之有效的宣传方式，也总结出了一些宝贵的经验。这也反映在各地红十字会的交流材料中。比如，结合红十字会法及相关法律法规的贯彻，依法开展宣传；利用重要节日开展重大活动进行宣传；抓住大事、突发事件救助活动和群众关心的热点问题开展宣传；动员社会各方面力量搞宣传；利用社会化方式开展项目活动带动宣传；结合业务工作搞宣传；结合红十字青少年运动的发展开展宣传；品牌宣传和以宣传促筹资，以筹资促宣传等等。特别是根据电视和互联网覆盖面越来越广的特点，总会和许多地方红十字会都尝试做电视广告宣传、与电视栏目合作报道感人故事、现场直播与演播室联动、领导人做客重要访谈节目和加强网站建设，等等。央视和全国60家城市电视联播网正在播出“红十字天使计划”、“小天使基金”免费公益广告月，百家网站参与“救救白血病孩子——百千万爱心行动”，社会反响热烈。去年首次开展的红十字宣传周活动、公益演唱会、慈善晚会、广告展、书画展等宣传形式也普遍被各级红十字会采用。以红十字为主线的电视节目（比如“同一首歌”和“开心辞典”的节目）也以特别的形式宣传着红十字会的工作、红十字会的知识和红十字精神。

各级红十字会还与文化公司、广告公司、演出公司等方面合作，借助他们的策划、执行、推广能力，为红十字会组织大型宣传活动、演出活动，开发制作宣传品等。纪念中国红十字会建会100周年系列活动就是按照这个思路进行的，效果很好。为克服宣传经费不足的困难，各级红十字会在依托市场，吸纳企业和社会资金开展红十字会宣传工作方面都有新的尝试，并取得一些成功的经验。

4. 宣传工作得到党政宣传部门更多的支持。红十字会百年纪念活动，得到了中央宣传部的大力支持，刘云山同志作出批示：“要重视红十字会的宣传工作。”人民日报辟了专版并配发了评论员文章，介绍中国红十字会的工作，宣传红十字精神，高度评价红十字事业取得的成就。中宣部在几次季度通报会上强调要加大红十字精神的宣传力度。为扩大宣传南丁格尔奖章获得者的先进事迹，总会联合中宣部、卫生部、中华护理协会共同在全国开展“学习南丁格尔精神，平凡岗位献爱心”的活动，举办巡回报告会，出版《中国南丁格尔奖章获得者先进事迹报告文集》，在社会上产生很大影响。江苏、新疆等红十字会与省（自治区）党委宣传部门就红十字会宣传工作联合发文；大多数省、自治区、直辖市政府办公厅出台的加强红十字工作的通知中都明确提出了加强宣传工作的要求。

5. 宣传工作的社会化程度进一步提高。红十字事业的发展仅靠红十字工作者是不够的。在实践中，我们充分认识到了这一点。近年来，我们逐渐深入地认识到了红十字品牌无形资产的作用，积极主动地吸引社会力量加入红十字事业中来，借助外力，借用外脑，延伸红十字会工作的手臂。总会和部分省、自治区、直辖市红十字会相继建立了“红十字会宣传工作委员会”、“红十字宣传工作联席会”、“红十字新闻工作志愿者委员会”等，聘请党和政府宣传部门的领导、媒体负责人或知名人士作为红十字会理事、常务理事。黑龙江省红十字会培训了2000余名红十字宣传员，活跃在全省机关、学校、工厂、社区和乡村。内蒙古红十字会聘请了4位来自内蒙古党委宣传部、内蒙古日报社、内蒙古电视台、内蒙古电台的领导作常务理事，占到常务理事总数的1/5。在提高宣传工作社会化程度的同时，我们切实加强红十字系统宣传媒体的建设。红十字中国红十字会的机关报刊《中国红十字报》和《博爱》杂志以及各级红十字网站不断发展，质量和水平不断提高。

总体上看，过去的几年，特别是八大以来的红十字会宣传工作，方向明确、重点突出、积极进取、扎实有效，红十字越来越被社会承认，越来越有影响，在很多地区已经成为当地公益慈善事业的主要力量。这样好的社会环境和氛围，为发展红十字事业奠定了坚实的基础。这些成绩的取得，根本原因在于红十字宣传战线坚持贯彻落实中央关于宣传工作的要求，始终坚持服务大局、服务社会、服务人民，以弘扬红十字精神为主线，始终坚持“贴近实际、贴近生活、贴近群众”，始终坚持了求真务实的工作作风，始终坚持以改革为动力，在继承中创新，在创新中发展，始终注重动员社会力量参与红十字事业。这些成绩的取得，是红十字宣传战线全体同志顽强拼搏、共同努力的结果。在这里，我代表中国红十字会八届理事会，向同志们表示衷心的感谢和诚挚的问候！

二、结合红十字会宣传工作的实际，实事求是地分析宣传工作中存在的不足，积极予以改进和加强。

总结这些年红十字会宣传工作的实践，尽管红十字会宣传工作取得了显著成绩，但是我们还应该清醒地看到不足，看到宣传工作同我国红十字事业发展的要求相比，同我们在国际红十字运动中的地位相比，还有差距。主要表现在以下几个方面：

1. 各级红十字会对宣传工作存在着重视不够与投入不足的问题。主要有两种情况：一是认识问题。有的同志认为宣传工作就是宣传部门的事，不能有意识地把宣传工作融入到各项业务工作中。在活动过程中宣传部门不是全程参与，而是中间加入“配合”，造成“新闻稿”没有新闻点，或者活动整体预算中没有宣传经费，或者没有时间设计配套的宣传品，导致活动推广难以产生较好的效果。二是宣传力量仍显不足。建立机构及人、财、物的保障是搞好宣传的基本条件。目前，普遍存在机构和人员配备上有缺失，宣传干部培训比较薄弱，宣传经费投入不足，不少宣传部门连基本宣传设备都处于缺乏或比较落后的状态。

2. 红十字大宣传格局的形成尚须努力。经验告诉我们，围绕中心，服务大局，尽快形成一个以弘扬红十字精神为主线，以实现《中国红十字事业2005～2009年发展规划》为目标，以重大活动、品牌宣传、对外宣传、突发公共事件救助等宣传为重点，全国红十字系统和社会力量联合，全方位、多层次、多种类、立体化宣传的大的宣传格局，对于提高红十字会的影响力和美誉度，吸引人民群众积极参加红十字会的各项活动，具有关键性作用。现在，我们有影响力特别是具有震撼力的精品项目还不多。各级红十字组织要把已经初步形成的大宣传意识尽快转化为行动，要把实践中行之有效的作法；加以总结推广，增加宣传工作的凝聚力和实效性。要鼓励创新，鼓励探索新途径、新方法、新机制。要建立新闻发布制度，以便及时、准确、有效地向全社会表达我们的主张和立场，扩大中国红十字运动在国内国际的影响力。但是目前仅有北京市红十字会建立了新闻发言人制度和新闻通气会制度，受到社会的欢迎。包括总会在内，绝大多数地方分会都未建立新闻发布制度。这是需要加强的。

大宣传格局的形成，不单单是针对系统外，红十字系统内部也要形成大宣传格局。红十字事业的宣传不单单是某个部门某个处室的事情，而是整个中国红十字会的大事情。宣传工作贯穿于我们的备灾救灾、卫生救护、社区红十字服务、青少年工作等各项工作的全过程。各级红十字会、红十字会的各个部门以及每一个红十字会的工作人员，甚至每一位红十字会会员、志愿者都应成为红十字宣传员，都要有很强的宣传意识，并且要为之不懈努力。只有这样，才能真正形成红十字的大宣传格局。

3. 对外宣传工作有待加强。中国红十字会是国际红十字运动的重要成员。作为历史悠久的国际组织中的一员，如果我们用世界的眼光审视目前的对外宣传工作，就可以发现红十字会目前的对外宣传工作同我国红十字事业在国际红十字运动中的地位相比还有较大差距，还缺乏长远的科学的规划，需要加强这方面的工作，要做出规划并积极采取措施。

三、围绕国家经济社会发展大局，准确把握红十字会宣传工作面临的新形势、新任务

党的十六届五中全会通过的“十一五”规划，确定了立足科学发展，着力自主创新，完善体制机制，促进社会和谐，全面提高我国的综合国力、国际竞争力和抗风险能力，奋力把中国特色社会主义事业推向前进的奋斗目标。特别是把构建社会主义和谐社会作为我国经济社会发展的重要目标，把建设社会主义新农村作为我国现代化进程中的重大历史任务，明确提出“十一五”时期是全面建设小康社会的关键时期。无疑，这为作为政府在人道主义救助领域助手的红十字会提供了广阔的发展空间，明确了前进方向，提出了更高的要求和新的任务。红十字会宣传工作只有在准确地理解和把握这一系列新思想、新论断、新举措实质的基础上，才能够更加自觉地将其贯彻落实到加强和改进红十字会宣传工作的实践中，才能够使红十字会更好地担当起历史赋予的责任。

第一，各级红十字会干部要准确把握“十一五”关键时期的基本特征。要认识到“十一五”是一个承前启后的关键时期，既延续着我国改革开放 20 多年的光辉历程和取得的辉煌成就，同时又是在一个新的历史起点上向既定目标前进的过程，在前进道路上面临着许多突出矛盾和困难。这是一个希望和困难并存的时期。尤其是在当前和今后一个时期，我国经济社会发展面临的矛盾更复杂、更突出，比如社会利益关系更加复杂、城乡区域发展不平衡等问题，需要科学妥善对待。这也是一个机遇与挑战并存的关键时期。它是在一个急剧变革、不断开放的时代背景下展开的，必须牢牢把握和切实用好这个重要战略机遇期，妥善应对各种挑战，聚精会神搞建设，一心一意谋发展。

对于具有悠久历史的中国红十字会来说，建设社会主义和谐社会目标的提出，给了我们更为广阔的发展空间，提供了可以大有可为的舞台。同时由于历史的原因，正如彭会长所说“百年历史，初创阶段。”中国红十字会的实力还不强，面对大量需要救助的弱势群体，我们有些力不从心；我们面向社会筹资的手段还显缺欠，力度也还需要加大；红十字事业的发展还很不均衡，还缺少一个完善的应急体系。今天的中国红十字事业同样是希望与困难同在，机遇与挑战并存。

准确认识和把握我国发展的阶段性特征，准确把握中国红十字事业发展的现状，才能真正找准红十字会工作的切入点，红十字宣传工作也才能够有地放矢，取得实效。

第二，各级红十字会要善于在促进和谐社会中开拓新的工作领域。

促进社会和谐，要体现在中国特色社会主义经济、政治、文化、社会建设的全面和谐发展上。经济建设、政治建设、文化建设、社会建设是相互统一、互为条件、不可分割的整体。在新的历史条件下，最大限度地调动广大人民群众的积极性，认真解决关系人民群众切身利益的现实问题，扎扎实实地促进社会和谐，是摆在各级红十字组织面前的一项重要课题。面对新形势和任务，如何发挥好在促进社会和谐中的红十字会宣传职能，也是各级红十字组织的一项主要任

务。各级红十字会宣传部门要自觉地把工作的重点和领域调整到服从和服务于促进社会和谐建设上来。

第三，各级红十字会要明确党和政府赋予红十字组织的新使命。建设社会主义新农村是我国现代化进程中的重大历史任务。党的十六届五中全会和最近召开的中央经济工作会议明确提出建立新型农村合作医疗制度是建设社会主义新农村的重要内容，并要求红十字会等社会组织发挥作用。各级红十字会要明确自己肩负的历史责任，积极传播和动员社会各界参与和支持建立新型农村合作医疗制度，对贫困农民实施人道救助，为建设生产发展、生活富裕、乡风文明、村容整洁、管理民主的新农村贡献力量。

总之，“十一五”期间，红十字会宣传工作面临新的形势和新的任务。要做好新形势下的红十字会宣传工作，面临的任务既光荣又艰巨。我们应该清醒地认识到，在全面建设小康社会的过程中，加强和改进红十字会宣传工作是一项长期的、艰巨的、复杂的系统工程，我们必须认真贯彻中央关于宣传工作的一系列指示精神，自觉把工作的重点和领域调整到服从和服务于促进社会和谐社会的建设中来，乘势而上，努力开创红十字会宣传工作的新局面。

四、把握重点，开拓创新，认真贯彻落实《中国红十字会关于加强和改进宣传工作的意见》

为贯彻党的十六大和十六届五中全会精神，促进红十字会宣传工作不断发展，根据《中华人民共和国红十字会法》和《中国红十字会章程》，总会在调研和充分论证的基础上，制定了《中国红十字会关于加强和改进宣传工作的意见》，对今后一个时期的宣传工作进行了规划和部署。各级红十字会要认真学习贯彻这个《意见》，在今后一个时期，要用这个《意见》来指导红十字会的宣传工作。各级红十字会宣传部门的同志，要认真研究红十字会的宣传工作，分析本地区宣传工作的现状，找出存在的主要主要问题，总结经验，并结合各地实际情况，提出改进和加强宣传工作的得力措施，制定出有地方特色的宣传规划或年度宣传计划。

这里提几点具体要求：

第一，要明确红十字会宣传工作的任务。各级红十字会要以邓小平理论和“三个代表”重要思想为指导，坚持科学发展观，落实红十字会与红新月会国际联合会《2010战略》，贯彻国办转发《中国红十字会总会关于进一步加强红十字工作意见的通知》，完成《中国红十字事业 2005－2009 年发展规划》确定的目标，努力构建红十字大宣传新格局，开创宣传工作新局面，为红十字事业发展营造良好的社会和舆论环境。

根据党中央对宣传思想工作的要求，结合红十字会多年的实践，我们总结出红十字会宣传工作的任务是：宣传红十会法和红十字会所从事的工作，宣传红十字会在国家经济社会中的地位和作用，特别是在构建社会主义和谐社会中的特殊作用，让社会各界和广大人民群众了解红十字会，理解红十字会，支持红十字会的工作；宣传“人道、博爱、奉献“的红十字精神和红十字事业中感人的事迹，弘扬中华民族的传统美德，激励更多的人投身到红十字事业中来；宣传各级红十字会开展的“保护人的生命和健康”的项目，让更多的企业和人士了解红十字开展的项目的意义，对红十字会给予人力、物力和财力的支持。通过强有力的宣传工作，推动中国红十字事业健康快速发展，更好地发挥中国红十字会在构建社会主义和谐社会、建设社会主义新农村和全面建设小康社会伟大进程中的作用。

第二，各级红十字会领导要高度重视宣传工作。宣传工作是红十字会非常重要的工作，各级红十字会的主要领导要高度重视宣传工作，会领导中要有专人分管宣传工作，配备得力的宣传干部，要把宣传工作列入重要的议事日程，经常研究宣传工作，而且要为宣传工作创造条件。重视宣传工作，就要树立大宣传意识，克服宣传工作就是宣传部门的事这种片面的认识，引导并要求从事红十字工作的同志都要有宣传意识；重视宣传工作，就要鼓励创新宣传方式，以社会化、开放式的姿态开展红十字会工作的宣传，在依靠社会上的主流媒体、常规形式进行宣传的同时，探索宣传工作的新载体、新形式。

第三，要把握红十字会宣传工作的重点。首先，红十字宣传工作要围绕推进发展，维护稳定，在促进社会和谐建设中做出贡献。各级红十字会要以保护人的生命与健康、促进世界和平进步事业为宗旨，大力弘扬“人道、博爱、奉献”的红十字精神，在扶危济困、人道救助、倡导和谐、化解社会矛盾等方面发挥积极的作用。要积极传播和动员社会各界参与建设新型农村合作医疗制度和对贫困农民的人道主义救助工作，发挥红十字会作为党和政府助手的作用。要坚持“三贴近”原则，不断提高宣传工作的针对性、时效性和吸引力、感染力。宣传工作的设计和实施要在国际关注、党政支持、群众欢迎、力所能及的结合点上下工夫，最大限度地吸引社会各界以不同方式参与到红十字事业中来。要加强和拓展对外宣传和对外交流力度，采取各种行之有效的对外宣传文化活动方式，向世界传播中国红十字事业的成就和进展，扩大中国红十字会的国际影响力，促进世界和平进步发展，使红十字会对外宣传工作的力度与中国红十字运动在国际上的地位相匹配。要实施精品工程，提升红十字品牌形象。要加强重大主题活动的宣传，重点打造好每年一度的“五八”纪念活动，使其具有影响力和震撼力。今年5月我们将推出“中国博爱周活动”。还要结合备灾救灾、紧急避险和救护培训、造血干细胞捐献者资料库建设、送温暖、学习南丁格尔奖章获得者先进事迹等重大工作开展宣传。注意做好自然灾害等公共事件救助宣传。弘扬和倡导一方有难、八方支援的中华美德，动员全社会参与、支持各种救助活动。今年，总会将建立新闻发布制度，各省级红十字会也要逐步建立这个制度，提高红十字会的透明度和公信力。

第四，要不断开拓创新红十字会宣传工作。创新是民族进步的灵魂，是国家兴旺发达的不竭动力，也是做好新形势下红十字宣传工作的力量源泉。一是观念要创新。要用世界的眼光和大局意识去审视和创新红十字会宣传工作。自觉地破除一切不合时宜的落后观念和主观偏见，树立与时俱进、符合实际和人民需要的新观念。二是内容要创新。要在调研基础上，根据宣传工作的特点和规律，使宣传内容随时代发展不断更新，随实践深化不断提高。三是方法要更新。要根据不同的对象，开发有针对性的宣传品。及时总结和推广基层创造的行之有效的新方式和新作法，注意发挥传媒，特别是网络等高新技术手段的作用，推动各种传播方式的有机融合和互动，使宣传工作与时俱进，更好地适应群众的需要。四是机制要创新。在坚持行之有效的宣传工作方式的同时，要探索和完善新形势下宣传工作新的运行机制。要在保证宣传效果的前提下，注意借助社会力量，以市场为依托，运用合作、参股、补贴等方式，延伸宣传工作手臂，逐步构建起红十字大宣传格局，不断增强红十字事业的知名度和竞争力。

第五，要加强红十字会宣传队伍的建设。宣传工作是红十字事业的重要组成部分。为加强红十字会宣传工作，总会成立了中国红十字会宣传工作委员会，研究重大宣传项目，统筹宣传资源，形成红十字会宣传工作的合力，推动红十字事业又快又好地发展。希望各级红十字会领导要站在战略高度，加强对宣传工作的支持，加大宣传工作投入，有条件的地方要设立宣传部门或配备专职宣传干部，并给予必要的条件。要明确认识到，宣传投入与事业发展是成正比的，宣传上不投入，不可能开创工作的新局面。各级宣传干部要加强学习和培训，牢固树立政治意识、大局意识、责任意识，市场意识，提高组织策划的能力，提高综合素质，努力锻炼成为政治坚定、业务过硬、作风扎实、纪律严明的红十字会宣传干部。

第六，要加强红十字会宣传阵地的建设。特别是要充分发挥红十字会自有宣传阵地的作用。我们要举全会之力办好自己的报刊。《中国红十字报》是中国红十字会的机关报，《博爱》杂志是中国红十字会系统唯一的综合性的月刊。它们都是中国红十字事业的宣传舆论阵地，是党的新闻出版事业和中国红十字事业的重要组成部分。是我们传播人道、博爱、奉献精神的重要渠道，是红十字组织联系社会各界群众的纽带和桥梁，是中国红十字会指导全会工作的重要手段，也是世界各国红十字会了解中国红十字会的窗口。在表明红十字会的主张，服务弱势群体方面，具有不可替代的作用。办好一报一刊，不断扩大其覆盖面，我们红十字会就能够联系更多的弱势人群，为建设和谐社会做出更大的贡献。同时，我们要争取更多的愿意并且能够为红十字事业服务的宣传阵地，与之建立一种长效的合作机制，共同为中国红十字事业的新发展奠定坚实的社会基础。

随着信息化建设的发展，首先要办好中国红十字网站，增大信息量，增强吸引力和可读性，使它成为红十字会宣传工作的重要载体。各级领导一定要高度重视红十字网站的建设。可以预料，我们红十字会系统的网站在红十字事业中将发挥更大的作用，将成为红十字会宣传工作的重要载体。

同志们，2006 年是实施“十一五”规划的开局之年，包括宣传工作在内的红十字各项工作任务繁重。希望大家坚定信心，鼓足干劲，以求真务实的工作作风，以开拓创新的实际行动，做好各项具体工作，为开创红十字会宣传事业新局面做出新的贡献，谱写新的篇章。让我们紧密团结在以胡锦涛同志为总书记的党中央周围，高举邓小平理论和“三个代表”重要思想伟大旗帜，坚持科学发展观，促进社会和谐建设，为建设中国特色红十字事业和推进世界和平进步事业而奋斗！

江亦曼 2006 年新年献辞

2005 年，是全面落实中国红十字会第八次全国会员代表大会的目标和任务的开局之年，是人道领域救助工作感动中国的事例层出不穷的难忘岁月。值此新年到来之际，我谨代表中国红十字会、代表彭珮云会长，向红十字国际委员会、红十字会与红新月会国际联合会及其所有成员国红十字与红新月组织致以良好的祝愿和真诚的致意；向全国各级党委、人大、政府、政协以及各族人民、各界朋友表示崇高的敬礼和衷心的感谢；向包括香港、澳门在内的各级红十字会专兼职工作者、会员以及志愿工作者表示热诚的问候和真挚的祝福；向台湾地区红十字同仁表示同胞的思念和统一的企盼！

2005年，是中国红十字会成立的第101年。在这百年梦想变为辉煌现实的历史时刻，中国红十字人高擎人道、博爱、奉献的大旗，以邓小平理论和“三个代表”重要思想为指导，坚持以人为本，落实科学发展观，始终如一，创新第一，在中华大地上创造了人道领域救助工作的崭新业绩。中共中央总书记、国家主席、中国红十字会名誉会长胡锦涛在会见红十字国际委员会主席凯伦伯格时指出，中国一贯高度重视人道主义事务。中国政府非常重视中国红十字会的工作。中国红十字会作为政府在人道事务方面的助手，在政府和社会各界的支持下，在国内和国际两个方面开展了卓有成效的人道主义救助活动。在突如其来的印度洋海啸大灾害中，中国红十字会开展了声势浩大的国际救援行动，共募集捐款4.27亿元人民币，及时将捐款用于印度洋海啸各受灾国紧急救灾和灾后重建项目。中国红十字会对美国遭受“卡特林娜”飓风危害和发生在印、巴的南亚大地震也开展了国际救援工作。胡锦涛总书记再一次亲自为我国的第四十届南丁格尔奖章获得者颁奖。中国红十字会在第15届红十字会与红新月会国际联合会大会上再次以高票当选为国际联合会领导委员会成员。这足以表明，和平发展是中国现代化建设的必由之路，中国红十字会的国际地位、社会声望、公众信誉伴随全面建设小康社会伟大征程的全力推进日益提升，中国红十字会充满生机与活力，各项工作蓬勃向上，书写了令人振奋的篇章。而这一切，都来自于中国共产党带领全国各族人民，在实现中华民族伟大复兴的道路上积极倡导的热爱和平、珍惜和睦、促进和谐的马克思主义人道观和与时俱进的科学发展观。

中国红十字会坚持把发展作为第一要务，在全面建设小康社会、推进建设和谐社会的征程上发挥积极作用。全面落实中国红十字会第八次全国会员代表大会的目标和任务，继续争取党委和政府的大力支持，理顺地市级红十字会管理体制取得突破性进展，已占全国地市级总数的58.9%；《中国红十字会总会自然灾害等突发公共事件应急预案》，被纳入国家突发公共事件总体应急预案体系中；全年募集救助资金超过5亿元人民币，再创历史新高；全年各级红十字会共投入救助款物2.2亿元，用于救灾及开展“红十字博爱送万家”活动，对28个省、自治区、直辖市实施紧急救助，为13个省、自治区、直辖市和新疆生产建设兵团红十字会送去价值4278万元款物，使21.4万户的85.6万贫困人口受益；为响应国家关于扶持人口较少民族发展的号召，总会联合国家民委开展为全国22个人口较少民族贫困家庭送温暖活动，使4万户、16万多人口的人口较少民族贫困人口受益；为帮助灾区群众安全过冬，总会向14个受灾省调拨棉衣3万件；至2005年12月，造血干细胞捐献者资料已入库 35.6 万人份，成功移植了 350 例……均受到了各级政府和人民群众的充分肯定和高度赞扬。

坚持依法建会、依法治会、依法兴会。至 2005 年 12 月，已有 30 个省、自治区、直辖市的人大常委会通过并颁布了《中华人民共和国红十字会法》的实施办法或条例。中国红十字会努力建立社会化、开放式的工作格局，把握新时期人道领域救助工作的特点和规律；深入调查研究，探索紧急救灾和平时救助相结合的体制和机制；积极配合党和政府，帮助最易受损人群摆脱困境，推进和谐社会建设。各级红十字会普遍加强了与编制、民政、卫生、外事、教育、财政、税务、海关、铁路、民委等政府部门的沟通与合作。总会联合教育部、卫生部、共青团中央召开全国红十字青少年工作会议，制定《关于加强学校红十字会工作的指导意见》，明确今后红十字青少年工作的重点及开展工作的方法、目标和要求，形成相关部门齐抓共管的整体态势。总会开展了农村红十字会工作调研，总结和推广了山东省参与新型农村合作医疗的经验，各级红十字会在农村开展的救助工作，已成为建设和发展社会主义新农村的重要力量。总会与中共中央宣传部等部门联合举办了南丁格尔奖章获得者先进事迹巡回报告会，联合全国总工会、共青团中央、全国妇联、中国残联、宋庆龄基金会和人民日报社举办“中国公益事业与构建和谐社会”高层论坛，积极参加国际慈善学者大会以及中华慈善大会等各种论坛。寒冬时节，在开往内蒙古大草原的列车及其他铁路线的列车上，佩戴着红丝带的红十字会专兼职工作者和志愿工作者们，宣传防治艾滋病知识的行动感人至深。

2006 年，是贯彻实施国民经济与社会发展第十一个五年计划的开局之年，也是全面落实国务院办公厅转发《中国红十字会总会关于进一步加强红十字会工作意见的通知》和《中国红十字事业 2005～2009 年发展规划》的关键之年。新年伊始，各级红十字会要围绕新形势、新阶段、新任务的主题，在总结好上一年度工作的同时，确定新一年度工作的指导思想、总体目标和各项任务。让我们紧密地团结在以胡锦涛为总书记的中共中央周围，高举邓小平理论伟大旗帜，全面贯彻“三个代表”重要思想，坚持和落实科学发展观，戮力同心，发奋图强，以建立充满生机与活力、密切联系群众、符合自身特点的组织机构和运行机制为重点，以“动员人道力量改善易受损人群的生活”为目标，加快理顺地市级红十字会管理体制，切实加强灾害应急管理、卫生救护和宣传筹资工作，加大推动参与新型农村合作医疗、医疗救助试点以及建立少儿住院医疗互助金工作的力度，扎实提高各项业务工作水平，不断拓展新的工作领域，创造性地开展工作，鼓起人间博爱的春风，弘扬人道主义的精神，勇往直前地努力开创中国特色红十字事业新局面！

重大活动及会议

全国人大代表、政协委员考察红十字会工作

关于《红十字会法》贯彻施行情况的考察报告

全国政协社会和法制委员会

(2005年12月)

2005年10月、11月底至12月上旬，全国政协副主席周铁农、全国政协社会和法制委员会副主任伍绍祖、王建伦分别率全国政协社会和法制委员会考察组，对北京、四川两省市红十字会工作和贯彻《红十字会法》的情况进行了考察，并听取了中国红十字会总会的情况介绍。考察组认为：近几年来，在各级党委政府的重视支持下，各省级和部分地市级红十字会理顺了管理体制，为红十字事业的发展提供了组织保障；红十字会积极参与城乡社会保障体系建设，在构建社会主义和谐社会和建设社会主义新农村进程中发挥了重要作用。但是，一些地方贯彻执行《红十字会法》的自觉性还不够强，地市和县级红十字会管理体制不顺，开展工作和人财物管理仍然套用政府机关的办事模式，资源匮乏、经费短缺等问题直接影响着红十字事业的发展。现将有关情况报告如下。

一、各级红十字会依法履行职责，取得了显著成绩

（一）全力参与自然灾害救助，替政府分忧，为群众解难。中国红十字会始终把参与自然灾害的救助当成自己的首要任务，努力减轻灾害给广大人民群众带来的痛苦。1999年以来，全国红十字系统共筹集15亿多元款物，对5000多万灾区群众进行了救助。“红十字博爱送万家活动”已连续开展七年，共投入2.5亿多元人民币，在元旦、春节期间为94万多户、524万多人送去了关爱和温暖。《中国红十字会总会自然灾害等突发公共事件应急预案》已被国务院纳入国家整体应急体系。近5年来，四川省红十字会从国际国内募集救灾款物1.5亿余元，救助灾民303.7万余人，救灾工作得到了省委领导同志的表扬。

（二）卫生救护培训工作提高了群众防灾避险、自救互救能力。1999年以来，各级红十字会共培训1500万名救护员，在传统培训项目的基础上，增加了灾害预防、紧急避险、家居安全、中毒抢救等内容。红十字救护员在灾害和意外事故发生的现场，第一时间开展救护，为专业医护人员的抢救赢得了宝贵的时间。四川省宜宾市红十字会已经初步建立自救互救网络，近两年来，红十字救护员共参与45起交通事故的救护工作，现场救护63人，救护危重病人21人。

（三）在保护人的生命和健康方面卓有成效。红十字会依法积极推动无偿献血，开

展“世界无偿献血员日”宣传活动，与卫生部、总后卫生部联合多次召开无偿献血表彰大会；积极开展遗体捐献登记工作，24个省（区、市）的55个城市共有66595人进行遗体捐献登记，实现捐献的有4358例；中国造血干细胞捐献者资料库入库资料已超过30万人份，为300多人移植了干细胞；积极开展预防与控制艾滋病的工作，在17个省（区、市）开展了宣传预防和关爱项目，举办了2000多期预防和控制艾滋病培训班，云南省红十字会已向70万人传播了预防控制艾滋病知识和相关技能，预防艾滋病“青年同伴教育”项目被誉为全球最佳执行项目，并被联合国授予特别贡献奖。

（四）广泛开展民间外交，履行国际人道主义救援职责。中国红十字会保持着与国际红十字组织和各国红十字会与红新月会的友好交流与合作，通过国际人道主义援助和开展互访，增进了解与合作。2005年11月再次高票当选国际联合会领导委员会成员，与18个国家红十字会或红新月会签订或续签了合作文件，共引进合作项目17个，涉及14个省（区、市）。2005年初，中国红十字会积极组织援助海啸灾难募捐活动，共募集4亿多元人民币，并积极参与协调海啸的灾后重建工作。中国红十字会还对遭受“卡特里娜”飓风的美国和遭受南亚地区强烈地震的巴基斯坦、印度红会进行援助，履行国际人道主义救援职责。

二、红十字会在构建社会主义和谐社会中发挥着重要作用

红十字会的宗旨是保护人的生命和健康，红十字会是政府人道领域中的助手，是党和政府联系人民群众的桥梁和纽带。近几年，红十字会积极投入构建社会主义和谐社会的建设，取得了显著成绩。

（一）推动建立少儿住院医疗互助金制度。上海市红十字会建立中小学生和婴幼儿住院医疗互助金，覆盖率达95%以上，9年来已为55.8万人次的患病少年儿童支付医疗费用达4.1亿元，有力地保障了全市200万少年儿童的身体健康。北京市红十字会于2004年9月正式启动少儿医疗互助金，已经为1211人次支付了172万元医疗费用，为青少年的健康成长撑起了保护伞。中国红十字会总会推广了上海、北京市红十字会开展少儿住院互助金的经验，不少省市已建立少儿住院互助金。

（二）积极参与建立新型农村合作医疗和大病医疗救助制度。中国红十字会召开了农村红十字工作座谈会，总结推广山东省红十字会参与新型农村合作医疗工作和大病医疗救助的经验；开展在实施新型农村合作医疗制度中参与医疗救助的试点工作；中国红十字基金会建立了“天使计划”。

（三）探索建立经常化的社会救助机制。北京、山东、福建、广东等省市红十字会总结紧急救助和平时定期开展社会救助的经验，因地制宜开办“博爱商店”或“博爱超市”，特困群众可凭卡根据自己的实际需要领取救助物品，维护了被救助者的人格尊严，也为社会各界搭建了奉献爱心的平台。这是红十字会在构建社会主义和谐社会新形势下开展社会救助工作、建立红十字会长效救助机制的新探索。

（四）开展全民健康教育和“心灵阳光”工程。中国红十字会与有关公司合作开展了“健康援助行动”，为农村和中小城镇特困人群免费检查身体，为病人提供低价优质药品。针对全国3000万青少年存在不同程度的心理问题，犯罪和自杀现象频繁出现的实际，中国红十字会在高校中开展了“心灵阳光”工程，通过专家讲座让广大学生了解心理健康的基本知识，增强心理健康意识，掌握维护和增进心理健康的基本方法，提高心理调适能力和适应社会生活的能力。

（五）积极配合青少年德育教育。2005年9月，中国红十字会总会联合教育部、卫生部、团中央召开全国红十字青少年工作会议，并联合下发了《关于加强学校红十字会工作的指导意见》。学校红十字会组织红十字青少年开展关心人、爱护人、尊重人、帮助人的人道主义精神和红十字会“人道、博爱、奉献”精神的教育，开展社区红十字服务和国内外夏令营活动，开阔了青少年的视野、丰富了第二课堂内容，已经成为贯彻落实党和国家教育方针的重要方面。

委员们认为，中共十六届四中全会提出了构建社会主义和谐社会的要求，为红十字会工作提供了广阔的发展空间。红十字会通过救灾、扶贫帮困、送温暖和社区服务为群众解难，可以发挥润滑剂、减震器的作用。正如胡锦涛总书记指出的，“当前，全党全国各族人民正在为全面建设小康社会、加快推进社会主义现代化而团结奋斗。中国红十字会作为重要的社会团体，在这个历史进程中是可以大有作为的。”

三、贯彻《红十字会法》存在的问题

（一）一些政府部门支持、资助红十字会的意识不强，落实有关红十字会的法规政策不够有力。一些部门没有把支持资助红十字会当成必须依法履行的职责，一些法律没有很好得到贯彻落实。一是法律规定开展初级卫生救护培训是红十字会的职责，中国红十字会虽与有关部委联合发过文件，但由于没有规定哪些行业必须接受卫生救护培训，红十字会的救护培训开展起来非常艰难，有的地方被当作乱培训、乱收费而取消。二是《红十字会法》规定：红十字会“参与输血献血工作，推动无偿献血”，《献血法》规定：“各级红十字会依法参与推动献血工作”，“红十字会对各级参加献血和在献血工作中做出显著成绩单位和个人，给予奖励”，但政府拨给红十字会的宣传、动员、表彰经费非常少，红十字会开展无偿献血工作是公益活动，而病人用血则需花费很高的费用。红十字会受政府委托建设造血干细胞库，国家只给很少的资助，而配型成功医院做1例移植手术却收取高额费用。无偿捐献和有偿使用的关系没有理清，国家的法规政策对公益和市场如何结合应重新审视。三是红十字会在组织国际人道主义救援队伍方面，受到多方面的限制。

（二）红十字会开展募捐受到多方面限制。《红十字会法》规定：“红十字会为开展救助工作可以进行募捐活动”，但目前募捐的主体很多，募捐的名目繁杂，募捐的形式多样，还有下发红头文件募捐的，使红十字会的募捐工作淹没在众多形式的募捐之中。在改革不断深入的形势下，国家尚未出台更加优惠的政策，促进公益组织和红十字事业的发展。

（三）违法使用红十字标志和红十字会名称的现象时有发生。各级红十字会积极开展纠正违法使用红十字标志和名称的活动，但是一些媒体和企业未经允许使用白底红十字会标志的现象仍经常发生，还有一些民间医院盗用红十字会的名称，严重损害了红十字会的声誉。

（四）红十字会机构和干部队伍不适应

事业发展需要。考察中了解到，省级红十字会管理体制直到2005年才全部理顺，地市级红十字会仅理顺55%，一些地方红十字会还设在政府卫生部门，开展工作和人财物管理仍套用政府机关的办事模式。地市级红十字会基础条件薄弱、办公条件较差。一些地方政府把红十字会当作安置人员的地方，致使红十字会干部存在年龄偏大、知识结构不合理等问题。

四、几点建议

（一）进一步加大《红十字会法》的宣传普及力度。在党政干部培训中增加红十字会的内容，把《红十字会法》列入“五五”普法的重要内容。开展一年一度红十字会宣传周活动，积极动员社会各界关心、支持、参与红十字会工作。各级政府要加大纠正违法使用红十字标志和名称的力度。

（二）加大支持红十字会依法理顺管理体制的力度。各级党委政府要积极推进地市级红十字会理顺管理体制，县级红十字会根据需要理顺管理体制，建立红十字会组织机构体系，使红十字会能够按照社团机制运作红十字会的事务，发挥其作为党和政府联系人民群众的桥梁和纽带的作用。

（三）加大对红十字会经费资助的力度。红十字工作经费短缺，不适应形势发展的要求。例如，四川省级红十字会2004年的经费除去一次性拨款和项目配套经费，人头费和工作经费只有40多万元左右，远不能适应工作的需要，地市和县级红十字会比省级红十字会的经费更为短缺。要多渠道筹措资金，逐步加大财政投入力度。

（四）把红十字事业纳入“十一五”规划。红十字会是人类文明进步的成果、是先进文化，红十字会的宗旨与“三个代表”重要思想是一致的。在当前贯彻以人为本的科学发展观，构建社会主义和谐社会，建设社会主义新农村的进程中，红十字会作为政府人道领域的助手，可以发挥非常重要的作用。把红十字事业纳入。“十一五”规划，切实支持其发展壮大。

全国政协委员考察北京市红十字会工作

10月10日。北京。全国政协驻地。一大早，从东西南北城聚合这里的全国政协委员们，分乘三辆面包车直奔西北二环……1号车里，乘坐着全国政协副主席周铁农，全国政协常委、社会和法制委员会考察组组长伍绍祖等。

记者从日程表上看，分乘三辆面包车的委员们尽管大多年事已高，有的曾任行政高官，有的可谓社会名流，却每分每秒都按照原定的时间进行，全天毫无拖沓懈怠，“知民心，解民意，系民情”的热诚，令人感叹折服。

一

上午。委员们考察了西城区德外街道红十字博爱超市、中国造血干细胞捐献者资料库北京管理中心、宣武区政务大厅红十字会窗口办理少儿互助金工作。

09：00～09：40 委员们在西城区德外街道红十字博爱超市里，从货架到商品，从义卖品到馈赠品，都仔细询问并反复核算，好像自己是顾客似的。这里集募捐接收站、博爱超市、志愿工作者服务站三位一体的经验，已被首肯为一项新模式，北京市红十字会发文件提出指导意见和资助标准，搭建“准市场”平台，实现社会资源良性互动。据悉，朝阳、延庆、怀柔、通州等区县红十字会相继开办了红十字博爱超市。

10：00～10：40 在中国造血干细胞捐献者资料库北京管理中心，委员们颇有兴致地问询了许多问题。2001 年至今到此报名登记的志愿者血样已有 37140 人份，其中完成检测 HLA 分型数据 24761 人份；有 28 位志愿者成功地捐献了造血干细胞，接受了市红十字会颁发的博爱奖章。京城第二例捐献者杨曦说，各位曾是我在中央人民广播电台主持播音的新闻人物，同门师姐敬一丹今天也在，总能给志愿者以很大鼓励。

11：10～11：30 委员们在宣武区政务大厅红十字会窗口处未能看见办理少儿互助金手续的人，却人手一份由孩子们编写的诗歌集和小书签——印着孩子们从小对“人人为我，我为人人”的感念的歌谣与诗句。截至 2005 年 8 月 31 日，全北京市累计为 12898 人次支付了医疗费用，人均支付 1500 余元。互助金起到了减轻患病少儿家庭经济负担的作用，得到了少儿家长的认同，被誉为是撑起少儿生命的绿伞。

11：45—12：45 午餐。在每个餐桌上，各位政协委员和工作人员一起有问有答地畅谈了一上午的观感，没能停止工作；服务人员说，这真是一次“实打实”的“工作餐”。

二

下午。委员们在宣武区广安会议中心听取了北京市红十字会常务副会长李雪奴、中国红十字会常务副会长江亦曼的工作汇报，发表了中肯的意见和建议。

13：00～16：00 中国红十字会副会长兼秘书长郭长江主持了汇报和座谈。

北京市人民政府副市长、市红十字会会长孙安民致词表示，成立于 1928 年的北京市红十字会，历经坎坷，由弱变强，真正大发展是在红十字会法颁布施行的近些年，今年市政府办公厅转发了《市红十字会关于进一步加强红十字会工作意见的通知》。今天，这样高规格和这样多位政协委员考察北京市红十字会工作，在市红十字会历史上是空前的，对我们的各项工作必将起到推动作用，恳请各位政协委员都能留下宝贵意见和建议。

北京市红十字会常务副会长李雪奴汇报工作说，我们围绕“新北京、新奥运”战略构想，成功地召开了北京市红十字会第八次会员代表大会，明确了今后一段时期的目标、任务和今后几年的发展规划，开展了“博爱在京城”大型募捐系列救助活动，理顺了区县红十字会机关管理体制，启动了少儿住院医疗互助金，“七个一”、“六进社区”、“56130”救助计划等各项工作进展顺利。

中国红十字会常务副会长江亦曼汇报工作时，首先对全国政协社会法制委员会考察红十字会工作表示欢迎和感谢，对长期以来关心和支持北京市红十字会工作的市委、人大、政府、政协表示敬意和感谢。江亦曼讲道，北京市红十字会依法履行职责，充分发挥了政府人道领域中的助手作用，也为中国红十字事业的发展做出了重要贡献。

为了让委员们对红十字会的工作有更进一步的了解，江亦曼汇报了中国红十字会近年来投入全面建设小康社会和构建和谐社会所做的六个方面工作：①是各级红十字会理顺管理体制进展顺利；②是全力参与自然灾害救助，替政府解忧，为群众解难；③是开展人道主义服务项目多样、反响强烈;④是为适应构建和谐社会要求,拓展人道救助领域;⑤是人道法传播、红十字青少年工作深入普及;六是对外联络和港澳台工作取得成效。

江亦曼还讲道,虽然红十字事业有了很大发展,红十字会在我国社会生活中的重要作用日益显现,但是由于我国红十字事业发展中出现过曲折,错过许多发展机遇,同时也由于体制和机制原因,在发展中还存在一些问题。

三

听了以上汇报,委员们在座谈时对中国红十字会暨北京市红十字会的工作给予了充分肯定,他们还提出了一些具体问题,江亦曼、李雪奴等都作了解答。

彭玉委员说,这是很好的学习机会,时间虽然很短,我却感慨万端。中国红十字会从“卫生救护”向“人道救助”的工作转变,正是构建和谐社会的需要,实际效果也大不一样。

彭玉讲道,我曾以副会长身份访问过红十字国际委员会及红十字会与红新月会国际联合会总部,和他们相比较我们确有中国特色,有些比他们做得还要好。她说,过去我任卫生部副部长期间,总是接到求助信函,尤其是青少年患者,碰到具体问题时大家习惯往后退,因为没钱,事情就没法办。现在有些问题有人管了,非常好。今后还是要寻找特色,建立长效机制,避免无效的重复工作。

考察组组长伍绍祖座谈时说,今天是个重要的历史时刻,是辛亥革命94周年纪念日。回顾历史,中国红十字会成立101年了,比辛亥革命的时间还要早,可以按三个历史阶段表述。他以自己对红十字会的了解和认识继续说,凑巧的是,在座的王征委员的曾祖就是首任会长盛宣怀,那是1904年,满目疮痍的旧中国也打起人道旗帜,是第一阶段;我父亲伍云甫,是1950年改组中国红十字会时的首任中共党组书记。我父亲告诉我,那时中国红十字会工作,主要是落实毛泽东主席的两句话:一句是“救死扶伤,实行革命的人道主义”,一句是“全心全意为人民服务”。周恩来总理也给中国红十字会做过“根据需要和可能适当发展”的指示。应该说,新中国成立后,尽管红十字会是由卫生部门代管,但是毕竟工作广泛深入地开展起来,坚持举起了人道旗帜,是第二阶段;1993年由全国人大常委会颁布施行的《中华人民共和国红十字会法》,使中国红十字事业有了长足发展,上午看了三个地方就是很好的证明,是当前红十字会工作的缩影,应该说,大家真是恰逢其时,完全可以大有作为,是第三阶段。

伍绍祖讲道,当前,中央提出的坚持以人为本思想、树立落实科学发展观、构建和谐社会等一系列指导方针,都应该贯彻在开创中国特色红十字事业新局面的进程中,是新时期新阶段的光荣而艰巨的任务。有几个定语送给红十字会专兼职工作者,“高尚的”、“光荣的”、“常青的”、“伟大的”,这足以表达出大家所投身的人道事业的丰富内涵,希望大家做出更大贡献。

周铁农副主席在总结讲话时强调,全国政协组织委员调研涉及面广、题目多样,社会和法制委员会对各级红十字会的考察是系列的,主要是对各地施行《中华人民共和国红十字会法》等方面的情况进行调研。对北京市红十字会的考察是第一次,感谢市委、人大、政府、政协对我们工作的重视和支持。曾任黑龙江省人民政府副省长、省红十字会会长的周铁农说，我在省里时担任红十字会会长10年，离开会长位置也将近10年了，这恰是红十字事业发展快、变化大的10年。上午看了三个点儿，对北京市红十字会的考察，一路走过和看过，又听了汇报，市、区（县）、街（乡）各级红十字会专兼职工作者勤于思考、勇于创新的事例随处可见，值得称道，催人奋进。

周铁农不无感慨地说，这和我在黑龙江工作时比较，当然有时间差和地域差，不完全有可比性。但是，我个人认为，比较两个10年，至少四大变化有目共睹：一是原来无法可依，自从有了红十字会法，可以依法建会、治会、兴会，许多难以解决的问题，现在都已陆续解决；二是原来工作处于从属地位，继省级红十字会全部理顺管理体制后，省会市、计划单列市和地级市也积极理顺管理体制，如今有些县级红十字会都能独立自主地开展工作了；三是由原来的突击性临时工作变为现在的可持续常态工作，普遍具有战时和平时都有事干、都能干事的能力；四是从单纯卫生救护向弘扬人道精神的转变意义重大，构建和谐社会就要倡导以人为本，也是实现中华民族伟大复兴的根基所在。

（李兰颂）

第四十届南丁格尔奖颁奖大会

胡锦涛为5位南丁格尔奖中国获奖者颁奖

7月12日，中国红十字会代表红十字国际委员会在北京人民大会堂举行第四十届南丁格尔奖颁奖大会。中共中央总书记、国家主席、中国红十字会名誉会长胡锦涛出席大会，为5位中国获奖者颁发奖章，并同她们合影。

本届南丁格尔奖共有14个国家的39名护理工作者获奖。我国获奖的5位优秀护理工作者分别是：从事麻风病专科护理28年的山东省济南市皮肤病防治院住院部主任刘振华；在传染病护理一线工作40年的北京地坛医院社会服务部主任陈征；香港医院管理局九龙西联网、广华医院及东华三院黄大仙医院护理总经理冯玉娟；自愿赴藏工作、全身心为部队及民族地区群众服务的西藏军区总医院护理部主任万琪；长期在贫困地区工作的甘肃省定西市人民医院护理部主任王亚丽。

中共中央政治局委员、国务院副总理吴仪代表党中央、国务院作重要讲话。她指出，多年来，在党和政府高度重视下，中国红十字会开展了大量卓有成效的人道主义救助工作，特别是在抗击非典、印度洋地震海啸救灾救助等工作中，迎难而上，积极行动，得到了社会各界的一致好评，赢得了良好的国际声誉。吴仪希望中国红十字会不断加强自身建设，充分发挥政府助手的作用，为构建社会主义和谐社会，促进人类和平与进步作出新的更大贡献。吴仪希望各级党委、政府和有关部门继续关心和支持中国红十字会的工作，进一步推动中国红十字事业蓬勃发展。

中国红十字会会长彭珮云在会上指出，5位获奖者以自己的实际行动发扬光大了南丁格尔救死扶伤、无私奉献的精神，不愧为护理工作者的楷模。希望广大护理工作者和红十字工作者学习她们的先进事迹，弘扬人道、博爱、奉献的红十字精神，不断提高专业水平和服务质量。

获奖者代表王亚丽、青年护士代表刘庚分别在会上发言。韩启德、黄孟复、张怀西和中央军委委员廖锡龙及有关方面负责人出席颁奖大会。

在1854年至1856年的克里米亚战争中，国际护理事业先驱、英国女护士南丁格尔将个人安危置之度外，以人道、博爱、奉献的精神救助伤兵。1907年，国际红十字组织在第八届国际红十字大会上设立南丁格尔奖，作为授予各国优秀护理工作者的最高荣誉奖。我国自第二十九届首次参加评选以来，已有43名护理工作者获此殊荣。

另讯　人民大会堂的颁奖活动结束后，获奖者一行随即在中国红十字会总会宾馆进行了座谈，并接受了中国红十字总会颁发的印有南丁格尔画像的奖状和卫生部颁发的每人一万元奖金。卫生部副部长马晓伟，总后卫生部副部长张雁灵，中国红十字会常务副会长江亦曼，副会长苏菊香、郭长江以及香港代表团和各地方代表30多人参加了座谈会。5位获奖者分别在座谈会上作了发言。

这些获奖者未在北京过多停留，他们急于回到自己的工作岗位。北京获奖者陈征当日下午即赶往其所在的地坛医院上班。

据悉，中国红十字会总会为43位南丁格尔奖中国获奖者撰写报告文学集的工作正在积极筹措之中。

（冯志国）

吴仪在第40届南丁格尔奖颁奖大会上的讲话

（2005年7月12日）

同志们：

今天，我们在这里隆重举行颁奖大会，为5位荣获第四十届南丁格尔奖的优秀护理工作者颁奖。国家主席、中国红十字会名誉会长胡锦涛亲临大会为获奖者颁奖，这既是对获奖者的亲切关怀和鼓励，也是对广大护理工作者和红十字工作者的巨大鼓舞。我代表党中央、国务院向获奖者表示热烈的祝贺，向所有辛勤工作在人道救护服务领域的护理工作者、红十字工作者，表示诚挚的慰问！

南丁格尔奖是红十字国际委员会设立，用于表彰全世界范围内为人道主义事业做出卓越成绩的优秀护理人员的最高荣誉奖。多少年来，南丁格尔“人道、博爱、奉献”的精神，已经成为一种追求崇高境界的象征，鼓舞和激励了一代又一代的护理工作者为之而奋斗。本届5位获奖者，都长期从事护理工作，有的以非凡的勇气和身精神，致力于麻风病的护理工作；有的在抗击SARS、防治艾滋病等重大工作中不顾自身安危，挺身而出；有的在贫困、艰苦的环境中，长期默默无闻地为群众服务。她们同往届的38位获奖者一样，都是护理与人道服务领域的优秀代表。她们为我国的护理事业和人道主义事业做出了重要贡献，应当受到全社会的尊敬和赞扬；她们崇高的品德、严谨的作风、高度的责任心和精湛的护理技术，值得我们学习和大力弘扬。希望各位获奖者再接再厉，不断进取，争取更大成绩，也希望全国广大护理工作者和红十字工作者向她们学习，继承和发扬南丁格尔精神，在平凡的岗位上努力工作，为祖国建设和人民健康、为世界和平与进步事业做出更大贡献。

胡锦涛主席指出："红十字事业是一项造福人类的崇高事业。红十字会作为国际人道主义组织，在发扬人道主义精神、保护人的生命和健康、促进人类和平与进步事业等方面发挥着积极作用。"多年来，在党和政府的高度重视下，我国红十字事业发展迅速，成绩显著。中国红十字会管理体制和运行机制逐步理顺，救灾救助网络不断完善，国际交流与合作日益扩大，开展了大量卓有成效的人道主义救助工作。特别是在抗击SARS、印度洋海啸救灾救助、推动无偿献血、建立造血干细胞捐献者资料库等重大工作中，中国红十字会发挥人道主义救助社会团体的优势和独特作用，做了大量工作，得到了社会各界的一致好评，赢得了良好的国际声誉。希望中国红十字会不断加强自身建设，继续履行《中华人民共和国红十字会法》和《中国红十字章程》赋予的职责，发挥政府的助手作用，为构建社会主义和谐社会、促进人类和平与进步事业做出新的更大的贡献。希望各级党委、政府和有关部门继续关心和支持中国红十字会的工作，为他们的工作创造有利条件，营造良好的社会氛围，进一步推动我国红十字事业蓬勃发展。

彭珮云在第40届南丁格尔奖颁奖大会上的讲话

（2005年7月12日）

今天，中国红十字会在这里隆重举行大会，为5位荣获第四十届南丁格尔奖的优秀护理工作者颁发奖章。我代表中国红十字会向她们表示热烈的祝贺和崇高的敬意，并向全国所有的护理工作者和从事人道主义事业的红十字工作者致以亲切的问候！

国家主席、中国红十字会名誉会长胡锦涛同志亲临大会，为获奖者颁奖，吴仪副总理将作重要讲话，这充分体现了党和政府对红十字事业的重视与支持，也是对广大护理工作者的亲切关怀和极大鼓舞。我们对此表示衷心的感谢！

红十字国际委员会于1907年设立南丁格尔奖，作为表彰各国优秀护理工作者的国际最高荣誉，每2年颁发一次。自1912年正式颁发以来，迄今全世界已有1274名优秀护理工作者获奖。我国自1983年开始参加评选，至今已有43人获此殊荣。今年是第四十届，共有14个国家39人获奖，我国有5人获奖。这彰显了我国护理工作者的杰出成绩和高尚品质，也体现了国际红十字运动对中国红十字事业和护理事业的关注和认同。本届获奖者刘振华同志以非凡的勇气和献身精神，致力于麻风病专科的护理工作28年，把全部的爱心与智慧奉献给了麻风病人这个特殊的弱势群体，对病人在护理上尽职尽责，并与心理护理相结合。在生活上无微不至地关怀与爱护他们，深受病人的爱藏。陈征同志坚持在传染病护理一线工作40年，她率先垂范，做好艾滋病护理工作。在非典肆虐时，身先士卒。指挥若定，她勤于学习，悉心钻研，在传染病护理方面有很高造诣，促进了传染病护理技术的交流。冯玉娟女士是香港历史上第一位获此殊荣者。她长期从事护理工作，对提升护理水平不遗余力，带动了香港护理工作的改革，在临床、教育、管理等方面都做出了优异成绩。万琪同志放弃大都市的优越生活，自愿赴西藏工作，全身心地为解放军指战员和群众服务。她在总结多年护理工作经验的基础上，开展了高原病学术研究，取得了很好的成效，还培养出上百名优秀的护士。王亚丽同志长期工作在贫困地区，她爱岗敬业，护德高尚，勤奋刻苦，积极提倡和推广临床整体护理，为提高当地护理工作水平做出了贡献。这5位获奖者都以自己的实际行动发扬光大了南丁格尔救死扶伤、无私奉献的精神，赢得了广泛的赞誉。她们不愧为护理工作者的楷模。希望广大护理工作者和红十字工作者学习他们的先进事迹，弘扬人道、博爱、奉献的红十字精神，不断提高专业水平和服务质量，争取在护理工作岗位和人道服务领域取得更好的成绩。

多年来，中国红十字会在救灾、救护、救助等方面做了大量的工作，为社会主义物质文明、政治文明、精神文明与和谐社会的建设做出了贡献，不久前，在印度洋海啸灾难救援工作中，中国红十字会共募集民间捐款达4亿多元人民币，在国际红十字运动中发挥了重要的作用。我们决心在党中央、国务院的正确领导下，继续贯彻执行《中华人民共和国红十字会法》，认真履行职责，积极发挥人道主义工作领域政府的助手作用，为保护人民群众的生命和健康、促进人类和平与进步事业做出新的更大的贡献。

党和国家领导人会见红十字国际组织领导人

胡锦涛会见红十字国际委员会主席凯伦伯格

7月20日，国家主席、中国红十字会名誉会长胡锦涛在人民大会堂会见了红十字国际委员会主席雅各布·凯伦伯格一行。

胡锦涛欢迎凯伦伯格主席的来访。他表示，红十字国际委员会是世界上最重要的人道主义机构之一，是公认的《日内瓦公约》监护人，在保护战争和武装冲突受害者的生命和尊严方面做了大量工作，取得了举世公认的成绩。他表示，相信红十字国际委员会东亚地区代表处在北京的设立，不仅有利于中国与国际委员会的合作，而且在推动东亚地区人道事务合作方面也将发挥积极作用。

胡锦涛强调：中国一贯高度重视人道主义事务。作为最早签署日内瓦公约的国家之一，中国政府重视并尊重国际人道法，认真履行所承担的国际义务，促进人类和平共处、和谐发展。

胡锦涛高度赞赏红十字国际委员会与中国红十字会长期友好的合作关系。他说，中国政府非常重视中国红十字会的工作。中国红十字会作为政府在人道事务方面的助手，在政府及社会各界的支持下，在国内和国际两个方面开展了卓有成效的人道主义救助活动。

凯伦伯格感谢中国政府对红十字国际委员会的一贯支持。他强调，红十字国际委员会重视中国在国际红十字运动中的重要作用。他感谢中国政府对其在北京设立东亚地区代表处所给予的支持。

中国红十字会会长彭珮云、外交部部长李肇星等参加了会见。

凯伦伯格应中国红十字会邀请，于19日抵京对中国进行为期2天的工作访问，并代表红十字国际委员会与中国政府签署有关在北京设立红十字国际委员会东亚地区代表处的协议。这是他2000年就任红十字国际委员会主席后第二次访华。

（裘海玲）

吴仪会见红十字会与红新月会国际联合会主席托罗

4月6日下午，国务院副总理吴仪在中南海紫光阁会见首次来访的国际红十字会与红新月会联合会主席苏亚雷斯·托罗先生。

吴仪副总理说，中国红十字会多年来积极开展艾滋病防治、救灾备灾、卫生救护等各项工作。事实证明，中国红十字会已经成为政府的得力助手。中国政府高度重视红十字事业的发展，人大专门制订《中国红十字会法》，国务院发出《关于进一步加强红十字会工作的通知》，保障红十字事业的健康发展。

在会见中，吴仪高度评价联合会所做的工作，认为联合会在促进和协调世界各国红十字会工作、开展自然灾害救治以及人道主义援助方面发挥着重要作用。她感谢联合会多年来对中国提供的帮助，表示中国政府将在力所能及的范围内一如既往地支持联合会工作；相信联合会将在履行人道主义的职责和义务、保护人类尊严和解决人民疾苦方面做出更大贡献。

托罗主席感谢中国政府对中国红十字会的支持，赞赏中国红十字会在南亚海啸救助工作中做出的突出贡献，希望中国政府能继续支持中国红十字会在国际上发挥更大的作用。他说，中国红十字会不仅注重自身建设，同时在国内做了大量工作，在人民中有很好的影响，是人民的贴心人。比如中国红十字会的社区工作可以帮助青少年培养和传播人道价值，青少年是我们的未来。

之前，托罗主席在与中国红十字会会长彭珮云、常务副会长江亦曼、副会长郭长江会见时，高度评价红十字事业在中国的快速发展。他说："联合会不是联合国，联合国是国与国之间的组织，而联合会是人与人之间的网络，联合会更加强调平等交流，共同发展。"

托罗主席反对单纯以金钱为标准衡量一个国家红十字会的重要性。他说："我们联合会大家庭应该是有钱的出钱，有力的出力。中国红十字会拥有独特的发展经验和项目，可以拿出来与各国分享。除了资金，经验和技术也是很大的贡献。"关于中国红十字会的未来，主席先生强调要保持稳定、多样化的资金来源，保持独立的、重要的人道主义组织的地位。他说中国快速的经济发展会给红十字会带来各种新的挑战，红十字会应该代表易受损人群与政府对话，针对发展过程中出现的低效和不平等的问题进行呼吁和倡导，促进和谐社会的建设，让所有人都能享受到经济发展带来的益处。

（刘　皓）

国际联合会大会

第十五届国际联合会大会在韩国首尔召开 中国红十字会高票连任国际联合会领导成员

11月14日，在韩国红十字青少年欢快的舞蹈中，历时4天的第十五届红十字会与红新月会国际联合会大会在韩国首都首尔(原称汉城）落下帷幕。

联合会大会是国际联合会的最高决策机构。本次大会的主题是“准备未来”。包括中国红十字会在内的来自全世界170个成员国国家红十字会的800多名代表和联合会主席、副主席及秘书长参加大会。

大会通过了确定有四项目标的全球议程，以对应联合国的千禧年发展目标。联合会全球议程的四项目标是：减少灾害对人们生命的影响；改善应对全世界公众健康挑战的方法；与不宽容和偏见斗争；构建社区能力，准备应付对生命和生计的威胁。联合会主席苏亚雷斯·托罗说：“全球议程将使联合会构建新的伙伴关系和行动联盟。为此，需要扩大联合会的工作范围，尤其是灾后的紧急救助工作。”

大会听取了联合会的工作报告，通过了关于“我们未来的联合会”的行动框架，并选举了联合会的主席、副主席及新一届的联合会领导委员会成员。

托罗先生再次当选为任期4年的联合会主席。托罗现年53岁，是西班牙红会会长。他从事红十字工作30多年，自1971年作为红十字青年志愿者参加红十字会工作以来，从事过西班牙红十字会救济、社会福利和国际合作等工作，自1999年起任西班牙红十字会会长，2001年起任联合会主席。

在本届大会上新当选的4位新任联合会副主席分别来自埃塞俄比亚、日本、瑞典和巴巴多斯红十字会，第五位副主席职位保留给瑞士红十字会。

大会选举产生了新的一届联合会领导委员会，包括中国在内的20个国家红十字会当选为委员会成员。

大会邀请了联合国禽流感问题高级协调员发表演讲，说明有关方面的问题和作为人道组织可能遭遇的挑战。大会期间还举行了杰出人道行动和服务奖颁奖典礼等多项活动及展览。

联合大会结束后，16日至17日将召开红十字和红新月运动代表会议。代表会议将通过有关运动的政策性决议。

11月13日，中国红十字会以136票的绝对优势再次当选为国际联合会领导委员会成员。率团出席会议的中国红十字会常务副会长江亦曼表示，中国红十字会的再次当选，表明国际红十字大家庭对我会的高度信任，我们将再接再厉，把工作做得更好，为国际红十字运动做出新的贡献。

中国红十字会是联合会的创始红十字会之一。新中国成立后，经改组的中国红十字会于1952年恢复在联合会的席位，是新中国最早取得国际承认的团体之一。

代表中国红十字会参加大会的还有中国红十字会副会长兼秘书长郭长江、香港特别行政区红十字会副会长林胡秀霞、澳门特别行政区红十字会会长黄如楷。

（肖 星）

其他活动

彭珮云考察四川省红十字会工作

6月2日至9日，中国红十字会会长彭珮云前往四川考察了红十字会工作。在川期间，彭会长先后听取了四川省及内江市、宜宾市、自贡市和成都市人民政府关于红十字会工作的汇报，省、市四大领导班子成员和有关部门的领导出席了汇报会；考察了内江市资中县公民镇、内江市第十小学、自贡市大湾井社区的红十字会工作。中共四川省委书记、省人大常委会主任、省红十字会名誉会长张学忠，省长、省红十字会名誉会长张中伟，省政协主席秦玉琴等同志看望了彭珮云会长，并就四川省红十字会工作交换了意见。

彭会长充分肯定了四川省红十字会的工作。她说，近几年，四川省红十字会工作很活跃，取得了很好的成绩。这些成绩的取得，是由于省委、省政府领导对红十字会工作的高度重视和支持，由于各有关部门的关心和帮助，也是由于省红十字会建设了一个甘于奉献、勇于开拓的领导班子和一支精干的干部队伍。她指出，中国的红十字事业虽然已有百余年的历史，但在发展过程中有过曲折，救助实力还不强，各地工作发展还很不平衡，特别是中西部地区红十字事业的发展还面临着许多困难和问题，需要各级党委、政府更多地关心和支持红十字会的工作。各级红十字会要充分发挥自己的特点和优势，努力当好人道主义救助工作领域政府的助手，为弱势群体服务，为政府分忧。彭会长强调，当前，四川省各级红十字会要紧紧抓住中国红十字会“八大”以来的发展机遇，认真贯彻落实国务院转发的《中国红十字会关于加强红十字会工作的意见》和四川省省委、省政府下发的《关于加强红十字会工作的意见》等文件精神，进一步理顺市（州）一级红十字会的管理体制，更充分地发挥红十字会的作用；要把开展各项工作与加强基层红十字会的组织建设结合起来，把工作向困难人群较多的农村地区延伸；积极开展防治艾滋病知识的宣传和关爱艾滋病患者的工作；深入开展社区红十字服务工作；不断壮大红十字会会员队伍和志愿者队伍，动员更多的社会力量参与红十字会的工作；搞好自身建设，为红十字事业的发展提供组织保证。省、市有关领导同志表示，将一如既往地支持红十字会的工作，切实帮助红十字会解决发展中遇到的困难和问题，进一步理顺市（州）级红十字会的管理体制，努力营造一个全社会都关心红十字事业，共同构建和谐四川的氛围。

在内江市资中县，彭会长一行听取了资中县开展艾滋病防治工作的情况汇报，并来到了公民镇艾滋病患者“爱心之家”，与红十字会工作人员和艾滋病患者亲切交谈。当得知当地艾滋病患者在党委、政府关怀下，鼓起了生活的勇气，自立自强，办了茶馆、鱼塘，孩子免费上了学，镇里的居民对艾滋病患者理解、关怀，互相和谐共处时，彭会长非常高兴，连声称赞资中县在防治艾滋病、关爱艾滋病患者方面所做的工作。她希望当地红十字会认真总结红十字会参与防治艾滋病工作的经验，继续配合政府做好艾滋病防治工作。彭会长还代表红十字会向“爱心之家”赠送了价值10万元的增强免疫力的蒜素片。

苏州市红十字会积极响应中央关于西部大开发的号召，从2001年起与内江市红十字会结成友好红十字会，动员社会力量募集资金63万元，帮助内江市红十字会开展救灾救助活动，加强能力建设。他们为内江市贫困家庭和艾滋病感染者的子女提供“一帮一”助学活动，效果显著。彭会长称赞东西部地区红十字会结对帮扶，特别是经济较发达的东部地区支持经济欠发达的西部地区发展红十字事业是一种值得提倡的做法，应认真总结这一经验并大力推广。

在内江市第十小学，彭会长饶有兴趣地参加了该校红十字会举办的“高举博爱大旗，共筑和谐校园”主题活动，观看了红十字小会员初级卫生救护知识问答与表演。在内江市红十字青少年工作座谈会上，彭会长强调，红十字青少年工作是红十字会的一项传统而重要的工作。现在，党中央非常重视未成年人的思想道德教育和大学生的思想政治工作，我们应该把做好红十字青少年工作作为学校素质教育，特别是道德教育的一个很好的途径。我们要探索不同层次的学校如何针对不同年龄学生的特点和需求开展活动。红十字会要加强与政府教育部门的联系，争取在学校中加快建立红十字基层组织，把红十字青少年工作真正作为学校整体工作的一部分，形成领导重视、教师参与、学生主动的氛围，共同推动这项工作的健康发展。

在自贡市，彭会长视察了大湾井社区红十字会员小组活动。她详细了解了会员小组的组成以及活动站组织志愿者为有困难的居民提供人道主义服务的情况；亲切慰问了社区特困户辜翠容一家，并送去了慰问品。自贡市红十字会筹集资金，资助所辖两个县200户困难农民缴纳参加新型农村合作医疗个人应缴的费用。彭会长说，这个做法好，符合贫困农民群众的意愿和需求，可以对建立新型农村合作医疗制度起到补充作用。

（陆慧丽　刘　强）

江亦曼率团访问台湾

应台湾红十字组织陈长文会长邀请，由中国红十字会常务副会长江亦曼率领的中国红十字会代表团一行9人，于9月11日至9月18日对台湾红十字组织进行了工作访问。

代表团受到台湾红十字组织的热烈欢迎和友好接待。陈长文会长在欢迎词中表示，大陆红十字会的高层访问是台湾红十字组织盼望已久的。

江亦曼在致词中指出，中国红十字会一直非常重视与台湾红十字组织的交流与合作，在查人转信、备灾救灾、遣返见证、红十字青少年、卫生救护培训以及突发事件的处理方面，中国红十字会与台湾红十字组织开展了卓有成效的合作。每当台湾岛内发生灾害，中国红十字会心系台湾同胞安危，随时准备提供援助。1999年9月21日，台湾岛内发生强烈地震造成重大损失，中国红十字会立即行动，开展救助工作，共向台湾红十字组织提供救灾款约2700万元，并准备了500万元人民币的救灾物资。每当祖国大陆发生灾害时，台湾红十字组织也迅速作出反应，在岛内发动募捐，购买粮食、药品、衣被、救护车等救灾物资，对祖国大陆的救灾工作给予帮助。她说，这一切不但赢得了海峡两岸社会各界和民众的认可和称赞，而且也充分体现了两岸民众血浓于水的深情。

江亦曼在致词中表示，中国红十字会代表团此次工作访问，旨在了解台湾红十字组织的工作，密切双方的友好关系，探讨更广泛的合作领域和方式。

代表团在台期间，走访了台湾红十字总部，高雄市红十字分会，嘉义县、南投县、花莲县支会，与所到之地红十字同仁进行了座谈，与台湾血液基金会、慈济综合医院、慈济骨髓干细胞管理中心进行了业务交流；参观了台北市红十字捐血车和花莲县红十字支会备灾救灾中心，观摩了高雄市分会举办的“居家照顾服务员”培训班和“私立红十字会育幼中心慈晖园”组织智障儿童开展的启智活动。

（吴苾雯）

红丝带神州行——预防艾滋病列车宣传活动启动

11 月 29 日，由中国红十字会和铁道部联合举办的红丝带神州行——预防艾滋病列车宣传活动在京正式启动。活动在全国主要铁路沿线开展，将利用列车这一人们出行选择最多的交通工具和人员相对集中的铁路车站，面向流动人口进行宣传，提高流动人口对艾滋病预防知识的知晓率，增强他们的自我防范意识和防护能力。

全国人大常委会副委员长、中国红十字会名誉副会长韩启德，全国政协副主席、中国红十字会名誉副会长黄孟复，中国红十字会会长彭珮云，中国红十字会常务副会长江亦曼，铁道部副部长彭开宙，卫生部副部长、国务院艾滋病防治工作委员会办公室主任王陇德以及中国科协、中华红丝带基金的有关领导出席了启动仪式。

中国红十字会常务副会长江亦曼在讲话中指出，近年来，艾滋病流行呈快速上升趋势，流行范围广，局部地区疫情相当严重，疫情正在从高危人群向一般人群传播，我国的艾滋病防治正处在关键时期。多年来，红十字会充分发挥国际组织的特有优势，在艾滋病预防宣传及对病人的关爱方面作了卓有成效的工作，得到了社会各界及国际组织的认可。全国各级红十字会开展的艾滋病预防宣传及大众宣传活动受益人群已超过 1000 万人次。在《中国红十字会 2005～2009 年预防控制艾滋病工作规划》中，明确了中国红十字会预防控制艾滋病工作的原则、目标和实施措施，标志着红十字会参与艾滋病预防工作进入了一个新的阶段。

启动仪式上，中国红十字会名誉副会长韩启德、黄孟复分别向预防艾滋病宣传员著名相声表演艺术家侯跃文颁发了聘书，向志愿者代表授旗。最后，中国红十字会会长彭珮云宣布活动启动，并带头在写有今年艾滋病日宣传主题“遏制艾滋　履行承诺”的横幅上签名。

活动还邀请了北京佑安医院和铁路防疫站的专家进行艾滋病现场咨询，首都大学生志愿者在活动现场发放艾滋病预防知识宣传材料。

（肖　星）

中国红十字会开展“红十字博爱送万家”活动

2005年12月3日至12日，中国红十字会“博爱送万家”慰问团一行10余人在彭珮云会长和江亦曼常务副会长的带领下，翻山越岭、深入云贵少数民族深山聚居区，将扶危济困的爱心送到贫困山区的少数民族家庭。

12月6日下午，慰问团来到了西南边陲云南省景洪市的基诺乡巴飘村。巴飘村坐落于大山深处，全村人生活极为清苦。2002年底，基诺乡连降暴雨，发生特大山体滑坡，是香港特别行政区红十字会捐款55.65万元，帮助基诺乡巴飘村53户灾民渡过难关，盖起了现在的房屋。今天，为了走进巴飘村百姓家中，慰问团全体成员在坎坷的山路上步行了半个多小时，最后看到了身着民族服装、手捧鲜花的基诺族父老乡亲们。

基诺族是我国批准的第56个少数民族。巴飘村基诺族人民勤劳勇敢，他们一直以坚韧不拔的毅力为建设美好家园而艰苦奋斗。当中国红十字会会长彭珮云踏着泥泞的小路来到基诺村百姓中间时，漂亮的基诺族小姑娘为彭会长献上了花篮。

在低矮的竹楼前，彭会长慢慢地走上了楼梯，来到了周布鲁老乡家。“我来看你们了！”听到声音，周布鲁全家从屋里走出来，周布鲁抑制不住心中的激动和喜悦：“真的没有想到，彭会长会来我们这样的平民老百姓家。”周布鲁今年35岁，一家人的生活过得非常艰难。他的家是用木板搭建起来的木屋，共有两层。屋中只有一张藤椅和一张桌子，十分清贫。彭会长就坐在椅子边和周布鲁聊起了家常。

“孩子上学缴费有没有困难？家里的主要经济来源是什么？”当得知周布鲁有一个患有精神病的孩子时，彭会长叮嘱当地的红十字会工作人员一定要想方设法帮他们解决生活问题。

虽然只有30多岁，可周布鲁的头发却已花白。他说，生活的艰难从来没有让自己流过一滴眼泪。但在今天，从彭会长一直紧握着自己的手上传来的温暖，却轻易地将他心底最为柔软的情感催生出来。

“我的眼泪一直在眼眶里打转。”周布鲁这样说：“我现在觉得党和政府及红十字会能来到我们偏远的山村，这让我们看到了生活的希望。”

和周布鲁一样，普布鲁也成了新闻人物。今年68岁的普布鲁已经有些驼背，现在一家五口住在两间阁楼上，靠种田维持生活。慰问团来到普布鲁家时，正赶上家里的儿媳忙着织布。彭会长上前关切地问：是自己纺的线吗？到集市上卖吗？不长的时间里，彭会长与普布鲁一家聊家常，谈生活，柴米油盐，样样过问。

最让普布鲁动情的是，彭会长打开慰问箱，亲自将棉衣取出穿在老人的身上，还说到：“暖不暖？要过新年了，红十字会送些慰问物品，希望你们全家过上好日子，生活得好。”

说到这儿，普布鲁有些哽咽：“我真的没有想到，彭会长这样体察我们老百姓的困苦。”在这个寒冬越来越近的日子里，基诺乡巴飘村的人们都回味着彭会长到访时的每一个细节，在他们和街坊邻居的心底，正流淌着同样一种情感——温暖！

短短的5天时间里，中国红十字会“博爱送万家”慰问团在云南怒江傈僳族自治州慰问了怒族、独龙族、普米族、白族勒墨人等；在西双版纳自治州慰问了基诺族、布朗族等困难群众。此次活动共为5000户特困少数民族家庭送去价值100万元的慰问物资。

12月9日，贵州市黔南州平塘县卡蒲乡人民政府门前，挤满了毛南族的阿哥、阿妹，这其中有的人是走了两个小时的山路赶到这里的。一些老爷爷、老奶奶也换上了五颜六色的民族服装，头上缀满了银色的饰物。“满上美酒请你喝，你们的恩情寄在心。”一曲曲嘹亮的山歌在大山中回荡。中国红十字会“博爱送万家”慰问团的到来让整个山村沸腾了。中国红十字会常务副会长江亦曼走上前去亲切地和毛南族的父老乡亲们握手、问候。毛南族的乡亲们激动地说，真是做梦也没想到，江亦曼常务副会长能在过年时来到咱们少数民族家。

在村民石佩祥家中，江亦曼常务副会长细心地与主人聊家常，问一家的年收入有多少钱？生活上有什么困难？她对随行的当地红十字会的领导说：我们的工作一定要做扎实，做细致，帮助群众解决实际困难。石佩祥今年39岁，全家人均年收入478元，是当地的特困家庭。江亦曼把慰问品递到石佩祥手中时，告诉他要相信党和政府，要靠勤劳的双手改变自己的生活。临走时江亦曼和石佩祥全家一起照了相，把一个美好的节前记忆留在了毛南族人们的心中。

随后，江亦曼常务副会长又来到村民石佩勇家中，详细询问他家的生活、医疗及子女教育情况。正说着，石佩勇的小女儿从门后走出来，江亦曼关切地问：“今年几岁了？上几年级？”小姑娘怯生生地靠在爸爸怀里。石佩勇说：“孩子今年10岁，很爱学习。自己再穷也不能穷了孩子，一定要让女儿读书。为了女儿，为了自己，为了我们这个家，我往后一定要多干活，我们的日子一定会越来越好。”从石佩勇家里出来，乡亲们围绕在江亦曼常务副会长身边，不忍分别。当江亦曼常务副会长登车返程之时，充满感情地向毛南族的乡亲们告别说：“祝你们过个愉快的新年！”乡亲们依依不舍地送了一程又一程。有的群众眼泪都流了下来，大家喊着：“我们感谢您！”车开出很远了，乡亲们仍站在那里遥望目送，久久不肯离去。

中国红十字会“博爱送万家”活动在贵州黔东南的平塘县、独山县、惠水县为1000户毛南族困难家庭送去价值20多万元的棉被、棉衣、粮食和糖果等慰问品。

此次中国红十字会“博爱送万家”活动还得到了财政部、各地政府和红十字会的大力支持与协助。国家民委还组织中央民族歌舞团的演员随同送温暖分队，冒严寒、入深山，为少数民族困难群众进行慰问演出，将党和政府的关怀、将全社会对困难群众的爱心传送到偏远山区每一个贫困家庭之中。

1月14日至20日，中国红十字会会长彭珮云在安徽滁州出席了中国红十字会“红十字博爱送万家”活动安徽启动仪式，并在滁州、淮南、合肥等地慰问了困难群众。安徽省人大常委会副主任张春生、副省长徐立全等陪同。

彭珮云一行首先来到滁州市南谯区腰铺镇朱岗村困难户周广英家。63岁的周广英曾在村妇女主任岗位上工作了15年，如今和身体多病的老伴在一起相依为命。彭珮云一进门就向周广英问寒问暖，详细了解他们生活上的困难，并动情地说："我也做过妇联工作、计划生育工作，你辛苦了！我代表中国红十字会来看望你，希望你们能过个好年。"说着，彭珮云亲自给周广英穿上了送去的棉衣，一起参加慰问的总会顾问汤声闻、赈济救护部部长史解放等递上了棉被、大米、糖果和一对春联。

在淮南市，彭珮云一行来到了淮南市龙湖小区李淑敏家。77 岁的李淑敏没有收入，老伴 80 岁了，是个伤残军人，曾参加过解放战争和抗美援朝，现在因病丧失了自理能力，儿子、媳妇都下了岗，两位老人住在一套阴暗狭小的房子里，每月领取最低生活保障费。彭珮云和李淑敏一家围坐在取暖的炉子边拉起了家常，当她得知社区和周围群众都很关心李淑敏一家时，彭珮云说："那就好！党和政府是不会忘记你们的，一定会帮助你们解决好生活上的困难。"说着，彭珮云把慰问品和慰问金一一送到李淑敏手中。李淑敏激动不已，两行热泪夺眶而出，哽咽着说不出话来。临别时，她紧紧地拉住彭珮云的手，送了一程又一程。

1 月 19 日，彭珮云和中国红十字会慰问组又到合肥市瑶海区进行了慰问。彭珮云在皖期间，还就安徽省及合肥市红十字会工作情况进行了调研，安徽省委书记郭金龙，省长王金山，省委常委、合肥市委书记车俊等会见并陪同慰问和调研。

1 月 15 日的上午，醒目的红十字标志成了成都市麦德龙广场的主角。中国红十字会、四川省红十字会、成都市红十字会 2005 年"红十字博爱送万家物资发放仪式"让寒冷季节里的广场漾起温情。中国红十字会常务副会长江亦曼在发送仪式上表示，此次慰问活动将把红十字会的一片爱心和新春祝福带给全国的 25000 户困难家庭，每户将得到价值 200 元的慰问物资，包括棉衣、棉被、大米、或白面、糖果、春联、年历。现场领取慰问品的有残疾人、下岗职工、退伍老兵、孤寡老人等。

中国红十字会的"博爱送万家"活动已开展多年。今年，以江亦曼常务副会长为组长的中国红十字会慰问组专程来到四川，和四川省政府、省红十字会领导一起访贫问苦，把慰问品发送到每一个贫困户家中。

当记者随着常务副会长江亦曼来到成都市青羊社区残疾人王建民家中时，所有在场的人全怔住了。简陋的小屋内家徒四壁，只有一个破旧的沙发摆在屋子的正中央。今年 46 岁的王建民左腿残疾，原是东风丝绸厂的工人，已失业 10 年了，每月就靠 180 元的低保过日子。当他从江书记手中接过慰问物资时，激动得双手有些颤抖。他说："这些年来，社区红十字会给了他最大的关心。我只是普通的小百姓，却让领导这么牵挂，真是太感谢了。"常务副会长江亦曼亲切地拍了拍他的肩膀，叮嘱他有困难一定要找当地政府，找红十字会。她转身告诉社区红十字会的负责人一定要在社区经常开展一些技能培训，让这些有残疾的人掌握一些技能，自力更生，这样生活才会变得更好。

76 岁的孤老李中文得知红十字会的人要来探望慰问，他把门一直开着，守在那里等。见到带有胸标的红十字慰问组时，不停地说："我知道红十字组织，在电视上，我见到佩带红十字标志的工作人员参加地震救灾。这次你们亲自来到我家，我不敢相信是真的。"江亦曼把慰问品一一递到老人的手中，还叮嘱要把春联贴到门上，过一个好年。老人家里好久都没有这么热闹了，他的眼睛湿润了。

1月16日，慰问组一行来到绵阳市游仙区桑林社区，这个社区二小组的五保户李代华家建在小山坡上。小屋四面还透着风。借着土墙的砖缝，屋里似乎才有些光亮。江亦曼拉着老人的手说："身体还好吗？平时吃什么？生活上有保障吗？"76岁的老人家回答说："身体还好，没什么病。我和老伴无儿无女，靠低保补贴，日子还算可以。"老人还特意拿出准备好的瓜子让大家品尝。江亦曼把慰问物资中的春联拿出来，帮老人贴到门上。村里的人都簇拥过来，像是过年一样，欢欢喜喜地看春联上的文字：人道精神进万家家家欢乐，博爱真情温暖红红火火。从慰问组进村一直到离开，就听见村民们不停地在一起议论：红十字，红十字。李仁华的老伴，站在门口一直目送着大家走远。

慰问组在四川的三天时间里，不停地走访贫困家庭，共发放了220万元的救灾物资。与此同时，红十字总会派出的6个慰问组分赴祖国各地，把爱心、关怀、温暖送到千千万万个生活困难的家庭之中。目前，红十字总会和各地红十字会为开展"红十字博爱送万家"活动共筹集了3550万元。在红十字会和政府工作人员的努力下，这笔募集款将使18万贫困家庭的72万名群众过上一个温暖、祥和、欢乐、幸福的新春佳节。

1月10日，中国红十字会副会长苏菊香冒着隆冬的严寒，率领总会红十字会博爱送万家小组一行4人，到甘肃省开展送温暖活动，为困难家庭送去了红十字会深深的关爱。

总会送温暖小组一抵兰州，就立即着手工作，听取了甘肃省红十字会开展这次红十字博爱送万家活动的具体实施方案和安排意见。省红十字会专职副会长李玉堂就甘肃省红十字会近期工作情况做简要汇报后，对这次开展送温暖活动的具体安排做了专题汇报。此次慰问活动涉及全省7个市11个县的贫困乡镇，省、市红十字会完全按照总会的要求，积极筹措资金，对慰问物资进行了1：1的配套，使受益面扩大了1倍，即由原来的2500户增加到5000户。

11日上午，中国红十字会红十字博爱送万家活动甘肃省启动仪式在兰州市东方红广场主席台前举行。启动仪式现场停放着十几辆披红挂彩，张贴着"以人为本，关心弱势群体"、"红十字博爱送万家，温暖千万家"等宣传标语、载满救助物资的车辆。中国红十字会副会长苏菊香，甘肃省政府副省长、省红十字会会长李膺，省红十字会专职副会长李玉堂，兰州市政府副市长、市红十字会长张世银等出席了启动仪式。苏菊香副会长在启动仪式上就中国红十字会开展这次活动的目的和意义做了介绍，并代表中国红十字会向甘肃人民，特别是困难群体表示诚挚的关心和亲切的问候。

启动仪式结束后，物资车辆缓缓驶出广场，群众高兴地说："红十字会又给百姓办好事了。"

随后，在李玉堂的陪同下，苏菊香等冒着刺骨的寒风，驱车踏上了去定西市安定区贫困乡村的土路。当车驶进称钩驿镇平安村时，受到了村民们夹道欢迎。活动仪式就设在村小学校操场。苏菊香亲切地对前来参加活动仪式的乡亲们说："我们来自北京，是中国红十字会派我们来看望你们，给大家拜个早年，祝大家过一个祥和的春节！"在群众热烈的掌声中，苏菊香一行未作歇息就开始到村中最困难的群众家中走访慰问。平安村座落在半山,村间的小道是崎岖陡峭的。这一切并没能阻断总会领导对群众的关怀之情。苏菊香还不时停下来与身边的孩子们聊天,问他们是哪家的孩子,叫什么名字？孩子们怯生生地看着这位亲切的北京客人做着回答。当走进村里宋文杰家中,苏菊香关切地用手摸着土炕是否热,又用手拉了拉千补百衲的炕上的铺单鼓励女主人说:“虽然很破,但洗得很干净,你是个勤快人,这很好,勤劳是可以致富的。”走进村里宋文涛的家中,苏菊香和女主人拉起了家常,还亲自将带去的慰问棉衣披在老人的身上关心地说:“很合适,这样会暖和些,生活会慢慢好起来的,祝你们全家过个祥和的春节。”在走访中,苏菊香发现许多家庭的院中都有一口或两口水窖,便关心地询问起来,当地干部告诉她说:“这是雨水集流工程,靠集流夏季的雨水入窖,解决干旱地区村民一年的人、畜饮水问题。这项工程是靠政府和社会的支持搞起来的。”苏菊香听后高兴地说:“这很好,很科学。”这次慰问活动深深地感动了当地的群众,他们拉着领导们的手激动地说:“谢谢红十字会领导关心,谢谢党和政府关心。领导们总是惦记着老百姓的生活。”

1月12日，苏菊香在省红十字会专职副会长李玉堂和兰州市红十字会有关领导的陪同下，又到位于兰州市七里河区大型国有企业万里机械厂家属区走访、慰问了生活困难的下岗职工和退休职工，为城镇弱势群体送去了红十字会的温暖和关爱之情。其后，甘肃省红十字会专职副会长李玉堂等会领导也深入岷县贫困山区开展红十字博爱送万家活动，为山区的弱势群体送去了红十字会的关爱之情。

（莫寒梅　陆慧娟　曹芦松）

中国造血干细胞捐献者资料库首次向香港同胞提供造血干细胞

4月6日，中国造血干细胞捐献者资料库又传来好消息：首例向香港同胞提供造血干细胞交接仪式在京举行。

出席仪式的嘉宾有中国红十字会副会长兼秘书长郭长江、中国工程院院士血液病专家陆道培、中国造血干细胞捐献者资料库管理中心主任洪俊岭、江苏省红十字会秘书长徐强、香港玛丽医院的医生阿尔伯特·李、香港驻京办事处代表及在京的20余家新闻媒体。

主持本次采集工作的专家陆道培介绍了捐献者王经的造血干细胞采集的基本情况。来自玛丽医院的医生阿尔伯特·李介绍了正在等待造血干细胞移植的患者的基本情况。

王经是无锡一家公司职员，2002年12月成为造血干细胞志愿者，去年10月与香港患者初次配型成功。

中国红十字会副会长兼秘书长郭长江向造血干细胞捐献者、王经颁发了“荣誉证书”。

（杜海英）

总会篇

▲ 蕉荫著本草 （中国画） 刘大为 作

▲ 救死扶伤（书法） 赵朴初 作

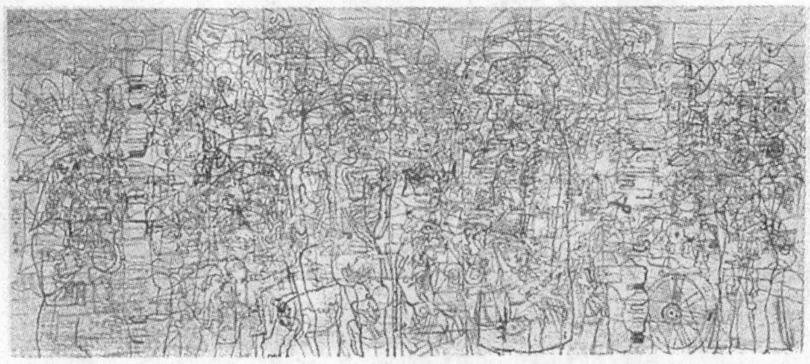

▲ 红实图（中国画） 石虎 作

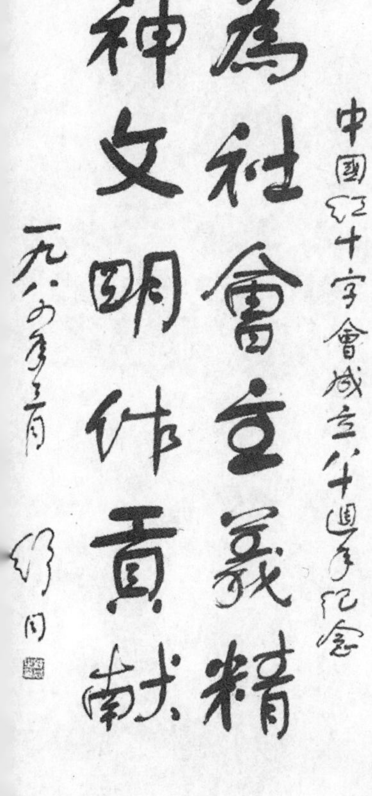

◀ 贺八十周年（书法）舒同 作

◀ 牡丹（中国画） 李蝉 作

以上均为中国红十字会收藏的捐赠作品

中国红十字会组织结构图

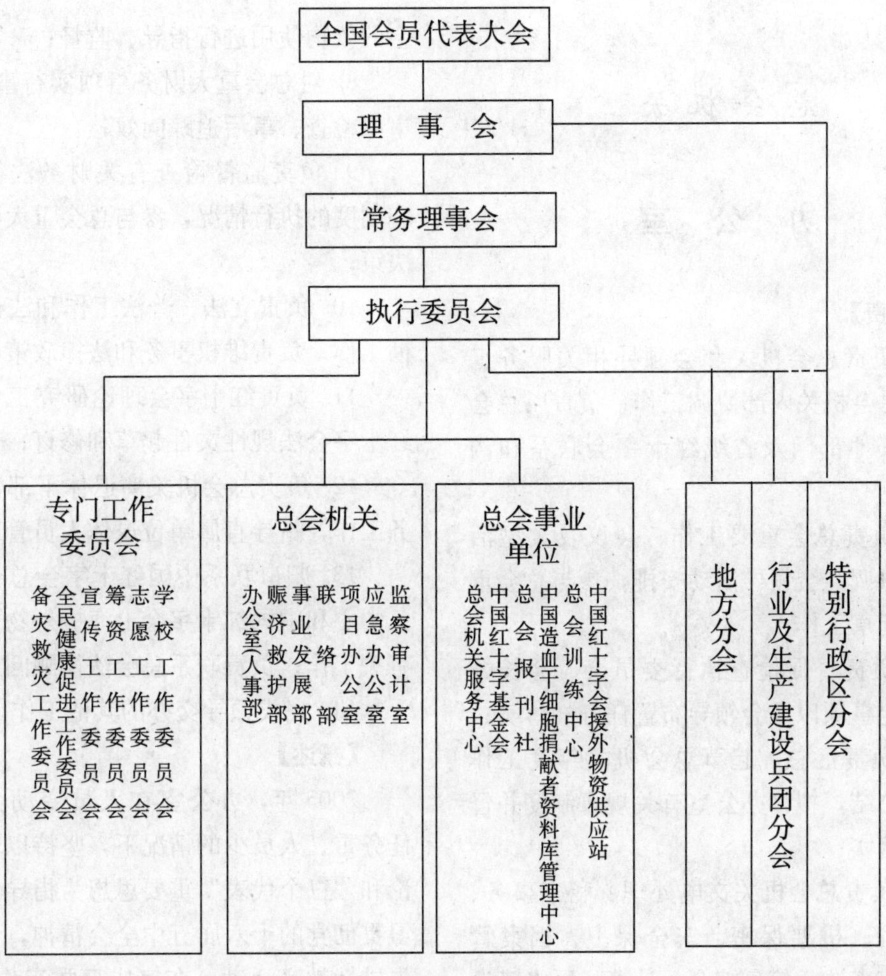

中国红十字会总会机关及直属单位

总会机关

办　公　室

【职责】

1. 负责总会机关和会领导相关服务工作以及总会机关内部协调工作；负责以总会名义与其他部门及省级红十字会联系和沟通；

2. 负责总会重要工作、会议及大型活动组织协调，会领导活动安排，参与总会重要文件起草工作；

3. 负责督促检查执行委员会、会长办公会决定事项以及会领导布置任务的落实；

4. 负责汇总、起草总会机关年度工作计划和总结，拟订办公室有关规章制度并督促检查落实；

5. 负责总会机关文电处理、秘书事务、印信管理、机要保密、安全保卫、档案管理、来信来访、信息综合、计算机网络建设及总会值班工作；指导机关服务中心文印室业务工作；

6. 负责总会机关人事工作，指导直属单位人事工作；负责承办与人事部联合表彰红十字会系统先进集体和先进工作者工作；

7. 负责总会财务和国有资产管理工作，对直属单位财务工作及总会核拨地方红十字会的款物使用进行指导、监督；

8. 对总会重大财务事项实行事前审核、事中检查、事后追踪问效；

9. 负责监督检查有关财务法律、法规和制度的执行情况，参与总会重大财务事项决策；

10. 负责立法、普法工作和法律法规贯彻工作；负责维权事务和法律政策咨询；

11. 负责红十字会理论研究工作；参与红十字会法规性文件起草和修订；

12. 负责总会机关离退休干部管理和服务工作，指导直属单位退休人员管理工作；

13. 归口联系中国红十字会总会机关服务中心和中国红十字会上海援外物资供应站有关工作；负责联系总会法律顾问工作；

14. 完成领导交办的其他工作。

【概述】

2005年，办公室在人员变动大、工作任务重、人员少的情况下，坚持以邓小平理论和“三个代表”重要思想为指导，认真学习贯彻党的十六届五中全会精神，认真搞好先进性教育活动，在完成日常工作的同时，积极探索创新，拓展工作领域，不断提高综合协调的水平和为领导、为机关、为基层服务的质量，围绕中心、服务大局，团结协作、努力拼搏，较好地完成了各项任务，取得了一定成绩。

抓基础，机关内部管理进一步规范。

规章制度建设是一项基础性工作，具有

根本性、全局性、长期性，完善的规章制度是开展工作的前提。2005年办公室把建立健全各项规章制度作为首要任务，紧抓不放，初见成效。

一是从规范机关办公秩序入手，相继制定了《中国红十字会总会机关工作规则》、《中国红十字会总会公文处理办法》、《中国红十字会总会值班管理办法（试行）》等制度，明确了领导和各部门职责，从科学决策与依法管理、会议制度、作风纪律等方面规范了总会机关工作秩序；对总会机关公文的拟制、审批、印发、管理、归档等作出了明确规定；建立了总会机关全员值班制度。这些规章制度的发布和执行，对于进一步改进机关工作作风，提高工作质量和效率发挥了积极作用。

二是从加强总会机关干部人事管理着眼，先后出台了《中国红十字会总会机关聘用人员的管理办法》、《中国红十字会总会关于援疆、扶贫干部有关待遇实施办法》、《关于总会机关工作人员参加学习（培训）的暂行规定》等，机关聘用人员比较混乱的局面得到了初步改观，组织上对援疆、扶贫干部的关怀得到了充分体现，机关干部学习深造的积极性得到了调动，总会干部人事管理制度得到了完善；为加强后备干部队伍建设，下发了《中国红十字会总会加强后备干部队伍建设的意见（试行）》，对后备干部的选拔、培养和使用提出了指导性意见。

三是从强化财务监督管理考虑，先后印发了《中国红十字会总会财务总监制度（试行）》，修订了《中国红十字会总会财务管理办法（试行）》、完善了《对直属单位的财务管理意见》，对于加强内部控制、规范工作程序起到了积极的促进作用，提高了总会依法理财、科学理财、严格监督的水平。

抓服务，机关工作效率进一步提高。

围绕中心、服务大局，是办公室做好服务工作的原则和宗旨。办公室的服务对象既包括会领导，还有机关各部门、各直属单位，也包括基层红十字会。为了做好服务工作，办公室提出，要做到积极主动、求真务实、耐心细致。

一是认真完成了总会重要工作、会议及大型活动的组织协调和会务工作。2005年总会重要会议及大型活动较多，主办单位既有机关，也有直属单位；会议（活动）地点既有京内，也有京外。办公室克服人员少、任务重、头绪多、时间紧等困难，积极主动与机关各部门、各单位以及国家机关有关部委进行沟通协调，完成了中国红十字会厦门会议、第40届南丁格尔奖章颁奖大会、中国红十字会青少年工作会议、“扶贫救心”工程启动仪式、“红丝带神州行—预防艾滋病列车宣传活动”、“红十字天使计划”启动实施暨中国联通捐赠仪式、“红十字博爱送万家”活动、干细胞库入库数据30万份新闻发布会等重要会议及大型活动的组织协调和会务工作，为确保会议、活动的顺利进行做出了辛勤的努力，也得到了领导和机关及各单位的肯定。

二是过细做好文秘工作。文秘工作琐碎、繁杂，但又事关全局。在人员变动较大的情况下，办公室本着严谨务实的原则，较好地完成了文秘工作。1、全年审核公文200多件，登记文件约2900件，发文编号200多件，送阅文件约1万余人次，基本做到及时、准确；2、协调各部门、单位，统筹兼顾、科学合理地拟制会领导周工作安排、月工作安排、年度会议计划等，保证了机关工作的高效有序；3、协调召开了9次执行委员会会议、29次会长办公会议，拟制会议纪要38份，并及时协调督促检查执行委员会、会长办公会决定和会领导布置任务的落实情况；4、较好地完成了工作安排与协调、公文呈阅与办理、出差随行等会领导秘书工作；5、积极做好信息服务工作。截至11月15日，编发简报34期，简报增刊13期，在总会网站登发要点新闻151条、各地动态97条、总会信息314条、国际与台港澳动态14条。此外，还首次编辑了《中国红十字会系统通讯录》，印发总会机关和各省级红十字会，受到大家普遍欢迎；5、完成了网络服务工作。更换了工商银行网上银行证书，并协助完成网上捐款工作。截至2005年11月10日，网上捐款共2520笔，总金额303999.78元。

三是将服务领域积极向直属单位延伸。为了指导帮助直属单位加强财务管理，办公室及时完善了《对直属单位的财务管理意见》，并与直属单位建立了经常性业务联系，主动上门开展业务咨询，加强业务指导；人事部门主动与各直属单位加强联系，审核批准了机关服务中心、报刊社、基金会、造血干细胞捐献者资料库管理中心、训练中心等5个单位的主要职责内设机构和人员编制方案；协助报刊社做好年鉴编辑工作，积极参与年鉴框架讨论、稿件组织，协调机关各部门、各直属单位年鉴条目的拟定与编撰。

四是主动热情做好老干部服务保障工作。首先，认真落实离退休干部政治待遇。组织老干部看文件、听报告、参观考察、参加有关重要会议和重大活动，传达重要会议精神。2005年为加强离退休干部党支部建设，建立了支部学习及民主生活会制度，全年共组织各种类型的学习7次，听辅导报告7次，还下发了学习、宣传资料，给每位老干部订阅了《中国红十字报》。其次，生活上给予关心照顾。看望、慰问活动已成为老干部处的经常性工作，全年共慰问老干部40余人次；为方便老干部报销医药费，办公室主动承担了医药费报销单据的汇总、报批、报销、通知领取等工作。共收到老干部医药费报销单据200份，核定金额30万余元。第三，开展丰富多彩的文体活动。分别组织4次共100人次参加的赴贵州、延庆、平谷、朝阳公园和雍和宫参观学习和健康休养活动，还组织老干部参加纪念中国人民抗日战争暨世界反法西斯战争胜利60周年活动，举办了第一届中国红十字会总会离退休职工棋牌类（五项）比赛。离退休老同志表示：感谢总会党组和机关的关心和关怀，今后继续关心支持红十字会的工作，发挥余热，为红十字事业发展做出应有的贡献。

五是认真做好安全保密工作。一方面是健全组织。及时调整了总会保密委员会，成立了总会国家安全工作小组及办公室。另一方面是搞好教育。组织我会涉密人员学习传达有关保密工作文件；组织机要交换员分两批参加了国家机关机要交换站组织的业务培训。第三是做好工作。全年机要收文740件，机要发文41件，接收密电177件，没有发生一起失泄密事件；进行了总会机关计算机网络的保密大检查，及时发现解决问题；配合国家安全部门完成了我会涉及非政府组织的调查，受到国家安全部门的表扬。通过开展工作，为总会机关创造了安全的工作环境。

抓协调，机关内外环境进一步优化。

办公室是机关的枢纽，是总会的综合协

调部门，同时也是总会对外的窗口。做好办公室工作，离不开国家机关各有关部门的指导、支持和帮助。办公室2005年主动加强与机关内外有关部门的沟通与联系，加大协调的力度，使得机关内外环境进一步优化，关系更加和谐，渠道更加畅通。

一是加强与中组部的沟通与协调。按要求及时上报了《中国红十字会总会党组换届以来的主要工作情况》等材料，保证中央了解掌握总会工作动态；为了争取会领导和机关部门领导干部有更多的学习机会，经积极协调，中组部干教局批准我会领导参加中央党校省部级领导干部培训班，部门领导参加中央党校正局级干部培训班，并纳入今后的中直机关培训计划。

二是加强与编制部门的沟通与协调。我会人员编制紧张是近年来突出的问题，已成为制约红十字事业发展的一个重要因素。我们积极与中编办协调，推动实现了总会领导与中编办领导的高层会谈。中编办主任及有关业务司长亲自到会参加会谈，会议取得了积极成果，双方就增加编制、成立备灾救灾中心、支持地方红十字会理顺管理体制等问题达成共识。会后及时起草了《中国红十字会总会关于申请增加机关人员编制的函》，目前正在积极争取落实会谈成果。

三是加强与人事部门的沟通与协调。针对我会行政事业混编、事业编制人员工资一直未纳入国家统发工资的情况，我们积极向人事部、财政部做工作，最终获准我会事业编制纳入国家统发工资，为事业编制人员统一纳入国家工资改革范围奠定了基础。

四是加强与财政、审计部门的沟通与协调。我们主动与财政、审计部门建立了经常性的联系，多次邀请这些部门的同志参加总会及直属单位组织的会议和活动。2005年，财政部先后3次来总会听取有关财务情况汇报，特别是财政部王军副部长上任不久，即到总会听取汇报并进行工作调研，深入了解我会工作情况和实际困难，对我会所做的工作给予了肯定，并表示尽最大力量支持红十字事业的发展。通过我们积极协调，财政部在政府收支科目中，为红十字事业设置了独立的收支科目，实现了红十字系统在政府收支科目中的独立核算体系，我会2006年预算比2005年有了较大幅度增长。

五是加强与中办、国办等部门的沟通与协调。我们积极与中办、国办沟通情况，保持了良好的工作关系；此外，我们还与安全局、机要、保密、档案、统计等部门建立和保持了较为密切的业务联系。

六是加强与国管局的沟通与协调。为了提高为离退休人员服务水平，我们积极争取国管局的支持，目前，追加的离退休管理经费和增加配备的活动设施已经到位。

七是加强与机关各部门的沟通与协调。我们在拟制各项规章制度、承办重要工作、重要会议活动以及进行信息化建设、人事制度改革等情况下，事先都主动与机关各部门沟通，征求并合理采纳他们的意见。比如，在出台总会值班制度之前，办公室首先与各部门领导协调，听取他们的意见；在制定总会信息化建设总体方案和研发总会办公系统时，办公室也派员到有关部、处了解需求，征求意见。通过加强与各部门的协调，及时沟通了工作信息，融洽了工作关系，减少了工作矛盾，增加了机关合力。

抓创新，工作手段进一步科学、完善。

创新，是事业发展的力量源泉。为此，办公室在信息化建设、竞争上岗方式方法改进、值班制度改革、开展优秀调研报告评选、预算执行的督促指导等方面作了一些探索和尝试，使我们的工作方法进一步科学、完善。

一是结合先进性教育，重点抓好总会信息化建设。首先是搞好规划。我们组织专家在广泛调查研究的基础上，起草了《中国红十字会总会信息化建设总体设计方案》，对今后五年总会信息化建设进行整体规划，确定了建设的原则和目标，理清了建设思路，科学、详尽地设计了系统功能、软硬件的配备、实现功能的技术路线等。其次，完成了网络环境的改造。包括完成了涉密检查工具、涉密计算机配备、互联网专线扩容以及网络安全改造工作，实现了计算机可同时连接内部办公网和互联网，上网专线带宽从256K扩充至2M，上网速度大幅度提升，网络安全性得到提高，同时也方便了机关工作。第三，完成了机关办公系统的开发工作。在认真调研的基础上，确定了以信息共享为主，辅助一定业务功能，简单、实用、操作性强的开发原则，完成了工作安排、文件登记、值班安排等功能，录入了工作职责、红会发文、工作简报、会议纪要、历史资料、法律法规、理事会文件、重要活动会议文件、调研报告、国际与港澳台资料等信息600多万字。同时，4000多卷档案资料的数字化扫描工作已基本完成，档案应用系统也已与机关内部办公网进行对接，实现了机关工作人员在网上能及时快捷方便的查询档案信息。经过改造，办公网信息量更大，实用性更强，对于优化办公流程，提高机关办公效率，降低办公用品消耗都发挥了积极作用。

二是按照党组部署，改进竞争上岗方式方法。我们把工作重点放在积极推行领导干部竞争上岗制度上。为实施人才强会发展战略，努力建立一支政治坚定、业务精湛、作风过硬、人民满意的红十字干部队伍，我们根据《党政领导干部选拔任用工作条例》和《党政机关竞争上岗工作暂行规定》，于今年4月，对机关部门副职及以下领导职位空缺岗位，在机关和直属单位干部范围内实行了竞争上岗工作。此次是在去年竞争上岗的基础上，进一步改进了方式方法，体现了党组认真贯彻“公开、平等、竞争、择优”和注重实绩、群众公认的原则，注重培养和使用年轻干部的原则。竞争上岗结果，有4人晋升为部门副部长；5人晋升为处长、5人晋升为副处长。通过这次竞争上岗，我会部门领导的平均年龄下降了2.1岁，正处级干部平均年龄下降了5.2岁，副处级干部平均年龄下降了5.5岁。进一步优化了机关干部的年龄结构和知识结构，为机关工作注入了新的生机与活力。

三是首次开展了优秀调研（考察）报告和论文评选活动。我们在总会机关和直属单位范围内首次开展了优秀调研报告（含考察报告，下同）及论文的评选活动，制定了评选活动方案，成立了评审委员会，组织专家进行无记名评分，评选出了一、二、三等奖和优秀奖。此项活动对于转变总会工作作风，形成调查研究的良好风气，提高领导机关指导工作的科学性具有一定推动作用。

四是加强预算执行的指导督促。为了及时指导督促预算执行，从2005年开始，我们每月5日前向各部门提供分部门、分项目年度经费计划执行情况统计信息，为领导的决策和有关部门的监督、管理提供了依据。通过努力，2005年预算执行情况良好，截至11月10日，完成全年预算的71%。

五是积极主动为老干部服务。为方便老干部医药费的审核、报销，办公室主动承担了老干部医药费报销单据的收集、汇总、报批、领取、发放等工作，既减少了重复劳动，又为老干部提供了周到的服务。

六是建立总会机关全员值班制度。制定了总会机关值班管理办法，增加了值班人员，改造了值班室，改善了值班条件，提高了总会值班的正规化水平。

抓质量，各项工作稳步推进。

办公室承担了大量日常性、繁杂、重复性的工作，但这些工作关系到会领导和机关各部门、直属单位以及红十字系统工作运转，也关系到广大干部的切身利益，这就要求我们在工作质量上精益求精。2005年，我们坚持严谨求实、保证质量的原则，推动了各项工作的稳步前进。

一是认真做好预算编制。我们在做好2004年度决算工作的基础上，完成2006年预算的编制工作，和“十一五”彩票公益金规划的编制和申报工作。

二是认真做好财务会计核算工作。在印度洋海啸救援工作中，完成了大量的捐款票据的填写、核实、邮寄、记账凭证的录入工作，会计核算及时、准确，为海啸救助工作提供了资金保证。同时保证了其他日常工作的正常运转。截至目前，财务部门发生业务量2万余笔，录制记账凭证万余张，现金流量数亿元，是2004年全年日常财务会计核算工作量的5倍。

三是认真完成了2004年度彩票公益金绩效考评工作。我们和项目部门组成考核小组，赴八个省（区）红十字会进行彩票公益金项目绩效考评，汇总分析了存在问题，向各项目执行单位通报了考评结果，提出了整改要求，并及时向财政部通报了我会彩票公益金绩效考评工作和专家考评情况，得到财政部的好评。绩效考评工作的完成，为更好地实现“十五”期间彩票公益金项目目标，争取“十一五”彩票公益金项目奠定了良好的基础。

四是认真落实审计问题整改。我们积极配合审计署对我会2004年度预算执行的审计和社会捐赠款物的审计工作。我们联系当事人，翻阅历史档案，反复进行核实，为审计组提供了大量的服务工作。为维护我会的利益和声誉，我们积极协调各相关部门、单位和部委对审计中发现的问题做了必要的、细致的解释工作。审计公告发布后，及时通过红十字会网站向社会发布了对审计决定已落实整改的消息，最大限度地降低了由于审计问题对我会造成的不良影响。根据会领导指示，在审计过程中我们本着边查边纠、重在整改的原则，就执行审计决定多次召集有关部门和事业单位深入分析研究，逐条落实整改。截至目前，绝大多数审计问题已经得到整改。

五是做好人事服务工作。1、为机关和直属单位50岁以上的副局级领导办理干部医疗证，并按照卫生部要求，完成了医疗证的重新换证注册工作。2、为援疆扶贫干部办理了人身意外保险；3、完成了大量人事统计工作。其中人才统计报表和工资统计报表数据填报准确、及时，受到中组部、人事部的通报表扬。

六是认真做好档案数字化工作。为了加强档案工作规范化建设，提高档案工作的服务水平，我们及时启动了档案数字化建设工程。此项工作主要包括：档案资料的整理，档案资料的数字化扫描，档案的数据库建设，档案应用系统的开发等。目前，档案资料整理及数字化扫描工作已基本完成，档案应用系统也已与机关内部办公网进行对接，可实现机关工作人员在网上及时快捷方便的查询档案信息，结束了传统手工查询的历史，大大提高了档案信息的管理水平和利用效率。

（边　晓）

综　合　处

【职责】

1. 承办总会机关、地方红十字会和会领导的相关服务工作。

2. 负责汇总、起草总会机关年度工作计划、总结，草拟有关规章制度。

3. 协调领导实施总会重要工作、会议及大型活动的组织协调和会领导活动安排。

4. 负责执行委员会、会长办公会的秘书工作。

5. 负责公文运转和公文质量把关；机要文件、电报的传阅与保管；档案室的管理；印信的使用与保管；重要请示、报告的起草；《中国红十字简报》的编发；大事记的收集整理；来访接待及信访处理等。

6. 协调督促检查执行委员会、会长办公会决定和会领导布置任务的落实。

7. 负责机关的保密工作。

8. 负责机关的安全保卫工作。

9. 负责总会计算机网络及总会网站建设。

10. 负责与有关部门及省级红十字会的联系与沟通。

11. 完成领导交办的其他工作。

【年度工作】

从规范机关办公秩序入手，相继制定了《中国红十字会总会机关工作规则》、《中国红十字会总会公文处理办法》、《中国红十字会总会值班管理办法（试行）》等制度，明确了领导和各部门职责，从科学决策与依法管理、会议制度、作风纪律等方面规范了总会机关工作秩序；对总会机关公文的拟制、审批、印发、管理、归档等作出了明确规定；建立了总会机关全员值班制度。这些规章制度的发布和执行，对于进一步改进机关工作作风，提高工作质量和效率发挥了积极作用。

结合先进性教育，重点抓好总会信息化建设。首先是搞好规划。我们组织专家在广泛调查研究的基础上，起草了《中国红十字会总会信息化建设总体设计方案》，对今后五年总会信息化建设进行整体规划，确定了建设的原则和目标，理清了建设思路，科学、详尽地设计了系统功能、软硬件的配备、实现功能的技术路线等。其次，完成了网络环境的改造。包括完成了涉密检查工具、涉密计算机配备、互联网专线扩容以及网络安全改造工作，实现了计算机可同时连接内部办公网和互联网，上网专线带宽从256K扩充至2M，上网速度大幅度提升，网络安全性得到提高，同时也方便了机关工作。第三，完成了机关办公系统的开发工作。在认真调研的基础上，确定了以信息共享为主，辅助一定业务功能，简单、实用、操作性强的开发原则，完成了工作安排、文件登记、值班安排等功能，录入了工作职责、红会发文、工作简报、会议纪要、历史资料、法律法规、理事会文件、重要活动会议文件、调研报告、国际与港澳台资料等信息600多万字。同时，

4000多卷档案资料的数字化扫描工作已基本完成，档案应用系统也已与机关内部办公网进行对接，实现机关工作人员在网上及时快捷方便的查询档案信息。经过改造，办公网信息量更大，实用性更强，对于优化办公流程，提高机关办公效率，降低办公用品消耗都发挥了积极作用。

首次开展了优秀调研(考察)报告和论文评选活动。我们在总会机关和直属单位范围内首次开展了优秀调研报告(含考察报告)及论文的评选活动，制定了评选活动方案，成立了评审委员会，组织专家进行无记名评分，评选出了论文、调研报告、出访报告等三个类别的优秀奖。此项活动对于转变总会工作作风，形成调查研究的良好风气，提高领导机关指导工作的科学性具有一定推动作用。

(边　晓)

人 事 处

【职责】

1. 承办机关参照公务员管理工作。

2. 承办机关内设机构设置和人员编制的具体事宜。

3. 负责机关部门领导及以下人员的考核、录用、任免、调配、奖惩、培训、工资、福利、出国政审以及人事档案的事务管理。

4. 负责机关聘用人员（包括外聘、返聘和志愿者）的人事关系及工作补贴的审核工作。

5. 承办总会援疆和扶贫干部的呈报以及援疆和扶贫干部在工作期间应享受的保险和福利待遇的审核工作。

6. 承办直属单位机构编制工作，负责处级以上干部的考核、任免、调动、工资审核以及档案管理。指导直属单位人事工资政策及人事监督管理工作。

7. 负责与人事部联系，承办联合评选表彰全国红十字系统先进集体和先进工作者的具体工作。

8. 完成领导交办的其他工作。

【年度工作】

一、加强干部队伍建设

4～6月，总会机关就部门副部长及副处长以上的空缺职位进行干部竞争上岗。其中4人晋升了部门副部长，8人晋升了职务。5人晋升为上一级非领导职务，7人进行了轮岗。通过竞争上岗，部门领导的平均年龄下降了2.1岁；正处级干部平均年龄下降了5.2岁；副处级干部平均年龄下降了5.5岁。

二、做好干部培训工作

1. 组织机关干部参加《公务员法辅导讲座》、《国务院关于实施国家突发公共卫生事件总体应急预案》辅导讲座。

2. 安排录用的大学生参加初任培训；军队转业干部参加岗前培训。

三、加强机关制度建设

制订了《中国红十字会总会关于援疆、扶贫干部有关待遇实施办法》、《关于总会机关工作人员参加学习（培训）的暂行规定》、《中国红十字会总会加强后备干部队伍建设的意见（试行）》、《中国红十字会总会机关聘用人员的管理办法》。

四、做好干部交流工作

派出1名副处级干部赴新疆生产建设兵团红十字会挂职；1名主任科员赴山西浑源县扶贫挂职。

五、加强直属单位人事工作

1. 批准机关服务中心、报刊社、基金会、造血干细胞库管理中心、训练中心 5 个直属单位的主要职责、内设机构和人员编制“三定”方案。

2. 训练中心、报刊社领导班子进行调整，基金会领导班子换届。

（肖连敏）

财务与资产管理处

【职责】

1. 负责编制总会机关的预决算；按照财政部核定的预算，统筹安排、使用各项资金，保证总会机关正常运转的资金需要。

2. 负责总会捐赠资金、预算外资金和其他资金的管理工作。

3. 对总会国有资产进行会计核算的监督，对总会委托机关服务中心负责的国有资产管理工作进行指导的监督。

4. 定期编报财务报告，如实反映财务收支状况，分析财务活动，参与财务决策。

5. 对单位的财务活动进行控制、监督，防止国有资产流失。

6. 对直属单位的财务活动进行指导和监督。

7. 对总会核拨地方红十字会的专项资金的使用进行指导和监督，配合审计部门进行审计和检查。

8. 承办上级主管部门布置的任务。

9. 完成领导交办的其他工作。

【年度工作】

一、完善制度，加强监督

依据《中华人民共和国会计法》、《中华人民共和国红十字会法》及有关法律、法规，结合总会实际，印发了《中国红十字会总会财务总监制度（试行）》，修订了《中国红十字会总会财务管理办法（试行）》、完善了《对直属单位的财务管理意见》，与直属单位建立了经常性联系，为总会坚持依法理财、科学管理提供了制度保障。

根据《中国红十字会总会彩票公益金管理办法》的规定，我会 2004 年度彩票公益金项目绩效考评工作在全国 31 个省、自治区、直辖市展开。由财资处和项目部门 12 人组成的 4 个考核小组，赴 8 个省（区）红十字会进行了为期一周的实地考评工作，并对考评中发现的问题进行了分析汇总，向各项目执行单位通报了考评结果，同时提出了整改要求。完成了 8 个省 4 个项目近 20 份绩效考评报告的审核、汇总工作，同时报送财政部。

二、加强沟通，争取理解支持

与财政部、国管局、审计署建立了经常性的联系。通过积极协调，财政部在政府收支科目中，为红十字事业设置了独立的收支科目，实现了红十字系统在政府收支科目中的独立核算体系。

审计署社会劳动保障审计局是审计署派驻我会的审计机构。为配合审计开展工作，在会领导的支持下，财资处专门处设立了审计办公地点，遇有难点问题及时与审计署沟通。

三、围绕中心，服务大局

年底、年初正值财务决算繁忙时节，一场突如其来的海啸大救助活动扰乱了正常的工作计划。全处紧紧围绕总会的工作计划及时做出调整。人员少、工作重的情况下，群策群力，协调财务软件公司扩充工作站点，联系银行上门服务，组织志愿工作者在较短时间内完成大量的海啸捐款票据的填写、核实、邮寄、记账凭证的录入工作，会计核算及时、准确，为海啸救助工作提供了资金保证。在全处工作量处在超负荷状态下的同时保证了其他日常工作的正常运转。如：资金筹措、大量资金结算业务，繁杂的日常报销、会计监督，分部门和分项目核算等财务工作，财务预算、计划执行情况的核算，财务票据的领取、规范化使用、票据核销、邮寄工作，财务制度的完善与贯彻落实、公文写作知识的学习、运用，内部部门间工作的协调，外部财政、审计、银行等工作的协调，财务新知识的学习、培训与实践等工作。截至年底，发生业务量2万余笔，录制记账凭证上万张，现金流量数亿元。是2004年全年日常财务会计核算工作量的5倍。

财资处从2005年开始，每月5日前向各部门提供内部分部门、分项目年度经费计划执行情况统计信息的情况。每月按时、准确、完整的提供了财务核算资料并发放到每个相关部门、相关人员的手中，为领导的决策和有关部门的监督、管理提供了大量真实、完整、及时、有效的财务会计核算信息。

四、解放思想，开拓创新

一年中，积极配合国家财政体制改革。每一位同志都按要求参加了上级和有关部门组织的学习和培训；完成了规定的财务人员继续教育培训。为保证我会项目工作的开展，投入人力物力，加大了对项目资金的管理力度。成功地组织了中国红十字会财会人员培训班。参加了辽宁、新疆生产建设兵团红十字会的培训班并就财务管理方面进行了授课。两次与联合会代表共同考察地方项目财务管理工作。

五、保证工作质量，提高工作效益

及时、准确地完成了2004年度决算工作；2005年预算执行情况良好，截至11月10日，完成全年预算的71%；完成中国红十字会2006年度部门预算的编制工作，及时向财政部通报了中国红十字会彩票公益金绩效考评工作和专家考评情况；在各部门的配合下，完成了“十一五”彩票公益金规划的编制和申报工作。

进一步加强资产和财务票据的管理，采取专人负责，日常工作中做好各种财政、捐赠和内部印制的票据的领用、核销、库存等登记工作，及时核销各种票据，以确保总会的所有收入及时进行账务处理，坚持财务“收支两条线”，严格实物资产的入库手续，从源头做好总会的财务监督工作，保证全年财务收支无差错。

在日常的报销工作中，财务管理过程中认真做好的每项实物资产购置的入库验收手续的审核工作，并定期与机关服务中心进行核对，确保帐实相符。通过清查盘点及时发现和堵塞管理中的漏洞，妥善处理和解决管理中出现的各种问题，制定出相应的改进措施，确保了总会固定资产的安全和完整。

积极配合总会清欠工作。根据审计署要求，结合我会的实际情况，2005年清理了部分历史遗留的账款，向13个单位发出了清理欠款通知，并积极组织落实。

（王晓燕）

离退休干部处

【职责】

1. 贯彻落实党中央国务院有关离退休干部的方针、政策。

2. 负责组织离退休干部的政治学习、

传达文件、通报重要情况和参加相关会议；协助机关党委安排离退休党支部的活动和做好思想政治工作。

3. 定期走访、慰问离退休干部，了解情况及时向上级反映他们的意见和要求，合理解决他们的实际问题。

4. 协同办公室财务与资产管理处计划使用离退休干部经费。

5. 组织离退休干部的健康休养和开展适合老人特点的文体活动。

6. 配合机关服务中心做好离退休干部的住房、用车工作。

7. 做好离退休干部逝世后的善后工作。

8. 协助离退休干部做好医疗工作。

9. 完成领导交办的其他工作。

【年度工作】

一、开展纪念中国人民抗日战争暨世界反法西斯战争胜利60周年系列活动

2005年是纪念中国人民抗日战争暨世界反法西斯战争胜利60周年。根据中共中央、中央国家机关工委和总会机关党委的通知精神，结合我会的实际情况，组织老同志开展了系列纪念活动。

首先组织离退休老干部参加了由中央国家机关党工委主办的“铭记历史”歌咏大会。大型歌会活动时正值盛夏，老同志们不畏酷暑高温，坚持每周六到机关排练，7月19日在人民大会堂的正式演出，从上午8点就进入了大会堂开始彩排，一直到下午演出结束，老同志在大会堂里近10小时的时间，克服了种种困难，已饱满的热情，圆满完成了演出任务，受到了国家工委领导的称赞。并荣获了本次歌会的优秀演唱奖。另外，8月份郭长江副会长兼秘书长率领机关党委、办公室等一行对我会谭云鹤、王仪、王敏、赵淑英、于庆勋5位抗战老战士开展走访慰问，并为他们颁发了由中共中央、国务院、中央军委联合制发的抗战胜利60周年纪念章和每人2000元的慰问金。

通过开展纪念活动，极大地鼓舞了老干部的参与热情。有的老同志还拿起笔来，撰写回忆文章，记叙革命历史，广大离退休老同志充分认识到抗日战争的胜利，是中华民族百年来反对帝国主义侵略第一次取得的民族解放战争的胜利，是中华民族由衰败走向振兴的伟大转折点。中国共产党在抗日战争中起到了中流砥柱的决定性作用。使大家牢记历史，不忘过去，珍爱和平，开创未来，增强了民族自信心和自豪感。

二、加强离退休干部党支部建设

认真开展保持共产党员先进性教育活动，在总会先进性教育领导小组的统一部署下，上半年，离退休干部党支部42名党员分三个阶段参加了先进性教育活动。在教育活动中，老干部党员不顾年老体弱，认真学习了邓小平理论、“三个代表”重要思想和《保持共产党员先进性教育读本》等相关文件，并积极撰写读书笔记和心得体会，政治理论水平和思想素质得到了进一步提高。在先进性教育的总结大会上，离退休干部党支部中有4名老党员受到了表彰并被被评为优秀共产党员。

离退休干部党支部注意在老同志中对非党群众的培养教育。

2005年10月，离退休干部党支部首次在离退休干部中发展了第一位中国共产党党员。实现了零的突破。

（董永红）

赈济救护部

【职责】

1. 负责研究、拟订红十字会系统备灾救灾、卫生救护、社区服务等工作的政策性文件并指导实施。

2. 负责拟订红十字会系统备灾救灾、卫生救护、社区服务等工作计划，指导实施，监督和检查。

3. 负责收集整理红十字会系统备灾救灾、卫生救护、社区服务等工作信息。

4. 负责红十字会系统备灾救灾、卫生救护、社区服务等业务培训、考核、评审等工作。

5. 负责红十字会系统应对自然灾害和重大突发公共事件应急反应能力建设；指导、协调各级分会开展针对自然灾害的救助和重大突发公共事件的处置能力。

6. 负责境外捐赠红十字会系统救助物资的资格审核工作；在国内自然灾害救助中，负责制定总会救灾物资的调拨计划以及海关罚没物资的接收分发等工作。

7. 组织南丁格尔奖遴选、颁奖等活动；参与推动无偿献血、艾滋病预防、遗体捐献等工作。

8. 组织开展“红十字博爱送万家”活动；负责红十字关爱进社区等工作。

9. 归口联系中国造血干细胞捐献者资料库管理中心和总会训练中心的有关工作；指导总会区域性备灾中心、命名红十字（会）医疗机构的有关管理工作。

10. 完成会领导交办的工作。

【概述】

2004 年，赈济救护部在总会党组和执委会的领导下，依照《中华人民共和国红十字会法》，解放思想，实事求是，开拓创新，与时俱进，振奋精神，努力工作，以优异成绩庆祝中国红十字会建会 100 周年和第八次全国会员代表大会的召开。2004 年开展的主要业务工作有：

（一）备灾救灾

1. 灾害救助工作取得显著成效。2004 年我国自然灾害呈现出突发（地震、暴雨、泥石流、山体滑坡等）、散在（非流域性、贫困的山区和少数民族地区）、时间跨度大（1～11 月）等特点。自然灾害给人民的生命和财产造成重大损失，受到了党中央和国务院的高度关注。执委会对救灾工作十分重视，坚持以人为本，及时组织、指导救灾工作。7 月 22 日，总会下发了《关于做好 2004 年洪涝灾害救助工作的通知》，要求各省红会积极投入当前的水灾救助工作，并做好救大灾的准备。随着各地灾情的不断发展，总会于 8 月 6 日又发出《关于发布救助 2004 年洪涝灾害呼吁的通知》，号召各级红十字会积极行动起来，依法开展募捐，最大限度地动员社会资源，使更多的受灾群众受益于红十字会开展救助工作。8 月 9 日，总会在京召开中国红十字会 2004 年洪涝灾害救助工作新闻通报会，通过新闻媒体向全社会呼吁“捐一元善款，为灾民解难”，并向社会各界郑重承诺：用好每一元善款救助受灾民众并接受社会的监督。呼吁发出后，我部安排了自 8 月 9 日至 9 月 28 日的 24 小时值班，接听救灾热线，接受社会的询问和捐款捐物。根据 27 个省级红十字会的灾情报告，总会先后派出 11 个救灾考察小组对湖南、云南、广西、河南、浙江、安徽、福建、四川、重庆等 9 个受灾严重的省（市、区）进行了救灾工作考察。根据《中国红十字会总会自然灾害和突发事件分级分类救助办法（暂行）》，先后对内蒙古、云南、湖南、山东、江苏、广西、河南、湖北、贵州、四川、吉林、甘肃、重庆、安徽、江西、福建、宁夏、浙江、新疆、山西和青海21个省级红十字会的救灾工作给予救助支持，总会和地方救助总金额达1.0007亿元。其中总会3013万元，各省投入6994万元的救灾款、物。在紧急救灾工作中，国家彩票公益金采购的备灾物资发挥了积极作用，大大提升了总会快速响应的能力，受到了灾区群众的欢迎。

2. 通过2003年联合会水灾救助工作检查评估促进能力提高。根据总会召开的“2003年八省水灾救助工作会议”的要求，2004年5～6月，分别对国际联合会呼吁的9个受益省份组织了救助物资的发放情况的抽查。抽查的重点是欧盟援助的大米（或面粉），集中了解物资发放的最后环节，即受益村庄的发放工作。抽查的办法是查看各受益村的物资发放清单，并依据清单对部分受益户进行面对面的访问。为了体现抽查的公正、公平、统一的精神，制定了《2003年水灾救助工作检查评估标准（试行）》，作为检查评估工作的依据。通过组织本次检查评估，使我们比较客观地了解到各级红十字会在救助物资发放过程中存在的一些问题和困难，特别是违规发放物资的问题。这有利于今后针对问题寻找解决或改进的办法。

3. 举办中国红十字会备灾救灾研讨培训班。2004年3月22～26日，在广西桂林市举办了“中国红十字会备灾救灾研讨培训班”。参加研讨的有来自全国31个省、市（区）红十字会的主管救灾的会长或秘书长及救灾工作专干和部分区域性备灾救灾中心主任。香港和澳门红十字会的代表应邀参加了研讨。原中国红十字会副会长孙爱明全程参加并讲话。本次研讨培训班形式新颖，大家集思广益，集中探讨了救灾救助及备灾中心仓储管理等方面的问题，分析了红十字会开展备灾救灾工作面临的机遇和挑战，提出对策和建议。省、市、区红十字会就救灾、备灾、募捐方面的工作进行了交流。研讨培训收到预期效果。

4. 对德国和塞黑两国红十字会备灾救灾工作进行考察。2004年9月6～16日，原中国红十字会副会长孙爱明率团先后对德国红十字会、塞尔维亚和黑山共和国（以下简称“塞黑”）红十字会进行了工作访问，重点考察两国红十字会开展的备灾救灾工作。通过考察学习，我们比较深入地了解德国和塞黑两国红十字会的备灾救灾工作，开阔了眼界，引进了“灾害管理”的新理念，学习了成功经验，认识到存在的差距，提出了今后工作的建议。

5. 承担《中国红十字会自然灾害与突发公共事件应急预案》起草修订任务。根据国务院的统一部署，在执委会的领导下，我部承担了编写制订《中国红十字会总会自然灾害与突发公共事件应急预案》的工作。从2月到9月反复讨论修改，及时上报国务院应急预案工作组，我们的工作得到了肯定。这是红十字会指导备灾救灾工作的一个重要文件，将组织红十字会系统学习贯彻，并向社会公众宣传，提高全社会应急安全意识。

6. 与海关总署签署合作备忘录，建立了海关向红十字会捐赠物资的固定渠道和长期合作机制。2004年通过北京、广州、浙江等海关分关向各级红十字会的捐赠4批次，使受灾较重的8个省受益，提升了红十字会的救灾救助实力。我部还与机关服务中心为各省级红十字会办理进口救助物资海关手续6批。

7. 筹建总会物资储备库。根据向吴仪副总理汇报的纪要和执委会要求，5月向国家发改委汇报后，主动与中国国际工程咨询公司联系，进行立项论证调研考察等工作。

（二）救护培训

1. 贯彻《中国红十字会关于广泛深入开展救护工作的意见》的通知精神，实现目标任务要求。自15部门文件下发，尤其是国家彩票公益金救护项目实施以来，各级红十字会认真落实文件精神，争取当地有关部门的支持，积极实施彩票公益金项目，开展救护培训，救护培训工作有了显著发展。近几年来，中国红十字会年度救护员培训数量均超过250万以上，达到“救护普及人数达到当地人口总数的0.5～1%”，“救护工作开展得比较好的省、直辖市、自治区及省辖市和一些行业中达到每150～300人中有一名经培训合格的救护员”的目标任务要求。

2. 落实编写了全国救护员培训统一教材。我部结合各级分会开展救护培训的实际情况，认真讨论研究，调整了教材的编写内容和思路，以适合中国国情、易于群众学习操作为出发点，编写中国红十字会统一救护员培训教材。目前，救护员教材文字、图片材料已经准备完毕，经编委会审定后就可投入印制工作。为实现中国红十字会救护员培训工作“四统一”打好基础。

3. 召开救护培训工作研讨会。11月30日至12月2日，总会在南京召开“中国红十字会救护培训工作研讨会”，来自北京、天津等19个省、市、自治区红十字会的代表30人参加会议。通过大会交流和小组讨论，与会代表在认真履行“红十字会法”和“15部门文件”，积极开展救护培训工作和开展国家彩票公益金救护培训项目；把救护培训做成红十字会品牌工作；引入市场运作模式，把救护培训作为红十字会重要的筹资渠道等多方面交流了做法和经验。在救护员教材内容和认真贯彻落实“四统一”工作上达成共识。

4. 赴芬兰、葡萄牙两国红十字会进行考察访问。2004年9月12日至9月22日，原中国红十字会副秘书长汤声闻率领代表团一行7人赴芬兰、葡萄牙两国红十字会就卫生救护有关工作进行考察访问，我部2位分管人员参加。在芬兰和葡萄牙期间，参观考察了两国红十字会有关卫生救护及相关工作。与两国红十字会同仁进行了广泛接触交流，了解两国红十字会富有特色的工作（志愿工作者的组织与发展、救护培训普及与规范、红十字会的市场化经营的理念），顺利完成了考察任务。

（三）社区服务

1. 贯彻总会与民政部联合印发出的通知精神。（1）举办社区志愿服务培训班，为开展社区服务工作打基础。2004年6月8日至10日，在云南省举办首次志愿服务培训班，民政部社区工作专家和有志愿服务工作经验的省市专干授课，参加培训的20个省、区、市40多主管社区服务的人员普遍反映收获不小，并认为红十字会社区服务工作必须从抓志愿者入手。（2）鼓励和指导地方红十字会开展社区服务工作。2004年以来，各地开始把社区红十字服务工作纳入重要工作规划，不少地区红十字会采取参观考察、学习培训、研讨交流等形式推动社区红十字服务工作的开展，先后有江苏、河北、辽宁、浙江等省市召开了社区服务工作研讨会、工作会、现场会。我们借此抓住机会了解情况并给予鼓励和指导，同时宣传和介绍全国好的经验。

2. 开展示范活动推动社区服务工作。2003年总会与民政部联合印发《关于开展全国社区红十字服务示范活动的意见》后，各地结合本地情况研究贯彻落实，21个省（区、市）联合民政厅（局）开展社区红十字服务活动，并开展示范创建和逐级评审工作。“八大”之后，总会社区红十字服务示范活动评审委员会启动有关工作，组成由总会领导带队、民政部专家和有关省市红十字会参加的评审小组，对14个省申报全国示范市、区进行了评审。评审小组按照28条评审标准赴14个省、34个市、区进行考核评审，通过入户问卷调查，街头走访，小组评议、反馈意见、综合结果、召开评审委员会等，完成了阶段评审工作任务。通过评审，推动了各地社区红十字服务工作的开展，促进了省级红十字会之间的学习交流。评审工作得到了民政部有关部门的指导和肯定。

（四）红十字博爱送万家

春节期间，为20个省、市、区的受灾地区和贫困地区的困难家庭“送温暖”，6月份组织开展了东三省慰问“五老”（党员、红军、模范、抗联、工人）活动，受到当地政府和群众的热烈欢迎。全年使用国家彩票公益金项目经费868万元，各省级红十字会配套3715万元，174.3万人从中受益。自9月开始准备2005年送温暖活动，制订方案，为元旦后即开始的送温暖活动创造条件。

（五）艾滋病预防关爱活动

1. 认真落实胡锦涛总书记和国务院领导的指示精神，积极参加国务院防治艾滋病工作委员会办公室会议。2004年，总会向全国红十字会系统印发《中国红十字会关于积极开展预防艾滋病工作的意见》，贯彻国务院通知要求。积极规划和开展预防艾滋病的有关活动，制定中国红十字会预防控制艾滋病五年规划草案。参加全球基金中国CCM会议、中英艾滋病策略支持项目会议和联合会预防控制艾滋病经验交流会。7月11～16日，原中国红十字会秘书长苏菊香带队参加了在泰国举办的第15届世界艾滋病大会，了解目前艾滋病在全球及亚洲地区流行的趋势以及全球对抗击艾滋病的策略和开展的工作，并在大会上介绍中国红十字会开展有关工作的情况。

2. 世界艾滋病日活动。总会、国际联合会东亚地区办事处、湖南省政府在长沙联合举办了“关注妇女，抗击艾滋——红十字在行动”大型主题宣传活动。中国红十字会常务副会长江亦曼、副会长苏菊香、副会长兼秘书长郭长江，湖南省委副书记谢康生以及联合会东亚地区办事处主任亨利，卫生部、团中央、中国人口福利基金会等领导专程到长沙参加宣传活动。江亦曼等和亨利、谢康生专门看望了一位女性艾滋病毒感染者，鼓励她积极抗击艾滋病。之后，还到湖南女子监狱看望了服刑人员和吸毒人员，观看了她们的演出，郭长江讲话，并向她们发放生活用品。此次活动是在原计划突然变化的情况下组织的，时间紧、任务重，在湖南省红十字会的大力支持下，艾滋病日的活动圆满成功。

（六）宣传推动无偿献血、遗体捐献和命名医疗机构

1. 成功召开“世界无偿献血员招募大会”。4月3～7日，由红十字会与红新月会国际联合会、世界卫生组织等国际组织联合举办的国际无偿献血员招募大会在北京召开，近50个国家的180多位红十字会、红新月会和血站的代表参加了大会，中国（包括香港和澳门）的8位代表在大会上介绍了开展无偿献血员招募的经验和做法。我部还组织制作了宣传我国无偿献血和红十字会开展活动的中、英文版本VCD光碟在会议上发放，受到与会代表和联合会的好评。

2. 世界无偿献血员日活动。2004年6月14日是世界卫生组织、红十字会与红新月会国际联合会等国际组织联合倡导的第一个“世界无偿献血员日”，旨在对志愿无偿献血人员表示感谢，号召更多的人加入无偿献血行列。5月，卫生部和中国红十字会总会联合发文，要求在全国范围开展“世界无偿献血员日”的宣传活动。6月14日，卫生部、中国红十字会总会、中国输血协会和北京市血液中心、北京市红十字会联合在北京举行了大型宣传活动。我们还积极开展宣传推动工作，制作完成了无偿献血宣传广告片，并在9月底开始至10月中旬在中央电视台的三个频道连续播出；向全国32个省级红十字会印发32300张无偿献血宣传画。

3. 召开2001～2003年度无偿献血先进单位先进个人表彰大会。10月21日，我会与卫生部、总后卫生部联合在北京召开2001～2003年度无偿献血表彰大会，对为无偿献血做出成绩的先进单位和个人进行表彰。共有4964名个人获得奉献奖、79个省市获得先进省市奖、277个单位和个人获得促进奖、17个部队获得先进部队奖。中国红十字会会长彭珮云、卫生部常务副部长高强及有关部委领导参加大会并为获奖代表颁奖。会后，我会将领导讲话发往全国各地红十字会，要求各地认真学习、领会，依法做好无偿献血工作。

4. 命名“中国红十字会”的医疗机构。4月和9月，总会分别与云南肾脏病医院、山东曲阜医院签署协议，统一挂牌“中国红十字云南肾脏病医院”和“中国红十字会曲阜医院”。至此，中国红十字会挂牌的医疗机构共7个（血站1个）。

（七）围绕中国红十字会百年纪念活动和“八大”开展的工作

1. 成功组织百年展览等纪念活动。2004年我们按照组委会的统一安排，我部承担了展览等有关活动的筹备、联络、组织等工作。与中视翰林广告公司密切合作，投入300多万元，组织了“百年红十字、博爱誉中华”展览、书画笔会、画展、画册编印等系列活动。经过集体的努力，展览如期于5月8～12日在人民大会堂举办，近万余群众参观展览，有的学校还组织了红十字青少年现场救护比赛，收到了宣扬红十字精神，扩大红十字会社会知名度的预期效果。“百年红十字、百家书画情”书画笔会，邀请到100多名书画家参加笔会，获赠书画作品197幅，为红十字会积累一笔财富。8月，在书画笔会的基础上又组织了“百年红十字、博爱书画情”书法美术展览。200余幅作品在炎黄艺术馆展出，得到彭珮云会长和参观者的好评。10月出版发行由彭珮云会长题写书名的“百年红十字博爱书画情”书法美术纪念册。至此，由我部承担的百年纪念活动的大型展览和笔会、展览、出版画册等系列活动圆满完成，活动经费全部依靠募捐解决。

2. 参加“两岸红十字百年精英荟萃”活动。2004年12月19～22日，由香港红十字会主办、澳门红十字会协办的“两岸红十字百年精英荟萃”活动在香港举行。香港、澳门红十字会和大陆上海、北京、南京、广州、龙岩5个城市红十字会以及台湾红十字组织都派人参加活动，彭会长亲临活动现场观看比赛演练，并为优胜队颁奖。通过形式多样的比赛、观摩、讲座等活动，促进了两岸三地红十字同仁的交流合作。

（八）项目管理

1. 彩票公益金项目（1）救灾备灾项目：价值2835万元备灾以及668万元的送温暖物资计划、采购、分配工作，在总会办公室和机关服务中心的密切配合下，已经完成。（2）救护师资培训项目：完成了总会公益金救护师资培训2003、2004年度项目任务，指导各省级分会完成年度项目总结和项目决算的申报。该项目在总会和全国31个省、自治区、直辖市红十字会开展。财政部要求由于2003年受“非典”影响总会本级和12个省级红十字会尚未完成的项目计划和2004年度的任务一并完成。同时又新增总会本级25期培训班。我部克服困难，在东北、华北、华东等六个地区举办了师资培训班，锻炼了干部、培训了骨干队伍，为基层提供了方便，受到了欢迎。全年共举办师资培训班214期，培训师资6850人次以上。该项目年度经费741万元，使用655万元，项目执行率为88%。

2. 改厕项目：在成功和顺利实施了第一期和第二期建设农村生态旱厕项目（以下简称为“改厕项目”）后，2004年又在广西和湖南成功实施了第三期改厕计划。项目总预算为100万欧元（约合1000万元人民币），在广西和湖南两省各修建3700个生态卫生旱厕和两个农村改水工程，整个项目工期为1年。为了保证项目的顺利实施，4月14日召开专门会议，正式启动欧盟人道主义办公室（ECHO）第三期改厕项目。我们在总结前两期项目成功实施的基础上，对项目的实施提出了具体要求，强调加强管理、监督以及与政府部门的合作，争取支持。2004年11月23～27日，欧盟人道主义办公室的代表大卫·希尔先生对湖南益阳市和怀化市的改厕项目进行了实地考察，对项目的实施和所取得的效益给予很高的评价，认为这种合作模式比较理想，应当在中国其他的地方进行推广。

3. 艾滋病项目（1）加强艾滋病项目管理：8月18～20日，中国红十字会在山西太原举办该项目管理会议。北京、上海等16个省级红十字会的代表出席会议，云南、新疆、山西、辽宁、吉林省红十字会在会上介绍经验，各项目省对项目执行情况进行了回顾，交流了经验，提出了许多好的意见和建议。会议进行了专题研讨，介绍了项目管理的逻辑方法，介绍了开展青年同伴教育和如何在艾滋病感染者中以及在吸毒人员中如何开展艾滋病预防宣传教育，对进一步促进项目工作的开展具有重要的意义。（2）与国际联合会的合作：中国红十字会总会与国际联合会共同举办艾滋病预防青年同伴教育核心主持人培训班，北京（2004年10月18～26日）、昆明（2004年12月6～17日），共9个省（直辖市、自治区）红十字会的代表20多人参加培训。（3）与荷兰红十字会合作：在吉林、辽宁两省4个城市6所大学开展预防艾滋病青年同伴教育项目。辽宁省红十字会全年共举办56期青年同伴教育培训班和1期主持人培训班，共1140人参加培训。吉林举办75期青年同伴教育培训班和1期主持人培训班，1520人参加培训。山东、河南开展的联合会支持的青年同伴教育项目，各办了1期主持人培训班，共40人参加培训，两省办班20期，400人参加培训。

4. 血液交流项目（1）继续与香港特别行政区红十字会在黑龙江省两市和贵州省两地区开展无偿献血项目合作进展良好。（2）2004年分别组成总会及地方的7人的无偿献血宣传推动及质量控制交流团赴香港红十字会输血服务中心学习交流；8人组成的血液交流团赴台湾进行了血液交流。（3）根据我会与日本红十字会签署的血液交流计划，5名人员组成的血液代表团计划于2005年1月赴日本红十字会进行血液工作访问。（4）参加了11月15～19日亚太地区血液安全研讨会，我会用多媒体形式介绍了我国无偿献血工作的现状和红十字会开展宣传推动的活动。（5）对香港援建的北京无偿献血室进行监督和管理。为发挥献血室宣传教育的基地的功能，在大学和街道举办献血知识讲座，进行现场咨询和采血活动。共发放《献血知识问答》等宣传册5种，15000余份，进行宣传、咨询，参加者达12000人次；通过了2002～2004年（3年）无偿献血项目款项审计。

5. 挪威红十字会支持的四川甘孜项目：8月15～29日，我部派项目协调员与挪威红十字会的2名项目评估员一同前往甘孜州的4个项目县进行评估。2001～2004年，共接收项目款4082855.80元人民币，其中2004年接收项目款785175.20元人民币，开展各种培训（包括管理干部培训、会计培训、师资培训、艾滋病知识培训、卫生救护基础培训）7期，培训237人次。

6. 红十字紧急救助系统合作项目：该项目与通城广告公司合作实施3年来成绩显著。除商业系统外，2004年重点开发教委系统，建设急救箱4516个，开发各地大专院校共206所，共12个城市参与该项目。通成广告公司项目总投入4548万元，药品折合人民币273万元。项目进行救护员培训2698人次。各地红十字会积极参与，其中天津、广州、西安红十字会与教委、商委已联合发文开展项目；北京、沈阳、大连、成都、上海正在联系沟通联合发文事宜。项目的实施，扩大了红十字会的影响，取得了双赢的效益。

7. 农村社区项目：在香港红十字会支持下，组织江西、河南项目人员到尼泊尔考察农村社区备灾项目，对正在开展的项目工作有很大的促进作用。农村社区备灾项目的开展，不仅为贫困地区解决了部分百姓关心和期盼的问题，而且为项目地区红十字会增加了办公设施，改善了办公条件，锻炼了红十字会干部开展项目工作的能力。由于在开展项目合作中讲效率、守诚信，得到香港红十字会同仁的好评，多次追加经费，扩大项目范围。（1）香港支持的江西、河南、河北项目进展顺利，香港红十字会比较满意。（2）云南综合社区服务项目，已经进行了考察和选点，项目方案正在磋商之中。（3）商讨支持湖北、安徽开展项目。通过项目的开展，促成2市5县红十字会理顺了管理体制，也为项目的实施提供了组织保障。

2004年，我部在加强政治思想作风和业务能力建设上提出了目标要求并为之努力。部门全体人员注重政治理论学习，参加了会内组织的各种政治学习，学习“三个代表”重要思想以及党的十六届三中、四中全会精神，特别是《关于加强党的执政能力建设》的学习，使大家受益匪浅；党支部开展争先创优活动，发挥了战斗堡垒作用和党员的先锋模范作用；我部坚持了部务会、专题讨论等行之有效的工作制度，并着重在提高业务能力和工作质量上下功夫，提倡创新，深入调查研究，高质量完成工作任务和会领导交办的任务。全年部门人员国内出差调研共570天，平均每人2个月的工作日。

在大家的共同努力下，完成了2004年工作任务。我们将再接再厉，在总会党组和执委会的领导下，团结一致、振奋精神、努力工作，使各项工作再上一个新台阶。

（史解放）

赈济处

【职责】

1. 负责红十字会系统备灾救灾工作政策、规章、文件的研究、起草、修改工作，并指导贯彻实施。

2. 负责红十字会系统应对自然灾害等重大突发公共事件应急反应能力建设；根据应急预案的要求，指导、协调各级分会开展针对自然灾害救助等重大公共事件的处置工作。

3. 负责总会备灾救灾工作计划的拟订、实施、监督、管理。

4. 负责拟订总会救灾物资的分配计划和海关罚没物资的协调管理。协助办理境外捐助物资进口的有关手续。配合接受对灾害救助相关工作的审计、检查和监督。

5. 负责红十字会系统备灾救灾信息和网络的规划与管理。

6. 按照分级负责的原则，负责红十字会救灾备灾人员的业务管理培训工作。

7. 负责指导、协调备灾救灾中心的管理工作。

8. 负责红十字会系统备灾救灾工作的考核、评审工作。

9. 承担总会应急工作办公室的日常工作。

10. 完成领导交办的其他工作。

【文件及讲话】

2005年1月2日《关于规范红十字会系统开展对印度洋海啸灾区捐赠活动的通知》（红赈字〔2005〕1号）。

2005年1月3日《关于规范红十字会系统开展对印度洋海啸灾区捐赠活动的补充通知》（红赈字〔2005〕3号）。

2005年1月11日《关于加强印度洋海啸灾害捐款管理的通知》（红赈字〔2005〕6号）。

2005年2月22日《关于印发〈关于印度洋海啸救助活动支持费用使用的规定〉的通知》（红总字〔2005〕2号）。

2005年3月4日《关于上报海关转交侵权物资情况的通知》（红赈字〔2005〕22号）。

2005年6月6日《关于做好2005年洪涝灾害救助工作的通知》。

2005年9月6日《关于印发〈中国红十字会总会自然灾害等突发公共事件应急预案〉》的通知（红总字〔2005〕14号）。

2005年11月3日《关于做好2005年度备灾救灾工作总结的通知》（红办综发〔2005〕39号）。

【项目及活动】

2005年8月11日，中国红十字会通过红十字会与红新月会国际联合会向国际社会发出紧急水灾救助呼吁，寻求5501604瑞朗（4274751美元）的资金、物资或服务，以帮助受灾严重的安徽、广西、湖南、江西、四川等五省（区）的400000名灾区群众，呼吁帮助物资包括食品、棉被、帐篷、净水片等。

1. 2005年9月30日，中国红十字会备灾救灾工作委员会成立并召开第一次会议。中国红十字会副会长、备灾救灾工作委员会主任苏菊香出席会议并讲话。

苏菊香对各位专家学者欣然接受中国红十字会的邀请担任备灾救灾工作委员会委员表示赞赏和感谢，她向委员们简要介绍了中国红十字会的基本情况，并希望各位委员能够竭心尽力地积极为红十字会的备灾救灾工作出谋划策。苏菊香向委员们颁发了聘书。赈济救护部的同志向委员们通报了中国红十字会开展的灾害救助工作情况。会议对委员会的工作职责以及委员会今后的活动方式等进行了讨论。

会上，委员们畅所欲言，表达了自己的感受，并对中国红十字会备灾救灾工作委员会的职责等提出了许多建设性的意见。他们表示，将充分发挥自身优势和资源，在信息资源共享、决策咨询等方面贡献力量。

委员们认为，中国红十字会新一届领导班子坚持在继承中发展、在改革中创新，提出“借助外脑开展工作”的新思路符合社团的发展方向，成立中国红十字会备灾救灾工作委员会十分必要。该委员会作为中国红十字会的参谋咨询机构，主要功能应定位于为中国红十字会备灾救灾工作决策及战略规划制定等提供咨询和参谋。

中国红十字会备灾救灾工作委员会由国家有关部委、科研院所的专家、部分省级红十字会负责备灾救灾工作的同志组成。该委员会的成立将使中国红十字会的备灾救灾工作更加规范化、科学化，更加有利于发挥中国红十字会作为政府人道领域工作助手的作用。

2. 2005年12月26～28日，中国红十字会备灾救灾工作研讨会在广州举行。本次会议共有29个省（区、市）（甘肃、宁夏因故未能参加）红十字会和新疆生产建设兵团红十字会以及14个备灾救灾中心的代表等共计70余人参加。总会赈济救护部部长史解放、机关服务中心主任陈明仁以及赈济救护部赈济处和办公室财资处、综合处的有关同志参加了会议；香港、澳门特别行政区红十字会以及中交物流有限公司、东软网络公司的有关人员也应邀参加了此次会议；广东省部分理顺管理体制的地市级红十字会的同志列席了会议。

会议简要总结了2005年以来总会及各省级红十字会开展备灾救灾工作的情况，通报了国家彩票公益金备灾救灾项目绩效考评的情况，介绍了拟建的中国红十字会备灾救灾信息管理系统，以及《中国红十字会总会灾后重建项目管理办法（初稿）》的起草情况。

6个省级红十字会及香港红十字会的代表在会上发了言，交流了工作经验。湖南省红十字会介绍了他们强化优患意识，增强救灾应变能力，特别是在备灾救灾人力资源培训以及开展社区减灾项目方面的经验；黑龙江省红十字会代表作了题为《依法履行职责，做好救灾工作》的经验介绍，重点以沙兰镇泥石流灾害作为救助实例，突出介绍了在第一时间救助，以及第一次尝试开展心理支持的经验；江西省红十字会在九江地震救助工作中快速反应，总结出了红十字会的救助工作要突出“早、快、实”的特点，以及他们动员志愿工作者参与救灾工作，开展救灾物资发放的经验；上海市红十字会介绍了他们积极开展筹资工作并大力支持兄弟省区市红十字会开展救灾的经验，提出“三个一样”的救助理念，充分展示了国际大都市的胸怀；云南省红十字会作了题为《重视备灾工作，提高救灾效益》的发言，介绍了他们在建立省州（市）两级备灾救灾中心网络，建立省、州、县三级备灾救灾信息管理系统，加强备灾救灾师资培训等方面的经验；广东省红十字会全面介绍了他们今年以来开展灾害救助工作的情况，特别是在探索新路子、不断创新筹资机制方面的经验；香港红十字会从捐助者和受益者的角度分析了捐助者和受益者对紧急捐助的期望，以及如何做好救灾工作评估和反馈等方面的经验。

会上，代表们还就如何做好总会以及省级红十字会应急预案的落实工作、如何规范兄弟省（区、市）之间的救助呼吁、针对彩票公益金备灾救灾项目评估中提出的问题如何加以改进以及如何发挥总会区域性备灾救灾中心和各省级备灾救灾中心的作用等问题进行了分组讨论；会议还重点向代表们征求了对当前救灾工作中使用的13张表格的意见和建议、对红十字会备灾救灾信息管理系统的意见和建议、对海关转交侵权物资的管理和使用中存在的问题和改进意见以及对《中国红十字会总会灾后重建项目管理办法（初稿）》的意见和建议等。

各小组讨论十分热烈，气氛活跃，代表们结合本省实际积极发言，针对备灾救灾工作中出现的问题进行了深入探讨，并提出了很好的意见和建议。代表普遍反映这次会议开得很成功，很受鼓舞，会议给大家提供了一个相互交流和学习的机会，并建议今后多举办这样的研讨。代表们一致认为，应当认清新形势下我们存在的不足以及我们所面临的挑战，增强危机感和紧迫感，加倍努力地工作，以进一步规范我们的灾害救助工作，提高红十字会的整体灾害救助能力与实力。大家还一致认为，目前我们广大备灾救灾干部的工作热情是高涨的，备灾救灾队伍的素质也在不断提高，大家有信心也有能力应对越来越激烈的竞争。

【年度工作】

2005年1月1日，赈济救护部部长史解放代表总会参加民政部关于印度洋海啸募捐工作部署会议。

2005年1月10日，赈济救护部部长史解放等参加外交部召开的印度洋海啸救援会议。

2005年1月14～19日，联络部副部长龚怡怡、赈济救护部赈济处处长杨绪生赴斯里兰卡灾区考察。

2005年1月18～23日，赈济救护部副部长杨会新泰国灾区考察。

2005年31日～2月3日，赈济救护部赈济处杨绪生赴广西参加第三期改水项目竣工及第四期旱厕项目启动会议。

2005年2月23日，赈济救护部部长史解放、机关服务中心主任陈明仁、赈济处处长杨绪生、副处长王志民与中国国际工程咨询公司专家组讨论总会备灾物资仓库可行性研究报告修改意见。

2005年3月1～6日，赈济救护部赈济处处长杨绪生赴香港参加印度洋海啸灾区救助工作总结会。

2005年3月28～29日，赈济救护部与香港特别行政区红十字会就无偿献血、社区服务等项目合作情况举行会谈。

2005年4月26～29日，赈济救护部赈济处处长杨绪生赴澳门参加“两岸及港澳四地救灾工作交流会”。

2005年5月25日，常务副会长江亦曼、赈济救护部部长史解放、赈济处处长杨绪生参加中国城市防灾减灾国际论坛。

2005年5月28～29日，苏菊香副会长等赴江西赣州考察灾情。

2005年6月10～12日，赈济救护部赈济处副处长李庆华等赴湖南省娄底、邵阳进行灾情考察，澳门特别行政区红十字会外事及赈灾部主管王毅耘也参加了考察。

2005年6月22日，苏菊香副会长、赈济救护部赈济处处长王平赴美国驻华使馆接收捐赠10万元，用于中国国内部分水灾地区的救灾工作。

2005年6月22～26日，江亦曼常务副会长、苏菊香副会长、赈济救护部部长史解放、赈济处副处长李庆华、筹资与宣传处副处长王宪赴黑龙江宁安市沙兰镇灾区考察灾情，慰问灾民，开展灾后心理支持救助活动，参加博爱中心小学奠基仪式。

2005年7月1日，江亦曼常务副会长、苏菊香副会长、郭长江副会长，赈济救护部部长史解放、事业发展部部长蓝军、赈济救护部赈济处处长王平听取广西壮族自治区副主席、红十字会会长刘新文，自治区红十字会副会长方南亭汇报灾情。

2005年7月5～8日，郭长江副会长、赈济救护部赈济处处长王平、联合会救灾代表谷庆辉、香港特别行政区红十字会葛思恒赴广西柳州、来宾、贵港、梧州等水灾地区考察灾情、慰问灾民。

2005年7月13日，苏菊香副会长、郭长江副会长、办公室副主任张淑爱、赈济救护部部长史解放、赈济救护部赈济处处长王平、事业发展部筹资与宣传处副处长王宪听取湖南省红十字会常务副会长侯炳文一行灾情及救助工作汇报。

2005年7月18～22日，赈济救护部赈济处副处长李庆华、香港特别行政区红十字会张慧萍、澳门特别行政区红十字会外事及赈灾部主管王毅耘赴四川省广元、绵阳水灾地区慰问及灾情考察。

2005年7月21日，江亦曼常务副会长、苏菊香副会长、郭长江副会长、赈济救护部部长史解放、事业发展部部长蓝军听取内蒙古自治区人大副主任、红十字会会长宝音德力格尔、副会长桂忠的灾情汇报。

2005年7月24～26日，郭长江副会长、赈济救护部赈济处调研员王志民、事业发展部筹资与宣传处副处长王宪赴福建灾区进行慰问和考察。

2005年7月25～30日，江亦曼常务副会长、联络部部长王小华、赈济救护部赈济处处长王平赴内蒙古扎兰屯市慰问灾民、考察灾情。

2005年8月4～9日，事业发展部部长蓝军、赈济救护部赈济处调研员王志民、事业发展部筹资与宣传处副处长王宪赴黑龙江灾区考察。

2005年8月5～9日，赈济救护部部长史解放、赈济处副处长李庆华赴安徽、江苏灾区考察灾情。

2005年8月18～21日，苏菊香副会长、赈济救护部赈济处处长王平、事业发展部筹资与宣传处处长王舒依赴辽宁灾区考察灾情。

2005年8月29日至9月1日，赈济救护部赈济处副处长李庆华陪同联合会救灾代表谷庆辉赴广西检查救灾物资发放情况。

2005年9月8日，中国红十字会2005年水灾国际呼吁协调会在长沙举行。赈济救护部赈济处处长王平、联合会救灾代表谷庆辉，以及湖南、广西、四川、安徽、江西五省（区）代表参加。

2005年9月9～12日，赈济救护部赈济处处长王平赴湖北备灾救灾中心进行工作调研并赴安徽灾区考察灾情。

2005年9月14～17日，赈济救护部部长史解放、赈济处副处长李庆华赴浙江台州灾区考察灾情。

2005年9月15～17日，赈济救护部赈济处处长王平陪同香港特别行政区红十字会总监胡郭秀萍赴四川发放救灾大米。

2005年9月20～22日，赈济救护部副部长雷淑敏陪同澳门特别行政区红十字会有关人员赴安徽考察灾情。

2005年9月23～25日，赈济救护部部长史解放陪同澳门特别行政区红十字会有关人员赴黑龙江考察灾情。

2005年9月28～30日，赈济救护部部长史解放、赈济处副处长李庆华赴海南考察灾情。

2005年9月30日，中国红十字会备灾救灾工作委员会成立并在北京举行了第一次会议，苏菊香副会长出席并讲话，各位委员参加了会议。

2005年10月15～18日，赈济救护部赈济处副处长李庆华等赴山东考察灾情。

2005年10月19～25日，总会原办公室主任袁天义、赈济救护部赈济处王志民调研员赴安徽调研。

2005年11月28～29日，赈济救护部赈济处处长王平赴江西考察地震灾情。

2005年12月3～4日，赈济救护部赈济处王志民调研员赴广州市红十字会讲课。

2005年12月18～21日，苏菊香副会长、办公室离退休干部处处长董永红、赈济救护部赈济处副处长李庆华赴内蒙古开展“红十字博爱送万家”活动。

2005年12月26～28日，中国红十字会备灾救灾工作研讨会在广州举行，赈济救护部部长史解放、赈济救护部赈济处处长王平、副处长李庆华等参加。

（李庆华）

救护与献血推动处

【职责】

1. 负责研究、拟定红十字会系统卫生救护等方面工作的政策性文件，并指导实施。

2. 对红十字会系统卫生救护等方面业务工作进行培训、考核、评审，负责收集整理有关信息。

3. 普及卫生救护知识，推动和指导现场的、群众的、初级的卫生救护培训工作。在重大自然灾害和突发事件的救护救助活动中，组织、动员广大红十字会员、救护员和群众进行现场自救互救。

4. 依法参与无偿献血事业的宣传与推动；和政府有关部门组织表彰活动。

5. 按照红十字国际委员会的要求，遴选南丁格尔奖章候选人，并组织颁奖活动。

6. 协助政府积极开展预防和控制艾滋病宣传教育工作。

7. 负责红十字（会）医疗机构的审核、

命名工作。

8. 参与同人道主义相关的卫生、保健、救护项目，推动遗体（器官）捐献工作。

9. 归口联系中国造血干细胞捐献者资料库和总会训练中心的有关业务工作。

10. 完成领导交办的其他工作。

【年度工作】

2006年“救护与献血推动处”认真围绕中国红十字会的中心工作和赈救部及本处年度工作计划积极开展工作。依法履行职责，开展“卫生救护培训”实施彩票公益金项目和落实15部门文件提出的要求；“推动无偿献血”；“宣传预防艾滋病”；“红十字医疗机构管理”等项工作。一年来，全处人员认真贯彻落实“三个代表”的重要思想，和十六大的精神，注意提高全局意识、服务意识，树立“团结、紧张、严肃、活泼”的工作作风和科学态度，认真完成了今年的各项工作任务。

一、卫生救护

在红十字会多年来救护培训工作的基础上，进一步调查了解情况，确立工作重点，认真完成今年的救护培训项目任务。尤其是国家彩票公益金救护培训项目实施以来，对中国红十字会救护工作起到了极大的推动作用。各地红十字会认真落实文件精神，争取当地有关部门的支持，积极实施彩票公益金项目，开展救护培训，救护培训工作有了显著发展。近几年来，中国红十字会年度救护员培训数量均超过250万以上，达到了“15部门文件”的要求，“救护普及人数达到当地人口总数的0.5～1%”，“救护工作开展的比较好的省、市、自治区及省辖市和一些行业中达到每150～300人中有一名经培训合格的救护员”的目标任务要求。

1. 发挥总会培训中心应有的功能和作用。

根据2005年救护工作计划安排，将国家彩票公益金救护师资培训项目交由总会训练中心执行。对于充分发挥训练中心职能、加强中心建设、锻炼和建立总会救护培训的师资队伍有重要的意义。今年来，执行2004年项目计划14班次、2005年项目计划22班次；参加培训1150人次；执行项目经费144万元。

2. 为贯彻落实“十五部门文件”精神落实“四统一”的要求，编写了全国救护员培训统一教材。根据各地分会的意见和会领导的指示精神，结合中国红十字会开展救护培训的实际情况，我们进行了认真的讨论研究，统一了思想，调整了教材的编写内容和思路，编写适合中国国情的、易于操作的中国红十字会统一救护员培训教材。在救护培训任务及其繁忙的情况下，组织有关人员召开编写工作会议，落实有关任务要求，印制了“救护员教材”教材，各地红十字会纷纷征订。继中国红十字会师资培训教材、教学计划、考核标准、统一发证工作实现“四统一”后，争取尽快实现中国红十字会救护员培训工作包括统一发证在内的“四统一”。

3. 彩票公益金救护师资培训项目工作。

今年继续实施彩票公益金卫生救护师资培训项目。完成了总会公益金救护师资培训任务，指导各省级分会完成年度项目总结和项目决算的申报。

此项目在总会和全国31个省、自治区、直辖市红十字会开展。由于2003年受非典影响，2004年度的部分任务延续到2005年继续实施。截至目前，共举办师资培训班232期，培训师资7400人次以上。

积极了解各地培训情况，向总会及财政部反馈信息，积极申报下周期（2005 年～2010 年）彩票公益金项目计划，项目书得到财政部专家评审组的一致通过。

——重要意义

一是国家对中国红十字工作的支持

二是项目是落实 15 部门文件的大好时机

——开展项目是对救护培训工作的大力推动。

4. “五八”红十字日、世界急救日活动及救护工作调研。

在今年的五·八红十字日，中国红十字会与北京市红十字会共同在北京第二中学举行救护演练及自救护救技能的现场表演宣传活动。

9 月 10 日，总会在南京举办“世界急救日”活动。活动后有关人员在江苏和安徽进行工作调研。

中国红十字会首次举办以救护为主题的纪念活动，南京市红十字会积极筹备，将“迎十运”全市的救护比赛与“世界急救日”活动结合起来，9 月 10 日在南京市中山门市民广场举行系列的活动。十几组场地同时进行比赛、示范演练、授旗、颁奖。整个活动内容丰富多彩，收到良好的社会反响。

江苏和安徽两地的救护培训工作各有特色，江苏省的救护培训工作多年来开展势头良好，南京、昆山、扬州、无锡等地得以驾驶员为主的培训经多年的努力，已经得到政府有关部门的认可，培训工作开展顺利。南京市红十字会开展培训工作仅一年多的时间，就用收入的 600 万元，买到中山门附近的 1000 多平方米的楼房作为救护培训中心；扬州市红十字会用救护培训的收入建成了 930 平方米的培训中心，购置了教具、设备；无锡市红十字会用培训的收入全部偿还了建培训中心的贷款。安徽省合肥市红十字会 1994 年抓住人大执法检查的时机，重点就红十字会培训工作提出建议，得到人大代表的高度重视，经努力在《合肥市道路交通管理规定》第十三条中规定“学习机动车驾驶人员参加专业培训时，必须通过驾驶测试和卫生救护培训，对已经取得驾驶证的机动车驾驶员，应当进行卫生救护培训。”在全国第一个出台的地方法规，对卫生救护培训工作以重要的支持（详见附件）。

5. 举办总会机关、直属单位人员的救护员培训班。8 月下旬机关统一安排举办 3 期救护员培训班，对总会机关人员和直属单位 98 人进行救护员课程的系统培训，通过理论课和实际操作克的学习和实践，参加培训人员全部考试合格将拿到总会颁发的救护员证。

6. 筹备全国卫生救护工作会议。

总计计划在 2006 年 6 月与卫生部联合召开“全国卫生救护工作会议”起草的“会议筹备计划方案”已经会长办公会议通过，筹备工作已经开始进行。

二、宣传推动无偿献血工作

中国红十字会根据《中华人民共和国红十字会法》和《中华人民共和国献血法》赋予的职责，在协助政府参与宣传推动无偿献血事业工作中起到了重要的作用。同时执行总会与日本红十字会、香港特别行政区红十字会签署的无偿献血合作交流项目。

1. 举办中国红十字会无偿献血员招募培训班。

由香港红十字会和由红十字会与红新月会国际联合会支持的中国红十字会无偿献血

员招募培训班分别在新疆和海南举办，总会和各分会的代表、香港特区的代表120人参加培训。

2.“世界献血员日”宣传活动，对志愿无偿献血人员表示感谢，号召更多的人加入无偿献血行列。中国红十字会总会及各地分会在全国范围开展“世界无偿献血员日”的宣传活动。2005年6月14日，卫生部、中国红十字会总会和北京市血液中心联合在北京举行了大型宣传活动，邀请在京献血状元、学校和单位的献血先进代表等参加了此次活动。

3. 积极开展宣传推动工作。

制作完成了无偿献血宣传广告（两块大型宣传广告牌、两辆106路公交车广告、地铁广告10块）收效良好。

4. 积极开展多边双边的血液项目交流。

继续与日本红十字会开展无偿献血项目交流合作；黑龙江省两市和贵州省两地区无偿献血项目顺利进行。总会和香港特别行政区红十字会完成了两省的评估督导。

根据我会与日本红十字会签署的血液交流计划，今年8～9月选派地方红十字会和血液中心的3名技术及管理人员，并有英语语言基础的人员赴日本进行为期1个月的业务学习。

三、艾滋病宣传预防工作

1. 世界艾滋病日活动。

2005年“世界艾滋病日”，总会、铁道部、卫生部联合举行针对流动人口的“遏制艾滋，履行承诺”为主题的“红丝带神州行—预防艾滋病列车宣传活动”。11月29日在北京火车站进展大厅举行宣传活动启动仪式。全国人大常委会副委员长、中国红十字会名誉副会长韩启德，全国政协副主席、中国红十字会名誉副会长黄孟富，中国红十字会会长彭珮云，常务副会长江亦曼，铁道部副部长彭开宇，卫生部副部长王陇德参加启动仪式。中国红十字会副会长兼秘书长郭长江，以及联合会东亚地区办事处、中国科协、中华红丝带基金会的代表参加活动。北京市大学400多名学生青年志愿者到活动现场，倡导反对对艾滋病感染者及病人的歧视，宣传预防艾滋病知识。活动现场设有展板、咨询台，发放宣传品。

30日，全体参加宣传活动人员登上北京至乌兰巴托的国际列车，开始对第三次国际列车的旅客进行预防艾滋病的宣传活动中国红十字会常务副会长江亦曼以及中国红十字会宣传预防艾滋病形象大使关牧村参加列车的宣传。当晚，中国红十字会和蒙古国红十字会在二连浩特举行了列车宣传活动的主题晚会。两国红十字会专职干部和中国铁路文工团演出了以预防艾滋病为主体的文娱节目，活动收到了很好的效果。

2. 中国红十字会总会在山西和安徽举办全球基金艾滋病预防青年同伴教育项目培训班，山西（2005年8月21～25日）安徽（2005年8月26～30日）。两省的大学生代表50多人参加培训。

3. 制定和印发《中国红十字会预防控制艾滋病工作规划》规划在制订过程中多次广泛征求各地分会、各捐款国、联合会东亚办事处、国艾办及各组织机构的意见。“规划”是中国红十字会充分发挥自身的优势，在人道领域做好政府的助手，在预防控制艾滋病领域充分发挥作用的重要文件。

4. 12月下旬在黑龙江召开中国红十字会省级艾滋病规划制定辅导班及项目管理研讨会，全国31个省级分会派员参加会议，国艾办、全球基金、中英项目办、荷兰项目代表参加会议并在会议上讲课或做研讨的辅导，会议对推动各地分会制定本地区规划和做好艾滋病预防宣传工作中起到了积极的作用。

四、组织南丁格尔奖颁奖仪式

经过筛选申报国际联合会，批准我国5人获得护理界最高荣誉奖——南丁格尔奖。6月在北京人民大会堂举行第四十届南丁格尔将隆重的颁奖仪式，中国红十字会名誉会长、国家主席胡锦涛同志为获奖者颁奖，颁奖大会成为中国红十字会和我国护理界一次盛会。

五、开展健康救心行动

2005年7月28日，中国红十字会总会与武警总医院联合开展的“扶贫救心——红十字在行动”活动在北京正式启动。全国人大副委员长、中国红十字会名誉会长韩启德出席启动仪式。此次活动向每名贫困患儿资助7000～15000元，受资助的第1批共5名患儿当天下午接受了手术和介入治疗。活动自6月总会向开展活动的10个省（市、自治区）红十字会印发通知，7月28日启动至今，共有120名患儿成功接受手术治疗，红十字人道博爱精神在社会影响深远，深受群众欢迎。

六、成立健康促进委员会

为发展红十字事业，引进外脑开拓工作领域，使红十字会充分发挥政府助手作用，通过广泛征求意见，于10月28日召开中国红十字会全民健康促进工作委员会第一次会议，苏菊香副会长参加会议并讲话，来自卫生部、公安部、安全生产监督管理局、中国性病艾滋病预防协会和总会有关人员等17位委员参加会议。工作委员会将在卫生救护、无偿献血、预防艾滋病、命名红十字医疗机构管理、“新农合”、社区工作等领域发挥作用。

七、积极开展预防禽流感的宣传活动

2005年禽流感疫情在东南亚及我国有关省份发生后，中国红十字会根据红十字会宗旨及自身特点，积极协助政府开展预防禽流感工作。根据农业部防控高致病性禽流感应急实施方案，“预防为主，群防群控”，“加强防疫知识的宣传，提高全社会防范意识，依靠群众，全民防疫，动员一切资源，做到群防群控”的精神，中国红十字会一如既往依照《中华人民共和国红十字会发》赋予的职责，积极宣传防病知识，发挥红十字会特有的优势，动员广大会员和基层组织，在预防禽流感中发挥作用。及时与农业部防控禽流感指挥部、卫生部应急办保持联系，积极争取支持，保证信息的畅通。动员总会、各地分会、广大基层组织会员，积极响应党和国家的号召，做好一切准备，在疫情到来之时积极应对。并与美国红十字会积极开展项目合作，制作宣传画、宣传折页发放到全国农村及社区、流动人口人群中，宣传预防禽流感生活常识。目前，宣传画一万、折页十万正在印制中，准备在春节前发到北京、四川、新疆红十字会。

八、问题和对策

（1）虽然《红十字会法》赋予中国红十字会救护培训的职责，但中央和各地都没有配套的、易于操作的法规出台和相关的政策支持。在实际操作中存在一定的难度如：各地的驾驶员培训是与公安、交通部门的支持进行的。国家“行政法”出台以后，有许多地方把救护员培训作为乱收费的项目予以取缔，给工作的开展带来困难。

建议针对救护培训的有关政策，发挥地方和总会的积极性，向政府有关部门争取相关政策的支持，从根本上解决问题。

（2）各地都重视救护员的培训工作，但存在一些问题如：课程和授课时间从4学时到24学时不同，同时课程设置授课质量也有不同。总会提出的“四统一”要求受各地政策、收费标准、场地条件的限制执行中有困难。师资培训项目为各地培训了师资，统一了教材，但是救护培训工作中大量的细致的业务工作需统一标准、统筹规划指导，如教材的更新、教学组织的交流、授课技术方法的研究、实操技术技巧的掌握等。应吸取国外先进经验，建立救护培训的指导机构，统筹培训、教学、具体事务。

（3）2008年北京将举办奥运会，吴仪同志根据红十字会国际联合会与国际奥组委的合作以及各国红十字会参与本国奥运会的惯例，指示我会与奥组委探讨有关合作事宜。彭珮云会长曾给刘淇同志专门写信，商谈关于设立红十字志愿服务站、开展对奥运志愿者、重点行业人员和普通市民的初级卫生救护培训及宣传奥运和红十字精神，提供志愿服务等项合作事宜。中国红十字会积极与有关部门联系争取支持，在北京和有奥运赛事任务的城市开展有关救护培训等项迎奥运的工作，同时推动当地的救护培训工作，争取有关政策等工作的开展。

（4）初级卫生救护培训进社区工作收基层组织经费的困扰。建议将红十字会初级卫生救护培训工作纳入社区卫生服务体系中，资源共享，充分利用社区卫生服务的平台，推动群众性初级卫生救护培训，使其发挥更大作用，为推动全民健康服务。

（5）根据国际红十字运动章程规定，各国红十字会具有在灾害和突发事件发生时紧急救援的职责。过去，我们在这方面比较薄弱，中国的医疗机构在政府部门管理，中国红十字会参与国内外的紧急救援工作受限。随着我国国际影响日益扩大，中国红十字会应更加积极参与国际事务，且我国是一个灾害高发的国家，救助任务很重。为进一步发挥红十字会法的独特优势，依托北京、上海的几家中国红十字会冠名的大医院，组建“中国红十字会紧急救援队”。平时在各自的岗位从事工作，红十字会组织有关培训。一旦有突发事件发生能在第一时间组队，派出到现场参加救援救助。

6. 根据中国红十字会在我国无偿献血中的地位及目前现状，认真总结开展无偿献血项目以来的情况，规划今后开展此项工作的尺度；根据中国红十字会在我国预防控制艾滋病工作中的地位作用，认真履行《规划》的职责和目标，积极争取项目开展预防艾滋病宣传工作。

（赵振岗）

社区服务处

【职责】

1. 负责拟订社区服务工作管理制度、规划方案等政策性文件并组织贯彻实施。

2. 负责社区服务工作的调研、培训、表彰、交流和资料、信息的收集整理工作。

3. 负责指导和推动地方红十字会组织会员和志愿工作者开展社区服务工作。

4. 会同有关部室开展社区募捐、卫生救护培训、宣传无偿献血和艾滋病预防工作，为弱势人群提供救助和服务。

5. 深入地方红十字会进行调查研究，

指导和推动各级红十字会开展“红十字关爱进社区”工作。

6. 组织红十字会系统社区服务工作经验交流，推广典型，指导开展创建社区红十字服务示范市、区活动。

7. 组织开展“红十字博爱送万家”活动。

8. 组织开展红十字会参与新型农村合作医疗及医疗救助试点工作。

9. 推广中国红十字会少儿住院医疗互助金工作

10. 完成领导交办的其他工作。

【文件及讲话】

与民政部联合印发《关于开展社区红十字服务工作的通知》（红赈字〔2002〕100号）、

与民政部联合印发《关于开展全国社区红十字服务示范活动的意见》（红赈字〔2003〕43号）

【项目及活动】

1.“红十字博爱送万家”活动。“红十字博爱送万家”活动是中国红十字会对困难群众进行人道救助的一个品牌项目。这项充分体现“三个代表”重要思想和弘扬“人道、博爱、奉献”精神的活动,已经遍及全国,对数十万户困难家庭给予了帮助。中国红十字会自1999年开始,已连续7年开展“红十字博爱送万家”活动。其中5年由红十字会自筹资金,2003年开始得到国家彩票公益金的支持,救助力度明显加大,受益人口增加,收到了良好的社会效果。7年来,全国各级红十字会募集资金1.97亿元,得到国家彩票公益金支持1668万元,使107万贫困家庭、429.56万人口受益。7年来,各级红十字会深入贫困地区,足迹遍及城市、乡村、革命老区、少数民族地区、海岛和矿山。从中国红十字会会长彭珮云,到各级红十字会的领导都分别深入到困难群众中间,用实际行动践行了“三个代表”重要思想,把党和政府的关怀,把红十字“人道、博爱、奉献”的精神送到了受助困难群众心里。

2. 全国社区红十字服务示范市、区评比表彰活动。为了开展具有红十字特色的扶危助困、便民利民活动，把红十字关爱送进社区，充分发挥红十字会的救灾、救护、救助等人道主义服务作用，使社区红十字服务工作能够广泛、深入、扎实、持久地开展下去，中国红十字会总会和民政部联合印发《关于开展全国社区红十字服务示范活动的意见》（红赈字〔2003〕43号）文件，各地红十字会按照文件精神，积极开展创建社区红十字服务示范市、区活动，经过全国社区红十字服务示范市、区评审委员会严格评审，有6个市、47个区被命名为第二批全国社区红十字服务示范市、区。

3. 香港红十字会援助农村社区备灾项目。为增强农村社区群众备灾意识；掌握备灾知识；提高备灾救灾能力；推广农村社区备灾项目寻求有效途径，香港红十字会从2003年起在江西、河南、河北3个省6个县开展农村社区备灾项目，2006年又援助了云南省开展此项目。已援助资金700余万元，为项目县的村民修建饮水井、提排站、救助站、兴建农田灌溉工程等。

【年度工作】

1. 4月18日，在北京召开少儿住院医疗互助金工作研讨会。中国红十字会常务副会长、总会党组书记江亦曼、副会长苏菊香出席了会议，彭珮云会长委派秘书陆慧丽听会。北京市、上海市、河北省红十字会领导，总会有关人员及全国政协、劳动与社会保障部、全国妇联等有关部门领导，清华大学、北京大学、中国人民大学、北京市政协有关专家和新华社、人民日报社记者共25人参加了会议。

2. 6月25日～7月1日，总会组织21个省、区、市红十字会及新疆生产建设兵团红十字会、澳门特别行政区红十字会赴西藏开展“红十字博爱送万家”活动，并参加西藏自治区红十字会成立25周年活动。共支持西藏自治区红十字会150万元及价值190万元的物资。

3. 11月17～18日，召开中国红十字会参与新型农村合作医疗和医疗救助试点工作座谈会。来自18个省和25个试点县的近70名代表出席了座谈会。彭会长、江亦曼常务副会长、苏菊香副会长出席了会议并在会上讲话。代表就如何发挥红十字会的作用，配合政府开展新型农村合作医疗及医疗救助试点工作进行了研讨。会议还组织代表参观了韩村河。

4. 10月份，对申报全国社区红十字服务示范市、区的14个省的7个市、49个区进行评审、考察。经过评审和公示，确定6个市、47个区达到示范市、区的标准。并在八届三次理事会上进行表彰。

5. 12月5日～16日，组织部分被评为示范市、区的省、区、市红十字会有关人员15人，赴新西兰、澳大利亚红十字会，学习考察有关社区服务工作。

6. 为18个省25个总会支持的新农合试点县拨付新农合试点县启动资金25万元。

7. 为15个省19个总会支持的新农合试点县发放价值500余万元的保健品和医疗器械。

8. 与北京市慈善协会合作开展扶贫项目，根据李春平捐赠意愿，用100万元为延庆县三个村各打一口井，解决农民饮水问题。

（章红梅）

事业发展部

【职责】

1. 根据国家有关法律法规，拟订指导中国红十字运动的方针、政策和规划草案；

2. 研究国际、国内红十字运动发展史和国内各项工作发展方向；

3. 负责指导总会和地方分会传播红十字运动基本知识；

4. 为发展中国红十字事业争取有关政策；

5. 指导地方分会的组织发展和志愿工作者队伍建设以及会费收缴和管理工作；

6. 负责指导红十字青少年工作；

7. 拟订红十字会系统干部培训计划并开展培训工作；

8. 负责中国红十字会的宣传工作，配合各项业务开展宣传活动；

9. 筹划组织全国性大型募捐和筹资活动；

10. 拟订总会与以红十字（会）名义命名和使用红十字会无形资产的有关机构的合同或协议，维护红十字会权益。指导地方分会兴办符合红十字会宗旨的实体；

11. 归口联系中国红十字会总会报刊社的有关工作；

12. 完成领导交办的其他工作。

【概述】

2005年以来，在总会党组和执行委员会的正确领导下，我们事业发展部坚持以邓小平理论和“三个代表”重要思想为指导，深入学习贯彻党的“十六大”、十六届四、五中全会精神和“八大”会议精神，在部里全体同志的共同努力下，紧紧围绕“2005年工作会议”确定的着力抓好的工作，统一思想、凝聚力量、振奋精神，切实履行职责，圆满完成了2005年工作计划，各项工作取得了可喜的成绩。

（一）强化服务意识，提高工作水平

一年来，事业发展部根据部内各处的实际情况，按照会领导的要求，大力加强年初提出的加强理论学习，养成良好工作作风的目标，组织全部人员认真学习机关业务工作知识，使每个同志熟悉公文写作知识，提高文稿质量。为了使本部门的公文处理工作更加规范化、制度化、科学化，提高公文处理的效率和质量，我们进一步完善了办文流程，强调提倡第一责任人的作用，使部门文件材料的质量有了很大程度的提高。

（二）提高职责意识，高效完成任务

2005年，事业发展部紧紧围绕中国红十字会2005年工作会议确定的工作要点，根据部处职责，脚踏实地贯彻落实，积极开拓创新，圆满地完成了各项工作任务。

1. 政策法规处完成工作情况

（1）参与筹备2005年工作会议。完成了工作报告、2005年度工作要点、彭会长讲话、闭幕式总结讲话的起草工作。会议结束后及时编印了文件汇编发到各省、自治区、直辖市红十字会指导各地工作。

（2）推动理顺管理体制工作。6月21～23日召开了《中国红十字会理顺地市级红十字会管理体制座谈会》。起草了领导讲话、会议总结讲话、座谈会纪要，整理了27份理顺红十字会管理体制参阅文件，选定修改了10份会议交流文件。提出了“2007年底之前力争基本理顺地市级红十字会管理体制，再经过两年的探索，明确县级理顺红十字会管理体制的模式，到中国红十字会第九次全国会员代表大会召开前，建立起完整的中国红十字会的组织机构体系。”的要求和目标。会后印制了文件汇编以指导地方红十字会工作；代会领导拟写给有关地市红十字会所在地的市委书记或市长的信函。整理、统计地市级红十字会理顺管理体制的最新进展情况。跟踪反馈情况。

（3）普法、执法工作。5月份布置了“四五”普法验收工作，根据全国普法办的要求，制定了验收方案，向全国发出了验收通知。

10月份布置了“四五”普法总结工作，拟起草2001～2005普法总结，报司法部；

“12.4”普法日前夕，向各省、自治区、直辖市红十字会下发了《关于开展“12·4”法制宣传日活动的通知》，布置在全国红十字会系统广泛开展“12.4”法制宣传日活动的有关工作。

根据国务院修改《社会团体管理条例》的情况，为了解决长期影响地方红十字会的登记和管理一事，与国务院法制办政法司、中编办一司、民政部政法司进行了多方面的联系，向中编办、国务院法制办、民政部报送了《关于红十字会免于社团登记和年检情况说明的函》。

与法律顾问续签纠正滥用红十字标志的委托函，继续查处社会上滥用红十字会标志的违法行为；承担了在方红十字会法律法规和有关政策方面的咨询工作。

（4）全国政协考察北京市红十字会工作。10月10日，配合全国政协社会和法制委员会开展了考察北京市红十字会工作的活动。起草了会领导的汇报讲话，对北京市红十字会的汇报材料进行了修改，对市红十字会的准备工作进行了指导。24 名全国政协委员在周铁农副主席、伍绍祖副主任的带领下，考查了北京市西城区德外街道红十字会博爱商店、干细胞捐献者北京管理中心、北京市红十字会少儿住院基金宣武报销大厅，听取了总会、北京市红十字会的工作汇报。全国政协社会法制委员会出了专门委员会简报。

11 月 29 日～12 月 6 日，将配和全国政协社会和法制委员会对四川省贯彻红十字会法和红十字会在构建和谐社会中发挥作用情况进行调研。

（5）理论研究及调研工作。10 月 17 日，成功组织和筹备完成了首届“中国公益事业与构建和谐社会”高层论坛，研究和讨论了中国公益组织在构建和谐社会中的作用。该论坛总会没有投入经费，全是由公司筹措，会同总工会、共青团、全国妇联、中国残联、中国宋庆龄基金会、人民日报社共七家单位联合主办。完成了会议策划方案、大量的联系信函、会领导讲话、会议日程、邀请领导和佳宾、会议展览、会议主持词等工作。论坛经媒体广泛报道，在我国公益事业领域和理论界产生良好影响；

对中国红十字会历史上第一任会长进行研究和考证。对中国第一历史档案馆、国家图书馆、中国社会科学院历史所三家研究单位进行了咨询，确定国家图书馆为研究单位，并与之签订了课题研究协议，已经出了研究成果；10 月底参与了中国科协组织的关于人民团体在政府职能转变中的作用的课题会，正在对规定的两个课题进行研究。起草了中国红十字会的主要工作及面临的挑战；6～9 月开展了工作调研。参加江会长北京调研组的调研，对北京市红十字会干细胞管理中心、少儿住院基金两个直属单位，清华大学、首都医科大学、中关村中学、展览路一小四所学校，通州、西城、宣武、怀柔四个区的红十字会工作进行了调研，基本了解了北京市红十字会的工作情况。写出了调研报告。

（6）召开农村工作座谈会。10 月 21～22 日筹备召开了《中国红十字会农村工作座谈会》。起草了农村红十字会工作报告，会议总结讲话，整理了会议参阅文件，修改了 8 份大会发言材料，准备了 32 份书面交流材料。协助山东青岛市红十字会进行了会务的准备工作，使会议取得圆满成果。会后印发了彭会长、江亦曼常务副会长的讲话。

（7）其他工作。6 月初，完成了 6 份全国人大代表、政协委员提案、建议的回复工作；11 月向全国政协报送 2005 年政协提案；7 月 11 日，完成了江会长参加清华大学 NGO 研究所举办的国际慈善学者会议的联系、致辞等文件的起草等工作。

7 月 12 日，完成了南丁格尔表彰大会获奖者代表、护士代表发言稿的起草，得到领导肯定；编印、发行《中国红十字会第六届、第七届理事会主要文件汇编》，并发放到全国红十字会；起草了多篇会领导参加地方红十字代表大会讲话稿及给地方红十字会代表大会的贺信。

起草加入国务院新型农村合作医疗部际联席会议成员单位的请示。

2. 筹资宣传处完成工作情况

（1）海啸救援工作。向各地分会发通知，号召全国红十字会系统积极行动起来，开展募捐工作。向各部委、国务院直属局办、中直机关各单位等 90 余家单位发呼吁书或请求帮助的函。向百强企业发呼吁书，留联系电话和联系人，并不断追踪，效果很好。联系各大媒体发呼吁书，并与中央台 4 频道协商在我会一楼设直播点。组织开展大型活动，掀起募捐高潮。我们在很短的时间内共举办大型义演、义赛 4 场。取得了很好的宣传和筹款以及推动筹款的效果。适时召开捐赠仪式，宣传企业善举，带动社会捐赠。筹备组织新闻发布会，表彰大会。参与救灾组、重建组工作。根据会领导指示，征求部分企业意见，调整海啸救援款用于国内救灾和巴基斯坦救灾（1800 多万元）；和国美电器合作开展“海啸孤儿阳光中国行”活动；收集素材指导海啸救援画册和光盘的制作。

（2）“五八”活动。明确主题，向全国发出通知。5 月 1～8 日在中央电视台登公益广告达 41 次；5 月 8 日在北京市二中举办自救护救主题活动；5 月 9 日在北京红十字血液中心与完美公司合作开展“百城千店万人无偿献血活动周启动仪式”。印制宣传折页。

（3）南丁格尔奖章获得者先进事迹宣传。征集报告文学 43 篇，举行巡回报告活动 3 场。给中宣部等主办单位报文字报告和报告会录像光盘。收集制作媒体报道资料汇编。向各主办单位提交总结报告。

（4）筹资工作委员会和宣传工作委员会会议。7 月 14 日举办了筹资工作委员会会议。举办了宣传工作委员会会议。

（5）字画变现工作。利用各种方式对字画进行估价（拍卖行、公司等），策划多种方案（拍卖、义卖、捐赠），对字画进行分类。

（6）合作项目。“心灵阳光”活动进展顺利，签署新的合作协议，举办国际研讨会和李连杰系列讲座。“健康援助”项目一年协议结束，督促总结，查找问题，商谈新的合作协议。引进“健康饮水进社区”项目，并转到社区处实施。

（7）积极争取手机募捐号开通。与服务商签署合作协议。争取年内与 4 个运营商签协议，使用 1 个号码（9993）。与财政部、国家税务总局商议免税事宜。

（8）配合国内救灾工作。发新闻稿多篇。协商、办理平安保险公司为总会赴灾区人员赠送意外伤害保险。参加总会赴灾区考察组赴湖南、黑龙江、广西、福建等省考察。

（9）中华慈善大会。参加中华慈善奖推荐评选工作，大量收集地方红十字会材料，整理分类并积极争取。为中国慈善大会提供文字、图片、录像资料和慈善家事迹等材料。布置大会展版，推荐受益人，参加评委工作。

（10）筹备宣传工作会议。起草修改宣传工作指导意见和领导讲话稿。

（11）处理“红十字背后”电视剧侵权事件。通知广电总局“红十字背后”电视剧侵权，与三家单位联系纠正、索赔的前期事宜。

（12）与建设银行多次协商洽谈合作开办“红十字龙卡”事项。

（13）参与制作清华国际慈善学者会议、国际减灾大会的展览图板。开发制作宣传品。筹备红十字之友联谊会。举办记者招待会。解除对中国国际报告文学研究会授权。

3. 组织与青少年处完成工作情况

（1）志愿服务。

1 月，在印度洋海啸募捐工作中，担当

了总会各部门与此有关的各项活动的志愿者招募及管理工作，先后共组织来至中国林业大学、青年政治学院、北京工商大学、北京工业大学、中央财经大学、首都经贸大学、中国农业大学、桂林理工大学和南京东南大学等9所高校150人次，直接参与到总会的这次工作中；

4月，在印度洋海啸表彰大会上，组织共青团中央青年志愿者工作部、北京林业大学、中央财经大学、中国青年政治学院、首都经贸大学在志愿服务方面工作出色，得到总会的表彰；6月，为贯彻落实《中国红十字事业2005～2009年发展规划》，加强志愿服务工作。向地方红十字会，铁路、商业系统红十字会发出了“关于征求对《关于进一步推进红十字志愿服务工作的意见》修改意见的通知”；11月，与北京汇华英才信息咨询有限公司接触联系美国学生赴我会进行志愿服务事宜。担当各处室志愿者招募工作，先后为赈济处、双边处、政策法规处招募了志愿工作者。

(2) 会费收缴。

6月，为贯彻落实《中国红十字事业2005～2009年发展规划》，加强组织建设工作，地方各级红十字会下发了“关于征求对《中国红十字会会费管理办法》修改意见的通知”；11月，向22个未缴纳会费的省、自治区、直辖市下发了《关于2005年度会费收缴的通知》，要求各地本着实事求是的原则，按时向总会交纳会费。

(3) 组织发展。

2月，组织完成了2005年全国工作会议上，12个经验交流省市的材料收集和整理工作；3月，完成了《中国红十字会历史资料选编》的编辑、出版和发行工作；10月，同中国建设银行接触商谈中国红十字会与中国建设银行战略合作协议，为中国建设银行成立行业系统红十字会打下了基础。完成了山东省调研报告和浙江省调研报告。参与总会年鉴的编写。依据《中国红十字会关于对捐赠者表彰奖励办法（暂行）》的有关规定，给向我会捐赠的单位和个人颁发了荣誉奖章和证书。

(4) 红十字青少年。

4月，积极开展对外交流活动，先后参加在内蒙和日本举办的国际红十字青少年交流活动；8月，组织参加了东亚地区红十字青少年论坛；9月，参加红十字国际联合会“青少年维护人类尊严奖”的评选工作。与团中央、教育部、卫生部共同承办“全国红十字青少年工作会议”。组织编写了《关于加强学校红十字会工作的指导意见》、《中国红十字青少年2005～2009年发展规划》、《红十字模范校表彰管理办法》、《全国红十字模范校评审标准（中、小学部分）》、《全国红十字模范校评审标准（大学部分）》等会议文件。

(5) 理事发展。4月，根据《中国红十字会总会对捐赠者的表彰奖励办法》规定，聘请佛教协会一诚法师等向中国红十字会捐款的四家企业负责人为中国红十字会名誉理事。

(6) 传播工作。3月，在沈阳组织召开了2004年传播表彰暨骨干培训班会，并与红十字国际委员会签署了第三个传播合作计划；5月，根据第三个传播合作计划，EHL项目开始实施，与国际委员会分别在上海、四川两地举办两届探索人道法师资培训班；10月，接受红十字国际委员会评估代表对我国传播工作的评估。组织教育部、上海市教委、上海市红十字会和四川省教委、四川省红十字会等人员参加了在马来西亚吉隆坡举办的亚太地区探索人道法研讨会，并介绍了中国的探索人道法项目。举办了中国红十字会2005年华东地区传播红十字运动基本知识培训班。

（7）其他工作。圆满完成了保持共产党员先进性教育活动。积极组织协助联络部向日本邮送我会的募捐箱。依据《中国红十字会关于对捐赠者表彰奖励办法（暂行）》的有关规定，为向我会捐赠的单位和个人颁发了荣誉奖章和证书。

（三）树立服务意识，加强综合协调

综合协调工作是总会机关的一项重要工作，是确保政令畅通的有效手段。因此，我们在工作中，高标准、严要求，充分发挥服务职能。首先，紧紧围绕总会党组、领导的中心工作和意图，认真履行部门职能，突出抓好领导批办的事项，以各项工作的进展落实情况为重点，实现了"上有批示、下有行动"，做到政令畅通。

其次，抓了内部协调工作。根据总会工作部署和领导要求，部领导提前运作，协同有关部门和人员作出周密安排。在一些部门存在职责交叉情况下，我们与各部、室协商，在取得共识的基础上达成一致意见，保证各项工作环节的衔接与人员的密切配合，形成了工作合力，进而保证了工作任务的全面落实。

同时，还将协调综合工作贯穿于办文、办会、办事等各项工作之中。在办会中坚持会前主动与主办部门就会议筹备情况拿出意见，合理分配人员；在办事中，从全会整体工作入手，加强谋划，协助领导统筹安排重点工作和重要活动。为保证部门综合协调工作规范有序，进一步理顺了上下和内外关系，初步形成了统一协调的工作程序，促进了办事效率的提高。

（梁少华）

政策法规处

【职责】

一、负责红十字会的立法工作。对国家有关公益事业法律法规提出修改意见；

二、负责红十字会系统的普法工作；

三、负责红十字会的维权事务，开展法律政策咨询；

四、负责联系总会法律顾问有关事宜；

五、负责红十字会理论研究工作。研究国际红十字运动发展史，中国红十字会历史及发展方向。研究国家相关法律法规和方针政策对红十字事业发展的影响。承担带有综合性、前瞻性、重大问题的课题研究；

六、参与拟订红十字会法规和政策性文件；

七、参与全国会员代表大会、理事会和工作会议等重要会议主要文件的起草工作；

八、配合有关部门制定并实施红十字会法执法检查（或调研）、考察计划；

九、完成领导交办的其他工作。

【文件及讲话】

1. 在中国红十字会2005年工作会议上的报告

2. 中国红十字会2005年度工作要点

3. 关于表彰全国社区红十字服务示范市（区）的决定

4. 在中国红十字会第八届理事会第二次会议上的工作报告

5. 关于通过工作报告的决议

6. 中国红十字会2006年度工作要点

7. 关于通过《中国红十字会2006年度

工作要点》的决议

8. 政协全国委员会办公厅报送中办、国办《关于〈红十字会法〉贯彻施行情况的考察报告》

9. 关于加入国务院新型农村合作医疗部际联席会议的请示

10. 国务院办公厅关于增补和调整国务院新型农村合作医疗部际联席会议成员的复函

11. 报送国务院关于我会召开第八届理事会第二次会议情况的报告

12. 报送国务院法制办关于红十字会免于社团登记和年检情况说明的函

13. 报送民政部关于红十字会免于社团登记和年检情况说明的函

14. 向全国普法办报送中国红十字会2001—2005年普法依法治理工作综述

向全国普法办报送关于推荐“四五”普法工作先进单位、先进个人、先进工作者的函

16. 北京市人民政府办公厅转发市红十字会关于进一步加强红十字会工作意见的通知

17. 天津市人民政府关于进一步加强我市红十字会工作的通知

18. 河北省人民政府印发关于支持红十字事业发展若干意见的通知

19. 山西省人民政府办公厅关于进一步加强红十字会工作的意见

20. 内蒙古自治区人民政府关于切实加强红十字会工作的意见

21. 辽宁省人民政府办公厅转发省红十字会关于进一步加强红十字会工作意见的通知

22. 黑龙江省人民政府办公厅转发国务院办公厅转发中国红十字会总会关于进一步加强红十字会工作意见通知的通知

23. 上海市人民政府办公厅转发市红十字会关于进一步加强本市红十字会工作意见的通知

24. 江苏省政府批转省红十字会关于进一步加强红十字工作的意见的通知

25. 安徽省人民政府办公厅关于进一步加强红十字会工作的意见

26. 江西省人民政府办公厅转发省红十字会关于进一步加强我省红十字会工作意见的通知

27. 山东省人民政府办公厅关于加强红十字会工作的意见

28. 湖北省人民政府办公厅转发省红十字会关于进一步加强红十字会工作意见的通知

29. 湖南省人民政府办公厅转发省红十字会关于进一步加强红十字会工作意见的通知

30. 广东省人民政府办公厅转发国务院办公厅转发中国红十字会总会关于进一步加强红十字会工作意见的通知

31. 广西壮族自治区人民政府办公厅转发自治区红十字会关于加强红十字会工作意见的通知

32. 中共四川省委办公厅四川省人民政府办公厅关于加强红十字会工作的意见

33. 重庆人民政府办公厅印发关于加强红十字会工作的意见的通知

34. 云南省人民政府关于切实加强红十字会工作的通知

35. 甘肃省人民政府办公厅转发省红十字会关于加强红十字会工作意见的通知

36. 青海省人民政府办公厅关于进一步加强红十字会工作的通知

37. 宁夏回族自治区人民政府办公厅转发自治区红十字会《关于进一步加强红十字会工作意见》的通知

38. 新疆维吾尔自治区人民政府办公厅转发自治区红十字会关于进一步加强红十字会工作意见的通知

39. 陕西省人民政府办公厅关于进一步加强红十字会工作的意见

40. 中共浙江省委办公厅、浙江省人民政府办公厅关于进一步加强红十字会工作的通知

41. 河南省人民政府办公厅关于进一步加强红十字会工作的通知

42. 彭珮云会长在中国红十字会2005年工作会议暨全国社区红十字服务示范市（区）命名表彰大会上的讲话

43. 苏菊香副会长在中国红十字会2005年工作会议暨全国社区红十字服务示范市（区）命名表彰大会上的总结讲话

44. 福建省人大常委会副主任黄贤模在中国红十字会2005年工作会议暨全国社区红十字服务示范市（区）命名表彰大会开幕式上的致词

45. 中共福建省委常委、厦门市委书记郑立中在中国红十字会2005年工作会议暨全国社区红十字服务示范市（区）命名表彰大会开幕式上的致词

46. 第四十届南丁格尔奖章颁奖大会获奖者代表讲话

47. 第四十届南丁格尔奖章颁奖大会护士代表发言

48. 江亦曼常务副会长在“中国公益事业与构建和谐社会”高层论坛上的讲话

49. 江亦曼常务副会长在清华大学“公益事业与和谐社会”国际研讨会开幕式上的致辞

50. 江亦曼常务副会长在第17届国际慈善学者会议上的致辞

51. 彭珮云会长在中国红十字会农村工作座谈会上的讲话

52. 江亦曼常务副会长在中国红十字会农村工作座谈会上的讲话

53. 彭珮云会长在福建省红十字会第六次全省会员代表大会上的讲话

54. 江亦曼常务副会长在浙江省红十字会第五次会员代表大会上的讲话

55. 江亦曼常务副会长在江西省红十字会第五次会员代表大会上的讲话

56.. 郭长江副会长在重庆市红十字会第二次会员代表大会上的讲话

57. 郭长江副会长在新疆生产建设兵团红十字会第二次会员代表大会上的讲话

58. 江亦曼常务副会长在青海省红十字会第四次会员代表大会上的讲话

59. 江亦曼常务副会长在陕西省红十字会第六次会员代表大会上的讲话

60. 彭珮云会长在中国红十字会第八届理事会第二次会议暨宣传工作会议开幕式上的讲话

61. 郭长江副会长在中国红十字会宣传工作会议上的讲话

62. 苏菊香副会长在中国红十字会第八届理事会第二次会议暨宣传工作会议闭幕式上的讲话

63. 中共海南省副省长、海南省红十字会会长林方略在中国红十字会第八届理事会第二次会议暨宣传工作会议开幕式上的致词

64. 吉林省副省长、省红十字会会长李斌在理顺地市级红十字会管理体制座谈会上的致词

65. 江亦曼常务副会长在理顺地市级红十字会管理体制座谈会上的讲话

66. 蓝军部长在理顺地市级红十字会管理体制座谈会上总结讲话

67. 江亦曼常务副会长在全国政协考察北京市红十字会工作座谈会上的讲话

68. 给苏州市红十字会会员代表大会的贺信

69. 给大连市红十字会会员代表大会的贺信

70. 给南京市红十字会会员代表大会的贺信

71. 给抚顺市红十字会会员代表大会的贺信

【项目及活动】

1. 关于中国红十字会第一任会长的考证（课题研究项目）

2. 人民团体在政府职能转变中的作用（课题研究项目）

3. 公共需求的增长及红十字会发挥的作用（课题研究项目）

4. 中国红十字会2005年工作会议暨全国社区红十字服务示范市(区)命名表彰大会

5. 中国红十字会第八届理事会第二次会议暨宣传工作会议

6. 中国红十字会理顺地市级红十字会管理体制座谈会

7. “中国公益事业与构建和谐社会”高层论坛

8. 中国红十字会农村工作会议

9. 全国政协社会和法制委员会考察北京市贯彻实施《中华人民共和国红十字会法》情况

10. 国政协社会和法制委员会考察四川省贯彻实施《中华人民共和国红十字会法》情况

【年度工作】

1. 对于电视连续剧《红十字背后》侵犯我会权益一案进行起诉。

2. 对十届人大三次会议第4362号建议的答复。

3. 对十届人大三次会议第2291、2293、2294、2295号建议的答复。

4. 对政协十届全国委员会第三次会议第2480号提案的答复。

5. 对政协十届全国委员会第三次会议第3790号提案的答复。

6. 中国红十字会2005年工作会议暨全国社区红十字服务示范市（区）命名表彰大会文件汇编。

7. 理顺地市级红十字会管理体制座谈会文件汇编。

8. 中国红十字会第八届理事会第二次会议暨宣传工作会议参阅材料。

9. 中国红十字会第八届理事会第二次会议暨宣传工作会议文件汇编。

10. 中国红十字会第六届、第七届理事会主要文件汇编。

（夏洪艳）

筹资与宣传处

【职责】

1. 归口负责总会重大事件及纪念“五八”等活动的宣传工作；指导地方红十字会的宣传工作。

2. 负责审核、制作总会的宣传资料和纪念品；协同机关各部室开展宣传活动。

3. 归口负责总会的新闻宣传及对外宣传工作；协同联络部与国际红十字组织、各国红十字会及台、港、澳红十字组织进行信息、宣传方面的交流与合作。

4. 归口联系总会报刊社的有关业务工作。

5. 归口管理红十字会募捐工作；组织实施全国性宣传和募捐活动；指导地方红十字会的募捐工作。

6. 按合同或协议，归口管理总会直属公司及其事业单位；协同赈济、救护部有关处审核冠名中国红十字会的医院、血站等单位的合同或协议书。

7. 指导地方红十字会兴办经济实体的工作。

8. 完成领导交办的其他工作。

【年度工作】

2005年宣传工作呈现生动活泼的局面。一是全国红十字会系统抓住重点活动和有利时机，统一开展宣传活动，初步形成了全国联动的大宣传格局。在印度洋海啸救援工作中，中央电视台在总会设立直播点，第一时间转播中国人民的国际人道主义情怀，弘扬了红十字精神，产生了巨大的社会影响。二是抓宣传形式的创新。探索尝试了电视广告宣传与电视栏目合作追踪报道、现场直播与演播室联动、领导人做客重要访谈节目等宣传形式。胡锦涛主席为第四十届南丁格尔奖章获奖者颁奖后，中国红十字会与中宣部、卫生部、中华护理学会联合举办巡回报告会，编写了《中国的南丁格尔》（中国南丁格尔奖章获得者先进事迹报告文集），在全国掀起“学习南丁格尔精神，平凡岗位献爱心”的活动。三是，积极联手相关社团举办有影响的活动，扩大红十字会的影响。与全国总工会、共青团中央、全国妇联、中国残联、中国宋庆龄基金会和人民日报社联合开展了“中国公益事业与构建和谐社会”高层论坛。参加了国际慈善学者会议、中华慈善大会等多项论坛和研讨会。经努力争取，中国红十字会推荐的中国平安保险（集团）股份有限公司、上海造血干细胞捐献志愿者俱乐部等7个单位，关牧村等6名优秀个人获得民政部授予的“中华慈善奖”，山东青岛市“微尘”、福建三明市红十字会干部林瑞班被评为“第二届全国十大公益之星”。四是宣传方式灵活多样，宣传空间不断扩大。总会在100所高校开展了“心灵阳光”项目，通过组织心理学家开展讲座，对有心理障碍的大学生进行心理支持。中国造血干细胞捐献者资料库管理中心利用姚明的明人效应和救助小凯丽等典型事例的广泛宣传，产生了较好的效果。中国红十字基金会推出“红十字天使计划”，与媒体广泛合作，提高了知名度。各级红十字会也不断发掘鲜活的宣传题材、典型的人物故事、独特的报道视角加强了与媒体的合作。

2005年，总会接受捐赠收入5.79亿元人民币，再创捐赠收入新高。中国红十字基金会自2005年3月换届以来，已争取社会募捐2442元人民币，援建了22所博爱小学和2所乡镇卫生院，为13名白血病等重大疾病的农村儿童提供医疗救助，累计资助支出1539万元。各级红十字会通过加强与企业和社会各方面的合作，开展为社会和群众服务的项目，建立了多种形式的筹资渠道，尝试并实现了筹资方式的多样化，争取到了更多稳定的捐助渠道。同时，严格内部监督，主动接受审计部门的审计监督，对审计中发现的问题及时进行整改。

（王　宪）

组织与青少年处

【职责】

1. 研究并指导各级红十字会的组织、会员、志愿者和青少年队伍的建设，推动理顺管理体制工作。

2. 负责红十字会专（兼）职干部培训工作。

3. 参与全国会员代表大会、理事会和常务理事会的有关工作。

4. 负责与理事、名誉理事和博爱大使的联络工作。

5. 负责指导、检查《中国红十字会会费管理办法》的执行情况。

6. 配合国家有关部门组织全国各类学校开展有益于红十字青少年身心健康的活动；负责协调、落实学校红十字工作委员会和红十字志愿工作委员会的相关工作；承办和协办国内、国际及海峡两岸红十字青少年夏（冬）令营。

7. 落实红十字国际委员会“探索人道法”项目在青少年中的推广工作。

8. 完成领导交办的其他工作。

【文件及讲话】

1.《关于加强学校红十字会工作的指导意见》（红总字〔2005〕18号）。

2.《关于印发彭珮云会长、江亦曼常务副会长及教育部、卫生部、共青团中央领导在全国红十字青少年工作会议上讲话的通知》（红事字〔2005〕81号）。

3.《关于印发〈红十字模范校表彰管理办法〉的通知》（红事字〔2005〕82号）。

4.《关于印发〈中国红十字青少年工作2005～2009年发展规划〉的通知》（红事字〔2005〕83号）。

5.《“中国红十字博爱大使”管理办法》。

6.《中国红十字会名誉理事聘请办法》。

【项目与活动】

1. 组织建设。2005年，在总会和各级红十字会的积极努力下，组织建设工作取得了较快地进展，各级红十字会深入调查研究，及时发现、总结和推广基层创造的好经验，精心培养好典型，社区、农村、学校、医院和机关、企业红十字会基层组织建设得到了加强，红十字会基层组织建设工作逐渐步入规范化和制度化轨道，会员发展和会费收缴以及志愿工作者队伍得到了长足的发展。截至2005年12月，全国拥有基层组织90704个，专职工作人员3540人，成人会员1197万人，青少年会员1380万人，团体会员单位82410个。

2005年，总会与中国建设银行签订合作协议，首次实现了中国红十字会组织建设工作市场化运作，为下一步在中国建设银行系统成立行业红十字会打下了坚实的基础。

2. 红十字青少年。为进一步加大对中国红十字青少年工作的指导力度，中国红十字会总会与教育部、卫生部、共青团中央与2005年9月在北京共同召开了“全国红十字青少年工作会议”联合下发了《关于加强学校红十字会工作的指导意见》。各级红十字会结合会议精神，积极争取与相关部门联合制定红十字青少年规范性文件，对红十字青少年的组织建设、开展活动等提出了明确的目标和要求。这些政策法规的制定和完善，逐步形成了有利于中国红十字青少年工作有效开展的良好局面。目前，全国大、中、小学校中有30811所建立了红十字会，全国红十字青少年会员已发展到1380万人，占全国红十字会员总数的 53.4%。部分省、省会城市和副省级城市学校红十字会建会率已达到 70% 以上。目前，中国红十字会已基本形成了以各级学校红十字工作委员会为主导、学校红十字会为基础的中国红十字青少年组织网络体系。全国学校红十字工作委员会是中国红十字青少年工作的最高指导机构。学校红十字会是中国红十字青少年的基层组织，学校红十字会可以建立大、中、小学生分会，学生分会是学校红十字会工作的主体，在学校红十字会秘书长的指导下，独立自主地开展活动。

从 2005 年起，中国红十字会总会和红十字国际委员会东亚地区代表处还共同开展了面向 13～18 岁青少年的“探索人道法”项目，旨在促使青少年思考在国内和国外所发生的各种事件中所涉及的人道主义问题，增进青少年对国际人道法的认知和理解，促进青少年了解和遵守该法律。

3. 志愿工作者队伍建设。2005 年，组织与青少年处成功地组织了印度洋海啸募捐工作中，志愿工作者招募及管理工作。在这项活动中，第一次和共青团中央合作，先后共组织来至北京林业大学、青年政治学院、中央财经大学、首都经贸大学等 9 所大专院校 150 人次，参与到总会的这次工作中，有力地宣传了红十字会。在日常工作中，还先后为赈济处、双边处、政策法规处等处室招募了志愿工作者。

为进一步贯彻落实《中国红十字事业 2005～2009 年发展规划》，加强志愿服务工作。组织与青少年处向各省、自治区、直辖市红十字会，新疆生产建设兵团红十字会，铁路、商业系统红十字会发出了“关于征求对《关于进一步推进红十字志愿服务工作的意见》修改意见的通知”，为下一步中国红十字会的志愿者服务工作向更广泛的领域进军，奠定了良好的基础。

4. 干部培训。经过两年的努力，组青处完成了 51 万字的《中国红十字会历史资料选编》(1950～2004 年) 一书的录入、编辑和出版工作，该书的出版对红十字会组织建设的发展起到了积极的作用。为了进一步提高系统内专、兼职干部的理论素养、知识水平、业务本领和领导能力，2005 年中国红十字会论证了《中国红十字会干部培训手册》的编写大纲。全国 31 个省级红十字会的专职会领导及总会、总会直属单位处级以上领导干部全部参与编写工作。

为了加大对基层红十字会专、兼职干部的培训力度，中国红十字会与红十字国际委员会先后签署了两个传播工作合作计划。在香港及澳门特别行政区红十字会的支持、帮助下，总会先后在全国举办了 1 期全国性和 7 期地区性的传播培训班，培训基层红十字会专、兼职干部 872 名，部分省级红十字会也通过举办培训班等形式，广泛开展传播工作，有力地配合了基层红十字会专、兼职干部的培训工作。

5. 理事队伍。2005 年，组织与青少年处除了担负与全国理事的联络和组织工作外，还组织参与了八届二次常务理事会会议筹备、部分文件起草工作。组织完成了全国工作会议和八届二次理事会的会议筹备、部分文件起草、12 个经验交流省、市的材料收集、整理和修改工作。

【年度工作】

一、组织建设

(一) 志愿服务

1. 在印度洋海啸募捐工作中组青处主

要担当了总会各部门与此有关的各项活动的志愿者招募及管理工作，先后共组织来至中国林业大学、青年政治学院、北京工商大学、北京工业大学、中央财经大学、首都经贸大学、中国农业大学、桂林理工大学和南京东南大学等九所高校150人次，直接参与到总会的这次工作中。通过这次活动，不仅有力地宣传了红十字会，同时，也为今后中国红十字会的志愿者服务工作与更广泛的领域合作，奠定了良好的基础。

2. 在印度洋海啸表彰大会上，由于组青处的积极组织与协调，共青团中央青年志愿者工作部、北京林业大学、中央财经大学、中国青年政治学院、首都经贸大学在志愿服务方面得到总会的表彰。

3. 为贯彻落实《中国红十字事业2005～2009年发展规划》，加强志愿服务工作。组青处向各省、自治区、直辖市红十字会，新疆生产建设兵团红十字会，铁路、商业系统红十字会发出了“关于征求对《关于进一步推进红十字志愿服务工作的意见》修改意见的通知”。

4. 在日常工作中，组青处还担当了各处室志愿者招募工作。先后为赈济处、双边处、政策法规处招募了志愿工作者。

（二）会费收缴

1. 为贯彻落实《中国红十字事业2005～2009年发展规划》，加强组织建设工作，组青处向各省、自治区、直辖市红十字会，新疆生产建设兵团红十字会，铁路、商业系统红十字会下发了“关于征求对《中国红十字会会费管理办法》修改意见的通知”。

2. 为体现《中华人民共和国红十字会法》关于“中国红十字会是中华人民共和国统一的红十字组织”的原则，强化会员组织观念，加强中国红十字会组织建设。组青处向22个未缴纳会费的省、自治区、直辖市下发了《关于2005年度会费收缴的通知》，要求各地本着实事求是的原则，按时向总会交纳会费。经过努力，2005年首次实现了全国31个省、自治区、直辖市红十字会和新疆生产建设兵团红十字会全部缴纳会费。

（三）组织发展

1. 组织完成了2005年全国工作会议上，12个经验交流省市的材料收集、整理和修改工作。

2. 完成了《中国红十字会历史资料选编》一书历时两年的编辑、出版和发行工作。

3. 同中国建设银行接触商谈中国红十字会与中国建设银行战略合作协议，为中国建设银行成立行业系统红十字会打下了基础。

4. 完成了山东省调研报告和浙江省调研报告。

5. 依据《中国红十字会关于对捐赠者表彰奖励办法（暂行）》的有关规定，组青处为向我会捐赠的单位和个人颁发了荣誉奖章和证书。

6. 组织起草了“中国红十字‘博爱大使’管理办法”。

7. 顺利地完成了学校工作委员会和志愿工作委员会工作会议的筹备和召开。

二、红十字青少年

1. 组青处2005年展开了积极的对外交流活动，先后派遣辽宁省红十字会参加在内蒙的红十字青少年交流活动，派遣黑龙江红十字会参加在日本举办的红十字青少年交流活动。

2. 组织参加了东亚地区红十字青少年

论坛。

3. 推荐辽宁、山东、云南省红十字会参加红十字国际联合会“青少年维护人类尊严奖”的评选。

4. 由组青处筹备历时6个月，协调4部委文件准备及由我处承办会务工作的全国红十字青少年工作会议在北京召开。会议主要文件有四部委联合下发的《关于加强学校红十字会工作的指导意见》，我会下发的《中国红十字青少年2005～2009年发展规划》、《红十字模范校表彰管理办法》、《全国红十字模范校评审标准（高校部分和中、小学部分）》，全部由组青处独立完成。这些文件的出台为今后一段时间红十字青少年工作的规范发展奠定了基础。

三、理事发展

1. 根据《中国红十字会总会对捐赠者的表彰奖励办法》规定，聘请为支持印度洋海啸救援工作，向中国红十字会捐款的四家企业负责人，即中国远洋运输（集团）总公司总裁魏家福、中国石油天然气集团总经理陈耕、网易创始人及首席架构设计师丁磊及国美电器有限公司总裁黄光裕同志为中国红十字会名誉理事。

2. 根据《中国红十字会总会对捐赠者的表彰奖励办法》的有关规定，聘请佛教协会照诚法师担任中国红十字会名誉理事。

3. 组织起草了“中国红十字会名誉理事会组织规程”

4. 组织完成了八届二次理事会的会议筹备、部分文件起草工作。组织参与了八届二次常务理事会会议筹备、部分文件起草工作。

四、传播工作

1. 在沈阳组织召开了2004年传播表彰暨骨干培训班会，并与红十字国际委员会签署了第三个传播合作计划。

2. 根据工作计划，2005年“探索人道法”项目开始实施，与国际委员会分别在上海、四川两地举办两届探索人道法师资培训班。

3. 接受红十字国际委员会评估代表对我国传播工作的评估。

4. 组织教育部、上海市教委、上海市红十字会和四川省教委、四川省红十字会等人员参加了在马来西亚吉隆坡举办的亚太地区探索人道法研讨会，并介绍了中国的探索人道法项目。

5. 举办了中国红十字会2005年华东地区传播红十字运动基本知识培训班。本次培训班进行了改革，启用了一批年轻的骨干教师进行授课，授课方式以观看和互动为主，取得了很好的效果。

（沈南冰　孟　辕）

联　络　部

【职责】

1. 在总会党组和执委会的领导下，依照并配合国家外交工作和对台湾、香港和澳门地区工作的原则、方针、政策，根据我会的工作目标和任务，开展我会与红十字国际组织、各国红会以及台港澳地区红十字组织和其他国际团体组织的多边和双边的合作与交流工作，参加国际红十字运动的法定会议和活动，维护和提高中国红十字会的国际形象和作用，发挥我会独有的民间外交作用；

2. 负责归口管理总会的外事工作及台、港、澳事务，负责拟订总会外事工作计划、预算、总结和相关规定，做好执委会外事工作助手。协同并配合总会项目管理办公和机关相关业务部室以及地方分会，联络和引进境外各种形式的援助和技术，开展交流合作，为协助落实我会的各项重点工作服务；

3. 负责归口指导和协调各省、市自治区分会的对外及台、港、澳地区的交流合作工作并为之服务；

4. 协助政府开展民间对外及台、港、澳地区的交往，执行政府指定或委派的人道主义工作，具体实施对外人道救援的工作；

5. 在完成上述工作任务的同时，加强外事工作的调研和有关信息的搜集、分析和报告工作；注意部内工作人员的政治理论和业务能力的培训，进一步发挥党支部的战斗堡垒和党员的先锋模范作用，提高全体工作人员的综合素质和整体工作效率。

6. 完成会领导交办的其他任务。

【概述】

在2005年里，联络部在总会党组和执委会的领导下，遵循国家的外交方针政策以及我会“八大”所制定的2004～2007年工作规划纲要所制订的奋斗目标和任务，以务实创新的精神，积极开展我会与红十字国际组织、各国红会以及台港澳地区红十字组织和其他国际团体组织的多边和双边的合作与交流工作，发挥我会独有的红十字民间外交作用；配合总会其他部室，为协助落实我会重点工作服务；指导各省、市自治区分会的对外交往工作并为之服务；积极完成政府交办的其他重要工作。在完成上述工作任务的同时，加强外事工作的调研；注意部内工作人员的政治理论和业务能力的培训，提高综合素质和整体工作效率。

联络部在总会其他部室和各地分会的支持和配合下，有目的有计划地开展工作，较为圆满地完成了各项预定任务。从整体上来看，我会的对外联络和交流工作持续呈现活跃的态势，与国际红十字组织和其他姐妹国家红会以及香港和澳门特别行政区分会多边和双边的交往与合作进一步深入加强，有力地配合和促进了我会各项重点工作的开展。

据统计，我会在2005年内共接待境外和台、港、澳地区的来访团组和个人共81批450人次（多边处29批108人次，双边处40批173人次，台港澳事务处12批169人次），组团出访41批199人次（多边处16批61人次，双边处17批72人次，台港澳事务处8批66人次）。

其间，联络部参与和完成的重要工作有：

印度洋海啸募捐救援和重建援助工作；

参加红十字国际会议并成功竞选连任联合会领导委员会成员；

通过组织重要出访和接待，与红十字国际组织和一些重要国家红会的高层交往进一步密切；

对台工作有了突破性的进展，与港澳红会的合作交流进一步加强深化。

以参加“保持共产党员先进性教育”活动为契机，加强和改进支部党建工作，发挥党支部的核心和战斗堡垒作用，巩固“先进行教育”的成果，搞好内政治思想工作和队伍建设。

与此同时，我部继续协调地方分会和直属单位的对外交流工作，积极执行并完成政府交办的援外、“花冈事件”庭外和解的后续事务、继续协助中国人民解放军开展有关国际人道法和武装冲突法的传播工作，照料前美军俘虏和外侨生活、开展寻人转信、办理护照签证等常规性工作，受到各方面的好评。在总会项目管理办公室成立之后，我部积极支持配合，抽调业务骨干加入项目办，并且顺利稳妥地将原联络部负责协调和管理的多个援助项目移交项目办管理。

（王小华）

多边合作处

【职责】

1. 开展对红十字国际组织的调研工作，及时向领导提供国际红十字运动的最新动态，提出有关意见和建议。

2. 负责中国红十字会参加红十字运动有关会议（国际大会、代表会议等）、联合会有关会议（全体大会、领导委员会会议、地区会议等）、国际委员会有关会议及其他国际会议的准备工作。

3. 负责中国红十字会与联合会、国际委员会的信件翻译、处理工作。

4. 负责中国红十字会与联合会、国际委员会人员交往时的接待与出访安排工作。

5. 负责中国红十字会与联合会的交流工作。

6. 负责与联合会秘书处的交流与合作工作，协助中国红十字会总会及地方分会有关合作项目的申报与落实工作。

7. 负责与东亚地区办事处的交流与合作。

8. 负责中国红十字会与国际委员会的交流工作。

9. 负责与国际委员会总部及东亚地区办事处的交流与合作工作。

10. 协同事业发展部完成中国红十字会与东亚地区办事处签署的传播工作合作计划；协助国际委员会在中国人民解放军开展“武装冲突法”的传播工作。（负责与国际委员会和有关组织合作，开展传播工作。）

11. 负责中国红十字会与其他有关国际组织与团体的交流合作工作。

12. 负责指导和归口管理中国红十字会总会各业务部门以及各地分会与红十字国际组织的交流与合作，为协助落实中国红十字会重点工作服务。

13. 完成领导交办的其他工作。

【项目及活动】

1. 11 月 13 日，在韩国首尔召开的第 15 届红十字会与红新月会国际联合会大会上，我会以 136 票的高票再次当选为国际联合会领导委员会成员，从而保证我会在今后的 4 年中得以继续参加联合会决策机构的工作，发挥我会的作用和影响。

2. 7 月 19～21 日，国际委员会主席克伦贝格尔访华。国家主席、中国红十字会名誉会长胡锦涛会见了克伦贝格尔一行。外交部长李肇星与克伦贝格尔主席就红十字国际委员会在北京设立东亚地区代表处的相关事宜签署了协议。彭珮云会长、江亦曼常务副会长与其进行了工作会谈。

3. 4 月 5～8 日，联合会主席苏亚雷斯·托罗应邀访华，吴仪副总理会见了联合会主席一行。这是托罗任联合会主席后首次访华，通过高层会晤，进一步密切了我会与联合会的多边关系。彭珮云会长、江亦曼常务副会长与其进行了工作会谈。

4. 11 月下旬，红十字与红新月常设委员会主席哈迪德访问我会。这是红十字运动最高领导人多年来首次访华，意义重大。

5. 参加联合会领导委员会第十一、十二次会议，对联合会改革、人力资源多样性等重大议题上积极参与讨论和决策。我会是联合会艾滋病领导小组成员以及马萨博基金理事，江亦曼常务副会长和联络部王小华部长分别为联合会人力资源顾问组和工作组的成员。

6. 协助联合会在京召开东亚地区领导人会议。7月5～7日，我会在京承办了东亚红会领导人会议。会议讨论了东亚国家红会共同关心的问题，回顾了《马尼拉行动计划》的执行情况。

7. 我会10人代表团于12月5～15日赴瑞士、塞黑、波黑，对国际委员会总部、联合会秘书处及其地区代表团和瑞士、塞黑、波黑红十字会进行了学习访问。这是我会在国际委员会的协助下进行的第二次学习访问活动。除总会人员外，来自6个省、区分会的主要领导参加了这个活动。

【年度工作】

全年，多边合作处共组织出访16批61人次；共接待29批108人次。

（一）与国际委员会的合作情况

1. 查人转信

负责处理国际委员会转来的红十字通信，共处理55封。

2. 传播工作

协调并参与我会与国际委员会2005～2007年传播合作计划的签署和落实；协助我会代表赴马来西亚参加“探索人道法”培训班，并协调项目的落实；协调在军队开展国际人道法传播，参加了一次军队传播班和研讨会；

3. 协助我国政府与国际委员会就在京设代表处问题进行会谈；

4. 2005年度南丁格尔奖章颁奖。由我会推荐的刘振华等5人荣获红十字国际委员会第四十届南丁格尔奖章；

5. 协助国际委员会评估代表进行评估活动；

6. 办理我国政府和我会对国际委员会的捐款资助

（二）与联合会的合作情况：

1. 协助总会各部室及分会人员参加相关国际会议；

艾滋病国际会议（日本）

筹资工作研讨会（荷兰）

东亚地区红十字会合作会议（蒙古）

2. 协调联合会救灾代表赴灾区考察；

3. 协助联合会代表赴有关项目所在省考察；

4. 协调联合会财务代表、卫生代表、宣传代表与总会相关业务部门的沟通和合作；

5. 办理我会对联合会缴纳会费和对马萨博基金的捐款资助；

6. 参与2006年亚太地区大会的筹委会和工作组的工作。

（三）协助部分双边交流工作：

1. 协调我会房山儿童康复中心项目；

2. 协调中日两国红十字会血液事业交流计划；

（四）协助业务部门参加业务培训：

1. 联合会亚太灾害管理会议（新加坡）

2. 联合会志愿者管理会议（马来西亚）

3. 联合国难民署培训班（福建）

（五）调研工作：

全年编发了5期红十字运动最新动态，参与编辑出版我会出国访问报告汇编。参与翻译了中国红十字会年报、联合会2004年报以及有关卫生等方面的方针政策等重要文件。

（裘海玲）

双边合作处

【职责】

1. 负责开展中国红十字会与各国红十字会及各国其他团体、组织的交流与合作。

2. 负责中国红十字会与各国红十字会人员的交往、接待与出访的准备、联络和落实工作。开展对各国红十字会及相关团体的调研和信息处理，及时向联络部、会领导提供最新资料，并根据需要提出意见及建议。

3. 负责外交部交办的有关工作和代管外籍人员的工作。

4. 负责中国红十字会与各国红十字会的来往信件的翻译及处理工作。

5. 负责指导和协调地方分会与其他国家红十字会和相关组织的交流合作项目，并协助其他部门进行对外业务交流活动。

负责办理中国红十字会总会人员出访出国手续及国外来华人员的入境签证工作。

负责中国红十字会对外援助工作（包括印度洋海啸救援工作）。

负责国际寻人转信工作。

【项目及活动】

1. 印度洋海啸募捐和救援工作。

2004年末，印度洋地区发生强烈地震并引发海啸，给印度洋周边的许多国家带来严重生命及财产损失。我会随即开展的印度洋海啸救助工作成为我会2005年进行的重要工作之一，也是联络部贯穿全年的一项重点工作。

在得悉海啸灾情后的第一时间里，联络部即在执委会的领导下，向受灾国红十字会发去慰问电，并向红十字国际组织和11个受灾国红会提供紧急救援捐款。与此同时，联络部的全体同志积极参加总会发起的紧急募捐活动，接受社会捐款。联络部负责人还承担了新闻发言人的工作，大力配合募捐宣传工作。

1月中旬，联络部组织并实施了派遣3个工作组分赴印尼、斯里兰卡和泰国灾区考察的任务，在灾区还存在不安全因素的困难条件下，工作组圆满地完成了预定任务。与此同时，联络部具体执行紧急组织和购买救灾物资包机空运印尼的任务，在时间紧，手续繁杂的条件下，双边处克服困难，在短时间内，将86吨物资用专机运送印尼红十字会，取得了很好的影响和效益。

紧急救援阶段过后的重建工作项目是一项艰巨、复杂的长期任务。由于重建用地的征用和所属权等原因，国际社会的援建工作普遍行动缓慢。为落实千百万捐款人的意愿，使我国民间捐款尽早有效地使海啸灾民受益，在会领导的直接领导下，我部做了大量具体工作。一是专门成立了重建工作小组，具体负责组织协调工作；二是多次参加联合会组织的各种重建工作协调会议，参与国际救援的协调；三是组织由会领导率队的工作组先后多次赴印尼（3次）、斯里兰卡（4次）、马尔代夫（4次）、泰国（2次）灾区考察灾情，签署援助协议，落实重建项目，并邀请捐款者和媒体代表共同参加开工和落成仪式；四是与其他部门一道在3月份和12月份召开两次规模较大的新闻通报会，向媒体和广大捐款者报告救援工作的进展情况，保证我会救援工作的公正透明。截至2005年年底，我会先后与印尼、斯里兰卡、马尔代夫和泰国红会和政府签署了多项有关重建的协议和备忘录，其中与印尼红会的合作协议是在两国最高领导人亲自见证下签署的。我会在上述受灾国承诺援建的友谊村共有8个，房屋1500多套，此外还将援建和修复学校、医院、卫生站、托儿所、庙宇、商店等公共设施多处。其中，部分房屋已经在2005年年内落成并交付使用。

6月,为了安抚因印度洋海啸而成为孤儿的泰国儿童,同时也为了向世人展示中国人民的友爱之情,我会协助国美集团举办了“风雨之后见彩虹”的活动,邀请泰国12位海啸孤儿来京,参观北京的变化,感受中国人民的关爱。此次活动起到了很好的社会凡响。

2. 南亚地震救援工作。

10月8日，南亚地区发生强烈地震，造成重大人员伤亡和财产损失。我会积极行动起来，向受灾国红会发去了由会领导签署的慰问电，并向巴基斯坦和印度红会捐赠了救灾款。同时，在与有关方面多次协调后，安排组织了一批紧急救灾物资，用专机空运到巴基斯坦进行救灾，显示了红十字会大家庭的友爱和力量。

3. 美国“卡特里娜”飓风救援工作。

8月下旬，美国南部遭到“卡特里娜”飓风袭击，造成重大的损失。我会积极协助接收国内企业和群众的捐款，并适时将捐款转交美国红十字会，用于救灾方面。这次救助活动，有助于进一步密切我会与美红十字会的关系。

4. “花冈事件”的后续工作。

2005年是抗日战争胜利60周年，同时也是第二次世界大战时，被日本军国主义者强掳到日本秋田县花冈地区当劳工的中国人举行花冈暴动60周年。由我会代管单位——花冈和平友好基金管理委员会为了纪念这个日子，6月30日，在北京举办了隆重的花冈暴动60周年纪念活动。活动教育人们要牢记历史，珍惜今天的美好生活，维护世界和平，为中日世代友好做贡献。

【年度工作】

2005年双边合作处共组织出访17批72人次；共接待40批173人次。

（一）重要的出访和接待工作

1. 重要的出访工作

（1）9月19～28日，彭珮云会长率中国红十字会代表团访问西班牙、葡萄牙红十字会。这是我会会长第一次访问西、葡红十字会。通过访问，进一步加深了我会与这两个国家红十字会的友好关系，为今后在更广泛的领域开展双边合作奠定了良好基础。

（2）4月，江亦曼常务副会长率团考察访问了印尼红十字会，在中国和印尼两国元首的亲自见证下，与印尼红十字会正式签署了《中国——印度尼西亚红十字会海啸重建备忘录》；9月，江亦曼率中国红十字会代表团考察访问了斯里兰卡和马尔代夫。通过这二次访问，确定了中国红十字会在三国的海啸重建项目，也标志着中国红十字会在海啸地区重建项目的开始。

（3）3月，苏菊香副会长率团访问沙特红新月会，并参加了在沙特举办的中东地区红会会议，为我会与中东地区国家红会开展交流创造了条件。

（4）其他重要出访还包括8月下旬，苏菊香率团赴斯里兰卡、马尔代夫，落实合作项目的有关事宜。8月；郭长江副会长率团访问朝鲜红十字会；9月，郭长将率团考察了在日本爱知县举办的世博会；12月，郭长江参加我会在斯里兰卡和马尔代夫的海啸重建项目的有关活动。

2. 重要的接待工作

（1）4月，接待了由克罗地亚副议长、红十字会副会长率领的代表团。通过两会领导的相互访问，中克两会的友好关系得到进一步加强。

（2）6月，接待了斯里兰卡红十字会会长一行，就海啸重建合作问题进行会谈。

（3）7月，接待了来访的俄罗斯红十字会会长率领的代表团。

（4）8月下旬，接待了美国红十字会志愿者事务主管率领的美国红十字会代表团。此次访问进一步增进了中美两会的相互了解，也有利于今后两会关系的发展。

（5）9月，接待了以韩国红十字会会长韩完相为团长的韩国红十字会代表团。

（6）11月，首尔联合会大会前后，我部集中接待了塞黑、保加利亚、阿尔巴尼亚、希腊、约旦等国红会代表团。

（二）指导和协助地方分会的对外交流合作

2005年中，双边合作处继续加强对地方分会对外交流合作工作的指导、协调和服务工作。在组团出访中，按照工作需要，尽量吸收地方分会代表参加代表团。与此同时，还积极协助和指导地方分会与外国红十字会分会开展的合作项目，使双方的合作更加紧密。

（三）援外和其他政府交办的工作

1. 对外援助。双边合作处负责代表我会办理向多个遭受战乱和自然灾害的国家的红会和政府提供了数额不等的援助。

2. 办理、管好护照、签证是双边合作处的重要工作之一。2005年共办理护照20本，签证190多人次。以积极、谨慎、认真的态度执行我会独立外事审批权和签证自办权，严格审办出国相关手续，保证出访任务圆满完成。

3. 接受政府有关部门的委托，承担多项工作。如作为“花岗事件”原、被告的共同委托人，继续承担“花冈友好和平基金管理委员会”办事机构负责具体事务和协助处理庭外和解方案的后续工作。

4. 继续代管居住在我国的前美军战俘和外侨的生活和医疗事务等。

（张　虎）

台港澳事务处

【职责】

负责红十字会工作范围内的台港澳事务；负责总会、各省红十字会与台港澳红十字组织的联系、合作与交流；负责计划、统筹和协调地方红十字会的台港澳事务，并进行政策性指导；组织台港澳红十字运动有关情况的考察和调研；办理总会赴台湾、香港、澳门的审批手续；负责涉及台湾、香港、澳门的查人转信工作；联系见证海峡两岸遣返工作；协助处理海峡两岸突发事件。

【年度工作】

2005年台港澳事务处共接待来访12批169人次，组织出访8批66人次。

（一）对台交流工作不断推进和拓展

2005年9月，江亦曼常务副会长率团访问台湾，这是多年来双方高层领导为数不多的见面。通过高层访问加深了彼此的了解和互信，对于海峡两岸红十字会工作的合作与交流起到了积极的推动作用。台湾红十字组织陈丰义副会长于12月率领部分分支会领导人来访，加深对我们工作的了解，通过到总会和基层红十字组织参访达成了在分支会层面开展合作的意向。8月台湾红十字组织郝龙斌秘书长率团来访，探访了在福州关押的从台湾遣返的私渡人员并了解了在遣返工作中出现的问题，访问了上海市红十字会社区服务工作。

（二）总会与台港澳红十字组织建立对外援助合作机制

印度洋地震海啸发生后，中国红十字会及台湾、香港、澳门红十字组织积极开展在灾区的灾后重建。继3月初在香港召开国际联合会印度洋海啸救灾工作会议之后，4月底在澳门召开了海峡两岸暨港澳红十字组织救灾工作研讨会，形成了海峡两岸暨港澳红十字组织联络协调机制，为中华儿女在国际救灾事务上的合作奠定了基础。

（三）海峡两岸红十字青少年交流蓬勃开展

通过举办海峡两岸红十字青少年夏令营活动，增加海峡两岸红十字青少年的接触交流，促进相互了解和友谊，增加共识和认同。1月海峡两岸红十字大学生会员冬令营在台湾举行，我会营职人员16人赴台湾参加了活动，至此全国31个省市区均派出红十字青少年赴台参加过夏冬令营活动。8月来自台湾的53名红十字会营职人员参加了在云南举办的2005年海峡两岸红十字青少年夏令营活动，共有约120名海峡两岸的青少年朋友参加了这次夏令营。2005年我会举办的海峡两岸青少年交流在人数和次数都创历史新高。

（四）港澳红十字会与内地交流顺利进行，澳门红十字会内地服务开拓新领域

7月，江亦曼常务副会长访问港澳红十字会并参加澳门红十字会85周年会庆，对于港澳红十字会的工作给予充分肯定。7月中旬，由中国红十字会推荐的香港护士冯玉娟荣获红十字国际委员会颁发的南丁格尔奖章。在总会召开的印度洋地震海啸表彰大会上，对于港澳红十字会给予了表彰。

澳门红十字会积极开展内地重建学校的项目，继2004年第一批4所学校竣工以后，2005年第二批16所学校在建中。同时在援建的博爱学校中开展贫困助学活动，组织志愿者到山西、广西、辽宁的博爱小学开展支教服务工作，赢得好评。同时我们接待了港澳红十字会到内地救灾考察等。组织了部分省红十字会与台湾、香港、澳门红十字组织之间的学习交流。

（五）继续日常工作查人转信、遣返见证

参加海峡两岸偷私渡人员和刑事犯嫌疑犯遣返见证工作是我会在特殊历史条件下担负的特殊工作，我们配合国台办、公安部等政府主管部门，积极协调各级红十字会，与台湾红十字组织保持紧密联系，使每次作业安全顺利的完成。2005年我处会同有关部门继续做好遣返见证工作，共实施海峡两岸双向遣返作业13批（次），共接运我私渡去台人员2171人，遣返台湾非法入境人员6批14人（其中刑事犯刑事嫌疑犯10人，非法入境人员4人）。查人转信是红十字会对台工作中一项传统而基础性的工作，尽管随着时间的推移，能够找到的越来越少，但同时，由于重复查找、不符合条件的查找越来越多，更增加了我们工作的难度。2005年处理台港澳地区查人转信302件，其中：红十字通讯133件，寻人案件169件。

另外，按照国台办的指示，协助处理了2.26海龙号船员死难事件。应台湾红十字组织的要求，协助两名台胞在内地就医（安徽、天津），协助处理两名台胞在内地就医用血问题。

（李立东）

项目办公室

【职责】

1. 负责统筹、协调、指导和实施总会开展的境外资金支持的多边和双边发展项目；

2. 负责制定项目管理的相关政策和规章制度；

3. 负责项目的协商与谈判，承担对外、对内的联系工作；

4. 负责监督检查项目的执行情况，组织项目的评估工作、调查研究、经验总结与推广工作，开展项目管理的培训工作和交流活动；

5. 参与项目的筹资工作，负责收集项目管理信息；

6. 完成会领导交办的其他工作。

【年度工作】

2005 年 7 月 4 日总会会长办公会通过《总会项目办公室三定方案（试行）》并印发给各省级分会以及总会机关各部室、各直属单位。与此同时，总会组建了项目领导小组，成员由总会机关各部室的主要领导组成，负责项目统筹协调、审定项目工作计划、研究项目工作存在的问题和解决办法。项目办在项目领导小组指导下开展工作，但是日常的相关业务工作接受分管会领导的直接领导。

作为总会机关的新设机构，项目办的工作需要从头做起，一边工作一边积累经验。为了做好项目管理工作，同时借鉴国外项目管理的经验与模式，项目办实行项目分工责任制，以实现与国际接轨的工作模式。

项目办成立后做了以下几项工作：

1. 制定了项目办“三定方案”；

2. 完成招聘项目官员 2 名，并对他们进行了必要得工作指导与培训；

3. 与其他部室进行项目交接；

4. 在一些项目交接过程中，积极主动参与项目管理工作，与外方捐赠者进行相关的商谈，帮助解决一些实际问题；

5. 积极开展工作调研，参与地方项目管理培训活动。项目办共有 25 人次出差，到了 17 省（区、市），参加项目考察、评估和计划活动；同时，参与了 5 省会举办的项目管理培训班并授课，受到了各地的好评；

6. 积极与外方沟通，争取配套资金，为项目办顺利开展工资创造了良好的条件；

7. 举办一期项目管理交流培训班，有来自 10 个项目省的代表和总会机关及直属单位人员参加了培训。

（杨绪生）

直属机关党委

【职责】

中共中国红十字会总会直属机关党委在中央国家机关工委领导和总会党组指导下开展工作。主要职责是：

1. 宣传和执行党的路线、方针、政策，宣传和执行党中央、上级组织和本组织的决议，充分发挥党员的先锋模范作用，团结、组织党内外的干部和群众，努力完成本单位所担负的任务。

2. 组织党员、职工认真学习马列主义、毛泽东思想、邓小平理论和党的路线、方针、政策及决议，学习党的基本知识，学习科学、文化和业务知识。

3. 对党员进行教育、管理和监督，提高党员素质，增强党性，严格党的组织生活，开展批评和自我批评，维护和执行党的纪律，监督党员切实履行义务，保障党员的权利不受侵犯。

4. 密切联系群众，经常了解群众对党员、党的工作的批评和意见，维护群众的正当权利和利益，做好群众的思想政治工作。

5. 充分发挥党员和群众的积极性和创造性，发现、培养和推荐他们中间的优秀人才，鼓励和支持他们在改革开放和社会主义现代化建设中贡献自己的聪明才智。

6. 对要求入党的积极分子进行教育和培养，做好经常性的发展党员工作。

7. 监督党员干部和其他任何工作人员严格遵守国法政纪，严格遵守国家的财政经济法规和人事制度，不得侵占国家、集体和群众的利益。

8. 教育党员和群众自觉抵制不良倾向，坚决同各种违法违纪行为作斗争。负责违法违纪案件的查办。

9. 代管监察、审计工作。

10. 领导机关工会、共青团、妇女和统战工作，支持他们依照各自的章程独立负责地开展工作。

11. 领导直属单位党的工作。

12. 完成上级党组织和总会领导交办的其他工作。

【年度工作】

2005 年，总会直属机关党委在中央国家机关工委和总会党组的领导下，以邓小平理论和“三个代表”重要思想为指导，围绕总会党组中心工作，加强党的建设，扎实开展保持共产党员先进性教育活动，充分发挥基层党组织和党员的作用，为实现红十字会“八大”规划任务和总会的各项工作提供政治、思想和组织保证。

一、主要工作情况

（一）扎实搞好保持共产党员先进性教育活动。

根据中央的统一部署，总会作为第一批开展保持共产党员先进性教育活动的单位，从 1 月 24 日起，利用近 5 个月的时间，在机关和直属单位集中开展了先进性教育活动。

总会党组高度重视先进性教育活动，以强烈的政治责任感和事业心，求真务实的态度，按照中央的要求，认真地、有创造性地完成了先进性教育各个阶段和各个环节的任务，努力把保持共产党员先进性的要求贯彻到红十字会工作的方方面面，达到了提高党员素质、加强基层党组织建设、更好地为最易受损害群体服务、推动红十字事业发展的目标要求。

总会先进性教育活动取得了显著成效：一是广大党员对“三个代表重要思想的时代背景、实践基础、科学内涵、精神实质和历史地位的认识有所深化，理想信念进一步坚定；党员意识明显增强，党员先锋模范作用进一步发挥，党员在思想上和实际工作中体现了先进性；二是通过广泛征求意见，广泛开展谈心活动，深刻进行自我剖析，各级党组织和党员找准了自身存在的问题。党员成员采取现场办公的形式，深入到机关各部门，现场研究党支部整改方案，促进各党支部认真制定整改方案，把党组整改方案落到实处；三是各级党组织把解决群众关心的问题作为着力点，主动接受群众监督，以整改的实际成效推动先进性教育活动的顺利开展，让群众感受到总会党员和党组织在先进性教育活动中发生的新变化；四是做到“两不误、两促进”。以先进性教育活动为动力，以先进性教育促进红十字会工作，以工作业绩反映先进性教育成果，做到了先进性教育和业务工作两不误。在开展印度洋地震和海啸救援工作最紧张的时候，根据中央部署，总会党组提出“在赈灾募捐活动中体现共产党员先进性，以共产党员先进性推动赈灾募捐活动顺利进行”的要求，按时开展先进性教育活动，组织开展了中国红十字会历史上规模最大、影响最大、效果最好的一次国际人道主义救援活动。

在先进性教育中我们还积累了一些有益的经验和行之有效的做法。比如，召开专题辅导报告会、开展“永葆先进性，奉献红十字”主题实践活动、组织开展红十字会党员先进性具体要求的大讨论、表彰先进集体和先进个人、开好专题民主生活会和专题组织生活会等等，丰富了活动内容，增强活动效果，使学习教育活动和整改目标更加具体、措施更得力。总会先进性教育活动得到了中央先进性教育办公室、中央国家机关工委和督导组的充分肯定。在总会进行的满意度测评中，经对151份群众满意度测评表统计，群众对总会先进性教育活动的整体评价满意度100%。

（二）总会党组重视机关党建工作，采取措施推进机关党的建设。

发挥党组理论中心组龙头作用。为了促进总会领导班子思想政治建设，使党组中心组学习进一步规范化、制度化，制定了《中国红十字会总会党组中心组学习制度》。总会党组严格按照党组中心组学习计划，结合红十字会工作实际，认真学习贯彻党的路线、方针政策。坚持用党的理论创新成果统一班子的思想认识，努力在工作中形成新思路，采取新举措，开创新局面，起到了学习理论指导实践的带头作用。在保持共产党员先进性教育活动中，江亦曼同志为全体党员上了题为《始终保持共产党员先进性，建设和谐、团结、务实的总会机关》的党课，党课内容丰富、贴近实际、生动感人，在全体党员中引起强烈反响。

总会党组高度重视党的十六届五中全会精神的学习贯彻。对总会学习贯彻全会精神进行了认真部署，提出了明确要求。为了让广大干部职工及时、深入学习十六届五中全会精神，总会党组及时召开中心组学习扩大会议，邀请中央党校教授作了“贯彻十六届五中全会精神，完善社会救助体系”专题辅导报告。在报告会上，党组书记江亦曼提出，要把学习贯彻党的十六届五中全会精神作为首要任务，结合实际，把贯彻落实五中全会精神与贯彻落实我会“八大”提出的红十字事业发展的五年规划相结合，大力弘扬红十字精神，协助政府发展社会救助事业，保持社会稳定，促进社会和谐。要把学习贯彻五中全会精神与加强机关自身建设有机结合起来，不断加强自身建设，调动各方面的积极性，为全面完成红十字事业五年规划而努力工作。

总会党组关心、支持机关党委的工作，让机关党委广泛接触业务工作。平时总会领导主持召开的办公会、执委会及调研、各项大型活动等，都有机关党委的人员参加，有效地避免了党务工作与业务工作脱节，使党务工作可以更好地贴近红十字会工作，更加有针对性。

随着机关及直属事业单位的青年干部及志愿工作者越来越多，做好新时期青年工作，是总会党建工作的一个重点。总会党组成员在日常工作非常繁忙的情况下，抽出时间参加团委举办的“让青春在奉献中闪光”青年演讲比赛、总会团委与国家计生委20个部门在北京西站举办的“你在他乡还好吗”的主题宣传咨询活动；在保持共产党员先进性教育活动期间，总会党组专门召开了青年座谈会，倾听他们的意见及建议，现已有很多内容得到了落实，有的还被列为党组整改措施之一；在增强团员意识主题教育活动动员大会上，党组书记江亦曼作了动员讲话，并提出了具体要求；在今年5月干部竞争上岗中，给予了年轻人充分的信任，制定了鼓励年青人参与的比较宽松的政策，有多名年轻人踊跃报名，经过笔试和面试有两名青年人被破格任用到副处级领导岗位。现在会内已形成关心、爱护青年和教育、培养、锻炼青年的氛围。

（三）机关党委围绕红十字会中心工作抓党建，取得良好效果。

巩固扩大先进性教育成果，扎实推进党建工作。为了解先进性教育整改措施落实及2005年党支部建设目标管理工作执行情况，掌握各党支部党员群众的思想动态，督促、指导下半年党建工作的开展，机关党委于7月中、下旬深入到各党支部，分别与总会机关及各直属单位党支部书记、副书记进行了座谈。机关党委的同志在肯定各支部党建工作成绩的同时，对落实先进性教育整改措施，建立“长期受教育，永葆先进性”的长效机制，做好下半年的党建工作提出了具体意见。

发扬党内民主，加强制度建设。机关党委始终坚持和健全民主集中制，严格党内生活，把党员领导干部民主生活会作为党内政治生活中的一件大事认真抓好，努力提高民主生活会质量。积极为党组民主生活会做好服务工作，并认真指导党支部开好民主生活会。总会党组成员在开好党组民主生活会的基础上，以普通党员的身份，参加所在支部的民主生活会。各党支部结合工作实际认真召开了民主生活会。通过党员领导干部民主生活会，党员之间开展了批评与自我批评，加强了党员干部和群众之间的了解，增进了团结，查找思想和工作中存在的问题，研究制定了解决问题的措施，推动了各项工作的开展。

抓好保持共产党员先进性长效机制的制定。为巩固先进性教育成果，加强机关党组织的思想建设、组织建设、作风建设和制度建设，建立思想政治工作机制和网络，机关党委草拟了《健全和完善保持共产党员先进性长效机制的意见》、《关于加强和改进思想政治工作的意见》，经党组研究下发执行。

（四）精神文明建设取得新的成绩。各支部积极响应机关党委发出的为印度洋海啸灾区、沙兰镇建博爱小学及为困难群众献爱心、送温暖的号召，分别募集到12790元人民币、10568元人民币、4500元人民币及救灾衣被311件。

把加强机关文化建设作为提高干部队伍素质和凝聚力的重要手段，并以此丰富党建工作内容，创新党建工作方式，增强党建工作的实效性和感染力。在印度洋海啸救援及保持共产党员先进性教育活动中，评选出一批党员先进典型，同时我们也积极参与中央国家机关妇工委“金桥梁”奖、中央国家机关“两优一先”表彰、中央国家机关精神文明单位申报等项活动，弘扬了正气。

创建学习型党支部活动是推进基层党组织建设新的探索和实践。机关党委在经费比较紧张的情况下，从党费中拿出一部分经费，在各级党支部开展了“读一本好书，提高为红十字服务本领”的活动。通过这一活动的开展，大家感到，它不仅是新形势新任务的迫切需要，也是促进党员发挥先锋模范作用，创造一流工作的业绩的有效途径。

认真做好组织发展工作。按照“坚持标准、保证质量、改善结构、慎重发展”的方针，认真做好新时期发展党员工作。为了巩固保持共产党员先进性教育活动取得实效，深入学习贯彻十六届五中全会精神，增强入党积极分子对党的基本理论、基本路线、基本纲领的学习和认识，坚定共产主义理想信念，端正入党动机，自觉按照党员标准严格要求自己，确保发展新党员的质量。机关党委于 11 月 10～14 日举办了以学习落实十六届五中全会精神，学好新党章为主要内容的入党积极分子培训班。机关和直属单位共有 26 位同志参加了培训。全年共发展新党员 4 名，预备党员转正 1 名认真做好日常事务性工作，完成领导交办事宜。机关党委先后组织了十六届四中、五中全会精神辅导报告会，观看了任长霞事迹和经济形势报告 VCD 光盘。根据处以上党员领导干部上党校学习计划，安排了 7 名处级干部、2 名局级干部到党校集中轮训，使参加学习的干部提高了马克思主义理论水平，增强了党性锻炼，拓宽了工作视野。

为了及时交流党建工作的新经验新做法，机关党委在组织学习、转发相关文件的同时，还根据各支部的投稿，不定期地编发简报，共同研究机关党建工作中的重要问题。在做好日常事务性工作的同时，根据《中国红十字会章程》的有关规定及会领导有关指示精神，为总会机关及直属单位工作人员办理了加入红十字会，成为红十字会会员的相关手续。

（五）不断提高基层党组织的创造力、凝聚力和战斗力，切实加强基层党组织建设。

一年来，各级党组织充分发挥政治核心和保证监督作用，以贯彻民主集中制为重点，大力加强班子建设；以支部工作为着力点，加强党员的教育、管理和监督，并积极做好组织发展工作。

顺利完成了机关党支部换届及直属单位支部改选工作。在机关党委指导下，根据各党支部人员变化情况及时召开党员大会，完成支部换届选举工作。根据直属单位领导班子调整及党支部划分的变化情况，指导训练中心、基金会、管理中心党支部进行了改选。

各级基层党组织积极探索机关党建工作服务业务工作的切入点，从实际出发，改进方法，丰富内容，不断创新载体，切实把党的工作贯穿于各项业务工作中，推动了各项业务的开展。

办公室党支部在人员少、工作量较大的情况下，通过组织集体学习等方式，充分发挥支部中每个党员干部的积极性，大家讲团结、讲奉献，加班加点，任劳任怨，较好地发挥了办公室枢纽和窗口的作用；赈济救护部党支部利用周末休息时间组织本支部全体党员和入党积极分子赴我会定点扶贫地——山西省浑源县开展了以“扶贫助学”为主题的实践活动；事业发展部党支部通过支部书记讲党课、走访看望老前辈等支部活动，认真、扎实地做好干部职工的思想工作，以树立典型促进工作；联络部党支部针对本部门年轻同志较多以及党外的同志积极要求加入党组织的特点，开展了丰富的支部活动，加强了对他们的培养工作；机关服务中心党支部认真、扎实开展谈心工作，把增强服务意识放在首位；基金会与干细胞管理中心党支部作为两个“年轻的党支部”，把党务工作与业务工作紧密结合，以党建工作促进筹资、干细胞库建设工作的发展；报刊社党支部针对工作人员年龄结构不尽合理、队伍比较涣散的情况，在认真、细致做好思想工作的同时，进一步推进人事制度改革，录用一批大学毕业生；训练中心党支部针对面临的困难，把党建工作与业务工作相结合，充分发挥支部党员先锋模范作用，加强内部协调，保证重点任务的完成，加强对入党积极分子的培养，收到了较好的效果。

（六）改进机关作风，加大党风廉政建设工作力度。

及时组织党员干部深入学习中央关于《建立健全教育、制度、监督并重的预防和惩治腐败体系实施纲要》和《“三个代表”重要思想反腐倡廉理论学习纲要》，并组织各党支部参加了中央国家机关纪工委举办的“两个纲要”知识竞答活动，荣获优秀组织奖，王舒依、傅刚两位同志荣获优秀个人奖。

为落实总会党风廉政建设责任制，总会机关纪委书记同机关部门、直属单位主要负责人签定了党风廉政建设责任书，以加强重点环节和重点部位的监督，加大党员干部监督力度。全年共有 24 人上交了礼品 70 件，礼金 9800 元。

为加强和改进总会作风建设，在去年的基础上，机关党委再次向各地红十字会处级以上干部发放了调查问卷，了解和掌握党员领导干部深入基层工作中的思想作风、工作作风、廉洁行为和服务意识。为有针对性地开展机关作风建设，机关党委建立健全和认真执行民主集中制、民主生活会制度、述职述廉、谈话提醒等制度，加大对救灾物资采购招标工作的监督力度，有效保证了机关党风廉政建设工作的顺利开展。

（七）健全工青妇组织，发挥群众组织的桥梁纽带作用。

群众工作是党的工作的重要组成部分，机关党委十分重视对群众工作的领导和指导，积极支持各群众组织结合自身特点开展工作。在总会党组的关心支持下，召开了中国红十字会总会工会第三次会员代表大会及中国共产主义青年团中国红十字会总会第一次团员大会暨增强共青团员意识主题教育活动动员大会。选举产生了新一届总会直属机关工会委员会、经费审查委员会及总会团委，完成了总会机关妇女工作委员会调整工作。为各群众组织进一步开展工作奠定了组织基础。我会妇工委 2005 年荣获中央国家机关“巾帼建功”奖。团委荣获“中央国家机关五四红旗创建单位”。有两位青年同志被评为优秀团干部和优秀团员。

（八）积极开展职工业余文体活动，活跃机关文化生活为了活跃机关文化生活，机关党委组织开展了形式多样的活动。8～9月，为了展示我会广大党员和干部职工的风采，宣传红十字会，促进总会及直属单位干部职工身体素质的提高，组团参加了中央国家机关第二届职工运动会。并荣获国家机关工委颁发的“体育道德风尚奖”；组织了职工登山比赛，近百人参加；组织了机关台球赛、乒乓球赛；组织了春节联欢会；7月18日，总会直属机关党委组织机关及各直属单位的广大干部职工及其子女参加的“写一个信封，献一份爱心”活动；为纪念中国人民解放军建军78周年、中国人民抗日战争暨世界反法西斯战争胜利60周年，总会直属机关党委于7月29日下午举行了以“发扬解放军光荣传统，奉献红十字事业”为主题的茶话会；“3.8”妇女节召开女职工座谈会。

二、收获和体会

（一）贯彻党组部署，认真组织实施，先进性教育取得实效。机关党委作为总会先进性教育活动的主要办事机构，认真贯彻落实党组的部署，协助党组制定整体方案，开好3个阶段动员大会，作好征求、梳理意见工作，起草整改方案。作好协调、联系中央先进性教育督导组工作。认真研究制订工作方案，细化各个阶段工作安排；每个阶段都印发督导提纲，进行督导，帮助各支部对照自查，发现问题，及时“补课”，使工作不脱节、没遗漏。

在各级党组织和全体党员的共同努力下，总会先进性教育活动取得了预期效果。并且通过教育活动，创新了党建的工作思路和格局，建立了党员“长期受教育，永葆先进性”长效机制，进一步促进总会党的先进性建设走上科学化、制度化的轨道。

（二）党组重视支持是作好机关党的工作的关键。党组高度重视直属机关党建工作，经常听取党委工作汇报，解决党委工作中的困难，支持、指导党委开展工作，重视发挥各级基层党组织和党员的作用，要求作好深入细致的思想政治工作。党组主要领导经常对机关党委工作做出指示。在2名专职党务干部轮岗到业务部门的同时，充实了2名同志到党办工作。党组的重视、指导和支持为作好直属机关党的工作提供了有力保证，推动机关党的建设工作不断开创新局面。

（三）围绕中心，服务大局，在创新中加强和改进党建工作。机关党建工作必须坚持围绕总会中心任务开展工作，服从服务于红十字会事业发展大局。中心工作为机关党建工作提供了舞台，党建工作与业务工作紧密结合，激发出生机和活力，为完成总会各项任务发挥了保证作用。

针对机关党的建设遇到的许多新情况、新问题，在坚持和运用机关党的工作好传统、好经验的同时，进一步解放思想，不断创新机关党建工作的机制、内容和方法，使新时期党的建设切实得到加强。

（四）坚持以人为本，强化服务意识。总会及直属机关现有党员149名，占干部职工总数的55%，其中总会在职党员51人，占在职干部人数的81%。“抓业务先抓队伍，抓队伍先抓党员”，党员的工作做好了，各项工作就有了坚实的基础、可靠的保障。因此，机关党的工作着眼于促进人的全面发展，在提高党员队伍整体素质，充分调动党员干部的积极性、主动性、创造性上下功夫。

在推进机关党建工作，牢固树立并不断强化服务意识，始终以为总会党组中心工作服务、为基层党组织服务、为党员群众服务为主线，切实做好各项工作，得到基层党组织和广大党员群众的广泛认同与支持。

（高崇华）

直属机关纪委

【职责】

中共中国红十字会总会直属机关纪委在机关党委和中央国家机关纪工委领导下开展工作。主要职责是：

1. 维护党的章程和其他法规，对党员进行遵纪守法教育。

2. 检查党组织和党员贯彻执行党的路线、方针、政策和决议的情况。

3. 协助机关党委加强机关党风廉政建设的宣传教育。对党员干部廉洁自律进行监督检查。

4. 检查处理党组织和党员违反党的章程和法规的案件。按照有关规定，决定或取消对这些案件中的党员的处分。

5. 受理党员的控告和申诉。

6. 领导直属单位纪律检查工作。

【年度工作】

主要工作情况

1. 参加总会对援外物资供应站、造血干细胞管理中心领导班子及成员届满考核小组，负责对援外物资供应站（含红康、五方、红园公司）、造血干细胞管理中心领导班子及成员人任期内经济活动进行审计，完成了考核报告中的财务情况部分，并承担了部分相关政策的咨询以及与人员谈话的工作。对基金会 2000 年 12 月至 2005 年 3 月的财务收支情况进行了审计。2、处理了九封群众来信，就来信反映的有关问题进行调查核实，写出情况报告并上报。3、继续进行基金会专项调查工作，将有关情况与中纪委监察部进行沟通；基金会 5000 万元丢失案件刑事部分已经北京市高级人民法院终审判决。为启动民事再审程序做前期基础工作。4、组织总会及直属单位全体人员参加《两个纲要》学习竞答活动，总会被国家机关纪工委评为优秀组织奖。5、参加总会先进性教育督导组对直属单位先进性教育情况进行检查；配合机关党委进行了礼品义卖、运动会等活动。6、支部工作：积极协助书记开展支部工作，找入党积极分子谈心及一些事务性工作。

（张　莉）

总会直属单位

中国红十字会总会机关服务中心

【年度工作】

2005 年 1 月，机关服务中心配合总会机关顺利完成了“为印度洋海啸受灾国捐款”活动的现场收款、邮局汇款及后勤保障工作。紧急采购海啸救援物资共计 4067. 43 万元。

3 月，因工作成绩突出，分别被北京市交通安全委员会、中央国家机关文件交换站、东城区血液管理委员会评为“2004 年度交通安全先进单位”、“2004 年度优秀交换集体”、“2004 年度献血先进单位”。

6 月，①2005 年彩票公益金项目救灾饮用水、环境消毒剂采购以公开招标方式进行，于 28 日在中国招标投标网、中国政府采购网、中国财经报上发布采购公告，7 月 19 日开标；②还清了干面胡同 53 号新办公楼基建债务，理顺了物业管理。③紧急采购

援助印尼药品660.83万元

7月，①完成总会交办的“南丁格尔奖”颁奖大会的后勤保障工作。②2005年彩票公益金项目救灾用大米、面粉、棉服、棉被采购以公开招标方式进行。分别于7日、22日在中国招标投标网、中国政府采购网、中国财经报上发布采购公告，27日和8月11日开标。

8月，①2005年彩票公益金项目救灾帐篷采购以公开招标方式进行。于3日在中国招标投标网、中国政府采购网、中国财经报上发布采购公告，23日开标。②中国红十字会总会救护师资宣传展架项目采购以公开招标方式进行，于31日在中国政府采购网、中国政府采购周刊、中国财经报上发布采购公告9月20日开标。③中国红十字会总会考核用“心肺复苏模拟人”项目以公开招标方式采购。于8月25日在中国政府采购网、中国政府采购周刊、中国财经报上发布采购公告，9月15日开标。

9月，完成了经济适用房出售后腾退旧房的配售工作。

10月，2006年度送温暖物资以公开招标方式进行采购。28日发布采购招标公告（中国政府采购网、中国政府采购杂志、中国财经报），11月17日开标。

11月，通过法律途径将原总会联络部干部张媛占用住房收回。

12月《机关服务中心管理制度汇编》出台并实施。

【历史沿革】

中国红十字会总会机关服务中心（对外称“机关服务局”）的前身是中国红十字会总会行政处。根据国家关于中央国家机关后勤体制改革的政策文件和总会机关机构改革方案，中心于1999年9月9日正式成立。几年来，在总会党组和执委会的正确领导和关怀下，在机关各部门的大力支持下，机关服务中心紧紧围绕总会党组中心工作任务，结合中心实际，加大改革力度，严格履行各项职能，较好地完成了总会机关的后勤保障工作。2004年，1月，开始筹备申报“红十字扶贫开发服务中心”注册工作。11月，经民政部批准成立了“红十字扶贫开发服务中心”。4月，2004年彩票公益金项目“送温暖”活动物资采购以公开招标方式进行。4月22日在中国招标投标网、中国政府采购网、《中国财经报》上发布了采购公告。5月，①配合总会完成了“中国红十字会建会100周年庆典”活动的后勤保障工作。②2004年彩票公益金项目救灾棉服、棉被采购以公开招标方式进行。5月27日在中国招标投标网、中国政府采购网、《中国财经报》上发布采购公告。③国务院机关事务管理局分配总会15套经济适用住房，这是房改后首次配售经济适用住房，服务中心组建了配售领导小组，将房源和相关政策等张榜，同时按照国管局住房配售要求制定了《新海苑、广泉小区经济适用住房配售办法》，整个配售过程坚持公开、公平、透明、合理的原则。6月，2004年彩票公益金项目救灾帐篷采购以公开招标方式进行。6月11日在中国招标投标网、中国政府采购网、《中国财经报》上发布了采购公告。7月，2004年彩票公益金项目救灾饮用水、环境消毒剂采购以公开招标方式进行。7月15日在中国招标投标网、中国政府采购网、《中国财经报》上发布了采购公告。8月，①根据中编办《关于印发〈中国红十字会总会机构改革方案〉的通知》、《国务院办公厅转发国务院机关事务管理局、中央机构编制委员会办公室关于深化国务院各部门机关后勤体制改革意见的通知》和总会《关于组建中国红十字会总会机关服务中心并启用印章的通知》等文件精神，经总会党组批准，机关服务中心主要职责、内设机构和人员编制方案得到确定。②2004 年彩票公益金项目救灾粮食采购采用邀请式招标方式进行。10 月，①顺利完成中国红十字会第八次全国代表大会的后勤保障工作。②对干面胡同 43 号院进行了房屋修缮及环境改造。11 月，①2005 年彩票公益金项目“送温暖”活动物资采购以公开招标方式进行。11 月 9 日在中国招标投标网、中国政府采购网、《中国财经报》上发布了采购公告。②2004 年彩票公益金救护师资项目的招贴画及宣传折页采用公开招标方式进行采购。11 月 25 日在中国招标投标网、中国政府采购网、《中国财经报》上发布了采购公告。

12 月，中国造血干细胞捐献者资料库电脑网络系统技改（硬件部分）采购以公开招标方式进行。12 月 22 日在中国招标投标网、中国政府采购网、《中国财经报》上发布了采购公告。

【组织机构】

中国红十字会总会机关服务中心内设四个处级部门。

（一）办公室

负责机关服务中心工作的综合协调、会议组织、文电处理、秘书事务、安全、保密、档案管理等工作；负责机关服务中心人事（含退休人员）工作、财务和机关有关经费、总会机关住房公积金及住房补贴的管理；负责总会机关医疗保健、计划生育、爱国卫生、绿化、人民防空、献血等社会事务工作的管理。

（二）服务处

负责总会机关后勤服务和职工有关福利工作；负责总会机关车辆、通讯、办公用品、设备、设施及外事礼品和会议室等的管理工作；负责在京召开的全国会员代表大会等全国性会议的后勤保障工作；负责总会机关机要文件交换、信件投递、报刊收发工作；负责总会和直属单位基建项目的申请、立项工作；负责总会机关委托的房地产及其他固定资产的管理；负责总会机关和直属单位职工经济适用房的申报及管理工作；负责机关所属的房屋修缮等工作。

（三）经营处

负责救灾（备灾）物资采购招投标工作，履行《中国红十字会总会救灾物资采购管理办法》的职责；负责境内外捐赠物资的接收、转运和援外物资的采购、转运工作；负责兴办符合红十字会宗旨的经济实体；负责策划开发服务创收项目，管理所属经营创收单位等工作。

（四）文印室

负责机关各部室文件的打字、编排和印制；负责总会召开的全国性会议，举办的各类培训等文件及资料的印制；负责联系办理总会机关印刷品及出版物（除总会一报一刊）的印制。

（傅 刚）

中国红十字会总会报刊社

【年度工作】

2005 年，中国红十字会总会报刊社紧

紧围绕“打造全新形象，创立报刊品牌，推动事业发展”的工作目标，在全面提升报刊质量，创立报刊品牌上作努力，在拓宽经营渠道上下功夫。经过一年多扎实的努力，报刊质量有了明显提高，各项经营有了新的进展，较好地实现了年初制订的工作目标。

一、确立了《中国红十字报》、《博爱》期刊新的定位。2004年底，通过市场调研和反复论证，报刊社重新确立了《中国红十字报》、《博爱》期刊的市场定位。报纸的定位是：立足系统、面向国内外、具有权威性的人道主义大报。期刊的定位为：面向大众的、生活情感类杂志，办刊宗旨定为“关注民生、记录情感、在亲情、友情、爱情、人际之情的讲述中凸显世道人心，弘扬博爱精神”。

根据报纸定位，编辑部对报道内容、报道形式、乃至版式、格局进行调整。为体现“具有权威性的人道主义大报”的特点，在一版加强了要闻报道，摒弃过去“论资排队”编辑习惯，让要闻上一版、上头条；在一版开辟了“来自基层”专栏，先后编发了一批较有影响的稿件。为了加强新闻的指导意义，编辑部在一版开设了言论专栏，既有就重大问题发言的评论，也有一事一评的“新闻快评”。为体现“人道主义大报”的特点，编辑部在二版专门开设了“救助行动”专栏。“救助行动”专栏由“救助写真”、“好人榜”“心心桥”、“慈善论坛”等多个小栏目组成。自2004年10月创办以来，“救助行动”专栏共发表各类稿件近百篇，其中不乏给读者留下深刻影响的优秀稿件。为加强深度报道，增加新闻的可读性和深刻性，编辑部将三版调整为“特别报道”版。“特别报道”版以人道主义为视野，关心和关注社会上发生的重大新闻和热门话题。特别报道版自创办以来发表了多篇较有影响的报道。该版还新开设了“热点时评”专栏，这些稿件紧扣社会热点话题，观点鲜明，视觉较新。为了扩大红十字专兼职工作者的视野，使其了解国际红十字运动的最新动态和经验做法，编辑部在四版设立了国际新闻板块。为了加强对志愿者、红十字青少年、红十字进社区等品牌工作的报道。编辑部在该版还开设了“志愿者”、“红十字青少年”、“红十字进社区”等栏目，报道各级红十字组织在志愿者、红十字青少年、红十字进社区等工作领域的新思路、新经验。在确立《中国红十字报》的定位、调整办报思想的同时，编辑部统一了各版的版式和字体，逐步形成了自己的版面风格。经过一年的努力，《中国红十字报》从内容、风格到包装都有了一定的变化。改版后的《中国红十字报》，正在向“对重大问题发言，体现其权威性；提供高质量的信息，体现其指导性；用生动活泼的语言、具体感人的故事增加可读性”的方向发展。

报刊社基于走市场的经营思路，酝酿《博爱》月刊改版工作。根据期刊定位，重新设计栏目，设立了讲述亲情故事的“亲情树”、“真情讲述”、“名人家事”、“亲情美文”；讲述友情故事、邻里故事的“朋友”、“同桌的你”；反映人生百态的“人在旅途”、“多棱镜”；反映红十字工作者和志愿者无私奉献精神的“我是志愿者”等。至2005年1月，推出改版后的第一期杂志。《博爱》月刊推出改版后的第一期杂志后，采编人员在读者中广泛听取意见，在吸纳各方面意见的基础上，又对杂志进行了改进和完善。全新改版后的《博爱》期刊紧紧围绕“弘扬人道主义，宣传博爱精神”的办刊宗旨写稿、组稿、编稿，力求以真情感动人，用生动的事实教育人，将人道、博爱、奉献的红十字精神寓于生动感人的故事之中。一年来，《博爱》期刊走出了机关刊物的模式，从内容到包装都力图更适合市场的需求，发表了多篇在社会上引起较大反响的稿件，其中有的被《读者》半月刊转载。

在对一报一刊进行重新定位与包装的同时，报刊社加强编辑记者队伍的建设，一是在报刊社内进行人力资源整合，二是面向社会公开招聘采编和经营人员，引进新人。目前，报纸编辑部已引进了2名研究生，期刊编辑部已引进1名本科生，发行部已引进1名本科生。新人的加盟给报刊社注入了新的活力。三是加强通讯报道队伍的建设和培养，提高宣传干部新闻业务能力。6月下旬，报刊社与红十字国际委员会东亚地区代表处在河北省承德市联合举办了新闻业务培训班，来自全国各级红十字会的200多名宣传干部参加了这次培训。培训班聘请中央新闻单位资深编辑记者授课，培训内容使与会者受益匪浅。从培训班结业的学员，由报刊社统一颁发了“中国红十字报通讯员证”。

二、紧紧围绕总会中心工作，充分发挥舆论宣传作用。2004年9月以来，报刊社坚持以“三个代表”重要思想为指导，以贴近实际、贴近群众、贴近生活为办报办刊方针，紧紧围绕总会各项中心工作发挥舆论宣传作用，为开创中国特色红十字事业新局面服务，为基层服务，较好地发挥了行业媒体应有的作用，取得了一定的成绩。

2004年12月26日，一场因强烈地震引发的海啸，使泰国、马来西亚、斯里兰卡等南亚国家遭受重大灾难。这场猝不及防的灾难夺去了几十万人的生命，使数百万人失去房屋和财产，变得一无所有。得知灾情后，中国红十字会迅速予以反应，向全国民众发出了紧急募捐呼吁。报刊社敏感地意识到，在这场既紧急又重大的跨国救援行动中，作为中国红十字会总会的机关报刊，应该自觉地担当起宣传群众、发动群众的作用。为此，在《中国红十字报》上以最快的速度刊登了紧急募捐呼吁，向社会公布中国红十字会捐赠热线和接受捐赠的开户行和账号。在那紧张而又繁忙的一个多月里，报刊社组织采编及行政人员参与总会接听热线电话、接收社会捐款等工作，每天都派出一名记者驻在总会现场采访。为了充分报道中国红十字会声势浩大的募捐活动，报道民众为海啸灾区献爱心的义举，《中国红十字报》开辟了海啸募捐纪实专版，及时报道全国各级红红十字会组织募捐的情况，记录了在海啸募捐中发生的动人场面和感人故事，展现了中国人民在这场灾难发生后所表现的国际人道主义博爱情怀。在积极发挥《中国红十字报》这个宣传阵地的同时，报刊社还充分利用《博爱》期刊图文并茂的宣传优势报道这次救援行动，在《博爱》期刊2005年第2期的封二和封三上，刊登了反映灾难现场和中国红十字会开展募捐活动的照片。接着，报刊社在2005年《博爱》期刊第3期上发表了长篇报告文学，全景式报道了中国红十字会动员民众开展对海啸灾区进行紧急救援的实况。

2005年2月下旬，中国红十字会2005年工作会议在厦门召开，会议确定了2005年的工作重点，这就是：加快依法理顺管理体制的步伐；着力做好备灾救灾；切实加强红十字会基层工作和红十字青少年工作。总会的工作重点就是报刊社的报道重点。为了推动这几项重点工作的开展，报刊社在报纸的一版开辟了“来自基层”栏目，先后报道了江西省红十字会理顺管理体制的经验；北京市红十字会、厦门市红十字会创建红十字示范社区的经验；云南省开展青年同伴教育的经验；江苏省徐州市睢宁县王林乡红十字会为农民排忧解难的报道等。这些报道，以生动具体的事实和细节，展现了红十字基层组织在这些工作领域的积极探索和取得的经验。为了广泛深入地报道这些工作，我们还在报纸的四版专门开辟了“红十字示范社区经验”专栏。在“红十字示范社区经验”专栏里，已陆续刊登了26篇来自基层的经验。《博爱》期刊开辟了“我是志愿者”栏目，报道无偿献血、志愿捐献造血干细胞活动中发生的感人故事。

三、探索新的经营模式，努力提高经济效益。多年来，报刊社致力于报刊主业的发展，在竞争激烈的市场中站稳了脚跟。但是，一个媒体的发展壮大，仅靠主业单打一是不够的，必须扬长避短，通过资源整合，使其发挥最有效、最大化的作用。2005年初，报刊社制订了“采编+发行+广告+项目”四轮驱动的经营模式。在经营措施上，采取了以下的方式：

一是整合采编资源，建立新的经营平台。2005年初，在会领导的大力支持下，报刊社整合采编资源成立了年鉴编辑部。年鉴编辑部的主要任务是为总会机关提供编辑出版业务服务。会领导看到报刊社编辑出版《中国红十字年鉴》的请示后，做出编辑出版《中国红十字年鉴》的决定，正式将此项目委托给报刊社。一年来，在会领导及各地方分会的大力支持下，年鉴编辑部已完成年鉴创刊号的编纂工作，并于2006年年初出版发行。同时，年鉴编辑部还完成了2004年度《中国红十字会年报》的编辑出版工作、《中国的南丁格尔》（南丁格尔奖获者报告文学集）的组稿工作，并于2006年4月出版发行。对于报刊社来说，年鉴编辑部的成立是一个新的发展平台，报刊社将利用这个平台，拓宽新的发展空间。

二是积极寻找合作伙伴，拓宽经营领域。2005年，报刊社与多家企事业单位合作。与上海旷野广告公司合作年鉴彩页的征集工作和《博爱》期刊理事会理事单位的发展工作；与中国造血干细胞库管理中心和西安扬森公司合作，举办优秀新闻作品评选活动；与中国造血干细胞捐献者资料库管理中心、中国红十字基金会合作，在《中国红十字报》上合办新闻栏目；与红十字国际委员会东亚代表处合作，联合举办新闻业务培训班等。

三是积极争取项目，通过承办项目创收。2004年底，总会召开直属单位专题研讨会，江亦曼常务副会长提出了总会“转变职能，以购买服务的方式向直属单位转移部分业务”的新的理念，为直属单位的发展提供了新的机遇和发展空间。为此，报刊社在海啸救援期间，承接了总会编辑出版“海啸”专刊的项目；在海啸救援后期，承接了总会反映海啸救援行动的画册编辑出版和光盘制作项目；还承接了《中国红十字年鉴》、《中国红十字会年报》、《中国红十字英文通讯》、《中国的南丁格尔》（南丁格尔奖获者报告文学集）等项目。

四是下大力气抓报刊发行，努力提高报刊的社会覆盖面。《中国红十字报》和《博爱》期刊是中国红十字会惟一面向社会公开发行的报刊，承担着宣传红十字精神，传播人道、博爱理想，扩大中国红十字会社会影响力的重任。它还是中国红十字会与国际红十字组织联系沟通的桥梁，是中国红十字会面向社会的窗口。2005 年，报刊社打破了完全依靠邮政发行的传统的发行模式，在《博爱》期刊的发行上，实行邮局发行与市场零售相结合，一方面下大力气抓系统内订阅，另一方面千方百计开拓零售市场。同时，还开展了网上订阅，扩大中国红十字会的社会影响力。

【历史沿革】

中国红十字会总会主管主办的《中国红十字报》、《博爱》期刊、《中国红十字会年报》、《中国红十字年鉴》，由中国红十字会总会报刊社编辑出版，报刊社属中国红十字会总会京内直属单位。

自改革开放中国红十字会恢复国内工作以来，《中国红十字》期刊（后改名《博爱》）复刊于 1980 年，《中国红十字报》创刊于 1986 年，熊世琦为总会宣传部部长兼总编辑。1988 年 8 月 26 日，全国红十字报刊通讯发行工作座谈会在江西庐山召开。1990 年 8 月 9 日至 15 日，《中国红十字报》、《中国红十字》期刊通讯员业务讲习班在湖南张家界举行。

1991 年 9 月 13 日至 15 日，中国红十字报刊工作会议在辽宁沈阳召开，颁发了报刊工作先进集体、优秀特约记者、特约通讯员及好新闻奖。在此之前，刘峰、武星户等先后调入中国红十字会总会报刊社，接替熊世琦等人的报刊社领导工作。

1992 年 9 月 18 日至 21 日，中国红十字报刊工作会议在广东广州召开，颁发了报刊工作先进集体、优秀特约记者、特约通讯员及好新闻奖。同年 10 月，中国红十字会总会以红办字（1992）第 143 号文件规定："报刊社具有独立法人地位，享有民事权利和承担民事义务，实行事业单位企业管理，自主经营，独立核算，自负盈亏。""报刊社实行社委会领导下的总编辑（兼社长）负责制和副社长、副总编辑的分工负责制。""报刊社享有劳动用工权和人事管理权，社内实行全员聘任制。"

1993 年 1 月 1 日，经中国红十字会总会报刊社申办，中国红十字会总会报卫生部批准，中国红十字会总会报刊社由全额拨款事业单位改制为自收自支事业单位，1994 年 1 月 1 日起，报刊社设立会计、出纳，财务独立核算。同时，中共中国红十字会总会党组聘任刘峰为社长兼总编辑（法定代表人），武星户为副总编辑。同年 4 月 6 日至 9 日，中国红十字报刊社第一届特约记者工作会议在浙江温州召开，颁发了报刊工作先进集体、优秀特约记者、特约通讯员及好新闻奖。与此同时，根据中发〔1993〕7 号文件和中编委会议精神，中编办批复总会机构改革方案确定中国红十字会总会报刊社自收自支事业编制 40 名。按照党管干部的原则和总会规定，报刊社副处级以上干部由中共中国红十字会总会党组管理并聘用，其他人员由报刊社自行管理并聘用。

1994 年 4 月 6 日至 8 日，中国红十字会总会报刊社第二届特约记者工作会议在广西召开。同年 10 月 21 日至 25 日，中国红十字报刊工作会议在四川召开，颁发了报刊工作先进集体、优秀特约记者、特约通讯员及好新闻奖。

1995 年 3 月 25 日，中央机构编制委员会办公室以中编办字〔1995〕52 号文件发出《关于印发〈中国红十字会总会机构改革方案〉的通知》中指出:"《中国红十字会总会机构改革方案》经中央机构编制委员会办公室审核,并报国务院领导批准,现予印发。"《中国红十字会总会机构改革方案》在"事业单位和编制"中指出:"中国红十字会总会报刊社自收自支事业编制40名。"同年10月6日至8日,中国红十字报刊工作会议在天津召开,颁发了报刊工作先进集体、优秀特约记者、特约通讯员及好新闻奖。

1996年7月1日,中共中国红十字会总会党组聘任武星户为代社长兼总编辑(法定代表人)。同年9月23日至27日,中国红十字会宣传论坛暨报刊工作会议在新疆召开,颁发了报刊工作先进集体、优秀特约记者、特约通讯员及好新闻奖。

1997年3月20日至23日,中国红十字会总会报刊社第三届特约记者工作会议在北京召开。同年9月27日至30日,中国红十字报刊工作会议在江西吉安召开,颁发了报刊工作先进集体、优秀特约记者、特约通讯员及好新闻奖。

1998年5月8日,中共中国红十字会总会党组以"红会党字[1999]第6号"文件通知:聘任李兰颂为副社长兼总编辑(法定代表人)。同年3月2日至5日,中国红十字会总会报刊社第四届特约记者工作会议在海南召开;10月8日至11日,中国红十字会宣传论坛暨报刊工作会议在山西召开,颁发了报刊工作先进集体、优秀特约记者、特约通讯员及好新闻奖。

1999年6月14日,中共中国红十字会总会党组以"红党字[1999]第003号"文件通知:聘任李兰颂为副社长兼总编辑(法定代表人),武星户为副总编辑。同年9月8日至10日,中国红十字会总会报刊工作会议在上海召开,颁发了报刊工作先进集体、优秀特约记者、特约通讯员及好新闻奖。

2000年以前,《中国红十字报》、《博爱》期刊由卫生部主管、总会主办;2000年起,经中国红十字会总会报刊社向国家新闻出版署申办,《中国红十字报》、《博爱》期刊由中国红十字会总会主管主办。

2000年9月21日至23日,中国红十字会总会报刊工作会议在浙江宁波召开,颁发了报刊工作先进集体、优秀特约记者、特约通讯员及好新闻奖。同年10月8日,中共中国红十字会总会党组批复中国红十字会总会报刊社《关于机构设置和岗位职责的试行方案》(另有9个配套文件)。其中,《关于机构设置和岗位职责的试行方案》的内容是:中国红十字会总会报刊社为正处级单位,下设科级业务部门1室4部:1. 办公室(人事、财务、文档、稿酬、通联、后勤),主任、副主任各1人(科级或中级),主管若干(副科级或中级),负责专项事务;2. 出版部(照排、审读、摄影、网络、值班、机动),主任、副主任各1人(主任编辑或副编审),主管若干(中级或副科级),负责专项事务;3. 报纸编辑部(采访、编辑、组稿、跟版、校对、清样),主任1人(主任编辑或副编审);4. 期刊编辑部(采访、编辑、组稿、跟版、校对、清样),主任1人(副编审或主任编辑);5. 经理部(发行、广告、印刷、纸张、设备、经营),主任、副主任各1人(科级或中级),主管若干(副科级或中级),负责专项事务。

2001年7月27日,中国红十字会总会报刊社经申办获得国家事业单位登记管理局颁发的“事证第110000000649号”《中华人民共和国事业单位法人证书》。其中，名称：中国红十字会总会报刊社；宗旨和业务范围：出版红十字报刊，宣传红十字工作《中国红十字报》出版《博爱》期刊出版广告业务新闻业务研究相关业务培训与印刷发行；住所：北京市东城区干面胡同43号；法定代表人：李兰颂；经费来源：事业收入；开办资金：人民币44万元（实为报刊社当年自有资金）；举办单位：中国红十字会总会。同年9月5日至7日，中国红十字会总会报刊工作会议在吉林召开，颁发了报刊工作先进集体、优秀特约记者、特约通讯员及好新闻奖。12月30日，中共中国红十字会总会党组以“红党字［2001］16号”文件通知：聘任唐晓音为社长（法定代表人），李兰颂为副社长兼总编辑，肖星为副社长，武星户为副总编辑。

2002年5月24日至26日，中国红十字会总会报刊社新闻业务培训班在云南保山腾冲举行。同年5月27日，中国红十字会总会报刊社出台了以职工全员聘任制为原则主体的系列管理办法，主要有《报刊社岗位职责及效益工资分配暂行办法》（内含《说明》、《办公室岗位职责及效益工资分配》、《报刊编辑出版岗位职责及效益工资分配》、《综合开发岗位职责及效益工资分配》部分）。9月24日至26日，中国红十字会总会报刊工作会议在广西桂林召开，颁发了报刊工作先进集体、优秀特约记者、特约通讯员及好新闻奖。当年起，由中国红十字会总会报刊社承办的总会项目“中国红十字会英文通讯”复刊出版。同年12月间，中国红十字会总会报刊社组织福建省、湖北省、成都市、苏州市红十字会以中国红十字会宣传工作者代表团名义访问日本、韩国。

2003年4月15日至18日、22日至25日中国红十字会总会报刊社先后举办了2期全国红十字青少年工作论坛，来自各地的代表大多为中小学校的校长和教师，代表们在论坛中交流了各自红十字青少年工作的经验和体会。8月19日至21日，中国红十字会总会报刊工作会议在内蒙古呼伦贝尔召开，颁发了报刊工作先进集体、优秀特约记者、特约通讯员及好新闻奖。同年12月间，中国红十字会总会报刊社组织福建省红十字会代表团访问法国、德国等国。年内，由中国红十字会总会报刊社承办的红十字会与红新月会国际联合会项目《红十字宣传指南》一书编辑出版（五洲传播出版社）。

2004年5月31日至6月4日，中国红十字会总会报刊社新闻业务培训班在北戴河举行。同年8月间，中国红十字会总会报刊社组织浙江省红十字会代表团访问澳大利亚、新西兰。9月21日至23日，中国红十字会总会报刊工作会议在贵州遵义召开，颁发了报刊工作先进集体、优秀特约通讯员及好新闻奖。在此前后，中国红十字会总会报刊社受红十字国际委员会委托组织翻译出版了《国际人道法问答》中文版；报刊社受红十字会与红新月会国际联合会委托组织翻译出版了《2004年度世界灾害报告》。

（一）《中国红十字报》：

《中国红十字报》创刊于1986年，现报头为赵朴初题写。

1986年10月5日，《中国红十字报》第1期即试刊号编辑出版，为4开4版月报，赵朴初、钱信忠、黄树则、谭云鹤题词祝贺。

1986年12月5日，由中共中央宣传部

批准，《中国红十字报》第3期即创刊号编辑出版，为4开4版月报，向国内外公开发行。

1991年1月5日，即第56期起，《中国红十字报》扩为4开4版半月报。5月5日，即第64期起，《中国红十字报》扩为对开4版半月报。当年，中国中央人民广播电台黄金时段报摘节目多次摘播《中国红十字报》刊登的消息和通讯。

1992年1月3日，即第80期起，《中国红十字报》扩为对开4版周报，杨成武、陈丕显、马文瑞题词祝贺。

1992年11月27日，即第126期起，《中国红十字报》首次试办“月末版”，至1993年下旬止。

1994年4月1日，即第194期，《中国红十字报》举办了《中华人民共和国红十字会法》知识竞赛活动，当期报纸（含试卷版）发行93.5万份，11月15，举行了颁奖仪式。

1997年度，中国红十字会总会报刊社举办了“达纳康杯”无偿献血知识竞赛，共销售有考卷的《中国红十字报》96万份，在北京人民大会堂召开的总结表彰大会上，全国政协副主席、中国红十字会会长钱正英向优胜奖和组织奖获得者颁奖。

1998年9月11日，即第422期起，《中国红十字报》每逢重大活动与纪念日均出版对开1版和4版的彩色报纸，至2002年1月止。第422期《中国红十字报》彩色报纸的启动资金为中央电视台文艺中心影视部部分编导、大连市广播电视局部分领导、中央电视台首播电视剧当年获奖的单位代表以及全体个人的捐款。

2000年3月24日是《中国红十字报》第500期出版日。3月26日是中国中央电视台《正大综艺》第500期播出日，双方就国际性共同特点联袂举办庆典，出版了彩色印刷的《中国红十字报》第500期专号，录制播出了“正大综艺”第500期专辑，发行了明信片。全国人大常委会副委员长、中国红十字会会长彭珮云题词：“办好中国红十字报为建设有中国特色红十字事业服务”；中国红十字会常务副会长王立忠致贺词：“讴歌和平发展主题高扬人道博爱理念祝贺《中国红十字报》出版第500期”。

2003年，《中国红十字报》每逢月末周五加至为对开8版，其中，后4版为彩色印刷的月末版加版，只在北京地区免费发放，至2003年12月止。从本年度开始，中国红十字会总会报刊社与红十字会与红新月会国际联合会驻东亚地区代表团在《中国红十字报》第一版上不定期开办了《亚太通讯》和《焦点报道》专栏，收到很好的传播效果。

2004年1月30日，即第697期起，《中国红十字报》每逢月末周五为4开8版的月末版，至2004年12月止。同年9月8日，中共中国红十字会总会党组聘任吴苾雯为社长兼总编辑（法定代表人），李兰颂为副总编辑。

2005年1月7日，即第746期起，《中国红十字报》全年一版、四版套红。

（二）《博爱》期刊：

《博爱》期刊创刊于1913年，刊名为孙文题字（选自孙文为广东省中山县的题词）。

1913年5月1日，《中国红十字总会杂志》第一号即创刊号诞生，该刊载有“武昌黎副总统致南京孙大总统电：‘鄂省自起义以来。血战数十日。尸骸枕藉。无算伤残。幸赖中国红十字会。设立临时医院。救治被伤兵士。并施掩埋。兹查该会已由日本赤十字社社长松方侯爵。特派法学博士有贺长雄来沪。'”该刊还载有“日本赤十字社社长电”：‘一千九百十二年正月十二号瑞士日来弗东京赤十字社社长松方侯爵转。’另据权威资料证实：“1912 年 11 月 13 日，常议会公议，每月出画报一册，以为劝捐张本，每期约需洋 200 元。”刊有“总会名誉会长、部分正副会长照片”，署名“第一号中华民国二年三月上旬中国红十字会编辑部”。有编辑部就有媒体，“每月出画报一册”的时间比《中国红十字总会杂志》还要早。

1921 年 10 月 10 日，《红会月刊》第一期编辑出版。

1946 年，由《会务通讯》和《救护通讯》合并的《中国红十字》月刊编辑出版。

1950 年 9 月 30 日，《新中国红十字》期刊出版创刊号。

1956 年 4 月，《新中国红十字》期刊更名为《中国红十字》期刊复刊。

1958 年，中国红十字会总会组训部和宣传部与中央爱国卫生工作委员会办公室合署办公，《中国红十字》期刊与《讲卫生》月刊合并为《爱国卫生》期刊。

1980 年 7 月 20 日，《中国红十字》期刊复刊，为月刊，小 16 开，内文 32 页。

1992 年 1 月 15 日，即总第 212 期起，《中国红十字》期刊由月刊改为双月刊，小 16 开，内文 64 页。

1993 年 1 月 15 日，即总第 218 期起，《中国红十字》期刊更名为《博爱》，双月刊，小 16 开，内文 64 页。

1995 年 1 月 15 日，即总第 230 期起，《博爱》为双月刊，并改为大 16 开，内文 64 页。刊名为孙文题字。

1998 年 12 月《博爱（增刊红十字会法版）》编辑出版（启动资金为北京市红十字会订阅 4000 册的费用）。

1999 年 4 月，《博爱》期刊入选中国期刊协会、中国出版对外贸易总公司在美国洛杉矶举办的中国期刊展览会。为了展示中国改革开放以来期刊发展的成就，开拓中国出版物在美国的发行市场，扩大中国文化在美国的影响，中国期刊协会、中国出版对外贸易总公司于 1999 年 4 月在美国洛杉矶举办了中国期刊展览会。经权威部门和出版专家的严格筛选与一致认定，《博爱》期刊按照中国期刊协会征集函的要求寄出样刊后，接到通知并得到获准：以现代汉语传播人道主义、国际红十字运动和开创中国特色红十字事业新局面的最大平面媒体的独特面貌及世纪风采，与国内部分优秀期刊齐登国际期刊市场及期刊展览的大雅之堂。同年 12 月《博爱（增刊红十字基金版）》编辑出版（启动资金为中国红十字基金会订阅 5000 册的费用）。

2000 年、2001 年两年的时间里，中国中央人民广播电台黄金时段直播节目——《星空无限》和《娱乐新干线》均把当期出版发行的《博爱》期刊作为奖品用于颇有收听率的竞猜活动，中央人民广播电台每次将获奖者名单和地址传真给中国红十字会总会报刊社，再由《博爱》期刊编辑部采取邮寄的办法将奖品颁发给获奖听众（包括世界各地收听华语区域），使《博爱》期刊在更为广阔的范围内得以发行，扩大传播了中国红十字的人道主张。2001 年 4 月《博爱（增刊修订本红十字会法版）》编辑出版。

2003 年 1 月 15 日，即总第 278 期起，《博爱》期刊由双月刊改为月刊，大 16 开，内文64页，当年月平均整订户发行量为3.83万份。

（三）《中国红十字会年报》：

《中国红十字会年报》创刊于1986年。

《中国红十字会年报》为中国红十字会年度工作的集纳总成。自改革开放中国红十字会恢复工作以来，每年一册，文图并茂，已经跨越了近20年，连续编辑出版了近20期，对推动中国特色红十字事业的蓬勃发展，起到了真实记录、整体反映和广泛宣传的作用。由于文字是汉、英对照的，《中国红十字会年报》还作为对外宣传品用于对外交流以及台港澳事务交往活动中。当前，中央提出坚持以人为本思想、树立落实科学发展观、构建社会主义和谐社会等一系列指导方针，中国红十字会作为在政府人道领域的助手，进一步加强了对热爱和平、珍视和睦、促进和谐重大意义和工作进程的宣传。集纳年度工作亮点的《中国红十字会年报》起到了这一宣传作用。

《中国红十字会年报》是中国红十字会总会对外宣传的常设项目之一。主要内容为：1中国红十字会名誉会长、会长、常务副会长、副会长、秘书长介绍；2. 中国红十字会组织机构图；3. 中国红十字会全国会员代表大会、常务理事会及其理事会、年度工作会议情况；4. 依法兴会、组织建设、筹资与宣传、红十字青少年、传播红十字运动知识、赈济救护、社区服务、无偿献血、预防控制艾滋病与遗体捐献、造血干细胞捐献者资料库建设、台港澳事务、国际交往、总会年度接受捐赠资金及彩票公益金收支情况报告等；5. 各省、自治区、直辖市、新疆生产建设兵团红十字会，铁路、商业红十字会年度工作情况反映等。

（四）《中国红十字年鉴》：

《中国红十字年鉴》创刊于2005年（《中国红十字年鉴·2004/2005创刊号》）。

《中国红十字年鉴》是中国红十字会一部大型的重要文献汇编。它既是综合反映开创中国特色红十字事业新局面的百科书，也是全面反映中国红十字会百年历程的编年史，属公开出版物，每年一部。

《中国红十字年鉴》由中国红十字会领导、总会各部门及直属单位主要负责人、省级红十字会常务副会长或专职副会长、行业红十字会负责人组成编辑委员会，负责领导、组织协调和审稿工作。编委会下设有编辑部，编辑部负责按计划开展编辑、出版等项工作。

《中国红十字年鉴》的编辑出版，不但能真实记录、整体反映各个历史阶段中国红十字事业的发展情况，而且作为宣传品它还可以起到向社会传播和宣传红十字精神，动员民众参与红十字事业的重要作用。同时，它还可以用于对外交流以及与台港澳的交往活动中。

《中国红十字年鉴》是中国红十字会总会对外宣传的常设项目之一。《中国红十字年鉴·2004/2005创刊号》编辑体例和主要内容为：纵览篇（百年会史概述、百年会史编年、新中国成立以来中国红十字会第一届至第八届全国会员代表大会工作报告）；文献篇（中共中央、全国人大、国务院、全国政协领导的讲话、致信、题词，法律、法规，重要文件，中国红十字事业2005－2009年发展规划）；纪事篇（大事记、重大活动及会议）；专业篇（部分专业会议介绍，大型项目课题论证）；总会篇（名誉会长、副会长，会长、常务副会长、副会长、秘书长名单，中国红十字会会长、常务副会长在2004年、2005年中国红十字会工作会议上的讲话，总会机关：办公室、赈济救护部、事业发展部、联络部、直属机关党委，直属单位：机关服务中心、报刊社、中国红十字基金会、中国造血干细胞捐献者资料库管理中心、训练中心、上海援外物资供应站）；分会篇（全国各省、自治区、直辖市红十字会，铁路系统、商业系统红十字会，新疆生产建设兵团红十字会，香港、澳门特别行政区红十字会）；人名篇（百年会史名录，人物志、人名录）；研究篇（理论与实践、调查与研究，先进经验）；数据篇（人、财、物数据资料，募集捐赠款物数据资料）；资讯篇（公共词条与篇目，总会及省、自治区、直辖市、特别行政区分会联络方式）。

【组织机构】

1995年3月25日，中央机构编制委员会办公室以（中编办字〔1995〕52号）文件通知中国红十字会总会，同意印发《中国红十字会总会机构改革方案》，该方案“事业单位和编制”中指出：“中国红十字会总会报刊社自收自支事业编制40名。”

2001年7月27日，由中国红十字会总会报刊社向国家事业单位登记管理局申办，被确定为事业单位法人；宗旨和业务范围是：出版红十字报刊，宣传红十字工作；经费来源：事业收入；开办资金：人民币44万元。

2004年9月8日，中共中国红十字会总会党组聘任吴苾雯为社长兼总编辑（法定代表人），李兰颂为副总编辑。

自2005年1月，中国红十字会总会报刊社实行全员聘任制；经中国红十字会总会批准组建了新一届社务委员会，成员为：吴苾雯、李兰颂、孙惠玲、张建平。报刊社设立1室7部：

办公室（主任：李兰颂，兼）；负责本社人事、财务、文档、印信、后勤、外联及安保等工作。

报纸编辑部（主任：孙惠玲）；负责《中国红十字报》的编辑出版工作。

期刊编辑部（主任：张建平）；负责《博爱》期刊的编辑出版工作。

年鉴编辑部（主任：傅虹，副主任：冯志国）；负责《中国红十字年鉴》、《中国红十字会年报》及新增新闻出版项目的编纂出版等工作。

发行部（副主任：白琳）；负责本社出版物的发行工作。

广告部（副主任：傅学煜）；负责《中国红十字报》、《博爱》期刊广告业务的承揽、审核及客户服务等工作。

项目活动部（副主任：郑勇）；负责经营项目及活动的策划、组织、实施等工作。

传媒营销部（主管：肖星）；负责中国红十字会网站的采编事宜、中国红十字会《英文通讯》编辑出版等工作。

【大型项目】

一、《中国红十字年鉴》，2005年2月，中国红十字会总会报刊社成立中国红十字年鉴编辑部，设编辑部主任、副主任各1人，并经中国红十字会执行委员会批准成立中国红十字年鉴编辑委员会。年内编纂出版了《中国红十字年鉴·2004/2005创刊号》，为中国红十字会自1904年成立101年以来的第一部大型文献汇编，既是中国红十字会百年历程的编年史、也是开创中国红十字事业新局面的大事记，还是从事人道领域社会救助的专兼职工作者们必备的百科书。《中国红十字年鉴·2004/2005创刊号》,填补了中国红十字会一直没有年鉴的空白，该项目已被纳入“十一五”计划,确保了社会效益和经济效益相统一。

二、《中国红十字会年报》，每年一期,大16开,以图片为主,全彩色印制,汉英语对照,多用于外宣。

三、《中国的南丁格尔》专题报告文学及长篇通讯集;全书传主为我国43位第29届至40届南丁格尔奖获者。

四、编辑出版了《中国红十字报·印度洋海啸救援专版》、《印度洋海啸大救援·中国红十字在行动》的画册及VCD光盘。

五、《中国红十字会英文通讯》每两个月一期,继续发行至各驻华使领馆、红十字国际委员会、红十字会与红新月会国际联合会、70多个国家和地区的红十字会与红新月会。

六、协办第一、二届中国造血干细胞捐献者优秀新闻作品评选活动。该项目由西安杨森公司出资、中国造血干细胞捐献者资料库管理中心(中华骨髓库)承办、中国红十字会总会报刊社协办(负责该活动的评奖、颁奖仪式及会务等工作)。

【主要特色】

中国红十字会总会报刊社自1988年起,一直坚持“以会议代培训”和“以培训促发展”的工作方针,建立了较为完善的通讯报道网络和报刊发行渠道。2005年6月,中国红十字会总会报刊社与红十字国际委员会驻东亚地区代表处在河北省承德市举办了新闻业务培训班,250多名红十字专职工作者参加了培训。同年9月5日至7日，中国红十字会总会报刊工作会议在宁夏召开,颁发了报刊工作先进集体、优秀通讯员及好新闻奖。与此同时,中国红十字会总会报刊社还坚持发扬“在办报刊中举办好活动”和“在举办活动中办好报刊”的特色,影响较大,收益颇丰。仅在2005年里,中国红十字会总会报刊社与中国造血干细胞库管理中心和西安杨森公司合作，举办优秀新闻作品评选活动。从6月中旬开始,给中央电视台新闻频道送去每期出版的《中国红十字报》,中央电视台新闻频道的“媒体广场”节目多次摘播了发表在《中国红十字报》上的稿件,扩大了中国红十字会的社会影响。

(李兰颂、傅　虹、冯志国)

中国红十字基金会

【年度工作】

2005年3月25日,中国红十字基金会召开了二届一次理事会暨换届大会，各项工作健康稳步开展。

一、组织结构进行调整,自身建设不断加强。为了拓展视野,提高员工能力素质和对机构及红十字事业的认同感，举办了业务培训和知识讲座。

二、机构形象提升,宣传意识增强。设计推出中国红基会的视觉形象识别系统(CI),创办了《中国红基会通讯》,开通了中国红十字基金会网站，年内数百家媒体报道新闻达15700多条。

三、加强制度建设,规范各项管理。(一)健全和完善各项管理制度。(二)推进资助项目的制度设计,保证资助项目规范实施。

四、策划推出公益项目,积极培育品牌项目,把“农村医疗卫生(助医)”和“农村基础教育(助学)”作为红基会今后一个时期重点关注的两大领域，策划推出了“红十字天使计划”,重点实施了“博爱助学计划”。

五、拓展海外筹资渠道,探索国际交流与合作。与香港自然和谐基金会共同成立了“自然和谐·天使基金”;与美国儿童癌症基金会、英国儿童救助会等机构建立联系，相关项目达成共识；与亚洲国际金融集团签署了捐赠协议。

六、筹资和资助情况。(一)2005 年该会累计接受海内外捐款 2263.82 万元,其中,捐赠物资折合人民币 2.47 万元。(二)2005 年累计支出 1760.99 万元，其中，资助支出 1551.37 万元,业务活动费用支出 52.78 万元,行政费用支出 156.47 万元；资助支出占上年度总收入的 268.18%，行政支出占当年总支出的 8.9%。援建博爱小学 23 所;救助重症儿童 15 名(其中白血病儿童 13 人、重症肌无力儿童 1 人、肾病 1 人);援建博爱卫生院(站)2 所;为 10 个“新农合”试点县提供医疗救助垫底资金 10 万元。

【历史沿革】

中国红十字基金会于 1996 年 12 月成立。简称:中国红基会。英文译名为“Chinese Red Cross Foundation”,英文缩写为:CRCF。

该基金会属于公募基金会。面向公众募捐的地域范围是:国内外。其原始基金数额为人民币 800 万元,来源于企业和有关人士的捐赠。

2005 年 4 月，启动实施了“天狮助学计划”,天津天狮集团捐款 1000 万元,其中 500 万元在西部 20 个省(区、市)援建 20 所天狮博爱小学,另 500 万元专项用于扶持少数民族地区的教育项目。6 月,为帮助遭受特大洪灾的黑龙江省宁安市沙兰镇中心小学异地重建募集捐款 120 多万元。6 月,中国红十字基金会首倡设立了我国第一个救助贫困白血病儿童的专项基金——“小天使基金”。7 月,为帮助改善贫困地区农村的医疗卫生条件，中国红十字基金会启动推出了“红十字天使计划”大型公益项目。

【组织机构】

该基金会的登记管理机关是民政部,业务主管单位是中国红十字会总会。中国红十字基金会第二届理事会由 9 名理事组成,他们是:王立忠、郭长江、汤声闻、江丹、王汝鹏、张峻、陈明仁、吴苾雯、龚怡怡。理事长王立忠,副理事长郭长江、汤声闻、江丹,秘书长王汝鹏,副秘书长张峻。

该基金会的内设机构有办公室、宣传部、项目合作部、财务部。

理事会是该基金会的决策机构。行使下列职权:制定和修改章程,决定机构的使命、战略和目标;选举和罢免理事长、副理事长、秘书长;决定重大业务活动计划,包括资金的募集、管理和使用计划;决定机构资产运作的原则、策略、途径和重大投资事项,对资产安全负责;审查机构年度财务报告;制定机构政策和重要管理制度;决定设立办事机构、分支机构、代表机构;决定由秘书长提名的副秘书长和各部门主要负责人的聘任;听取、审议秘书长工作报告,检查秘书长的工作，给予秘书长工作支持并评估其绩效;决定基金会的分立、合并或终止;决定其他重大事项。

理事会每年至少召开两次会议。理事会会议由理事长负责召集和主持。理事每届任期五年,任期届满,连选可以连任。

该基金会的理事长、法人代表为王立忠,于 2005 年 3 月 25 日第二届理事会第一次会议选举产生。

【大型项目】

该基金会于1996年12月成立以来，得到了党和政府的大力支持和社会各界的踊跃捐助，累计接受海内外捐赠6378.92万元，救助支出4057.9万元，其他支出995万元。先后组织开展了“’97复明行动”、“顺顺千万元救助行动”、“预防贫血工程”、“捐建博爱医院”等医疗卫生领域的大型公益活动；资助拨款225万元，在扬州创建了“扬州世明双语学校”，在北京创建了“北京拔萃双语学校”；同时，还在扬州、杭州、北京、上海等地创建老年公寓、老年乐园、老年康复中心等老年性社会服务事业，产生了良好的社会影响。2005年4月，相继启动实施了“天狮助学计划”、“红十字天使计划”等大型公益项目。

【主要特色】

中国红十字基金会的宗旨是：贯彻执行《中华人民共和国红十字会法》，弘扬人道、博爱、奉献的红十字精神，关注和保护人的生命和健康，为红十字事业筹集资金和物资，对最易受损害的人群进行人道主义救助。

基金会依据国家有关法律、法规，并根据《中华人民共和国红十字会法》和《中国红十字基金会章程》，开展公益活动，其业务范围包括：呼吁社会各界积极参与红十字救死扶伤、扶危济困、敬老助残、助人为乐等人道主义救助活动，为社会公益事业做贡献；开展与国际友好团体、个人及港、澳、台同胞和海外侨胞的友好往来和相互合作；根据需要，依法在有关国家和地区设立分支机构或代表机构，不断拓展海外业务和项目合作；弘扬中华民族爱老敬老的传统美德，通过各种有效形式，积极兴办老年福利事业，倡导社会新风，促进社会文明；积极促进和创办群众医疗救护事业，救死扶伤，改善易受损害人群的境况；支持和兴办具有红十字特色的教育事业，为贫困学生就学提供和创造机会；开展适合自身特点的其他社会救助活动；通过各种直接和间接形式，积极向社会募捐款物，增加基金来源；采取多种合法有效的方式，实现基金的保值增值。

（王汝鹏）

中国造血干细胞捐献者资料库管理中心

【年度工作】

2005年4月6日，中国造血干细胞捐献者资料库首次向香港同胞提供造血干细胞，志愿捐献者是来自江苏省的王经。

4月25日，中国造血干细胞捐献者资料库在南京市召开第四次管理干部培训班，邀请了欧洲、日本、香港骨髓库的代表进行业务交流。

5月，中国造血干细胞捐献者资料库完成计算机网络硬件的改造工程。

7月22日，管理中心向各分库、HLA配型实验室下发了招标通知书，以公开招标形式确认中华骨髓库HLA高分辨分型实验室。

8月25日，在管理中心举办了“走进中华骨髓库 打开知识新窗口”公众开放日活动。中国红十字会副会长苏菊香出席开放日并为向到访公众介绍了举办向社会开放日活动的重要意义；管理中心洪俊岭主任介绍中华骨髓库发展现状；中国工程院院士陆道培、307免疫研究室教授孔繁华进行了造血干细胞相关知识讲解。近80名公众及本市30余家新闻媒体参加了此次活动。

10月17日，中华骨髓库向（美国人收养的中国弃婴）凯丽提供造血干细胞交接仪式在北京道培医院举行。中国红十字会常务副会长江亦曼出席交接仪式，并向捐献者汪霖同志颁发了“捐献造血干细胞荣誉证书”。管理中心主任洪俊岭主任代表中华骨髓库和在“造血干细胞交接单”上签字，并将造血干细胞交与美国威斯康辛州儿童医院医生苏姗娜。

10月25日，重新设计改版的中华骨髓库（CMDP）新网站正式开始启用。

11月13日，中华骨髓库首例为新加坡患者提供造血干细胞交接仪式在北京市道培医院举行。

【历史沿革】

中国造血干细胞捐献者资料库，简称“中华骨髓库”，前身是1992年经卫生部批准建立的“中国非血缘关系骨髓移植供者资料检索库”。2001年，在政府有关部门的支持和指导下，中国红十字会总会重新启动了建设资料库的工作。2001年4月23日，由中国红十字会等20多家单位参加的中国造血干细胞捐献者资料库工作委员会在北京成立并召开第一次会议。中国红十字会会长彭珮云任主任。2001年5月，中国红十字会总会在人民大会堂举行情况通报会，宣布重新启动中国造血干细胞捐献者资料库工作。同年12月，中央机构编制委员会办公室批准成立中国造血干细胞捐献者资料库管理中心，统一管理和规范开展招募志愿者的宣传、组织、动员、HLA（白细胞抗原）分型等活动，为患者提供检索配型、造血干细胞采集以及移植治疗相关服务。

2003年至2005年，中国造血干细胞捐献者资料库的建设得到了国家彩票公益金的支持。截至2005年12月底，全国建立了30个省级分库、25个HLA定点组织配型实验室和1个质量控制实验室；可用于为患者检索服务的HLA分型资料35.6万多人份；与国内外80多家医院建立了业务联系，共提供检索服务9000多人次，3000多位患者配型成功，380多位志愿捐献者为患者捐献了造血干细胞。资料库已初步显现在临床使用上的意义。资料库的建设还产生了良好的国际影响，已为来自美国、加拿大、新加坡、英国、法国、德国、澳大利亚、挪威、日本等国家和台湾、香港、澳门地区的患者提供了检索查询服务300多人次，为美国、新加坡及香港、台湾地区的提供造血干细胞9例。

【组织机构】

（一）国家管理中心

按照卫生部和中国红十字会总会《关于加强中国造血干细胞捐献者资料库及分库建设的通知》要求，建设和管理资料库；HLA分型资料数据管理；境内外检索查询和采集、捐献造血干细胞相关服务等。

（二）专家委员会

专家委员会由国内知名的HLA和造血干细胞移植及法律、社会伦理等专家组成。中国工程院院士陆道培任主任委员，下设HLA和造血干细胞移植专家工作组。在国家管理中心的领导下研究解决有关技术问题，对资料库的建设和发展提出技术指导意见。

（三）分库

到2005年12月底，中国造血干细胞捐献者资料库有30个省级分库。担负着宣传征集适龄健康公民报名加入资料库；组织采集志愿者血样；开展相关咨询服务；检索服务；志愿者再动员；组织开展采集造血干细胞相关服务等工作。

（四）HLA组织配型实验室

到2005年底，中国造血干细胞捐献者资料库有25个定点HLA组织配型实验室，主要进行志愿者的HLA检测和数据上传工作。

（五）高分辨实验室

负责中国造血干细胞捐献者资料库总库、省级分库提供造血干细胞前的HLA血样的高分辨工作。由国家管理中心与高分辨实验室签订合作协议，合作期限为一年，目前有北京、苏州、深圳三个高分实验室。

（六）质控实验室

质量控制实验室受国家管理中心和国家血液检定机构委托开展对各HLA组织配型实验室的标准样本鉴定和入库数据抽检。

（七）采集、移植医院

目前，经省级卫生行政部门批准，在国家管理中心备案的造血干细胞移植医院有80多家，按照卫生部颁发《非血缘造血干细胞移植技术管理规范》、《非血缘造血干细胞采集技术管理规范》和国家管理中心发布的《造血干细胞采集、移植医院技术服务标准》开展工作。

【大型项目】

中国造血干细胞捐献者资料库管理中心得到了国家彩票公益金1.78亿元人民币的支持（于2003至2005年使用）。国家彩票公益金成为中国造血干细胞捐献者资料库建设的主要资金来源。

2002年10月27日，中国红十字会总会与强生公司支持中国造血干细胞捐献者资料库建设的合作项目在人民大会堂举行签约仪式。全国人大常委会副委员长、中国红十字会会长彭珮云，美国强生公司董事长兼首席执行官威廉·韦尔登出席签字仪式并为该项目揭牌。双方签署合作协议书。该合作项目为期三年，三年合作中，强生公司将出资830万元人民币，用于组织、动员强生在华员工捐献造血干细胞并捐款支付该公司员工的检测费；捐款支付资料库15000人份50%的检测费；连续举办三届“强生杯捐献造血干细胞，拯救生命”好新闻作品评选活动。

2004年3月29日，在人民大会堂中国红十字会与中国平安保险公司举行捐赠保险仪式。为2003年1月1日至2006年12月31日期间，中国造血干细胞捐献者资料库中的所有造血干细胞捐献者，无偿提供为期一年的每人总保额35万元的意外伤害及重大疾病保险。中国红十字会会长彭珮云向中国平安保险（集团）股份有限公司颁发感谢状，向马明哲董事长颁发“中国造血干细胞捐献者资料库爱心大使”聘书。

2002年，中国红十字会总会与民建中央签署合作项目，由民建企业界11家会员单位共同筹集资金成立“中华骨髓博爱基金项目”，用于中国造血干细胞捐献者资料库的建设。

为推动中国红十字事业的发展，充分调动一切社会积极力量，使更多的人关注、支持、参与中国造血干细胞捐献者资料库的建设，自2000年起，中国造血干细胞捐献者资料库就聘请国内外知名人士作为资料库的爱心大使。截至2004年底，李宁、姜昆、黄格选、康辉、顾俊、倪萍、廖昌永、周源源、温兆伦、马艳丽、孙楠、曾媛、林依轮、程前、李咏、马伊琍、扬阳等知名人士成为中国造血干细胞捐献者资料库及各省级分库的“爱心大使”。2006 年 9 月他们都身体力行地参与了中国造血干细胞捐献者资料库的宣传活动。

2003 年 9 月 9 日，中国造血干细胞捐献者资料库与中国电信合作开通了信息热线电话 16895999。为社会各界人士开辟了一条方便、快捷的服务渠道。

2005 年 1 月 31 日，首届“捐献骨髓拯救生命”优秀新闻作品颁奖会在京召开，引起强烈的社会反响，对造血干细胞知识的宣传普及起到了积极的推动作用。

2005 年 11 月中国红十字会总会与强生公司签署补充捐款协议，2006 年继续出资 200 万元人民币，支持中国造血干细胞捐献者资料库建设项目。

【主要特色】

中国造血干细胞捐献者资料库管理中心是隶属中国红十字会总会领导的独立的法人公益事业单位。依托省红十字会建立了 30 个省级分库，其业务工作由国家管理中心领导。此项目成为中国红十字会的品牌工程。

组织机构从国家管理中心到地方省级分库、专家委员会、实验室、移植医院、采集中心，层级分明，通力合作，网络遍及全国各地。

2003 年至 2005 年，中国造血干细胞捐献者资料库的建设得到了国家彩票公益金 1.78 亿元的支持。2006～2010 年国家彩票公益金继续出资 4 亿元，支持资料库的建设。中国造血干细胞捐献者资料库自建立以来就以服务全球华人、造福人类为己任，从无到有、从小到大，克服各种困难，迅速发展，填补了世界骨髓库缺少华人样本和配型的一大空白。为推动人类社会平等、和谐发展做出了重大贡献。

（查秀英）

中国红十字会总会训练中心

（中国红十字会宾馆）

【年度工作】

2005 年 1 月 17 日，中国红十字会总会训练中心（宾馆）装修后开始试营业，坚持“以培训创品牌，以经营创效益”的理念，积极开展各项工作。

3 月，对训练中心全体员工进行救护知识技能培训和考核。

3 月 25 日，根据中国红十字会总会文件精神，中国红十字会总会训练中心定为副局级单位。

4 月 5 日，在国家彩票公益金的资助下，中国红十字会总会训练中心开设了第一期师资提高班。

5 月 24 日，为进一步开展红十字会救护培训工作，根据中国红十字会总会执委会的决定，总会赈济救护部与训练中心签订《关于委托训练中心承担救护培训任务的协议书》。

5 月 30 日至 6 月 1 日，承办了为东南亚海啸募捐工作总结表彰大会的会务接待工作。

6 月 2～5 日，承办了总会社区红十字服务工作征求意见讨论会的会务接待工作。

6月30日至7月2日，承接了花冈暴动60周年纪念活动的会务工作。整个纪念活动通过卫星传送向日本现场直播。

7月10～13日，训练中心接待了参加第40届南丁格尔奖颁奖大会的代表，承办了获奖代表座谈会的会务工作。

8月10日，承办了2006～2007中国艾滋病预防呼吁大会的会务工作。

8月，训练中心为总会机关及直属单位职工举办3期卫生救护知识和技能培训，共有117人考试合格，颁发救护员证书。

4月至12月，训练中心执行“十五”计划彩票公益金救护培训项目，共举办了3期救护师资提高班，36期师资培训班，共计培训1236人，学员来自29个省市自治区红十字系统及公安、教育、医疗、消防、建筑、林业等行业。此外还举办4期社会培训和知识讲座，培训750余人，对于提高群众的自救互救能力，起到了积极的推动作用。

10月24～26日，承办了庆祝中华骨髓库超过30万人份笔会及HLA技术交流会的接待服务工作。

11月29日，承接了《纪念花冈和解5周年》活动的接待服务工作。

12月6～9日，承办了总会项目管理培训暨交流研讨会的接待工作。

12月至2006年1月，根据事业单位实行全员聘任的有关精神，训练中心8个部室领导及全体员工实行竞聘上岗，于2006年1月上旬完成。

2006年1月12日，为了使训练中心的工作走上科学化、规范化管理的道路，调动职工的积极性创造性，更好地完成工作任务，2006年中心实行目标管理。每个部门均明确岗位职责、人员编制和考核指标。

【历史沿革】

中国红十字会总会训练中心与中国红十字会宾馆为一个单位，两个牌子。于1986年由德国、日本等6个国家红十字会组织捐资建成，是以承担亚太地区红十字卫生救护培训任务，接待国际、国内卫生组织在京召开各项大型会议的工作为主、从事社会性的对外经营为辅的服务机构。

1993年，根据中央国家机关宾馆招待所分等定级标准，国务院机关事务管理局为中国红十字会宾馆颁发了一级宾馆招待所资格证。

2002年，国务院机关事务管理局和国家发展改革委员会对当年需要重新核定登记和首次定级的50家宾馆招待所进行了等级评定。经评定，中国红十字会宾馆再次被评为国家一级宾馆招待所。

1984年6月13日，在北京市东城区干面胡同53号举行了中国红十字会总会训练中心（宾馆）奠基典礼，参加仪式的各方面代表共有170余人，中国红十字会常务副会长谭云鹤指出，训练中心（宾馆）的建成，将对中国红十字会的工作和与各国红十字会组织之间的交流合作发挥积极的作用。

1986年9月15日，举行了中国红十字会总会训练中心（宾馆）的竣工典礼。国家领导人宋任穷、赵朴初，北京市副市长陈昊苏，红十字国际委员会主席德拉玛他及日本、联邦德国、瑞典、芬兰、美国红十字会的代表等应邀参加了竣工典礼。

1986年10月11日，中国红十字会总会训练中心（宾馆）接待了全国红十字会理事会代表。

1987年5月11日，中国红十字会主办的《国际人道主义法》讲习班在训练中心（宾馆）举办，全国政协副主席雷洁琼及外交部国际司、解放军总政治部的代表出席了开幕式。红十字国际委员会总务部主任莫里勇，国际委员会亚太办事处纽考姆，红十字会与红新月会国际联合会亚太部主任西瓦拉特南，美国红十字会副主席杰拉尔逊，美国红十字会外事委员会主席舒沃兹等出席。

1987年8月1日起，中国红十字会总会训练中心（宾馆）正式实行承包责任制。

1987年9月8日，受卫生部委托，中国红十字会总会训练中心（宾馆）承办世界卫生组织亚太地区学术交流会。

1992年起，中国红十字会总会训练中心成为自收自支单位。

1996年，中国红十字会总会训练中心接待了来访的泰国公主。

1996年，中国红十字会总会训练中心承办了省红十字会秘书长培训班。

1996年，中国红十字会总会训练中心接待了国际红十字夏令营营员。

1998年，中国红十字会总会训练中心承办了红十字会法颁布五周年庆典。

1998年，中国红十字会总会训练中心承办了抗洪赈灾表彰大会。

2001年7月，中国红十字会总会训练中心接待了参加第三十八届南丁格尔奖颁奖典礼的代表、日本花冈劳工会议代表、韩国访问团。

2001年8月，中国红十字会总会训练中心接待了香港会议代表。

2001年9月15日，中国红十字会总会训练中心（宾馆）举行了15周年店庆活动。

2003年，中国红十字会第七届理事会第四次会议在中国红十字会总会训练中心举行。

2003年，抗击“非典”献爱心——纪念“五八”世界红十字日，红十字行动新闻发布会在中国红十字会总会训练中心举行。

2003年，中国红十字会总会训练中心接待了参加第39届南丁格尔奖颁奖典礼的代表。

2004年2月10日，中国红十字会总会机关从中国红十字会总会训练中心（宾馆）搬迁至北新桥新址办公。

8月初，中国红十字会总会训练中心暂停营业，全面装修。

11月26日，在择优、竞争、双向选择的原则下，中国红十字会总会训练中心进行了机构改革，其中6名工人被聘任为科级干部，12名职工办理了内退手续。

12月底，中国红十字会总会训练中心装修完成。

【组织机构】

(一) 中心历届领导

阳照，男，1985年10月兼任中国红十字会总会训练中心主任（正处级）。

袁天义，男，1985年12月至1986年9月，兼任中国红十字会总会训练中心副主任；1986年9月，任中国红十字会总会训练中心主任（正处级）。

杨象乔，男，1986年7月任中国红十字会总会训练中心副主任（副处级）。

张瑾，男，1986年9月任中国红十字会总会训练中心副主任（副处级）。

陈明仁，男，1988年至1991年3月，2001年11月至2004年4月，任中国红十字会总会训练中心主任（正处级）。

王兴阶，男，1991年3月至2001年11月，任中国红十字会总会训练中心主任（正处级）。

赵铁，男，1991年任中国红十字会总

会训练中心副主任（副处级）。

李艳，女，1993 年 3 月任中国红十字会总会训练中心副主任（副处级）。

冯瑞珍，男，2001 年 3 月 21 日任中国红十字会总会训练中心副主任（副处级）；2001 年 12 月，担任中国红十字会总会训练中心副主任（主持工作，副处级）；2005 年 3 月 25 日，任中国红十字会总会训练中心副主任兼宾馆经理（正处级）。

杨会新，男，2005 年 3 月 25 日任总会训练中心主任（副司局级）。

唐晓音，女，2005 年 3 月 25 日任总会训练中心副主任（副司局级）。

（二）内部编制

1983 年 6 月 14 日，国家卫生部发文，同意成立中国红十字会总会训练中心，下设训练教学科、行政管理科，总编制 38 名。

1986 年 3 月 28 日，卫生部批准中国红十字会总会训练中心人员编制 60 名。

1988 年 3 月 9 日，中国红十字会总会训练中心组织机构内设 5 个科室，分别为：中心办公室、财务科、设备科、餐饮科、接待科。

1992 年 6 月 3 日，国家卫生部发文，根据中编办批复，批准中国红十字会总会训练中心事业编制 97 名。

2005 年 10 月 9 日，根据中国红十字会总会文件，总会训练中心内设 4 个处级部门，分别为：办公室、培训部、接待部、餐饮部。人员编制为 97 名。

【主要特色】

中国红十字会总会训练中心是隶属中国红十字会总会的独立法人公益事业单位，也是红十字会系统唯一的全国性培训基地。

救护培训：卫生救护是红十字运动的起源，宣传及普及卫生救护和防病知识，开展人道主义卫生救护活动，进行初级卫生救护培训及健康教育，组织群众参加现场救护，是红十字会的一项重要职责。作为唯一的全国性培训基地，训练中心积极将开展卫生救护培训同传播人道主义精神、发展和壮大红十字组织及职业培训、精神文明建设结合起来。通过举办救护培训，扩大红十字会的影响，提高红十字会的声誉。

近年来，训练中心开展了一系列培训工作，越来越多的群众在接受培训的同时了解了红十字会。经过不懈的努力，为红十字救护工作的普及奠定了良好的基础。

2005 年 4 月，中国红十字会总会向训练中心下达了“十五”计划 2004～2005 年彩票公益金救护培训项目指标。彩票公益金救护培训项目的执行，进一步推动了训练中心的工作，使培训质量有了明显的提高。

接待服务：经过装修改造的中国红十字会总会培训中心大楼，现有客房 66 套，其中：标准间 57 个、豪华套间 4 个、商务间 5 个，可同时接纳 120 人入住；大小会议室 3 个，多功能厅 1 个；餐厅内除大厅外，有豪华包间 1 个，中包间 3 个，可同时接待 120 人用餐。可承接国际、国内各种会议、培训，为总会及直属单位、各省分会提供服务，同时对外开放，接待中外来宾入住。

（唐晓音　张玉玲）

中国红十字会援外物资供应站

【年度工作】

一、强化救灾物资管理。2005 年 3 月，总会给供应站下达了《关于接收储备救灾物资任务的通知》，要求将300多万元印度洋海啸的救灾物资帐篷、睡袋等储备在供应站。为保证救灾物资的安全，供应站共投入18万元，改造、整修、粉刷仓库100多平方米，同时还在仓库主要通道配备安装了远红外报警系统，加装电动门，并明确工作人员责任制，加强夜间巡逻，确保了救灾物资的完好和安全。

二、拓展租赁效益空间。为了提高单位经济效益，进一步改善职工的福利待遇，供应站先后投入近20万元，建起了150平方米的办公用房，并对沪青平仓库出租房产进行了合理改造，使可出租面积由原来的5096平方米增加到6000平方米。之后，通过对桂林路办公楼实施扩建，又增加了可出租面积60多平方米。由于抓住了商机，加强了管理，增加了出租面积，2005年，供应站经营收入在2004年的基础上又有所增长，达到260万元。

三、组织开展革命传统教育和主题实践活动。2005年6月，为配合搞好党员的先进性教育活动，供应站组织全体党员和职工到海南红军革命纪念地开展了红色之旅活动。参观了海南红军村和中国工农红军部队旧址。8月，供应站组织全体党员和职工观看了纪念红军长征和反腐败大型图片展览。10月，又组织全体干部职工到杭州开展了“我为单位添光彩”的主题实践活动。

【历史沿革】

中国红十字会援外物资供应站，成立于1991年7月，是中国红十字会总会在上海成立的全国第一家赈灾仓库。其主要职能是：为人道主义救助提供援外物资供应服务，并承担援外物资的采购与供应、包装与保管、储运与发放以及相关救灾供应服务。

1985年以来，中国红十字会总会委托上海市红十字会向坦桑尼亚、埃塞俄比亚、罗马尼亚、安齐拉等40多个国家和地区筹集、发运了价值近1000万元人民币的药品、医疗器械、食品、棉毯等救灾物资。此外，还办理了国外、港、台地区向我国捐赠的约100万元人民币的大米、药品、医疗设备、救灾车等接收、储存、转运等工作。上海市红十字会在办理救灾物资任务时，得到了上海县城乡建设发展总公司的支持，为红十字会救灾物资的储备、包装、运输等提供了良好的工作条件，并在海关、商检、保险、报关等联系提供了方便，缩短了救灾物资的发运时间，圆满完成了援外物资的调运任务。

1990年，为适应不断增加的援外救灾和国内救灾任务的需要，使救灾物资工作管理进一步规范化，上海市红十字会向中国红十字会总会提出了建立救灾物资供应站的请示。请示提出：在原上海县城乡建设发展总公司的基础上，由中国红十字会总会、上海市红十字会、上海县城乡建设发展总公司联合在上海创建救灾物资供应站。总会在多次专题调查研究的基础上，于1991年3月23日下达了《关于成立救灾物资供应站的批复》，同意成立救灾物资供应站的请示。批复中明确：“供应站名称定为中国红十字会援外物资供应站，该站为隶属于中国红十字会总会的事业单位，实行企业化管理，经济上实行独立核算、自负盈亏。”总会委托上海红十字会负责供应站的日常管理和财务监督，并指派总会国际联络部副部长何竟兼任该站副站长，以协调有关事宜。总会拨款5万元以资支持。供应站在筹建工作中得到了中国红十字会总会领导的支持。

中国红十字会援外物资供应站于1991

年7月4日成立，在上海登记注册，组建了领导班子。总会任命原上海县城乡建设发展总公司总经理赵晨兼任站长及法人代表，并主持工作，上海市红十字会副秘书长潘鹤琴兼副站长，总会国际联络部副部长何竞兼任副站长。为此，时任中国红十字会秘书长韩长林、上海市卫生局局长王道民、上海市政府外事办副主任李舜善等20余个部门的领导参加了揭牌仪式，同时向新闻界宣布了中国红十字会第一个援外物资供应站在上海正式成立，从而掀开了援外任务的新篇章。

1992年1月，经总会同意供应站申请征用了上海闵行区沪青平路206弄8号（虹桥机场南大门口岸）10亩土地，总会先后投入资金580万元人民币。供应站按照"一业为主、多种经营"、"以站养站"的方针开展创业工作。

1997年12月，在供应站建设救灾仓库过程中由于缺少资金，主动同上海闵浩实业有限公司合作，联合成立了上海五方航运物资储运有限公司。闽浩公司投资500万元人民币，持有55%的股权，供应站以409万元的资产投入，持有45%的股权。

1997年11月,供应站建造完成了6036平方仓库、办公楼的基础设施建设(包括两栋四层框架式5096平方米的救灾备灾仓库),为红十字事业的发展奠定了基础。1992年8月,经总会批复,供应站在上海注册成立了"中国红康房地产公司",后改名称为"红康实业总公司"并投资150万元人民币。

1993年2月，总会将赵晨正式调入供应站工作，改变了供应站三家联合模式。

1993年1月15日总会下达了《关于理顺中国红十字会援外物资供应站的管理关系的通知》，供应站成为总会直属的事业单位；总会下达了《关于中国红十字会援外物资供应站人员编制的批复》；总会批复再次确定供应站是隶属于总会的事业单位，主要职权是接收、储运国内外的赈灾物资，并承办仓储、转运等任务。

2002年清理整顿：由于供应站的成立是总会批准的，还须由国家机构编制审批，因此，无法作为事业法人单位进行注册登记。2002年9月10日，总会以向中央机构编制委员会递交了《关于加强对援外物资供应站管理的情况报告》，申请补办供应站编制。

2002年8月21日，中央机构编制委员会以《关于中国红十字会援外物资供应站机构编制的批复》，"经研究同意设立中国红十字会援外物资供应站，核定经费自理事业编制15名。"

2002年10月,总会与上海闵浩实业有限公司签订了股权转让协议书,总会以320万元的资金收购了上海闵浩公司在五方公司55%的全部股份,五方公司成为总会的全资公司。

2002年12月30日,总会党组下发《关于杨喜兰等三同志聘任的通知》,正式聘任事业发展部副部长杨喜兰兼任中国红十字会援外物资供应站站长和法人代表;王惠芳任中国红十字会援外物资供应站第一副站长;王伟任中国红十字会援外物资供应站副站长。

2003年8月，供应站完成了国家事业单位法人注册登记工作，从而供应站正式列为事业法人单位，使供应站的发展逐步走上了规范化的轨道。

2003年11月，供应站完成了与闵浩公司在五方公司的股权交割程序。

（沪 站）

肆

专业篇

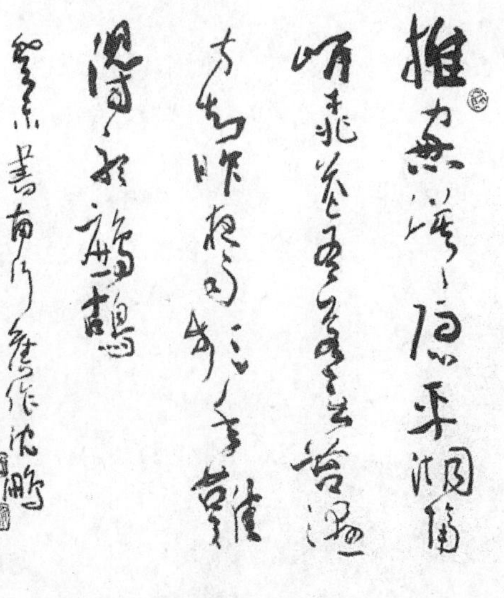

▲南行（书法） 沈鹏 作

▲牵牛花（中国画） 齐良芷 作

▲ 博爱矜慈（书法） 李铎 作

▲水牛图（中国画） 黄胄 作

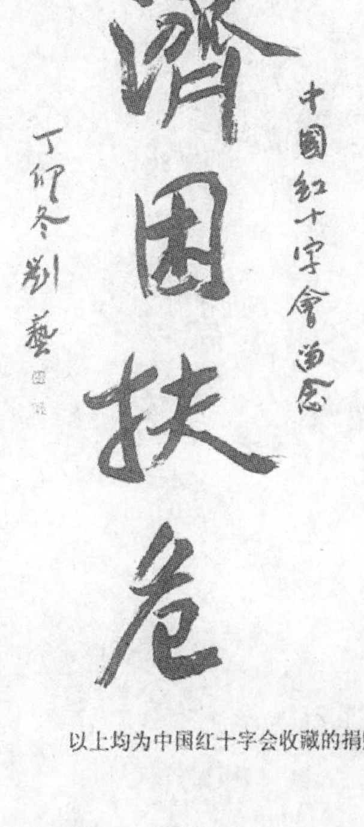

▶ 济困扶危（书法） 刘艺 作

以上均为中国红十字会收藏的捐赠作品

专业会议介绍

理顺管理体制

江亦曼在理顺地级市红十字会管理体制座谈会上的讲话

（2005 年 6 月 21 日）

首先对参加会议的中央编办、部分省市编办和红十字会的同志表示衷心地欢迎和感谢！这次会议的主要任务是贯彻落实中国红十字会第八次全国会员代表大会精神，总结全国理顺红十字会管理体制工作的成绩，重点研究在全国省级红十字会已全部理顺管理体制的形势下，如何加快推进地市级红十字会理顺管理体制的问题。

下面，我结合这项工作的进展情况，讲几点意见：

一、2003 年成都理顺管理体制工作座谈会以来的进展

2003 年 12 月，总会在成都召开了理顺管理体制工作座谈会。那次座谈会在理顺红十字会管理体制工作中具有重要意义。那时，全国省级红十字会绝大多数已经理顺了管理体制，个别省也即将理顺。我们在分析理顺管理体制工作的总形势后，决定作出重点推动理顺副省级城市、省会城市红十字会管理体制工作的决策。这就是那次会议召开的背景。那次会议之后的一年多来，特别是“八大”召开以来，在总会和各地红十字会的积极努力下，理顺管理体制工作取得了重大进展。到目前为止，31 个省、自治区、直辖市红十字会全部理顺了管理体制；32 个副省级城市、省会城市红十字会已经有 26 个理顺了管理体制，占 81.25%；399 个地市级红十字会（含直辖市的区县）中有 203 个理顺了管理体制，占 50.88%（包括省级编办已下文待落实的）；理顺管理体制的县级红十字会 260 多个，占 11%。理顺管理体制的副省级城市和省会城市、地市级和县级红十字会分别比 2003 年增加 7 个、113 个和 60 个。

理顺管理体制工作之所以能够取得这样大的进展，主要有以下几个原因：

（一）国务院和地方各级党委、政府等有关部门的支持。

我会理顺管理体制的工作，得到了党中央、国务院和地方党政领导及有关部门的支持。2004 年，总会抓住中国红十字会成立一百周年的机遇，两次向分管我会工作的吴仪副总理汇报工作，其中重点汇报了红十字会管理体制不顺对红十字事业的发展和依法履行职责的影响，请求国务院领导给予重视

和支持，得到吴仪副总理的高度重视。经吴仪同志圈批的《关于听取中国红十字会总会工作情况汇报的会议纪要》（国阅〔2004〕26号）明确提出："妥善解决地方红十字会管理体制问题。省级红十字会原则上参照中国红十字会总会模式管理，市（地）级红十字会的管理体制可由各省、自治区、直辖市人民政府决定"。2004年11月，国务院办公厅下发了《关于进一步加强红十字会工作意见的通知》，这是改革开放以来，国务院为红十字会发出的第一个文件。通知要求各级政府重视、支持红十字会工作，强调要按照《红十字会法》的规定和《中共中央办公厅 国务院办公厅关于印发＜21个群众团体机关机构改革意见＞的通知》的要求，进一步完善红十字会机关管理体制。通知下发后，各地认真贯彻落实，推动地方政府制定贯彻通知的具体意见，内蒙古、广东、四川、江西、青海等省政府或省政府办公厅转发省红十字会关于进一步加强省红十字会工作的意见，在国务院办公厅通知之前，山西、辽宁、安徽、山东、江苏、重庆、陕西、云南等省政府或办公厅也发出文件，要求各级政府和社会各界支持红十字会工作。

（二）争取各级人大、政协对贯彻执行红十字会法的情况进行执法检查和考察，推动理顺管理体制的工作。许多省、市红十字会积极争取向当地人大、政协汇报工作，争取支持。北京、山西、新疆、内蒙古、山东、安徽、云南等省级红十字会配合人大、政协开展了执法调研和考察，山西太原市人大对理顺太原市红十字会管理体制两次进行检查督促，总会配合全国人大教科文卫委员会对安徽开展了执法调研，总会转发全国人大教科文卫委员会在其刊物《调查与研究》刊登的调查报告，对推动红十字会法贯彻落实，加快理顺管理体制工作起到了重要作用。

（三）理顺管理体制工作得到了各级编制部门的大力支持。在理顺管理体制的问题上，既需要各级党委、政府的重视与支持，也离不开各级编制部门的理解和支持。中编办对地方编办咨询理顺红十字会管理体制问题能够给予支持的答复；各地编办在理顺地市级红十字会管理体制和下达"三定方案"时，都提出很多积极的建议。特别是北京、天津、河北、上海和山西、宁夏等省、区、市的编制部门专门下发文件，对理顺所辖区内地市级红十字会管理体制提出了明确要求。特别是江西、山西、宁夏这些经济欠发达的省区的编办能充分认识红十字会的作用，理顺了地市级红十字会的管理体制。

（四）各级红十字会抓住纪念建会百年、"八大"召开、海啸救助等契机，努力依法履行职责，为理顺管理体制创造好的环境。

上海、辽宁、北京、江苏、重庆、贵州及各地红十字会在百周年都开展了隆重的纪念活动。通过开展复明工程、建敬老院、博爱助学、下乡义诊、博爱基金、青年同伴教育、改水改厕、少儿住院基金、千万人帮千家等活动，为老年人、孤儿、残疾人、艾滋病患者及感染者、特困学生、贫困家庭送去红十字会的关爱。各级党委、政府也通过红十字会开展的各项具有独特优势的工作，如自然灾害救助，红十字博爱送万家活动，卫生救护培训，造血干细胞资料库建设，开展无偿献血宣传，控制和预防艾滋病，社区红十字服务等，充分认识了红十字会在国家社会生活和构建社会主义和谐社会中的重要作用。

在第八次全国会员代表大会上，胡锦涛主席、温家宝总理、曾庆红副主席等党和国家领导人接见与会代表。吴仪副总理代表党中央、国务院向大会致辞，明确提出："希望各级党委、政府以及有关部门继续支持红十字事业，……支持红十字会依法理顺管理体制，帮助红十字会解决发展中的实际困难和问题。"《人民日报》评论员文章也指出要"着力解决红十字事业发展中的突出问题，理顺体制和完善机制"。这就为理顺红十字会管理体制进一步提供了领导的重视和政策的支撑。会后许多省（区）主要领导亲自接见出席八大会议的代表并听取汇报，许多省红十字会向省政府（委）专题汇报"八大"精神，对理顺管理体制创造了有利的环境。

特别是我会开展的印度洋海啸救援工作，进一步凸显了理顺管理体制后红十字会迸发出的生机与活力。全国各级红十字会反应迅速，措施得力，独立行使职责。共接受民间捐赠达 4 亿元人民币，已先后向遭受海啸侵袭的 11 个国家的红十字会以及国际红十字组织捐赠了价值 1.8 亿元人民币的款物。据国际联合会统计，加上香港、澳门、台湾红十字会的捐款，我们的捐款总数在各国红十字会中名列第三位，这是中国红十字会历史上规模最大、影响最大、效果最好的一次国际人道主义救援活动。前一段时间，总会召开了海啸表彰会，对在救援活动中成绩突出的省级红十字会、企事业单位和个人进行了表彰。国家主席胡锦涛还与印尼总统苏西洛共同见证了中国红十字会与印尼红十字会签署"中国印尼友谊村建设合作备忘录"。充分说明党和政府对红十字会工作的高度重视和认可，理顺管理体制确实对红十字事业的发展具有十分重要的意义。

（五）各级红十字会目标明确，措施得力，把理顺管理体制工作列入重要议事日程。2004 年，总会明确提出在八大之前，要全部理顺省级红十字会管理体制，积极推进地市级红十字会理顺管理体制的工作，积极探索县级红十字会理顺管理体制模式的要求。为了加快理顺管理体制步伐，彭会长和常务副会长分别给各省委、政府和副省级城市、省会城市的党政一把手写信沟通情况。并通过开展调研、建立联系点、重点推动及时报道各地理顺管理体制工作的经验，沟通信息、加强指导。

经过北京市红十字会的积极争取市编办 2004 年 7 月下发了《关于理顺区县红十字会机关管理体制有关问题的通知》，将全市各区县红十字会机关调整为区县政府领导直接联系的独立设置的正处级社会团体机构，编制 5～10 名。市红十字会又及时下发了《关于做好理顺区县红十字会管理体制工作的指导意见》，明确了区县红十字会机关的领导职数、科室设置及工作职责。江西省红十字会将理顺地级市红十字会管理体制列入 2004 年的工作重点，坚持"勤上门、勤沟通、勤汇报"，向各级党政领导说明理顺红十字会管理体制的道理。以项目促理顺、以示范带理顺、以调研抓理顺、以救助推理顺，创造了经济欠发达省份实现全部理顺地市级红十字会管理体制的经验。最近，山西省、宁夏回族自治区编办分别发出通知，要求理顺所属市地红十字会管理体制，并对领导职数、编制进行了规定。

二、理顺管理体制工作任务及存在的问题

应当讲，经过多年来的宣传及工作，红十字会理顺管理体制的意义被越来越多的党政领导所认识，推进理顺地市级红十字会理顺管理体制的进展也是比较理想的。但是，我们必须充分认识理顺管理体制工作任务的艰巨性和工作中的困难，脚踏实地的继续努力推进这项工作。

所谓任务艰巨，就是“八大”对理顺红十字会管理体制提出了很高的要求。《中国红十字事业 2005～2009 年发展规划》规定：五年内，理顺地（市）级以上红十字会管理体制，积极推进县级红十字会理顺管理体制并探索不同的模式。人口大县、灾害频发的县级红十字会要率先理顺管理体制。县级以上红十字会要切实加强组织建设，积极争取必要的条件，努力做到有编制、有机构、有人员、有经费、有办公地点，逐步形成机构健全、队伍精干、独立工作、运转良好的工作机制。

“行百里者半九十”，说的是目标是一百里，走了九十里要认做一半，意思是说在完成任务时要不松劲，要一鼓作气。目前，全国已有一半的地市级红十字会理顺了管理体制或编办已下文正在理顺中，但是摆在我们面前的任务更为艰巨，因为已经理顺的都是红十字会基础比较好的地市，工作起来相对比较容易，越往后工作会越难做。“八大”的开局之年是十分关键的一年，能不能起好步，开好局，作好规划，打下基础，有步骤地推进，至关重要。我们身上的担子应当说是很重的。

所谓工作中还有困难，主要有：一是一些党政领导对理顺红十字会管理体制工作的重要性还认识不位。许多地市级红十字会实际上已经具备了理顺管理体制的条件，但迟迟未能理顺；有的地市级红十字会几年前已经理顺了管理体制，工作开展也很好，但由于领导人的更换或党政主要领导不认识，又把市红十字会重新划归市卫生局代管。二是一些省级红十字会对理顺地级市红十字会管理体制工作的重要意义认识不到位，强调客观原因多，积极主动开展工作不够。目前就全国而言，经过编制部门发文或经过作工作，已基本理顺地市级管理体制的有 9 个省（区市），占省市区总数的 29.03%；1/2 以上理顺地市级管理体制的有 5 个省，占总数的 16.13%；1/3 以上的理顺地市级管理体制的有 6 个省，占总数的 19.35%；不到 1/3的有 5 个省，占总数的 16.13%；辖区内一个地市级红十字会都没有理顺的有 6 个省，占省区市总数的 19.35%。三是一些地市级红十字会干部担心理顺管理体制后，离开卫生行政部门的支持，经费不够用、工作不好开展，干部切身利益受影响等。这些困难和问题的存在，直接影响我们推进理顺管理体制的工作，必须下大力气，努力解决这些困难和问题。

三、充分认识理顺地市级红十字会管理体制的必要性

在理顺红十字会管理体制的工作中，之所以存在这样或那样的困难和问题，一些党政领导之所以不理解、不支持，关键是对理顺管理体制的内涵和意义缺乏应有的认识，这里我特别要讲一讲这个问题。

（一）什么是理顺管理体制？依据《中华人民共和国红十字会法》和《中共中央办公厅、国务院办公厅关于印发〈21 个群众团体机关机构改革意见〉的通知》（中办发〔2000〕31 号）精神，理顺管理体制就是将县级以上红十字会机构从原来由各级卫生部门代管，改由各级政府领导联系，使其真正成为能够独立自主开展工作、充满生机与活

力、密切联系群众、符合自身特点的人道主义社会救助团体，在社会生活中发挥符合红十字会宗旨的作用，成为政府人道主义工作领域的助手。

（二）为什么要理顺红十字会管理体制。

1. 理顺红十字会管理体制是贯彻落实《中华人民共和国红十字会法》的需要。1993年10月，全国人大常委会审议通过、颁布施行了《红十字会法》，从法律上明确规定红十字会是“从事人道主义工作的社会救助团体”，说明红十字会是社会团体，而不是政府机关的一部分，更不能以政府部门某个处室的身份面对社会，应当依法取得社会团体法人资格，独立自主地开展工作。《红十字会法》还规定，“县级以上按行政区域建立地方各级红十字会，根据实际工作需要配备专职工作人员”。这是国家法律的明确规定，要在县级以上行政区域建立各级红十字会的机构，而这个机构是独立开展工作的社会团体。《红十字会法》还明确了红十字会与政府的关系，政府对红十字会是支持、资助、保障和监督，红十字会对政府是协助人民政府开展与其职责有关的活动。

2. 理顺红十字会管理体制是构建社会主义和谐社会的本质要求。十六届四中全会提出了构建社会主义和谐社会的目标，胡锦涛指出，“我们所要建设的社会主义和谐社会，应该是民主法治、公平正义、诚信友爱、充满活力、安定有序、人与自然和谐相处的社会”。随着经济成分的多元化、社会结构的多元化、价值观念的多元化，社会管理应该适应这些变化，应该更加重视和发挥社会团体、公益组织的作用，这些组织机构是保障社会公平的调节器，只有这样才能促进社会公平和正义，统筹兼顾各方面的利益，维护社会的稳定。红十字会是重要的社会团体，在构建和谐社会中发挥了很好的作用。总会只有六十多人，每年国家划拨的经费也不多，但是每年却能从国内外募捐几亿元的款物，用于救灾，改善了最易受损害群体境况。在去年底的印度洋海啸救援活动中，募集了4亿多元人民币。应当说我们红十字会是投入少、产出多的单位。在构建和谐社会中市场、政府和社会团体三者之间是互补、互动的关系，是优势互补、良性互动的关系，社会团体发挥着不可或缺的作用。构建社会主义和谐社会将尊重人，关心人，爱护人摆在了首要地位，这与红十字运动保护人的生命与健康的宗旨和改善最易受损害群体的境况的目标是完全一致的；红十字会倡导的“人道、博爱、奉献”精神，是精神文明建设的重要内容；红十字会开展的救灾、救护、社区关怀和服务有利于维护社会稳定，有利于促进社会经济的发展，能够帮助政府在协调各种利益关系、缓解社会矛盾等方面发挥重要作用。我们红十字会是政府人道领域工作助手，是党和政府联系人民群众的重要桥梁和纽带，在构建和谐社会中能够发挥重要作用。因此，理顺红十字会管理体制是构建社会主义和谐社会的本质要求。

3. 理顺管理体制是由深化行政管理体制改革，转变政府职能的改革要求决定的。转变政府职能，不仅包括要转变政府管理经济的职能，而且也包括转变政府管理社会的职能。政府应加强和完善宏观调控职能，发挥经济调节、市场监管、社会管理和公共服务的职能，根据社会公共管理的理论，社会应该根据社会的公共需要，为人民提供公共服务。提供公共服务的部门一般是由政府部门（公共部门）、非政府组织和私人部门组成的。所以，政府负有提供社会公共服务的主要责任。政府要想更有效地提供社会公共服务，必须与非政府组织、私人部门密切合作，充分发挥他们的作用。长期以来，由于政府管理职能对经济活动和社会事务包揽过多、过细，造成管理效能的低下。因此，随着政府职能的转变，政府将由全能政府成为有限责任政府，由管理型政府成为服务型政府。同时，政府应积极培育各类社会自治组织、群众团体、中介机构，提高他们参与社会公共管理的能力，逐步形成“小政府、大社会”的格局。我们提出理顺管理体制，符合深化行政管理体制改革，转变政府职能的改革要求。

4. 理顺红十字会管理体制是对外开放、开展民间外交、加强国际合作与交流的需要。理顺管理体制，可以更好地体现红十字会中立性、独立性的原则，有利于我们以更灵活的方式配合政府开展民间外交，加强国际合作与交流，争取国际援助，扩大红十字会的国际影响，更有利于树立我国在国际社会的良好形象。

5. 理顺管理体制是发展中国红十字事业的需要。已经理顺管理体制的红十字会与没有理顺管理体制相比有五个方面的优势：一是确立了红十字会在社会生活中应有的地位，有利于红十字会依据“红十字会法”独立自主地开展工作，更好地发挥红十字会的作用。二是既便于政府依法支持、资助、保障和监督红十字会的工作，也便于红十字会与各有关部门协调配合，减少了不必要的工作环节，提高了工作效率。三是改善了红十字会的工作条件，增加了必要的编制和经费，工作人员的配备、办公场所等问题都在陆续地得到解决。四川省红十字会以自身的作为在省委、省政府那里争取到了应有的地位，省长、省委书记专门听取红十字会的工作汇报，并为红十字会配备救灾车辆。四是增强了红十字会干部的使命感和责任感，调动了大家的积极性、创造性。五是能够更好地履行国际红十字运动的基本原则，有利于对外交往与合作。总之，管理体制理顺后，为发展红十字事业提供了更好的环境和条件，使红十字会能够在人道主义工作领域发挥更大的作用。

（三）理顺地市级红十字会管理体制的必要性。从目前的情况看，随着省级、副省级和省会城市红十字会理顺管理体制，地市级红十字会理顺管理体制成了一个非常重要的问题。我国大多数省、自治区、直辖市所辖区域幅员辽阔，人口众多，地（市）一级具有承上启下的重要作用，如果仅仅把省级红十字会的管理体制理顺了，地（市）级红十字会仍旧由卫生部门代管，不能独立自主地开展工作，红十字会的工作很难落实到基层。地市级红十字会处于承上启下的位置，地市级红十字会的管理体制理顺了，就可以加强对县级红十字会的领导，帮助和推动县级红十字会做好工作。现在省级红十字会已经全部理顺了管理体制，绝大多数的地（市）级红十字会也已经有了一定的编制（目前已经理顺管理体制的地（市）级红十字会人员编制一般在5人左右，多的有8～10人），具备了理顺管理体制的条件，应当积极推动他们依法理顺管理体制，按照社团机制独立自主地开展工作，在人道主义救助工作领域更好地发挥作用。

为了加快理顺地市级红十字会管理体制的步伐，总会要加强指导和高层协调。省级红十字会要负责积极推进，争取省委、省政府及编制部门支持，逐个做好地（市）党政领导的工作，还要争取人大、政协对红十字会法实施情况进行执法检查和考察，促进各地依法理顺红十字会的管理体制。

在实际工作中，仍有不少同志对这个问题还存在一些模糊认识，认为中编办不发文就难以理顺管理体制。北京、天津、山西、内蒙古、吉林、上海、江西、宁夏等地的经验说明，只要我们多做工作，讲清道理，锲而不舍地争取，是能够得到党和政府及有关部门的支持的。各级红十字会的专职人员编制要坚持少而精的原则，由地方党委、政府因地制宜确定。红十字会要学会充分发挥理事、会员和志愿工作者的作用，建立与完善社会化工作机制。例如黑龙江省佳木斯市红十字会成立志愿者工作委员会，江西省宜春市探索出“2带5”模式，都能充分发挥志愿工作者的作用，解决了红十字会专职工作人员少的问题，促进了事业的发展。理顺红十字会的管理体制确实会对现在的干部带来这样或那样的实际困难和问题，有时可能还会在个人利益方面有所影响或损失，要说服和教育红十字会工作人员服从红十字事业的大局，看到红十字事业的发展远景，红十字事业发展了，许多实际困难和问题就能得到解决。要发扬“人道、博爱、奉献”精神，决心为这项造福人类的崇高事业贡献力量。

四、总会对理顺地市级红十字会管理体制的要求

（一）进一步提高对理顺红十字会管理体制工作的使命感。中共中央总书记、国家主席、中国红十字会名誉会长胡锦涛在接见中国红十字会第八次全国会员代表大会代表时指出：“当前，全党全国各族人民正在为全面建设小康社会、加快推进社会主义现代化而团结奋斗。中国红十字会作为重要的社会团体，在这个历史进程中是可以大有作为的”。中国红十字事业是全面建设小康社会目标的一部分，要使红十字会在全面建设小康社会中发挥作用，理顺管理体制工作是组织保证，理顺红十字会的管理体制不是红十字会自己的事，是贯彻红十字会法的需要，是深化行政管理体制、转变政府职能的要求，是对外开放、开展民间外交、加强国际合作与交流的需要，是发展我国红十字事业，发挥红十字会在全面建设小康社会中的作用的需要。

同志们，理顺红十字会管理体制，既是法律规定，又有国务院领导讲话和国办文件要求，也经过了实际工作的检验。各级担任红十字会领导职务的政府领导和红十字会专职干部要有使命感，要坚定不移地努力做好理顺管理体制的工作。这方面，会长的作用特别重大。各级红十字会会长都是各地的党政领导同志，是经过各级党委批准的，应该像中央领导同志和彭珮云会长那样关心、重视、支持红十字会工作。不管工作有多忙、困难有多大，都要积极想办法把红十字会的事情办好。

（二）要发挥省级红十字会的协调、督导作用。在理顺省级红十字会管理体制的过程中，总会较好地发挥了主导和督导作用。彭珮云会长一个省、一个省地做工作，有的还要去两次、三次，执行委员会主要领导也通过多种形式积极与省、自治区、直辖市党政领导沟通协调。实践证明，在理顺管理体制的工作中，上一级红十字会出面能够产生较好的效果，一是能够直接与地市党政领导见面，当面宣传理顺红十字会管理体制的重要性和意义，二是由于是上级部门来人协调

工作能够引起当地党政领导的重视，因此协调、督导力度比较大；地市级的编制是由省编制部门统一管理的，地市红十字会理顺管理体制要得到省编办的批准。因此，省级红十字会要多向省级编办做工作。北京、天津、山西、上海、宁夏等省、自治区、直辖红十字会理顺所属地市级红十字会管理体制的工作都是通过编办发文件理顺的。

（三）要发挥地市级红十字会主观能动性。要通过自身的工作让党政领导和职能部门认识红十字会在当地经济和社会发展中的作用，要积极向党政领导和职能部门汇报工作、争取支持。特别是要做好与编制、卫生部门的沟通工作，理顺管理体制后，与卫生部门是合作伙伴关系。理顺管理体制绝不是否定卫生行政部门对红十字会给予的关心、支持和帮助，红十字会理顺管理体制是国家体制改革的需要，是发展红十字事业的需要，理顺管理体制后，仍需要卫生部门的密切支持与合作。要向编制部门多汇报、多解释，使编制部门了解红十字会，支持红十字会工作。总会理顺管理体制，得到了中编办的大力支持，已经理顺管理体制的地市级红十字会也都得到了编制部门的大力支持，因此，目前还没有理顺管理体制的地市级红十字会一定要积极争取编制制部门的支持，争取尽快理顺管理体制。

（四）注意做好落实理顺管理体制文件下发后的相关工作。争取编制部门发文理顺管理体制非常重要，理顺管理体制的文件下发后，还要有“三定”方案，要在各级组织部门的支持下，积极争取、落实三定方案。同时要理顺相应的组织、行政关系，与相关部门建立起正常的工作联系。各地市级红十字会会长要切实把加强红十字会干部队伍建设和党组织建设当作大事来抓，要配合组织部门选配好主持红十字会日常工作的一把手，把政治素质高、综合协调能力和社会活动能力强、热爱红十字事业、具有奉献精神的干部选调到红十字会的领导岗位上。常务副会长在理顺管理体制和搞好红十字会机关建设中具有十分重要的作用。不少地方的情况表明，凡是配备了得力的常务副会长的，这个地方的红十字事业就有新的发展。要及时解决建立党组织和干部管理问题，建立群众团体党组或党总支、支部。地市级红十字会的专职领导干部要尽快熟悉红十字会工作，按照红十字会法和中国红十字会章程规定，协助会长建立理事会、常务理事会的工作规则，建立机关各项规章制度，保证红十字会各项工作的有序开展。要从红十字会保护人的生命和健康的宗旨出发，以改善最易受损害群体境况为工作重点，根据当地的实际，努力开展具有人道关怀和人道救助特点的工作，实现好、发展好、维护好人民群众的根本利益，提高红十字会的社会地位和社会影响力。希望同志们在理顺地市级管理体制的同时，还要积极推进区（县）级红十字会理顺管理体制的工作，并积极探索区（县）级红十字会理顺管理体制的经验，要因地制宜，分类指导，积极推进理顺县级红十字会管理体制工作。

各位同志，理顺红十字会管理体制在中国红十字事业中处于重要位置，对于按照中央国务院文件要求建立充满生机与活力、密切联系群众、符合自身特点的组织机构和运行机制，对于红十字会更好地投入全面建设小康社会和构建社会主义和谐社会的伟大事业都具有非常重要的意义。希望通过这次座谈会，进一步统一思想，加快理顺地市级红十字会管理体制的步伐，力争再经过两年的艰苦奋斗，到2007年底基本实现理顺地市级红十字会管理体制的目标，同时，再经过两年的探索，明确县级红十字会理顺管理体制的模式。总会已经开展了县级红十字会理顺管理体制的课题研究，课题报告将在全国一定范围内征求意见，力争到中国红十字会第九次全国会员代表大会召开前，建立起完整的中国红十字会的组织机构体系，为发展壮大中国红十字事业奠定良好的组织基础。

艾滋病预防控制

中国红十字会艾滋病预防控制工作规划研讨会在昆明召开

6月7～8日，中国红十字会艾滋病预防控制工作规划研讨会在昆明召开。来自北京、上海、新疆、河南、青海等19个省、市、自治区红十字会的40多位“艾防”工作者、志愿者出席了研讨会。国务院艾滋病性病防治办公室的代表以及云南省红十字会、昆明市红十字会和云南5个地州红十字会的代表也参加了讨论。中国红十字会赈济救护部部长史解放主持开幕式，中国红十字会副会长苏菊香致开幕词。云南省红十字会党组书记、常务副会长詹海峰、中国艾滋病性病防治中心刘康迈教授、云南省艾滋病防治办公室主任张长安出席会议并讲话。

这次研讨会对中国红十字会2005～2009年预防控制艾滋病工作进行了认真的研究、讨论和规划。会议期间，代表们参观了昆明市红十字会开办的“阳光家园”以及港澳救世军/云南省红十字会合作开办的“爱咨家”项目。

6月8日，联合国副秘书长、联合国艾滋病规划署执行主任彼特·皮奥特（Peter Piot）博士，向云南省红十字会党组书记、常务副会长詹海峰颁发了联合国防治艾滋病特殊贡献奖（集体奖），以表彰云南省红十字会发挥群团优势，在云南率先开展艾滋病预防宣传工作，成功地探索并建立了“青年同伴教育模式”，对云南乃至全国的艾滋病防治工作作出了突出的贡献。

联合国艾滋病规划署还为云南省省长徐荣凯，云南省卫生厅厅长陈觉民颁发了个人贡献奖，以表彰他们领导艾滋病防治工作，推进了云南省“艾防”工作的深入开展。云南省药物依赖防治研究所戴托普戒毒康复中心志愿者尹聪也受到了表彰。

中国红十字会副会长苏菊香表示，云南省红十字会获此殊荣，不仅是云南红十字会的光荣和骄傲，也是全国红十字会的光荣和骄傲。她希望云南省红十字会再接再厉，戒骄戒躁，充分发挥作为从事人道主义工作社会救助团体的优势，加强同政府部门、社会团体以及企业、国际组织的联系与合作。

云南省红十字会党组书记、常务副会长詹海峰也表示：云南“艾防”工作得到了联合国的肯定和表彰，离不开总会以及全国各兄弟省市红十字会的大力支持和帮助。这个荣誉不仅属于云南省红十字会，也属于全国所有的红十字会。

（沈志锦）

红十字青少年

中国红十字会教育部卫生部共青团中央联合召开全国红十字青少年工作会议

为贯彻落实党中央国务院《进一步加强和改进未成年人思想道德建设的若干意见》和《关于进一步加强和改进大学生思想政治教育的意见》，9月4日，由中国红十字会、教育部、卫生部、共青团中央联合召开的全国红十字青少年工作会议在北京开幕。全国人大常委会副委员长、中国红十字会名誉副会长何鲁丽，全国政协副主席、中国红十字会名誉副会长张怀西，中国红十字会会长彭珮云等领导及红十字国际委员会、红十字与红新月会国际联合会的代表出席了会议。

来自全国各地的红十字会 、教育部门、卫生部门 、共青团组织的161位正式代表和24位列席代表听取了中国红十字会常务副会长江亦曼所作的工作报告，并进行了经验交流。会议还审议通过了中国红十字会、教育部、卫生部、共青团中央联合下发的《关于加强红十字青少年工作的指导意见》和《红十字模范校表彰管理办法》，讨论修改了《中国红十字青少年工作2005～2009年发展规划》。

多年来，在全国各级红十字会、教育部门、卫生部门 、共青团组织的密切配合下，全国红十字青少年工作取得了可喜的成绩。学校红十字会组织稳步发展，有27898所学校建立了学校红十字会，全国已有红十字青少年会员1255万人。在广大青少年中开展的红十字运动基本知识和国际人道法传播、救护知识普及和救护员培训、自愿无偿献血和捐献造血干细胞、志愿服务、艾滋病预防宣传教育、国际和地区交流等活动，传播了“人道、博爱、奉献 ”的红十字精神，培养了青少年关心社会、关爱他人的良好品质，为广大青少年提供了一个展示自我和提升自我的平台，开阔了他们的视野。

开展红十字青少年活动已经成为推进学校德育教育和素质教育的有效途径和载体，为促进广大青少年的成长起到了积极的作用。

（李福兰）

彭珮云在全国红十字青少年工作会议上发表讲话

9月4日至5日，中国红十字会、教育部、卫生部、共青团中央在北京联合召开全国红十字青少年工作会议。中国红十字会会长彭珮云出席大会，并发表了重要讲话。她在讲话中指出：要充分认识开展红十字青少年工作的重要意义。

她说，青少年是祖国的未来和希望。我们的党和政府一贯重视培养青少年，认为这是保证中国特色社会主义事业兴旺发达、后继有人的基础性工作，也是实现亿万家庭最大愿望和切身利益的民心工程。2004年，中共中央、国务院先后下发了《关于进一步加强和改进未成年人思想道德建设的若干意见》和《关于进一步加强和改进大学生思想政治教育工作的意见》。这是两个指导我们加强和改进青少年工作的纲领性文件，充分体现了党和政府对青少年工作的高度重视和对青少年健康成长的殷切期望。这两个文件的颁布施行，对于提高青少年的思想政治素质，促进他们全面发展，把他们培养成为中国特色社会主义事业的建设者和接班人，保证实现全面建设小康社会，进而实现社会主义现代化的宏伟目标，具有重大而深远的战略意义。这两个文件要求全党全社会切实提高对做好青少年工作重要性和紧迫性的认识，正确认识和解决好“培养什么人”，“如何培养人”这个根本问题，建立健全党委统一领导、党政群齐抓共管、有关部门各负其责、全社会大力支持的领导体制和工作机制，形成全党全社会共同关心支持青少年思想政治教育的强大合力。中国红十字会是一个重要的社会团体，现有青少年会员 1255 万人，占会员总数的 54%，我们必须认真学习贯彻党中央和国务院的指示精神，努力做好红十字青少年工作，为培养下一代做出应有的贡献。

实践证明，开展红十字青少年活动，是推进青少年素质教育，特别是道德教育的一条有效的途径。“人道、博爱、奉献”的红十字精神与中华民族的救死扶伤、扶危济困、敬老助残、尊师爱幼、助人为乐等传统美德与社会主义精神文明建设、《公民道德建设实施纲要》的要求是一致的。做好红十字青少年工作，可以从小培养他们具有人道主义精神，提高他们的社会责任感，学会尊重人、理解人、关心人，乐于助人，特别是帮助有困难的人，自觉地参与各种公益活动，为人民、为社会去做自己力所能及的好事。红十字会不仅向青少年传播红十字运动的基本知识与基本原则，而且注重组织他们参与体现人道主义精神的志愿服务活动，在社会实践中陶冶道德情操，增长知识才干。红十字会以保护人的生命与健康为宗旨，在青少年中普及卫生救护和防病知识，进行初级卫生救护培训，开展无偿献血、捐献造血干细胞、预防艾滋病、拒绝烟草等活动，帮助青少年学习自救互救的知识与技能。这些活动都有益于青少年身心健康，受到他们的欢迎，对于培养他们成为德、智、体、美全面发展的社会主义事业建设者和接班人起到了很好的作用，对于构建社会主义和谐社会也有重要的意义。

红十字青少年工作是国际红十字运动的重要组成部分。早在第一次世界大战时，美国红十字会认为，青年只要加强组织领导，施以适当的训练，就能焕发出伟大的力量。他们首创了红十字青少年组织。当时的美国总统威尔逊也呼吁学校参加美国红十字会的工作。结果有 1200 万青少年参加红十字青少年组织，并积极开展募捐救助工作，为军人、难童服务，发挥了很好的作用。此后，各国红十字会纷纷开展红十字青少年工作，国际联合会也积极倡导这项工作，并促进国际间的交流与合作。现在，各国红十字会都把红十字青少年工作作为一项重要工作。红十字青少年工作得到了广大家长和教师的赞扬，教育部门和教育专家也承认其教育价值并予以积极支持。

我国红十字会历来都把红十字青少年工作作为一项重要的工作。1993 年颁布施行的《中华人民共和国红十字会法》把开展红十字青少年活动规定为红十字会应当履行的一项职责。这些年来，随着我国红十字事业的发展，红十字青少年工作也有了新的进展。广大青少年会员富于同情心，精力充沛，积极参与红十字志愿服务工作，是红十字会的一支生力军，在红十字运动中发挥了重要的作用。他们经过红十字精神的熏陶和实践活动的锻炼，长大成人之后，也能热心于人道主义事业，使红十字运动得以持续发展。各级红十字会必须进一步提高认识，充分重视、切实加强红十字青少年工作，使这项工作与其他工作互相促进、协调发展，推动我国红十字事业持续、健康地向前发展。她在讲话中指出：

红十字青少年工作要认真总结经验，不断开拓创新。

她说，多年来，在各级各类学校中涌现了一批红十字青少年工作示范校，他们在实践中积极探索，积累了宝贵的经验。我们要认真总结和推广不同层次、不同类型的学校针对学生的特点与需求做好红十字青少年工作的经验，并不断开拓创新，努力开创红十字青少年工作的新局面。小学要通过各种生动活泼、为少年儿童喜闻乐见的形式，向他们传播红十字运动的基本知识和红十字精神，帮助他们学习卫生保健知识，组织他们就近参加力所能及的实践活动，使他们增进身心健康，学习服务他人。中学和大学要随着学生年龄的增长，根据他们的需求，不断拓宽工作内容。近年来，一些学校红十字会协助学校对学生进行青春期健康教育、“珍爱生命，远离毒品”和预防艾滋病的教育。有些学校红十字会还参与了心理健康教育和咨询，帮助学生解除在学习、生活、交友各方面的心理压力，引导他们健康成长。许多大专院校红十字会积极开展无偿献血、捐献造血干细胞、宣传预防艾滋病知识和关爱艾滋病患者等活动。大、中学还组织学生在课余参加各种具有红十字特色的丰富多彩的志愿服务活动。我还想特别提一下，一些医学院校密切结合医学教育开展红十字活动，对培养学生救死扶伤的奉献精神和良好的医德医风起到了很好的作用。各级各类学校的红十字会都应在以往工作的基础上，根据新形势新任务的要求，积极配合学校的素质教育和道德教育，针对不同年龄学生的特点和需求，不断拓宽新的工作领域，不断创造新的经验。

红十字青少年活动要有自己的特色，逐渐形成自己的“品牌”，这样才能使活动经常持久地开展，取得更好的效果，使人们更加认识它的价值。要本着红十字会发扬人道主义精神、保护人的生命和健康、促进人类和平进步事业的宗旨，结合青少年的特点开展红十字青少年工作。要着眼于培养青少年良好的道德品质和文明行为，大力开展以关爱生命、保护健康为主题的、符合青少年的特点与需求的活动，遵循志愿服务这个红十字运动的基本原则，积极引导青少年参加各种志愿服务活动，从身边的事情做起，从具体的事情做起，在道德实践中作贡献、长才干、受教育。加强国际和地区间红十字青少年的友好交流与合作，对于增进相互了解和友谊，学习借鉴国际红十字青少年活动的经验，促进和平进步事业有着重要的意义，要努力在这方面取得更大的进展。总之，要随着时代的发展，服从和服务于党和国家的大局，不断开拓创新，把红十字青少年工作提高到一个新的水平。

学校领导的重视和支持是开展红十字青少年活动的关键。学校领导要把红十字青少年工作纳入德育教育的体系，统筹安排，同时要发挥学校卫生工作机构和人员的作用。

中小学要注重发挥教师对红十字青少年活动的指导作用；同时要调动青少年会员的主动精神，不断提高他们的自主能力。要把红十字青少年工作与共青团、学生会和少先队工作结合起来，使之互相渗透，互相支持，共同完成育人的任务。学校中要有热心红十字事业的人兼职做红十字会的工作。要积极推进红十字青少年工作的制度化、规范化建设，逐步建立起长效的工作机制。各地开展的创建红十字达标校、示范校活动有力地促进了红十字青少年工作的健康发展，推动了这项工作的制度化、规范化，应该认真总结和推广。她在讲话中指出：

应在各级各类学校中进一步加强红十字会建设。

她说，在学校中建立红十字会，发展红十字青少年会员是开展红十字青少年活动的组织保证。当前，从全国范围看，只有4.88%的学校建立了红十字会，红十字青少年会员人数只占全国学生总数的5.73%，红十字青少年工作在地区之间、学校之间发展很不平衡。因此，有必要大力加强学校红十字会的组织建设。"红十字会法"为开展红十字青少年活动提供了法律依据；党中央印发的《公民道德建设实施纲要》和党中央、国务院下发的两个"意见"为我们做好学校红十字会工作指明了方向。全国已经有一批学校在开展红十字青少年活动方面取得了可喜的成绩，提供了可资借鉴的经验。我们完全有条件加快建设学校红十字会、发展红十字青少年会员的进程，把红十字青少年活动更好地开展起来。我曾经到过一些红十字青少年工作达标校、示范校，了解到广大青少年都乐意参加红十字青少年活动。崇高的红十字事业和内容丰富、形式多样、贴近学生、富有情趣的活动，是吸引学生参加红十字会的重要因素。在红十字会工作开展得好的学校中都有很多学生自愿报名参加红十字会。例如，首都医科大学红十字会每学年开学之初发展一次新会员，新生入会人数占新生总数的55%至85%。在同济大学、清华大学众多的学生社团组织中，报名参加红十字会的学生人数最多。各地红十字会要抓住全党全社会加强和改进青少年工作的有利时机，大力推进学校红十字会的组织建设，为开展红十字青少年活动创造必要的条件，要特别关注农村学校红十字会的建设。她在讲话中希望：

各地红十字会要积极主动地争取当地党政领导的重视和支持，要加强与教育、卫生等行政部门和共青团组织的联系，搞好协调，密切配合，共同推进红十字青少年工作。

她说，红十字事业的发展离不开党和政府的重视与支持，离不开各有关部门和社会各界的理解与帮助。

多年来，各级红十字会得到了教育、卫生等行政部门和共青团的支持与帮助，这是红十字青少年工作能够取得可喜成绩的重要原因。今天，中国红十字会、教育部、卫生部、团中央联合召开全国红十字青少年工作会议，并将形成加强红十字青少年工作的文件，这必将推动我国红十字青少年工作迈上一个新的台阶。希望这次会后，各地方、各有关部门、团体认真贯彻落实这次会议的精神，把红十字青少年工作列入议事日程。建立学校红十字工作委员会对于推进红十字青少年工作有重要的作用。希望尚未成立学校红十字工作委员会的省、自治区要尽快成立各级学校红十字工作委员会，吸收有关部门、团体的同志参加，共同加强对红十字青少年工作的指导。希望教育部门把红十字青少年工作纳入学校德育教育的体系，统筹安排，在人、财、物、活动时间等方面对红十字青少年工作给予必要的支持。卫生部门把健康教育与健康促进工作、增加学生自我保护意识和自救互救能力同红十字青少年活动结合起来。共青团要指导学校的共青团、少先队与红十字会密切合作，互相配合，共同推进学生思想道德建设。

我相信，在各地党委、政府的正确领导和各有关部门、团体的大力支持下，只要各级红十字会抓住机遇，扎实工作，开拓创新，就一定能够开创红十字青少年工作的新局面。

江亦曼在全国红十字青少年工作会议上发表讲话

为认真贯彻党中央国务院《关于进一步加强和改进未成年人思想道德建设的若干意见》和《关于进一步加强和改进大学生思想政治教育的意见》，落实中国红十字会总会、教育部联合下发的《关于进一步推进学校红十字会工作的意见》，充分发挥红十字青少年工作在学校素质教育、未成年人思想道德建设以及大学生思想政治教育中的社会责任，中国红十字会、教育部、卫生部和共青团中央在这里共同召开全国红十字青少年工作会议。借此机会，我向一贯支持红十字事业发展以及前来参加会议的领导和同志表示热烈地欢迎和衷心地感谢！

本次大会的主要任务是：以邓小平理论和“三个代表”重要思想为指导，坚持以人为本、全面协调可持续的科学发展观，回顾和总结学校红十字会工作的成绩和经验，审议《关于加强红十字青少年工作的指导意见》和《红十字模范校表彰管理办法》，讨论和修改《中国红十字青少年工作2005～2009年发展规划》，明确红十字青少年工作的发展方向，为开创红十字青少年工作新局面，配合贯彻党和国家的教育方针、服从服务于培养具有高尚思想品质和良好道德修养的合格建设者和接班人总目标而努力奋斗。

下面，我向大会做工作报告。

工作回顾

多年来，特别是中国红十字会第七次全国会员代表大会以来，各级红十字会配合教育部门，认真贯彻落实中国红十字会总会与教育部联合下发的《学校红十字会工作规则》和《关于进一步推进学校红十字会工作的意见》，取得了可喜的成绩，积累了宝贵的经验。

一、学校红十字会组织稳步发展，红十字青少年工作的政策环境逐步形成

学校红十字会组织稳步发展。各级红十字会和教育、卫生行政部门、共青团组织，加强对学校开展红十字会工作的指导，促进了学校红十字会组织的发展。截至2004年底，全国31个省（区、市）中，有17个成立了学校红十字工作委员会；各级各类学校建立红十字会数量从1991年的13088所增至27898所，增长了113%；红十字青少年会员从1991年的290万发展到1255万，占全国红十字会员总数（2343万）的54%。

一些省（区、市）红十字会在注重建立学校红十字组织、发展青少年会员的同时，重视会费的管理和收缴工作。京、津、沪及部分省会城市和副省级城市学校建会率和会费收缴率都达到70%以上。学校红十字会组织和会员队伍不断壮大，为红十字青少年工作提供了组织保证。

红十字青少年工作的政策环境逐步形成。依据《中华人民共和国红十字会法》（以下简称红十字会法）关于各级红十字会要“开展红十字青少年活动”的规定，2002年总会和教育部联合颁布《学校红十字工作规则》，2004年又联合下发《关于进一步推进学校红十字会工作的意见》。全国23个省（区、市）红十字会与教育厅（局）联合转发了这两个文件；15个省级教育部门将红十字青少年工作纳入各级各类学校的工作目标考核范围。上海市人大还将红十字青少年工作纳入《上海市未成年人保护条例》。2004年，国务院办公厅转发中国红十字会总会《关于进一步加强红十字会工作意见的通知》，把开展红十字青少年活动列入切实加强扶持红十字事业的重要内容。这些法律法规和政策规定，为开展学校红十字会工作提供了良好的政策环境。

二、内容丰富、形式多样的红十字青少年活动，成为学校德育教育和素质教育的有效途径和载体

全国各级各类学校红十字会，积极开展内容丰富、形式多样、符合青少年特点的活动，注意突出红十字精神的内涵，拓宽了学生的视野，丰富了广大青少年社会实践的内容。红十字青少年活动已成为推进学校德育教育和素质教育的有效途径和载体。

——积极开展红十字运动基本知识和国际人道法传播工作。传播工作是中国政府和中国红十字会向红十字会与红新月会国际大会共同承诺的内容之一。长期以来，在各级教育部门的支持下，总会和地方红十字会相继开展多种形式的传播红十字运动基本知识和国际人道法活动，通过举办红十字专栏、板报、专题广播、演讲比赛、绘画征文、文艺表演等形式，丰富了活动的内容。辽宁、福建、内蒙古等13个省（区、市）红十字会将传播工作纳入红十字示范校评比活动内容。山东省青岛市实验小学把宣传“人道、博爱、奉献”的红十字精神融入未成年人思想道德建设内容，开展丰富多彩的宣传活动。香港、澳门特别行政区红十字会经常举办有益于青少年身心健康、弘扬红十字理念的活动，取得了很好的效果。

——救护知识普及和救护员培训工作不断深入开展。各级各类学校红十字会结合学校的工作实际，把救护知识普及和救护员培训与增强红十字青少年自救互救技能，提高学生健康水平紧密结合。北京市红十字会在全市大、中、小学建立了192支红十字青少年救护队，仅2004年就组织8010名高校师生进行救护员培训。广东省中山市红十字会广泛开展针对红十字青少年的救护知识普及活动。辽宁省大连市红十字会开展“珍惜生命、关爱他人、人的生命是最宝贵的”青少年急救知识技能比赛，在学校、社会和青少年中产生了积极的影响。

——自愿无偿献血和捐献造血干细胞工作取得明显成绩。各级学校特别是高校红十字会把推动自愿无偿献血工作与培养青年人人道关爱思想，与学校思想素质教育紧密结合，成效显著。各级红十字会连续将自愿无偿献血的宣传动员工作作为每年“五·八”

世界红十字日活动的重要内容。云南、山东、重庆等省、直辖市自愿无偿献血总人数中红十字青年会员已占近50%。

中国造血干细胞捐献者资料库的建设，为血液病患者点燃了生命的希望之光。目前，在中国造血干细胞捐献者资料库中，大学生捐献者所占比例已达25%。许多高校已形成自愿无偿献血和捐献造血干细胞人人有责、捐献光荣的良好风尚。

——红十字志愿服务工作蓬勃开展。红十字青少年是红十字志愿服务的主体，各级红十字会根据大、中、小学的各自特点，组织不同内容和形式的红十字志愿服务，产生了良好的社会影响。天津市红十字会与教育、民政部门联合开展红十字青少年“敬老奉献服务基地”，学校与养老机构全部签订敬老奉献服务协议；湖南省各级学校开展“一点一滴，会聚人间真情，百人百心，打造博爱天堂”，创建“爱心病房”、“爱心福利院”的活动；河北、江西、湖北、青海、新疆等省、区开展“三定一包”红十字青少年进社区服务活动；安徽省红十字会开展“大学生会员关爱灾区行”、“大手拉小手”慰问捐助等活动，既丰富了红十字志愿服务的内容，弘扬“人道、博爱、奉献”的红十字精神，又树立了红十字会良好的社会形象。

许多大专院校红十字青年会员利用所学专业特长，深入社会，开展外语翻译、医学咨询、心理咨询、健康检查、电器修理、文艺演出等志愿服务活动，增强了红十字青少年为社会无私奉献的意识。在今年年初为印度洋海啸灾民募捐活动中，各地大学生红十字会会员及志愿者发挥了重要作用。

三、国际和地区间红十字青少年交流与合作不断加强，密切了与港、澳、台青少年的联系和沟通

在总会的指导下，各省（区、市）红十字会积极组织参加国际和地区间红十字青少年友好交往活动。通过参加国际和地区间绘画比赛、作文展、交换手工制品和纪念品等活动，增进了与其他国家和地区间红十字青少年的友谊和了解，开阔了广大红十字青少年的视野。

举办夏（冬）令营是促进青少年交流最直接的形式。祖国大陆各省（区、市）红十字会经常与香港、澳门红十字会和台湾红十字组织联合开展红十字青少年夏（冬）令营活动，互相学习和交流。2005年，香港红十字会、澳门红十字会、重庆红十字会等共同举办的“同心同根万里行2005——伟大建设之旅”活动，让400多名成员在游览祖国河山秀美景色的同时，了解了祖国的历史发展，增强了港、澳和内地红十字青少年的交流。从1993年开始，总会与台湾红十字组织共举办了13期海峡两岸红十字青少年夏（冬）令营活动，共有800多名红十字青少年参加，很好地促进了两岸红十字青少年的沟通和交流，增强了两岸青少年对祖国的认同感。北京市红十字会举办的中、日、韩三国首都红十字青少年夏令营，内蒙古自治区红十字会举办的红十字青少年草原夏令营，黑龙江省佳木斯市红十字会举办的红十字青少年军旅夏令营，山西省大同市红十字会举办的红十字青少年科技夏令营等活动，都极具特色，既弘扬了红十字精神，丰富了青少年的课外知识，陶冶了青少年的思想情操，又促进了红十字青少年国际和地区间交流与合作，在推动青少年身心健康的全面发展方面发挥了重要作用。据不完全统计，

1991年以来，全国各省、自治区、直辖市红十字会共举办和参加国际、国内和地区间红十字青少年夏（冬）令营800多期，参加人数达10万人次以上，促进了国际和地区间红十字会的友好交往与合作，树立了我国红十字会在国际上的良好形象，体现了红十字会在民间外交方面的独特作用。

四、抓住机遇，深化改革，不断开拓红十字青少年工作的新领域

各级各类学校红十字会在继承传统活动项目的基础上，抓住机遇，从青少年的需要出发，积极开拓红十字青少年工作新领域，形成了一些富有红十字特色，有社会影响的活动项目。

——积极开展健康教育。各级各类学校红十字组织通过开办各种专题讲座，引导适龄青少年正确认识和对待青春期生理、心理变化，增强红十字青少年的自我保健意识，促进青少年防病知识和养成良好的卫生习惯。广西、福建、宁夏等省、区红十字会为引导广大青少年正确对待生理、心理变化，编印了“学生青春期健康教育读本”、“心理健康教育读本”和“红十字青少年手册”等书籍作为课外教材，深受学生欢迎。

中国红十字会总会在大学开展的“心灵阳光”全民健康项目，通过在百所大学开展普及心理健康知识系列讲座，在电视台开辟心理健康教育栏目等形式，对师生进行心理卫生知识普及和培训，提倡心理健康的生活方式，探索青少年心理健康教育的新途径，收效甚佳。

——开展艾滋病预防宣传教育活动。中国红十字会作为国务院艾滋病性病协调会议制度成员单位，在国际联合会的支持下，在学校积极开展了以人道之心关爱艾滋病病人和感染者为特点的艾滋病预防宣传教育活动。

云南省红十字会1994年以来一直致力于开展艾滋病预防的“青年同伴者教育”工作，已累计举办培训班1721期，向3.5万多名青少年传播了远离毒品、远离烟草、预防艾滋病的知识，间接受益群众达70多万人。该项目受到联合国秘书长科菲·安南的特别称赞，2005年6月，联合国艾滋病规划署授予云南省红十字会防治艾滋病特殊贡献奖。目前，在国际联合会和澳大利亚、加拿大、荷兰红十字会的资助下，中国红十字会在16个省（区、市）举办青年同伴教育培训班2416期，培训骨干17万人，受益人数已超过1000万人。2003年，北京大学红十字会组织“首都高校青年与艾滋病论坛”暨赴晋、冀“预防艾滋病你我同行”暑期夏令营活动及“飘动的红丝带——首都高校大学生义跑活动”，首都医科大学红十字会在北京佑安医院艾滋病病房建立“爱心家园”，组织会员定期为艾滋病患者提供志愿服务，在社会上产生了积极的影响。

——建立少儿住院医疗互助基金。上海市红十字会1996年建立了中小学生、婴幼儿住院医疗互助基金，已为55.8万人次的患病少年儿童支付医疗费用达4.1亿元，有力地保障了全市200万少年儿童的身体健康。北京市红十字会于2004年9月也正式启动少儿住院医疗互助金，已经为1211人次支付了172万元医疗费用。目前还有很多地区红十字会正在积极探索建立少儿住院医疗互助基金工作，为青少年健康成长撑起保护伞。

五、勇于实践、积极探索红十字青少年工作的长效机制

各级红十字会和各级各类学校红十字会，积极研究红十字青少年工作的新情况，努力探索红十字青少年工作的长效机制。

——把红十字青少年工作与共青团、少先队活动密切结合，与素质教育、德育教育、健康教育等密切结合。浙江省萧山市红十字会总结出学校红十字工作“四个结合”的经验，即：把红十字青少年工作与学生的素质教育结合，营造独特的校园文化；与健康教育结合，提高学生自救救人和自我保健的意识和能力；与学生身边的人和事结合，使学生从小养成良好的道德风尚。把红十字会工作与共青团、少先队、学生会活动有机地融合起来，形成齐抓共管的新局面。吉林省长春市红十字会针对中小学生近视发病率高的特点，与卫生部门密切合作，建立“红十字青少年近视眼康复基地”，已免费为10多万中小学生治疗了近视眼。

——开展创建红十字达标校、示范校活动。通过创建活动，提高了教育、卫生部门、共青团组织和学校对红十字青少年工作的重视，促进了学校红十字会员发展和组织建设，有效地传播红十字运动知识和国际人道法，使红十字青少年社会服务和实践活动更具活力。据不完全统计，全国已有29个省（区、市）开展了创建红十字达标校、示范校活动。受到省市两级红十字会表彰的达标校、示范校已达8700多所。

红十字青少年工作在各级红十字会、教育、卫生部门和共青团组织的大力支持以及广大青少年的积极参与下，取得了显著的成绩，有力地配合了学校德育教育和素质教育，成为贯彻落实党和国家教育方针、培养社会主义建设者和接班人的有效途径和载体。

我代表中国红十字会向长期以来关心支持红十字青少年工作的各级红十字会，教育、卫生部门和共青团组织及广大学校老师、红十字青少年骨干表示衷心地感谢并致以崇高的敬意！

在总结学校红十字会工作成绩的同时，我们也清醒地看到，学校红十字会工作还存在着许多不足。主要表现在：一是学校红十字会工作很不普及。各级各类学校建会数只占全国学校总数的4.88%，红十字青少年会员只占全国学生总数的5.73%。二是红十字青少年工作发展很不平衡。地区与地区之间发展不平衡，农村的学校红十字会工作明显滞后于城市的学校红十字会工作；同一地区学校与学校之间发展也不平衡。三是学校红十字会工作在规范化和制度化建设方面还存在差距，还没有形成长效工作机制。四是总会对全国红十字青少年工作的指导还需进一步加强。

以上问题的产生，既有历史遗留和体制上难以避免的因素，也与我们工作不够细致和深入，对红十字青少年工作重要意义的认识不到位有直接关系，需要努力改进。

主要经验和体会

一、党和政府高度重视，有关部门和社会各界的大力支持，是做好红十字青少年工作的关键

红十字青少年工作需要全社会的广泛支持和共同参与。多年来，各级党委政府和教育部门始终把红十字青少年工作作为精神文明建设和学校教育工作的一个重要组成部分来抓，要求各级教育部门和各类学校充分认识红十字青少年工作的重要意义，通过下发

文件、成立学校红十字工作委员会、创建红十字示范校和优秀红十字青少年等途径加强指导。许多学校将红十字青少年工作列入学校工作议事日程，校长亲自担任校红十字会会长，专门召开会议研究红十字会工作，在人力、财力、物力、活动时间等方面给予必要的支持，保证学校红十字青少年工作的顺利开展。

各级卫生部门和红十字会紧密合作，在学校开展红十字青少年救护培训、健康教育和防病知识普及，大力支持红十字青少年会员和志愿工作者开展艾滋病预防教育、普及社区卫生防病知识，开展社区红十字服务，把红十字会工作纳入健康促进校评比内容；各级各类学校共青团组织和少先队组织，把红十字会的活动与共青团、少先队的活动有机地结合起来，学生家长和社会各方面也积极支持开展红十字青少年工作，推动了学校红十字会工作的开展。

二、充分认识学校红十字会工作的重要意义，是做好红十字青少年工作的前提

广大青少年是祖国未来的建设者，是社会主义事业的接班人。做好青少年工作，直接关系到中华民族的整体素质，关系到国家前途和民族命运。做好红十字青少年工作，可以从弘扬人道、博爱、奉献的红十字精神的角度，帮助、教育青少年提高道德素质，使广大青少年早日成为合格的建设者和接班人，成为推动和谐社会建设的生力军，这一点，已经被越来越多的教育、卫生部门、共青团组织和学校领导认识，大家看到了红十字青少年工作在加强和改进未成年人思想道德建设和大学生思想政治教育的重要作用，看到了红十字青少年工作是新形势下贯彻党和国家的教育方针、推进素质教育的重要途径，从而加强了对红十字青少年工作的领导和指导。主动将红十字青少年工作与学校素质教育的各项活动紧密结合，使红十字青少年工作落到了实处，得到健康发展，也为青少年健康成长提供了新天地。各级红十字会也充分认识到，做好红十字青少年工作，是保证红十字事业持续发展，不断弘扬和传承红十字精神，为红十字事业注入生机与活力的一项具有深远意义的基础性工程，不断增强做好红十字事业的自觉性和紧迫感。

三、自觉服从服务于党和国家教育方针的大局，是开展学校红十字会工作的根本

中国红十字会作为政府在人道主义领域的助手，各项工作必须自觉服从国家经济社会发展的总体需要。这是我们开展工作必须把握的原则。多年来，我们牢牢把握红十字青少年工作必须服从和服务于党和国家教育方针这个大局，积极开展了贴近学生思想、学习、生活和符合其年龄特点的丰富多彩的校园活动，营造积极向上的校园文化环境，积极探索青少年学生开展社会实践活动的新形式、新途径，充分发挥红十字青少年工作在加强未成年人思想道德教育和青年思想政治教育中的作用，使红十字会工作成为推进学校德育教育和素质教育的有效途径和载体，也赋予红十字青少年工作无限生命力。

四、加强基层组织建设，积极发展会员，是做好红十字青少年工作的基础

中国红十字会第八次全国会员代表大会和八届二次理事会确定将红十字会的基层组织建设作为今后一段时间重中之重的工作任务。我们深深体会到，加强红十字青少年的基层组织建设，建立健全组织机构，是做好红十字青少年工作的基础。我们必须从新的形势发展和要求出发，下大力气做好这项工

作。只有这样，才能真正发挥红十字青少年在红十字事业中的生力军作用，为红十字事业健康持续发展创造条件。

经过多年的实践和探索，中国红十字会已基本形成了以各级学校红十字工作委员会为主导、学校红十字会为基础的红十字青少年组织网络体系，摸索出了一些具有鲜明主题、能激发青少年加入红十字会的活动和方法，积累了有益的经验，使红十字会和红十字青少年工作在各级各类学校中更加活跃。学校红十字会和红十字青少年工作，不仅丰富了青少年第二课堂的内容，也有力地配合了学校的德育教育和素质教育。在保护人的生命与健康、倡导文明生活方式、提高生命质量等方面，发挥了积极的作用。

五、不断总结经验把握规律，是永葆红十字青少年工作活力的源泉

任何工作都有规律可循，只有不断探索和总结经验，把握规律，才能充满生机与活力。各级红十字会不断探索和总结红十青少年工作规律，总结出了将红十字活动与青少年德育教育、社会志愿服务、自我保护与健康教育相结合的经验；探索如何根据青少年不同的年龄和知识层次，开展内容各异、形式多样的红十字活动，使青少年的综合能力在红十字活动中得到锻炼和提高；探索如何形成长效工作机制，使学校红十字工作步入规范化、制度化轨道。我们必须充分认识学校红十字工作的规律、把握规律、按科学规律办事。

今后工作任务

当前，红十字青少年工作既面临着良好的发展机遇，也面临着严峻的挑战。今后五年，发展红十字青少年工作的指导方针是：高举邓小平理论和“三个代表”重要思想伟大旗帜，认真贯彻党中央、国务院《关于进一步加强和改进未成年人思想道德建设的若干意见》、《关于进一步加强和改进大学生思想政治教育的意见》和中国红十字会“八大”精神，落实《学校红十字会工作规则》、《关于进一步推进学校红十字会工作的意见》，开展以关爱生命、保护健康为主题的符合青少年特点的活动，弘扬“人道、博爱、奉献”的红十字精神，与时俱进，开拓进取，充分发挥红十字青少年工作在学校素质教育和思想道德建设中的有效途径和载体的作用，推动红十字青少年工作不断焕发蓬勃生机与活力。

红十字青少年工作的发展目标是：到2009年，争取50%以上的学校成立红十字会组织，全国红十字青少年会员应达到2000万人以上。红十字运动基本知识的普及率，在师生中要达到80%。

今后五年，要着力抓好以下几个方面的工作：

一、进一步提高思想认识，推动红十字青少年工作健康持续发展

开展红十字青少年工作是红十字会法赋予我们的一项重要职责，是学校进行德育教育和素质教育的有效途径和载体，是学校精神文明建设的重要组成部分。各级红十字会要从培养社会主义事业建设者和接班人的角度，从构建社会主义和谐社会的高度来认识学校红十字会工作的重要意义。把开展学校红十字会工作与新形势下全面贯彻党和国家的教育方针，推进素质教育相结合，与教育、卫生部门，共青团组织密切协作，形成合力。要继续深入开展红十字运动基本知识

传播、红十字志愿服务、救护知识普及和救护员培训、自愿无偿献血和捐献造血干细胞、预防艾滋病和青年同伴教育、远离毒品和远离烟草教育等特色活动。要从不同角度和层面，针对学生不同的年龄特点和知识层次，精心组织适合青少年特点的红十字活动。使广大青少年乐于参加红十字会的活动，在活动中接受“人道、博爱、奉献”红十字精神的教育。

二、加强学校红十字会组织建设，建立红十字青少年工作的长效机制

红十字青少年工作的组织建设是基础，是保障。为加强对全国红十字青少年工作的领导和指导，中国红十字会成立了“全国学校红十字工作委员会”，成员由总会、教育、卫生部门、共青团中央和有关学校及专家组成。各级红十字会都要成立学校红十字工作委员会，要积极研究红十字青少年工作的新思路，动员更多的力量关心红十字青少年工作，推动红十字青少年工作快速发展。尚未成立学校红十字工作委员会的省（区、市）要尽快成立并制定相关工作职责。争取在2006年底，31个省（区、市）和新疆生产建设兵团红十字会全部成立学校红十字工作委员会。

要大力推进在各级各类学校建立红十字会组织。建立学校红十字会和发展青少年会员是开展红十字青少年活动的组织保证，也是发展红十字事业的需要。从全国来看，学校建会率较低的省份，在组织建设方面会感到有一定的压力，但只要我们下决心去推动，是可以实现我们提出的目标的。各级红十字会要结合当地的实际，广泛深入地宣传红十字会的性质、宗旨、任务和红十字运动基本知识，争取各方面的支持，用积极的态度，务实的作风，有计划、有步骤地完成好本地区的组织建设目标。

要大力开展创建全国红十字模范校活动。红十字模范校活动是进一步推进红十字青少年工作向制度化、规范化方向发展的有效途径和长效机制，全国学校红十字工作委员会已决定每两年开展一次全国红十字模范校评比表彰活动。

随着全国县级以上红十字会管理体制的理顺和各省及部分市、县级学校红十字工作委员会的建立，各级红十字会要加强农村学校红十字组织建设工作，积极探索在农村开展红十字青少年工作的新途径。

三、加大工作创新力度，不断拓展红十字青少年工作新领域

创新是一个永恒的主题。红十字青少年工作要适应时代发展的新变化和教育工作发展的新要求，深入研究在学校开展红十字青少年工作特点和规律，努力使红十字青少年工作更具针对性和前瞻性，要探索新的工作理念、工作方式和工作机制，既要紧密结合青少年自身特点，又要体现时代性，要与全党全社会倡导的爱国主义教育、未成年人思想道德建设和大学生思想政治教育、构建社会主义和谐社会结合起来，不断拓展新的工作领域，形成一些有红十字特色和社会影响力的“品牌”活动项目。要在学校素质教育和红十字青少年活动之间找好切入点，使学校红十字会工作成为全面推进素质教育和校园精神文明建设的有效途径和载体。

四、扩大红十字青少年国际和地区间的友好交流与合作

红十字青少年工作要面向世界、面向未来。红十字会是国际性组织，红十字青少年工作具有国际性的特点，要充分发挥这一特

点，积极参加国际间红十字青少年的各种活动，学习借鉴国际红十字青少年运动的有益经验，增进与国际红十字青少年之间的友谊和了解，进一步扩大国际和地区间的红十字青少年友好交流与合作。提倡并鼓励各地红十字会本着注重实效的原则，采取多层次、多途径的方式，组织省际、校际间红十字青少年之间的交流，通过这些交流活动，使青少年开阔视野，增长才识，为培养有理想、有道德、有文化、有纪律的德、智、体、美全面发展的社会主义接班人创造良好的条件。

为了明确今后一个时期红十字青少年工作的主要任务和发展方向，中国红十字会总会将与教育部、卫生部、共青团中央联合下发关于加强红十字青少年工作的意见，制定红十字青少年工作2005～2009年发展规划和红十字模范校表彰管理办法，经本次会议讨论通过后将尽快下发。

同志们，中国红十字会名誉会长胡锦涛在接见第八次全国会员代表大会代表时指出，“红十字事业是一项造福人类的崇高事业。当前，全党全国各族人民正在为全面建设小康社会、加快推进社会主义现代化而团结奋斗。中国红十字会作为重要的社会团体，在这个历史进程中是可以大有作为的”。这充分体现了党和国家对红十字会工作的高度重视和殷切希望。红十字青少年工作是红十字事业的重要组成部分，是红十字事业的前途和希望。

今天，全国人大副委员长、中国红十字会名誉副会长何鲁丽同志，全国政协副主席、中国红十字会名誉副会长张怀西同志和教育、卫生、共青团、红十字会四个部门的领导同志参加了会议。刚才，国际委员会和国际联合会的代表，卫生部副部长蒋作君同志，共青团中央书记处书记杨岳同志都发表了热情洋溢的讲话，中国红十字会会长彭珮云同志还要做重要指示，说明各部门及社会各界非常重视红十字青少年工作，这是我们做好红十字青少年工作的有利条件。各级红十字会一定要抓住机遇，开拓创新，努力使红十字青少年工作体现时代性、把握规律性、富于创造性，为更好、更多地培养“四化”建设合格人才，开创红十字青少年工作新局面而努力奋斗。

公益事业论坛

首届“中国公益事业与构建和谐社会”高层论坛举行

为了响应构建和谐社会的号召，促使我国公益事业健康快速地发展，10月17日，首届“中国公益事业与构建和谐社会”高层论坛在北京人民大会堂举行。

此次论坛由中国红十字会、中华全国总工会、共青团中央、中华全国妇女联合会、中国残疾人联合会、中国宋庆龄基金会、人民日报社共同主办，庐山铁佛寺、湖北林枫集团等单位给予了支持和赞助。

全国人大常委会副委员长、中国红十字会名誉副会长司马义·艾买提，全国政协副主席、中国红十字会名誉副会长张怀西，中国红十字会会长彭珮云出席论坛。中国红十字会常务副会长江亦曼，中共中央统战部副部长胡德平，全国总工会书记处书记、纪检组组长张鸣起，共青团中央书记处书记尔肯江·吐拉洪，中华全国妇女联合会副主席、书记处书记莫文秀，中国残联执行理事会理事张宝林，中国宋庆龄基金会党组书记、副主席俞贵麟等到会并祝论坛成功。莅临大会的还有全国人大、全国政协、中央统战部、国务院发展研究中心、中国社科院、北京大学、中央党校、中国市场学会、中国人口福利基金会、福特基金会等相关部门的领导和专家。

本次论坛的主题是：发展公益事业，推动和谐社会发展。与会领导和专家主要探讨的议题有国家支持和发展公益事业的法律政策导向作用、公益团体如何面对和谐社会带来的机遇以及如何与国际接轨、企业家参与构建和谐社会的途径以及如何面对和谐社会带来的机遇、发展公益事业与维护社会稳定的关系。

本次论坛加深了对发展公益事业与构建和谐社会关系的认识。与会领导与专家认为，公益事业的发展是和谐社会的重要组成部分，公益事业的发展有助于缩小贫富差距，能够创造良好的社会道德风尚与和谐的人际关系，因此，构建社会主义和谐社会，必须发展公益事业。

目前我国有1000多家公益机构，10年来共募集近100亿元的捐款。当前我国困难群体的规模有1.4亿至1.8亿人左右，约占全国总人口的11%～14%。目前我国公益活动的形式随着时代的进步而发生变化，从由政府组织集体捐赠转变到“民政部门牵头，有关部门配合，社会力量支持，群众广泛参与”的经常性社会捐助活动，经常性社会捐助工作站已达2万多个。手机短信成为捐赠的新方式。

（李福兰）

农村红十字会工作会议

鼓珮云在中国红十字会农村工作座谈会上发表讲话

当前，全党全国人民正在学习、贯彻、落实党的十六届五中全会精神，为实现国民经济和社会发展第十一个五年规划和全面建设小康社会的宏伟目标而努力奋斗。在这个时刻，我们召开红十字会农村工作座谈会，总结交流开展农村红十字会工作的经验，进一步明确农村红十字会工作的方针任务，对建设社会主义新农村有着十分重要的意义。这两天，通过经验介绍、现场参观，我真切地感受到，凡是农村红十字会工作开展得好的地方，对当地社会主义新农村的建设都起到了积极的推动作用。下面，我讲几点意见。

一、充分认识做好农村红十字会工作的重要意义

近年来，党中央明确提出了以人为本、全面协调可持续的科学发展观，坚持以科学发展观统领经济社会发展全局；明确提出了构建社会主义和谐社会的重大战略思想。党的十六届五中全会再一次指出，全面建设小康社会的难点在农村和西部地区。要从社会主义现代化建设全局出发，统筹城乡区域发展，坚持把解决好“三农”问题作为全党工作的重中之重。建设社会主义新农村，是我国现代化进程中的重大历史任务，要按照生产发展、生活宽裕、乡风文明、村容整洁、管理民主的要求，扎实稳步地加以推进。同

时强调要按照构建民主法治、公平正义、诚信友爱、充满活力、安定有序、人与自然和谐相处的社会主义和谐社会的要求，正确处理新形势下人民内部矛盾，认真解决人民群众最关心、最直接、最现实的利益问题。这都使我们进一步明确了建设社会主义新农村的方向。

实现全面建设小康社会的宏伟目标，最繁重、最艰巨的任务在农村。这是因为，我国农业劳动生产率低，农村生产力落后，仍然是国民经济的薄弱环节。我国人口大多数居住在农村，农民的生活水平明显低于城镇居民，还有几千万人处于贫困状态；农村各项社会事业发展落后，文化教育、医疗卫生条件差的问题相当突出。中央反复强调，没有农民的小康就没有全国人民的小康，没有农村的现代化就没有国家的现代化。我们必须从巩固工农联盟、加强国家的政权基础，从我们党坚持执政为民、更好地代表最广大人民的根本利益，从全面建设小康社会、不断开创中国特色社会主义事业新局面的高度，深刻认识进一步解决好“三农”问题的重要性和紧迫性。

红十字会以发扬人道、博爱、奉献的红十字精神，保护人的生命和健康，促进人类和平进步事业为宗旨，以动员人道力量改善最易受损害群体境况作为工作的出发点和落脚点，理所当然地应该在建设社会主义新农村、构建和谐社会中发挥应有的作用，这是我们义不容辞的责任，也是建设中国特色红十字事业的必然要求。这次座谈会上介绍的经验表明，红十字会不仅在农村救灾赈济、扶贫济困、普及卫生救护防病知识、动员农民无偿献血等方面做了大量实事、好事，而且在弘扬人道主义精神，营造团结互助、平等友爱、融洽和谐的人际环境，促进社会主义精神文明建设、维护农村稳定中发挥了重要作用。事实证明，农村需要红十字会，红十字会是建设社会主义新农村的一支重要力量，在农村中是大有可为的。

20世纪80年代以来，中国红十字会总会开始推动各地农村建立红十字组织，开展红十字会工作。一些地方在实践中积极探索做好农村红十字会工作的经验，涌现出一批好的 典型。但是，由于当时红十字会的管理体制尚未理顺，我们对开展农村红十字会工作的认识还不够，指导不力，从全国范围来看，农村红十字会工作还比较薄弱，还没有普遍、持续地开展起来。中国红十字会第八次全国会员代表大会以来，党中央、国务院对红十字会提出了更高的要求，希望我们在全面建设小康社会的历史进程中大有作为。中共中央关于制定国民经济和社会发展第十一个五年规划的建议又一次提出，要完善社会救助体系，支持社会慈善、社会捐赠、群众互助等社会扶助活动。从红十字会自身的情况看，经过多年努力，现在，省一级红十字会的管理体制已经理顺，55%的地（市）级、11%的县级红十字会的管理体制也已理顺，为做好农村红十字会工作创造了比过去更好的条件。我们一定要进一步提高对做好农村红十字会工作重要意义的认识，抓住机遇，务实创新，积极稳步地推动农村红十字会工作不断向前发展。

二、农村红十字会既要做好传统的各项业务工作，又要努力开拓新的工作领域各地农村红十字会应从本地的实际情况和群众的需求出发，认真履行红十字会法和红十字会章程规定的职责。首先要宣传红十字会法，红十字会的宗旨、性质和作用，宣传红十字精神；做好备灾救灾和对困难群众的人道救助工作；普及卫生救护和防病防灾知识，增强农民的健康意识和自救互救能力；宣传推动无偿献血和捐献造血干细胞；开展红十字青少年活动。这些传统的业务工作，要不断总结经验，越做越好。同时，要适应新的形势和群众新的需求，不断拓展农村红十字会工作的领域。

在这里，我想着重讲一讲红十字会参与建立新型农村合作医疗制度的问题。

建立新型农村合作医疗制度，是发展农村医疗卫生事业、解决农村缺医少药和农民看病难问题的迫切需要，是广大基层干部和农民群众的普遍要求，是统筹城乡发展、促进社会公平的重大举措。自 2003 年开展试点工作以来，到 2005 年 6 月底，全国已有 641 个县（市、区）开展了试点工作，有 1.63 亿农民参加了合作医疗。从总体上看，进展顺利。试点地区农民的医疗负担有所减轻，因病致贫、因病返贫的情况有所缓解。新农合制度受到了广大农民的欢迎。经过两年多的试点，建立新农合制度现在到了攻坚的关键阶段。国务院决定在认真总结试点经验的基础上，加大工作力度，加快推进新农合制度建设步伐，争取 2008 年将这一制度在全国基本推行，确保 2010 年实现基本覆盖农村居民的总体目标，并决定提高财政补助标准，扩大中央财政补助范围；深入探索和着力解决工作中的难点问题。特别指出要加快推进农村医疗救助制度的建设，在加大政府支持力度的同时，要充分发挥红十字会、基金会、慈善机构和各类企事业单位的作用，多渠道筹集救助资金，广泛开展救助工作。红十字会作为人道主义救助工作领域政府的助手，应当积极协助政府搞好新型农村合作医疗这项带有根本性的制度建设，更好地为广大农民服务。应当把这项工作看作红十字会工作与解决“三农”问题的一个结合点和切入点、看作是发展农村红十字事业的一条重要途径。过去，许多地方红十字会在农村工作中开展了多种形式的医疗救助工作，现在应当更加自觉地大力开展这项工作，并积极探索建立与新农合制度密切结合的长效机制。山东省红十字会在山东省委、省政府的支持下，在这方面做了有益的探索，取得了很好的成绩，积累了一些经验，值得各地借鉴。

红十字会参与新农合制度建设是一项全新的工作。为了摸索经验，以点带面，总会决定先在 19 个省 25 个县开展试点工作，同时鼓励有条件的地方红十字会根据自己的实际情况积极进行试点。根据国务院的要求，红十字会主要是参与对贫困人口的医疗救助工作。我们要积极开展社会募捐，建立红十字会农村医疗救助资金，主要用于对贫困农民的大病医疗救助。要做好这项工作，首先要采取多种方式大力加强社会宣传，使大家了解农民因病致贫、因病返贫的痛苦，认清建立农村医疗救助制度的必要性和重要性，以争取全社会的关心和支持。即墨市红十字会在市委、市政府的支持下，连续三年联合市工商联、总工会、妇联、青联共同向社会各界发出倡议，还通过新闻媒体的宣传报导、制作农民医疗现状专题片、表彰大额捐款者等方式营造良好的舆论氛围。从市级领导到普通百姓，从党政机关到企事业单位都积极响应号召，慷慨捐资，已累计接受捐款 3920 余万元。他们的经验使我们既得到了启示，又增加了信心。第二，要把募集来的资金真正用到确无能力支付医疗费的贫困农民身上。要切实加强对救助金的管理和监督，做到专款专用，规范运作，严禁挪用、滥用，确保救助金安全。总会和省级红十字会要切实加强对试点县红十字会的领导，争取当地党委政府的支持，与有关部门、有关方面加强协调，密切配合，积极稳妥地把试点工作搞好，争取今后几年能逐步推广，为建立健全新农合制度做出更大的贡献。请各省与会同志回去以后，尽快向省政府领导同志汇报国务院的指示精神和总会的部署，争取明年初启动试点工作。

农村需要红十字会做的工作很多。例如目前，我国艾滋病处于全国低流行和局部地区及特定人群高流行并存的态势，正由高危人群向一般人群传播。艾滋病防治关系经济发展、社会稳定、国家安全和民族兴衰，我们必须充分认识加强艾滋病防治工作的重要性和紧迫性。红十字会是国务院防治艾滋病工作委员会的成员单位。配合政府做好艾滋病防治工作，是我们责无旁贷的责任，是应当开拓的一个重要的工作领域。各地尤其是已经进入高流行阶段的地区在开展农村红十字会工作中，要高度重视、积极参与艾滋病防治工作。我在河南省确山县和四川省资中县农村都看到红十字会配合政府在艾滋病防治工作中做出成绩，使艾滋病疫情得到控制，困难群众得到救助，社会稳定的可喜景象。我希望大家都要以高度的责任感，为遏制艾滋病在我国蔓延的势头进行不懈的努力。

发展农村红十字事业，必须积极争取党委政府的支持、资助、保障和监督，必须紧密依靠和团结社会各界的力量。各地红十字会应该因地制宜，积极开拓，尽力而为，量力而行。只要我们全心全意为农民群众做好事、办实事，就一定能赢得群众的信任和欢迎。青岛市红十字会提出红十字会工作要坚持城乡互动，整体推进，以全市红十字会的工作成果带动农村红十字会工作。我认为这个思路很好。红十字会既要发动农民群众自救互救，又要为城市支援农村、社会各界帮助农村困难群众搭建桥梁。

三、加强农村红十字会基层组织的建设

建立健全红十字会基层组织是开展农村红十字会工作的组织保证。截止2004年底，在乡镇一级建立了红十字会的占全国乡镇总数的26.56%，农村红十字会员占全国会员总数的28%。这是我们开展农村红十字会工作的重要力量。但是，在许多地方的农村，还没有建立红十字会的基层组织。为了发展农村红十字事业，必须加强乡镇和村一级红十字会基层组织的建设。

要加强农村红十字会基层组织的建设，必须争取当地党委和政府的重视和支持，要向县、乡干部深入宣传红十字会的宗旨、性质和作用，宣传党中央、国务院的有关指示精神，特别是要通过扎实有效的救灾救助工作，赢得他们的理解和信赖。

进一步理顺地、县级红十字会的管理体制是建立健全红十字会基层组织的重要条件。现在，大部分县级红十字会还挂靠在卫生系统。我们希望有条件的县特别是人口大县、灾害频发的县要积极争取独立设置红十字会。暂不具备条件独立设置的，也要做到有专门的人员，有必要的工作条件，依照红十字会法和红十字会章程开展工作，更好地发挥红十字会的作用。我们鼓励各地探索县级红会管理体制的不同模式，在实践中积累经验。

红十字会开展的许多工作与卫生部门有

密切的关系。各级红十字会要与卫生部门相互配合，相互支持。乡村红十字会要与乡镇卫生院、村卫生室密切合作，共同做好农村卫生工作。乡镇红十字会还要与民政、教育、宣传等有关部门密切配合，加强协作，共同做好备灾救灾、救助弱势群体、开展红十字青少年活动等项工作。

已经建立了乡镇红十字会的地方，大都是由乡镇主要领导兼任会长，有关干部兼做红十字会工作。事实证明，只要他们热心红十字事业，善于调动和组织各方面的力量参与红十字会工作，并加强各项制度的建设，实现规范化管理，就能很好地发挥红十字会的作用。红十字会是从事人道主义工作的社会救助团体，它遵循的七项基本原则之一是志愿服务。只有把热心人道主义事业、愿意为社会奉献爱心的人们吸引到红十字会里来，才能壮大红十字会的力量，使红十字会永远保持青春的活力。今年3月，我曾到福建省石狮市锦尚镇考察农村红十字会工作。锦尚镇地处沿海侨乡，经济比较发达，但仍有一些因病因灾而陷入困境的人，需要社会的关爱和帮助。而一批在改革开放中富裕起来的人，愿意为公益事业作奉献。2001年，他们在当地党委、政府的支持下，成立了镇红十字会。这个基层红十字组织依靠民间的人力、物力、财力开展工作。会长、副会长及常务理事都由镇上的名人志士担任，其中有老人协会中有威望的长者、民营企业家、基层干部、教师、佛教居士等。他们有钱出钱，有力出力，办公场所和办公设施都是全体同仁奉献的，开展人道救助等活动的经费，大部分来自红十字会同仁捐款和海外华侨的资助。在短短四年中，镇红十字会真心实意为困难群众办了许多好事、实事，受到了广大群众的拥戴，已深深地植根于群众之中。红十字会的会员由成立时的30多人，发展到现在的200多人。连相邻地区的一些热心人士也自愿加入了锦尚镇红十字会。这次会上他们介绍的经验可供大家借鉴。从他们的事迹中可以看到，我国广大农民中蕴藏着弘扬人道、博爱、奉献精神，发展公益事业，构建和谐社会的极大的积极性。在农村红十字会基层组织的建设中，一定要充分发动群众，依靠群众，把群众中热心红十字事业的积极分子吸引到红十字会里来，有些人应该选入理事会；还要积极发展和组织志愿工作者队伍；以便团结更多的人，为建设社会主义新农村，构建和谐社会做贡献。

最后，我还想借此机会讲一下，今年6月，我到四川省内江市了解到，从2001年起，江苏省苏州市红十字会积极响应中央关于西部大开发的号召，与四川省内江市红十字会结成友好红十字会，几年来共募集资金六十余万元，帮助内江市红十字会开展救灾救助活动，加强红十字会的能力建设。我以为东西部地区红十字会结对帮扶，特别是经济较发达的东部地区支持经济欠发达的西部地区发展红十字事业，是一个很好的经验，值得提倡。我们还应该提倡有条件的城市红十字会与农村红十字会结成帮扶对子，促进农村红十字会工作的开展。

我希望这次会后，各省（区、市）红十字会都把做好农村红十字会工作提到议事日程上来。我们面前还有不少困难，这次会上交流的经验给我们增加了克服困难的信心。让我们大家团结起来，勇于实践，敢于创新，努力推动农村红十字会工作向前发展，为建设社会主义新农村做出应有的贡献。

江亦曼在中国红十字会农村工作座谈会上发表讲话

10月21～22日，中国红十字会农村工作座谈会在青岛召开，中国红十字会常务副会长江亦曼在会上发表重要讲话。

江亦曼首先回顾了近年来各级红十字会在农村开展工作的情况。她说，上世纪80年代初，在注重城市恢复建立红十字组织的同时，总会开始对在农村建立红十字组织提出要求。六届理事会要求各级红十字会要有战略眼光，重视发展农村红十字事业，推进农村红十字工作快速发展。七届理事会在推进农村红十字基层组织建设的同时，加大了对农村工作的投入。通过开展自然灾害的救助、“红十字博爱送万家活动”等各项工作，把对农村困难群体的救助和关爱落到实处。与此同时，理顺红十字会管理体制工作得到快速进展，加大了农村建会的力度。中国红十字会“八大”提出要积极创造条件，加强农村和贫困地区的红十字会工作，为促进城乡协调发展和区域协调发展尽一份力量，并把在农村建立健全基层红十字会组织，使红十字工作逐步从大、中城市向中、小城市扩展，从城市社区向农村基层延伸列入《中国红十字事业2005～2009年发展规划》中。据统计，截至2004年底，全国乡镇红十字会有9870个，占全国37166个乡镇总数的26.56%。农村红十字会会员约600万人，占全国会员总数的28%。

她说，经过多年的努力，农村红十字会工作已呈现出内容丰富、形式多样的大好局面——

开展“红十字博爱送万家”（即“送温暖”）活动。7年来，全国各级红十字会共投入2.5亿多元人民币，为94万多户、524万困难群众送去社会的关爱，其中农村特困家庭约占70%。目前，这项活动已经遍及31个省（区、市），成为红十字会的品牌工作。

开展自然灾害救助工作。自1991年以来，共募集价值40多亿元人民币的救灾款物，为减少农民损失，保障农民健康作出了贡献。

同时，各级红十字会在农村移风易俗，普及科学知识；推动无偿献血；开展医疗救助扶贫、科技扶贫；引进项目，造福农民等方面也都作出了卓有成效的努力。1999年以来，总会共引进国际合作项目17个，总计金额7800万元人民币。港澳分会先后在18个省、自治区、直辖市投入救灾和开展项目的款物价值人民币14419万元，开展各类项目达240个。各地红十字会因地制宜引进国际合作项目也取得了良好效果。

在总结成绩的同时，江亦曼对目前农村红十字工作中存在的问题也进行了分析。她说，这些问题主要表现在几个方面：一是对做好农村红十字会工作还没有引起足够的重视，抓抓停停，缺乏以一贯之常抓不懈的决心和措施。二是由于各级红十字会管理体制没有完全理顺，农村红十字会工作发展很不平衡，特别是在县级红十字会没有理顺体制的情况下，农村红十字会组织发展和开展工作往往得不到保障、落不到实处。三是工作作风不够深入，工作指导不够得力。在深入实际调查研究、分析问题解决问题、总结经验、典型引路方面做得还不够。这是今后需要着力克服的问题。

江亦曼对今后进一步做好农村红十字工作提出了具体要求。要求各级红十字会要提高对做好农村工作重要意义的认识，将红十字会工作稳步向农村延伸。她说，红十字会作为政府在人道救助领域的助手，应当责无旁贷把作好农村红十字会工作放到全面建设小康社会和建设中国特色红十字事业的大局中，要充分认识到，没有农民的小康，就不是真正意义的小康；没有农村红十字会工作，就不是完整的中国特色的红十字事业。我们还要认识到，城市的社区，农村的乡、镇、村是红十字工作的基层基础工作，只有打牢基础，扎根基层，事业才能有根基，才能常青不衰。农村需要红十字，红十字需要农村。我们要切实增强事业心、责任感，勇于进取，创造性地开展工作。

目前，在农村开展红十字工作确有不少困难，既有机构、编制问题，也有经费不足问题，必须积极争取党政领导支持，紧紧依靠群众，发挥群众的独创精神和互助精神；必须针对干部、群众不同思想状况，采取喜闻乐见的宣传方式，广泛宣传红十字会的性质、职能和作用，宣传国家支持红十字会工作的政策，让农村基层干部和农民群众知道“什么是红十字组织”、“基层能干什么工作”，以及“我能干什么”，知道“怎样参加红十字会工作”；必须耐心、细致、持久地宣传动员群众，启发他们参与红十字工作的自觉性，变“要我做”为“我要做”，开发蕴藏在群众中的自救意识和互救能力；必须通过开展各种人道救助工作，不断扩大红十字会在农村的影响力；必须善于找准红十字会工作与“三农”问题的结合点和切入点，既做好传统的红十字会工作，又能开拓新领域为政府分忧，替群众解难。

她指出，要做好农村红十字工作，必须加快理顺体制，大力发展农村红十字会基层组织和会员。她说，实践证明，理顺各级红十字会管理体制，是使红十字会焕发生机与活力、独立自主地开展工作的重要组织保证。目前，各省级、55%的地（市）级、11%的县级已经或基本理顺管理体制，但与红十字事业发展形势的要求还很不适应。希望各地务必要加快理顺地（市）级红十字会管理体制的步伐，同时，要积极推进并探索理顺县级管理体制的不同模式。同时，要进一步明确红十字会在农村的主要任务，这就是：在广大农民中传播红十字知识和人道、博爱、奉献的红十字精神，提倡互相尊重、互相帮助、扶危济困的良好风气，促进农村的社会主义精神文明建设；积极开展人道主义救助活动，动员社会各界积极开展募捐，加大对农村自然灾害等突发事件的救助和困难群体的人道救助；开展红十字社会服务工作；开展初级救护培训，开展健康教育，普及卫生防病知识，引导农民养成卫生健康的生活习惯。

在讲话中，江亦曼还对参与建立新型农村合作医疗制度的试点工作提出了要求。她说，最近，经国务院批准，国务院新型农村合作医疗部际联席会议办公室已经吸收中国红十字会为成员单位，明确要求红十字会等公益团体要积极参与对农民的医疗救助工作，这是国务院对我们提出的新的任务要求，也是对我们参与新农合工作的定位。为了真正在“三农”问题上发挥政府的助手作用，总会已决定在各地自愿报名的基础上，选定 25 个县开展试点工作，并以“关注农民健康”为口号，专项募集资金。今后 3

年，逐步扩大总会试点范围。争取经过努力，到2008年，有更多的县（市、区）红十字会都能结合实际，积极参与新农合和医疗救助工作。我们希望各省红十字会在2006年也要在本省范围内抓1～2个试点县，用三年的时间在本省抓出一批试点县，并采用典型引路的办法，大力推进这项工作，使之成为农村红十字工作新的品牌工程。

最后她说，农村红十字会工作已经开展有十几年的时间了，虽然影响还不够大，实力还不够强，但我们已经积累了许多宝贵经验。实践证明，农村需要红十字会，红十字会更需要农村。红十字会是全面建设小康社会、构建社会主义和谐社会和建设社会主义新农村的重要力量。我们要以“三个代表”重要思想为指导，与时俱进，开拓创新，转变作风，奋发有为，努力开创农村红十字工作新局面。

郭长江在中国红十字会农村工作座谈会闭幕式上的总结讲话

两天的中国红十字会农村工作座谈会，经过全体代表的共同努力就要结束了。下面，我代表总会对会议作简要总结。

一、会议的基本情况

江亦曼常务副会长的讲话对十几年来中国红十字会在农村开展红十字会工作的成绩进行了总结，对农村实现小康与全国达到小康的关系，红十字会在全面建设小康社会中的责任和县级以上红十字会理顺管理体制后面临的新形势作了深入的分析，对红十字会工作向农村延伸的重要意义进行了深刻的阐述，明确提出了中国红十字会农村工作的总体思路，部署了当前和今后一段时期的中国红十字会农村工作的主要任务。特别是部署了红十字会系统开展新型农村合作医疗试点工作方案，这项工作将是我们红十字会今后的一项常规性工作，也是一项重要的工作。这既是我们这次会议的重点，也是各级红十字会工作的一个重点。

刚才，彭珮云会长作了重要讲话，彭会长讲话从国际红十字运动与中国实际的结合上、从我会的宗旨和职责上，从全面建设小康社会和构建社会主义和谐社会的全局上论述了在农村开展红十字会工作的重要意义，对下一步深入开展农村红十字会工作进行了动员，特别是对开展新型农村合作医疗试点工作提出了明确的思路和要求。

山东省红十字会等8个地方红十字会和基层红十字会作了大会典型发言，30个地方红十字会和基层红十字会向会议提交了书面经验交流材料。会议期间，与会代表还参观了青岛市红十字会的社区服务工作和即墨市红十字会参与建立新型农村合作医疗制度，开展农村医疗救助工作的情况。

国务院研究室、财政部、民政部、卫生部等有关部门的同志参加了会议，了解了红十字会在农村开展的工作，对红十字会在农村开展工作提出了宝贵的意见。

我们这次会议得到了山东省人民政府、山东省人大、中共青岛市委、市政府的大力支持。山东省人民政府副省长、省红十字会会长王军民同志，山东省原人大常委会副主任郭松年同志，青岛市人民政府副市长、青岛市红十字会会长臧爱民同志，青岛市委副秘书长于少军同志出席了会议。山东省红十字会、青岛市红十字会为会议的筹备作了大量工作，出色地保证了会议的顺利召开。在此，我代表中国红十字会和与会的各位代表向他们表示衷心的感谢！

二、会议的主要特点与收获

通过座谈讨论大家一致反映，这次中国红十字会农村工作座谈会是一次非常重要的会议。主要表现在：

一是总会紧紧抓住了围绕中心、服务大局的关键问题。当前全党全国人民正在深入贯彻“三个代表”重要思想、落实科学发展观，齐心协力，为实现全面建设小康社会的伟大战略目标而奋斗。党的十六届五中全会进一步提出建设社会主义新农村是我国现代化进程中的重大历史任务，要按照生产发展、生活宽裕、乡风文明、村容整洁、管理民主的要求，扎实稳步地加以推进。全国红十字系统正全面落实《中国红十字事业2005～2009年发展规划》，推进红十字事业的改革与发展；中国红十字会理顺管理体制取得重大进展、组织机构体系正在逐步形成，中国红十字事业出现蓬勃兴旺、快速发展的大好形势。在这样的大好形势下召开这次座谈会，部署中国红十字会的农村工作，符合党的十六届五中全会精神，呼应了全社会对“三农”问题和对农民因病致贫、因病返贫问题的关注。总会以促进建立新型农村合作医疗制度为切入点大力推进农村红十字会工作，既抓住了围绕中心、服务大局的关键问题，更是抓住了中国红十字事业进一步发展的关键问题。

二是实事求是、与时俱进。大家认为，会议对中国红十字会十几年来农村工作成绩的总结和对目前形势的分析实事求是，非常客观，推进农村红十字会工作的目标任务体现了从实际出发的精神。特别是这次座谈会提出以参与国家新型农村合作医疗作为切入点，既符合党和国家关心重视“三农”的问题，又紧密结合了红十字会“保护人的生命和健康”的宗旨，同时，与全面建设小康社会和构建社会主义和谐社会相联系，体现了中国红十字会领导集体指导中国红十字事业发展的新思想、新思路，充分体现了与时俱进、开拓创新的精神。

三是指导性强，影响深远。大家认为，两位会领导的讲话既有很强的思想性、理论性，又有很强的实践性，无论是对中国红十字会当前工作还是长远工作，都具有很强的指导作用。把红十字会工作向农村延伸，必将对中国红十字会整体工作的长期发展产生持久、深远的影响。

四是主题新颖，内容充实。大家认为，召开这样的座谈会，是中国红十字会五届、六届、七届理事会以来的第一次。会议准备很充分，彭珮云会长、江亦曼常务副会长的讲话和为会议提供的参考资料很丰富，大会发言很精彩，对相互借鉴、促进工作有非常重要的作用。尤其是彭会长、江亦曼常务副会长的讲话，立意很高，内容丰富，指导性强，使这次会议既是中国红十字会农村工作成绩和经验的总结会、交流会，也是新形势下推动中国红十字会工作向农村延伸的动员会、部署会。

五是交流了经验，得到了启发。会上，共有8个地方红十字会和基层红十字组织进行了发言，30个地方红十字会和基层红十字组织在农村开展工作的经验和体会向会议提交了书面交流材料，共同交流了加强农村红十字会基层组织建设、发展会员，开展人道救助和服务工作的经验。大家认为，这些发言和书面交流材料，既有省级红十字会的作法和体会，也有市、县级红十字会的作法和体会，还有基层红十字会的作法和体会；既有发达地区开展农村红十字会工作的作法和体会，也有经济欠发达地区的作法和体会，还有民族地区的作法和体会；既有开展农村工作十几年的作法和体会，也有理顺管理体制后才开展工作的作法和体会。总之，这些作法和体会集中浓缩了全国红十字会系统开展农村红十字会工作的新思想、新做法、新经验，非常宝贵，使到会的每一位同志都深受启发，对推进红十字会工作向农村延伸十分有利。

总之，大家认为这次会议信息量大，求真务实，质量高、效果好，是一次成功的会议。

三、关于会议的贯彻落实

这次会议，对于将红十字会工作向农村延伸，扎扎实实地推动中国红十字会的农村工作具有十分重要的指导意义。特别是我们部署的“新农合”工作，是中国红十字会作为政府人道领域助手的具体体现，是围绕中心、服务大局的重要举措，也是中央交给我们的任务。这里，我就会议精神的贯彻落实提出几点要求。

（一）要认真抓好会议精神的传达学习。彭珮云会长、江亦曼常务副会长的讲话既有很强的思想性，又有很强的实践性，是指导中国红十字会开展农村工作的重要文件。认真学习、深刻领会两位领导的讲话精神，对于做好农村红十字会工作具有重要的意义。会后，各地要把座谈会精神的学习传达，作为一件大事来抓。在传达学习中，要认真抓好三个环节：

一是要深入学习。这次会议对中国红十字会的农村工作带有战略性的意义，会议的内容很丰富、很重要。会议以后，各省级红十字会要拿出专门的时间，认真组织学习。特别要学习国务院关于新农合的有关文件和温家宝、吴仪同志的有关讲话精神，主要领导还要先学一步，学得深一点、透一点，以便更好地指导地县级红十字会领导干部的学习。

二是要及时向主管领导汇报。中国红十字会是全面建设小康社会和构建社会主义和谐社会的一支重要力量，中国红十字会的农村工作在一定程度上是促进和谐农村建设的重要方面，做好农村的人道救助和服务工作，可以促进农村的和谐稳定。特别是吴仪副总理在江西召开的国务院新型农村合作医疗部际联席会议上，对红十字会提出了很高的期望和要求。各省、自治区、直辖市红十字会领导要在学习领会的基础上，向红会会长作一次专题汇报，努力争取党委、政府的理解、重视和支持。

三是要组织好会议精神的传达。要采取有效的方式，尽快将会议精神和有关文件，传达到各级红十字会。要在传达会议精神的同时，组织专题学习辅导。总会将及时把会议文件进行汇编下发，中国红十字报也要配合进行这方面的宣传，要加大对农村红十字会工作宣传的力度。要通过会议精神的传达学习，切实把全会的思想和行动统一到将中国红十字会工作向农村延伸的决策上来，进一步提高全国红十字会系统在新形势下做好农村红十字会工作的自觉性和主动性，增强责任感和紧迫感。

（二）要切实贯彻落实好会议精神

开会不是目的，推进工作才是目的。贯彻会议精神的关键，是要把它落实到实际工作中去。希望各地抓住以下三个关键，贯彻落实会议精神。

一是高度重视，态度积极。各级红十字会要把红十字会工作向农村延伸和积极参与新型农村合作医疗制度建设作为贯彻“三个代表”重要思想，落实科学发展观，保证党的建设全面小康社会奋斗目标实现的政治任务来完成；作为事关国家改革、发展、稳定大局和红十字会工作全局的大事来抓；作为贯彻《中国红十字事业2005～2009年发展规划》，提高新时期中国红十字会工作的整体水平，促进中国红十字事业健康快速发展，开创中国红十字事业新局面的总抓手和契机来看待，切实把它摆上工作的重要位置。这是国务院领导交给中国红十字会的重要工作，我们必须以积极态度把它做好做实。

二是通过试点带动红十字会的组织建设。以推进参与农村新型合作医疗制度建设为龙头，推动农村红十字会工作的全面开展，努力提高农村红十字会工作的整体水平，是这次会议的中心和重点。各级红十字会在贯彻落实会议精神的时候，一定要抓住参与新型农村合作医疗制度建设这个抓手。通过试点工作推动理顺县级红十字会管理体制的工作，为我们的新农合试点工作提供组织保证。

三是积极争取党委政府的重视和支持。红十字会是政府人道工作领域的助手，我们所作的每一项工作都应当是替政府分忧、为群众解难。各地一定要积极争取党委、政府的重视和支持。努力做到政府的会议上研究红十字会农村工作的问题；为推进农村红十字会工作和支持红十字会参与新型农村合作医疗制度建设政府出台专门文件；参照国务院的做法，将中国红十字会纳入部际联席会议成员单位。各地红十字会要积极争取成为新农合实施机构的成员。

四、扎扎实实做好几项重点工作

同志们，今年到年底还有两个月的时间，到春节前我们任务比较繁重，在繁忙的工作中我们要抓住重点：一是做好“12·1”的预防艾滋病宣传日活动，2005年预防艾滋病宣传日活动主题是“扼制艾滋，履行承诺”。中国红十字会总会在联合会的支持下，与蒙古国红十字会共同开展纪念活动。总会与铁道部将于“世界艾滋病日”期间，在中国——蒙古的列车上举办形式多样的宣传纪念活动。近期，总会与铁道部联合发出通知，号召全国红十字系统与铁道系统密切配合，针对流动人口开展预防控制艾滋病的宣传等纪念活动。

二是做好筹备红十字博爱送万家的活动。每年元旦春节前红十字会将开展“红十字博爱送万家”活动（也称“送温暖”）总会安排2006年的这项活动将在今年12月下旬举办。总会与国家民委商定共同开展这一活动，重点支持人口较少数的少数民族所在的部分省、区。请各省、市、区红十字会结合本省、市、区的实际，组织好这项活动，注意重点关注少数民族的困难群众，为他们送去红十字会的关爱。

三是筹备好理事会。为及时总结工作，部署新一年的任务，总会决定于2006年元月上旬召开中国红十字会第八届理事会第二次会议。这次理事会的任务：总结2005年工作，部署2006年工作计划，更换理事。总会和各省红十字会从现在开始就要在认真做好业务工作的同时，认真考虑好这事。为搞好二次理事会的筹备工作，各省级红十字会要帮助作好以下工作，一是在来不及做全面总结报告的情况下，各省将一年来的主要工作成绩和经验、体会简要整理1500字左右的工作综述，包括各项准确的统计数据。此外，要抓紧上报更换理事的情况。

四是抓好报刊征订的工作。

同志们，我们这次座谈会只开了两天，虽然时间很短暂，但可以预见，影响将是长远的，因为我们研究座谈的是把中国红十字会工作向占中国总人口70％的广大农村延伸的问题，是发挥政府的助手作用、帮助政府建立新型农村合作医疗制度，让广大农民都能享受合作医疗的改革成果，解决他们因病致贫、因病返贫的实际问题。而我们在推进这项工作的同时，也就以实际行动实践了“保护人的生命和健康”的宗旨，履行了红十字会法赋予我们的神圣职责。让我们以这次座谈会议为契机，全面推动中国红十字会农村工作的发展，为实现农村全面建设小康社会和构建和谐农村的战略目标，做出我们新的贡献。

人、财、物数据资料

中国红十字会基层组织、会员、志愿者

数据统计

（截至2005年底）

1. 红十字会会员数（包括团体会员单位）：2585万
2. 红十字青少年会员数：1380万
3. 红十字会基层组织数：90704个
4. 红十字志愿者数：56.8万

省级红十字会理顺管理体制情况

一览表

制表：总会事业发展部政策法规处

2005年3月31日

序号	名称	理顺时间	三定方案	规格	厅级领导职数	正副处长职数	编制人数		建立党组	党组织归口	干部归口	财政归口	
							行政	事业					
1	北京	1990.12	有	正厅	1正1副	9	21		6	已建	市直工委	市委宣传部	市财政
2	天津	1979.05	有	正厅	1正2副	9	26		3	已建	市直工委	市委组织部	市财政
3	河北	2001.11	有	副厅	1副	5	12			已建	省卫生厅	省委宣传部	省财政
4	山西	2004.6	有	副厅	1副	4			9	已建	省直工委	省委组织部	省财政
5	内蒙古	1995.05	有	正厅	1正1副	4（2正）	13			已建	区直工委	区委组织部	区财政
6	辽宁	2000.12	有	副厅	1正	6（4正）	15			已建	省直工委	省委组织部	省财政
7	吉林	1997.07	有	副厅	1副	4	11			已建	省直工委	省委组织部	省财政

序号	名称	理顺时间	三定方案	规格	厅级领导职数	正副处长职数	编制人数		建立党组	党组织归口	干部归口	财政归口	
							行政	事业					
8	黑龙江	2001.06	有	副厅	1副	4（1正）	12			已建	省委组织部	省财政	
9	上海	2001.02	有	正厅	1正1副	9	30			已建	市直工委	市组织部	市财政
10	江苏	2002.01	有	副厅	1副	5（4正）	9		7	已建	省直工委	省委组织部	省财政
11	浙江	2002.01	有	副厅	1副	4	10			已建	省卫生厅	省委组织部	省财政
12	安徽	2000.08	未	副厅	1副	2			12	未建	省直工委	政府办公厅	省财政
13	福建	2001.01	未	副厅					18		已建		
14	江西	2001.01	有	副厅	1副	5（3正）	14		3	已建	省直工委	省委组织部	省财政
15	山东	2001.06	有	副厅	1副				14	未建	省直工委	省委组织部	省财政
16	河南	2000.01	有	副厅	1副	4（1正）	14		2	未建	市直工委	省委组织部	省财政
17	湖北	2001.05	有	副厅	1副	4（正）	10			已建	省直工委	省委组织部	省财政
18	湖南	2000.01	有	副厅	1副	3	14		2	已建	省直工委	省委组织部	省财政
19	广东	2000.06	有	副厅		3			19	已建		省委组织部	省财政
20	广西	1998.08	有	副厅	1副	7	7		9	已建	区直工委	区委组织部	区财政
21	海南	2001.11	有		未理顺				5	建党支部	省直工委	省委组织部	省财政
22	四川	2001.04	有	副厅	1副	4			20	已建	省卫生厅	省委组织部	省财政
23	重庆	2000.06	有	正厅	1正	7	14		2	已建	政府办	政府办公厅	市财政
24	贵州	2000.12	有	副厅	1副	8			16	已建 4～10	省直工委	省委组织部	省财政
25	云南	1998.12	有	副厅	1副	7			24	已建	省直工委	省直工委	省财政
26	西藏	2002.02	有	副厅	1副	4（1正）			11	已建	区卫生厅	区卫生厅	区财政
27	陕西	2001.02	有	副厅	1副	6			13	已建	省直工委	省委组织部	省财政
28	甘肃	2003.12	有	副厅	1副	5			12	未建	省直工委	省委组织部	省财政
29	青海	1998.08	有	副厅	1副	4			29	已建	省直工委	省委组织部	省财政
30	宁夏	2001.03	有	副厅	1副	3（2正）			15	未建	区直工委	政府办公厅	区财政
31	新疆	1998.12	有	正厅	1正	6			17	已建	区直工委	区委组织部	区财政

注：

1. 28个省、自治区、直辖市红十字会有“三定方案”，安徽、福建、山东3省没有；
2. 25个省、自治区、直辖市红十字会建立党组；海南省人数少，建立党支部；
3. “厅级领导”一栏中，“正”指正厅、“副”指副厅。

建立中共党组的省级红十字会

名 单

截至2005年10月，经省、自治区、直辖市党委批准建立红十字会中共党组的有以下红十字会：

1. 北京市红十字会；
2. 天津市红十字会；
3. 河北省红十字会；
4. 山西省红十字会；
5. 内蒙古自治区红十字会；
6. 辽宁省红十字会；
7. 吉林省红十字会；
8. 黑龙江省红十字会；
9. 上海市红十字会；
10. 江苏省红十字会；
11. 浙江省红十字会；
12. 福建省红十字会；
13. 江西省红十字会；
14. 山东省红十字会；
15. 湖北省红十字会；
16. 湖南省红十字会；
17. 广东省红十字会；
18. 广西壮族自治区红十字会；
19. 四川省红十字会；
20. 重庆市红十字会；
21. 贵州省红十字会；
22. 云南省红十字会；
23. 西藏自治区红十字会；
24. 陕西省红十字会；
25. 青海省红十字会；
26. 新疆维吾尔自治区红十字会。

彩票公益金项目

中国红十字会总会2005年接受捐赠资金及彩票公益金收支情况的报告

（2005年1月1日至11月30日）

一、接受捐赠资金收支情况

2005年总会接受捐赠资金收入57966万元，其中总会筹集50799万元（含海啸捐款42747万元）、香港特别行政区红十字会捐赠（以下简称香港分会）2953万元、澳门特别行政区红十字会捐赠（以下简称澳门分会）835万元、红十字会与红新月会国际联合会捐赠（以下简称联合会）2772万元、其他国际合作项目资金607万元。2004年结余3235万元，其中总会结余2659万元、香港分会结余76万元、澳门分会结余106万元、联合会结余307万元、其他国际合作项目结余87万元。2005年接受捐赠资金支出23567万元，其中总会16952万元（含海啸捐款支出14310万元）、香港分会2380万元、澳门分会839万元、联合会2813万元、其他国际合作项目583万元。本年结余37634万元，其中总会36506万元（含海啸捐款28437万元）、香港分会649万元、澳门分会102万元、联合会266万元、其他国际合作项目111万元。

2005年，总会接受捐赠资金收入突破5个亿，创出中国红十字会总会捐赠收入的历史新高。实现了《中国红十字事业2005～2009年发展规划》提出的“提高救灾、救护、救助能力，每年筹措救灾救助款物力争达到3亿元人民币”的预期目标。扣除海啸捐款收入，当前总会接受捐赠收入比上年增加9625万元，比上年增长172%。

2005年我国自然灾害发生时间早，灾害范围广、种类多，部分省区反复受灾，给人民群众的生命和财产造成严重损失。我会面对年初募集4.4亿元海啸捐赠款物后募捐资源短缺的困难局面，加大筹资力度，深入挖掘募捐潜力，通过扩大宣传、抓准时机向国际社会发出呼吁等方式，积极争取更多的社会资源投入国内灾害救助工作。据不完全统计，年内总会和地方分会已募集到2.2亿元的救灾款物，总会先后对28个受灾严重的省（区、市）提供了价值5817万元的救灾款物，今年总会用于国内救灾的款物比上年增加2304万元，比上年增长66%。在紧急救助工作中，彩票公益金采购的备灾物资发挥了积极作用，大大提高了我会灾害救助的应急能力。红十字会及时有效的救助工作，增强了人民群众与党和政府之间的联系，在维护社会稳定和“三个文明”建设中发挥了独特作用。

一年来，总会积极争取境外合作项目，努力开拓新的资金渠道，保持和扩大了项目规模和范围。总会现有香港分会、澳门分会、联合会、国际委员会、欧盟人道办公室及日本、荷兰、德国、加拿大、澳大利亚、挪威、美国等红十字会的合作项目60余个，本年新增项目资金7167万元，主要用于备灾救灾、社区服务、无偿献血宣传、艾滋病预防、改水改厕、援建学校、人道法传播、红十字会能力建设及人员培训等方面，项目覆盖了总会及26个省、自治区、直辖市。项目的开展推动了地方红十字会理顺管理体制工作和基层组织建设，提高了红十字会干部队伍素质，带动了红十字事业的均衡发展，在构建社会主义和谐社会中发挥了积极作用。此外，2005年中国红十字基金会募集资金2442万元，援建了22所博爱小学和2所乡镇卫生院，为13名白血病等重大疾病的农村儿童进行了救助；中国造血干细胞捐献者资料库管理中心（以下简称管理中心）募集资金214万元，全部用于HLA分型检测入库和救助白血病患者。

二、接受海啸捐赠款物收支情况

2004年12月26日，印度洋因强烈地震引发海啸，给东南亚、南亚和非洲地区的一些国家带来严重灾难。

灾难发生后，总会依据《中华人民共和国红十字会法》赋予的“参加国际人道主义救援工作”、“为开展救助工作，可以进行募捐活动”等职责和权利，及时有效地进行国际救援，同时按照党中央、国务院关于统一指挥、归口管理、协调行动、整体推进的原则积极开展救援工作，有力地配合了政府的救援行动。

总会接受海啸捐赠款物折合人民币44307万元，其中总会接受海啸捐款10994万元、地方分会转来海啸捐款31753万元，总会接受救援物资及运输服务费折合人民币1560万元。这是迄今为止我会为国际救援开展的规模最大、效果最好的一次募捐行动。

目前，总会接受海啸捐赠款物支出、已对外承诺及正待结算的支出折合人民币26039万元，占海啸捐赠收入的59%。其中捐款支出14310万元，包括向联合会捐款2611万元、向国际委员会捐款1243万元、向斯里兰卡捐款2266万元、向马尔代夫捐款442万元、向泰国捐款600万元、向印度尼西亚捐款4112万元、向坦桑尼亚捐款41万元、向印度捐款248万元、向缅甸捐款17万元、向马来西亚捐款16万元和采购紧急救援物资2300万元及总会项目支持费414万元；捐赠物资及服务支出1560万元，包括食品、毛毯、服装、发电机、矿泉水、净水宝、家用电器等价值1077万元的物资及中国国际航空公司提供的价值483万元的包机运输费用；已对外承诺的支出、应付货款及重建项目工程款10169万元。根据国际红十字运动的基本原则、联合会的救助规则以及受灾国的实际情况，我会积极参与受灾国的重建工作。如中国红十字会在斯里兰卡援建的“中斯友谊一村”部分房屋已经落成，“中斯红十字村”正在兴建；我会在马尔代夫援建的“中马友谊村”也已开工；在泰国援建的“中泰友谊村”及医院、托儿所、卫生站等项目也已经或陆续开工。这些项目将使中国人民的爱心和奉献精神在受灾国留下永久的标记，见证中国人民与受灾国人民的友谊和对受灾国人民的关爱。

为增强捐赠款物接收和使用的透明度，提高红十字会的公信度，总会在紧急救援阶段，每天向政府有关部门通报捐款数量，并向国务院和外交部分别呈报了关于救援工作进展情况的报告。

通过设立新闻发言人制度、召开新闻通报会，及时向媒体介绍接受捐赠的收支情况，自觉接受社会监督。总会分别通过《人民日报》海外版、中国红十字会网站、中国红十字报向社会公布接受民间捐款情况。同时，通过新闻媒体向社会承诺，将及时公布已捐款项和剩余捐款的用途和去向，适时组织捐赠者代表、新闻界代表去灾区考察项目执行情况，并随时接受国际社会监督和审计部门的审计。日前，中央电视台记者随总会考察团考察了斯里兰卡、马尔代夫的项目执行情况。12月26日，总会在京召开了中国红十字会印度洋海啸一周年救援工作通报会，向社会公告了我会对海啸救助所开展的主要工作以及未来的工作计划。

海啸重建工作任重而道远。总会剩余的18268万元的海啸捐款，将按照国际社会协调各方力量提出的整体重建工作计划，确定若干重点项目，陆续把募集到的全部善款用于这些重点项目和救援活动中，将继续向社会公告捐赠款物的使用情况，接受政府主管部门及社会各界的监督。

三、彩票公益金“十五”计划执行情况

经国务院批准，从2002年至“十五”期末，中央财政从统筹的彩票公益金中安排33700万元，支持中国红十字会开展人道主义救助工作。彩票公益金项目已实施三年，目前执行金额为29859万元，完成彩票公益金“十五”计划的89%。彩票公益金的支持，为红十字会注入了生机与活力，搭建了红十字会在人道领域发挥政府助手作用的新舞台，公益金项目取得了明显的社会效益，推动了红十字事业的快速发展。

（一）中国红十字会灾害救助的应急能力明显加强

“十五”期间，总会通过彩票公益金备灾救灾项目配合

政府的总体救灾计划，积极投入救灾工作。按照政府采购的要求，完成了总价值10027万元的备灾物资采购任务，其中采购粮食13166吨、棉被267954床、棉衣260343件、帐篷9954顶、消杀药41084箱、净水剂22506箱。

三年来，价值 7288 万元的救灾物资分别投入到广西、湖南、江西、重庆、黑龙江等 28 个省（区、市）的地震、台风、洪涝、泥石流、山体滑坡等灾害的救助工作，使 254 万灾民受益。在紧急救灾工作中，我会在第一时间为灾区群众送去粮食、帐篷、衣物及药品，大大提升了红十字会灾害救助的快速反应能力，为政府分了忧，为群众解了难。我会的救灾工作得到了曾庆红副主席、回良玉副总理的充分肯定，受到灾区群众及党和政府有关部门的好评。目前，尚有 2739 万元的备灾物资储存在总会区域性备灾救灾中心和灾情多发地的省级备灾救灾中心，如遇灾情，可立即运抵灾区。

（二）“红十字博爱送万家”活动更加广泛深入

自 1998 年以来，我会每年元旦、春节期间开展“红十字博爱送万家”活动。2003 年以来，彩票公益金投入 1668 万元，调动了各级红十字会募集资金的积极性，3 年共配套 1.4 亿元（每年约 5000 万元），为 76 万贫困家庭送去每户价值 200 元的慰问物资，比计划增加受益家庭 68 万户，受益人口达到 300 余万人，“红十字博爱送万家”活动的足迹已遍及全国。受益群众主要是农村、灾区、贫困地区、少数民族地区和城市下岗职工中的特困家庭及革命老区的老党员、老红军、老模范、老抗联、老工人。红十字会开展的这项活动已成为社会参与、政府支持、群众欢迎的“品牌”工程。

（三）救护师资培训卓有成效

“十五”期间，彩票公益金卫生救护师资培训项目计划

3700 万元，截止 2005 年 11 月 30 日已执行 2535 万元，完成项目计划的 69%。救护师资培训项目的实施，首次实现了救护师资培训教材、教学计划、培训质量标准及证书的“四统一”。总会及地方分会举办卫生救护师资培训班 542 期，培训救护师资 17000 余名，全面提升了红十字会救护师资的理论水平和业务技能，初步缓解了卫生救护师资严重不足及培训经费严重短缺问题。

项目的实施，带动了中国红十字会总会与教育部、卫生部等十五部委联合下发《关于印发〈中国红十字会关于广泛深入开展救护工作的意见〉的通知》的落实，顺应了安全生产、应对紧急突发事件及社区群众生活的迫切需求，推动了群众性卫生救护工作的进一步发展，为全国红十字救护员的普及奠定了良好基础。

（四）中国造血干细胞捐献者资料库建设快速发展

彩票公益金“十五”计划投入中国造血干细胞捐献者资料库建设（以下简称资料库）项目 1.78 亿元，计划实现志愿捐献者入库资料 19 万人份的目标。截至 2005 年 11 月 30 日，资料库已拥有 35.6 万人份志愿捐献者资料，其中彩票公益金项目的入库达到 30 余万人份，完成项目计划数的 158%。

目前，资料库已建成 30 个省级分库，认定了 25 个组织配型实验室和 1 个质量控制实验室。捐献造血干细胞的动员、采集、再动员和运送工作有了绿色通道。资料库累计为患者和移植医院提供检索服务 7200 多人次，3400 多位患者初次配型成功，有 356 位志愿捐献者为患者捐献了造血干细胞，为来自美国、加拿大、新加坡、英国、法国等 10 余个国家和香港、台湾地区的患者提供检索查询服务 50 多人次，为美国、新加坡

及台湾地区的白血病患者捐献了造血干细胞。资料库填补了国内空白，已初步显现临床使用上的意义，成为社会关注的热点和社会文明的象征，一个服务于全球华人的资料库得到快速发展。

为规范彩票公益金项目管理，我会连续两年开展了彩票公益金项目绩效考评工作。评审结果显示：彩票公益金使用效果良好，管理比较规范，项目已取得明显的社会效益。

大 型 项 目

造血干细胞捐献

苏菊香在中国造血干细胞捐献者资料库第四期管理干部培训班开班式上的讲话

（2005 年 4 月 25 日）

中国造血干细胞捐献者资料库（以下简称“资料库”）第四期管理干部培训班在江苏南京开班了，我谨代表中国红十字会总会向前来参加培训班的各省分库、各组织配型实验室和质量控制实验室的同志们表示欢迎！向担任授课的国内外专家表示感谢！向一贯支持红十字事业的江苏省政府、向给予培训班大力支持的江苏省红十字会的领导和同志们表示衷心的感谢！向这次受到表彰的上海、重庆、广东、江苏、北京、湖南、陕西、河南、辽宁 9 个分库和受到表扬的北京、山东青岛、湖南长沙、广东深圳 4 个配型实验室表示热烈的祝贺！

下面，我就“资料库”的建设的现状与发展谈几点意见。

一、“资料库”建设成绩显著

“资料库”初建于 1992 年，当时由于诸多原因，工作进展迟缓。2001 年，中国红十字会总会决定，重新启动“资料库”建设，把加快“资料库”建设作为一项重要的工作加以推进。四年来，在党和政府的重视下，在有关部门和社会各界的支持下，特别是国家彩票公益金的资助，使“资料库”建设有了长足的发展，各项工作取得了显著成绩，已凸显出它的临床作用和社会效能。继 2001 年 12 月中央编办批准成立“中国造血干细胞捐献者资料库管理中心”后，目前，全国除西藏自治区外，已建立了 30 个省级分库，其中 12 个分库经本省编办批准成立了管理中心。全国 25 个定点组织配型实验室和质控实验室认真贯彻“全员全程质量控制”的要求，努力做好 HLA 分型检测和质控工作。截至到 2005 年 4 月 20 日，各分库上传数据已达 25 万多人份。为国内（包括台湾、香港、澳门地区）以及美国、加拿大、新加坡、英国、法国、德国、澳大利亚、挪威、日本、韩国、马来西亚、印度等 10 多个国家的患者提供检索查询 6000 多人次。有242名志愿者为患者捐献了造血干细胞，一些患者已经战胜绝症，获得新生。特别是2004年6月，我们成功的为一位美籍华裔白血病患者提供了造血干细胞，开创了“资料库”走出国门的先河。今年4月，“资料库”又成功的为香港特区一名白血病患者提供了造血干细胞，进一步增进了内地与香港血浓于水的情谊。

在大家的共同努力下，“资料库”的建设和发展赢得了政府有关部门的认同和社会各界的赞誉。卫生部医政司领导认为“资料库”为卫生行政部门解决了多年难以解决的问题，帮助国家和人民做了件好事。财政部有关司局领导认为国家彩票公益金在“资料库”建设项目中发挥了很好的作用，充分体现了“取之于民、用之于民”，用人民的钱为社会为人民办实事的精神。临床移植专家对“资料库”建设取得的临床意义表示十分赞赏。国（境）外同行专家对“资料库”建设的速度表示惊讶！白血病患者及亲属更是感谢“资料库”为他们带来了重生的希望。这些都充分说明了“资料库”建设在贯彻落实党的十六大、十六届四中全会精神，为构建社会主义和谐社会所发挥的积极作用。在此，我代表中国红十字会总会向工作在“资料库”各个岗位的专家、学者和同志们表示亲切的慰问和衷心的感谢！

二、“资料库”的发展任重道远

建设“资料库”是政府委托中国红十字会的一项特殊的任务，是一项以人为本、造福于民的事业，也是一项功在当代、利在千秋的生命工程。虽然“资料库”建设的发展势头良好。但是，我们也要清醒的认识到，与世界一些国家骨髓库相比还有相当大的差距。去年9月，我率团考察了美国和日本骨髓库。美国骨髓库始建于1986年，截至2004年8月已有550万人份资料，80%的患者可从中找到配型相合的志愿者，进行造血干细胞移植已经超过2万例。近年来，每月平均初次检索查询800人次，移植160例。他们从供者动员、样品采集、移植医院认定、造血干细胞移植适应症，直到移植后的跟踪随访及科研等方面都建立了一整套行之有效的管理体系，保证了供者的安全和提高了病人移植的成功率。日本骨髓库成立于1991年，截至2004年4月库存有效分型数据18万人份，初次配型相合率为82%，骨髓移植总数5547人，其中2003年移植数为730例，每月60例左右。此外，台湾慈济骨髓库成立于1993年，目前有25万人份资料，已进行700多例骨髓移植，其中向大陆提供骨髓270多份。国内外骨髓库成功运作的共同特点是全国统一、高度集中、地方配合的模式。

我们必须清醒地认识到，目前运行的“资料库”还处于初创阶段，虽然已有25万人份资料，但向临床提供造血干细胞仅有200多例，远远达不到国外骨髓库及台湾骨髓库移植的数量和社会需求，其运行模式、组织体系、技术体系以及内部的管理机制也需要不断健全和完善。“资料库”的建设与发展既面临着机遇也存在着挑战。我们要抓住机遇，很好的研究探讨，不断完善，进一步加快速度，提高质量。把“资料库”建成服务于全球华人的最大“资料库”。这是我们共同的责任和义务，也是我们为之奋斗的目标。我们的事业方兴未艾，“资料库”的发展任重道远。

三、几点要求

1. 建设“五统一”的“资料库”。2002

年6月，中国红十字会总会与卫生部联合下发了《关于加快中国造血干细胞捐献者资料库及分库建设的通知》（红赈字〔2002〕28号），文件中强调了“五统一”，“中国造血干细胞捐献者资料库由中国红十字会总会统一规划布局、统一机构名称、统一工作程序、统一检测标准、统一资料管理”；文件还指出，“经中央编办批准，中国红十字会总会建立中国造血干细胞捐献者资料库管理中心，负责造血干细胞捐献者资料库总体规划的制定和实施，指导和管理全国造血干细胞捐献者资料库等工作”。这个文件是保证“资料库”健康有序发展的法规性文件，它明确“资料库”是在中国红十字会总会领导下的“五统一”的“资料库”，各省分库是“资料库”的分支机构，应按其职能开展相关工作。为供者服务、为临床服务是“资料库”一切工作的出发点和落脚点，各分库要统一思想，真正把这一工作放在首位。各省分库一定要牢固树立和认真落实以人为本，全面、协调、可持续的科学发展观，服从服务于大局，在中国红十字会总会领导下，在国家管理中心的管理和业务领导下，团结一致，把“资料库”做大、做强、做实，不断为中国红十字事业增光添彩。

2. 坚持“全员全程质量控制”。各组织配型实验室，要继续贯彻“全员全程质控”的要求，保质保量的完成检测任务。2003年以来，国家管理中心和质量控制实验室对全国25个组织配型实验室进行了四次质控项目。总体上看，检测质量一次比一次好，说明大家思想上进一步明确，并重视了“全员全程质控”要求。今年年初，国家管理中心根据检测结果，按照有关规定对4个不合格率超标的实验室暂停了检测工作。这是非常必要的。我们要求每个实验室对分型检测数据做到认真操作、认真复核，切实把好质量关。今后，要根据总体布局，采取末位淘汰与自我淘汰的方式，逐步缩减实验室，并适时进行实验室招标，在全国建立几个高质量、高通量、低价位、服务好的实验室。进一步提高工作的标准及质量要求。

3. 努力降低反悔率。从整体上看，目前志愿者的反悔率还是较高的。彭珮云会长很重视降低反悔率的问题，她在一份相关文件上批示“要认真研究，改进工作”。我们可以想象到，当患者仅仅是化疗，而没有申请检索，他们的心情是一心想用药物治疗疾病。而申请检索想进行造血干细胞移植，他们的心情是非常想得到配型相合，更想到志愿者高分辨相合、体检合格、采集顺利，成功移植。当我们检索到相合的志愿者，通知了患者和家属后，在落实志愿者过程中，志愿者反悔了，患者得到这一消息时，是对他们的致命打击，他们的情绪和失望是我们难以想象的。所以，“资料库”全体工作人员一定要重视这个问题，研究这个问题，解决这个问题。要加强政策和业务学习，掌握造血干细胞移植有关知识，不断提高自己的政策水平和业务水平，认真负责地向公众宣传“深思熟虑、义无反顾”的思想，热情谨慎对待志愿者在填写志愿书、抽取血样、再动员的每一个环节。我希望同志们要坚持“两手抓”，一手抓入库数据的质量，一手抓再动员工作的质量，要千方百计把反悔率降到最低限度。

4. 管好用好彩票公益金，进一步做好募捐工作。彩票公益金用于“资料库”的建设，充分说明政府对红十字事业的支持，对造血干细胞移植工作的关心。国家管理中心和各分库一定要严格按照财政部和总会的彩票公益金管理有关规定和办法，以高度的责任感和事业心管好用好彩票公益金，使其发挥最大的社会效益和保障造血干细胞移植工作健康有序的发展。要发挥中央和地方两个积极性，各分库要积极争取地方政府财政支持和依法开展社会募捐。募集的善款一定要专款专用，决不能挪做它用，募捐款的用途可以多做一些检测，弥补检测费的不足，不能只靠下拨的、仅有的彩票公益金，这样才能将“资料库”做大做强。

同志们：去年召开的中国红十字会“八大”通过了中国红十字事业2005～2009年发展规划，规划中要求把“资料库”建成惠及患者、造福社会的生命希望之库，并提出了入库量的要求。我们要坚持贯彻落实这项规划。我们正在从事着一项前人未曾做过的事业，我们要把建设“资料库”的工作提高到践行“三个代表”重要思想和建设社会主义和谐社会的高度来认识。“资料库”的发展已经有了很好的基础，现在又到了一个关键时刻，我们的工作要上新台阶，质量要达到高标准，管理要更加科学规范，要很好的研究，解决好资源配置、拨款方式、数据传输方式的最佳办法，必须贯彻全国一盘棋的战略方针。我衷心希望同志们继续发扬特别能战斗和艰苦奋斗、开拓进取的精神。牢记党和人民寄予的殷切希望和历史赋予的神圣使命，以“三个代表”重要思想为指导，立足本职、放眼世界，振奋精神、扎实工作，为早日建成一个服务于全球华人的“资料库”，为中国红十字事业的发展，为构建社会主义和谐社会做出新的更大贡献。

苏菊香在中国造血干细胞捐献者资料库公众开放日的致词

（2005年8月25日）

各位朋友，各位来宾，大家好！

首先我代表中国红十字会欢迎大家光临中华骨髓库，参加首次“走进中华骨髓库，打开知识新窗口”公众开放日活动。

骨髓移植是一种新的医疗技术，是现代生命科学的重大突破。早在1957年，美国华盛顿大学多纳尔·托玛斯发现将正常人的骨髓移植到病人体内，可以治疗造血功能障碍性疾病。20世纪90年代，他因此获得诺贝尔医学奖。现在世界上许多国家和地区都纷纷建立了骨髓库，为造血干细胞移植技术的推广和应用奠定了基础。目前全世界已有超过10万的病人接受了造血干细胞移植。

我国有百万等待造血干细胞移植的病人，而独生子女越来越多，亲缘关系的骨髓移植的可能性越来越小。又由于东西方人种的差异，也很难从其他国家骨髓库找到相合配型。例如：曾被全国各大媒体相继报道的小凯丽就是一个很好的证明，其美国养母琳达曾多次到中国及世界骨髓库为其寻找相匹配的骨髓未果。但是现在我很高兴地告诉大家，中华骨髓库终于在新入库的数据中为其找到了三个相匹配的供者，目前中华骨髓库正与其医生联系后续移植工作。因此说只有尽快建好中华骨髓库才能更好地为全球华人服务。

值得欣慰的是，2001年，在政府及有关部门的支持下，中国红十字会重新启动了建设骨髓库的工作，成立了中国造血干细胞捐献者资料库管理中心，并在短短三年里在全国建立了 30 个省级分库，认定了一批 HLA 组织配型实验室和 1 个质控室，专门监督各配型实验室检测数据的质量控制实验室。用于为患者检索配型的 HLA 分型数据已达 29 万多人份。与国内外 60 家医院建立了业务联系，280 多位志愿者捐献了造血干细胞。2004 年 6 月还成功地为一位美国患者捐献了造血干细胞，开创了中华骨髓库为世界华人服务的先河。

我们的目标是尽快建成一个拥有 100 万人份 HLA 分型数据的资料库，使尽可能多的患者在中华骨髓库里找到配型相合的志愿者，更好地为中国人民服务，为全球华人服务。

建设中华骨髓库是一项系统工程，具有很强的社会性、公益性和科学性。需要加大宣传力度，举办公众开放日就是措施之一。

今天的活动将会增加你们对中华骨髓库的了解。也希望你们留下宝贵意见，我们相信在政府的大力支持下，在社会各界的积极参与下，进一步扩大中华骨髓库库容，不断提高服务质量，努力把中华骨髓库做好、做大、做实，为促进社会主义精神文明建设，构建和谐社会贡献力量。

中国造血干细胞捐献者资料库库容量超过 36 万人份

10 月 25 日，中华骨髓库库容量超过 30 万人份暨捐献造血干细胞 300 例情况通报会在京召开。中国红十字会会长彭珮云，常务副会长江亦曼，国家发改委、财政部、卫生部、审计署等部委有关领导、中国工程院院士陆道培及中国造血干细胞捐献者资料库专家委员会在京专家和 40 多家媒体记者出席了会议。

会上，彭珮云为第 30 万名志愿者司月洁颁发了“造血干细胞志愿者荣誉证书”；江亦曼为第 300 例造血干细胞捐献者任鹏颁发了“造血干细胞志愿者荣誉证书”。

江亦曼代表中国红十字会致辞，她向大家宣布中华骨髓库库容量达到 30 余万人份。江亦曼同时宣布已有 300 位志愿者成功地捐献了造血干细胞。

江亦曼表示，中华骨髓库建设的发展势头虽然很好，并且初具规模，但是与世界先进国家骨髓库相比还有相当大的差距；与我们要建一个为全球华人服务的百万库容量的目标还相差很远。

江亦曼希望国家有关部门及社会各界对骨髓库的建设与发展继续给予大力支持和帮助；希望新闻界朋友更多地宣传报道志愿捐献者的人道主义善举和有关知识，解除人们传统的思想顾虑；希望符合条件的公民积极参加到捐献造血干细胞志愿者队伍中来。更希望从事造血干细胞工作的人员继续发扬特别能战斗和开拓进取的精神，牢记党和人民寄予的殷切希望和历史赋予的神圣使命，为中国红十字事业的发展，为构建社会主义和谐社会做出更大的贡献。

截至年底，中华骨髓库库容已达 36 万人份。

（杜海英）

印度洋海啸救援及灾后重建

出版画册与纪实报道

《印度洋海啸大救援——中国红十字在行动》画册序一

彭珮云

2004年12月26日，印度洋发生地震引发大海啸，这场灾难夺去了几十万人的生命，使数百万人无家可归。

灾难发生后，作为国际红十字运动的重要成员和人道主义救助工作领域助手的中国红十字会，紧急动员民众，开展了一场大规模的国际救援行动。在短短一个多月的时间里，中国红十字会总会和地方各级红十字会共接受民间捐款3.8亿元。这是迄今为止中国红十字会建会以来开展的规模最大、效果最好的一次国际募捐救援行动。充分体现了中华民族扶危济困的传统美德和中国人民对友好邻邦的深情厚谊及崇高的国际人道主义精神。

现在，各受灾国灾后重建工作已经开始。我们将在国际红十字组织和受灾国以及我驻外使馆的帮助下，参与受灾国的灾后重建工作，承担一些重建项目，比如：建学校、卫生院、孤儿院、友谊村等，使这些项目成为中国人民的博爱情怀及中国人民与受灾国人民友谊的永久的见证。

《印度洋海啸大救援——中国红十字在行动》画册和光盘，生动真实地记录了中国红十字会在这次国际救援行动中所做的工作，生动地展现了中国人民的国际人道主义精神。让我们牢记国际红十字运动的宗旨与使命，在我国社会生活和国际红十字运动中发挥更大的作用。

《印度洋海啸大救援——中国红十字在行动》画册序二

江亦曼

2004年12月26日，印度洋风平浪静，波光粼粼。人们在沙滩上尽情地享受着海水的美丽与阳光的温暖。谁也不会想到，一场巨大的灾难正张开黑色狰狞的翅膀，悄无声息地向他们逼近。

一切是那样的突然，由地震引发的海啸在平静的海面上掀起滔天巨浪，以每秒几十米的速度向毫无准备的沿岸扑来，屋倒塌了，道路冲毁了，惊慌失措的人们瞬间被卷入汹涌的波涛中……

这场猝不及防的灾难，夺去了几十万人的生命，使数百万人失去房屋，失去财产，变得一无所有。

这场令世界震惊的灾难，牵动着中国政府和中国人民的心。中国红十字会作为国际红十字运动的重要成员和中国政府在人道救助工作领域的助手，迅速做出反应，第一时间向各受灾国红十字会发去了慰问电，并立即向海啸灾区捐款66万美元。

随着灾情的不断扩大，受灾人数的急剧增加，在国务院统一部署下，12月30日，中国红十字会向全国民众发出了紧急募捐呼吁，并通过各新闻媒体向社会公布了捐赠热线和接受捐赠的开户行和账号。

募捐呼吁书发出后，捐赠热线的铃声此起彼伏，在一个月的时间里，中国红十字会总会共接到救灾热线咨询电话2万余个。几乎一夜之间，带有红十字标志的募捐箱便遍及全国各地，前来捐款的人排起了长队。

与此同时，中国红十字会成立了为印度洋海啸灾区募捐工作指挥部。位于北京市东城区北新桥三条8号的中国红十字会总会驻地成了国内外关注的热点，设在这里的热线电话成了中国民众和印度洋海啸灾区的爱心连线。中央电视台等多家新闻媒体把摄像机、照相机架到了总会募捐办公室，一个个动人的故事，一幅幅感人的画面，通过电视屏幕、报刊、网络传遍海内外……

截至2005年4月26日，中国红十字会共为印度洋海啸灾区募集善款3.8亿元，已向11个受灾国和国际红十字组织提供了1432.2万美元的援款、价值3077万元人民币的物资以及国航提供的价值450万元人民币的包机运输费用，累计超过1.54亿元人民币。

为了将募集到的资金用到最需要、最关键的紧急救援和灾后重建中，中国红十字会先后派出3个考察组分赴印度尼西亚、斯里兰卡和泰国考察灾情。

中国红十字会将根据灾区重建工作的整体计划，确定若干重点项目，陆续将募集的全部善款用于这些重点项目和救援活动。

这场声势浩大的国际救援行动，是中国红十字会救援史上浓墨重彩的一页。我们编辑出版《印度洋海啸大救援——中国红十字在行动》画册和光盘便是对这场救援行动的真实记录。

我相信，历史将铭记中国人民在这场灾难发生后所表现出来的国际人道主义精神和博爱情怀。

情况通报与总结表彰

关于中国红十字会为印度洋地震海啸灾区募捐、救援情况的通报

郭长江

（2005年2月27日）

2004年12月26日，印度洋因强烈地震引发海啸，给东南亚、南亚和非洲等地区的一些国家带来严重灾难。中国红十字会作为国际性人道救助组织的重要成员和中国政府在人道主义工作领域的重要助手，遵循红十字运动的宗旨，紧急开展国际救援工作。一个月来，主要开展了三个方面的工作。

一、启动紧急救援工作

灾难发生后，我会在彭珮云会长的领导下，立即采取紧急行动，于海啸发生后次日，就以常务副会长江亦曼的名义，代表中国红十字会向各受灾国红十字会或红新月会发去慰问电，紧急调拨15万美元，通过红十字会与红新月会国际联合会（以下简称国际联合会）发往各受灾国红十字会或红新月会。30日、31日，中国红十字会又先后拨出51万美元，从多边和双边渠道拨付受灾国红十字会或红新月会。两次共捐助66万美元。国际联合会和受灾国红十字会或红新月会对中国红十字会迅速有效的行动给予了很高的赞誉。

12月30日，我会决定响应国际联合会的呼吁，向全国发出紧急募捐呼吁，开通捐赠热线电话，公布募捐账号，并实行24小时值班。同时，成立了以常务副会长江亦曼为主要负责人的中国红十字会海啸救援指挥

部，明确了各部门的责任和分工，建立了每日例会制度，密切关注灾情，统筹全国红十字系统的募捐工作。总会除每天向政府有关部门通报捐款数量，定期向媒体介绍接受募捐情况外，还及时向国务院和外交部分别呈报两份报告，报告募捐、救援工作进展情况，及下段工作安排，先后向各省级红十字会发出了《关于规范红十字会系统开展对印度洋海啸灾区捐赠活动的通知》、《关于加强印度洋海啸灾害捐款管理的通知》等四个通知，有效地指导各地红十字会的募捐活动。

为了尽快将民间捐款送往受灾国，2004年1月6日，我会将募集到账的民间捐款折合200万美元捐赠给了印尼、斯里兰卡、泰国、马尔代夫四国红十字会或政府用于紧急救援工作。

与此同时，我会还做好了组建红十字医疗队的各项准备工作，并将我会接受的首批价值1077余万元人民币的救灾物资，包括帐篷、毛毯、服装、发电机、食品、矿泉水、净水宝、家用电器等运抵印度尼西亚灾区。中国国际航空公司为保证完成此次运输任务，调整了其他营业航班，为红十字会救灾提供了450万元人民币的包机运输费用。

二、开展大规模募捐活动

总会向全国发出紧急募捐呼吁后，国家领导人带头捐款，社会各界踊跃捐款、奉献爱心，充分表达了中国人民“一方有难，八方支援”的传统美德和国际人道主义精神以及对灾区人民的深情厚意。

自2004年12月31日在总会设立接受捐款点以来，每天到总会捐款的人员络绎不绝，其中既有在职工作人员、离退休干部，也有下岗职工；有演艺界、书画界和体育界的名人，也有普通群众；有国有企事业单位，也有民营企业家；有白发苍苍的老人，也有幼儿园的小朋友，等等。1月5日，中国远洋运输（集团）总公司在捐赠现场向中国红十字会捐赠了1000万元人民币。1月6日，中国石油天然气集团将集团所属各公司百万职工的捐赠善款1200多万元交到我会；辽宁铁岭惠源集团董事长惠学新夫妇以个人名义捐款500万元。1月10日，网易公司的创始人丁磊以个人名义捐款120万美元（折合人民币1000万元）。1月13日，国美电器捐赠1000万元发起“让世界充满爱”援建海啸受灾国孤儿院计划。更有成千上万普通群众从并不宽裕的工资、务工收入和退休金中捐款，奉献爱心。

我会先后多次组织大型活动，掀起募捐高潮。1月1日，我会与国家宗教局、中国佛教协会共同举办了“海峡两岸百寺千僧千万救苦救难大法会”募捐赈灾活动。1月6日，我会与外交部、民政部等部门在北京工人体育馆联合举办了《中国人爱心大行动——为印度洋海啸赈灾义演》。1月9日，在北京首都体育馆举行了由我会特别支持，首都20家新闻单位及国内演艺界联合举办的《爱，来自中国——演艺界大型赈灾义演》。1月10日，我会与中国曲艺家协会在北京民族文化宫大剧院联合举办了《笑星大义演，共同献爱心》专场相声晚会。1月15日，我会与国家体育总局联合在首都大学生体育馆举办了中国国家乒乓球队和国家羽毛球队募捐义赛活动。2月1日，我会与中央芭蕾舞团等单位联合举办经典芭蕾舞剧荟萃——“为印度洋海啸受灾国赈灾义演专场晚会”，演出票房收入全部捐赠给我会用于受印度洋海啸袭击的受灾国的重建工作。许多演艺界、文化界、体育界人士在这些活动中表现出很高的热情，他们不但积极参与大型义演义赛活动，还带头捐款。

一些单位和部门还结合自身特点自发组织了各种大型募捐活动，并将所得善款全部转交我会。如国家邮政局举办了《同舟共济，重建美好家园——中国救助印度洋地震海啸灾情纪念》个性化邮票首发暨捐赠仪式并捐款200万元人民币；中国美术家协会举办了《中国美术家协会为印度洋海啸灾区赈灾笔会》，将义卖所得100万元人民币捐赠我会。

截至2月7日，总会已接到救灾热线咨询电话2万余个。中国红十字会总会实际到账捐款已达3.3亿元人民币，其中，总会1.1亿元人民币（来自个人捐款3953万元人民币，约占36%），各地方红十字会募集资金2.2亿余元（详见《印度洋海啸汇款总表》）。贫困地区红十字会也积极募捐进行救助，内蒙古、西藏、甘肃红十字会的募捐款额均在百万元以上。各地红十字会在募捐工作中创造了一些新颖的、行之有效的做法，为今后红十字会的募捐工作积累了宝贵的经验。据不完全统计，总会从银行、邮局、网上、现场捐款等渠道共接受捐赠22243笔，是迄今为止中国红十字会开展的规模最大、效果最好的一次国际募捐救援行动。中国红十字会已通过中国红十字网站陆续公布捐赠者名单100期。

三、积极参与灾后重建工作

为把募集到的资金用到最关键、最有意义的紧急救援和灾后重建工作中，我会一方面密切关注国际联合会对灾后重建工作的规划和总体部署，另一方面，从1月14日起陆续派出3个救援工作组分赴印度尼西亚、斯里兰卡、泰国，认真考察灾情，与受灾国红十字会协商灾后重建工作。

根据国际红十字运动的原则、红十字会与红新月会国际联合会的救助规则和受灾国的实际情况以及我会接受捐款的情况，经商请外交部，1月25日，我会召开新闻通报会，做出了进一步的救援工作部署。

1. 根据受灾国救助需求，我会决定再次提供800万美元的援助，分别捐赠给受灾国家以及国际红十字组织。

其中：印度尼西亚红十字会140万美元；斯里兰卡红十字会100万美元；泰国红十字会50万美元；印度红十字会25万美元；缅甸红十字会10万美元；索马里红新月会10万美元；塞舌尔红十字会5万美元；肯尼亚红十字会5万美元；坦桑尼亚红十字会5万美元；红十字会与红新月会国际联合会300万美元；红十字国际委员会150万美元。

至此，我会共向11个受灾国和国际红十字组织提供了1066万美元的援款、价值1077万元人民币的物资援助以及国航提供的价值450万元人民币的包机运输费用，累计超过1亿元人民币。其中，援助灾情严重的印度尼西亚红十字会共计210万美元捐款和价值1077万元人民币的物资；斯里兰卡170万美元捐款；泰国85万美元；马尔代夫52万美元。

2. 认真论证并启动灾后重建项目。我会计划在国际红十字组织和受灾国以及我驻外使馆的帮助下参与到受灾国的重建工作中去，承担一些重建项目，比如：建学校、卫生院、孤儿院、友谊村等。这些项目将使中国人民的爱心和奉献精神在受灾国留下永久的标记，见证中国人民与受灾国人民的友谊和相互关爱。由于灾后重建工作是一项长期的工作，有待于国际社会协调各方力量，提出整体重建工作计划，我会将根据重建工作的整体计划，确定若干重点项目，陆续将募集的全部善款用于这些重点项目和救援活动中。我们还将及时向社会各界公布捐款的用途、去向，接受国际社会和国内审计部门的监督，并适时组织捐赠者代表、新闻界代表去受灾国考察项目执行情况，实施监督。

1月27日，我会与博鳌亚洲论坛联合会召开了“灾后经济分析与国际合作”研讨会，常务副会长江亦曼出席了会议，并对国际社会、各国政府、民间社会如何密切合作参与灾后重建提出了建议。

四、启示和体会

在这次对印度洋海啸灾区的募捐、救援工作中，中国红十字会得到了社会各界的巨大支持和信任。社会群众捐助热情之高，是前所未有的。通过这次大规模的募捐、救援工作，我们从中得到了深刻启示。

（一）党和政府对红十字事业的大力支持，人民群众对红十字事业的信任，是做好海啸捐助工作的关键。

印度洋地震海啸灾害发生后，我国政府随即做出承诺，国家领导人带头捐款，这充分体现了我国作为一个大国的责任感，表达了中国人民的心声，同时，极大地调动了社会各界奉献爱心和踊跃捐助的热情。1月1日，民政部发出《关于开展对印度洋海啸灾区民间捐赠活动的紧急通知》，明确：按照国务院的统一部署，“各级红十字会依法开展募捐活动，并接受中国红十字会总会的统一领导。”与此同时，统一向社会公布了我会的捐赠热线和人民币及外币的捐赠账户。我国是一个发展中的国家，人民生活并不富裕，而我们的人民群众包括欠发达地区的人民群众慷慨解囊，充分体现了中华民族扶危济困的传统美德，体现了中国人民对友好邻邦的深情厚谊和崇高的国际人道精神，也体现出我们这个社会的文明进步程度。我们深深体会到，党和政府对红十字事业的大力支持，人民群众对红十字事业的信任，是做好海啸捐助的关键。

（二）提高认识，全力以赴，是做好海啸捐助工作的前提。

印度洋海啸发生后，我会执行委员会多次进行认真研究分析，提高认识。我们认识到，这次灾害是全人类的灾难，中国是一个具有人道主义精神、负责任的大国，是受灾国家的友好邻邦，中国红十字会应该把这次救灾工作提到凸显中国政府及中国人民的人道主义精神，落实国家总体外交政策的高度来认识。要抓住这次海啸救援的时机，全力以赴，充分发挥人道救助工作领域政府的助手作用。在党中央、国务院的正确领导下，中国红十字会在这次海啸救援工作中，积极主动配合国家的外交工作，创造性地开展工作，发挥了不可替代的独特作用。

（三）红十字会有遍及全国的组织网络，管理体制逐步理顺，这是做好海啸捐助工作的组织保证。

我会有遍及全国的组织网络，县级以上按行政区划建立了红十字会，城市社区、农村、学校都建有基层红十字组织。特别是1999年总会理顺了管理体制，由“卫生部代管”改由国务院领导联系后，全国各省级红十字会先后理顺了体制，一批省会城市、计划单列市和地市级、县级红十字会也理顺了管理体制。各级红十字会的机构日益健全，工作人员的积极性得到了更加充分的发挥，这是做好海啸捐助工作的组织保证。全国各级红十字会的专兼职干部和志愿工作者，一经动员，齐心协力，以其人道、博爱、奉献的红十字精神，进行艰苦细致的工作和不懈的努力，取得了十分巨大的成绩。在募集的捐款中，来自地方红十字会的捐款占捐款总数的 57.7%。

（四）联合媒体，动员各界，是做好海啸捐助工作的重要经验。

在这次募捐救援工作中，中央电视台国际频道在总会设立了直播点，各媒体记者纷至沓来，掀起了为印度洋地震及海啸受灾地区募捐的宣传热潮，给予中国红十字会以有力的支持。总会及时与中央电视台等新闻媒体及相关部门联系，积极策划共同举办了多次大型募捐活动。经积极争取，邮政局、银行派人在现场接受捐款，同时开通了网上捐赠和手机募捐，为更多的群众捐赠提供了方便。总会通过中央电视台、新华社、人民日报等主流媒体及《中国红十字报》，对社会各界的捐赠热情进行了充分的报道，并多次召开捐赠仪式和新闻发布会、通报会，宣扬广大民众的爱心和企业的善举，向社会公布捐款情况和救援动态，进一步激发了社会各界和广大群众捐助的热情。

五、意见和建议

（一）按照国际惯例，国际救援行动通常是以政府援助和红十字会援助两个渠道进行。在此次募捐和救援行动中，中国红十字会充分体现出以民间渠道参加国际人道主义救援工作的独特作用。但我们也遇到一些困难和协调不顺的情况，如由于强调“归口管理”，我会组建的中国红十字救援医疗队迟迟未能启程；有的地方和部门采取行政手段干预民间募捐活动的情况时有发生；由于内部机制和手续的原因，我会运送的救援物资运抵灾区的时间晚于台湾红十字组织和香港特区红十字会；等等。上述情况在一定程度上影响了我在国际上的良好形象。我们已在给国务院及外交部的报告中反映了这个问题，希望在今后的国际救援工作中，把红十字会的救援工作纳入国家的紧急救援体系，更好地发挥红十字会的作用。

（二）当今世界，人类面临的自然灾害和突发事件中愈来愈呈现突发性强等特点。从长远看，我们应研究制定红十字会参与国际救援的规则和机制，以便在救灾、防灾、备灾中能更加独立、灵活、快速和高效地配合政府参与国际救援工作，树立我国良好形象，扩大国际影响。

在印度洋海啸大救援工作表彰会上的讲话

江亦曼

各位来宾、各位获奖单位代表和个人、新闻界的朋友们：

今天中国红十字会在北京召开“印度洋海啸大救援工作表彰会”，对在海啸救援工作中募捐成绩突出的省红十字会，在海啸救援捐款中做出突出贡献的企业、单位和个人，在海啸救援募捐中提供支持和组织募捐义演、义赛的单位，以及派出大批志愿者的大学进行表彰，同时借此机会，向为海啸救援奉献爱心的社会各界表示表示衷心的感谢！

2004 年 12 月 26 日，印度洋发生强烈地震引发海啸，给东南亚、南亚和非洲等国家和人民带来严重灾难，也给中国红十字会带来一次参与国际救援，彰显人道力量的机遇。在这次国际救援中，中国红十字会紧急动员，全力以赴，在政府的领导和支持下，在全社会积极参与下开展了国际救援募捐活动，创造出了前所未有的成绩。这次的国际救援募捐活动，具有国际性、民间性、多渠道的特点，是中国红十字会在改革开放以来开展的规模最大、声势最大、效果最好、募捐数量最多的一次国际救援活动。

中国红十字会作为政府从事人道救助领域的助手，通过国际民间交往的渠道，在这次为救援印度洋地震海啸灾区行动中发挥了重要作用。

一、全社会积极参与广大群众踊跃捐款

为印度洋海啸救援募捐的呼吁发出后，社会各界到中国红十字会捐款的人络绎不绝，有时甚至排成了长龙，当时北京正遭遇10多年来最寒冷的严冬，然而刺骨的寒风没有阻挡社会各界奉献爱心的热潮。捐款的人有干部、职工，也有教师和学生；有离退休人员，也有下岗职工；有演艺界和书画界的名人，也有体育界的明星；有公司和事业单位的代表，也有民营企业家；有白发苍苍的老人、幼儿园的小朋友，也有残疾人；这些感人至深的场面至今使人难以忘怀。

中国石油天然气集团公司作为国有大型企业，积极发挥自身的优势，在很短时间内动员该公司100万员工捐款1256万元；中国远洋运输集团总公司、国美电器、网易公司、联想集团、中国电信集团等国内知名企业和大型公司也纷纷向红中国十字会捐出了巨额善款。辽宁铁岭惠源集团董事长惠学新夫妇以个人名义捐款500万元，北京世纪朝阳房地产开发有限公司棕榈泉国际公寓董事长曾伟夫妇个人捐款100万元。许多普通群众从并不宽裕的工资、退休金、务工收入中捐款，奉献爱心。

这次救援活动规模大、任务重，而我会工作人员少，在京直属单位积极派出人员积极支持，仍不能满足接收捐款和接听捐款咨询电话的需要。在有关方面的帮助下，一些大学积极动员志愿工作者参与救灾工作，先后有160名志愿工作者参加救灾热线值班和现场接受捐赠等救援活动，保证了捐款的顺利完成。

二、媒体积极支持声势大效果好

中国红十字会总会设立了直播点，及时采访募捐和救援工作，以最快的速度向国内外予以报道，直播点的设立，掀起了为印度洋地震及海啸受灾地区募捐的宣传热潮，给予中国红十字会救援募捐强有力的支持，极大地促进了募捐工作的开展。中国红十字会总会还及时与中央电视台等媒体及有关部门联系，策划共同举办大型募捐活动，先后五次组织大型活动，掀起募捐新高潮。总会与国家宗教局、中国佛教协会共同举办了“海峡两岸百寺千万救苦救难大法会”募捐赈灾活动；与外交部等在北京工人体育馆联合举办了《中国人爱心大行动——为印度洋海啸赈灾义演》；在北京首都体育馆举行了首都20家新闻单位及国内演艺界联合举办的《爱，来自中国——演艺界大型赈灾义演》；与中国曲艺家协会联合举办了《笑星大义演，共同献爱心》专场相声晚会；与国家乒乓球队和国家羽毛球队联合举办大型募捐义赛活动。许多演艺界和体育界知名人士在义演义赛活动中表现出很高的热情，他们不但积极参与义演义赛活动，还带头捐款。邮政局、银行派专人在我会协助接受捐款工作。中央电视台、新华社、人民日报等主流媒体，对社会各界的捐赠热情给予充分报道，及时宣传广大民众的爱心和企业的善举，向社会公布捐款情况和救援动态，吸引民众的视点，极大地激发了他们为国际人道主义救援奉献爱心。

三、弘扬红十字精神全国掀起捐款热潮

空前热烈的捐款场面不仅出现在北京，在全国各地，各级红十字会积极组织，广泛动员，掀起了迄今为止规模最大、效果最好的国际募捐救援大行动。

无论在东部发达地区，还是经济欠发达的西部地区，民间捐助活动通过红十字会的努力工作和媒体的积极参与很快推向高潮，各界群众踊跃捐款，使各地红十字会为救援海啸灾区募得数额巨大的善款，极大地弘扬了“人道、博爱、奉献”的红十字精神。募捐活动中涌现出的无数感人事迹，使中国红十字会的全体工作人员深深体会到中国人民的博大胸怀和真挚爱心，也感到政府和全国人民对中国红十字会的信任和社会各界对红十字会寄予的重托。

四、相互支持相互援助体现红十字会的关爱

中国红十字会是国际红十字运动的重要成员，是国际联合会领导委员会成员，理应在国际救援行动中发挥与我国大国地位相称的积极作用。国际红十字运动章程规定，各国红十字会应为武装冲突受难者和自然灾害以及其他灾害的灾民提供救助。

在我国遭受较大自然灾害的时候，许多国家的红十字会都给予过无私的慷慨援助，为灾区送来捐款和救灾物资，泰国诗琳通公主曾在访华期间代表泰国红十字会向我会转交救灾捐款；红十字会与红新月会国际联合会多次派救灾代表、宣传代表深入灾区，考察灾情，制定救灾计划，筹集救灾捐款。体现了国际红十字会大家庭相互支援的良好氛围。

这次印度洋海啸大救援募捐行动，体现了“人道、博爱、奉献”的红十字精神，表现了我国人民全力援助受灾国家人民的博大胸怀，体现了中国人民对受灾国家人民深厚情谊，发挥了红十字会作为政府助手及开展民间外交的作用，在国际上为我们国家赢得了良好的声誉，得到国际社会、受灾国家和人民的一直赞扬，募集的救灾款为救助灾区人民和重建家园提供了强有力的支持。

五、积极参与重建使灾区人民受益

截至目前，中国红十字会共收到社会捐款超过 3.8 亿元人民币。向 11 个受灾国红十字会、红新月会或政府和国际红十字组织提供了万美元的救援款、价值万元人民币的物资援助，累计超过亿元人民币。其中，援助受灾最严重的印度尼西亚 210 万美元捐款和价值 1077 万元人民币的物资；援助斯里兰卡 170 万美元捐款；泰国 85 万美元；马尔代夫 52 万美元。

目前，中国红十字会海啸救援工作已经转入灾后的恢复、重建阶段。为把募集到的捐款用到最关键、最需要救援的和灾后重建工作中，我会将继续努力工作，密切关注红十字会与红新月会国际联合会对灾后重建工作的规划和总体部署，通过认真考察受灾国灾情，与受灾国红十字会协商灾后重建工作。

根据红十字会与红新月会国际联合会的救助规则和受灾国的实际情况，中国红十字会将按照灾区救助需求，做出进一步救援的计划，认真考察并适时启动灾后重建项目。我会计划在国际红十字组织和受灾国以及我国驻受灾国家使馆的协助下参与到灾区的重建工作中去，承担灾区一些学校、卫生院、友谊村、孤儿院的重建项目，使中国人民的爱心和奉献精神在受灾国家和人民中留下永久的标记，见证中国人民与受灾国人民的友谊和相互关爱。由于灾后重建工作是一个长期的工作，有待于国际社会协调各方力量，提出整体重建工作计划，我会将根据重建工作的整体计划，确定一些重点项目，陆续将募集的善款用于这些重点项目和救援活动中。我们将向社会各界公布捐款的用途，接受国际社会和国内有关部门的监督，并适时组织捐赠者代表、新闻界媒体代表去受灾国考察项目执行情况。

各位来宾，各位代表，这次海啸大救援行动的成功，离不开党和政府的正确领导，离不开全社会的积极参与，更离不开广大群众的无私奉献。希望全社会今后继续理解和关注红十字会，积极支持红十字会，使红十字会能为救助弱势群体做更多的好事实事。中国红十字会一定不辜负社会各界和人民群众的期望，在党和政府的领导下，以“三个代表”重要思想为指导，认真落实科学发展观，切实履行《中华人民共和国红十字会法》赋予的职责，充分发挥中国红十字会作为政府助手的作用，按照中国红十字会第八次全国会员代表大会制定的五年发展规划，为改善最易受损群体的状况，为全面建设小康社会和构建社会主义和谐社会做出积极的贡献！

中国红十字会印度洋海啸救援表彰大会召开

5月31日，中国红十字会在北京召开印度洋海啸救援表彰大会。中国红十字会常务副会长江亦曼主持会议，副会长苏菊香宣读表彰决定。北京等16个省级红十字会获海啸救援最佳组织奖，中国石油天然气集团公司等15家企业和单位及丁磊等7人获特别贡献奖，中央电视台新闻中心等25家单位获特别支持奖。中国红十字会赠予香港、澳门特别行政区红十字会特别奖。

全国人大副委员长、中国红十字会名誉副会长司马义·艾买提出席表彰大会，中国红十字会会长彭珮云代表中国红十字会向获奖单位和个人表示了敬意和感谢。她指出，这次印度洋海啸救援行动是中国红十字会历史上规模最大、影响最大、效果最好的一次国际人道主义救援活动。并认为，成果的取得主要得益于党和政府的支持；新闻媒体、演艺、体育等各界人士的积极参与；众多企业事业单位和个人踊跃捐款以及各级红十字会的精心组织和忘我工作。她说：“这次救援行动检验了我们这支队伍，证明中国红十字会是有战斗力的，在人道救助工作领域，在国际红十字运动中可以发挥重要的作用。”

截至目前，中国红十字会共为印度洋海啸救援募集救助资金达4亿元人民币，并已在紧急救援阶段向遭受海啸侵袭的11个国家的红十字会及红十字组织捐赠了价值近1.8亿元人民币的款物。4月底，中国红十字会与印尼红十字会签署了“中国——印尼友谊村合作备忘录”，开始致力于参与受灾国的灾后重建项目。

中国红十字会负责人表示，中国红十字会将通过媒体逐步向社会各界公布捐款使用情况，接受国际社会和国内有关部门的监督。

（兰虹志）

伍

研究篇

蕉荫著本草 （中国画） 刘大为 作

▲ 救死扶伤（书法） 赵朴初 作

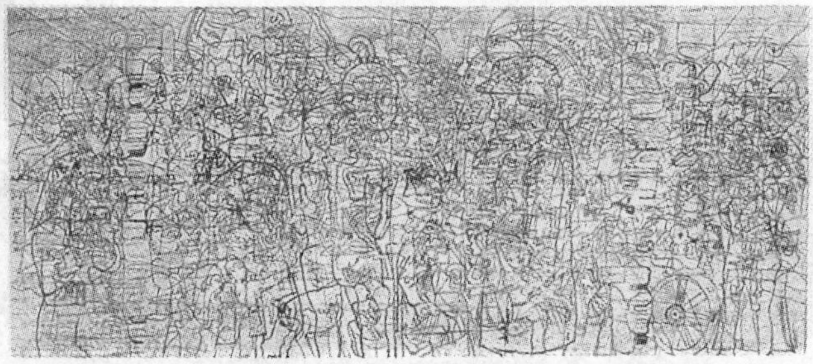

▲ 红实图（中国画） 石虎 作

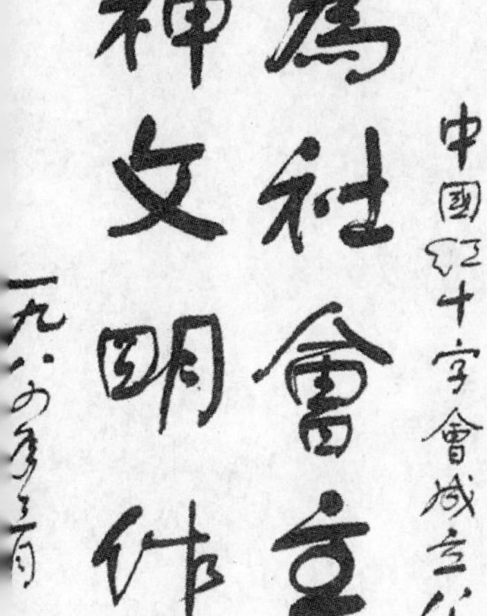

◀ 贺八十周年（书法） 舒同 作

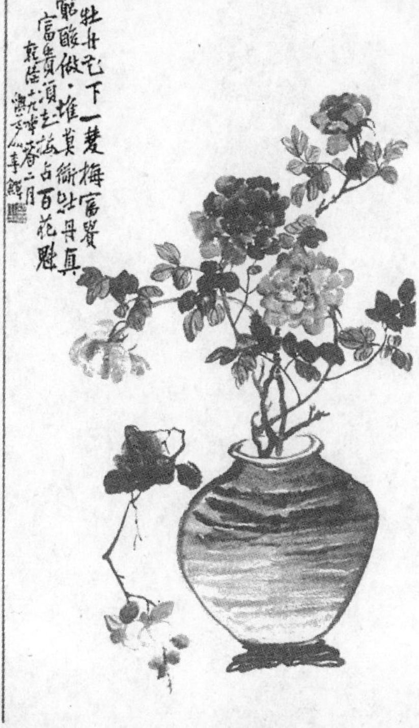

◀ 牡丹（中国画） 李蝉 作

以上均为中国红十字会收藏的捐赠作品

调 研 报 告

农村红十字会工作

河南省焦作市农村红十字工作调查

焦作市红十字会1986年恢复工作，2002年1月理顺了管理体制，现有编制7人。20世纪90年代，在多次抗灾救助工作中，焦作市党政领导逐步认识到红十字会的作用，开始把建立健全红十字会工作并基层组织摆上了议事日程。焦作市及各县（区、市）克服了种种困难，广泛宣传，层层发动，以乡镇卫生院、村卫生室为依托，建立了乡村两级的红十字会和红十字急救站，在河南率先实现了“一村一会一站”（一个行政村成立一个红十字会，建设一个急救站）。乡级建会建站率达到了100%，村级建会建站率达到了95%，在全县形成了较为健全的三级红十字组织网络。

武陟县红十字会于1988年恢复工作，1995年开始在全县的乡、村两级建立基层红十字组织，现有15个乡级红十字会、367个村级红十字会、304个团体会员单位，会员总数达5.3万人，占总人口的8.15%。经过十年的发展，群众对红十字会的认可程度提高了，农村红十字会的社会影响提升了。

近年来，焦作市农村红十字会基层组织开展了一系列富有成效的工作，主要有以下几个方面：

1. 强化宣传，扩大红十字会的社会影响

一是利用三大节日（3月10日中国红十字会成立日，5月8日世界红十字日，10月31日《中华人民共和国红十字会法》颁布实施纪念日）开展大型宣传活动，出动宣传车、青少年乐队、老年秧歌队，举行专场文艺演出，开展征文活动和演讲比赛等；二是利用报刊杂志，通报红十字会工作，指导基层工作；三是向农民发放宣传品；四是抓住重大灾害的救助活动，充分利用新闻媒体开展声势浩大的宣传活动。

2. 广泛募捐，积极参与救灾赈灾活动

2002年7月，焦作市所属的三个县先后遭受特大冰雹灾害，市红十字会迅速行动，紧急筹措资金6万元，及时送到受灾群众的手中，并在较短的时间，将价值10万余元的物资发放到灾区。2004年12月印度洋地区发生海啸，市红十字会共募捐资金50余万元。

武陟县红十字会1998年以来先后开展了9次大型募捐活动，其中1998年三江地区发生洪涝灾害、2000年黄河滩区发生洪涝灾害、2003年出现“非典”疫情、2004年印度洋地区发生海啸，4次共捐款18.6万元，物资4万多元。

3. 动员社会，向弱势群体奉献爱心

每年春节，焦作市红十字会都要开展送温暖活动，向困难农户发放救助金和生活用品。2000年以来，市红十字会先后救助贫困孤儿和贫困学生近千名。

武陟县红十字会对全县的孤、寡、老、弱、残、军烈属等特殊人群进行了全面摸底调查，造册登记，并组织会员和青少年会员实行“三定一包”（即定人、定时间、定内容，包服务对象），上门帮助服务对象解决实际生活中的困难；卫生系统红十字会会员坚持送医送药上门服务，开展家庭病床、义务体检、疾病普查、建立健康档案等活动。近年来，县红十字会组织了11次送医送药送温暖下乡活动，参加义诊的群众达10300人次，赠送药品价值12万元，受到广大群众的热烈欢迎。

2004年，在县委县政府支持下，县红十字会与民政、计生等部门结合，免费资助1.3万名伤残军人、独生女子户、五保户、特困户等参加新型农村合作医疗。

4. 加强培训，增强群众的救护能力

为普及卫生救护知识，实现人人会急救、人人可救人的目标，武陟县红十字会自恢复工作以来，先后培训师资4500人，培训学生1300人，培训汽车驾驶员1400人。

5. 积极组织无偿献血和造血干细胞捐献工作

1998年武陟县开展了无偿献血工作。1990年参加无偿献血6670人次。2000年以后形成了每月1～6日常规无偿献血制度。2001年以后，武陟县医疗机构用血百分之百来自无偿献血。2003年以来，焦作市各级红会开展了捐献造血干细胞的宣传动员活动，全市已有1229人的血样进入了资料库，受到了省红十字会的表彰。武陟县已有183人通过了健康检查，并签订了自愿捐献骨髓的合同书。

焦作市农村红十字工作给我们的启示：

1. 建立健全组织机构是开展基层红十字会工作的重要前提，而各级领导的重视和支持是建立健全组织机构的重要条件。上世纪90年代，焦作市红十字会就抓住《红十字会》颁布实施的契机，广泛宣传红十字会的宗旨、性质和作用，特别是通过扎实有效的赈灾救助工作，积极争取各级领导的支持，建立健全了各级红十字会的机构。各县都有专人做红十字会工作，有3个县、区已经理顺了管理体制，从而使红十字会的工作能够落实到农村基层。

2. 积极开展扎实有效的工作才能提高红十字会的社会影响力。

红十字会的生命力在于活动。焦作市农村红十字会通过扎实有效的工作，展现了红十字会的风貌，体现了红十字会的价值，同时也争取到红会应有的地位。用他们自己的话说：为群众排忧解难，就会得到拥护；为政府当好助手，就会得到支持。正是“有为才有位，有位更有为”。

3. 借助外力是开展工作的重要方法。

当前基层红十字会条件有限、力量薄弱，仅仅依靠自身力量开展工作困难较多。焦作市将红十字会工作与相关工作有机结合在一起，特别是将红十字急救站建设与农村卫生机构建设相结合，救灾救援工作与民政工作相结合，卫生健康教育与新型农村合作医疗工作相结合，社会救助与社会主义精神文明建设相结合，红十字青少年工作与学校教育相结合，取得了较好的效果。

焦作市农村红十字会的实践证明，农村

红十字会工作具有广阔的发展空间，大有可为，农村也需要红十字会。

彭珮云　陆慧丽　王海京　边　晓（执笔）

灾区纪行

内蒙古灾区考察报告

2005年7月25日至30日，总会救灾考察组赴内蒙古灾区进行了实地考察，现将考察情况报告如下：

一、灾情概况

入汛以来，受贝加尔湖和蒙古气旋的影响，内蒙古东部地区多次出现强降雨过程。7月7日至9日，兴安盟、呼伦贝尔市部分地区连降大到暴雨，持续降水40多个小时，导致两盟市境内的霍林河、洮儿河、归流河、绰尔河、莫力根河和雅鲁河河水上涨，泛滥成灾，部分地区山洪暴发。12日至16日，灾区又连续出现强降雨天气，灾情进一步加重，损失扩大。据统计，截至7月19日，兴安盟、呼伦贝尔市15个旗县市的125个苏木（乡镇）、629个嘎查（村屯）受灾；受灾人口775238人，成灾人口557448人，因灾死亡2人，失踪3人，无家可归人口3496人；倒塌房屋1793间，损坏房屋7366间；受灾农作物面积1020万亩；灾害造成的直接经济损失达6.71亿元。

7月15日17时03分，洪涝重灾区扎兰屯市遭受了罕见的龙卷风袭击。此次龙卷风为11级烈风，风速23米/秒，狂风暴雨夹杂冰雹持续达30分钟，造成人员受伤、通讯中断、公路受阻、房屋破损、铁路停运。南郊变电站因遭雷击，造成电网线路受损，全城一片黑暗。龙卷风经过地区的榆树、樟子松、桦树、柳树等被大面积拔出、折断，市区内数十棵百年古榆被连根拔起；航空护林站、飞机导航台、调度室设备全部被毁，综合办公楼、车库、锅炉房整体楼顶损坏严重。龙卷风横扫整个市区及鄂伦春、哈拉苏、卧牛河、达斡尔、成吉思汗等11个乡镇。截至目前，受灾人口8万多人，263人受伤，毁坏房屋2858间，倒塌房屋921间，损坏蔬菜大棚2288个，死亡牲畜1278头只，灾害造成的直接经济损失达12.1亿元。

二、考察活动情况

内蒙古自治区地域广阔，在短短几天时间里，救灾考察组先后赴兴安盟扎赉特旗绰勒镇红旗嘎查、小城子乡大岭村、呼伦贝尔市扎兰屯市达斡尔民族乡巴图村五星组、中和镇龙头村、雅尔根楚镇水甸沟村以及航空护林站等受灾点实地考察了解灾情、慰问受灾群众，其间组织了两次救灾物资发放仪式，先后听取了兴安盟、呼伦贝尔市、扎赉特旗、扎兰屯市的灾情介绍和救灾工作汇报。考察结束时，考察组与当地政府及红十字会进行了座谈，就救灾等方面的工作交换了意见。

在考察灾情期间，内蒙古自治区人大常委会副主任、区红十字会会长宝音德力格尔、区红十字会常务副会长桂忠以及盟市旗的有关领导与考察组一同前往灾区进行了慰问考察。

看到洪水和龙卷风肆虐后的灾区，考察组成员的心情都很沉重。在灾区现场简短的物资发放仪式上，江亦曼常务副会长代表总会向灾区群众表示了亲切的慰问，对一直奋战在救灾一线的地方各级党政领导干部以及红十字会工作人员表示了由衷的敬意。在交换意见座谈会上，江亦曼常务副会长对当地政府把人民群众的生命安全和生活保障放在第一位，团结一心，众志成城，积极开展抗灾抢险和生产自救，同时关注灾区的生态恢复，并且在短短十几天的时间里取得了明显成效，给予了很高的评价。对内蒙古各级红十字会认真履行职责，在灾情发生后，迅速作出反应，在第一时间到达现场，迅速开展救助，给予了充分肯定，并鼓励当地红十字会继续努力。江亦曼常务副会长强调指出，总会的救灾工作要向民族地区、贫困地区倾斜。总会将通过争取国际呼吁，向知名企业发劝募函等方式，积极争取更多的社会资助，支持灾区的救灾工作。她还强调在做好灾害预警工作的同时，要在群众中大力普及防灾避险知识，把工作做在前面，未雨绸缪，防患未然；她希望自治区各级红十字会注意结合当地具体实际，继续开展募捐筹资活动，同时注意加强红十字会的自身建设，不断增强救助实力和能力，为构建社会主义和谐社会发挥更大的作用。

当地干部群众对救灾考察组顶风冒雨、星夜兼程、不辞辛劳地深入灾区给予了很高的评价。

三、灾害救助情况

灾情发生后，内蒙古自治区各级党政领导高度重视，及时启动了救灾应急预案，迅速成立了抢险救灾、灾情核查、信息联络、后勤保障等职能小组，四大领导班子带头，建立救灾包扶责任制，各地各部门实行 24 小时值班制度，努力把灾害损失减低到最低限度，坚持做到领导到位、组织到位、人员到位、措施到位，及时调拨救灾款物，努力保证受灾群众有饭吃、有衣穿、有房住、有病能医。

总会对内蒙古自治区遭受的严重灾情给予了高度关注，7 月 11 日以来，内蒙古红十字会向总会报告灾情 4 次，总会都及时给予了救助。截至目前，总会已向内蒙古自治区提供了价值 64 余万元的救灾物资。

内蒙古各级红十字会也积极筹措资金和救灾物资，开展紧急救助。自治区红十字会及时向灾区红十字会调拨了消杀药品等救灾物资，盟市红十字会也筹集了近 10 万元的粮食、衣物、药品等物资，救助受灾群众。自治区红十字会常务副会长桂忠同志率救灾工作组在第一时间赶赴灾区，考察灾情，慰问灾民，指导救灾工作。目前，受灾地区红十字会已组织开展了社会募捐活动，积极筹集救灾款物，赈济灾民。扎兰屯市红十字会还举办了一场别开生面的赈灾义演晚会，取得了很好的宣传和募捐效果。

目前灾区的救灾工作仍面临很多困难：

一是急需帐篷、棉被、药品等紧急救灾物资。灾区因房屋倒塌、无家可归人口较多，除政府紧急转移安置外，尚有很多灾民露宿，急需帐篷、棉被等救灾物资，以便安置受灾群众；灾区卫生环境很差，各种疾病多发，急需消杀及治疗药品。

二是受灾群众口粮严重短缺。内蒙古自治区今年遭受的灾害范围广、面积大、损失严重，受灾群众的口粮或被雨水浸泡或被洪水冲走，受灾地区无霜期短，已来不及补种大田作物，受灾群众今后一段时间口粮严重短缺。

三是受灾地区灾后重建工作任务繁重，形势严峻。内蒙古自治区自然条件恶劣，几乎每年都要遭受不同程度的自然灾害，由于连年遭灾，群众自救能力很差，地方经济发展受到严重影响，财政收入减少，灾后重建工作面临非常大的困难。

四、建议

1. 通过多种渠道开展募捐救助工作。在紧急阶段总会已对内蒙古灾区救助了帐篷、棉被等物资，但离灾区实际需求还有一定差距，建议通过以下渠道进一步募集款物，加大救助力度：尽快发出国际救助呼吁，争取国际社会的支持；向香港、澳门红十字会通报灾情，争取支持；向灾区分配一定数量的使用彩票公益金购买的粮食；鼓励受灾地区各级红十字会结合当地实际积极开展募捐等等。

2. 创新救助思路，拓宽救助模式。鉴于内蒙古是一个经济欠发达的少数民族地区，又是西部开发省区，建议调整总会救助模式，通过选择总体投资规模较小的居民村，试点开展参与灾后重建工作。这样，既可将有限的救助资金集中使用，同时通过在灾民新村树立永久性标志，扩大我会的影响。

3. 进一步加强宣传工作，增强地方政府对红十字会工作的理解和支持。此次考察期间，计划内容多次被当地政府临时修改，如原定的总会考察组参加扎兰屯市红十字会主办的赈灾义演晚会、看望在龙卷风灾害中受伤人员等活动被取消，既影响了我们对相关情况的了解，也影响了地方红十字会的积极性。此外，地方政府普遍存在对总会期望过高，动辄提出高额的救助需求，这一方面说明地方政府对红十字会的情况缺乏了解，另一方面也对如何提高总会的募捐筹资能力、增强红十字会的救助实力提出了要求。

4. 加强对采购的救灾物资的入库检查验收工作。在此次考察中，当地同志反映，有一批帐篷运抵灾区后，发现缺少帐篷支架的连接件，导致采取临时措施，影响了帐篷的及时安装。因此，今后要加强对采购工作的管理，明确到货验收环节的责任，杜绝类似事情的发生。

江亦曼　王小华　王　平（执笔）　陈启洪

项目规划研讨

关于艾滋病工作规划研讨会和云南省调研情况的汇报

近期，我部在云南省举办了《中国红十字会预防控制艾滋病工作规划》研讨会，会议结束后又赴德宏州进行了调研。现将有关情况汇报如下：

一、会议情况

6月8～9日，研讨会在云南昆明举行。总会代表、来自19个省级红十字会和云南省州、市红十字会的代表，以及国艾办和艾滋病防治协会的代表50多人参加了研讨会。

会议请中国性病艾滋病防治中心书记刘康迈教授做了“关于如何指定战略规划”的专题讲座。刘教授从专业的角度介绍了战略规划的制定方法、流程和主要组成部分。之后，会议听取了云南省红十字会和新疆自治区红十字会关于制定本地区艾滋病防控规划的经验。刘教授的讲座和云南、新疆两会的介绍使大家受益匪浅，成为了讨论《工作规划》的重要参考。

此次会议的主要内容是对《中国红十字会预防控制艾滋病工作规划》征求各方面意见，以便进一步修改、完善。研讨会采取分组讨论的形式进行。与会代表被分成三个小组，在仔细研读《工作规划》的基础上，大家本着认真、负责的态度，畅所欲言、开诚布公地发表各自的意见和建议；各组组长主持讨论，并记录下大家的发言—；各条意见经讨论形成小组意见后，向大会汇报。会前曾经以发函的形式征询过各省红十字会、联合会及主要捐款国红十字会的意见，我们也把这些意见拿来与大家一起讨论。

通过讨论，代表们一致认为，总会制定《工作规划》非常及时，规划里提出了中国红十字会预防控制艾滋病工作的原则、目标和实施措施，为今后各地红会开展工作提供了一个重要依据。同时，各小组结合各地工作情况和荧合会及捐款国红十字会所提意见，提出了他们发现的问题和具体的修改芝议（3个小组建议附后）。综合、整理3个组的意见，主要有以下几方面：

1. 背景部分缺少中国红十字会参与预防控制艾滋病工作的优、劣势分析。

2. 工作目标不够明确。

3. 工作目标和措施之间缺少对应性。

4. 规划中不宜出现表彰办法。

5. 具体词、句的修改。

根据代表们的意见，参考刘康迈教授所著《艾滋病防治战略规划制定指南》有关章节，我们修订出《中国红十字会预防控制艾滋病工作规划》（修改稿）。

会议期间，联合国副秘书长彼特向云南省红十字会颁发了联合国防治艾滋病特殊贡献奖（集体奖），以表彰云南省红十字会在开展艾滋病预防宣传工作中所取得的成绩。詹海峰副会长代表云南省红十字会领取了奖牌。苏菊香会长参加了颁奖仪式，她回到研讨会上后，向大家展示了云南红会获得的奖牌，并号召各地红十字会向云南省红十字会学习。与会代表很受鼓舞，纷纷表示愿意学习云南省红十字会的艾滋病工作经验，在红十字会防控艾滋病工作中做出成绩。

会议还组织参观了“阳光家园”和“爱咨家”两项目点。

二、调研情况

6月9～10日，我部史解放、郭建阳2人赴德宏州调研。云南省红十字会阎军副卜长和德宏州红会秘书长刘莉参加了调研活动。

（一）德宏州艾滋病现状

德宏傣族景颇族自治州南、西和西北与缅甸接壤，州内国境线长达503.8公里，是境外毒品通向国内的主要通道，也是艾滋病的重灾区。2004年底，全州登记吸毒人员36897人，累计报告艾滋病病毒感染者和患者达8124人。当地艾滋病疫情以静脉注射吸毒传播为主，性传播、母婴传播、血液传播三种途径并存，呈现渠道多、层面广、速度快的流行态势。

（二）州红十字会开展的艾滋病项目

1. 澳红项目

“澳红项目”是云南省红十字会和澳大利亚红十字会合作开展的艾滋病预防青年同伴教育项目。作为项目实施地区，德宏州红十字会全力配合项目工作。4年来，州红十字会工作人员和志愿工作者走进学校、部队、戒毒所，共举办200多期培训班，培训了4000多人。

2. 艾滋病病毒感染者同伴教育项目

这个项目的目标人群是艾滋病病毒感染者。项目的实施，使这些感染者不仅懂得了如何面对和控制艾滋病，还使他们经过培训成为了艾滋病预防知识的宣传员。

3. 艾滋病孤儿救助项目

随着时间的推移，德宏州的艾滋病病人已进入批量发病、批量死亡时期，大量孤儿、弃儿成为深层次的社会问题。据不完全统计，德宏现有16岁以下孤儿921人。为此，州红十字发起了关爱艾滋病孤儿的帮困助学活动。截至2004年底，共救助了123名艾滋孤儿，使他们免于辍学。

（三）考察、座谈情况

9日上午，我们来到瑞丽姐勒乡“关爱之家”考察，并与工作人员和宣传员座谈。这里的宣传员就是“艾滋病病毒感染者同伴教育项目”培训出来的艾滋病感染者。他们感谢国家的关心，感谢红十字会争取来这个项目。当史部长问到他们工作中会遇到哪些困难时，几个宣传员商量了一下说，第一当地村民素质低，经常是讲了几遍也听不懂；第二有人嫉妒他们（宣传员每月有150～200元的收入），怀疑他们是公安局的线人；第三是身体虚弱，经常感到疲惫。当问到有什么需求时，朴实的宣传员告诉我们，需要一块手表，以便能够按时服药。下午，我们走访了全区发现首例艾滋病母婴传播病例的陇川县赛告乡广宋村，该村2000人，艾滋病患者74人。村医向我们介绍了全村艾滋病防治情况。她反映，目前在村一级开展预防宣传工作很重要。由于群众知识缺乏，经常出现乡村医生追着病人吃药的状况；由于缺乏经费，同伴教育项目还没有深入到县一级。副县长杨杏同志反映，目前艾防：工作任务呈现正三角（从中央到基层），而经费为倒三角。

10日，我们在德宏州红十字会办公室会见了3名艾兹孤儿。刘莉秘书长告诉我们，她们还不知道父母已经去世的消息。座谈中，我发现这三个女孩虽然性个不同，但她们都是一样的热爱生活。1000元钱就可以帮助一个艾滋病孤儿解决一年的生活问题，艾滋病孤儿救助项目社会意义十分深远。

我们还探望了正在州医疗集团医院接受治疗的艾滋病患儿徐列童。

调研小组一行还走访了陇川县陇扎镇云南红十字会援建的景颇族灾后重建村。

（四）州红十字会工作中的困难

1.“澳红项目”截至今年6月结束，目前面临经费困难。希望总会能够帮助争取更多项目支持。

2. 教材和培训设备陈旧，且数量有限，需要更新、补充。

3. 州红十字会与2004年理顺管理体制。目前州政府已拨出办公室独立开展工作。同时批出3亩地用于建设备灾仓库，但由于州财政困难，办公经费紧张，备灾库建设经费还需进一步落实。

三、体会

1. 带头人的作用

谈到要向云南学习经验，大家都推荐去问问施路华副会长。说起云南艾滋病项目，施会长就像讲自己小孩的成长过程一样，充满了感情、骄傲和期望。云南艾滋病项目起源于1994年，到今年已经整整走过11个年头。从项目一开始踩点、做预算，到现在连续受到联合国表扬，施会长一直参与其中，直到现在退休，她还选择艾滋病项目办发挥余热。

新疆红十字会的艾滋病工作在全国也很突出。海丽曼自己讲，几年前，新疆红十字会想开展艾滋病防控工作，没有项目投入，她就一个人四处找项目，再难的时候也没有放弃过。

所以，我们应该看到，一个项目获得成功，带头人起着很大的作用。

2. 聘用人员和志愿工作者的作用

我们常说红十字会是一个群众性的组织，是一个需要全社会共同参与的事业，这次在云南得到了证实。云南省红十字会艾滋病项目办公室其实只有一个在编职工——潘晓妍（当然小潘是骨干中的骨干），刘恩云、王思、陈明川、赵冰都是聘用的，施路华老会长是返聘的。“阳光家园”和“爱咨家”的工作人员则多数都是志愿工作者，他们中有司机、有画家，有学生，他们的工作不取分文；就连“爱咨家”的负责人何惠林也是项目外聘人员。就是这样一批人，他们为了一个追求走到一起来，做出了一番为我们瞩目的成绩。

3. 合作的重要性

无论云南的“阳光家园”、“爱咨家”还是新疆的“同伴教育”都是合作项目，合作项目往往比较成功。其中的一个原因可能就来自合作者的项目管理理念和经验。外国先进，哪里先进，就是管理的理念和经验。当看到“阳光家园”到处张贴的“态度决定一切”的标语，当看到“爱咨家”贴满墙壁的项目活动细化表，当得知志愿工作者请假还要申请、备案，我不禁想，如果我们的项目都达到这个水平，全国的防艾工作一定会有一个质的飞跃。既然我们还处在初级阶段，就不妨放下面子，多与人家合作，听听人家的意见，多搞一些拿来主义。

4. 刘莉讲的“三心”

在德宏的时候，大家一起聊天，讲到什么人适合做红十字会工作。刘莉秘书任心。她进一步解释说，爱心就是怜悯之心、同情心，有了爱心，面对弱势群你才能有一种发自内心的愿望去帮助他；要甘于奉献，因为红十字会的工作是干得越多，牺牲越多，这包括时间、精力，甚至有时候还要自掏腰包帮助人；责任心就是我们做工作不仅要求做到，而且还要要求做好，把好事做底，把好事做得漂亮。我们体会到“三心”里面，又以奉献精神最难能可贵。在市场经济的大环境里，全心投入一项公益事业，不求回报，确实需要一种境界。

此行云南收获很大，我们不仅得到了很多关于修改《工作规划》的宝贵意见，还通过交流和调研得到了一些做好红十字会工作的心得体会。我们将尽快完成《工作规划》的制定工作，并在工作中注意总结、推广成绩突出省份的先进经验。

苏菊香　史解放　李庆华　郭建阳（执笔）

联合考察

广西灾区考察报告

2005年7月5日至8日，由中国红十字会总会、红十字会与红新月会国际联合会东亚地区办事处、香港特别行政区红十字会有关人员联合组成的救灾考察组赴广西水灾严重地区进行了实地考察，现将考察情况报告如下：

一、广西水灾概况

6月中旬，广西壮族自治区共有50个县（市）强降雨，其中红水河、桂江、柳江、龙江、黔江、浔江、西江等江河发生了大洪水，黔江武宣站和桂平大湟江口站出现接近 20 年一遇洪水，梧州出现超百年一遇洪水，浔江：支流蒙江出现 150 年一遇洪水。截至 6 月 27 日，洪涝灾害共造成广西 69 个县（市、区）714 个乡镇 816.81 万人受灾，倒塌房屋 19.434 万间，因灾死亡 63 人，受灾学校 2264 所，农作物受灾面积 438.7 千公顷，成灾面积 281.1 千公顷，绝收面积 144.5 千公顷，减收粮食 89.243 万吨，直接经济总损失 88.23 亿元。

广西水灾特点：

1. 降雨强度大、持续时间长、影响范围广，部分地区山洪与内涝十分严重。全区有 50 多个县（市、区）降雨量几天时间内骤然增加，其中象州县降雨达 610.4 毫米，相当于全年降雨的 45.8%。

2. 洪水来势迅猛，暴雨洪水叠加，洪峰水位大大超出警戒水位，大江大河抗洪形势异常严峻。由于桂江、柳江、黔江等流域降雨与洪水叠加，加上广东省的降雨造成洪水顶托，浔江、西江全线告急，沿岸城镇水位大大高于堤防标准，增加了抗洪工作的难度。

3. 灾情间隔时间短，重复受灾的县市多。6 月上旬广西大部分地区经历了一次强降雨过程，土壤含水量已经饱和，这次强降雨立即形成径流，导致灾情更加严重。平南、昭平等 13 个县在间隔不到一周的时间里再次遭受强降雨袭击，给当地群众带来严重灾难。

二、考察活动情况

救灾考察组到达南宁后，一下飞机直接赶至区红十字会听取灾情介绍和救灾工作汇报。在随后的几天里马不停蹄，先后赴柳州市鹿寨县鹿寨镇、来宾市象州县罗秀镇、中平镇、贵港市平南县同和镇、官成镇、梧州市滕县和平镇等地的十余个受灾点实地考察了解灾情、慰问灾民，先后组织了 3 次救灾物资发放仪式，每到一地都听取了当地红十字会的救灾工作汇报，当地媒体以及随同考察组的《南国早报》的记者对考察活动及时进行了报道。

广西壮族自治区党委副书记刘奇葆同志在考察组到达的当天晚上专程到考察组驻地看望了总会考察组全体人员，他希望红十字会进一步加大宣传力度，不断提高社会知名度，把人道主义救助工作做得更好。此外，他还愉快地回忆起在担任国务院副秘书长期间协调、支持红十字会各项工作的经历。考察组在桂考察灾情期间，广西壮族自治区政府副主席、自治区红十字会会长刘新文、自治区红十字会副会长方南亭、秘书长龙军胜等领导与考察组一同前往灾区发放救灾物资、了解灾情、慰问灾民。

在灾区现场简短的物资发放仪式上，郭长江副会长代表总会向灾区群众表示了亲切的慰问，对一直奋战在救灾一线的地方各级党政领导干部以及红十字会工作人员表示了由衷的敬意。郭长江副会长多次深有感触地说：看到洪灾肆虐后的灾区惨状，感觉心中沉甸甸的，同时也感到肩上的担子重重的。而当看到灾区群众站在废墟上围拢在新村规划图前对恢复生产、重建家园所表现出来的信心感到十分的欣慰。他在救灾工作座谈会上反复强调：在灾民面前，假大空是没有用的，只有心中装着灾民，装着百姓，实事求是，脚踏实地地为灾区群众做实事才是最可贵的。在谈到红十字会的募捐救助工作时，他希望区红十字会注意结合当地具体实际和灾民的具体需求，拓宽思路，灵活多样地开展募捐活动。

三、救灾工作概况

灾情发生后，党中央、国务院非常关心，温家宝总理做了重要批示，回良玉副总理亲临梧州实地考察灾情；自治区党委曹伯纯书记、陆兵主席等党政领导都到第一线指挥抗洪救灾工作。7月3日，温家宝总理视察了广西重灾区梧州市灾后重建和灾民的生产生活情况。

自治区红十字会也全力以赴，积极开展救灾赈济工作：

1. 根据灾情变化紧急启动了救灾预案，实行24小时值班，及时发出了在全区范围内开展募捐的通知，在新闻媒体公布募捐账号和捐赠热线电话。自治区党委、人大、政府、政协机关干部带头向自治区红十字会捐款。自治区红十字会与广西电视台“新闻在线”栏目共同主办了一台《火红七月爱心晚会》，为全区开展大规模募捐活动营造了良好的氛围。

2. 派出了6个工作组赴梧州市、贺州市、来宾市、贵港市等重灾区考察灾情，慰问灾民，指导救灾防病工作。

3. 紧急筹措救灾款物投放灾区，赈济灾民。将总会紧急调拨的价值80多万元的帐篷、毛巾被、棉被、消毒剂及海关转交的一批衣物，以及香港红十字会捐赠的9.7万元购买的大米，及时分批发送重灾区。总会向国际联合会申请的紧急救灾备用金采购的近70万元的救助物资也将于近期运抵广西灾区。自治区红十字会本级目前已向灾区调拨了帐篷、棉被、衣服、饮水消毒剂等价值90多万元的救灾物资，紧急采购了价值30多万元的大米，还向灾区发送了300箱2万多件社会募捐衣物。

4. 各级红十字会会同卫生行政部门，积极组派红十字医疗防疫工作队深入灾区为群众防治疾病，预防疫病流行。据不完全统计，全区已派出412支医疗防疫工作队到灾区开展救灾和防疫治病工作。

目前广西灾区的需求：

广西是一个经济欠发达的少数民族地区，又是西部开发省区，此次灾害降雨集中、雨量大、洪水来势凶猛，大批房屋被山洪冲倒或毁损，粮食及生活用品全部被山洪冲走，农作物也遭受严重破坏，大批灾民无家可归、一贫如洗。尽管政府采取了强有力的救灾措施，但由于受灾面较大，灾情严重，需要安置和救助的灾民数量巨大，灾民正面临着严重的生活困难。广西红十字会拟筹集对10万灾民的救灾物资援助，目前最急需的物资是粮食、蚊帐、棉被、毛巾被、净水剂、肠胃及感冒药品等。

四、救灾工作建议

通过对广西灾区的考察，对下一步的救灾工作提出以下建议：

1. 加大对广西灾区的救助力度。广西壮族自治区党委副书记刘奇葆、区政府副主席刘新文以及区红十字会都提出希望总会加大对广西的救助。前不久，刘新文副主席和广西区红十字会的同志还专程来总会报告灾情，同时根据此次灾区考察情况和需求，建议近期再调拨一批救灾物资，以示总会对广西救灾工作的重视。

2. 鼓励受灾省区红十字会结合当地实际积极开展募捐工作，并注意采取灵活多样的募捐形式，使募捐工作更具针对性。在广西灾区，我们看到许多受灾严重的家庭一贫如洗，任何一件家庭生活物品，无论大小，对他们来讲都十分需要。因此，红十字会在当地经济条件较好的较大城市开展“一家救一家”的募捐救助活动将是十分有意义的。

3. 在适当时候全面展开救灾宣传工作，为各级红十字会开展募捐工作创造条件。加大红十字会救灾工作的宣传力度，积极争取各级政府部门以及社会各界特别是新闻媒体对红十字会救灾工作的理解和支持，通过宣传推动募捐工作的开展。

4. 争取在适当时机发出国际救灾呼吁。在不违背我国新闻宣传原则的前提下，向国际新闻媒体宣传中国的灾害情况以及中国红十字会的救助工作，同时进一步与国际联合会探讨发出国际救灾呼吁的可能，以争取国际社会的支持。

郭长江　王　平（执笔）　陈启洪

附：

中国红十字会总会（2004—2005）调研报告及论文目录

调研报告类

关于北京市红十字会的调研报告

福建省红十字会工作调研报告

河南确山县南泉村防治艾滋病帮扶工作调查

彭珮云会长在河南省调研红十字会工作的报告

关于云南省红十字会工作的调研报告

内蒙古灾区考察报告

关于上海市红十字会工作的调研报告

山东省基层红十字会工作调研报告

关于艾滋病工作规划研讨会和云南省调研情况构汇报

湖南省红十字会工作调研报告

广西灾区考察报告

农村红十字会可以大有作为——河南省焦作市农村红十字工作调查

新疆自治区、新疆生产建设兵团红十字会工作调研报告

山西省红十字会调研报告

云南、广西灾情考察报告

香港红十字会赴四川灾区发放赈灾大米的调查报告

关于甘肃、宁夏“红十字博爱送万家”的报告

全国冠名红十字（会）医疗机构情况调查报告

关于河南省沁阳市红十字会医院的考察报告

湖南 6. 23—24 水灾考察报告

彩票公益金救护师资华南西南地区培训班情况报告

关于云南省红十字会救护培训工作的调研报告

渝、鲁两地造血干细胞捐献工作调研报告

关于赴浙江、江苏分库的调研报告

论文类

一项大有可为的事业——对红十字会工作的认识与思考

中华骨髓库建设中的伦理问题初探

关于红十字人道主义事业与构建社会主义和谐社会的几点思考

用科学发展观指导中华骨髓库建设

中国红十字会在构建和谐社会中的地位和作用

学习《反分裂国家法》发挥红十字会在对台工作中的特殊作用

海峡两岸大学生交流是更深层次的体验

学习

对市场经济条件下社会团体地位与作用的认识

浅谈竞争上岗

会 史 考 辩

第一任会长

中国红十字会第一任会长考辨

中国红十字会创立至今已逾百年，它的成立，是内因与外因互动、中西慈善文化相互融合的结果。中国红十字会在清朝官方的重视和支持下，依靠一批热心慈善事业的中外善士，奉行一套完整、合理的运行机制，维持其自身的存在与发展。在晚清时期，中国红十字会以其所从事的各种慈善救护与赈济活动，发挥了重大的调节社会的作用。中国红十字会所开展的各种国际性交往，还促使清朝从封闭走向国际社会。中国红十字会第一任会长是谁？提出这个问题是因为它至今仍然悬而未决。

一、中国红十字会第一任会长研究综述

关于谁是中国红十字会第一任会长的研究者历来有两种意见，一派主张是吕海寰，另一派认为是盛宣怀。

民国以来，中国红十字会官方一直以吕海寰为其首任会长。中国红十字总会总办事处 1924 年出版的《中国红十字会二十年大事纲目》的 1907 年条载：“（纲）改名大清红十字会，吕海寰为会长。（目）吕海寰、盛宣怀、吴重熹上海创设红十字会，缕陈办理情形及善后持久事宜并请立案，奖叙在事出力员绅一折。光绪三十三年，奉朱批：着徐世昌具奏。该部知道，钦此。旋改名大清红十字会，政府颁发关防，派吕海寰充会长。”

民国二十四年（1935）8 月 1 日出版的《中国红十字会月刊》第二期刊载的卫铁铮撰写的《中国红十字会大事记》：“第四年丁未清光绪三十三年民国纪元前五年西历一千九百零七年：中国红十字会之直隶于中央政府，始于清光绪三十三年，查是年正月，吕海寰，盛宣怀，吴重熹，将本会设立原由，开办情形，及善后持久事宜，缕陈奏请立案，奉朱批着徐世昌查明具奏，旋改名大清红十字会，由政府颁发关防，派吕海寰充会长。”“第七年庚戌清宣统二年民国纪元前二年西历一千九百一零年：是年正月，清政府派盛宣怀为会长。”“第八年辛亥清宣统三年民国纪元前一年西历一千九百十一年；清廷复派吕海寰为会长，以继盛宣怀。”

民国三十六年（1947）6 月 13 日出版的《红十字月刊》第 18 期刊载当时中国红十字会秘书长胡兰生撰写的《中华民国红十字会历史与工作概述》中说：“国际红十字会上海支会自结束，1904～1905 年间之救护工作后延至 1909 年始行解组，但在此之前，清政府已同意组织大清红十字会，1907年且由政府颁发关防，令派时任商务大臣之吕海寰任第一届会长。”

1986年4月出版的《天津文史资料选辑》第三十五辑李石孙文章《吕海寰的一生》：“宣统元年（1909）经吕海寰联络，中国加入世界红十字会。由驻英公使张在初代表签字，奉上谕派吕为会长，沈仲礼为副会长，三年任满离职。”

中国红十字会总会编《红十字手册》（辽宁科学技术出版社1988年1月出版）谓：“1907年清政府颁发关防，将上海万国红十字会改名为大清红十字会，会长为商务大臣吕海寰。”

尤德新编著《闪光的红十字》（湖北科学技术出版社1990年出版）：“1907年，上海万国红十字会改名为大清红十字会，商约大臣吕海寰监临会务（称“盛大臣”，即会长——原注）。”

《中国红十字会的九十年》称：“1907年7月21日（光绪三十三年六月十二日）清政府批准将上海万国红十字会改名大清红十字会，任吕海寰为会长。”

广东经济出版社1999年出版的曲折主编《中国红十字事业》说：“1907年，清政府颁发关防一颗，将‘上海万国红十字会’改名为‘大清红十字会’，并派‘办理商约大臣’吕海寰‘监临会务’。”

台湾出版的《九十纪要》亦云：“清廷因于一九零六年派驻英公使张德彝赴瑞士签订救护伤病员兵条约，并于一九零七年组织大清红十字会，由政府颁发关防，令派吕海寰为会长，（沈敦和为副会长）一九零九年接收上海万国红十字会余款，上海万国红十字会解散，大清红十字会遂取而代之。”

主张盛宣怀为红十字会第一任会长的则是近年才出现的。首先，池子华在《河北大学学报（哲学社会科学版）》2002年第2期发表文章《吕海寰是中国红十字会的首任会长吗?》提出“盛宣怀才是中国红十字会的首任会长。”后在孙柏秋主编，池子华、杨国堂撰写的《百年红十字》（安徽人民出版社2003年9月出版）一书中提出：“盛宣怀才是中国红十字会的首任会长。正因为盛宣怀自1907年后一直担任着红会会长职务，故1910年清廷任命他为大清红十字会会长，才显得顺理成章，否则，倒有些不近情理了。”池子华在《红十字与近代中国》（安徽人民出版社2004年8月出版）一书中更专列“首任会长考实”一节重复了他在前书中的观点：“1907年7月中国红十字会从中、英、法、德、美五国合办的上海万国红十字会中‘流变’出来，走上独立发展的道路，适应这一变革的需要，中国红十字会推举出首任会长。但首任会长究竟是谁呢？不是吕海寰，而是盛宣怀。这在《吕海寰往来电函录稿》中有明确的记载：“洎乎一千九百零四年创立之万国红十字会解散后，中国会员遂于上海开会，议决另行组织中国红十字会，以为久远之计。适商约大臣盛宣怀驻沪，遂公推为会长。一千九百零七年盛大臣将组织会务情形奏达朝廷，当奉谕旨，准照办理，并派盛大臣（盛宣怀）为会长。其时本会并未请领敕旨书，亦未订立规章，故其范围未见推广。”这是1912年中国红十字会向在美国举行的国际红十字会第九次大会提交的《中国红十字会中央部赴会报告》，经时任会长的吕海寰审核无误后寄呈，抄件则村《吕海寰往来电函录稿》中了。这份资料比《纲目》编写的时间要早得多，且吕海寰对此并无疑义，它的可靠性是毋庸置疑的。就是说，盛宣怀才是中国红十字会的首任会长。正因为盛宣怀自1907年后一直担任着红会会长职务，故1910年清廷任命他为大清红十字会会长，才显得顺理成章，否则，倒有些不近情理了。”

另外，2003年第8期《清史研究》刊登的冯金牛、高洪兴文章《“盛宣怀档案”中的中国近代灾赈史料》指出：“宣统二年(1910)正月，中国加入国际红十字会，盛宣怀被清政府任命为第一任中国红十字会会长，与他在历年赈灾济贫等慈善事业中作出的巨大努力有着直接的关系。”

二、吕海寰与中国红十字会

吕海寰(1843～1927)，字镜宇，掖城(今山东莱州市)西南隅村人。清末著名外交家，中国红十字会创始人之一，历任工、兵、外务部尚书等职。出身贫寒，幼读私塾，后为生活所迫去顺天(今北京)大兴县谋生，清同治六年(1867)中举，后任兵部员外郎十余年，光绪二十年(1894)任江苏常镇通海道。时逢日本强迫清政府拟订不平等的《马关条约》草约，他将“洋货照完半税”改为“照完正税”，“准日人在通商口岸城镇运货设行栈”改为“通商口岸之城镇”，等等，密报总署，在尽可能的情况下进行了救。泰安、江阴两教案及英国轮船以在台湾被扣留检查为由要求赔偿损失一案均处理得有理有节，中外钦服，遂以善办外交闻名。光绪二十三年，李鸿章专荐吕海寰为驻德国、荷兰大臣。二十六年，德使克林德向巡街清兵开枪被自卫清兵击毙，德国大哗。不少驻德公使劝他逃离柏林，可他始终坚守职位，凡是涉及国体主权方面的事情都据理力争，毫不妥协。《辛丑条约》签订后，吕海寰极力斡旋，方使赴德“谢过”的清使醇亲王免行跪拜之礼。回国后督办津浦铁路，阻力重重，举步维艰。吕海寰苦口劝导，解决了浦口站泺口桥两大关键问题，使铁路顺利通车。

吕海寰任常镇通海道时即曾致力于社会福利事业，如创设保婴局、京口救生会，开浚荷花塘船坞等。二十九年十二月(1904年2月)，日俄战争爆发。此时，工部尚书吕海寰正在上海任会办商约大臣。他与同任商约大臣的工部左侍郎盛宣怀和驻沪会办电政大臣吴重熹邀约上海官绅和各驻沪机构代表共同协商，于三十年正月二十四日(1904年3月10日)正式成立了“上海万国红十字会”。此为中国红十字会之始。该会属慈善性质，由中、英、美、德、法五个中立国合办，直接目的在于救护日俄交战双方伤兵及东北战地难民出境医治。日俄战争两年间，共救护46. 7万余人出境。光绪帝曾发上谕，“颁发内银十万两”作经费，以为褒奖。宣统三年(1911)，清政府正式委派吕海寰为会长，并颁发关防，会同总董沈敦和、福开森办理战地救护事宜。其间大清红十字会改为“中国红十字会”，于十月廿五日派出医疗队驰赴武汉。武昌一役，治疗伤者数千人，掩埋尸骸8000余具。1912年1月，南京临时政府大总统孙中山批准中国红十字会立案，2月正式获得承认。10月，政府以袁世凯总统令形式任命吕海寰为中国红十字会会长。此后，吕海寰领导红十字会在国内主要进行救灾事宜，如1912年浙江水灾，1917年皖北大水，1919年苏、浙、皖、鄂水灾的救、医、赈，均成绩斐然。

早在红十字会初创时期，吕海寰即为中国加入国际红十字组织多方奔走，1904年8

月12日，日内瓦万国红十字会会长、副会长联名具函，言中国入会一事业已成就，瑞士联邦已按照万国公例布告在约各国。但最终未予正式承认。在吕海寰的不懈努力下，1912年1月15日，红十字国际委员会正式通过承认中国红十字会。1919年7月8日，中国红十字会正式加入各国红十字协会（现称国际红十字会与红新月协会）。此后，吕海寰领导红十字会积极开展了国际救济活动。1914年捐款救济欧战难民和日本鹿儿岛地震难民，1920年8月救助俄属庙街2000余名避难华侨和驻外领事、军舰，都赢得国际社会的一致赞誉。1920年9月，年事已高的吕海寰辞去了会长职务，仍被公推为名誉会长。此后定居天津，1927年1月病逝，享年85岁。次年归葬家乡。著有《奉使金鉴》60卷、补辑40卷，《庚子海外记事》4卷。

三、盛宣怀与中国红十字会

盛宣怀（1844～1916）晚清官僚，企业家。字杏荪，又字幼勖，号愚斋、止叟。江苏武进人。1870年（同治九年）经杨宗濂推荐入李鸿章幕，任行营内文案兼营务处会办，深得李鸿章信任。1872年被委为会办，参加创办轮船招商局（总局在上海）。后一度离招商局，1885年（光绪十一年）升任该局督办。之后，除1902～1908年一段时期外，始终控制该局，并为大股东。在李鸿章提携下，1875年他又任湖北开采煤铁督办；1880年在天津创办电报总局，任总办；1893年在上海筹办华盛纺织总厂，任督办。在此期间，还于1879年署天津河间兵备道，1884年署天津海关道，1887年任山东登莱青兵备道兼东海关监督，1892年任津海关道兼津海关监督，直到1896年。

中日甲午战争后，盛宣怀控制了更多的近代化大企业，个人资本日益雄厚。1896年，他以督办身分接办张之洞创办的官办汉阳铁厂和大冶铁矿、萍乡煤矿，并改之为官督商办；至1908年又改组为商办汉冶萍煤铁厂矿股份有限公司，任总理，并为公司大股东。1896年，他还受清政府委任督办中国铁路总公司，创办中国通商银行。在接办汉冶萍煤铁矿后，连续订借日本借款，以铁矿石低价输日为抵，债务积累，使该企业受制于日本势力。在督办铁路总公司任内，与比、英、美等国签订铁路借款合同，致使几项铁路权落入外国列强之手。

八国联军入侵中国时，盛宣怀应刘坤一、张之洞之邀，于1900年与各国驻沪领事商订《东南互保章程》。次年，授工部左侍郎、会办商约大臣。自1902年起，因同袁世凯发生冲突和收回利权运动的兴起，一度失势。但他内结皇室，得慈禧太后赏识。1907年奉召进京，次年授邮传部右侍郎。1911年初（宣统二年底），授邮传部尚书，旋改称邮传部大臣。是年5月，清政府宣布由他策划的“铁路国有”命令。他即以此与英、法、德、美四国银行团签订湖广铁路借款合同，把原来已允商办的川汉、粤汉铁路权交与外国资本作抵，激起全国性人民保路运动。辛亥武昌起义后，被革职，在外国公使保护下逃亡日本。

辛亥革命后，盛宣怀在政治上已无地位，但仍有经济实力。1913年再任轮船招商局副董事长、汉冶萍公司董事长，并以公司财产为抵押，向日本大举借款。1915年策划筹组中日合办钢铁公司，未果。次年，在上海病死。遗有《愚斋存稿》。

盛宣怀积极参与了中国红十字会的创

办。日俄战争爆发后，为救护东北三省的中国难民，在盛宣怀等人的努力下，中、英、法、德、美五国合办的上海万国红十字会成立，后来，在烟台等地还设立了分会，进行战时救护和灾民安置。日俄战争结束后，临时性的上海万国红十字会准备解散。光绪三十三年（1907），盛宣怀、吕海寰等奏请仿照西方试办中国红十字会，并提出了许多具体建议。此后，上海万国红十字会解散，中国红十字会开始运作。宣统三年（1911），盛宣怀被任命为中国红十字会会长。各种史料记载着盛宣怀与中国红十字会的关系。《清史稿》卷四百七十一《盛宣怀列传》：有："命（盛宣怀）充红十字会会长。先是日俄战争，宣怀与吕海寰等谋加入瑞士总会，中国有红十字会自此始。"盛宣怀后人盛同颐等撰写的《盛宣怀行述》："庚戌（1910）正月，奉谕派为中国红十字会会长。"夏东元《盛宣怀传》中记载："1910年（宣统元年）2月27日，清政府颁发中国红十字会试办章程，派盛宣怀为中国红十字会会长。"

四、中国红十字会第一、二任会长的产生

1904年3月10日，中、英、法、德、美五国人士数十人会集于上海英租界公共工部局，商讨成立"上海万国红十字支会"。一星期后，创会者又把"支会"二字取消，定名为"上海万国红十字会"。

上海万国红会实行的是董事会制。3月10日的成立大会上，推选出董事45人，其中西董35人，华董10人，又举办事董事7人，其中西董5人，华董2人（后增加为3人）。上海万国红会董事会的人员构成反映出：西董占主导地位，华董居其次。这与当时中国的半殖民地地位是相一致的。中国国势衰弱，为救援战争中的难民同胞，不得不借助中立国英、法、德、美的力量，以便对日俄施加压力。

因为日俄战争制造了大批难民，传统的救护方式不能奏效，这时的清政府十分清楚，如果没有有效的救护措施，那么人民群众对政府的怨恨和抵触情绪就会加剧。故当时清廷下令在天津、奉化两处，由当地官方出面，设立救济机构，以便驰往战地救护。但由于中国"尚未加入瑞士国际红十字总会，无从享战地救难医伤之权利"。于是清政府乃诏令驻沪商约大臣吕海寰、盛宣怀与会办电政大臣吴重熹，要求其与北洋大臣袁世凯、侍郎杨士琦等商量，发动上海的官绅商，与寓沪的英、法、德、美四中立国官商联办红会。吕、盛、吴三人得旨后，乃与沈敦和、任锡汾、施则敬及江西候补道任凤苞等联系，因此才有了后来沈敦和、李提摩太等中西合办之上海万国红会。1905年9月5日，日俄两国最终签订了《朴茨茅斯条约》，战争结束。此时上海万国红会也已完成自己的使命，再加上会款所剩无多，于是就作逐渐收束与停顿的打算。

日俄战争结束后，作为临时性质的上海万国红十字会以会款所存无多，本当收束解散。但1905年11月上旬，突然有招商局抄示外务部致北洋大臣电，谓海参崴发生乱事，华民住处被焚，饬即派轮前往救护云云。上海万国红会当即与招商局商派海定号轮船，由牛庄折赴烟台，装足药片食物，前往救济。此后，还有类似的情况发生，加之善后各有关问题需要处理，故万国红会得仍继续存在约2年之久，直到1907年7月21日吕海寰、盛宣怀等上奏请旨试办中国红会，1908年5月核定照准后，才结束解散。

吕海寰、盛宣怀光绪三十三年（1907年7月21日）向清廷请旨试办中国红会的奏折名为《沥陈创办红十字会情形并请立案奖励折》。奏折中写道："奏为上海创设红十字会，缕陈办理情形及善后持久事宜，并请立案奖叙在事出力员绅，恭折仰祁圣鉴事。……督率该会总董道员沈敦和、任锡汾、施则敬、任凤苞等，劝合寓沪中西各官绅，由中国联合英、法、德、美五中立国，创设上海万国红十字会。公同推举臣海寰、臣宣怀及臣重熹为领袖，道员沈敦和、任锡汾、施则敬为中国办事总董，任凤苞兼总书记。……兹以五中立国权宜联合在中国地方创始承办，中国遂拥有红十字会主权，应订专章，即可按此次办法商订。……一面参考日本初创赤十字社情由，与西董订明，先就中国自筹之款酌拨以为基础，兼仿瑞士总会真奈瓦地方之意，在上海购地采取各国医院学堂医船医车之式样，筹措经费次第仿办。另选聪颖华童，一面在沪附设医学堂，一面出洋学习会医，考求会医与军医之如何区别，本国看护人之如何储备招致，务期悉臻详备，以结万国红十字之会局，即以巩中国红十字会之初基。……查中国红十字会，事属创举，自无成案办法可援。臣等仰体德意，督率创行。"在这个奏折后面有"著徐世昌查明具奏该部知道钦此"朱批，说明清政府就此开始运作此事了。

徐世昌（1855～1939）字卜五，号菊人，又号弢斋。直隶（今河北）天津人。1905年任民政部尚书。1907年被任命为东三省总督。后曾任北洋政府总统。在这个奏折中大致可以窥见他们创设中国红会的计划和打算。可以说这个奏折是中国独立举办红十字会的开始。

随后，在宣统元年十二月（1910年1月），商约大臣吕海寰与前电政大臣吴重熹又上《酌拟中国红十字会试办章程请旨立案折》会奏试办中国红会，并酌拟试办章程6条附呈。其中言道："奏为酌拟中国红十字会试办章程，请旨立案，恭折奏陈，仰祁圣鉴事。窃臣等前在上海创设万国红十字会。业于广西三十三年六月十二日，将办理情形及善后持久事宜，具折奏报。……所有一切事宜，仍责成该总董等一手经理。……兹将该总董等就瑞士原约、荷兰推广约医伤救难宗旨，酌拟试办章程六条，缮具清单，恭呈御览，拟请饬下军谘处、海军处、陆军部分别查核立案。并由外务部分行出使各国大臣，知照各国政府，及瑞士公会，荷兰保和会，俾期接洽。惟会务头绪繁多，关系中外交涉，可否简派大臣作为会长，以昭郑重，如蒙俞允即由会长督率该董等妥为筹办，并将办事情形，随时报部查核以期核实。所有酌拟中国红十字会试办章程，臣等往返函商，意见相同，是否有当，伏侯圣裁。谨合词恭折具陈。再此折系臣海寰主稿，合并声明。伏乞皇上圣鉴训示，谨奏。"其中，试办章程六条中的第二条是"从前万国红十字会，由中西董会议刊刻中西合璧图记，钤用信守。现创设中国红十字会，拟请旨饬部铸造中国红十字会关防一颗，须由会长执掌印用，以照凭信。"

此后在宣统二年四月十二日军咨处曾向清廷上《详核红十字会原奏敬陈管见折》："宣统二年正月十八日（2月27日）奉谕旨，吕海寰等奏，酌拟中国红十字会试办章程，请立案一折，着派盛宣怀充红十字会长，余依议。该衙门知道钦此，由军机处抄交到处，自应钦遵办理。……再此折系军咨处主稿，会同外务部筹办，海军事务处、陆军部办理，合并声明谨奏。宣统二年四月十二日奉旨依议钦此。”可见，清廷降旨同意吕海寰、吴重熹中国红十字会试办章程，同时委派商约大臣盛宣怀担任红十字会会长。

盛宣怀担任中国红会会长后，3 月 13 日即咨行礼部，以中国红会遵旨筹设，应行奏请添铸“大清帝国红十字会”关防，以示郑重。4 月 30 日，外务部咨复，告知“大清帝国红十字会”关防已缮模具奏，俟铸妥时再行知照派员请领。5 月 5 日，盛宣怀札委山东补用直隶知州袁鉴赍文专程赴京候领。16 日，礼部将新添铸的该关防粘贴印花发交袁鉴领取送往上海。6 月 5 日，“大清帝国红十字会”关防正式启用。

1911 年 10 月 26 日（宣统三年九月五日），作为大清红十字会会长的盛宣怀，由于坚持“铁路国有”政策，引起国人的强烈反对，清政府为了平息民愤，于 10 月 26 日颁发谕旨，革除了其邮传部大臣和红十字会会长职，并“永不叙用”。清廷革除盛宣怀红十字会长职后 19 天，即 11 月 13 日，发上谕任命前外务部尚书吕海寰担任中国红十字会会长。

从以上资料中可以看出：中国红十字会第一任会长为盛宣怀，产生于宣统二年（1911）正月十八日（2 月 27 日）至宣统三年九月五日（1911 年 10 月 26 日）；第二任会长是吕海寰，产生于同年 11 月 13 日（宣统三年九月二十三日）。1924 年出版的《中国红十字会二十年大事纲目》载：“光绪三十三年，奉朱批，着徐世昌具奏。该部知道，钦此。旋改名大清红十字会，政府颁发关防，派吕海寰充会长。”与《吕海寰往来电函录稿》所录的 1912 年黄鼎撰述的《中国红十字会中央部赴会报告》记载：“洎乎一千九百零四年创立之万国红十字会解散后，中国会员遂于上海开会，议决另行组织中国红十字会，以为久远之计。适商约大臣盛宣怀驻沪，遂公推为会长。”两个记载均不可信。

首先，《中国红十字会二十年大事纲目》记载的错误在于：如果在光绪三十三年（1907）吕海寰已经被派充担任红十字会会长，那么他又怎么会在宣统元年十二月（1910 年 1 月）领衔上奏《酌拟中国红十字会试办章程请旨立案折》中再向政府建议：“可否简派大臣作为会长，以昭郑重”；如果政府已经颁发了关防，他也不会在同一奏折中提出：“现创设中国红十字会，拟请旨饬部铸造中国红十字会关防一颗，须由会长执掌印用，以照凭信。”而且，实际上也是盛宣怀担任中国红会会长后，才咨行礼部，以中国红会遵旨筹设，应行奏请添铸“大清帝国红十字会”关防，以示郑重。直到 1911 年 6 月 5 日，“大清帝国红十字会”关防正式启用，此为有案可查的。从《吕海寰往来电函录稿》中收录的《红十字会发电》与《红十字会来电》中可以看出：尽管吕海寰红会业务十分频繁，来电中早期对其多称“吕尚书”、“吕大臣”、“吕钦差”，很少有称“吕会长”的，直到后来他担任会长后，这种称呼才多了起来。

其次，1912 年《中国红十字会中央部赴会报告》是一个特定历史时期的产物，它也是错误的，这是因为：第一、盛宣怀不可能 1907 年即担任红会会长，否则吕海寰为什么还要在《酌拟中国红十字会试办章程请旨立案折》中再向政府建议：“可否简派大臣作为会长，以昭郑重”呢？第二、撰述这个报告的黄鼎是沈敦和选派参加万国红十字会第九次大会的代表，而他当时是留美学生监督，所撰报告应该出自沈敦和之手，辛亥革命爆发后，沈敦和在上海组织一个名为“中国红十字会万国董事会”的机构。与北京的中国红十字会分庭抗礼，在此次万国红十字会第九次大会上，沈敦和就抛出了一个《致美京万国红十字会第九次大会会长函》，并自署“中国红十字会会长”。而他要对抗的恰恰是当时的会长吕海寰，所以不排除他在“报告”中扬盛贬沈的可能。另外，从《吕海寰往来电函录稿》中很难看出吕海寰有“审核”这份报告的可能性。第三、从吕、盛、吴三大臣“监临”红十字会会务的情况看，不但吕海寰的职衔最高，而且他对会务指导也最多，这从《吕海寰往来电函录稿》中收录的《红十字会发电》与《红十字会来电》中是不难看出的，反之，盛宣怀则较少过问会务，这在《盛宣怀未刊信稿》中收录的宣统元年十二月二十一日《寄吕尚书函》中可以看出：“红十字会均得优奖，此后倘能造就一班好医生，不特为战时调用，即平常亦可济人利物。惟各处民穷财尽，无事之秋募捐，恐无把握。大疏中集款造船数支，奢望不易偿。请部铸关防，似亦吾三人手无斧柯所能领办，鄙见莫如奏明归部为是。”可见他是不大愿意管红十字会的事情的。遍查他的信函、奏稿等，很少有涉及红十字会的，也能够说明这一点。第四、这份报告的叙述有许多不符合历史事实之处，如“一千九百零七年盛大臣将组织会务情形奏达朝廷，当奉谕旨，准照办理，并派盛大臣（盛宣怀）为会长。其时本会并未请领敕旨书，亦未订立规章，故其范围未见推广。”，1907年的《沥陈创办红十字会情形并请立案奖励折》是由吕海寰领衔的，盛宣怀只是参加会奏者。其后，也未“并派盛大臣为会长”的圣旨。此外，需要强调的是这个记载是一条孤证，未见于任何盛宣怀的传记资料中。因此，这个记载也是错误的。

（史　文）

陆

人名篇

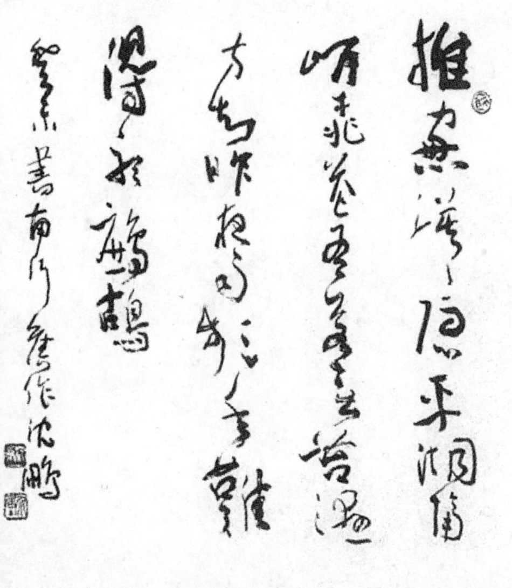

▲南行（书法） 沈鹏 作

▲牵牛花（中国画） 齐良芷 作

▲ 博爱矜慈（书法） 李铎 作

▲水牛图（中国画） 黄胄 作

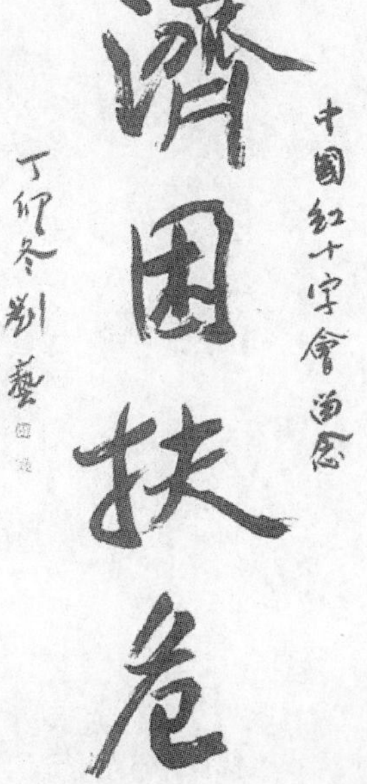

▶ 济困扶危（书法） 刘艺 作

以上均为中国红十字会收藏的捐赠作品

中国红十字会历届领导人

名 单

1904年～1910年

1904年3月10日，上海万国红十字会支会成立。一周后定名为上海万国红十字会，实行董事会制，由中、西董事联合组成。

董事会：45人

主　席：英工部局值年总董培恩。

中方董事：10人，以沈敦和为首。

西方董事：35人，以李提摩太为首。

董事会下设执行董事7人。其中：中方董事2人（后为3人），以沈敦和为首。

西方董事5人，以英刑司威金生为首。

1905年9月5日，日俄两国最终签订了《朴茨茅斯条约》，战争结束。此时上海万国红十字会已完成自己的使命。

1905年11月上旬，突然有招商局抄示外务部致北洋大臣电，谓海参崴发生乱事，华民住处被焚，饬即派轮前往救护云云。上海万国红十字会当即与招商局商派海定号轮船，由牛庄折赴烟台，装足药片食物，前往救济。故万国红十字会得仍继续存在约2年之久。

吕海寰、盛宣怀光绪三十三年（1907年7月21日）向清廷请旨试办中国红十字会的奏折名为《沥陈创办红十字会情形并请立案奖励折》。1908年5月核定照准“著徐世昌查明具奏该部知道钦此”，上海万国红十字会结束解散。清政府就此开始运作创办中国红十字会之事。红十字会事务由吕海寰、盛宣怀等大臣监临。（见本年鉴研究篇）

1910年～1911年

1910年1月，商约大臣吕海寰与前电政大臣吴重熹又上《酌拟中国红十字会试办章程请旨立案折》会奏试办中国红十字会，并酌拟试办章程6条附呈。试办章程六条中的第二条是“从前万国红十字会，由中西董会议刊刻中西合璧图记，钤用信守。现创设中国红十字会，拟请旨饬部铸造中国红十字会关防一颗，须由会长执掌印用，以照凭信。”

1910年2月27日，军咨处向清廷上《详核红十字会原奏敬陈管见折》：“宣统二年正月十八日（2月27日）奉谕旨，吕海寰等奏，酌拟中国红十字会试办章程，请立案一折，着派盛宣怀充红十字会长，余依议。该衙门知道钦此，由军机处抄交到处，自应钦遵办理。……再此折系军咨处主稿，会同外务部筹办，海军事务处、陆军部办理，合并声明谨奏。宣统二年四月十二日奉旨依议钦此。”大清红十字会正式成立。

会　长：盛宣怀（1910 年 2 月—1911 年 10 月）

总　董：沈敦和

1911 年～1912 年

辛亥革命事起，清政府将大清红十字会改名为中国红十字会。1911 年 11 月 13 日，发上谕任命前外务部尚书吕海寰担任中国红十字会会长。10 月 30 日，召开统一大会，总会设于北京，总办事处设于上海。会长驻总会，副会长及常议会驻总办事处。

会　长：吕海寰（清政府委派）

总　董：沈敦和、福开森（清政府委派）

理事长：沈敦和

理　事：江绍墀（公推）

1912 年～1913 年

1912 年 9 月大总统委任吕海寰、沈敦和为中国红十字会正副会长。10 月，第二次常议会决议：正副大总统为红十字会名誉总裁。

名誉总裁：袁世凯

名誉副总裁：黎元洪

会　长：吕海寰

副会长：沈敦和

常议会会长：沈敦和（兼）

理事长：江绍墀

1913 年～1922 年

1913 年 9 月 29 日召开中国红十字会第一次会员代表大会选举出领导人，由大总统任命。

名誉总裁：袁世凯

徐世昌（1918 年公推）

名誉副总裁：黎元洪

会　长：吕海寰（1920 年 9 月辞职，公推为名誉会长）

汪大燮（1920 年 9 月民国政府任命）

副会长：沈敦和（1919 年辞职，1920 年 7 月过世）

蔡廷干（1919 年～1922 年）

蔡耀堂（驻京副会长 1922 年 8 月～）

杨晟（驻沪副会长 1922 年 8 月～）

常议会会长：沈敦和（兼）

杨晟（1920 年 7 月常议会公推）

常议员：朱佩珍、施则敬等 34 人

理事长：江绍墀（1914 年辞职）

赵鸿藻（1914 年～1918 年）

朱煜（1918 年～1919 年）

吴宝义（1919 年 1～5 月）

唐元湛（1919 年 5 月～1921 年 11 月）

庄录（1921 年 11 月～）

秘书长：冯恩崑

1922 年～1924 年

1922 年 6 月召开第二次会员代表大会，选举出的会领导由总统任命。

会　长：汪大燮
副会长：蔡廷干、杨晟
议　长：王震
副议长：盛炳记

1924年～1928年

1924年常议会推选会长、副会长，由政府任命。

会　长：颜惠庆
副会长：蔡廷干（驻京副会长）
杨晟（驻沪副会长）

1928年～1933年

会　长：颜惠庆
副会长：王正廷（1928年8月）
虞和德（1928年8月）

1931年内政部、外交部拟定了管理红十字会法规，转呈立法院审核。

1933年～1938年

1933年国民政府将中国红十字会改名为中华民国红十字会。

1934年召开第一次理事联席会议，公推领导人。

名誉会长：蒋中正
名誉副会长：黄绍竑、吴铁成、颜惠庆、虞和德（洽卿）
会　长：王正廷（国民政府任命）
副会长：史量才、刘鸿生
（史量才被刺后，杜月笙继任）
秘书长：曹云祥
庞京周（1937年继任）
常务理事：林康侯、闻兰亭、王一亭、王晓籁、关炯之
常务监事：黄涵之、钱新之、陆伯明

1938年～1943年

1938年行政院增聘调整红十字会领导人。

名誉会长：蒋中正
名誉副会长：孔祥熙、宋子文、黄绍竑、吴铁成、颜惠庆、虞和德（洽卿）
会　长：王正廷
副会长：杜月笙、刘鸿生
常务理事：王晓籁、林康侯、闻兰亭、王一亭、关炯之、钱新之、陆伯明
常务监事：黄涵之
秘书长：潘小萼

1943年～1946年

国民政府国防委员会通过改组由军事委员会对红十字会施以管制，制定了《战时监督红十字会暂行办法》，红十字会领导人仍由行政院聘任。

名誉会长：蒋中正
名誉副会长：宋美龄、戴季陶、孔祥

熙、宋子文、吴铁成、王正廷、虞和德（洽卿）

会　长：蒋梦麟

副会长：杜月笙、刘鸿生

常务理事：戴季陶、商震、翁文灏、王晓籁、宋子文

常务监事：钱新之、张伯苓、宋汉章

理　事：虞和德、杜月笙、刘鸿生、刘瑞恒、蒋梦麟、朱恒壁、康心之、缪加铭、杭力武、戚寿南

监　事：陈仪、王世杰、邵力子、许世英、屈文六、周诒春、穆籍初、丁文渊、汤飞凡

秘书长：胡兰生

1946年～1949年

国民政府颁布《复原期间管理中华民国红十字会办法》，改组红十字会，会长、副会长、理事、秘书长由行政院聘任。

名誉会长：蒋中正

李宗仁（1948年增聘）

名誉副会长：宋美龄、戴季陶、孔祥熙、宋子文、吴铁成、王正廷

会　长：蒋梦麟

副会长：杜月笙、刘鸿生

常务理事：蒋梦麟、蒋廷、金宝善、马超俊、吴有训、关颂声、徐国懋

理　事：杜月笙、刘鸿生、谷正纲、杭力武、王云五、王晓籁、刘瑞恒、钱大钧、张蔼真、徐寄庼

秘书长：胡兰生

副秘书长：曾大钧、汤蠡舟

新中国成立后改组红十字会

1949年新中国建立前夕，蒋梦麟等带领红十字会总会机关大部分人员跟随国民党政府去台湾。刘鸿生、胡兰生等领导人和部分工作人员留在大陆。1950年中央人民政府对中华民国红十字会进行协商改组，改名为中国红十字会，改组会议由卫生部副部长苏井观、中国人民救济总会秘书长伍云甫、中国红十字会总会原秘书长胡兰生担任主席团主席。选出的中国红十字会第一届理事均由周恩来总理签署聘任书予以聘任。

1950年8月～1961年10月

（第一届）

会　长：李德全

副会长：彭泽民、熊瑾玎、刘鸿生、胡兰生

党组书记：伍云甫

秘书长：胡兰生（兼）

副秘书长：林士笑、倪斐君

1961年10月～1979年2月

（第二届）

1961年10月23～27日，中国红十字会召开代表会议，选举产生第二届领导人，

经国务院批准。

会　长：李德全

副会长：伍云甫、赵朴初、熊瑾玎

党组书记：伍云甫

秘书长：彭炎

副秘书长：倪斐君

1965年中国红十字会进行改选，产生第二届新的领导人，党中央中发193号文件批复。

会　长：钱信忠

副会长：伍云甫、刘清扬、熊瑾玎

赵朴初、彭炎、孟谦

党组书记：伍云甫

秘书长：彭炎（兼）

副秘书长：倪斐君、王敏

1979年2月～1985年5月

（第三届）

1979年中国红十字会进行改选，选举产生第三届领导人。中共中央组织部批准。

会　长：钱信忠

副会长：杨纯、王仪、王敏、顾锦心、沈其震、赵朴初、彭炎、熊天荆、龚普生、孟谦、王肇元、邓启修、魏龙镶、刘鹏飞

党组书记：杨纯

秘书长：王敏（兼）

副秘书长：吴日承

1985年5月～1990年2月

（第四届）

1985年5月31日～6月1日，中国红十字会召开第四次全国代表大会，选举产生第四届领导人。

名誉会长：朱学范、赵朴初、钱信忠

会　长：崔月犁

副会长：谭云鹤、章明、沈辰、何理良、蔡壬癸

党组书记：谭云鹤

秘书长：蔡壬癸（兼）

副秘书长：范雨田、曲折

1990年2月～1994年4月

（第五届）

1990年2月15—17日，中国红十字会召开第五次全国会员代表大会，选举产生第五届领导人：

名誉会长：朱学范、赵朴初、钱信忠、崔月犁

顾　问：谭云鹤

会　长：陈敏章

副会长：顾英奇（常务）、张德江、邹时炎

郝长元 1990年2月～1992年2月

胥昌忠 1992年2月～1994年4月

吴常康 1992年2月～1993年1月

孙柏秋

党组书记：顾英奇

秘书长：韩长林 1990年2月～1992年2月

吴常康(兼)1992年2月～1993年1月

曲折 1993年1月—1994年4月

副秘书长：曲折 1990年2月～1993年1月

1994年4月～1999年10月

（第六届）

1993年10月31日，第八届全国人民代表大会常委会第四次会议通过《中华人民共和国红十字会法》，国家主席江泽民颁布第14号主席令施行。

1994年4月23～25日，中国红十字会召开第六次全国会员代表大会，改选产生第六届领导人：

名誉会长：江泽民

名誉副会长：赵朴初、王光英、李沛瑶、钱信忠、崔月犁、陈敏章

会　长：钱正英

副会长：顾英奇（常务）、范宝俊、杨崇春

林炎志 1994年4月～1997年4月

柳斌 1997年4月～1999年10月

彭玉 1997年4月～1999年10月

王立忠 1998年3月～1999年10月（专职）

孙柏秋（专职）、曲折（专职）

党组书记：顾英奇

秘书长：李长明 1994年4月～1999年3月

孙爱明 1999年4月～1999年10月

1999年10月～2004年10月

（第七届）

1999年10月11～13日，中国红十字会第七次全国会员代表大会改选产生第七届领导人：

名誉会长：江泽民

名誉副会长：王光英、何鲁丽、赵朴初、钱正英、钱信忠、张文康

会　长：彭珮云

副会长：王立忠（常务）、孙爱明（专职）

党组书记：王立忠

秘书长：苏菊香

副秘书长：汤声闻

1999年12月29日，中央机构编制委员会以中编办批准中国红十字会总会“由卫生部代管改由国务院领导联系”。理顺了总会的管理体制。

2001年10月10日中央机构编制委员会办公室关于印发《中国红十字会总会机关主要职责、内设机构和人员编制方案》的通知（中央编办发〔2001〕34号），确定总会机关内设4个机构和机关党委，编制60名。

2004年10月～

中国红十字会第八次全国会员代表大会

于2004年10月27～29日在北京人民大会堂召开，选举出新一届领导人。

名誉会长：胡锦涛

名誉副会长：司马仪·艾买提、何鲁丽（女）、韩启德、傅铁山、黄孟复、张怀西

会　长：彭珮云（女）

常务副会长：江亦曼（女）

副会长：朱庆生、姜力（女）、赵沁平、肖捷、沈国放、苏菊香（女，专职）、郭长江（专职）

党组书记：江亦曼（女）

秘书长：郭长江（兼）

顾　问：王立忠、孙爱明、汤声闻

人 物 志

二战期间外国援华医疗队

队员名单

Dr. S. FLATO 斯·弗拉托医生（波兰傅拉都）

Dr. V. TAUBENFLIGEI 维·陶本弗利盖尔医生（波兰陶维德）

Dr. F. KRIEGEL 弗·克里格尔医生（波兰柯理格）

Dr. W. JUNGERMAN 沃·云格尔曼医生（波兰戎格曼）

Dr. L. KAMIENIECXI 列·卡梅涅茨基医生（波兰甘理安）

Dr. M. KAMIENIECXI 玛·卡梅涅茨基夫人（波兰甘曼妮）

Dr. Y. KRANZDORF 雅·克兰兹多尔夫医生（罗马尼亚柯烈然）

Mrs. KRANZDORF 克兰兹多尔夫夫人（罗马尼亚1943年病逝于中国）

Miss. E. MARKUS 艾·玛库斯小姐（德国）

Dr. G. SCHON 捷·舍恩医生（匈牙利沈恩）

Dr. J. KANETTI 扬·卡内蒂医生（保加利亚甘杨道）

Dr. H. BAER 赫·贝尔医生（德国贝尔）

Dr. D. JANCU 达·杨库医生（罗马尼亚杨固）

Dr. W. FREUDMANN 沃·弗雷德曼医生（奥地利富华德）

Dr. A. VOLOKINE 亚·沃罗金医生（苏联何乐经）

Dr. C. COUTELLE 卡·考泰勒医生（德国顾泰尔）

Dr. H. KENT 亨·肯特医生（奥地利肯德）

Dr. R. BECXER 罗·贝克尔医生（德国白乐夫）

Dr. F. KISCH 弗·基什医生（捷克）

Dr. F. JENSEN 弗·严森医生（奥地利

严斐德）

Dr. WANTOCH 王道医生（奥地利 1945年逝于重庆，葬于南岸墓地）

国际人道服务荣誉奖

获奖名单

1988年12月，姜健获美国红十字会“国际人道服务荣誉奖”。

1992年6月，张振坤获美国红十字会“国际人道服务荣誉奖”。

南丁格尔奖章

南丁格尔与南丁格尔奖章

费劳伦斯·南丁格尔（1820年5月12日～1910年8月13日）生于意大利中部的历史名城佛罗伦萨，后来随家迁居英国。幼年时就怀有一颗仁慈而美好的心灵。她鄙弃养尊处优和无聊的社交生活，不顾父母的反对，毅然于1850年离家去普鲁士学习护理，接受短期的医护训练。1853年受聘担任伦敦患病妇女护理会的监督职。

1854年到1856年间的克里米亚战争中，英国战地医院管理不善。条件极差，又没有护士护理伤病员，士兵死亡率高达50%多。南丁格尔得此消息后，即率领38名护士抵达前线，在四所战地医院里进行服务。当时前线药品缺乏，水源不足，卫生极差，但她毫不气馁，竭力排除种种困难，为伤病员解决必需用品和食品，组织士兵家属协同工作，增加他们的营养，从而使战地医院面貌改观。在短短的半年时间里，就使伤病员的死亡率下降到2.2%，她的功绩顿时传播四海。

南丁格尔在克里米亚战地为伤病员所做的忘我奉献，激励了后来不久成立的红十字会的成员。他们主张的人道宗旨，已生动而具体地体现于南丁格尔的战地活动实践中。因此，在她生前，国际红十字会在1907年的伦敦大会上就设立南丁格尔奖章，作为鼓励各国护士的国际最高荣誉奖。1912年，即南丁格尔死后第二年，在华盛顿举行的第九届红十字国际大会上正式确定颁发南丁格尔奖章，基金由各国红十字会认捐。具体颁发任务委托给在日内瓦的红十字国际委员会。

按照奖章条例，南丁格尔奖章系奖励“毕业护士和志愿助手，他们是红十字会或红十字会附属医护单位的积极分子或定期支持者。他们在战时或平时，以特别的勇气和献身精神为伤病员服务，因而建立了优异功绩”。在从事积极救助而牺牲的上述人员，亦可在“死后”追赠南丁格尔奖章。

南丁格尔奖章，在正常情况下，每两年颁发一次，每次最多颁发50枚奖章。至今为止，我国共有38名优秀护理工作者荣获此奖。

按照章程规定，受奖人名单公布后，要在当年举行隆重的授奖仪式，由国家元首或该国红十字会会长亲自颁发奖章，广泛进行宣传，鼓舞广大护理人员。

中国第二十九届至第四十届南丁格尔奖章获得者

名 单

第二十九届（1983年）

王琇瑛 女，1908年生，原中华护理学会副理事长

第三十届（1985年）

司堃范 女，1930年生，原北京市红十字朝阳医院外科护士长

梁季华 女，1916年生，原广州市红十字医院护理部主任

杨必纯 女，1940年生，四川省泸州市红十字医院护理部副主任

第三十一届（1987年）

史美黎 女，1936年生，上海市红十字医院胸外科护士长

陈路得 女，1914年生，原天津医学院附属医院顾问

张云清 女，1925年生，辽宁省肿瘤医院副主任护师

第三十二届（1989年）

林菊英 女，1920年生，原中华护理学会理事长

周娴君 女，1931年生，湖南省湘西自治区人民医院副院长

孙秀兰 女，1942年生，河北省唐山市红十字儿童急救中心护士长

陆玉珍 女，1934年生，上海市遵义医院护理部主任

第三十三届（1991年）

吴静芳 女，1926年生，河南省商丘地区医院护理部主任

第三十四届（1993年）

李桂美 女，1937年生，青岛市传染病医院护士长

张水华 女，1933年生，宁夏医学院附属医院护理部主任

张瑾瑜 女，1926年生，福建省肿瘤医院护理部主任

第三十五届（1995年）

孙静霞 女，1914年生，江苏省常州市第一人民医院护理部顾问

邹瑞芳 女，1930年生，浙江省湖州市第一人民医院护理部主任

第三十六届（1997年）

汪赛进 女，1923年生，安徽省护理学会荣誉理事长

关小瑛 女，1928年生，原天津市护理学会理事长

陆 冰 女，1932年生，上海市第六人民医院护理部主任

孔芙蓉 女，1936年生，河南省护理学会副理事长

黎秀芳 女，1917年生，解放军兰州军区总医院专家组成员

第三十七届（1999年）

曾熙媛 女，1933年生，原中华护理学会理事长

王桂英 女，1920年生，原天津市护理学会理事长

秦力君 女，1943年生，原解放军总医院护理部主任

第三十八届（2001年）

吴景华 女，1932年生，宁夏回族自

治区护理学会副理事长

王雅屏　女，1945年生，北京市红十字会急诊抢救中心副院长

李秋洁　女，1949年生，哈尔滨医科大学附属二院护理部主任

第三十九届（2003年）

叶　欣　女，1956年生，广东省中医院二沙岛分院急诊科护士长

钟华荪　女，1947年生，广东省护理学会副理事长、省人民医院护理部主任

李淑君　女，1963年生，解放军第二炮兵总医院口腔科护士长

姜云燕　女，1976年生，解放军喀喇昆仑模范医疗站护士长

苏雅香　女，1945年生，贵州省护理学会理事长

巴桑邓珠　男，1951年生，四川省甘孜州人民医院副院长

章金媛　女，1929年生，江西省南昌市第一人民医院原护理部主任

梅玉文　女，1939年生，天津市护理学会名誉理事长

李　琦　女，1942年生，上海第二人民医院原护士长

陈　东　女，1944年生，北京佑安医院护理部主任

第四十届（2005年）

陈　征　女，1947年生，北京地坛医院社会服务部主任

万　琪　女，1965年生，解放军西藏军区总医院护理部主任

王亚丽　女，1955年生，甘肃省定西市人民医院护理部主任

刘振华　女，1955年生，山东省济南市皮肤病防治院麻风病房住院部主任

冯玉娟　女，1952年生，香港医院管理局九龙西联网护理总经理、广华医院及东华三院黄大仙医院护理部经理

人事部、中国红十字会总会表彰全国红十字会系统先进集体和先进工作者

《关于表彰全国红十字会系统先进集体和先进工作者的决定》

（人发〔2002〕31号　2002年3月22日）

各省、自治区、直辖市人事厅（局）、红十字会：

新中国成立后，特别是改革开放以来，在党中央、国务院的领导和社会各界的支持下，我国红十字事业蓬勃发展。1993年10月31日《中华人民共和国红十字会法》的颁布施行，是我国红十字事业发展史上的一个里程碑。从此，全国各级红十字会组织和广大红十字工作者，以邓小平理论为指导，认真学习、努力实践江泽民同志“三个代表”重要思想，坚持依法建会、依法治会和依法兴会，抓住机遇，开拓进取，把国际红十字运动的基本原则与中国社会主义建设的实际相结合，积极探索建设有中国特色的红十字事业。在自身建设、备灾救灾工作、群众性卫生救护知识培训、社区服务、开展红十字青少年活动、推动无偿献血、进行社会救助、台湾事务工作以及对外交往等方面都取得了显著成绩，涌现出一大批先进集体和先进工作者。

为表彰他们的模范事迹，进一步弘扬“人道、博爱、奉献”的红十字精神，人事

部、中国红十字会总会决定：授予北京市红十字会等31个单位“全国红十字会系统先进集体”荣誉称号；授予杨有平等30位同志“全国红十字会系统先进工作者”荣誉称号。被授予“全国红十字会系统先进工作者”荣誉称号的人员，享受省部级劳动模范和先进工作者待遇。

受到表彰的先进集体和先进工作者，有的从事红十字工作几十年，为红十字事业辛勤耕耘；有的锐意进取、开拓创新；有的埋头苦干，无私奉献；有的多方筹资，开展社会救助活动，把党和政府的关怀送到千家万户。他们以优异的成绩和良好的作风，赢得了广大人民群众的信赖和赞誉，展现了新时期红十字工作者高尚的思想品质和良好的精神风貌。

人事部、中国红十字会总会号召各级红十字会组织和全体红十字工作者向受到表彰的先进集体和先进工作者学习。学习他们开拓进取、不断创新、与时俱进的改革精神；学习他们心系群众、爱岗敬业、奉献爱心的高尚情操；学习他们艰苦奋斗、不辞辛劳、扎实工作的优良作风。希望受到表彰的先进集体和先进工作者把荣誉作为新的起点，谦虚谨慎，戒骄戒躁，再接再厉，为红十字事业做出新的更大的贡献。

全国各级红十字会组织和全体红十字工作者要以先进模范为榜样，高举邓小平理论伟大旗帜，紧密团结在以江泽民同志为核心的党中央周围，以“三个代表”重要思想为指导，齐心协力，努力拼搏，为建设有中国特色的红十字事业，为社会主义两个文明建设做出新的更大的贡献，以优异的成绩迎接党的十六大的胜利召开。

中国红十字会系统先进集体名单

（2002年）

北京市红十字会
天津市红十字会
河北省石家庄市红十字会
山西省晋城市红十字会
内蒙古自治区通辽市红十字会
辽宁省沈阳市红十字会
吉林省延边州红十字会
黑龙江省密山市红十字会
上海市红十字会
江苏省红十字会
浙江省常山县红十字会
安徽省铜陵市红十字会
福建省厦门市红十字会
江西省九江市红十字会
山东省红十字会
河南省焦作市红十字会
湖北省武汉市武昌区红十字会
湖南省慈利县红十字会
广东省广州市红十字会
广西壮族自治区柳州市红十字会
海南省琼山市红十字会
四川省广元市红十字会
重庆市红十字会
贵州省贵阳市云岩区红十字会
云南省红十字会
西藏自治区红十字会赈济部
陕西省西安市红十字会
甘肃省天水市红十字会
青海省西宁市红十字会
宁夏回族自治区固原地区红十字会

新疆维吾尔自治区乌鲁木齐市红十字会

中国红十字系统先进工作者名单

（2002年）

杨有平，女，50岁，北京市通州区红十字会秘书长。

李彭林，女，53岁，天津市汉沽区红十字会办公室主任。

曹雪梅，女，44岁，河北省邯郸市红十字会秘书长。

杨竹梅，女，42岁，山西省大同市红十字会专职副会长兼秘书长。

云曙碧，女，78岁，内蒙古自治区红十字会会长。

郭春英，女，47岁，辽宁省锦州市红十字会秘书长。

韩丽娟，女，40岁，吉林省红十字会专职副会长。

崔淑珍，女，45岁，黑龙江省哈尔滨市红十字会秘书长。

孙国华，女，54岁，上海市南汇区红十字会常务副会长。

蔡丽萍，女，36岁，江苏省响水县红十字会秘书长。

龚学跃，男，52岁，浙江省乐清市红十字会秘书长。

赵胜利，女，54岁，安徽省合肥市红十字会秘书长兼办公室主任。

陈金治，女，40岁，福建省莆田市莆田县红十字会干部。

李安海，女，48岁，江西省南昌市红十字会秘书长。

张玉荣，女，57岁，山东省济宁市红十字会常务副会长。

严淑华，女，45岁，河南省许昌市红十字会秘书长。

柯剑，男，44岁，湖北省咸宁市红十字会秘书长。

赵云英，女，47岁，湖南省衡东县红十字会副会长。

赵敢，男，59岁，广西壮族自治区百色地区红十字会秘书长。

卓英，男，54岁，海南省红十字会常务副会长。

赵国荣，女，47岁，四川省红十字会主任科员。

彭东鲁，男，46岁，重庆市大足县红十字会副会长兼秘书长。

郭介华，男，57岁，贵州省铜仁地区副会长兼秘书长。

次仁旺堆，男，46岁，西藏自治区红十字会秘书长。

李辛，女，53岁，陕西省宝鸡市红十字会专职副会长兼秘书长。

郑怀安，男，55岁，甘肃省红十字会秘书长。

尼玛，女，44岁，青海省红十字会专职副会长。

刘静，女，43岁，宁夏回族自治区红十字会秘书长。

马春丽，女，40岁，新疆维吾尔自治区昌吉州红十字会专职副会长。

《关于表彰全国红十字会系统先进集体和先进工作者的决定》

（国人部发〔2004〕88 号）

各省、自治区、直辖市人事厅（局）、红十字会：

在党中央、国务院的领导和关怀下，全国各级红十字会及广大红十字工作者，以邓小平理论和“三个代表”重要思想为指导，全面贯彻党的十六大精神，树立和落实科学发展观，坚持依法建会、依法治会和依法兴会，扎实工作、无私奉献，充分发挥了在人道主义救助工作领域政府助手的作用，涌现出一大批先进集体和先进个人。

为表彰他们的模范事迹，弘扬“人道、博爱、奉献”的红十字精神，人事部、中国红十字会总会决定：授予北京市西城区红十字会等 29 个集体“全国红十字会系统先进集体”荣誉称号；授予斯日古楞等 10 名个人“全国红十字会系统先进工作者”荣誉称号。被授予“全国红十字会系统先进工作者”荣誉称号的个人享受省部级劳动模范和先进工作者待遇。希望受到表彰的先进集体和个人珍惜荣誉，发扬成绩，戒骄戒躁，再立新功。

全国各级红十字会和全体红十字工作者要以受表彰的先进集体和个人为榜样，在以胡锦涛同志为总书记的党中央领导下，高举邓小平理论和“三个代表”重要思想伟大旗帜，解放思想，实事求是，开拓创新，与时俱进，不断推进中国红十字事业的发展，为全面建设小康社会、实现中华民族的伟大复兴而不懈奋斗。

附： 1. 全国红十字会系统先进集体名单（略）

2. 全国红十字会系统先进工作者名单（略）

2004 年 10 月 19 日

中国红十字会系统先进集体名单

（2004 年）

北京市西城区红十字会
天津市大港区红十字会
河北省保定市红十字会
山西省大同市城区红十字会
内蒙古自治区呼和浩特市红十字会
辽宁省辽阳市红十字会
吉林省通化市红十字会
黑龙江省佳木斯市红十字会
上海市南汇区红十字会
浙江省瑞安市红十字会
安徽省宿州市红十字会
福建省南安市红十字会
江西省南昌市红十字会
山东省济宁市红十字会
河南省红十字会
湖北省黄冈市蕲春县红十字会
湖南省红十字会
广东省肇庆市广宁县红十字会
海南省儋州市红十字会
四川省泸州市红十字会
重庆市开县红十字会

贵州省贵阳市红十字会
云南省红十字会备灾救灾中心
西藏自治区拉萨市城关区红十字会
陕西省宝鸡市红十字会
青海省红十字会
宁夏回族自治区红十字会
新疆维吾尔自治区红十字会

中国红十字系统先进工作者名单

（2004年）

斯日古楞，女，55岁，内蒙古自治区赤峰市红十字会常务副会长。

刘琳娜，女，49岁，辽宁省红十字会常务副会长。

周莉，女，40岁，黑龙江省伊春市红十字会秘书长。

史庆荣，女，48岁，安徽省滁州市红十字会秘书长。

刘丽萍，女，51岁，山东省青岛市红十字会常务副会长。

牛茂修，男，44岁，河南省安阳市红十字会专职副会长。

龙军胜，男，49岁，广西壮族自治区红十字会秘书长。

喇建康，男，42岁，四川省凉山州红十字会秘书长。

阮姮，女，47岁，云南省昆明市红十字会常务副会长。

李云，女，55岁，新疆维吾尔自治区阿克苏地区红十字会主任科员。

全国民族团结进步模范

中国红十字基金会赴西藏志愿医疗队被国家民委授予民族团结进步模范称号

1998年10月14日，中华人民共和国国家民族事务委员会以民委（政）字〔1998〕322号文件作出《关于授予中共中央办公厅赴青海省玉树藏族自治州帮扶组等单位和张继政等同志民族团结进步模范称号的决定》。决定指出：为贯彻党的十五大精神，加强社会主义精神文明建设，进一步巩固和发展平等、团结、互助的社会主义民族关系，促进民族团结进步事业不断发展，国家民委决定对中央、国务院有关部委、直属机构，各民主党派、人民团体，解放军、武警部队在促进民族团结进步事业和发展民族经济文化方面做出突出贡献的单位和个人进行表彰，授予中共中央办公厅赴青海省玉树藏族自治州帮扶组、中国红十字基金会赴西藏志愿医疗队等133个单位和张继政、李兰颂等120位同志民族团结进步模范称号。

决定强调：希望荣获民族团结进步模范称号的单位和个人，戒骄戒躁，再接再厉，不断取得新成绩。希望全国各族人民以民族团结进步模范为榜样，为维护祖国统一，增进民族团结，促进各民族共同繁荣做出更大贡献。

附录：民族团结进步模范集体、模范个人名单

民族团结进步模范集体、模范个人名单

中国红十字会总会

中国红十字基金会赴西藏志愿医疗队

李兰颂　男　汉族　中国红十字基金会副秘书长

刘　平　男　汉族　哈尔滨医科大学第一临床医学院眼科副主任医师

周　军　男　汉族　北京市同仁医院眼科主治医师

冯永明　男　汉族　光明集团股份有限公司总裁

（摘自于《人民日报》1999年1月16日第8版）

人　名　录

无偿献血金奖

历届无偿献血金奖获得者名录

1989年（第一届）7名

北京　潘德全　刘光震　王雨清

上海　张国强　邱志清　王伯善　冯国庆

1991年（第二届）34名

江苏　王汉仁

湖北　汪维奎

北京　张传增　郑晓春

云南　杜仕昆　付志农

大连　刘万金

天津　王素华

上海　魏凤英　黄永刚　吴春依　季祥祯　周月霞　杨建新　田礼虎　李春荣　胡旦明　李海明　李春龙　刘刚雅　王金根　时永发　王道成　邹　烈　赵福弟　余继六　乐忠明　孙汇泉　顾建胜　沈瑞景　柴根宝　吴伟卿　沈志强　陈余观

1993年（第三届）50名

北京　姚志坚（女）　苗　忠　徐晓茹　吴元贤（女）　解进林　徐文荣（女）

江苏　薛锦仁　项军方　丁　一　万　海

浙江　夏安宽　黄　炜

云南　吕　林

甘肃　苏海杰

黑龙江　田海滨

辽宁　谭兆印

新疆　李　可　丘佳云

河南　路秀山

贵州　苏　立

上海　王玉昆　慕庆明　冯镇龙　顾明德　张松寿　黄金福　刘玉龙　沈招娣（女）　徐长征　李庭银　韩天雄　倪品贤　赵文正　钱正兴　王国华　薛建华　费荣明　沈光耀

徐爱生　陈金根　卢建军　顾和平
汪有年　何小英　陆　武　刘白羽
林竹春　葛永寿　刘志中　刘钟伟

1995年（第四届）79名

中央党校　王　斌
广播电影电视部　冯元华
华北光学仪器厂　吴守纪
北京　冯大鹏　宋安琳　高明秀　于　玲
明立新　李智永　高保生
河北　王子清
河南　任思进
云南　张建云
广西　赵　斌　刘益兆　苏兆平
辽宁　姜学安　闫海文　马锦详　黄占军
张　杰
浙江　任国栋　杨承荣　金张全　孟一辰
朱　强　汤兔根　顾叶华　汤钟鑫
汪光明　蔡　庭　蔡建国
广东　李慧文
上海　朱启龙　李成龙　黄国安　齐锦虎
邱静安　叶仁和　裘康乐　汤雨红
秦若镜　栾健全　胡明初　王继昌
陆　伟　廖学英　张扣发　於崇贤
吴永兴　朱荣毅　潘益生　刘志明
马继俊　芮洪峰　孙明华　王桂良
黑龙江　刘　铭　李　伟　王东先　秦俊义
李春生　张忠良　卢立刚　陈金海
李　辉　苏守民　张建吉　李云峰
湖北　李名矿　张纬林
江苏　孔令喜　万　彬　夏然梅　刚秀兰
张东芳　唐亚平　刘　鹰　黄强

1997年（第五届）112名

河南　刘军胜　芮慧萍　吴智平　张　坤
山东　刘志远　仲　琴　李树海　代　黎
吴　勃　王利民　张向阳　汪永明
马巨南
广西　林　雄　翟才家　王　玲　任志远
汤季洪　陆泰远　井跃平　潘兆辉
林声健
广东　徐景河　姜小洪
福建　何洪声　林瑞班
浙江　诸文通　王振利　张光军　许国良
陈述清　汪成贵
北京　王晓琪　张金泉　楚学智　孙运西
唐宝莲　应比玲
辽宁　张永义　于淑英　周训发　姜维才
张援朝　林　泉　董　霞　陶淑敏
曹玉芹　崔　强　王海涛　刘玉英
刘玉珏　苏忠月　王贵臣
黑龙江　周兴斌　刘德玉　石文达　金　武
吕月芬　宋玉华
内蒙古　王家军　何可人　金晓光
江苏　潘家伟　华　刚　徐春香　张志强
苏二度　朱晓东　吴金妹　王　妹
董晓红　唐殿军　古振贤　金正洪
冯宪友　王存良
河北　周启成
四川　朱世开
上海　陆渭均　聂玉地　桂　森　徐晓弟
周淮龙　周庆宝　钱秋林　林太民
周龙福　沈培基　毛炳祥　李发贵
项建民　王士云　徐永铭　钱宝兴
李鹤文　谈开林　徐雷亭　程德伟
张新安　张美如　张霖辉　李鹤鸣
李永云　陈纪根　徐庆顺　许秋林
黄景华　汪国良　杨信魁　蒋祖兴
陈家鑫　丁妙珍

1999年（第六届）611名

北京 张　京　朱大伟　林　健　韦培平　李宝昌　于今朝　李超群　李光荣　韩　蕙　崔桂珍

上海 李振山　李家淮　龚国祥　高正寅　杨斐翟　粉珍余　金　根　沈华明　赵永正　乐俊麟　陈格非　王荣汀　宁爱国　张德明　黄如红　汪　民　陆建美　陈文良　徐大毛　夏慧荣　聂文姝　姜莲凤　王健画　杨国三　衡德明　李惠强　张秀凤　洪军英　汪正浩　顾　光　王兴泉　张红卫　赵　燕　任孝飞　钟兆斌　魏新建　殷伟令　左干成　陆锡康　任正良　朱志卫　严建平　项顶毛　杨德荣　沈跃江　程学东　忻德民　钱春芳　陆才官　彭亚芳　陈全珍　王松林　纪富生　顾仁官　曹永富　胡小弟　沈永新　诸云龙　韩全福　于成德　陶荣生　马宝根　陈学传　杨友禄　严继光　黄建明　魏树福　魏凤来　于传华　付先德　郑为忠　汤培芳　严景鑫　王桐贵　程　敏　石妙福　王春阳　张　恩　张海涛　蒋孝荣　华德富　高扣喜　陈国星　曹卫国　凌禄梅　胡兆东　洪小明　纪志方　杨建平　高伯官　陈有富　陶裕群　林同义　宋海根　陈建明　谢国民　周章良　王平荣　卢智明　季发责　项建明　黄冀平　王智勇　王宝发　刘坤妹　严国民

河北 唐　山　杨宝利　方立才　黄金宝　吴玉国　葛春生　葛秋生　惠秀萍　曾艳芝

秦皇岛 刘宝庆

邯郸 李卫科

邢台 苗会民

山西 王汉斌　陈洪歧　范杰先　王　强

内蒙古 张义兵　程小强　李建军　沃德勒　金石蒂　孙永庆　周秋田　赵明智　贾　勇　阎岱勤

辽宁

大连 朱大凡　崔义家　林基盛　张德茂　吕卫东　胡葆营　宋仁华　王太祥　能宗宽　张均桐　商建民　孙玉发　周瑞昌　孙洪春　李　杰　佟福生　马逢援　王　晶　刘永强　贺光全

兴城 刘丽

葫芦岛 常志武　杨继龙　赵辰生　佟宝源　郭希平　曹永平　田仁侠　李霁钧　沈　阳　李学哲

鞍山 李　昆

凌海 刘家鼎

锦州 马　毅　于连京　魏俊成　郑　敏　李宏文　郭春英　秦虹光　王桂林　郑凤云　侯立军　晏向东

本溪 陈海伟　赵凤香　李永志　陈淑云

黑龙江 陈维信　李士学　刘凤英　朱万海　管　鑫　丁淑华　李晓亮　张登先　刘乃儒　王德成　李春棠　王　勇　钟亚春　王晓松

江苏

南京 陶建国　李春宏

徐州 胡秀芳　蔡敬文　孔　斌　许　凌　张晓玉　杜长明　崔恒山　曹卫东　柏胤好　张佰华　李伟华　张　猛　崔丙志　徐勇君　孙文远　张　雷　张文华　曲钢军　尹承美　吴国华　李士喜　李克刚　王　阳　唐铁军

宫元德　杨洪梅　王辉先
苏州　张宝臣　张劲雷　张　文　朱志英
谢唯彬　柳　震　韩克勤
无锡　崔桂林　陆炳安　万根娣　蒯本宏
郭文富　吴凤兰　杨建源　夏根娣
沈国华　陈　勇　金双喜
盐城　卞峰林　夏　京　刘勇
浙江
宁波　邱芬柴　利　惠　傅乃仑　蔡觉伟
舟山　傅海军　张赛平　杨文西
绍兴　张　炯　朱夏良　吴家炎
杭州　钱　钢　王一平　宋　晖　裘献毅
章贵华　李小洲　于丽萍　诸志刚
王绍川　王建中　黄欢喜
温州　胡富有
丽水　叶晓恩
福建　周文青　沈晏力　高永华　尤自强
马亚兰　叶杏村　张忠万　叶永艺
李崇明　付文革　李加顺　林汇集
吴根傣
江西　罗　亮
山东
济南　马禄军　成希滨　徐礼强　曲鹤年
李忠和　刘　苏　金　丽　季　辉
李元萍　李云峰　吴传江　李国锋
马春迎　叶　红　徐　亮　王维旨
孙建政　王海明　李成清　威荣纲
李春光　张　程　李光栋　崔兰波
陈　华　刘乐泉　葛春波　张立谦
赵　辉
济宁　吴红卫　李景献　郭存江　葛祥云
阮恩法
聊城　齐　健　吴育南　刘　斌　李　成
莱芜　李少磊　李荣笃　亓梅章
滨州　杨　蕾
泰安　李　波　米西银
临沂　张心慧
潍坊　杨宏光
威海　李仁端　杨爱玲　邹建军　梁沛文
荣城　张永超
烟台　于　军　李孔吾　李凤琦　胡维良
青岛　张增文　吴振军　李　颖　陈雪峰
彭　滨　迟长青　陶　清　丁喜成
刘学文　徐光发　万雪芳　史永平
赵清江　王英林　盛　强　韩庆和
荆建亭　滕　林　纪国栋　鲍晓燕
田新安　张爱萍　周耀泉　郭丽华
孙学武　孙　林　刘玉功　于光胜
刘玉玫　张贤勤　丁克荣　宋立翔
许　杰　张海营　刘中堃　靳　鹏
董爱华　李大平　叶海鹰　宋海涛
刘显翠　唐剑平　宁友利　管进庆
张子强　牟国胜　王　霞　王平昌
康永瑞　潘国栋　滕素琴　张鲁平
乔　磊　代群生　李雪融　董海岩
赵有才　辛兆祥　赵景坤　范伟冬
陈德明　宋旭业　黄丽东　黄正春
鞠海旭　高增辉
东营　李建伍
菏泽　朱国芹　王翠娥　杨凤莲　邓冠云
邓金雨　李保真　李海芬　李海霞
李节良　黄玉玲　邓振平　郑亚平
王中亮　李凤丽　徐翠兰　海爱莲
李秋芝　吴文堂　宋喜荣　武随菊
黄茂华　霍安书　郭忠福　邓德印
杨继保　杨万喜　邓翠生　丁柏青
邓德生　李翠萍　邓金杯　王速杰
付秀玲　赵银梅　吴云霞　李凤美
王保兵　穆桂兰　于胜江　王建海
吴何生　吴效轩　武桂莲　武继红

张继生 耿喜云 李洪省 张西雪
刘颖新 范学华 王明力 吴俊宝
王翠平 王保军 周剑峰 木银良
赵双建 张秋菊 杨道敏 张秋生
张凤菊 马素云

河南

郑州 杨建庭 顾国荣 郭子予 钮泽雅
岳维海

安阳 李玉生 孟闽生 牛新民 胡冰雯
程森林 尚 广

新乡 任志军 史静波 张胜利 贾振辛
尹成良

洛阳 王小平 付海涛 季红利 王志华
郭建设 孙君才

平顶山 康红亮

焦作 王玉宝 马永生

湖北 姜春文 陶志雄 王 莉 王李东
张青娥

湖南 吴 朗 毛金武 金爱兰

广东

深圳 石春来 覃喜光 王永乾 闵少华
徐 静 屈志扬 吴开风 吴超平
邹 蔗 许益剑 陈海明 刘俊华
陈利华 李伟华 陈小青 邓兆健
林志刚 陈韶明 陈悦康 黄韶琼
赖嘉河 林 剑 罗 珂 邱礼福
袁启华 杨政席 刘永生

珠海 钟勇奇 荆大庆

广州 吴 筠 黎福泰 张卫新 罗展东
区国光 李逢隆 陈国策 刘 慎
侯春怡 邱国雄 黄福耀

韶关 陈 俊 杨忠祥 朱剑荧 陆秀芳
吴荣华 赖伟贤 杨宏伟 黄法城
晏慧英 吴桂芳 潘红漫

顺德 陈兆满

东莞 李 武

广西

南宁 李占文 李志冰 农秀烈 何雪花
崔立增 李 忠 黄行忠 余广通
陈 锋 廖先锋 陈卫新 韦美珍
赵天能

百色 岑忠谋

桂林 包兆军 吴桂昌 邓鸿宇 李鸿文
阳光明 钟 麟 成 林 李燕玲
黄 铃 秦 海 罗志强 夏国庆
邝雪萍 曹冬艳 肖丛英 游继辉
原卫东 李励君 廖悟生 伞洪魁
张林泉 蒋宏军 孙庭勤 熊 敏
张建华 徐元哲

柳州 何碧波

四川

成都 黄登伟

绵阳 何榆林

贵州

遵义 谢明刚 吴桂英 海 军 唐新明

陕西 张金铎 张文显

新疆 梁 鸣 陈小平 韩雪茹

2001 年（第七届）288 名

北京 潘德全 王 斌 于 玲 明立新
刘光震 宋安琳 姚志坚 徐文荣
张桂华 郑晓春 郝 伦

上海 施连英 赵 英 李慧强 冯国庆
王金根 裘康乐 何小英 张国强
余继六 田礼虎 王伯善 乐忠明
费荣明 张扣发 徐小弟 沈跃江
顾仁官 倪品贤 钱正兴 陈家鑫
陈余观

山西 范杰先

黑龙江 田海滨 宋玉华 陈维信 朱万海

辽宁 李霁钧 谭兆印 马锦祥 李 昆 林 泉 闫海文 曹玉琴

江苏 张东芳 唐殿军 董晓红 金正洪 王存良 冯宪友 孙令喜 万 彬 万 海 孔 斌 陆炳安 蒯本宏 万根娣 吴凤兰 郭文富 杨建源 陈勇 兰心财 顾爱英 潘召法 谭荣妹 薛锦仁 张志强 项军方 卞峰林 徐锁香

浙江 任国栋 朱 强 汤兔根 蔡 庭 汪光明 顾叶华 蔡振光 柴利惠 夏安宽

广西 苏兆平

河南 杨建庭 武向辉 郭子予 顾国荣 郭晔尔 牛 俊 吴智平 孟闻生 李玉生 牛新民

湖北 张茂国

福建 林瑞班 叶杏村 傅文革

山东 马巨南 汪永明 刘 苏 咸荣纲 王振华 陈 华 徐 亮 张明豹 马禄军 赵 辉 郭丽华 李 源 戴 黎 许 杰 陈雪峰 王英林 卞志达 荆建亭 徐光发 史永平 盛 强 陶 清 李树海 刘学文 仲 芩 张永波 关胜利 张晓明 靳 鹏 唐剑平 迟长青 刘志远 袁显信 田新安 董爱华 宫 军 杜金亮 宋 健 刘玉玫 张海营 刘中堃 王勤才 滕素琴 韩庆和 周耀泉 万雪芳 吴 勃 赵清江 王 伟 李海霞 徐爱莲 范学华 吴运华 李海芬 吴文堂 马保喜 邓金怀 张秋生 杨继保 邓德亮 邓振平 武随菊 邓冠云 王速杰 王保兵 邓金春 黄玉玲 邓德印 周剑峰 贾春喜 邓德生 邓金冬 孙玉华 赵原景 王翠平 马素云 邓翠生 王明力 王翠娥 于胜江 张风菊 丁柏青 李风丽 宋喜荣 杨万喜 郑亚平 霍安福 田佰文 海爱莲 木银良 黄茂华 邓金雨 吴俊保 吴云霞 王保军 王淑成 王文村 姚 健 付春燕 张玉莲 陈 强 杨妙兴 李春生 王庆湖 柴兴军 胡 波 李景献 阮恩法

广东 范东生 吴育孟 张直光 钟勇奇 王海峰 荆大庆 王永乾 高 敏 陈小青 覃喜光 郑家全 周 晖 李士强 高素云 邱礼福 陈韶明 孙荣华 温荣略 霍德福 袁 华 刘永生 李林书 许益剑 赵加次 林 剑 卢正军 杨乐平 石春来 何 敏 梁 红 周新军 陈海明 屈志扬 阳 春 曹中强 李振礼 吴超平 邹善合 吴开风 钟为亮 丁战勇 符周广 刘玉龙 罗小波 倪忠信 李金华 彭国明 杜华中 李 红 林志刚 李忠伟 刘宏波 徐 军 徐廷军 张建平 朱 强 温向民 李伟华 鲍自谦 鹿 政 陈 真 黄韶琼 赵亚静 崔金明 黄云飞 辛永恒 张建军 郑伟贤 陈 海 方 勇 赖嘉河 刘志刚 徐怀春 毕文波 刘俊华 罗保灿 王建设 朱剑荧 李慧文 姜小洪 吴荣华 杨宏伟 陈 俊 赖伟贤 潘红漫 杨忠祥

无偿献血奉献奖获得者名单

（2001—2003年）金奖1053人

北京 孙学峰 杨新生 张振芳 韩 惠

张金泉　王玉顺

河北　鲍守神　苗会民　魏景东

山西　高　旭　潘劲松　齐有平　王汉斌

辛少卿　张怀玉　刘红兵

内蒙古　贾　勇　闫岱勤　金晓光　赵福民

金　德　王建民　何可人　马静祥

周秋田

辽宁　秦　毅　孙跃双　杜以安　谢德伟

娇洪香　方志超　金兆勇　孔宪鹏

刘其玉　刘茂远　丁芳辉　田国斋

汪顺久　于　杰　王国胜　王利平

王　萍　王序和　韩云霞　陈守平

闻　鹏　林治仁　孙少斌　胡存年

陈瑜明　于　鑫　姜宝辉　崔福江

张奎军　张晓辉　丛新利　周启超

周建明　王绍义　谢建华　晏向东

张　杰　苏忠月　陶淑敏　王海涛

魏俊成　侯丽君　刘家鼎　郑　敏

崔　强　张振辉

黑龙江　许长军　倪其安　彭世友　杨　煜

王文双　杨宝忠　金　武　刘　铭

刘德玉　王　勇　刘劲涛

上海　洪军英　彭亚芳　陆　炜　高正寅

黄建明　顾　光　汪正浩　顾政新

江苏　范钰城　王云龙　丁　一　张　文

季　俭　路玉珍　金春晴　金来宝

金双喜　金正秀　沈国华　石永贤

钟荷珍　朱晓东　顾敏娟　管建勋

万秀兰　路月珍　王富根　王玉林

邢　虹　范贤斌　朱德平　种道安

周广友　邓　翔　盛在瑞　王辉先

杨元勇　丁　亚　王　阳　王友洋

吴金宏　肖宜柱　何西跃　马　勇

张晓玉　张邢涛　卢振树　陈正华

夏　京　殷绍华

浙江　郝玮宸　钱　钢　李小洲　郭　挺

骆军民　吕长火　李伟丰　陈贤德

王春刚　周岳夫　周博闻　蔡振光

尚敬朝　芦伟民　周江华　杨永元

陈德环　王振泉　舒泽长　郑世明

蔡觉伟　黄全奎　钱国钿　冯克吟

诸文通　朱夏良　张赛萍　赖和章

杨承荣　黄欢喜　莫国民　杨震生

安徽　张黎明　汤　斌　胡宝华　胡庆生

孙秀宽　傅　强　王建生　唐光生

福建　高永华　薛国荣　郑　磊　洪　枫

林鼎建　林忠意　张轲渝　林修武

张忠万　洪　远　郑启炜　李恬幽

江西　罗细妹　何　军

山东　刘建国　张光忠　刘玉祥　张　梅

张小兵　袁春华　张心声　徐立国

梁　磊　牛庆祝　王祖涛　王义成

李禧强　吕成之　房泽岸　张志田

李来福　潘新正　谢英民　崔兰波

王金春　李　虎　刘国刚　李尚杰

李元萍　王　峰　殷晓荣　李海峰

纪毓书　贾继鲁　胡维良　黄　伟

黄正春　韩　珞　郝　君　何开刚

何世方　袁子良　郦启林　高　伟

刘春华　顾连君　管庆进　刘作兴

李喜文　李　辛　李言萍　李英杰

李玉莲　李悦明　李镇道　李　霄

刘　杰　韩保苍　陈德明　郭截群

葛喜霞　付洪伟　方　云　陈广汕

柴永军　陈长江　曹馀洁　白福瑞

丁秀珍　曹永成　丁喜成　崔小虎

邓伟狄　福　海　丁广春　丁克荣

丁　盛　朱宏宝　邹　健　邹　晶

左奎功　诸葛明　周　刚　周庆新

周　泉　周衍胜　钟　东　郑　阳

赵永茂　赵庆军　赵丽美　赵景坤
张正强　张增文　张延明　张岳明
张维涛　张伟东　张文翠　张　群
张乃生　张　敏　张鲁平　张　猛
张　磊　张光明　张国平　栾绍臣
马　健　吕红卫　吕诚翔　刘占华
刘永刚　刘学行　刘文刚　刘维瑞
刘　巍　刘万福　刘天文　刘树德
刘瑞峰　刘汝江　刘科伟　刘鸿广
刘国光　刘广磊　林　森　林　彬
梁毅杰　梁世平　李　伟　李维祯
李　挺　李淑琴　李士春　李群章
李启鸣　李　鹏　李　晋　李金文
李　杰　李鸿波　矫修法　江福先
董顺强　杜鹏举　杜润勇　段海鹏
亢丽波　姜爱青　姜　利　姜平杰
姜秀华　董　平　丁照运　董方亮
董海岩　杜建民　崔常柏　迟耀兴
初克文　陈　钢　陈克明　陈明公
陈　荣　陈迎新　滕　林　王平山
王集安　王　刚　王　波　马显涛
马　艳　孟　杰　孟　祥　米　霞
苗　鹏　牛军光　潘寿春　彭洪海
齐明清　石强信　宋德宗　宋淑鹏
宋秀娟　苏长青　苏信平　隋　勇
孙佳栋　孙修勇　谭玉清　佘玉廷
郤冬民　谭玉祥　万宝刚　汪渝清
王承军　王　峰　王宏伟　王鉴青
王建利　王连勇　王启峰　王　青
王淑玲　王　伟　王习玉　王晓鹏
王　岩　王彦韬　王永康　王　勇
王玉成　顾连君　杨春华　张　斌
张宝良　于　欣　于光胜　于周平
于振海　于　强　臧传明　张爱萍
叶海鹰　衣永福　杨希敏　杨云光
叶　晓　林于航　袁字良　吴　洁
史光训　王珍升　王国栋　潘　君
薛越霞　杨丙现　赵延绪　王　政
王　志　王　舟　魏本国　魏成章
魏焕秋　魏建新　魏文涛　辛立华
徐　岗　徐　涛　许　军　许威娜
王玉玲　王跃华　滕安震　蓝国新
栾　兵　王海燕　邓永文　房信民
关增岳　李思全　刘祖文　吕则安
王宝军　宋业全　王敦庭　王永楠
王元军　张新宜　张长正　张开渊
曾　玖　王继坤　石晓东　马术军
吴　欣　袁振振　刘建强　白登刚
辛　明　仉建林　王炳坤　郑学春
续一连　吴红卫　贾　利　米西银
王传明　张永超　于永海　刘　斌
王利民　李少磊　李　成　王永斌
李振宋　王子瑞　范而康　刘学军
张心慧　陈敬喜　郝守伟　王玉春
韩增林　李保真　武继红　孙玉华
赵双健　李继文　刘志勇　郭忠福
邓春生　李凤美　李玉真　杨凤华
王中亮　马永合　刘运启　杨道敏
邓香荣　马素英　郭美荣　耿喜云
赵银海　穆桂兰　杨凤莲　郭素英
李节良　徐翠兰　朱国芹

河南　尚　广　谷秀敏　胡冰雯　梁晓明
刘运顺　孙建国　王　宏　孙西孟
季红利　郑双强　马彦杰　付海涛
孙先行　孙彦生　刘君胜　郭建社
李汝涛　常红康　林永纲　王小平
徐振国　王忠义　马西涛　吕光齐
谢建民　张　坤　王卫东　杨跃华
董秋军　查保俊　梅剑标　付全喜
纽泽雅　张淑琴

湖北 钟立绪 孔维龙 李光明 毛 迎
湖南 金爱兰 吴 朗
广东 何 强 梁桂华 马炳荣 邓 斌
黎英志 何毅仁 谢志强 许世彬
河海潮 黄桂伦 黄 毅 郑惠仪
李永然 黄华松 邵秉权 周耀坤
何炳强 柯加广 苏勇恒 何少好
廖志腾 谢文涛 何晓辉 黄任华
曹海涛 黄锐棠 吴国荣 殷耀强
吴荣超 何耀基 胡建明 刘金宗
凌世涛 黄小彬 谢任坚 黎伟东
张直光 周少刚 叶毅伟 罗海棠
邓晓辉 冉晓平 刘春刚 孙学亮
汤穗雄 李建华 高巨广 戴瑞军
傅裕茂 邹美翠 殷 中 张海河
张 明 蔡 坚 杨 毅 刘远雄
谢静音 邓丽兰 李 石 吴 岩
李电才 黄绍铭 李世希 朱韶宣
于建军 徐志文 林浩东 高 新
邹善合 许立军 庄广友 曹登祥
武少奇 梁 红 金明海 吴超平
温向民 林 松 吴 明 徐 军
李 明 丁东海 何 及 务艳红
沈红兴 任宽营 陈劲松 高素云
丘 峰 江 萍 陈 杰 宋跃跃
潘卫方 廖 忠 裴世桐 熊 健
宁国华 林 剑 蒋德斌 田文峰
王育德 李志新 朱立勇 王雪慧
杨俊平 贾红群 王卫国 周向昭
张海波 李晓文 郑伟贤 王 莎
吉 峰 黄 屹 李远青 杨享贵
陈桂荣 赵加次 王可乐 赵诗水
封秀群 相剑龙 郭瑞峰 李振礼
冯 海 V黄一兵 唐志军 黄明悦
李进强 张兴伟 张 林 贵小慧

黄良坚 张 旭 刘庆彤 万祥虹
张建发 张高兵 黄伯平 李桂英
刘念锋 方 勇 刘 军 顾晓华
范银波 胡 蓉 黄海勇 曾伟燕
李林书 张兵建 黄道贤 刘海龙
张国林 黄国威 张 鸿 杨 林
杨峻锋 方 勇 张敬娣 徐廷军
张 芹 丁 强 刘永生 夏志光
王 山 林伟斌 张玉贵 陈小青
李培红 王 金 赵丽君 郭铀扬
赵铁铮 李显佳 冯献芳 王喜发
黄云飞 杨乐平 钟耀龙 王立雄
李韵芝 周建华 符周广 王定华
马绍斌 丁战勇 贾易瑾 王永乾
鲍自谦 李小明 龚良彬 王运文
苏 奋 施志政 耿金帅 李 敢
曾 强 施云骏 盛骊妲 陈爱珍
温悦廷 曲庆有 尚长林 何力壮
邱伟光 何 敏 邱礼福 左建萍
卿上胜 杜俊杰 金成龙 胡井祥
刘汉周 刘华陈 江 伟 向凯斌
潘庆伟 陈 建 蒋仁刚 叶松生
潘春阳 林东伟 宁 浩 张绪平
徐 萌 覃喜光 瞿 军 刘章元
查小钢 范宜平 刘光豪 赵公民
杨志强 范冬青 孙颖慧 杨 植
姚秋庚 凌先创 侯宏璋 樊庆秋
唐 明 周 辉 雷 正 显阳春
刘昌峻 叶丽云 曾祥文 林雪云
周 晖 洪 辉 陈云辉 段绍奎
邓兆健 朱 强 常玉 雷文飞
王志杰 赖嘉河 樊辉一 赖卫华
韩 明 高 原 高正荣 高 敏
蔡启行 闻家兵 魏祥彬 高万尊
梁红兵 邱钦宗 夏 猛 申嘉伟

文耀宇　孔令魁　张　权　林良强
李伟成　李自强　宋　捷　肖飞翔
谢　沙　邓黎明　肖作勇　何　璇
林桂强　蒋延席　周新军　陈　海
苏俊武　赖小华　林秀峰　周百泉
罗小波　赵亚静　李春华　冯永迁
郑丽敏　赵　勇　郑家全　赵学峰
张长军　黄耀荣　杨政席　赵长福
黎强均　孙传军　胡　斌　徐　权
李大成　黄日科　唐国民　张　秋
蔡世虎　李　飞　吕向新　张建军
汤家国　刘华中　刘奇峰　袁文标
唐　斌　袁　华　蒋代松　倪忠信
胡祖彬　李慧文　陈　东　陈林宁
唐毓昌　程国华　张　艳　田应武
姚杰强　张桂硕　田　昊　李　红
涂传真　刘清耀　莫为全　汪　勇
林强光　李　军　桂珍友　王　彬
李慧欣　刘士保　彭　超　李金川
王　诚　刘旭锋　付　军　邢如春
李金华　张同兰　徐　斌　缪　阳
梁沛生　何青锋　吴　恺　杨志颖
吴学英　刘志祥　姜　乔　李荣辉
曹中强　龙云虎　邹木金　温荣略
郭永川　卢正军　麦淇彬　陈海明
徐雪梅　韩　刚　缪武昌　王　强
李少雄　邹田林　毛贵云　李士强
卜建坤　张迎红　覃纪虎　王群娣
杨兰芳　霍德福　彭俊祥　李少波
王　军　李文洪　王世勋　李四清
蔡　毅　周喜飞　庞高盛　陈韶明
候俊英　张莲华　屈启宏　王玉莲
陈　岩　何锐洪　罗　均　冯志广
杨志民　吴　军　廖　贤　荆大庆
卓建国　卓灿光　麦华生　罗伟坚
孔粤龙　苏兆伟　孙志杰　王海峰
丁旭明　王新祥　李远华　梁润章
梁焕然　廖隆华　麦庆泉　林韶宁
杨军武　岳　伦　曾碧怡　刘军平
赵　磊　赵　明

广西　任志远　刘益兆　汤季洪　姚　立
黄文光　郭　斌　王　玲　林　雄
吴广生

海南　何贤锋　段红强　王　睿　陈庆丽
谭　丰　王　冰　潘丽红　姜东海
张　克　解宏军　解新胜　曲洪光
张俊雄　龚卫华　方　滨　胡泽淳
丁　江　王保雄　王　成　郭春林
王　浩　王　华　王　杰　王仁广
杨向萍　杨　军　陈如章　韩　克
李学山　王裕典　何　峰　文　昌
李志强　吴　军　陈　宇　刘红羽
喻永洪　骆建智　刘仕富　黄克忠
黄　琳　黄卫东　刘筱杰　冯尚秋
罗　治　符　德　马光辉　赵　勇
朱　影　张毅明

云南　杨小群　刘志红　曹志坚　吕　林
张建云

陕西　王　磊　陈　鑫

甘肃　周　欣

宁夏　王洪斌

新疆　伊春青

造血干细胞捐献

捐献者名录

编号	分库	捐献者	性别	年龄	民族	地址	职业
0001	上海	孙 伟	男	26	汉	上海	职员
0002	上海	徐 慧	女	26	汉	上海	职员
0003	上海	恽 楠	女	23	汉	上海	职员
0004	上海	童馨宣	女	22	汉	上海	职员
0005	上海	孙永跃	男	41	汉	上海	个体
0006	上海	陈 东	男	27	汉	上海	警察
0007	上海	唐 铮	女	25	汉	上海	职员
0008	深圳	潘庆伟	男	31	汉	深圳	个体
0009	上海	裔 力	男	25	汉	上海	工人
0010	深圳	黄 慧	女	29	汉	深圳	职员
0011	深圳	王明民	男	37	汉	深圳	职员
0012	上海	郑君华	女	32	汉	上海	医生
0013	上海	徐敏辰	男	38	汉	上海	职员
0014	上海	孙晓蕾	女	20	汉	上海	学生
0015	上海	于井子	女	28	汉	上海	护士
0016	深圳	陶立春	男	30	汉	深圳	职员
0017	上海	王正跃	男	29	汉	上海	职员
0018	上海	朱 刚	男	23	汉	上海	职员
0019	深圳	吴秀梅	女	28	汉	深圳	职员
0020	深圳	陈长华	男	29	汉	深圳	工人
0021	上海	方正平	男	22	汉	上海	学生
0022	深圳	兰春华	女	27	畲	深圳	职员
0023	深圳	贺红军	男	22	汉	深圳	职员
0024	深圳	黄 凯	男	38	汉	深圳	医生
0025	深圳	孙卫东	男	34	汉	上海	干部
0026	上海	刘 敏	女	42	汉	上海	职员
0027	上海	郭 寅	女	28	汉	上海	法官

0028	深圳	刘海英	男	33	汉	上海	工程师
0029	深圳	刘　慧	女	22	汉	深圳	职员
0030	深圳	庞　满	男	32	汉	深圳	职员
0031	上海	陈卫杰	男	32	汉	医生	上海
0032	上海	陈　礼	男	25	汉	职员	上海
0033	深圳	程方荣	男	29	汉	职员	深圳
0034	深圳	何宇生	男	28	汉	个体	深圳
0035	上海	朱　莎	女	29	汉	律师	上海
0036	上海	林　栋	男	25	汉	教师	上海
0037	深圳	何　博	男	26	汉	工程师	深圳
0038	深圳	陈锦花	女	21	汉	职员	深圳
0039	深圳	黄国利	男	32	汉	职员	深圳
0040	上海	丁晓彬	男	24	汉	职员	上海
0041	上海	王　云	男	46	汉	工人	上海
0042	上海	黄　亮	男	21	汉	学生	上海
0043	江苏	耿　森	男	29	汉	个体	徐州
0044	江苏	周建青	男	33	汉	工人	苏州
0045	上海	李　煜	男	32	汉	职员	上海
0046	湖南	陈　欣	男	23	汉	湖南	学生
0047	云南	胡玉高	男	32	汉	云南	职员
0048	上海	苏　煜	男	32	汉	上海	职员
0049	辽宁	蒋贵宝	男	36	汉	辽宁	工人
0050	辽宁	刁爱君	男	30	汉	辽宁	工人
0051	海南	张青青	女	22	汉	四川	学生
0052	辽宁	张德柱	男	24	汉	辽宁	工人
0053	深圳	周建刚	男	27	汉	深圳	干部
0054	河南	刘新伟	男	30	汉	河南	教师
0055	河南	宋东方	男	26	汉	河南	工人
0056	江苏	顾双林	男	37	汉	江苏	工人
0057	上海	顾　荣	男	41	汉	上海	工程师
0058	深圳	莫经山	男	33	汉	深圳	经理
0059	河南	陈秋红	女	37	汉	河南	农民
0060	辽宁	国彩霞	女	44	汉	辽宁	工人
0061	深圳	李　婧	女	23	汉	深圳	护士
0062	江苏	周国东	男	34	汉	江苏	职员

0063	江苏	戚熙娟	女	33	汉	江苏	职员
0064	江苏	王淮宾	男	45	汉	江苏	工程师
0065	深圳	乔 贝	男	29	汉	深圳	工人
0066	河南	朱晓民	男	28	汉	河南	个体
0067	山东	吕 陟	男	27	汉	山东	医生
0068	浙江	章 焱	男	28	汉	杭州	职员
0069	深圳	钱梅娟	女	23	汉	深圳	职员
0070	重庆	滕华国	男	22	汉	甘肃	学生
0071	江苏	周 萍	女	22	汉	江苏	护士
0072	江苏	吴智燕	女	22	汉	江苏	办事员
0073	上海	毛 玫	女	35	汉	上海	教师
0074	河南	靳志伟	男	30	汉	河南	职员
0075	江苏	杨荣康	男	38	汉	江苏	职员
0076	上海	邓诗峰	男	38	汉	上海	工程师
0077	北京	孟晓晔	女	25	汉	北京	职员
0078	陕西	马建军	男	24	汉	陕西	农民
0079	北京	杨 曦	男	27	汉	北京	主持人
0080	天津	商海涛	男	37	汉	天津	干部
0081	上海	杨 钢	男	31	汉	上海	医生
0082	江苏	吴燕云	女	39	汉	江苏	职员
0083	北京	王锦鹏	男	25	汉	山东	军人
0084	天津	曾 欣	女	22	汉	陕西	学生
0085	四川	李雪峰	男	22	汉	四川	个体
0086	北京	徐光勋	男	30	汉	北京	职员
0087	山东	谢振华	女	22	汉	山东	护士
0088	陕西	向 东	男	22	汉	陕西	学生
0089	江苏	胡万里	男	25	汉	江苏	职员
0090	河南	张 申	女	24	汉	河南	学生
0091	北京	方 岱	男	28	汉	河南	职员
0092	河南	程保星	男	30	汉	郑州	工程师
0093	辽宁	高福新	男	22	汉	本溪	职员
0094	江苏	刘晓寅	男	30	汉	常州	会计
0095	湖南	昌桂华	男	29	汉	岳阳	农民
0096	福建	刘忠坚	男	36	汉	福建	职员
0097	河南	陈旭光	男	27	汉	驻马店	个体

0098	深圳	王　玲	女	26	汉	深圳	职员
0099	深圳	刘云龙	男	29	汉	深圳	医生
0100	北京	吕建华	男	32	汉	北京	医生
0101	上海	朱　斌	男	40	汉	上海	干部
0102	上海	张　群	男	28	汉	上海	职员
0103	上海	桂　明	男	25	汉	上海	干部
0104	上海	何亦乐	男	36	汉	上海	干部
0105	陕西	杨　梅	女	23	汉	陕西	职员
0106	深圳	李海军	男	32	汉	深圳	工程师
0107	上海	刁伟枫	男	21	汉	上海	学生
0108	上海	孙　晖	男	24	汉	上海	警察
0109	江苏	徐文华	女	36	汉	常州	护士
0110	四川	蒋雪梅	女	23	汉	成都	学生
0111	上海	王晓蓓	女	35	汉	上海	职员
0112	上海	倪继祖	男	27	汉	上海	学生
0113	深圳	刘洪涛	男	22	汉	深圳	职员
0114	上海	沈琼钰	女	29	汉	上海	职员
0115	北京	敬　叶	男	29	汉	北京	职员
0116	天津	黄煜惠	女	21	汉	广西	学生
0117	深圳	叶光宇	男	24	汉	深圳	个体
0118	湖南	石桂娇	女	41	汉	湖南	农民
0119	辽宁	张　君	男	41	汉	辽宁	教员
0120	吉林	李万红	男	25	汉	吉林	学生
0121	山东	王安正	男	29	汉	山东	会计
0122	江苏	闻　波	男	23	汉	江苏	职员
0123	北京	任　炜	男	24	汉	北京	学生
0124	山东	丁　霖	男	30	汉	山东	医生
0125	重庆	吴　渝	女	21	汉	重庆	学生
0126	深圳	孙红梅	女	36	汉	深圳	业务员
0127	江苏	陈　琳	男	35	汉	江苏	医生
0128	天津	韩鼐政	男	20	汉	天津	学生
0129	深圳	常　春	男	40	汉	深圳	教师
0130	江苏	徐治初	男	27	汉	江苏	教师
0131	深圳	张桂硕	男	35	汉	深圳	工人
0132	湖南	陈　杰	男	24	汉	湖南	工人

0133	深圳	崔秀荣	男	31	汉	深圳	职员
0134	北京	潘 莹	女	23	汉	北京	学生
0135	上海	包明杰	男	23	汉	上海	职员
0136	上海	甘丽萍	女	30	汉	上海	公务员
0137	山东	李福银	男	35	汉	山东	工程师
0138	湖南	李 权	男	21	瑶	湖南	学生
0139	深圳	康艺泓	男	32	汉	深圳	工程师
0140	山东	李 梅	女	36	汉	山东	护士
0141	海南	黄 斌	男	23	汉	河南	军人
0142	吉林	夏静红	女	31	汉	吉林	工人
0143	上海	吴 昆	男	37	汉	上海	工人
0144	陕西	席巧玲	女	30	汉	陕西	农民
0145	重庆	徐 青	女	22	汉	重庆	个体
0146	浙江	汪建银	女	28	汉	浙江	个体
0147	辽宁	杨新宽	男	25	汉	新疆	学生
0148	辽宁	杨金涛	男	33	汉	辽宁	职员
0149	福建	张良建	男	19	汉	福建	学生
0150	辽宁	王 超	男	28	汉	辽宁	干部
0151	北京	张歆悦	女	21	汉	河南	职员
0152	重庆	李元军	男	20	汉	重庆	学生
0153	江苏	孙 娅	女	39	汉	江苏	技师
0154	北京	傅俊军	男	25	汉	北京	经理
0155	陕西	郑伟星	男	22	汉	陕西	工人
0156	深圳	王 蜜	女	21	汉	深圳	职员
0157	江苏	柳 静	女	40	汉	江苏	医生
0158	海南	林受海	男	27	汉	海南	个体
0159	河南	李永靖	男	36	汉	河南	医生
0160	吉林	高 蓓	女	24	汉	吉林	职员
0161	陕西	郑风梅	女	45	汉	陕西	工人
0162	陕西	田黎明	男	23	汉	陕西	个体
0163	山东	郑 强	男	25	汉	山东	医生
0164	山东	王 恺	男	21	汉	山东	学生
0165	江苏	刘传荣	女	40	汉	江苏	江苏
0166	河南	王艳玲	女	44	汉	河南	无业
0167	河南	周 济	男	20	汉	河南	学生

0168	江苏	王春来	男	39	汉	江苏	医生
0169	江苏	王凤莲	女	42	汉	江苏	干部
0170	上海	顾海荣	男	30	汉	上海	干部
0171	福建	徐志瑜	男	23	汉	福建	职员
0172	福建	王兴莲	女	23	汉	福建	职员
0173	四川	戢　琨	男	33	汉	四川	工人
0174	辽宁	徐永利	男	24	汉	辽宁	医生
0175	上海	王　兰	女	24	汉	上海	职员
0176	北京	王海峰	女	32	汉	内蒙	医生
0177	江苏	葛永德	男	40	汉	江苏	职员
0178	北京	张晓龙	男	26	汉	北京	职员
0179	上海	李　瑾	女	38	汉	上海	职员
0180	深圳	王冠颖	男	20	汉	深圳	学生
0181	河北	周　伟	男	22	汉	河北	学生
0182	重庆	束钊刚	男	22	汉	重庆	学生
0183	海南	罗建勇	男	21	汉	海南	学生
0184	湖南	姚斌洛	男	24	汉	湖南	工人
0185	陕西	张联莹	男	24	汉	陕西	职员
0186	陕西	周红军	男	20	汉	陕西	学生
0187	江苏	杨　波	男	27	汉	江苏	干部
0188	江苏	曹　伟	男	24	汉	江苏	学生
0189	上海	范　忠	男	23	汉	上海	职员
0190	海南	戴　谦	男	32	汉	海南	职员
0191	江苏	沈海华	男	34	汉	江苏	药剂师
0192	陕西	王　峰	男	22	汉	陕西	个体
0193	深圳	姜　蕾	男	24	汉	深圳	职员
0194	天津	邓　鹏	男	20	汉	天津	学生
0195	浙江	刘凌云	女	20	汉	浙江	学生
0196	重庆	韩　露	女	28	汉	重庆	护士
0197	黑龙江	孙新远	男	21	汉	黑龙江	学生
0198	江苏	刘吉明	男	21	汉	江苏	工人
0199	湖南	何　桃	女	39	汉	湖南	农民
0200	陕西	马　超	男	23	回	陕西	学生
0201	湖南	路　敏	女	22	汉	湖南	学生
0202	北京	刘　怡	女	26	汉	北京	医生

0203	上海	张 凯	男	21	汉	上海	学生
0204	深圳	苑 军	男	24	汉	深圳	职员
0205	河南	王冬敏	男	29	汉	河南	下岗
0206	江苏	朱 娟	女	31	汉	江苏	护士
0207	辽宁	张 文	男	31	汉	辽宁	职员
0208	吉林	贺 琥	男	20	汉	吉林	学生
0209	上海	高 燕	女	22	汉	上海	护士
0210	江苏	陈余春	男	37	汉	江苏	无业
0211	北京	李 华	男	26	汉	北京	职员
0212	上海	李晓燕	女	21	汉	上海	职员
0213	福建	江良秀	女	19	汉	福建	职员
0214	河北	王锡慧	男	35	汉	河北	职员
0215	江苏	袁敏怡	女	25	汉	重庆	职员
0216	重庆	易 娟	女	21	汉	重庆	学生
0217	上海	陈 莉	女	19	汉	上海	学生
0218	上海	瞿玉龙	男	45	汉	上海	职员
0219	上海	汪 雷	男	35	汉	上海	警察
0220	上海	刘 俊	男	25	汉	上海	警察
0221	上海	石勤明	男	36	汉	上海	教师
0222	辽宁	洪书新	女	35	汉	辽宁	护士
0223	辽宁	郝希茹	女	31	汉	辽宁	无业
0224	陕西	张 咏	男	37	汉	陕西	职员
0225	陕西	郭万年	男	25	汉	陕西	无业
0226	上海	周 瑾	女	33	汉	上海	职员
0227	湖南	许文湘	男	38	汉	湖南	医生
0228	湖南	江焕文	男	47	汉	湖南	无业
0229	黑龙江	徐莲森	男	44	汉	黑龙江	工人
0230	江苏	王 经	女	32	汉	江苏	职员
0231	湖南	郭自得	男	21	汉	湖南	学生
0232	湖南	邓 霞	女	25	汉	湖南	职员
0233	陕西	王吉春	男	22	回	陕西	学生
0234	湖南	李海波	男	22	汉	湖南	学生
0235	深圳	赵三湖	女	24	汉	湖南	职员
0236	北京	高德群	男	32	汉	辽宁	职员
0237	北京	赵 冬	男	28	汉	北京	职员

0238	北京	张　东	男	23	汉	北京	学生
0239	重庆	董红丽	男	23	汉	山东	学生
0240	湖南	李喜芝	女	40	汉	湖南	农民
0241	湖南	王　玲	女	39	汉	湖南	农民
0242	上海	杨逸波	男	28	汉	上海	警察
0243	江苏	方　伟	男	30	汉	江苏	职员
0244	江苏	荣中祥	男	26	汉	江苏	医生
0245	海南	韦吉辉	男	24	壮	海南	现军
0246	天津	李松英	女	30	汉	天津	学生
0247	内蒙古	杨庆文	男	34	汉	内蒙	警察
0248	深圳	黄红卫	男	39	汉	深圳	工人
0249	重庆	毛尚红	男	39	汉	重庆	员工
0250	贵州	白学友	男	21	汉	贵州	学生
0251	黑龙江	来元英	男	43	汉	黑龙江	工人
0252	上海	郑　希	男	28	汉	上海	职员
0253	天津	张洪香	女	21	汉	天津	学生
0254	四川	胡　勇	男	28	汉	四川	职员
0255	河南	冯新玲	女	33	汉	河南	医生
0256	黑龙江	邢　洋	男	22	汉	黑龙江	自由职业
0257	上海	贾赵懿	男	23	汉	上海	职员
0258	重庆	李智强	男	21	汉	重庆	学生
0259	湖南	洪仕良	男	21	汉	湖南	学生
0260	海南	张　伟	男	21	汉	海南	战士
0261	陕西	韩记江	男	19	汉	陕西	学生
0262	湖南	黄　美	女	22	汉	湖南	职员
0263	深圳	赵　博	男	24	汉	深圳	职员
0264	上海	丁　杰	男	19	汉	上海	学生
0265	河南	邹超平	男	32	汉	河南	工人
0266	浙江	洪　佳	女	22	汉	浙江	学生
0267	上海	余启超	男	27	汉	上海	职员
0268	河北	崔彩云	女	22	汉	河北	学生
0269	上海	梁　灏	男	33	汉	工人	上海
0270	江苏	孙　磊	男	24	汉	学生	江苏
0271	北京	张　翯	女	27	汉	北京	学生
0272	湖北	周　伟	男	24	汉	湖北	职员

0273	山东	鄢　丽	女	27	汉	山东	护士
0274	湖北	钟碧波	男	24	汉	湖北	军人
0275	辽宁	张德民	男	33	汉	辽宁	工人
0276	陕西	张　翔	男	28	汉	陕西	职员
0277	陕西	郭经永	男	36	汉	陕西	职员
0278	河南	王慧艳	女	27	汉	河南	职员
0279	北京	董　维	女	20	汉	北京	学生
0280	福建	林田斌	男	30	汉	福建	工人
0281	北京	陆　秋	女	23	汉	北京	学生
0282	上海	王立冬	男	22	汉	上海	警察
0283	北京	胡塔光	男	24	汉	北京	职员
0284	黑龙江	杨振岭	男	22	汉	黑龙江	学生
0285	河南	雷　振	男	25	汉	河南	干部
0286	云南	普利忠	男	44	汉	云南	职员
0287	江苏	陈小伟	男	27	汉	江苏	医师
0288	北京	涂　彬	男	23	汉	北京	学生
0289	海南	王延良	男	25	汉	海南	军人
0290	辽宁	小　利	女	22	汉	辽宁	学生
0291	江苏	陶卫文	男	37	汉	江苏	工人
0292	深圳	陈荷芬	女	37	汉	深圳	职员
0293	北京	刘建祥	男	37	汉	北京	职员
0294	北京	罗龙锦	男	23	汉	北京	学生
0295	云南	李晓丽	女	24	汉	云南	职员
0296	北京	薛艳华	女	26	汉	北京	职员
0297	陕西	程　程	女	20	汉	陕西	学生
0298	河南	李俊伟	男	31	汉	河南	个体
0299	江苏	闾蓟敏	女	30	汉	江苏	教员
0300	山东	任　鹏	男	25	汉	山东	工人
0301	上海	宋　赞	男	28	汉	上海	警察
0302	辽宁	陈金朝	男	22	汉	辽宁	职员
0303	山西	王有军	男	27	汉	山西	个体
0304	北京	田水利	男	25	汉	北京	工程师
0305	北京	刘立波	男	28	汉	北京	职员
0306	江苏	王建文	男	39	汉	江苏	职员
0307	四川	刘　斌	男	23	汉	四川	职员

0308	辽宁	孙大勇	男	24	汉	辽宁	学生
0309	四川	詹　敏	女	25	汉	四川	护士
0310	江苏	万顷波	女	28	汉	江苏	医生
0311	上海	汪　洋	女	20	汉	上海	学生
0312	湖南	曾　涛	男	27	汉	湖南	个体
0313	河南	杨　震	男	31	回	河南	个体
0314	河北	李庆玉	男	23	汉	河北	学生
0315	山东	朱茂伟	男	25	汉	山东	财会
0316	浙江	汪　霖	男	28	汉	浙江	医生
0317	上海	凌维维	女	36	汉	上海	职员
0318	辽宁	姜　海	男	21	汉	辽宁	学生
0319	陕西	户晓洁	男	26	汉	陕西	待业
0320	陕西	李智斌	男	21	汉	陕西	学生
0321	山东	邱英娜	女	30	汉	山东	护士
0322	上海	贺霞萍	女	29	汉	上海	职员
0323	四川	郑　婕	女	23	汉	四川	护士
0324	陕西	魏俊涛	男	23	汉	陕西	职员
0325	陕西	张　健	男	21	汉	陕西	军人
0326	广西	赵柳林	男	26	汉	广西	教师
0327	海南	陈晓红	女	31	汉	海南	会计
0328	上海	孙冬萍	女	34	汉	上海	待业
0329	江苏	高　琴	女	38	汉	江苏	教员
0330	陕西	岳　青	男	21	汉	陕西	学生
0331	河南	史中应	男	42	汉	河南	医生
0332	湖南	白帮治	男	49	汉	湖南	农民
0333	湖南	周靖之	男	31	汉	湖南	自由职业
0334	上海	袁　喆	男	20	汉	上海	学生
0335	陕西	侯小龙	男	20	汉	陕西	士兵
0336	陕西	郑　倩	女	33	汉	陕西	职员
0337	四川	徐　峰	女	27	汉	四川	个体
0338	湖南	王　勇	男	22	汉	湖南	学生
0339	山东	郭庆广	男	23	汉	山东	职员
0340	辽宁	刘　杰	男	37	汉	辽宁	教员
0341	广西	梁世寿	男	30	壮	广西	职员
0342	江苏	蔡冬生	男	32	汉	江苏	医生

0343	天津	赵伟光	男	20	汉	天津	学生
0344	吉林	孙延丰	男	23	汉	吉林	学生
0345	辽宁	刘建民	男	41	汉	辽宁	工人
0346	北京	冯志刚	男	35	汉	北京	经理
0347	湖南	徐玉皇	男	43	汉	湖南	无业
0348	山东	徐鸿春	男	24	汉	山东	职员
0349	重庆	石小莉	女	20	汉	重庆	学生
0350	湖南	王必元	男	33	汉	湖南	农民
0351	河南	王　伟	男	28	汉	河南	干部
0352	福建	周春雨	男	39	汉	福建	教员
0353	陕西	解江军	男	25	汉	陕西	个体
0354	北京	汪　伟	女	22	汉	北京	学生
0355	北京	李　喆	男	26	汉	北京	学生
0356	北京	林夏武	男	22	汉	北京	学生
0357	河北	崔树明	男	35	汉	河北	职员
0358	浙江	张英华	男	25	汉	浙江	工人
0359	湖南	刘志江	男	30	汉	湖南	学生
0360	河北	韦艳清	女	33	汉	河北	职员
0361	江苏	吴　正	男	25	汉	江苏	教员
0362	上海	陈文渊	男	23	汉	上海	职员
0363	北京	周　宇	男	24	汉	北京	学生
0364	河南	赵国志	男	24	汉	河南	工人
0365	北京	李五一	男	37	汉	北京	职员
0366	黑龙江	赵　鑫	男	20	汉	黑龙江	军人
0367	陕西	焦江云	男	25	汉	陕西	工程师
0368	江苏	林　华	男	43	汉	江苏	经理

分会篇

蕉荫著本草 （中国画） 刘大为 作

▲ 救死扶伤（书法） 赵朴初 作

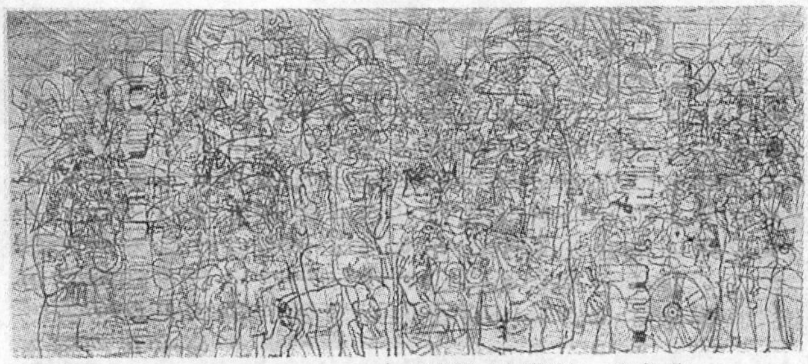

▲ 红实图（中国画） 石虎 作

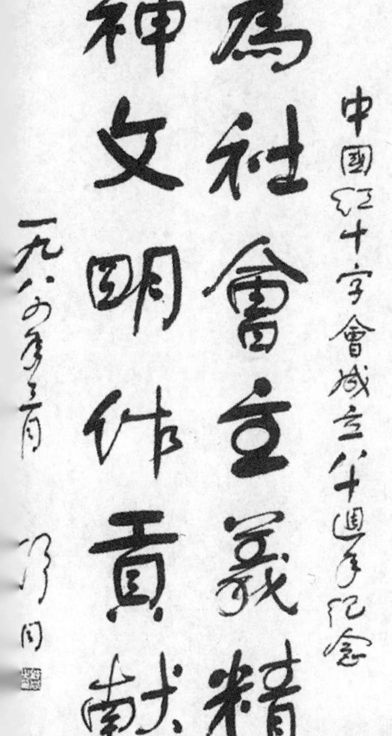

◀ 贺八十周年（书法）舒同 作

◀ 牡丹（中国画） 李蝉 作

以上均为中国红十字会收藏的捐赠作品

省、自治区、直辖市红十字会

北京市红十字会

【年度工作】

一、为印度洋海啸灾区募捐活动。2004年末，印度洋地区地震、海啸发生后，市红十字会响应中国红十字会的号召，采取多种形式迅速开展募捐工作，共收到了社会各界捐款折合人民币2553.09万元，全部上交中国红十字会总会，并通过了市审计局的专项审计，荣获了中国红十字会颁发的“印度洋海啸救援最佳组织奖”。

二、“博爱在京城”募捐救助系列活动。全年，市、区（县）两级红十字会共募集善款1898.53万元。开展“两节”期间送温暖活动，救助了因自然灾害及突发事件中的困难人群，使用募捐款983万元。在加大本市困难人群救助力度的同时，拨付130万元救助款和价值200多万元的帐篷、雨具、毛毯等救灾物资，支援了广西、福建等8个省、区红十字会的救灾工作。

三、接待全国政协委员考察。2005年10月10日，全国政协副主席周铁农率社会与法制委员会25名委员到北京市红十字会考察工作。委员们对北京市红十字会依法开展各项工作，特别是在发挥红十字会在构建社会主义和谐社会中的作用、开展“博爱在京城”救助活动和少儿住院医疗互助金工作等方面所做的努力给予了肯定。

四、少儿住院医疗互助金工作。2004学年度，全市16个区有66.9万人参加了互助金，占少儿总数的51.9%。截至2005年8月31日，累计为13898人次支付了医疗费用，人均支付1500余元。其中为8名患儿支付额每人达到8万元。2005学年度，18个区（县）全部设立了互助金，同时，市红十字会将服务对象扩大到持有北京市人事局颁发的“北京市工作居住证”的外来人口子女。目前，有75.2万人参加了互助金，参加互助金人数占全市少儿总数的53.35%。

五、造血干细胞资料库建设。截至2005年底，中国造血干细胞捐献者资料库北京管理中心，征募志愿报名捐献血样人数已达38051份，其中完成HLA分析数据检测27017人份，名列全国红十字会系统第三位。2005年，北京分库有21位志愿者成功的捐献了造血干细胞（总数为34例），名列全国第二位，并首次为香港特别行政区的白血病患者送去重生的福音。北京管理中心获总库颁发的“志愿者再动员工作奖”。

六、开展应对灾难救护演练。10月29日，北京市红十字会在朝阳体育馆举办了“北京市红十字会系统应对灾难救护演练”活动。全市18个区、县红十字会和市红十字会学校工作委员会、厂矿企业工作委员会都组队参加了活动。东城、西城、朝阳、海淀、宣武、门头沟等区、县红十字会代表队分别进行了模拟火灾、地震、交通事故等灾难现场急救演练；红十字青少年代表队进行了三角巾包扎团体演练；中国国际救援队进行了救援设备和现场救援展演。

七、社区红十字服务工作。为探索救助工作的长效机制，西城、通州等10个区、县红十字会相继在社区中建立了13家“红十字博爱超市”。这种集“募捐接收站、博爱超市、志愿工作者活动站“三位一体的形式，是使救助工作经常化、人性化的有益探索；为落实健康教育进社区，增强北京市民健康文明意识，提高市民的生活质量，开展了“我参与、我健康——红十字生命关爱行动”活动。

八、红十字青少年工作。年内，市红十字会组织26所高校的70名学生参加了在山西大同举办的“2005‘爱心同源’红十字青年夏令营”活动；组织北京理工大学、北京体育大学红十字青年1000人参加了“6.26禁毒日万人长跑宣传活动”；组织北京高校学生参加了由中国红十字会和铁道部在全国红十字会系统和铁路系统联合开展的“红丝带神州行——预防艾滋病列车宣传活动”。

九、交流与交往工作。年内，接待来自韩国、美国、俄罗斯、保加利亚、阿尔巴尼亚、希腊等国家红十字会的来访20批386人次；接待了分别以陈丰义副会长、郝龙斌秘书长为团长的台湾红十字组织来访2批18人次；组团出访了韩国、美国等国红十字会，共6个团组26人次；组团赴韩国首尔出席了第四届中、日、韩首都红十字会工作研讨会；与乌克兰基辅市红十字会、罗马尼亚登博维察省红十字会建立了友好交流合作关系，并签署了友好交流协议；与西班牙马德里红十字会达成了友好交流的意向。

【历史沿革】

1928年10月29日，在危难和动乱的年代，中国红十字会北平分会诞生了。建国前的北平红十字会，以“恤兵博爱”为宗旨，开展了战地救护、难民救济、筹募基金等工作。

1950年12月28日，中国红十字会北平分会正式改组为北京市红十字会，走上了改组后的新生阶段。1949年至1958年，在“兴办医疗实体；参加抗美援朝、组织志愿手术队和医防服务队赴朝进行防疫、医疗和战地救护；开展募捐；建立组织、发展会员；参加爱国卫生运动，组织卫生救护训练；同时，在红十字青少年、血源管理、外事往来，接受捐赠”等方面做了很多工作。1959年到1978年，经历了与卫生教育所合署办公、“文化革命十年动乱”、党的十一届三中全会拨乱反正等时期，红十字会的工作也走过了停止和重新恢复的过程。1980年召开的北京市红十字会第四次会员代表大会，选出了以常务副市长白介夫为会长的新的领导机构，北京市红十字会开始了红十字工作新的探索和实践，并总结出“救死扶伤、扶危济困、敬老助残、助人为乐”的十六字工作方针，协助政府完成了一系列特殊任务。1993年10月《中华人民共和国红十字会法》、1996年1月《中华人民共和国红十字标志使用办法》、1994年10月《北京市实施〈中华人民共和国红十字会法〉办法》的颁布、实施，使红十字事业走上了法制化建设的轨道。1997年1月21日，北京市红十字会第七次会员代表大会召开，大会聘请市委、市政府的主要领导尉健行和贾庆林担任名誉会长，提出了“努力开创有中国特色的红十字事业”的奋斗目标；明确了“为首都两个文明建设做出更大贡献”的工作要求。在市委、市政府的关怀下，北京市红十字会于1991年与市卫生局脱离挂靠关系，1996年成立了党组，2002年被批准为正局级单位，2003年4月机关领导班子进行调整，主要领导更换后，理顺了机关机构设置，理顺了人员编制，理顺了机关和直属事业单位的关系。市委市政府关于“独立设制、建立党组、提高规格”等一系列政策的有力支持；人道主义“四项工程”：救灾救助、自救互救、红十字青少年、社区服务工程的不断实践；组织建设、宣传传播、兴办实体、对外交流的不断规范，使北京市红十字会的工作有了大幅度的发展。2004年6月1日，北京市红十字会第八次会员代表大会召开前，在北京市委书记办公会上，市委领导专门听取了北京市红十字会代表大会的筹备工作汇报，并批准了会议方案，指示要把大会开成高品位、高规格的大会，这在北京市红十字会的发展史上是首次，充分体现了市委、市政府对红十字事业的关心和重视。6月8日，北京市红十字会第八次会员代表大会在京西宾馆召开。来自基层红十字组织的会员代表，市委、市政府有关部、委、办、局和社会团体、企业界、志愿工作者的代表以及社会知名人士等266人参加了大会。中共中央政治局委员、北京市委书记刘淇，中国红十字会会长彭珮云，市委副书记、市长王岐山等领导出席了会议。刘淇、彭珮云发表了重要讲话。大会全面总结了北京市红十字会第七届理事会的工作，制定了2004—2008年发展规划，选举产生了由95名理事组成的新一届理事会，聘请市委书记刘淇、市长王岐山为北京市红十字会名誉会长，副市长孙安民当选为会长，李雪奴当选为常务副会长，韩陆、张进存当选为副会长，根据会长提名决定刘燕君为秘书长。

【组织机构】

截至2005年底，北京市红十字会有基层组织1481个，会员86.7万人（其中青少年会员33.9万人），占本市常住人口的6.31%，志愿工作者7.1万人。全市18个区县均建立了红十字会，97.7%的街道、83.7%的乡镇和51%的各类学校也建立了红十字会组织。成立了学校、厂矿系统、旅游系统和志愿工作者委员会。北京市红十字下辖医疗服务中心、卫生救护培训中心、宣传教育中心、紧急救援中心（999）、中国造血干细胞资料库北京管理中心、备灾救灾服务中心和少儿住院医疗互助金管理办公室等7个直属事业单位。

北京市红十字会历次会员代表大会一览表

届次	日期	代表	理事	常务 常务	理事 副会长	会长	名誉 会长
第一次	1950.12.28	30人	16人	5人		严镜清	
第二次	1955.6.23	239人	17人	5人		严镜清	
第三次	1962.6.21	63人	20人	5人		严镜清	
第四次	1980.4.18	120人	22人	5人		白介夫	严镜清

续表

届次	日期	代表	理事	常务 常务	理事 副会长	会长	名誉 会长
第五次	1985.11.29	204 人 特邀 8 人	56 人	10 人		白介夫	严镜清
第六次	1991.11.29	211 人	86 人	4 人	张熙增	何鲁丽	白介夫 严镜清
第七次	1997.1.21	249 人	87 人	8 人	张熙增 李雪奴	林文漪 刘敬民	尉健行 贾庆林
第八次	2004.6.8	266 人	95 人	13 人	李雪奴	孙安民	刘淇 王岐山

北京市红十字会组织机构一览表

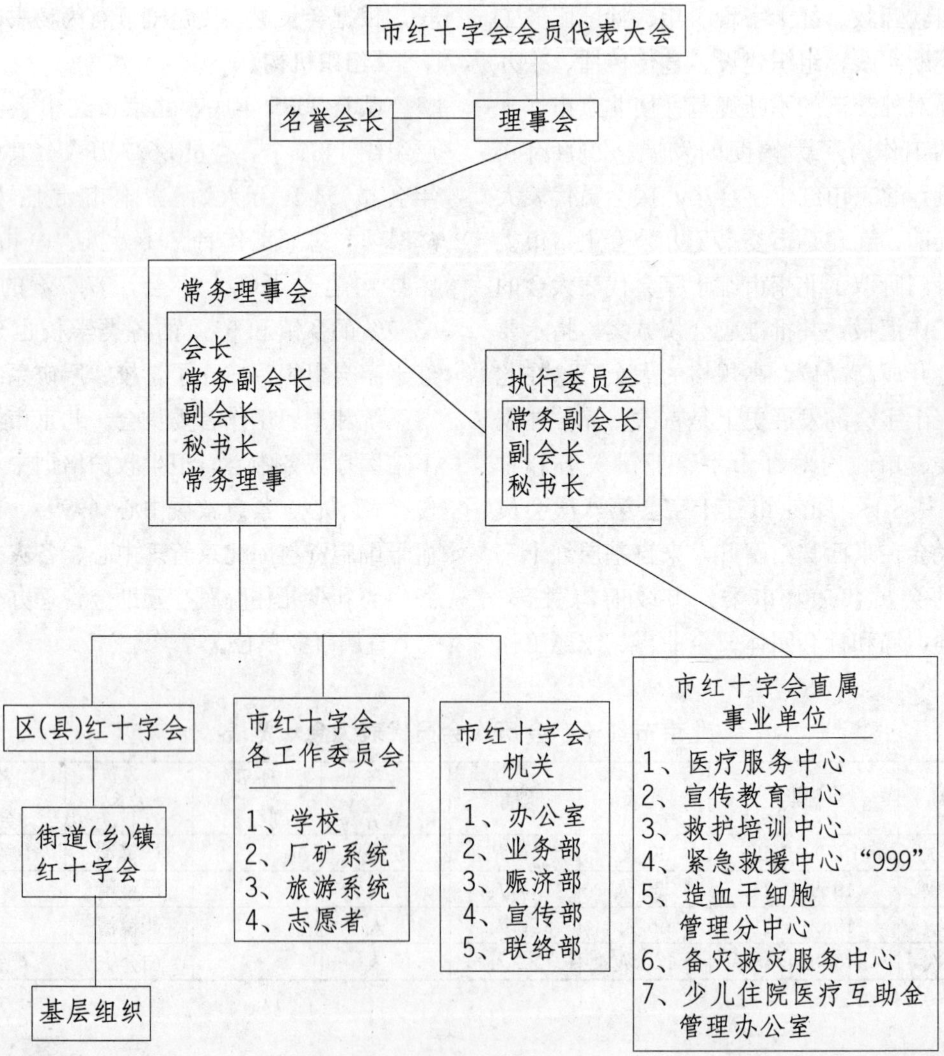

【大型项目】

（一）1984年，非洲36个国家遭受旱灾。中国红十字会发出了《关于为非洲灾民开展社会募捐的通知》，北京市红十字会仅半个月就募集了110多万元，支援非洲灾民。

（二）1988年，中国红十字会总会、外交部、国家教委、广播电影电视部、国家体委向国务院写了《关于参加1988年国际体育援助计划活动的请示》，国务院批复同意。从4月至9月，北京市红十字会开展了“88国际体育援助”——国际性体育募捐活动。根据由中国红十字会总会牵头组成的国际体育援助中国组织委员会的部署和要求，北京市红十字会牵头开展了两次全市性的活动。其中举办了义诊、义演、义卖、义赛等募捐活动，200多万人参加募捐，共募集70多万元。

（三）1998年，为“三江流域”遭受水灾开展募捐，支援了内蒙古自治区、江西省、黑龙江省、吉林省、安徽省、湖南省、湖北省等红十字会的救灾工作，捐款达千万元。

（四）2001年，对遭受雪灾、凌灾、地震等灾害的内蒙古自治区、新疆维吾尔自治区、四川省甘孜藏族地区、延边朝鲜族自治州红十字会给予了670万元的援助。

（五）2002年，对遭受灾害的陕西省、贵州省、福建省、安徽省、湖南省、湖北省、江西省、广西省、四川省、云南省、重庆市、内蒙古和新疆自治区红十字会（共13个省、市、区）给予了514.1万元的援助。

（六）2003年，支援江西省、陕西省、山东省、河南省、甘肃省、山西省、江苏省、安徽省、湖南省、湖北省、浙江省、贵州省、四川省、云南省、黑龙江省、重庆市和广西壮族自治区、内蒙古自治区、新疆维吾尔自治区红十字会（共19个省、市、区）救灾工作，共770.7万元。

（七）2004年，支援吉林省、云南省、四川省、湖南省、贵州省、河南省、内蒙古自治区、重庆市（8个省、市、区）红十字会的救灾工作，共计99.7万元。按照捐赠者意愿，定向支援新疆维吾尔自治区红十字会医疗器械，价值87000元人民币。

（八）2002年，汉城红十字会向北京市红十字会捐赠一辆价值6万美元的移动救灾救助服务车，这种集救灾救助为一体的现代化快捷服务车在我国红十字会系统尚属首辆。

（九）2003年，为支持北京市的抗击“非典”工作，北京市红十字会接受了国内外及社会各界捐款2700多万元和价值5000多万元的各种物资，并及时送到小汤山、佑安、地坛等医院及全市的发热门诊和弱势群体中。其中，日本国株式会社丸山制作所捐赠了80台高效灭菌消毒机，价值20万元人民币；广西红十字会捐赠了60吨白糖和2吨多白果，价值21万元人民币；福州市红十字会转赠移动式和壁挂式空气消毒机60台、过氧乙酸5吨和口罩、葡萄糖饮品等，总价值49.3万元人民币。

（十）2004年，使用荷兰红十字会援助的22万元人民币的合作项目资金，先后在首都经济贸易大学、北京工业大学，举办了两期“预防艾滋病青年同伴教育”培训班，共培训了20名项目主持人，400名宣传员，并通过他们的传播，使两所高校的千余名学生接受了预防艾滋病的知识，较好地掌握了自我防护的方法和技巧。

【主要特色】

(一) 救灾救助工作

1. 救灾：自 1995 年以来，市红十字会依法开展募捐，共筹集款物价值人民币 1.5 亿元，既支援了内蒙、新疆、江西等 25 个省、自治区的救灾工作，还对北京市发生的灾害和困难群众进行了救助。

2003 年 4 月，面对突如其来的“非典”疫情，全市各级红十字会组织，积极投入抗击“非典”斗争，在慰问医务人员，接受、分发救助物资，稳定群众情绪和发放“关怀非典受难者基金”方面，协助政府做了大量的工作。

2. 救助：关爱农村老党员。自 1999 年起，北京市红十字会与市委组织部连续四年共同开展了为农村建国前入党的近万名老党员免费送医送药和体检活动。共集资 200 多万元，组织了 9 支医疗队，出动医务人员 500 多人次，到达 113 个乡镇，对近万人(次)的老党员进行了义诊和慰问。

博爱复明。1999 年 2 月，北京市红十字会开展了为北京市家庭困难、无力支付手术费用的白内障患者提供免费复明手术活动，被市政府列为为市民所办实事之一。通过市、区、街(乡)红十字会推荐、审核、确定手术救助对象，由北京市红十字会光明眼科诊所负责手术。几年来，共筹资 300 多万元，出动流动检查车到 18 个区县义诊近百次，为各类眼疾患者义诊、检查人数达 3500 余人次，筛选出适合做白内障手术者 960 人，使近 800 名贫困的白内障患者重见光明。“复明工程”得到了国外红十字会和志愿工作者的支持。美国著名眼科专家伊丽莎白·旺博士和里查德·达密安诺医生，新西兰红十字会东西分会志愿者玛丽·简·赫里斯顿医生，先后来北京市红十字会光明眼科诊所帮助工作。

在继续做好对国内外救灾救助的同时，为加强对本市困难人群和突发意外伤害事故中造成的困难群体的救助力度，为提高红十字会的救助实力和应急能力，北京市红十字会实施了赈济工作的“七个一”配套工程。(建立一支队伍：备灾救灾服务中心，一个备灾仓库，一个捐赠接受站，一套募捐工作规章制度，一个捐赠激励机制，一个网上捐赠，一个捐赠救助工作网络)。2003 年底，市编办批准成立了北京市红十字会备灾救灾服务中心(正处级事业单位。全额拨款事业编制 12 人)。建立了备灾仓库并充实了救灾物资；“北京市红十字会募捐接收站”在社区挂牌运行，方便群众捐赠物品；严格募捐工作规章制度、实施捐赠激励机制，使奉献爱心的企业和个人积极性得到发扬和延续；网上捐赠的开通，拓展了募捐工作渠道；市、区(县)、街(乡)募捐救助工作网络的建立，为红十字会实施救灾救助工作，提供了组织保障。

1995 年——2004 年北京市红十字会接受社会捐赠款、物情况统计

单位：万元

年份	1995	1996	1997	1998	1999	2000	2001	2002	2003	2004	2005	总和
款	251.56		180.84	1322.66	63.33	31.7	1882.2	1031.62	2127.07	670	4451.62	12012.6
物				1635.78	38.25	152.57	345.67	750.85	2602.39	584.84	325.05	6435.4

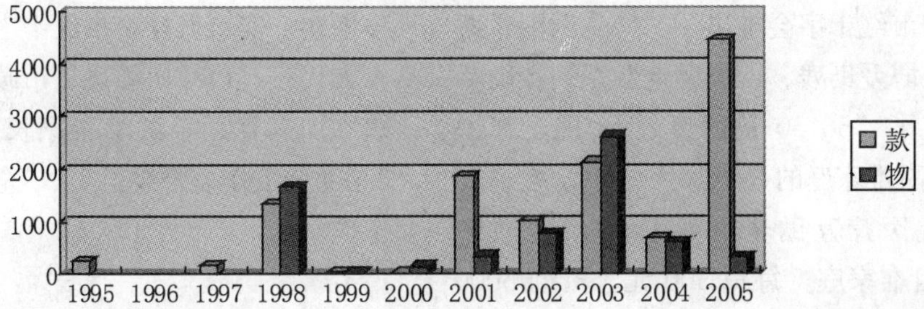

（二）救护工作

北京市红十字会紧急救援中心（“999”）是经市编办正式批准的北京市红十字会的下属事业单位；“999”是经信息产业部特别批准给中国红十字会总会用于救灾、救助、救护的特殊服务专用电话号码，北京地区率先使用。2001年9月19日开通运行以来，本着以人为本、以病人为中心的宗旨，从近、从速、从优转送病人的基本原则，“999”已形成了以“紧急救援中心”为主，4个分中心、6个急救大站、45个急救分站的急救系统。制定了24小时紧急突发事件上报制度，并与“110”、“119”建立了紧急救援联动机制。共出动20万车次，救治了20余万病人，为北京市民增加了一条绿色生命通道。

“999”按照红十字会“协助政府开展人道领域救助工作”的要求，积极参与了北京地区近年来重大事故的救援工作。特别是在北京发生蓝极速网吧火灾、密云特大踩踏伤亡事故的救援和抗击“非典”斗争中做出了积极贡献。

（三）志愿捐献遗体工作

1999年，按照北京市政府的要求，“北京市志愿捐献遗体工作管理办公室”成立，设在北京市红十字会。北京市红十字会与市教委、市卫生局、市民政局、市公安局、市司法局等联合制定了《北京市志愿捐献遗体暂行办法》，并分别在协和医科大学、北京大学医学部、首都医科大学建立了三个遗体接受站。截至2004年，报名登记自愿捐献遗体者7739人，其中3298人办理了公证，累计实现遗愿者419人。为了弘扬志愿捐献遗体者无私奉献的精神，2004年，在市民政局的大力支持下，捐献遗体者纪念碑——“生命”，在北京市常青园骨灰林基地落成。

（四）造血干细胞移植工作

2001年4月，中国造血干细胞捐献者资料库重新启动。要求北京市红十字会建立“中国造血干细胞捐献者资料库北京分库”。本着充分利用社会资源、减少机构重叠的原则，北京市红十字会与北京市卫生局协商后，明确了北京市红十字血液中心承担“北京分库”血样的组织分型工作。6月份，北京市红十字会向市编办提出“关于成立北京造血干细胞捐献者资料库服务中心的请示”，11月，市编办批准市红十字会成立北京造血干细胞捐献者资料库服务中心，为相当于正处级的全额拨款事业单位、编制10名。截至2005年，在造血干细胞捐献者资料库北京管理中心报名登记的志愿者血样已有38051人份，其中已完成检测HLA分型数据27017人份；有21位志愿者成功捐献了造血干细胞，为白血病患者送去了重生的福音。

（五）“博爱在京城”募捐救助系列活动

北京市红十字会推出了“博爱助困、博爱助学、博爱助残、博爱助老”系列救助活动，制定了“56130救助计划”。即，帮助50000名困难家庭的儿童加入中小学生、婴幼儿住院医疗互助金，每人50元；救助3000个困难家庭，每户500元，资助3000名困难学生的年度学费，每人400元；帮助100个生活困难的白内障患者免费实施复明手术，每人2000元；帮助30个困难的孤寡老人入住颐年养老院，每人每年6000元。全年共向社会募集善款1898.53万元，完成了“56130”救助计划。救助了因自然灾害及突发事件造成的困难人群，使用了983万元的募捐款，切实加大了对本市困难人群的救助力度。

（六）“北京市中小学生、婴幼儿住院医疗互助金”工作

北京市中小学生、婴幼儿住院医疗互助金（简称互助金），是由农工民主党北京市委员会和北京市政协部分委员连续多年提案，经市政府批准由市红十字会和市教委、市卫生局联合开展的一项以互助共济为原则的公益性事业，于2004年9月正式启动。凡0—18岁有北京市户籍的孩子（包括已患病的孩子），每人每年交纳50元人民币，最高可累计享受到8万元的住院医疗费用保障。

此项工作，得到了市委、市政府和区县政府的大力支持。市委宣传部批示各新闻媒体加大了宣传力度；市编办批准成立了“北京市少儿住院医疗互助金管理办公室”；市财政局拨付启动经费，协调银行为各区县建立了集团账户。社会各界纷纷奉献爱心，为贫困家庭的少儿加入互助金捐款。为使互助金工作成为“阳光工程”，把这件利民的好事做实、实事做好，市红十字会成立了由市人大代表、市政协委员、市政府职能部门代表和加入互助金的学生家长代表等组成的“互助金工作监督委员会”，全程监督互助金工作。

（王万里）

东城区红十字会

【简介】

东城区红十字会创建于1952年2月，其前身是东单区红十字支会、东四区红十字支会。1958年5月随着两个行政区域合并，同时更名为东城区红十字会。区红十字会当时的主要工作是在人民群众中宣传普及卫生防病知识，组织现场救护训练，参加爱国卫生运动。1963年2月，东城区红十字会召开第一次会员代表大会，选举产生第一届理事会，健全了领导机构。至1966年底，全区319个居委会均建立了红十字会组织，建立红十字卫生站310个，部分驻区企事业单位、学校建立了红十字会。1966年12月至1979年8月，东城区红十字会停止工作。1979年9月在上级红十字会的关怀下，东城区红十字会重新恢复工作。至1982年东城区全面恢复基层红十字组织，发展会员16000余人。

进入20世纪90年代，特别是《中华人民共和国红十字会法》颁布以后，东城区红十字会各项工作趋向规范化、制度化。1998年3月，东城区政府第105次常务会明确“区红十字会为区级人民团体”。2004年11月，区机构编制委员会下发了“关于调整北

京市东城区红十字会机关管理体制的通知”，将区红十字会列为区政府直接联系独立设置的正处级社会救助团体。

在东城区红十字会组织机构中，分区、街两级红十字会组织。街道红十字会以辖区为基础，将驻地企事业单位的红十字会纳入街道红十字会管理。目前，全区10个街道红十字会与普教系统100%的社区和100%的中小学校建立了红十字会组织。共有基层组织361个，会员60184人。

【年度工作】

一、积极开展红十字人道主义救灾救助工作

（1）东城区各级红十字会组织广泛慰问帮助孤老寡特困家庭、下岗职工、以及享受低保家庭等困难群体，开展第十次“百户特困户送温暖”活动和“博爱助困”活动，共救助200名特困户，投入资金80000元。（2）2005年1月份，按市红十字会部署，区红十字会在全区紧急开展为印度洋海啸灾区紧急募捐，共募得善款1864313.35元。（3）开展2005年“博爱在京城”救助募捐活动，全区各级红十字会在驻地单位、居民社区中广泛发动积极劝募，全区累计募得善款800056.83元。（4）10月份开展“博爱助学”活动，与市、区教委红十字学校工委共同投入8万元，资助特困生200名。资助中小学校全部享受减免学杂费的1675名学生加入北京市少儿住院互助金，每人50元，共计83750元。区红十字会还开展了应对突发事件等其它领域的救助活动。全年共救助3097人，投入救助金43.155万元。

二、举办纪念“五八”世界红十字日活动

5月8日，东城区红十字会、东城区教委、北京市二中举办“自救互救—红十字在行动”中学生大型现场救护知识演练。全国人大常委会副委员长、中国红十字会名誉副会长何鲁丽，中国红十字会会长彭珮云，常务副会长江亦曼，副会长苏菊香，北京市副市长、市红十字会会长孙安民，副会长韩陆，东城区区长卢彦等区委、区政府领导参加了纪念活动。红十字国际联合会东亚地区代表团团长亨利先生参加了活动。现场自救互救技术演练由160名中学生进行，100名学生集体进行头部帽式包扎等四个部位的包扎表演，60人分别模拟触电等事故现场的急救。活动现场气氛活跃，演练取得了圆满成功。北京市二中1500余名师生参加了这次活动。

三、中小学生、婴幼儿住院互助金工作

2004～2005学年度，全区共有46466名中小学、婴幼儿加入了住院互助金，收费金额2323300元，覆盖率54.15%。在全市少儿互助金工作会议上，东城区荣获北京市少儿互助金工作“优秀组织奖”。全学年为704人次患儿报销住院费1198745.75元。

四、街道社区红十字服务工作

（1）经过区、街两级红十字会两年的争创工作，2月份东城区被中国红十字总会和国家民政部授予“全国社区红十字服务示范区”荣誉称号。（2）2005年区、街红十字会积极开展初级救护员培训工作，全年共举办培训班15期，完成1066人的自救互救知识持证培训任务。（3）10月份，区红十字会组队参加了北京市红十字会系统大型应对灾难救护演练，东城区的《火灾现场伤员救护和撤离》荣获“组织奖”和“表演奖”。

五、红十字青少年工作

（1）2005年，东城区各中小学校红十

字会结合学生特点，组织学生会员开展丰富多彩、形式多样的红十字活动。利用健康课、闭路电视宣传会务知识。学校红十字会组织学生学习意外伤害避险逃生自救知识，进行救护包扎比赛，提高学生自救互救意识和技能，并积极开展社区红十字志愿服务活动，组织学生会员慰问社区敬老院老人，弘扬红十字人道主义精神。（2）5月24日，北京市红十字会召开红十字青少年工作表彰、颁奖大会，东城区张意承等六名学生荣获“北京市优秀红十字青少年称号”。6月份，区红十字会与区教委共同表彰71名东城区“优秀红十字青少年”。

六、召开区红十字会第七次会员代表大会

11月22日，东城区红十字会第七次会员代表大会在京东宾馆召开。中国红十字会副会长郭长江，市红十字会常务副会长李雪奴，东城区委书记、区长卢彦，区人大常委会主任刘朋庆，区政协主席吴弘勇，区委副书记杨艺文，区政府副区长、区红十字会会长章冬梅，区政协副主席罗嘉陵等出席了大会。

会议通过了区红十字会《工作报告》和《五年规划》，聘请了区委书记陈平、区长卢彦为区红十字会名誉会长，区人大常委会副主任王王建军、区政协副主席罗嘉陵为名誉副会长。选举产生了新一届理事会，同时选举副区长章冬梅为区红十字会会长。

西城区红十字会

【简介】

成立于1953年的北京市西城区红十字会，历任会长均由西城区政府副区长（区革委会副主任）担任。七届理事会第一次聘请了时任区委书记和区长担任名誉会长。2004年11月，区红十字会理顺管理体制。机关编制10人，处级领导1正1副，内设办公室、业务部两个科室。2005年2月和7月，经上级党组织批准先后成立了机关党支部和党组。8月成立少儿住院医疗互助金管理办公室（相当正科级全额拨款事业单位，核定编制4人）。

西城区红十字会下设学校工作委员会和7个街道红十字会。区属84所中小学、职技校设有红十字会组织，有151个社区红十字小组，9支红十字救援队，376家驻区会员单位、201家团体会员单位，会员总数96849人（其中红十字青少年会员32561人），红十字志愿者9053人，街道社区、学校建会率达100%。

近年来，西城区红十字会充分发挥政府在人道救助领域里的助手作用，发动社会各界积极开展专项募捐活动。其中，为南方洪水募捐772.3万元、内蒙古雪灾募捐285.4万元、“非典”募集款物248.9万元、印度洋海啸募捐76万余元。在2004年“博爱在京城”主题募捐中募集84.7万元，全部上缴北京市红十字会。2004年5月，以准市场化运作方式，采取非专业型超市经营模式，在全国家率先开办了“红十字博爱超市”，实现了红十字捐赠站、救助站和红十字志愿者服务站三位一体的有机衔接。截至2004年，在理事单位、学校、社区、军营、旅馆招待所、建筑工地、酒楼饭店等行业和单位的积极协助下开展自救互救培训近600期，有16万余人接受培训，其中3417人获得初级急救员证书，14人获得师资证书。

西城区红十字会曾荣获全国红十字会系

统先进集体、全国社区红十字服务示范区和北京市红十字会先进集体，多次获得市红十字会募捐工作特别贡献奖、奉献杯组织奖、优秀组织奖，西城区防治非典型肺炎工作先进集体、西城区文明单位等荣誉。常务副会长袁利当选中国红十字会八届理事会理事。

【年度工作】

一、组织建设工作。2005年，召开了西城区红十字会第八次会员代表大会，北京市红十字会常务副会长李雪奴和西城区政府区长林铎发表讲话。选举产生了由66名理事组成的新一届理事会。聘请区委书记、区长和主管区委副书记为名誉会长。陈蓓当选第八届理事会会长，袁利当选常务副会长。新发展团体会员单位13家、会员18408名、志愿者1185人。

二、救灾救助工作。年内，联合区慈善协会、区残联、团区委、区妇联、区计生协搭建起了以“博爱在京城”为主体的综合募捐救助体系，构筑了八条保障线。在“博爱在京城”活动中接收捐赠款150万元。为300户困难家庭发放每张储值500元的“博爱卡”300张，帮助1177名残疾、困难学生和婴幼儿加入少儿互助金。向大病患儿、意外事故丧生学生家庭和特教学校发放救助款15.45万元。救助贫困学生125人，救助困难家庭427户、火灾家庭23户、风灾家庭7户，累计发放专项救助款54万余元。出资20万元援建甘肃岷县王家沟小学、新疆民丰县孤儿福利中心危房改造和门头沟社区卫生站等项目，以及江西九江、吉林延吉灾后重建工作。少儿住院医疗互助金覆盖率从2004年的77.4%上升到81.6%。共为先天性心脏病、白血病等大病患儿1379人次支付住院医疗费用和五种大病的门诊医疗费用240多万元。

三、自救互救培训工作。年内，组织8万余人进行自救互救、包扎技能培训，300人取得初级救护员证书，5人获得师资证书。组织会员参加北京市红十字会系统应对灾难救护演练，获得优秀组织奖和优秀表演奖。

四、红十字青少年工作。年内，红十字青少年正式纳入“健康促进校”工程。承办了第19届京津唐红十字青少年夏令营活动。接待了总会常务副会长江亦曼的调研和全国红十字青少年素质教育观摩。展览路第一小学首批被授予“北京市红十字会示范校”称号。育翔小学被授予“北京市红十字会标准学校”称号。

五、社区服务工作。年内，制订了《西城区红十字会应对突发事件预案》，组建了9支志愿者救护队。向西城区人大代表汇报了工作，组织7个街道、84所学校红十字会进行了交流评比。新开红十字博爱超市6家。实施白内障患者复明手术13例，为困难家庭粉刷房屋100户，向特教幼儿园赠送玩具24种，为博爱超市捐赠大米2000千克。接受了全国政协副主席周铁农、总会常务副会长江亦曼及西城区人大代表的视察。西城区荣获“全国社区红十字服务示范区”荣誉称号。

六、宣传传播工作。年内，组织基层红十字会干部200人次开展了红十字会法、会务知识和人道法传播、通讯写作、业务知识和自救互救知识培训。编制发放了西城区红十字会专刊、七年巡礼画册、宣传手册、博爱商店折页、防灾避险小常识和“少儿互助金”宣传材料30万册（份）。

七、交流工作。年内，接待了俄罗斯、

韩国、罗马尼亚等国家红十字会和台湾红十字组织及湖北省红十字会代表团的参观交流。组织基层红十字会工作者到海南省进行了学习考察。

崇文区红十字会

【简介】

崇文区红十字会成立于1953年，当时挂靠区卫生局，为从事人道主义工作的社会救助团体，事业编制。2004年底，按照中国红十字会总会的要求，崇文区红十字会理顺了管理体制，机构独立设置，级别升为正处级，编制增加到8人。2005年12月22日，崇文区红十字会召开第七次会员代表大会，选举产生了新一届理事会，区委书记李晓光、区长牛青山为名誉会长，副区长刘玉芳为会长，贾红梅任常务副会长，吴国强任秘书长。2005年8月，成立了区红十字会党支部，贾红梅同志任党支部书记。

在崇文区委、区政府和北京市红十字会的领导、支持和指导下，截至2005年底，全区7个街道、区直机关、教育、卫生系统都建立了红十字组织，基层红十字组织达34个，会员30795人（其中红十字学校10所，青少年会员7893人)，占全区常住人口的9.24%，高于全市5.08%平均水平。

【年度工作】

一、组织建设

崇文区红十字会自理顺体制以来，组织不断发展壮大，现有基层分会10个，红十字会团体会员单位28个，全区38所中小学全部建会。其中，红十字学校10所，全区有红十字会会员30795人，红十字青少年会员7893人，红十字志愿者3800人，并于年内成功召开了崇文区红十字会第七次会员代表大会。

二、救灾救助

1、开展“博爱在京城，牵手同奔小康”活动。为贯彻落实北京市红十字会《关于2005年继续开展“博爱在京城”大型募捐系列活动的通知》精神，区红十字会在全区范围内组织开展了以“博爱在京城，牵手同奔小康”为主题的大型募捐救助系列活动，共募集善款40.2万元。面对印度洋地震海啸的灾情，区红十字会团体会员单位自发地组织为海啸受灾地区捐款活动，37个单位共募集善款306131.69元。

2、少儿住院医疗互助金工作。2005～2006年学年度，全区近4万名少儿中有22600人参加互助金，共缴费1066500元，参加率56.88%。截至2005年8月31日，共报销380人次，为全区因各种疾病住院的患儿，报销住院费用64万余元。最高报销金额6.2万元/人（次)。其中，为五种大病及心脏病的患儿报销97人次，住院及特殊门诊总金额为23.5万元。

三、自救互救培训及造血干细胞捐献工作

与崇文区疾控中心合作恢复了“北京市红十字会救护培训中心崇文分中心”，在市红十字会卫生救护培训中心的支持下，开办了一期中小学校医师资培训班，51名校医通过考核取得救护培训师资证书；此外，区红十字会还组织了12名红十字专、兼职干部参加了市红十字会举办的彩票公益金救护师资培训班。

红十字会组织各街道分会积极开展无偿献血和捐献造血干细胞的宣传，动员居民、外来务工人员积极参加。目前，全区共有

333人加入造血干细胞志愿捐献者队伍。

四、红十字青少年工作

全区有38所中小学校建立了红十字组织，其中红十字学校10所；青少年会员14113人，教工会员1374人。

五、社区服务工作

在中国红十字总会2005年初召开的中国红十字会2005年工作会议暨全国社区红十字服务示范市（区）命名表彰大会上，崇文区红十字会被中国红十字会总会、民政部命名为全国首批28个社区红十字服务示范市（区）之一。

六、红十字宣传工作

为进一步扩大红十字会的社会影响，区红十字会建立了自己的网站，并广泛利用社会资源，在《新崇文》第359期以专版介绍了人道主义四项工程。利用世界红十字日、献血法宣传日，积极组织各类宣传活动。5月8日当天，区红十字会在活动现场向群众发放了1000余册《避险逃生手册》。

七、积极开展交流工作

8月底至9月初，崇文区红十字会分别接待了美国、韩国红十字会代表团的参观访问。

宣武区红十字会

【简介】

宣武区红十字会建于1953年，“文革”期间工作停顿，1978年恢复工作。按行政区域划分，区红十字会下设8个街道红十字会及红十字会学校工作委员会。现有基层组织147个，其中机关、企事业单位82个，中小学校、职高65个。红十字会员40692人，其中成人会员31911人，青少年会员8781人。

宣武区红十字会紧紧围绕“保护人的生命和健康，发扬人道主义精神，促进和平进步事业”的宗旨，本着解放思想、实事求是、创造性开展工作的原则，努力实施和完善人道主义博爱系列工程，进一步拓宽了人道主义救助工作的领域，使全区红十字会工作更加贴近社会、贴近生活、贴近群众。

2004年9月，根据市编办（京编办事［2004］81号）文件批复，宣武区红十字会机关被列为区政府直接联系的独立设置的群众团体机构，机构规格为正处级，编制5名。2005年6月，根据宣武区编办（宣编［2005］22号）文件批复，增加区红十字会编制2名，总编数为7名，设置办公室、业务科2个内设机构。

2004年11月，中国红十字会总会对宣武区“争创《全国社区红十字服务示范区》工作”进行评审验收。2005年2月，宣武区荣获中国红十字会总会、民政部授予的“全国社区红十字服务示范区”称号。

【年度工作】

一、接待总会领导调研

2005年3月，中国红十字会常务副会长江亦曼一行5人在北京市红十字会副会长韩陆等的陪同下到宣武区进行工作调研。区长、区红十字会名誉会长武高山，副区长、区红十字会会长王瑞珠向总会领导汇报了区红十字会2005年的工作思路及对如何发展红十字事业的意见和建议，引起了江亦曼等领导的重视。随后，江亦曼一行参观了设在政务大厅的少儿住院互助金窗口和天桥地区红十字活动中心，观看了社区居民的自救互救知识培训。与办事处的主任、红十字会干部和居委会主任一起就如何在社区中开展红十字志愿服务工作进行了座谈。

二、救灾救助工作

2004年12月底，印度洋发生海啸，宣武区红十字会及时公布了捐助热线，仅一个月的时间，区红十字会就接收赈灾捐款682426.68元，全部上缴市红十字会。在海啸募捐工作中，区红十字会严格执行了募捐款管理的各项规定，在专项审计中得到市审计局和市红十字会的好评，并被北京市红十字会授予“2005年度募捐救助活动组织发动优秀奖”称号。

2005年4月，宣武区红十字会在广外红莲广场正式启动“博爱在京城”募捐活动，得到驻区单位和社区居民的积极支持和广泛参与。此项活动，共募集善款308440.30元，全部上缴市红十字会。

“两节”期间，区红十字会开展了以“红十字与您牵手”为主题的社会救助系列活动，投入救助金10万元，对全区113户特困家庭和100名困难学生进行了救助。2005年，区红十字会还先后为20户遭受火灾的居民送去5万余元的救助金及生活必需品；为12名因大病、重病造成生活困难的居民送去医疗救助款4万元；出资组织培智学校的部分学生游览了动物园、参观了天文馆；为牛街民族敬老院添置了健身器材。

2005年12月，在市红十字会的支持下，大栅栏街道红十字会依托社区中心筹建的“博爱超市”正式挂牌，博爱超市联合各社会团体参与扶贫济困的社会救助，为社区搭建了一个奉献爱心的平台。

三、救护培训及无偿献血工作

2005年7月，区红十字会主办了“迎奥运自救互救大演练”活动，来自街道和学校工委的9支急救队和150余名居民参与了活动，广外、天桥、陶然亭街道分别获得一、二、三等奖。10月，宣武区30余名急救队员、14名中学生参加了“北京市红十字会系统应对灾难救护演练”活动，区急救队表演的“地震现场避险逃生”及中学生现场救护表演获得好评。宣武区荣获组织奖、团体表演奖、表演奖三项奖项。

2005年6月，宣武区红十字会、区血液管理办公室在庄胜崇光百货商场门前举办“世界献血日”纪念活动。当日有41人献血，采血62袋；有60名无偿献血志愿者现场参加了青年应急献血志愿者的签字仪式。

2005年9月，区红十字会在建筑工地为工人们举办了预防艾滋病、心理卫生、避险逃生等健康知识讲座，互动形式的讲课。12月，区红十字会与市红十字会、中国医促会亚健康专业委员会联合举办了“为了母婴健康，让我们携手拯救乳房”健康科普知识讲座，来自各个社区的下岗女工和外来务工人员150余人参加了此次活动。红十字生命关爱行动在需要关注的群体中开辟了新的活动场所。

四、少儿住院医疗互助金工作

宣武区少儿住院医疗互助金工作于2004年12月正式启动。2004～2005学年，全区缴纳互助金款170余万元，收缴率达70%；2005～2006学年，全区缴纳互助金款147余万元，收缴率达58%；两个学年度均获市少儿互助金工作优秀组织奖。

2005年10月，全国政协副主席、民革中央常务副主席周铁农，全国政协常委、社会和法制委员会副主任伍绍祖及部分全国政协委员，中国红十字会常务副会长江亦曼、在北京市副市长、市红十字会会长孙安民，北京市政协副主席满运来等陪同下，视察了设在区政务大厅内的红十字会少儿住院互助金窗口。

五、红十字青少年工作

2005年,在全区中、小学校中开展了“红十字,我心中的歌”诗歌、童谣征集及文艺汇演活动。征集稿件1300余篇,并将40篇获奖作品制作成了精美的画册和书签,发放给参与活动的学校和学生。在文艺汇演中,有18个节目参赛,节目内容新颖活泼,生动感人,展现了当代红十字青少年的风采。“红十字,我心中的歌”主题活动被中共宣武区委宣传部评为2005年度特色宣传教育活动。

2005年,宣武区白纸坊小学通过市红十字会“红十字示范校”检查验收。全区有6名学生被评为市百名优秀红十字青少年会员;宣师一附小“纪念红十字会百年系列活动”、白纸坊小学“培养今天的幼苗,托起明天的太阳”活动和66中学“我为红十字做贡献”活动获十佳红十字青少年活动奖;外国语实验学校“百年华诞,永恒的爱”活动和上斜街小学“我们生活在爱心的摇篮里”主题系列活动获优秀红十字青少年活动奖。

六、交流工作

2005年4月,红十字会与红新月会国际联合会主席苏亚雷斯·托罗先生一行3人在中国红十字会总会常务副会长江亦曼及市红十字会常务副会长李雪奴的陪同下,到宣武区天桥社区视察红十字会工作。同年9月,罗马尼亚登博维察省红十字代表团一行10人在市红十字会副会长韩陆的陪同下,到宣武区回民小学进行了工作访问。

朝阳区红十字会

【简介】

朝阳区红十字会建立于1957年11月,当时名称为东郊区红十字会,挂靠在朝阳区卫生局。1958年随着区政府更名改为朝阳区红十字会。2005年7月,召开了区红十字会第七次会员代表大会,178名红十字会员代表出席大会。大会全面总结了过去7年的工作,制定并通过了朝阳区红十字会2005～2009年发展规划。选举产生了新一届理事会,区委书记李士祥、区长陈刚任名誉会长,副区长关三多任会长,共选出103名理事,21名常务理事。

朝阳区红十字会机关正式编制8人,到2005年6月红十字会领导及科室人员全部到位。8月成立了区红十字会机关党支部,建立了各项规章制度。全区22个街道、20个地区(乡)全部建立了红十字会,210所学校建立了红十字会组织,成立了朝阳区红十字学校工作委员会,共有团体会员单位418个,个人会员60000余名,区域内的红十字会网络基本形成。

【年度工作】

一、宣传传播工作

利用各种宣传日,开展了红十字的宣传与传播活动,以扩大红十字的社会影响力,提高知晓率。区红十字会及各街乡红十字会利用“五八”世界红十字日举行大型的募捐救助活动,既宣传了红十字知识又为有爱心的人们搭建了奉献的平台。6月14日世界献血者日,与区献血办在安贞华联商场门前联合举行了大型宣传活动,社区红十字志愿者为献血状元们表演文艺节目,发放宣传材料,推动无偿献血。团结湖街道红十字会结合纪念红十字会法颁布12周年之际,开展“我参与、我健康——关爱生命健康大课堂”活动,使地区的居民既学习了健康知识又了解了红十字会的宗旨。六里屯街道红十字会利用12月1日艾滋病宣传日发起红丝带志愿服务活动，宣传如何防治艾滋病，倡导人们关爱艾滋病病人。10月20～21日举办了组织基层红十字会干部培训班，9月1日举行了区红十字理论研讨等活动。

二、募捐救助工作

5月7日，在朝阳区金台文化广场举行了纪念“五八”世界红十字日暨“博爱在京城、博爱在朝阳”募捐启动仪式，中国红十字会副会长郭长江、市红十字会常务副会长李雪奴、区红十字会会长关三多等领导出席活动并讲话。全区各街、地区（乡）红十字会、红十字会学校工作委员会积极参与募捐，共募集善款453万元人民币。利用捐款在全区开展了“博爱助学、博爱助困、博爱助残、博爱助老”活动，全年救助困难人群、家庭共计2581户，使用救助款125.4万元；对口支援内蒙、新疆、河北等外省市红十字会救助款15万元。7月，区红十字会与区教委、区卫生局联合开展了少儿住院医疗互助金工作的宣传发动工作，全区共有10.6万名符合条件的中小学生、婴幼儿参加少儿互助金，参加率达61%，被评为北京市少儿互助金工作先进单位，36个基层单位受到了表彰。为了使更多的孩子受益，使那些家庭生活困难的孩子也能享受到少儿互助金，经学校、医院及街（乡）的深入调查，1371名困难中小学生、婴幼儿获得市、区两级红十字会发放的“博爱医疗卡”，免费加入了少儿互助金。

三、自救互救工作

年内共组织了35期卫生救护培训班，有871人取得初级急救员证书，15000人次接受了卫生救护知识的普及教育。此外，增加了10名有医疗知识、授课能力强的培训教师，壮大了区红十字会救护知识培训的师资队伍。亚运村、建外、垡头、左家庄、高碑店、三间房等街道、地区（乡）红十字会积极组织人员开展自救互救培训。为了迎接奥运会的到来，组建了亚运村街道、建外街道和北京求实职业中学三支区级红十字救援队，作为应对突发事件的准备。10月29日市红十字会在朝阳体育馆举行了红十字会系统应对灾难救护演练大型活动，朝阳区获得了北京市红十字会颁发的演练组织奖和表演奖。

四、红十字青少年工作

利用各种形式向青少年宣传“人道、博爱、奉献”的红十字精神，调整了朝阳区红十字会学校工作委员会成员，充实了学工委的力量。同时对全区中小学校红十字会组织进行重新申请、填表登记，为全区红十字青少年工作的开展奠定了组织基础。开展卡通作品征文活动，有5幅作品被选送到市红十字会参展。目前全区又有60所学校建立了红十字会组织。年底，将学校红十字会组织建设及红十字活动的开展情况纳入北京市健康促进校工作考核内容。

五、社区服务工作

建立红十字社区服务站，为争创全国社区红十字服务示范区做好各项准备。4月18日，为了将人文奥运落到实处，推动社区红十字服务工作，亚运村街道率先成立了朝阳区第一支“红十字会奥运志愿服务队”，组织开展红十字会务知识、自救互救技能培训及突发事件急救演练。7月28日，“北京市朝阳区CBD红十字志愿者协会”在建外街道办事处正式成立，110名会员代表参加了成立大会。会议按照法定程序通过了协会章程，推选出执行机构和负责人。著名京剧表演艺术家梅葆玖、书法家刘泽、北京广播电视台副台长常青等应邀担任协会名誉理事，著名京剧演员耿巧云、书法家曹铁山、企业家罗昕、119中学校长金云峰等担任协会理事，地区单位、居民100多人申请加入协会，使协会具有广泛的社会基础。协会以做好“五个服务”为宗旨，即：为地区和社会提供志愿服务、进行社会公益服务和其他人道主义服务，完成人民政府委托的公共服务及特殊服务。同时广泛团结各界爱心人士，积极发挥社团组织的作用，为开展公益活动搭建平台，为构建和谐社会贡献力量。

六、交往工作

2005年，区红十字会与内蒙古赤峰市松山区红十字会就开展全国社区红十字服务创建、募捐救助、博爱助学等工作进行交流。

海淀区红十字会

【简介】

1958年10月，海淀区红十字会成立，同年，区红十字会在海淀、四季青、清河等10个乡、镇建立基层红十字会组织，发展会员3000人。

1959～1963年，区红十字会建立基层红十字会组织130个，发展会员2万人。根据卫生部、中国红十字会《关于加强国防救护训练建立健全红十字卫生站的紧急通知》，以街道为重点整顿、建立红十字会组织，共建立红十字卫生站245个。基层红十字会以卫生站为活动中心，利用各种形式普及卫生知识，开展卫生防病、自救互救培训。1966年至1978年，红十字会工作停止。

1979年，海淀区红十字会恢复工作，并召开了第三次会员代表大会，选举产生了第三届理事会，基层组织发展到182个，会员3万人。1981年5月，以林敬三为团长的日本红十字会代表团到海淀区中日友好公社红十字会参观访问，观摩会员4项技术表演、了解合作医疗工作。区红十字会先后接待了加拿大、日本、泰国、孟加拉国、南斯拉夫、联邦德国、美国、瑞典、瑞士、芬兰、阿尔及利亚以及红十字国际委员会等27个国家和国际红十字会代表团的访问。先后与枣庄、烟台、青岛、承德、沈阳、成都、重庆、武汉、南京、上海、苏州、杭州、无锡等十多个省、市红十字会进行交流。1985年，区红十字会在全区开展“支援非洲灾民义诊”活动，共捐款13.5万元。1985年至1995年先后为大兴安岭、云南等地捐款7次，捐款共计168.38万元。1986年1月，区红十字会第四次会员代表大会召开，大会选举产生第四届理事会，会议决定重点抓组织发展、宣传教育、卫生救护、红十字卫生站建设等工作。1986年至1998年，全区基层红会组织501个，会员8万余人。1986～1988年，区红十字会组织会员卫生救护培训6.11万人次。各街道红十字卫生站中级以上卫生技术职称人员占44%，他们承担对一般常见病治疗与专科治疗。1995年，全区基层红十字会组织497个，群众救护队221支，会员10.75万人，红十字卫生站53个。1986至1995年，红十字卫生站诊治病人累计共7303万人次。1998年5月，区红十字会被批准为副处级单位，召开了第六次会员代表大会，选举产生了第六届理事会，区长李进山任名誉会长、副区长周卫民任会长、区卫生局局长蒋仪任常务副会长，王智艳任秘书长。

2004 年 12 月，区红十字会召开第七次会员代表大会，选举产生了第七届理事会，聘请区委书记谭维克，区委副书记、区长周良洛为区红十字会名誉会长。区政府副区长赵建忠任会长、王智艳任常务副会长、刘晓燕任秘书长。2005 年 5 月 10 日，经区委、区政府批准，区红十字会调整为区政府直接联系的独立设置的正处级群众团体机构。同年 7 月，成立了海淀区少儿住院医疗互助金管理办公室。2005 年 12 月，召开第七届理事会第二次会议，王宝珠任常务副会长。

目前，全区有 22 个街道、2 个地区办事处和 5 个镇建立了红十字会，共有社区红十字会员小组 558 个，红十字会员总数 22 万人。全区小学、中学及职高共计 169 所，全部建立了红十字会，青少年会员 4.6 万人，达到学生总人数的 25.70%。

有志愿工作者 1 万余人，有 3 支区级红十字志愿者队伍：香山街道自愿无偿献血志愿者队伍、护理志愿者服务队、礼仪志愿者服务队。

区红十字会设理事会、常务理事会、执委会，有红十字工作委员会 1 个（海淀区红十字学校工作委员会）。区红十字会机关内设办公室和业务部，机关人员编制 8 名，下设海淀区少儿住院医疗互助金管理办公室直属事业单位一个。

【年度工作】

一、健全组织，自身建设取得新进展

2005 年 5 月，海淀区红十字会调整为区政府直接联系的独立设置的正处级群众团体机构。7 月成立少儿住院医疗互助金管理办公室。12 月，召开第七届理事会第二次会议，完成了区会领导班子的新老交替。

健全和完善了基层红十字组织。22 个街道和 2 个地区办事处、5 个镇全部建起了红十字会组织。基层红十字会组织机构健全，职责明确。各街道、地区办事处、镇的主管主任、镇长担任会长，公共事业管理科科长担任秘书长，全区形成了以街道、地区办事处、镇为龙头，各驻区的基层单位红十字会紧密相连的红十字工作网络。在健全机构的同时，对会员进行了重新登记，重新颁发了团体会员证书。会员的不断增加，组织的不断壮大，为海淀区的红十字事业发展奠定了坚实的基础。由于机构健全，人员到位，做到了渠道畅通，指挥有效，保证了红十字会各项工作的顺利推动和落实。

二、履行职责，业务工作迈上新台阶

1. 救灾救助工程卓有成效。充分发挥人道救助领域助手作用，积极响应市红十字会号召，组织开展为“印度洋海啸”募捐、“博爱在京城、奉献在海淀”大型募捐救助系列活动，共募捐 132 万余元。设立募捐箱 7 个，共募集善款 1 万余元。

实施“56130 救助计划”，对全区 150 名特困生助学、救助 260 户困难家庭、为因患白内障失明的特困者做复明手术、安排 2 位孤寡老人入住通州颐年敬老院、帮助 471 名贫困生免费参加少儿住院医疗互助金，开展一系列“博爱助学”“博爱助困”、“博爱助残”、“博爱助老”活动。同时，开展“三下乡扶贫”、支援老区等活动，全年共计投入 130 万余元。使弱势群体真正感受到红十字人道、博爱、奉献精神的温暖。

2. 自救互救工程稳步开展。全年培训 12 名师资、有 680 人经培训获得“初级急救员证书”，对 5 万多人进行了救护知识普及培训。

目前，全区有 47 名师资，有 3700 余人获得了“初级急救员证书”。区政府高度重视红十字救援队建设，拨专款72万元支持组建区、街道（地区办事处、镇）两级红十字救援队。全区已组建红十字救援队185支，其中区红十字会2支，街道（地区办事处、镇）27支，校红十字会156支。

在10月29日市红十字会组织的应对灾难演练活动中，海淀区红十字会获得“组织奖”；中关村中学荣获了“团体奖”、“表演奖”。

3. 红十字青少年道德教育工程蓬勃开展。2004～2005学年度，全区有3所学校获得第9批“红十字学校”称号、3项“十佳红十字青少年活动奖”、10名“优秀红十字青少年会员”。

6月14日，中国红十字会常务副会长江亦曼一行等5人视察了中关村中学开展青少年红十字工作的情况；8月，区红十字青少年代表参加了市红十字会举办的中日韩交流活动；9月5日，中国红十字会会长彭珮云、中国红十字会常务副会长江亦曼以及参加全国红十字青少年工作会议的代表来到海淀区十一学校参观；10月24日，市红十字会副会长韩陆到中关村中学检查验收红十字示范校工作。

4. 社区服务工程传送关爱。为了更好地开展争创全国社区红十字服务示范区工作，区红十字会及时向区委、区政府汇报，并于12月召开扩大理事会会议，专题报告创建活动的依据、背景、意义、内涵和思路。区委、区政府高度重视创建示范区工作，把该项工作提高到树立和落实科学发展观、构建社会主义和谐社会的高度来认识，作为一项重点工作来研究和落实。区长办公会、区委常委会专题听取红十字会工作汇报，研究创建示范区工作，并建立健全了领导、协调机制，及时召开了创建工作领导小组会议，制定了《海淀区创建全国社区红十字服务示范区活动领导小组各成员单位工作职责》，将创建任务分解到各个委办局和有关部门，确定第一责任人，同时提出了以点带面、分步推进、突出特色、勇于创新、严格标准、保证质量的创建工作思路。

全区以创建示范区活动为契机，加强社区红十字服务体系建设，以社区为依托，以红十字会员和志愿者为主体，以社区居民特别是弱势群体为服务对象，深入开展“六进社区”活动。

5. 少儿住院医疗互助金工作打开新局面。2004年至2005学年度，为全区11万余名少年儿童办理了住院医疗互助金的手续，收缴互助金550多万元，总覆盖率达57%，支付患儿医疗费用300余万元，起到为政府分忧、为患儿家长解难的作用，受到家长们的好评。

6、宣传传播工作迈上新台阶。举办了“世界红十字日”、“世界献血者日”、“红十字会法颁布纪念日”等大型纪念宣传活动。在北京红十字报、海淀报、海淀电视台等媒体发表各类报道约30余篇。为扩大红十字会的影响力，组织订阅《中国红十字报》521份，《北京红十字报》420份，《博爱》杂志168份。“世界红十字日”开展不博爱在京城大型募捐宣传活动，“世界献血者日”举办海淀区献血徽标征集、评比活动，为纪念 红十字会法颁布日，香山街道举行了无偿献血者队伍宣誓授旗仪式。通过开展不同主题、不同形式的大型宣传纪念活动，宣传人道、博爱、奉献精神和红十字会工作的业绩，并拓展了宣传渠道，扩大了红十字会的影响，提高了红十字会的知晓率和群众的参与率。

丰台区红十字会

【简介】

丰台区红十字会1984年12月24日建会，挂靠区卫生局。2005年10月26日，区红十字会正式独立为由区政府直接领导和联系的正处级单位。内设一部一室，编制7人。

【年度工作】

一、广泛宣传红十字宗旨，加强组织建设

“五八”世界红十字日丰台区红十字会在全区开展了以“博爱在京城”募捐活动为主线，以“红十字与您牵手”为主题，以开展红十字活动带动宣传为模式的“红十字宣传纪念周”系列活动。丰台区各级红十字会分别开展了以“红十字与您牵手”、“大手拉小手，奉献爱心”为主题的宣传纪念活动。区红十字会以“博爱在京城”募捐活动为主线，在全区发放劝募书，在5月8～13日一周期间，开展了“红十字宣传纪念周”系列活动。与区残联联合为15位生活困难的白内障失明残疾人做了开盲手术。东高地街道举办了红十字会社区文化广场活动。长辛店街道启动了“爱心社”系列救助活动，为地区23个社区的近百户贫困家庭发放募捐来的生活用品300余件。以宣传带动组织建设，目前，全区21个街道、乡镇全部建会，设有丰台环卫系统、中小学教育系统、世界公园三个工作委员会，基层组织300个，成人会员21000名，青少年会员11000人，红十字志愿工作者8000人。

二、开展“为印度洋海啸灾民募捐”和“博爱在京城”活动

2005年开展了为印度洋海啸灾区募捐活动，共募集捐款102万元。“博爱在京城”募捐活动，共募集捐款237257.61元。2005年12月底，在市红十字会召开的2005年度为印度洋海啸灾区募捐暨“博爱在京城”募捐工作总结表彰大会上，区红十字会荣获“2005年度募捐救助活动优秀组织发动奖”。2005年元旦、春节期间，区红十字会向全区120户特困家庭开展了送温暖活动，发放救助金5万元。为16名特困学生发放助学金6600元。在“家世界”连锁店设立了两个募捐箱，并制定管理办法，共募集捐款2937元。

三、建立并完善群众性救护培训网络

丰台区红十字会在群众性自救互救培训工作中，抓好“三个一”既：重点抓好一个网络、一支队伍、一种机制的组织管理体系。2005年，区红十字会对全区930人开展了救护培训，组织10名街道骨干、社区医生参加了北京市红十字会救护师资培训班。

四、红十字青少年工作

认真落实《北京市学校红十字会工作规程》，深化红十字青少年“道德教育工程”。组织丰台二中12名红十字青少年参加，北京市红十字会救护大演练活动，并荣获“优秀组织奖”。北京十中申报并通过验收，被命名为“北京红十字示范校”。实验小学红十字会开展的“爱心书屋进社区”活动，被评为“北京市红十字青少年十佳活动”。7名青少年会员获“百名优秀红十字青少年”殊荣。

落实《红十字青少年工作进社区》文件

精神。学校红十字会与街道社区相结合，开展创建“爱心书屋”活动，为红十字青少年进社区开辟了途经，社区成为学校红十字会开展社会实践活动的第二课堂。长辛店第一小学和丰台实验小学分别为所在社区开展了捐书活动，长辛店一小为长辛店街道的南墙缝社区、东山坡社区，实验小学为新村街道的韩一社区捐书共计6000多本，分别为这些社区建立了“爱心图书室”，为家庭困难的学生提供阅读、学习的条件。丰台实验小学红十字会还开展了“体验人文关怀、健康快乐成长”主题教育活动。全区有4000名青少年会员参加了“爱的足迹”电子贺卡大奖赛和爱心童谣创作活动，有20名会员分别荣获一、二、三等奖。

五、开展少儿住院互助金工作

2005年，全区参加互助金的单位共计235家，参加人数为36076人，参加率46%，总收费金额1700750元。比2004年同期增长了35家、10076人，入率提升22%。在完善收费、管理、报销机制的同时，少儿住院医疗办公室还设立了查询网站，为患儿家长提供医疗费报销金查询服务。

石景山区红十字会

【简介】

根据北京市机构编制委员会办公室《关于理顺区县红十字会机关管理体制有关问题的通知》和北京市红十字会《关于做好理顺区县红十字会管理体制工作的指导意见》，2004年12月31日石景山区机构编制办公室发文石编发出《关于调整石景山区红十字会机关管理体制的通知》，红十字会理顺为区政府直接联系的独立设置的群众团体机构，机构规格调整为正处级，核定机关编制8名，其中处级领导职数为1正2副。

目前，全区9个街道办事处、教工委均建立了红十字会组织。全区56所中小学校、职业学校中有48所学校建立了红十字会组织，并有7所学校被北京市红十字会授予“北京市红十字学校”荣誉称号。全区现有红十字会基层组织200余个，成人会员8200余人、青少年会员6700余人、红十字志愿工作者9000余人。

【年度工作】

一、开展募捐救助活动

2005年，根据市红十字会有关精神，石景山区红十字会开展了为海啸受灾地区募捐活动及“博爱在京城”大型募捐活动。在为海啸受灾地区募捐活动中，共收到募捐款161142.56元，全部上缴市红十字会；在开展的“博爱在京城”大型募捐活动中，共收到募捐款344236.90元，全部上缴市红十字会。2005年12月底，在市红十字会召开的2005年度为印度洋海啸灾区募捐暨“博爱在京城”募捐工作总结表彰大会上，石景山区红十字会荣获“2005年度募捐救助活动组织发动优秀奖”。2005年石景山区红十字会对困难家庭、品学兼优困难学生、低保家庭的学生、患大病的教师、学生等进行了救助。通过一系列救助活动，充分发挥了红十字会作为政府人道救助领域工作助手的作用。“两节”期间，区红十字会募集50000元及价值17000余元的物资，走访慰问了特困家庭300余户；会同市红十字会资助了154名品学兼优的特困学生，每人400元；资助1477名低保家庭的学生加入少儿住院医疗互助金，每人50元，共73850元；出资 25000 元资助了特困残疾人和患重病的特困学生、患癌症的特困教师；为低保户发放运动鞋 200 余双；为老人及需要人群发放止鼾器 2576 个，价值 12880 元；区红十字会与广宁街道红十字会在广宁街道麻峪社区建立了“博爱”超市。

二、少儿互助金工作

2005 年度全区共有 15950 人参加了少儿住院互助金，缴费比率为 43%。

三、自救互救工作

10 月 29 日，北京市红十字会举办了“北京市红十字会系统迎奥运群众性灾难应对救护演练”活动。在此次演练活动中，石景山区红十字会获得“优秀组织奖及优秀表演奖”。

为建立和完善红十字会系统救援体系，应对突发公共事件，石景区红十字会成立了区、街二级红十字救援队。救援队主要承担区内重大灾难救助任务，在必要时将参加北京市紧急救援任务。

四、红十字青少年工作

2005 年度，在“百名优秀红十字青少年”评选活动中，石景山区有 5 名青少年获此殊荣。

五、开展红十字宣传工作

2005 年共编辑信息 9 期，有 60 余条信息在市红十字报、石景山周刊、区电视台、首钢日报上登载、播出。

区红十字会网站正式开通，网站内容涵盖了石景山区红十字会的组织机构、规章制度、区红十字会的最新工作动态等，同时还包含有红十字会的相关知识。该网站的开通为宣传石景山区红十字会工作搭建了一个平台。

全区各级红十字会举办红十字运动知识讲座 100 余次，10000 余人参加。

六、社区服务工程

各级红十字会组织的红十字志愿工作者活跃在社区，利用节假日、“五八”世界红十字日、北京市社区服务日等，他们用自己的专业知识和技能，不计报酬，为群众提供服务。如：开展医疗健康咨询、法律咨询、义务理发、到敬老院慰问孤寡老人等。据不完全统计，全年共开展讲座、医疗咨询、便民服务 100 余次、受益者达 2 万余人。

天津市红十字会

【年度工作】

2005 年，天津市红十字会在市委、市政府领导下，团结带领全系统专、兼职干部、广大会员和志愿工作者拼搏进取，扎实工作，为构建和谐社会做出了积极贡献。

一、红十字会工作实现了两个历史性重大突破

中国红十字会“八大”召开和国务院办公厅转发《中国红十字会总会关于进一步加强红十字会工作意见》之后，天津市红十字会紧紧抓住这一有利于红十字事业发展的大好机遇，结合天津市的实际情况，在 2005 年实现了二个历史性突破：

一是在市领导和相关部门的支持下，经多次修改，以市政府名义下发了《关于进一步加强我市红十字会工作的通知》，对新的历史时期红十字会的地位、作用、职责以及各级政府、各行各业依法保障和切实支持红十字事业提出了十分明确的要求。这是天津市历史上第一个以市政府名义下发的加强红十字会工作的文件，有力推动了全市红十字

事业快速发展。

二是在理顺区、县红十字会管理体制上取得了突破性进展。在彭珮云会长和市领导的关心、支持下，市编委下发了《关于区县红十字机关机构设置和人员编制有关问题的通知》。在张俊芳副市长的主持下，召开了18个区、县主管区、县长参加的专题座谈会进行部署。会领导逐个区、县走访商谈，加紧督促推动区、县红十字会机构编制方案的落实。全市18个区、县红十字会机关机构设置和人员编制方案都已经市编办批准，全部实现了单独设置。

二、开展全市性的募捐工作，增强救助能力

2005年，市红十字会组织开展了两次全市性的大型募捐活动，一是为印度洋海啸灾区募捐。市红十字会和18个区、县及开发区、保税区红十字会开通了募捐热线电话，实行24小时值班接受捐款。二是在全市红十字会系统开展了“博爱助万家”募捐活动，两次募捐活动共募集捐款762万余元。

市红十字会募集社会资金35万元，在蓟县、宁河建立了两所“博爱小学”。

全市红十字会系统开展了“红十字博爱送万家”活动，共筹措救助金95万元，慰问困难户4624户。

年内，市红十字会还向贵州、宁夏、新疆阿勒泰地区红十字会捐赠了价值75万余元的救灾物资。

三、开展救护培训和关爱进社区工作

全市红十字会系统坚持把红十字关爱送进社区，积极探索具有红十字特色的社区服务方式。市红十字会与市民政局联合召开了红十字社区服务示范单位命名表彰大会，对1个全国红十字服务示范区（河西区红十字会）和3个市级红十字社区服务示范区、27个市级示范街（镇）进行了命名表彰。市红十字会与哈普乐公司继续开展健康教育进社区活动，组织由120多人组成的15支志愿小分队深入区、县社区开展了健康知识讲座、免费查体、义诊咨询等活动。市红十字会还在和平、大港两区建立了健康教育指导中心，在河东、和平两区为享受最低生活保障的困难家庭建立了4个“博爱超市”。

卫生救护培训工作取得了新成效。市红十字会举办了7期救护师资培训班，培训师资231人。市红十字会还和市体育局联合对全市260个游泳场馆的729名救生员进行了溺水、心肺复苏技术的培训和复训。各区县、系统红十字会在三资企业、大型国有企业、交通系统、建筑行业、驾校、街道、乡镇普遍开展了救护培训，全市培训人员达71700人。

四、红十字青少年工作

全市红十字会系统加强和规范了对学校红十字会工作的管理，市和18个区、县全部建立了学校红十字会工作委员会，做到了组织建设系统化、网络化。红十字标准校普遍建立了理事会议制度、红十字青少年活动制度、会费收缴使用管理制度、年终评比表彰制度等四项工作制度，管理更加规范。全市1858所大中小学建立了红十字会，共发展红十字青少年会员340400人。创建市级红十字示范校10所，市级标准校246所，区级标准校835所。学校红十字会组织规模不断壮大，工作活跃，受到广大师生的欢迎。在2005年召开的全国红十字青少年工作会议上，天津市作了大会经验介绍，受到好评。

“红十字博爱助学”工作取得新成效。各区县、学校都建立了“红十字博爱助学金”，实现了遍及全市的三级“红十字博爱助学”网络。全市共募集红十字博爱助学金5625291.73元，其中，市红十字会募集238456元，18个区、县红十字会共募集2037602.87元，大中专院校共募集2612533元，全市共救助特困生6555人。其中市级发放救助金498350元，救助特困生760人。

10月中旬，开展了“白方礼博爱奖学金”募捐活动。18个区、县红十字会、近30所大中专学校纷纷捐款，“白方礼博爱奖学金”共募集到330267.16元，为奖励品学兼优的特困生开辟了新的助学渠道。市红十字会还向全市大中专特困生发放旅游鞋3000双，夹克衫1000件，圆珠笔4000支；向18个区、县中小学特困生发放旅游鞋、运动服、书包等物品万余件。

【历史沿革】

天津市红十字会从1911年11月10日诞生之日到今天，已经走过了94年的风雨历程。天津是我国较早建立红十字会组织的地方之一。90多年来，经历了两个截然不同的社会制度。在新中国建立前的近40年中，天津市红十字会是以“恤兵博爱”为宗旨的慈善团体。当时，红十字会工作人员和一些为红十字事业而献身的志士仁人冒着枪林弹雨活跃于战区，救护伤兵和平民百姓，或奔走于灾区赈济灾民，是在极其艰难的社会条件下履行人道主义使命的。建国后，在周恩来总理的亲切关怀下，中国红十字会总会得以改组，作为地方组织的天津市红十字会于1953年3月也获得了新生。从那时起到20世纪60年代中期，天津市红十字会在中共天津市委和天津市人民政府的领导和关怀下，走上了一条健康发展之路。当时，红十字会基层组织遍及全市城乡各行各业，红十字会会员（包括红十字青少年会员）已逾百万。市红十字会作为政府的助手，在保护人的生命和健康及开展民间外交方面发挥了积极的作用。“文革”期间，天津市红十字会组织和工作被迫停顿长达10余年之久。直到20世纪70年代末期，在中共十一届三中全会召开以后，经过拨乱反正，才重新得到恢复。

1978年7月，天津市红十字会组织机构和工作恢复以后，立即着手加强组织建设。恢复后的天津市红十字会首届理事会会议于1978年9月10日召开（因红十字会工作停顿10余年，无法召开代表大会，为此恢复后的首届理事会代行了第三次会员代表大会的职权）。经过充分的酝酿和讨论，理事会一致选举白桦为天津市红十字会会长，并组成常务理事会。理事会决定：从天津市的实际出发，大力开展宣传工作，利用三年时间，把全市红十字会基层组织恢复起来，红十字会工作要做到“组织落实、人员落实、制度落实、活动落实”四个落实。

1992年9月18日至19日，天津市红十字会第四次会员代表大会召开。参加此次会员代表大会的代表共168人，其中正式代表155人，列席代表13人。参加此次会员代表大会的代表们经过认真讨论，一致通过了关于第三届理事会工作报告的决议、关于《天津市红十字会组织通则》的决议、关于《天津市红十字会五年工作规划要点》（1991～1995年）的决议。同时，经过代表充分酝酿和讨论，选举产生了新一届领导机构——第四届理事会。

在四届一次理事会上，一致通过并聘请

钱其璈为天津市红十字会名誉会长。选举曲学申为天津市红十字会会长。

1993年10月《中华人民共和国红十字会法》和1996年1月《中华人民共和国红十字标志使用办法》的颁布实施，使红十字事业走上了法制化建设的轨道。1998年11月24日，天津市红十字会第五次会员代表大会召开，来自全市各有关部门、各单位和基层红十字会组织的168名代表参加大会。大会选举出68名理事组成新一届理事会。聘请俞海潮担任名誉会长，提出实施“四项工程”：百老百小博爱社会工程、保护生命工程、人道救援工程、青少年思想道德教育工程，充分发挥红十字会在精神文明建设中的作用。

2004年，天津市红十字会系统为“救灾救助基金”募集资金270余万元。在“红十字博爱送万家”活动中，全市各级红十字会共筹措资金120万元，救助了3200个困难群众家庭。市红十字会与海关合作，争取到罚没侵权物资价值65万元，用于救助困难学生。一年来，全市共筹集博爱助学金337万元，资助困难学生3759人。2004年，市红十字会还举办五期师资培训班，培训师资160人。与市体育局联合在全市170多个游泳场所培训救生员829人。一年来，全市共培训机动车驾驶员4万余人次。在“健康教育进社区”活动中，市红十字会发放《健康教育手册》13万份、防治“非典”宣传光盘32000张，开通了“天津市红十字会健康教育网站”，为18万群众免费查体，向2万余户家庭赠送了药品和卫生包。市红十字会与加拿大国际发展署共同捐资兴建了3个红十字农村防病培训指导中心，举办了33期乡医培训班，发放宣传材料20万份，发放消毒药品1500箱，使万余户农民受益。全市红十字会系统还开展了纪念中国红十字会成立100周年系列宣传纪念活动。完成了《闪光的红十字》电视专题节目的制作和播出，在市级以上新闻媒体刊登新闻报道205篇。市红十字会与市教委联合召开了红十字青少年工作会议，制订并颁发了《2004年至2010年天津市学校红十字会工作规划》。至2004年底，全市18个区、县全部成立了学校红十字工作委员会。天津市全年新创建市级红十字标准校26所。市红十字会组织红十字青少年参加了奥地利红十字青少年夏令营友好交流活动。2004年，全市累计有5700人完成造血干细胞的血样采集，经HLA分型入库资料累计达4700人份，有34位志愿者与患者HLA初配型基因相合，7人成功捐献了造血干细胞。

天津市红十字会历次代表大会

第一届

1951年3月30日召开，代表29人，理事30人，常务理事6人，会长李允恪，副会长宋罗歧（兼）等。

第二届

1958年3月10日召开，1884人，理事28人，常务理事6人，会长李振亚（兼），副会长吴士法等。

第三届

1978年9月10日召开，理事32人，常务理事7人，名誉会长钱其璈，会长白桦（兼）等，副会长赵芸一（兼）等。

第四届

1992年9月18日召开，代表168人，理事72人，常务理事3人，名誉会长钱其璈、庄公惠，会长曲学申、赵辉，副会长康健等。

第五届

1998 年 11 月 24 日召开，代表 168 人，理事 68 人，常务理事 7 人，名誉会长俞海潮、张俊芳，会长赵辉，副会长王建华、吴炳岳、韩军、黄广祥。

【组织机构】

天津市红十字会现有基层组织 2918 个，会员 40 余万，志愿者单位 896 个，志愿工作者 39646 人，拥有覆盖全市 18 个区、县和教育、铁路、武警三个行业的红十字会组织网络系统。同时，在教育系统建立了红十字会学校工作委员会，18 个区、县也分别建立了区、县红十字会学校工作委员会。

天津市红十字会机关设有办公室（联络部）、赈济部、救护部、事业发展部。下辖直属事业单位中国造血干细胞捐献者资料库天津市分库管理中心。

根据《中华人民共和国红十字会法》和中国红十字会总会《理顺管理体制座谈会纪要》精神，2004 年 8 月 28 日，天津市红十字会向市编委提交了《关于我市区县红十字会机构依法独立设置的再请示》。2005 年 1 月 18 日，市机构编制委员会下发了《关于区县红十字会机关机构设置和人员编制有关问题的通知》。目前，天津市 18 个区、县红十字会机关理顺管理体制工作正在顺利进行。

【大型项目】

（一）1998 年向遭受自然灾害的省、市、自治区进行的援助：

1. 1998 年 1 至 2 月，向河北省张家口地震灾区募捐款物 3690203 元；发往西藏自治区那曲雪灾区现金、物资价值为 256850 元。

2. 8 月 11 日至 10 月 9 日，为“三江流域”水灾开展募捐，共接收社会各界捐赠款物总值 443 万元，衣物 15632 件，分别发往湖南、湖北、内蒙古、黑龙江等灾区。

（二）2001 年，紧急救助内蒙古自治区、新疆维吾尔自治区受灾地区，共募集款物总值达 1330161 余元，并募集了 20 余万件棉被、棉大衣、皮衣等物品，分 4 批运往灾区。

（三）2002 年向遭受自然灾害的省、市、自治区进行援助：

1. 向内蒙古自治区通辽市、甘肃省定西县、广西壮族自治区贺州市和重庆市接龙镇各拨付救助款 10 万元，用于建设红十字小学。

2. 为福建省建宁县全溪乡卫生院建立放射科。

（四）2003 年积极为遭受自然灾害的兄弟省市捐款捐物：

1. 2 月，向新疆维吾尔自治区伽师地震灾区捐款 10 万元，帮助修建一所小学。

2. 7 月为淮河等洪涝灾害地区募捐款物 71 万余元，购置帐篷、棉被、棉大衣、毛毯、药品等物资支援安徽、湖南、陕西三省灾区。

（五）2004 年支援了 6 个省、市救灾工作：

1. 筹措价值 80 万余元的生活必需物资，支援内蒙古自治区锡林郭勒盟地震灾区和河南省、湖北省、四川省、云南省昆明市、黑龙江省佳木斯市的水灾灾区和贫困地区

2. 筹措价值 800 余万元的 8 万套“元亨强心卡”赠送给 14 个省、市红十字会。

【主要特色】

（一）开展“红十字博爱助学”募捐活动

为了使政府对特困生的救助增加一条重要的民间筹资渠道，同时也充分发挥学校红十字会的救助职能，使红十字会成为学校助困工作的主要承担者，2004 年 5 月，经市领导批准，天津市红十字会与市委教卫工委、市教委、天津日报报业集团联合发起了“红十字博爱助学”募捐活动，并设立了市、区、县学校三级“红十字博爱助学金”。制定并下发了《关于开展红十字博爱助学募捐活动的通知》、《天津市红十字博爱助学金管理使用暂行办法》、《天津市红十字校园募捐箱管理办法》等文件。募捐活动开展以来，得到社会各界的热烈响应。市教卫系统向“市红十字博爱助学金”捐赠了 102.0098 万元；平安保险公司天津分公司、北海粮油工业（天津）有限公司、天津市公安系统青年文明号干警、各区、县、各大中专院校以及社会上的爱心人士也纷纷捐款。截至 2004 年底，天津市红十字会共接收捐款 169.3 万元。南开大学广告策划中心捐赠了价值 10 万元的首批 80 个校园募捐箱，设立在部分学校校园内。

红十字博爱助学活动已成为红十字会服务党和政府工作大局、服务学生的一个“品牌”活动，凸显了红十字会在校园助困工作中的独特作用，天津市红十字会决定将其作为“品牌”年年进行下去。2005 年，为了搞好这项活动，市红十字会在春节长假时间，与天津电视台、市残联联合举办并播出了《我们同行》大型电视公益会，中国红十字会会长彭珮云专程到会发表了热情洋溢的讲话。

（二）红十字青少年活动

天津市认真贯彻落实中国红十字会总会和国家教育部下发的《关于进一步推进学校红十字会工作的意见》及《学校红十字会工作规则》，注重发挥红十字会在学校全面推进素质教育中的重要载体作用，使红十字青少年工作成为学校整体工作的一个重要组成部分，在壮大组织、规范建设、丰富活动、创新方式上进行了积极探索，从而扩大了红十字会的影响力和号召力。自 1997 年开始，市红十字会与市教委联合在全市大中小学开展了创建红十字标准校活动，加强和规范了对学校红十字会工作的管理，建立健全了学校红十字会组织和管理机制，成立了天津市学校红十字会工作委员会，18 个区、县也都建立了区、县学校红十字会工作委员会。红十字标准校普遍建立了四项工作制度，即：学校红十字会理事会议制度、红十字青少年活动制度、会费收缴使用管理制度、年终评比表彰制度。目前，全市 20 所大学全部建立了红十字会，绝大多数中小学校也已建立红十字会，中专校三分之二已建立红十字会，全市共发展红十字青少年会员 19 万人。经过 7 年的努力，截至目前，全市共创建市级红十字标准校 226 所，区级标准校 640 所。

2001 年，在巩固红十字标准校工作的基础上，天津市红十字会开展了创建“红十字示范校”活动。经市红十字会、市教委严格评审验收，全市共有 10 所学校被命名为“红十字示范校”。

自 2000 年起，天津市红十字会与市委教卫工委、市教委、市民政局联合发起了天津市大中小学红十字青少年敬老奉献服务基地建设活动。全市 394 所学校与 320 所养老机构签订了敬老奉献志愿服务协议，实现了让全市所有养老院都享有红十字青少年志愿服务的工作目标。在创建红十字青少年敬老奉献服务基地活动中，全市有10所养老院和与之对口服务的11所学校被评为红十字敬老奉献示范基地和示范学校。

（三）构筑红十字会农村防病健康培训指导网络

为全面提高乡村卫生人员在疫情预防和控制方面的能力、应急反应能力及参与长期疫病控制方面的能力，加拿大国际发展署和天津市红十字会共同捐赠39万元人民币和9万余元物资，在天津市武清、东丽、津南区建立了红十字会防病培训指导中心。红十字防病培训指导中心的主要功能是协助当地政府以及卫生部门组织乡村级卫生人员培训，免费发放消毒药品，对公共场所定期消毒，组织卫生宣传员深入农户宣传讲解防病知识，做到送药送卫生健康下乡，为农民群众服务。各培训中心均健全了培训制度，坚持邀请医学专家每月授课一次。培训对象以乡、街、村干部，乡村医生、校医、厂医、院内医务人员等为主，通过他们带动或推动单位、村队、社区卫生宣教工作的开展。培训内容涉及各种传染病的预防、消毒、隔离指导，多发病、常见病、慢性病的防治，群众性卫生急救技术普及和艾滋病知识预防工作。乡医有针对性地向群众宣讲通俗易懂的防病保健知识，深入生活困难、行动不便的群众家中讲解药品使用常识，提高他们预防疾病的能力，培养良好的卫生习惯。在抗击“非典”和禽流感的工作中，红十字防病培训指导中心在第一时间向400个行政村发放了20万份宣传材料，设立了30个红十字宣传栏。为加强辖区内的消毒工作，减少传染病的发生机率，三个区为各行政村配发喷雾器，并标有“红十字防病消毒专用”字样，乡医定期对公共场所进行消毒。红十字防病培训指导中心积极发挥红十字救助职能开展救助工作，每逢年节，红十字会工作人员都为特困家庭送去慰问金以及米、面、油等慰问品，免费为敬老院老人体检，建立健康档案，为困难群众在防控疾病方面提供力所能及的帮助。

（四）开发性扶贫工程

为帮助贫困农民摆脱困境，天津市红十字会从1996年开始摸索出一条新路，经与香港环球之友有限公司天津办事处积极联系，着手引进资金开展开发性扶贫工程。

1998年11月20日，经市红十字会积极努力协调，香港环球之友有限公司天津办事处与蓟县杨津庄乡政府正式签订协议，首次实施开发性扶贫工程，即：由香港环球之友有限公司为韩庄村提供697000元人民币，用于建造41座温室蔬菜大棚。其中40座大棚用于扶贫，每个大棚由一户贫困农民承包，共计40户；一个大棚用作蔬菜品种试验。此次扶贫资金分6年偿还本金，待资金收回后，再用于新的扶贫项目。

韩庄村贫困户承包蔬菜大棚后，在定期来津的美国和中方专家的指导下辛勤耕种，于1999年春节喜获丰收。他们将收获的西红柿、黄瓜等卖出，得到了第一笔收入。截至2001年5月，韩庄村承包大棚的贫困户均已摆脱困境，并开始逐年偿还扶贫本金。

天津市红十字会在全面总结经验的基础上，于2000年末至2001年初，由市红十字会领导带队相继考察了天津市部分区、县较贫困的地区，并选定在汉沽区后沽乡宝田村进行开发性扶贫试点工作。

这次市、区两级红十字会共同出资4万元，建造5个以种植葡萄为主的温室大棚，由5个有劳动能力的贫困户承包种植，乡政府具体进行指导。同时，每个承包户每年拿出一定收入款项帮助一户无劳动能力的贫困户共同脱贫。如该扶贫点试验成功，天津市红十字会将在此基础上进一步探讨开发性扶贫的可行性，争取扶贫工程有更大的发展。

（五）癌症康复委员会工作

1993年12月10日，天津市红十字志愿工作者协会癌症康复委员会成立，这是全国首家由红十字会组建的癌症康复组织。

自从河北区红十字癌症康复俱乐部于1992年10月24日成立以来，一年之间发展会员350多名。为满足全市癌症患者的需求，市红十字会成立了全市性的癌症康复组织，分别在各、区县建立癌症康复俱乐部，下设50多个活动站。截至2000年底，已有2300多名癌症患者加入了这个组织。他们坚持常年开展体育和气功锻炼，通过群体抗癌，科学抗癌，使大部分癌症患者增强了抗癌克癌的勇气，并笑对人生，延续生命。

癌症康复会经常组织会员开展各项活动，如举办康复知识讲座、文体活动，开展抗癌明星、克癌勇士评选活动，组织宣讲团到肿瘤医院为身患癌症的患者现身说法，到监狱开展帮教活动等。他们还专门成立了“生命之爱艺术团”，为社会各界举行义演，迄今已演出上百场。市红十字癌症康复会还举办了“生命之爱”艺术展，该市一批著名书画家将自己创作的艺术作品捐赠给癌症康复会。在展出的224件作品中，有百余幅作品出自癌症患者之手。

（六）建立遗体捐献者纪念园

2004年5月19日，由天津市红十字会、天津医科大学、天津元宝山庄陵园有限公司共同创建的天津市遗体捐献者纪念园在蓟县元宝山庄陵园落成。遗体捐献者纪念园坐落于天津市目前唯一的山地绿色生态陵园——元宝山庄陵园中的“归于自然”景观处。纪念园由天津市红十字会、天津医科大学、天津元宝山庄陵园有限公司三方合作共同建设，天津元宝山庄陵园有限公司无偿提供了500多平方米的建设用地和全部建设资金，总值1173.7万元。纪念园设计方案采取向社会公开征集的方式，园内的长25米、高4米的纪念碑为标志性建筑，并在以“奉献”为主题的纪念碑上镌刻209名已经实现愿望的遗体捐献者的名字。在他们当中，有著名的科学家、离休干部，也有普通的知识分子、工人、农民。纪念园周围以绿色植物和鲜花为陪衬，整个纪念园设计理念突出文化品位、观赏价值和艺术特点，该纪念园是我国目前规模最大的遗体捐献者纪念园。截至目前，天津市已有120多人领取了捐献遗体登记表。

（七）建立助困抚恤班

1997年6月12日，天津市红十字会建立了“助困抚恤班”，这是对特困生进行长期资助的一种探索形式。“助困抚恤班”建立后，分期分批接纳了社会上需要帮助的、有特殊困难的中小学生。凡经市红十字会批准的抚恤班成员，由市红十字会确定抚养人（抚养人都是志愿为困难中小学生提供长期资助的单位或各界人士），抚养人每月为抚恤班成员提供固定的救助金（每月50元～150元不等），救助金额根据被救助者家庭的实际困难情况而定。

截至目前,市红十字会建立的“助困抚恤班”已先后接纳了224名特困中小学生,有6个单位和百余名资助人提供了资助,每年资助款额已达25万余元。被救助的学生中,已有100余名高中毕业考上大学。由王本强连续多年资助的特困生盛保善在2000年的高考中,以664分的好成绩考上了清华大学。

（宋强）

和平区红十字会

【简介】

和平区辖区面积9.98平方公里，人口43万，位于天津市的核心位置。和平区红十字会成立于1956年7月，现有基层组织78个，会员18069人，红十字志愿工作者2530人。2005年8月，区红十字会正式独立设置，为正处级编制机构。近年来，和平区红十字会弘扬“人道、博爱、奉献”精神，积极开展“救灾、救助、救护”工作，全区累计募捐资金总额180余万元，并救助了新疆、内蒙、西藏、张家口、东北及南方省（区）的地震、雪灾、水灾等自然灾害地区和抗击“非典”工作；积极开展社区红十字服务活动，建立健全各项规章制度，大力开展志愿服务工作，兴建社区服务基地68个；救助特困学生、孤老病残及因各种原因陷入困境的人群达3000余人；积极开展群众性卫生救护培训工作，普及培训3万余人次；开展红十字青少年活动，举办丰富多彩的夏令营；兴办经济实体，每年为区红十字会提供经费达10万元；多次被中国红十字会总会、天津市红十字会、天津市民政局评为先进集体。

【年度工作】

一、理顺管理体制工作

区红十字会紧紧抓住总会“八大”召开、国务院办公厅转发《中国红十字会总会关于进一步加强红十字会工作的意见》及市政府下发的《关于进一步加强我市红十字会工作的通知》的有关文件这一契机，积极推动有关文件精神的落实，在区委、区政府高度重视和关心下，在区组织部、编委办等有关部门的大力支持下，实现了区红十字会机构单独设置。

二、组织建设工作

4月份，召开了“和平区红十字会第六次会员代表大会”，审议通过了第五届理事会工作报告和今后五年工作任务，并选举产生了新一届理事会领导机构。全区各级红十字会不断完善各项规章制度，积极加强组织建设，现我区共有红十字会基层组织78个，会员18069人，红十字志愿工作者1860人，组织得到了进一步发展和壮大。

三、备灾救灾、社会募捐救助工作

2005年，区红十字会制定了《和平区红十字会自然灾害等突发公共事件应急预案》，区红十字会备灾救灾中心加强了制度建设，实现了规范化管理。增强了物资和资金储备，提高了区红十字会的快速反应能力。

1. 开展了为印度洋地区海啸受灾国募捐、“博爱助万家”大型社会募捐活动，分别募集捐款12.5万元和15万元。

2. 开展了“博爱送万家”大型社会救助和送温暖活动。救助孤老病残等弱势群体特困家庭147户，发放救助金及慰问品资金总额达3.6万元；“六一”儿童节前夕，区红十字会向144名孤残和特 困儿童赠送了总值达4000余元的运动鞋。

四、社区服务和救护培训工作

1. 开拓社区工作新领域，积极开展红十字社区服务工作。各街道红十字会利用社区学校开展了健康教育、疾病及艾滋病防治等知识宣传讲座、免费查体、义诊咨询等活动，全区受益人数达4万余人次。

2. 区红十字会还分别在南市街、劝业场街、新兴街筹建了三个博爱超市，开展社会救助，这三个街道被命名为市级社区红十字服务示范街。

3. 开展卫生救护培训工作。全年共有10人参加市红十字会举办的师资培训班；举办卫生救护培训班75期，共培训学员6113人，其中驾校学员575人，居民会员1303人，红十字青少年4068人，驻街单位167人。6月份区红十字会与区教育局联合举行了区中小学青少年卫生救护四大技术操作表演赛。

五、红十字青少年工作

2005年，建立了学校红十字会工作委员会。全区40所中小学（除民办校外）已全部建立了红十字会组织。现共有市级红十字标准校7所，区级红十字标准校22所。

5月，40所中小学红十字会开展了“红十字青少年奉献月活动”。组织3835名红十字青少年，深入老年公寓和社区，开展社会服务和慰问活动。

在教育系统开展各项救助工作，扩大红十字的社会影响。全年，教育系统红十字会共募集捐款6.8万余元，建立了“红十字博爱助学基金”；9月份区红十字会与区教育局联合开展了救助百名特困生活动，全年共救助特困学生135人，发放特困助学金3.5万余元。

向宁河贫困校支援各种教学设备8100余件，原值48万余元。此外还向宝坻区贫困校支援各类教学设备2085件，价值9.5万余元。

六、宣传工作

5月8日，区政府与市红十字会、市卫生局联合在金街和平路举行了纪念“五八”世界红十字日大型宣传义诊、无偿献血和捐献造血干细胞活动。共发放各种宣传材料3万余份，义诊咨询7600余人，无偿献血77人，造血干细胞采集血样标本20余人。

《天津日报》、天津电视台等新闻媒体共播发区红十字会新闻稿件18篇次，扩大了区红十字会的社会影响。

河东区红十字会

【简介】

河东区是天津市中心区，面积40.5平方公里，辖12个街道办事处，现有户籍人口65万，常住人口78万，全区共设204个社区居委会。区内国大、中型企业多，驻区部队多，产业工人居住集中，人口密度小于其它中心城区。

河东区红十字会目前有基层组织86个，其中团体会员单位22个，全区红十字会员25780名，红十字志愿工作者876名。

【年度工作】

2005年，河东区红十字会坚持依法建会、依法治会、依法兴会的指导方针，围绕区委、区政府的中心工作，为促进“三个文明”建设，发挥红十字组织在人道救助领域政府助手作用方面做了大量工作。

一、区政协委员视察红十字会工作

9月22日，河东区政协委员对区红十字会贯彻落实《中华人民共和国红十字会法》，开展社会救助，社区红十字服务等工作进行了视察。

委员们先后视察了大直沽街“红十字博爱超市”和中山门街友爱东里社区红十字服

务站，听取了区红十字会的专题汇报。委员们对区红十字会依法开展募捐工作给予了肯定，认为红十字会在为政府分忧、为群众解难，以及在社会救助、卫生救护、防病知识宣传、开展社区红十字服务等方面做了大量工作，取得了一定成绩。

二、开展募捐救助活动

根据中国红十字会总会和天津市红十字会文件精神，区红十字会在全区开展了海啸募捐工作，自2005年1月4～19日，共计接收社会各界捐款100018.62元。此款已全部上交市红十字会。

根据天津市红十字会的要求，区红十字会在全区范围内开展了“博爱助百家”“博爱助学”募捐救助活动。全区共计接收募捐款24万余元。其中设立“博爱助学金”9万元，对全区12个街道的100个特困家庭，卫生系统20名特困医务人员，教育系统30名特困教职员工和20名特困学生进行了救助，发放救助金3万元，救助物品价值3.3万元。

三、建立“红十字博爱超市”

为探索新形势下长期救助机制，在天津市红十字会和社会各界的支持下，天津市红十字会系统第一个街道“红十字博爱超市”在河东区建立。为支持“红十字博爱超市”的建立，市、区红十字会各拨付专项经费1万元以及价值3万元的物品。“红十字博爱超市”面向特困家庭，发放一定面值的“博爱救助卡”，特困家庭凭卡领取面值等价的生活必需品。街道红十字会定期公布“募集救助物资、接受救助家庭、发放救助物资”的情况。博爱超市开业以来，先后为86户困难家庭发放了价值10160元的救助物资。

四、纪念“五八”世界红十字日

5月8日，区红十字会举行了“纪念‘五八’世界红十字日宣传一条街活动”。街红十字会、团体会员单位等23个基层红十字会的160余人参加了活动。此次活动主要开展了《中华人民共和国红十字会法》、无偿献血、预防艾滋病防病知识等内容的宣传；进行了义诊、咨询，捐献造血干细胞报名登记和“红十字博爱助百家”现场募捐活动。受益群众约2000人。在现场募捐活动中，现场共募集捐款2600元。

五、举办“河东区红十字青少年卫生救护表演赛”

为了更好地普及红十字卫生救护知识，区红十字会与教育系统红十字会学校工作委员会举办了“河东区红十字青少年卫生救护表演赛”。全区50所中小学红十字会秘书、红十字青少年的代表120余人参加了活动。比赛按中小学校分片进行层层选拔，共有10个代表队参加了最后的决赛。通过现场必答题和操作题的比赛以及自编短节目的表演，经过5名评委的现场公正、严格打分，第45中学、街坊小学获一等奖。

六、友好交往活动。

11月22日，以阿尔巴尼亚红十字会会长苏巴其和希腊红十字会中央理事会理事约翰为团长的红十字会代表团一行6人，在天津市红十字会赵辉会长的陪同下，来河东区参观。代表团一行在市、区红十字会领导的陪同下，到春华街万通里社区了解了社区居民群众卫生救护培训情况。

红桥区红十字会

【简介】

红桥区红十字会始建于1958年7月4

日，“文革”期间停止工作，1979年恢复工作。1984年8月3日起，区红十字会与红桥区政府献血办公室合署办公，2005年12月，区红十字会实现机构独立设置，定编7人，下设综合办公室、事业发展部和血源组织部。现有基层组织21个，会员9853人。1979年恢复工作以来，先后有多位区委、区人大、区政府领导任区红十字会会长，现任会长为副区长沈奎林。

多年来，在区委、区政府的领导下，区红十字会认真履行救灾、救护、救助职能，始终把弘扬人道主义精神、关注弱势群体作为工作的出发点和落脚点，在开展备灾救灾、社会救助和推动无偿献血等社会公益事业中取得了明显成绩。自1996年区红十字会开展“百老百小”社会救助工程以来，已累计救助特困生（户）1896人，发放救助款物131.59万元；2001年以来，先后为内蒙、甘肃、印度洋海啸灾区募集资金42.59万元；组织无偿献血1.97万人次，采血量达392.62万毫升，充分发挥了党和政府在人道主义工作领域的助手作用。

【年度工作】

一、组织建设工作

依据市红十字会2005年工作要点，制订下发了红桥区2005年红十字会工作安排意见及目标管理考核标准。区红十字会于2005年3月对理事会成员进行了调整并于3月7日召开了理事会，会议就2004年红十字会工作进行了总结，对2005年红十字会工作提出了要求。年内新建红十字会组织4个，发展新会员580人，收缴会费2505.80元。

为提高工作人员整体素质，区红十字会举办了两期工作人员培训班，对红十字会专兼职干部进行了有关会法和会务知识的培训。

二、卫生救护培训和社区服务工作

一年来，全区在学校、局、公司、社区等单位举办不同类型卫生救护培训班64期，受益人数达3400余人，参加市红十字会组织的师资培训班，培训师资11人。

在巩固西沽街红十字社区服务示范街工作的基础上，完成了丁字沽街社区服务示范街的申报工作。

三、社会宣传活动

区红十字会开展了形式多样的宣传活动，利用学雷锋日、世界红十字日、世界献血者日、世界急救日、世界艾滋病日，积极开展红十字会法、献血法、防治艾滋病知识的宣传。积极参与无偿献血宣传推动工作，3月份配合市献血办完成了无偿献血进社区工作。全年共发放宣传材料25万余份。

四、社会救助工作

2005年，红桥区红十字会结合自身特点，以关注弱势群体为重点，开展了形式多样的社会救助工作。在“红十字博爱送万家”活动中，区红十字会募集4万余元的救助物资，发放给辖区内150余户困难群众。

同时，区红十字会还积极做好救助物资的储备工作，将向上级争取到的价值859555元的18437件衣物充实到基层募捐站。

继2004年完成特困生资料库的建立后，2005年，博爱助学工作大面积启动，151名特困学生得到不同渠道的救助，发放助学金达61300余元。区红十字会还联合区卫生局在卫生系统开展了以“真情博爱送温暖”为主题救助百名特困学生活动。

根据市红十字会在学校建立博爱助学募

捐箱的要求，区红十字会配合教育系统在全区各中小学校园发出了“为特困生每人捐出一元钱，设立校园助学金”的倡议，并在纪念“五八”世界红十字日活动现场举行了“博爱助学”募捐启动仪式。全区教育系统19所市、区级红十字标准校的青少年积极响应，共捐款16951.10元，建立校园募捐箱19个。同时区红十字会组织基层组织、部分团体会员单位捐款8300元。

五、为印度洋海啸募捐工作

为做好印度洋海啸募捐工作，区红十字会发出了为海啸灾区募捐的倡议。倡议发出后，得到了全区各单位及广大群众的积极响应。区红十字会共接收社会各界人士捐款130879.98元。

六、红十字青少年及助老工作

开展红十字奉献月活动，与贫困学生手拉手结助困对子，共有13343名青少年会员及志愿者参加了活动。区红十字会组织青少年会员开展敬老奉献志愿活动共98次，14251人参加活动，受益者达18651人。

重阳节开展了“博爱助孤”活动，红桥区红十字会配合卫生系统开展了为特困户、孤老户“送医送药”活动，并向特困户、孤老户发放价值5000元强心卡及药品。

河北区红十字会

【简介】

河北区位于天津市北部，全区面积32平方公里，人口64.5万名。河北区红十字会建于1957年，区会现有办公用房建筑面积200平方米。河北区红十字会在区委、区政府重视下，依法理顺了管理体制，规格为区属局级。近年来，区红十字会从依法建会入手，规范工作程序，使红十字会工作逐步走向制度化、法制化、规范化管理轨道。

河北区红十字会连续8年获市红十字会目标管理优秀达标单位。

【年度工作】

一、认真履行职责，完成好市红十字会目标管理考核的各项工作

（一）红十字基层组织建设得到了加强

全年新发展基层组织9个，新发展会员2545名，其中青少年会员1771名。10个街均成立了“备灾救灾信息网”、“卫生救护信息网”，4个街成立了“博爱超市”。全区有社区红十字服务站100个，建立红十字募捐箱100个。在教育系统，有16所中小学获市红十字达标校，53所中小学获区级达标校，一所中学获市级红十字示范校。建立红十字青少年活动基地20个，各中小学校均建立了红十字救护队，每班级设有红十字小药箱。

（二）备灾救灾，社会救助和救护培训工作

积极响应总会和市会的号召，在全区又掀起了向南方水灾省市的灾民募捐的高潮。共募集了14万元，区红十字会组成灾情考察慰问小组，到桂林市荔浦县东昌镇东阳村刘家屯进行考察。救助特困生100名。救助特困家庭60多户。资助区总工会百模助百困活动。合计73300元。九九重阳节前夕，我们经请示报批将河北区彩鸿老人院冠名为河北区红十字彩鸿老人院，成为我市第一个中山老年护理院等进行慰问，区红十字会投入救助基金1.5万余元。还投入2万余元为望海楼街、月牙河街、建昌道街、光复道街博爱超市的启动注入活力。

在街道系统、社区开展卫生防病知识培

训讲座100期7529人次，组织部分理事、基层红十字会秘书举办培训班7期，460人次。在教育系统中开展了四大技术培训。

（三）社区红十字工作明显改善

为贯彻总会创建社区红十字服务示范市区工作的精神，8月1日召开了河北区社区红十字服务工作现场会。在此基础上，规范了社区红十字服务的“三项任务、四个一”，三项任务：备灾救灾、社区服务、传播国际人道主义。全区共建红十字募捐站100个，红十字学校100所，救护队100个，志愿者服务队100个，深入社区孤老残家庭慰问230户，慰问金达79705元。

（四）推进志愿捐献造血干细胞工作

5月22日，区政府召开了由各局、街、委办负责同志参加的招募志愿捐献造血干细胞的紧急会议，区政府副区长、区红十字会会长于连会提出了四点要求。既思想认识到位、组织领导到位、实际效果到位，任务完成到位。通过宣传发动，在一周的时间全区报名人数达350人。

（五）积极做好宣传工作

2005年在做好本职工作的基础上注意抓好宣传工作，一是注意利用各种新闻媒体在报道红十字会的工作的同时，传播红十字精神，宣传红十字事业取得的成果。二是注重自身的组织有针对性的宣传，扩大了宣传效果。

（六）红十字青少年工作得到加强

为了培养中小学生“助人为乐、乐于奉献”的道德情操，在中小学校开展“勤俭节约为社会奉献爱心”活动。这一活动教育大家从小养勤俭节约的好习惯，同时要时时不忘关心他人、关爱社会。

二、加强自身建设，培养过硬的干部队伍

（一）完成理顺管理体制工作

区委、区政府高度重视红十字会机构独立工作，要求依法理顺管理体制。副区长于连会亲自协调召开了由区政府办、政府机关工委、人事局、财政局、卫生局领导参加的协调会，讨论红十字会独立后有关的人员、办公、经费等问题，通过协调，最后达成共识，落实了办公地点、人员的配备等问题。区红十字会从过去的由卫生局代管改为政府直属的处级单位。

（二）加强干部队伍建设

从提高每位干部的整体素质入手，建立健全各项规章制度，从制度入手，规范每个人的言行，提高每个人的工作效率，提高每位干部贯彻科学发展观的能力、驾驭全局的能力、处理好各种利益关系的能力和务实创新的能力。

河西区红十字会

【简介】

河西区红十字会成立于1957年，是正处级单位，行政编制4人，现有专职干部4位。全区基层组织90个，其中包括街道红十字会13个，中、小学校红十字会53个，医疗团体会员单位18个，企业红十字会6个。全区会员总数2.6万人，红十字志愿工作者近2万人。

近年来，全区各级红十字组织在市红十字会的指导下，紧紧依靠区委、区政府的领导，认真履行红十字会法赋予的职责，在救灾、救助、救护和社区红十字服务工作中充分发挥政府人道领域的助手作用，开展了具有河西特色的红十字会工作，形成了“领导重视、帮扶弱势、工作创新、社会参与”的新局面，各项工作得到各级领导和社会各界的认可和赞誉，多次荣获中国红十字会、天津市红十字会先进集体称号。2005年初，被中国红十字总会、国家民政部联合命名为首批“全国社区红十字服务示范区”。

【年度工作】

一、坚持依法建会，扩大红十字会影响力

召开了区红十字会六届二次理事（扩大）会议，会议审议通过了2004年工作报告和2005年工作计划；市、区领导出席会议并讲话。

开展了“五八”世界红十字日大型纪念宣传活动。6、7月份，在全区范围内开展了红十字标志的执法检查。在各种宣传媒体刊播新闻报道稿件20余篇。区人大代表听取了红十字会工作情况的汇报，对红十字会工作给予了充分肯定。

二、发挥三级备灾救灾网络作用，大力开展社会救助工作

区红十字会进一步完善了区备灾救灾中心，各街道、社区的红十字组织在建立红十字募捐站的同时设立了募捐款物接收点，确保网络发挥作用。

年初开展印度洋海啸募捐中，在区委、区政府的支持下，区红十字会在不到一个月的时间，就募集捐款达68万元，捐款数额位列全市第一。在“红十字博爱基金”和“红十字博爱助学基金”募捐工作中，全区各界共募集善款25万余元。

在开展的“红十字博爱送万家”和助老残活动中，区红十字会启动“红十字博爱基金”6.4万元，为全区300余户困难家庭、10名孤儿、40位孤老提供了救助，使他们感受到社会的关爱。

在开展的2005年度资助特困中小学生活动中，区红十字会启动“红十字博爱助学基金”3.92万元，为98名特困学生每人提供400元的资助。区红十字会与市公安局联合开展了“爱心助学行”活动，市公安系统20个青年文明号与区20名品学兼优的特困学生结为救助对子，每年为每名资助600元，帮助其完成学业。

区红十字会还投入资金在部分中小学校设置了红十字募捐箱8个，完善了募捐箱管理制度，建立长效募捐机制。

三、突出自身特点，广泛开展卫生救护培训

区红十字会紧紧围绕纪念“世界急救日”这一主题，在各级红十字会组织中广泛开展群众性初级卫生救护培训工作，共培训人员6000余人。

区红十字会还积极选派优秀的兼职干部、会员参加中国红十字总会和市红十字会开展卫生救护培训师资班，同时，开展了特殊行业的救护培训。先后在天津宝洁有限公司、欧尚超市、宝力豪健身中心等单位开展了急救人员培训班。

四、开拓创新，不断深化社区红十字服务工作

在巩固2004年“全国社区红十字服务示范区”创建成果基础上，2005年重点抓了红十字服务示范社区居委会的创建工作。有16个社区居委会被区红十字会首批命名为“红十字服务示范社区”，使社区红十字服务工作不断深化。

区红十字会紧密结合全区的“创卫”和“拆迁”等重点工作，一方面号召广大红十字会员参与“创卫”的宣传、清整环境卫生等活动；另一方面对10多户特困家庭提供

了2万元的拆改特困资助费，既保证了政府重点工作的顺利完成，也扩大了红十字会在百姓心目中的影响力。

五、创建机构，不断推进红十字青少年工作

区红十字会认真落实市教委、市红十字会制定的《2004～2010年天津市学校红十字会工作规划》，与区教育局联合成立了“河西区学校红十字会工作委员会”，明确了工作职责。

积极开展了红十字青少年奉献月活动。全区30多所中、小学校1000余名红十字青少年，深入到近30个敬老奉献服务基地和社区实践基地，开展了“博爱助老”服务社区活动。

继续开展了创建红十字标准校活动，以活动带创建的工作模式。各学校按照市、区级创建标准，注重与未成年人思想教育相结合，从实际出发，拟制计划，制定措施加以落实。

六、积极组织造血干细胞血检和报名登记工作

区红十字会与河西公安分局党、团委联合组织公安系统青年干警开展了造血干细胞血检和报名登记工作。52名年轻干警当场报名捐献并参加了配型血检。

南开区红十字会

【简介】

南开区红十字会建于1956年6月。1960年改由区领导，“文化大革命”期间工作停顿。1980年4月恢复工作，2006年2月南开区红十字会独立工作，编制人员5人，为处级单位。现有基层组织12个，红十字会员2.19万元，红十字志愿者1200人。

南开区红十字会自独立以来，加大普法力度，组织各街居委会主任进行了红十字知识培训，认真学习红十字会法，普及卫生救护和防病知识，开展捐献造血干细胞宣传。积极开展备灾救灾和各种形式的社会救助，为灾区募集善款10万元。在博爱助学、助残、送万家活动中，共资助50名学生、残疾儿童80名，所发物品折合人民币1万余元。组织青少年开展各种各样的社会公益活动，受到社会各界的好评。

【年度工作】

2005年，全区红十字会系统在区委、区政府的领导下，在市红十字会的指导下，大力开展备灾救灾和各种形式社会救助，广泛开展群众性卫生防病知识的宣传普及工作，积极开展博爱送万家为困难家庭募集善款，为构建和谐社会发挥了积极的作用。

一、积极开展为印度洋海啸灾区募捐活动

为响应红十字总会的呼吁，区红十字会开展了为印度洋海啸灾民募集资金启动仪式。区委书记刘长顺、区长舍清文、区人大主任石金明、区政协主席陈柏龄等领导及广大干部职工踊跃参加，经过各基层红十字会干部及志愿者以及热心于公益事业人士的共同努力，全区共募集善款26.4971万元。

二、纪念“五八”世界红十字日

为纪念“五八”世界红十字日，南开区红十字会于5月8日上午举办了大型纪念活动。在宣传活动中，为过往群众义诊300余人，发放宣传材料2000余份，发放元亨强心卡150个。

三、开展“世界急救日”纪念活动

9月10日，在辖区内开展了“世界急救日”纪念活动，以丰富多彩、形式多样，

采取街院联手的方式开展活动。活动期间，出动医务人员51人次，共接待参加义诊的患者500余人，取得了良好的社会效益。

四、开展博爱助孤、助困、助学、送温暖活动

在“两节”期间开展红十字博爱送万家活动，节日前夕、市、区红十字会领导深入困难群众家中，送去慰问品和慰问金、送去红十字会的温暖。全区红十字会系统共向260户困难家庭发放了大米、白面、棉被、毛毯及强心卡。每户家庭送上200元的慰问品，总价值折合人民币5.2万元。

在博爱助学活动中，一年来全区共救助困难学生126名。

在儿童节及重阳节开展博爱助孤活动，区红十字会组织志愿者分别到启智学校和育智学校慰问残疾儿童，并带去慰问品。全区共救助残疾儿童130人，孤儿60人，总价值折合人民币1万余元。在为孤老人办实事办好事活动中，各街红十字会以丰富多彩、形式多样的方式开展“博爱助老”活动。使老人们度过了一个健康而有意义的重阳节。

五、其它方面

全区各级红十字会在辖区内开展救护培训16次，培训人数960人。开展红十字青少年敬老奉献志愿活动12次，开展红十字奉献月活动36次。救灾备灾中心已建成，并建立健全了物资管理制度、救灾备灾中心管理制度及出入库管理制度。

河北省红十字会

【年度工作】

理顺管理体制工作取得进展。争取省委、省政府的重视和有关部门的支持，采取“整体推进、重点突破”的策略和一系列有力措施，促进理顺设区市红十字会管理体制。一是以省红十字会党组的名义，先后给10个市的组织部长或编办主任、8个市的市委书记或市长写信，督促各市加快理顺管理体制步伐。二是省红十字会党组成员分片包干，对工作进展较慢的城市进行实地督导。三是对个别难度较大的城市，主管省长亲自过问，予以重点推动。四是将理顺红十字会管理体制纳入省政府出台的《关于支持红十字事业发展的若干意见》，提出具体时间要求。截至2005年底，全省11个设区市红十字会全部实现独立建制。除衡水市外，10个市的红十字会专职副会长已经到位，提前完成总会提出的五年理顺设区市红十字会管理体制的任务目标。保定、邯郸、张家口和廊坊市红十字会已召开会员代表大会，完成了机构独立后的换届工作。廊坊、承德市红十字会人员、经费、办公用房全部到位，工作全面展开。

本着积极稳妥、分步实施的原则，积极推进理顺县级红十字会管理体制。一是将红十字会独立建制作为项目援助的先决条件，要求正在实施和申请项目援助的县，必须理顺红十字会管理体制。二是以省政府确立22个扩权县为契机，起草上报了“关于理顺扩权县红十字会管理体制的请示”，力争由省编办发文，理顺扩权县红十字会管理体制，在总结经验的基础上，向全省推开。围场县作为香港社区备灾项目县，在全省率先理顺红十字会管理体制。邯郸市红十字会督导得力，魏县、永年县、邯郸县、磁县理顺了红十字会管理体制。保定市的涞源县也于年内实现了独立，为实施援助项目奠定了组

织基础。

印度洋海啸募捐取得历史性突破。在2005年初的印度洋地震海啸募捐救援活动中，全省各级红十字会响应总会的号召，紧急动员，周密部署，精心组织，全力以赴。省委省政府领导带头捐款，党政机关、企事业单位、社会各界及广大人民群众踊跃捐助。各级红十字会开通捐款热线，设立捐款专用账号，实行24小时值班。通过接受上门募捐、街头设置募捐箱、组织红十字志愿者劝募、在新闻媒体开设专栏和热线以及策划实施大型募捐义演等方式，开展了声势浩大社会募捐活动。整个募捐工作历时3个月，全省总计募捐1422.48万元。其中省红十字会募捐400多万元，创社会募捐数额历史新高；唐山市红十字会募捐280万元，为全省11市之首；张家口市募捐179万元，位居第二；张北县募捐11万元，名列全省县级红十字会海啸募捐第一。河北省的募捐工作受到中国红十字会总会的表彰，省红十字会荣获了“印度洋海啸救援最佳组织奖”。对此，季允石省长给予高度评价：“成绩令人鼓舞，真情感人至深，红十字人精神可嘉，红十字会功不可没。”

备灾救灾实力进一步增强。河北省红十字会以强化备灾意识，提高救助实力为重点，以制度建设为切入点，不断加大社会募捐和救助力度。一是制定下发了《河北省自然灾害与突发事件应急预案》等一系列规范性文件。二是通过组织团体会员募捐、建立专项救助基金和上门劝募等方式，积极开展社会募捐，储备救灾救助款物，提高各级红十字会的救助实力。省红十字会拓展募捐思路，面向省内经济实力百强企业，积极上门劝募，争取支持，先后与新奥、华龙、卓达、怀特等大型企业集团建立了沟通渠道，为募捐工作奠定了良好基础。三是及时应对灾情，实施有效救助。在总会和上海、北京市红十字会的大力支持下，全省各级红十字会共募捐款物380.65万元（其中款额166.38万元，物资价值214.27万元），对承德、张家口、保定、邯郸等市的受灾群众进行了及时有效的救助。承德市红十字会自理顺管理体制后，备灾救灾工作明显加强，在承德县暖儿河“5·19”矿难、围场县龙卷风灾害以及隆化、丰宁洪涝灾害救助中，发挥了重要作用。

社会救助覆盖面不断扩大。河北省红十字会采取切实有效措施，努力扩大社会救助覆盖面。一是超前谋划，着力打造“红十字博爱送万家”活动品牌。各级红十字会变被动为主动，积极筹集配套资金，根据总会确定的受益重点和遭受自然灾害地区的实际情况，提前进行受助对象摸底调查，增强了送温暖活动的针对性。2005年初，省红十字会筹集了价值31万元的慰问物资，并会同省民族宗教厅，走访慰问了承德、沧州市少数民族自治县的特困群众，为他们送去党和政府的关怀。二是发挥红十字会的独特优势，选择有代表性的特困群体，开展扶危济困活动。省红十字会协调省医大四院为南宫县一家7口遗传性白内障患者实施了免费复明手术，对石家庄监狱170名服刑人员的特困家庭进行了节前救助，对省直团体会员单位的特困职工进行春节慰问。另外，各市红十字会也加大了社会救助力度，邯郸市红十字会一次性投入资金8.5万元，开展“扶贫医疗助残”活动。张家口市的红十字博爱助学救助程序进一步规范，募捐4.4万元，资助了107名中学优秀特困生。据统计，2005

年全省共开展送温暖等社会救助活动121次，投入资金153.73万元，受到社会各界和广大群众的赞誉。

卫生救护培训工作深入开展。借鉴兄弟省市的先进经验，结合河北省实际，河北省红十字会制订了“夯实基础，培育典型，全面启动”的卫生救护培训三步走战略。一是积极争取部门支持，为工作的开展铺路架桥。针对河北省取消机动车驾驶员年检后培训工作面临的困难，河北省红十字会与省公安厅、交通厅联合下发了《关于在全省交通运输行业深入开展红十字卫生救护培训工作的实施意见》。还与省直机关事务管理局联合举办了“省直机关车辆管理干部交通安全卫生救护培训班”，有力地推动了卫生救护培训工作的全面开展。二是充分发挥“河北省红十字卫生救护师资培训中心”的优势，加大师资培训力度。截至2005年底，累计利用国家彩票公益金项目资金118.9万元，培训师资1000余人，为开展培训工作储备了师资力量。三是开展“世界急救日”卫生救护现场演练活动，强化群众自救互救参与意识，提高卫生救护培训的社会认知度。四是推广典型经验，为全省工作的开展引路开道。保定市红十字会善于抓住机遇、用好政策，在市公安交警支队和全市36所驾校的大力配合下，2005年培训机动车驾驶员6万多人次，收入过百万。涿州、高碑店市红十字会成立了卫生救护培训中心，师资力量雄厚，培训人数过万。河北省红十字会及时召开卫生救护培训工作现场经验交流会，推广保定市的做法和经验，对全省工作的开展起到了极大的促进作用。截至2005年底，以保定市为主，全省卫生救护培训总数近10万人。

造血干细胞捐献和无偿献血工作同步推进。积极探索造血干细胞捐献工作新模式，基本实现了动员方式由单纯动员捐献造血干细胞向动员捐献造血干细胞与无偿献血相结合，动员范围由群体向群体与个体相结合模式转变。各级红十字会开通捐献造血干细胞热线电话，接受社会咨询和志愿捐献者登记，监督血样采集和运送，对高分辨合格志愿者进行再动员，为供者采集造血干细胞提供全程服务。在省市红十字会的共同努力和协调配合下，截至目前，全省累计采集造血干细胞血样近2万人份；其中11928份血样资料已输入国家总库。唐山、邯郸、保定、沧州、秦皇岛5个市的6名志愿者成功捐献了造血干细胞，分别救治了浙江、上海、北京和福建的白血病患者，在社会上引起强烈反响。邯郸永年县县委、县政府领导高度重视，召开专门会议研究部署志愿捐献造血干细胞宣传动员活动，县红十字会精心组织，县委、县政府领导带头捐献，广大群众积极响应，取得了一次性现场采集造血干细胞血样2140份的好成绩。

在推动无偿献血方面，河北省各级红十字会尽职尽责，积极协助卫生行政部门开展无偿献血的宣传动员工作。世界献血者日期间，省红十字会会同省卫生厅、省广播电视局以及团省委、省青年志愿者协会联合举行了“河北省青年志愿者爱心血库”启动仪式及无偿献血志愿者签名活动。邢台市红十字会推动无偿献血力度大、形式新、效果好。他们会同有关部门发出“青年志愿者献血行动倡议书”，先后组织了志愿者签名及“献血法”知识有奖竞赛等大型宣传动员活动，并通过联通公司向社会公众发送宣传短信10万条，有力地促进了无偿献血工作的开展。在红十字会与卫生行政部门的共同努力下，河北省已连续3年保持无偿献血率100%，2005年志愿无偿献血率高达93%，保证了全省医疗机构安全用血。

社区备灾项目工作取得可喜成果。香港社区备灾项目是省红十字会独立后引进的第一个境外合作项目，选定承德围场县两个村为项目试点村，引进援助资金66万元。省红十字会将项目工作作为促进全省红十字会工作的助推器，摆上战略的高度予以重视。省、市、县红十字会逐级成立了项目管理办公室，配备了专职项目管理人员。确定了省级组织实施、市级协调监督、县级具体操作的逐级负责制。项目实施过程，力求做到严谨、务实、高效。项目历时一年，圆满完成各项任务目标。为两个项目村各打深井一眼，修建蓄水池一座，培训乡村师资46人、村民464人。项目受益村村民告别了世代引用高氟水和肩挑人抬取水的历史，300亩农田由旱地也变为水浇地，当年亩产增收2000多元，为当地村民脱贫致富创造了条件。

通过项目的实施，有效地扩大了红十字会的社会影响力和公信度，锻炼了全省各级红十字会的项目执行和管理能力，为项目工作的进一步扩展奠定了良好的基础。2005年11月，总会项目阶段总结会议在河北省承德市召开。总会领导、香港红十字会同仁以及兄弟省市代表对我省的项目工作给予了高度评价。第一周期社区备灾项目的成功实施，带来了项目的滚动。第二周期香港红十字会援助资金180多万元，是第一周期的三倍。项目扩展到围场和孟村两县的8个贫困村，继续实施改水工程，强化村民备灾救灾能力。目前，第二周期社区备灾项目已顺利启动。

组织发展和红十字青少年工作不断推进。一是以团体会员单位为主，积极拓宽发展会员领域。采取发邀请函和上门邀请等方式，发展党政机关、企事业单位和群众团体加入红十字会组织。2005年全省团体会员单位总数已达1158个，会员总数32.72万人。与此同时，建立红十字志愿者工作站，以大专院校为切入点，积极发展志愿工作者队伍。截至2005年底，全省志愿者总数达到7.39万人。二是积极引导团体会员单位参与社会公益活动，省直团体会员单位为印度洋海啸募捐146.8万元，占省红十字会募捐总数的36%，充分体现了会员单位作为红十字会基层组织的优势。三是组织青少年会员开展红十字青少年夏（冬）令营活动。省红十字会会先后组织营员参加了赴韩国红十字青少年冬令营、青岛夏令营和红十字青少年急救夏令营。承德市组织了井冈山红色圣地夏令营，唐山市组织营员赴陕西参加了“第十九届京、津、唐红十字青少年夏令营”。通过夏（冬）令营活动，增进了红十字青少年之间的友谊和交流，受到广大营员、家长和社会的普遍欢迎。

对外交流工作取得一定进展。2005年，河北省红十字会先后组团赴澳大利亚考察学习，对韩国庆尚北道进行友好访问，学习借鉴了国外红十字会工作先进经验。7月，俄罗斯红十字会会长率俄罗斯红十字会代表团来河北省考察，在详细听取河北省红十字会的工作汇报和实地考察后，提出与我省红十字会建立友好关系的意向。通过一系列的对外交流活动，为进一步拓展国际交流与合作奠定了良好基础。

启动少儿医疗互助金工作。为建立稳定

的社会救助渠道，河北省红十字会采取有力措施，积极推进少儿医疗互助金的启动。一是及时向省政府提交了建议在河北省推行少儿医疗互助金的报告、启动方案和成立省少儿医疗互助金管理办公室的请示，得到了省政府领导的高度重视。二是将启动少儿医疗互助金列入省政府《关于支持红十字事业发展的若干意见》，并提出明确目标要求，使这项工作的启动变为政府行为。三是按照省政府督察办的要求，对省政协提案和省人大代表建议进行答复和走访，配合新闻媒体进行了有步骤、深层次、连续性的社会宣传，借助人大代表、政协委员以及新闻媒体的影响力，为少儿医疗互助金的启动营造了必要的社会舆论环境和氛围。四是就启动少儿医疗互助金相关问题向省编办进行专题汇报，积极协调和争取落实机构和人员编制问题。经过上述努力，少儿医疗互助金的启动工作进展顺利，省编办和省财政厅已经同意成立省和试点市少儿医疗互助金管理机构并核定了相应编制，为开展少儿医疗互助金工作奠定了重要的组织基础。

红十字会社会宣传效应进一步增强。全省各级红十字会更加注重新闻宣传对事业发展的舆论推动作用，投入一定的人力物力，予以强化。省红十字会新闻中心紧紧围绕中心工作，加强同省内外新闻媒体的沟通协作，多角度、全方位地开展宣传，着力打造群众信任、社会公认的红十字会形象。一是组织策划了癌症患者单晓霞身后捐献眼角膜的系列宣传报道活动，受到省内外新闻媒体和社会各界的广泛关注。单晓霞因此荣获“2005 感动河北十大年度人物”、“2005 感动省城十大年度人物”称号。二是圆满完成了海啸募捐宣传任务。组织策划了全省海啸募捐启动倡议、万人募捐和印度洋海啸募捐义演等一系列较大规模的宣传活动。三是举办了庆祝“五八”世界红十字日大型广场板块式系列宣传活动以及“点燃生命之火——大型文艺晚会”，受到社会各界的广泛好评。四是全国爱眼日期间，与《河北青年报》、省电视台在省会 25 所高校联合开展了“省会高校光明行”活动，《中国红十字报》给予大篇幅报道。河北省的宣传工作受到总会的表彰，荣获中国红十字会总会宣传工作二等奖。省红十字会新闻中心工作受到季允石省长的充分肯定。邯郸市红十字会的宣传工作内容丰富，扎实有效，对工作起到了积极的促进作用。保定市红十字会借助媒体优势，推动卫生救护培训工作的健康开展。秦皇岛市创造条件，建立了全省第一个市级红十字会宣传网站。目前，全省已初步形成红十字会社会宣传工作大格局，为弘扬红十字“人道、博爱、奉献”精神和事业发展营造了良好的社会氛围。

【历史沿革】

河北省红十字会始建于 1956 年 11 月，挂靠省卫生厅，“文革”期间被撤销。1985 年恢复建制，1996 年省编委核定事业编制 8 名。2000 年 11 月，省红十字会独立建制，由挂靠省卫生厅管理改由省政府领导联系，干部归属省委组织部管理，事业经费由省财政全额拨款。2002 年 2 月，省编委批准了省红十字会的“三定”方案。2002 年 8 月，省委组织部和省人事厅批准省红十字会机关干部参照国家公务员管理。省红十字会 2004 年 4 月建立了党组，6 月，召开了河北省红十字会第三次会员代表大会，大会聘请省长季允石为名誉会长，选举副省长孙士彬为会长，张淑琴为专职副会长，会长提名李小学为秘书长。

【组织机构】

省红十字会机关内设一室四部：办公室、业务工作部、人事部、组织与青少年部、卫生救护部。机关人员编制12人，其中专职副会长(副厅级)1名，秘书长1名，处级干部6名，干事2名，工勤人员2名。机关现有办公用房700平方米左右。2003年，成立河北省造血干细胞捐献者资料库管理中心，定编4人，为处级全额拨款事业单位。

全省11个地级市和173个县（市、区）均建立了红十字会组织。截至2005年底，全省11个设区市全部理顺管理体制，围场县等6个县红十字会实现了独立建制，其他县（市）仍隶属同级卫生行政部门管理。全省各级红十字会共有专职工作人员80名，基层红十字会组织1844个，全省有红十字会会员32.72万人，志愿者7.39万人。

【大型项目】

2004至2005年香港社区备灾项目是河北省红十字会独立后引进的第一个境外合作项目，选定承德围场县两个村为项目试点村，引进项目资金66万元。项目历时一年，圆满完成各项任务目标。通过项目的实施，有效地扩大了红十字会的社会影响力和公信度，锻炼了各级红十字会的项目执行和管理能力，为项目工作的进一步扩展奠定了良好的基础。2005年11月，总会项目阶段总结会议在承德市召开。总会领导、香港红十字会同仁以及兄弟省市代表对河北省的项目工作给予了高度评价。第一周期项目的成功实施，带来项目的滚动。第二周期香港红十字会援助资金180多万元，是第一周期的三倍。项目扩展到承德围场和沧州孟村两县的8个贫困村，继续实施改水工程，强化村民备灾救灾能力。

【主要特色】

成立省红十字会新闻中心，策划实施了一系列影响较大的社会宣传活动，为红十字事业发展营造了良好的社会氛围，受到总会和省领导的充分肯定。

（刘慧君）

石家庄市红十字会

【简介】

石家庄市红十字会于1986年恢复建会，挂靠石家庄市医学会，1996年经市编办批准，由石家庄市卫生局代管，2005年12月，经市编办批准，石家庄市红十字会由“市卫生局代管”改由“市政府领导联系”，规格由原来的科级调整为副县级，设会长1名（兼），专职副会长1名（副县级），科级职数2名，内设办公室，业务工作部两个机构，事业编制5名，工勤人员编制1名，人员参照公务员制度管理。

20年来，石家庄市红十字会全体同仁，发扬“人道、博爱、奉献”的红十字精神，艰苦创业，扎实工作，开拓进取，取得了令人瞩目的成绩。募集救助款物折合人民币1000余万元，救助受难群众3万余人；建立1个市级备灾救灾中心、1个县级备灾救灾中心，1所红十字老年护理院；连续三届荣获“全国无偿献血先进城市”称号；2002年石家庄市红十字会被中国红十字会总会和人事部评为全国红十字系统先进单位；成立了石家庄市红十字卫生救护培训中心，培训卫生救护师资200余名，培训初级卫生救护人员1万人次；发展基层组织125个，全市红十字会系统团体会员300个，个人会员12万名，红十字志愿工作者2万余名。

【年度工作】

一、组织机构建设

发展红十字团体会员 50 个，个人会员 1.5 万人，红十字志愿工作者 0.7 万人。

根据红十字会法和《中国红十字会章程》，2005 年，石家庄市红十字会将发展红十字会团体会员和个人会员工作摆在了重要位置，明确专人负责，先后发展了学校、医疗机构、药品经销机构等 27 单位加入了市红十字会，同时各县（市）区也发展团体会员单位 23 个。壮大了石家庄市红十字会的红十字队伍，为红十字事业发展奠定了基础。

二、宣传与人道法培训

2005 年，石家庄市红十字会进一步加大了宣传力度，密切了与新闻媒体的联系，做到了每开展一项活动都有记者现场采访并及时报道，人民群众在电视、报刊、广播上可以经常看到、听到红十字会的消息，扩大了红十字会的影响。

1. 纪念“五八”世界红十字日

5 月 8 日，在省会文化广场，石家庄市红十字会开展了以“自救互救——红十字在行动”为主题的大型义诊宣传活动。市直 12 所医疗机构作为红十字会成员单位，派出了 56 名专家为过往群众义诊咨询，解难答疑，发放常见病、慢性病防治宣传材料和角膜捐献宣传单。安康家庭医生俱乐部的红十字志愿者还为 100 余名患者当场进行了按摩治疗。市卫生防疫站性病、艾滋病防治中心的专家为群众讲解了艾滋病防治知识。

石家庄市红十字会红十字卫生救护培训中心的老师和红十字志愿者在发放卫生救护培训宣传材料的同时，还利用模拟人为过往群众现场演练了心肺复苏、包扎、止血、固定、搬运等急救常识。河北省血液中心还派出了两部采血车现场采血。

当天上午，共发放各类宣传材料 3000 余份，接受咨询 2000 余人，义诊 1000 余人，卫生救护现场培训 200 余人。

2. 利用世界献血者日开展无偿献血的宣传

6 月 14 日，在石家庄市人民广场，市红十字会与省卫生厅、共青团河北省委、省红十字会等五家单位联合开展了“奉献青春热血、点燃生命之火——河北省青年志愿者献血行动”启动仪式。600 余名青年志愿者代表参加了大会，58 名志愿者当场献血，启动仪式标志着河北省青年志愿者“爱心血库”正式建立。

3. 急救日开展纪念活动

为了大力开展群众性卫生救护，普及紧急情况下自救、互救知识。石家庄市红十字会与河北省红十字会在省会文化广场举办大型纪念活动，15 家市级医疗机构作为红十字成员单位参加了此次活动，派出 50 名专家现场咨询，市红十字培训中心的工作人员在现场利用宣传图片为群众实地讲解救护知识，发放救护知识宣传材料 2000 余份；省市级各医院和“120”急救中心分别模拟急救现场抢救伤员的整个过程；进行了心肺复苏、头部包扎、上臂固定等创伤四项技术等急救表演；并模拟了急救现场抢救伤员的整个过程。

三、开展“红十字博爱送温暖”活动

1 月 16 日，在为印度洋地震及海啸灾捐款的同时，石家庄市红十字会响应中国红十字会总会“红十字博爱送万家”的号召，石家庄市红十字会常务副会长白士乐带领工作人员到赞皇县城关镇南关村和许亭乡许亭村，看望并慰问了困难户和受灾群众，为他们送去了8000元救灾款和面粉、大米、花生油、糖果等生活用品。

四、募捐救助工作

1. 为印度洋海啸灾区人民捐款

2004年12月26日，印度洋发生强烈地震引发海啸，石家庄市红十字会按照中国红十字会总会的统一安排，及时向社会发出了捐款号召，得到了社会各界的积极响应。1月5日下午，石家庄市市委、市人大、市政府、市政协四大机关驻地领导和工作人员同时开展了“为印度洋地震及海啸灾区人民捐款奉献爱心”活动，市委书记吴振华带头捐款300元，短短1个小时，就现场捐款75000余元。在此后的20多天里，石家庄市红十字会为印度洋地震及海啸灾区人民捐款127.8万元，全部上缴上级红十字会。

2. 在桥东区42家社区红十字服务站开展爱心救助活动，向786名特困、残障、孤寡老人发放了“爱心救助卡”。

3. 联合河北省老年病医院，向全市55岁以上老年人免费发放1万张“医疗优惠卡”。

五、社区服务工作

按照创建社区红十字服务国家级示范市活动的要求，石家庄市红十字会在2004年创建社区红十字服务省级示范市达标的基础上，新发展社区红十字服务站39个，达到211个，使红十字会服务覆盖率达到了51.9%。同时统一制作了站牌、公示牌，进一步规范了社区红十字服务站建设，开展了形式多样的红十字服务工作，使红十字精神深入到千家万户。

（石　红）

山西省红十字会

【年度工作】

一、救灾救助工作

2005年年初，山西省各级红十字会组织积极响应中国红十字会发起的向印度洋海啸灾区进行援助的号召，全省红十字会系统共接受社会各界捐款717万元人民币，创造了山西省红十字会援外募捐工作的最佳成绩。7月13日，山西省红十字会、省精神文明办公室在太原市联合召开印度洋海啸救援表彰大会，对在印度洋海啸救援工作中取得突出成绩的51个单位和32名个人予以表彰。

2005年，全省各级红十字会募集款物100余万元，对全省3500个家庭14000余人（次）进行救助；省红十字会开通16809999爱心捐助热线；12月，省红十字会接受河北以岭医药集团捐赠价值10万元的连花清瘟胶囊，以预防和控制禽流感疫情。向本省灾区发放救助物资11万元。6月，中国红十字基金会向山西省捐助20万元人民币，在阳曲县柏井村援建一所“天狮博爱学校”。

二、组织建设工作

11月，山西省红十字会制订实施《山西省红十字会工作规则》。

3.1月17日，山西省机构编制委员会发文成立中国造血干细胞捐献者资料库山西省分库管理中心，正处级建制，全额预算事业编制3名；1月5日，山西省机构编制委员会办公室发文成立山西省红十字会备灾救灾中心，正处级建制，差额预算事业编制4

名；5 月 11 日，山西省机构编制委员会办公室发出《关于调整各市红十字会管理体制的通知》，明确规定：各市红十字会由市卫生局代管改由市政府领导联系；设会长 1 名，由市政府分管领导兼任，设专职副会长 1 名，为副处级。

三、交流交往工作

7 月 3 日，日本赤十字社琦玉县支部代表团一行 7 人对山西省红十字会进行为期一周的访问。副省长、省红十字会会长王昕会见以沟口秀昭为团长的代表团。在晋期间，代表团参观了红十字会所属单位，并与有关人员进行座谈和交流；11 月 27 日，以山西省红十字会副会长徐先定为团长的访问团一行 6 人，对日本赤十字社琦玉县支部进行友好访问；11 月，山西省红十字会接待了红十字与红新月会国际联合会和美国红十字会项目代表对山西省的来访和考察。

7 月 21～25 日，澳门特别行政区红十字会为了解在内地援建小学的使用情况，7 月派出一支由澳门在职教师及 18 岁以上的青年义工组成的义务工作队共 21 人，对山西省浑源县上韩村澳门红十字博爱小学进行了教学交流。

四、项目开展情况

8 月 21 日，中国红十字会总会与山西省红十字会在太原市联合举办了全球基金项目预防艾滋病青年同伴教育主持人培训班。来自省城五所大专院校的近 30 名大学生参加了为期 5 天的预防艾滋病青年同伴教育主持人培训班学习；山西省红十字会在芮城、新绛、稷山三县开展了农村艾滋病预防宣传和艾滋病家庭护理与社区关怀项目，培训主持人 125 人，培训同伴教育者 2500 人次。

五、救护培训、无偿献血及造血干细胞捐工作

6 月，山西省红十字会与省卫生厅在太原联合召开全省无偿献血表彰大会，有 45 人、50 人、202 人分别获无偿献血奉献金、银、铜奖；有 22 个集体、30 个个人获无偿献血促进奖；16 个市县获无偿献血先进市县的荣誉称号；全省各级红十字会举办救护培训班 253 期，培训各类人员 37900 人。截至 2005 年 12 月，全省各级红十字会共累计培训师资 3800 人，急救员 33 万余人。

9 月 16 日，山西省河津市志愿者王有军向白血病患者捐献造血干细胞。他是山西省建库以来的第一位成功移植造血干细胞捐献者，成为“三晋捐髓第一人”，实现了山西造血干细胞捐献者资料库零的突破，被山西省红十字会和共青团山西省委分别授予“山西省红十字会荣誉会员”和“山西省优秀青年志愿者”称号。

【历史沿革】

1911 年 11 月 13 日山西河东(运城)红十字会成立,会长赵维祥。1957 年,经山西省人民政府批准,成立山西省红十字会。“文革”期间停止活动。1984 年 10 月,省红十字会恢复工作后,在省委、省人大、省政府、省政协的关心、支持下,有了长足的发展。2004 年 11 月 10 日,山西省红十字会第五次会员代表大会召开。大会全面总结了山西省红十字会第四届理事会的工作,制定了 2005 年至 2009 年发展规划,选举产生了由 109 名理事组成的新一届理事会,聘请山西省省长张宝顺担任省红十字会名誉会长,副省长王昕再次当选为省红十字会会长。

【组织机构】

山西省各级红十字会加强组织建设，完善工作机制，目前，全省 11 个市及 119 个

县（市、区）全部建立红十字会，发展基层组织2016个，会员总数达31万余人。其中有11个市和98个县（市、区）红十字会解决了“三列”（机构、人员、经费）问题；1416所大专院校、1000多所中小学校成立了红十字组织，发展青少年会员6万多人。

山西省红十字会机关设有办公室、赈济部，下辖中国造血干细胞捐献者资料库山西省分库管理中心、山西省红十字会备灾救灾护中心两个直属事业单位。

根据《中华人民共和国红十字会法》、《山西省红十字会条例》和中国红十字会总会《理顺管理体制座谈会纪要》精神，山西省编委于2004年7月28日下发了《关于省红十字会调整体制的通知》，明确了省红十字会由省卫生厅代管改为由省政府领导联系，副厅级建制，独立设置党组，依法理顺了省红十字会的管理体制。2005年5月，山西省编办下发了《关于调整各市红十字会管理体制的通知》，明确规定：各市红十字会由市卫生局代管改由市政府领导联系；设会长1名，由市政府分管领导兼任，设专职副会长1名，为副处级。截至2005年底，太原、大同、临汾、运城、长治、晋城、阳泉、吕梁、晋中、忻州、朔州等11个市的编办下发了理顺红十字会管理体制文件。太原、大同、临汾三市红十字会已经按照要求理顺管理体制，较好地解决了人员、机构、经费和办公场所等问题。

山西省（地）市级红十字会有：太原市红十字会、大同市红十字会、临汾市红十字会、运城市红十字会、长治市红十字会、晋城市红十字会、阳泉市红十字会、吕梁市红十字会、晋中市红十字会、忻州市红十字会、朔州市红十字会。

山西省红十字会历届代表大会

第一届

“文革”前召开，代表40人，理事18人，常务理事6人，会长王中青，秘书长闫海燕。

第二届

1984年10月召开，代表90人，理事39人，常务理事6人，会长赵军，秘书长徐彤斐。

第三届

1990年4月29日召开，代表125人，理事74人，常务理事12人，名誉会长赵军、吴达才、杨明葆，会长俞益生，常务副会长孙建成，秘书长任明亮。

第四届

1996年11月23日召开，代表132人，理事89人，常务理事31人，名誉会长胡富国，会长王昕，常务副会长赵震寰，秘书长冯晋生。

第五届

2004年11月10日召开，代表169人，理事109人，常务理事19人，名誉会长张宝顺，会长王昕，专职副会长冯晋生，秘书长白冰。

【大型项目】

（一）1995年

3月，山西省红十字会组团一行七人访问日本赤十字社琦玉县支部，签订了琦玉县支部从1995年～1999年为山西省红十字会每年无偿培养6名研修生的第一个五年协议。

10月，山西省红十字会、省教育委员会联合召开“我心中的红十字”绘画、征文颁奖大会，省红十字会出资近1万元表彰受奖者。全省共有573所学校的23718名少年儿童参赛。经专家评审，分别评选出绘画、征文一等奖10名、二等奖15名、三等奖20名及组织奖17个。

11月24日，山西省红十字会、“黄河”电视台对外部、“健康之声”电台、太原日报社和三株太原营销有限公司及省城14家医院联合开展“救灾捐赠献爱心日”赈济活动，共募集捐款4.8万元，购置救灾物资发往浑源、应县、保德、阳曲、娄烦等18个受灾县，受益群众约3万余人。

12月，由山西省红十字会筹资3万元与省电视台、省红十字医院（山西医学院第二附属医院）等单位联合摄制的电视剧《我八岁》（上、下集）摄制完毕，这是山西省红十字会第一部以真人真事为题材的电视剧。

12月24日，山西省首家企业——忻州温泉度假村派立高（山西）房地产有限公司的40多名员工报名登记捐献骨髓，并向白血病患儿梁跃杰捐款3000元；5月，霍州市红十字会、市关心下一代工作委员会、市教育委员会等单位联合开展救助白血病患儿梁跃杰的活动，共募集捐款1.5万余元。

（二）1996年

2月，山西省红十字会筹措资金，分别给大同市和太原市红十字会拨救灾款2万元和1万元。

1996年入夏以来，山西省气候异常，各种自然灾害频繁发生，部分地区遭受严重洪涝灾害。10月7～8日，红十字会与红新月会国际联合会救灾代表让·库班先生对重灾区进行两天的灾情考察，并携带国际联合会和中国红十字会总会首批救援面粉9990斤，向灾民进行发放。

10月，山西省红十字会在省城南文化宫隆重举行救灾物资发放仪式。红十字会与红新月会国际联合会向山西省捐赠30万元的面粉、60多万元的治疗和消杀药品，总价值近百万元。这是山西省红十字会历年来接受国内外捐助救灾款物最多的一次。发放仪式结束后，救灾物资分别运往晋中、晋城、运城、吕梁、临汾、长治、忻州、太原等8个地（市）的9个重灾县。

（三）1997年

5月7日，在全国第七个助残日来临之际，山西省红十字会、省残疾人联合会和省残疾人福利基金会联合开展向灾区残疾人特困户慰问捐助活动。捐助的救济物资有棉被、粮食、仔猪和仔羊共价值人民币近5万元，受益乡镇15个，受益残疾人特困户350户。

4月，山西省交通征费稽查局下发《关于红十字会专用救灾指挥车和救护车免征养路费有关事项的通知》。仅此一项，山西省红十字会系统节省经费近60万元。

（四）1998年

山西省红十字会为东北松花江流域和长江流域灾区开展募捐活动，支援灾区款物500余万元。

5月8日，山西省红十字会在太原举行成立“山西省红十字眼库”新闻发布会；山西省红十字会向大同市红十字会拨款3万元，用于灾害救助。

（五）1999年

山西省计委拨款160余万元，建造山西省红十字会备灾救灾仓库。

山西省红十字会为救助本省干旱、地震及洪涝灾区，筹募200余万元的粮食、药品、棉被、衣服等物资，使灾区10余万人口得到及时救助。

7月26日，续签2000年～2004年日方每年给山西省红十字会无偿培养6名研修生的第二个五年协议。

11月30日至12月1日，山西省红十字会、省卫生厅在太原联合举办红十字知识与现场救护技能竞赛活动，共有地市组（A组）和省直组（B组）16个单位的64人参加竞赛。

（六）2000年

2月18日，红十字会与红新月会国际联合会、中国红十字会总会向大同市灾区发放价值38万余元的赈灾物资；为救助山西省干旱、洪涝灾区，全省各级红十字会组织筹集人民币74.59万元、物资249.08万元，出动红十字医疗队66次，救助13万余人。

4月26～28日，在山西省红十字会的积极争取下，美国视博恩公司援外医疗队一行10人赴大同市县进行了为期3天的免费送医送药活动，为1059名群众义诊，免费发放3.1万元的药品。

临汾市地区红十字会配合香港“健康快车”行动开展医疗服务，免费为1000余名白内障患者进行复明手术；9月15日，晋中市红十字会、市残疾人联合会联合开展“助残献爱心”巡回医疗活动。

（七）2001年

山西省红十字会募集款物128.9万元，救助本省灾区64425人，并向新疆灾区支援捐款2万元。4月，红十字会与红新月会国际联合会派专职审计人员，对2000年度国际联合会拨给山西省大同市地震灾区36.58万元救灾专款使用情况进行审计，结果表明，符合各项审计要求。

9月21～25日，山西省红十字会在太原举办首期预防艾滋病青年同伴教育培训班，积极实施“山西省艾滋病预防控制青少年干预计划”，并在太原、大同、临汾、晋中、阳泉、长治等地的大专院校举办青年同伴教育培训班。

（八）2002年

山西省红十字会向遭受特大暴雨袭击的陕西、重庆、河南灾区及本省灾区援助款物30余万元。

7月27日，长治市红十字会与卫生部门联合开展了“健康快车”白内障复明行动。此次行动历时3个月，免费实施复明手术1148例。

山西省红十字会与太原市红十字会联合开展向下岗职工义诊献爱心活动，捐赠药品等物资5.75万元。

5月8日，山西省红十字会在省城30个服务窗口首批设置红十字募捐箱。

6月10日，忻州师范学院向山西造血干细胞捐献者资料库捐善款25万元及500人份造血干细胞血样；11月，忻州师范学院再次捐善款5万元及100人份造血干细胞血样；11月23日，山西中医学院1000余名师生捐献造血干细胞血样。

12月19日，中国红十字会总会、山西省红十字会在侯马市区娱乐服务场所开展预防艾滋病传播干预项目启动。

（九）2003年

积极协助政府及有关部门做好抗击“非典”的工作，山西省各级红十字会共接收捐赠款物9387.86万元，其中仅省红十字会就接收社会捐赠款物7475.66万元（捐赠款为2370.46万元，捐赠物资为5105.2万元），并及时将款物分发到全省防治“非典”最前沿的医疗机构、疾病控制中心等单位。

8月，在中国红十字会总会的统一安排下，山西省红十字会向全省“非典”康复者患者及病逝者家庭家属发放了香港工商界设立的“关怀非典受难者基金”107.8万元，并协助北京市红十字会发放了1.4万元“非典”救助基金。

受宋庆龄基金会的委托，山西省红十字会向全省因非典去世人员子女发放教育费资助1.4万元。

山西省红十字会向运城、大同、阳泉、长治等受灾市援助138万余元的救灾物资。

6月，澳门特别行政区红十字会捐助15万元人民币，援建山西省第一所红十字博爱学校——浑源县上韩村澳门红十字会博爱小学。

4月，山西省红十字会向新疆灾区捐款物10万余元。

10月30日，忻州师范学院向山西造血干细胞捐献者资料库捐善款5万元及400人份造血干细胞血样。

（十）2004年

山西省红十字会向全省11个市的受灾户和城镇低保户、贫困户发放40万元救助物资250吨、价值50万余元救助面粉及50万元慰问物资，受助群众8333户，受益群众35000人；2月，山西省红十字会向全省11个市的110个乡镇卫生院捐赠价值32万余元的消毒器（锅）。

日本琦玉县支部与山西省红十字会签订了2005年至2007年每年为山西省无偿培养6名研修生的第三个合作协议。

9月，山西省红十字会向内蒙古、四川灾区支援3040余万元救灾物资。

12月30日，山西省红十字会与太原海关就没收的侵权货物用于社会公益事业举行了合作协议签字仪式。

【主要特色】

2001年，山西省红十字会制定了《山西省红十字会2001～2005年法制教育规划》，启动了全省红十字系统“四五”普法工作；山西省红十字会举办了首期预防艾滋病青年同伴教育培训班，积极实施“山西省艾滋病预防控制青少年干预计划”，并在太原、大同、阳泉、临汾、晋中、长治等地的高校举办同伴教育培训班。

2004年，太原市红十字会与太原康明眼科医院共同发起了“康明眼病救助基金——健康光明红十字行动”，救助贫困地区白内障患者400名，奖励高校品学兼优的近视眼患者520名，共筹资110万元。

（左彤）

太原市红十字会

【简介】

太原市红十字会始建于1937年。新中国成立以后，中国红十字会太原分会于1951年重新成立并开展工作，“文革”期间中断。十一届三中全会以后，太原市红十字会于1986年5月7日恢复组建。太原市红十字会现有理事105人，山西省委常委、太原市委书记申维辰、太原市市长张兵生担任名誉会长，太原市副市长张政为会长，太原市政府办公厅助理调研员安龙柱为常务副会长，专职副会长为任晓军。

多年来，太原市红十字会遵循“保护人的生命和健康，发扬人道主义精神，促进和平进步事业”的宗旨，以“改善最易受损害群体境况”为目标，遵循人道、博爱、独立、公正、中立、统一、普遍和志愿服务的国际红十字运动七项基本原则，认真履行《中华人民共和国红十字会法》和《山西省红十字会条例》赋予的职责，发扬人道、博爱、奉献的精神，广泛开展人道主义服务，全面落实中国红十字会和省红十字会各项工作要求，围绕服务全市工作大局，扎实创新，做了大量卓有成效的工作。尤其是在抗击“非典”、推动参与无偿献血、预防艾滋病等方面，较好地发挥了政府在人道救助领域的助手作用，为太原市经济社会发展做出了积极的贡献。

太原市红十字会于2005年6月经市编委批准理顺了管理体制。市红十字会机关内设办公室、组织宣传部、赈灾救护部等“一室两部”，人员编制为9人（含工勤1人），现实有工作人员5人，人员参照公务员管理。同时在太原市10县（市、区）均建立了红十字会，共有专兼职工作人员36人。目前，全市共有红十字基层组织460个，会员18万余人，志愿者2000余人；市直团体会员单位30个，会员5300余人；冠名医疗机构6个。

【年度工作】

一、应对自然灾害和突发公共卫生事件，积极开展人道救援和救助工作

2004年12月26日印度洋地震海啸发生后，太原市红十字会积极响应中国红十字会的呼吁，根据山西省红十字会的要求，在最短的时间内向全市发出呼吁，指导各县（市、区）开展募捐活动。在20余天内募集到了221.6万元捐款，全部上缴总会。

2005年“两节”期间，太原市红十字会筹集救灾面粉23吨，全部用于阳曲县10个乡镇25个村456户特困家庭的救济。

二、与交通部门联合开展卫生救护培训工作

2005年，依据中国红十字会总会和山西省红十字会等有关文件精神，太原市红十字会与交通运管部门联合下发文件，对全市从事客运的长卡司机进行卫生救护知识和技能的培训，培训过程中坚持总会提出的“四统一”原则，聘请经总会和省红十字会培训合格的师资讲课，规范统一讲课内容。对经过培训并考试合格的司机发给救护员证。目前已培训近万人。

三、做好公民志愿捐赠遗体登记接受工作。

太原市红十字会率先在全省开展了捐赠遗体登记接受工作，太原市政府和新闻媒体给予了极大的关注，公证部门为捐献遗体志愿者提供免费公证服务，推动这一工作的开展。自2000年开始接受第1例公民志愿捐赠遗体以来，在公证部门的配合下，太原市红十字会已为60余位志愿捐赠遗体的公民进行了登记，实现捐献9例。为使此项工作达到有法可依、有章可循的目的。太原市红十字会已参照上海市和南京市等城市的做法和有关规定，制订出太原市的管理办法并提交市政府法制局立项研究。

四、宣传推动无偿献血和捐献造血干细胞工作

多年来，太原市红十字会积极参与无偿献血的宣传、动员、组织工作，大大提高了公民无偿献血的意识和自觉性，太原市无偿献血人数逐年上升。目前，临床用血100%来自自愿无偿献血；一次献血量400ml者达90%；稳固献血者达45%（国际上60%）。无偿献血的良好势态推动了山西造血干细胞捐献者资料库的发展。截至2005

年底，共募集登记造血干细胞捐献者 10000 余人，采样 7500 人份，完成分型 5000 例，检索成功 8 例，配合临床进一步分型 2 例，已向总库输送分型资料 1500 人份。太原市已连续三届被中国红十字总会、卫生部授予“全国无偿献血先进城市”荣誉称号。

五、加强省会城市之间的交流和学习

在中国红十字会总会、山西省红十字会的指导下，在继续保持与日本赤十字社琦玉县支部友好往来的基础上和北方十三省省会城市红十字会交往的基础上，太原市红十字会不断增进与其他城市红十字会的交流与合作。

六、突发事件救助

2005 年 4 月 19 日至 23 日，太原市阳曲县境内西凌井乡森林发生火灾，市红十字会受政府委托接受社会捐赠慰问救火官兵的任务，21 日至 23 日，市红十字会分 3 批将价值 2 万余元矿泉水、面包、西瓜和矿泉水等食品送往火灾现场。4 月 30 日，太原市红十字会赶赴兴安医院慰问了灭火受伤的武警官兵和兴安医院的广大医护人员，并捐献 6 台 TCL 彩电和 3 台微波炉。

七、实施预防艾滋病项目工作

2004 年，太原市红十字会与山西省卫生厅世界银行贷款办签订了“在山西部分大学开展青年同伴教育及大学生在社区娱乐场所开展艾滋病预防教育项目意向书”。一年来，在省卫生厅项目办的监督、资助下，在国际专家的指导下，太原市红十字会积极协调项目各方，以科学的态度，严谨的工作作风，认真实施项目计划，并较好地完成了各项工作。2005 年 5 月，太原市红十字会对此项活动中涌现出的先进集体和个人进行了表彰。

2005 年 7 月，山西省卫生厅世界银行贷款办又和太原市红十字会签订了为期 1 年的预防艾滋病青年同伴教育协议，项目经费 26 万元。2005 年 10 月 29 日至 30 日，太原市红十字会与山西省世界银行卫生项目贷款办，举行了预防艾滋病青年同伴教育主持人培训典礼暨启动仪式。来自省城七所高校的团委或学生处的负责人和大学生志愿者骨干、四城区和部分社区的代表、省城 6 个娱乐场所的负责人等共计 120 余人出席启动仪式。市政府副市长、市红十字会会长张政等领导出席并讲话。

八、围绕主题搞好宣传活动

2005 年 5 月 8 日，省、市红十字会在太原南宫广场联合组织以“自救互救—红十字在行动”为主题的纪念活动。副省长、省红十字会会长王昕，省政府副秘书长、省红十字会党组书记郭慧民，省红十字会专职副会长冯晋生和市政协副主席、市红十字会常务副会长李瑞瑜等领导参加了当天的宣传义诊活动，当日，市红十字会组织太原科技大学 200 人的“无偿献血队”参与了献血献爱心活动。

九、做好“天狮博爱小学”援建项目

在天狮集团的大力捐助下，在中国红十字会总会和山西省红十字会的帮助支持下，“天狮博爱小学”援建项目于 2005 年 7 月 12 日在阳曲县柏井乡正式开工。

十、健康光明行红十字行动

2005 年，太原市红十字会和康明眼科又在阳曲县开展了“山西红十字无白内障示范县”救助活动，在县红十字会和县医院的大力配合下，为 96 名贫困白内障村民实施了救助手术，使他们重见光明，这项造福农民的救助活动受到县委、县政府和广大农民的欢迎。

（张玉平）

内蒙古自治区红十字会

【年度工作】

2005年，召开了自治区红十字会二届二次理事会议，与自治区人大在全区组织开展了红十字会法和“实施办法”执法调研工作，积极协助政府开展了备灾救灾和人道救助工作，圆满完成了自治区红十字会年初确定的各项工作任务。

一、召开了自治区红十字会二届二次理事会议

根据2005年全区红十字工作需要，经自治区党委批准，自治区红十字会于2005年4月14日召开了全区红十字会二届二次理事会议。会议听取和审议了2004年工作报告、2004年财务收支情况报告、2005年工作要点，听取了为印度洋地震、海啸灾区及自治区红十字会备灾救灾基金捐款情况汇报，有关盟市红十字会代表在大会上作了典型发言。会议还传达了中国红十字会总会2005年工作会议精神。

二、呼盟救灾情况

进入汛期以来，内蒙古东部部分地区遭受洪涝灾害，特别是7月8～11日，呼伦贝尔市、兴安盟11个旗县遭受了严重的洪涝灾害，强降雨造成了山洪暴发，局部地区灾情严重。7月13日，自治区红十字会接到呼伦贝尔市、兴安盟发生洪涝灾害的灾情报告，自治区人大常委会副主任、红十字会会长宝音德力格尔迅速作出批示。

自治区红十字会立即组成了由专职副会长桂忠带队的灾情考察组，于7月14日飞赴呼伦贝尔市和兴安盟重灾区。灾情考察组深入到呼伦贝尔市的扎兰屯市，兴安盟扎赉特旗、科右前旗，利用4天时间实地走访了灾区，了解掌握了灾区的实际状况，收集整理了大量的资料，考察组还深入受灾农户发放慰问品，把自治区党委、政府的关怀送到了受灾群众家中。

考察组于7月20日下午向中国红十字会常务副会长江亦曼、副会长苏菊香、郭长江作了专题汇报。通过文字汇报、观看灾情录像资料等形式，详细介绍了内蒙古自治区2005年以来西部干旱、东部洪涝、部分地区虫灾以及扎兰屯市龙卷风等灾害的情况，引起了总会领导的高度重视，江亦曼表示，在对内蒙古已经进行援助的基础上，继续增加援助。

1. 中国红十字会领导考察灾区情况。7月24日，中国红十字会江亦曼常务副会长亲率总会灾情考察团奔赴内蒙区，先后深入到兴安盟扎赉特旗小城乡红旗村，呼伦贝尔市的扎兰屯市达斡尔自治乡巴图村等受洪水灾害较重的乡镇、嘎查和遭龙卷风袭击的重灾区考察灾情。为灾民发放了棉帐篷、衣被和救灾口粮，并对灾区人民群众表示慰问。

2. 自治区红十字会开展灾害救助情况。自治区红十字会接到灾情报告后，连续4次向中国红十字会总会报告灾情，引起了总会的高度重视，先期援助的总价值67万元救灾物资已经发放到灾民手中，及时缓解了受灾群众无房住、无衣穿、无被盖、无口粮的一时之难。自治区红十字会紧急向呼伦贝尔市和兴安盟重灾区发放了帐篷、衣被等价值60万元的各种救灾物资，向兴安盟和呼伦贝尔市红十字会紧急下拨了25万元的救灾款，支持两地红十字会开展救灾工作。扎兰屯市红十字会及时组织了开展了社会募捐活动，筹办了赈灾义演，

当场募捐善款近10万元,极大地鼓舞了灾区群众开展自救互救的信心。

【历史沿革】

1919年至1920年间，在内蒙古赤峰县，由当时的赤峰电报局局长陈君甫、高等学校校长阎希圣、当过省议员的乔俊杰、秀才卢洪恩、永生利染坊的司帐先生金洪才、股东马德山、掌柜李永祥7人自动发起倡议，组织了赤峰红十字会。因为红十字会属于社会上的一种慈善团体，发展会员是严格遵守自己的宗旨，得到了各方面的拥护，会员人数很快增加到了100多人。会员们共同推举乔俊杰为会长、阎希圣为副会长。正副会长选出后，即将会员名册和会员缴纳的会费一并送交了中国红十字会总会。总会批准后，颁发了一枚木质钤记，上写“中国红十字会赤峰县分会钤记”，并同时发给了总会章程、分会简章及其它有关文件、书刊等。1919年（民国八年）旧历五月初五凌晨，第一次直奉战争波及赤峰，当时赤峰红十字会刚刚成立，仓促间临时组织了一个救护队。救护队分为担架队和掩埋队，对在战场上死亡者就地雇人掩埋，对伤员则雇用民众用簸罗、门板绑成担架送到赤峰红十字分会，救治伤员30名。红十字会奉行战地救护、扶危济困的宗旨深得民心，得到了当地社会各界的拥护，会员很快发展到400多人，其它一些地区也不同程度地开展了红十字会活动。

全国解放以后，自治区党委和政府对我区的红十字事业给予了高度重视，1956年正式批准成立了自治区红十字会。自治区政府副主席哈丰阿任会长，卫生厅胡尔钦毕力格厅长任副会长，下设办公室、组训组、宣传组等办事机构。1961年至1986年内蒙古自治区红十字会因文革及其它原因停止了活动。1987年5月停止活动20多年的自治区红十字会，经自治区人民政府批准正式恢复了工作，5月20日召开了内蒙古自治区红十字会恢复大会。从此，自治区红十字事业随着我国改革开放，建设具有中国特色的社会主义的巨大浪潮进入了一个崭新的发展阶段。

1990年6月6日至6月9日，内蒙古自治区红十字会召开了第一次全区会员代表大会，参加会议的代表共计99人。聘请自治区政府主席孔飞、人大副主任徐令妊、政协副主席乌兰、内蒙医学院教授陈锵为自治区红十字会一届理事会名誉会长，选举名誉理事5名，理事53名，常务理事18名，选举云曙碧为自治区红十字会一届理事会会长，刘广理、胡良发、杨曼、王孔运为副会长。云曙碧会长作了题为“艰苦奋斗积极进取努力开创我区红十字事业新局面”的报告，指出今后红十字会工作要坚持群众路线、组织建设应稳步发展、加强卫生救护工作、积极努力做好社会福利工作、做好红十字青少年工作、充分发挥离退休人员在红十字会工作中的作用、进一步加强宣传工作的思路，为自治区红十字事业的发展明确了目标。

1996年4月自治区红十字会召开了一届四次理事会议，聘请自治区党委副书记政府主席乌力吉担任名誉会长，自治区人大常委会副主任刘震乙、自治区政府副主席宝音德力格尔、自治区政协副主席农工民主党自治区主委兰乾福、自治区政协副主席自治区佛教协会会长乌兰、自治区政协副主席杨紫珍、内蒙古医学院教授陈锵担任名誉副会长，并增补了部分理事。会议选举李淑莲任自治区红十字会副会长，增选自治区政府副秘书长安扶、自治区卫生厅副厅长刘树涛、自治区教育厅副厅长占布拉、自治区民政厅副厅长冯品英担任副会长。

2004年11月8～9日，内蒙古自治区红十字会胜利召开了第二次全区会员代表大会，中国红十字会会长、原全国人大常委会副委员长彭珮云、副会长兼秘书长郭长江、事业发展部部长蓝军；自治区党委书记、人大常委会主任储波，自治区党委副书记、政府主席杨晶，自治区党委副书记、纪检委书记巴特尔，自治区党委常委、秘书长任亚平，自治区党委常委、组织部长陈朋山，自治区人大常委会副主任尤仁、宝音德力格尔、陈瑞清、哈斯巴根，自治区政府副主席乌兰，自治区政协副主席奇英成等自治区领导出席了大会，大会全面总结了"一大"以来15年一届理事会所做的工作，制定了2005～2009年的发展规划，选举产生了宝音德力格尔等20名第二届常务理事，桂忠等74名理事，聘请了自治区政府主席杨晶、自治区红十字会原会长云曙碧担任自治区红十字会名誉会长，自治区人大常委会副主任宝音德力格尔当选为二届理事会会长，聘请自治区政府副主席乌兰、自治区政协副主席奇英成为名誉副会长，桂忠当选为专职副会长兼秘书长，盖文山、乌兰、郝勇、何瑞芝、云宗元、阿斯林、斯琴高娃、贾拉森8人为兼职副会长。2005年4月14日，自治区红十字会召开了二届二次理事会议，会议选举陈华任常务理事、秘书长。由于盖文山副会长分管工作调整，由自治区政府办公厅副主任杨玺继任理事、常务理事、副会长。

内蒙古自治区红十字会历次代表大会

初期（1956年～1960年）：会长哈丰阿。

恢复工作期间（1987年5月～1990年5月）：代表44人，理事10人，名誉会长云曙碧。

第一届

1990年6月6日召开，代表99人，理事53人，常务理事18人，名誉会长孔飞、许令妊、乌兰、陈锵，会长云曙碧。

第二届

2004年11月8日召开，代表158人，理事74人，常务理事20，名誉会长杨晶、云曙碧，宝音德力格尔，专职副会长桂忠。

【组织机构】

内蒙古自治区红十字会现有基层组织2474个，累计发展会员82万人，志愿工作者5707多人。全区12个盟市和101个旗县都建立了红十字会组织。有307个企业、1023个事业单位、500个乡镇、120个街道建立了红十字会组织，在479所小学、356所中学、10所大学中建立了红十字会。在自治区教育系统建立了学校红十字工作委员会。

1995年5月8日，内蒙古自治区红十字会从卫生厅独立出来，理顺了管理体制，单位规格为正厅级，机关设有办公室、业务处、组宣部三个处级单位，下设一个备灾救灾培训中心。2001年机构改革时，撤掉了组宣部，人员编制也由原来的14人减为13人。自治区红十字会理顺管理体制后，所辖12个盟市及部分旗县（市区）相继理顺了管理体制。截至2006年8月，全区12个盟市及满洲里市、二连浩特市两个计划单列市红十字会全部理顺了管理体制，单位规格为正处级，编制5～12人不等。全区101个旗县（市区）已有94个旗县级红十字会理顺了管理体制，机构规格为正科级，编制3～12人不等。12个盟市红十字会是：呼和浩特市、包头市、乌海市、赤峰市、通辽市、鄂尔多斯市、呼伦贝尔市、巴彦淖尔市、乌兰察布市、兴安盟、锡林郭勒盟、阿拉善盟红十字会，两个计划单列市红十字会是：满洲里市、二连浩特市红十字会。

【主要特色】

一、开展了“红十字博爱送万家”活动

为了更好地弘扬人道、博爱、奉献的红十字会精神，按照中国红十字会总会的统一部署，自治区红十字会从1999年开始在每年的元旦、春节期间都开展了“红十字博爱送万家”活动。为贫困灾区和边远农牧区群众送去粮食、衣物等生活必需品。

二、援助开展了卫生小项目

1. 援建卫生院医疗小项目：1999年～2004年由加拿大红十字会援助内蒙古自治区红十字会12万加元，在乌兰察布市凉城县、鄂尔多斯市伊金霍洛旗伊金霍洛苏木开展了卫生项目的援建工作。

2. 复明扶贫行动：2001年至2006年由加拿大红十字会每年援助9万加元，在乌兰察布市、鄂尔多斯市、包头市、呼和浩特市、阿拉善盟、锡林郭勒盟、巴彦淖尔市开展了复明扶贫项目。该项目旨在帮助贫困白内障患者复明，术后能够从事生产劳动，走出生活困境，弘扬红十字人道主义精神，扩大红十字会的影响力。

3. 开展了艾滋病同伴教育活动：2002年开始，由加拿大红十字会每年援助1万加元，开展的艾滋病同伴教育项目，旨在通过同伴教育增强预防艾滋病的公众意识，防止青年人发生易感染艾滋病的危险行为，控制艾滋病在内蒙古地区的蔓延。

三、造血干细胞捐献

2004年经中国红十字会总会批准，内蒙古自治区红十字会成立了中国造血干细胞捐献者资料库内蒙古分库，三年来全区共采集造血干细胞874份，累计采集血样近5000份，进行供者再动员6例。

四、扶贫助学

扶贫助学工作一直是自治区红十字会救助领域中的主要内容之一，特别是从2005年开始，自治区红十字会响应自治区党委、政府的号召，与内蒙古电视台经济生活频道《都市全接触》栏目合作开展扶贫助学活动，先后投入扶贫助学款物65.6万元，救助了大、中、小学生共计1104人。2005年在“博爱一日捐”募捐款中拿出部分善款在全区资助1000名贫困大学生。

（胡志行）

呼和浩特市红十字会

【简介】

呼和浩特市红十字会于1958年成立，“文革”开始后撤销，直至1987年9月恢复工作，当时挂靠在市卫生局，相当于卫生局的一个科室，对内称呼为呼和浩特市卫生局红十字会办公室，对外称呼为呼和浩特市红十字会，编制为3人，后增编到5人。1995年红十字会办公室提格为准处级，编制10人，仍由卫生局代管。有一阶段相当于卫生局二级单位，基本上独立自主开展工作。

2000年12月26日，市编委同意呼市红十字会办公室机构单独设置，直接由市政府联系领导。2002年机构改革时，市委、政府对呼和浩特市红十字会在机构、人员、经费等方面给予了极大的支持，不仅保留了原有编制，而且核定处级干部2名，1正1副，内设2个科室，即办公室和业务科，核定科级职数4人，两正两副。于2004年市委批复参照公务员管理，并成立了党组。2005年，市政府为市红十字会增编2人，增加了组宣科，增加科级职数1名。现机关在职人员13人，副处级1人、科级4人。

【年度工作】

2005年，呼和浩特市红十字会认真贯彻总会第八次会员代表大会和自治区第二次会员代表大会精神，以“依法建会、人才兴会、业务强会、管理治会”为发展观，进一步增强了红十字队伍凝聚力和战斗力，为红十字事业的长足发展奠定了坚实基础。主要工作如下：

一、备灾救灾和社会救助工作

2005年，呼和浩特市红十字会开展的“红十字博爱送万家”活动，共筹集款物238678.4元，贫困家庭不同程度地得到红十字会的救助，受益人口覆盖9个旗县区。“红十字博爱送万家活动”已连续开展了7年之久，许多人通过这一活动，对红十字会有了更深的了解。我们感到，“红十字博爱送温暖”活动，已创出了红十字会的社会救助工作品牌，在老百姓心中很有影响。这一活动也起到了政府救助工作领域的补充作用，为促进呼和浩特市经济的发展、社会的稳定，做出了一定积极贡献。

救助贫困学生。2004年启动实施了——呼市红十字会“651”助学工程，所谓“6”为资助60名特困小学生，每人500元/学年；“5”为资助50名特困中学生，每人1000元/学年；“1”为资助10名特困大学生，每人2000元/学年。今年，继续实施“651”助学工程，发放助学金10万元，所助学生均领取到助学款。同时，启动实施了“博爱救助工程”，资助141名学生，每人资助300元。呼和浩特市红十字会积极参与内蒙古电视台《都市全接触》栏目，为贫困学生和自愿捐助者搭建了救助平台，资助贫困学生17名，资助金额1.257万元。此外，还为四所小学捐赠了价值2.045万元的桌椅、学习用品及两台电脑。

2004年12月26日，印度洋发生强烈地震引发海啸，呼和浩特市红十字会按照自治区红十字会的统一部署，动员社会各界积极开展了募捐活动，为印度洋海啸募捐活动共接收捐款610097.4万元，是呼和浩特市红十字系统开展募捐活动规模最大的一次，在社会上产生了巨大的影响。呼和浩特市红十字会还资助某自然村火灾损失费5万元。

二、卫生救护培训工作

呼和浩特市红十字会相继在道班养护工、水上旅游工作人员、公安交警、涉外饭店服务员和机动车驾驶员和民航等部门开展了群众性卫生救护训练工作，通过培训，提高了行业工作人员的自救互救意识和能力。2005年共培训22284人次，群众性卫生救护工作意义一是唤起人们的人道主义思想，树立人人为我，我为人人的互助意识；二是普及卫生救护知识和技能，实施自救互救工作。举办一期彩票公益项目救护师资培训班，培训人数39名。

三、无偿献血及造血干细胞捐献

积极配合卫生管理部门，组织动员机

关、企事业单位、部队参加无偿献血。几年来，在世界红十字日纪念活动、《献血法》、“6·14”世界献血日等，大力宣传无偿献血。2005 年，呼和浩特地区无偿献人数达 18700 人。市红十字会直接配合卫生行政部门组织动员无偿献血 3160 人次。2004 年，中国造血干细胞捐献者资料库管理中心内蒙古自治区分库正式启动，在自治区红十字会的指导下，成立了呼和浩特市红十字会造血干细胞服务中心，负责呼和浩特地区造血干细胞捐献者的登记、报名、宣传工作。2005 年共采集血样 143 份，累计采集 589 份。2005 年 7 月 8 日，一位老人在市红十字会的帮助下，实现了遗体捐献遗愿，这是呼市红十字会志愿捐献遗体工作的重大突破。

四、组织、宣传工作

加强专题宣传，注重参与意识。结合世界红十字日主题“自救互救，红十字在行动”，呼和浩特市红十字会组织会员单位在新华广场举行了大型的宣传活动，主要以采集干细胞、无偿献血为活动内容。7 月，开展了“珍爱生命，关注健康”宣传活动，旨在宣传普及艾滋病预防知识，促进人民群众的生命健康。并参与呼和浩特第六届昭君文化节《爱心满青城》广场文艺晚会，倡导全社会奉献爱心。“世界急救日”宣传活动，围绕“救护与弱势”主题，各级红十字会在行业举办了自救互救培训，让人们认识到急救不仅在紧急情况、事故中和疾病预防方面意义重大，在日常生活中也有积极作用。12 月 1 日第十八个世界艾滋病日，宣传主题为“遏制艾滋，履行承诺”，呼和浩特市红十字会在大专院校、个体诊所分别举办了大型宣传和培训活动，同时在呼和浩特日报开展预防艾滋病知识竞赛活动，提高社会对艾滋病的认识。

五、红十字青少年工作

认真落实总会、教育部《关于进一步推进学校红十字会工作的意见》精神，强化了呼和浩特市红十字会学校工作委员会职责，以指导学校红十字会工作。在城区中、小学校进行了防灾救护知识培训，有力的配合了学校的德育教育和技能培训工作。组织 1109 名红十字青少年参加全国“春蕾杯”征文比赛，丰富了学校的第二课堂。

（呼　红）

辽宁省红十字会

【年度工作】

2005 年，辽宁省红十字会在省委、省政府的领导下，在中国红十字会总会的指导下，坚持依法治会，积极履行人道救助职责，全面完成了全年各项工作任务，开创了红十字事业发展的新局面。

一、深入宣传贯彻红十字会法，红十字会的社会影响不断扩大

按照《中国红十字会 2001～2005 年法制宣传教育规划》要求，全省各级红十字会积极开展红十字会法的宣传，营造了促进红十字事业大发展的社会环境。

（一）以宣传《中华人民共和国红十字会法》为重点，推动依法兴会。

积极争取人大、政协的视察、检查和调研。省人大与省红十字会共同召开了《辽宁省实施〈中华人民共和国红十字会法〉办法》座谈会，省人大副主任徐德、省政府副省长滕卫平及省直十余个厅局的领导参加了

座谈会。会议总结了辽宁省红十字会依法建会，履行职责的情况，就实施红十字会法所遇到的问题提出建议和解决的措施，对推动全省红十字事业的发展起到了积极的作用。还在“12·4”全国普法日组织志愿者，在大学校园和公共场所宣传红十字会法，印制了5000册《红十字知识手册》，向学生和群众分发，普及了红十字会的法律法规。

（二）利用各种纪念日开展活动，加大对“人道、博爱、奉献”的红十字精神的宣传。

在重大事件、重要纪念日的宣传中，突出规模、加强宣传策划，达到了扩大红十字会影响的效果。如在“五八”世界红十字日、世界急救日、“12·1”艾滋病日以及新年春节等都开展了一系列的宣传活动。省红十字会在沈阳繁华商业区及省委、省政府等机关企事业单位、大专院校、居民社区举行了赠书和培训等宣传活动。同时还在网站发布信息，全年共发稿44篇。目前全省有大连、抚顺、本溪、盘锦等4个市建立了红十字网站。

（三）积极与新闻媒体合作，增强宣传效果。

2005年加大了与新闻媒体的合作，《辽宁日报》、《辽沈晚报》、《中国红十字报》曾出专版报道省红十字会的工作。辽宁电视台多次播出省红十字会的公益广告及专题片，辽宁电台在热点节目“新闻麻辣烫”和“白玉热线”中也对红十字会工作进行了宣传报道。东北新闻网对省红十字会海啸募捐进行了专访。全年各种媒体报道红十字会工作活动情况100余次。《中国红十字报》刊发21篇，其中头版10篇。二、认真履行职责，“三救”工作成绩突出

2005年是自然灾害频发的一年，全省各级红十字会积极开展备灾救灾工作，经受住了考验，积累了抗大灾、抢大险的经验，提高了红十字会的社会公信度和人道主义形象。

（一）规范备灾体系。

做到未雨绸缪，做好各类灾害和突发事件的救援准备工作。按照总会《关于做好2005年洪涝灾害救助工作的通知》精神，制定了《辽宁省红十字会备灾救灾工作预案》，并下发了《关于加强2005年救灾备灾工作的紧急通知》，要求各市加强对救灾工作的领导，增强救灾工作意识，积极与当地有关部门沟通，在参与政府救灾工作的同时，积极开展独立自主的救灾活动，建立指挥领导机构，制定募捐工作方案，做好救灾物资的储备，保障信息渠道顺畅，做好宣传及医疗队等准备工作。为提高红十字会救灾工作效率及规范化，2005年还制定了《辽宁省红十字会突发性自然灾害救助标准（征求意见稿）》。总会《关于印发〈中国红十字会总会自然灾害等突发公共事件应急预案〉的通知》下发后，结合辽宁省实际，与各有关部门积极协调，重新组织编制了辽宁省红十字会应急预案。省红十字会备灾中心仓储物资已达1400余万元，向全国13个省市自治区发放物资114批次680余万元，发挥了区域性备灾中心的作用。

（二）救助自然灾害和突发事件工作卓有成效。

1. 印度洋地震及海啸发生后，省红十字会在第一时间做出反应，下发了《关于为印度洋地区地震及海啸灾民募捐的通知》，对全省红十字会系统开展募捐活动提出具体要求。各市红十字会立即响应，积极行动。

广大红十字会工作人员放弃元旦节假日休息，做了大量深入细致的工作。短短一个多月时间，全省红十字会系统共接收社会捐款1300余万元，获得总会颁发的海啸募捐最佳组织奖。

2. 朝阳市朝阳县乌兰河硕乡扎兰村6月10日遭受龙卷风袭击后，省、市红十字会启动紧急救灾预案，全力投入抗灾主战场。6月18日，辽宁省红十字会常务副会长刘琳娜一行走访慰问了遭受龙卷风灾害袭击的农民并捐赠了运动服220套、棉被240床，价值3.64万元。

3. “8.13”水灾后，省红十字会在第一时间奔赴灾情较重的抚顺市考察灾情，积极筹集救灾物资，在短时间内筹备了6卡车的救灾物资。同时紧急向沈阳军区借调军用卡车，及时将物资送到了灾区，使灾民得到了及时救助。此次省红十字会共向洪水灾区发放救灾物资57万元。此后，又接到总会下拨辽宁省的价值90万元的大米、棉衣，澳门红十字会捐赠的价值20万元的家庭包、汽车、棉被、帐篷等救灾物资，上海市红十字会捐赠的价值129万元的救灾物资。都及时发放到新宾县、本溪县、庄河市、盖州市、台安县等受灾的县（市）。

筹措30万元资金，援助了广西、四川省红十字会，在当地援建了红十字灾民新村，帮助灾民重建家园。

4. 积极参与防控禽流感工作。2005年11月，辽宁省部分地区相继出现高致病性禽流感疫情，省红十字会立即向总会汇报了灾情，并下发了《辽宁省红十字会关于配合政府开展高致病性禽流感防控工作的紧急通知》，部署全省红十字会系统禽流感防控工作。为帮助疫区和全省群众提高防病能力，省红十字会印制了《禽流感防治手册》5万册下发群众手中，并及时与总会联系接受捐赠光波炉70台、光波空调15台、消毒柜10台等。沈阳市、锦州等地红十字也开展了防控工作。

（三）“红十字博爱送万家”活动持续进行。

元旦、春节期间，全省各级红十字会开展了“红十字博爱送万家”活动。省红十字会筹集扶贫物资100万元，在沈阳军区联勤部的大力支持下，分别对抚顺、丹东、锦州等11个市的贫困群众进行扶助，并走访贫困家庭。春节前，省红十字会深入到对口帮扶点彰武县彰武镇慰问贫困户，资助了沈阳市铁西区孤儿之家。各市红十字会也积极投入到这次活动中，共募捐款物合计人民币122.7万元，募集物品3600件，派出扶贫医疗队156支，医务人员1480人次，诊疗病人30147人次，免费投药13.3万余元，发放宣传单17000余份，全省共有15.5万余人受益。各级红十字会还组织慰问了居住在辽宁的日本孤儿及中国养父母家庭，扩大了红十字会的影响，收到了很好的社会效果。

（四）积极开展大众紧急避险宣传和救护培训工作。

2005年，在全省启动了大众紧急避险宣传培训工作，编写并免费发放了30万册《大众紧急避险手册》，在“五八”和“世界急救日”期间，开展了大众紧急避险宣传教育活动。

结合总会彩票公益金项目及省红十字会大众紧急避险工作，2005年举办了7期救护师资培训班，培训对象是社区红十字卫生站、红十字示范校以及部分机关事业单位的有关人员，培训总人数 224 人。还对 2004 年救护师资培训班工作进行了自查，并按照绩效考评的标准进行了整理归档。

（五）干细胞库建设取得新进展

中国造血干细胞捐献者资料库辽宁分库在积极稳步发展的同时，加强制度管理与质量控制，与沈阳、大连两个实验室签订了 2005 年 HLA 监测任务书。下达了《2005 年辽宁分库血样采集任务及进度表》，对今年的血样采集任务进行了分配，确保入库任务顺利完成。继 2004 年与平安保险公司联合举办平安捐血月活动后，2005 年又与平安保险公司再次联合在沈阳市政府广场举办“2005 年爱心捐血月暨造血干细胞捐献知识宣传活动”。

截至年底，2005 年完成血样采集 12000 份，入库数据 11000 份，临床检索 80 例，成功移植 10 例。目前辽宁分库库存资料 29368 人份，为患者初配成功 141 例，成功移植 19 例。

（六）继续做好社区红十字服务工作。

为进一步推动社区红十字服务工作在全省铺开，对部分市进行了重点调研，并在辽阳市召开了全省社区红十字服务工作研讨会。辽阳市及白塔区、湖东社区分别介绍了他们的经验、做法和体会。通过到社区的实地考察和各市互相交流，对红十字会开展社区工作的切入点和立足点做出了准确定位。

三、不断扩大交流与合作，积极开展项目工作

（一）对外交流工作不断扩大。

积极组织红十字青少年的国际交流，继续履行与日本神奈川县红十字青少年交流协议，组织了辽宁省红十字青少年赴日本访问。8 月，代表中国红十字会参加了蒙古红十字青少年夏令营活动，促进了中蒙两国红十字青少年的友好交流。接待了朝鲜红十字会的两次共 8 人的来访，接待了荷兰红十字会项目官员及 PSO 官员 8 次 17 人次的来访。

（二）继续做好预防艾滋病项目。

与荷兰红十字会续签了 2005～2008 年合作项目。目前除开展大学生青年同伴教育外，目标人群扩展到吸毒人员和娱乐场所工作人员，以及关爱艾滋病病毒感染者和病人。截至目前，省红十字会共举办同伴教育培训班 81 期，直接培训在校大学生 1620 名。此外，对目标人群开展了基线调查，为吸毒人员举办讲座，以及艾滋病病毒感染者夏令营和座谈会等。开展了预防艾滋病列车行宣传活动，经过培训的大学生志愿者，在列车播音室广播有关知识，面对面与乘客交流，发放宣传折页，解答乘客提出的问题。还看望慰问了艾滋病病毒感染者，并送去慰问品。沈阳、葫芦岛等市红十字会召开了艾滋病病毒感染者座谈会。

（三）改水改厕项目开始实施。

2005 年，改水改厕项目在签约的基础上开始实施。省红十字会制定了改水改厕项目工作计划和各项管理办法，成立了项目协调小组并召开了会议。为做好项目，省红十字会分别对广西红十字会改水改厕项目和省卫生系统在抚顺市两个项目村实施的改厕项目进行了考察，制定了村民卫生健康教育活动方案，印制了 4500 张折页、1500 宣传画、100 套卡片、100 套教材等宣传品。大连、锦州两个项目地政府分别承诺提供改水改厕项目配套资金 117 万元和 30 万元，并按时足额的到位。在大连瓦房店市交流岛乡东北村和锦州市黑山县励家镇崔岗子村分别

举行了改水改厕项目启动仪式。还在两个项目村举办了卫生健康教育志愿者骨干培训班，两村共有 27 名志愿者骨干参加了培训。目前，两项目村已完成了水厂建筑工程及基础设施的配套，自来水主管路铺设完毕，大部分农户已接通了上水管道，安装了水表，一部分农户已喝到了改水后的自来水。

（四）能力建设项目顺利发展。

为了提高全省红十字会系统工作人员的能力，利用荷兰红十字会资助的能力建设项目，开展了培训、学习、交流、评估等项工作。举办了全省红十字会系统领导干部、财务人员、筹资、项目管理等培训。组织红十字会专职干部到广西、上海、浙江等省市进行学习交流。

四、加强组织建设与发展，提高红十字会干部队伍素质

（一）依法理顺市、县级红十字会管理体制。

在推进理顺市、县级红十字会管理体制工作中，省红十字会深入各地开展调研和协调工作，争取当地党委、政府的理解和支持，帮助各市解决实际问题。到 2005 年 9 月份，全省 14 个市级红十字会已经全部理顺管理体制，21 个县级红十字会也已独立建制。

召开了辽宁省红十字会第六届理事会第三次会议，更换、增补了理事。大连、沈阳等五市召开了会员代表大会，完成换届工作。

（二）红十字青少年及志愿者队伍建设不断加强。

加强了全省百所红十字示范校的工作，将红十字运动知识及救护培训知识普及教育与主题班会及助学扶困等形式有机地结合起来。同时进一步拓展范围，在大学开展工作。与省教育厅等四个部门共同签发了《关于参加全国红十字青少年工作会议情况的汇报》文件，还以传播国际人道法为重点，与辽宁省教育厅共同组织了国际人道法的报告会。

加大了对志愿者的工作。全省现在有志愿者 61000 人。对省红十字会老年自行车志愿宣传队加强指导，提供经费、服装和宣传品，组织他们参加“五八”世界红十字日宣传、大众紧急避险知识宣传、世界急救日宣传以及红十字会法的宣传等活动，为全省开展志愿者队伍建设积累了经验。沈阳市红十字会成立红十字志愿者医疗义诊团，由 22 名离、退休及在职的医疗专家组成，为市民免费义诊。全年共组织大型义诊 25 次，受益群众近万人。

（三）开展全省工作调研及评估、培训工作。

为全面了解全省各级红十字会贯彻落实红十字会法，依法开展工作情况，8 月份，对鞍山、锦州等 8 个市开展了调研，对各市红十字会人员机构设置、办公条件及经费状况以及开展工作的情况进行了摸底和统计。通过调研，找出了存在的问题，提出了解决问题的办法和建议，为指导各市工作奠定了基础。

为了科学、客观的掌握红十字会组织的基本情况，对省红十字会理顺体制以来开展的各项工作进行了“红十字会能力评估”、“易受损人群及红十字会救助能力评估”。

2005 年是省红十字会培训工作力度较大的一年。针对体制刚刚理顺、人员新的实际情况，省红十字会从培训抓起，全年举办各种培训班近 10 次有近 100 人次的红十字

会专职干部参加了培训。

（四）加强机关建设，提高干部队伍整体素质。

1. 建设学习型机关，全面提高干部素质。

组织职工学习政治理论、业务知识和计算机等有关知识，开展每人撰写论文、读一本有意义的书活动。组织省会机关干部到四川省红十字会学习。

2. 健全工作制度，加强机关行政管理

省红十字会严格内部各项管理，健全和完善各项制度，注重各项工作责任考评，对重点工作进行整改规划，并及时指导事业单位工作，财务及档案工作更加规范，管理工作不断加强。

【历史沿革】

1904年2月8日，日俄战争在辽宁旅顺爆发，东北人民灾难惨重。上海海关沈敦和与施子英二人恻然悯之，发起成立了“东三省红十字普济善会”。1904年3月10日，上海万国红十字会召开第一次中西董事会，决定在要冲之地牛庄(今营口)设立分会，在牛庄借爱尔兰会华医院为分会总医院。8月，设立辽阳分会，同时设医院和难民栖留所。之后，辽宁省奉天省城、新民屯、沟帮子等成立分会。日俄战争期间，在辽宁境内的红十字分会为群众做了大量救援、救护、救助方面的工作。据不完全统计，红十字会对受难人民进行医疗救护达2.6万人；资助遣返回籍者达8.5万人；战后受到赈济的灾民达3.3万余人。1929年2月5日，奉天省正式改称辽宁省。7月，中国红十字会辽宁分会成立。办公地址在沈阳民富街西157号。

新中国成立后，辽宁省红十字会于1957年2月19日在沈阳成立。由卫生、民政、公安等有关单位领导29人组成辽宁省红十字会执行委员会。

辽宁省红十字会成立时，全国正开展“除四害、讲卫生、消灭疾病”的群众卫生运动。各地红十字会都把主要力量投入爱国卫生运动中。1958年，辽宁省红十字会及时部署动员组织会员参加爱国卫生运动，促进了卫生运动的发展。1962年，针对台湾当局在美帝国主义支持下，妄图窜犯大陆进行军事冒险的形势，红十字会立即行动，大力开展群众性国防卫生救护训练。训练内容应包括卫生救护基础知识和防空、防毒、防疫（细菌），防原子等简易知识，力争做到在遇有紧急情况时，能担负起军民伤病人员的投寻、搬运和医务人员未到现场前的初级救护，疫区、毒区的消毒，以及在医务人员指导下执行其他的卫生勤务。“文革”期间，辽宁省红十字会遭到全面破坏，红十字会工作被迫停止。粉碎“四人帮”以后，1980年3月26日，辽宁省红十字会恢复工作，当年4月9日，辽宁省红十字会召开第三次会员代表大会，选举产生了以辽宁省人大常委会副主任王堃驰为会长的新的领导机构。辽宁省红十字会自1980年恢复工作以来，协助政府在备灾救灾、扶贫济困、对外交往等方面做了大量卓有成效的工作。2000年12月26日，辽宁省红十字会办事机构从省卫生厅划出，独立设置。辽宁省红十字会第六次会员代表大会于2001年11月21日在沈阳市召开，会上选举出了新一届理事会，聘请辽宁省省长薄熙来担任省红十字会名誉会长，陈素芝、徐廷生、张毓茂为名誉副会长。选举辽宁省副省长刘克田为省红十字会会长，刘琳娜当选为辽宁省红十字会常务副会长，杨笑为秘书长。在2004年3月召开的辽宁省红十字会六届二次理事会上，改选滕卫平为省红十字会会长。

辽宁省红十字会历次代表大会

第一届

1957年2月召开，理事29人，会长车向忱，副会长王木。

第二届

1962年9月召开，理事21人，会长王梓木，副会长韩蓬台。

第三届

1980年4月召开，理事24人，会长王堃骋，副会长邓禹。

第四届

1988年12月召开，理事61人，会长王文元，副会长李希舜。

第五届

1996年10月召开，理事60人，会长张榕明，副会长李仁。

第六届

2001年11月召开，理事60人，会长刘克田，副会长刘琳娜。

第六届二次

2004年3月召开，理事60人，会长滕卫平，副会长刘琳娜。

【组织机构】

辽宁省红十字会现有会员179.8492万人，志愿工作者6.1万人，全省100个县区建立了红十字会，同时，在高等院校、职业学校、中小学校建立了学校红十字工作委员会。

辽宁省红十字会机关设有办公室、赈济救护部、组织宣传部，下辖备灾中心、培训中心（中国造血干细胞捐献者资料库辽宁分库）等2个事业单位。至2004年底，全省已有14个市理顺了市级红十字会管理体制（沈阳、大连、鞍山、抚顺、本溪、丹东、锦州、营口、阜新、辽阳、铁岭、朝阳、盘锦、葫芦岛），21个县理顺了县级红十字会管理体制。

【大型项目】

（一）省内救灾工作

1. 1994年7月中旬至8月中旬，辽宁省所辖14个市的大部分地区遭受了大或特大洪水和台风袭击，灾情十分严重。省红十字会会同卫生厅共向灾区派出医疗队68支，防疫队34支，发放药品22万元，发放消杀药20余万元，总救助人数达68627人次。

2. 1995年，辽宁省发生有记载以来最大的一次洪涝灾害，全省经济损失344.2亿元。省、市各级卫生部门及红十字会共组建医疗队239个，向灾区派出医疗队565队次，运送价值44万元的药品及消毒杀菌药品。

3. 1999年11月14日和24日，辽宁地区连降两场大雪和暴雪，辽南东部山区气温急剧下降，省红十字会购买了价值5万元的棉被1000条送到灾区。

4. 1999年11月29日，海城市、岫岩县发生5.6级地震，造成6000多间房屋损毁，直接经济损失达2300多万元。地震发生后，省红十字会迅速做出反应，组织了15支医疗队和预防小分队，并积极上报灾情，得到中国红十字会总会和红十字会与红新月会国际联合会救助的60余万元。

（二）向遭受灾省、自治区进行援助

1. 1991年7至8月份，我国南方部分地区发生特大洪涝灾害，辽宁省红十字会共募集人民币160万元，衣物约110万件，支援了南方灾区的重建工作。

2. 1994年，辽宁省红十字会向南方灾区捐款71295元，捐衣物2000件。

3. 1996年青海省发生雪灾，辽宁省各级红十字会举行开展为青海雪灾募捐衣物及生活用品活动。共募捐衣物及生活用品100余万件。

4. 1996年张家口地震，辽宁省红十字会向地震灾区捐赠人民币1万元。

5. 1998年全国大部分地区发生洪涝灾害，辽宁省红十字会在全省红十字会系统开展募捐活动，为灾区募集的款物折合人民币730万元。

6. 1999年台湾发生地震，辽宁省红十字会通过中国红十字会总会向台湾红十字组织捐款5万元人民币。

7. 2003年，新疆维吾尔自治区喀什地区发生强烈地震，辽宁省红十字会向灾区捐款30万元，用于灾后重建工作。

【主要特色】

（一）开展“红十字博爱送万家”活动

2001年至今，每年的元旦、春节期间，辽宁省红十字会按照中国红十字会总会的整体部署，根据中共辽宁省委、省政府的要求，连续开展了“红十字博爱送万家”活动。

2001年1月，辽宁省红十字会工作人员赴葫芦岛、锦州、朝阳、阜新四市开展“红十字博爱送万家”活动，为遭受严重旱灾的群众送去价值40万元的棉被、棉大衣等物品。

2002年1月，辽宁省红十字会把“红十字博爱送万家”活动与省政府扶贫帮困和经常性社会救助活动结合起来，先后到抚顺市清原县、本溪市南芬区和辽阳市走访慰问贫困户和受灾户，并为他们送去了价值6万元的药品、2000斤粮食和部分棉衣、棉被等物品。

2003年，辽宁省红十字会结合本省实际，在辽阳市举行了中国红十字会2003年“红十字博爱送万家”活动辽宁省启动仪式，现场对部分城市低保户进行了救助，并走访了部分贫困户。此次活动共筹集了价值50万元的物资，受益群众达2500户。通过救助活动，把党和政府的关怀，把红十字人道、博爱、奉献的红十字精神送到千家万户。

（二）救助日本孤儿及中国养父母

日本侵华战争时所留下的日本遗孤，战后大多流落在中国东北，被中国养父母所收养。日本塔卡拉俱乐部中有许多日本遗孤，中日建交后返日，他们为报答中国养父母的养育之恩，向中国红十字会捐款，建立为其养父母服务的保健中心。1991年1月，辽宁省设立医疗保健中心，总建筑面积2500平方米。中心建立后，省红十字会及该中心帮助日孤在日寻亲和到辽宁探亲访友，并在每年春节前带着慰问品对辽宁地区的部分日本遗孤及其养父母进行慰问。

（三）积极开展“三下乡”活动

辽宁省红十字会从2001年起，参加中共辽宁省委、省政府组织的“科技、文化、卫生”下乡活动。当时，省红十字会刚刚独设置就以积极的态度主动参与了此项活动，并把它当成密切党和群众的联系，为振兴辽宁老工业基地做贡献的政治任务来完成。每年年初，省红十字会都将“三下乡”工作列入全年工作计划之中，把省红十字会筹集的药品、衣物等送到贫困群众手中。其中，2002年底，为彰武县送去价值5万元药品；

2003年底，为康平县送去价值3万元药品及衣物。2004年，辽宁省红十字会被评为辽宁省“三下乡”先进集体。

（四）成立辽宁博爱特殊儿童养护中心

2002年5月，由辽宁省红十字会牵头，成立了辽宁首家博爱特殊儿童养护中心，定性为社会福利机构，专门为患孤独症的儿童提供训练、康复服务。通过训练，指导孤独症儿童及其家长改善儿童现状，提高儿童适应社会能力及语言交往能力，力争使儿童尽早适应集体生活。两年来，共接收近百名特殊儿童，使多名孩子重返校园，过上和正常人一样的生活。逢年过节，省红十字还组织热心公益事业的社会各界献爱心，送去慰问品，并通过新闻媒体给予宣传报道，让全社会关注弱势群体。患儿家长和政府有关部门称赞红十字会为民做了一件好事。原中国红十字会总会副秘书长汤声闻曾经视察该中心，并对其工作给予充分肯定，认为这是红十字会工作的一个品牌，应当很好地坚持下去。

（杨海云）

沈阳市红十字会

【简介】

沈阳市红十字会于2003年6月完成了机构改革，理顺了管理体制。确定市红十字会为副局级群团组织，人员编制12人。同时改善了办公环境，扩大了办公场所，建立和完善了各项管理制度。全市红十字会基层组织共计826个，新增41个，会员总数121万人，新增会员6万人。

【年度工作】

2005年4月30日，沈阳市红十字会召开了第七次会员代表大会。选举产生了理事132名、常务理事39名。选举副市长王玲为市红十字会会长；聘请中共沈阳市委书记张行湘、市人大主任崔文信、市长陈政高、市政协主席赵金城为市红十字会名誉会长，聘请原市人大副主任艾廷隽、原副市长吕亿环为市红十字会顾问、王军霞为市红十字会形象大使。市长陈政高代表市委、市人大、市政府、市政协作重要讲话。5月8日的《沈阳日报》头版刊发了题为《发展红十字事业为沈阳人民造福》的专题文章。

按照中国红十字会总会“有编制、有机构、有人员、有经费、有办公地点，逐步形成机构健全、队伍精干、独立工作，运转良好的工作机制”的要求，相继理顺了和平、沈河、皇姑、大东、东陵、于洪六个区红十字会管理体制。

2005年初，由市政府副市长、市红十字会会长王玲与各区、县（市）分管红十字会工作的主管副区长签订了《沈阳市红十字会工作目标责任状》。

沈阳市红十字会与市民政局联合下发了《关于开展社区红十字服务工作的实施意见》，制订了《社区红十字服务站标准》、《社区红十字服务指南》等，统一标识，规范管理。沈阳市红十字会全年共组织街道及社区红十字会专职干部、教育系统红十字会兼职干部开展业务培训40次，培训人数1200人。建立社区红十字服务站84个，市级红十字示范服务站15个。

成立了红十字志愿者工作委员会，制订了《沈阳市红十字会志愿工作者管理办法》，建立志愿工作队280支，红十字志愿工作者2万人，全年共开展义务服务370次，受益人数5万人。

社会救助工作。在2005年开展的“红十字博爱送万家”活动中，沈阳市红十字会对全市孤残儿童、贫困家庭、日本遗孤及其养父母进行救助，款物折合人民币150万元。

5月8日，举行了“不让一个贫困家庭考上大学的学生失去求学机会”主题募捐活动启动仪式，邀请智障指挥家舟舟及北京老泥车演唱组来沈进行募捐义演。

8月2日，在辽宁大剧院召开了捐资答谢会暨现场捐赠会，会上邀请了美国著名钢琴家麦克德玛什进行义演，并对353名大学新生进行资助，资助金额105.9万元人民币。

以改善贫困家庭先天性心脏病儿童的状况为目的，在沈阳医学院沈洲医院成立了“沈阳市红十字会救助先心病儿童手术治疗中心”，为100多名患先天性心脏病儿童进行了免费体检、筛查，在符合手术条件的患病儿童中，为36名儿童进行了免费治疗。

救灾备灾工作。沈阳市红十字会严格落实《中国红十字会总会自然灾害与突发事件应急预案》，制订了市级《预案》，全市共成立了102支应对突发事件救护队。

1月1日～18日，沈阳市红十字会通过公布热线电话、发布倡议书、组织义拍、义卖、义演、举办慈善募捐晚宴等形式，开展为印度洋海啸地区灾民专题募捐活动，共募集款物450万元。

7月28日，沈阳市红十字会与市地震局联合举办了“有感地震外伤救护演习”。

8月14日，沈阳市红十字会调拨救助金5万元人民币，送住水灾较重的东陵区深井子镇。

8月17日及8月23日，沈阳市红十字会对水灾较重的抚顺、本溪两市进行援助，援助金额16万元人民币。

在防控人禽流感工作中，沈阳市红十字会按照市政府的要求重点做好东陵区、浑南新区、农业高新区、棋盘山旅游区的防控工作。共印制防控禽流感宣传单10万份发至居民手中，并在东陵区建立了8支紧急救护队。

救护培训工作。沈阳市红十字会两次组织市红十字系统专（兼）职工作人员（共19人）参加了辽宁省红十字会举办的卫生救护师资培训班。

沈阳市红十字会邀请有关专家授课，在全市范围内开展以意外伤害、外伤四大技术、常见病防治、心肺复苏等为主要内容的师资培训，共培训师资520人。

沈阳市各基层红十字会全年共培训救护员7.8万人次，其中城镇居民3.1万人次，农村居民1.7万人次，学生3万人次，复训救护员12.8万人次。

6月28日，沈阳市红十字会在辽宁省公安厅警卫局举办了为期三天的《国际人道法》和卫生救护知识培训班，共有70名干警参加了此次培训。9月15日，指导沈河区红十字会在沈河区行政执法局成立红十字急救站，对执法人员进行了卫生救护知识的培训，并将20个卫生救护箱捐赠给沈河区行政执法局。11月10日，指导皇姑区红十字会在全区24台110警务车上配置急救箱，并对皇姑区公安分局干警进行了初级卫生救护知识培训。

遗体捐献、献血和造血干细胞捐献工作。在推动遗体（器官）捐献工作中，全年共有216名志愿者在沈阳市红十字会报名登记。全年组织了1808名志愿者采集了血样，并检测登入中国造血干细胞捐献者资料库。沈阳市红十字会组织东陵区李相镇99名农民无偿献血，成立了农民无偿献血协会，并指导东陵区红十字会组织撰写了"农村无偿献血工作初探"论文，上报世界卫生组织。

红十字青少年工作。沈阳市红十字会与市教育部门配合，将学校红十字青少年工作与爱国主义教育、未成年人思想道德教育紧密结合起来，在全市1800余所中、小学中开展了"人道主义教育进课堂"、"五八主题升会旗"活动，并在全市的中小学中设置了募捐箱、宣传板。组织全市中、小学红十字会组织参加全国"春蕾杯"征文竞赛；组织各区、县（市）红十字会开展"我心中的红十字"征文活动。

在沈阳全市中、小学中开展创建红十字示范校活动，并出台了《沈阳市红十字示范校标准》。沈阳全市现有省级红十字示范校14所，市级红十字示范校31所。

国际交往。1月21日，应沈阳市红十字会邀请，以韩国国立医疗院心脏外科专家金秉烈为团长一行3人来沈与沈洲医院联合为先天性心脏病患儿进行手术治疗并进行学术交流。中韩双方签订了2005年合作项目协议书。

9月14日至18日，应沈阳市红十字会邀请，美国微笑联盟义诊团到沈阳市为119名唇、腭裂患者进行术前筛查。

10月26日至11月2日，应韩国赤十字社京畿道支社的邀请，沈阳市红十字会一行6人赴韩，进行了为期7天的友好交流访问，续签了2006—2010年五年友好交流协议。

（付靖翊）

大连市红十字会

【简介】

大连市红十字会成立于1957年9月3日，编制为7人，设专职副会长1人，办公室主任1人，工作人员5人，挂靠在卫生局。1981年10月恢复工作，设编4人，其中行政编2人，事业编2人，为处级建制。2002年5月28日，在市政府和编委的关怀和支持下，大连市红十字会理顺了管理体制，由过去的一个处级科室提格为副局级单位，设专职副会长1人、秘书长1人，下设一室两部，编制数为16人。

1957年9月，大连市红十字会成立了第一届委员会。主席为李东潮（副市长），副主席为舒柏年（副局长）；1961年成立了第二届委员会。会长为辛東（副市长），副会长为于文靖（专职）、杜力群（副局长）；1980年成立了第三届委员会。会长为范勇昌（副市长），副会长为张志堂、郜敏（专职）；1984年调整了第三届委员会。会长为赵亚平（副市长），副会长为张志堂、杜力群、刘子华、马金长、田振华、郜梅。1993年4月10日，大连市红十字会召开了第四次委员扩大会议补选理事，会长为吴明熹（副市长），副会长为李学文、孙承岱、贾聚林、张延弟、刘景奇、王永奎，秘书长：戚其亮。1997年8月12日，大连市红十字会召开三届五次理事会（扩大）会议，会长为董文杰（副市长），常务副会长为孙承岱（局长），秘书长为张坤茂。1998年，会长为贺旻（副市长），常务副会长为孙承岱（局长），秘书长为张坤茂。2001年，大连市红十字会会长为贺旻（副市长），常务副会长为孙承岱（局长），副秘书长为曹澎。2002年，大连市红十字会理顺管理体制期间由孙明勋代理秘书长工作。

1983年，11个县（市）区也相继成立了红十字会组织。

到2005年大连市红十字会所属县级红十字会组织11个，基层团体会员单位754个，会员18.2万人。其中成年会员6.9万人，青少年会员11.2万人。

【年度工作】

2005年4月15日，大连市红十字会第四次会员代表大会隆重召开。市委书记张成寅、市长夏德仁当选名誉会长，副市长贺旻继续担任会长。2月，市红十字会下发《关于进一步开展清理整顿滥用红十字标志、名称工作的通知》，开展滥用红十字标志使用整顿工作，加强红十字医疗机构和单位的冠名管理，维护红十字标志使用的严肃性。

开展宣传和志愿服务活动。“五八”世界红十字日，大连市红十字会举办了“中国平安人寿杯”红十字青少年卫生救护知识与技能大赛，来自市内四区红十字示范校的80名红十字青少年代表组成的10支代表队参赛。年内，市红十字会先后为佳能大连有限公司、香格里拉饭店等单位举办24期卫生救护培训班，受训人员达1000人。先后5批选派48人参加中国红十字会彩票公益金救护师资培训并取得师资资格。在9月10日“世界急救日”，全市近千名红十字志愿者深入社区向市民宣传救护常识，并向市民发放《大众紧急避险手册》和“市民自救互救常识”等宣传品3万份。同大连电视台联合录制“急症第一救护”系列节目。年内，市红十字会向各区市县红十字会下拨电脑11台，价值5.8万元；配备救护培训人模11个，价值为4.94万元。“6·26”国际禁毒日，市红十字会、市公安局、市妇联在大商步行街联合举办以“珍惜自我，健康抉择”为主题的大型宣传活动。举办关注艾滋病万人签名活动，发放宣传册1万余份。6月14日“世界献血者日”，举办“无偿献血与血液安全”知识竞赛等。

开展备灾救害工程。2005年，大连市红十字会制订《大连市红十字会备灾救灾工作预案》。发出《关于开展向北三市受灾地区捐款捐物公益活动的通知》，共募捐物资及救助款价值人民币30万元，并及时发放到特困户和贫困残疾人及城市低保户家庭，走访贫困户1404户。把募捐现金3万元送往庄河市6户受灾农民家庭。同时，将大连海关转赠的1150件罚没箱包，送到全市低保户及贫困学生手中。此外，市红十字会通过中国红十字总会2005年国家彩票公益金项目，争取筹集49吨、价值15万元的大米发放到庄河市8个受灾乡镇群众手中。成立市红十字会青少年视力康复基地，开展“感受红十字关爱——庆“六一”，送光明”公益活动，为本市中山区三八小学等7所市红十字示范校的208名贫困近视学生免费验配健康眼镜，总价值7万余元。组织东北财经大学志愿者分会到大连市儿童医院儿童医疗康复中心，开展“感受红十字——洒播爱心种子，关爱脑瘫儿童”慰问活动。市红十字会与大连开发区宝迪汽车贸易有限公司联合在普兰店市莲山镇中心小学举行红十字博爱助学活动，为普兰店市莲山镇8名家庭困难学生捐赠2005年度的助学款4760元以及书本、服装等慰问品。年内，市红十字会还先后向贫困大学生、尿毒症和白血病患儿以及抚顺、本溪、江西省受灾群众等捐款13.9

万元。开展募捐爱心电脑活动，向北三市农村地区和长海县捐赠电脑50台。2004年12月，响应中国红十字总会号召，开展国际人道主义救援活动，为印度洋地震海啸灾区募捐款项482.1万元，全部汇往中国红十字会总会救灾专用账户。大连市红十字会海上救护站成立。2005年6月21日，大连市红十字会基层会员单位，西岗区八一路社区卫生服务中心投入资金7.7万元成立大连红十字海上救护站。

继续推进红十字会间交流与合作。年内，市红十字会先后接待朝鲜国家红十字会代表团和美国红十字志愿者团来连参观访问。与日本赤十字社神奈川县青少年友好访问团进行友好交流。接待云南省红十字会备灾救灾服务中心考察交流团。年底，“ING——辽宁省红十字会改水改厕工程”竣工投用，瓦房店市交流岛乡东北村800多户村民生活质量得到根本改善。改水项目由ING集团援助51万元作为启动资金，当地政府提供配套资金支持。为纪念反法西斯战争、中国抗日战争胜利60周年，大连、厦门两市红十字会联合举办为期6天的两地红十字青少年夏令营，对青少年进行爱国主义教育，并举办红十字会务知识专题讲座。

大力开展捐献造血干细胞宣传活动。2005年，大连市红十字会继续在交通大学、海事大学等高校开展“点燃生命，奉献爱心”为主题的捐献造血干细胞宣传活动，4月13日，海事大学师生举办“爱心再造生命——倡导大学生加入造血干细胞资料库”专题讲座，有550人进行造血干细胞捐献血样采集。10月15日东北财经大学、辽宁师范大学开展为期一周的“征集造血干细胞捐献志愿者”大型宣传活动。有359名大学生采集血样。自2002年10月启动捐献造血干细胞工作以来，大连全市有近1万人报名捐献造血干细胞并完成血样标本的采集，成为造血干细胞捐献志愿者。其中与白血病患者初次配型成功35人，高分辨配型成功8人，实现捐献5人。在大连天健网和大连日报社联合推出的“感动大连”新闻人物评选活动中，大连市首例向非血缘关系捐献造血干细胞的大学生杨新宽，当选“感动大连”十大新闻人物之一。

2006年初在“红十字博爱送万家活动”中，大连市红十字会发放给北三市贫困家庭救助款4.3万元，各区市县也纷纷走访慰问贫困家庭，送去红十字的关爱。先后2358户贫困农民发放衣物22000件，为158户特困户购置了米、面、油等食品、药品价值6.65万元。

（孙明勋）

吉林省红十字会

【年度工作】

一、认真履行职责，“三救”工作取得成效

一年来，根据社会需求和国家总会的统一部署，全省各级红十字会积极行动，广泛开展各种形式的人道主义救灾救助活动，取得了较好成绩。

（一）募捐和救灾备灾工作

1. 年初，东南亚和南亚地区发生地震海啸灾难后，吉林省红十字会紧急发出倡议，动员全省社会各界和广大群众发扬国际人道主义精神，奉献爱心，捐款赈灾，在短短1个月时间内，全省红十字系统共募集善款600余万元

(其中省红十字会机关募集300余万元)。5月,吉林省红十字会以“爱心献社会、真情暖人心”为主题,在全省范围内组织开展募捐活动,共募集善款700余万元,为扎实开展各项人道主义救助工作奠定了坚实的基础。

2. 入夏，吉林省部分地区连降暴雨，并伴随冰雹出现，局部地方受灾严重。灾情发生后，省红十字会快速反应，积极投入救灾工作，紧急向灾区下拨大衣、棉被、帐篷等救灾物资，同时迅速向中国红十字会总会报告灾情，全力为吉林省灾区争取援助。6至9月，吉林省红十字会累计向灾区下拨各类救灾物资价值人民币100多万元，有力地支援了灾区的抗灾自救工作。

（二）积极开展各种帮贫扶困活动

1. 深入开展“红十字博爱送万家”活动。春节前后，全省各级红十字会组织开展了大规模的“红十字博爱送万家”活动。省红十字会先后调拨价值20万元的衣物，并自筹13万元资金购买了大米、面粉，救助2004年受灾严重的白城、白山、松原、延边等市（州），慰问重灾户、贫困户和城市低保家庭，受益人数达2多万人，把党和政府的关怀送到了困难群众手中。

2. 坚持实施“红十字助学”品牌工程，为特困家庭学生提供资助。吉林省红十字会坚持开展红十字博爱助学活动，会同各级教育行政部门和学校对贫困学生情况进行调查摸底，不断加大救助工作力度，并逐步建立起长效机制，让助学活动真正成为求真务实的爱心工程。吉林省红十字会组织的救助特困家庭大学新生活动，共救助吉林大学、延边大学等学校特困学生3000多人次，累计发放助学金140多万元。

3. 红十字服务进社区工作扎实推进。根据中国红十字会总会《关于开展社区红十字服务工作的意见》，吉林省各地红十字会在城市社区开展了形式多样的体现红十字宗旨的服务活动。各地结合实际，普遍开展了健康知识讲座、邻里扶贫救助等活动，图们、敦化等地还成立了社区红十字会组织，并尝试兴办“博爱超市”，搭建爱心平台，提供志愿服务，帮扶低保困难户，为强化红十字会的社会服务功能，参与社会保障体系建设发挥了积极作用。

（三）加强卫生救护

1. 开展卫生救护培训。根据中国红十字会总会要求，贯彻卫生救护培训“四统一”原则（统一教学计划、统一教材、统一质量标注、统一考核内容），吉林省红十字会举办卫生救护培训班，聘请知名专家进行授课，系统讲授卫生救护专业知识和自救、互救技能，并增加了有关灾害预防、紧急避险、健康促进等内容。全年共举办卫生救护师资培训班6期，培训学员192人；举办卫生救护培训班225期，为各行业培训初级卫生救护人员2.3万人。

2. 组织开展“世界急救日”纪念活动。围绕首个世界急救日的主题“救护与弱势群体”,吉林省各级红十字会举办了一系列纪念宣传活动。9月9日,长春市红十字会在一些户外活动俱乐部分别进行了常见急症、心肺复苏、车祸现场救护、气道异物现场救护、煤气中毒现场救护的演示。四平市红十字会在街头组织了现场救护演练,为群众演示紧急状态下自救方法,取得了较好的宣传效果。

二、联引资金项目，不断扩大对外交流与合作

为充分发挥红十字会的人道主义工作优势，努力开辟新的社会服务领域，吉林省红

十字会认真贯彻中共吉林省委、省政府提出的加快发展、振兴吉林的工作方针，积极开展工作，抢抓机遇，谋求发展，把推介吉林、争取外援作为重点工作。经过努力，在争取到获荷兰红十字会捐助10万欧元的“艾滋病预防”项目，以及挪威红十字会援助100万元人民币“农村改水改厕”项目。

（一）“艾滋病预防”项目。2005年是荷兰红十字会与吉林省红十字会合作开展艾滋病预防项目的第二年，各项工作进展顺利。该项目以传播艾滋病预防知识、消除社会恐惧歧视、对感染者进行人道关怀为主要目标，为控制艾滋病在吉林省的传播发挥了重要作用。经认真组织筹划，吉林省红十字会共组织开展目标人群基线调查、项目管理培训班、预防艾滋病知识培训班、艾滋病感染者夏令营、“世界艾滋病日”宣传等活动21次；吉林市红十字会开展青年同伴教育培训班、娱乐场所基线调查、预防艾滋病知识培训班等活动17次，传播受众1万余人，社会效果显著，受到总会项目办公室和荷兰红十字会项目官员的肯定，为进一步做好中外合作项目打下了坚实的基础。

（二）“改水改厕”项目。挪威红十字会捐助100万元的“农村改水改厕”项目，在汪清县东光镇长荣村、龙井市智新镇城东村分别实施，各项建设工程已全部完成，为400户村民解决了安全卫生的饮用水问题，修建了300余个符合环保标准的卫生厕所，千余名村民受益。项目还针对农村居民开展健康教育讲座12期，帮助村民提高卫生健康意识，375人次村民参加了培训，为提高村民生活质量，改善吉林省农村贫困地区的卫生条件和生活环境，推进农村小康社会建设做出了积极贡献。

（三）“博爱学校”建设。柳河县驼腰岭镇宝石村小学，由于年久失修，急需改建，吉林省红十字会得知情况后，积极联引资金，为改建宝石小学牵线搭桥。经过努力，由澳门红十字会捐助吉林省15万元资金，资助该校进行维修改建，吉林省红十字会又拨专款2万元为宝石小学新置课桌椅等教学设施。目前，宝石小学已投入使用，成为柳河县办学条件一流的村小学，受到师生和家长的热烈欢迎。

10月，由天津天狮集团出资援建的团结博爱小学在集安市头道镇落成。该校原属中小学危房，经吉林省红十字会多方协调，由“天狮助学计划”资助该校20万元，对校舍和操场进行维修和改建，学校的办学条件和校容校貌发生了根本改变，解决了200多名小学生的就学困难，为吉林省农村基础教育设施建设做出了积极贡献。

三、加强宣传工作，红十字会社会影响显著增强

为扩大红十字工作的社会影响，2005年，吉林省红十字会围绕红十字会的工作宗旨，精心设计和组织了一系列主题宣传活动，在扩大宣传、提高红十字会社会知名度和影响力方面做了大量工作。

（一）宣传红十字会宗旨。在“五八”世界红十字日、世界禁毒日、世界急救日、世界艾滋病日等重大纪念日，全省各级红十字会先后组织开展了大规模的社会宣传活动，组织医院、学校等团体会员单位开展纪念活动，广泛宣传红十字运动宗旨，共发放宣传品2万余份，扩大了红十字会的社会影响和知名度，取得了较好的社会效果。

（二）宣传推动无偿献血。吉林省红十字会积极参与无偿献血的组织发动，与各级

血液中心建立工作协调机制，有力地推动了全省血液事业的发展。6 月 14 日“世界献血者日”，省红十字会组织开展了大规模的社会宣传活动，宣传“献血无损健康”、“平时我为人人、急时人人为我”的社会公益意识，收效很好。吉林市红十字会在电视台连续播放无偿献血宣传片，并设立了无偿献血咨询电话，当日就有 413 人自愿参加无偿献血，献血量达 8 万多毫升。

（三）宣传公共卫生知识，倡导文明生活方式。省红十字会结合开展项目工作，面向社会公众广泛宣传艾滋病预防知识以及卫生健康常识，组织红十字志愿者参与科普、咨询、健康教育等工作，免费向机关、学校、社区发放卫生知识宣传手册等，传播健康知识，服务人民大众。

四、造血干细胞捐献者资料库吉林分库建设工作取得新进展

针对吉林省造血干细胞捐献者资料库需要补充检测费和增加设备的实际情况，吉林省红十字会积极开展工作，争取政策扶持和资金支持。中国造血干细胞捐献者资料库吉林分库全年投入资金 106 万元，购买了价值 20 多万元的设备援助，为吉林省分库的建设和发展奠定了坚实的基础。吉林省分库在加强建设和管理的同时，进一步完善了配型检索工作流程，努力为供者和受者提供优质服务，取得了扎实成效。截至目前，中国造血干细胞捐献者资料库吉林分库已开展采样 8300 多人份，检测分型 3650 例，同时，配合总库完成志愿者检索 80 余次，实现骨髓移植配对 21 例，完成志愿捐献 3 例。

五、红十字青少年工作健康发展

开展红十字青少年活动是传播红十字精神，培养红十字事业后备力量的一项重要工作。8 月，为促进中外红十字青少年的友好交流，吉林省红十字会组团参加了中国红十字会总会在四川举办的国际红十字青少年夏令营活动。吉林省各地红十字会会同教育行政部门相继召开了红十字青少年工作会议，制订并下发了创建“红十字示范校”标准及评选办法，组织开展丰富多彩的红十字青少年活动，送温暖、敬老助残、红十字青少年知识竞答等活动蓬勃开展，有力地配合了学校的素质教育和未成年人思想道德教育。辽源市红十字会还应邀在全国红十字青少年工作会议上作了《配合素质教育的青少年活动》的经验介绍，受到总会领导的肯定。

六、理顺红十字会管理体制工作不断深入

在各级政府的支持下，吉林省红十字会切实加强了依法建会工作，指导各地红十字会加快理顺县（市、区）红十字会管理体制的步伐。在全省 9 个市（州）红十字会已全部实现机构独立的基础上，2005 年又有 4 个县（市、区）红十字会理顺了管理体制，至此，吉林全省 60 个县（市、区）中已有 40 个县（市、区）红十字会理顺了管理体制。理顺体制工作的不断推进为各级红十字会依法开展工作创造了有利条件。

6 月 21 日至 23 日，中国红十字会理顺地级市红十字会管理体制座谈会在吉林省召开。来自全国 13 个（省、自治区、直辖市）红十字会的 60 余名代表出席会议，吉林省副省长、省红十字会会长李斌出席座谈会并致欢迎词。中共吉林省委书记、省红十字会名誉会长王云坤在南湖宾馆会见了参加会议并进行工作调研的中国红十字会常务副会长、总会党组书记江亦曼。江亦曼高度赞扬了中共吉林省委、省政府长期以来对红十字

事业的关心和支持，并肯定了吉林省红十字会理顺管理体制等项工作。

【历史沿革】

吉林省红十字会创建于 1919 年，其前身是东三省红十字普济善会，至 1924 年共建立哈尔滨分会、长春分会、延吉分会等 11 个分会。在旧中国危难和动乱的年代，吉林省红十字会以“恤兵救灾”为宗旨，开展战地救护、难民救济、筹募基金等工作，力所能及地做了一些善事。“九一八”事变后，东北沦陷，各地分会事业停顿。1938 年，伪满洲国成立赤十字社（即康德红十字会），并在各地设立支部和办事处。日本战败投降后，中国红十字会全面接管了伪赤十字社的产业，1946 年吉林省红十字会复以长春分会名义重新开展工作。

1958 年 8 月 8 日，吉林省红十字会正式成立。根据“边发展、边组织、边训练、边巩固”的方针，积极发展组织和开展群众性卫生救护训练，当年就发展会员 45155 人，并在 26 个市、州、县建立了红十字会。在政府的领导下，吉林省红十字会办理并协助 4 批 236 名日侨回国。1958 至 1966 年间，吉林省红十字会在发展会员、建立组织、参加爱国卫生运动、组织卫生救护训练，以及在红十字青少年、血源管理、外事往来、接受捐赠等方面做了很多工作，出现了可喜的局面。1966 年后，吉林省红十字会工作中断，机构撤销。中共十一届三中全会后，吉林省红十字会的工作得以重新恢复，1980 年 3 月，国务院 48 号文件批准外交部、卫生部、中国红十字会总会《关于恢复东北三省和省会市红十字会的请示》。吉林省政府于 1980 年 4 月 7 日以吉政发（1980）3 号文件批准恢复吉林省红十字会和长春市红十字会，工作暂由吉林省卫生厅兼做。同年 5 月，吉林省红十字会接待了日本厚生省大臣率领的“日本在东北地区死亡者家属友好访华团”。1986 年，吉林省编委批给吉林省红十字会行政编制 2 名，1988 年又增加 2 名。在改革开放的新形势下，红十字会开始了人道主义工作的探索和实践，以“人道、博爱、奉献”为宗旨，协助政府完成了一系列特殊工作，在中国红十字会总会的直接指导下，在中共吉林省委和省政府领导下，在社会各界的支持关心下，在全体红十字会员和志愿工作者的共同努力下，吉林省红十字会各项工作都有了较大发展，逐步发展成为扶危济困、弘扬社会主义精神文明和国际人道主义精神的一支重要社会力量。1993 年 10 月，《中华人民共和国红十字会法》和 1996 年 1 月《中华人民共和国红十字标志使用办法》的颁布实施，使红十字事业走上了法制化建设的轨道。1997 年 8 月，吉林省红十字会理顺了管理体制，开始以社会团体的身份独立自主地开展工作。理顺体制后的吉林省红十字会工作有了快速发展，广泛开展人道主义救援和服务工作，努力为群众办实事、办好事，在备灾救灾、卫生救护、无偿献血、艾滋病防治、造血干细胞捐献者资料库建设、对外交流等方面取得了较大的进展，为促进吉林省经济和社会发展，维护社会稳定做出了积极贡献。

2003 年 7 月 7 日，吉林省红十字会第五次会员代表大会召开。中共吉林省委书记王云坤、中国红十字会常务副会长王立忠、吉林省副省长李斌等出席了会议。大会全面总结了吉林省红十字会第四届理事会以来的工作，提出了“与时俱进，开拓创新，扎实推进红十字事业的发展”的工作目标，明确了“为吉林省两个文明建设做出更大贡献”的工作要求，制定了以后五年的发展规划。选举产生了由51名理事组成的新一届理事会。大会聘请中共吉林省委书记王云坤为省红十字会名誉会长，吉林省副省长李斌当选为省红十字会会长，吉林省政协副主席孙耀廷当选为省红十字会常务副会长。

吉林省红十字会历次代表大会

第一届

1962年3月9日召开，代表301人，理事85人，会长徐寿轩。

第二届

1984年8月20日召开，代表89人，理事25人，常务理事6人，会长 刘云沼。

第三届

1989年6月23日召开，代表160人，理事43人，常务理事15人，名誉会长刘云沼，会长刘希林。

第四届

1996年3月19日召开，代表155人，理事59人，常务理事8人，名誉会长张德江，会长张岳琦。

第五届

2003年7月7日召开，代表139人，理事51人，常务理事15人，名誉会长王云坤，会长李斌，常务副会长孙耀廷。

【组织机构】

吉林省红十字会现有基层组织3957个，会员80万人（其中青少年会员34万人），志愿工作者15万人。全省9个市（州）、60个县（市、区）均建立了红十字会组织。同时，在各级各类学校、厂矿系统、卫生系统、旅游系统分别建立了红十字会工作委员会。目前，吉林省红十字会机关设有综合处、业务处。省红十字会还直接管理中国造血干细胞捐献者资料库吉林分库。

根据《中华人民共和国红十字会法》和中国红十字会总会《理顺管理体制座谈会纪要》精神，1996年，中共吉林省委召开常委会，专门研究省红十字会机构设置问题并形成决议：吉林省红十字会依法单独设置，实行机构、经费、编制单列，以社会团体法人资格独立自主地开展工作。1997年8月，吉林省人事厅、省编委正式下发“三定方案”，明确吉林省红十字会为副厅级建制，设职能处室2个，人员编制11名，财政全额拨款。至2002年10月，全省9个市（州）红十字会机关已全部理顺了管理体制，专职副会长和秘书长配备到位。这9个市（州）红十字会是：长春市红十字会、吉林市红十字会、四平市红十字会、延边朝鲜族自治州红十字会、松原市红十字会、辽源市红十字会、通化市红十字会、白山市红十字会、白城市红十字会。全省60个县（市、区）中40个县（市、区）理顺了管理体制，理顺市县级红十字会管理体制的工作均走在全国的前列。

【大型项目】

（一）1998年，为嫩江松花江特大水灾开展募捐，共募集救灾资金和物资价值5000多万元，有力地支援了受灾地区的重建工作。

（二）2000年，援助西部地区贫困家庭10万元人民币。

（三）2001年1月，向内蒙古自治区遭受雪灾和凌灾地区援助人民币60余万元。

（四）2003年，全省红十字会系统共募集款物折合人民币5千万元，有力地支持了全省“非典”防治工作。

（五）2003 年至 2005 年，荷兰红十字会援助 20 万欧元，与吉林省红十字会共同开展艾滋病预防青年同伴教育项目。

（六）2004 年，为加强对艾滋病病人的救助工作，吉林省红十字会为吉林市艾滋病患者送去救助款 240 万元。

（七）2004 年至 2005 年，挪威红十字会援助 50 万元人民币，与吉林省红十字会合作开展改水改厕的项目。

（八）2005 年，以“爱心献社会、真情暖人心”为主题，吉林省红十字会在全省范围内组织开展募捐活动，共募集善款 700 余万元，为扎实开展各项人道主义救助工作奠定了坚实的基础。

【主要特色】

（一）推出“伸出友爱手、关爱你我他”活动

为配合国家提出的振兴东北老工业基地战略，充分发挥红十字会的职能和作用，2005 年，吉林省红十字会在全省范围内组织开展了以“爱心献社会，真情暖人心”为主题的救助活动，广泛争取社会各方面资金和物资捐赠，用于救助生活特困的下岗职工家庭。目前，已帮助 9800 余户下岗职工家庭解决了部分生活难题，为吉林老工业基地的振兴发展做出了积极贡献。各地红十字会还开展开展救灾、扶贫和助学活动 500 余次，累计发放各种救济款物 1000 多万元，受益总人数近 30 万人次，红十字会的工作受到社会各方面的关注和好评。

（二）积极探索会费收缴新途径

吉林省各级红十字会高度重视会费收缴工作，积极发展热心人道主义事业的团体会员单位，广泛吸收和组织社会各界群众参加红十字会，努力增加会费收入。延边朝鲜族自治州红十字会通过开展动员全民参加红十字会并缴纳会费活动，在全州形成了人人了解红十字会、关心支持红十字会、积极参与红十字会工作的良好社会氛围，在会费收缴工作方面探索出一条新路子。他们向群众宣传红十字会所做的实事、好事，把交纳会费形成制度，使每一名会员都能自觉交纳会费。延边朝鲜族自治州红十字会自 1995 年开展全民收缴会费以来，全州累计收缴会费 300 多万元，每年都能足额完成会费收缴任务。

（三）红十字青少年活动丰富多彩

目前，吉林省共有红十字青少年会员 34 万人，占全体红十字会员总数的 42%。红十字青少年工作蓬勃发展，有力地配合了学校的素质教育工作。各地红十字会会同教育部门，积极开展符合学生自身特点、丰富多彩、有益身心的活动。辽源市红十字青少年工作开展的有声有色，广大中小学生掀起了一场向生活不良生活习惯宣战的运动，大力倡导健康文明的生活方式，为美化校园环境创建“文明卫生城”做出了突出贡献。东丰县实验小学把红十字会工作融入到教学活动中，形成了自己的特色，建立了学校红十字宣传阵地，“红十字在我心中”主题班队会和“红十字手抄报”发展成为该市红十字工作的特色品牌。

（四）“红十字助学”发展成为特色工作

吉林省红十字会坚持开展红十字博爱助学活动，会同各级教育行政部门和学校对贫困学生情况进行调查摸底，不断加大救助工作力度，并逐步建立起长效机制，让助学活动真正成为求真务实的爱心工程。近年来，吉林省红十字会组织的救助特困家庭大学新生活动，共救助吉林大学、长春税务学院、

延边大学等学校特困学生3000多人次，累计发放助学金280多万元。延边州红十字会的“救助贫困大学生”工作已在当地形成了广泛的社会影响，每年为新考上大学的特困家庭学生发放救助款，红十字会组织开展的助学活动受到社会各界的一致好评。

（姚玉海）

长春市红十字会

【简介】

长春市红十字会位于南关区近埠街4—2号三楼（一层），办公面积301平方米。现有人员7人，（其中临时工3人）。主要职责是：开展救灾准备工作；组织群众开展自救互救、普及防病知识；参与无偿献血及艾滋病宣传工作；为保护人的生命与健康、发扬人道、博爱、奉献精神；应对突发事件开展灾后的急救工作；是从事人道主义的社会救助团体。市红十字会还负责对4县（市）6区：农安县、榆树市、德惠市、九台市、朝阳区、南关区、宽城区、二道区、双阳区红会工作的业务指导。

长春市所有县（市）区红十字会全部实现了有编制、有专职人员、有办公地点，能独立开展工作。办公条件有了进一步改善和提高，特别是德惠市、双阳区、农安县红十字会不但办公条件明显提高，还有了备灾仓库。

办公设备实力不断增强，城区朝阳、绿园、宽城、二道完全实现了办公现代化。

【年度工作】

救灾救助工作。2004年12月26日，印度洋发生海啸地震后，长春市红十字会迅速做出反映，于12月30日开会研究部署了在全市组织募捐工作，31日通过新闻媒体向社会发出：“支援灾区，拯救灾民，海啸联手行动”的倡议。为方便群众，组织了各区红十字会分别在火车站、亚泰超市等地设立了募捐点，长春市红十字会还在中共长春市委、市政府、市人大、市政协及政务大厅设立了募捐点，共接收捐款达39万余元。

宣传工作。2005年5月8日，长春市红十字会开展了以“救助弱势群体，红十字在行动”为主题的义诊赠药公益性活动。参加这次活动的主任医师22人，副主任医师23人，他们在街头顶雨为群众义诊咨询达477人次，赠药价值3308元。同时各区红十字会也积极踊跃参加了这次宣传活动。

红十字志愿者还向群众发放无偿献血手册、宣传单达几万份。

为培养当代红十字青少年“人道、博爱、奉献”精神，提高青少年的素质。5月18日市红十字会在长春工程学院举办了“情系红十字，最美夕阳红”书画现场义卖活动。此项活动邀请了中国书法家协会会员、吉林省老年书画研究会副会长陈启弟、杨恒迟等13位书画作家，亲临现场，为工程学院广大师生，现场书法绘画共计上百幅作品，当场收到义卖款2000余元。同时红十字会为13位老书画家颁发了荣誉证书。

5月28日，长春市红十字会与朝阳区桂林街道办事处西康社区共同举办了街头义演活动，永新大药房在现场为社会福利院孤儿捐赠了价值2000元的药品。

“为打造长春文明城市”，普及市民外语会话，9月份，市红十字会请来北京市外语专业教师，组织志愿者深入医院、社区、学校，免费为医护人员、社区居民、小学生讲授外语，教他们掌握学习外语技巧和速成方法。共举办培训班 5 次，参加培训人员 1000 余人。

11 月 26 日，长春市红十字会与市总工会联合在市文化宫门前开展了大型宣传活动，主题是“遏制艾滋，关爱生命”，并悬挂标语横幅，同时摆放了 15 幅预防艾滋宣传板，还有 40 名身披绶带的志愿者，向路人发放禁毒手册、防艾宣传单及安全套等宣传品达上万份，副市长、市红十红会会长安莉，市政府副秘书长、市红十字会常务副会长何泉秀到现场亲自发放宣传品。

组织建设。针对基层组织和会员队伍混乱局面。各县（市）区红十字会对所有基层组织和会员进行了清理整顿，摸清底数，登记造册，使其达到规范化、标准化，做到准确、清楚、心中有数。通过重新整顿和发展，到目前为止，全市基层红十字会组织有 1586 个，会员达 138566 人。

由于各县(市)区红十字会机构发展不平衡,个别地区还处在三无状态(无机构,无编制、无人员)。对此,长春市红十字会狠抓落实,多次与相关领导沟通、协调,经过努力,终于在九台市卫生局领导的重视支持下解决了该市的“三无”问题,九台市红十字会于 2005 年 10 月份正式挂牌成立。绿园区红十字会明确了人员职务,并解决了有人无编的问题。目前,朝阳区、南关区、双阳区、德惠市红十字会落实“三列”,基本理顺了管理体制;二道区、宽城区、绿园区、九台市、榆树市、农安县红十字会,组织机构健全有专职人员,达到了列编、列位。

组织机构建设有了历史性的突破，为下一步完全彻底理顺红十字会管理体制奠定了基础。

会费收缴工作得到进一步落实。通过检查验收,有 7 个县(市)区红十字会开展了会费收缴工作并取得明显成效,这次收缴会费特点是:一拓宽了覆盖面,二加大了收缴力度。

工作目标责任制取得成效。为了充份发挥县(市)区红十字会作用,经过反复研讨,结合实际情况,长春市红十字会制订了《2005 年工作目标责任制》。对工作目标责任制划分两大块:一是组织建设,二是日常工作,并进行逐项分解,做到细化量化。原则是起点低只加不减,目的是为了掌握情况,了解现状,摸清底数,促进各项工作正常开展。

制定工作目标责任制，建立有效工作机制后，通过部署检查，对各县（市）区红十字会工作起到了积极的推动作用，使各项工作都有了新的起色。

社区服务工作。为认真落实中国红十字会和民政部联合下发的《关于开展社区红十字服务的通知》和《关于开展全国社区服务示范活动的意见》，年初在工作会议上对建立社区红十字工作服务站，做了具体部署、要求，年末检查验收时已建立 8 个社区红十字服务站。二道区、宽城区红十字会还在社区开展了救护培训和保健知识讲座，绿园区红会还发展了绿园区建设局红十字工作委员会，建立了新的行业红十字会组织。

（李锋华）

黑龙江省红十字会

【年度工作】

2005 年，是黑龙江全省各级红十字会取得了突出成绩的一年。一年来，在中共黑龙江省委、省政府的领导下，在各级党委和政府的重视下、支持下，在社会各界的积极参与下，在各级红十字会干部和广大会员依法履行职责，各项工作都取得了显著进展。

（一）救灾应急反应能力和救助实力不断增强

2005年，黑龙江省有52个县、559个乡、188万人遭受了各种严重的自然灾害。其中：牡丹江、伊春、鹤岗、齐齐哈尔、黑河等地灾情比较严重。全省灾害造成直接经济损失达41.86亿元。

灾害发生后，省红十字会先后为灾区下拨救灾粮款41.26万元，购买大米130吨，为全省受灾较重的8667人援助了一个月的口粮。全省各级红十字会为灾区援助款物价值人民币134.25万元。争取中国红十字会总会的援助款物价值人民币207.37万元。省红十字会在组织各级红十字会开展自救的同时，发扬“一方有难，八方支援”的精神，于9月上旬又为江西省红十字会援助大米20吨。伊春市红十字会在“7·29”特大洪水灾害面前，迅速启动“一二三四五救助系统”，在开展救助工作中，取得了显著成绩。被市委、市政府授予抗洪救灾先进集体。一年来，各级红十字会在人员少、任务重的情况下，展示了红十字会快速反应能力，受到了总会及当地政府的肯定。在12月25日总会救灾工作会议上，黑龙江省红十字会以《依法履行职责，做好救灾工作》为题，介绍了救灾工作的经验。

（二）行之有效的人道救助

为海啸灾区捐款声势浩大。按照中国红十字会总会《关于中国红十字会发出紧急呼吁援助印度洋地区地震及海啸灾民的通知》精神，全省各级红十字会立即行动起来。1月7日下午，省委书记宋法棠、省副委书记、省长张左己以及省委、省人大、省政府、省政协的领导带头向海啸灾区捐款。与此同时，全省各级红十字会积极行动起来。此次募捐，全省接收捐款共计400余万元。

社区服务工作让百姓得到了实惠。一年来，社区建设已纳入各级红十字会工作的重点，并取得了较好的成绩。佳木斯市红十字会与市财政局、市民政局联合启动了社区红十字服务员岗位。经审核、面试及岗位培训，现已有179名人员上岗，每人每月补助100元。伊春市红十字会在社区开展了“红十字关爱进社区”活动，为社区居民230余人进行了健康体检及咨询服务，并为西林区的特困群众捐款8000余元；鸡西市红十字会与民政局联合下发了《关于红十字进社区服务工作的通知》；七台河市红十字会创建的三个红十字社区服务站，一年来为学生、幼儿园孩子及贫困人员减免体检费用9000余元。牡丹江市红十字会分别在阳明区、东风区建立“博爱超市”并成立了医疗队、服务队、救护队和志愿者工作队伍，使社区工作职能不断完善；佳木斯市红十字会先后在郊区、前进区、向阳区创办了以城市低保户、特困户、特困生为帮扶对象的红十字“爱心超市”；绥化市红十字会在政府各有关部门的大力支持下，在北林区吉泰办事处建立了红十字会“爱心超市”，并筹集价值3万余元的衣物，春节前下发给急需的群众。全省红十字服务进社区已按总会每年递增10%的要求基本达标。

（三）青少年活动更加活跃

一年来，各级红十字会在开展红十字青少年工作中，进一步完善了组织建设工作。哈尔滨市红十字会与市教育局联合转发了

《进一步推进学校红十字青少年工作的意见》，全市已有220所学校成立了红十字会；大庆、鸡西、黑河市分别与教育部门联合成立了“学校红十字工作委员会”，伊春市红十字会召开了红十字青少年工作座谈会，会后大部分学校成立了学校红十字青少年委员会。佳木斯市红十字会与市教育部门联合对全市74所中、小学校红十字青少年工作进行了调研。7月，市红十字会召开了全市中、小学校工作会议，并表彰了28先进单位和个人，并在2005年全国四部委召开的红十字青少年工作会议上介绍了经验；大庆市红十字会常务副会长李敬彬亲自到几所大学沟通，帮助建立高校红十字会组织。大庆石油学院、“八一”农垦大学、哈医大大庆分校等高等分别建立了红十字会组织。

（四）卫生救护、无偿献血工作不断拓展

1. 紧紧围绕国家15部委文件开展救护工作。哈尔滨市红十字会先后开展了不同行业的救护培训，培训人员达6406人次；佳木斯市红十字会对社区的红十字会干部、城乡结合部的红十字急救员、村民、学生等3500余人进行了救护培训；七台河市红十字会对餐饮业、服务业、社区居民、林业工人400余人进行了救护培训。

2. 圆满完成彩票公益金救护师资培训项目。2005年共举办6期救护师资培训班，由省红十字会举办3期，其它3期分别由大兴安岭、鸡西、齐齐哈尔三市红十字会承办。共计512人参加了师资培训。

3. 无偿献血的宣传、组织、动员。2005年“6·14世界献血日”，各地开展了丰富多彩的宣传活动。省暨哈尔滨市红十字会、市中心血站组织部分高校师生在市区繁华地段进行了宣传演出。齐齐哈尔、佳木斯、鸡西、伊春、黑河、大兴安岭等市也举办了丰富多彩的活动。

4. 遗体捐献进一步规范。全省已有545位老人进行了遗体捐献公证，并有42位老人捐献了遗体。

（五）康复中心工作任务不断延伸

一年来，红十字医疗康复中心在完成原康复中心工作任务的基础上，又承担了红十字会备灾物资的储备、接收、分发的任务。为保证备灾物资完好无损，防潮、防鼠，他们经常进行物资晾晒，保持库房整洁。做到账目清楚、出入库手续完备。全年共计接收救灾物资1557件，其它物资4000余件，下发各类物资1000件。与此同时，还完成了省红十字会交办印度洋海啸募捐、不同宣传日的义诊、宣传活动以及荷兰援助的预防艾滋病项目工作。

（六）行业红十字会的工作逐渐展开

目前，黑龙江省有三个行业红十字会。一年来，他们结合本行业特点，因地制宜地开展了卓有成效的工作。在开展“世界艾滋病日”的宣传活动中，哈尔滨铁路局对240余个基层单位逐一进行了落实部署。12月1日，哈尔滨铁路局在哈尔滨火车站前广场和候车室开展了宣传活动。他们在候车室、车站进出口处利用大屏幕电视播放艾滋病预防宣传片，滚动屏幕连续播放宣传标语、艾滋病预防小常识等，使过往的群众、旅客能在轻松的环境下受到一次预防艾滋病知识的教育。省红十字会医院不仅积极参加省红十字会组织的不同宣传日的活动，还承担了日孤养父母体检，并为每个造血干细胞捐献者发放了医疗救助卡，为他们身体康复提供保障。省森工总局、农垦总局都能积极参加省红十字会组织的各不同宣传日的活动。

【历史沿革】

据史料记载黑龙江省区域的红十字会始建于1918年。新中国成立后，黑龙江省红十字会成立于1955年，“文革”中工作被中断，1980年正式恢复，机构与省卫生厅合署办公，核定编制4人，1987年增编为7人。同年省编委为全省行政区划县以上（不含哈尔滨市）核定编制169人。1991年，黑龙江省当时的14个地市68个县全部成立了红十字会组织。

历届黑龙江省红十字会名誉会长、专职副会长：

1955年至1966年，会长：于天放、杜光预。

1986年至1991年，会长：李瑞、靖伯文、黄枫。

1991年至1993年，会长：戴谟安。

1993年至1998年，名誉会长：黄枫、戴谟安，会长：周铁农。

1998年至2002年，会长：王佐书，专职副会长：王振川。

2002年至2005年，会长：程幼东，专职副会长：王振川。

【组织机构】

截至2005年底，黑龙江省有红十字会员663389人，其中青少年会员396358人，基层组织3669个，团体会员单位1815个。2005年3月省红十字会协调政府及有关部门，转发了国务院办公厅下发的《关于进一步加强红十字会工作意见》的通知。进一步加大了各级政府及有关部门对红十字会的支持力度。一是加大了理顺管理体制的力度。2005年，黑龙江省又有齐齐哈尔市、塔河县红十字会完成了机构理顺工作。二是各级政府把红十字会工作摆上位置。在哈尔滨市委、市政府的重视、支持下，为市红十字会选派了1名工作能力强、有责任心的正局级领导干部担任市红十字会的党组书记、专职副会长。同时还为道里区、道外区、呼兰区、木兰县配备了专职干部；佳木斯市红十字会聘请市委书记郭晓华、市长李海涛为名誉会长。市红十字会在市委、市政府的重视、支持下，3年迈出三大步，在2005年迈进了“省级文明单位”的行列，并在中国红十字会总会召开的“机构理顺”、“志愿者队伍建设”、“农村工作会议”几个不同的会议上分别进行了经验介绍；大兴安岭地区红十字会于5月24日召开了第一次会员代表大会。目前，全省13个市(地)已有佳木斯、绥化、七台河、鹤岗、大兴安岭、伊春、牡丹江、哈尔滨、鸡西、双鸭山、齐齐哈尔、黑河12个市(地)、65个县(市)汤源、萝北、同江、望奎、桦川、扶远、富锦、桦南、勃力、塔河、嫩江11个县(市)实现了机构理顺。

【大型项目】

（一）积极做好荷兰预防艾滋病预防宣传项目。2005年3月，省红十字会接受了荷兰红十字会援助黑龙江省为期三年的预防艾滋病宣传项目，项目资金约300万元。一年来，利用资金约86万元。省红十字会先后举办了大学生同伴教育培训班7期、监狱犯人预防艾滋病知识培训班5期、同性恋培训班3期、主持人培训班1期。一是确定了在青年大学生、男性同性恋、监狱犯人、艾滋病感染者和普通人群中开展艾滋病项目活动；二是承办和参加了6次总会、荷兰红十字会亚太地区项目办及中国东北地区项目办举办的培训和1次以观察员身份参加的核心主持人培训；三是开展了基线调查。针对4个目标人群，历时3个月，完成了1700多份问卷调查和分析工作；四是深入农村慰问感染者。为了达到消除歧视，体现红十字会人道关爱救助的目的，省红十字会驱车上千公里先后3次到北安建设农场，对艾滋病村感染者送去关爱。还会同七台河市红十字会调查了解当地艾滋病感染者情况，并对32名感染者进行了走访慰问，赠送了慰问品，每个人发放慰问金500元。制作各类宣传单（手册）10万余份，制作各类宣传品2万余件，投资15万余元。与此同时，还在哈尔滨市繁华地段制作了大幅灯箱广告。在黑龙江省日报刊发了公益广告。

（二）香港特别行政区红十字会援助黑龙江省无偿献血项目。由香港特别行政区红十字会援助的无偿献血项目，在哈尔滨和绥化两市经过一年多的认真实施，收到了很好的效果。哈尔滨市红十字会按照项目计划，在全市开展的无偿献血宣传取得了显著成绩，受到香港特别行政区红十字会的高度评价，并得到了该会增加三分之一资助金额的支持；绥化市红十字会按照项目要求，先后在少数民族地区和农村开展无偿献血宣传，收到了很好的效果。5月份，中国红十字会总会和香港特别行政区红十字会检查两市该项目的进展情况，给予了充分肯定。

【主要特色】

“红十字博爱送万家”活动再掀高潮。按照中国红十字会总会的总体部署，黑龙江省红十字会先后在齐齐哈尔、佳木斯、黑河、大兴安岭、双鸭山等少数民族民族地区开展了“红十字博爱送万家”活动。哈尔滨、牡丹江、伊春、鸡西等地也结合当地实际开展了“红十字博爱送万家”活动。据统计，全省共计筹集款物总计37.86万元。救助2332户，受益人数达12360人。佳木斯市郊区红十字会积极与黑龙江省合江林管局开展经济贸易合作，由郊区红十字会筹集资金1.2万元，合江林管局包技术、包销售，在四丰乡四合山村开展了1村10户的栽培滑子菇项目，收到很好的效益。初步预算每户收益3000元。他们的做法为探索农村人道救助工作的新模式闯出了一条新路。

“复明工程”又为百人带来了光明。“百名复明工程”于2004年启动。两年来，已为黑龙江省贫困地区具备白内障手术适应症且家庭无力支付手术费用的200名白内障患者做了免费复明手术，复明率为100%。“百名复明工程”的实施，不仅为200名白内障患者带来了光明，更让红十字会这个人道主义品牌深深的闪亮在百姓的心中。

打造红十字品牌，把宣传、动员贯穿于造血干细胞工作的全过程。2005年黑龙江造血干细胞分库圆满完成本年度9507份干细胞志愿者的HLA检测录入、上传任务，并超额1007份。其中，再动员50人，初配相合76人，高分辨31人，体检10人，实现捐献6人，为临床提供检索10人。

对此，《黑龙江晨报》等十余家媒体宣传报道58篇。在黑龙江电视台、哈尔滨电视台连续报道31次。电台广播5次，杂志发表7篇。全省13件新闻作品参加了中华骨髓库的第二届好新闻评选，其中新闻夜航节目“血缘”荣获影视作品特等奖、《黑龙江日报》荣获文字二等奖、《哈尔滨日报》荣获图片二等奖、《生活报》荣获图片三等奖，黑龙江分库荣获优秀组织奖。第一例、第五例捐献者孙新远、杨振岭分别被哈尔滨电视台评为2004年、2005年度十大感动人物，杨振岭还被评为黑龙江省十佳大学生。与此同时，黑龙江分库开展大型宣传活动7

次，散发宣传单3万余份，回答咨询热线电话4000余次，

（朱晓平）

哈尔滨市红十字会

【简介】

哈尔滨市红十字会成立于1954年。1980年恢复机构以来，以处级单位建制在市卫生局领导下开展工作。2004年2月，经市编委批准哈尔滨市红十字会由市政府领导联系，机构规格为副局级，内设两个室：办公室和综合业务室。核定处级领导职数3名，编制12人。同年7月，中共哈尔滨市委批准成立市红十字会党组。2005年7月20日，市委组织部任命迟克捷为市红十字会副会长（正局级）、党组书记。

【年度工作】

（一）救灾救助

2005年，哈尔滨市红十字会向所属区县发生自然灾害的地区拨发救灾款、物折合人民币21.9万元，全市受益人口2万人次。先后向发生火灾的巴彦县红光乡拨发救灾物资折款1.3万元；向遭受暴雨袭击的巴彦县拨发价值人民币20余万元的救灾物资；向道外区发生火灾的居民拨发棉被80床。

动员社会力量，帮助面临特殊困境的群众渡过难关，共拨发救助款人民币88万元。与市五院、市儿童医院等医院、企业共同救助了严重烧伤的农民工女儿周慧兰；救助了患严重先心病的贫困农民养女海姗姗和下岗职工的孩子李雪佳，救助了内蒙古来哈求医的脑瘤患者李志军，以及家贫如洗的肾移植术后的大学生李岩。还对来哈尔滨市演出的“千手观音”剧组的全体残疾人予以了帮助。

（二）社区服务

2005年，哈尔滨市红十字会制订了《开展社区红十字服务工作实施方案》，并在南岗、道外区推进了这项工作。把社区红十字服务工作与卫生保健工作结合起来，“五八”世界红十字日，组织道里、南岗、动力区红十字会深入社区为2000名老年人、妇女和儿童提供义诊咨询服务，受到社区居民欢迎。

开展“红十字博爱送万家”活动。2005年元旦、春节前夕，市红十字会走访了道外、动力和宾县等地的贫困家庭，将价值3.7万元的救助款物送到群众手中，救助孤寡、残疾、特困家庭400余户。

积极运作爱心超市。市红十字会责成动力区红十字会在和平和安乐办事处建立两个红十字爱心超市，并对两个爱心超市给予了大力支持。截至目前，市红十字会为爱心超市拨发4万余元救助物资，受益人口达8000余人。

（三）卫生救护培训

2005年，哈尔滨市红十字会共举办了7期救护员培训班和20场自救互救及红十字会知识讲座，全年共培训8671人。

先后为香格里拉大饭店、凯莱酒店员工、市供水公司所属各制水厂的安保人员、傲古雅和易悠游户外俱乐部会员、百安居建材超市员工进行救护员培训。5月14日，在防洪纪念塔广场组织市红十字急救中心等团体会员单位的急救专家对近千名群众进行了救护知识演讲；哈尔滨市“安全生产月”期间，对全市各部门的安全保卫干部、400多名生产一线人员进行了救护知识讲座。道里区红十字会对全区中小学保健教师、派出

所的公安干警和社区干部进行了救护培训。

（四）无偿献血和艾滋病防治宣传

“五八”世界红十字日，哈尔滨市红十字会同市中心血站在完美日用品有限公司黑龙江分公司建立了全省首家固定的自愿无偿献血点；6 月 14 日献血日，哈尔滨市部分高校学生组成自愿无偿献血宣传服务队，举行献爱心义演；在 7 个区的教育局和阿城料店乡举办了 8 期中学生和农民无偿献血宣传员培训班，培训 500 人；在部分高校举办无偿献血知识讲座，1000 余名大学生参加。

加大预防艾滋病宣传力度。与市卫生部门联合开展世界艾滋病日宣传活动。与铁路部门联合，在列车上以打印字幕、广播等形式进行宣传。在南岗步行街设宣传板、发放宣传单 3000 余份。

（五）红十字青少年工作

哈尔滨市红十字会同市教育局联合转发了中国红十字会总会和教育部《关于进一步推进学校红十字青少年工作的意见》，组织 5000 余名中小学生参加卫生救护现场演练。发展青少年会员和志愿者队伍，使青少年会员和志愿者达到 6000 人。开展红十字会法、艾滋病预防、青春期教育、远离毒品、无偿献血等知识的宣传教育活动，受教育人数达 10 万人次。目前，全市已有 220 所学校成立了红十字会组织。

（六）开展社会募捐

在 2005 年的社会募捐工作中，以救助印度洋海啸开展的国际人道主义救助活动最为突出。按照中国红十字会总会的要求，在哈尔滨市委、市政府的领导下，在新闻媒体的配合下，2005 年年初，哈尔滨市红十字会组织开展了大规模的援助海啸灾区募捐活动，共募集善款 216 万元，是建国以来哈尔滨市红十字会开展的规模最大的一次国际援助行动。

（七）遗体捐献工作

2005 年，通过媒体宣传，推动公民志愿捐献遗体工作逐步发展。截至 2005 年底，哈尔滨全市已有 750 人登记领表，其中有 450 余人办理了公证手续，有 30 人实现了遗体捐献。为了加强和规范哈尔滨市志愿捐献遗体管理工作，市红十字会起草了《哈尔滨市志愿捐献遗体管理办法》，申报了 2006 年政府立法计划。

（八）宣传和传播工作

全年通过各新闻媒体宣传报道红十字消息 45 条。5 月 8 日，市红十字会在全市开展了以“以人为本，为构建社会主义和谐社会做贡献”为宗旨的红十字日宣传周活动。宣传周从 5 月 8 日开始到 14 日结束，全市各级红十字会以多种形式开展了纪念活动。

（邸　丹）

上海市红十字会

【年度工作】

在中国红十字会总会和上海市委、市政府领导的关心支持下，上海市红十字会根据市红十字会“七大”制订的五年工作规划，以科学发展观统领各项工作，认真履行政府在人道救助领域助手作用，在 2005 年的各项工作中取得了显著的成绩。

一、依法办会、理顺管理体制工作

政府支持——市政府以文件形式，向全市印发《上海市人民政府办公厅关于转发市红十字会关于进一步加强本市红十字工作意见的通知》，通知对提高对红十字会地位和作用的认识、理顺区县红十字会管理体制、支持红十字会开展人道救助工作、红十字关爱进社区、广泛开展群众性急救培训、支持红十字公益性宣传以及推动国际和地区间交流合作等方面，提出了具体的指导性意见。

理顺体制——在中国红十字会会长彭珮云等领导的关心和上海市、区（县）党委、政府的支持下，经过坚持不懈的努力，理顺区（县）管理体制工作取得了较大突破。市红十字会通过主动上门与区（县）党政领导和编制部门沟通、召开有关方面座谈会、印发信息简报等多种形式，积极推动理顺体制工作的开展，全市目前共有18个区（县）红十字会已经完全或基本理顺了管理体制，占全市区（县）总数的94%。其中南汇、浦东新区、青浦、宝山、嘉定、崇明、普陀、闵行、杨浦、松江、卢湾已理顺了管理体制；徐汇、静安、奉贤、金山已基本理顺了体制；闸北、虹口、长宁已下发理顺体制的文件，干部尚在落实之中；黄浦区方案正在研究中。

继南汇、嘉定、黄浦、徐汇、普陀、杨浦区之后，青浦、金山、宝山、浦东新区、静安、闵行、崇明等7个区（县）红十字会于2005年分别召开了会员代表大会，进行了换届改选；青浦区所属的乡镇街道红十字会在青浦区红十字会的指导下，也先后召开了会员代表大会。随着大部分区（县）红十字会管理体制的理顺、新任专职干部的到岗，大大加强了区（县）红十字会干部力量，加之办公条件的改善，逐步形成了依法办会、依法兴会的新格局。

在大部分区（县）红十字会新任干部到位的情况下，市红十字会及时举办了区（县）红十字会领导干部研修班，帮助新任干部了解岗位基础知识，以利区（县）红十字会干部尽快熟悉新的岗位、履行工作职责。

目前，全市共有红十字会员61.6万名，基层红十字会组织2827个，团体会员单位970个。

二、赈济工作

国际援助——2005年伊始，正值印度洋海啸发生，全市各级红十字组织积极响应中国红十字会总会的呼吁，开展为印度洋海啸灾区的募捐活动。在短短一个多月的时间里，市、区（县）红十字会共募集到善款57466891元。华山医院成立红十字医疗队，随时响应号召前往灾区，充分体现了红十字组织在国际灾害援助中的重要作用。上海市红十字系统的捐款额位于全国红十字系统首位，获得总会颁发的海啸募捐最佳组织奖。

国内救助——上海市红十字会积极做好国内的灾害援助工作。全年为辽宁、湖北、安徽、江西、福建、河北、广西、四川、新疆、西藏等20多个受灾的兄弟省（区）共发放价值1688万元的救灾物资及救灾款，以及9车皮的旧衣被，帮助灾区人民渡过难关，早日重建家园。

2005年，上海市红十字会为宁夏回族自治区竣工博爱学校一所，并与河北、云南、内蒙古、青海四省（区）签署了援建红十字博爱学校各1所的协议，总价值150万元；为新疆、宁夏回族自治区的贫困学生提供助学款共计35万元，帮助他们完成学业。

市内帮困——市、区（县）两级红十字会继续深入开展“千万人帮万家”活动，为全市28942人次（家庭）共提供帮困款559.19万元，帮困物资价值382.67万元；市、区（县）两级红十字会慰问宝山煤气中毒家庭及闸北、黄浦、虹口遭受火灾家庭和奉贤、徐汇遭受台风、龙卷风袭击和崇明遭遇船难家庭共计救助款25.54万元。

助学项目——在龙华寺、佳友电力和九海百盛等企业的支持下，为全市278位贫困学生提供助学帮困款58.6万元，其中大学生128人，中小学生150人（失去双亲的中小学生100人）。

助医项目——在开展常规帮困活动的同时，上海市红十字会还积极探索开展专项助医工作：

1）上海市红十字会与衣恋时装（上海）有限公司达成5年协议，建立白血病患儿造血干细胞移植救助项目，每年为本市10人次贫困家庭白血病患儿提供造血干细胞移植资金60万元；

2）与市残疾人福利基金会共同开展重度伤残儿童复聪项目，上海市红十字会出资20万元，为本市贫困家庭重度听障儿童提供人工耳蜗安装费用；

3）市、区（县）两级红十字会共同开展社区贫困老人复明项目，为全市100位白内障失明的老人提供每人5000元，总价值50万元的复明手术费用；

4）完成市政府交办的对HIV感染者的慰问、帮困、救助工作，为HIV感染者提供人道关怀；

5）在重阳节对全市红十字老年护理院的5000多位住院老人进行慰问；

6）全年新挂红十字标志的医院4家，对红十字医疗机构中新进员工进行红十字运动基本知识的专题培训；组织医务人员进行专题健康讲座、义诊咨询及志愿服务活动，并开展义诊手术23例。

全年市红十字会共募集人道救助基金77121234元，物资43455箱，价值19930830元。

三、社区红十字服务工作

在市精神文明建设委员会下发的《上海市文明社区创建管理规定》中，将社区红十字卫生站工作纳入了社区精神文明建设和评比的工作体系之中。市红十字会进一步加大红十字卫生站的建设和投入，积极争取市工商联、上海强生制药有限公司、上好佳食品有限公司、达丰电脑有限公司等企事业单位的帮助，募集捐款415万元，用于配置830所红十字卫生站的装备。2005年，按标准配置卫生站573所，其中徐汇、南汇两区自行出资建设卫生站73所，全市已建成红十字卫生站总数达到1235所。

在“世界急救日”开展社区报灾、急救培训工作，全年共开展救灾培训6986人次、卫生站志愿者培训500人，对全市19支300人的社区救护队开展复训、演练，深入做好群众性灾害救护知识在社区的普及工作。

上海市南汇区、徐汇区、静安区、嘉定区在二月份的全国红十字工作会议上，获得了中国红十字会总会和民政部授予的全国红十字服务示范社区称号。在做好全国红十字服务示范社区工作的同时，市红十字会还积极开展上海市红十字服务工作示范社区的建设工作，将红十字关爱送进全市各个社区，充分发挥社区红十字卫生站和社区志愿工作者的作用。上海市红十字会与市民政局共同命名了40个街道、镇为“上海市社区红十字服务工作示范社区”。

四、志愿服务工作

志愿者队伍发展——市红十字会制订了《上海市红十字志愿服务工作管理办法》，成立了上海市红十字志愿服务总队，其中有10支专业红十字志愿服务队、志愿工作者共3万人。全年志愿服务工作成绩显著，上海市红十字造血干细胞捐赠志愿者俱乐部获国家民政部“中华慈善奖”、上海市红十字造血干细胞捐献志愿服务队获“上海市志愿者活动先进集体”称号、一名志愿者获“上海市志愿者活动优秀组织者”称号、三名志愿者获“上海市优秀志愿者”称号。

造血干细胞库建设——市红十字会加大宣传力度、加强管理、优化服务，继续加快资料库的建设工作。全年开设知识讲座62场，受众8000余人，发放宣传资料10万余份；出版了造血干细胞捐献专题书籍《跨越生存》，举行大型宣传活动10次，取得了良好的社会效应；在原有三个血样采集室的基础上，增设一个血样采集室，并增加开放时段，以满足市民的血检需求，受到了志愿者的欢迎。全年共完成血检10665例（累计56036例），入库10153例（累计50947例），完成移植23例（累计69例）。上海市分库获中国造血干细胞捐献者资料库管理中心颁发的“突出贡献奖”。

遗体捐献——加大遗体捐献工作宣传力度，为捐献登记者送贺卡、组织实现捐献者家属祭扫纪念碑；改善遗体接受站的条件，建立健全接受站的工作制度，做到“电话畅通、快速反应、依法管理、规范服务”；在区县、街道推广成立遗体捐献者志愿服务组织，在社区中设立遗体捐献咨询站，“两级管理、双通道宣传服务网络系统”初见成效；登记、接受工作做到以人为本，使登记者和实现捐献者家属感到满意。并会同上海福寿园成立上海市红十字会青少年教育基地，大力宣传移风易俗的新风尚。全年登记1417人（累计21905人），实现捐献389人（累计3522人）。

培训工作——市红十字会积极拓展培训工作的思路，针对不同需求开展多层次的培训工作。

以“挽救生命、减少伤残”为目标的群众性现场初级急救技能培训，全年共培训5800余人，其中师资304人；以提高广大群众日常生活质量为目标的社区“三位一体”（现场初级急救、居家护理和安全生活）培训，全年培训人数达到50000余人，深受社区居民的好评；以保护老年人的生命和健康、提高老年人的生活质量为目标的老年护理培训，与日本冈山旭川庄合作，获中华人民共和国科学技术部国际合作司和日本国际协力机构核批，获得日本政府5000万日元项目经费，用于2005年至2007年上海及西部地区老年护理培训，2005年共培训师资20人、普通学员59人，并在红十字老年护理院、敬老院中进行了护理实践，得到老年人的欢迎和好评。

五、红十字青少年工作

学校红十字组织建设——全年新发展青少年会员102731人，其中高校会员15731人，并在4所民办高校中建立了红十字会组织。全市共有41所学校通过了验收，成为第四批红十字工作达标学校。

提高青少年素质——为提高青少年的素质，上海市红十字会针对不同的年龄层次，开展了各类培训活动。在总结2004年工作试点的基础上，市红十字会制订了中小学校现场初级急救与逃生技能培训大纲和课时安排，有近300所学校10多万名中小学生接受了该项培训，大大提高了中小学生灾害自我防范和自我保护能力。举办了面向高校学生的艾滋病同伴教育主持人培训班2期，有105人接受培训，成为了同伴教育主持人，在各自的高校中进行了艾滋病预防知识的普及工作，556位高校学生接受了预防艾滋病的知识培训。举办探索国际人道法师资培训班2期，共培训师资37人，普及学生人数501人，受到红十字国际委员会的肯定。

组织青少年活动——组织、动员各中小学、高校学生为印度洋海啸开展募捐活动；组织1300多位大学生志愿者参加名人故居资料整理、为残疾人提供便利服务、慰问孤寡老人等多项志愿服务工作，培养青少年学生乐于助人、甘于奉献的精神风貌。在高校中开展预防艾滋病“印象红丝带”系列宣传活动，20余所高校600多位大学生参与了活动，使艾滋病预防知识得到了普及。选拔学生前往台湾参加红十字冬令营、举办上海—釜山红十字青少年夏令营，开阔了青少年的眼界，并增进了交流。

六、少儿住院基金

2004学年共为8.4万人次患儿支付医药费8500余万元，至2005年8月，少儿住院基金共为64.19万人次的患病少年儿童支付医疗费用4.95亿余元，其中为大病患儿支付医疗费用6491万余元，为常见病、多发病患儿支付医疗费用达1.84亿元。

2005学年，市红十字会将本市因残疾未入学并已领取残疾证的少年以及本市引进人才学龄前子女取得有效居住证的，纳入了少儿住院基金覆盖范围，逐步做到适龄青少年的全面保障。会同市教委、市卫生局、《少年报社》举行“生命绿卡—爱心长城 你我牵手—奔向未来”系列活动，加大少儿住院基金在学校和社会中的宣传力度。在市教委的协助下，加强了中专、职技校少儿基金工作，参加人数较2004年增加了20%，2005年参加互助基金的人数为1768486人。

全年组织专家检查医院27所，查阅病史10750份，追款63.15万元；与全市326家定点医院签署了合作意向书，明确了基金管理办公室和定点医院之间的职责和权利；开展了区中心医院以上的定点医院的最高和最低支付均次费用简报以及公示工作，接受社会的监督；调整了儿科专科医院划区规定，方便患者就近诊疗；通过一系列监管、公示、便民制度的施行，保障了基金健康、持续运转。

七、红十字信息传播工作

多种形式扩大传播范围——市红十字会加大红十字报刊发行力度，扩大红十字信息传播范围，2005年首次发行量突破8万份，被总会评选为2005年度优秀发行单位。全年对各类红十字活动加大报道力度，全年在新闻媒体刊播各类新闻报道1000余篇次；以群众喜闻乐见的《智力大冲浪》制作播出红十字专题节目，拍摄了以造血干细胞捐献、红十字关爱进社区、群众性现场初级急救等为主题的宣传片；印制大量宣传品，配合各类主题活动，以多样的宣传方式向全社会宣扬红十字精神。

传播普及红十字知识——制订并下发2005年至2007年红十字运动基本知识传播计划，全年培训4000人，并采用讲座网络、展版等形式开展传播宣传，普及传播人数达4万人。

八、交流交往

国际交流——与韩国釜山红十字会继续友好合作关系，完成2005年双方友好交流工作；与日本长崎县红十字会开展友好交流活动；做好与日本冈山旭川庄交流工作，获日本国际协力机构的资助，达成并实施老年护理培训项目；做好在沪定居的罗籍华人的生活护理；全年共接待来自红十字国际委员会、厄瓜多尔、克罗地亚、约旦、韩国等国家红十字组织来访共计12批56人次，办理出访7批36人次，加强了上海市红十字会在国际交往中影响力，也吸收、学习了来自外国红十字工作者的先进理念。

查人转信工作——全年接到来信来访共165人次，发出寻人表48份，其中查找台湾同胞37份，受理寻人表15份；共计查到9份，使9位与亲人常年失去联系的海内外同胞重新感受到家庭的温暖和红十字的关爱。

【历史沿革】

1911年8月，中国红十字会沪城分会成立，1920年改称为中国红十字会上海市分会。当时的主要工作内容是战地救护、灾害救济、难民收容遣返等。解放后上海市分会在防病治病、支援抗美援朝、救灾救济、红十字青少年、普及防病救护知识、遣送在华日侨及家属回国等方面做了大量卓有成效的工作。

1951年7月，上海市红十字分会改组，刘鸿生任会长。1962年9月，上海市红十字分会召开代表会议，正式改名为上海市红十字会，金仲华任会长。1966年“文化大革命”发生，上海市各级红十字会组织解散。1978年4月，国务院决定上海市为第一批恢复红十字会工作的城市之一。同年9月，上海市红十字会经过调整，杨恺任会长。1981年至1985年10月，白备伍、王希孟相继担任会长。1985年12月，上海市红十字会召开第四次会员代表大会，王希孟连任会长。1990年12月，上海市红十字会召开第五次会员代表大会，谢丽娟任会长，邵浩奇任常务副会长。1996年6月，上海市红十字会召开第六次会员代表大会，聘请徐匡迪为名誉会长，谢丽娟连任会长，袁惠章任常务副会长。2001年2月，中共上海市委批准上海市红十字会由上海市卫生局代管改为上海市领导联系，作为局级单位进行管理。2002年6月，中共上海市委批准建立上海市红十字会党组和党组纪检组，熊仿杰任党组副书记、纪检组组长。2003年8月19日，上海市红十字会第七次会员代表大会召开，大会选举产生了由113名理事组成的新一届理事会，聘请市长韩正为上海市红十字会名誉会长，谢丽娟连任会长，熊仿杰任常务副会长。上海市红十字会开展的救灾、社会服务、募捐帮困、宣传、无偿献血、遗体捐献、造血干细胞捐献者资料库建设、查人转信、国内国际友好交往、红十字青少年、中小学生与婴幼儿住院医疗互助基金、组织建设等工作取得了一定的成效，为支持上海的经济建设，倡导树立良好的社会风尚，为建设社会主义精神文明，保障社会的安定团结做出了积极的贡献。

2004年，上海市市、区两级红十字会共募捐款5609万元，物资价值3406余万元。在“上海市红十字会庆百年博爱行”活动中，全市百余家企事业单位捐献款物600余万元。宝钢集团支持捐资2000万元人民币建立了助老帮困博爱基金。市红十字会与龙华古寺签订了每年30万元共计10年300万元的捐助协议，对崇明百名孤儿实施帮困助学。与百盛集团签订了每年20万元共计五年100万元的捐助协议，对本市贫困大学生进行助学帮困。“千万人帮千家”活动中，对本市2万户特困家庭的帮困款物合计人民币1000万元。在开展的救灾工作中，上海市红十字会向8个受灾省市发放救灾款物13批共计人民币2671万元。向山西省捐赠衣被5车皮。对本市嘉定、青浦、闵行、长宁、普陀、浦东等地区36户遭受雷暴雨灾害的家庭共计救助4.06万元。为湖南省、安徽省援建博爱小学3所，总额125万元，建筑面积4200平方米，帮助1700名灾区学生重返校园。向沪闵博爱小学学生提供帮困助学款15.4万元、向师生捐衣物价值15万元，向宁夏博爱学校捐赠物资价值2万元。向云南省援助救济物资价值15万元；向河南省紧急援助价值10万元的消毒用品用于艾滋病特困人群的关爱；并完成市政府交办关怀艾滋病患者的特殊任务。截至2005年2月3日，上海市红十字会共接收印度洋海啸捐款4597.93万元。上海市红十字青年医疗专家赴湖北开展医疗援助活动，累计义诊人数300多名，义诊手术19台。向肿瘤特困患者捐赠价值40万元的药品。努力提高红十字社区服务质量，规范社区服务工作标准。在上海市工商联合会光彩计划的大力支持下募集人民币250万元，配备了500所红十字卫生站所需设备。举办各类培训班，共培训街道、居委、卫生站等红十字会兼职工作人员共计860人次，并在19个区县成立了由社区工作者组成的20支近300人左右的群众性红十字救护队。静安、徐汇、南汇、嘉定4个区通过了中国红十字会总会及民政部进行的全国社区红十字服务示范区评审，受到中国红十字会总会和民政部的表彰。2005年，中国造血干细胞捐献者资料库上海分库全年造血干细胞资料库入库10508人（累计45371人），全年有16人实施了移植（累计移植46人）。全年发放宣传资料10万余份，开展宣传咨询活动50余次，开设知识讲座32场。全市三个血检点全年开放血检，改变了过去每季度4次的方式，使得志愿者参加造血干细胞资料库的血检更为方便。上海市2005年遗体捐献登记1526人，与去年同比提高30.2个百分点。全年实现遗体捐献的有332人。累计登记20686人，实现3132人。与福寿园联合举办“纪念中国红十字会百年诞辰——上海市红十字遗体捐献者纪念碑万人共祭月”活动，4万余名市民参加了此次活动，对本市遗体捐献者及家属发放1万余份慰问信及纪念封，全年开展培训近50万人。组织参加香港红十字会主办的“两岸红十字100周年精英荟萃——急救及灾难应变比赛”，获得团体优异奖，个人最佳队员金奖。开办首届中日合作老年介护师资培训班，编印《中日合作老年介护师资培训论文集》，促进了老年介护理念和技术的推广。积极倡议全市市民无偿献血，共有3单位，42个人荣获全国先进表彰。全年共发展青少年会员6万余名。举办了“八省市（地区）红十字青少年夏令营”活动。在南汇、卢湾区开展青少年普及现场初级急救和逃生知识、技能的培训试点工作，共培训97000多名学生。组织高校红十字志愿者队伍，开展了与荷兰红十字会合作项目：艾滋病同伴教育主持人培训班。先后开展同伴教育44期，共培训880人。少儿住院基金在2003学年共为70225人次患儿支付医疗费用5413余万元。开展了多种形式的中国红十字会100周年诞辰宣传纪念活动。“四五”普法培训人数7万余人，印发普法读本3万本，普法画册2万册；红十字知识传播培训4000余人，传播人数3.7万余人。全年在各报刊、电台、电视台刊登播放有关红十字会活动新闻专题报道500余篇（次），并举办了区、县通讯员培训班。上海市红十字会获总会报刊工作一等奖。上海市机构编制委员会以沪（2004）161号文件形式，发出《关于理顺区县红十字会管理体制有关问题的通知》。举办区、县红十字会专职干部培训班，提高了红十字工作者的工作能力。先后组团赴德国汉堡和韩国釜山红十字会进行访问，并邀请汉堡红十字会来沪授课交流；与日本长崎县红十字会签署红十字青少年交流项目；与日本冈山社会福利法人旭川庄联合举办老年护理培训师资班，增进中日友谊、促进了老年介护工作的交流与发展；组织部分区县红十字会赴香港红十字会学习考察红十字组织建设、志愿服务、筹集资金、红十字学校等工作。全年组织出访9批69人次，接受来访9批38人次。全年接到来信来访共105人次，发出寻人表20份；受理寻人表9份，查到6份。发往港澳及国际寻人表12份，查到2份；受理港澳及国际寻人标15份，查到9份。传递红十字通信6封，处理涉台私渡案1宗。

【组织机构】

上海市红十字会现有红十字会员666897人，团体会员1124个，志愿工作者2.8万余人，红十字医疗卫生机构63所，红十字基层组织3120个。市红十字会设有10个工作委员会，分别为：造血干细胞捐献工作委员会、遗体捐献工作委员会、培训工作委员会、理论研究和知识传播工作委员会、赈济工作委员会、医疗卫生工作委员会、社区工作委员会、中小学及中专职技校工作委员会、高校工作委员会、中小学生及婴幼儿住院医疗互助基金管理委员会。

上海市红十字会机关设有综合办公室、信息传播部、赈济救护部、青少年工作部、志愿服务部，下辖上海市红十字备灾救灾中心、上海市红十字培训交流中心2个直属事业单位。全市19个区、县红十字会是：黄浦区红十字会、卢湾区红十字会、静安区红十字会、徐汇区红十字会、长宁区红十字会、浦东新区红十字会、普陀区红十字会、杨浦区红十字会、闸北区红十字会、虹口区红十字会、宝山区红十字会、闵行区红十字会、松江区红十字会、嘉定区红十字会、青浦区红十字会、金山区红十字会、奉贤区红十字会、南汇区红十字会、崇明县红十字会。

在中国红十字会总会领导的关心和中共上海市委、市政府领导的高度重视下，上海市机构编制委员会发出《关于理顺区县红十字会管理体制有关问题的通知》，上海市的区、县红十字会由卫生局代管改由区、县政府领导联系，为处级单位，全市区、县红十字机关管理体制正逐步理顺中。

【大型项目】

（一）1998年

1. 为江西、湖南、湖北、内蒙古等省（区）水灾地区援建31个项目，其中县卫生防疫站6所，县卫生院13所，小学9所，中学2所，备灾救援中心1所，总价值1179.5万元，总建筑面积36702平方米。

2. 向湖南、湖北、江西、黑龙江、安徽、福建省受灾地区援助救灾物资价值3536.62万元。

（二）1999年

1. 为台湾地震灾区募集捐款455万元；

2. 向江西、湖南、湖北、内蒙古等省（区）灾区捐赠价值40万元的小药箱；

3. 向吉林省延边雪灾地区捐赠10万元，购买食物；

4. 向江西、安徽、湖南省灾区捐赠救灾物资、药品、衣服价值280.92万元。

（三）2000年

1. 为云南省安县地震灾区捐赠救灾物资价值15万元；

2. 为湖北、江西、湖南省灾区捐款227万元，援建多所卫生院、学校；

3. 为湖南省灾区助学帮困捐款5万元，捐赠物品价值14.8万元。

（四）2001年

向江西、内蒙古、湖南、宁夏等省（区）捐赠御寒衣被8500包。

（五）2002年

向全国9个省（区）的20个受灾地区发送救灾物资价值1334.67万元。

（六）2003年

1. 支援新疆维吾尔自治区地震灾区救灾款30万元，物资价值230万元；援建博爱小学1所，捐款199万元。

2. 援助甘肃省地震灾区救灾款10万元。

3. 支援山西省抗击“非典”捐款300万元。

4. 支援安徽省水灾地区救灾款30万元，物资价值241.37万元。

5. 支援湖南、江苏、山东省水灾地区救灾物资价值311.46万元。

6. 支援陕西省渭南水灾地区救灾物资价值52.34万元。

7. 援建江西省博爱楼1幢，金额30万元。

（七）2004年

1. 援助云南省德宏州泥石流灾区救灾物资价值42万元；

2. 援助湖南、安徽、贵州等8个受灾省、市救灾款物价值2671万元；

3. 慰问浙江省龙卷风灾区款物价值30万元；

4. 援助河南省红十字会价值10万元消毒用品，用于开展艾滋病特困人群关爱工作。

5. 为湖南省张家界和安徽省六安市援建博爱小学3所，总面积4200平方米，价值120万元。

6. 向安徽省沪闵博爱小学捐赠款物价值30万元，帮助该校学生添置一年文教用品。

7. 向宁夏回族自治区同心县窨山乡博爱小学捐赠棉衣价值2万元。

【主要特色】

1. 上海市中小学生、婴幼儿住院医疗互助基金。1996年成立的上海市中小学生、婴幼儿住院医疗互助基金成为上海市18岁以下的少年儿童提供了医疗保障。该基金自成立以来，上海市红十字会、市教委、市卫生局专门成立管理委员会，以红十字组织网络为依托，制定了合理的支付政策、科学的管理措施、严格的监督机制。到2004年8月底，共为55.8万人（次）患病少年儿童支付4.1亿元医疗费用，被群众誉为“生命绿卡”。

2. “千万人帮万家”活动。自1999年起开展的“千万人帮千家”（后改为“千万人帮万家”）活动，以肿瘤病患者、精神病特困患者、麻风病致残者、因病致贫特困老人和遭受意外灾害特困家庭为重点帮困对象，6年来，共为8652多万人次提供帮困款物3492.36万元，为维护社会稳定发挥了积极的作用。

3. 造血干细胞捐献者资料库建设。中

国造血干细胞捐献者资料库上海分库自1997年成立以来，得到了上海广大市民的积极响应。现已拥有捐献志愿者5.1万人，是全国目前最大的造血干细胞捐献者资料分库。该分库共为1880人提供了检索，并成功实施移植手术62例。

4. 遗体捐献工作。2001年正式实施的《上海市遗体捐献条例》，是全国第一部有关遗体捐献的地方性法规。2002年3月上海市遗体捐献者纪念碑（全国首座）在青浦福寿园落成。目前，上海累计报名登记自愿捐献遗体者有20761人，实现遗愿者达3230人，为上海的医科教学提供了支持，并弘扬了移风易俗的新风尚。

5. 中日合作老年介护师资培训班。2004年与日本冈山社会福利法人旭川庄联合开办首届中日合作老年介护师资培训班，目前共开展培训班2期，共41名学员结业，学员获得由上海市红十字会、日本旭川庄联合颁发的结业证书、获上海市卫生局颁发的《继续教育应用培训证书》学分10分。上海市红十字会编印《中日合作老年介护师资培训论文集》。该项目获日本国际协力机构（JICA）资助5100万日元，制定了中日双方三年合作培训计划。该培训班促进了老年人护理的理念及技术的推广及应用。

（孔伟珉）

黄浦区红十字会

【简介】

黄浦区红十字会由原黄浦区、南市区“撤二建一”而成。2004年4月召开“黄浦区红十字会第一次会员代表大会”。2006年2月定为正处级单位，行政编制4个，由区人大副主任石鉴玉担任会长。黄浦区红十字会现有地区、教育、卫生系统和企业单位各级红十字会组织250个，会员4万余名。

【年度工作】

一、组织建设工作。召开了“黄浦区红十字会第一届理事会第三次会议”；制订“黄浦区理事会成员在红十字工作中的职责”；7个街道依照《中华人民共和国红十字会法》和《上海市红十字会条例》要求，召开了街道红十字会会员代表大会，进行了换届改选或选举产生理事会；3个街道创建成“上海市社区红十字服务工作示范社区”；全年发展会员2923名。

二、赈济救护工作。在南京东路步行街举行“为印度洋海啸受灾国募捐”仪式。共募集社会各界和各级红十字会组织海啸捐款538笔200余万元。区红十字会获得上海市红十字会颁发的“东南亚海啸募捐优秀组织奖”；全年为需要帮助的人群提供了66万元的款物。其中有对贫困肿瘤病患者、老人、少数民族困难家庭的慰问，有对患白血病等大病重病少年儿童的帮助，有对火灾等灾害受困家庭的救助，还为家庭经济困难学生支付了少儿住院医疗互助基金，以及向社会福利院的赠送了轮椅车和彩电等；重组了街道红十字救护队，并进行培复训。在“世界急救日”举行了现场初级群众性救护演练活动。

三、法规普及工作。圆满完成了三年的红十字法律法规的普及任务。黄浦区红十字会荣获市红十字会颁发的“四五”红十字法律法规普及一等奖。区红十字会召开了“黄浦区红十字会纪念《上海市红十字会条例》颁布10周年座谈会”。各级红十字会开展了

《上海市红十字会条例》的学习、宣传和座谈、竞赛活动。

四、社区服务工作。2005 年新建 20 个居委会红十字卫生站，为每个卫生站配置了价值 5000 元的服务器材和药箱。为区内 134 个居委会红十字会下设的 605 个分站发放了红十字小药箱，并配置红十字小药箱药品增补款。为 9 个街道红十字会发放手推轮椅车共 70 辆。全年红十字卫生站及分站为社区群众提供咨询服务、免费使用轮椅车、小药箱万余人次。各级红十字会举办救护、防病、安全、会务知识等讲座、培训 100 余次。

五、红十字青少年工作。组织有关学校举办“红十字国际人道法”培训、“现场初级急救和逃生技能师资培训班”。召开“市红十字达标学校”工作会议。召开“黄浦区中小学生、婴幼儿住院医疗互助基金管理委员会会议”。在 107 家中小学校、幼托机构、职技校和社区卫生服务中心的共同努力下，完成了 2005 学年度少儿住院互助基金参加收费工作，全区参加率 96%。2004 学年，少儿住院互助基金为本区 2000 余人次患病住院少年儿童支付医疗费用近 300 万元。“六一”国际儿童节向本区 27 位患大病的少年儿童发放慰问金，同时向每人寄去了慰问信。向未享受过少儿住院互助基金的应届高三毕业生每人赠送了“少儿住院基金纪念卡”。

六、大型活动。为纪念“五八”世界红十字日，区红十字会组织开展了“宣传一次会务知识，发展一批会员，收缴一次会费，为需要帮助的人做一件好事”活动。全区 9 个街道的红十字会 5 月 8 日分别上街设摊，向群众分发宣传资料、开展咨询体检、便民服务。各级医疗单位 5 月 9 日义诊，将当天挂号费诊疗费的 50% 捐赠给区红十字会人道救助基金。5 月 12 日国际护士节，区卫生局、红十字会、医务工会、护理学会联合表彰本区 3 名上海市第六届优秀护士和 10 名黄浦区第二届优秀护士。

七、志愿服务工作。3 月 1 日在《上海市遗体捐献条例》颁布 4 周年之际，区红十字会组织本区遗体捐献实现者家属和遗体捐献自愿登记者 40 人参加了在福寿园举行的“上海市遗体捐献纪念日活动暨上海市红十字青少年教育基地揭牌仪式”。召开了“黄浦区遗体捐献工作座谈会”，30 多位自愿捐献遗体登记者和自愿捐献眼角膜登记者参加了座谈。全年办理自愿捐献遗体登记 60 人，自愿捐献眼角膜登记 12 人，有 3 人实现了捐献遗体的愿望。

此外，区红十字会年底对地区、教育、卫生系统的各级红十字会组织，就 2005 年度的红十字会工作进行了不同方式的考评。

卢湾区红十字会

【简介】

卢湾区地处上海市中心，行政区域面积 8.02 平方公里，其中水域面积 0.5 平方公里，辖区内有五里桥、打浦桥、淮海中路、瑞金二路 4 个街道，75 个居委会，户籍人口 31.67 万。

卢湾区红十字会于 1994 年 4 月与卢湾区爱国卫生运动委员会分离，独立办公。2006 年 1 月起正式机构单列，依法独立办会。现有红十字会会员 17944 名，红十字团体会员单位 12 个，红十字志愿者队伍 16 支，志愿工作者 229 名，已建立社区红十字卫生站58个，占全区居委会总数的78%。

2006年10月10日，召开了卢湾区红十字会第二次会员代表大会，选举产生新一届理事会。现在常务理事13名，理事60名。

【年度工作】

一、帮困救助工作

2005年，在“千万人帮千家”红十字迎春帮困活动中，全区共发放帮困款30万元、帮困物资价值20万元，并按照上海市红十字会“千万人帮千家”活动规定的五种对象实施帮困慰问。处理群众来信来访，实施救助15600元。重阳节慰问卢湾区红十字老年护理院住院病人，送去价值2万元的食品和日用品。

二、遗体捐献工作

为纪念《上海市遗体捐献条例》施行四周年，区红十字会组织2004年在本会或二医大申请登记的遗体志愿捐献者及家属赴青浦福寿园参加上海市遗体捐献日活动暨上海市红十字青少年教育基地揭牌仪式。

三、创建红十字达标学校和红十字示范社区工作

向明中学、中山学校通过了上海市红十字会考核、验收；瑞金二路街道被命名为上海市社区红十字服务工作示范社区。

四、加强社区红十字工作

社区红十字卫生站站建设。现有的45所社区红十字卫生站基本器材已全部到位，各项服务功能正在逐步完善，特别是健康咨询服务、测量血压和出租轮椅车等便民措施大大方便了社区居民。

社区“三位一体”培训工作。瑞金二路街道的50名学员接受“三位一体”知识培训，通过考试，成绩合格，培训达到预期效果。

五、纪念“五八”世界红十字日

“五八”期间，4个街道及学校、医院分别以不同形式举行纪念“五八”世界红十字日。“千万人帮千家”大型募捐活动，全区共募集善款20余万元，全部纳入卢湾区红十字人道救助基金。

六、红十字基本知识和国际人道法传播工作

中山学校1000多名红十字青少年接受红十字基本知识和国际人道法培训，并通过培训效果测试，成绩合格；与此同时，该校的探索国际人道法工作也受到红十字国际委员会官员的赞赏。

七、红十字青少年工作

2005学年，少儿住院基金覆盖率为100%，参加率为98.88%。

按照上海市红十字会的要求，全区5所中学、4所小学普及了现场初级急救及防灾逃生知识，7190名学生接受培训。

发展红十字青少年1408名，全部进行造册登记，

八、赈济救护工作

开展为印度洋海啸灾区募集善款活动。全区共募集善款103万元，荣获上海市红十字会颁发的优秀组织奖。

卢湾区群众性红十字救护队通过市红十字会的考核、验收。

开展了主题为“救护与弱势群体”的“世界急救日”纪念活动。以淮海中路街道为主会场进行群众性救护队现场初级急救技能演练，全区四个街道的群众性救护队员及红十字会会员、志愿工作者50多人参与了活动。

全区设置募捐箱109只，全年开箱款近5000元，严格按照募捐箱管理办法操作，

账务清楚、手续合理。

九、信息交流和宣传工作

2005年，卢湾区红十字会订阅《中国红十字报》100份、《博爱》期刊100份、《上海红十字》2500份。为社区红十字卫生站的志愿工作者提供业务知识培训；与建设健康城区领导小组、卫生局等部门联合印制了2万份预防禽流感宣传资料，分发到社区、医院、学校及企事业单位。

静安区红十字会

【简介】

静安区红十字会于1978年恢复红十字会工作,1996年4月调整静安区第六届理事会成员,瞿钧任会长,殷祖泽为常务副会长。

2005年12月5日，静安区红十字会第七次会员代表大会召开，区四套班子领导出席了大会。副区长陈东辉任会长，丁晓沧任常务副会长。静安区红十字会现有红十字会员23451人，团体会员31个，志愿工作者438人，红十字卫生站79个，红十字老年护理医院1所，全区各街道依法建立了红十字组织。静安区红十字会在2005年底理顺管理体制，为处级单位。

【年度工作】

一、赈济救护工作

开展“千万人帮万家”帮困活动，全年募得款物价值100854.52万元，其中114800元款物用于全区472人次家庭特困户的人道救助。

印度洋海啸发生后，区红十字会于元月3日起在静安公园、恒隆广场和吴江路休闲街设点开展救灾劝募。半个月内为印度洋海啸募捐人民币402174.56元，全部上缴上海市红十字会。

1月13日，在昌平路428号（东海园）开展静安区2005年迎春帮困送温暖活动，共发放慰问金10万元，物品价值191200元。

11月24号，发放上海市红十字会下拨的迎春帮困物资总价值63260元。

重阳节前夕，区红十字会为红十字老年护理院的125位老人送去慰问品价值13000多元。

二、社区服务工作

积极开展“红十字关爱进社区”活动。全区79个居委红十字会全部建立了红十字卫生站，卫生站物品发放到位，有效加强了社区服务工作力度。11月10日，有5个街道荣获上海市红十字会、上海市民政局授予的“上海市社区红十字服务工作示范社区”荣誉称号，静安区为“上海市红十字示范社区”全覆盖的唯一区。

组织街道红十字卫生站干部开展国际人道法和卫生站服务培训，培训街道、居委、卫生站等红十字会兼职工作人员共计85人(次)，并在5个街道成立了群众性红十字救护队，提高了社区红十字干部的业务水平。

9月16日，在社区开展了世界急救日现场初级急救展示，约500余名社区居民到现场观看。

三、志愿服务工作

献血、造血干细胞捐献宣传。全年发放宣传资料500余份，开展宣传咨询活动20余次，开设知识讲座20场，广泛进行了献血和造血干细胞捐献的宣传活动。

遗体捐献工作。在区域内设立79个遗体捐献咨询站，举办咨询活动6场，参加人数90人。3月1日，在《遗体捐献条例》

出台四周年之即，组织2004年登记遗体捐献者参观福寿园遗体捐献纪念碑、纪念馆。截至2005年底，累计办理遗体捐献者327人，实现捐献5人。

培训工作。2005年开展各类行业、救护师资、红十字医疗机构、红十字学校及社区“三位一体”培训，近13999人。

四、红十字青少年及少儿住院基金工作

红十字青少年工作。截至2005年底，全区有青少年会员11561名。组织红十字青少年夏令营活动，来自各个学校的50多位营员参加了此次夏令营，增加了他们对红十字知识的了解。

少儿住院基金工作。全区新学年有35667名中小学生及婴幼儿参加了少儿住院互助基金，收到基金1838650元整。完成了辖区内应届高中毕业生“少儿住院基金纪念卡”的发放。

五、信息传播工作

全年红十字“四五”普法培训人数5000余人。

在各报刊刊发有关区红十字会活动新闻专题报道15余篇（次），并积极参加市举办的通讯员培训班，使新闻稿件更为专业、来源更为广泛。

在“五八”世界红十字纪念日和“千万人帮千家”活动中，以社区为单位在静安寺、曹家渡、石二街道开展了宣传、募捐、义卖等活动。

六、组织建设工作

逐步完成街道红十字会换届选举工作。举办红十字会干部培训班（新任红十字会干部和企事业团体会员单位红十字干部）。大力发展会员和团体会员单位，在原有基础上，新增发展10%。规范发展会员的手续，实行会费缴纳和会员注册同步进行。

徐汇区红十字会

【简介】

徐汇区红十字会成立于1958年，目前有基层组织452个，红十字会员28031名。由副区长周秀芬任红十字会会长。徐汇区红十字会1999至2001年获上海市红十字会先进集体和上海市少儿住院基金先进集体，2004年获得全国红十字服务示范区称号，2006年获全国红十字卫生救护先进集体称号。

【年度工作】

一、为印度洋海啸灾区募捐工作

在为印度洋海啸灾区募捐的短短二个多星期的时间中，区红十字会收到来自社会各界的捐款2841994.92元。

二、募捐帮困工作

继续筹集人道救助基金。区红十字会组织街道、学校、区属卫生系统各单位开展形式多样的募捐活动，全年共收到社会各界捐款2789289.52元。

开展关爱弱势群体系列活动。区红十字会在春节、六一儿童节等节日开展对特困家庭慰问活动，全年帮困救助特困人数3409人次，发放慰问金1416850元，发放慰问品价值209596.60元。

三、开展灾后救助活动

受第9号台风“麦莎”影响，全区有113条（段）道路严重积水。区红十字会开展了慰问活动。活动中向700余受灾户发放救灾慰问款142000元。

四、社区红十字服务工作

在中国红十字会2005年工作会议暨全国社区红十字服务示范市(区)命名表彰大会上，

徐汇区荣获首批“全国社区红十字服务示范区”称号。11月,龙华、斜土、天平、徐家汇、田林、漕河泾、康健、枫林街道荣获上海市社区红十字服务示范街道的荣誉称号。

组织街道开展“三位一体”培训。区红十字会在龙华、斜土、湖南等街道开展了的“三位一体”的卫生救护培训，全年培训1110人次。

通过市红十字会的救护队验收。9月，徐汇区红十字救护队在上海市红十字会对各区县红十字救护队进行的集中复训和验收活动中获得了一等奖。

五、开展“世界急救日”纪念活动

9月10日是“世界急救日”,区红十字会与上海市红十字会联合在上海师范大学附属龙华中学举行“世界急救日”演习活动。龙华街道、斜土街道的救护队进行了实地演练。

六、红十字扶贫日大型义卖活动

中秋节，上海市红十字会、区红十字会联合举行了义卖活动，全天收到义卖款10000余元。

长宁区红十字会

【简介】

长宁区红十字会成立于1958年。工作以防病为中心的群众卫生培训为主；1964年，着重开展国防卫生救护知识训练。1978年以来，以“自救、互救和自助、互助”为中心，开展各种活动。以外伤急救、季节性传染病预防和护理、妇幼卫生、环境卫生、计划生育、新法育儿等卫生常识培训为主要任务。2005年长宁区红十字会机构按处级单位进行管理，副区长邹龙飞担任区红十字会会长。2005年区级红十字志愿服务队总数为206支，红十字志愿工作者总人数达2000余人。红十字会基层组织108个，会员28739人。

【年度工作】

一、以“999”为主题的实践活动

“救援”（赈灾行动）：为支援印度洋地震海啸灾区募集捐款1176062.14元，此项工作荣获上海市红十字会颁发的“优秀组织奖”。

“救助”（爱心工程）：2005年，为500户困难家庭提供帮困款共计25万元。

“救护”（生命工程）：区红十字医院、遵义地段医院、新泾镇员工青年近200人已经接受体检，为中华造血干细胞库上海分库的建设出了一份力。

二、赈济救助工作

全年收到募捐款近36万元，为历年之最。接受金宝服装公司捐赠衣服近1000件，价值近9，500元。全年收到洪涝灾害捐赠款15.5万元，捐物（药品）折合人民币20万元。

三、“五八”世界红十字日纪念活动

在“五八”世界红十字日开展义诊、义卖、义捐等活动，为发展红十字事业筹集到几万元资金，也扩大了红十字会的社会影响。

四、积极传播人道法

已经形成区、街道（镇）、居委（村）三级传播网络，传播培训近万人。在上海市红十字会2002～2004年第二个《国际人道法》传播年表彰大会上荣获一等奖。

五、红十字卫生站工作

目前，全区已在十个街道（镇）51个居民委员会创建了红十字卫生站。虹桥街道还荣获“上海市社区红十字服务工作示范社区”称号。

六、遗体捐献登记工作

区红十字会组织了天山、仙霞、周桥、新华四个街道20名遗体捐献者参观了位于青浦福寿园的红十字人文纪念馆和红十字遗体捐献纪念碑。全年登记遗体捐献者85人，登记角膜捐献者10人，实现遗体捐献者3人。

七、自救互救培训工作

“现场急救、居家护理、家庭安全与保健”三位一体的新培训计划有了新的推广。近万人参加了自救互救培训。区红十字救护队通过了上海市红十字会的复训和验收。

八、信息交流工作

区红十字会已连续第六年获得中国红十字会总会报刊发行嘉奖。

九、志愿服务工作

动员社会各界参与是发展红十字事业的基本思路，全区现有红十字志愿工作者1800人。

十、少儿住院基金

全区参加少儿住院基金为67199人，覆盖率达99.41%，吸收基金3541950.00元。并为患病儿童744人支付了1039104.70元的医疗费用。2004学年度特殊门诊大病305人次，支付医疗费用109801.82元。

浦东新区红十字会

【简介】

上海市浦东新区红十字会成立于1995年2月，现由副区长张恩迪担任区红十字会会长，有基层组织953个，团体会员单位21家，区级志愿工作者队伍8支，社区红十字志愿服务者3500多名，红十字救灾救护队24支，为宾馆、酒店、银行、学校、外资企业、社区提供现场初级急救知识与技能培训达18万人次。1996年10月至今，区内0～18岁孩子参加上海市婴幼儿、中小学生住院医疗互助基金达258万人次，基金已为大病、重病、特殊门诊、住院病孩支付医药费6596万元。1997年成立了浦东新区红十字人道救助基金，至今已募集款物3300余万元，为群众提供援助。

【年度工作】

一、召开浦东新区红十字会第二次会员代表大会

2005年8月3日，浦东新区红十字会第二次会员代表大会召开，浦东新区区委、人大、区府、政协、市红十字会主要领导出席了开幕式，中共上海市委常委、浦东新区区委书记杜家毫到会并讲话，区长张学兵向外籍人士颁发了红十字荣誉会员证书。从2005年初开始，就向近150个单位征询意见，推荐代表、推选理事。

二、印度洋海啸赈灾募捐工作

2005年元月近一个月时间里，区红十字会收到赈灾捐款共303万余元，浦东参与赈灾捐赠的市民有九万多人次。1月2日，浦东新区红十字会接到上海市红十字会紧急通知，立即组织印度洋海啸赈灾募捐活动。浦东新区红十字会在正大广场设立募捐点，企事业单位、广大市民纷纷伸出援手。

三、少儿住院基金管理服务工作

上海市中小学生、婴幼儿住院医疗互助基金是上海市红十字会、上海市教委、上海市卫生局三家联办的公益基金，是一项生命工程、爱心工程，同时也是一项为民工程。在上级领导的关心和有关单位的支持下，2005学年度全区少儿住院医疗互助金收费

工作顺利进行，参与人数在全市为最多，得到市红会和市少儿基金办领导的好评。

普陀区红十字会

【简介】

2005 年 9 月，普陀区红十字会单列建制，成为直接隶属于区人民政府领导联系的正处级人民团体单位。区委副书记叶维华任红十字会名誉会长、副区长柴晓苗任会长、马毓任常务副会长。

在区委、区政府和社会各界的关心支持下，区红十字会有基层组织 60 家以上、会员 2 万余人。各级红十字会组织及其会员大力弘扬“人道、博爱、奉献”红十字精神，积极履行红十字会法职责，不断拓宽服务领域，发挥了积极和独特的作用。

【年度工作】

一、赈济救护工作

为印度洋海啸发生后，区红十字会积极响应号召，迅速成立了募捐领导小组，及时采取了形式多样的募捐活动。从 1 月 5～22 日，共收到“海啸”募捐款 2413114.64 元，后被上海市红十字会授予优秀组织奖。深入开展“千万人帮万家”活动。春节期间，区红十字会向大病儿童发放了 10 余万元的帮困救助款和价值 20 余万元的食品、衣被等生活用品，对全区 1000 余人进行了帮困慰问。敬老节前夕，区红十字会和德丰食品集团看望了区红十字老年护理院的老人们，并为他们送上了 200 份蛋糕欢庆重阳节。

全年对全区 2 家红十字医疗机构中的 10%以上的工作人员进行了红十字知识培训。并组织红十字医疗机构在敬老节期间积极开展医疗咨询、发放健康宣传手册、进行健康教育、为老年朋友测量血压等服务活动。

二、社区红十字工作

年初召开了社区红十字会干部恳谈会，对社区红十字会工作提出了三点意见，即把“红十字运动基本知识送进社区”；拓展社区服务领域，当好政府人道救助的助手；创新工作思路，切实加强对红十字工作的组织领导。积极与区社区办沟通协调，将社区红十字会工作纳入“街道、镇年度工作目标考核序列”。结合本区实际，在全区 9 个街道、镇新建社区红十字服务站 40 所，并开展了系列便民利民服务。

三、志愿服务工作

区红十字会本着“热情接待、宣传到位”原则，对行动不便的志愿捐献者实行上门服务，使参加遗体捐献登记人数不断上升。2005 年新增登记 62 人，总累计达 417 人，其中有 15 位捐献者逝世，实现了夙愿。对红十字会专兼职人员和教师加强培训服务。完成了对九个街道、镇 100 余人的“三位一体”培训，并对新建社区红十字服务站专（兼）职人员进行了上岗培训。还完成了总会下达的在中小学年轻教师中开展“国际人道法”师资的培训工作，同时积极参加了市红十字会组织的总会“福利彩票项目”师资培训班。以“敬老节”等为契机，组织红十字志愿者开展“阳光使者为老服务”等志愿服务活动。服务项目分三大类 15 个项目，受到群众的欢迎。

四、红十字青少年工作

会同教育局拟定了《关于推进普陀区学校红十字工作的意见》，并在全区中、小学（包括职、技校、中专）分管校长工作会议上进行了布置。全区有 2 名学校红十字工作者参加了红十字运动和人道法知识传播的培训，在1所学校内完成了相应的知识传播，有1所学校申报了红十字达标学校。做好上海市中小学生婴幼儿住院医疗互助基金工作。2005学年度少儿基金参保总金额5541050元，较上年增加0.3%；总人数106958人，较上学年增加2%；总参加率为99.08%，较上学年增加0.04%。召开了“少儿住院互助基金定点医院工作会议”，对相关人员进行培训，以规范管理、加强监督。全年共支付大病门诊费用达192，135.57元，支付的住院费用达1731723.70元。

五、信息传播工作

传播工作主要采取了传统与创新相结合、传播与宣传相结合、集中与分散相结合的模式，全年累计传播人数7489人次，对象辐射小区居民、红十字志愿者、中小学生、医务工作人员以及区政府全体机关干部等。新闻报道工作不断加强。自区红十字会建制单列以来，全年在报刊、普陀有线台等媒体上刊登播出有关活动新闻、简讯共计6次。认真完成报刊发行工作。完成了《中国红十字报》、《博爱》期刊、《上海市红十字报》的订阅发行工作。

杨浦区红十字会

【简介】

1956年，杨浦区就开展了红十字卫生站试点以及发展会员和培训卫生员的工作。1960年，杨浦区红十字会成立。1963年，杨浦区凤城一村里委会红十字卫生站和隆仁里里委会红十字卫生站被评为全国红十字先进集体。1979年和1988年，区红十字会先后接待了国际红十字会秘书长毕尔先生和国际红十字会副主席莫里斯·奥贝尔先生。目前，杨浦区副区长张喆人任红十字会会长，区红十字会现有会员22292人、团体会员单位22个、红十字志愿者队伍12支、志愿工作者1511人、红十字群众性救护队12支、红十字卫生站117个、冠名红十字医疗机构4家，冠名红十字学校1所。

【年度工作】

一、组织建设工作

2005年，全区新发展红十字会会员1652名，新发展两所区属民办医院为团体会员单位，各团体会员单位会费收缴率达100%，区中心医院被命名为上海市红十字杨浦区中心医院。

二、赈济救护工作

2005年，区红十字会共募集人道救助基金32万。区红十字会在为印洋海啸灾区募捐活动中，共募集捐款110万元。为全国部分受水灾地区共募集10.08万元。全年新设募捐箱30个。及时地处理来信来访和市红十字会转来的人民来信共计帮困19人次(户)，帮困总额6700元，并完成突发性救灾、慰问工作。

2005年，区红十字会在“千万人帮万家“活动中对500户家庭实施帮困慰问，发放慰问款16.5万元，发放救助物资价值18250元。开展36位孤儿开展“杨浦孤儿上海一日游活动”。为区内百名妇女举行免费体检，并发放了免费体检卡。会同区卫生局开展慰问贫困团员活动。会同区妇联、区总工会、区残联、区民政局慰问杨浦学前特殊教育中心——五联幼儿园启智班、语训班的残障、特困儿童，赠送了慰问品。会同区卫生局开展慰问卫生系统老党员、老干部等活动。会同团区委开展“支持生命绿卡”活动。与区老龄委开展了为离休老干部、老党员、老劳模赠送重阳糕活动，区红十字救护队开展了急救知识的示范演练和居家护理咨询活动。

三、社区红十字服务工作

规范红十字会卫生站工作，配备了物资、制定了规章制度。建立健全救灾网络，进行电脑化管理，并开展各种报灾救助工作，对各街道救灾联络员开展了培训，区救护队 15 人经市红十字会的考核通过验收。2005 年，殷行街道通过市民政局和市红十字会考核验收，被正式命名为“上海市社区红十字服务工作示范社区”。

四、大型活动

2005 年是《上海市红十字会条例》颁布 10 周年，3 月上旬，杨浦区红十字会组织各达标和争创达标学校举行了红十字青少年宣誓仪式。4 月底前，全区各街道（镇）红十字会开展了宣传活动，在主要路段悬挂张贴宣传画和发放宣传手册。5 月 8 日，区红十字会在海上渔市酒店广场举行了“纪念五八世界红十字日大会”。区 11 个街道的遗体捐献志愿者俱乐部举行了揭牌仪式。区教育局为市、区红十字工作达标学校授了牌。在区中心医院、市东医院积极支持下，为 230 名双千对象（千名公务员帮助千名贫困人员）发放助医卡价值 46000 元。组织区女医师联谊会医学专家开展免费义诊活动。

五、志愿服务工作

成立了杨浦区红十字志愿工作者委员会，建立了相关制度和名册。遗体捐献登记工作有专人负责，规范操作统计表按时上报，2005 年共办理遗体志愿捐献登记 81 人，实现捐献 3 人。全年开展群众性现场初级急救培训 1000 人以上。与区血液管理办公室开展了纪念世界无偿献血日的大型宣传活动。

六、红十字青少年工作

理顺了红十字达标学校管理体制，成立了区红十字青少年工作委员会。建立了学校红十字工作的目标责任制和考核制度。面向全区中小学校红十字工作者开展了急救和灾害逃生技能师资培训，三所区红十字工作达标学校通过了市红十字会、市教委的考核验收。少儿住院基金参加率 97% 以上，基金执行规范，每学年召开两次定点医院会议，按时准确上报费用分析月报，发挥数据分析监控作用，做好初审、复审及专家会审的准备，并做好大病门诊审核结算，按规定上报，定期定时对医院病史全面进行检查。

七、宣传与培训工作

订阅《中国红十字报》、《博爱》各 100 份，上海红十字报 5000 份。按要求认真开展“四五”普法培训，人道法培训。利用多种形式对各街道红十字会干部进行师资培训，然后通过师资对居委会干部等有关人员进行了培训。

闸北区红十字会

【简介】

闸北区红十字会 2005 年 10 月机构独立设置，由副区长韩晓玉担任区红十字会会长，配备三名公务员，并有独立的办公场所。

【年度工作】

一、募捐工作

2005 年，区红十字会以印度洋海啸、抗洪救灾、“千万人帮万家”，以及元旦、春节、“五八”世界红十字日等为契机开展募捐，募集捐款125万元。

二、帮困救助工作

区红十字会在元旦和春节期间为600户特困家庭发放帮困款30万元，同时还为区内困难人群送上价值21万元的帮困物资。区红十字会向临汾红十字老年护理院等10多家医院捐赠了22辆轮椅车。为区内特困大、中学生拨款5500元。“重阳节”为老年病人送发慰问品价值15000元。为临汾红十字老年护理院增添一套价值150000元的老人沐浴设施。从人道救助基金中拨款8100元救助遭受火灾的居民。

截至2005年11月份，合计帮困用款484600元。

三、志愿服务工作

成立遗体捐献志愿者俱乐部。俱乐部每月组织一次活动，从健康教育、合理饮食、生活起居、疾病防治等多方面为志愿者提供咨询指导和服务，使志愿者在俱乐部得到更多的温暖，从而使更多人加入遗体捐献志愿者的行列。

成立志愿者队伍。红十字志愿者在社区开展募捐、帮困、灾害救助、遗体捐献、造血干细胞捐献宣传等各种工作，并为需要关心和照顾的群体提供帮助。

开展志愿捐献造血干细胞活动。2005年，全区有110加入造血干细胞志愿捐献者行列。区红十字会计划每年组织1至2次报名登记血检活动。

四、“红十字关爱进社区”工作

红十字卫生站工作。全年在九个街道（乡镇）又建了20个红十字卫生站。各卫生站从房屋面积、器材配置等硬件设施到规章制度、台账图表等软件材料都做到规范化、制度化，有专人负责，并有相对稳定的志愿者队伍。

队伍建设和培训工作。各街道（乡镇）都分别建立了救护队、志愿服务队和社区救灾网络，并在年内分别开展了培训工作。区红十字会和各街道（乡镇）全年开展“三位一体”培训21期，共916人次。

开展敬老尊老活动。区红十字会在临汾红十字老年护理院举行“九九重阳”敬老活动，向住院的150位老人送上礼物。全区九个街道（乡镇）在重阳节前后也都以不同形式开展了敬老尊老活动。

五、少儿基金工作

区少儿基金办公室利用闸北有线电视台、闸北报、政府网站宣传介绍少儿基金工作。同时，各街道红十字会将少儿基金的宣传资料发放到每个居民家庭，做到家喻户晓。

六、组织建设与宣传工作

2005年发展红十字会员1324人，其中青少年会员945人，发展红十字团体会员单位一家。按规定收缴会费合计39615.5元。

区红十字会开展了3期红十字基本知识和人道法的培训，培训120人。区红十字会荣获上海市红十字会颁发的2002～2004年度红十字运动基本知识传播三等奖。

全年在各报刊、电视台刊登播放相关通讯报道共36篇（次），区红十字会还获得了总会颁发的报刊宣传组织工作三等奖。

虹口区红十字会

【简介】

虹口区红十字会建于1952年。1992年，召开第一届区红十字会会员代表大会，由副区长林葆瑞任区红十字会会长。1998

年，召开区第二届区红十字会会员代表大会，由副区长姚宗强任区红十字会会长。2003年起，由副区长华东平任区红十字会会长。虹口区红十字会现有团体会员单位23个，126家单位成立红十字会。现有成人会员14873人，红十字青少年会员5514人。2005年募捐人道救助基金21万余元，主要用于迎春帮困送温暖7万余元，敬老节慰问1.5万余元，帮困助学6万余元，1600余人受益。全区设置红十字募捐箱96只，收到捐款12000余元。全年新建红十字卫生站20个（共计43个）。

【年度工作】

一、为印度洋海啸灾区募捐

2004年底，印度洋海啸发生。虹口区红十字会依据国际人道法和《中华人民共和国红十字会法》立即开展了赈灾募捐工作。各界群众，特别是区政府各部门、红十字会会员单位在短短数天内募集捐款88万余元，并及时上交市红十字会。

二、创建红十字会示范街道

为更好地贯彻落实中国红十字会总会、中华人民共和国民政部《关于开展全国社区红十字服务示范活动的意见》，区红十字会开展了“千万人帮万家”募捐帮困、现场初级急救救护培训、健康保健知识培训、居家护理培训等活动，备灾救灾、扶贫济困实行电脑化管理，为孤老服务工作更加规范化。除已验收合格的曲阳街道外，至年底，经上海市红十字会验收合格，欧阳街道成为区内第二个上海市社区红十字服务工作示范社区。

三、创建红十字会达标学校

为落实中国红十字会总会和中华人民共和国教育部《关于进一步推进学校红十字会工作的意见》，把红十字会的“人道、博爱、奉献”精神与学校精神文明建设和素质教育相结合，区红十字会和区教育局在已创建的师大一附中高级中学、民办新华初级中学、长青学校、同心路小学和第三中心小学5所达标学校的基础上，2005年又有曲阳第二中学、钟山初级中学、曲阳第三小学成为达标学校。

四、帮困助学

9月，在区红十字会主持下，信息产业部驻上海电子办事处与曲阳第三小学签订协议书，资助2名贫困学生，每人每学年度获助学款1200元，直至小学毕业。易买得超市有限公司与曲阳第二中学签订协议书，资助3名贫困学生，每人每学年度获得助学款2000元，直至初中毕业。

五、志愿服务工作

自区红十字会志愿者工作委员会成立后，将江湾地区作为活动基地，积极开展了防病治病、测量血压、开设健康指导讲座以及上门为特困孤老病员服务等项工作。

六、遗体捐献工作

3月，区红十字会组织遗体捐献实现者的亲属到福寿园开展纪念活动。全区登记捐献遗体98人，实现捐献31人。目前，累计登记达658人，累计实现捐献84人。

七、少儿住院基金工作

上海市中小学、婴幼儿住院医疗互助基金（简称少儿基金）坚持“低筹资、广覆盖”的原则，坚持“服务孩子、稳定社会”的宗旨。2005学年度，全区符合条件的参加单位为176家，参加单位覆盖率达100%，婴幼儿、学生参加人数84814人，收到基金款439.4万元，全区少儿参加率达到99.3%。2004学年度收到基金款455.8

万元，有2838人次从医疗互助基金中受益，共支付409万元。

江苏省红十字会

【年度工作】

2005年，江苏省红十字会在中共江苏省委、省政府的领导和中国红十字会总会的关心指导下，高举邓小平理论和“三个代表”重要思想伟大旗帜，落实科学发展观，学习贯彻党的十六届五中全会精神，深入贯彻《国务院办公厅转发关于进一步加强红十字会工作的意见》和中国红十字会“八大”精神，围绕“两个率先”、构建“和谐江苏”的大局，以开展保持共产党员先进性教育活动为动力，坚持依法建会，依法履行职责，各项工作取得显著进展。

一、积极推进依法建会，保障事业发展的环境进一步改善

1. 积极协调、配合江苏省人大常委会开展《江苏省实施〈红十字会法〉办法》执法检查。

2005年，江苏省各级红十字会广泛宣传、认真贯彻红十字会法和《江苏省实施〈红十字会法〉办法》（以下简称“实施办法”），积极推进依法建会。省人大常委会组织召开了贯彻落实“实施办法”座谈会，听取了省红十字会对“实施办法”施行一年来的工作汇报，对全面贯彻落实“实施办法”、进一步促进全省红十字会工作提出了要求。省红十字会配合省人大常委会对部分新理顺红十字会管理体制的市开展“实施办法”执法检查，对改善红十字会工作条件、加强红十字会机构建设、保证红十字会依法履行职责起到了有力推动作用。

2. 编制完成江苏省红十字事业“十一五”发展规划。

依据“实施办法”“将红十字事业纳入国民经济和社会专项发展规划”的规定，在省政府的关心和省发改委的指导下，省红十字会组织省红十字事业“十一五”发展规划专题调研，广泛征求有关部门、各市红十字会、部分理事单位和红十字志愿工作者的意见，与省发改委共同组织专家论证，编制成省红十字事业“十一五”发展规划，已被确定列入省“十一五”社会事业发展专项规划。规划明确了“十一五”期间全省红十字事业发展目标、重点工作、建设工程和保障措施，为“十一五”期间全省红十字事业发展提供了有力保障。

3. 推进市、县（区）红十字会理顺管理体制。

全省各级党委、政府贯彻胡锦涛总书记和吴仪副总理在中国红十字会“八大”上的讲话精神和“实施办法”，更加重视红十字会工作，加大支持力度，制约红十字事业发展的问题逐步得到解决，理顺红十字会管理体制的步伐加快。在王湛副省长和吴锡军会长的积极推动及有关市县党委、政府的大力支持下，镇江、宿迁、常州、连云港、泰州和扬州市红十字会理顺了管理体制。盐城市编办发文确定理顺所有县（市、区）级红十字会管理体制。盐城市盐都区、阜宁县和徐州市云龙区等8个县（市、区）级红十字会理顺了管理体制。截至2005年12月底，全省共有12个省辖市红十字会、8个县（市、区）红十字会理顺了管理体制。

二、积极开展宣传、募捐工作，红十字会的社会影响力进一步扩大

1. 借助重大活动、纪念日和社会力量，通过多种形式开展宣传。

总会、省和南京市红十字会在“世界急救日”开展广场群众性急救演练活动，来自国际SOS机构、公安部门和南京市的200多名红十字急救员为群众现场演示救护技能；省红十字会与省妇联等部门在“世界艾滋病日”联合组织“江苏省妇女与家庭艾滋病防治知识电视大赛”，倡导广大妇女和家庭成员关注抗击艾滋行动；盐城市红十字会在“世界红十字日”举行建会90周年纪念活动，通过市长讲话、表彰先进、公益演出等形式宣传红十字精神；宿迁、常州、镇江、连云港等市红十字会开展“生命与奉献同在”、“让生命远航”等捐献造血干细胞宣传活动，扩大了志愿捐献者队伍。争取广告公司支持，在9个市的公共场所安置巨幅红十字公益广告；骨髓库与中央电视台《开心辞典》栏目合作，举办“有爱就有奇迹——爱心公益月选手选拔暨救助白血病患儿活动”；新闻媒体一年来对全省红十字会工作的报道超过1800次。在改进省红十字会网站和骨髓库网站的同时，创办了“省红十字会网上博爱超市”，较好地发挥了报刊、网站对红十字会工作的指导、交流作用和对外宣传、争取社会援助的窗口作用。

2. 努力开拓募捐工作的新思路、新方法，募捐筹资取得新成效。

在为印度洋海啸灾区募捐中，全省红十字会系统积极响应中国红十字会总会的赈灾募捐倡议，紧急动员，全力以赴，主动服务，规范管理，通过各种方式共募集、接受捐款2000多万元，这是全省红十字会为海外募捐成效最大的一次，有力地支持了中国红十字会国际赈灾救援工作，广大红十字工作者也得到了锻炼和提高。省属冠名红十字医疗单位响应省红十字会的募捐倡议，发动干部职工捐款专项救助重症病人。无锡、盐城市红十字会在市委、市政府的支持下，建立了每年在全市范围开展一次“人道万人捐”的长效募捐机制。苏州、扬州市红十字会争取企业支持，开展救助弱势群体的系列专项募捐活动。泰州市红十字会启动“红十字人道救助基金募捐伙伴计划”，市政府发文给予积极推动。全省红十字会在建立经常性、多渠道募捐机制上创造了不少好的形式，共募得款物2600多万元，增强了社会救助实力。

三、加大救灾救助力度，让更多的灾民和困难群众受益

年初开展了“博爱送万家”活动，将筹集来的300余万元款物送到苏北贫困地区和受灾群众手中，帮助部分受灾群众度过一个祥和的春节。

2005年，江苏省局部地区多次发生不同程度的自然灾害，造成了人员伤亡和财产损失。省和受灾地区红十字会第一时间赶到灾区，考察和上报灾情，慰问灾民，多方筹集救灾款物710多万元援助灾民，为帮助灾区部分群众渡过难关发挥了积极作用。盐城市建湖县遭受龙卷风袭击后，当地政府在省、市红十字会支持下，结合灾后重建，开展新农村农民住宅中心村建设，使中心村成为当地新建住宅示范点，深受当地群众欢迎。淮安市发生“3.29”氯气泄露特大事故后，南京市红十字会率先捐款援助，淮安市红十字会及时参与救援，受到市政府记功表扬。

全省红十字会采取多种形式开展社会救助工作，共拨发1220多万元款物，使15万

困难群众受益。省红十字会连续第 10 年举办“博爱送万家”慰问活动，获得 2005 年度省“三下乡”活动特别贡献奖；结合纪念抗日战争暨世界反法西斯战争胜利 60 周年，与省老促会共同赴淮阴区刘老庄慰问抗日老战士、老党员和烈属；援建响水县“博爱小学”，将分散当地的 300 多名孤儿集中起来学习生活，改善他们的成长环境；与南京市红十字会联合开办“博爱超市”，救助南京市部分特困市民。各地红十字会相继开展了形式多样的扶贫帮困做实事活动。苏州市红十字会连续多年对口支援四川省内江市，获得总会好评。南京市红十字会成立“灾难应变心理服务志愿工作队”，对灾难受害者提供危机干预和心理保护。徐州睢宁县王林办事处红十字会创办“博爱超市”救助特困农民，发挥了农村基层红十字会的积极作用。

四、骨髓库建设取得新成效

江苏省骨髓库成立管理中心后，加强规范化建设，保证了各项工作的顺利开展。全年采集血液标本 18000 多例，有 16 名志愿者实施捐献，其中 2 例向香港同胞捐献，有 1 例为中华骨髓库首例向香港同胞捐献。苏州市红十字中心血站 HLA 实验室在全国高分辨实验室招标中中标，成为全国除北京以外唯一的高分辨实验室。省人民医院 HLA 实验室增加了安徽和贵州省分库的标本检测任务。在省卫生厅的支持下，成立了省造血干细胞移植医院协作组，制定了协作组章程和移植工作标准，对提高造血干细胞移植成功率和患者成活率发挥了积极作用。在“中华骨髓库第四期管理干部培训班”上，江苏省分库获总库颁发的“优良成绩奖”。到 2005 年底，江苏骨髓库累计采集血液标本 52000 多例，入库资料 33000 多份，有 1153 名志愿者和 330 名患者 HLA 初次配型相合，42 名志愿者为患者捐献了造血干细胞。

五、其他各项业务工作也取得新进展

1. 积极开展卫生救护培训工作。

全省普及群众救护培训 32 万人次，省红十字会培训救护师资 260 多名，南京市红十字会培训“十运会”急救员 1600 多名。

2. 社区红十字服务工作。

江苏省红十字会与省民政厅组织开展“创建省级社区红十字服务示范区”活动，南京、苏州、无锡、淮安、盐城市的 9 个区获得“省级社区红十字服务示范区”称号，全省已有社区红十字服务站 1300 多个、志愿工作者 3 万人，进一步推动了“红十字关爱进社区”活动的开展。

3. 红十字青少年工作。

江苏省红十字会认真贯彻“全国红十字青少年工作会议”精神，会同省教育厅、省卫生厅、团省委组织调研学校红十字会工作，对共同推进学生思想道德建设提出了贯彻意见。南通、徐州、扬州、镇江市红十字会建立了多个红十字青少年社会实践基地。

4. 艾滋病防治和推动无偿献血工作。

在“世界艾滋病日”，省和各地红十字会响应总会与铁道部的倡议，与各地铁路部门联合组织了艾滋病防治列车宣传活动。苏州市红十字会开展了关爱艾滋病患者工作，南京、无锡、淮安市红十字会开展了“红丝带一元捐”活动。省红十字会与省卫生厅共同把 2005 年确定为“全省无偿献血宣传年”，增强广大群众对无偿献血的认知度，联合表彰了 2002～2004 年度全省无偿献血先进城市、单位和个人。

5. 交流工作。

江苏省红十字会和有关市红十字会举办

了首届“中德红十字青少年夏令营”，接待了德国、朝鲜红十字会和台湾红十字组织代表团，组团或派员出访了美国、德国、日本、荷兰、法国、瑞士及香港、澳门地区，增进了与有关国家红十字会、港澳特区红十字会和台湾红十字组织的交流与合作。

【历史沿革】

江苏省境内建立红十字会组织并开展活动已近100年的历史。中国红十字会早期的一些重要活动多发生在江苏。1911年的辛亥革命、1913年二次革命的癸丑之役、20年代初的苏北水旱灾害、1932年的“一·二八”淞沪抗战、1937年日军侵华的南京沦陷等重大事件中，南京、江阴、常熟、武进、淮阴、吴江等地的红十字会都做了大量的赈济、救护及因战争、灾荒罹难者的善后处理工作。现存于南京灵谷寺公园、南通狼山等地碑记及侵华日军南京大屠杀纪念馆内的史料，均详实记载了红十字会的善举史实。新中国成立后，在抗美援朝、整治淮河、爱国卫生运动、民兵三防训练等工作中，江苏各地红十字会均开展了许多活动。

江苏省红十字会成立于1956年，经历了与卫生厅合署办公、“文化革命的十年动乱”、中共十一届三中全会后拨乱反正等阶段，红十字会的工作从停止到恢复。1981年9月18日，中共江苏省委根据国务院国发〔1978〕63号文件精神，批准恢复江苏省红十字会，经协商产生由28名理事组成的江苏省红十字会第三届理事会，盛立任会长。江苏省红十字会机关设办公室、组训部、宣传部。当时提出的主要任务是恢复、建立地市、县红十字会组织，并配合当地政府开展“五讲四美三热爱”、救护培训、扶危济困、红十字青少年，援非募捐和国际交流等活动。1993年10月31日，《中华人民共和国红十字会法》颁布实施，使红十字事业走上了法制化建设的轨道。江苏省人民政府印发了“关于进一步贯彻实施《中华人民共和国红十字会法》的通知”，提出努力为红十字会依法履行职责创造条件。1994年6月22日，江苏省红十字会第六次会员代表大会召开，大会聘请中共江苏省委书记陈焕友担任名誉会长，提出了“坚定不移地贯彻《中华人民共和国红十字会法》，认真贯彻《中国红十字会90年代工作纲要》和《北京宣言》，加强组织机构和干部队伍建设，加强调查研究并努力做好各项业务工作”的主要任务。全省各级红十字会创建了“博爱系列工程”（救援、生命、爱心工程），在社会上产生了积极的影响，展现了人道救助团体的新形象，同时弘扬了红十字精神，促进了社会主义道德建设。1996年1月29日，《中华人民共和国红十字标志使用办法》的颁布实施，体现了国家对红十字事业的高度重视和支持，为红十字标志的正确使用提供了法律保证。省人民政府办公厅印发了“关于进一步贯彻实施《中华人民共和国红十字标志使用办法》的通知”，要求各地、各部门依照规定对红十字标志使用情况进行一次全面清理，限期改正，切实纠正误用、滥用现象。2002年6月，江苏省人民政府批转“关于进一步加强红十字工作的意见”，对红十字会开展社区服务、学校红十字工作、造血干细胞捐献者资料库建设、理顺管理体制、对外交流合作等提出了明确的要求。2002年7月21日，江苏省红十字会第七次会员代表大会召开，时任中共江苏省委书记的回良玉（现任中共中央政治局委员、国务院副总理）、省长季允石、省人大常委会主任陈焕友、省政协主席曹克明和中国红十字会常务副会长王立忠等出席了大会，全国人大常委会副委员长彭珮云亲笔为大会题词。大会全面总结了江苏省红十字会第六届理事会的工作，制定了2003至2007年发展规划，选举产生了由81名理事组成的新一届理事会（后又增补2名副会长、13名理事），聘请省委书记回良玉、省人大常委会主任陈焕友为江苏省红十字会名誉会长，2004年3月，又聘请现任省委书记李源潮为名誉会长，吴锡军经选举连任会长，刘洪祺、周加才当选为常务副会长，李一宁、周和平、赵顺盘、赵庆侠、周珉、姜映梅、侯学元、黄晓平、张肖敏、杨炤明、丛建国、许仲梓、陈尧、郭兴华、黄峻、刘沈林为副会长，根据会长提名决定张立明为秘书长（2003年12月任专职副会长、党组书记），徐强为副秘书长。

【组织机构】

目前，江苏全省13个省辖市106个县（市、区）建立了红十字会，现有红十字会基层组织8000多个，会员250多万人（其中青少年会员210万人），占江苏省常住人口的4%，志愿工作者3万多名。

江苏省红十字会机关设有办公室、赈济救护部、事业发展部。下辖备灾救灾中心、台湾事务服务部、江苏省造血干细胞捐献者资料库管理中心等3个直属事业单位。

根据《中华人民共和国红十字会法》和中国红十字会总会关于理顺管理体制的有关文件精神，2002年1月，江苏省机构编制委员会行文《关于理顺省红十字会管理体制的批复》，同意将江苏省红十字会由省卫生厅代管改由省政府领导联系，其机关党的工作由省级机关工委领导，干部按省委组织部有关规定进行管理，经费由省财政单列。2003年12月，中共江苏省委决定成立省红十字会党组。在各级党委、政府的关心、重视和支持下，截至2005年12月，无锡、盐城、淮安、徐州、镇江、南京、苏州、泰州、宿迁、常州、连云港等11个省辖市和金坛、溧阳、句容、云龙、盐都等8个县（市、区）先后理顺了红十字会管理体制。

江苏省红十字会历次代表大会

第一届

1956年11月7日召开，代表99人，理事33人，常务理事11人，会长盛立。

第二届

1961年11月28日召开，代表62人，理事42人，常务理事8人，会长盛立。

第三届

1981年9月18日召开，理事28人，常务理事4人，会长盛立。

第四届

1985年7月2日召开，代表170人，理事53人，常务理事10人，名誉会长陈邃衡、盛立，会长杨泳沂，常务副会长盛天任。

第五届

1990年7月12日召开，代表216人，理事63人，常务理事13人，名誉会长李执中、陈邃衡、盛立，会长吴锡军，常务副会长盛天任。

第六届

1994年6月22日召开，代表218人，理事60人，常务理事13人，名誉会长陈焕友，会长吴锡军，常务副会长陈萍。

第七届

2002 年 7 月 21 日召开，代表 214 人，理事 81 人，常务理事 19 人，名誉会长回良玉、李源潮、陈焕友，会长吴锡军，常务副会长刘洪祺、周加才，专职副会长张立明（2004 年补选）

【大型项目】

（一）1998 年抗洪救灾

1998 年，河北张北地区发生地震灾害，西藏、青海部分地区发生特大雪灾；入夏以后，长江、松花江和嫩江又发生特大洪涝灾害。江苏各地红十字会开展了大规模的募捐活动，全力以赴投入救灾工作。全省红十字会募得救灾款物 4020 万元，为帮助受灾群众克服困难，支援遭受灾害的外省、自治区、市等红十字会共 455.62 万元人民币（其中：湖南省 29.61 万元、湖北省 142.99 万元、江西省 47.89 万元、安徽省 15.2 万元、广东省 24.75 万元、福建省 26.68 万元、张家口市 47.39 万元、西藏自治区 106.11 万元、吉林省 5 万元、内蒙古自治区 5 万元、黑龙江省 5 万元）。

各市红十字会直接支援外省灾区的：

1. 苏州市红十字会 1092 万元。

2. 南通市红十字会 98 万元（其中：江西省九江市 50 万元、湖北省石首市重建小学和妇幼保健站 20 万元、江西省上饶地区重建小学 28 万元）。

3. 无锡市红十字会 40.2 万元（其中：四川省云阳县 40 万元、湖北省红十字会 2000 元）。

（二）1999 年，台湾地区发生地震，江苏省各地红十字会对地震中受难同胞表示深切的同情和关注，并在全省开展了募捐活动，共募集 78.317538 万元人民币、200 美元、700 台币，分三次通过中国红十字会总会转交台湾地区灾民。

（三）2001 年初，内蒙古自治区、新疆维吾尔自治区遭受特大暴风雪的袭击，江苏省红十字会立即伸出援助之手，支援内蒙古自治区红十字会 14 万元人民币，新疆维吾尔自治区红十字会 12 万元人民币。

（四）2003 年抗击“非典”、抗洪救灾募捐和支援新疆灾区

1. 2003 年，“非典”肆虐祖国大地，江苏各地红十字会根据上级部署，全力以赴迎战“非典”，为保护人的生命和健康做出了贡献。在抗击“非典”中，全省红十字会系统共募集款物 4502.961711 万元（其中捐款 3434.924311 万元），并及时用于抗非一线。

2. 2003 年夏，江苏境内淮河流域和里下河地区发生特大洪涝灾害，江苏省红十字会及时派员深入灾区，考察救灾，同时呼吁社会捐款捐物，全省红十字会系统共募集款物 2136.495718 万元，接收总会拨发款物 531.45995 万元，并及时送往抗洪一线。

3. 2003 年 2 月，新疆维吾尔自治区发生地震灾害，江苏省红十字会及时向新疆地震灾区支援了价值 15 万元的 100 顶帐篷，省和各地红十字会开展社会募捐筹款 50 多万元，棉衣服装近 2 万件。

（五）2004 年庆百年办十件实事

为纪念中国红十字会百年诞辰，江苏省红十字会筹集资金 570 多万元，为群众办了十件实事：

1. 支持新型合作医疗：资助宿迁市宿城区 3310 位困难农民参加新型合作医疗，帮助解决看病难的问题。

2. 慰问建国前生活困难老党员：为表达对建国前老党员的崇高敬意，在中国共产

党建党 83 周年前夕，慰问了革命老区响水、滨海、阜宁三县农村建国前入党、生活较困难的 1000 名老党员，包括送医送药、义诊体检、发放慰问金及慰问品等。

3. 慰问特困教师：在教师节期间，慰问了灌云县农村 100 名特困教师，向每位教师发了慰问信和慰问金。

4. 慰问特困孤寡老人：重阳节慰问了南京市秦淮区社区红十字工作站中 67 名特困孤寡老人，给老人发放了慰问金，同时购置 40 辆轮椅赠给社区，方便老人出行。

5. 扶贫养羊项目：为帮助更多的农民脱贫，省红十字会争取到爱德基金会 50 万元的帮助，在睢宁县邱集镇扶助 500 个贫困农户养羊，并以滚动形式发展，现已收到明显效果。

6. 筹建博爱小学：省红十字会争取到香港友人的支持，资助响水县红十字会 50 万元建立 1 所博爱小学。该校能容纳 300 多名孤儿学习和生活，目前学校正在建设中。省红十字会将连续 5 年支持该校运转，每年资助 20 万元，共计 100 万元。

7. 改厕项目：为改善农民的生活环境，改变农民生活习惯，帮助邳州、射阳、宿城三县（区）近 300 家农户建立了家庭卫生厕所，很受农民欢迎。

8. 资助孤儿学习和生活：帮助泗阳县 200 名孤儿完成学业。

9. 资助少儿白血病患者：筹集善款 50 万元，救助 31 名困难白血病患儿。

10. 博爱送温暖：年底开展了红十字博爱送温暖活动，将筹集来的 170 多万元款物送到苏北贫困地区和受灾地区群众手中，帮助部分贫困群众过一个祥和的春节。

（六）实施救助部分白血病患者免费治疗计划

2000 年 1 月，旅美华侨杨健良博士回国发展，他用自己在一家大型医药企业做顾问的报酬，向江苏省红十字会捐赠了价值 450 万元人民币的 3 万支隆化诺干扰素，为 30 名白血病患者免费治疗，3 年后这些患者均有不同程度的好转。

（七）救助城镇下岗职工和教师中的部分重病患者

2003 年，江苏省红十字会与先声药业有限公司、扬子晚报社合作建立了 100 万元的“先声医疗救助金”，救助城镇下岗职工和教师中 76 名重病患者。

（八）农村改厕试点

为改善农民的生活习惯，在 2004 年改厕试点的基础上，在扬州、泰州、淮安市选择 600 户农家进行改厕，江苏省红十字会给予每户补贴 200 元。

（九）援建博爱小学

江苏省红十字会争取到香港苏浙同乡会 150 万元人民币和省财政厅、省教育厅配套的 100 万元人民币，援建响水县博爱小学，将分散当地的 300 多名孤儿集中起来学习、生活，改善他们的学习、成长环境。

【主要特色】

（一）红十字备灾救助基金

1995 年，江苏省红十字会经报江苏省人民政府同意，在全省范围内开展了“红十字备灾救助基金”募捐活动。江苏省人民政府召开常务会议专门听取了省红十字会关于建立备灾救助基金的汇报，研究开展备灾救助基金募捐活动的意见，会后发了会议纪要。接着召开了江苏省红十字备灾救助基金募捐组委会成立暨募捐动员会议，省委、省人大、省政府、省政协主要领导带头捐款，众多单位和个人纷纷响应。为规范基金的管理，经报省财政厅及省人民银行同意，江苏省红十字会制定了《江苏省红十字备灾救助基金募集、表彰、管理办法（试行）》，并成立了由省财政厅、省人民银行分行、省监察厅及个协等部门、团体代表组成的基金管理委员会，对基金进行管理监督。十年来，全省共募集备灾救助基金4000多万元。随着红十字会社会救助面的拓展，同时也为便于向社会各界进行募捐，2005年6月，“江苏省红十字备灾救助基金”更名为“江苏省红十字人道救助基金”。

（二）设立公路沿线“红十字救护点”

为体现红十字会“保护人的生命和健康”的宗旨，自1992年起，江苏省红十字会在交通、公安部门的支持和配合下，以国道和省道沿线的乡（镇）卫生院或村卫生室为依托，先后投入200余万元建立了500多个红十字救护点。1995年，江苏省红十字会和省公安厅、交通厅联合下发了《关于在公路沿线设置红十字救护点标志牌的通知》，对公路沿线标志牌的统一规范设置和保护等作了明确的规定，并得到省交通厅的资助45万元，制作、埋设了全省统一的红十字救护点标志牌。各市红十字会制定了《红十字救护点的管理办法》进行规范管理，组织救护点的医务人员进行现场急救知识和技能的培训。各红十字救护点在交通事故现场伤员抢救、减少人员伤残和死亡方面发挥了积极作用，深受广大群众和机动车驾驶人员的欢迎。

（三）南京市捐献遗体者纪念林

“南京市红十字会捐献遗体志愿者之友”（以下简称“志友”）发起于1995年。“志友”组织积极倡导死后无偿捐献遗体供医学教学和科学研究用，提倡“三不、两献、一育”，即死后不开追悼会、不接花圈挽联、不用骨灰盒建墓土葬；献遗体供解剖，献器官供移植；骨灰用于植树育林。至2004年底，共有3164人登记捐献遗体，年龄最大的96岁，最小的18岁，已实现生前愿望捐出遗体者355人。1999年，南京市红十字会在栖霞山红景园建立了“南京市捐献遗体者纪念林”，作为捐献遗体志愿者亲属悼念和爱国主义教育基地，以弘扬捐献遗体志愿者的无私奉献精神。

（四）宿豫区“母亲工程”（孤儿红恤班）

1992年，宿迁市宿豫区红十字会动员爱心人士捐款和受益孤儿毕业后回报社会捐款，资助孤儿上学。10多年来，共资助150名孤儿学生，考上大专院校的有76人（4名研究生，其中1人考上博士生留学加拿大），已毕业和走上工作岗位的有70多人。这项活动给孤儿送去了关爱和温暖，社会反响较好。

（五）邳州市“希望之家”

1993年，邳州市红十字会通过中国爱德基金会从挪威引进资金，创办了目前我国唯一的集康复训练、文化教育、支具制作生产为一体的肢残康复机构“希望之家”，实行中心训练和社区康复相结合的全方位服务。据统计，“希望之家”从1993年至今，已为428名儿麻患者免费做了关节矫形手术，为92名腰椎严重侧弯的患儿在解放军第88医院及359医院做了矫正术，为456名下肢瘫痪的儿童制作穿戴支具2528套次，为96人反复制作穿戴背架266个，为重症瘫痪不易行走的儿麻患者提供各式轮椅252辆。“希望之家”还积极向国家和省残疾人运动协会推荐运动员，有8人入选国家轮椅乒乓球队一队，有10人入选国家乒乓球二队。在各项国际比赛中，他们共获得金牌13枚、银牌5枚、铜牌14枚。在2004年雅典残奥会上，轮椅乒乓球运动员顾改获女子组团体冠军称号。

（六）“博爱”超市

2005年5月8日，江苏省红十字会和南京市红十字会合办的“博爱超市”正式对外开放，救助对象为南京市部分特困或因意外伤害陷入困境的群众。6月27日，江苏省红十字会“网上博爱超市”正式开通。“网上博爱超市”具有便捷、直观、信息量大、更新快等优势。红十字会在网上公布求助者情况，使有爱心和奉献精神的单位和个人能便捷直观地了解信息，有意向地实施捐助。“网上博爱超市”主要面向苏北经济欠发达地区的部分特别困难或因意外伤害陷入困境的群众。救助内容分为“博爱救灾、博爱助困、博爱助学、博爱助医”四个方面，捐助者既可以直接援助到个人，也可以项目援助的形式支持某些单位和集体。捐款在网上直接捐赠，捐物可通过红十字会进行。求助的单位或个人通过当地红十字会审核后报省红十字会，并以滚动形式在“网上博爱超市”公布。灾情和突发事件需紧急救助的信息在第一时间登出。

（七）无锡、盐城市红十字会建立募捐工作长效机制

无锡、盐城市红十字会分别开展了“关爱生命、人道万人捐”和“扶贫济困、博爱万人捐”活动。无锡市红十字会自2002年开展“万人捐”活动以来，市民参与逐年递增，“关爱生命、人道万人捐”已成为无锡市文明创建工作中的特色品牌。活动提出的“一元不少，十元不多，爱心无限”的劝募口号，贴近百姓，家喻户晓。广大红十字会会员以交一次特殊会费的形式率先捐款，学校红十字青少年以“少吃一支冰棍、捐出一元钱”来奉献爱心。四年来，共募集爱心善款1788.14万元，发放人道救助金168.83万元，援助其他城市灾区款物达620万元。盐城市红十字会自2005年5月8日开始实施“万人捐”活动，今后每年开展一次。活动倡议：广大干部职工自觉自愿，踊跃捐款，社区市民积极响应，参与捐款。爱心捐款主要用于四个方面人群的慰问救助，一是农村中遭受自然灾害且生活困难的灾民；二是城市下岗职工、低保对象中的特困人员；三是白血病人以及重大病患者；四是孤儿、麻风病人和残疾人。

（八）每年开展“红十字博爱送万家”活动

为让苏北贫困地区或遭受自然灾害的群众能过上一个温暖祥和的春节，江苏省红十字会自1998年1月开始，已连续8年开展了红十字送温暖活动，共筹集近2000万元的款物送往贫困地区。红十字送温暖活动已被列入江苏省“三下乡”活动内容之一。同时，该活动也得到了江苏省军区的大力支持，每年都无偿支援运输车辆。

（九）中国造血干细胞捐献者资料库江苏省分库发展迅速

2002年10月30日，中国造血干细胞捐献者资料库江苏省分库（又称江苏省造血干细胞捐献者资料库）正式启动。江苏分库建设得到了中共江苏省委、省人民政府和各有关部门、社会各界的关心支持，在江苏省人民政府批转省红十字会《关于进一步加强全省红十字会工作的意见》、《江苏省实施

〈中华人民共和国红十字会法〉办法》和省委宣传部、省红十字会联合下发的《关于加强全省红十字会宣传工作的通知》等文件中都明确指出：建设造血干细胞捐献者资料库是造福人类健康事业，体现人道主义精神的重要举措。省财政厅于2002至2005年先后拨经费1500万元，2004年12月，江苏省编委批准成立江苏省造血干细胞捐献者资料库管理中心。在中国造血干细胞捐献者资料库管理中心的指导下，成立了江苏省分库工作委员会、管理中心和2个组织配型实验室，建立了网络系统，在全省开展了宣传、动员、报名、登记、采样、分型检测工作都取得了较好的成绩。2003、2004、2005年江苏省分库分别荣获中国造血干细胞捐献者资料库管理中心“数据入库工作先进集体”、“捐献骨髓、拯救生命”优秀新闻作品评选最佳组织奖和“优良成绩奖”。截至2005年12月底，江苏省分库共采集血样标本529000余人份，入库资料33000余人份，有1153名志愿者与330名白血病患者HLA初次配型相合，有42名志愿者实现了捐髓救人的愿望。

（十）宣传工作有声有色

江苏省红十字会多年来注重宣传工作，在内容、形式、手段上创新。一是争取中共江苏省委宣传部的支持，在全国率先由省红十字会与省委宣传部共同下发了《关于加强全省红十字会宣传工作的通知》；二是借助新闻媒体记者和编辑的力量，建立红十字新闻工作志愿者小组，充分发挥他们的作用。据不完全统计，近几年，省级以上新闻媒体每年为省红十字会发布新闻近400条（篇），真正做到重大活动“报纸有文、电视有影、电台有声”，被红十字会与红新月会国际联合会前主席海贝格称为“天才的创造”；三是近几年订阅《中国红十字报》、《博爱》杂志数一直在全国各省（市、区）红十字会前列，同时认真做好《江苏红十字》的编辑发行工作。不断开发社会宣传阵地资源，在公交车身、站台、福利彩票点、超市便民袋上设置红十字公益广告，其中在13个省辖市城区设置了大型户外宣传红十字会和捐献造血干细胞的公益广告牌，广告公司只收制作费。此外，江苏省红十字会组织创作发行了四首红十字歌曲（红十字颂歌、红十字工作者之歌、红十字志愿者之歌、红十字青少年之歌）录音带、VCD光盘和电视专题片等宣传品，每年的“五八”世界红十字日都举行多种形式的纪念活动。还举办了义演、义赛、义捐等多种形式的宣传活动，用富有感召力的宣传去赢得方方面面的理解和支持，增强红十字会的实力和活力，争取有利于红十字事业发展的机遇，扩大了红十字会的社会影响力。

（十一）征选“爱心大使”铸造红十字形象

为纪念中国红十字会成立100周年，弘扬“人道、博爱、奉献”的红十字精神，提升红十字会的社会形象，争取更多的人理解和支持红十字会人道救助事业。江苏省红十字会与省精神文明建设指导委员会办公室、扬子晚报社共同举办了面向社会公开征选江苏省红十字会“爱心大使”的活动。根据群众投票推荐，产生了8名“爱心大使”，其中有企业家、书画家、国家一级演员、获得过世界冠军的运动员、著名节目主持人等。通过推荐评选，在社会上产生了强烈反响。新华社总社闻讯后，专门派出记者采访，认为江苏省红十字会此次在全国范围内征选

"爱心大使"活动，意义很大，全国首创。

（十二）支援西部大开发

江苏省红十字会和苏州、盐城、南通等地红十字会帮助四川、广西、陕西、湖北、江西等省（区）建起8所"红十字博爱小学"。苏州市红十字会和四川省内江市红十字会签约缔结了友好关系，在市、县对口支援、互通信息、培训人员等方面进行友好合作，援建内江市红十字会网站建设，加大对内江市贫困学生的助学力度，加强两地红十字青少年工作和医疗卫生领域间的合作。苏州市吴中区红十字会以一个家庭认抚一个孤儿的形式资助内江资中县49名孤儿。昆山市红十字会每学期向内江市隆昌县捐款助学。张家港市红十字会帮助内江市威远县红十字会建立了医疗门诊部。

（江建宁）

南京市红十字会

【简介】

南京市红十字会成立于1913年7月22日，迄今90余年。南京市红十字会是中国红十字会的一个地方组织，是全市性的从事人道主义工作的社会救助团体。作为市政府人道领域的工作助手，全市各级红十字会开展了备灾救灾、群众性卫生救护、社会救助、社区服务、红十字青少年活动、遗体（器官、造血干细胞）捐献、无偿献血宣传、台事服务和国际查人、转信、寻亲等工作。近10余年间，南京市红十字会就接收、分发境内外援助的救灾（助）款物近2千万元；慰问、救济灾民、贫困户、贫困学生、伤残、孤老（小）数十万人次；为公安、消防、宾馆、供电、机动车驾驶员、工矿企业等行业群众培训和普及初级救护知识数十万人次；承担全市性集会、游园、体育比赛等活动的现场救护工作数十次；为海峡两岸同胞查人、转信、寻亲万余人次；宣传、动员数十万人参加无偿献血、近万人报名登记捐献遗体（器官、造血干细胞）。

南京市红十字会现有区（县）级红十字会13个、基层红十字会组织600余个、会员7万余人；有31个公路沿线红十字救护点和27个红十字冠名单位；有红十字志愿工作者活动站和红十字新闻工作者志愿服务委员会、捐献遗体志愿者之友、癌友康复协会、肾病患者之友等50余个志愿服务群体。为了扩大影响和增强救助能力，南京市红十字会还成立了"红十字备灾救助基金"、"红十字旺旺博爱医疗基金"、"每日观察红十字博爱基金"、"三胞集团红十字事业生存与发展研究基金"和"红十字文华·轩逸救助金"，在全市宾馆、机场、银行、超市等地放置了107个募捐箱，兴办了"南京市红十字会老年康复医院"、"南京国际（SOS）紧急救援诊所"等实体。

【年度工作】

2005年，南京市红十字会在市委、市政府和总会、省红十字会的支持、指导下，在区县红十字会和广大会员的共同努力下，围绕全市中心工作，在推进依法建会、协助政府开展人道救助方面做了大量工作，在构建和谐南京、融入国际红十字运动过程中，取得了显著成绩。

4月22日，召开了南京市红十字会第九次会员代表大会，中国红十字会副会长朱庆生、江苏省红十字会会长吴锡军、南京市委书记罗志军、市委副书记廖合林、市人大常委会副主任程从武、副市长许仲梓、市政协副主席孙南雄等领导及理事候选人、会员代表 150 人参加了大会。

在南京市红十字会小学（洪武北路小学）设立了“双特”奖学金，对该校家庭生活困难、在校表现突出、学习特别努力、热心红十字活动的学生给予表彰和奖励。

开展“迎十运”救护培训和比赛活动，共培训现场急救员 1678 名。与中国红十字会总会、江苏省红十字会在汉中门市民广场共同举办了以“救护与弱势群体——红十字在行动”为主题的中国首次“世界急救日”纪念活动。中国红十字会副会长郭长江、江苏省副省长王湛和省红十字会会长吴锡军以及南京市红十字会会长许仲梓等领导参加了活动。活动中，来自公安、国际 SOS 及各区县的红十字急救员还在现场发放“救护知识手册”并为群众做了救护演示和培训。

与省红十字会、南京铁路管理处在南京火车站、南京西站、中华门火车站开展了大型宣传咨询和“红丝带一元捐”活动。同时，在南京始发的 23 对火车上广播艾滋病防治知识、发放宣传品。

成立了由 23 名心理咨询师和心理保健师组成的南京市红十字急救与灾难应变志愿工作队。

在南京市首次开展的十大杰出志愿者服务集体、十大杰出志愿者评选活动中，“南京市捐献遗体志愿者之友”干事会获南京市十大杰出志愿者服务集体称号，王淮滨（南京市首位无偿捐献造血干细胞者）获南京市十大杰出志愿者称号。

全年有 240 人登记志愿捐献遗体，42 人实现了捐献（其中 2 人的眼角膜用于移植，使 4 名盲人重见光明）；有 1554 人登记捐献造血干细胞，3 人实现了捐献；有 98708 人次参加无偿献血，献血量 2930 万毫升。

全年共举办救护知识普及讲座 1501 场，举办各种竞赛活动 101 场，发放宣传资料 18 万份；全年普及救护培训 84482 人次，新机动车驾驶员接受初级卫生救护知识培训 10.84 万人，急救员培训、复训 1826 人，培训紧急救护师 115 人；全年新闻单位播发市红十字会活动，电视 30 档，广播 30 档，报刊 299 篇。

为印度洋海啸灾区募集捐款 313.96 万元，与江苏省红十字会联合创办“江苏省暨南京市红十字博爱超市”，一年共投入 36.48 万元，救助了 1900 户。全年募集善款、物品 970.13 万元，其中区县募集 417.25 万元，共发放救灾救助款物 560.98 万元。

（黄卫东）

浙江省红十字会

【年度工作】

2005 年，浙江省红十字会在省委、省政府的领导下，在中国红十字会总会的指导下，深入宣传贯彻红十字会法，积极发挥传统优势，拓展新的工作领域，在理顺体制、备灾救灾、救护培训、造血干细胞捐献等方面都取得了显著进展。

一、召开第五次全省会员代表大会

2005 年 11 月 3 日，浙江省红十字会第五次会员代表大会在杭州召开。省委书记、省人大常委会主任习近平出席会议并讲话。

中国红十字会常务副会长、总会党组书记江亦曼到会讲话。省委副书记乔传秀，省委常委、秘书长李强，省人大常委会副主任、省红十字会会长鲁松庭，副省长盛昌黎等出席会议。习近平要求全省各级党委、政府认真贯彻《红十字会法》和浙江省实施办法，继续重视、关心和支持红十字会工作，进一步加强对红十字会工作的领导，充分发挥红十字会的独特优势和积极作用，努力开创具有浙江特色的红十字事业新局面。大会选举产生了省红十字会新一届理事会，决定聘请省委书记、省人大常委会主任习近平，省委副书记、省长吕祖善为名誉会长，聘请省人大常委会副主任徐志纯、省政协副主席徐鸿道为名誉副会长。省人大常委会副主任鲁松庭再次当选为会长，张国强当选为常务副会长。大会审议并通过了《浙江省红十字会第四届理事会工作报告》和《浙江省红十字事业2005～2009年发展规划》。

二、理顺管理体制有进展

浙江省红十字会按总会的要求，切实加强对市县领导的宣传力度，继2004年温州瑞安市理顺管理体制后，2005年，温州、宁波两个设区市，杭州桐庐县、建德市和温州平阳县红十字会先后基本理顺体制。截至2005年底，全省红十字会理顺管理体制的情况是：省级红十字会1个，地市级红十字会3个（含省会城市1个），县级红十字会5个。其他不少地方红十字会也正积极努力按照红十字会法的要求，争取当地党委、政府的重视，加快步伐实现理顺管理体制的目标。

与此同时，省红十字会积极加强自身建设，进一步理顺了体制架构和相关工作关系。上半年，省红十字会党组织和工会关系先后理顺，分别纳入省直机关工委和省直机关工会。下半年，省委、省政府又分别确定了乔传秀副书记和盛昌黎副省长联系红十字会工作。省编委还批准省红十字会设立赈济救护处，核增处级领导职数1名，核增机关编制2名。

三、备灾救灾工作有突破

2005年，全省各级红十字会继续抓好备灾救灾各项工作，并在募捐工作上取得了历史性的突破。全省共募集款物5600多万元（含海啸捐款），比2004年增加近2000万元，增长幅度达到55%；投入救灾救助4500多万元，比2004年增加近1000万元，增长幅度为27.5%。其中总会调拨款物价值213.4989万元，澳门红十字会通过总会向浙江省捐赠款物9.9万元，上海市红十字会向浙江省捐赠物资价值60万元。

在2005年初的海啸募捐活动中，全省红十字会系统共募集人民币1600多万元，创下省红十字会有史以来募捐的最高记录，也是全省红十字会系统有史以来规模最大、效果最好的一次募捐活动。浙江省捐赠款额名列全国各省级红十字会第五，被总会评为最佳组织奖。从7月开始，浙江省连续遭受台风“海棠”、“麦莎”、“泰利”和“卡努”的袭击。在四次台风救灾中，省红十字会累计为灾区人民送去了价值数百万元的救灾款物。在应对灾害和突发事件的救助过程中逐步形成了一整套规范的救灾救助应急操作程序，并制订了《浙江省红十字会自然灾害和突发事件应急救助预案》。2005年，浙江省红十字会还先后向新疆、广西、四川、江西等省灾区紧急捐赠了价值180多万元的款物。

2005年4月，省红十字会与杭州海关

签署了《关于将没收的侵权货物用于社会公益事业的合作备忘录》，进一步增强了救助实力。

四、卫生救护培训有影响

2005年，全省共培训红十字救护员9.4万多人次，彩票公益金项目师资骨干224人。培训对象除了传统的机动车驾驶员、电力、建筑等行业，还拓展到部队、企业、旅行社导游、户外运动领队、水上救生员等领域和群体。2005年“五八”世界红十字日，省红十字会在武林广场举行了以“自救互救——红十字在行动”为主题的大型纪念活动。同时开展了名医义诊和“现场救护”表演比赛，吸引了数百群众驻足观看和学习，不少观众当场就要求报名参加培训。在9月10日“世界急救日”，全省各级红十字会纷纷组织卫生救护骨干和红十字志愿者开展纪念活动，发放自救互救常识手册，接受急救知识现场咨询，并进行现场演示，在群众中引起良好反响。2005年省红十字会还自主完成了《紧急避险与现场救护》手册的编写工作。

五、人道救助事业有成效

1. 红十字博爱送万家活动不断推陈出新。在原有基础上对这一活动重新包装、加大宣传力度，力求真正打造成红十字的品牌。在2005年1月初的红十字博爱送万家活动中，省红十字会共向全省各地送去了价值120多万元的慰问款物。向1000户困难家庭送去了包含“九个一”的贺年礼物（一袋米、一桶油、一包糖、一双鞋、一件冬衣、一件秋衣、一个手电、一本挂历、一床棉被）。向希望小学赠送了书包、运动鞋，向平民医院捐赠了药品。还专程派人前往德清武康疗养院看望并慰问了麻风病患者。

2005年12月下旬，省红十字会首次与省民宗委联合，提前开展了2006年红十字博爱送万家活动。工作人员分5个小组到达全省10个市28个县（市、区）50个乡镇，把总计价值105万多元的慰问品和慰问金直接送到1330户少数民族困难家庭和灾区困难群众手中。同时，全省各市、县红十字会也先后启动了送温暖活动，据不完全统计，全省投入慰问款物近500万元，使近万户困难家庭受益。此外，省红十字会还继续开展了慰问武康疗养院活动，并与省妇联等单位联合救助了丽水山区的贫困学生，帮助他们解决冬天的棉被垫被问题。

2. 造血干细胞分库建设进展显著。中国造血干细胞捐献者资料库浙江分库2001年启动以来，已有近7000名捐献者的配型资料入库，实现捐献6例。其中2005年入库3759人份，大大超过了总库下达的2000人份的任务，也超过了浙江分库前两年入库量的总和。全年实现捐献3例，是有史以来最多的一年。10月份，富阳青年汪霖向美国华裔女孩小凯丽成功捐献了造血干细胞，是华东地区第一例、全国第二例跨国捐献，引起了社会各界的广泛关注。2006年1月，造血干细胞捐献者、浙江海洋学院的刘芸，被评为“浙江骄傲—2005年度最具影响力人物”，红十字工作的社会影响力进一步扩大。

3. 预防艾滋病宣传有新动作。2005年根据总会通知精神，省红十字会第一次与上海铁路局杭州办事处联合在列车上开展预防艾滋病宣传活动，这次活动共送出2000份资料，受益人数约1万人次。

4. 人道领域的服务工作不断拓展。全省各级红十字会从实际出发，发挥自身优势，不断拓展人道领域的服务工作，打造各具特色的“品牌”。如，温岭市红十字会整体推进农村社区服务工作，于2005年初被评为全国社区红十字服务示范市，受到总会和民政部联合表彰。舟山市红十字会于初组建了“舟山市红十字会海岛巡回医疗队”，流动到基层为渔农民送医送药。一年多来，足迹遍布14个偏远小岛，服务8000多人次，免费提供8万多元的药物、500多人次的心电图、B超等医疗检查，受到当地群众的欢迎。杭州滨江区“红十字长河救助站”免费收养弱智、残障人员22人。杭州市下城区红十字会成立了首家红十字民工医院，并制作发放了1万张“民工爱心就诊卡”，对民工进行医疗救助。瑞安市红十字会多年来联合相关部门开展扶助贫困生上大学行动，2005年发放资助款122万多元，349名学生得到资助。宁波市红十字会积极与台湾爱盲协会建立友好合作关系，获赠来自美国的眼角膜三只。一些红十字会还根据自身实际积极参与新型农村合作医疗试点工作，为社会主义新农村建设做出了贡献。

六、组织队伍建设得到加强

目前，全省组织队伍的状况是：11个设区市、88个县（市、区）建立了红十字会（还有两个区未建立）。共有红十字会基层组织1982个，团体会员单位2464个，会员769425人（其中青少年会员387355人），志愿工作者近万名。

2005年，省红十字会继续做好医疗卫生工作委员会和高等院校工作委员会工作，指导省级医疗卫生单位和高校红十字组织，开展募捐救助、救护培训、义诊、红十字知识竞赛等，一年来工作有声有色。省红十字会还审核批准将台州坎门中心卫生院冠名为玉环县红十字医院。

不少地方红十字会也都成立和完善了医疗卫生工作委员会和学校工作委员会，指导当地医疗单位和中、小学建立红十字组织，开展相关活动。在2005年9月召开的全国红十字青少年工作会议上，省萧山区第一中等职业学校在大会上介绍了先进经验。10月，省红十字会和省教育厅还联合在萧山召开了“全省红十字青少年工作现场经验交流会”，进一步推动了学校红十字青少年工作。

11月底，省红十字会还新成立了宣传与筹资工作委员会、救护培训工作委员会和志愿者工作委员会3个专门委员会，并在原有的高等院校工作委员会基础上建立学校工作委员会。加上原有的医疗卫生工作委员会，省红十字会已经建立了5个专门工作委员会，同时明确了各委员会组成人员及工作职责，为更好地开展各项工作打下坚实的组织基础。

七、宣传与传播工作有拓展

2005年，宣传工作围绕贯彻总会“八大”和省红十字会“五大”精神，配合中心工作，依托《中国红十字报·浙江专版》、《浙江红十字》报、“浙江省红十字会”网站等阵地，密切联系省内各大新闻媒体，积极出版制作红十字书籍、公益广告宣传片、宣传折页、画册、展板等，多角度、全方位地宣传浙江省红十字工作取得的新业绩。中央电视台先后两次分别播出省红十字会印度洋海啸募捐和造血干细胞资料库浙江分库建设的工作成效；省红十字会第五次会员代表大会期间，《浙江日报》连续两天在头版显要位置对红十字会工作进行重点报道；省内多家电视台在黄金时段免费滚动播出红十字公益广告宣传片。所有这些，都进一步扩大了红十字工作的影响力，提高了红十字会的社会知名度和认可度。

传播工作也得到了拓展，加大了对传播工作的经费投入，选派专人参加传播骨干培训班，初步组建了传播骨干队伍。在“五八”世界红十字日等重大纪念日宣传活动中，都将红十字运动基本知识的传播作为宣传重点，通过多种形式向群众宣传，还深入校园，向广大青少年宣传“人道、博爱、奉献”的红十字精神。

八、两岸交流和国内外交往日趋活跃

2005年12月，应台湾基隆红十字组织的邀请，浙江省红十字会代表团一行9人在鲁松庭会长的率领下成功访问了台湾红十字组织。通过学习交流，增进了相互了解，促进了两岸红十字工作的开展。10月，李玉林秘书长随总会代表团赴荷兰参加了筹资技术交流会。2005年，省红十字会还先后接待了广东、天津、云南、辽宁等4个兄弟省市红十字会的来访。

全年受理台港澳查人转信11宗，转递红十字通信39宗。其中37宗红十字通讯是10月份国际红十字委员会通过中国红十字会总会转来的，这是省红十字会首次涉及到国际红十字通讯。

【历史沿革】

浙江省于1924年建立红十字会组织。新中国建立后，省红十字会从小范围的社会救助，扩大到民间外事活动和群众性卫生救护工作。

1964年6月24日至26日浙江省红十字会在杭州召开了第一次会员代表大会，选举产生了第一届理事会，李兰炎当选为会长。“文革”期间红十字会停止活动。1984年，经浙江省人民政府批准，省红十字会重新恢复机构，产生了第二届理事会，李德葆任会长。1990年产生了第三届理事会，厉裔华任会长。

1993年10月《中华人民共和国红十字会法》和1996年1月《中华人民共和国红十字标志使用办法》及1997年9月《浙江省实施〈中华人民共和国红十字会法〉办法》的颁布实施，使浙江省红十字事业的发展走上了法制化建设的道路。

2000年1月，浙江省红十字会第四次会员代表大会召开，选举产生了以浙江省副省长鲁松庭为会长的第四届理事会。

2004年4月，中共浙江省委决定建立浙江省红十字会党组，并任命张国强为党组书记（正厅级）。

2005年10月，浙江省红十字会召开第五次会员代表大会，选举产生了新一届理事会，通过了《浙江省红十字事业2005～2009年发展规划》。大会决定聘请省委书记、省人大常委会主任习近平，省委副书记、省长吕祖善为名誉会长，决定聘请省人大常委会副主任徐志纯、省政协副主席徐鸿道为名誉副会长。省人大常委会副主任鲁松庭为会长，张国强当选为常务副会长，马林云等6名同志当选为副会长。

【组织机构】

目前，浙江省、市、县三级红十字会组织网络体系基本形成，全省有11个省辖市、88个县(市、区)建立了红十字会组织，全省有县以下基层组织1982个、团体会员单位2462个；全省红十字会员76.9万名(其中青少年会员38.7万名)；红十字志愿者近万人。

浙江省红十字会于2002年1月理顺管理体制，明确由省卫生厅代管改为由省政府领导联系，列行政编制10名，内设办公室，定处级职数4名。2005年省编委下发文件，为省红十字会增设赈济救护处，增加行政编制2名，增加1名处级职数。省红十字会下辖一个事业单位——浙江省红十字会备灾救灾中心，该中心与中国红十字会杭州备灾救灾中心为两块牌子一套班子，现有事业编制15名，实际工作人员9人。

截至2005年底，浙江省理顺管理体制的还有杭州市、宁波市、温州市等3个设区市红十字会和瑞安市等5个县（市、区）红十字会，其他市、县（市、区）红十字会基本上挂靠在卫生局。

【大型项目】

（一）红十字博爱送万家

自2000年以来，浙江省红十字会连续7年开展“红十字博爱送万家”活动，共发放了总计价值2000多万元的救助款物，在社会上产生了良好的影响，受到群众的广泛赞誉。

（二）中国造血干细胞资料库浙江分库建设

中国造血干细胞资料库浙江分库于2001年建成，截止2005年底，已有7000余名捐献者的配型资料入库。2003年，省农行杭州营业部的章焱成为浙江省为白血病患者捐献造血干细胞的第一人，一举改变了我省干细胞移植一贯依靠台湾慈济骨髓库提供骨髓源的惯例。2003年以来，浙江分库共有6位志愿者捐献了造血干细胞。这几位志愿者都在我省产生了良好的社会影响，获得了各种荣誉。2004年6月，我省第一例捐献者章焱荣获浙江省首届“十大慈善之星”；2006年1月，我省第一位女大学生捐献者刘芸当选为“浙江骄傲——2005年度最具影响力人物”，是全省10位当选者中最年轻的一位；2006年1月，全省第二例捐献者汪建银被评为“2005年度杭州十大爱心使者”。尤为值得一提的是，2005年10月，富阳医生汪霖向美籍华裔女孩小凯丽捐献干细胞，成为浙江首例跨国捐献干细胞的志愿者。

【主要特色】

（一）五个工作委员会

2005年11月，浙江省红十字会成立了宣传与筹资工作委员会、救护培训工作委员会、志愿者工作委员会、学校工作委员会等4个专门工作委员会；调整浙江省红十字会医疗卫生工作委员会（始成立于2000年7月）组成人员；原浙江省红十字会高等院校工作委员会（始成立于2000年10月）纳入学校工作委员会。自此，形成了5个工作委员会相互协同工作的格局。

（二）积极探索人道救助的新路子

积极开展人道领域的救助活动，致力于改善最易受损群体的生活境况，一直是浙江省红十字会工作的着力点。省红十字会把深入山区、海岛和社区开展人道救助服务列为重要工作之一。

一些市、县红十字会积极探索人道救助的新路子、新举措，深入贫困山区、海岛、特困家庭开展服务，与他们帮扶结对，开展对弱势群体的救助活动，帮助他们解决生活中的困难。温岭市红十字会整体推进农村社区服务工作，探索出红十字救助和农村社区服务相结合的社区红十字服务新模式，2005年3月，该市荣膺全国社区红十字服务示范市；舟山成立海岛红十字巡回医疗队，深入渔村、农村和偏远小岛免费为群众提供医疗服务。2005年3月以来，医疗队巡回各个小岛，为当地群众免费健康体检、医疗服务近8000人次，免费发放药品价值约8万余元；滨江区长河街道天官社区红十字卫生站收治10余名精神障碍特殊群众，给予他们无微不至的人道关怀，深受当地政府和群众好评。此外，湖州碧浪苑社区卫生服务站，大力开展爱心服务项目，社会效益和经济效益双丰收。

（王剑波、张孚传）

杭州市红十字会

【简介】

杭州市于1924年成立红十字组织。纵观杭州市红十字会的发展历史，以1949年为界，前后可分为两个不同的历史时期。前期（1924～1949年），战地救护、收治伤病员和收容赈济灾民成为当时红十字会的重要工作。后期（1949年至今），新中国的建立为杭州市红十字会掀开了崭新的一页。杭州市红十字会的主要工作逐步拓展到赈灾救济、社会服务、群众性卫生救护培训、献血与造血干细胞捐献、国际交往和红十字青少年活动等多项内容。新中国成立初期，“中国红十字会杭州市分会”的抗美援朝志愿医疗队曾为我国抗美援朝战争的胜利做出了积极贡献。“文革”期间，杭州市红十字会的工作曾一度陷于停滞。1978年以后，杭州市红十字会工作得到迅速恢复和发展，在《中华人民共和国红十字会法》颁布实施后，杭州市红十字会各项工作步入依法建设的法制化、规范化轨道。杭州市红十字会于2003年1月理顺管理体制，建立党组。

2005年，杭州市基层红十字会组织1380个，会员总数28.3万余人，其中团体会员578个，基层红十字会组织逐步向乡镇、社区发展，已有178个乡镇、街道成立了红十字会组织。目前，杭州所属萧山、富阳、临安、桐庐、建德等区、县（市）也已理顺管理体制。

【年度工作】

救灾救助工作。2005年，在为印度洋海啸募捐活动中，杭州市红十字会系统募集400多万元通过上级红十字会送往灾区。开展对临安昌化等地遭受特大暴雨灾区的救灾工作。市红十字会领导先后两次深入灾区，了解灾情，慰问灾民，并向每户遇难者家属发放慰问款2000元。还送去了价值10.75万元的服装、旅游鞋等救灾物资，并争取到上级红十字会价值5万元的大米援助，全部发放到灾民手中。全市红十字会系统共为灾区提供了29万多元的救灾款物。

开展“迎新年博爱帮困”活动，重点对农村特困户和市区困难家庭进行帮困，发放款物合计66.16万元，受助家庭2608户。

开展“关注农村，服务农民——红十字在行动”大型健康援助活动，11月下旬，组织4支红十字医疗队，投入10多万元救助款，送医送药到淳安、建德、临安、桐庐等地，为偏僻山区和贫困农村地区的700多名困难群众提供免费医疗援助。市红十字会还通过温州、舟山市红十字会向遭受“海棠”、“麦莎”强台风袭击的受灾地区提供4万元紧急援助。

社区红十字服务工作。杭州市红十字会加强对社区红十字服务工作的指导。在做好试点工作的基础上，重点做好总结推广工作。新建社区红十字服务站20个，5县（市）全部建立了“红十字服务站”。

杭州市红十字会志愿工作委员会在12

月 4 日开展了“服务社区·博爱募捐”大型活动。组织 10 个代表队、500 名志愿者参加，设 20 个固定点和 80 个流动组开展现场劝募。发放宣传品 2 万份，募集善款 2 万余元。

1 月 25 日，杭州市红十字会联合浙江康莱特集团向全市 200 户生活困难的下岗女工家庭发放救助款物 10 余万元。积极争取杭州天目山医院的支持，向 3300 名困难群众发放价值 100 万元的爱心体检卡。

上城区红十字会为辖区内 258 户居住在木结构住房的困难家庭购买每户 3 万元的家庭财产特殊保险。下城区红十字会成立了民工医疗援助中心。萧山区红十字会联合萧山华东医院共同开展 80 万元医疗资助活动。拱墅区红十字会向 100 名困难群众发放价值 500 元的医疗救助卡。富阳市红十字会制订了《富阳市红十字会救助办法》、《富阳市红十字会医疗救助站服务办法》，共发放救助金 8200 元。

卫生救护知识培训。杭州市红十字会成立了卫生救护培训讲师组，修订培训教材，增加了意外伤害和灾害事故的应急处理内容。市红十字会机关全年共举办卫生救护培训班 35 期，培训 1887 人。重点对体育场所从业人员、学校师生、社区干部、公安消防人员、外资企业员工及电力系统、旅游行业、涉外饭店员工进行了培训。还联合团市委、市志愿者协会对百余名西湖博览会志愿者和市民进行了救护技能的培训。

富阳、桐庐、萧山等地红十字会重点对机动车驾驶员进行卫生救护培训。滨江区红十字会举办了以社区干部为对象的急救知识培训班。余杭区红十字会对 6 家外资企业的部分一线员工进行了急救培训。

红十字青少年工作。杭州市红十字会市红十字会命名杭州二中作为首家高中“杭州市红十字青少年教育基地”。举办了 2 期以“关爱生命”为主题的夏令营活动。

萧山区红十字青少年工作在中国红十字会、教育部、卫生部、共青团中央联合召开的全国红十字青少年工作会议上进行了交流。浙江省红十字会和省教育厅在萧山召开了“全省红十字青少年工作现场经验交流会”。

江干区红十字会在民工子弟学校——天成学校建立了“红十字会教育基地”，并开展了救助和救护培训活动。下城区教育局红十字会在每个街道建立了红十字青少年社区实践基地。

无偿献血和捐献造血干细胞工作。杭州市全年无偿献血 12.7 万人次。市红十字会开展了动员市民志愿捐献造血干细胞的宣传活动，共有 263 位市民加入“中华骨髓库”。青年汪霖跨国捐献造血干细胞的爱心行动在省内外产生了良好的影响。

（郦　汀）

宁波市红十字会

【简介】

宁波市红十字会成立于 1932 年 3 月 27 日，当时全称为中国红十字会宁波分会。“文化大革命”期间，红十字会活动中断，1985 年恢复工作。2005 年 3 月，宁波市红十字会理顺管理体制。截至 2005 年底，全市拥有所全员 16.6 万名；基层红十字组织 726 个；团体会员单位 515 个。

多年来，宁波市红十字会认真贯彻《中

华人民共和国红十字会法》，坚持依法建会、依法治会、依法兴会。以弘扬人道主义为宗旨，以“改善最易受损害群体的境况”为工作重点，积极开展各项业务工作，尤其是在备灾救灾、社会救助、无偿献血、卫生救护、红十字青少年及造血干细胞、遗体捐献等方面取得了较好的成绩，多次被浙江省红十字会授予救灾工作“特别贡献奖”，并被浙江省人事厅、浙江省红十字会授予“全省红十字会系统先进集体”和“印度洋海啸最佳组织奖”等荣誉称号。

【年度工作】

一、概况

2005 年，宁波市红十字会认真贯彻《中华人民共和国红十字会法》，以弘扬人道主义精神为宗旨，以“改善最易受损害群众境况”为工作重点，依法建会、依法治会、依法兴会。遵照《中国红十字会章程》，在备灾救灾、卫生救护、无偿献血、社区服务、红十字青少年、造血干细胞遗体捐献工作中取得了较好的成绩，全年募集现金和物资（折合人民币）1142 万余元。宁波市红十字会用这些社会募集所得，在新春佳节、国际麻风节、老人节、儿童节、艾滋病防治日一些特定节日，到贫困山区、革命老区、福利院、敬老院、麻风村、社区特困家庭低保户及各类弱势人群中去慰问，给他们提供帮助、解决困难。还积极支援江西上饶、九江，浙江丽水、衢州等地的灾后建设，共提供了 863710 元的救灾物资，在当地已传为佳话。特别是对印度洋海啸的赈灾募捐行动取得了很大的成功，名列全省首位。被浙江省红十字会授予“印度洋海啸募捐最佳组织奖”。

2005 年，重新调整市属 14 家团体会员单位红十字组织理事会成员，并根据《中华人民共和国红十字会法》建立行业性红十字会的有关规定，成立宁波市医疗卫生系统红十字工作委员会，对市属医疗卫生系统团体会员单位进行重新确认。各县（市）区红十字会按照市红十字会的统一部署和要求，主动与当地政府有关部门联系，争取支持。江北区、镇海区、北仑区、宁海县、象山县红十字会相继完成了换届工作，宁海、象山还配备了专职红十字会干部。各地团体会员单位都得以重新确认。有 9 个县（市）区建立了教育、卫生系统红十字工作委员会。全市红十字组织网络建设得到长足发展。

在全市各大企业、学校、社区中开展卫生救护知识及技能培训，收到良好效果。全年，举办救护知识普及及讲座 17 次；参加救护知识普及讲座 722 人次，全年救护员培训 50187 人次（居民 550 人、农民 300 人、学生 48000 人、公安干警 180 人、建筑工人 44 人、机动车驾驶员 35 人、卫生人员 734 人、旅游职工 58 人、电力职工 269 人、其他人员 17 人），举办师资培训 46 人次。

认真贯彻实施《宁波市遗体捐献条例》，严格履行工作规范，实行文明服务，热情接待来信来访，对年老、残疾、行动不便者，开展上门服务。积极配合并接受市人大对宁波市遗体捐献执法检查工作。全市 62 位志愿捐献者申请登记手续办理完毕；9 月份，接受台湾爱盲协会向红十字会捐赠眼角膜 3 只。

在学校开展丰富多彩的红十字活动。组织红十字青少年定期到福利院、敬老院或街道社区帮助鳏寡孤独老人，给他们解决生活上的困难；在青年学生中开展“青年同伴教育活动”收到良好效果；积极推动无偿献血工作，各大专院校红十字会发动和组织无偿献血 9476 人次，献血量 2764100 毫升。

宁波市机构编制委员会下发了《关于调整市红十字会管理体制和机构编制的批复》，对宁波市红十字会机关的管理体制、人员编制、内设机构作了规定，明确宁波市红十字会由市卫生局代管改为由市政府领导联系，工作关系参照市级群团办理，经费财政单列，会长由市领导兼任，配备专职副会长 1 名（副局级），配处级领导职数 2 名，编制由原来 3 名增至 5 名。

二、为印度洋海啸灾区募捐

2005 年 1 月 3 日，宁波市红十字会向社会公布“为印度洋地震、海啸灾区紧急募捐”的信息。一时间，在全市范围内掀起了向印度洋地震、海啸灾区捐款的热潮。社会各界纷纷前往红十字会或通过邮局、银行向灾区人民捐款。中共宁波市委书记巴音朝鲁带头捐了款。市人大、市政府、市政协领导也到现场捐了款。截至 2 月 2 日，宁波市红十字会共募集到善款 5775244.90 元，位居全省 11 个城市之首。其中：党政机关、事业单位、社会团体的干部、职工 1285290.42 元：企业单位及职工 2869371.69 元；通过各县（市）区红十字会捐款 1227463.72 元。上述款项，市红十字会严格按照《中国红十字会自然灾害和突发事件救助规则》的有关规定，并根据捐赠单位（个人）的意愿将款项全额捐给受灾地区。为此，宁波市红十字会在浙江省红十字会第五次会员代表大会上受到省红十字会的表彰，并被授予“印度洋海啸募捐最佳组织奖”。

三、“红十字博爱送万家活动”

宁波市红十字会在 2005 年元旦、春节期间开展了“红十字博爱送万家活动”，将节前募集的彩电、运动鞋、袜子、学生装、童装、冬衣等及过年食品和日用品（价值 168 万元）送到洪塘光荣院、宁海闻裕顺敬老院、慈溪龙山麻风村、鄞州龙观乡敬老院、象山高塘岛、海曙信谊民工子弟小学、关爱小区胜利小学和部分社区低保家庭的弱势人群手中，给予了他们实实在在的帮助。

四、“五八”世界红十字日宣传活动

2005 年 5 月 7 日上午，宁波市红十字会、市卫生局在市中山广场联合举行纪念“五八”世界红十字日宣传活动。期间，宁波市各高校红十字会、市医疗卫生团体会员单位及海曙区、江东区、江北区红十字会组织表演了一台以歌颂红十字精神为主题的文艺节目；市级各大医院副主任以上医师联合举行了大型义诊活动；市急救中心医务人员用人体模型向市民演示心肺复苏急救技能，深受市民欢迎。活动中红十字会还组织造血干细胞捐献志愿者“为白血病患者献爱心”行动，短短两个小时，273 份志愿者血样加入到了“爱心生命银行”；市卫生系统青年团员及高校红十字青少年会员 100 余人参加了无偿献血。此次宣传活动得到了市领导的重视和各大新闻媒体的支持。

五、造血干细胞血样采集

2005 年 5 月 7 日、11 月 23 日和 24 日，宁波市红十字会三次组织造血干细胞捐献志愿者血样采集活动，有 485 名志愿者参加了血样采集。尤其是 11 月 24 日在驻象山部队中开展了血样采集活动。短短两个小时，有 163 名官兵参与了献爱心活动，这是宁波市红十字会首次在部队集中采集血样。目前，宁波市造血干细胞捐献志愿者已达 1047 人。

（柳　迪）

安徽省红十字会

【年度工作】

2005年，安徽省红十字会树立和落实科学发展观，不断开拓创新，奋发进取，各项工作都取得了可喜的成绩。

一、筹资募捐工作

2004年12月30日，总会发出了开展为印度洋地震、海啸灾区募捐活动的通知，安徽省各级红十字会立即响应，以“安徽情世界心”为主题，在全省范围内积极开展募捐活动。在不到一个月的时间里，通过媒体宣传发动、设立募捐箱、开展广场活动、组织义演义卖等多种形式，全省红十字会共募集捐款1026.5万元，其中省红十字会机关收到捐款647.9万元，各市、县红十字会募集捐款378.6万元。据统计，全省个人捐款人数超过20万人次。募捐面之广、募捐数额之大、参加捐款人数之多、社会反响之好，在安徽历史上都是少有的。

2005年7月至9月，为救助部分遭受洪涝灾害的地区，安徽省红十字会再次发起募捐活动，为灾区筹集救灾款物，并发起“捐赠一床被，温暖一家人”专项募捐活动，为受灾群众募集秋冬衣被。截至11月15日，共收到救灾款物价值360多万元。各市红十字会也发扬人道主义精神，积极在各市范围内开展募捐，共募集资金50多万元支援灾区。

二、灾害救助工作

2005年7月份以来，安徽省多次遭受洪涝灾害和风暴侵袭，共造成受灾人口922万人，因灾死亡100人，直接经济损失近70亿元人民币。灾情发生后，全省各级红十字会立即行动起来，积极协助政府全力救助灾民。安徽灾情得到中国红十字，红十字会与红新月会国际联合会，香港特别行政区红十字、澳门特别行政区红十字会以及兄弟省（市）红十字会的重视和支持。安徽省红十字会共接收并发放救灾资金和各种物资价值600多万元。

三、救护培训和社会救助工作

全省各级红十字会广泛开展救护培训工作，培训范围从机动车驾驶员扩展到电力、矿山等行业职工和学生，全年共培训8万多人次。在培训过程中，总会彩票公益金项目培训的师资发挥了重要作用。

造血干细胞捐献工作圆满完成总会下达的血样采集任务。并在省内开展了丰富多彩的知识普及和宣传活动。安徽省红十字会还积极开展各种特困人群的救助活动。

艾滋病预防宣传广泛开展。省红十字会作为安徽省政府防艾工作委员会成员单位之一，着力开展预防控制艾滋病宣传教育，对利辛县400个艾滋病或感染者特困家庭给予了救助。在总会支持下，成功举办了大学生青年同伴教育培训班。首期主持人培训班结束后，5个高校的同伴教育培训班也已全部完成。各高校学生还开展了形式多样的防艾宣传活动。

遗体捐献工作有了新进展。2005年3月，省红十字会在合肥大蜀山文化陵园开辟和建立了遗体捐献者纪念碑林。5月，皖南医学院遗体捐献接受站建立，形成了全省的遗体捐献接受组织框架，三个接受站布局合理，极大方便各地群众的志愿捐献。

四、组织建设和青少年工作

中国红十字会第八次全国会员代表大会

召开以后，安徽省红十字会加快了组织建设的步伐。年初，省政府办公厅转发了《国务院办公厅转发中国红十字会总会关于进一步加强红十字会工作意见的通知》，要求各级政府明确一名负责同志联系红十字会工作，依法将资助红十字事业的经费纳入财政预算，加大对红十字事业的扶持力度，设法解决红十字会发展中遇到的困难，支持红十字会加强队伍和组织建设，帮助解决好各级红十字会工作人员参照公务员管理的问题，进一步发挥红十字会在协助政府开展人道主义援助和促进经济社会发展等方面的积极作用，努力推动安徽红十字会工作再上新台阶。

通知发出后，各市、县都做了认真传达贯彻，芜湖、亳州、滁州等市召开了会员代表大会，选举产生了新一届理事会。阜阳市红十字会依法独立建会问题得到市委书记的批示，有望得到顺利解决。

全省现有会员 34.3 万人，其中青少年会员 9.4 万人，团体会员单位 1061 个。

举办全省红十字运动基本知识传播培训班一次，在学校、社区等单位举办讲座 8 次。省红十字会在各项活动中充分发挥学生志愿者的作用，全年参加红十字会组织的各项公益活动的志愿者超过 1000 人次。青少年活动的开展不仅传播了红十字精神，扩大了红十字会的影响，而且为广大学生提供了很好的社会实践和锻炼的机会，受到学校和学生的欢迎。

【历史沿革】

安徽省红十字会始建于 1956 年。建会初期，安徽省红十字会在中国红十字会总会的直接指导下，主要开展以除害防病为主的群众性爱国卫生运动，参与防病治病，在群众中普及卫生防病知识，发展基层组织和会员队伍，在城镇社区中开展互助互救等工作。

“文革”时期，安徽省红十字会工作被迫中断。

1984 年，安徽省红十字会恢复工作，管理体制挂靠于省卫生厅，办事机构设在省卫生厅内，办公室和省卫生厅医政处合署办公，人员编制 5 人，工作经费由财政单列。安徽省人民政府副省长杨纪柯、杜宜谨、蒋作君先后担任过安徽省红十字会会长。

安徽省红十字会恢复后，主要工作是：积极参与备灾救灾工作，对自然灾害和突发事件中的伤病员和受害者进行救护、救助；普及卫生救护和防病知识，进行初级卫生救护培训；参与输血献血工作，推动公民无偿献血；开展各类人道主义服务和红十字青少年活动；参与国际人道救援和开展民间外交；宣传国际红十字运动的基本原则；完成人民政府委托事宜。

1991 年底，在抗击华东百年未遇的特大洪涝灾害的情况下，全省 16 个地市、68 个县全部成立了红十字会组织。

1993 年，在安徽省政府、省卫生厅的关心支持下，省红十字会办公室有了单独的办公场所，结束了长达近 10 年的合署办公的窘境。

1994 年，安徽省红十字会召开了首次会员代表大会，选举了以副省长杜宜谨为会长的第五届理事会，聘请省委书记卢荣景、省长傅锡寿为安徽省红十字会名誉会长。2001 年 9 月，召开了第二次会员代表大会，140 多名代表出席大会。大会聘请省委书记王太华、省长许仲林为安徽省红十字会名誉会长。选举产生了以副省长蒋作君为会长的第六届理事会，理事53人、常务理事11人。

1996年，安徽省编委下文将安徽省红十字会办事机构的人员编制由原来的5人增至12人。1998年，省编委批准安徽省红十字会增设赈济部。至此，安徽省红十字会办事机构扩展为一室一部。

1998年，《安徽省实施〈中华人民共和国红十字会法〉办法》的颁布施行，标志着安徽省红十字事业在法制化建设方面迈出了重要的一步。

2000年8月，经安徽省编委批准，安徽省红十字会由原来挂靠省卫生厅改为由省政府领导联系，并配备一名副厅级专职副会长，财政单列，党的关系由省直工委管理，干部人事关系由省政府办公厅管理，至此，安徽省红十字会机构实现单独设置，理顺管理体制工作基本完成。2004年会机关工作人员参照公务员管理。

2004年6月，安徽省政府办公厅出台《关于进一步加强红十字会工作的意见》。9月，以全国人大常委会委员、中国工程院院士王永炎为组长，全国人大常委会委员任茂东等8人组成的全国人大教科文卫委员会执法调研组，在安徽省进行了《中华人民共和国红十字会法》执法调研。2004年，安徽宿州、六安等地遭受了严重的自然灾害。省红十字会先后向宿州、六安、黄山、宣城4个市下拨了价值86万元的粮食、药品和衣被。8月，中国红十字会常务副会长王立忠一行到安徽省受灾地区慰问灾民，在宿州、六安两市发放了价值30万元的救灾粮食。安徽省红十字会得到上海红十字会、香港特别行政区红十字会和北京市红十字会灾后重建款共245万元，援建了学校9所、卫生院3所、敬老院1个。安徽省红十字会举办了5期中国红十字会彩票公益金救护师资培训班，共培训救护师资180名。2月，中国造血干细胞捐献者资料库安徽分库成立。合肥、马鞍山、淮南等地分别举行了安徽省造血干细胞捐献启动仪式，并进行了捐献志愿者血样集中采集活动，共有1500名志愿者报名登记，对600多名志愿者采集了血样。在美留学的白血病患者余健通过网络始终关注我们的活动，并向中国造血干细胞捐献者资料库和安徽分库分别捐赠5000美元。7月9日，安徽省蚌埠市的张桂硕在深圳市成功地捐献了造血干细胞，救治了镇江市的一位白血病儿童，成为安徽省第一例非血缘关系造血干细胞捐献者。2004年，安徽省张黎明等8人获无偿献血金奖、11人获银奖、82人获铜奖；合肥电视台、马钢集团获无偿献血促进奖；阜阳市获无偿献血先进城市奖。经安徽省红十字会、蚌埠市红十字会、蚌埠医学院的共同努力，蚌埠医学院遗体（器官）捐献接收站挂牌成立。安徽省红十字会网站成立。省红十字会两次和白云山制药厂联合开展向市民赠送板蓝根冲剂活动；争取中脉科技有限公司支持15万元，开展造血干细胞捐献宣传活动；和安徽华信药业合作，接受捐赠20万元药品；和上海脑力键生物制品公司合作开展社区健康知识普及和药品捐赠活动，发放保健品35万元；和合肥百盛合作开展“人道救助传递爱心”公益活动，募集善款38万元。5月，安徽省红十字会在黄山召开了东南九省（市）红十字会工作研讨会。欧盟、红十字会与红新月会国际联合会和香港特别行政区红十字会的代表先后到安徽指导工作，对安徽省红十字会的救助物资发放和援建项目建设工作表示满意。美籍华人邱维先生先后两次来安徽省红十字会，代表美国世界中华民族基金会向省红十字会捐赠善款30万元。在为印度洋海啸灾区的募捐活动中，安徽省全省红十字会系统募集善款1026.5万元。

【组织机构】

目前，安徽省、市、县三级红十字会组织体系完备，全省17个地级市，105个县（市、区）已全部建立了红十字会组织，拥有2494个基层组织和70.7万名会员。

安徽省红十字会机关设办公室、赈济部，下属单位有省红十字会备灾救灾中心、省红十字会医院、省红十字会中等卫生职业技术学校、安徽省红十字基金会和999救援中心。

安徽省有17个市级红十字会：合肥市红十字会、阜阳市红十字会、马鞍山市红十字会、蚌埠市红十字会、淮南市红十字会、淮北市红十字会、亳州市红十字会、安庆市红十字会、芜湖市红十字会、铜陵市红十字会、宿州市红十字会、宣城市红十字会、黄山市红十字会、滁州市红十字会、池州市红十字会、巢湖市红十字会、六安市红十字会，其中理顺或相对理顺管理体制的有7个市。

【大型项目】

1985年，安徽省红十字会募捐38万元人民币援助非洲战胜饥荒。

1988年，安徽省红十字会募捐18万元人民币援助大兴安岭森林火灾灾区。

1991年，华东遭受百年不遇特大洪涝灾害，安徽省红十字会组织动员全省各级红十字会积极参与抗洪救灾工作，共接收境内外援助款物总值1.2亿元人民币。洪灾之后，各级红十字会共援建乡镇卫生院65所，村卫生室298个，中小学校舍11所，自来水厂24个，使1000多万灾区群众在衣、食、住、医、教诸方面得得到极大改善。

1993年，大型中英版《91安徽红十字会抗洪救灾画册》正式编印完成，画册分赠中央有关部委、中国红十字会总会、兄弟省市红十字会，红十字会与红新月会国际联合会等以及当年援助安徽省的20多个国家和地区红十字会。

1994年至1995年，安徽省红十字会组织10家医院对合肥市社会福利院16名残疾孤儿进行医疗、护理全免费义治活动。

1996年，安徽省红十字会募集价值50万元的物资援助云南省丽江地震灾区。

1996年，加拿大国家红十字会援助30万瑞士法郎，安徽省财政按1：1配套，建成了中国红十字会安徽省备灾救灾中心，同年7月，省编办批准成立中国红十字会安徽省备灾救灾中心，中心正式启动运行。

1998年7月，安徽省红十字会在黄山举办了中国红十字会海峡两岸红十字青少年夏令营活动，来自台湾、大陆各地的60多位红十字青少年参加了夏令营。

1991年至2000年，安徽省红十字会积极为海峡两岸同胞寻找失散亲人，共受理寻人信函4600余件，为800多名两岸寻亲同胞建立了联系，同时参与处理台胞医疗、遗产、婚姻等各类对台衍生事件300余宗。

2003年4月至5月，安徽省红十字会共募集款物价值1637.43万元，其中现金1160.47万元，物资价值476.96万元，支援各地抗击“非典”。

2003年下半年，安徽省红十字会积极参加淮河流域的抗洪斗争，全省各级红十字会共派出红十字医疗队442个，救治群众

80万人次，发放救灾款物价值2001万元，受益人口232万人。

【主要特色】

（一）备灾救灾

安徽省是一个自然灾害频发的省份，为了应对各种灾情，减少灾害给人们带来的痛苦，安徽省红十字会对备灾救灾工作高度重视，常抓不懈。各级红十字会本着无灾备灾，有灾救灾的原则，平时大力开展募捐工作，积极筹备救灾物资，制定和完善科学的灾害紧急救助预案，做到有备无患。在1991、1998、1999、2003年四次特大水灾中；在2003年抗击“非典”的斗争中，安徽省各级红十字会都以反应迅速，救助得力受到各级政府和人民群众的充分肯定。

1991年以来，安徽省红十字会共接受、募集、发放救灾物资价值3亿多元人民币，使1000多万灾民受益，组织红十字会医疗队6000多个，救治病人5000多万人次，援建灾区400多个卫生、教育、供水设施。

（二）兴办实体

1. 1988年,安徽省红十字会组织老年志愿工作者先后创建了安徽省红十字会医院、安徽省红十字会中等卫生职业技术学校。

2. 1995年,经有关部门批准,安徽省红十字基金会正式成立,成立时拥有资金130万元人民币,目前,已发展到400万元。

（三）卫生救护培训

1. 1987年，安徽省部分市红十字会与各政府部门和企业密切配合，开展了对辖区内机动车驾驶员及电力、矿山、旅游等行业职工的卫生救护培训工作。

2. 1997年，安徽省物价局、财政厅下发了《关于核定卫生救护培训收费标准的函》，正式批准红十字会救护培训收费标准。

3. 2002年2月，安徽省红十字会与省教育厅、公安厅等15个厅（局）联合下发《转发中国红十字会总会等15个部（局、会）关于印发〈中国红十字会关于广泛深入开展救护工作的意见〉的通知》，明确提出实行教学计划、教学质量标准、教材、师资培训、培训合格证的“五统一”，从而使安徽省的卫生救护培训工作步入正规化。合肥市红十字会卫生救护工作已地方立法。

（张林瑞、曹芦松、张本该）

合肥市红十字会

【简介】

合肥市红十字会于1957年成立，1985年恢复工作。在中国红十字会总会、安徽省红十字会的指导下，在市委、市政府的正确领导和有关部门的关心支持下，合肥市红十字会积极履行《中华人民共和国红十字会法》赋予的各项职责，全面贯彻落实中国红十字会总会提出的一个目标（建设有中国特色的红十字会）两个转变（工作性质和组织体制的转变）三项博爱系列工程（救援工程、生命工程、爱心工程）的工作方略。近年来，合肥市红十字会共筹集救灾、救助款物折合人民币318万多元，并积极做好备灾救灾、人道救助工作，组织开展“红十字博爱送万家”活动，为20000多户次的农村特困户、特困企业职工、城区下岗工人送去了温暖；大力开展卫生救护培训工作，共计培训初级卫生救护员20万人次，为在全市范围内形成群众性的卫生救护网络打下了坚实的基础；积极推动无偿献血、造血干细胞捐献工作，自1998年《中华人民共和国献血法》颁布实施以来，共计动员23万人次参加了无偿献血，并完成1750人次的造血干细胞捐献者血样采集及资料的登记工作，有力地推动了全市无偿献血事业及造血干细胞捐献工作。同时还在做好传统业务工作的基础上，不断探索与实践人道主义工作的新领域，充分发挥了政府的助手作用。

【年度工作】

2005年，合肥市红十字会根据中国红十字会总会第八次全国代表大会精神以及合肥市红十字会工作计划，在省红十字会、市政府的关心、支持、领导下，充分发挥地方政府的助手作用，各项工作取得了可喜的进展。

一、人道救助工作。今年年初，合肥市红十字会本着“人道、博爱、奉献”的精神，配合市委、市政府、市人大、市政协积极开展“红十字博爱送万家”活动。分别向合肥制药厂、合肥市体保中心、肥东县石塘乡，肥西高刘镇，长丰庄墓乡、义井乡等地特困户捐赠物资1200箱，现金70700元，衣物及价值54000元的慰问品等，折合人民币364700元，使近两千户特困家庭得到救助。1月17日，中国红十字会会长彭珮云视察合肥市红十字会工作，在合肥市红十字会名誉会长车俊、会长张雪平、副会长陈社新的陪同下，视察了红十字会眼科医院，并慰问了合肥市两户特困户。

二、救灾工作。2004年12月底，南亚和东南亚部分国家遭遇大地震和海啸灾难，合肥市红十字会积极响应中国红十字会号召，通过媒体发出为灾区人民募捐呼吁，并公布了募捐电话。热心的合肥市民积极响应，纷纷前往合肥市红十字会的募捐点，慷慨解囊，向灾区人民伸出援助之手。据统计，两个星期的募捐活动，合肥市红十字会共计接收捐款329442.2元，并全部汇往安徽省红十字会。

三、宣传工作。为纪念“五八”世界红十字日、12月1日“世界艾滋病日”，弘扬“人道、博爱、奉献”精神，合肥市红十字会分别在花园街、商之都举行宣传咨询活动，共接受咨询群众近2000余人次，散发宣传材料近4000份。

四、骨髓捐献工作。2005年，安徽省骨髓捐献500份采样工作全部在合肥市完成。年初在安徽省红十字会的通知后，合肥市红十字会积极组织中心血站落实采样工作。5月9日，在花园街开展纪念“五八”世界红十字日宣传咨询活动的同时，开展了骨髓采样活动，当天采样200余份，10月1日，在“献血法”颁布实施宣传日活动中，全部采集完毕。

五、国际交往工作。上半年与美国哥伦布市红十字会保持密切的书信往来，双方就所签订备忘录中互派工作人员进修学习进行积极的磋商。

六、卫生救护培训工作。合肥市红十字会积极开展卫生救护培训工作，共培训、复训机动车驾驶员3万人次；与省红十字会共同举办了两期“国家彩票公益金”救护师资培训班，由曾经参加总会培训并获得师资资格的人员授课，同时选派12名医务人员参加了培训班，充实了合肥市救护师资力量。合肥市红十字会同时还开展了健身场馆、电力系统、游泳救生员、外资企业员工等行业人员的救护培训工作，共计培训各类人员近500人，拓展了救护培训领域。

（合 红）

福建省红十字会

【年度工作】

一、贯彻落实省红十字会“六大”精神

2月份，省红十字会第六次全省会员代表大会通过了《福建省红十字事业2005～2009年发展规划》，选举产生了以汪毅夫副省长为会长的新一届理事会。“六大”以来，各级党委、政府更加重视和支持红十字会工作，加大了支持、资助、保障和监督的力度，为红十字事业发展创造了更好的条件。全省各级红十字会采取多种形式传达贯彻“六大”精神，提出发展思路，制订工作计划，促进了各项工作的开展。厦门市红十字会召开会员代表大会，福州、南平、龙岩市和一些县区红十字会及时召开理事会，研究贯彻落实“六大”精神；三明、宁德市红十字会向市委、市政府专题汇报，并提出两年内理顺管理体制的目标。厦、漳、泉三市还联合召开了闽南三角区红十字会第十六次工作会议，认真贯彻“六大”精神，共商红十字事业发展大计。7月份，省红十字会在泉州市召开全省红十字事业发展工作研讨会，及时总结上半年工作情况，研究探讨新形势下理顺红十字会管理体制、开展红十字系列博爱救助行动和推进农村红十字工作的具体措施，统一思想，理清思路，明确任务，进一步促进了“六大”精神和发展规划的贯彻落实。

二、全力开展灾害救援救助行动

2004年年底，印度洋发生地震海啸，全省红十字会开展了以“汇聚人道力量，彰显八闽爱心”为主题的为印度洋海啸灾区募捐救援活动，募集善款1090.55万元汇往总会，获得了中国红十字会颁发的“全国最佳组织奖”。在省内灾害救助中，面对闽西北“6.17”特大洪灾和“海棠”、“泰利”、“龙王”等台风袭击所造成的灾害，各级红十字会坚持依法履行职责，第一时间开展救助行动，及时将募集的款物送到灾民手中。福州市红十字会在救助“龙王”台风灾区中，通过牵头举办电视直播赈灾文艺晚会募集善款2626万元，至目前已援建了6所学校、5所卫生院、10座桥梁和7条道路。在海南省遭受“达维”台风和江西省九江地震灾害中，福建省和厦门市红十字会伸出援手，及时将援助物资送到灾区。据统计，全省红十字会一年来共接收和募集社会各界捐助款物总值8000多万元，其中省级3393.76万元，用于援助印度洋海啸和兄弟省（市）灾区1160万元，直接用于本省人道救助款物达1346.68万元，救助困难群众达20万多人次，较好地发挥了人道救助领域政府的助手作用。

三、人道救助工作成效显著

加大社会弱势群体救助力度。继续开展“红十字博爱送万家”活动，2005年初各级红十字会共筹集300多万元款物深入农村、山区进行慰问，年底又筹措了价值300多万元的慰问物资，配合各级党委、政府“送温暖”，全省受益困难群众达25000户85000多人。5月份，全面启动了以“弘扬人道精神，共建和谐社会”为主题的红十字系列博爱救助行动，在全省范围推出了红十字义诊、复明、助学和帮困四个首批救助项目。各级共组建100多支红十字志愿工作者义诊服务队，去年开展义诊服务28277人次；福州东南眼科医院为特困白内障患者提供全免费复明手术200例、减费复明手术1000例；福州私立金桥学校从2005年开始连续5年每年捐助10名衣、食、住、行、学费全免的特困生，每批价值86万元；省红十字会利用社会各界捐款直接资助了47名贫困大学生，援建了“长汀县古城镇红十字博爱小学”、“政和县外屯乡黄坑红十字博爱小学”和“闽侯县南通镇古城红十字博爱小学”；厦门市和福州鼓楼区红十字会的“惠民门诊”、“红十字博爱门诊”为社区困难群众发放了数千份的“红十字医疗博爱卡”，提供医疗补助、看病优惠和免费体检；厦门市红十字会筹资11万余元资助1.1万困难农民参加新型农村合作医疗制度。福州、厦门市红十字会创办的“红十字博爱超市”，在全国颇有影响，许多省市派人参观学习，2005年共募集物资389万元，为1.2万个低保户和1600余名贫困儿童提供生活必需品。龙岩、漳州、泉州、三明、南平、宁德等市红十字会也分别开展了不同形式的救助行动。

积极开展生命救助工作。扎实开展群众性初级卫生救护培训，全年共举办救护师资培训班6期，培训师资193人，培训各类红十字救护员3.8万人。加强造血干细胞捐献者资料库建设，共采集造血干细胞志愿捐献者血样4929人份，检测HLA分型入库数据3537人份，超额完成总库下达的任务。积极参与和推动无偿献血工作，2005年全省临床用血全部来自无偿献血。与省卫生厅联合表彰了全省无偿献血先进集体和先进个人。参与《福建省遗体和器官捐献条例》的制定，认真抓好遗体、器官捐献的咨询和登记工作，全省共有207人报名登记自愿捐献遗体器官。积极推进社区红十字服务工作，2月份厦门市及思明区分别被中国红十字会总会、国家民政部命名为全国社区红十字服务示范市和示范区。

四、组织宣传工作稳步推进

抓紧理顺管理体制。3月20日，福州市委编委批准市红十字会办事机构独立设置，配备了专职常务副会长。6月份，福州市鼓楼区红十字会理顺了管理体制。厦门市红十字会在机关“三定”方案确定的基础上，专职常务副会长、副会长配备到位。漳州、泉州、三明市和龙岩的新罗区、漳州的龙海市等理顺管理体制工作也在积极争取中。

加快基层组织发展。不断发展壮大红十字基层组织，全省现有红十字会基层组织1992个，会员35.29万人；有516所学校建立了红十字会，青少年会员20.76万人。福州市鼓楼区所有社区都成立了基层红十字会，全年发展会员2000多名。3月初，中国红十字会会长彭珮云考察调研福建省红十字会工作，高度评价了石狮市锦尚镇红十字会“发源于民间、成长于民间、服务于民间”的发展模式和基本经验，在福建省树立了一个农村基层红十字组织的典型，并在全国农村红十字会工作会议上作典型经验交流。省红十字会理事高永华和林瑞班获得首届“中华慈善奖”，林瑞班还被评为2005年第二届“全国十大社会公益之星”。

形式多样开展宣传。省红十字会成立了新闻办公室，建立与新闻媒体的沟通联系制度，联办大型公益宣传活动，扩大了对红十字工作报道的覆盖面。创刊编发《红十字人道救助快讯》17期、《八闽九州红十字》33期，改版升级了“福建省红十字会网站”。福州市和厦门市红十字会开通了红十字会网站。据统计，全省各级红十字会在省级以上媒体播发报道900多篇（次）。加大了红十字报刊订阅工作力度，省、厦门市及思明区红十字会继续被总会评为“报刊工作先进单位”。

广泛开展重视红十字青少年工作。年初，中国红十字会会长彭珮云视察漳州市芗城区实验小学，对福建省学校红十字会工作开展情况给予了肯定，并题词予以鼓励。省红十字会组织对闽北红十字卫校进行了考核，评定为“红十字工作模范校”。积极拓展高校红十字会工作，暑假期间，省红十字会在武夷山举办了以“我爱红十字”为主题和以“红十字助学”为实践内容的首届高校红十字青少年夏令营。年底，福建农林大学和集美大学创建了“红十字博爱超市”，为弘扬人道精神、整合人道救助资源、提高学校人道救助实力摸索了路子、积累了经验。

五、积极开展交流交往

协助政府处理涉台相关事宜，根据“金门协议”，省红十字会参与见证两岸双向遣返作业14批2352人，遣送非法入境人员7批17人；配合政府有关部门处理突发事件3起；接待涉台来信、来电、来访1200多人次；厦门市红十字会积极实施两岸救援接力活动，救治护送20名患病台胞、6名海上遇难台湾渔民直航返回台湾，为沟通两岸关系发挥了积极作用。开展红十字对外交流活动，省红十字会组织了红十字人道救助考察团赴日本和韩国访问考察。接待台湾红十字组织郝龙斌秘书长和金门、马祖红十字组织等来闽参观访问共3批48人次，并加强了与兄弟省（市、区）红十字会的横向交往与合作。

【历史沿革】

福建红十字运动历史悠久。早在1906年福州就有红十字组织活动，1911年厦门就成立了红十字组织。新中国成立后，福州、厦门、南平和莆田仙游等地红十字会先后进行了改组或恢复了机构，漳州、泉州等地也相继成立了红十字会。

1958年12月8日，新中国成立后的福建省红十字会第一次会员代表大会召开，选出时任副省长陈绍宽为主席的第一届执行委员会和以吴云鸿为主任的监察委员会，福建省红十字会办事机构设在福建省卫生厅。省红十字会在建立和恢复全省红十字组织、开展防空救护训练和参与爱国卫生运动等方面做了很多工作。

“文革”期间，福建省红十字会机构被撤消，工作处于停顿状态。

党的十一届三中全会后，随着中国红十字会国内工作的恢复，1979年11月，经福建省革命委员会的批准，福建省红十字会第三届理事会成立（随总会届数计算），由时任副省长张格心担任会长，办事机构设在福建省卫生局。1981年，福建省编制委员会发文核定福建省红十字会办事机构规格为正处级。1994年，福建省卫生厅发文同意福建省红十字会办公室内设综合部、救护部、台务部，3个部的机构规格为正科级。在建立健全红十字组织，发展会员，宣传会务知识，开展医疗救护和救护训练、输血献血、救灾扶危、社会福利、红十字青少年和协助政府开展对台事务等方面，做了大量的工作。

1987年1月，福建省红十字会第四次全省会员代表大会召开，选举时任副省长张格心为会长。

截至1991年，全省89个地（市）、县（市、区）全部建立红十字会。

1993年10月，《中华人民共和国红十字会法》颁布施行，使红十字事业发展得到法律的保障。1995年5月8日，福建省红十字会第五次全省会员代表大会召开，依法选举产生新一届理事会，贾庆林、陈明义、贺国强等领导先后出任福建省红十字会名誉会长，时任副省长王良㳘、潘心城先后当选为会长，时任省卫生厅厅长计克良、魏忠义、何明先后担任常务副会长，何钟生担任秘书长。大会制定了五年发展规划。

2001年10月9日，福建省委机构编制委员会发出“关于福建省红十字会体制及规格调整的通知”，明确省红十字会办事机构独立设置，规格相当为副厅级，由省卫生厅代管改为省政府领导联系，理顺了省红十字会管理体制。

2004年5月14日，经省委批准，黄毅敏任常务副会长。

2004年5月17日，经省委批准，成立了中共福建省红十字会党组，黄毅敏为党组书记。

2004年6月4日，福建省第十届人民代表大会常务委员会颁布《福建省红十字会条例》，自2004年8月1日正式施行。

2005年2月28日，福建省红十字会第六次全省会员代表大会召开。会议选举产生了新一届理事会，聘请省委书记、省人大常委会主任卢展工、省长黄小晶为名誉会长；聘请省委副书记黄瑞霖、省人大常委会副主任黄贤模、省政协副主席潘心城、省卫生厅厅长杨平为名誉副会长；副省长汪毅夫当选为会长，黄毅敏为常务副会长，赖祖胜等10人当选为副会长；经会长提名，杨华明担任秘书长，张建林担任副秘书长。大会通过《福建省红十字事业2005～2009年发展规划》。

【组织机构】

目前，福建省全省9个设区市和85个县（市、区）全部建立了红十字会。1997年，各级红十字会全部实现列编。现有红十字会基层组织1992个，会员35.29万人（其中青少年会员近16万人）；志愿工作管理机构5个，志愿工作者10000多人。省、9个设区市和67个县（市、区）红十字会成立了学校红十字会工作委员会。福建农林大学、集美大学和福州大学等高校健全了红十字会工作机构并创建了“红十字博爱超市”。

福建省红十字会机关设有办公室、赈济救护部、事业发展与交往联络部和机关党总支。

2001年，福建省委编委正式批准省红十字会办事机构独立设置，规格为副厅级，由福建省卫生厅代管改为省政府领导联系，初步理顺了省红十字会管理体制。

2004年5月，经福建省委批准，中共福建省红十字会党组正式成立。

2004年12月31日，福建省委组织部文件明确省红十字会常设办事机构工作人员列入参照国家公务员管理范围，进一步理顺了省红十字会管理体制。

2005年2月，福建省委编委下发了《福建省红十字会机关主要职责、内设机构和人员编制方案》。

2006年1月，福建省委编办下发了《关于理顺市、县（区）红十字会管理体制有关问题的通知》。截至2006年11月，福建省已有福州、厦门、南平、漳州、龙岩5个设区市红十字会理顺了管理体制，其中福州、厦门和龙岩市明确了《红十字会机关职能设置、内设机构和人员编制方案》。县级红十字会中已有16个下文理顺了管理体制。

【大型项目】

1998年，为“三江流域”水灾开展募捐，共募集716.24万元，支援灾区的重建工作。

1998年，福建省红十字会接受新华社香港分社转来的香港同胞捐赠的175万元港币，选择闽北遭受“98.6.22”特大洪灾的南平市延平区大横镇小仁洲村（经延平区人民政府批准，现已更名为“博爱村”），为该村179户重灾户重建家园，副省长、省红十字会会长潘心城为博爱村题写村名。

1999年，台湾地区发生了“9·21”大地震，福建省红十字会及时向台湾红十字组织发出慰问电，并在政府有关部门的支持下，组建了赴台救援小组，组织优质血浆，建立福州、厦门两个中国红十字会总会台湾地震援助物资临时中转站，随时准备支援台湾地震灾区。并与中华文化联谊会在福州举办了“闽台情、同胞心”——为台湾大地震受灾同胞赈灾义演晚会，共募得捐款人民币1525万多元，充分体现了海峡两岸同胞血浓于水的亲情。

2000年，福建省红十字会圆满完成省委、省政府“救两条生命、还一家幸福”生命救助行动为民办实事项目，募集救助款150万元，为扶持福建省贫困地区25个乡镇卫生院产儿保科建设和补助3000名贫困孕产妇住院分娩提供资金支持。

2001年，福建省红十字会为内蒙古、新疆雪灾开展募捐，共募集110万元，赈济灾区人民。

2002年，福建省红十字会开展“母婴双安”募捐活动，募得捐款30多万元，又为1500名贫困孕产妇住院分娩提供了资金补助。

2004年，福建省红十字会与福建广播影视集团、百胜餐饮（福州有限公司）联合举办“托起生命的希望暨捐献造血干细胞爱心行动”，开展造血干细胞捐献宣传活动。

（郑　颖）

福州市红十字会

【简介】

福州市红十字会创立于1906年，时称“闽侯红十字会”。早期开展过戒烟戒毒、施医劝葬、救火救护等工作。1943年改称“福州市红十字会”。新中国成立后，福州市红十字会主要开展了急救训练、爱国卫生、科普宣传、防空救护和国际交往等工作。“文革”期间，工作停顿。1981年恢复工作并进入新时期发展阶段。目前，全市共有红十字基层组织335个，有会员18180多名、志愿工作者4100多名。现任名誉会长为省委常委、市委书记袁荣祥和市长郑松岩，会长为副市长朱华，常务副会长胡晓强，共有常务理事10人，由市人大、政府、政协有关委、办和财政、教育、卫生、民政等部门领导担任；理事44人，由各县（市）、区分管领导和市直有关部门领导担任。

福州与台湾一水之隔。改革开放初期，在福州市委、市政府的领导和上级红十字会的指导下，福州市红十字会协助政府有关部门处理了许多涉外涉台事务，在为两岸寻亲、代转信件、处理台胞探亲期间衍生问题等方面做了大量有益的工作。尤其是参与了“金门协议”的商谈签署工作，并在随后的双向遣返作业中发挥了积极作用。

近年来，福州市红十字会依照《中华人民共和国红十字会法》，广泛开展了群众性初级卫生救护、“红十字博爱进万家”、“救两条生命，还一家幸福”、无偿献血以及遗体和器官捐献、对台联络、造血干细胞资料库建设、经常性募捐救助等工作。到目前，已培训特种行业和“三资”企业员工近2万人次，募集善款和实物价值近亿元，受惠困难单位和群众近万个，还通过上级红十字会转送外地灾区2000多万元，并已有近千名HLA分型资料入库，成功捐献骨髓两例。同时创办“博爱超市”5家，为百余名特困白内障患者和先天性心脏病及白血病等患者施行了免费复明、心脏修补、配型与救助。在全国率先实现了临床用血100%来自无偿献血的目标。此外，还为台湾红十字组织转信1500多件，协助寻人336宗。

【年度工作】

2005年以来，福州市红十字会在中共福州市委、市政府的领导下，进一步贯彻实施《中华人民共和国红十字会法》，大力弘扬“人道、博爱、奉献”精神，抓住机遇，在为印度洋海啸灾民募捐、抗击“海棠”、“龙王”台风、开展红十字博爱系列救助活动，以及在无偿献血和造血干细胞、遗体、器官捐献等方面做了大量工作。全年募集捐款达1200余万元，接受援助物资价值200余万元，为“建设海峡西岸经济区，做大做强省会中心城市”和构建“和谐福州”做出了积极贡献，荣获省人事厅和省红十字会联合表彰的“全省红十字系统先进单位”、省红十字会颁发的“为印度洋海啸灾区捐款活动”组织优秀奖称号。

一、建立健全规章制度

在充分讨论、反复修改的基础上，制订了《福州市红十字事业发展“十一五”规划》、《福州市红十字会机关工作规则》以及《募捐工作暂行规定》、《募捐工作“五要五不要”》、《财务管理暂行办法》、《“博爱超市”管理试行办法》、《救助基金管理使用办法》和《福州市红十字会自然灾害和突发事件救助应急预案》以及《关于加强募捐箱设置及其款项使用管理工作的通知》等，力求用制度来管人管事，使工作逐步走上制度化、规范化的轨道。

二、理顺管理体制，健全组织机构

2005年3月，市委、市政府研究决定，市红十字会由市卫生局代管改为市政府直接联系，其建制由科级升格为副处级，配备一名专职常务副会长，干部按市委组织部有关规定管理，机关党的工作由市直机关党工委领导，经费由市财政单列核算，从体制、机制上解决了福州市新时期红十字事业发展的问题。3月20日，市委又召开书记办公会议，专题研究了红十字会工作。

2005年以来，在鼓楼区、台江区政府的重视下，鼓楼、台江区社区基本都成立了红十字基层组织，仅这两个区就成立红十字基层组织98个，发展会员2305人、志愿者2126人。到目前，全市共有红十字基层组织335个，有会员18180多名、志愿工作者4100多名。

三、创办博爱超市，搭建救助平台

经过筹备，福州市红十字会与鼓楼区募集到4万多元善款和价值5万多元的物资，于4月21日在鼓楼中山社区开办了首家“红十字博爱超市”，该区首批近百名低保户凭“博爱卡”按社区根据其困难程度所评定的分值，定期到“超市”无偿挑选生活必需品，深受低保人群的欢迎。该“超市”的开办，在捐赠者和困难群众之间搭建起了一个无需“面对面”的帮扶平台。

鼓楼区还通过社区卫生服务中心创办“博爱门诊”等平台，积极推进创建“社区红十字服务示范区”工作，为群众提供救助与服务。

四、广泛开展救护培训工作

9月10日是“世界急救日”，福州市红十字会配合省红十字会组织志愿工作者在五一广场为市民进行急救模拟演练，并宣传了“救护与弱势群体”这个主题。“五八”前后，福州市红十字会举办了8期卫生救护培训，培训了“三资”企业员工近千人。晋安区红十字会还组织区卫生系统10支参赛队开展了卫生救护技能比赛，福清市红十字会也举办了3期卫生救护培训班，共有93人参加培训。马尾区红十字会举办救护知识普及讲座10期，有近800人参加了学习培训。

五、推动遗体、器官捐献工作

2005年以来，有110多人通过来电来信或上门登记，自愿捐献遗体或器官。福清市红十字会也接受了2人遗体器官捐献的登记。

9月29日，福州市的第1例通过红十字会自愿捐献的角膜成功地移植到闽清一名15岁女孩的眼中。

一年来，福州市红十字会还协助3名与外地患者配型成功的供者进行了造血干细胞高分辨检测。

六、开展博爱系列活动，促进和谐社会建设

目前，已在全市招募红十字义诊志愿人员近500多名，组建红十字义诊服务队26支，深入贫困山村和海岛渔村免费送医送药，深受群众欢迎。与福州东南眼科医院联合开展的红十字复明工作，在“6·6”全国爱眼日免费为首批15名特困白内障患者进行复明手术，并先后深入长乐、永泰、闽侯等山村、海岛普查义诊眼疾患者1000多人次。2005年，共开展白内障复明免费手术52例，减少费用手术38例。

“六一”前夕，福州市红十字会还与闽江学院爱恩学院红十字会联合组织慰问了罗源霍口小王春蕾小学的210多名学生，发放慰问金2300元，学习用品价值5000多元。

七、积极开展募捐，援助灾区重建

做好经常性募捐工作，在市区原有设置50个募捐箱的基础上，增设了福州大饭店、万霞、火车站新华都和“超大”超市、上岛咖啡厅等募捐点。结合“五八”世界红十字日主题活动，组织专项募捐款物价值近40万元。与市直机关党工委联合组织开展支援闽北“6、17”特大洪灾专项募捐活动，仅半天时间，市直机关干部就捐款22万多元，专项用于为建瓯上屯援建一所红十字博爱小学。

春节之前，福州市红十字会拨出专款4.5万元用于开展“红十字博爱送万家”活动，平潭、永泰、罗源共有450个贫困家庭受益；省红十字会也下拨了价值约4万元物资慰问了挂钩支援县的闽清下祝、上莲两个乡镇，有228户贫困村民受益。

年初，中国红十字会总会为救助印度洋海啸灾民发出紧急募捐呼吁，全市红十字会和各县（市）区红十字会积极响应，开展了形式多样的募捐活动，共募集捐款338万元。

2005年以来，福州市遭受“海棠”、“龙王”等多次台风暴雨袭击，省红十字会下拨了大米110吨、方便面1200箱、消毒剂610箱、家庭救助包1200箱以及服装等价值近90万元的物资，厦门红十字会也支援我市救灾物资价值110多万元。这些物资，全部及时运往灾区。

为了进一步发动更多的企事业单位和市民踊跃捐款，由市红十字会主办，市委宣传部、市文化局、市民政局、市广电集团协办的大型的“风雨同舟、人间有爱——抗击‘龙王’台风赈灾文艺晚会”共接受各界捐款人民币2626多万元，其中捐到市红十字会账户860万余元。

经过研究，先期使用募捐款的项目有：闽侯古城“红十字博爱小学”、罗源起步卫生院“红十字门诊楼”、闽侯大义“红十字诊所”和连江麻风病村“红十字公寓”等的援建，以及购置4000床棉被帮助灾民过冬等。第二批募捐款安排用于灾区道路、桥梁、校舍等基础设施项目的援建。

八、扩大交流，促进对台工作

充分利用对台优势，组织开展“为台商服务、帮台商解难”等活动，尤其是通过多种途径，邀请海外侨胞和港、澳、台同胞来榕参加“5·18”海交会，并组织志愿工作者为“5·18”服务，受到了有关部门的好评。全年代转红十字通信55封，协助查人1宗。

（吴金祝）

厦门市红十字会

【简介】

厦门市红十字会创建于辛亥革命期间，是福建省较早建立地方分会的地区之一。新中国诞生后，厦门市红十字会于1958年11月29日召开第一次会员代表大会，迄今历经八次换届，历任会长张楚琨、许祖义、王允晓、张可同、毛涤生、蔡望怀、王榕、江曙霞，全市现有基层红十字组织298个，会员31.4万名，其中驾驶员行业会员17.8万名。《中华人民共和国红十字会法》颁布施行以来，在中共厦门市委、市政府的重视支持下，全市各级红十字会组织广大会员，围绕特区的两个文明建设，认真宣传贯彻《红十字会法》，坚持依法办会、依法兴会，在开展博爱系列“三项工程”、赈灾救助、社会服务、红十字青少年工作，建设群众救护网络，推动无偿献血，以及拓展台务服务、两岸交流与对外交往等方面，做了大量卓有成效的工作，使红十字的人道、博爱、奉献精神日渐深入厦门人民心中，成为特区精神文明建设的重要组成部分。1992年被中国红十字会总会授予全国先进集体；1998年被中国红十字会总会授予抗洪救灾先进集体，有4人分别被授予全国及省级抗洪救灾先进个人；2002年被国家人事部、中国红十字会总会授予全国先进集体，先后有7人次被授予全国先进会员（模范志愿工作者）称号。2001年被厦门市直机关党工委评为1999～2000年度市直机关文明单位。2005年12月20日，中央电视台4频道、香港大公报等媒体采访厦门市红十字会厦金航线绿色通道爱心接力情况。

【年度工作】

一、在2005年1月的为印度洋海啸灾区的捐款赈灾活动中，一个月的时间，厦门市红十字会共收到社会各界向海啸灾区捐款530多万元。在春节前夕的“红十字博爱送千家”活动中，市红十字会共为城乡6253

户贫病及低保困难户送去150余万元的慰问款物。至2005年12月开展2006年春节送温暖活动，共慰问3687户低保困难户和贫困学生、教师，用去款物705450元。3月，在中国红十字会召开的2005年工作会议暨全国社区红十字服务示范市（区）命名表彰大会上，厦门市被授予“全国社区红十字服务示范市”、思明区被授予“全国社区红十字服务示范区”荣誉称号。8月12日厦门市红十字会“博爱超市”开业一周年，乔迁至湖光路湖光大厦二楼，新址占地440平方米。为庆祝“博爱超市”一周岁，厦门灿坤实业有限公司、马哥孛罗东方大酒店分别向市红十字会“博爱超市”捐赠价值近5万元的20吨大米和价值12308元的724瓶食用油。12月11日，市红十字会“博爱超市”为来自全市19所学校的613名贫困学生发放博爱超市助学卡，每个学生可凭卡领取约150元的生活、学习用品。

二、“五八”世界红十字日期间，厦门市红十字会、市卫生局在全市发动街道红十字会和团体会员单位以及市属、区属医疗卫生单位、驻厦部队医院、厦大医院、民营医院等70多个单位走进社区，分别在火车站广场、轮渡码头、厦大广场、鼓浪屿街心公园等城乡社区、繁华地段和大、中专院校，举行以“自救互救——红十字在行动”为主题的献爱心义诊、义捐等便民咨询服务活动。5月8日当天，共有82人在宣传服务点参加无偿献血，献血总量16400ml。台商协会与市红十字会联合举办第二届“红羽毛献爱心”义卖义捐活动，厦门市台商投资企业协会副会长谢明村先生代表台商协会和捐款企业向市红十字会捐款175169元（捐款牌）。厦门市红十字会联合新闻媒体启动帮困助医爱心工程，向首批10名患先天性心脏病的特困儿童资助20万元医疗手术费，向贫困大学生资助50万元助学金以完成学业；市领导还向城乡红十字“惠民门诊”第三批28家定点医疗单位进行授牌。市委宣传部、市委文明办等55家单位联合发出2005年“万人献爱心”活动倡议书；厦门市第一医院、厦门中山医院、厦门市台商协会、厦门市国税局、地税局、体育局、电信分公司、轮船总公司、完美公司泰赫日用品商行等9个单位向2005年“万人献爱心”活动首批捐款60.2万余元。

三、9月30日，厦门市红十字会第九次会员代表大会举行。福建省红十字会常务副会长黄毅敏，市五套班子领导，市红十字会全体理事，各区红十字会会长、副会长、秘书长，市属单位红十字会会长、秘书长，各基层红十字会会长或秘书长以及先进单位代表、会员代表等约300人参加了会议。会议选举产生了厦门市红十字会第九届理事会、常务理事会新一届领导集体，大会一致通过聘请省委常委、市委书记何立峰、市长张昌平同志担任厦门市红十字会名誉会长，吴凤章、曾国玲、桂其明、黄如欣等四位同志担任厦门市红十字会名誉副会长，王纯民、林起、周丽贞、朱玉珍等四位同志为顾问。黄清源当选常务副会长，李明珠当选专职副会长兼秘书长。会议认真听取并审议通过了第八届理事会所作的工作报告，审议通过了《厦门市红十字事业2005～2009年发展规划》。表彰了2003～2004年度红十字工作的先进单位和先进个人。12月19日：厦门日报公布了厦门市审计局对厦门市红十字会、红十字基金会2004年度财务收支情况的审计结果。

四、2005年内，继台湾新竹县红十字组织会长李增丰、金门红十字组织副总干事王志禅分别来厦门访问后，台湾红十字组织秘书长郝龙斌、金门红十字组织秘书长王水彰、台北红十字组织顾问薛明圆也先后来访厦门红十字会。8月，厦门市红十字会组织来自全市33所大、中、小学校的红十字会会长、秘书长、专干学校红会干部等一行45人到金门开展为期四天的交流活动。与厦门市台办、翔安区、海事局等一行前往金门处理“3.5”遇难渔民赔偿案，至6月大嶝“3.5”海难赔偿事件顺利解决。会同市台办帮助两名获救的台湾渔民游明朝、卢峰格办证，并送他们搭乘“东方之星”号客轮返抵金门。6月29日台北人谢阿能在厦门金雁酒店猝死，厦门市红十字会协助金门红十字组织处理善后事宜。厦门市红十字会发挥地缘优势，在海关、边检等口岸部门的支持配合下，先后与金门红十字组织携手护送因关节炎致使腿部肌肉萎缩无法坐立的92岁台胞蔡聪陶老太太顺利搭乘新集美号客轮返回金门，这是厦金航线开通以来从“绿色通道”返台的最高龄病患。而小患者也有，7月上旬厦金红十字组织协调护送患病金门4岁男童李兴郁及其母亲蔡少容乘“泉州”号客轮返金。年内厦金红十字组织还护送因病行动不便的金门老人陈凌、林子返、王宏谋、李金河、张登科、刘进顺等乘“新集美”、“东方之星”号客轮返金或回台就医。

（王爱霞）

江西省红十字会

【年度工作】

2005年，江西省红十字会突出备灾救灾这个重点，狠抓各级红十字会组织建设，全面拓展卫生救护和人道传播领域，扎实推进社区、农村红十字会工作，全省红十字事业呈向上发展的态势。

一、人道救助工作取得新进展。根据省政府和总会的要求，2005年10月，颁布实施了《江西省红十字会自然灾害等突发公共事件应急预案》，进一步规范了红十字会在自然灾害等突发公共事件中的应急行动和工作规程。

2005年，江西省红十字会先后参与了三次大规模的紧急救援灾区行动。积极响应中国红十字总会号召，组织了为印度洋海啸募捐活动，共募集捐款449.31万元。9月，江西省遭受第十三号台风“泰利”袭击，造成严重洪涝灾害。灾情发生后，省红十字会行动迅速，在第一时间赶到灾区一线，将药品、大米等物资送到灾民手中。同时，向社会各界发出募捐呼吁，积极开展募捐活动。此次救灾活动，受到了省政府领导的肯定。11月26日，江西省九江境内发生5.7级地震。省红十字会立即与省地震局和当地政府联系，了解灾情和灾区急需物品，同时，迅速启动救灾应急预案。当天中午，省红十字会常务副会长方娅立即带人奔赴灾区，考察受灾情况，走访慰问伤亡人员家庭，并将60顶专用帐篷运抵瑞昌灾区，这是地震灾区接受到的第一批救灾物资。这批专用帐篷作为当地医院临时病房，救助住院的伤病员及母婴等。同时，向中国红十字会及兄弟省市红十字会求助。红十字会与红新月会国际联合会通过中国红十字会总会紧急调拨了200顶棉帐篷、2000床棉被于28日凌晨运抵灾区。省红十字会的救援行动，受到了灾区群众和当地政府的高度赞誉，扩大了红十字会的社会影响。江西省红十字会坚持把经常性募捐与灾害时期募捐结合起来，共募集救助款物 1400 余万元，其中资金近 800 万元。

认真组织实施了由香港红十字会出资 160 万元援建的上饶农村社区为本备灾项目和由上海市红十字会出资 10 万援建的农村生态卫生厕所项目建设，项目的建成将有效地提高农村社区抗灾能力和改善农村群众生活条件。深入开展“红十字博爱送万家”活动，给全省 6000 多户贫困家庭送去了价值 142 万元的救助物资。

二、各级红十字会组织建设得到加强。2005 年来，江西在理顺设区市红十字会管理体制后，大力加强了各级红十字会组织建设。新余、萍乡、赣州市专职会领导到位开展工作；婺源县、南昌市东湖区、西湖区先后理顺管理体制。加强了红十字青少年工作，成立了江西省红十字会学校工作委员会。江西农业大学、江西中医学院、江西财经大学等高校红十字青少年系列社会公益活动丰富多彩。

三、红十字宣传工作深入扎实。制定下发了《关于进一步加强我省红十字会宣传工作的意见》。开展了以自救互救为主要内容的“五八”世界红十字日宣传周活动。与江西卫视合作，制作了 2 期以社区服务和卫生救护为内容的《社会传真》专题节目，取得了较好的社会效果。新闻信息工作取得较好成效，省红十字会在国家、省、市各新闻媒体刊播稿件 225 篇次，其中，通讯《牵住工作的“牛鼻子”》总会报刊评为一等奖，2 市 5 县红十字会被评为总会年度报刊工作先进单位。

扎实做好传播工作。加强对传播工作的组织领导，坚持把传播工作纳入年度工作总体部署。2005 年，江西省红十字会传播培训班拓展了传播领域，把传播培训拓展到新闻记者、公务员和大专院校会员代表。邀请了 ICRC 东亚地区代表团代表任浩先生和江西省委党校公共管理学系主任杨超教授授课，省红十字会常务副会长方娅还作了“认清形势、更新观念，充分发挥红十字会在构建和谐社会中的作用”专题讲座。采取了讲课、座谈、观看录像、讨论、游戏、辩论等形式讲学，活跃了气氛。在培训班结束前进行的评估中，学员们对这种培训方式的满意率达到了 100%。还把培训红十字青少年传播骨干作为传播重点，派人到大专院校举办红十字青少年传播培训班。为项目受助社区、受助农民编印了通俗易懂的传播手册，使广大社区居民和乡村群众增强了对红十字运动基本知识的了解。在江西省红十字会网站开辟了传播专栏，与红十字国际委员会、总会及兄弟省市红十字会网站进行链接，提高了传播效果。2005 年，全省各级红十字会共举办各类传播培训 200 多期，培训各类人员近万人。同时，印发各种宣传资料 10 万余份，使传播工作真正深入基层，走进社区。

五人道服务领域有了新突破。扎实做好了红十字志愿服务工作，2005 年，红十字国际委员会代表专门视察了江西省社区服务工作，对我省志愿者护理服务中心的工作给予了高度评价。赣州市章贡区被总会、民政部联合授予“全国社区红十字服务示范市(区)”；省红十字志愿护理服务中心被民政部授予“中华慈善奖”。省红十字会与南昌卷烟厂联合启动了“金圣”社区红十字会健康服务项目。认真做好群众性的卫生救护培训工作，编辑出版了江西省初级卫生救护知识普及教材。举办了 2005 年彩票公益金项目培训班，培训救护师资237名。中国造血干细胞捐献者资料库江西省管理中心经省编办批复成立。分库采集2630人份捐献造血干细胞志愿者的血样，2001人份的数据和个人资料录入中国造血干细胞捐献者资料库。

【历史沿革】

江西省红十字会是中国红十字会的地方分会。江西境内的地方红十字活动起始于1912年，当时主要从事战地救护和为赤贫难胞免费医疗活动。

新中国成立后，党和政府非常重视和关心红十字事业的发展。1956年10月，江西省红十字会成立，副省长欧阳武当选为会长。“文革”期间，红十字会活动停止。1984年6月，经江西省人民政府批准，省红十字会恢复工作，并召开了江西省红十字会第二届理事会，副省长柳斌和陈癸尊先后任会长。1991年6月，江西省红十字会召开了第三次会员代表大会，江西省副省长陈癸尊当选为会长。1993年，江西副省长黄懋蘅任会长。1995年5月，在江西省红十字会三届三次理事会上，江西省省长舒圣佑受聘任名誉会长。1999年8月31日，在江西省红十字会第四次会员代表大会上，江西省副省长胡振鹏当选为会长。2001年10月，中共江西省委办公厅、省政府办公厅下发了理顺江西省红十字会管理体制的“三定”方案。2003年6月，在江西省红十字会四届三次理事会上，选举方娅为专职副会长，省红十字会由省卫生厅代管改由省政府领导联系，成为独立自主开展工作的社会救助团体，江西省红十字会迈入一个新的历史发展时期。2004年3月，经中共江西省委组织部批准，江西省红十字会党组成立，方娅任党组书记，从而完成了省红十字会独立建制工作。2005年6月6日，江西省红十字会第五次会员代表大会召开。中共江西省委书记孟建柱，省委副书记王君，省委常委、省委秘书长陈达恒，省人大常委会副主任全文甫，省政府副省长胡振鹏，省政协副主席刘运来出席了大会。中国红十字会常务副会长、总会党组书记江亦曼专程到会祝贺。大会全面总结了江西省红十字会第四届理事会的工作，制定了《江西省红十字事业2005～2009年发展规划》，选举产生了由85名理事组成的新一届理事会，聘请中共江西省委书记孟建柱、省长黄智权为名誉会长，副省长胡振鹏再次当选为会长，方娅当选为常务副会长。会上，江西省红十字会和省人事厅还联合表彰了省红十字会系统的11个先进集体和13名先进个人。

【组织机构】

江西省11个设区市和99个县(市、区)全部建立了红十字会，现有红十字会基层组织2624个、会员54.9万人。全省有892所大、中、小学成立了红十字会，有青少年会员34.6万人。江西省红十字会机关设有办公室、组织宣传处、赈灾服务处、中国造血干细胞捐献者资料库江西省管理中心。

【大型项目】

（一）1998年水灾重建项目

1. 香港特别行政区红十字会援助698.67万元，用于灾后重建19所卫生院和3所小学，并为这些卫生院和学校配备了一批设备。

2. 深圳市红十字会援助454万元，重建8所卫生院和2所小学。

3. 上海市红十字会援助385万元，重建8所学校和5所卫生院。

4. 广东省红十字会援助225万元，重

建4所卫生院和4所学校。

5. 中国红十字会总会拨款190万元，援建两座灾民新村和3所卫生院。

（二）1999年水灾国际联合会援助计划

红十字会与红新月会国际联合会通过中国红十字会总会向江西灾区捐赠了价值人民币6796886元的大米、消杀剂、净水剂、棉被、棉大衣，有226个（次）村庄、279873万人次受益。

（三）2002年水灾灾后重建项目

由香港特别行政区红十字会通过中国红十字会总会向江西省2002年水灾灾区捐款人民币175.13万元，重建了11所乡镇卫生院，并为这些卫生院配备了价值人民币97.63万元的医疗设备。

（四）农村社区为本备灾项目

香港特别行政区红十字会拟出资160万元援建的农村社区为本备灾项目，在上饶县、余干县展开，旨在通过红十字会的帮助，提高当地群众备灾救灾意识和能力。

（五）"金圣"社区红十字健康服务项目

南昌卷烟厂捐赠60万元，启动"金圣"社区红十字健康服务项目。在全省创建12个省级红十字服务示范站，项目期为1年，预计40万人次社区群众因此受益。

【主要特色】

1. 理顺管理体制工作实现整体突破。至2004年底，江西省11个设区市全部下达了市红十字会"三定"方案。其中上饶、南昌、宜春、新余、萍乡和赣州、景德镇实现机构独立设置。兴国、九江、进贤、广丰、上饶、余干、婺源及南昌市东湖区、西湖区等9个县（区）理顺了红十字会管理体制。

2. 备灾救灾工作成绩斐然。1989年以来，江西省红十字会共募集各类救灾款物折合人民币1亿余元，用于救助全省的受灾群众和灾后重建工作。援助重建了60所卫生院、24所博爱学校、2个灾民新村、2座市级红十字会备灾中心，总建筑面积91145.76平方米。

3. 持续推进人道关爱行动。2004年6月，江西省广丰籍工程人员在阿富汗遭受恐怖袭击，省红十字会和上饶市红十字会及时为遇难和受伤人员的亲属送去慰问金和慰问品，在社会上引起了较大反响。景德镇市红十字会争取市政府批准了《景德镇市红十字救助基金管理暂行办法》，对灾区、白血病患儿、失火家庭等实施了救助。兴国县红十字会连续多年实施对贫困中小学生救助的"育才助学"工程，先后有338名学生得到资助。

4. 社区服务探索出新模式。2001年，省红十字志愿护理服务中心成立。该中心免费为下岗女工开展再就业技能培训，培训陪护专业保健员；与15所医院共建社区护理服务网络、双向转诊网络；在省科委立项开展《南昌市社区护理服务模式研究》课题；成立"江西省红十字博爱艺术团"开展活动；组织红十字志愿者义务为社区老、弱、病、残人士作护理服务。中心有千余名志愿者，在南昌市建立了39个社区服务网点，提供健康服务4.2万人次，开创了江西省社区红十字服务的新模式。

5. 宣讲红十字会法及传播工作扎实深入。省红十字会以把红十字会法列入"四五"普法规划为契机，开展了形式多样的红十字会法宣讲、国际人道法和红十字运动基本知识传播工作。红十字会法被列入全省副科级以上干部普法考试的内容。"四五"普法期间，江西全省共举办红十字会法宣讲和传播培训班400多期，印发学习材料28万份，有15万人接受了培训，全省普及红十字会法的对象达3000万人次。

6. 清理滥用、误用红十字标志成效明显。江西省各级红十字会联合卫生、工商等部门和新闻单位积极开展清理滥用红十字标志工作，依法规范红十字标志使用，使全省滥用、误用红十字标志的违法现象得到纠正。

（丁福来）

南昌市红十字会

【简介】

一、南昌市于1912年成立中国红十字会南昌分会。

二、2005年由南昌市编制委员会批准理顺了管理体制。

三、南昌市人民政府副市长罗慧芬任红十字会会长。

四、南昌市红十字会有基层组织520个，会员7700人。

五、2003年南昌市红十字会李安海被国家人事部、中国红十字总会评为先进个人。

六、2004年南昌市红十字会被国家人事部、中国红十字总会评为先进集体。

【年度工作】

一、2005年，北京红十字会出资20万援建南昌县黄马乡华标博爱小学。

二、2005年，市红十字会为印度洋海啸募捐款突破百万，受到省红十字会表彰。

三、2005年，南昌市红十字会与地震局在市政府机关干部中举办了应急卫生救护自救拯救培训班，100余人参加。还在高校、中学广泛宣传红十字会法，普及预防艾滋病知识等，获市委年终目标管理考察评比三等奖及有关部门的表彰。

（南　红）

山东省红十字会

【年度工作】

2005年，山东省红十字会在省委、省政府的领导下，努力发挥红十字会在构建和谐社会中的积极作用，坚持整体推进、重点突破、统筹兼顾、形成特色的工作方针，进一步加强法制、体制和机制建设，做精品、创品牌、树形象，各项工作取得了新进展。

一、宣传与传播工作

5月8日，各级红十字会围绕“自救互救——红十字在行动”这一宣传主题，组织宣传小分队，深入社区、机关、学校、企业，宣讲自救互救知识，开展卫生救护培训、突发事件急救演习、家居安全讲座等丰富多彩的活动。山东大学、省中医药大学、省胸科医院、齐鲁医院等近20家省红十字会团体会员单位在5月8日组织医务人员、红十字志愿者进社区、进学校，向社区人群、学生及企业职工进行自救互救知识与技能的宣讲，受到了群众的普遍欢迎。

积极开展红十字运动基本知识传播工作，山东省传播工作获总会红十字运动基本知识传播工作三等奖，进一步加强了《山东红十字》报和《中国红十字报》山东记者站建设；山东红十字报发行3万多份；红十字网站建设得到进一步加强，省红十字会网站的浏览人数达到2.5万多人次。

二、组织建设工作

全省17个市中已有16市理顺了管理体制，23个县级红十字会理顺了体制，为红十字会独立自主开展工作创造了良好的条件。截至目前，全省共有基层组织8000多个，会员135万余人，其中成人会员43万余人，青少年会员71万余人，团体会员21万人。

三、参与“新农合”建设工作

2005年4月，中国红十字会会长彭珮云、常务副会长江亦曼率总会调研组来山东省调研，先后在济南、济宁、青岛等市进行了考察，对山东省支援农村特困农民参加新型农村合作医疗工作给予了充分肯定。全省红十字会系统共募集捐款1741.9万元，资助参合农民8万人次；发放大病医疗救助金374.2万元，救助农民1091人。其中，省红十字会上半年对开展新型合作医疗试点的27个县的2.7万名特困农民进行了资助，下半年对46个试点县的救助活动也在进行。7月，省红十字会在青岛召开现场会，推广了青岛市红十字会的工作经验。10月22～23日，总会在青岛召开了中国红十字会农村工作座谈会。彭珮云会长指出，“山东省红十字会在山东省委、省政府的支持下，在这方面做了有益的探索，取得了很好的成绩，积累了一些经验，值得各地借鉴。”

四、备灾救灾和社会救助工作

组织发动社会各界开展向海啸灾区献爱心募捐活动，共募集资金1125.69万元，上缴总会1069.4万元，成为山东省开展国际援助募捐数额最多的一次，省红十字会荣获总会颁发的“最佳组织奖”。继续开展“温暖送千家，博爱在齐鲁”活动，全省募集款物210多万元，救助1万多户特困家庭。争取到中国红十字基金会援助20万元，在青岛胶南市宝山镇建设了“天狮博爱小学”；省政协港澳委员助学项目对第2批20名贫困家庭大学生进行了救助；省红十字会与省武警医院在商河县举行“军民一家、共享光明”活动，为50名困难家庭白内障患者免费实施了手术治疗，使他们重见光明。争取总会支持300吨面粉（价值60万元）、500箱净水剂（价值19.4万元）及价值13万元的棉衣、棉被等救灾物资，连同青岛海关转赠的价值人民币105万元的侵权货物，对东营、临沂、济宁、泰安、淄博、滨州、菏泽、枣庄、日照等遭受自然灾害的市进行了救助。制定颁发了《山东省红十字会自然灾害与突发公共事件应急预案》，提高了红十字会面对自然灾害和突发事件的应急能力。全省设置募捐箱900多个，募集资金15万元。

五、卫生救护培训工作

举办了6期卫生救护师资培训班，培训师资240余名。各市、行业红十字会也相继举办了期次不等的救护培训，全省卫生救护培训工作正在向煤矿、公安、教育、民航、铁路、油田、新闻等不同行业、不同领域延伸，从易受损害人群向普通市民延伸。2005年，全省共举办各类卫生救护培训班360多期，培训各类人员4.5万人。

六、造血干细胞捐献者资料库建设和遗体捐献工作

新建济南、日照、莱芜、烟台、潍坊、滨州、菏泽7个市级工作站，全省17个市已全部建立了市级工作站。全年采集造血干细胞血样12000份，完成检测分型数据8764例，总库容达22832例。截至目前，

全省共有15名志愿者捐献者成功的为患者进行了造血干细胞移植，其中2005年新增7名。

加强《山东省遗体捐献条例》的宣传，全省共有捐献遗体报名者1200多人，已实现捐献者106人，其中2005年新增报名300余人，实现捐献30人。

七、预防艾滋病工作

省红十字会与红十字国际联合会、中国红十字会总会合作，积极开展预防艾滋病青年同伴教育项目。预防艾滋病青年同伴教育培训班已在济南市、山东大学、济宁市举办40期，培训学员800人。11月份，在青岛6所大学举办了“5+3”预防艾滋病同伴教育培训班，共培训主持人20人。全省全年共举办艾滋病预防青年同伴教育培训班98期，培训志愿者19295人。

八、南丁格尔奖推选工作

济南市皮肤病防治院护士长刘振华被红十字会国际委员会授予第四十届“南丁格尔奖”，成为继青岛李桂美之后山东省第2位南丁格尔奖章获得者。山东省举办了南丁格尔奖获得者先进事迹报告会，省卫生厅、省红十字会联合下发了《关于在全省卫生、红十字会系统开展向刘振华同志学习的决定》。

九、港澳台事务和对外交流工作

红十字国际委员会东亚地区代表团、瑞典红十字会、塞尔维亚和黑山共和国红十字会等国外红十字会代表团先后来山东省访问。张心宝常务副会长等在北京与台湾慈济基金会负责人进行了座谈交流。认真做好涉台查人转信工作，共转发寻人信函11封。

十、机关自身建设

3月1日，省编制委员会印发了《关于省红十字会机关机构编制事项的通知》，明确规定了省红十字会的主要职责、内设机构、人员编制和领导职数等。11月5日，省红十字会党组成立。制定了《山东省红十字会党组加强自身建设的意见》、《山东省红十字会党组议事规则》等，并拟定30余项机关制度。

【历史沿革】

1911年农历10月，山东巡抚孙宝琦批准成立山东省红十字会，会址设在济南中西医院内。1912年1月1日，中国红十字会饬文，接收山东省红十字会为中国红十字会分会，命以“中国红十字会山东分会”之名并“刊刻木质关防之图记呈报”，接收刘崇惠为总会会员。山东省红十字会成立后，以“博爱恤兵”和“人道主义”为宗旨，在各地积极建立红十字会组织，创建红十字医院，开展了战地伤员救护、社会救济等工作。抗日战争时期，山东省红十字会组织受到日军破坏，领导成员遭受迫害。抗日战争结束后，山东省红十字会进入复原时期。至1948年底，山东省有青岛、济南、章丘等14个分会。

新中国成立后，山东省红十字会进入新的历史发展时期，地方红十字会组织在中国共产党和政府领导下进行了改组，红十字会工作人员列入国家编制，省红十字会工作人员编制59人。1957年5月22日，成立了山东省红十字会筹备委员会。7月8日，山东省人民委员会同意建立山东省红十字会，同月，召开正式成立大会，组成了以余修（副省长）为主席的33人委员会。山东省红十字会委员会成立后，重点在城市建立组织，发展会员；在农村开展红十字工作试点；在中、小学组织开展青少年活动。1962年12月，山东省红十字会选出第二届委员会，委员25人，王哲（副省长）任会长。文化大革命时期，红十字会组织陷于瘫痪。1980年，山东省人民政府批准恢复山东省红十字会，省红十字会编制3人，设在省卫生厅内。1980年11月3日，省红十字会召开第三次会员代表大会暨三届理事会一次会议，选举丁方明（副省长）为会长。1984年11月9～10日，山东省红十字会召开第四次会员代表大会，选举马长贵（副省长）为会长，制定了《关于今后五年工作规划和设想》，提出要重点发展红十字会组织，壮大会员队伍，提高会员素质，开展群众性卫生救护培训，发展社会福利事业。1991年1月30日，山东省红十字会第五次会员代表大会在济南召开，省委书记姜春云、省长赵志浩向大会发了贺信，副省长宋法棠当选为会长，向克、张明、胡玉亮、张奇文、吕国恩、孟德宏、张建军、滕昭庆、黄可华、于光铣、于水田、王军挺（专职）、王荣江（专职）当选副会长。1993年10月，《中华人民共和国红十字会法》颁布实施，山东省红十字会进入有法可依的历史新时期。1996年1月，《中华人民共和国红十字标志使用办法》颁布施行后，山东省红十字会与卫生厅联合开展了推行正确使用红十字标志工作，清理、纠正滥用误用红十字标志现象。1996年10月，刘允生任省红十字会副会长。1999年11月，省红十字会五届十次常务理事会增选张心宝为理事、常务理事、副会长。2000年7月，省红十字会五届十三次常务理事会增选副省长邵桂芳为理事、常务理事、会长。2001年12月4日，山东省红十字会第六次会员代表大会召开，会议聘请李春亭（副省长）为名誉会长，董凤基（省人大副主任）、张敏（省政协副主席）、王天瑞（省卫生厅厅长）为名誉副会长；选举邵桂芳（副省长）为会长，张心宝为副会长。2003年7月，省红十字会六届二次理事会议上，邵桂芳因工作变动，辞去会长职务，会议选举副省长王军民为会长，增聘韩寓群（省长）为名誉会长，邵桂芳（省人大副主任）、王道玉（省人大副主任）、何宗贵（省人大原副主任）为名誉副会长。

2004年，山东省各级红十字会紧紧围绕纪念中国红十字会百年华诞的主题，以丰富多彩的形式开展了纪念活动。年内，烟台、东营、日照、菏泽市红十字会理顺了管理体制，使全省理顺管理体制的市级红十字会达到8个。青岛市12个区（市）已有10个理顺了管理体制。济南市政府下发了《关于加强红十字会工作的意见》。2004年，山东省募集救灾款物900多万元，救助灾区群众5.8万余人。山东省首次直接接受澳门特别行政区红十字会捐赠衣物2.5万件，价值人民币63万元。山东省红十字会系统募集资金318万元开展了“温暖送千家，博爱在齐鲁”活动。活动中走访慰问受灾及特困群众，受益群众10.8万人。山东全省共设立红十字募捐箱422个，募集善款10万余元。2004年，山东省红十字会共举办卫生救护培训班310期，培训4万余人。省红十字会在上一年对7个新型合作医疗试点县参加医保的7000名特困农民给予资助的基础上，又对省政府确定的26个试点县参加医保的特困农民给予资助，每县1万元，共26万元，资助2.6万名特困农民参保。济宁市募集资金200多万元，建立了市红十字会农村医疗救助基金；即墨市红十字会募集资金2547万元，先后两次对479户特困家庭进行了救助，发放救助资金172.9万元。济南市建立红十字志愿者基地10个，山东大学等10家单位的4.6万人成为首批红十字志愿工作者。青岛市新建5个红十字会志愿服务基地，志愿者已登记1.1万人。造血干细胞捐献者资料库山东分库在建立青岛等6个工作站后，又建立了泰安、淄博、德州、聊城、日照等5个市级工作站，并对工作站分别给予5万元经费支持。目前，全省有6万余人报名捐献造血干细胞，已采集造血干细胞血样2万份，完成HLA检测配型14541份，为49名患者查寻到72名配型相合的捐献者，实现捐献8人。全省已登记捐献遗体者1000多人，已有74人实现捐献。中国红十字会总会、红十字会与红新月会国际联合会将山东省列为预防艾滋病青年同伴教育项目试点省，举办青年同伴行主持人2期，培训核心主持人20名，开展同伴教育培训400人次。起草了《山东省红十字会青少年工作委员会工作条例》和《成立山东省红十字青少年工作委员会预案》。在“五八”世界红十字日期间，省红十字会组织省直团体会员单位在英雄山广场开展了大型宣传活动，现场有800多名群众参加了红十字运动基本知识问答，共发放宣传资料25400份，接受咨询4500余人，展出展板64个。在世界艾滋病日期间，省红十字会与有关部门联合开展了全省中小学卫生知识竞赛、广场大型预防艾滋病日宣传活动、山东省高校预防艾滋病进校园等大型宣传活动。

山东省红十字会历次代表大会

第一届

1957年7月召开，理事19人，常务理事8人，会长余修，副会长张斟滋等。

第二届

1962年12月召开，常务理事3人，会长王哲，副会长张斟滋等。

第三届

1980年11月召开，理事56人，常务理事12人，会长丁方明，副会长李衡等。

第四届

1984年11月召开，理事85人，常务理事23人，会长马长贵，副会长霍桂清等。

第五届

1991年1月召开，理事94人，常务理事17人，名誉会长林萍、丁方明、马长贵、苏应衡，会长宋法棠，副会长向克等。

第六届

2001年12月4日召开，理事79人，常务理事16人，名誉会长李春亭、韩寓群（2003年7月～），会长邵桂芳、王军民（2003年7年～），副会长张心宝。

注：

第一届副会长：张斟滋、王月村、林萍、华子修。

第二届副会长：张斟滋、高象九、孙鸿泉。

第三届副会长：李衡、张春林、崔凤午、于延浩、王惠卿、孙仲玉、王兆俊、苏应衡、付曾矩。

第四届副会长：霍桂清、向克、李竹堂（专职）、孟德宏（专职）、黎萍、李衡、崔凤午、刘士仪、孙仲玉、于延浩、王毅力、王兆俊、周凤梧、苏应衡、付曾矩。

第五届副会长：向克、张明、胡玉亮、张奇文（1993年12月—1996年10月专职）、吕国恩、孟德宏、张建军、滕昭庆、黄可华、王光铣、于水田、王军挺（专职）、王荣江（专职）、刘允生（1996年10月—

1999年10月专职)、张心宝(1999年10月—专职)。

第六届副会长:张心宝。

【组织机构】

山东省红十字会现有基层组织7421个,红十字会会员120.3万人,志愿者61345人。全省17个市和140个县(市、区)都建立了红十字会组织。

2001年6月,省编委发出《关于理顺省红十字会管理体制的通知》,将省红十字会由省卫生厅代管改由省政府领导联系。2005年3月1日,省编委发出《关于省红十字会机关机构编制事项的通知》,山东省红十字会机关下设有办公室、业务部,下辖卫生救护培训中心1个事业单位。

目前,全省已有13个市理顺了管理体制,其中6个市红十字会为正局级规格。理顺管理体制的市红十字会(按理顺时间排序)为:济宁、青岛、济南、枣庄、烟台、东营、日照、菏泽、淄博、威海、临沂、滨州、潍坊。泰安、莱芜、德州、聊城市红十字会尚未理顺管理体制。

【大型项目】

(一)对受灾地区进行援助

近年来,山东省红十字会募集救助款物折合人民币10171.42万元,其中,争取红十字国际组织和总会援助的救助款物折合人民币3062.64万元,受益群众达600多万人次

1.1997年,山东省遭遇了百年不遇的春夏干旱,省红十字会筹集10万元的药品,组织医疗队先后赴3个市、地区的十几个村,医治病人2000余人。

2.2000年,山东省红十字会将价值160万元的衣服发放到德州、聊城等受灾群众手中。

3.2001年6月,德州、临沂、日照等市遭受雹灾,山东省红十字会及时将16万元现金及价值10万元的方便面送到灾区。8月,省红十字筹集17万元的药品,援助东平湖抢险第一线的武警官兵。

4.2003年,菏泽、济宁市遭受严重洪涝灾害,山东省各级红十字会共筹集了115.9万元款物支援灾区。

5.2003年抗击“非典”斗争中,山东省红十字会系统累计接受款物折合人民币3124.4万元,红十字血站向北京援助急救用血10750个单位,约占全国支援北京用血的一半,为全省乃至全国抗击“非典”斗争做出了积极贡献。

6.2004年,全省红十字会募集和争取总会援助救灾款物900多万元,救助灾区群众5.8万人。

(二)对省外灾区进行援助

1.1998年1月,河北张家口发生地震,山东省红十字会募集75万元的款物支援灾区。

2.1998年夏天,长江、松花江、嫩江流域遭受特大洪涝灾害,山东省红十字会募集了价值2000万元的款物支援灾区。

3.2001年初,内蒙古、新疆发生特大雪灾,山东省红十字会募集450万元款物支援灾区,并援助新疆维吾尔自治区昌吉州30万元建设备灾中心。

4.2001年2月,四川省甘孜州发生地震,山东省红十字会支援救灾款10万元。

5.2003年,新疆伽师——巴楚地区发生6.8给强烈地震,山东省红十字会系统支援新疆维吾尔自治区红十字会救灾,募集捐款44695.17万元,物品折款60352元。

【主要特色】

（一）开展“温暖送千家，博爱在齐鲁”救助活动

2001年以来，在每年的元旦、春节期间，山东省红十字会开展了“温暖送千家，博爱在齐鲁”活动，慰问救助特困群众，共筹集近千万元的款物，使40余万户特困家庭受益。

（二）开展为支援特困农民参加新型合作医疗募捐活动

山东省红十字会于2004、2005年对两批新型合作医疗33个试点县资助33万元，资助3.3万名特困农民参加了新型农村合作医疗。济宁市红十字会募集资金200多万元，建立了农村医疗救助基金；即墨市募集2547万元，先后两次对479户特困家庭进行了救助，已发放救助资金172.9万元。省政府积极支持红十字会参与农村新型合作医疗工作，并把省红十字会吸收为省政府新型合作医疗联席会议成员单位。

（三）农村红十字会工作取得新的发展

山东省红十字会在1988年就提出了“农村需要红会，红会需要农村”的口号，并积极开展了建立组织、发展会员、开展活动等各项工作，总会给予了充分肯定并在全国推广。2001年，省红十字会组织力量对全省农村红十字会情况进行了深入调研，形成了调研报告，中国红十字会会长彭珮云给予了高度重视并作了重要批示：“这个调查报告很好，可以了解到许多有用的信息，建议将其压缩成一期简报下发，并强调各地红十字会在工作中均应重视调查研究，以便科学决策，有针对性地开展各项工作，对农村红十字会工作的现状以及应该怎样开展农村红十字会工作就是一个需要认真调查研究的课题。”山东省副省长王军民强调：“彭珮云会长的批示很重要，是对我们省红十字会工作的极大鼓励，建议省红十字会将彭会长批示转发全省，认真学习，抓好落实。把农村红十字会工作作为一项工作重点，围绕农村贫困户参加合作医疗、救灾助困、救助家庭困难辍学儿童等开展好红十字会工作，推广济宁等地的好做法，开创我省红十字会工作的新局面。”2002年，山东省召开了农村红十字会工作座谈会，对开展好农村红十字会工作进行了研究部署，并要求各市都选择和培养一个县作为农村红十字会工作试点和典型。省红十字会还组织专门人员深入济宁、青岛、聊城等市农村基层进行了调研和推动。

（四）遗体捐献工作

《山东省遗体捐献条例》于2003年3月1日颁布施行，明确规定全省县级以上红十字会负责遗体捐献登记等具体工作。省红十字会及时公布了遗体捐献热线，明确专人负责，建立了有关制度，进行了深入宣传。青岛市红十字会建立了“志愿捐献遗体者纪念林”。山东全省现已接受登记捐献遗体者1000多人，有74人实现捐献。

（王永君）

济南市红十字会

【简介】

济南市红十字会是中国红十字会的地方组织，是从事人道主义工作的社会救助团体。2003年7月30日济南市编委印发《关于理顺济南市红十字会管理体制有关问题的通知》，济南市红十字会由市卫生局管理改由市政府领导联系，列入群众团体机关序列，经费由市财政全额拨款，工作人员参照

实行国家公务员制度。2005 年 10 月召开了济南市红十字会第七次会员代表大会，设名誉会长 1 名，名誉副会长 6 名，会长 1 名，常务副会长 1 名，副会长 10 名，秘书长 1 名，副秘书长 2 名，理事 120 名。2006 年 10 月 24 日，济南市编委印发《关于济南市红十字会机关及所属事业单位机构编制的批复》，同意市红十字会领导职数配会长 1 人（由市政府领导兼任），常务副会长 1 人（正局级），副会长 1 人（副局级），处长（主任）2 人，副处长（副主任）2 人，人员编制增至 14 人。内部机构设办公室和赈灾业务处，下设一个差额预算管理正处级事业单位——济南市红十字会事业发展中心。

自独立建制以来，济南市红十字会先后被评为“全国卫生救护培训先进集体”、“山东省红十字会系统先进集体”、“宣传报道先进单位”，荣获“为印度洋海啸灾区募捐工作突出贡献奖”。

【年度工作】

2005 年，在市委、市政府的领导下，在省红十字会的业务指导下，以《济南市实施〈中华人民共和国红十字会法〉办法》颁布十周年为契机，加快依法建会、依法治会、依法兴会步伐，以理顺县（市）区红十字会管理体制为重点，以“动员人道力量，改善最易受损群体境况”为目标，探索和建立以项目募捐为主的多种形式的救助体系，坚持以人为本，突出志愿服务，合理利用社会资源，努力形成社会化、开放式的工作格局，不断提高工作水平，取得了新的成绩。

一、召开第七次会员代表大会

2005 年 10 月，济南市红十字会第七次会员代表大会隆重召开，会议审议通过了第六届理事会工作报告，通过了《济南市红十字会 2006～2010 年工作规划》，明确了今后五年红十字事业发展的目标和任务，选举产生了以副市长刘善鹏为会长的新一届理事会，聘请省委副书记、市委书记姜大明担任名誉会长。

二、加强组织建设，推进县（市）区红十字会理顺管理体制工作

一是加强机关自身建设。济南市红十字会按照“成熟一个出台一个”的原则，下大力气，建章立制，规范化管理红十字会的各项工作，逐步建立起充满生机活力的工作运行机制。

二是依法建会，推进县（市）区红十字会管理体制的理顺工作。6 月 30 日，市人大教科文卫委员会在市红十字会召开第十四次会议，听取并审议了市红十字会工作情况汇报，明确要求各级政府及有关部门要进一步关心、支持和帮助红十字会开展工作，制订有利于促进红十字会发展的政策和措施，督促县（市）区要尽快依法理顺管理体制。

济南市红十字会把理顺管理体制工作作为评选先进单位的先决条件，实行一票否决，同时，在实际操作中以示范带理顺，以点带面，抓重点突破，以市中区、济阳县率先实现红十字会独立建制为契机，推进了其他县（市）区红十字会独立建制的进程。

三是加强了基层组织建设。首先，在全市乡镇、街道办事处恢复设立红十字工作站，把红十字会工作引入社区，延伸到居委会。目前，市内 6 区 69 个乡镇、街道办事处全部恢复和建立了红十字会组织，全市基层红十字会组织总数达到 630 个。其次，为更好地推动基层红十字会开展工作，在社区搭建基层红十字会工作平台。先后投资 20 余万元，在市内五区建立了 23 个“红十字

博爱互助中心”，配备了各种急救物资，建立了严格规范的工作制度，规定了服务内容以及志愿者招募办法，开展对困难和弱势群体的救助及社区红十字志愿服务活动以及普及红十字知识、防灾避险、预防艾滋病等知识的宣传和技能的培训。截止目前，已募集救助资金 40 万元，接受捐赠物品 8633 件，帮助社区困难群众 431 户，发展社区红十字志愿工作者 100 余名。还加强了行业红十字会组织建设，使其规范运作，起到了良好的示范作用。现已与市摄影家协会、市公用事业局、市交通局、市教育局、市建委等达成了建立行业红十字组织的意向，从而使“纵有主线，横有骨干”的组织网络有了基础框架。

四是壮大红十字志愿工作者队伍，充分发挥志愿者服务功能。在 2004 年工作基础上，2005 年进一步完善了红十字志愿工作者的基础工作，从制度完善、活动内容、活动形式、活动方法以及效果评价等方面，进一步细化和强化。在 5 所大中专院校、3 家大型企业、2 家红十字医院建立了红十字志愿工作者基地，形成了一支 7 万余人的红十字志愿工作者队伍。组织成立了济南市红十字志愿工作者驻济高校联合会，驻济南市 12 个本科院校全部参与。主要配合济南市红十字会开展各项志愿服务工作，包括为困难群体提供“一助一”长期服务、参加如抢险救灾等临时性、突发性志愿服务工作、具有专业技术特长的志愿服务工作等。自联合会成立以来，已开展了 6 次大型活动。

五是注重青少年的思想道德建设，努力抓好红十字青少年工作。济南市红十字会与市教育局联合下发了《关于加强济南市红十字青少年工作的通知》，重新调整了红十字青少年工作委员会，并召开了济南市红十字青少年工作委员会第一次会议。要求县（市）区红十字青少年工作委员会认真组织实施《学校红十字会工作规则》，利用宣传栏、广播站等阵地，宣传红十字会精神，以“手拉手献爱心”活动为载体，开展一系列旨在提高青少年思想道德素质的社会公益活动。还在全市开展了“手拉手共建爱心家庭”活动，目前该项活动已遍及全市 10 个县（市）区的 100 户城乡家庭。各县（市）区红十字会结合本地实际，也开展了以“三定一包”为内容的红十字青少年系列活动。

三、广泛开展宣传，红十字会的社会认知度有了大幅度提高

一是围绕宣传贯彻红十字会法和济南市的实施办法，开展各种形式的宣传。策划组织了“五八世界红十字日”纪念活动、“红十字会法纪念日”纪念活动、“12·4”全民普法宣传日活动等大型公益活动 50 余次，在电台、电视台、报刊等媒体发表新闻稿件达 820 篇次。

二是围绕红十字会开展的救助项目加大宣传力度。

三是借助开展“我心中的红十字”征文活动，扩大红十字会在红十字青少年中的影响。

四是借助南丁格尔奖评选活动，在全社会弘扬无私奉献精神。

五是注重红十字理论体系建设，将红十字运动有机融入和谐社会的构建中。

四、充分发挥政府助手作用，积极开展人道主义救助工作

一是开展了“以友爱之手联接世界，用慈善之心诠释爱的奉献”为主题的印度洋海啸灾区募捐活动，募集善款 500 多万元。

二是筹建了济南博爱医院作为市红十字会的医疗救助平台。

三是开展了单亲无亲特困家庭未成年人结对帮扶活动。活动采取“一帮一”、“一帮多”、“多帮一”等多种灵活的帮扶形式，实行集中捐助与常年捐助相结合、直接捐助与间接捐助相结合的方式，资助生活在贫困线下的困难学生完成九年制义务教育或至高中毕业。

四是开展了特困家庭孤独症儿童救助。成立了济南市红十字会儿童孤独症及智能开发训练中心，现有17名贫困家庭的孩子正在接受中心的康复训练，另有1名孩子康复回归社会。

五是开展了特困家庭先天性心脏病儿童住院治疗的救助。该项活动开展后，已有10名儿童接受了救助并康复出院。

六是开展了特困家庭妇女重大疾病住院救助。该项活动今年已全面启动，已有10余人接受救助经治疗康复出院。

在2005年开展的“温暖送千家，博爱在泉城”元旦、春节送温暖活动中，济南市红十字会对全市的1000户困难居民进行了救助，发放面粉30吨，食用油10000升。

五、依法履行职责，业务工作能力和水平得到不断提高

一是加强备灾救灾工作，提高应急救援能力。制订了红十字备灾救灾预案，增强有效处置各种突发事件的能力；加强了备灾救灾网络体系建设，各县（市）区红十字会也都建立和完善了备灾救灾应急体系。建立了备灾救灾库，现已库存备灾物资价值近80万元，发放救助药品、衣物、面粉、油等物品价值20万元。各县（市）区的备灾救灾库也正在积极筹建中。依托红十字医院，市及各县（市）区共建立了12支急救队伍。

二是积极开展初级卫生救护培训工作。2005年共举办卫生救护普及、卫生救护员培训、师资班培训51期，培训人员7650人次，涉及全市教育、建筑、新闻、服务等行业和市内五区各街道办事处。

三是积极开展志愿捐献工作，提高人文素质。全年共完成街头采血16505人次31349单位，完全满足了全市的临床用血；成立了“中国造血干细胞捐献者资料库山东省分库济南工作站”，目前，接受造血干细胞捐献者登记3000余人，库存资料2000余人份；在市内6区全部开展了遗体捐献登记工作，登记捐献遗体的市民190人，实现捐献者9人；共举办艾滋病预防知识讲座9期，培训志愿者180人次。

四是完善筹资机制，拓宽筹资渠道，依法进行社会募捐和人道主义救助活动。

五是加强交流与合作。济南市红十字会与内蒙古赤峰市红十字会结为友好红十字会，接待了台湾高雄市红十字会、塞尔维亚和黑山共和国红十字会等访问团，通过交流增进了相互间的了解和友谊。与美国加州高级护理学院合作建立了“护理人员出国培训基地”。

（济　红）

青岛市红十字会

【简介】

青岛市红十字会于2003年2月理顺管理体制，8月成立党组，独立开展工作。近年来，青岛市红十字会不断拓展人道救助领域，特别是在开展募捐救助、备灾救灾、普及卫生救护

和防病知识，开展社区服务和红十字青少年活动，组织志愿服务，推动无偿献血、造血干细胞捐献者资料库建设和遗体捐献，以及开展与港澳红十字会、台湾红十字组织、国际红十字会的交流与合作，为驻青外国友人提供人道主义服务等方面，做出了积极努力。红十字事业已经成为城市精神文明建设一支重要力量，在塑造“诚信、博大、和谐、卓越”的城市精神，提升市民文明素质方面发挥着越来越广泛而重要的作用，得到了社会的赞誉和政府的支持。红十字会在社会中大力倡导人道主义精神，突出抓好灾区群众、农村贫困群众和城市社区中困难群众的救助工作，深入开展送温暖活动，推动形成全社会关注弱势群体、奉献爱心的良好氛围。其中无偿献血、捐献造血干细胞、捐献遗体器官被评为全市三个文明建设亮点工作和青岛市民20个文明行为亮点之一。

【年度工作】

2005年，青岛市红十字会按照“一三五”工作思路，紧紧围绕贯彻落实红十字会法，宣传红十字行动这一主线，突出抓好基层组织、联动机制和干部队伍三项建设，着力推进培训传播、关爱生命、博爱救助、基础建设、博爱心桥五项工程和五项重点工作目标，精心打造微尘公益品牌和关爱生命三项捐献工作亮点，创建“博爱人间”服务品牌，推进红十字会工作全面发展。中国红十字会农村工作座谈会、山东省红十字工作现场会分别在青岛市召开，均对青岛市红十字工作经验进行了总结推广，认为青岛市红十字会在全国、全省红十字会系统很好地发挥了带动作用，展现了红十字会的良好形象。“微尘”爱心公益活动品牌荣获“感动青岛特别奖”，以第一名的成绩当选第二届全国十大社会公益之星，并获首届中华慈善奖。国家、省市新闻媒体报道600余篇次，《人民日报》、中央电视台新闻联播对青岛市红十字会推出的“微尘”品牌和“模拟家庭”志愿服务项目等报道10余次。5期中国红十字会简报、山东省红十字会简报和26期《中国红十字报》介绍了青岛市红十字会的做法。

一、组织建设

召开了青岛市红十字会第六届理事会三次会议，与市人事局联合表彰了40个红十字先进集体、45名先进个人，对全市红十字会系统20个优秀团体会员单位、68名优秀会员进行了表彰，增选理事7名。12个区市均下发了理顺红十字会体制文件，10个区市红十字会召开了会员代表大会，配备了专职干部。114个街道（乡镇）、224个社区居委会（村）建立了红十字会组织，发展会员4.5万人。市南区、四方区、即墨市、黄岛区街道（乡镇）红十字组织建会率达到100%，李沧区、胶州市、胶南市街道乡镇基层建会率超过80%。黄岛区崇明岛邮政支局成为全国第一个红十字邮政支局。

二、募捐救助

设立100万瑞康造血干细胞移植救助基金，共接收捐赠730万元。推出关爱生命十大项目，定向救助贫困心脏病儿童、白内障病人、白血病患者等100余人。“微尘”爱心公益活动品牌荣获“感动青岛特别奖”，以第一名的成绩当选第二届全国十大社会公益之星，并获首届中华慈善奖。山东省委副书记、青岛市委书记杜世成，青岛市委副书记、市长夏耕致信祝贺，称“微尘”爱心群体当选全国十大社会公益之星，提升了青岛的城市形象。“微尘以高票数当选全国十大公益之星”，被评为2005年青岛市三个文明建设工作亮点。表彰了支持红十字事业的社会单位142个，捐赠个人54人。

三、无偿献血、捐献造血干细胞、遗体捐献工作

2005年，青岛全市无偿献血5万余人次，无偿献血17302000ml。全市共计有65万人次参加无偿献血。健全扶危济困血库管理制度，全年接受献血者捐血48800毫升，救助12位特困患者共计21900毫升，获得山东省献血工作先进集体称号。2005年，5177人报名捐献造血干细胞并采样，4人实现捐献，捐献人数9人。配型成功捐献率100%。2005年129人进行遗体登记，12人捐献，全市累计523人进行遗体（器官）捐献登记，实现捐献53人。在创建全国文明城市问卷调查中，无偿献血、捐献造血干细胞和遗体捐献群众认同率均达到A级。

四、卫生救护培训工作

深入学校、机关、社区、企事业单位和农村，通过宣传折页、展板等形式，向市民普及初级救护和防病知识。开办红十字知识传播培训150期，2万人参加培训。举办救护培训班200余期，针对打工妹、导游员、老年人、卫生老师、农机手等进行救护培训，普及人数达5万余人。与韩国水上救护专家共同培训水上救护师资；承办全省救护师资培训班，培训师资35名，在社区普及避险逃生救护常识。招募自然灾害及突发事件应急救援志愿者500余人，在全市抗震救灾应急救援演练中发挥重要作用。

五、志愿服务工作

青岛市红十字会志愿者注册人数达40295人。圆满完成了青岛国际马拉松赛、全国群众登山大会等重大体育活动的志愿救护任务。建立市传染病院等红十字志愿者服务基地28处，全市红十字志愿者服务基地38处。成立了以南丁格尔奖获得者李桂美命名的志愿者服务队。支持培育优秀志愿服务项目，市立医院国际门诊红十字志愿者服务、海慈医院“慈爱相伴护送导医”、妇儿中心“孤独儿训练陪护”、青岛理工大学“模拟家庭”项目形成特色。

六、红十字青少年工作

制订全市学校红十字会工作意见，224所学校建立红十字会组织，4.4万名学生成为红十字青少年。开展贫困大学生救助、大学生夏令营、大学生演讲比赛、中学小学暑期绘画比赛，为1300余名家庭贫困、品学兼优学生发放红十字奖学金。在全国红十字青少年工作会议上，青岛市实验小学红十字工作做大会典型发言。天狮集团捐资20万元，援建胶南市宝山镇天狮博爱小学。

七、社区红十字工作

以基层组织、志愿服务、募捐救助、救护培训为内容的“红十字进社区”活动为载体，构建社区红十字服务网络，搭建志愿服务平台，推动和谐社区建设。建立红十字社区服务站234处，中国红十字会会长彭珮云、常务副会长江亦曼对青岛市社区、农村红十字工作及志愿服务、艾滋病教育等工作给予充分肯定。彭会长为市南区红十字会题词：“发展红十字事业更好地为群众服务”。

八、农村红十字工作

2005年，中国红十字会农村工作座谈会在青岛市召开，彭珮云会长对青岛市坚持城乡互动，整体推进，促进农村红十字会工作的做法和即墨市红十字会开展农村大病医疗救助工作给予肯定。彭珮云为即墨市红十字会题词：“红十字会工作在农村大有可为”。即墨市红十字会协助政府建立农村大

病医疗救助金，接收社会捐款3920万元，向全市1600户大病医疗特需家庭发放救助金381万元。胶州市政府率先建立机关工委红十字工作委员会。胶南市红十字会通过博爱超市募（筹）集资金，积极配合新型农村合作医疗开展农村大病医疗救助工作。平度市红十字会联合卫生、民政等部门募集资金开展农村大病医疗救助活动。

九、对外交流与合作

经青岛市红十字会推荐，国际红十字志愿者、红十字会博爱大使金金龙荣获中华慈善奖，被评为“2005感动青岛十佳人物”之一。与韩国大邱红十字会共同举行水上救护培训演练和奥运志愿服务论坛。青岛市红十字医院和大邱红十字医院签署友好合作协议。与中国经济新闻社（韩国）共同举办第十届中韩爱心歌友会，为救助贫困心脏病儿童募捐。红十字与红新月国际联合会和瑞典红十字会资助举办“艾滋病同伴教育”培训班。

（薛　梅）

河南省红十字会

【年度工作】

一、积极开展募捐救助工作

1. 继续开展送温暖活动。“红十字博爱送万家”已成中国红十字会的“品牌”。为响应总会的号召，落实省委、省政府双节期间关爱弱势群体的要求，2005年元旦春节期间，连续第五年在全省对受灾地区重灾户、贫困地区特困户和城市低保家庭等弱势群体开展了送温暖活动。据统计，在2005年“红十字博爱送万家”活动中，河南省红十字会共筹措价值161万元的面粉、食用油、棉衣、药品等救助物资，对郑州、安阳、濮阳、周口、焦作、平顶山、三门峡、商丘、开封等9个市的10万余名困难群众进行了救助。各市也筹集了价值160余万元的物资，对困难群众展开救助。该项活动充分发挥了红十字会“替政府分忧、为群众解难”的政府助手作用，弘扬了“人道、博爱、奉献”的红十字精神。

2. 为印度洋地区海啸灾民募捐。2004年12月26日，印度洋地区特大地震海啸发生后，河南省各级红十字会积极响应总会号召，开展募捐工作。元旦期间，省红十字会机关工作人员放弃休息，分组携带募捐箱走上街头开展募捐活动。省委书记徐光春带头捐款，表达了省委、省政府对人道主义事业的高度关心和支持。各省辖市红十字会的募捐工作在当地党委、政府、新闻媒体和社会各界的支持下，紧张有序的开展。短短一个月时间，全省红十字会系统共募集各类捐款700余万元。

3. 积极开展灾害救助工作。一是对遭受自然灾害的群众进行救助。2005年，河南省自然灾害频发，有些地区多次受灾。灾情发生后，河南省红十字会积极组织救灾物资，在受灾地区迅速展开灾害救助工作。2005年，共筹集价值280余万元的物资，发放到南阳、信阳、驻马店等受灾较重的9个省辖市的受灾群众手中；二是加强对救灾物资的管理。及时下发了《关于认真实施2005年国家彩票公益金救灾项目的通知》等文件，要求各省辖市红十字会在救灾物资发放过程中坚持公开、公正、透明原则，杜绝截留、挪用现象的发生，确保救助对象是急需救助的灾民；三是争取外援，积极开展灾区重建工作。香港红十字会投入资金 160 万元人民币援助河南省的农村社区为本备灾项目，经过多方努力，首期项目已经在濮阳市濮阳、台前、范县黄河滩区完成。香港佛教慈善爱心基金援助 20 万元在平顶山叶县援建的 2 所学校已经建成投入使用。美国“世界中华民族基金会”援助 20 万元在南阳市淅川县援建的“侨心”小学已竣工。天狮集团捐助 20 万元在商丘市睢县援建的小学教学楼已封顶；四是开展医疗救助活动，探索救助工作新途径。2005 年 11 月 27 日，郑州市红十字会青少年大病医疗救助基金启动。洛阳市红十字会已完成建立中小学生、婴幼儿住院医疗互助基金的前期准备工作。“救助基金”是一项以社会互助共济为原则、社会各界人士自觉参与为基础的非盈利性社会公益事业，以汇集人道力量，解决一家一户难以承受的经济负担为目的，使个人风险由社会共担，是一项取之于民，用之于民的民心工程。“救助基金”作为红十字会开展青少年大病救助工作的尝试，拓展了红十字会的业务工作，同时为河南省中小学生医疗保障长效机制的建立进行了有益的探索；五是积极参与全国新型农村合作医疗工作，协助政府推进“新农合”试点工作。经过努力争取，河南省新郑、武陟两县（市）已被中国红十字会确定为全国红十字会系统“新农合”试点县。目前，实施方案已经确定，启动资金已经到位。2005 年，河南省红十字会共为白血病患者刘宁、刘云云、黄冠等 4 人和 1 名脊髓硬化患者募集救助款 30 余万元；郑州市红十字会青少年大病医疗救助基金对首批 7 名大病患者进行了救助，迈出了可喜的一步；郑州、安阳两市开展的“为贫困白内障患者送光明”活动，共为 206 名农村患者实施免费复明手术；郑州市红十字会开展的“博爱助行”活动免费为 100 名贫困残疾人安装了假肢，提高了他们的生活质量，坚定了他们的生活信心。

（三）发挥自身优势，开展形式多样的艾滋病预防帮扶工作

1. 继续开展预防艾滋病青年同伴教育活动。瑞典红十字会通过红十字会与红新月会国际联合会、中国红十字会援助我国的预防艾滋病青年同伴教育项目在河南省持续开展。来自河南大学、河南公安高等专科学校的 18 名大学生志愿者接受了为期 8 天的预防艾滋病、性病等方面知识及关爱理念的培训。培训合格后的河南大学和河南公安高等专科学校的青年主持人各举办了 8 期“预防艾滋病青年同伴教育”培训班，320 名大学生参加了培训。同时郑州大学举办了 24 期青年同伴教育培训班，参加培训的大学生达 480 人。为扩大该项目的影响范围，巩固项目成果，9 月份，河南省红十字会与郑州铁路局联合举行了“红十字博爱中原行”列车宣传活动，来自郑州大学、驻马店黄淮学院的 36 名接受过“青年同伴教育”培训的大学生志愿者，登上赴洛阳、安阳的列车，通过发放宣传册、安全套、扑克牌、问卷调查及现场演示急救技能等形式向旅客传播红十字精神和预防艾滋病知识的急救常识，受到广大旅客的欢迎。该项目的实施情况在中国红十字会项目工作会上进行了经验交流。

2. 继续开展艾滋病帮扶工作。2005 年，根据河南省委、省政府的安排和部署，河南省红十字会继续在驻马店市确山县南泉村开展艾滋病帮扶工作。在完成“六个一”工程的基础上，本着巩固帮扶成果，突出救助和

救治的要求，又筹措资金100多万元用于修建道路、桥梁，解决了当地儿童涉水上学的问题，并对艾滋病家庭及困难群众进行了救助。在稳定完善医疗救助机制、加强基层组织建设、引进项目增加农民收入、开展文明创建等方面取得明显成效，受到省委、省政府有关部门的表扬，参加帮扶工作的2位同志被中共河南省委授予“优秀共产党员”荣誉称号。中国红十字会会长彭珮云和河南省副省长王菊梅到该村调研时，对村里的工作给予了高度评价。

（四）严格管理，打造品牌，全面完成彩票公益金项目

1. 中国造血干细胞捐献者资料库河南分库建设与管理稳步发展。2005年，河南省分库克服人员少，资金紧张等困难，认真开展造血干细胞捐献的宣传动员、血样采集、运送交接、保管和数据管理、患者检索、捐献者服务等工作，入库数量大幅增长，各项管理日益规范。河南省分库已有2.4万余名志愿者抽取了血样，其中2.1万名志愿者的分型数据已检测入库；省分库已为省内外患者提供检索服务200余人次，有192名患者通过总库和省分库在河南找到了分型相匹配的捐献者，21人为患者成功捐献了造血干细胞。河南省分库的各项工作都达到国家规定的要求，受到中国造血干细胞捐献者资料库管理中心的多次表彰，已形成河南省红十字会的品牌项目。2005年，河南省分库和各省辖市工作站在全省各地媒体共制作播放了30个以捐献造血干细胞为主题的专题节目，刊播新闻报道522篇次，举办捐献造血干细胞专题知识讲座17次，血样采集活动40次。广泛的宣传造血干细胞捐献知识，有力地推动了河南省分库的建设。河南省分库成绩的取得离不开各省辖市工作站的共同努力。郑州市红十字会为使造血干细胞捐献工作全面开展，对县区红十字会的专兼职干部进行专题培训，签定了目标责任书，创下全省2005年造血干细胞捐献4个第一的好成绩，即：采集数量第一，配型成功捐献者第一，新闻宣传第一，创建了第一家固定采集血样医院。焦作、平顶山、濮阳、商丘、开封、许昌等地市也超额完成任务。

2. 圆满完成卫生救护师资培训任务。2005年是实施中国红十字会彩票公益金救护师资培训项目的第三年。全年举办了6期彩票公益金卫生救护项目师资培训班，培训了215名来自全省各省辖市及县、市、区红十字会的师资。项目的实施为在全省广泛开展群众性卫生救护培训工作奠定了坚实的基础。经过培训的师资在全省旅游、公安、交通、教育、社区等行业发挥着积极的作用。旅游行业共培训导游600余人，河南公安高等专科学校培训学生、公安干警4000余人，信阳市红十字会全年培训驾驶员8000余人，周口市红十字会培训机动车驾驶员7000余人，河南省实验中学培训学生10400名，郑州市红十字会组织师资培训社区群众1000余人，濮阳市红十字会培训村民510人，洛阳市伊川县红十字会培训专兼职干部、会员316人。2005年，全省师资共培训急救员31826人。

（五）积极开展社区红十字服务示范区创建活动

2005年，河南省红十字会在进一步深入贯彻落实中国红十字会总会、民政部《关于开展社区红十字服务工作的通知》精神的同时，在全省重点开展了社区红十字服务示

范市（区）创建活动。经过认真、细致、扎实的工作，河南省继焦作市解放区荣获全国社区红十字服务示范区称号后，河南省红十字会大力推广该区的经验，在全省范围内开展创建活动。目前，已有焦作市、安阳市北关区、郑州市金水区等市区创建工作初见成效，正在积极争取申报2006年全国示范市区。三门峡市红十字进社区的前期准备工作也已在湖滨区展开。

（六）加强合作，扩大交流

1. 巩固与香港天邻基金会的合作关系。首先根据双方合作计划和安排，继续在河南省驻马店市、焦作市、沁阳市开展医疗事工活动。香港天邻基金会全年共组织2个骨科及3个整形科手术团和2个骨科复诊队共60名医务人员到豫开展义诊义治活动。免费为210名儿麻、脑瘫贫困患者进行了义诊，为符合手术适应症的50名患者手术113台次，对85人进行了物理康复治疗，配制肢具98个，为64名唇腭裂患者做整形手术70台次；其次开展健康教育活动。香港天邻基金会健康教育队一行12人为周口市西华县、商水县、太康县、淮阳县等5所乡村小学共1000余名学生进行了健康知识教育，为学校捐赠了价值4万余元的图书，并向小学生们赠送画笔、毛巾、环保袋等物品。健康教育队每到一处都受到当地政府和群众的热烈欢迎。2005年，香港天邻基金会共援助各类款项30余万元，为贫困患者免除手术医疗费用84万余元。

2. 发展新的合作伙伴。经中国红十字会总会同意，蒙古国中央省红十字会于去年8月组团对河南省红十字会进行了工作访问。双方签订了友好合作协议。协议确认双方就信息与经验交流、伤残人员的照顾、工作人员和少年儿童会员的交流、艾滋病和流行性传染病的预防及初级卫生服务、自然灾害预防的宣传教育等方面开展友好合作。

（七）以活动为载体，加大宣传力度，推动各项工作

2005年，河南省红十字会围绕为印度洋海啸灾民募捐、世界红十字日、世界急救日、艾滋病日等重要活动和主要节日开展了系列宣传活动。

为印度洋海啸灾民募捐期间，河南省红十字会借接收第一笔个人捐款之机，在电视台、电台、报纸等媒体发出募捐呼吁，引起社会关注。接着，在接受第一笔集体捐款后，又请新闻媒体做了连续追踪报道，省电视台派出专题报道组驻会报道，各地市新闻媒体也加入了宣传报道的行列，把募捐工作推向高潮。募捐工作结束后，河南省红十字会专门举办了新闻发布会，向社会反馈募捐情况，全面宣传红十字会的宗旨和职责。此次募捐活动成功的宣传了红十字会作为国际性人道救助组织的良好形象，加深了各级党委、政府和社会各界对红十字会的了解。

世界红十字日期间，河南省红十字会、郑州市红十字会与河南电视台3频道联合在郑州市紫荆广场举办了大型卫生救护演习、造血干细胞血样采集等系列活动。郑州大学、河南公安高等专科学校、郑州信息技术学校的150名学生现场表演了救护技能。与郑州市红十字会联合开展了“红十字救护进社区”活动，在郑州市惠济区举办了由社区居民参加的救护知识讲座，现场演示了心肺复苏等急救技术，受到群众的欢迎。

为纪念“世界急救日”，河南省红十字会联合河南电视台3频道“民生大参考”栏目，组织郑州大学志愿者深入到都市村庄凤

凰台村宣传急救知识和技能，增强了人们自救互救的意识，为红十字会在全社会普及救护知识营造了舆论氛围。

世界艾滋病日期间，围绕“遏制艾滋，履行承诺”的主题，河南省红十字会组织志愿者开展了多种形式的活动，宣传预防艾滋病知识。同时各省辖市利用有奖问答、设立咨询台、悬挂宣传条幅、散发宣传单、制作宣传版面等形式宣传艾滋病预防知识，开展形式多样、规模不等的宣传活动。

系列活动的开展均主动邀请报社、电视台、广播电台等主流媒体参加并进行宣传报道。这些宣传报道，影响广泛，提高了红十字会的知名度，传播了红十字运动知识，扩大了红十字会的影响。

（八）加强组织建设和干部队伍建设

根据中国红十字会第八次会员代表大会和中国红十字会总会《关于进一步加强红十字会工作意见的通知》精神，河南省红十字会注重省辖市及县（市）级红十字会的体制理顺工作，理顺管理体制工作取得一定进展。2005年，新乡市红十字会在市委、市政府的支持下，单独列编，理顺了管理体制；驻马店市红十字会抓住彭珮云会长调研工作的契机，理顺了确山、西平两县红十字会的管理体制。这些市县体制的理顺加快了全省红十字会理顺管理体制的步伐。

为了让更多的人加入到宣传捐献造血干细胞知识的行列，促使越来越多的人参与到造血干细胞捐献事业中来，河南省分库成立了“造血干细胞资料库志愿者之家”。志愿捐献者之家成立以来，经过培训及交流，志愿者在策划、组织和造血干细胞知识的宣传动员活动中起到了积极的作用。

为提高全省红十字会干部队伍的整体素质，使新人员尽快熟悉红十字会工作，适应新形势对红十字会的要求，河南省红十字会举办了全省红十字会专职干部培训班，对没有参加过培训的各级红十字会负责人和专职干部进行了系统的国际红十字运动基本知识、国际人道法、宣传、卫生救护、救灾救助、造血干细胞捐献等方面的知识培训。来自各省辖市及14个机构独立设置的县（市）区红十字会的43名专职干部参加了培训。通过培训，使专职干部们全面系统地了解红十字会的历史、原则、任务和红十字会的工作程序，开阔了视野，理清了思路，增强了做好红十字会工作的信心。

2005年，在全省工作会议上，河南省红十字会首次与省人事厅联合表彰了全省红十字会系统先进集体和先进工作者，调动了全省红十字系统专职工作人员工作的积极性。

【历史沿革】

河南省红十字活动始于1911年，河南省红十字会成立于1954年9月，时称中国红十字会河南省办事处，“文革”时期，省红十字会停止了活动。1985年，河南省红十字会恢复工作。1990年，河南省全部建立县级以上红十字会，受到中国红十字会总会贺电表彰。1996年5月，河南省人大常委会颁布实施《河南省实施〈中华人民共和国红十字会法〉办法》。2002年2月，河南省编委批准省红十字会机构独立设置。2002年8月，中共河南省委批准配备了省红十字会新的领导班子。河南省的红十字事业进入新的发展时期。

【组织机构】

目前，河南省红十字会由省政府领导联系，编制18人，省红十字会内设办公室、赈济救护部、组织宣传部三个职能部门。全省已建立基层组织4000多个，会员70余万人。各省辖市、县（市、区）和部分乡镇、行政村建立了红十字组织，初步形成了全省性的红十字组织体系。

【主要特色】

（一）“送温暖助万家”活动

河南省红十字会连续5年与中共河南省委宣传部、省精神文明委员会联合发文，以省委驻村工作队为依托，在每年元旦春节期间开展的“送温暖助万家”活动。该活动是河南省红十字会在救助工作中探索出的新模式，它既为贫困群众送去节日的欢乐和温暖，又确保了救助物资真正发放到最需要救助的群众手中，受到困难群众的欢迎。

（二）艾滋病防治与帮扶工作

近年来，河南省红十字会在当地党委、政府的领导下，按照《河南省有关厅局委部（团体）预防控制艾滋病性病工作职责》的分工要求，认真开展了艾滋病防治的有关工作。

根据中共河南省委、省人民政府的安排，河南省红十字会作为省直机关38个艾滋病帮扶工作队之一，于2004年2月进驻艾滋病高发村——驻马店市确山县三里河乡南泉村，开展艾滋病防治帮扶工作。入村以来，集中力量在“六个一”工程建设、救治救助等方面做了大量工作。目前，一条路、一所学校、一所卫生所、一套供水设施、一座文化大院、一个阳光家园（孤儿、孤老院）的“六个一”工程，已经按照预期目标全部保质保量完成并投入使用。同时，河南省红十字会发挥自身优势，筹措了价值100余万元的款物开展了救助、助学、义诊、义治等形式多样的救助活动。

（三）“医疗事工”活动

1991年，河南南部遭受严重洪涝灾害，在众多灾民急需救助之际，香港天邻基金会发起成立了“香港血浓于水赈灾运动河南送暖行动”，援助资金1000余万元港币，制作“暖包”数十万个，通过河南省各级红十字会组织直接送到最需要救助的灾民手中。香港天邻基金会还援建了信阳、驻马店两地被洪水冲毁的7所乡镇卫生院；在饮用水困难的河南南部山区修建饮用水井10多眼，惠及灾民和贫困群众近百万人。1993年，为改善河南省灾区及贫困地区群众就医困难的情况，香港天邻基金会又发起成立了“香港天邻基金会河南医疗事工委员会”，与河省红十字会共同开展了长达10多年的“河南医疗事工”救治救助活动。10多年来，香港天邻基金会与河南省红十字会合作，在当地政府部门、红十字会、有关医院的支持与配合下，在河南省的许昌、洛阳、安阳、鹤壁、郑州、平顶山、济源、新乡、焦作、驻马店、开封等地区开展了医疗救治救助活动。据统计，香港天邻基金会为开展“河南医疗事工”活动捐资800余万元，共组派800余人次医护人员到河南省服务。免费为贫困病人义诊60000余人次，做手术2000台次。为河南省62所小学的11200名师生进行了牙科普查、治疗，并捐赠图书30000余册。“医疗事工”活动向河南省贫困群众提供了实实在在的人道主义救助，受到山区、边远贫困地区困难群众的欢迎。

（路贺民）

郑州市红十字会

【简介】

郑州市红十字会成立于1955年，当时

市内各区街道建立红十字会小组或红十字卫生站约250余个。文化大革命期间，红十字会停止活动。1986年恢复工作。1988年，郑州市所属12个县（市）、区均建立红十字会组织。

1996年4月郑州市红十字会解决了机构编制，为隶属市卫生局的事业单位，事业编制5名，规格相当于科级。2003年6月，郑州市编委批准郑州市红十字会机构独立设置，规格为正县级，设会长1名，副会长、秘书长各1名，事业编制10人，市红十字会内设办公室、赈济处。2003年12月，郑州市红十字会新一届领导班子成立，郑州市的红十字事业进入了新的发展时期。

目前，郑州市所属县（市）、区基层红十字会组织已达530个，共有会员18万余人（其中青少年会员8万余人），市直团体会员单位46个，初步形成全市红十字组织体系。

【年度工作】

2005年，郑州市红十字会在市委、市政府的正确领导和上级红十字会的指导下，以理顺管理体制，完善组织建设为重点，以救灾、救助、救护为主要任务，各项工作均取得较好成绩。

一、各级领导高度重视，为红十字会工作的发展提供了动力。5月16日，中国红十字会会长彭珮云一行7人来到郑州视察工作，郑州市副市长、市红十字会名誉会长高建慧，郑州市红十字会会长王万鹏等就市红十字会近年来的主要工作、存在的困难和问题、今后的工作任务三个方面向彭珮云进行了汇报。19日上午，彭珮云对登封市红十字会进行了考察，实地观摩了少林寺红十字会僧人卫生救护队现场急救术表演，仔细了解市红十字会开展卫生救护工作情况。彭珮云在结束考察时，对郑州市红十字会近年来积极依法开展募捐、救灾备灾、扶危济困、改善最易受损害群体的境况、全面开展卫生救护培训、推动无偿献血、造血干细胞捐赠等工作给予了肯定和赞扬，并对今后红十字会工作，尤其是县（市）、区红十字会理顺管理体制工作了指示。市委、市政府的主要领导和分管领导高度重视红十字会工作，多次过问并参加红十字会组织的各项活动，对全市红十字事业的发展起到了极大的促进作用。

二、加强组织建设，为红十字事业的发展奠定良好基础。

筹备召开了四届四次理事会。4月28日召开了郑州市红十字会第四届理事会第四次会议，传达了中国红十字会第八次全国会员代表大会暨省红十字会工作会议精神，会长王万鹏作了工作报告。会上，河南省红十字会专职副会长张甫元代表省红十字会和郑州市副市长、市红十字会名誉会长高建慧讲了话。大会并审议通过了更换、增补理事、常务理事、秘书长、副会长、会长的决议，聘请了5位次兼职副会长。

加强了机关内部建设，健全和完善了各项规章制度，起草上报了“关于理顺县（市）、区红十字会管理体制的请示”；摸清了会员单位底数，并认真做好会费收缴工作；新郑市红十字会不仅解决了机构“三列”问题，而且解决了办公用房等实际问题，为各县（市）、区理顺管理体制带了个好头。

三、救灾、救援工作卓有成效。2005年年初，在印度洋地区发生地震、海啸灾难之即，郑州市红十字会积极响应中国红十字会总会的号召，迅速开展赈灾募捐工作。在不到一个月时间里，为印度洋“海啸”灾区募捐 242.7 万元，为灾区的救灾及重建工作做出了积极的贡献。7 月中旬，受台风“海棠”影响，郑州市荥阳、上街、新密、登封、中牟等地相继遭受洪涝灾害，郑州市红十字会领导在第一时间深入灾区一线察看灾情，了解需求，并迅速将 72 吨面粉、200 条被子、1000 条毛巾被、50 箱消杀药品、500 条毛毯等救灾物资运往灾区，帮助灾民渡过难关。

四、日常募捐工作有新起色。为了拓宽募集救助资金渠道，增强红十字会救助实力，市红十字会新制作 36 个募捐箱，放置在一些大型超市、药店、宾馆、机场、银行等处。仅易初莲花超市 1 个募捐箱就募集了 14000 余元。红十字会利用募捐箱募集到的资金，对郑州市社会福利院 3 名残疾儿童进行了救治。

五、救助工作深入人心。本着覆盖面大，救助效果好，宣传力度大，量力而行的原则，开展了系列博爱救助活动。2005 年以来共计投入 50 余万元。2005 年春节开展了“红十字博爱送万家”活动，为 51 名贫困群众送去了节日慰问品。3 月开展了第二期“为贫困山区农民送光明”活动，为 106 名农村贫困白内障患者实施了免费手术。5 至 8 月份，市红十字会与市残联、郑州晚报社联合开展了“博爱助行”活动，免费为 100 名贫困下肢缺残人员安装了假肢，。“六一”期间，为福利院儿童送去了 400 册图书和西瓜、饼干等食物。

六、捐献造血干细胞工作在全省名列前列。2005 年，在社会各界的广泛参与和各县（市）区红十字会的共同努力下，市红十字会积极做好宣传工作，通过扎实有效的工作，使造血干细胞捐献工作取得新的成绩。截至目前，全市已完成了 1600 余份造血干细胞的血样采集工作，4 人的成功捐献，造血干细胞捐献占全省成功捐献率的 64%，创全省 2005 年造血干细胞三个第一：即采集数量第一，配型成功捐献人数第一，创建了第一家固定采集血样的医院。

七、卫生救护培训工作全面开展。为让更多的普通群众掌握自救互救初级卫生救护知识，提高全民的自救互救意识和生命质量，共同构建社会主义和谐社会，郑州市红十字会克服多种困难，利用有限条件，积极开展卫生救护培训工作，2005 年，共举办了 10 期卫生救护培训班和讲座，使数千名群众了解和掌握了卫生救护知识，通过扩大覆盖面，使卫生救护知识走进了社区、学校、机关、厂矿、建筑工地和健身房。

八、其他各项工作均有新突破。市红十字会制订下发了《创建全国社区红十字服务示范市实施方案》，有 60 个社区成立了红十字组织。为了在广大社区居民中普及救护知识，举办了专题救护知识师资培训班，为 23 个社区培训师资 47 人。先后为同乐、兴隆、裕华和粮运社区的 500 余名居民讲授了救护知识培训课。

九、青少年红十字活动进一步开展。2005 年，八中及八中分校建立了红十字组织，并结合素质教育，送红十字会知识进学校，使红十字青少年工作得到了进一步加强。提高了红十字会的社会知名度。中小学生医疗互助基金工作正在筹建当中。

（郑　红）

湖北省红十字会

【年度工作】

一、组织建设工作

理顺地级市红十字会管理体制工作取得进展。6月份，省政府办公厅转发了《关于进一步加强红十字会工作的意见》。8月份，召开了理顺地级市红十字会管理体制座谈会。10月份，与省人大一同就理顺管理体制进行了专题调研。11月份，中国红十字会彭珮云会长来湖北视察，肯定了省红十字会理顺管理体制工作取得的成绩。武汉、十堰、宜昌、咸宁、黄冈、鄂州、荆州市共7个市红十字会已理顺了管理体制。

二、募捐与备灾救灾工作

1. 全省红十字系统共募集救灾款物价值1065.13万元（不含海啸募捐款及项目款），省红十字会向灾区发放款物价值477.7万元。共发放17个市、州，800多个村，受益人口达27.07万人次。1月，全省红十字会系统积极为东南亚海啸灾民募捐，上缴总会565万元。元旦、春节期间，全省红十字会普遍开展"红十字博爱送万家"活动，共投入297.5万元救助款物，94801人受益。6月，省红十字会会同武汉、黄石、鄂州、仙桃红十字会支援新疆博州灾区10万元救助款。7月，省红十字会救灾工作组前往咸宁市通城县五里镇太平坳慰问因暴雨受灾的群众，发放了价值16.5万元救灾物资。8月，为救助十堰市受灾群众，累计向十堰灾区发放了45万元救灾款物。9月，省红十字会向襄樊市灾区送去了90多吨大米和300床棉被。10月，省红十字会会同武汉、仙桃市红十字会为武汉、仙桃等地汉江分洪区的灾民及时送去棉被、棉衣、毛毯、饼干等物资。11月，省红十字会会同黄冈市红十字会，将价值2万余元的物资及时送到受地震影响的武穴市灾民手中。12月，省红十字会赴恩施慰问少数民族困难群众，送去价值18万多元的救助物资和2万元现金。省红十字会与武汉地区多家媒体联合，为白血病患儿马骁帆募集了10万元的救助款。

2. 争取外援取得良好社会效益。2005年，省红十字会累积争取外援捐赠资金181.76万元，已落实到位。一是德国巴州红十字会援建10000欧元，用于宜昌市夷陵区白羊坪村的改厕工作。二是澳门红十字会援建湖北省罗田安仁山中心小学、赤壁中伙铺镇小学共计30万元。三是南京市红十字会捐建的鄂州市鄂城区龙山小学教学楼建设共计51.16万元。四是天狮集团援建20万元用于建设赤壁市赵李桥镇中心小学。五是6期总会彩票公益金救护师资培训班共计24万元。六是长江投资（上海）有限公司援助宜昌五峰妇幼保健院医疗设备46.6万元。

3. 各级红十字会加强了募捐力度。武汉市红十字会通过发行"人道救助基金"公益明信片，为市、区两级红十字会筹集500多万元救助资金。浠水县红十字会筹集100多万元建立了"艾滋病关爱基金"。

三、救护救助与社会服务工作

1. 2005年，省红十字会完成了6期彩票公益金项目救护师资培训班，组织参加总会师资培训272人，全省举办各类救护知识培训班115期，共培训师资1772人，培训救护员113397人。武汉、荆州、十堰、鄂州、天门、宜昌、神农架等市也完成了全年救护员培训任务。

2. 红十字进社区工作取得了初步成效。据初步统计，全省共成立街道红十字会200个，建立社区红十字服务站86所，发展社区志愿者1670人。2005年，在武汉、咸宁两市建立了3个“博爱超市”，作为救助社区困难人群的固定场所和居民互帮互助的窗口。

举办红十字会法和红十字知识、救护知识讲座共861场次，受教育群众10万人次；印发各种宣传材料3.5万份。

3. 积极参与无偿献血、骨髓捐献、捐献遗体工作。4月初，省红十字会向全省各地发出了《关于开展五·八世界红十字日宣传月活动的通知》，提出了开展宣传月的宗旨、主题、口号、时间安排和具体要求。与团省委联合发文，在全省团员青年中开展了无偿献血活动。活动期间，全省红十字会与各级工会联合免费为6000多名部级劳模进行了体检。在世界艾滋病日之际，全省红十字会广泛开展了慰问艾滋病人活动。12月1日，省红十字会与武汉市红十字会在浠水县举办了大型慰问活动，向300户艾滋病家庭发放大米19吨、食用油1500公斤、方便面300包、棉衣（被）各300件（床）、优良稻种1500公斤，价值13.4万元。鄂州市红十字会组织开展了“红丝带一元捐”活动，随州市红十字会慰问了186户艾滋病家庭。襄樊、十堰等市红十字会也开展了相应的宣传活动。

省编办批准设立了“中国造血干细胞捐献者资料库湖北分库管理中心”。全年累计报名捐髓的志愿者达5000余人，完成了总会下达的3000份资料入库任务，目前已累计完成7662份资料入库任务。2005年，省红十字会骨髓库初步配型成功45例，高分辨配型16例。

遗体捐献工作取得新的进展。武汉市红十字会于2005年3月在石门峰陵园修建了遗体捐献纪念碑。截至12月31日，共有1634人申请登记捐献遗体，新增申请登记353人，实施捐献22例，累计捐献已达49人；新增捐献眼角膜报名登记44人，累计捐献眼角膜人数达9人。

四、宣传工作

宣传工作扩大了红十字会的影响。全省各级红十字会广泛开展了形式多样的宣传活动，举办红十字会法讲座和国际红十字运动基本知识培训班，制作展板、折页，利用新闻媒体宣传报道红十字会工作等，取得良好社会效应。省红十字会全年编印《红十字信息》14期2800份，发新闻宣传报道200多篇（条）。

五、红十字青少年和对外交流与合作工作

1. 2005年6月，省政府办公厅发文要求各级政府大力支持各级红十字会开展红十字青少年活动。10月，省红十字会成立了学校工作委员会。11月，召开了全省红十字青少年工作会议，制定了《湖北省红十字会青少年工作2005—2009年发展规划》、《湖北省学校红十字工作委员会工作细则》、《湖北省红十字青少年工作模范校评审表彰办法》和《湖北省红十字青少年工作模范校标准（大、中、小学）》等文件。截至2005年底，全省17个市（州、林区）中，有9个成立了学校红十字工作委员会，各级各类学校建会总数达1220所，共发展红十字青少年会员64.9万人。

2. 省红十字会组团与美国、加拿大、

印度尼西亚等国地方红十字会进行了友好交流，接待了德国巴登符腾堡州红十字会会长一行的来访。

【历史沿革】

湖北省红十字会起源于20世纪初，是中国红十字会早期活动地之一。

1911年10月10日，辛亥革命在武昌爆发，11月底，袁世凯率清军攻打汉口。1912年初，当驻汉各国使节尚在清政府与革命党起义力量之间权衡利弊、左右观望之际，武汉市基督教美国圣公会（世界新教三大主流门派之一的“安立甘宗”在中国的称谓）吴德施主教责成教会所辖的武昌文华中学校长余日章等人组成红十字会，余日章与城内一批中外有声望的士绅商贾出面组织红十字会（当时该红十字会未得到中国红十字会的认可），建立临时伤兵医院，救治战斗中负伤的起义军民，掩埋阵亡将士，对战区灾民进行收容赈济服务。“当城内缺粮问题日趋严重时，他又率悬有大幅红十字会会旗的船队往来于武昌汉口之间，将数万吨米运往武昌……”1912年1月，中华民国建立，大清红十字会改名为中国红十字会后，设临时医院于武汉，并组织医疗队在战争中开展力所能及的救护、救助工作。时任在武昌的黎元洪副总统在一份致南京孙中山大总统电文中有这样记载：“南京孙大总统：鄂省自起义以来，血战数十日，尸骸枕藉，无算伤残。幸赖中国红十字会，设立临时医院，救治被伤兵士，并施掩埋……得邀万国红十字会联合公认该会为中华民国正式红十字会……伏恳请准予立案……”等。在《中国红十字会二十年大事纲目》清宣统三年（1911年）中这样记载：“武汉事起，各省响应。宜昌沙市荆州南京宿州正阳等处，相继剧战。本会悉就其地，组织医院医队，会请教会西医，竭诚救护。”另有1912年12月19日武昌徐森玉关于万家庙义塚给红十字总会求助的电文：“喜鹊胡同红十字总会冯伯翁……来鄂襄阳掩埋功不得已禀黎副总统查核允助洋千元安铜旗铁栏种树……”在辛亥首义阳夏战争中，在上海万国红十字会电请下，黎元洪指派陈雨苍改组红十字救护队之后，在汉口药帮巷（福建巷堤外）设会所。1916年6月，中国红十字会汉口分会成立（据夏口县志记载），会长刘子敬，副会长王琴甫，理事长树景权，秘书长王民仆，有会员500多人。1917年湘鄂战争之际，在汉口设临时医院3所等。全省各地也都纷纷有红十字会的分会成立，例如宜昌、襄阳等地，有文字这样记载：民国7年（1918年）中国红十字会宜昌分会成立，借大北门外正街北五省会馆为会址。自建会所中山路，会员105人，送诊施药，救护伤员。到1924年湖北省各地被中国红十字会认可的分会已有20个：武昌分会、汉口分会、潜江分会、通城分会、崇阳分会、宜都分会、沙市分会、襄阳分会、郧县分会、黄冈分会、樊城分会、大冶分会、宜昌分会、鄂城分会、蕲水分会、枣阳分会、蕲春分会、光化分会、当阳筹备处、老河口筹备处。

1937年，抗日战争全面展开，中国红十字会的战争救护工作也在全国全面展开，在汉口成立了中国红十字会救护总队，下设10个医疗大队、50个医疗中队、100多个区队，有近150支医疗队，医疗救护人员近4000人。如：1938年5月11日下午1时武昌红十字分会临时救护委员会第一次成立会议在武昌红十字分会召开，主席吕道信。医疗队认真贯彻红十字运动基本原则，不论是国民党政府军队，还是共产党领导的八路军、新四军，甚至日本侵略军的伤病人员都一视同仁予以救护。1937 年 6 月，由苏汰余任汉口分会会长。武汉沦陷后，直到 1946 年 4 月恢复汉口分会，常务理事长李荐廷，常务理事兼副会长王民仆、宋如海。设红十字会医院一所，院长朱文俊，1947 年有会员 19438 人。

新中国成立后，1956 年 4 月，由姚克方、卢镳澄、孙冰、毛景芳等人组成湖北省红十字会临时办事机构，孙冰任总干事。11 月 20—22 日在武昌洪山礼堂召开了湖北省红十字会第一次会员代表大会，出席会议代表团 123 人，大会选出 41 人组成执行委员会，姚克方任主席，刘劲、卢镳澄任副主席；7 人组成监察委员会，唐午园任主任委员，熊子民任副主任委员。湖北省红十字会成立后，按照《中国红十字会章程》办事，在省人民政府的领导下，认真贯彻“预防为主”的卫生工作方针，积极开展群众性的卫生宣传、卫生服务和卫生救护培训工作，建立卫生站，大力从事救死扶伤、爱国卫生、群防群治、学校青少年卫生、普及卫生知识、救济贫民及灾民等工作。到 1958 年，红十字会活动已在武汉市、沙市市、宜昌市、襄樊市及麻城、浠水、孝感等市县普遍开展起来，仅武汉市就有会员 30 多万，基层组织 680 个，工厂、学校、都有组织参与，把爱国卫生运动推向高潮。1964 年 11 月上旬，召开湖北省红十字会第二次会员代表大会，姚克方任会长。“文革大革命”中省红十字会被迫停止工作。1978 年武汉市红十字会率先恢复活动，至 1984 年 10 月，武汉市已发展基层组织 677 个，会员 80505 人。1985 年 7 月，湖北省红十字会恢复工作，8 月召开了湖北省红十字会第三次会员代表大会，出席会议代表人 60 人，何界生任会长，金振涛为常务副会长，省红十字会办公室设在省卫生厅内，办公室由兼职秘书长陶再华主持工作。省红十字会自 1985 年恢复工作以来，即致力于各级红十字会的恢复组建工作，全省各地、市、州、县均成立了红十字会。1996 年 5 月 24 日，召开了湖北省红十字会第四次会员代表大会，出席会议代表 56 人，贾志杰为会长，韩南鹏任会长，涂用宏为常务副会长，冯芊为秘书长，下设省红十字会办公室、组训部和宣传部。

自第四次会员代表大会后，湖北省红十字会在湖北省委、省政府和中国红十字会总会的领导和指导下，坚持依法建会、依法兴会，做了大量的卓有成效的工作。

2004 年 9 月 6 日，湖北省红十字会召开了省第五次会员代表大会，回顾总结了“四大”以来湖北省红十字工作所取得的成绩和经验；审议通过了第四届理事会的工作报告、《湖北省红十字会实施〈中国红十字会章程〉细则修改意见》、《湖北省红十字会 2005 至 2009 年发展规划》；选举产生了新一届理事会并召开了第五届理事会第一次会议，聘请了中共中央政治局委员、中共湖北省委书记俞正声为省红十字会名誉会长，韩南鹏为名誉副会长，副省长蒋大国同志当选为会长，毛三元同志为专职副会长，黄利鸣、谢继伦同志为兼职副会长，根据会长提名冯芊为秘书长。

湖北省红十字会历次会员代表大会

第一届

1956 年 11 月 20 召开，代表 123 人，

理事52人，常务理事11，会长姚克方。

第二届

1964年11月召开，代表41人，理事25人，名誉会长姚克方。

第三届

1985年8月召开，代表60人，理事13人，常务理事8人，会长何界生，常务副会长金振涛。

第四届

1996年5月24日召开，代表191人，理事56人，常务理事20人，名誉会长贾志杰，会长韩南鹏，常务副会长涂用宏。

第五届

2004年9月日6召开，代表263人，理事71人，常务理事13人，名誉会长俞正声，会长蒋大国，常务副会长毛三元。

【组织机构】

截至2004年底，湖北省红十字会有基层组织4579个，会员104.8万人(其中青少年会员88.7万人)，占全省人口的1.74%。全省17个地(市)、州都建立了红十字会组织，基层组织分布于全省城镇、农村、医院、学校等，这些机构和基层组织是湖北省开展红十字工作的基本力量。湖北省红十字会机关设有办公室、赈济救护部、事业发展部，下辖中国红十字会湖北备灾救灾中心。

根据《中华人民共和国红十字会法》和中国红十字会总会《理顺管理体制座谈会纪要》精神，2001年5月15日，湖北省编委对省红十字会管理体制和机构编制问题给予了批复。省红十字会“由省卫生厅代管”改为“省政府分管领导联系”。2002年，中共湖北省委组织部又进一步明确了省红十字会党组设置和干部管理等若干问题。湖北省部分市、县红十字会也结合实际按政府机构改革方案的要求进行了合理的调整，配有专职干部，保持了相对独立的工作体系。

目前，全省12个地级市、3个省直辖行政单位、1个林区和1个自治州红十字会是：武汉市红十字会、黄石市红十字会、襄樊市红十字会、十堰市红十字会、荆州市红十字会、宜昌市红十字会、荆门市红十字会、鄂州市红十字会、孝感市红十字会、黄冈市红十字会、咸宁市红十字会、随州市红十字会、仙桃市红十字会、天门市红十字会、潜江市红十字会、神农架林区红十字会、恩施土家族苗族自治州红十字会。

【大型项目】

（一）1998年，为救助长江流域特大洪涝灾区，湖北省红十字会共募集救灾款物1.4亿元。

（二）1999年，湖北省红十字会募集善款2012.32万元，为1998洪涝灾区重建了卫生院13个；募集善款253.23万元，重建学校9个；募集善款150万元用于14个水改项目；募集资金330万元建地区备灾仓库4个；援助灾区2000户民房建材591.5万元；援助灾区民房门、窗10万元；为基层医疗机构配备医疗器械、设备63台（套），价值209.79万元。

（三）2003年，湖北全省红十字会系统为防治“非典”募集款物价值708万元；募集价值16万元的款物支持新疆灾区。

【主要特色】

（一）加强备灾基地建设，提高救助能力。为提高湖北省红十字会救灾应急能力，经省红十字会多方呼吁和劝募，共筹集资金330多万元。在当地政府的支持下，筹建了荆州、宜昌、咸宁、黄冈、四个备灾救援中心。目前，全省救灾备灾建设项目总面积达到1万多平方米，全省初步形成了以中国红十字会总会湖北备灾救灾中心为骨干，以四座市级备灾救援中心为支撑的备灾救灾网络，增强了全省红十字会的备灾实力，提高了救助效能。

（二）湖北省红十字会不断加强国际友好交流与合作，在中国红十字会总会的指导与支持下，先后与20多个国家的地区红十字会建立了长期交流的友好关系。

（三）认真处理有关台湾事务。2001年6月23日，受“飞燕”台风影响，“广源轮”货船在台湾安平港沉没，船上23名大陆劳务外派船员全部落海。其中湖北籍船员22名，安徽籍1名，19名船员遇难或失踪，4名生还。在台湾“海基会”与大陆“海协会”暂停交往的情况下，湖北省红十字会通过中国红十字会总会积极与台湾红十字组织取得联系，组织遇难者家属赴台，配合、协助长江航运集团公司处理善后事宜，圆满完成了任务，受到国务院台办、中国红十字会总会、湖北省台办等有关部门领导给予的高度评价。同时也为两岸红十字组织今后处理此类突发事件提供了经验。

（鲍　毅）

武汉市红十字会

【简介】

武汉市红十字会成立于1916年，至今已走过了90年的风雨历程。据史料记载，早在1900年，黄祖徽等人就在武昌创立了红十字会，开展人道主义救助工作。之后，在汉口药帮巷（今硚口区新安街派出所）开设医院。1916年6月27日，中国红十字会汉口分会成立。以“博爱恤兵”为宗旨，在军阀混战、陕甘旱灾、沙宜防疫、武昌围城、汉口大水灾等重要事件中做了不少救护兵丁、收埋遗体、协助防疫等公益救济工作。

新中国成立后，尤其是改革开放以来，武汉市红十字事业焕发了勃勃生机，是1979年全国首批恢复红十字会工作的10个城市之一。

2002年12月，武汉市委办公厅下发了《中共武汉市委办公厅关于印发〈武汉市红十字会机关机构编制方案〉的通知》。按照该文件精神，市红十字会内设2个职能部（室），即办公室和业务部。2005年4月，市机构编制委员会印发了《关于调整市红十字会管理体制的通知》，明确了市红十字会不再由市卫生局代管，改为市政府分管领导联系，党的关系归口市直机关工委领导。同时，核定市红十字会副局级领导职数一名。2006年1月，市红十字会专职副会长到任，市红十字会理顺管理体制工作迈出了坚实的一步。

武汉市红十字会现任会长为市政府副市长刘顺妮，谢江虹为市红十字会专职副会长。

目前，武汉市13个区都建立了红十字会组织，有专（兼）职干部17名。全市设立红十字基层组织由1981年的622个增加到2005年的2160个，会员由1978年恢复初期的7.6万人增加到2005年的46万人。

随着中国红十字会总会倡导的“三项工程”（救援工程、爱心工程、生命工程）建设的深入发展，武汉市红十字会以救灾、救助、救护为主体，以无偿献血宣传组织、遗体捐献、角膜和骨髓移植为抓手，以救护培训为依托，以社区服务建设为载体，逐渐形成了颇具武汉特色的红十字人道主义事业格局。

【年度工作】

2005年，武汉市红十字会在市委、市政府领导下，充分发挥社会救助团体优势，积极推进救援、救助、救护工作，把红十字会“三项工程”建设落到实处。

一、多方募集人道主义救助资金，扩大救助覆盖面

据统计，截至2005年11月底，武汉市红十字会通过劝募、向社会呼吁、发放公益明信片、设置募捐箱等方式自筹以及接受社会各界、上级红十字会和境外组织捐赠等方式，累计募集款（物）突破800万元，其中资金达725.69万元，为武汉市红十字会历史上募集资金最多的一年。

1. 发行公益明信片，是拓宽筹集善款渠道的有效尝试。市红十字会开展的发行公益明信片筹集捐款活动，被市政府领导称为2005年工作的一大亮点，是市红十字会历史上规模最大、捐款数量最多、参与范围最广、形式最为活跃的一次募捐活动。市、区红十字会干部以高度的责任感、使命感开展募捐活动，一个季度的时间，共筹集人道救助资金502万元。

2. 为印度洋海啸灾民捐款。武汉市红十字会开展为印度洋地震海啸灾区捐款活动，共接收社会各界捐款达191万元。

3. 小小募捐箱成为传递爱心的桥梁。2005年，武汉市红十字会增设募捐箱15个。目前，在宾馆、酒店、超市、银行、医院以及餐饮娱乐场所共设置红十字募捐箱100多个，全年募捐箱筹集善款达15万元。

此外，武汉市红十字会还接收中国红十字会、湖北省红十字会及社会各界捐赠的各类救助物资折合人民币156万元。

二、积极参与各种灾害救助行动，人道救助形式多样、活动异彩纷呈，充分体现对弱势群体的博爱关怀。

2005年，武汉市、区红十字会用于救助各种国（省）内外自然灾害、救援弱势群体（包括孤、寡、病、残、困）及帮助失学儿童就学，帮助癌症等大病患者、慰问艾滋病人、为劳模办实事等累计投入款物487万元，发放各类救助物资价值人民币150多万元。2005年，市红十字会发起组织的各类救助活动15次，受益人数达5000余名。

10月初，为配合汉江特大洪水蔡甸分洪，在省红十字会大力支持下，市红十字会积极筹集棉被、食品等救灾物资价值7万多元送到灾区。向海南省、新疆博尔塔拉自治州、海口市、江西省九江市、湖北省十堰、恩施、鄂州、黄冈等灾区提供捐款33余万元。

针对社会上大病患者呼吁救助的情况，市红十字会积极走访大病绝症患者87人次，捐款25万余元。

1月8日，2005年“红十字博爱送万家”活动在洪山区政府隆重举行，市红十字会共筹集大米45吨、食用油3.5吨、棉衣、棉被3000套，价值人民币38万元，发放给全市的3000个特困家庭。

“五一”国际劳动节前夕，市红十字会和武汉华西医院联合发起为劳模体检活动，为在汉的200名省部级劳模每人提供价值300元的义务体检项目。为协助政府落实对艾滋病人“四免一关怀”的承诺，市红十字会会同省红十字会联合开展“关爱大行动”，红十字会领导和工作人员逐户上门劝募并呼

吁社会各界为艾滋病患者奉献一份爱心。据统计，市红十字会共提供现金 6 万元、食用油 2000 瓶、棉被 500 床，合计价值人民币 12 万元。

为帮助失学的孩子返回校园，市、区红十字会组织了 10 余次社会募捐活动，2005 年共资助特困学生 100 多名。市红十字会每学期分别为特困大学生捐赠 500 元，中学生捐赠 300 元，小学生捐赠 200 元。

三、遗体捐献纪念碑落成，积极为建立中华骨髓库宣传造势

在市人大、市政府及石门峰陵园管理处的大力支持下，市红十字会于 2005 年 3 月 29 日举行了遗体捐献纪念碑揭幕仪式。

截至 2005 年 10 月，武汉市共有 1634 人参加遗体捐献登记，累计实施捐献 52 例。其中，2005 年新增申请登记 353 人，实施捐献达 23 例。捐献眼角膜登记 44 人，有 5 人捐献了眼角膜。

中国造血干细胞库湖北分库的建立，得到了社会各界的广泛响应，在市血液中心的大力配合下，武汉市招募志愿捐献者人数超过下达计划数 100%，被省红十字会评为先进单位。

四、不断加大培训工作力度，确保完成全市各行业救护培训任务。

2005 年，市红十字会积极开展救护培训工作，参训人员累计 3.27 万名。其中师资 380 名，社区居民 550 余名，大中小学生 3 万余名，旅游系统职工 1600 名，商业系统职工 200 名，举办各类救护培训班 11 期。

五、积极创建富有武汉特色的红十字青少年工作新路，拓展交往渠道

2005 年，在教育部门的积极支持下，红十字青少年工作取得了长足发展。新增创建“示范”学校 2 所、合格学校 5 所，发展青少年会员 1700 余名，90% 成立了红十字会组织的学校常年都有红十字青少年活动。有的学校还将红十字青少年工作与德育教育、公德意识培养、青春期教育紧密结合起来，把培养学生敬老助贫、扶危济困与社会实践紧密结合起来，很多学校在社区开展“三定一包”服务活动，取得了很好的效果。

市红十字会多次派员赴兄弟省市红十字会就卫生救护培训、社区服务、红十字青少年等工作参观学习，借鉴对方的新鲜经验，加强了彼此的互动和交流。

六、积极拓展社区服务工作，不断探索建立红十字服务的长效机制

按照中国红十字会总会和民政部联合下发的《关于开展社区红十字服务工作的通知》和《关于开展全国社区红十字服务示范活动的意见》的要求，市红十字会重点投入，积极推进社区红十字服务工作。

11 月 21 日，中国红十字会会长彭珮云考察了武昌区东亭社区红十字会。彭珮云对武汉市红十字会的社区工作给予了肯定，还高兴地为该社区题了词。

据统计，2005 年，武汉市红十字会在中央、总会、省、市新闻媒体上刊载新闻报道 130 余篇。

（刘　彤）

湖南省红十字会

【年度工作】

2005 年，湖南省红十字会在省委、省政府的领导下，在中国红十字会总会的指导

和支持下，以“树形象、创品牌、强实力、出效力”为目标，大力开展宣传动员工作，广泛募集救助资金，持续开展“三救”活动，充分发挥政府人道救助领域助手作用，各项工作取得了突破性进展。

一、落实“八大”会议精神，加强宏观指导

湖南省各级红十字会在当地党委和政府的领导下，认真扎实地开展了保持共产党员先进性教育活动，并与贯彻中国红十字会“八大”会议精神有机地结合起来，做到了“两手抓，两不误，两促进”。湖南省红十字会组织召开了五届二次理事会和全省工作会议，并转发了国务院办公厅转发中国红十字会总会《关于进一步加强红十字会工作意见》的通知，制定下发了《湖南省红十字会自然灾害应急预案》等；湖南省人民政府办公厅转发了《关于进一步加强红十字会工作的意见》，对湖南省红十字事业的发展，起到了强有力的指导和推动作用。

二、理顺管理体制

2005年，湖南省政府常务会议明确提出“要把红十字会未来5年发展目标和任务结合湖南实际情况认真落实”。6月，省红十字会机关搬迁了新办公楼，争取编办支持，增设了事业发展部，并增加了一名编制。株洲市、邵阳市等红十字会在2004年实现独立的基础上，2005年又解决了办公场地，搬进了新政府大楼办公。株洲市芦淞区红十字会2005年实现了独立，机构定为正科级，另有6个县（市）红十字会实现了独立。大多数县、区级红十字会实现了机构列编、经费列支、人员列位。全省目前有专兼职红十字工作人员358人，基层组织4700多个，会员83.5万人，志愿者5200人。

三、备灾救灾

为进一步规范灾害管理，加强救助力度，5月份，湖南省红十字会下发了《关于认真做好备灾救灾工作的通知》，制定了《湖南省红十字会自然灾害应急预案》。2005年5月以来，全省14个市州先后遭受了严重的洪涝灾害，省红十字会迅速指导当地各级红十字会收集灾情，进行现场勘灾，积极组织救助活动。省红十字会6次深入灾区查灾勘灾，先后向总会上报专题灾情报表8份，灾情资料光碟1张。各级红十字会筹得救灾款物价值近200万元，接受省内外援助救灾物资500万元，2次下发救灾物资价值400万元。同时接待中国红十字会总会，国际联合会，香港、澳门红十字会慰问团5批次。

四、外援项目

在总结往年外援救灾备灾项目建设经验的基础上，2005年湖南省红十字会完成了由澳门红十字会援助65万元，在桑植和韶山援建的1所小学和2个村的饮水工程；第四期欧盟援助600多万元的改水改厕和健康教育项目。由丹麦红十字会援助73万余元的“社区为本”备灾项目在张家界市全面展开，7月初，国际联合会项目代表谷庆辉先生对该项目进行了考察，对项目的进展情况给予了充分肯定，8月初，省红十字会在张家界成功举办了备灾主持人培训班，12月初，国际联合会对该项目进行了中期评估，给予了高度评价。由天狮集团捐助的20万元援建的汝城县天狮博爱小学已开始实施。

五、初级救护培训和医疗机构管理

2005年，湖南省红十字会与省交警部门联合举办了一期40多名交警参加的救护师资培训班，并重点对岳阳市红十字会举办的中石壳牌煤气化有限公司员工救护知识培训进行了指导。省红十字会 2005 年举办了 7 期卫生救护师资培训班，共培训师资 224 名。在 2004 年进行全省摸底调查的基础上，2005 年又重新审查了 4 家红十字（会）医疗机构，目前全省县以上红十字（会）医疗机构共有 84 家，红十字门诊部 81 家，急救站 105 家。

六、造血干细胞捐献工作

到 2005 年底，已招募志愿者 30000 多人，完成捐献 20 例，其中为境外捐献 1 例。2005 年完成 12942 份造血干细胞资料入库，共为境内外 162 名血液病患者提供了 HLV 配型检索，其中 11 例为境外患者提供。1 月农业大学学生路敏成功救助辽宁女孩任爽，在全国产生强烈反响；3 月，湘潭市医生许文湘成功捐献造血干细胞，挽救了一位军人的生命，成为全省卫生系统工作者捐献干细胞第一人；11 月，醴陵市农民周靖之成功救治了一名新加坡华人。湖南省分库先后荣获中华骨髓库颁发的“最佳组织奖”、“先进分库奖”等；11 月，湖南分库负责人作为全国先进分库代表参加大陆访问团与台湾慈济骨髓库进行了交流。

七、社会筹资，社会救助

全年共筹集募捐款 674 万元。在印度洋海啸灾害救援活动中，全省红十字会系统紧急动员，全力以赴，立即在全省范围内开展了“为海啸灾区人民献爱心”活动，共募集上缴捐款 465 万元。3 月份，接受广东中山市阿积仕国际服装有限公司 10 万元援建平江县南江镇显高小学项目，目前该项目已全部完成。全省各级红十字会大力开展“红十字博爱送万家”和“五八”世界红十字日宣传月活动，共筹集款物价值 280 万元，慰问特困人群 2 万人次。2 月初，认真筹划了全省中小学生住院医疗互助金工作，派人先后到上海、北京市红十字会考察少儿互助金项目开展情况，现已完成了初步方案，目前正在审定中。

为进一步扩大红十字会影响，树立红十字会形象，湖南省红十字会先后与媒体和爱心企业合作，开展了“我的母亲感动三湘”救助贫困母亲行动（救助 50 名贫困母亲）、关爱“的哥”健康行动（为 328 名“的哥”免费体检）和“守护天使守护生命”湖湘抗癌公益大行动（已为 20 名贫困癌症患者免费住院治疗，为 100 名减免部分医疗费），引起了很好的社会反响。

八、交流交往工作

保持并发展了与香港、澳门、北京、上海等红十字会的友好合作关系，备灾救灾、灾后重建等工作得到了他们的大力支持。6 月，邀请德国黑森洲红十字会回访湖南，并签订了合作协议；国际联合会、香港、澳门以及其他省市红十字会先后到湖南考察学习，湖南也先后派人到上海、北京、重庆、云南、贵州等地学习考察。

九、红十字宣传工作

充分利用网站、电视、报纸等媒体，及时宣传和报道红十字会的工作情况。2005 年以来，湖南省红十字会与湖南卫视、湖南经视、湖南日报等多家媒体建立了良好的合作关系，红十字会的工作得到了广泛宣传。特别是在为海啸灾区募捐、“我的母亲、感动三湘”、“守护天使、守护生命”湖湘抗癌公益行动等大型活动中，电视、报纸都先后作了连续跟踪报道。全省红十字会全年共为总会“一报一刊”和其他报纸供稿 276 篇，对 19 次重要会议、活动进行了广泛宣传报道，电视、广播播出稿件 332 篇，人民网、新浪网等网站转载 117 条。

十、社区红十字服务、查人转信等工作

在总结去年长沙市红十字会社区工作经验后，2005 年又先后对株洲、郴州、衡阳等红十字会的几个社区进行了了解，并部署了市州红十字会社区服务的一些基础性工作。向总会推荐了溆浦县和南岳区 2 个农村社区开展红十字工作的经验。同时，湖南省红十字会 2005 年共转交海峡两岸查人信件 110 封。

【历史沿革】

1911 年，湖南省在中国红十字会总会指导下共建立了 23 个地方分会。从 1911 年到 1949 年各分会主要从事战地救护伤兵、救灾救济和疫情防疫工作。

1950 年，湖南省 10 个地方分会经总会登记改组，按总会部署组建和训练医疗救护队，支援抗美援朝和新中国社会主义建设。1956 年 1 月，湖南省红十字会首届执行委员会成立。1963 年 7 月 10 日，湖南省委组织部发出文件，同意由王含馥、刘亚南等 19 人组成湖南省红十字会执行委员会，湖南省红十字会正式成立。成立后的湖南省红十字会在管理医疗实体、协助遣送日侨归国、开展募捐、发展组织、参加爱国卫生运动、宣传动员献血、开展国防救护训练等方面做了大量工作。1966 年 6 月到 1980 年，湖南省红十字会工作经历了“文化大革命”停顿和拨乱反正后的逐步恢复阶段。

1981 年 10 月，第一届湖南省红十字会理事会组建，红十字会工作重新恢复，副省长刘亚南任省红十字会会长。1987 年，湖南省红十字会办公室恢复，同时恢复了全省性红十字会工作。1990 年，全省各市县全部建立了红十字会组织，基层组织发展到 2544 个。1991 年起，全省红十字会工作逐步进入程序化、规范化轨道：按中国红十字会总会要求，全力投入救灾抗灾，开展社会筹资、接受国内外红十字会捐赠，赈济灾民；主要在公路沿线建立红十字救护站；宣传无偿献血；开展红十字青少年活动；筹办红十字事业实体；发展对外联络等。1993 年 10 月，全国人大颁布《中华人民共和国红十字会法》，1996 年 8 月，湖南省人大颁布《湖南省实施〈中华人民共和国红十字会法〉办法》，为红十字会工作提供了法律保障，红十字会工作进入全面发展时期。2000 年 5 月 22 日，湖南省编委下发《关于理顺湖南省红十字会管理体制的通知》，湖南省红十字会由卫生厅代管改由省政府领导直接联系。2002 年 9 月，湖南省红十字会升格为副厅级机构，内设办公室、赈济服务部、救护培训部。2003 年 9 月，湖南省红十字会第五次会员代表大会召开，会议全面总结了湖南省红十字会四届理事会以来的工作，制定了 2003 至 2007 年发展规划，选举产生了省红十字会第五届理事会理事 53 名，聘请湖南省省长周伯华为省红十字会名誉会长，选举副省长甘霖为会长，侯炳文为常务副会长，刘爱华、姜儒振、欧阳耀祥、余长明、刘家望为兼职副会长，王天民为专职副会长，黄克伟为秘书长。2005 年 1 月，湖南省红十字会五届二次理事会召开，选举、调整了领导班子，彭力夫为副会长，根据会长提名刘迎建为秘书长。2006 年 2 月，湖南省红十字会召开五届二次理事会，选举曾凡国为常务副会长，增选冯波、李良田、何满宗为副会长，增补了 7 名常务理事，31

名理事。聘请省人大常委会副主任唐之享、省政协副主席李贻衡、省人大常委会原常务副主任董志文为名誉副会长。

【组织机构】

湖南省红十字会现有基层组织 4700 个，会员 83.5 万人，志愿工作者 5200 人。全省 14 个市州、122 个县均建立了红十字会组织。

根据湖南省机构编制委员会《关于印发〈湖南省红十字会机构改革方案〉的通知》，湖南省红十字会为独立设置的副厅级机构，机关设有办公室、赈济服务部、救护培训部。2006 年增设事业发展部。省红十字会下设省造血干细胞捐献者资料库管理中心、省红十字会备灾培训中心 2 个直属事业单位。

目前，湖南省 14 个市州红十字会已有长沙市红十字会、湘潭市红十字会、株洲市红十字会、娄底市红十字会、怀化市红十字会、衡阳市红十字会、永州市红十字会、湘西自治州红十字会、张家界市红十字会、岳阳市红十字会、邵阳市红十字会、郴州市红十字会理顺了管理体制，常务副会长、秘书长均配备到位，还有 8 个县级红十字会也已理顺了管理体制。

【大型项目】

（一）备灾网络建设

1. 市、县备灾仓库。1994 年，湖南省红十字会与香港特别行政区红十字会达成协议，选择长沙市的长沙县、衡阳市的衡南县，怀化市的鹤城区、常德市的武陵区共建备灾网络。香港特别行政区红十字会分别捐赠 25 万元人民币修建一小型备灾仓库，并配备了必须的交通通讯设备，负责本县（区）的备灾救灾和人员培训工作，同时兼负邻近县（区、市）赈灾物资的储存、转运。1995 年，四县备灾仓库建成投入使用，备灾救灾工作组织机构也相继建立，同时规范了备灾救灾程序和应急处理措施，网络试点启动。湖南省红十字会与香港特别行政区红十字会联合举办了 2 期研讨会，落实了备灾网络试点目标管理责任书，备灾救灾工作逐渐规范。

2. 省备灾培训中心建设。1998 年，经过中国红十字会总会、香港特别行政区红十字会、湖南省人民政府、湖南省红十字会多方磋商，《香港特别行政区红十字会支持湖南省红十字会备灾、培训中心协议书》签订，香港特别行政区红十字会援助湖南省红十字会 250 万元，湖南省人民政府拨配套资金 300 万元，修建备灾培训中心第 1 期工程（即大楼主体建设）。备灾中心建筑工程于 1999 年初正式启动，2000 年 10 月建成并通过验收。该中心建筑面积为 3560 平方米，包括备灾仓库、培训用教室和培训人员住房。2002 年，仓库投入使用。2003 年 9 月，湖南省红十字会备灾培训中心经省编办批准正式成立，编制 8 名，为全额拨款事业单位。备灾培训中心大楼的建设和机构的成立，为湖南备灾救灾工作在物资储运、备灾培训等方面提供了坚实的基础。

3. 通讯工具的配备。为保障备灾救灾网络的灾害信息渠道畅通，2000 年，湖南省红十字会清查各市、县红十字会报灾通讯设施（包括电话和传真）配备情况，要求各市、县红十字会配齐电话、传真，还分发了由香港特别行政区红十字会捐赠的 35 台传真机。2000 年底，全省各市、县红十字会通讯设备齐备，通讯网络畅通。

4. 红十字会干部的备灾培训和应急预

案。为提高全省各级红十字会干部的备灾救灾能力，2003 年开始，在香港特别行政区红十字会的支持下，湖南省红十字会与香港特别行政区红十字会联合编写出版了 25 万字的《备灾救灾培训手册》，在各级红十字会层层举办备灾培训班，对全省红十字会系统 13000 多名备灾骨干进行了系统、深入的备灾培训。湖南省红十字会 2005 年 5 月制订了《湖南省红十字会自然灾害应急预案》，为灾害管理救助工作提供了规范性的指导。

5. 丹麦红十字会援助的备灾项目。为提高群众抗灾备灾能力，减轻灾害损失程度，在中国红十字会总会的指导下，湖南省红十字会接受丹麦红十字会 73.818 万元的援助，在张家界市的永定区、慈利县、桑植县的 4 个灾害多发村进行社区为本的备灾项目建设。指导村民调查分析该村拥有的资源及实际需要，由各村备灾委员会及村民集体研究制定村备灾减灾计划，逐步实施各项减灾措施。项目的实施惠及 4 个村的 6000 余村民。

（二）救灾工作

1991 年，湖南遭受了严重的南旱北涝灾害，全省 80% 以上乡村受灾。全省各级红十字会全力投入抗灾救灾工作，积极开展社会募捐，省红十字会共收到来自台湾、香港、新加坡等地捐款 290 多万元人民币和 1.5 万美元，国内捐款 5 万元；接受各类赈灾物资折合人民币 928 万元。

1993 年洪灾期间，湖南省红十字会共接受国内外红十字会组织和境外社会团体赈灾款 47 万元人民币，救灾物资折合人民币 987 万元。

1994 年夏，湖南省湘江、资江流域先后发生三次洪涝灾害，湖南省红十字会及时组织救灾，共接受国外、境外大米、药品等赈灾物资 22 批次，折合人民币 2300 万元，接受赈灾款 990 万元。同时，湖南省各地红十字会还自行募集了救灾款 34 万余元救助灾民。

1995 年汛期，洞庭湖区等发生洪涝灾害。湖南省各级红十字会积极抗灾救灾，共派出医疗防疫队 1300 多支到灾区开展治病、防疫工作。并通过红十字会系统募集救灾款 741.37 万元、大米 825 吨（价值 227.25 万元），向社会各界募得人民币 120 万元、衣物 40 万件，均按要求及时发放到了灾区。

1996 年，湖南省发生大范围洪涝灾害，省红十字会及时组织救灾、救护工作。湖南省红十字会共接受中国红十字会总会、红十字会与红新月会国际联合会、香港特别行政区红十字会捐赠的救灾物资总价值 1406 万元人民币，捐赠款 200 万元，及时发放灾区救济灾民。

1997 年，湖南局部地区发生洪灾、风灾和冰雹灾害。省红十字会接受了中国红十字会总会价值 356 万元的物资、香港特别行政区红十字会 30 万元购粮款和一批价值 20 万元的救灾物资，先后发放了三批总价值 933 多万元的救灾物资。

1998 年，湖南省发生特大洪灾。全省各级红十字会积极抗灾救灾，通过各种渠道开展募捐。湖南省红十字会接受了来自红十字会与红新月会国际联合会、欧盟、美国、日本、埃及、德国、澳大利亚、香港等红十字会及上海、北京、深圳市等省、市红十字会、机关、团体、企业和个人的赈灾款物 50 多批，价值人民币 6320 万元，及时按要求发往灾区，并积极争取了灾后重建项目资金。

1999年，湖南省又遭受严重洪灾。中国红十字会总会、红十字会与红新月会国际联合会及香港特别行政区红十字会先后有20余批200多人来湘考察灾情，慰问灾民。省红十字会共接受价值500多万元的救灾款物，加上往年的备灾物资，全年共发放了价值1200多万元的药品、大米、衣被等救灾物资。

2001年，湖南省发生大规模山洪灾害，全省各级红十字会积极投入救灾工作。省红十字会共发放了10批救灾物资，价值人民币280多万元，还接受了省外包括重建项目款捐赠近800万元。

2002年，湖南省再次遭洪水袭击，全省各级红十字会积极投入救灾救护工作。省红十字会接受了中国红十字会总会、红十字会与红新月会国际联合会、香港特别行政区红十字会、澳门特别行政区红十字会捐赠的价值1200余万元救灾款物及上海、北京、广东等省、市红十字会捐赠的价值320万元的救灾款物。全省共发放了价值1100余万元的救灾物资，组织了283支医疗救护队到开展灾区防疫治病工作，义诊人数达21万余人次。

2003年救灾期间，湖南省红十字会通过对外呼吁积极申请援助，共得到红十字会与红新月会国际联合会、中国红十字会总会及香港、澳门、北京、天津等红十字会援助的救灾款物价值948.9408万元。

2004年汛期，湖南省红十字会积极组织抗灾救灾，规范救灾程序，积极募集救灾物资。共接收来自中国红十字会总会、香港、上海、北京、天津等红十字会援助的救灾款物价值572万元，在省内募集款物价值6.3577万元。

2005年夏，湖南省部分地区发生严重洪涝灾害，省红十字会先后6次奔赴灾区勘察灾情和慰问灾民，筹集发放了100多万元的备灾物资；同时，积极向总会、红十字国际联合会和兄弟省市红十字会发出呼吁，寻求援助。全年共募集和接受救灾物资价值800多万元，下发给邵阳、娄底、怀化等11个市州灾情较重的县，协助政府及时解决了灾民生产、生活中的困难。

（三）灾后重建

1998年，湖南遭受了历史上罕见的特大洪灾，国内外红十字会纷纷援助湖南省红十字会展开灾后重建工作。

接受红十字会与红新月会国际联合会、中国红十字会总会转赠的德国戴姆乐·克莱斯公司援建灾民建房捐款750万元，在受灾最严重的常德市安乡县、澧县和益阳市沅江市重建了2500户灾民住房，总建筑面积25万平方米；接受上海市、北京市、广东省红十字会及深圳市红十字会援助的544万元，在常德市安乡县、张家界市慈利县和桑植县及怀化市、岳阳市、长沙市等地重建了10所卫生院和2所学校；接受香港特别行政区红十字会捐款507万元，在张家界、益阳、怀化、岳阳四市的重灾区重建了16所卫生院和3所小学。

2002年，接受上海市红十字会转赠上海王氏老太太捐赠的50万元，重建了张家界市武陵源区索溪“王氏博爱小学”，其中10万元作为王氏扶贫助学基金，帮助该校贫困少年儿童完成小学学习；接受香港特别行政区红十字会捐款200万元，在当地恢复重建卫生院十分困难的郴州、衡阳、永州、湘西等重灾区重建了10所卫生院，并为各卫生院配备了B超、X光机等设备，培训了2至6名医务人员。

2003年，接受香港特别行政区红十字会援助98.328万元，在永顺、麻阳等灾区重建了3所卫生院和3所小学；接受上海市宝山区红十字会资助105万元，在张家界市慈利县重建了高峰中学；接受北京市红十字会援助的30万元，在株洲市芦淞区重建了曲尺博爱卫生院。

2004年，湖南省红十字会接受澳门特别行政区红十字会援助15万元，在张家界市桑植县重建了1所灾区小学。

2005年接受天津天狮集团捐助的20万元援建，在怀化市汝城县修建了一所天狮博爱小学，接受广东中山市阿积仕国际服装有限公司10万元援助，重修了平江县南江镇显高小学。

（四）改水改厕项目

2003开始，在中国红十字会总会的指导下，湖南省红十字会接受欧盟人道主义办公室援助的第2、3、4期改水改厕项目。2003至2005年，共接受欧盟援助项目款1340.2万元人民币（其中，2003年339万元，2004年378.2万元，2005年623万元），在湘西、怀化、邵阳等地的50个受灾的贫困村修建了13100个无臭无菌不用水冲无污染的生态旱厕，并在各项目点配套开展了针对村民的健康教育培训，为其中的9个村修建改水工程，将可饮用的山泉水引入农家，惠及13000多个家庭的5万多农村人口。

2004年，澳门特别行政区红十字会援助48万元，为湘潭市湘潭县和张家界市桑植县的两个村修建改水工程。

（五）卫生救护培训

1989年，全省各级红十字会为落实总会与卫生部、公安部等8个部委联合下发的《关于开展群众性卫生救护训练的通知》精神，共对28603人进行了卫生救护培训，普及卫生救护知识达15.89万人次。

1994年，湖南省红十字会编印了《机动车驾驶员卫生救护训练》一书，全省各级红十字会与交警部门配合，举办了师资培训班241期，驾驶员培训班647期，培训驾驶员等共19764人。

1998至2000年，湖南省各级红十字会积极配合交通、交警部门全面开展卫生救护培训，全省参加培训人员累计达11.08万人次，其中机动车驾驶员8100人。

2003至2005年，开展中国红十字会总会彩票公益金初级卫生救护师资培训项目，共举办20期培训班，培训湖南省内卫生救护师资642人，为在全省范围内开展初级卫生救护培训打下了坚实的基础。

2005年，湖南省红十字会开始联合交警等部门，按照总会新的“四统一”的要求，对驾驶员等进行初级救护培训，已培训40余名合格的初级救护员。初步探索了对企业员工等进行普及培训模式。

（六）公路救护站网络建设

1992年，接受香港特别行政区红十字会援助480万元人民币，进行公路卫生救护网络建设，在全省14个地（州）市的87个县（市）境内的国道和部分省道建立了451个红十字救护站（急救站）。各站都有统一规格的醒目标志，成立了救护领导小组，有专职的经过卫生救护训练的救护员，配备了急救箱、担架和其他必备设施，还建立了救护岗位责任制。1993年又新建公路红十字救护站108个，公路红十字救护网络基本形成，为减轻公路交通事故伤亡发挥了重要作用。

（七）造血干细胞捐献者资料库建设

在国家福利彩票公益金项目的支持下，湖南省造血干细胞捐献者资料库管理中心于2003年建立，同时建立了长沙、岳阳两个配型实验室。中心成立后迅速健全了各项管理制度，建立了与各级卫生部门及血液机构的合作关系。通过80场次大型宣传、讲座和在媒体的广泛传播，使这一生命工程在社会产生了深远的影响。到2005年12月，共招募了3万余名志愿者，完成28242人的造血干细胞分型资料入库任务，共为境内外322名血液病患者检索到了HLA配型相合的捐献者，已实现捐献移植20例，其中1例境外移植。

湖南省第一例，同时也是全国数据联网后捐献移植的第一例捐献者陈欣被评为“2003年湖南十大新闻人物”，农业大学学生路敏成功救助辽宁女孩任爽，醴陵市农民周靖之成功救治了一名新加坡华人，在全国产生强烈反响。2004年，湖南造血干细胞捐献工作入选2004年由湖南公共频道等媒体发起评比的“湖南十大公益事件”，荣获“最具生命关怀奖”。2005年，湖南分库和长沙HLA配型实验室分别获得中国造血干细胞捐献者资料库管理中心的表彰。

（八）“博爱送万家”活动

2003年，湖南省红十字会筹措了价值130万元的物资，由领导带队送到了各地灾民、农村贫困户、城市下岗职工家庭。

2004年春节，总会拨了50余万元物资，由党组书记江一曼带队，到浏阳市的贫困乡村进行慰问。各地红十字会分别组织到麻风村、贫困户、艾滋病感染者家中慰问，送去价值187万余元的粮食等慰问物资。

2005年春节前夕，湖南省红十字会向全省14个市州送去价值109万元的慰问款物；长沙市、娄底等红十字会纷纷为特困群众送去了大米、棉被、衣服、药品等，全省各级红十字会共筹集款物近400多万元，慰问特困人员8万多人次。

（九）“曙光行动”

从2001年开始，湖南省红十字会与湖南经济电视台、湖南省儿童医院联合开展了“曙光行动”，从多方面呼吁募捐，建立专项救助基金，在省儿童医院为患先天性心脏病的特困儿童免除部分手术费。其中，湖南省红十字会通过各种途径募集了24.3263万元，到2005年底，共为近200名儿童做了手术。

（十）查人转信

1987年，按照中国红十字会总会的统一部署，湖南省红十字会开始承办台胞台属查人转信和台胞探亲衍生问题。到1988年底，全省各级红十字会共转送台胞台属寻人表格和红十字通讯8200余份，接待和处理台胞台属来信来访3900多件，为台胞找到亲人819宗，同时协助处理台胞死亡事件46宗，处理台胞台属其他问题3398宗。到目前为止，湖南省红十字会共处理表格、信件16311人份。

（刘赛华）

长沙市红十字会

【简介】

长沙市红十字会成立于1911年10月，新中国成立后，第一届中国红十字会长沙分会于1951年成立。从2004年1月起，长沙市红十字会实现机构、人员、经费“单列”，由挂靠长沙市卫生局改成市政府领导直接联系。本届理事会为第七届，组成人员54人。其中会长1人，由长沙市人民政府副市长曹亚担任，副会长4人，秘书长1人。目前，全市有基层红十字会组织680个，红十字会员137712人。

【年度工作】

长沙市红十字会按理事会议定的工作目标开展工作，在社会各界支持下，年初成功组织了海啸募捐，之后进一步拓展救助范围，推动青少年救护培训，救助和救护工作均有新的突破。年内，被湖南省红十字会授予“印度洋海啸救援最佳组织奖”“红十字社区服务工作单项奖”等荣誉称号。

一、为海啸灾区募捐，参与国际人道主义救援

2004年12月底印度洋突发海啸。长沙市红十字会联合新闻媒体发出赈灾倡议，与市文明办在报业集团、广电集团和市直机关工委、文化局、团市委等单位的支持下，举办了“海啸无情，人间有爱——长沙市民爱心大行动”募捐活动启动仪式。从1月4日至18日，长沙市红十字会共筹集善款130万元，上交湖南省红十字会转给中国红十字会总会捐向印度洋海啸灾区。

二、以扶危济困为本，促进各项工作全面发展

借年初海啸募捐工作的良好态势，长沙市红十字会按照年初工作计划，结合文明城市创建，将各项工作有重点地铺开，并逐步深入基层。响应中国红十字会号召，组织开展“红十字博爱送万家”活动，向各区、县（市）红十字会拨付慰问金和物资，慰问困难群众。策划宣传方案，提高市民对造血干细胞捐献的知晓率，提高无偿献血比例，联合《今日女报》，以“献给母亲节的礼物”为主题，号召市民参与无偿献血和造血干细胞捐献，并与卫生局、市血液中心联合举办大规模的宣传活动。进一步加强“博爱超市”建设，在总量控制、保证正常运转的前提下提升品质，服务社区群众，并成为宣传“人道、博爱、奉献”红十字精神的窗口。鼓励青年加入红十字队伍，探讨志愿者服务方向，为高校学生参加社会服务牵线搭桥，提供平台，并组织“自救与互救——红十字在行动”高校红十字工作论坛。努力拓展募捐渠道，多方募集资金，扶助弱势群体。“五八”期间，向中南大学湘雅医学院、湖南师大医学院和长沙学院的60名贫困大学生发放了助学金，还将由麓山国际实验学校师生捐助的3万元善款资助给长沙、望城的贫困中小学生。据统计，至12月底，长沙市造血干细胞捐献者达到14780人，低分辨率配型7例；市红十字会慰问病、贫困人员220多名，共计发放救助金50多万元。

三、抓紧急救护培训，提高青少年自救能力

为提高学生应对紧急事件的能力，避免意外伤害，减少伤残，长沙市红十字会着力推动紧急救护培训，在雨花、岳麓、开福青少年素质教育基地开设救护培训课程，普及推广红十字知识，传授救护技能。一年来，全市有2万多名中小学生在素质教育基地接受了救护培训。该项工作已成为红十字青少年工作的一项特色品牌而受到中国红十字会总会的肯定。

四、加强国际交流

6月23日，德国黑森州红十字会会长伦施女士一行3人来到长沙考察社区红十字

服务工作，在长沙市红十字会会长曹亚的陪同下，参观了岳麓区咸嘉湖街道“红十字爱心超市”。

（林 宇）

广东省红十字会

【年度工作】

2005 年，广东省红十字会在省委、省政府的领导下，全省红十字工作实现了开好头、起好步、打基础、促发展、成效好的局面。

一、坚持依法建会，加快理顺市（县）红十字会管理体制步伐

一年来，省红十字会努力为市（县）红十字会理顺管理体制，发展红十字事业创造条件。主要作了几方面的工作：

一是在 2005 年省人大、政协两会期间，省红十字会通过关心红十字事业的两会代表提出议案，促使有关部门和社会更加重视红十字会工作。

二是以贯彻落实国务院办公厅《转发中国红十字会总会关于进一步加强红十字会工作意见》为契机，争取省政府的支持。省政府办公厅下发了《转发国务院办公厅转发中国红十字会总会关于进一步加强红十字会工作意见的通知》，要求各级政府按照红十字会法的要求，把理顺红十字会管理体制当作一件大事来抓，争取到 2009 年广东省全省县（市、区）一级红十字会管理体制得到理顺，建立比较完善的组织架构和工作体系。

三是加速制定《广东省红十字会条例》，使广东红十字事业的发展走上依法建会，依法治会，依法兴会的轨道。新班子上任后就开展立法的准备工作，经过广泛征求意见，多方协调配合，在省人大的大力支持下，2005 年 12 月 2 日广东省第十届人大常委会第二十一次会议通过了《广东省红十字会条例》，《条例》为红十字事业的发展提供了法律保障。

四是争取省政府支持，召开全省理顺红十字会管理体制座谈会。2005 年 11 月，在肇庆市广宁县召开全省理顺市（县）红十字会管理体制会议，参加会议有各地级以上市政府联系红十字会工作的副市长或秘书长，市红十字会秘书长，雷于蓝副省长对市（县）理顺红十字会管理体制作了部署，明确提出 2006 年地级以上市要全部理顺红十字会管理体制，2009 年县（区）红十字会要基本理顺管理体制，建立比较完善的组织架构和工作体系。

五是充分发挥理事部门和常务理事的作用。2005 年 11 月省编办和省红十字会联合下发了《关于加快理顺市县红十字会管理体制工作的通知》，文件规定：“力争 2006 年全省地级以上市红十字会管理体制全部得到理顺，2009 年全省县（市、区）红十字会管理体制基本得到理顺，逐步建立起比较完善的组织架构和工作体系”。省编办的文件为理顺市（县）红十字会管理体制提供强有力的政策支持。

六是明确责任，分片包干，突出重点，整体推进。为加快理顺管理体制的步伐，三位会领导实行分片包干的做法，多次到包干的市县做工作，争取市（县）政府的支持，取得了明显的成效。目前，已经理顺管理体制的地级以上市有广州、珠海、中山、惠州、汕头和肇庆市红十字会，深圳市人民政

府提出2007年以前理顺全市区以上红十字会的管理体制。

七是完成中国造血干细胞献捐者资料库广东省管理中心的组建工作。2005年6月省编办批准成立中国造血干细胞献捐者资料库广东省管理中心（下称中心），编制4名。“中心”已成立了专家委员会，完成国家管理中心下达的任务。

二、开好头，起好步，努力开创红十字会工作新局面

（一）积极做好救灾救助工作。省红十字会新班子成立之初，就遇上印度洋海啸和广东省百年一遇的洪灾。全省红十字会系统反应迅速，精心组织，积极行动，广泛开展社会动员，据不完全统计，2005年全省红十字会系统共募集救灾款6040万元，救灾物资折合人民币约2847万元，救助灾民款5415万元，救助特困家庭43724户，救助特困人员188125人。其中印度洋海啸全省红十字会系统共收到社会各界捐助的善款人民币4319万元，在全国省级红十字会中排列第二，荣获总会授予的最佳组织奖。2005年6月份，广东省部分地区发生百年一遇的洪灾，省红十字会第一时间向全省发出了援助呼吁，全省红十字会系统紧急行动，动员社会各界支援灾区，共为灾区筹得款物860多万元。副省长、省红十字会会长雷于蓝赶赴韶关、新丰等地视察灾情，各级红十字会第一时间到达灾区现场，第一时间把救灾款物送到灾民手上，深受群众欢迎，受到省政府的赞扬。灾后，省红十字会领导还分别到清远、肇庆和韶关发放总会分配的赈灾大米125吨。

（三）探索筹集款物机制，提高救助能力。2005年省红十字会除接受总会分配、转交和海关的罚没物资价值1000多万元（其中分配给广东省的为300万元）外，积极拓宽筹资渠道，与省工商、省侨联等部门合作，将罚没的侵权货物交省红十字会处理。2005年省工商部门转交省红十字会的侵权货物价值164.67万元。为提高红十字会的救助能力，广东各级红十字会积极探索筹资新路子，省红十字会于2005年12月在广州中山纪念堂举办了“构建和谐广东·红十字之光”大型晚会，既宣传了红十字会的宗旨，又筹得近400万元的款物。省侨联为省红十字会捐赠100多万元的童装。2005年中山市红十字会“慈善万人行”活动中，共募集捐款4329万元。

继续开展“红十字博爱送万家”活动，2005年春节前夕，副省长、省红十字会会长雷于蓝等到韶关等地深入农家，慰问特困家庭。省红十字会筹得300多万元的款物，分别发放到13个市红十字会，慰问贫困地区的孤寡老人和生活特困家庭。中国红十字会广州备灾救灾中心认真做好救灾物资的接收、储备、转运等工作，及时把救灾物资送到灾区，出色完成了各项任务，受到总会赈济部领导的肯定。

（二）发扬互助精神，加强同其他省市的合作。2005年，与企业合作筹集4万多元给黑龙江红十字会，用于援建当地受灾小学；拨出各5万元支持海南省、新疆生产建设兵团红十字会和江西九江地震灾区救灾工作；协助广西、湖南、山西省红十字会接收发运海关转交侵权货物；派员陪同香港爱心慈善基金会赴云南省为当地特困白内障患者施复明手术，并协助云南省红十字会与香港爱心慈善基金会共同考察援建小学项目等。

（五）卫生救护工作取得新进展。2005

年，全省共开展救护师资培训班 29 期，培训救护师资 631 人次；举办卫生救护培训班 383 次，培训救护员 50606 人次；举办救护知识普及讲座 968 场，参加救护知识普及讲座 151346 人次。积极参与推动无偿献血，获广州市政府颁发的“无偿献血促进奖”。积极配合政府有关部门开展艾滋病预防工作，2005 年 12 月，省红十字会在广州举行“遏制艾滋履行承诺”宣传活动，同时，印发预防艾滋病宣传材料 16 万份分发给学校、企业等。

（六）大力开展宣传活动，扩大红十字会的社会影响。针对红十字会在社会知晓率不高等问题。省红十字会加大了对红十字会的宣传力度，借助各种活动和纪念日，特别在“五八”世界红十字日期间，在广东卫视和珠江频道滚动播出以“五八”世界红十字日为主题的公益广告；在《南方日报》开展“广东省红十字会纪念‘五·八’世界红十字日有奖知识问答”，收到较好效果。广州、深圳、珠海、汕头、潮州等市也开展各种纪念活动。与传媒合作，加大对红十字事业的报道。2005 年省红十字会印发《简报》20 期，被各类媒体采用的稿件 45 条（次），网络搜索到对广东省红十字事业的相关报道达 46100 多篇，大大提高了红十字会在社会的知名度。还举办了国际红十字与红新月运动基本知识传播骨干培训班等。

（七）加强机关建设，树立良好形象。在雷于蓝副省长的关怀下，在省财政厅、审计厅、省清产办核资办的支持下，按照特事特办的原则，省政府拨出 1700 多平方的房子作为省红十字会机关和中国造血干细胞献捐者资料库广东省管理中心的办公用房，2005 年 11 月已完成了交接工作。现已进入立项和工程招标阶段。为规范机关工作人员行为，提高办事效率，着力制度建设，营造学习型社会，省红十字会组织处以上干部结合自身业务，每月轮流为全体干部职工讲课，收到较好的效果。

（八）加强合作交流。省红十字会与香港红十字会合作，在河源市开展探访贫困学生、贫困家庭、敬老院及英语义教活动。应香港红十字会邀请，派员赴香港参加“防天灾保平安研讨会”和“灾害管理讲习班”。派员赴荷兰参加国际红十字会有关筹资研讨会。

【历史沿革】

1904 年，在战乱中，红十字组织在广东省应运而生，初名为粤东赤十字社。先后易名为粤东红十字总会中国红十字会番禺分会和广州分会等。这是广东省首个红十字会组织，也是全国成立最早的红十字会组织之一，该会曾为东征、北伐和省港大罢工的军队、工友和难民做过救护工作。1921 年北伐前，宋庆龄亲自知会番禺红十字会组织 15 人组成救护队随军出发，并遵章加入中国红十字会，她亲自担任南海、番禺、顺德分会联合会总裁。孙中山曾为番禺红十字会分会题写“博爱”二字。战时，红十字会的主要任务是向群众施医赠药。

1956 年 9 月 15 日，广东省红十字会正式成立。省和广州市有关机关团体推选 43 人组成委员会，广东省副省长陈汝棠为主席。1963 年 9 月 16 日，广东省副省长李嘉人任会长。1956 年至 1965 年间，广东省共发展红十字会会员 18.4 万人，其中红十字青少年 7.2 万人。训练红十字卫生员 9.8 万人。建立基层红十字会组织及卫生站 4753 个。这一时期的任务主要是发展红十字会会员，建立基层红十字会组织，开展“卫生卫国”?训练，建立不脱产的卫生站；发动会员积极参加以除“四害”讲卫生为内容的爱国卫生运动；开展卫生宣传、卫生防疫和献血工作。

“文化大革命”期间，广东省各级红十字会组织停止活动。1978年5月26日，广东省革命委员会批准恢复省、广州市红十字会，省红十字会与广州市红十字会合署办公。省革委会副主任李嘉人任会长。1980年，改由广东省副省长梁威林为省红十字会会长。1986年，广东省红十字会与广州市红十字会分开办公。

1987年11月，在广东省红十字会第二次会员代表大会上，选举产生理事会理事36名，梁威林为名誉会长，副省长王屏山为会长。1991年4月，广东省红十字会第三次会员代表大会选举产生理事会理事52名，省政协副主席王屏山为会长。1994年6月，广东省红十字会第四次会员代表大会选举产生理事会理事50名，副省长李兰芳为会长。1996年6月，经广东省红十字会第四届三次理事会审议通过聘请广东省省长卢瑞华、省人大常委会主任朱森林为名誉会长，省人民政府原副省长梁威林、省政协原副主席王屏山为名誉副会长。

至1998年底，广东全省21个市，121个县（市、区）均已成立红十字会，有基层组织4004个，会员560444人。

2004年，广东省红十字会第五次会员代表大会召开。中共中央政治局委员、广东省委书记张德江发了贺信，中国红十字会会长彭珮云为大会题词，中共广东省委副书记、省长黄华华作了书面讲话，中国红十字会常务副会长江亦曼同志出席大会并作了重要讲话。会议全面总结了广东省红十字会第四届理事会的工作；审议并原则通过了《广东省红十字会2005～2009年工作规划纲要》；选举产生了由59名理事组成的新一届理事会和常务理事。省长黄华华为名誉会长，省人大常委会副委员长李兰芳，省政协副主席、省卫生厅厅长姚志彬为名誉副会长。副省长雷于蓝当选为会长，徐火周当选为常务副会长，华建、莫益勇当选为副会长，华建兼秘书长。

2004年11月29日，中共广东省委批准成立广东省红十字会党组，标志着广东省红十字会理顺了管理体制。筹备召开广东省红十字会第五次会员代表大会，形成了《广东省红十字会2005～2009年工作规划纲要》等大会文件。顺利进行了换届工作。《广东省红十字会工作条例》（草案）上报省政府。认真落实《关于开展社区红十字服务工作的通知》，开展“红十字关爱进社区”活动。举办了广州地区高校救护知识、技术选拔赛，选出优胜队南方医科大学红十字代表队代表广东省红十字会赴香港参赛，并获得技术合作金奖和优异奖。开展了形式多样的“办实事、庆百年”活动。在“红十字博爱送万家”活动中筹集慰问物资价值50万元，受益群众2500户。同时，省红十字会下拨保暖毛毯6250床（价值52万元），受益群众达6250户。省红十字会拨款2万元给宋桂镇医院购买药品。向河南省灾区支援了价值5万余元的救灾物资，同时捐赠了15万元重建受灾学校。支援云南省灾区价值30万余元的救灾物资。按彩票公益金救护师资培训项目要求，举办了3期救护师资培训班，为广东省80多所高等院校和省公安厅培训救护师资共115名。在广东电台健康之声频道开设了4期急救知识专家讲座，开办了4期红十字初级急救知识讲座。配合政府开展艾滋病预防工作，派员参加省政府组织的艾滋病预防工作抽查复核工作组，对广州、韶关两市进行艾滋病预防中期评估抽查复核检查。对《广东省〈全国艾滋病防治宣传教育工作指导方案（2004～2008）〉实施意见（代拟稿）征求意见》提出修改意见和工作建议。在“世界献血员日”期间，共有5000多人次参加了无偿献血。

广东省红十字会历次代表大会

第一届

1956年12月28日召开，理事43人，会长陈汝棠、任主席。

第二届

1986年11月召开，理事36人，名誉会长梁威林，会长王屏山。

第三届

1991年4月召开，理事52人，会长王屏山。

第四届

1994年6召开，理事50人，名誉会长卢瑞华，会长李兰芳。

第五届

2004年10召开，理事59人，常务理事13人，名誉会长黄华华，会长雷于蓝，常务副会长徐火周。

注：1963年调整后李嘉人任会长。1978年5月恢复省红十字会，李嘉人任会长。1980年改梁威林为会长

【组织机构】

广东省红十字会现有基层组织1889个，会员535617人（其中青少年会员273112人），全省21个地级市建立了红十字会，100%的县（市、区）成立了红十字会。

广东省红十字会设有办公室、社会赈济部、卫生救护及青少年部。下辖中国红十字会广州备灾救灾中心、中国造血干细胞捐献者资料库广东省分库管理中心。

根据《中华人民共和国红十字会法》，广东省红十字会2004年11月由中共广东省委组织部批准成立党组，徐火周任党组书记，华建、莫益勇为党组成员，独立自主开展工作。

目前，广东省已经完全理顺管理体制的地级市有珠海市、惠州市、肇庆市红十字会。理顺地级市及县（市、区）红十字会管理体制的工作仍在进行之中。

【大型项目】

（一）1998年，广东省红十字会系统向受灾的7个省（区）进行援助，拨出救灾款2915.5万元，支援灾区重建卫生院、学校、灾民新村、水井、备灾救灾仓库等项目67个。

1. 支援湖北省839万元（重建项目19项）。

2. 支援江西省679万元（重建项目17项）。

3. 支援内蒙古自治区602.5万元（重建项目12项）。

4. 支援湖南省275万元（重建项目8项）。

5. 支援四川省200万元（重建项目5项）。

6. 支援黑龙江省175万元（重建项目2项）。

7. 支援河北省125万元（重建项目4项）。

（二）1999年，向受灾的4省（区）进行援助：

1. 救助新疆维吾尔族自治区灾区15万元。

2. 继续1998年救助援建项目拨款给湖北省85万元。

3. 继续1998年救助援建项目拨款给湖南省144万元，另有汕头市援助湖南省灾区卫生院医疗器械价值5.6万元。

（三）2003年，向受灾的5省（区）进行援助：

1. 拨给新疆维吾尔自治区红十字会救灾款100000元。

2. 拨给青海省红十字会救灾款30000元。

3. 拨给甘肃省红十字会各式鞋10000双，价值1000000元；风衣2600件，价值280000元。

4. 拨给上海市红十字会运动鞋1219双，价值37789元。

5. 拨给南京市红十字会运动鞋1000双，价值31000元。

【主要特色】

改革开放以来，广东省经济社会得到迅猛发展，中共广东省委、省人民政府重视红十字会工作，红十字会的影响不断扩大。

（一）深圳：国内首部人体器官捐献移植条例获通过

深圳市三届人大常委会第26次会议于2003年22日表决通过了《深圳经济特区人体器官捐赠移植条例》。这个地方性法规共有五章35条，对规范人体器官捐赠移植行为，保障人体器官捐献者和接受人体器官移植者的合法权益，及时挽救患者生命均有积极作用。

（二）中山：红十字会慈善万人行风雨十八载

中山市红十字会从1989年起，连续18年开展极富地方民俗文化特色的“慈善万人行”活动，充分调动社会各界的力量，弘扬人道、博爱、奉献精神，开展募捐及宣传活动，共募集善款2.9亿元。

该市在每年年底至翌年新春约3个月的时间举办“慈善万人行”活动，以其鲜明的红十字人道主义旗帜，以人道、博爱为主题，以广泛的活动范围和参与面及壮观的规模、有声有色的慈善文化活动，在中山大地上产生显著的作用。“慈善万人行”活动与弘扬红十字人道、博爱精神，发展红十字事业相结合；与全民思想道德、文化建设相结合；与多层次的企业文化、行业文化、群众业余文化、民间艺术文化建设相结合，使这项融地方特色、传统文化、民俗文化于一体，既办实事、又树新风的文明之举，成为中山人一年中最重要的节日。它不仅为红十字事业奠定了坚实的基础，还形成了一种文化，传承了优良的民间艺术及民俗文化，产生了启迪爱心、净化心灵、改善人际关系、维系乡情、增强凝聚力的社会作用，从精神文明建设和文化、思想、道德建设的高度，促进了社会文明进步事业的发展。

“慈善万人行”活动的显著作用引起了中国红十字会总会领导和广东省红十字会领导的高度关注，并多次亲临中山市参加“慈善万人行”活动，具体指导工作，组织专家学者到中山市考察、调研，组织各省、市红十字会工作人员到中山市实地参观学习，推介“中山经验”。1995年，中国红十字会总会领导以“慈善万人行”的专题工作经验材料，在韩国召开的亚太地区红十字与红新月志愿者大会上作了发言，得到了与会31个国家（地区）代表的高度赞誉。

（胡卓加）

广州市红十字会

【简介】

广州市红十字会创建于1904年，创建人是广州医师马达臣先生。广州市红十字会初名为粤东赤十字社，曾先后取名中国红十字会番禺分会、中国红十字会广州市分会等，新中国成立后改称为广州市红十字会。辛亥革命期间，马达臣先生奉孙中山先生之命，组织救护队115人北上随军救护服务，沿途救护积劳成疾病逝于南京。1921年孙中山先生在广州就任大总统欲举兵北伐，宋庆龄女士遵章加入中国红十字会，组织番禺、南海、顺德三个分会成立红十字会联合救护队，并亲自担任联合救护队名誉总裁。当年孙中山先生为表彰广州红十字会在辛亥革命时期所作的积极贡献亲笔题词："博爱"赠送广州红十字会。

广州市红十字会1904至1949年，经历了28届理事会。历届会长均由市级领导担任。1951年市政府对原红十字会接管改组，召开了广州市红十字会第一次代表大会，产生新的理事会，首届会长为梁广副市长。此后，召开过第二、第三次代表大会。随着担任副市长工作的变动，市红十字会会长调整了九届。现有资料记载历任会长名单有1916年熊长卿、1919年林伯翘、1921年霍芝庭、1924年韦飚初、1929年谢建诚、1936年谢英伯、1937年曾养甫、1945年陈策、1948年香翰屏、1949年黄德光、1953年陈志方、1956年郭翘然、1958年孙乐宜、1961年林西、1965年钟明、1978李嘉人、1981年罗培元、1984年陈绮绮、1992年黄伟宁、1994年姚蓉宾、2000年陈传誉。

1957年至1962年，广州市红十字会拥有会员132437人，基层组织2108个。1966年至1977年的"文化大革命"期间，广州市红十字会工作被迫停止。1978年6月，广州市红十字会恢复工作。1978年至1988年，广州市红十字会拥有会员50000多人，基层组织407个。1991年成立了广州市红十字会团体会员单位工作委员会。现有团体会员单位56个，会员5万多人。1996年成立了广州市红十字会备灾救济基金和广州市红十字志愿工作者委员会。现有志愿工作者1000多人。1998年成立了"广州市红十字社会急救医疗专项资金"。2000年成立了广州市红十字青少年工作委员会。2001年成立了广州地区高校红十字工作委员会。

《中华人民共和国红十字会法》颁布实施以后，广州市红十字会组织规范管理，各项工作进入法规化管理轨道，依法建会、依法兴会，积极拓展人道领域工作。截至2005年，广州市红十字会拥有基层组织1000多个，会员21万多人。现任会长由广州市人大副主任陈传誉担任。1990年以来，广州市红十字会接受社会各界捐赠款物12770万元，为国内外100多个受灾的省市和地区提供援助，帮助社会特困群众受益人数116万多人次。普及群众性卫生救护和保健知识教育人数达249万人次。在积极开展无偿献血、社区服务、青少年活动，加强对外交往等方面做了大量的工作，充分地发挥了政府人道工作助手的作用，为促进广州市的三个文明建设，为构建和谐社会发挥了积极的作用，深受各级政府和社会各界的信任和好评。

【年度工作】

广州市红十字会参与城市文明建设。为配合广州市争创全国文明城市工作，根据市委、市政府的要求，广州市红十字会承担提高广州市民对捐献造血干细胞、器官和遗体认识的（认同率达到50%以上）宣传发动任务。在各级政府和媒体的积极配合支持下，广州市各级红十字会积极开展了系列的宣传活动。社会各界以及广大市民的积极参与和支持。广州市红十字会共发放宣传资料30万份，与市人大、广州电视台联合举办了一次大型羊城论坛电视宣传活动在广州各大报纸专题报道。通过系列的宣传活动，普遍市民对造血干细胞、器官和遗体捐献知识得到了充分的认识和提高。经问卷调查，广州市民对捐献造血干细胞、器官和遗体的认同率达82.89%，较好地完成了政府布置的工作任务，受到了好评。

救灾救助工作。2004年12月底，印度洋发生海啸灾情，广州市各级红十字会根据总会要求及时开展社会募捐活动，得到社会各界和广大市民的积极响应和支持，共接受社会各界捐款达1622万元，为灾区人民提供了人道的援助。这次募捐活动体现广州人民积极参与国际救援的人道主义精神，也提升了红十字会组织能力和社会影响力，受到总会和广东省红十字会的表彰。2005年，广州市红十字会共接受社会捐赠款项1774万元，物资220万元。除援助海啸受灾国家外，还向国内受灾的9个市、16个县提供了救助，受益人数达4万多人。2005年，广州市红十字会发放“广州市红十字社会急救医疗专项资金”35万元，救助伤病员95人。

普及救护知识和健康教育工作。为提高广大市民对卫生救护和健康知识教育的认识。广州市红十字会全年免费发放《灾害、意外伤害与自救》10万册和《预防艾滋病知识手册》6万册，深受市民的欢迎。9月10日“世界急救日”，广州市各级红十字会积极开展宣传活动，本地媒体均大篇幅报道。目前，广州市卫生救护培训工作已纳入学校的普及教育，培训工作已逐步深入社会各企业单位，全年各级红十字会开展卫生救护知识讲座参加人数30多万人次，培训合格发证人数5750人。12月1日，为遏止艾滋病在我国的蔓延，形成全社会共同参与抵制艾滋病的氛围。广州市红十字会与市卫生局共同联合举办了“遏止艾滋，履行承诺”大型宣传活动暨“121”联合行动红丝带一元捐募捐活动，呼吁社会关注艾滋病患者。这次活动得到各级政府和社会各界广大群众的积极参与和支持，广州市红十字会共收到社会各界捐款93多万元。这次活动不仅体现了广州人民的人文关怀和社会责任，同时也是一次人人参与抵御滋病宣传教育活动，达到了目的，收到良好的社会效果。

（刘进兴）

深圳市红十字会

【简介】

深圳市红十字会创建于1983年，目前全市共有区级红十字会6个，基层组织283个，会员23180人，志愿工作者近2000人。到目前为止，深圳市已经有60所小学、42所中学、3所职业高中、1所大专院校建立了学校红十字会，共有会员11000人。

23年来，深圳市红十字会累计赈济救灾款6000余万元，累计筹集救灾物资近7000万元。

1993年，深圳市首次组织全市会员上街进行无偿献血的宣传，当年就有55人无偿献血，实现了无偿献血“零”的突破。到2004年底，累计捐血人数达80万人次，深圳市连续4次获得“全国无偿献血先进城市”称号。

1999年，深圳市开展遗体、器官（眼角膜与骨髓）宣传、登记、组织、发动工作。2000年8月1日成立了中华骨髓库深圳分库，目前检测入库资料将近11000份；全市已有4000多人登记捐献骨髓、眼角膜，已有46人捐献了骨髓，11人身后捐献了遗体，108人捐献了眼角膜。《深圳市器官捐赠与移植条例》颁布实施后，对器官捐献工作起到了积极的推动作用。

2004年12月，深圳市红十字医疗救助专项资金正式启动，该资金专门为需进行抢救而无经济支付能力的困难人群进行急救医疗费用的补贴。现已筹集资金2300万元，为近400名患者提供了紧急救助。自2004年起，市红十字会连续3年共为155名地中海贫血患儿提供共计85万元的输血救助费；资助贫困山区儿童重返校园；筹集经费360万元为530名兔唇患儿施行修补手术；定期慰问麻风病人、孤寡老人；为台属查找台湾亲人等。

积极开展行业性院前急救卫生培训，先后为公安消防、宾馆、外资企业等数十家单位员工进行急救培训，累计举办各类急救班、讲习班、培训班90多次，参加人数近万人次。

【年度工作】

2005年，深圳红十字会始终紧紧围绕构建和谐社会、做好政府助手的基本任务，依据《中华人民共和国红十字会法》全面开展各项红十字工作。

2005年，深圳市红十字会一方面积极推动自身管理体制的改革，另一方面加强对区红十字会组织机构建设的指导工作，大力发展基层会员。为加强对团体会员的管理，深圳市红十字会专门向各有关医院下发了《关于加强对各医院红十字会规范化管理的通知》，对各医院红十字会进行重新登记、规范管理。

2005年是灾害频发的一年。印度洋海啸发生后，深圳市红十字会及时向社会发出倡议，公布募捐消息及捐款账号，通过设置专用办公室、专用银行帐号接受捐款、主办大型义演活动、监督义卖义赛、广泛设置募捐箱等多种方式开展系列募捐活动。据统计，本次为海啸灾区共募集善款1761万元，其数额在全省排列第一。

6月中旬，深圳市红十字会投入到为广东省洪涝灾区的募捐工作中。“深圳红十字·博爱公共卫生医疗救助义工队”两度下到受灾严重的地区，为灾民开展义诊、送药服务，传授防疫知识，使灾情减小到最小程度。深圳市红十字会先后为广东水灾地区募集款物近500万元。

11月，又为江西九江地震灾区募集了价值51万多元的御寒衣物及10万元捐款。

2005年，深圳市红十字会继续与卫生部门配合，依照红十字会法和献血法，在市民中积极开展无偿献血、器官捐献的宣传、动员工作，确保了无偿献血100%满足全市医疗临床用血，确保了市民对器官及造血干细胞（骨髓）、遗体等捐赠的认同率大于50%，为深圳市当选全国文明城市做出了应有的贡献，也因此被评为深圳市“创建全国文明城市工作先进单位”。2005年度共有9.6万人次献血，总量近2000万毫升，无偿捐献血液100%满足临床医疗用血，机采成份血100%满足临床医疗用血。

深圳市造血干细胞分库自2000年8月1日起创建，到目前已存有1万多例无偿捐献者的完整入库资料，提供检索服务900多人次，为300多位患者找到初步配合的供者，共有39名志愿者捐献了造血干细胞。深圳分库由于卓越的成绩而荣获中华造血干细胞管理中心颁发的荣誉表彰证书。8月，深圳市红十字会召开了深圳市首届无偿捐献造血干细胞表彰大会，对志愿捐献者进行了表彰。2005年，共接受市民器官捐献志愿书60份，已有30人身后捐献了眼角膜，其中还有一位澳门同胞成为受益人。

深圳市红十字医疗救助专项资金自2004年12月启动，共募得资金2300多万元。为了更好地将专项资金运作下去，给更多贫病人群提供救助，深圳市红十字会在2005年加大了募集专项资金的力度，开展大型义卖场等多种形式的活动为医疗救助资金募捐。

深圳市红十字会常年开展为地贫儿寻找“生命燃料卡”活动，为46名地中海贫血儿童发放了价值27.6万元的“生命燃料卡”，地贫儿可凭此卡在一年内免费输血10次。

2005年深圳市红十字会共为367名贫病患者进行了紧急救助，提供医疗救助资金121.1万多元。

深圳市红十字会向深圳550户贫困家庭及孤寡老人赠送价值110000元的购物卡。并开展“红十字进社区”活动，开展艾滋病防治讲座、结核病、禽流感等疾病预防、治疗的宣传及义诊活动等活动。还为台属查找台湾亲人，资助了16名四川贫困青少年重返校园。

深圳市红十字会还组织人员对部分中小学红十字青少年会员进行会务知识及救护知识培训，开展内容丰富多彩的知识竞赛、救护演练等活动，进一步推动了学校爱国卫生运动和预防保健工作的开展。

深圳市红十字会一直注意与省市各大媒体保持友好合作关系，积极开展各类宣传工作。据不完全统计，2005年，广东省及深圳市各大媒体刊登、播发深圳红十字会新闻1000多条，为树立红十字会社会地位、扩大社会影响起到了积极的宣传作用。

（林 瑜）

广西壮族自治区红十字会

【年度工作】

2005年，是广西红十字会发展史上不平凡的一年。在自治区党委、政府的领导下，在中国红十字会总会的指导下，广西红十字会认真贯彻落实红十字会法、《关于加强红十字工作的意见》，成功地开展了印度洋海啸募捐，区内自然灾害救助，实施国际援助项目。卫生救护培训、红十字青少年、推动无偿献血和造血干细胞库建设等工作也取得了可喜的成绩。

一、理顺红十字会管理体制工作

2005年9月，广西壮族自治区人民政府办公厅转发了自治区红十字会《关于加强红十字工作的意见》，对广西红十字会工作提出了具体的要求。文件下发之后，各级党委、政府加大了支持红十字会工作的力度。到2005年底，广西已有南宁、柳州、桂林、钦州、防城港市等5个市级红十字会和平南县、防城港市防城区、港口区、上思县、东兴县、南宁市青秀区、西乡塘区、良庆区、隆安县等8个县（区）级红十字会理顺了管理体制；玉林、贵港、来宾3市已下发了红十字会机构独立设置文件。贵港、钦州配备了专职副会长，加强了对红十字会的领导。荔浦、南丹、宾阳、武鸣、隆安等县级红十字会还通过实施项目，在项目村及企业发展基层红十字会组织。目前，全区有县级以上红十字会组织133个，会员近40万名，志愿工作者2万多名；基层红十字会组织3614个，学校红十字会组织1200多个，在校红十字青少年24万多名。

二、备灾救灾与救助工作

2005年，广西红十字会在国际人道主义救援和国内灾害救助工作方面都取得了优异成绩。在印度洋海啸灾害国际救援活动中，自治区红十字会响应中国红十字会总会的号召，在自治区党委、政府的支持下，各新闻媒体密切配合，全区红十字会系统紧急动员，全力以赴，掀起了大规模、形式多样的募捐活动，在短短一个多月时间内，广西各级红十字会共接受社会各界捐款1500多万元，其中定向捐款1122万元，非定向捐款400多万元。南宁、柳州、桂林等市红十字会募集善款超百万元。这些善款全部上交中国红十字会总会。广西的募捐款额排在全国第九位，受到中国红十字会总会的表彰。这是广西红十字会历史上规模最大、影响最广、效果最好的一次国际人道主义救援活动。

2005年6月，广西桂中、桂北地区69个县（市、区）714个乡镇发生了严重的洪涝灾害，象州、昭平、平南、藤县、桂平、金秀、鹿寨、柳江、忻城等县（市）更是遭遇了百年难遇的特大灾情。灾情发生后，自治区红十字会向社会发出了救助灾民的紧急呼吁，各级红十字会反应迅速，通过电视、广播、报纸、网络等媒体发布紧急呼吁书，公布募捐账号和捐赠热线电话，积极组织开展募捐活动。红十字会的募捐呼吁得到了社会各界的积极响应。6月28日，自治区党委书记、广西红十字会名誉会长曹伯纯，自治区政府主席陆兵等四大班子领导、机关干部带头通过自治区红十字会向灾区捐款。6月30日晚，自治区红十字会与广西电视台“新闻在线”栏目共同主办了《火红七月爱心晚会》，将募捐活动推向高潮。贵港、贺州、来宾、桂林等市红十字会在第一时间将灾民急需的大米、棉被、衣物、药品送到灾区。贺州市红十字会发出了《为救助昭平县洪涝灾区灾民募捐呼吁书》，广泛发动群众为昭平灾区募捐，共接收捐款53.32万元、捐赠药品价值34.25万元及食品衣物一大批。北海市红十字会组织了“献爱心情系灾民，一方有难，八方支援”募捐活动，募集款物59600元，分别送往贵港、梧州红十字会转交灾民。南宁市红十字会也积极募集款物，支援灾区。

新闻媒体对救助工作进行了持续跟踪报道，为大规模募捐活动推波助澜。据不完全统计，这次水灾募捐全区红十字会募集款物总价值2052.62万元，旧衣物1600多箱近12万件及生活用品一批。募集的款项按照自治区政府的统一部署，参与灾后重建工作，自治区红十字会向藤县、象州、鹿寨、昭平、平南、柳江六个重灾县拨款187万元，参与建设红十字新村13个。旧衣物及生活用品已全部送到灾区人民手中。

中国红十字会总会对广西灾情十分关注，中国红十字会副会长郭长江率灾情考察组赴广西平南、藤县等重灾区考察灾情，慰问灾民。总会先后向广西灾区调拨了价值660.76万元的大米、衣物、棉被、蚊帐、消毒剂等物资，有力地支持了广西的救灾和灾后重建工作。与此同时，北京、上海、四川、浙江、宁夏、新疆、海南、江西、苏州等兄弟省、市（区）红十字会也伸出了援手，共向广西灾区援助了价值334.76万元的救灾款物，充分体现了红十字会大家庭的温暖和互助精神。

在这次抗洪救灾工作中，各级红十字会干部尽职尽责，尽心尽力，克服种种困难，深入灾区了解灾情，组织救灾物资的发放，组派医疗队为灾民防病治病。自治区政府副主席、广西红十字会会长刘新文带领红十字会工作人员深入到重灾县和重灾点，了解灾情，指导各级红十字会调运物资，救助灾民，极大地鼓舞了灾区群众战胜洪灾、重建家园的信心。

为帮助灾区人民度过严冬，过一个欢乐祥和的春节，自治区红十字会从2005年12月至2006年春节前开展了“让爱延伸”救助活动，收到了区党委办公厅、农业银行、国税局、商务厅、区博览局、广西投资集团有限公司等单位和个人捐款4万多元，捐赠衣物150多箱近1万件。

“红十字博爱送万家”活动是红十字会的品牌工程。2005年，广西壮族自治区红十字会系统继续开展“红十字博爱送万家”活动，争取到中国红十字会总会支持广西慰问物资价值32万元，自治区红十字会筹集了价值80万元的送温暖物资，发放给特困家庭和灾区群众，广西壮族自治区红十字会会长刘新文、副会长潘鸿权等深入边远山区慰问了困难群众。

三、红十字青少年活动

自治区红十字会与自治区教育厅联合开展了全区学校红十字会先进集体、先进工作者、优秀青少年会员的评先表彰活动。年内新增邕江大学、广西民族学院2所高校红十字会组织，广西中医学院、广西医科大学等完成了学生分会的换届工作，并开展了评先表彰活动。12月，广西医科大学学生分会成功举办了“2005年广西高校社团发展论坛红十字会分论坛”活动，探讨高校红十字会学生分会的发展前景，并建立了自治区高校红十字会网络联系，广西中医学院学生分会还获得了“优秀特色社团活动”奖。各高校继续开展卫生救护培训、预防艾滋病、无偿献血和红十字运动知识的传播工作。

四、积极探索参与社会主义新农村建设

加强农村红十字会工作是2005年度广西红十字会的重点工作。2005年10月，总会在山东省青岛市召开中国红十字会农村工作座谈会，对农村红十字会工作进行了全面总结，提出了红十字会在农村工作的主要任务和近期的工作重点。为了贯彻会议精神，自治区红十字会于2005年11月召开了全区红十字农村工作会议，动员社会力量，开展专项募捐，提出了参与新型农村合作医疗和医疗救助试点的工作方案和生态文明建设工作思路。目前，各级红十字会开展农村工作的力度逐步加大，农村基层组织建设正在稳步推进。

桂林市红十字会作为2005～2006年度桂林市“农建、扶贫开发、支教”工作后盾单位，积极争取资金帮助联系村修建卫生室、公路、桥梁、校舍等，发动群众建沼气池，深入开展扶贫济困助学等送温暖活动，还请来科技人员进行开发式扶贫，奖励搞产业开发的农户，提高其“造血”功能，受到村民的欢迎。各项目县通过项目建设，建立红十字会基层组织，开展红十字知识传播、健康教育以及扶贫助残等工作，促进了农村社会主义精神文明建设。

五、援建项目工作

2005年，自治区红十字会继续利用欧盟人道主义援助部及国际联合会援建项目款506万元开展第四期农村改水改厕、健康教育项目。采取红十字会援助、政府配套、村民自筹的模式解决资金问题，在南宁、桂林、百色、河池4个市8个县建造3717所生态旱厕，7个饮水工程，解决了1.8万多人的饮水困难。同时开展健康教育项目，使农村群众掌握了初级卫生知识，健康意识得到加强，生活习惯得到改变。

利用澳大利亚红十字会援助的120多万元，在桂林、河池、柳州3个市6个县18个村开展“社区为本备灾教育培训”项目，去年6月30日圆满结束，近2万群众接受了培训。同时在各项目点实施减灾工程，使村民掌握了应对常见自然灾害的方法，深受农民群众欢迎。

接受红十字国际委员会的援助，引进国际捐款55万元，在桂林华侨农场开展饮水工程改造项目。

争取澳门红十字会援助15万元建设的罗城峡山博爱小学已投入使用。争取中国红十字基金会援助20万元建设的罗城怀群加碗博爱小学主体工程已完工。

广西红十字民族教育助学协会继续与南宁市一中联合开办民族教育助学班，帮助49名少数民族贫困生完成高中学业。2005年协会共筹资20多万元开展助学活动。

项目实施过程中，各项目市（县）政府高度重视，大力支持。大部分市（县）兑现了项目合作承诺，按时、按质、按量完成了项目建设任务，受到援助方的好评，为今后的多边合作打下了良好的基础。

六、宣传与筹资工作

2005年，广西壮族自治区红十字会宣传工作呈现出生动活泼的局面。一是全区红十字会系统抓住重大活动和有利时机，统一开展宣传活动，初步形成全区联动的大宣传格局。为了切实提高宣传工作影响力，自治区红十字会与首府各大新闻媒体建立了良好的合作互动关系，成立了广西红十字会新闻志愿者协会。在为印度洋海啸募捐及广西水灾募捐活动中，全区各级红十字会与当地媒体密切配合，开展形式多样的宣传活动，为募捐活动营造了良好的社会氛围；二是抓住有利时机对专项事件进行系列跟踪报道。如在中华骨髓库广西分库的建设进程中，自治区红十字会抓住时机，对广西首例造血干细胞捐献的爱心行动进行了系列宣传报道，在社会各界引起巨大反响，各行各业的爱心人士纷纷报名要求加入捐献者的行列。各级红十字会也不断发掘宣传题材、典型的人物故事，以独特的报道视角，借助重大活动及“五八”世界红十字日、世界献血日、世界急救日、世界艾滋病日等纪念日和宣传日，加强与媒体的合作，扩大了红十字会的社会影响力。

七、中华骨髓库广西分库建设

2005年，中国造血干细胞捐献者资料库广西管理中心获得总会下拨的彩票公益金84.8万元，地方财政8万元。接受国家管理中心分配采样任务1600人份，实际采集血样3500人份，超额完成1900人份。广西分库全年数据新上传2056人份，入库数据累计3057人份。一年来，广西分库共接受捐献造血干细胞志愿者报名4026人。执行国家管理中心下达再动员任务共17人，其中15人同意，2人不同意，2人已成功捐献。

2005年，广西分库开展和参与了元旦“温暖2005”无偿献血捐髓活动、平安保险无偿献血暨捐髓月、“五八”世界红十字日活动、北海采样活动（采样184份）、广西分库首例造血干细胞启运仪式、广西大学宣传采样活动、2005广西高校校园巡回宣传讲座等7次大型宣传活动。广泛宣传建设干细胞库的意义和捐献干细胞的有关科学知识，产生了良好的社会效益。10月，分库还建立了广西造血干细胞志愿者服务队，组织开展了志愿者公益活动和专业知识的培训。

广西分库首例捐献者是广西警官高等专科学校的一名教师，第二例捐献者为广西都安县的一位壮族农民。这两例捐献者在广西当地产生了巨大的宣传效应和良好的榜样作用。

八、无偿献血与卫生救护培训工作

依据红十字会法和献血法，广西壮族自治区各级红十字会广泛开展了无偿献血的宣传、动员工作。2005年底，自治区红十字会与自治区卫生厅、广西军区后勤部联合表彰了2003～2004年度全区无偿献血先进单位、个人及先进城市、先进部队。南宁、柳州、桂林、玉林、崇左等7个城市达到了依靠自愿无偿献血满足临床用血需求的目标，获得了无偿献血先进城市奖。

继续利用国家彩票公益金的支持，为电力、旅游、民航、民政、交通、林业、安全生产监督管理、陆军预备役等系统举办了6期卫生救护师资培训班，共培训师资206人，培训救护员1600多人。

九、交流交往工作

利用红十字会的特点，开展交流与合作。6月洪涝灾情发生后，自治区红十字会通过中国红十字会发出国际呼吁，得到国际联合会援助物资价值265.15万元，香港红十字会援助物资价值167.87万元，美国驻华大使馆援助物资价值20万元。8月，澳门红十字会义工考察团赴罗城峡山博爱小学开展助学交流活动。10月，越南红十字会代表团到广西考察，参观了隆安、宾阳的欧盟项目村；国际联合会东亚地区高级官员考察了广西项目工作。广西壮族自治区红十字会通过参加总会考察团及组团访问了瑞士、德国、美国等国红十字会，增进了与国外红十字会的交流与合作。

【历史沿革】

广西红十字会活动始于1910年。1910年2月，梧州成立了广西第一个红十字会组织即梧州红十字会，1912年，改称中国红十字会梧州分会。到1949年，广西境内已有梧州、桂林、邕宁、柳州、横县、阳朔、桂平、贵县、百色9个红十字会分会，有红十字会医疗救护机构2所。当时红十字会组织主要从事战地救护、为灾民赠医施粥、收养弃婴和孤儿等工作。新中国成立后，中国红十字会的各级组织均进行了改组。1956年，国务院批复中国红十字会总会的编制中，明确广西的分会人员编制共38人，其中省红十字会6人，桂林红十字会10人，南宁红十字会10人，梧州红十字会4人，柳州红十字会5人，北海红十字会3人。1958年，广西省改为广西壮族自治区，开始筹办全自治区统一的广西红十字会。1963年11月，负责统筹协调、指导、管理全广西红十字会活动的广西壮族自治区红十字会正式成立。1965年，自治区红十字会与南宁市红十字会联合开展国防救护训练（即战伤救护四大技术等模拟训练）试点，训练民兵急救员达4037人，为以后各地普及民兵救护知识和培训救护骨干打下了良好的基础。1966年4月，中国红十字会总会在南宁市召开全国水上救护训练经验交流会，来自全国16个省、自治区、市160多名代表到邕江边与几十万群众观看了南宁市红十字会组织的水上救护综合演习。1967年，受“文化大革命”冲击，全广西红十字会组织被撤销，工作停顿。1978年8月，广西壮族自治区红十字会恢复工作。随后，南宁、柳州等地、市、县红十字会组织机构也相继恢复。1978年4月至1979年6月，广西壮族自治区红十字会协助政府共接待安置越南难民18.89万人，先后接收了国际难民署赠款2473.12万美元，全部用于资助难民的生产、生活、医疗、教育事业。1979年至1990年间，广西壮族自治区红十字会参与了数次战俘交换工作，得到了红十字国际委员会的高度赞扬。

《中华人民共和国红十字会法》颁布实施后，广西壮族自治区红十字会的组织发展迅速。1998年8月，广西壮族自治区红十字会正式从区卫生厅分离出来，实现机构独立设置，2002年落实了三定方案，从此，广西壮族自治区红十字会各项工作步入规范化发展轨道。

在中共广西壮族自治区党委和政府的领导和重视下，在社会各界的大力支持和参与下，广西壮族自治区红十字会认真履行《中华人民共和国红十字会法》和《广西实施〈中华人民共和国红十字会法〉办法》所赋予的职责，在积极配合政府参与自然灾害救助、大力开展群众性初级卫生救护知识培训、社区红十字服务、红十字青少年活动、推动无偿献血工作、关爱艾滋病患者、中国造血干细胞捐献者资料库广西分库建设、引进国际援助项目等方面取得了显著的成绩。

截至2004年12月31日，广西壮族自治区各级红十字会共收到中国红十字会总会、香港特别行政区红十字会及社会各界捐赠款物合计人民币714.43多万元，全区有14个市、66个县（市）的53万人受益。在“红十字博爱送万家”慰问活动中，自治区红十字会筹集了价值近130万元的送温暖物资，发放给城市低保家庭和灾区群众。至2004年12月底，自治区红十字会先后收到了由东兴、凭祥等地方海关转交及总会分配的罚没侵权货物4批次，价值12.13万元。2004年，自治区红十字会举办了5期卫生救护师资培训班，共培训师资168人。开展以“关注妇女、预防艾滋”为主题的宣传活动，全区约60万名群众接受了教育。在全国无偿献血表彰会上，广西壮族自治区有9人获2001至2003年度全国无偿献血奉献奖金奖，25人获银奖，155人获铜奖。桂林电视台、广西师范大学红十字会以及南宁市的苏兆平荣获全国无偿献血促进奖，桂林市荣获全国无偿献血先进省市奖。2004年，中国造血干细胞捐献者资料库广西分库检验并实现入库数据1509人份。9月，自治区红十字会开展了“行动传播人道，爱心拯救生命”专项募捐活动，为广西分库建设筹措资金30多万元，用于广西分库的血样采集和检测工作。自治区红十字会围绕中国红十字会成立100周年庆典活动，制作了《纪念中国红十字会成立100周年》邮折邮封。广西红十字民族教育助学协会成立，开办了一个民族班，资助47名少数民族贫困生读完高中，协会3年共提供人民币资助28.2万元。2004年，广西壮族自治区红十字会与红十字会与红新月会国际联合会合作利用欧盟捐款383.7万元人民币，在6个县（区）建造生态旱厕3750座，并修建了高位落差的饮水项目，解决了当地5000多人的饮水问题。由澳门特别行政区红十字会援助的罗城仫佬族自治县峡山博爱小学教学楼投入使用。在为印度洋海啸灾区募捐活动中，全区共募集善款1122.55多万元。

【组织机构】

1998年8月，广西壮族自治区红十字会正式从区卫生厅分离出来，实现机构独立设置，2002年落实“三定”方案，机关定为副厅级，内设办公室、组织发展部、救助救护部3个处级机构，人员编制16名。中共广西壮族自治区党委书记曹伯纯，原广西壮族自治区人大常委会主任赵富林，原广西壮族自治区人大常委会副主任李振潜担任自治区红十字会名誉会长，广西壮族自治区副主席刘新文担任会长，政协、卫生、民政、财政等单位为副会长单位，驻会有专职副会长2人，秘书长1人。

目前，广西壮族自治区已有桂林、柳州、南宁、防城港等8个市以及8个县的红十字会理顺了管理体制，实现了机构独立设置。全区有县级以上红十字会基层组织133个；高等院校红十字会组织29个；中小学校红十字会组织1172个；乡镇、街道红十字会组织46个。全区有红十字会员近40万人，志愿工作者2.1万人。

【大型项目】

2003年“非典”期间，广西壮族自治区红十字会系统共接受社会各界捐赠的款物价值人民币1289.30万元，并及时进行处理分配，有力地支持和配合了抗击“非典”的斗争。

2004年12月26日，印度洋地区因地震引发海啸灾难后，广西红十字会响应中国红十字会总会号召，开展了大规模的募捐活动。在短短一个多月时间内，共接受社会各界捐款1122万多元。这是广西壮族自治区红十字会历史上规模最大、影响最大、效果最好的一次国际人道主义救援行动。

2005年6月，广西遭受了百年不遇的特大洪涝灾害。广西红十字会在自治区党委、政府的统一部署下，开展了广泛的社会募捐工作，募集款物总价值612万多元，为救助灾民及灾后重建做出了贡献。

【主要特色】

（一）改厕、改水及健康教育项目

2001至2005年，广西壮族自治区红十字会利用国际人道主义办公室援助款1600多万元开展了农村生态旱厕项目、农村健康教育项目、农村防灾备灾项目和艾滋病预防宣教工作等。在全区11个市、31个县建造了19947座粪尿分集式生态旱厕，10个饮水工程，同时在所有的项目村开展了以环境卫生、个人卫生、传染病防治为主要内容的健康教育，并由当地政府配套进行周围环境治理（道路硬化、污水排放、人畜分居），直接受益人数达104374人。项目的实施，为受益村家家户户提供了干净的卫生厕所和安全的卫生饮用水，同时通过参与式的健康教育，促进了农民卫生健康观念的转变和卫生习惯的养成，降低了当地与水及环境卫生相关疾病的发病率，受到了社会各界的广泛好评。

（二）艾滋病预防与宣教

广西壮族自治区红十字会自1996年以来，积极参与中国红十字会总会的艾滋病预防青年同伴教育活动以及国家卫生部国外贷款办、广西艾滋病预防领导小组组织开展的相关艾滋病预防宣教活动。据不完全统计，全区通过红十字会系统培训的同伴教育者（主持人）共11期388名，并在3所大专院校开设了艾滋病、性病、安全性行为健康教育选修课；还先后在边境县（市）、戒毒所等开展了预防宣传工作；有10000多人接受了艾滋病预防知识同伴教育培训，印发宣传资料2万余份。

（黄吉宁）

南宁市红十字会

【简介】

南宁市最早有红十字会活动是在1921年，设了筹备处，依据中华民国红十字章程，开始筹备邕宁红十字分会，于民国十三年（1924年）10月25日成立，当时称中华民国红十字会邕宁分会，会址设在南宁九成桥雷氏冬祠（现共和路）。首届会长阚宗骥（又名阚德轩），有会员516人，设临时医院一所，灾民收容所及妇孺收容所各2所，救护队、掩埋队各1个。从事救护、救济、医疗、防疫、掩埋等工作。1947年7月，将中华民国红十字会邕宁分会改称中国红十字会南宁分会，有会员2568人。到1949年，有会员3123人。1950年，南宁市人民政府接管南宁红十字会分会，并进行改组，由滕汉旭代会长，后由胡中平兼任会长。

1952年，中国红十字会批示：南宁红十字分会与南宁市人民政府卫生科合署办公；同时批示红十字会医院暂不改名。1953年至1957年，南宁市红十字会分会办公室有专职人员4名。这段时间红十字分会除原来的工作外还参与了抗美援朝、为江西老苏区防病治病、培训红十字卫生员、建立红十字卫生站、为群众处理小伤小病等工作。1958年7月2日，南宁市红十字会分会改称红十字委员会，设正副主席3人，主席由黄梦醒（副市长）兼任。设常务委员长1人，委员14人，有会员1693人。到1963年，建立基层组织112个，有会员2228人。

1964年开始，南宁市红十字委员会改称南宁市红十字会，会长由朱琏（副市长）兼任。在这期间，重点抓战备救护训练，在全国较早开展水上救护训练，建立基层组织1500个。

1966年6月至1978年7月，因“文化大革命”工作基本停顿，必要的工作由卫生部门代管。

1978年8月9日，为配合国际红十字会协会来广西了解被越南当局驱赶回国的难侨情况，中国红十字会总会商请广西恢复南宁市红十字会的工作。1979年上半年，选举产生南宁市红十字会第一届理事会。会长由韦纯束（市长）兼任。1981年8月，中共南宁市委任命何彬为市红十字会专职会长。第一届理事会受中国红十字会总会委托举办了全国首届水上救护师资训练班，并成功拍摄“水上救护”科教片。

1985年5月，选举产生第二届理事会，由卢玉娟（副市长）兼任第二届理事会会长，有理事51人。自1985年到1991年第二届任期6年间，南宁市红十字会共发展基层组织87个，有会员78671人。其中红十字青少年会员23257人，团体会员24874人，成年会员20540人。

1992年6月，选举产生第三届理事会，会长由柯子卿（副市长）兼任。于2001年实行了红十字会的独立设置，工作人员从4人增加到8人，有基层组织275个，会员总数为62462人。其中红十字青少年会员42273人，成人会员20153人。

2004年12月16日召开南宁市红十字会第四次会员代表大会，选举产生南宁市红十字会第四届理事会，会长由郑军健副市长兼任。姚伟庆任专职副会长，黄建霞任秘书长，有理事55人。

【年度工作】

2005年，南宁市红十字会紧紧围绕我市构建和谐社会的总体目标，努力开展救灾备灾、社会救济救助工作和专项项目工作，取得年内75823人次参加无偿献血的好成绩，获“2003～2004年度广西无偿献血促进奖”。

2005年市红十字会积极向政府和有关部门申请，将县、区红十字会机关调整为县区政府直接联系的独立设置的人民团体机构，这个申请得到了市政府和有关部门的大力支持，使理顺县、区红十字会机关管理体制的工作快速向前推进，年内，青秀区、西乡塘区、良庆区和隆安县红十字会实现了机构独立设置。

5月8日“世界红十字日”，市红十字会与广西壮族自治区红十字会联合在南湖公园举办了题为“珍惜生命，关爱他人，自救互救——红十字在行动”大型广场宣传纪念活动，组织了广西医科大学、广西教育学院及广西中医学院等150名红十字青少年会员进行现场救护和文艺表演，还设置了若干个咨询点，向群众广泛宣传红十字会法和急救知识、捐献骨髓等相关知识。

2005年8月，市红十字会通过梧州市妇联引进美国亚拉巴马大学捐款10万元，在南宁市开展“广西以NGO为主艾滋病防控咨询与干预试点项目”，该项目通过培训工作使受训人员对艾滋病的传播途径、如何减轻毒品的危害及正确使用安全套有了正确认识；通过与社区管理者一起入户慰问和访谈，减轻了社区管理者、普通人群和吸毒者（感染者）的家庭成员对艾滋病的恐惧和歧视心理，增强了关怀观念；同时，项目工作人员通过项目实践，提高了项目管理、组织、执行能力，为今后在社区中开展艾滋病防治工作打下了良好的基础。

2005年元旦、春节期间，市红十字会对原永新区、城北区及隆安县、宾阳县、武鸣县和原邕宁县的83户特困户进行了慰问，每户给予慰问金150元及价值50元慰问品。此外，还向各有关县区的特困户发放价值6048元的救济棉被108床和价值30600元的救济棉衣600件。

印度洋地区发生地震、海啸灾难后，市红十字会迅速发动社会各界捐款捐物，由于宣传工作及时、到位，此次募捐所收到的善款是南宁市红十字会募捐史上捐款数额最高的一次，计有838个单位和145个个人的捐款共2801721.17元，并将募捐款汇到中国红十字会总会，同年被广西红十字会授予

“为印度洋海啸灾区募捐工作最佳组织奖”。

全年增设募捐箱65个，使全市募捐箱的数量增至130个，年内工收到捐款31620.79元，该款全部用于红十字博爱送万家活动。

为救助当年南宁市局部洪涝灾害的灾民，市红十字会于6至7月间向社会发出水灾募捐倡议，共筹得现金60金多万元及价值约11万多元的物品，还通过广西红十字会争取到7批次救灾物资共折合人民币187854.60元，全部用于受灾县、区的抗灾救济工作和备灾工作。

为资助南宁市一中民族教育助学班黄国升等6位优秀特困学生，市红十字会从专项资金中划拨30000元，以帮助他们顺利完成高中学业。

年内共举办各类急救培训班5期，分别为广西文学杂志社、十五中学、市体育局、广西地矿厅、广西建筑安装公司等单位的197名学员进行了现场急救心肺复苏和急救四大技术的培训，协助广西红十字会为博览会的志愿工作者举办卫生救护培训班两期。

根据广西红十字会的部署，2005年一季度市红十字会主要进行欧盟人道主义办公室援建改水改厕暨健康教育第三期限项目的收尾工作和第4期项目的启动工作。欧盟无偿援助南宁市第3期项目改水工程两个，建造生态旱厕1250座，总投资人民币约136.7万元。第3期项目于2005年四月底全部竣工，并通过了红十字国际联合会项目官员的检查验收。接着，2005年市红十字会又接受欧盟第4期无偿援助改水项目三个，建造生态旱厕所1198座，总投资人民币约160多万元。第4期项目于2005年12月底底全部完工，同时通过了红十字国际联合会项目官员的检查验收。

（南　红）

海南省红十字会

【年度工作】

一、争取各级政府支持，理顺管理体制工作取得突破性进展

2005年，海南省又有4个市县解决了红十字会“三无”（无人员、无场所、无经费）的老难题。乐东县县委常委会议同意为县红十字会配备2名专职干部；屯昌县政府同意给县红十字会2名编制，文昌市政府为红十字会下达2名编制，临高县政府也同意为红十字会配备专职工作人员。截至12月底，我省已有13个市县红十字会配备专职干部，全省红十字会专职工作人员增至28名。目前，昌江、琼山、儋州、海口等4个市县区理顺管理体制。

二、各项业务工作得到进一步增强

（一）募捐与赈济工作取得长足进步。2005年，省红十字会共募得现金近1200万元、救灾物资价值611多万元，一年募得现金超过建会十几年所募现金的总和。全年的募捐与赈济工作主要是先后围绕三件大事开展：印度洋地震海啸灾难、海南50多年不遇的旱灾和30多年不遇的“达维”风灾。

印度洋地震海啸灾难发生后，全省范围声势浩大、形式多样的募捐活动迅速展开。最终，全省通过总会向海啸灾区捐款人民币650万元，并获得总会颁发的“最佳组织奖”。

面对全省持续的大旱，组织了“春风化

雨，情洒海南”等主题募捐活动，以35.3万元资金对特困群众“送温暖”，以43.3万元投入重点支持几个市县的打井、筑坝、购置输水设备等，为省委省政府组织的全省抗旱工作作出了积极贡献。

9月26日，海南全岛遭受“达维”强台风长达18小时的猛烈袭击。台风过后第二天，省红十字会即向省内外发出募捐紧急呼吁，向总会报告灾情，并要求全省各市县红十字会立即开展募捐和救灾行动；当天上午，省红十字会筹集的60吨大米，送往文昌、琼海、万宁3个重灾区。随后，全省各级红十字会均积极投入了长达两个月的募捐和救灾工作。在此次募捐救灾活动中，省红十字会共募得现金93.6万元和价值近310万元的救灾物资，总会在“达维”风灾后第3天即派出考察组到海南省实地察看灾情，并组织了3批共价值100万元的帐篷、毛巾被、消毒药品和大米运抵海南省；北京、云南等13个省区市和深圳、武汉等5个城市的红十字会陆续捐助现金71.1万元，上海、福建、宁夏等地红会捐助价值约160万元的救灾物资也先后运抵海南省。2005年，还与部分市、县红十字会联手开展了多项募捐救助活动，与万宁市红十字会开展了“百名贫困农民白内障复明手术”活动、与陵水县红十字会的“为二十户特困家庭建新居”工程、与乐东县红十字会的“救助特大车祸受伤农民”活动等，共使用募捐资金22万元。

（二）卫生救护培训办出自己的特色。2005年，分三个层次逐步推进卫生救护培训工作。首先，抓好彩票公益金师资培训项目，努力发挥受训师资的作用。其次，与企业合作建立卫生救护培训站。全年组织培训千余人。第三，组建海南省红十字救援大队。在经过初级卫生救护培训的、年龄在18至50岁之间的志愿者中优选120人组成，并分属三个分队。救援大队已组织过几次训练，而且已在救灾和募捐工作中发挥了一定的作用。

（三）造血干细胞捐献保持先进水平。2005年，全省HLA分型数据入库4000多人份，累计已大大超过10000人份；实现捐献5人次，累计12人次。省红十字会在2005年继续强化造血干细胞捐献的宣传，在与卫生部门联合举办的无偿献血会议、广播、演出节目中都加入造血干细胞捐献的内容，联系电视台制作专题访谈节目，举办中国造血干细胞捐献者资料库海南分库公众开放日等；还组织了部分造血干细胞捐献者参加的“生命不能等待”先进事迹演讲团，在全省各地巡回演讲6场，直接听众数千人。青年人尤其是大学生的捐献报名十分踊跃。

（四）预防艾滋病的宣传力度和效果增强。2005年，首次进入省劳教场所开展预防艾滋病项目工作。在管教干部和强制戒毒青少年中开展预防艾滋病青年同伴教育，通过问卷调查、现场演示、角色扮演的游戏等方式对学员和干警进行了预防艾滋病技能和职业防护训练，学员和干警均积极参与，达到了预期目的。培训受到省劳教局领导的高度赞赏和肯定。从9月下旬到12月中旬，在全省18个市、县的党政机关、事业单位、大中专院校、妇女组织、乡村医生中举办预防艾滋病知识讲座共36场，直接听众达数万人。世界艾滋病日期间，在6所大学培训志愿者500人，开展校内外的预防艾滋病宣传活动。

（五）宣传与志愿服务的活动有声有色。“达维”强台风过后，紧急调动救援大队中经过搭帐篷训练的三亚分队，前往灾区十余个乡镇搭建几十个救灾帐篷。三亚分队以最快的速度集结、奔赴指定区域,夜以继日地奋战三天便完成了任务。省红十字会9月份在海口市的闹市区—明珠广场设立了首家红十字周末义卖站,其基本理念是企业捐出产品在义卖站出售,收入现金用于社会救助。义卖站参与志愿者至今已超过600人次。此外,像我们每次大的募捐活动,都会组织上百人的专业和业余演出队伍参加义演;"12·1"世界艾滋病日,全省各地红十字会就动员志愿者上千人,制作和发放红丝带8000个,发放安全套10000个、宣传材料25000份。

【历史沿革】

海南红十字会建省前在广东省红十字会指导下开展红十字会工作。早在1952年12月,广东省海南人民医院就成立了红十字会,1954年,海口市红十字会成立,两个红十字会均为团体会员,约300人。1981年7月,成立海南省行政区红十字会,会长林树兰(海南行政区公署副主任),秘书长程学(兼),办公室设在卫生局。到1988年,海南红十字会有基层组织20个,会员3000多人。1989年,海南建省后,撤销原海南行政区红十字会,正式成立海南省红十字会。海南省红十字会克服各种困难,积极主动地开展工作,在协助政府安置难民、开展募捐、发展会员、建立组织以及红十字青少年、国际交往、接受捐赠等方面做了很多工作,出现了可喜的局面。1993年10月《中华人民共和国红十字会法》和1996年1月《中华人民共和国红十字使用办法》的颁布施行,使红十字会组织成为国家法定的从事人道主义工作的社会救助团体,从而确立了红十字会的社会地位。2000年3月29日,海南省红十字会召开了第三次全省会员代表大会,选举了副省长王琼瑛为会长,卓英为常务副会长,根据会长提名赵健丽任秘书长。2004年12月7日,海南省第四次全省会员代表大会召开,大会全面总结了三届理事会的工作,制定了2005至2009年发展规划,选举产生了由61名理事组成的新一届理事会,聘请中共海南省委书记汪啸风、省长卫留成为名誉会长;海南省人大副主任王琼瑛、省政协副主席王辉丰当选为名誉副会长;赵国卫当选为常务副会长;赵健丽、刘平治、随枝叶、苏远洋当选为副会长,根据会长提名赵健丽兼任秘书长。

2004年,海南省红十字会在"五八"世界红十字日期间,在《海南日报》、《海口晚报》、《中国红十字报》等报刊报道海南省红十字会开展活动的稿件50篇,海南电视台、海口广播电视台播出关于红十字会活动的新闻161次,在网上发布新闻8条,印发预防艾滋病宣传画78520份。全年共募集和发放了赈济款物合计人民币400540元,赈济特困家庭8010多户。在"红十字博爱送万家"活动中。海南省红十字会发放慰问品价值30万元,受益贫困家庭达1500户。海南省红十字会全年开展救护知识普及讲座34次,参加讲座人数5754人。全年救护员培训总数6578人,全年师资培训总数148人。海南省报名捐献造血干细胞的人数超过12000多人,采集检测入库资料超过8000人份,已配对成功60多例,实现捐献移植9例;参加无偿献血达13532人次,献血总量达56666袋,海南省已实现医疗用血全部来源于公民无偿献血。海南省红十字会在2004年的艾滋病预防宣传工作中,举办了宣传活动58次,举办青年同伴教育培训班34次,参加青年同伴教育培训人数20060

人；发放宣传品 78520 件，共投入资金 8.215 万元。截至 2004 年底，全省共有 15 名志愿者报名捐献器官、遗体。其中，已通过公证登记生效的有 7 人。

海南省红十字会历次代表大会

第一届

1991 年 8 月 27 日召开，代表 41 人，理事 23 人，常务理事 5 人，常务副会长韦少成，副会长刘通显、陆清、谢峰、黄相基。

第二届

1994 年 9 月 20 日召开，代表 54 人，理事 29 人，常务理事 10 人，会长刘名启、王厚宏、于迅，常务副会长韦少成，副会长陆清、简梁盛、谢峰、蒋金富、周元友、王亚保、叶斌、符国存。

第三届

2000 年 3 月 29 日召开，代表 108 人，理事 57 人，常务理事 9 人，会长王琼瑛，常务副会长卓英。

第四届

2004 年 12 月 7 日召开，代表 92 人，理事 62 人，常务理事 9 人，名誉会长（副会长）汪啸风、卫留成、王琼瑛、王辉丰，会长林方略，常务副会长赵国卫，副会长赵健丽、随枝叶、苏远洋、刘平治。

【组织机构】

海南省红十字会现有基层组织 132 个，会员 11 万人，全省目前共有 365 所学校建立了红十字会，红十字青少年会员达 6 万多名。全省 17 个市、县建立了红十字会。

海南省红十字会机关设有综合办公室、事业发展部、赈济救护部，中国造血干细胞捐献者资料库海南分库。

根据《中华人民共和国红十字会法》和中国红十字会总会《理顺管理体制座谈会纪要》精神，2001 年，海南省红十字会向海南省编委申报《海南省红十字会关于理顺红十字会管理体制的请示》，2001 年 11 月 21 日，中共海南省委办公厅正式下发了《关于理顺省红十字会管理体制的批复》。海南省红十字会由“省卫生厅代管”改为由省政府领导联系，编制 5 名（使用事业单位编制），参照公务员管理。2004 年 10 月 4 日，为了便于省政府协调开展红十字会的工作，省编委经研究决定将省红十字会归属省政府办公厅管理。目前，全省已有 6 个市县的红十字会基本理顺管理体制，9 个市县配有红十字会专职干部。海口、三亚、儋州、澄迈、临高、万宁、文昌、琼海、东方、五指山、屯昌、定安、昌江、乐东、陵水、白沙、保亭、琼中 18 个市、县成立了红十字会。2001 年 11 月，经中国红十字会总会批准，海南省红十字会建立了“中国造血干细胞捐献者资料库海南分库”。

【大型项目】

1. 1996 年，海南省连续遭受多次热带风暴袭击，全省各级红十字会共募集赈灾款物价值 86 万元，帮助灾区群众渡过难关。

2. 1998 年，为“三江流域”洪涝灾害开展募捐活动，共募集款物 560 万元，支援了灾区的重建工作，同年，在内蒙古自治区兴建博爱村一个。

3. 1998 年，为西藏、青海雪灾灾区开展募捐工作，共募集款物 30 多万元，及时支援了兄弟省区的救灾工作。

4. 2000 年，海南省遭遇了百年不遇的特大洪涝灾害，全省共募集款物折合人民币

246.8万元。

5.2004年底，为印度洋海啸灾区募捐1000多万元善款。

【主要特色】

（一）做好难民安置工作

为做好接收安置印支难民的工作，海南省红十字会遵循人道主义宗旨，积极协助和配合政府有关部门做好难民的医疗保障工作。海南省人民医院红十字会、海南医学院附属医院红十字会、海口市人民医院红十字会、海南兴隆红十字医院等单位多次派出医护人员在码头、车站设立难民医疗点，为过往难民提供免费诊疗服务。同时组织红十字医疗队深入难民安置点，为难民义务体检和开展防病治病活动。据不完全统计，近20年来，红十字会共为难民诊治伤病113420人次，收容难民住院治疗18783人次，为难民点培养卫生技术骨干250多名。红十字会还向难民子女免费发放学习文具9360份，价值人民币2万多元。

（二）坚持给麻风病人送温暖

2000年至今，海南省红十字会坚持每年春节前开展为省麻风病医院特困群众送温暖活动，共赠送了价值近10万元的物品和药品。

（三）在旅游点设置募捐箱

为方便社会各界人士捐款奉献爱心，海南省红十字会在省内各旅游景点、机场、码头、公园、宾馆等公共场所放置了红十字募捐箱。

（四）开展预防艾滋病项目

遵照红十字会与红新月会国际联合会和中国红十字会总会对艾滋病预防工作的具体部署，海南省红十字会于1998年在海南省启动了艾滋病预防青年同伴教育项目。从1998年的项目筹备启动开始至今，全省已培训项目核心主持人78名，举办项目普及培训班120期，直接受训人员达3400人，间接受益者达5万多人。培训领域包括学校、酒店、宾馆、政府机关，覆盖面逐渐扩大到全省13个市县，邀请加拿大McGill大学医学院教授、国际卫生教育专家加德里安博士到海南专门指导省红十字会开展预防艾滋病青年同伴教育项目。加德里安博士已在海口、三亚、儋州、琼海和万宁的28所大中专院校举办了30多场（次）的预防艾滋病讲学活动，直接听众达2万多人。

2001年5月，海南省红十字会在全省举办了“反对歧视艾滋病病毒感染者及病人漫画卡通画大赛”活动。从各单位选送的60多件作品中筛选出8件优秀作品报送中国红十字会总会参评，其中有6件作品被总会选中，代表中国参加了由红十字会与红新月会国际联合会举办的“反对歧视艾滋病病毒感染者及病人的漫画卡通画大赛”。海南省儋州市那大二中高二年级蒲丁欣同学的作品荣获东南亚/东亚地区大赛第一名，海南大学学生周桑的作品被编入这次大赛的优秀作品的画册，为中国红十字会争得了荣誉。海南省红十字会撰写的《关于举办反对歧视艾滋病病毒感染者及病人卡通漫画大赛的报告》被第五届世界艾滋病关怀大会选中，海南省红十字会秘书长赵健丽受大会组委会特邀和资助，于2001年赴泰国清迈与世界各地的1万多名代表交流“控艾”经验。

（五）开通网站

海南省红十字会使用现代化宣传手段，努力扩大宣传范围，取得良好宣传效果。2000年，在海南在线的协助下，海南省红十字会率先创建了国内红十字系统第一家省级网站——海南省红十字会网站。通过近几年来的建设完善，网站已设有红十字信息、救灾救助、救护培训、寻人转信、功德榜、志愿服务、在线捐助、留言簿、电子邮件、友情链接等诸多栏目。通过网站可以了解到全省红十字会工作动态、国际红十字运动基本知识、艾滋病预防知识、初级卫生救护知识、寻人转信动态等。网站的开通，扩大了红十字会的社会影响，使更多的群众了解并关心支持红十字事业。网站开通至今，已有数万人次访问，并在赈灾捐助和志愿服务中发挥了作用。

（六）交流合作

2001 年 4 月，在中国红十字会总会的安排下，海南省红十字会会长王琼瑛率团出访德国红十字会巴伐利亚利珀分会。

2001 年，受中国红十字会总会派遣，海南省红十字会秘书长赵健丽赴泰国皇家墨罕德大学卫生学院进修了卫生项目管理技术，其后，还赴国际（马尼拉）危险管理学院研修了突发事件卫生管理技术。

2002 年，为加强琼台两地的交流合作，海南省红十字会邀请台湾高雄市红十字组织代表团于 6 月中旬到海南省进行了以水上卫生救护为主题的工作访问。

2003 年初，应台湾高雄市红十字组织的邀请，海南省红十字会常务副会长卓英率团赴台进行了为期一周的访问交流。与台湾红十字组织各位高层领导会见，并就两岛加强交流合作进行了友好的协商，访问工作取得圆满成功。

（赵国卫、赵健丽、徐娟）

海口市红十字会

【年度工作】

2005 年，海口市红十字会以科学、创新、开拓的精神，顺利完成了全年的各项工作任务和工作指标。

一、宣传、贯彻红十字会法，加强组织建制

在宣传活动中，利用“五八”世界红十字纪念日组织会员上街宣传红十字会法及“人道、博爱、奉献”的红十字精神，免费为市民义诊，发放宣传资料，使社会各界加深对红十字会法的认识和了解。

在落实红十字会法的过程中，海口市红十字会及时向“人大”汇报，反馈我市贯彻落实红十字会法的情况，使一些在执法过程的难点得到了及时解决。2005 年 6 月，海口市红十字会取得了真正独立的法人资格，完全脱离了“卫生系统”，为发展海口市的红十字事业奠定了组织基础。

二、无偿献血工作

在宣传《中华人民共和国献血法》过程中，海口市红十字会经过多年不懈的努力，使海口市的无偿献血工作发生了根本转变，医疗用血从 80 年代组织卖血专业队伍达到 2005 年公民积极参与无偿献血，医疗用血已 100% 来自于公民的无偿献血。目前，海口市的献血工作已形成一个自觉、自愿、献爱心的健康发展局面。

三、备灾、救灾工作

海口市的救灾备灾大楼从 1997 年起开始征地、规划、设计等前期工作，2005 年终于在体彩基金的帮助下，打下了桩基。2005 年，海南省红十字会为支持海口市备灾救灾大楼建设筹集100万元，海口市红十字会及时将信息反馈给市委、市政府。目前，海口市备灾大楼正以建设中。

在2005年的印度洋地震海啸救助活动中，海口市红十字会共收到印度洋海啸捐款1411811元，这些捐款及时的送到灾区帮助灾民。

2005年，海南省受到“达维”台风的袭击，为了支援灾区，海口市红十字会及时向社会发出了募捐呼吁，共募捐到55685元，省红十字会拨给物资价值约50411元。

为了帮助灾区的灾民们恢复正常生活，海口市红十字会先后走访了受灾较重的7个乡村，最后选定受灾严重和较为贫困的龙泉镇雅咏村，出资3万元帮助建一所救灾房，让助村里几户长期居住危房中的孤寡老人有一个安全的住所。

四、预防艾滋病的宣传工作

近年来，海口市红十字会加强了红十字青少年活动的安排，在节假日组织青少年会员慰问和帮助一些孤寡老人，还在青少年中间开展预防艾滋病的宣传活动。在世界艾滋病日期间，根据总会及省红十字会的“通知”精神，配合政府积极开展预防艾滋病的宣传活动，组织基层红十字会，上街设点，宣传艾滋病预防知识，提供免费咨询和体检，发放了宣传资料2000份，在海南省红十字会的帮助下，海口市红十字会邀请加拿大加德里安博士到海口市，为海口市职业学校、海口市旅游学校和市第四中学的同学讲授预防艾滋病知识，共举办3期学习班，有2500人参加了知识讲座。海口市红十字会还利用学校多媒体教室播放图片、数据。在举办学习班的同时，还向学校发放发宣传资料4500份，以及气球、红丝带等。在学校开展预防艾滋病知识讲座，得到了学校的大力支持和学生们的积极参与，提高了同学们的自我保护意识，让他们学会了如何关爱艾滋病患者，并且珍惜生命。

五、救护培训工作

2005年，海口市红十字会会先后组织多人次参加了自救互救知识培训，提高了红十字队伍的素质和理论水平。5月8日，海口市红十字会组织海口市医院、市中医院、市保健院、市防疫站等会员单位举行“五八”世界红十字日纪念活动，为过往行人和群众进行免费咨询和义诊，共接待咨询、义诊者近900人，发放宣传资料1250份。

5月9日上午，海口市红十字会还组织市医院120急救中心、市中医院、市保健院等单位，在海口市工人文化宫广场前举行“自救互救——红十字在行动”表演，有200多人冒雨观看了表演。海口电视台和《海口晚报》、《海南经济日报》对本次活动进行了报道。

2005年11月，海口市红十字会还与海口市电视台组织制作了儿童少年的自救互救节目，拍摄了12分钟的短片在电视台播出，收到了很好的效果。

（海　红）

四川省红十字会

【年度工作】

2005年，全省各级红十字会在总会的指导下，认真贯彻落实中国红十字会第八次全国会员代表大会精神，认真贯彻落实省委、省政府办公厅《关于加强红十字会工作的意见》，紧紧抓住发展机遇，奋力拼搏、锐意进取，各项工作取得优异成绩。

2005年，全省紧紧抓住川委办［2005］2号文件出台、彭珮云会长两次来川和全国政协领导视察四川的有利时机，抓紧市州理顺管理体制的工作。经省、市州红十字会的共同努力，阿坝、广安、达州、自贡、内江、德阳6个市州红十字会实现单列，广元、绵阳、资阳、雅安有新的进展。

2005年元月，全省各级红十字会开展了“四海同心——四川人民救助印度洋地震海啸灾民活动周”大型募捐活动。省委、省人大、省政府、省政协、各企事业单位和各界群众积极参与。经过全省红十字会工作人员的努力，共募集现金868.3125万元，此次募捐成为全省红十字会历史上规模最大、参与人数最多、募集资金最多的国际救援行动。

2005年，四川省21个市州、179个县发生严重洪涝及泥石流灾害，全省红十字会及时高效地开展了备灾救灾工作。甘孜、绵阳、广元、达州等市州红十字会工作人员，都是第一时间奔赴灾区，并在灾区组织救灾。省红十字和市州红十字会在《四川日报》、四川新闻网和市州报、电视台等媒体上报道灾情，公布热线电话及捐款专用账户，募捐救灾。中国红十字会总会领导十分关心四川省的灾情，红十字会与红新月会国际联合会、港澳特区红十字会、兄弟省市红十字会以及社会各界也极为关注，纷纷伸出援助之手。2005年，全省红十字会累计募集发放救灾救助款物1169.8922万元。

抗击禽流感，筹集资金50万元，编印20万册《高致病性禽流感防治应急手册》，免费发送给全省的禽类养殖企业、养殖户和经营者。还帮助辽宁、广西等省市编印11万册“手册”。捐助达州、南充、广安等市140万元用于灾后民房建设和乡村小学建设，相继竣工，90户灾民喜迁新居。全年接收储存救灾物资41批次，分发运送184批次，价值924余万元。援助广西壮族自治区红十字会50万元衣物，援助海南红十字会5万元灾后重建资金。

全省各级红十字会先后与加拿大红十字会、挪威红十字会、香港盲人辅导会、亚洲防盲基金会、美国心连心国际组织、亚洲国际团结协会、香港、澳门红十字会、港澳救世军、香港乐施会、英国救助儿童会、荷兰无国界医生组织、日本国际协力机构等开展了交流与合作，争取到无偿援助资金6787万元，使103万人受益。

全省红十字卫生救护培训的工作由过去的交通行业，拓展到煤矿、教育、旅游、公安、党政机关、社区、学校等领域。2005年共举办国家彩票公益金卫生救护师资培训班6期，培训186人。经过严格考试考核，有174名学员取得了师资证书，圆满完成了总会下达的培训任务。全省培训急救员13893人。

全省已完成造血干细胞血样分型检测19235人份。2005年提前两个月完成总会下达的6000人份捐献者资料入库目标，实现新增捐献者移植造血干细胞5人（累计8人），接待查询78人，初配相合69人，完成精配11人，社会效益不断显现。

全国红十字青少年工作会议召开后，四川省红十字会及时作了传达。“五八”世界红十字日期间，各级红十字会组织青少年走上街头，参加卫生救护演练，宣传红十字运动。暑期，省红十字会组织红十字青少年开展“走进陈毅元帅故里——红十字在行动"三下乡活动，深受欢迎。邀请李连杰为四川大学的学生讲"心灵环保"。对10个市、州的17名中青年教师进行了"探索人道法"培训。

全省红十字会筹集了327.014万元的物资在元旦春节开展"红十字博爱送万家"活动。省红十字会与省红十字骨科医院联合开展"博爱四川行"活动，免费救治农村贫困肩椎腰椎病患者。绵阳市红十字会开展的"呵护蓓蕾行动"，为近100名农村贫困家庭的先心病儿童提供了医疗救助。宜宾县、成都新都区、广元旺苍县的农村红十字工作在总会召开的全国农村工作会议上交流。

2005年，省、市州红十字会加大了宣传工作的力度，红十字会的社会影响力和知晓率不断提高。"博爱送万家"物资发送、发放仪式，为海啸灾区募捐，以"关爱生命、救护培训"为主题的"五八"世界红十字日纪念活动，"12.1预防艾滋病日"、"12.4普法日"活动等，全省出动41504人，发放宣传资料285300份，摆放展板200余个，办专栏170余个，报纸、电视、电台、网络全方位进行了报道，扩大了红十字会的社会影响。

2005年，中国红十字会会长彭珮云两次莅临四川视察工作。彭珮云先后到成都、内江、宜宾、自贡等市视察。她高度评价了四川省红十字会近几年的工作。中国红十字会常务副会长江亦曼、副会长郭长江及总会各部的领导也到四川指导工作。全国政协常委、社会和法制委员会副主任伍绍祖率队到四川考察了贯彻实施《中华人民共和国红十字会法》情况。

【历史沿革】

四川省红十字会的前身——中国红十字成都分会、重庆分会成立于1911年。从1911年创立至今，四川红十字会经历了94年的风雨历程。大体可分为4个时期：创立时期（1911～1949）这一时期，四川红十字会以四川各地分会的形式存在。新生时期（1949年—1965年）1949年10月1日，中华人民共和国成立，四川红十字会步入了新的历史时期。停止时期（1966～1980年）在"文化大革命"这一特殊的历史背景下，红十字运动被当作帝、资、修的产物，横遭批判，四川红十字会机构解散，工作停止。恢复发展时期（1981年至今）。这一时期四川红十字事业得到前所未有的发展，特别是1993年10月《中华人民共和国红十字会法》的颁布实施，结束了中国红十字会无法可依的历史，四川红十字事业进入了蓬勃发展的新时期。

四川红十字会的前身中国红十字会成都分会、重庆分会的设立时间是1911年。1912年（民国元年）10月30日，中国红十字会首次统一大会在上海黄浦滩汇中旅馆五层楼会堂举行。参加大会的四川代表有重庆分会的廖换廷，成都分会的彭少卓、陈凤石、杨国屏。成都分会向统一大会发出祝电，全文如下："中国红十字会鉴：我国红十字会统一联合，仁风普及，盛德日新。谨祝我民国万岁！红十字会万岁！成都分会贺"（原刊《中国红十字会杂志》第一号）。1920年，总会改定组织分会章程。增设各省分会34处。其中四川增设合江、江津、垫江、罗江、铜梁、中江6处分会。1922年6月25日，中国红十字会第二次会员大会在上海总商会议事厅举行。出席大会的共19省、区143个分会。四川省27个分会的代表出席大会，占出席大会总数的18.9%。

万县分会的代表陈敬之被公推为分会通则的起草员之一。威远分会拟陈临时无息存贷暂行简章十三则。1923年，总会增设各省分会31处。其中在四川增设资中分会、邻水分会。1924年，总会在全国增设分会15处，其中四川3处，即：广安分会、绵竹分会、江北分会。至此，中国红十字会全国分会共有277处，其中四川有47处，为全国之冠。1939年底，总会统计于抗战之初重新颁发图记的分会有254处，到总会迁至重庆后，除少数内地分会外，各地分会因沦陷与总会渐失联系。总会决定发动西南各省之市县，积极组织新的分会并尽量扶植广大的自由区之原有分会，首先从四川开始，继之扩及黔滇诸省。到1945年统计，川黔滇陕豫鄂湘赣浙闽粤桂甘13省共设分会90处，其中四川占33处；设医院32所，四川占8所；设诊疗所29所，四川占15所；设救护队41个，四川占12个。救护伤员、诊治病人37.4823万人次。总会在抗战期间工作概况中称“尤以四川成绩为佳”。（原载1947年《红十字月刊》）1945年8月15日，日本宣布无条件投降，中国八年抗日战争取得了胜利。1945年后，四川红十字会的组织情况如下：1946年设有分会16处，1947年设有分会20处，1948年，设有分会21处。总会自重庆迁回南京后，于1946年5月19日召开了第一届理事会，决定在全国开展征募运动，即征集回援与筹募红十字事业基金。这是抗战胜利后，红十字会复员时期的一项重要工作。四川各地分会积极响应，努力工作，成绩优良。其中有3个分会：重庆、灌县、内江分会；2名个人：梁山县分会理事颜定国、泸县分会张晓岚受到总会嘉奖。

1949年10月1日，中华人民共和国成立，中国红十字会进入新生时期。1950年2月1日，中国红十字总会给尚有联系的64处分会发出通知，定于1950年2月上旬在上海新闸路856号召开红十字工作检讨会，请各分会派代表参加。四川有重庆分会参加。1950年7月，总会根据周恩来总理的指示，迁移北京准备协商改组。同年8月2日召开了新中国成立后的第一次会员代表大会，四川重庆分会代表出席会议。1952年2月起，四川各地分会相继进行整顿改组。1952年4月30日，中央人民政府秘书厅通知：关于中国红十字会的隶属问题，奉总理指示，明确中国红十字会归中央卫生部直接指导和联系。同年7月9日，中国红十字总会、卫生部、内务部联合发出通知，要求各地红十字会与当地卫生部门合署办公。按照以上通知精神，四川各地红十字分会相继与当地卫生部门合署办公，接受当地政府卫生行政部门的指导。四川省卫生厅于1956年5月19日向四川省人民委员会文教办公室上报《关于开展我省红十字会工作的报告》。1957年，中国红十字会总会通知，四川各地红十字分会更名为四川省某市、县红十字会至今。

1964年10月7日，经中共四川省委、省人民委员会同意，四川省红十字会筹备委员会正式成立。主任委员：张秀熟（副省长），副主任委员：周绪德（省卫生厅副厅长）、龚毅（省卫生厅副厅长）、宋永珍（成都市红十字会会长、市卫生局局长）、伍义泽（重庆市红十字会副会长、市卫生局副局长），委员：曹振之（省教育厅副厅长）、孙传学（省民政厅副厅长）、周宏逵（省公安厅副厅长）、冯润庭（省文化局办公室主任）、张崇富（省工会副主席）、戴克宇（省妇联副主席）、陈麦波（省科协秘书长）、楚一行（共青团省委宣传部长）、刘金玉（成都军区后勤卫生部副部长），秘书长：白云山（省卫生厅卫生防疫处副处长），会址设在成都市汪家拐街四川省卫生厅内。1964年，四川省红十字会筹备委员会要求各地恢复红十字会组织活动。1967年4月17日，卫生部与中国红十字会总会发出联合通知，要求红十字会所有会务工作一律暂行停止。四川省卫生厅和省红十字会立即向全省红十字会转发了这一通知。至此，四川省各级红十字会组织被迫撤销，主要领导受到批判，工作人员下放“五七”干校或调离，文档资料被当作“敌伪档案”查抄销毁，会务活动完全停止。

1976年10月，“文化大革命”的十年动乱宣告结束。中国红十字事业进入了恢复发展时期。1981年，中共四川省委发文批准恢复四川省红十字会。1982年1月21日，四川省人民政府川府函（1982）13号文，同意恢复四川省红十字会。1982年11月，四川省红十字会、四川省编委、四川省财政厅、四川省卫生厅（川红会〔1982〕第02号）《关于执行省人民政府〔1982〕13号函的通知》，要求四川各地恢复红十字会的组织机构。1985年12月3日，四川省红十字会召开第一次代表大会。全省有11个市、县、区红十字会的147名代表参加。大会审议通过了《四川省红十字会组织规程》，选举产生了第三届理事会，会长：康振黄，副会长：任长方、卜泰江、王可植、吴景福、胡问安。经康振黄会长提名决定任长方为秘书长；副秘书长：刁振中、冷济荣；聘请张秀熟、刘云波为名誉会长。1985年底，全省有市、县红十字会11个，红十字基层组织1188个，红十字会会员12万余人。

1990年2月15日，中国红十字会第五次全国代表大会在北京召开。在这一时期，四川23个地、市、州也相继恢复成立红十字会，并开展活动，有的还做出了突出的成绩。其中泸州市红十字会会员杨必纯1985年荣获红十字会与红新月会国际联合会颁发的“南丁格尔奖”；绵阳市教委副主任蒋瑞伦被评为1990年全国先进红十字会员和模范志愿工作者，受到中国红十字会总会和国家人事部嘉奖。1992年6月，内江市红十字会理事、内江市第一人民医院护士长张振坤荣获国际人道主义奖（当年全国仅此1名），受到中国红十字会常务副会长顾英奇的接见和颁奖。一部分市、地、州、县解决了人员编制，配备了专职干部，改善了办公条件，四川红十字事业逐步走上正轨。1990年4月12日，四川省红十字会第二次会员代表大会召开，选举产生了第四届理事会，会长：韩邦彦，副会长：殷大奎、任长方、卜泰江、王可植、吴景福、陈麟章。经韩邦彦会长提名决定任长方为秘书长，副秘书长：冷济荣；聘请张秀熟、刘云波、康振黄为名誉会长。1990年，全省建立地、市、州红十字会17个；县（市、区）红十字会96个；基层红十字会2316个；发展会员24万余人。1993年10月31日，《中华人民共和国红十字会法》颁布施行。

1994年7月1日，四川省红十字会第五次会员代表大会召开，大会制定了《四川省〈中国红十字会章程〉实施办法》，选举产生了省红十字会第五届理事会，会长：徐世群，常务副会长：卓凯星，经徐世群会长提名决定李增辉为秘书长；聘请肖秧、康振黄、韩邦彦为名誉会长。1994年，全省有10个县（区）新建立红十字会，有13个县建立筹备组，发展基层红十字会组织63个，新发展会员6万人。全省共计有红十字会基层组织5480个，红十字会会员107万余人，其中青少年会员38万人。重庆市成立了卫生、机动车驾驶员行业红十字会。1995年年初，四川省人民政府副省长、省红十字会会长徐世群主持召开省级有关部门负责人和在蓉常务理事会议。这次会议解决了省红十字会的经费单列和人员编制问题。1996年4月16日，四川省第八届人民代表大会常务委员会第二十次会议，审议通过了《四川省〈中华人民共和国红十字会法〉实施办法》，并公布实施。1997年，全省二分之一以上的市、地、州红十字会和部分县级红十字会较好地解决了“三列”问题。从1997年开始，省红十字会对各市、地、州红十字会的工作实行目标管理。1997年后，四川省红十字会在有步骤、有重点、有计划地抓好机关单位，工矿企业、红十字会组织建设的同时，着重抓了农村基层红十字会和中小学红十字会的组织建设，全省共新建基层红十字会组织355个，发展会员18.638万人。在抓红十字会组织建设的同时，全省各级红十字会对红十字会队伍的思想建设和业务建设做了大量工作，举办了各级各类培训班，学习红十字会法等有关红十字会的业务知识，提高了红十字会干部的思想素质和工作能力，并努力建设一支强有力的红十字干部队伍。

1997年3月14日，重庆市红十字会从四川省红十字会划出，直接接受中国红十字会总会的指导。全省19个市（地、州）、173个县（市、区）建立了红十字会，基层红十字会组织4000多个。1998年5月19日，四川省红十字会召开五届五次理事会，选举四川省人民政府副省长李进为四川省红十字会会长。1998年，已经建会的20个市、地、州红十字会配备专职工作人员的有14个。2001年4月，在四川省委、省政府的重视和支持下，四川省红十字会从省卫生厅划出，成为一级独立法人机构，在组织体制上完成了由卫生行政部门代管到完全独立设置的转变。四川省编制委员会以川编办发文明确了四川省红十字会的管理体制：“四川省红十字会由省卫生厅代管调整为由省政府领导联系，机关党的工作由省直机关工委领导，干部按组织部有关规定管理，机关人员参照国家公务员管理，由省委组织部直接领导，经费由省级财政单列。”2001年10月，全省共有市、州红十字会21个，县（市、区）红十字会179个，基层组织4000余个。省、市（州）、县两级红十字会编制219人。2002年，四川省红十字会在省委、省政府的重视支持下，由中共四川省委组织部批准建立四川省红十字会党组。熊淑仁担任党组书记。

2003年11月19日，四川省红十字会召开第六次会员代表大会，出席大会的会员代表共计135人。中共四川省委书记张学忠、四川省人民政府省长张中伟代表中共四川省委、省政府向大会发来贺信。中共四川省委副书记陶武先出席大会并作重要讲话。中国红十字会总会党组书记江亦曼代表中国红十字会总会出席大会向大会表示热烈祝贺，对红十字事业的发展提出了两点纲领性的意见：一、要用“三个代表”重要思想认识红十字事业；二、要用“三个代表”重要思想统领红十字事业。四川省政协副主席、省红十字会第五届理事会会长李进致开幕辞。四川省人民政府副省长刘晓峰当选为四川省红十字会第六届理事会会长，并在闭幕式上作重要讲话。新当选的四川省红十字会第六届常务副会长张波在闭幕会上作了《开拓创新，不辱使命，努力开创全省红十字事业新局面》的致辞。大会回顾总结了四川省红十字会第五次会员代表大会以来省红十字事业取得的成绩和经验；审议通过了第五届理事会的工作报告；审议通过了《四川省红十字会2003～2007年工作规划纲要》；审议通过了《四川省红十字会组织规程》；选举产生了第六届理事会和常务理事会。第六届理事会由79人组成；常务理事会由刘晓峰、张波（女）、卓凯星、惠蜀、王宇坤、沈骥、张林、吴琼英（女）、黄国庆、宋向荣、高仁全、汤留生、邱海明、汪凤雄、赵泽道、丁地禄16人组成。选举刘晓峰为四川省红十字会第六届理事会会长，张波为常务副会长，卓凯星、惠蜀、王宇坤、沈骥、张林为兼职副会长。选举张波、吴琼英、丁地禄为四川省红十字会第六届理事会执委会成员，张波为执委会主任。经四川省红十字会会长刘晓峰提名，决定吴琼英任四川省红十字会秘书长；聘请张中伟、徐世群、李进为四川省红十字会名誉会长；聘请刘崇理、陈科文、钟道友、熊淑仁为四川省红十字会顾问。

2003年初，四川省甘孜州人民医院护士巴桑顿珠荣获第三十九届南丁格尔奖章。

2004年，在中国红十字会总会的正确指导下，在中共四川省委、省政府的高度重视和大力支持下，在社会各界的充分理解、热情参与下，省红十字会全体干部职工开拓创新、努力工作，各项工作取得显著成效，受到省委、省政府主要领导的多次表扬。

（一）备灾救灾

2004年“九三”川东北突发特大洪灾，受灾面积大，受灾程度深。9月3日灾害发生，9月5日，省红十字会将救灾帐篷送到重灾区。9月6日，省红十字会常务副会长张波带领导救灾小组到灾区，组织赈灾，在短短的10天内，省红十字会募捐救灾款物价值1358万元，并及时运往灾区。省红十字会高效敏捷的救灾工作，受到中共四川省委领导的书面批示表扬。

2004年12月26日，印度洋地震海啸灾难发生后，四川省红十字会在12月29日向全社会发出呼吁，在报刊公布募捐热线和账号。省红十字会机关取消节假日休息，实行24小时值班，并组织了大型的现场募捐宣传活动。短短16天，募集资金310万元。这是四川省规模最大、社会各界参与最广泛、募集资金最多的一次国际募捐活动。

（二）开展“办百件实事、庆百年华诞”系列纪念活动

1. 在南充、遂宁等边远农村改水改厕，取得显著成效，受益人口2.3万人。

2. 为150名贫困先心病患儿减费、免费手术治疗。

3. 为3700名贫困白内障患者减费、免费，进行了复明手术。

4. 开展近千场社区卫生宣传活动，数千人受益。

5. 编印了《四川红十字》大型工具书。

6. 举行了两场大型“庆百年”文艺晚会。编辑出版《中国红十字会建会100周年》画册。

（三）积极争取国际国内合作援助项目

1. 与挪威红十字会合作的“甘孜项目”

引进资金 100 万元，被挪威红十字会称为“甘孜模式”，在其他国家推广。

2. 与加拿大红十字会合作开展艾滋病预防与关爱项目。

3. 与亚洲团结协会和加拿大红十字会合作出资 200 万元开展改水改厕项目，改善农村医疗条件，改善农村人居环境。

4. 中山完美公司援助广安 40 万元，建设希望小学一所；北京市红十字会援助雅安边远山区灾后民房重建 10 万元。

（四）救护培训和救助工作

省政府办公厅出台关于加强群众性初级知识救护培训的意见，并召开多家单位参加的联席会议，安排部署，在全省开展群众性初级卫生救护培训。2004 年，省红十字会举办国家彩票公益金卫生救护师资培训班 14 期，培训师资 485 人。

2005 年 1 月 10 日，在中国红十字会总会的支持下，四川省红十字会筹集了 220 万元物资发送到 10 个市、州。1 月 14 日至 18 日，中国红十字会常务副会长江亦曼率送温暖小组到四川参加了送温暖活动。

（五）造血干细胞捐献者资料库四川分库建设

2004 年，在成都、南充、泸州、自贡、攀枝花、雅安等市组织开展了大型的捐髓宣传和现场采血登记活动。截至 2004 年 12 月，造血干细胞捐献者资料库四川分库已检测入库资料 10058 人份，并与总库链接。现已为三名白血病患者配型成功。

（六）大力宣传、认真贯彻落实“八大”精神

四川省红十字会抓住中国红十字会“八大”这一机遇，在全省大力宣传，认真贯彻落实“八大”精神。11 月 18 日，中共四川省委、省人大、省政府召开专题会议，听取省红十字会汇报“八大”精神和省红十字会工作。会议由中共四川省委书记张学忠主持。四川省委副书记陶武先、副省长刘晓峰等领导参加了会议。张学忠高度赞扬了省红十字会的工作，并表示要解决红十字事业发展中存在的困难和问题，要抓住机遇，克服困难，更加努力工作，以一流的精神状态，做一流的工作，创一流的业绩。

【组织机构】

（一）组织建设情况

1. 全省单设红十字会 8 个。其中省级红十字会 1 个，省会城市红十字会 1 个，市（州）级红十字会 6 个，县级红十字会 5 个。

2. 全省挂靠红十字会 181 个。其中市（州）级红十字会 14 个，县级红十字会 176 个。

3. 全省建有基层红十字组织的单位 3092 个。其中企业 175 个，事业单位 1622 个，乡镇 458 个，街道 125 个，学校 725 个。

4. 全省建有志愿者工作管理机构 37 个。其中市（州）级红十字会 7 个，县级红十字会 32 个。

（二）会员发展情况

1. 全省红十字会的编制是 406 人，现有红十字会的专职工作人员 214 人。其中省会城市红十字会 12 人，市（州）级红十字会 52 人，县级红十字会 150 人。

2. 截至 2003 年底，全省共有成人会员 217079 人，青少年会员 259683 人。

3. 截至 2003 年底，全省共有团体会员单位 1956 个。

【大型项目】

2003 年，一场危及人类生命与健康的

"非典型肺炎"突然爆发。四川全省红十字会紧急动员起来，投入到这场没有硝烟抗"非典"斗争中。四川全省红十字会在抗击"非典"的斗争中，共接受捐赠款物1100余万元。有力地支援了当地政府的抗"非典"斗争。

2004年9月3日，川东北达州、南充、巴中、广安等地发生200年未遇的特大洪涝灾害，省红十字会于9月4日启动紧急救灾预案，9月5日开始募集调运救灾物资到灾区。到9月底，省红十字会共募集救灾款物1350多万元运到灾区。从2002年到2004年，四川省红十字会共募集救灾款物4200余万元，救助灾民167余万人。

2001年11月26日，四川省红十字会完成了四川省造血干细胞捐献者资料分库的申报工作，被中国红十字会总会列入全国先期建库的11个省市之列。四川省人民政府省长张中伟、副省长李进对该项工作给予了高度重视和支持。在省财政中解决启动资金50万元。从2003年起每年由省财政下拨50万元作为造血干细胞捐献者资料库四川分库建设的专项资金。同年8月，四川省造血干细胞捐献者资料库HLA配型实验室通过了中国红十字会总会专家组的考核验收，同意四川开展检测工作。

四川省造血干细胞资料库的建设得到社会各界的广泛支持。泰康人寿保险公司免费为配型成功的HLA志愿捐献者提供一年期10万元保险额；中国平安保险公司内江（寿险）支公司和内江电力局向中华（四川）骨髓库捐款1万元人民币。

1985年，非洲36个国家遭受严重旱灾。中国红十字会总会向全国红十字会发出"在全国城市中为非洲灾民开展社会募捐"的号召。四川各地红十字会积极响应，开展了声势浩大的援非募捐活动。

1988年，四川省红十字会积极组织参加"国际体育援助募捐活动"。全省共有1000万人参加了募捐活动，其中有300多位画家，捐赠作品700多幅。

1994年，加拿大红十字会援助项目——中国红十字会成都备灾中心主体工程建成。1996年7月，加拿大红十字会援助项目——中国红十字会成都备灾中心落成。

1997年，四川省19个市、州、150个县发生洪涝灾害，美国心连心组织向四川省红十字会捐赠了价值630万美元的药品。1998年，香港特别行政区红十字会'98灾后援建项目，援助宜宾市红十字会18万元，县政府投入42万元，修建屏山新市龙口红十字医院。2002年，香港红十字会向该医院捐赠价值15万元的医疗设备、并提供经费培训三名医务人员。1999年，四川省红十字会接受香港红十字会的捐赠共34.7万元人民币，在全省10个市、地、区修建了14个乡镇卫生院、3所乡村小学。2001年，香港红十字会再次捐赠163万元，用于配置医疗和教学设备。1999年，香港特别行政区红十字会"'98灾后重建项目"在内江市启动，当年援助资金33万元人民币，重建资中凉水卫生院并购置医疗设备。

1999年，四川省红十字会通过国际交流与合作，收到法国拉法基公司无偿援赠10万元人民币。同年，省红十字会接受"加拿大国援助小计划"，该计划从1999年开始到2002年由加拿大红十字会每年援助5万元，4年共计21.7931余万元，用于资中县兴隆镇卫生院建设和改水改厕。1999年9月，凉山彝族自治州政府与无国界医生组织（荷兰 MSF）达成协议，MSF 捐助资金，凉山州红十字会具体协调实施，在昭觉、布拖、西昌三市、县开展“艾滋病性病预防健康教育”项目。

2000 年 6 月 12 日，中国国际技术智力合作公司向四川省红十字会捐赠 40 万元人民币，用于凉山彝族自治州克山病病区的克山病预防项目，这一项目的实施对降低凉山彝族自治州克山病病区克山病的发病率，提高彝族同胞的健康水平起到了积极的推动作用。1999 年至 2002 年，在中国红十字会总会和四川省红十字会的支持下，香港救世军、国际事业服务机构、英国救助儿童会 HSF 等十余个国际非政府机构和慈善组织对凉山彝族自治州红十字会给予了大力援助。四年共援助资金 520 余万元，州县财政配套资金 300 万元，建成中心卫生院一所，新建改造乡卫生院 3 所，乡村小学校 9 所，人畜饮用水工程 3 个，小额信贷养还养项目农户 230 户，培训近千人次的乡村医生和接生员。

2000 年，在总会的支持下，挪威红十字会援助甘孜州炉霍、道孚县红十字会发展项目，连续三年共投入 320 万元配置交通工具，办公设备，培训骨干，发展基层红十字会组织，开展社会服务，取得了很好的效果，受到挪威国红十字会和中国红十字会总会的肯定。从 2003 年起，挪威红十字会的援助由 2 个县增加到 4 个县（原有炉霍、道孚县，增加康定、甘孜两个县）。经费增加到每年 20 万美元，时间延至 2006 年。

2001 年到 2003 年，凉山彝族自治州红十字会与香港救世军及国际专业服务机构合作，在美姑、喜德、布拖等县对乡村医生、农村接生员进行艾滋病、性病防治知识培训，并通过他们在各自所在村寨向村民宣传。

香港、澳门特别行政区红十字会和加拿大、挪威红十字会及项目官员 2002 年多次到四川考查灾情及对援建项目进行督查。其中，加拿大和挪威红十字会援助四川省贫困地区红十字会的项目资金总额达 100 万元。在总会的支持下，四川省红十字会对新引进的加拿大红十字会援助项目的实施进行系统化、规范化的管理，在援助方自愿接受并承诺的基础上，签订项目实施协议书，明确双方的责、权、利，有效地保障了项目目标值在规定时间内保质保量实现。

同年，四川省红十字会在对外交流合作中，收到香港盲人辅导会、亚洲防盲基金会、美国心连心国际组织共同捐赠的价值近 200 万元人民币的“复明八号”眼科手术车。该手术车在四川省红十字医院（四川省人民医院）投入运行，当年就在内江东兴区为 78 名白内障患者成功手术，受到当地群众的赞扬。截止 2003 年，该手术车运行一年，部分免费或低价为贫困患者进行手术 552 例，使患者重见光明。

2003 年 4 月，香港救世军与凉山彝族自治州红十字会合作建立“心语”中心，开展艾滋病、性病咨询服务，开通“心语”电话热线、设有自动语音咨询系统，为咨询者服务。

1997 年 4 月 1～2 日，中国红十字会六届四次理事会正式提出创建“红十字博爱系列工程”，四川各地红十字会积极响应。自贡市红十字会从 1997 年开始开展“博爱送万家”活动，到 2004 年，共计拿出 20 多万元，购买大米 112 吨，食油 1250 斤，棉被 410 床，棉衣 370 件，对全市 5546 户特困户进行救助。

2002 年，四川省红十字会在全省推行

以"救援、生命、爱心"为主题的红十字博爱工程，2003年4月，成都市红十字会与成都德瑞心血管病医院联合开展"向贫困家庭先心病患儿献爱心"活动，为60多例贫困家庭先心病患儿作了减费和免费手术，为75例患儿全额免除了手术费、医药费，住院费等，减免总额达60多万元。

（刘　强）

成都市红十字会

【简介】

成都市红十字会创建于1912年，前身是中国红十字会成都分会，成立时间尚无确切资料证实，但1912年"中国红十字会首次统一大会"在上海召开时，成都分会曾派代表彭少单等3人前往参加。

旧中国的四川，军阀连年混战，天灾人祸不断，成都分会在救护难民、赈济灾民方面做了不少有益的工作。据有关资料记载，1920年，中国红十字会成都分会、灌县（现都江堰市）分会曾"协力救助""川省兵灾"难民。

新中国成立后，成都市红十字会经中共成都市委批准，于1962年9月12日成立，由市卫生局代管，与市卫生宣传教育所合署办公。"文革"时期停止活动。1981年7月，经中共成都市委宣传部批准，市红十字会恢复活动，定行政编制5名。1998年增编为8人（事业编制）。2001年8月31日，由市政府行文，成都市红十字会理顺管理体制，定编10人。市委书记李春城、市长葛红林任名誉会长，副市长蒋显伦任市红十字会会长，林大东任常务副会长。由市卫生局代管调整为市政府领导联系，市红十字会的工作被纳入了市政府目标管理序列。2004年9月成立了中共成都市红十字会党组，党组书记林大东，党组成员郭勇强、陈万成。

【年度工作】

2005年，成都市红十字会在市委、市政府领导下，在中国红十字会总会和四川省红十字会的指导下，围绕"救灾、救助、救护"开展红十字会各项工作，充分发挥政府人道领域的助手作用，取得了显著成绩。

2005年6月，市委办公厅、市政府办公厅印发了《关于进一步加强红十字会工作的意见》，对红十字会的地位、作用予以充分肯定，要求各级党政高度重视，大力促进红十字事业的发展；要求各部门、社会各界加强协调，切实保障红十字事业的发展。10月，成都市机构编制委员会办公室印发了《关于区（市）县红十字会机构设置的意见》，明确提出："各区（市）县红十字会作为社会团体，独立设置，依法独立开展工作。各区（市）县要根据红十字会工作实际的需要，配备适当的专职人员；其主要负责人按同级群团机构正职配备。"

2004年12月26日印度洋地震海啸灾难发生后，成都市红十字会积极响应总会的号召，向全市人民发出募集资金救援灾民的倡议书，市领导带头捐款，市红十字会通过在闹市区设立募捐点、上门接收捐款，义卖、义拍、义演等方式，共筹集捐款4774701元人民币，占全省募捐总额的54.99%，全部上交总会，并荣获省红十字会颁发的"印度洋地震海啸募捐金奖"。

在市委、市政府的重视和支持下，成都市中小学生、婴幼儿住院医疗互助金从2005年9月1日在全市正式启动，成都市成为国内继上海、北京后第三个开展此项工作的城市。市红十字会负责全市的宣传工作，并在全市1126所中小学全部建立了红十字会，发展红十字青少年会员180多万人。全市111.08万少儿参加了互助金，患病住院少儿报销总金额1484.18万元。

市民对捐献遗体（器官）的认同率，体现一个城市的文明程度，也是成都市创建全国文明城市的一项重要指标，成都市红十字会负责此项工作。通过新闻媒体、发放资料、开展大型宣传活动等形式，向市民广泛宣传其重要意义，在年底省文明委和中央文明委测评中，市红十字会负责的此项工作顺利达标。当年有376位市民到市红十字会登记捐献遗体和角膜，有4人实现了捐献意愿。

2005年，成都市邛崃县、蒲江县等地相继遭受洪涝、泥石流等自然灾害，市红十字会为灾区募集39.5万元，大米、棉被等救灾物资折合人民币29.9万元人民币支援灾区；为白血病患儿佘艳、李鑫宇等募集海内外资金101万元。

以《成都红十字》（报）为载体，加强日常宣传，与省市新闻媒体合作，利用“世界红十字日”、“世界献血者日”、“世界艾滋病日”等集中宣传，扩大了红十字会的社会影响。

（郭勇强）

重庆市红十字会

【年度工作】

2005年1月2日，重庆市红十字会向社会各界发出《为印度洋地震海啸受灾地区募捐倡议书》。截至1月28日，市红十字会收到捐款700余万元。

2月4日，重庆市红十字会举行了“红十字博爱送万家”活动，为13名特困学生及困难群众发放了2.4万元善款。重庆市红十字募捐箱自2000年开始在各个公共场所设置以来，共募集资金49689.46元，已救助困难群众120余名。

2月17日，重庆市红十字会欧盟援建社区减灾项目（改水、改厕、健康教育）首期培训班在渝举行。

2月25日，重庆市人大召开新闻发布会，《重庆市遗体捐献条例》3月1日实施。由此，重庆成为继上海、山东后的全国第3个省级人大的遗体捐献工作立法的省市。

3月18日，由重庆市红十字会主办、渝中区红十字会、渝中区第二实验小学承办的“重庆市千名困难学生助学金渝中区发放仪式”在第二实验小学隆重举行。这次助学活动，重庆市共发放30万元助学款。20个区县（自治县、市）800名困难学生救助金发放仪式也在当天举行。

3月24日至25日，重庆市红十字会第二次会员代表大会隆重召开。大会选举了二届理事会理事及新一届领导班子，通过了一届理事会工作报告及2005～2009年重庆市红十字会发展规划。

3月26日至29日，欧盟健康教育项目主持人培训班在重庆成功举办，来自重庆6个项目区县的21名健康教育主持人参加了培训。

4月5日，重庆市红十字会在龙台山陵园举行了第5次公祭志愿捐献遗体者的仪式，近500名无偿捐献遗体器官的志愿者家属在刻有捐献者名字的纪念墙前，悼念为公益事业做出贡献的亲人。目前，重庆市红十字会已有4000多人登记志愿捐献遗体，实现捐献遗体375例，接受眼角膜189对，有256个失明者接受了角膜移植手术，重见光明。

5月9日，重庆市纪念世界红十字日大会在重庆市九坡区文化广场隆重举行。在“珍惜生命，关爱他人”的主题下，开展了红十字会法宣传、健康咨询、交通法规宣传、卫生救护咨询、遗体（角膜）捐赠登记、无偿献血、造血干细胞捐献等多项人道主义活动。世界红十字日纪念活动同时在重庆市40个区县（自治县、市）开展。

5月19日，重庆市政协副主席陈邦国带领市政协常委、社会法制委员会的委员一行30余人到市红十字会视察，对红十字会的执行情况进行了详细了解，听取了工作汇报。

6月1日至5日，欧盟人道事务援助办公室朝鲜及中国事务协调员大卫·希尔克先生在重庆进行了为期5天的欧援社区减灾项目巡回督查。督查组在重庆市红十字会项目办公室听取了项目工作汇报后，前往梁平县虎城镇干丘村、垫江县太平镇桂花村，现场督查两村的生态卫生旱厕样板厕建设，以及村民和志愿者开展的参与式健康教育活动，并视察了改水项目的水源点。

6月1日，重庆市红十字会举办了遗体捐献工作培训班，全市40个区县红十字会的相关人员就《重庆市遗体捐献条例》和遗体捐献受理工作进行了学习培训。

7月10日，针对重庆市城乡贫困家庭子女求学的实际困难，市红十字会联合市教委、渝中区职业教育中心创办了重庆市首个“红十字博爱班”。

7月26日至27日，重庆市红十字会欧援项目健康教育主持人提高培训班举办。来自6个项目区县、7个改水点和9个项目村的20名学员参加了培训。

8月30日，重庆市白血病儿童救助基金会成立。

9月5日，市红十字会、基金会在全市开展以“关爱生命、拯救白血病儿童”为主题的大型募捐活动。市委、市人大、市政府、市政协领导率先垂范，踊跃捐款。全市各级机关干部、企事业单位、社会团体、市民群众及国内外团体和个人纷纷献上自己的爱心。截至2006年9月7日，市红十字会和基金会共募集社会捐款1588万元。

9月21日，重庆市白血病儿童救助基金会救助金发放仪式在市红十字会举行，首批10名白血病患儿共领到39万元救助款。

9月23日，重庆市垫江县红十字会理顺管理体制。

10月10日，重庆市白血病儿童救助基金会第2期救助项目发放仪式在市司法局举行，27名白血病患儿领到37.5万元救助款。

10月19日至21日，美国红十字会驻北京办事处项目代表莱姆西·赖以斯先生来到重庆，考察重庆市红十字会正在实施中的社区减灾项目。

11月3日，欧盟社区减灾项目回顾会在重庆召开。会议由红十字会与红新月会国际联合会东亚办事处主办，重庆市红十字会承办。来自广西、湖南和重庆三地实施项目的领导和改水、改厕、健康教育及财务代表、中国红十字会总会相关部门负责人及项目工作人员出席了会议。

11月8日，重庆市白血病儿童救助基金会第三批救助项目发放仪式在市红十字会隆重举行，17名白血病患儿获28万元救助款。

11月15日，香港红十字会捐助的114.675吨救灾大米发放仪式在重庆市荣昌县举行。荣昌县峰高、双河、河包、吴家等10多个受灾乡镇的3200户、2.2万余人受益。

11月18日，中国造血干细胞捐献者资料库重庆分库在重庆邮电学院采集约1000余名大学生志愿者捐献的血样。

11月20日，重庆市红十字会、重庆市白血病儿童救助基金会举行大型公益宣传活动，为CCTV《开心辞典》12月份开播的“关注白血病儿童”特别节目选拔选手接受大众报名。

12月5日是第20个“国际志愿者日”。重庆市红十字会、团市委、市青年志愿者协会以“志愿中国，和谐重庆”为主题，在重庆医科大学、重庆工商大学、重庆交通学院举办了重庆市首次大型造血干细胞捐献集中志愿血样采集活动。来自这3所大学的1000多名志愿者捐献了血样。

12月9日，重庆市白血病儿童救助基金会向第四批26名白血病受助儿童发放了56万元救助金。

12月10日，重庆市红十字会、重庆市卫生局举行“抵御艾滋病，你我齐参与”红丝带爱心一元捐公益教育活动。

12月23日，重庆市红十字会举办了重庆市造血干细胞捐献者联谊会，11名造血干细胞捐献者和23名已经抽取高分血样的志愿者参加了活动。

2006年1月14日，重庆市欧盟援助社区减灾项目检查验收工作圆满结束。重庆市红十字会在巴南区、綦江县、垫江县、梁平县、忠县和涪陵区的7个改水点和9个改厕村实施的欧援项目工作全面完成。12000多名农村缺水群众用上了安全卫生的自来水；建起的4400个生态卫生旱厕让22000人结束了人畜共厕的历史；参与式农村健康教育活动转变了项目村群众的卫生观念和卫生行为；群众对项目结果非常满意。

1月18日，重庆市副市长、市红十字会会长谢小军，重庆市政府副秘书长、市红十字会常务理事张明树等一行来到重庆市红十字会机关视察，听取了工作汇报。

1月19日，重庆市红十字会召开2006年度遗体捐献工作会议。

1月25日，重庆市红十字会举行“博爱送万家”救助金发放仪式，现场发放救助金6.8万元，25名特困市民受助。此次活动是重庆市红十字会在元旦、春节期间慰问困难群众的系列人道救助活动之一。

【历史沿革】

1910年（宣统二年），重庆市宽仁医院院长马嘉礼（美国人）首议筹建重庆红十字会。由商界首领李湛阳出面号召；巨绅魏国平以经营画社筹集资金；廖焕庭、温少鹤、李颧枫、杨沧白等社会名流具体筹备。1911年（宣统三年）3月，经大清红十字会核准，大清红十字会重庆分会正式成立。挂牌市区临江门外给孤寺。李颧枫当选为第一届会长。巴县府划拨给孤寺一带（现临江门至一号桥）地产1600平方丈为红十字会所有，命名为“红十字街”。1912年国民政府初立，大清红十字会更名为中国红十字会，重庆分会更名为中国红十字会重庆分会。

民国初期，兵戈内战及自然灾害不断。

为筹措活动经费，分会董事李湛阳、魏国平等出面邀请中西各界名流开会发展会员。凡到会者俱为本会会员，纳会金25元/人（银元。下同）。并规定常年会员纳会金5元/人；特别会员年纳会金在100元/人以上。同时呈请巴县府将多种捐税交由红十字会收取，以资补贴。主要税种有机制土货税，年纳金8000余元；寮头税，年纳金7000余元；“红灯”（抽大烟场所）税，年纳金20000元；地契附加税，年纳金1000余元；九门屠捐税，年纳金约7000元；房地税，年纳金约1000元。年收入保持在40000元以上。

创建初期，分会活动以各诊所为依托救助灾困贫民为主。于1917年始，先后设中医社七所：一社设在药王庙侧轩岐公所；二社设在临江门七星坎；三社设在临江门吉祥寺巷；四社设在两路口同兴堂侧；五社设在南岸龙门浩玄坛庙内；六社设在售珠市勇善堂内；七社设在海棠溪尊德堂内。各所聘请名老中医施治。主方所需药物及经费由本地绅商自由捐助。

1920年，分会建总医院于临江门外给孤寺（即现重庆市红十字会医院雏形）。聘请德国医师阿思密为院长，年俸12000元。分会规定：无论兵民男女贫富皆得治疗。贫者免费，富者按章纳费。特等病室每日纳银3元；头等病室每日纳银2元；二等病室每日纳银1元；三等病室每日纳银半元。此外，在城内九尺坎街道另设西医诊所一家，每周一、四、六诊治男病，日诊治病人200名；每周二、五诊女病，日诊病人200名。1923年，分会总医院在通远门外建立分院，专门收治贫民，概不收费。

1923年，分会购置水龙（消防灭火器材）两套。城内外凡发生火警，分会即派人携带火龙随医护人员前往抢救。1924年，分会又购置小艇5艘，每年夏历4月1日至10月1日（洪水期），分驻龙碛子、夫归石、梁沱灌口、铜锣峡险滩；一艘沿长江上下巡逻，随时抢救溺水难民。

1929年，因经费不足，各中医社、西医诊所及分医院陆续关闭。分会总医院也在1931年关闭，分会工作也基本停止。

1931年9月18日，日本关东军突然向我国东北发动进攻，制造了震惊中外的“九一八”事变。1932年初，日军全面侵占我国东三省，大批难民流离失所，流入关内。总会及各分会紧急动员起来，为救助难民筹措款物。

1937年11月，在总会的大力支持和本市热心慈善事业人士的资助下，廖焕廷、温少鹤、黄次咸、马嘉礼发起成立重庆救护委员会。募得经费87000余元。1938年春，救护委员会承接了本市教会团体所办的救护训练班；在陕西街万寿宫开设了贫民诊疗所。并于同年4月在给孤寺成立救护医院：设病床100张。组织了72人的救护担架队，以备空袭时收容抢救受伤军民。7月，救护委员会举办大会征求红十字会员，征得新会员800余人。8月，救护委员会聘请征集医护人员80人，分编4个医疗救护队随军开赴湘、赣战区服务。半年后，4个救护队陆续交归总会救护总队。1938年7月至12月，分会医院、诊所和担架队救治伤患128000余人。

1939年5月3～4日，重庆市区遭日机大轰炸。临江门外红十字街和分会救护医院的房屋设备被炸毁。同年6月，分会宣告恢复工作，并于11月28日召开会员大会：改组了理事会及医院董事会。会长温少鹤。正式启用中华民国红十字会重庆分会名称和印章；承接救护委员会所属医院诊所及其他救护事业；决定在南岸黄桷桠新建分会医院；调整会费标准为：青年会员每年纳金 2000 元/人（旧币，下同）；普通会员每年纳金 5000 元/人；特别会员一次性纳金 40000 元/人；名誉会员一次性纳金 200000 元/人；团体会员一次性纳金 400000 元。年内共征得会员 45710 人；收会费 9912600 元。救治炸伤者（担架队）1347 人；接种痘苗 15000 余人；其他预防接种 5600 余人；救治其他伤患 28354 人。

1940 年 3 月，按当时规范要求修建的分会医院（中型）在南岸黄桷垭落成（现纺织职工疗养院址）。建院经费来自中央赈济委员会、四川省红十字分会及其救护委员会捐赠的 13500 元（银元。下同）为筹措分会医院所需设备购置经费，分会邀请社会名流发起社会募捐：重庆市市长吴国桢、名画家徐悲鸿、王东培、吴麟若、许士麟、陈之伟、黄君壁、张书旗、潘见平、潘文淑、邓白、谢稚柳等发起国画义展、义卖。共募得资金 40000 余元。分会医院设备药械得以完备。聘请黄次咸任院长；邝安堃、宋祖安任主治医师。

1940 年 3 月，总会迁来重庆夫子池。4 月 1 日正式办公。并在沙坪坝设立重伤医院，收治空袭时受伤贫民。年底，该院被炸毁。1941 年 10 月，总会又在高滩岩购置土地兴建中华民国红十字会重庆医院。于 1943 年 7 月该院落成。1944 年 2 月，中华民国红十字会重庆医院与国民政府中央医院合并。增设病床；附设高级护士职业学校（现中国人民解放军第三军医大学及其附属医院址）。

1946 年 4 月，总会迁回南京。其在重庆市区夫子池的办公用房和诊所以及高滩岩救灾仓库内的物资（美国红十字会捐赠的 8 卡车药品器械及毛毯）全部赠与重庆分会。5 月 19 日，总会第一届理事会决定：中国红十字会的工作中心由战时救护转变为社会服务。以建设分会、征集会员、筹措基金为工作重点。为促进分会的恢复和重建，总会在上海、汉口、北平、广州、重庆设 5 个区办事处。由各区办事处分辖数省。重庆区办事处辖四川、西康、贵州、云南、西藏。总会在年内对各分会进行了彻底的清理整顿，重新报批、登记、发证。经过整顿的分会即可在其辖区内发展支会。重庆分会在此次整顿中改选了理事会。黄次咸任分会会长；余养贤任总干事，新征会员 44000 余人（总会资料）。

1946 年，重庆霍乱大流行，死亡甚众。分会除在南岸黄桷垭医院收治病人外，又在市区中央花园设时疫急救医院一所。常设病床 80 张，机动病床 40 张。聘请李紫凝为医务主任；田竹轩、赵琼、徐印坎等 9 名医师，10 名护士。检验师和药品由美国红十字会免费提供。年内免费收治病人 1500 余人。总会重庆区办事处联合基督教青年会开办了励志儿童医院。免费诊治街头流浪患儿，经费由其理事捐赠。

4 月底分会医院迁至江西会馆。7 月又迁至市区陕西街。分会工作重点由战时救护转向社会服务。为增强民众防疫知识，分会举办常年防疫训练班宣传卫生防疫常识；组织巡回医疗队深入边远山区进行预防接种；为公共娱乐场所、工厂、学校、监狱进行“消、杀、灭”清除工作。年内共诊治和接种注射218585人次；散发灭鼠药30磅。分会当年工作在总会考核中获甲等，与上海、南京分会同享殊荣。当年底，总会撤消了除上海以外的4个区办事处。重庆区办事处所属的励志儿童医院转交重庆分会。

1949年3月，分会医院与励志儿童医院合并。迁回临江门外红十字街给孤寺旧址。初夏，为防时疫发生，分会组织巡回医防队到贫民区诊治病人，对易感者进行预防接种。共服务3893次。同年9月2日，市区小十字及过街楼一带发生特大火灾（即震惊中外的“9.2”火灾）。分会救护队快速赶往现场，抢救重伤患者270人。并以分会名义将这批伤员分别转送到市内各大公、私医院治疗。此举受到社会各界的极大关注和好评。9月下旬，分会应四川高等法院和重庆地方法院邀请，为其所属监狱及看守所在押犯人义务诊病；并分别在监狱和看守所设义务诊所，定期派医护人员前去诊治病犯。每次诊治均在200人以上，所有药品及诊治费均由分会承担。11月30日，重庆解放。分会立即派医护人员前往渣滓洞、白公馆清理掩埋“11·27”遇难者遗物遗体，并对现场进行消毒处理。

1949年10月1日，中华人民共和国成立。总会从南京迁到上海，与上海区办事处合并。11月30日，重庆解放。重庆分会保留有：临江门医院、夫子池诊所、南岸新生托儿所。

1950年2月，总会在上海召开工作检讨会。各大城市红十字分会负责人应邀莅会。重庆分会会长黄次咸（总会资料记载）参加了此次会议，并被选为赴北京向中央人民政府汇报工作的代表。总会在协商改组并成立新的领导机构之后，对地方分会的改组整顿提到了议事日程。10月，卫生部与救济总会行文各地：要求有关部门协助改组整顿地方红十字会组织。总会专门举办了为期5周的分会干部学习班，重庆分会代理总干事余养贤先生参加了学习。

1951年4月16日，重庆分会协商改组会正式召开。市卫生局局长周洪生、市民政局社会科科长孙立太、分会会长温少鹤（余养贤口述）组成了会议主席团。全市10余个相关部门的负责人和会员代表参加了会议。会上，代理总干事余养贤汇报了分会建会以来的主要活动；修改制订了《重庆红十字分会组织规程》；协商产生了建国后第一届理事会。周洪生任会长，余养贤任总干事（均由总会行文任命）。改组后，分会归市政法委员会领导；经费由市财政和总会划拨；有国家编制内职工25人。

5月，分会在协商改组后，立即着手为抗美援朝募捐。共募得现金1465万元；物资720多件。同时分会在社会上广泛征求外科手术医护人员，筹备赴朝鲜战场救护工作。5月29日，分会派出了第一支赴朝外科手术队。队员13人；队长冉瑞图（市第二人民医院胸外科主任）。1952年2月3日，分会派出第二支赴朝外科手术队，队员10人；队长王安定（西南卫生部直属医院主治医师）。

1952年4月30日，国家政法委员会以政文字第20号文通知：“关于中国红十字会总会的工作，奉总理批示：改归中央卫生部直接指导和联系”。7月9日，中国红十字会总会与卫生部、内务部联合发出通知，要求各地分会与各地政府卫生部门合署办公。重庆分会因成立以来，一直是独立门户，独立自主地在开展活动，改组以后仍然具备独立开展工作的能力，并拥有独立产权的办公场所与服务机构。故未与市卫生局合并。仍然保留了独立核编和财政独立拨款。原有的办公场所与服务机构仍属分会所有，行政管理改归市文化、教育、卫生委员会（余养贤口述）直接指导联系。

1953年初，分会所属夫子池诊疗所合并到分会医院（临江门）。年底，接政府通知：分会医院交市卫生局接管，其“重庆市红十字会医院”的名称不变；分会在南岸的新生托儿所交南岸区政府接管。分会工作转为以爱国卫生宣传和现场急救员培训为主。

年内，分会在市区西南博物馆、市劳动人民文化宫、夫子池红十字阅览室、分会机关及近郊区各大厂矿举办了：“妇幼卫生”、“厂矿卫生”、“爱国卫生”、“新法接生”和“本市爱国卫生成绩展”等大型展出。在市区展出时每天接待参观者均在2000人次以上。在近郊巡回展出半年。接待参观者370多万人次。培训急救员957人；在近郊区创建急救站38个。

年底，重庆分会召开第二次会员代表大会：选举产生了第二届理事会。会长何正清（市卫生局局长）。总干事司明勋（兼职。市医学会党总支书记）。

1957年，重庆红十字会（以下简称市红会）在市中区王家坡、大溪沟街道首次建立街道红十字会。建立会员小组26个；发展会员3346个。在近郊区6个重点中、小学建立了红十字会，发展青少年会员629人。并帮助他们与苏联、波兰、保加利亚等国的学校红十字会建立联系。开展红十字青少年间的通信活动，互赠纪念品。

8月，近郊南泉乡刘家湾挖掘出日本人遗骨121具。分会立即派人协助政府有关部门及时包装妥当，送总会转交日本红十字会。

1961年3月，本市巴县长生桥公社李子林挖出日本人遗体38具。市红十字会立即妥善包装后送总会转交日本红十字会。

年底，市红十字会召开了第三次会员代表大会：选举产生了第三届理事会，会长何正清（市卫生局局长兼职）。

1963年初，市红十字会在沙坪坝区石桥公社试点开展乡村红十字会工作。将红十字会基层组织建到各生产队、组。收效很好。年内即推广到该区其他公社和北碚、南岸、江北4区30多个公社，100多个生产队。总会秘书长倪斐君专程来重庆进行实地考察。高度评价了此项工作对全国农村红十字会组织发展的推动作用。

1966年6月，“文化大革命”开始。红十字会被视为“封、资、修”产物，受到巨大冲击，工作全面停止。

改革开放特别是重庆直辖以来，重庆红十字事业有了长足的发展。1980年重庆市红十字会恢复工作后，在清理恢复基层红十字组织的同时，先后组织了援非募捐、1987年开展了台湾同胞大陆寻亲工作、1988年国际体育援助、1998年抗洪救灾等重大活动。2000年，开展了以“伸出你的双手，献上一份爱心”为主题，以500名特困人群(即100名80岁以上高龄的特困老人，100名生活特别困难的失学儿童，100名生活特别困难的残疾人，100名生活特别困难的大学生，100名生活特别困难的下岗女工)为救助对象的募捐活动。2001年全面启动了中国造血干细胞捐献者资料库重庆分库的建设工作。2002年与重庆市总工会联合开展了城市困难群众子女助学工程。20多年来，重庆市红十字会多方位地开展人道主义领域的服务工作，受理了5000多宗国际寻人转信和海峡两岸寻亲红十字通信,使600多个分离的家庭或亲人得到了重新团聚,为开展民间外交和沟通海峡两岸关系发挥了较好的桥梁作用。

1993年《中华人民共和国红十字会法》颁布实施，1996年《中华人民共和国红十字标志使用办法》颁布实施，2000年《重庆市实施〈中华人民共和国红十字会法〉办法》颁布实施。2000年6月，重庆市机构编制委员会正式行文理顺重庆市红十字会管理体制，明确由市领导联系。2004年7月，经中共重庆市委批准，中共重庆市红十字会党组正式建立。

2005年3月，召开了重庆市红十字会第二次会员代表大会，中共重庆市委书记黄镇东接见了参会的全体代表。会上，重庆市人事局、重庆市红十字会联合表彰了全市红十字会系统的10个先进集体和20名先进个人。选举产生了新一届理事会，聘请中共重庆市委书记黄镇东为名誉会长，重庆市人大常委会副主任陈雅棠、重庆市政协副主席窦瑞华为名誉副会长。选举重庆市人民政府副市长谢小军为会长，冉茂民为常务副会长，周清梅为副会长。经会长提名通过了赵幼渝为秘书长。重庆市红十字事业进入了一个快速发展的新时期。

重庆市红十字会历次代表大会

第一届

1950年4月16日召开，代表协商产生，会长副会长第一届周洪生，常务副会长余养贤（总干事）总会任命。

第二届

1956年召开，会长何正清。

第三届

1961年召开，会长何正清。

第四届

1980年8月召开，会长林琳。

第五届

1985年5月24日召开，会长冯克熙。

第六届

1990年6月7日召开，会长窦瑞华。

第七届

1994年7月20日召开，名誉会长孙同川，会长窦瑞华。

重庆改直辖市后

第一届

2000年3月20日召开，代表120人，理事60人，常务理事19人，名誉会长贺国强、包叙定，会长程贻举，常务副会长冉茂民。

第二届

2005年3月23日召开，代表180人，理事60人，常务理事20人，名誉会长黄镇东，会长谢小军，常务副会长冉茂民。

2004年1月1日，重庆市红十字会举行会机关职工卫生救护知识及技能操作表演。

1月3日，马来西亚华裔企业家、中山完美日用品有限公司董事长古润金太平绅士向开县井喷灾害受难者捐赠230万元仪式在雾都宾馆举行。市政府副市长谢小军、市政府副秘书长张明树参加了仪式并会见古润金先生。仪式后，古润金先生赴开县察看灾情，慰问灾民，吴家农副市长在开县接待了古润金先生。

1月7日，重庆市“红十字博爱送万家”活动的启动仪式在沙坪坝区爱民广场举行，重庆市副市长谢小军、中国红十字会总会副会长孙爱明等参加仪式。

2月17日，市人大常委会副主任陈雅裳及有关领导到会机关研究《重庆市遗体捐献条例》立法工作。

3月21日，重庆市红十字会传播员在西南师范大学举行“国际红十字运动基本知识”讲座。

3月28日，西南师范大学“爱在春天”捐献造血干细胞活动举行，近2000名师生踊跃报名捐献干细胞。重庆市副市长谢小军及该校校长、校党委书记带头报名捐献造血干细胞。

4月15日，红十字会与红新月会国际联合会代表奔·尼克与托普到重庆市忠县检查救灾物资发放情况。

4月26日，重庆首例造血干细胞捐献采集在西南医院进行。

4月27日，全市学校红十字工作现场会在渝中区实验二小举行。5月8日，重庆市“五八”世界红十字日纪念活动在渝中区解放碑广场举行。

5月12日，重庆市纪念中国红十字会成立100周年座谈会在重庆宾馆举行。

6月13～16日，京津沪渝红十字事业发展协作会在重庆召开。

6月22日，重庆市第二例造血干细胞捐献、全国首例跨国干细胞捐献启动仪式在重庆医科大学举行。市政府副市长周慕冰出席欢送大会。捐献者为重庆医科大学学生吴渝。

6月23～27日，中共重庆市红十字会支部委员会组织党员和群众到井冈山、庐山开展红色之旅革命传统教育。

7月7日，经中共重庆市委批准，中国共产党重庆市红十字会党组正式建立。

7月22日，市人大常委会一审《重庆市遗体捐献条例（草案）》。市红十字会参加小组审议解答。

8月18日，重庆市红十字会为松藻矿务局机电公司井下工人开展为期一周的卫生救护培训班开班。

8月20日，重庆市第三例骨髓捐献采集在西南医院进行，移植手术在重庆医科大学附二院进行。捐献者为西南师范大学毕业生徐青。这是首例同城捐献移植。

9月9日，由中国红十字会总会郭建阳、周健和北京市红十字会郭丽洁组成的中国红十字会总会赴重庆开县水灾考察评估组赴开县考察评估灾情。

9月25～28日，中国红十字会常务副会长王立忠带着中央和国家机关干部职工捐款所购的救灾物资到我市綦江县、南川市慰问灾民。

9月29日，香港张永珍女士捐款救助开县水灾1000名灾民子女仪式在开县人民广场举行，市红十字会派人参加仪式。

10月10日，北碚区天主教信徒向市红十字会捐款10万元，救助困难群众子女就学。

10月26日，参加中国红十字会第八次全国会员代表大会的重庆市红十字会代表团离渝赴京。

10月31日，重庆市红十字会传播员在西南农业大学开展“国际红十字运动基本知识”讲座。

11月25日，英国驻中国大使馆卫生官员、注册护士 Jayne 在英国驻重庆总领事馆官员谢莉娜的陪同下访问重庆市红十字会。

11月29日，红十字会与红新月会国际联合会项目官员对重庆市红十字会欧洲联盟人道主义援助部社区减灾项目管理人员进行培训。

11月30日，市红十字会代表到重庆工商大学开展“艾滋病防治知识讲座”。

12月1日，重庆市红十字会代表与大学生志愿者一起去医院慰问住院治疗的艾滋病病人。

12月29～30日，重庆市红十字会对机关全体职工进行“造血干细胞及移植技术知识”、“艾滋病防治知识”培训。

【组织机构】

重庆市红十字会现有基层组织1465个，会员50余万人（其中青少年会员10万人），占重庆市常住人口的1.7%。全市40个区县（自治县、市）都建立有红十字会；机动车驾驶员行业、市教育系统、市卫生系统三个行业建立有红十字会；重庆大学（由原重庆大学、重庆建筑大学合并组建）、西南大学（由原西南师范大学、西南农业大学、四川畜牧兽医学院、中国柑橘研究所合并组建）、重庆医科大学、重庆师范大学等4所大学建立了红十字会；长安机器厂、望江机器厂、川东石油勘探公司等3个大型企业，部分中小学、职业学校、医疗机构建立了红十字会。

重庆市红十字会机关设有办公室、组织宣传外联部、赈济救护部（重庆市红十字会卫生救护培训中心）。

各区县（自治县、市）红十字会名单（40个）：万州区红十字会、涪陵区红十字会、黔江区红十字会、渝中区红十字会、大渡口区红十字会、江北区红十字会、沙坪坝区红十字会、九龙坡区红十字会、南岸区红十字会、北碚区红十字会、万盛区红十字会、渝北区红十字会、巴南区红十字会、长寿区红十字会、双桥区红十字会、江津市红十字会、合川市红十字会、永川市红十字会、綦江县红十字会、潼南县红十字会、铜梁县红十字会、大足县红十字会、荣昌县红十字会、璧山县红十字会、梁平县红十字会、城口县红十字会、南川市红十字会、丰都县红十字会、垫江县红十字会、武隆县红十字会、忠县红十字会、开县红十字会、云阳县红十字会、奉节县红十字会、巫山县红十字会、巫溪县红十字会、石柱土家族自治县红十字会、秀山土家族苗族自治县红十字会、酉阳土家族苗族自治县红十字会、彭水苗族土家族自治县红十字会。

【主要特色】

（一）“5个100”救助活动

2000年，重庆市红十字会开展了以“伸出你的手，献出一份爱”为主题，以“100名80岁以上老人、100名残疾人、100名下岗女工、100名特困大学生、100名失学儿童”为救助对象的大型募捐救助活动。全市各级红十字会齐心协力，克服困难，共募集资金60万元。重庆市红十字会与市教育委员会、重庆市残联、重庆市妇联、重庆市老龄委等单位联合确定了500名救助对象，每人得到1000元的救助资金。

（二）困难群众助学活动

2002年，重庆市红十字会积极响应党中央、国务院关心城市困难群众生产生活的号召，开展了“城市困难群众子女助学”活动。3年来，重庆市红十字会的这项工作得到社会的广泛关注和支持，一直坚持较好，共募集捐款103.69万元，已有3430名困难群众子女获得了救助，受助者涉及到全市的38个区县（自治县、市）。

（三）卫生救护培训

近10年来，重庆市红十字会积极争取市公安、交警、交委、财政和物价等部门的支持和配合，对全市机动车驾驶员进行了卫生救护培训，共培训了50多万人次。

（四）公民志愿捐献遗体

从1997年开始，重庆市红十字会在全市开展了公民志愿无偿捐献遗体工作。7年来，全市共有4000余名志愿者进行了捐献登记，已有375名志愿者实施了捐献意愿。为了鼓励公民的奉献行为，重庆市红十字会在龙台山陵园建立了一座“重庆市公民志愿捐献遗体志士纪念碑”，并在每年的清明节组织志愿捐献遗体者家属开展悼念活动，较好地促进了遗体捐献工作的开展。

（五）查人转信工作

改革开放以来，重庆市红十字会共受理海峡两岸寻亲信件6000余件，其中查有结果的有620件，使亲人得到团聚。

【大型项目】

2000年，重庆市红十字会在主城区三星级以上的宾馆、大型商场和超市、机场、码头、火车站设置红十字募捐箱。随后，各区县（自治县、市）红十字会也在所在地人口密集区域设置红十字募捐箱。

2000年至2004年，重庆市红十字会国际红十字运动基本知识传播员分别多次到重庆大学、西南师范大学、西南农业大学、西南政法大学、重庆医科大学、重庆师范大学、重庆工商大学、重庆邮电学院、重庆交通学院、重庆教育学院、重庆科技学院、四川美术学院、海逸酒店、葛兰素公司、和记黄埔公司、英国驻重庆总领事馆等高等院校、外资企业和外国政府驻渝机构开展国际红十字运动基本知识传播讲座。

2003年，重庆市第一批市级红十字窗口单位正式挂牌。这些窗口单位有：大学、中学、小学、血液机构、城市医疗机构、乡镇卫生站等。

2003年至2005年，重庆市红十字会分别对外国政府驻渝机构官员、大学医院工作人员、部分大学小学学生、公共游泳场所救生人员、小区物业管理人员、街道及居委会工作人员、大型商场及超市营销人员、旅游系统导游、外资宾馆及企业员工、国有大中型煤矿工人、建筑系统安全管理人员、监狱服刑人员等进行卫生急救、防病治病、艾滋病预防等知识及技能培训。

2005年，在重庆市的涪陵区、巴南区、綦江县、垫江县、梁平县、忠县开展了欧洲联盟人道主义援助部援建的社区减灾项目。

2005年9月，在重庆市人民政府主要领导的倡导下，经社团登记部门批准，重庆市白血病儿童救助基金会正式建立。该基金会为公募基金，由重庆市教育委员会、重庆市财政局、重庆市民政局、重庆市卫生局、重庆市红十字会、重庆慈善总会、重庆市总工会、重庆市工商联共同出资组建。受市人民政府委托，重庆市红十字会为该基金会的主管单位。其基金主要用于救助重庆市18周岁以下的白血病儿童。

（陆之川）

渝中区红十字会

【简介】

重庆市渝中区位于重庆市中心，地处长江、嘉陵江交汇处，是全市行政、金融、商贸、信息、医学中心及水陆客运交通枢纽，水陆总面积23.71平方公里，常住人口69.2万。

渝中区红十字会成立于1963年3月,“文革”期间被迫停止活动。1981年4月经区政府批准恢复活动。2001年9月经渝中区机构编制委员会审定,设机关事业编制2名,并按照《国家公务员暂行条例》参照试行。渝中区红十字会遵循人道主义宗旨,认真履行红十字会职责,在扶危济困、赈灾救灾,组织实施公民无偿献血,开展学校红十字青少年活动及社区红十字工作等方面取得了较好的成绩,在社会上产生了良好的影响。

从2001年起,区红十字会坚持在元旦、春节期间开展“红十字博爱送万家”活动,每年都由区红十字会领导带队送到受救助者家中,给他们带去新春的祝福,6年共救助了314户生活特别困难家庭,发放慰问金62800元。

2001年末，区红十字会又开展了对辖区贫困学生的爱心救助活动。在全区13个街道筛选出品学兼优的贫困学生，每年资助他们300元学杂费，直到九年制义务教育毕业。目前，共救助贫困学生120人次，发放助学金3.6万元。

自1998年《中华人民共和国献血法》颁布实施以来，区红十字会积极协助政府进行宣传动员，9年来，共组织了辖区公民6.74万余人无偿献血，年年走在全市前列。

【年度工作】

2005年1月至2006年1月，区红十字会继续加大扶贫济困力度，结合保持共产党员先进性教育活动，分三次共救助城市贫困学生243人次，发助学金7.29万元；在“红十字博爱送万家”活动中，救助贫困家庭104户次，发放救助金21100元；还为白血病儿童募集基金327575.68元，为印度洋海啸灾区募集54011.8元。

江北区红十字会

【简介】

江北区红十字会建会于20世纪50年代，一直由区政府直接领导、管理，从建会之初就由一名副区长任红十字会会长，区卫生局局长任副会长。在区委、区人大、区政府、区政协领导的关心支持下，在市红十字会的指导下，江北区红十字会认真执行《中华人民共和国红十字会法》，解放思想、与时俱进，在积极配合政府参与自然灾害救助、大力开展群众性卫生救护知识培训和社区红十字服务、组织青少年活动、推动无偿献血工作、热心关爱艾滋病患者等方面，都发挥了积极作用。

【年度工作】

一、以弘扬“人道主义”为宗旨，深入宣传贯彻红十字会法

1．“五八”期间，区红十字会组织开展了“四个一百”的活动。

一是组织100名红十字会员开展了一场大型宣传红十字会法的宣传活动。在活动现场还向100个理事单位发放了募捐箱，为贫困家庭进行募捐。

二是组织了100名红十字会员在现场进行无偿献血，推动无偿献血活动。

三是组织100名红十字会员，冒雨为市民开展义诊活动。

在国际妇女节，重阳节，全国科普宣传周，江北区红十字会组织团体会员单位的会员深入各个社区、学校开展宣传活动，开展红十字知识讲座，普及救护知识。

二、开展赈灾救灾、扶危救困工作

1．印度洋海啸爆发后，江北区红十字

会立即组织捐款，全区广大干部、职工、学生踊跃参加，江北区共募集善款 26 万余元。

2. 全区为市白血病儿童医疗救助基金募集捐款 13 万多元，为白血病儿童捐献了一片爱心。

3. 坚持在每年春节、重阳节时对区内十几位百岁老人进行慰问，为他们送去慰问金、慰问品等。

4. 每年出资帮助 30 名儿童上学，2005 年为 60 名特困家庭的儿童，出资了 18000 元，为他们解决了学费。

5. 为解决特困家庭看病难，一年来组织对特困家庭开展医疗救助，共救助了 1306 人次，救助经费达 190339. 21 元。

三、积极倡导无偿献血及遗体捐献

红十字会抓住各种有利时机，广泛宣传《献血法》，倡导无偿献血，并组织和开展无偿献血活动及遗体捐献工作。江北区自愿捐献遗体和眼角膜捐献的群众已有 20 人。

四、开展红十字示范窗口单位创建工作

1. 为推动红十字运动，江北区红十字会积极开展红十字网络建设工作，目前已建立了 1 个市级红十字社区，3 个区级红十字社区，红十字学校 2 个。

2. 积极创办红十字门诊，既为群众提供了便民医疗服务，又增强了红会经济实力。目前 4 个红十字会医疗门诊，拥有 30 多名医务人员，每年创收 6 万元。为救助社会贫困人群和尊老助残做出了贡献。

南岸区红十字会

【简介】

南岸区红十字会成立于 1953 年。1981 年区红十字会由理事会设会长、副会长及专职秘书长。1983 年区内先后成立 9 个地区红十字会，2 个乡红会、4 个小学及 1 个中学红会。1989 年全区有红十字会会员 2650 人，其中团体会员 1880 人，个体会员 770 人。2005 年末全区有红会会员 4315 人，其中团体会员 3310 人，个体会员 1005 人。

南岸区委、区政府历届领导对全区红十字会工作非常重视，在机构、人员、资金等方面大力支持。从 90 年代起，区红十字会先后数届由分管卫生的副区长任会长，卫生局局长、分管红十字会工作的副局长任副会长，区委、区政府、区委宣传部、区文广局、区财政局、区民政局、区教委等相关部门领导任理事。区红十字会在认真贯彻红十字会的保护人的生命和健康的人道宗旨的活动中，在救死扶伤、扶危济困，无偿献血、遗体器官及干细胞的捐献等工作中做了大量的工作。

无偿献血的工作：南岸区在最近几年的无偿献血工作中做出了显著的成绩。在 2000 年至 2004 年的无偿献血工作中，获重庆市金奖 1 名，爱心奖 12 名，个人促进奖 8 人和先进单位 5 个。

扶危济困情况：2003 年抗“非典”捐款及药品 12 万元。2004 年向开县井喷捐款 7 万元。2005 年向区内 2 名白血病患者捐款 5 万 3 千元。2005 年印尼海啸捐款 18 万元。

遗体、器官捐献已登记 35 人。

干细胞志愿捐献者 3500 人次。

沙坪坝区红十字会

【简介】

沙坪坝区红十字会是中国红十字会的地方组织，目前有基层红十字会组织 65 个，团体会员3566人，两个红十字志愿服务队，志愿工作者350名。沙坪坝区红十字会成立于50年代初期，在2001年区级机关机构改革时，得到市红十字会、区领导的关心和支持，落实了区红十字会办事机构。经区委、区政府批准，设机关事业编制2名，靠挂区卫生局，由分管副区长任区红十字会会长。区红十字会工作职责是，在市红十字会的指导下、区委和区政府的领导下，按照红十字会法和独立自主地开展工作，切实履行职责，积极参与"两个文明"建设，依法开展人道、救援等项活动，树立了红十字会良好形象。

【年度工作】

一、宣传工作。沙坪坝区红十字会将学习宣传红十字会法纳人重要工作议程，采取多种形式开展宣传活动。利用"五·八"世界红十字日开展宣传，举办各种培训班对基层红十字会专兼职干部进行培训，组织红十字青少年开展会法知识有奖问答，使红十字"人道、博爱、奉献"精神在群众中得到弘扬。

二、募捐工作。充分发挥红十字会独特作用，依法开展赈灾救灾、社会救助工作。近年来，组织全区基层红十字会向灾区捐款、捐物。特别是2005年印度洋发生海啸募捐及2006年为重庆市白血病儿童救助基金会募集资金，共收到社会各界捐款50余万元，衣物47箱，价值人民币2.5万元，并及时上交市红十字会。

三、扶贫救助工作。一年来，慰问特困职工家庭35户，送去慰问金和慰问品折合人民币6800元；看望孤、老、病、残、老红军60人次，送去慰问金和慰问品折合人民币2400元。开展特困学生救助活动，救助特困大学生5名、中学生60名、小学生40名，救助金额共33000元。

四、干细胞捐献工作。从2002年起沙坪坝区红十字会开展了中华（重庆）骨髓库筹建工作，目前，全区共有2600名骨髓捐献登记者，区红十字会被重庆市红十字会评为造血干细胞先进集体。

五、无偿献血及遗体捐献工作。沙坪坝区红十字会依照《中华人民共和国献血法》、《重庆市献血条例》，积极组织并参与输血、献血工作，推动无偿献血工作顺利开展。沙坪坝区从2004年起，率先在全市取消献血指标，连续三年做到100%无计划无偿献血，并且保证了西南医院血站的临床用血。认真开展遗体捐献及登记工作，《重庆市遗体捐献条例》颁布以来，沙坪坝区红十字会通过电视、广播向全社会宣传和动员，目前已有25名老人登记捐献遗体，正式捐献2例。

九龙坡区红十字会

【简介】

九龙坡区红十字会成立于1953年5月，命名为"重庆市第四区红十字会"。当时各街道、中、小学均建立了红十字急救站。"文化大革命"开始后，区红十字会停止活动。1981年9月，恢复红十字会组织。现为两块牌子（区红十字会、区医学会）一套班子，在职职工5人，退休职工3人。25年来，区红十字会在宣传、贯彻、执行《中华人民共和国红十字法》、开展救灾救助、扶危济困、无偿献血等工作中取得了较大的成绩。近5年，年年被区政府授予无偿献血工作先进集体、无偿献血工作组织奖；2005

年被重庆市卫生局、重庆市红十字会授予“重庆市2000—2004年度无偿献血先进集体”。

【年度工作】

一、募捐救助工作

1. 国际救援工作：印度洋海啸，区红十字会通过发倡议、设置募捐点、组织上街募捐等形式，募集资金270508.92元人民币，并上交市红十字会。

2. 贫困学生救助工作：为使更多的失学儿童、贫困儿童能够受到教育，区红十字会全年共为73名贫困中小学生募集学费21900元（每人300元）。

3. 贫困学校救助：2005年区红十字会争取到澳门红十字总会的援助资金15万元，用于石板镇小学的危房改造。

4. 白血病儿童救助：2005年9月至11月，在全区广泛开展了以“关爱生命、拯救白血病儿童”大型募捐活动，共募集资金：345059.50元人民币。在这次活动中，九龙坡区红十字会申请上报救助的一例白血病儿童，已获得市白血病儿童救助基金捐款2万元。

二、遗体、眼角膜捐献登记工作

按照重庆市红十字会的要求，从2005年6月开始，九龙坡区红十字会负责本辖区遗体、眼角膜捐献登记工作，并设立区遗体捐献登记站。根据《重庆市遗体捐献条例》规定，对捐献者严格遵循自愿、无偿原则。目前，区红十字会已经接受遗体、眼角膜捐献登记19人次，接待咨询50余人次。

三、纪念“五八”世界红十字日活动

为了纪念“五八”世界红十字日，2005年5月，由重庆市红十字会、九龙坡区人民政府、重庆市血液中心主办，九龙坡区卫生局、九龙坡区红十字会承办的九龙坡区杨家坪文化广场纪念活动举行。

这次活动开展得丰富多彩，群众踊跃参加，现场无偿献血237人；自愿捐献造血干细胞采血样100余人；遗体、眼角膜捐献登记30余人次；区内医疗单位开展了健康咨询、义诊、健康知识宣教等活动，接待群众2000余人次；发放各种宣传资料1000余份。市、区红十字会还开展了赈灾助学咨询、红十字法规及无偿献血等多方面内容的宣传活动。

四、社区红十字卫生服务工作

根据市红十字会《关于加强社区红十字服务工作的通知》精神，向市红十字会申请在九龙坡区第五人民医院成立社区红十字卫生中心；在区第一人民医院西郊三村社区医疗站成立社区红十字卫生站。此项工作的开展，可以更好地为辖区内人民群众提供健康服务。

五、制订《突发公共卫生事件救援救助预案》

根据《重庆市九龙坡区人民政府办公室关于做好突发公共卫生事件已制预案论证和应急处置预案编制工作的通知》要求，区红十字会编制了《突发公共卫生事件救援救助预案》。确保九龙坡区红十字会更加及时、有效地组织对自然灾害和突发公共事件的救援救助工作，更好地保护人民群众的生命与健康。

六、积极开展无偿献血工作

为进一步贯彻落实《中华人民共和国献血法》，根据《重庆市无偿献血条例》，区红十字会协助政府做好无偿献血工作，加强了对各街镇献血工作的指导。

2005年，区政府召开了全区献血工作

会议。大会总结并肯定了 2004 年无偿献血工作，表彰了无偿献血先进单位 16 个、先进个人 23 名。调整了无偿献血领导小组。2005 年，完成无偿献血指标 4290 个，共 858400 毫升。保障了临床医疗用血的安全。

2005 年，区红十字会在市红十字会的指导下，在区内各有关单位的支持、配合下，圆满完成了 2005 年所制定的任务和上级交给的各项任务。尤其在开展募捐赈济方面，取得了较好成绩，全年募集捐款总额达：761468.42 元人民币。

北碚区红十字会

【简介】

北碚区面积 755 平方公里，辖 5 个街道，12 个镇，人口 66 万。

北碚区红十字会，现有基层组织 45 个，会员 5700 多名。北碚区红十字会现任会长由北碚区人民政府副区长黎德龙担任，常务副会长、秘书长分别由北碚区卫生局局长王大勇和副局长汪力华兼任，办事机构设在区卫生局内，有红十字会专职干部 1 名。

【年度工作】

一、实施救援工程

一是组织各级基层红十字会积极参与抗灾救灾工作，21 个团体会员单位承担了医疗救护、预防疾病及灾害后的环境消毒任务，出动医疗救助队伍 15 次，救助伤病员 212 名，环境消毒 30000 多平方米；二是与区民政部门联合开展对灾情的调查，做好灾情的收集工作，及时准确向上级红十字会报告灾情 5 次；三是争取社会各界的支援，开展救灾捐助活动，对上级红十字会分配的救灾物资严格按照《中国红十字会参与自然灾害救济工作暂行规定》进行救助。

二、实施生命工程

1. 献血工作：配合卫生行政部门开展无偿献血工作，积极开展献血的法律和法规宣传、动员和组织全区公民无偿献血，圆满地完成了献血工作任务。2005 年，重庆市公民无偿献血街头直采试点工作在北碚区试行，区红十字会全力配合，4 月 4～5 日两天，开展了大型街头献血宣传活动，组织红十字团体会员单位开展了献血知识咨询，发放了献血宣传资料 6000 余份，市血液中心采血车两天采血 288 人。2005 年 4～12 月，全区街头无偿献血人员达 2500 多人，取得了较好的效果。

2. 骨髓遗体捐献工作：“五·八世界红十字日”期间，区红十字会组织开展了骨髓捐献宣传活动，发放有关骨髓捐献知识宣传资料 3000 余份。全年完成骨髓捐献入库登记 3000 多人，其中实现骨髓捐献者 12 人。此外，全区遗体捐献登记 23 人（3 年来累计总数 65 人），已实现遗体捐献 1 人。

3. 白血病儿童救助金工作：2005 年 11 月，开展了白血病儿童救助金募捐活动，区红十字会为救助白血病儿童捐款 5000 元。

三、实施爱心工程

2005 年元旦春节期间，区红十字会组织有关镇、街社区红十字卫生服务机构开展红十字博爱送万家活动。各镇、街社区卫生服务机构积极响应，在各社区内积极开展健康教育讲座、“新年送健康，关爱到社区”等一系列活动，受到了广大人民群众地欢迎。2 月 6 日，北碚区红十字会会长黎德龙、副会长阳光等一行上门慰问了 101 岁的王中仁老人和生病卧床且家庭特别困难的陈国兰老人，并送医送药上门。

据统计，元旦春节期间区红十字会开展社区健康教育讲座6次，受益群众达近千人；为群众上门义诊、义检达500多人次；张贴相关健康保健知识宣传画200多份；发放各种健康教育宣传资料近万份。此外，区卫生局、区红十字会还开展了街头大型义诊服务活动，出动医务人员50多人，受益群众达5000多人次。各团体会员单位也广泛开展了群众性的爱心救助等社会服务活动，开展“世界红十字日”、“世界卫生日”、“禁毒日”、“世界艾滋病日”等宣传活动8次，参与会员600多人次，发放相关宣传资料3万余份，为群众免费咨询、体检4000多人次。

通过广泛实施爱心救助工程，不仅使广大群众了解和认识了红十字会，而且得到社会各界的支持，使更多的人加入到“人道、博爱、奉献”的红十字会工作中来。

四、红十字青少年工作

区红十字会与教育部门配合，在青少年中常年开展《红十字会法》知识、卫生防病知识竞赛活动。各学校红十字会组织夏令营活动4次，发展红十字青少年260多人；在加强学校健康教育方面，学校健康教育普及率达100%，小学生健康知识知晓率达95%，学生健康行为形成率达97%。2005年，北碚区学校健康教育工作接受了全国社区卫生服务示范区评审专家组的验收并受到充分肯定。

大渡口区红十字会

【简介】

大渡口区红十字会是重庆市红十字会的区级分会。区红十字会设专职副会长1名，秘书长1名，下辖红十字医院一个（大渡口区红十字会医院）、红十字社区服务站一个（大渡口区跃进村街道中医社区红十字服务站），现有会员332人，自愿服务者1583人。在各级党委政府和重庆市红十字会的领导下，在社会各界的关心和支持下，近年来，区红十字会紧紧围绕学习、宣传、贯彻《中华人民共和国红十字会法》、《中华人民共和国红十字标志使用办法》，加强红十字会的思想建设、组织建设和作风建设，依法建会、依法治会、依法兴会，在开展备灾、救灾、初级救护培训、造血干细胞捐献、青少年活动、倡导扶危济困、敬老助残、助人为乐及社会服务等方面做了大量工作，为全区人道救助事业的发展奠定了良好的基础。

【年度工作】

2005年，大渡口区红十字会开展了形式多样的社会救助活动，区红十字会在全区范围内发起了海啸赈灾募捐活动，这次活动共募集到捐款50728.80元，给灾区的人民送去了一份温暖；区红十字会组织开展了“博爱进万家，关爱进社区”活动，共筹集总价值11300元的款物，对72名困难群众实施了救助；2月，区红十字会组织开展了以“树立健康观念、拥抱健康生活”为主题的关爱中老年爱心活动，组织有关专家开展健康科普知识讲座，并为中老年人提供多方面的健康体质检测，提高了中老年人的健康意识，取得了很好的社会反响。2005年“五·八”世界红十字日，区红十字会组织红十字会员和志愿工作者走上街头，深入社区，围绕《中华人民共和国红十字会法》，向广大群众宣传红十字会的基本知识，宣传红十字标志使用办法、献血法和《重庆市遗体捐献条例》，开展义诊活动，提升了红十字会的社会知晓度。2005年4月以来，大渡口区部分地方连续遭遇了暴雨、冰雹和地质灾害，导致人员伤亡、房屋倒塌、农作物绝收，造成了严重的经济损失。灾情发生后，区红十字会与区卫生、民政等部门密切配合，派遣红十字医疗队，深入灾区第一线，积极救治伤病员，开展环境消杀，动员社会力量开展募捐活动。9月，区红十字会为响应市政府关于筹建白血病儿童救助基金会的号召，在重庆市红十字会的统一部署下，在全区范围内开展了声势浩大的募捐活动，共募集到捐款 81348.83 元，全部用于白血病儿童救助基金会的建设。大渡口区是一个贫困破产企业较多的地区，为缓解困难家庭学生就学压力，区红十字会组织开展了“困难群众助学活动”，积极动员社会各界的力量来帮助那些困难家庭的孩子，2005 年共募集到助学捐款 13300 元，会同市红十字会下拨的救助款，共救助贫困学生 48 人，发放救助金 19300 元。

巴南区红十字会

【简介】

巴南区红十字会成立于 1988 年。目前，区红十字会共有会员 14500 人，52 个团体会员单位，27 个理事单位。区红十字会名誉会长由区长担任，会长由分管副区长担任。下设红十字会办公室由区编制办公室确定为正科级单位，编制 2 名，每年由财政划拨办公经费，并配置了电脑、传真、扫描仪等现代化的办公设备。

区红十字会以弘扬人道主义为宗旨，以扶危济困为己任，开展了一系列爱心工作。自 2000 年以来，先后多次成功地组织了为灾区捐款活动，在近 5 年的时间里，共计筹集各类救灾、扶贫、济困物资、资金达 3300 余万元。同时为了帮助受重大灾害和因身患重大疾病而家庭贫困的人群，区红十字会通过多种方式筹集资金，率先在重庆市建立了巴南区危难重病救助基金，已先后救助了一批身患白血病、尿毒症的患者，共计发放救助金 67000 元。在抗击非典期间，筹集了近 80 万元支援抗非典工作，为防治非典工作做出了贡献。

【年度工作】

一、认真学习、宣传和贯彻落实《中华人民共和国红十字法》开展了一系列大型的宣传服务活动。

二、主动协助政府排忧解难，积极参加抢险救灾活动。

1. 积极主动参加了抗“非典”、“井喷”及海啸和洪灾等自然灾害的救助活动，共捐款捐物达 240 万余元。

2. 积极开展献爱心活动。巴南区红十字会拿出资金及物资 12 万元，维修学校，为巴南区部分孤儿和特困群众送去棉被、棉衣，救助贫困学生上学。

三、接受欧盟援建社区减灾项目投资 740000 元，用于巴南区接龙镇桂馨村的改水、改厕及健康教育。

四、积极开展无偿献血和骨髓捐献工作。2005 年组织全区医务工作者 200 余人自愿捐献了干细胞血样。

五、认真做好遗体捐献工作，全年遗体捐献比例是前 5 年的总和。

渝北区红十字会

【简介】

渝北区红十字会成立于 1989 年。多年来，渝北区红十字事业在区委、区政府的大力支持下，在重庆市红十字会的关心指导下，大力弘扬“人道、博爱、奉献”的红十字精神，依照《中华人民共和国红十字会法》所赋予的各项职责，积极开展备灾救灾、社会救助、无偿献血、遗体器官捐献、社区红十字服务、红十字青少年、传播国际人道法等各项工作，取得了较好的成绩。

2001年，区红十字会机构和编制得到落实。

红十字会团体会员单位从原来以公立医院为主的40多个，发展到有民营医疗机构、企、事业参与的70多个单位，壮大了红十字事业队伍。

志愿工作者队伍不断壮大，由2001年的30多人发展到现在的300多人。

【年度工作】

一、积极开展募捐工作，实施人道主义救助

为针对弱势群体中的贫困家庭以及自然灾害和突发事件等灾害对人的生命与健康造成的危害进行社会救助，渝北区红十字积极开展募捐救助活动。2005年，为印度洋海啸灾区和白血病儿童募集资金达30余万元，荣获重庆市红十字会2005年募捐工作一等奖。

对贫困学生的救助。区政府对贫困学生减免学费，但生活费用困难还是影响了他们就学，渝北区红十字会发动社会捐款，在救助基金中设立了助学专项资金，募集款项5多万元，帮助了渝北区的贫困学生20多名，受助学生中有一部分还考上了重点大学。

二、红十字青少年工程

为促进青少年健康成长，在各类红十字学校中，根据不同年龄青少年的特点，渝北区红十字会积极开展人道法传播、敬老助残、募捐、无偿献血、捐献造血干细胞等活动。在红十字学校中开展积极争创“重庆市红十字学校示范校活动”。

三、社区红十字服务工程

渝北区红十字会大力开展“六进社区”活动，扩大红十字会志愿者队伍，探索有红十字特点的“公益性无偿服务、互助性低偿服务、市场性有偿服务”的新途径，并广泛开展社区红十字服务示范街道（地区）的创建活动。

贵州省红十字会

【年度工作】

2005年，贵州省有83个县（市、区）不同程度遭受干旱、洪涝、风雹等自然灾害。灾情发生后，全省各级红十字会始终坚持了解灾情到一线、慰问灾民到一线、发送物资到一线的工作原则，积极赈灾救灾。

（一）及时深入灾区，考察灾情。全省各级红十字会始终把备灾救助当作首要任务，坚持在第一时间内作出最快反应。一年来，省红十字会机关先后12次组织21个工作组深入到松桃、清镇、镇宁、织金、纳雍、汇川、六枝、镇远、望谟、平塘、关岭、惠水、万山等32个县（市、区）的43个受灾点，考察受灾情况，慰问受灾群众。

（二）多渠道宣传，多方面求援，积极呼吁社会救助。全省共发出相关信息260多条、图片290多张，起到了较好的动员宣传效果。贵州省直接被列为中国红十字总会全国重点救助省份之一。争取到国际联合会、美国驻华使馆、中国红十字会总会、香港红十字会和上海、天津、青岛红十字会及部分社会人士的支持，共募集救助款物价值人民币460多万元。

（三）启动应急机制，慰问安抚灾民。在争取外援的同时。及时向全省各灾区发送了14批救助物资。先后组织20多个工作组到全省9个市（州、地）的40多个受灾点慰问灾民。发送大米720吨、衣物13500套、棉被11093床、净水剂369箱、消毒剂300箱、帐篷5顶等价值460多万元的救助款物，深受灾区群众的赞誉。

（四）制订应急预案，筹建备灾机构。省红十字会制定了《贵州省红十字会自然灾害等突发公共事件应急预案》，并积极筹建备灾救灾专门机构。向省委、省政府提出建立“红十字会备灾救助服务中心”的建议，省领导高度重视，石秀诗省长亲自批示：“对省红十字会的备灾救灾成绩要给予充分肯定，对他们成立‘备灾救助服务中心’的建议要认真研究”。2004年12月，省编办已正式同意建立“贵州省红十字会备灾救助服务中心”，明确了“中心”的宗旨、编制和业务范围，为全省备灾救助工作的开展创造了条件。

始终坚持扎根基层、服务群众，“红十字关爱进社区”活动进一步深入

2005年，贵州省红十字会始终坚持把关爱人的生命和健康，帮助孤、老、病、残、困等脆弱群体解决实际困难作为社区工作的主要内容。

（一）建立社区红十字服务站。年初以来，全省各级红十字会在省红十字会开展沃尔玛红十字社区站试点工作的基础上，先后新建“社区红十字服务站”58个。

（二）积极推进红十字示范社区建设。贵阳市红十字会制定了社区红十字服务工作的规划，安顺市红十字会组织了社区红十字会工作专题调研，省红十字会通过组织目标管理考核，按照省级社区红十字服务示范标准，对各地红十字示范市区的工作进行了初步检查，为争创全国社区红十字服务示范市区奠定了基础。

（三）广泛开展“红十字关爱进社区”活动。下半年，先后启动了“红十字关爱进社区——送医送药献真情”和“关爱女性健康、呵护儿童成长”两个大型公益活动，向贵阳市1100户困难群众赠送了价值60万元的“医疗救助卡”，同时开展向300名贫困妇女和儿童提供免费医疗活动，受到社区群众的欢迎。12月9日至11日，省红十字会还与中国红十字会和国家民委、财政部有关领导组成慰问组，深入到独山、惠水、平塘等地，向人口较少民族——毛南族的1000户群众送去价值20万元的大米、棉衣糖果等慰问物资。元旦、春节期间，各级红十字会广泛开展了“红十字博爱送万家”活动，直接为社区内生活不便的老、弱、病、残人员提供各种志愿服务，在扶危济困、救助弱势群体方面做了力所能及的工作，深受各社区群众欢迎。

始终坚持以“四统一”为标准，救护培训工作成效显著

2005年，全省共举办初级救护培训班1960多期，先后有187714人取得了“贵州省红十字会救护员资格证”。同时，全省各级红十字会还在社区、学校、医院、部队等单位或行业举办初级救护知识讲座600多次，普及面达1070多个社区，学校、机关、企业等有54000多人次参加，有效提高了广大群众对自救互救、灾害预防、紧急避险、

家居安全等基本常识的认知和了解。9月初，贵州省红十字会以“凡有意外伤害发生的地方，就有经过培训的红十字会救护员参与救护”为目标，为构建全省现场救护网络、有效减少自然灾害和意外事故发生时的致残率和死亡率，组建了“贵州省红十字会救护总队”。下半年，省红十字会利用总会彩票公益金救护师资培训项目，分2批共8期培训专（兼）职救护师254人，全省取得救护师资证人员已达到538人。救护培训工作得到总会的肯定，并先后有河北、湖南、云南、广东、浙江、海南等兄弟单位来黔考察学习救护培训工作。

始终坚持关爱人的生命和健康，“生命工程”稳步推进

（一）启动“生命银行”工程，造血干细胞捐献工作成功实现了“零”的突破。2005年5月，启动了“中国造血干细胞捐献者资料库贵州省管理中心”工作。借助新闻媒体、网站进行捐献造血干细胞的宣传动员，在社会上引起了广泛关注。5月23日，贵州省水利电力学校学生白学友在成都顺利将他的造血干细胞移植到一位成都患者体内，实现了贵州造血干细胞的首例捐献。目前，“管理中心”先后12次组织采集造血干细胞血样1575人份，入库524例。

（二）注重服务与宣传相结合，无偿献血工作稳步推进。坚持一手抓服务、一手抓宣传，充分利用世界红十字日、世界献血者日和“世界急救日”等时机，广泛开展“五个一”活动，即召开一次“纪念‘世界无偿献血者日’座谈会”；在街道和人群聚集的广场设置一个红十字会无偿献血服务宣传站；在高校和社区举办一次有关无偿献血、捐献造血干细胞知识讲座；红十字会的干部职工带头献一次血；组织各地抽取一次造干细胞血样，并进行HLA分型检测。12月5日，以“国际志愿者日”为契机，贵州省红十字会与贵州省血液中心联合召开了全省无偿献血志愿者座谈会，并提出建立“贵州省红十字无偿献血志愿者协会”的构想。一年来，各级红十字会共举办无偿献血知识讲座70余场6万余人次参加，发送有关宣传资料50多万份。

（三）关注农民生命和健康，新型农村合作医疗和医疗救助试点工作启动。贵州省红十字会认真贯彻2005年全国新型农村合作医疗工作会议精神，并根据中国红十字会《关于实施新型农村合作医疗和医疗救助工作的试点方案》，积极开展调查研究。同时选定息烽县为红十字会首期参与“新农合”的试点单位，并初步拟订了试点方案。

始终坚持以学校为重点，红十字青少年工作有新进展

贵州省红十字会始终坚持以学校为重点，充分发挥青少年学生的主体作用，因地制宜地开展丰富多彩的红十字青少年活动，促进了红十字青少年工作的深入开展。

（一）争取多部门合作，学校红十字会组织不断完善。年初以来，省红十字会多次与省教育厅、卫生厅、团省委等部门协商，积极筹建“贵州省学校红十字工作委员会”。一年来，全省学校红十字会组织不断壮大，贵阳市已建立了学校红十字工作委员会，先后有67所中、小学建立了学校红十字会；铜仁德江县学校红十字会建会率达90%以上。

（二）与学生德育相结合，红十字青少年活动深入开展。暑期，组织全省部分优秀红十字青少年，举办了首届“关爱生命，红

十字青少年素质培训夏令营”活动，并借助媒体广泛宣传红十字运动、初级救护等基本知识。广大青少年通过了解和认识红十字，增强了人道博爱、奉献社会的自觉性。贵阳医学院、中医学院、贵州大学等高校充分利用红十字会特点，广泛传播红十字运动基本知识、心理健康、青春期教育、艾滋病预防、远离毒品、无偿献血、捐献造血干细胞等知识。一年来，全省各地和各级各类学校红十字会共举办红十字青少年歌咏、绘画、征文和知识竞赛活动770多次，共有17000多人次参加。

（三）积极救助贫困学生，开展“红十字博爱助学”活动。一年来，先后直接向147名贫困大、中、小学生直接提供了学费资助。还利用20万元捐资在遵义务川启动了“天狮博爱小学”工程。5月份，省红十字会利用“世界红十字日”的时机，组织会机关全体干部职工开展了“‘一帮一’博爱助学”活动，为贵阳市19名贫困中小学生送去了学费和学习用品，并建立“博爱助学结对卡”，确保长期资助。

始终坚持发扬国际人道主义精神，海啸救援工作贡献突出

年初，在印度洋海啸引发重大灾难后，全省各级红十字会积极响应中国红十字会总会的号召，向全省发出紧急募捐呼吁，设置募捐站（点），成立了临时指挥所，公布募捐账号，开通捐赠热线电话，实行24小时值班，在政府的支持和新闻媒体的积极配合下，掀起了全省有史以来最大一次国际人道主义援助募捐活动。通过及时、有效、适度的募捐工作，共募集并上缴捐款329万元。

始终坚持从法规宣传入手，红十字精神逐步深入人心

贵州省红十字会按照国家“四五”、“五五”普法规划和《中国红十字会2001～2005法制宣传教育规划》的要求，借助大众传媒、社区红十字宣传栏、简报等多种形式和载体，积极开展丰富多彩的“红十字会法”、“红十字标志使用办法”、“献血法”等法律法规的宣传活动。5月8日，省红十字会还顺利开通了贵州省红十字会网站，为传播红十字法律法规知识开辟新的渠道；7月1日，结合“红十字会条例”颁布施行一周年，利用《贵州商报》专版发布赛题，在全省范围内举办了“纪念《贵州省红十字会条例》颁布一周年红十字运动基本知识竞赛”，在红十字系统内掀起“学法、知法、用法”的新高潮。一年来，各级红十字会先后开展各种宣传活动1460多次，发放各种宣传资料87万多份，借助省内外大众新闻媒体发布有关红十字会的各类信息4890余条。

始终坚持依法建会战略，红十字事业发展的环境有所改善

（一）以省政协委员视察为契机，积极推进理顺管理体制的工作。10月12日至18日，省政协组织20多名政协委员成立专门视察组，由李嘉琥副主席带队先后赴全省4个市、地及7个县（市、区），视察《中华人民共和国红十字会法》和《贵州省红十字会条例》的贯彻落实情况，听取各地党政部门有关工作汇报，并与当地党政领导交换意见。视察结束后，撰写了专题视察报告送省委、省政府，对推进理顺管理体制的工作提出了明确建议。

（二）不断加强对外联络，进一步促进了交流与合作。一年来，河北、浙江、广东、湖南、云南、海南等兄弟单位先后来贵州省红十字会参观学习，香港、北京、上

海、天津、广东、青岛等地红十字会都给予很大支持。通过交流与合作，增进了彼此的了解，也增强了相互间的友谊。

（三）强化机制建设，全面推行了目标管理。年初，省红十字会与各市、州、地签订的了目标管理责任书。年底，由省红十字会党组成员和各市、州、地红十字会负责人分别组成3个考核小组，对全省9个市、州、地红十字会进行了目标管理考核。考核以自查为基础，按照统一标准、分解量化，统一培训、分组交叉，统一组织、分片轮流的原则，并采取听取汇报、质询提问、查看资料和成果、综合量化评分的方法进行，既创造了红十字系统内横向工作交流的机会，又有效调动了广大红十字专兼职人员的工作积极性。同时，安顺、贵阳、六盘水等地还将红十字会工作纳入政府目标管理体系，促进了红十字事业的发展。

【历史沿革】

贵州省红十字会其前身中国红十字会贵阳分会，于1917年5月在贵阳市慈善巷38号成立。理事共9人组成，张彭年、熊静安先后任会长，孟翼卿、乔筱衢先后任理事长；姚廷荣、孟翼卿先后任副会长。内设储计、防灾、救济、慈善及国际等股，有正式会员36人。新中国成立后，1956年10月9日，贵州省人民委员会通知贵阳市人民委员会，同意建立贵阳市红十字会，编制4人，与贵阳市卫生局合署办公。1956年12月29日，贵阳市红十字会成立，选举贺培真、张宝元、秦克夫等37人为常务委员，余捷为秘书长。“文化大革命”期间，红十字会停止工作。

1984年7月，经贵州省编制委员会批准，贵州省红十字会建立，与贵州省卫生厅合署办公。

1986年6月11日，贵州省红十字会第一次全省会员代表大会在贵阳召开，选举理事16人，常务理事7人，贵州省人民政府副省长张玉芹任会长。

1994年7月12～13日，贵州省红十字会第二次全省会员代表大会召开，张玉芹继任会长。1996年下半年以后，因工作变动，龚贤永、马文骏先后当选为会长。

2000年12月29日，贵州省编制委员会下发了《关于理顺贵州省红十字会管理体制的通知》，明确贵州省红十字会由省政府领导联系，机关党的工作由省直工委领导，干部按省委组织部有关规定管理，列入参照试行国家公务员制度，经费单列。

2001年7月26日，省委、省人民政府批准省红十字会为直属省政府领导的副厅级独立机构，事业编制16人，内设办公室、业务一处、业务二处。

2002年10月，重组后的省红十字会顺利完成了机关机构改革。

2003年12月29日，贵州省红十字会第三次全省会员代表大会在贵阳召开。会议聘请中共贵州省委书记钱运录、省委副书记、省长石秀诗为名誉会长，贵州省人大常委会副主任司徒桂美、省政协副主席李嘉琥为名誉副会长，贵州省人民政府副省长刘鸿庥当选为会长，罗治雄同志当选为常务副会长。

2004年5月28日，贵州省第十届人民代表大会常务委员会第8次会议通过《贵州省红十字会条例》，当日，省十届人大常委会发布颁布施行第二号公告，《条例》自2004年7月1日起施行。

2004年10月29日，中共贵州省委批准成立中共贵州省红十字会党组。罗治雄同志任党组书记。

贵州省红十字会历次代表大会

第一届

1986年6月11日召开,代表30人,理事16人,常务理事7人,名誉会长王振江、袁家玑,会长张玉芹,常务副会长赵松。

第二届

1994年7月13日召开,代表100人,理事41人,常务理事7人,名誉会长刘方仁、陈仕能、吴亦侠、钱运录,会长张玉芹、龚贤永、马文骏,常务副会长赵松。

第三届

2003年12月29日召开,代表195人,理事75人,常务理事21人,名誉会长钱运录、石秀诗,会长刘鸿庥,常务副会长罗治雄。

【组织机构】

贵州省红十字会现有基层组织3141个,会员47.5万人(其中青少年会员18.7万人)。

贵州省红十字会内设办公室、业务一处、业务二处三个职能处室,下辖贵州省红十字会救护培训指导中心、中国造血干细胞捐献者资料库贵州省管理中心、贵州省红十字会备灾救助服务中心3个正县级直属事业单位。

根据《中华人民共和国红十字会法》和中国红十字会总会《理顺管理体制座谈会纪要》精神,2000年12月29日,贵州省编制委员会下发了《关于理顺贵州省红十字会管理体制的通知》,同意将贵州省红十字会改由省政府领导直接联系,机关党的工作由省直工委领导,干部按省委组织部有关规定管理,列入参照试行国家公务员制度,经费单列。2001年7月26日,省委、省人民政府批准省红十字会为直属省政府领导的副厅级独立机构,事业编制16人。目前全省有4个市、州、地红十字会理顺了管理体制,分别为:贵阳市红十字会、安顺市红十字会、六盘水市红十字会、黔西南州红十字会。

【大型项目】

1. 1998年,"三江流域"特大洪涝灾害期间,争取到社会各界捐款捐物共计558.375万元,支援湖北、江西、安徽、黑龙江、吉林等重灾区。

2. 1999年,邀请美国亚洲医疗服务中心医疗队狄波娜·罗等一行5人赴我省平塘县进行为期5天的义诊,共诊治病人120名,赠送价值6万元的药品。

3. 2000年,经美国驻成都领事馆牵线搭桥,美国心心心组织资助我省毕节、遵义、黔东南、黔南的四家医院部分医疗器械、药品和医用材料,折合人民币500余万元。

4. 2002年6月,台湾红十字会李鸣皋先生到我省黔东南考察工作,促成台湾全球人寿公司对都匀市阳和乡光荣村小学123名学生给予每人170元/年的学费资助,并对其中45名特困生另给每人85元/月的生活补助,直至小学毕业。

5. 2002年12月,省红十字会专门筹集价值十多万元的衣物、食品在贵阳市云岩区普陀办事处开展慰问活动,惠及该办事处5个社区的弱势群体619户。

6. 2003年"非典"期间开展"关爱生命、让心靠拢、抗击非典"短信捐赠活动,收到社会各界9.401万元捐款。

7. 2004年,争取到香港红十字会支持,为我省黔东南和铜仁两地提供60万元开展“中国红十字总会与香港红十字会无偿献血宣传及推动项目”。

8. 2004年，宣传和动员沃尔玛公司捐款20万元，在贵阳市云岩、南明两城区建立5个社区服务站。

9. 2004年，与国际奥比斯组织建立项目合作关系，通过项目合作，国际奥比斯首期无偿提供238万元人民币在我省黔东南自治州建立防盲治盲机构。

【主要特色】

1. 利用“中国红十字会重要历史活动地”的优势，宣传红十字精神

贵州省贵阳市森林公园图云关是中国红十字会百年历程中4个重要历史活动地之一，1938年10月，中国红十字会救护总队，由长沙、祁阳迁至贵阳，当时，由波兰、奥地利、美国、捷克等9个国家组成的一支国际援华医疗队为了世界和平，为了中国的解放事业，为了纪念打击日本侵略者，自愿来到了生活艰苦的贵阳市图云关红十字会救护总队，他们为我国抗战做出了巨大的贡献，有的甚至献出了宝贵的生命。1943年，日军在广西使用细菌弹，英国援华队的女医生高田宜（中国名）以自己的身体做试验注射防疫针，不幸中毒，牺牲在此，为了纪念这些国际友人的丰功伟绩及为中国革命事业而以身殉职的英国女医生高田宜，在贵阳市人民政府及广大海内外侨胞、爱国人士的大力倡导和协助下，人们用白色的大理石在绿树环抱的浮翠阁附近建造了“国际援华医疗队纪念碑”和“英国女医生高田宜之墓碑”。贵州省红十字会充分利用这一历史活动地，通过开展庆祝“中国红十字会建会100周年”大型庆典、红十字青少年夏令营、新会员集体入会宣誓仪式等丰富多彩的活动，宣传红十字会“人道、博爱、奉献”的精神，取得了较好的社会反响。

2. 初级救护培训成绩突出

开展初级救护培训是红十字会法赋予各级红十字会的重要职责，2003年，贵州省红十字会联合省卫生厅、省公安厅等15家单位共同制定了《关于深入开展群众性现场救护培训工作的意见》，省政府办公厅以“黔府办发［2003］47号”文件批转全省各地。在实行“统一教学计划、统一教材、统一质量标准、统一考核发证”的基础上，省红十字会还提出统一收费标准的要求，与省物价局、省财政厅等部门协商，规范了我省卫生救护培训的收费标准。同年，成立了救护培训指导中心，对全省的初级救护培训工作进行统筹和安排，组建了“贵州省红十字会救护总队”。省级培训中心在9个市（州、地）均建立了救护培训站，逐步形成了省、市（州、地）、县（市、区）三级培训网络，共培训专、兼职救护培训师资538人。全省已有交通、电力、消防、教育等7个行业和系统的29万余人接受了初级救护培训，并通过考核取得了“贵州省红十字救护员”资格证书。同时，全省各级红十字会还在社区、学校、医院、部队等单位或行业举办初级救护知识讲座600多次，普及面达1070多个社区，学校、机关、企业等有54000多人次参加，有效提高了广大群众对自救互救、灾害预防、紧急避险、家居安全等基本常识的认知和了解。

（文可可）

贵阳市红十字会

【简介】

贵阳市红十字会原挂靠于市卫生局，2002年7月，市红十字会从市卫生行政主管部门脱离出来，改为市政府分管领导直接联系。自独立建制以来，市红十字会以“发扬人道主义精神，保护人的生命和健康，促进人类和平进步事业”的红十字会宗旨为目标，发扬“人道、博爱、奉献”精神，坚持红十字会的七项基本原则，认真贯彻落实《中华人民共和国红十字会法》，在保护人的生命与健康、救助易受损害群体和开展备灾救灾、卫生救护和防病知识、参与输血献血工作、开展红十字青少年工作、参加国际主义救护及自愿捐献遗体和角膜等工作中，发挥了红十字会“为政府分忧、为群众解难”的纽带作用。

【年度工作】

2005年是贯彻落实中国红十字会“八大”会议提出今后五年奋斗目标的第一年。贵阳市红十字会在中共贵阳市委、市政府的领导下，在上级红十字会的指导和社会各界人士的大力支持帮助下，圆满地完成了全年的各项工作任务。

2005年初，召开了贵阳市红十字会第三届四次理事扩大会议。大会审议通过了市红十字会2005年工作安排意见和《贵阳市红十字事业2005～2009年发展规划》，表彰了2004年度完成市政府、市红十字会工作目标管理任务的区（市）县红十字会。会上，副市长、市红十字会会长杨哲慧与各区（市）县分管领导签订了2005年目标责任书，市红十字会副会长与各区（市）县红十字会负责人签订了2005年工作目标责任书。

按照《国务院办公厅转发中国红十字会总会关于进一步加强红十字会工作意见的通知》和“八大”会议精神，贵阳市10个区（市）县建立了红十字会组织，5个县级红十字会基本实现了独立建会（南明区、云岩区、小河区、息烽县、乌当区）。

全年发展基层红十字会组织71个，发展会员6028人。团体会员单位依法缴纳会费率达100%，收缴会费12917.50元。

2005年，贵阳市红十字会举办了4期共87人次参加的救灾知识、社区红十字服务工作及普法教育专兼职干部培训班。组织选派119人参加了中国红十字会总会、省红十字会举办的救护师资培训，2名干部分别参加了中国红十字会总会举办的新闻干部和社区红十字志愿服务培训班。

省、市人大、政协对全市学习、宣传、贯彻、落实红十字会法和实施办法、条例进行执法调研和视察。

12月16日，贵州省红十字会对贵阳市2005年红十字会工作目标完成情况进行检查。通过考核，市红十字会取得了省红十字会2005年度目标考核一等奖。

贵阳市红十字会2005年在清明节、世界红十字日、国际护士节、世界献血者日、世界艾滋病日、全国普法日等开展了大型宣传纪念活动8次，出动宣传人员794人次，开展红十字会法、卫生科普等知识咨询2万余人，义诊5230多人次，发放宣传资料5万余份。

贵阳市红十字会为理事及相关部门领导订阅了2005年全年的《中国红十字报》和《博爱》期刊1872份。

2005年4月18日，贵阳市捐献遗体者

纪念性标志顺利落成。全年，接待自愿捐献遗体（角膜）者38人，实现捐献遗体者7人，咨询者近千人。

按照中国红十字会总会和贵州省红十字会有关造血干细胞捐献者资料库管理的规定，贵阳市红十字会组织开展了造血干细胞的宣传、咨询、协调、登记等工作。全年接待捐献造血干细胞登记220余人，采集血样入库51人，咨询人数达千人以上。

按照《中国红十字会总会自然灾害与突发事件应急预案》精神，结合本地实际制定了《贵阳市红十字会自然灾害与突发事件应急预案》，建立和完善了地、县、乡（镇）三级备灾网络，建立了红十字医疗救护队11支。

2005年，贵阳市部分地区先后发生水灾、雹灾、旱灾、火灾4次，市红十字会深入重灾区了解情况，及时向省红十字会报告灾情，争取支持。据统计，全年共接收到省红十字会转来价值18.7027万元的救灾物资，衣服1733包；接受社会各界捐款148万余元、捐赠衣物9482件，开展慰问活动7次、救助重症病者4人次，支出147.66万元；发放了价值14.3688余万元的慰问物资。据不完全统计，359户特困家庭、麻风病人和灾民受益。

1月3日起至2月，贵阳市红十字会组织开展了向“印度洋灾民献爱心”活动，筹到善款1433772.29元。

贵阳市红十字会设置募捐箱9个，2005年收到捐款26470元，其中向印度洋海啸灾区捐赠13449.10元；向严重烧伤的4岁患儿汪洋和13岁的黄军捐助3000元，向身患重症的李青同学捐助2000元。

3月至9月，贵阳市红十字会组织红十字会员深入社区、乡镇，开展“中老年心脑康复工程”爱心活动，免费为8300名群众进行检测，对患心脑血管疾病且家庭经济困难的弱势群体赠送了价值39，610元的心血管保健品。

成立了贵阳市群众性救护培训工作办公室，负责开展全市群众性救护培训的工作。据统计，全年培训24878人，其中取得培训合格证书的有6884人（驾驶员培训）。

贵阳市红十字会积极组织动员广大市民参加无偿献血活动，发放宣传资料3万多份。据统计，全年组织4811人参加了无偿献血，献血量为96.2万毫升，组建了一支1092人的无偿献血后备队伍。

6月15日，贵阳市红十字会学校工作委员会成立，南明区红十字会学校工作委员会也相继成立。据统计，2005年发展学校红十字会组织70个，其中27所中学，41所小学，发展红十字青少年会员3978人。

结合红十字青少年特点，组织开展了夏令营、“三下乡”、“拒绝毒品，珍爱生命”集体宣誓等活动。据统计，全年各级红十字会开展夏（冬）令营活动6次，410人次参加，开展智力知识、红十字知识和预防艾滋病知识竞赛演讲活动12次，1520人次参加，创办红十字会知识专刊86期。

贵阳市红十字会积极配合市政府和市卫生行政等部门开展了预防艾滋病的宣传及关怀艾滋病患者、艾滋病病毒感染者的人道主义救助工作。8月23日，贵阳市红十字会与市总工会、市卫生局、市劳动局联合组织召开了贵阳市“职工红丝带健康行动”动员及启动仪式大会。12月1日，市红十字会组织全市各级红十字会开展关爱艾滋病患者的宣传活动。

按照中国红十字会总会和民政部关于全国开展红十字社区示范活动的要求，今年在南明区、云岩区、小河区、花溪区、息烽县、乌当区建立了社区红十字服务站11个。

（王娇娜）

云南省红十字会

【年度工作】

一、组织建设工作

2005年，云南省政府下发了187号文件，按照187号文件“州（市）红十字会原则上要在2005年底以前实现独立设置机构”的要求，到年底，全省已有8个州、市红十字会理顺了管理体制，其余州、市均已上报了方案。

二、备灾救灾及培训工作

2005年元旦，云南省红十字会全体人员放弃节假日休息全力投入印度洋地区地震海啸救援工作，共接收社会各界捐款1288万元，被中国红十字会总会评为海啸募捐最佳组织奖并受到表彰。3月，云南省滇中、滇西北遭受了百年不遇的特大雪灾，省红十字会迅速组织价值200万余元救灾物资送到重灾区。云南省红十字会引进澳门特别行政区红十字会援助的30万元、上海市红十字会援助的40万元、天津天狮集团援助的20万元，共计90万元，分别在大姚、景洪、马龙等贫困地区各援建了1所博爱小学，并向贫困学生发放了助学金。争取总会将云南省红十字备灾救灾中心纳入全国救灾物资储备库，为总会储备救灾物资价值900余万元；将省红十字会170万元救灾物资分别储备于昭通、红河、思茅、保山等市红十字备灾救灾中心。引进澳门、上海市红十字会、天津天狮集团援助65万元，兴建3所博爱小学，并对300名受灾贫困学生每人给予500元助学救助；争取香港爱心慈善基金会、广东省红十字会无偿为西双版纳75名傣族贫困群众实施了白内障复明手术。开展“红十字博爱送万家”活动，调运100万元物资，重点救济了西双版纳、怒江两个州特困少数民族群众共5000户。省红十字会筹集了价值76万元的慰问物资，组成6个慰问组，分别到文山、红河、思茅、临沧、楚雄、怒江，慰问苗族、彝族、苦聪人等困难群众1800户；向9300名灾民发放大米140吨。还先后对遭受洪涝和台风灾害的四川、海南省分别给予了10万元的紧急援助。全省各级红十字会共向灾区发放，价值1000余万元救灾款物。

省红十字会救护培训中心全年举办9期共276人参加了彩票公益金支持的师资培训班，各州市红十字会全年共培训救护员5971名。

三、假肢康复项目工作

云南省红十字会与红十字国际委员会合作开展的假肢康复项目，全年共为425名下肢截肢患者无偿制作安装大小腿假肢440只（累计已为633名截肢患者安装假肢693只）。

四、造血干细胞捐献者资料库建设

中国造血干细胞库捐献者资料库云南省分库2005年全年完成分型检验、相关资料录入并上传国家管理中心2534人份，在昭通、文山、曲靖、思茅建立了4个工作站。截至目前，云南省分库共采集血样3044人份，完成了2784人份HLA分型检验入库工作，为云南省22名白血病患者向国家管理中心申请配型，其中2名志愿者成功实现了造血干细胞捐献移植。

五、红十字青少年工作

2005年，全省新增红十字青少年会员11.8万人。

六、艾滋病防治工作

云南省红十字会被联合国艾滋病规划署授予防治艾滋病“特殊贡献奖”，是迄今为止全国唯一获此荣誉的非政府组织。省红十字会全年争取到的资金达490余万元。

【历史沿革】

据有关史料记载，云南省红十字会最迟创建于1914年，是中国红十字会较早的几个省级分会之一。新中国成立前，云南省红十字会员工及义工在极其艰难的社会条件下和随时都有可能献出生命的危险环境中，竭力筹募资金，冒着枪林弹雨开展战地救护，奔走于城乡灾区救助灾民，穿行于市井里巷施医赈济穷苦，履行人道主义使命。1925年3月，大理地震，红十字会救护队打着旗帜前往救助，途中民众亦为义举而捐款且沿途护送。抗日战争时期，云南省红十字会募集并接受了大批国际救援款物，救济难民，支援抗战。其间，日机轰炸昆明数十次，红十字救护队均全责救护被炸伤军民。

新中国成立后，作为新改组的中国红十字会的地方组织，云南省红十字会由卫生部门直接领导和联系，以协助人民政府，面向人民大众，宣传并开展防疫、卫生、医药及救济福利事业为主要工作，曾组织“国际医防服务队”赴朝鲜开展战场救护；应老挝政府请求，连续10年组派医疗队赴老挝丰沙里省开展传染病的防治工作。1966年“文化大革命”发生后，云南省红十字会组织瘫痪，工作停顿。1978年12月，中国共产党十一届三中全会召开，标志着我国进入了改革开放的全新历史时期。各条战线拨乱反正，云南省红十字会组织也随之重建并恢复工作，走上了逐步发展壮大的希望之路。1990年3月29日至31日，云南省红十字会第一次全省会员代表大会在昆明召开，会议选出了以副省长陈立英为会长的新的领导机构，讨论了《云南省红十字会1990年工作计划》和《云南省红十字会1990～1994年工作规划提要》，通过了《云南省红十字会关于贯彻〈中国红十字会章程〉的实施细则》。这次代表大会的召开标志着云南省红十字事业的发展进入了一个新的历史阶段。1993年10月《中华人民共和国红十字会法》、1996年1月《中华人民共和国红十字标志使用办法》和1996年7月《云南省红十字会条例》的颁布实施，使红十字事业走上了法制化建设的轨道。1994年9月20日至22日，云南省红十字会第二次全省会员代表大会在昆明召开，会议聘请省长和志强为云南省红十字会名誉会长，选举产生了云南省红十字会第二届理事会及领导集体，云南省副省长陈立英再次当选云南省红十字会会长，大会审议通过了《云南省红十字会1995～1999年工作规划提要》，讨论修订了《云南红十字会关于贯彻〈中国红十字会章程〉的实施细则》。2002年7月23日至24日，云南省红十字会第三次全省会员代表大会在昆明召开，中共云南省委书记白恩培出席开幕式并发表讲话，中国红十字会常务副会长王立忠代表中国红十字会会长彭珮云及中国红十字会总会莅临指导并讲话，大会聘请中共云南省委书记白恩培为云南省红十字会名誉会长，选举产生了云南省红十字会第三届理事会和常务理事会，云南省副省长陈勋儒当选为云南省红十字会会长。大会审议并原则通过了《云南红十字会实施〈中国红十字会章程〉细则》和《云南省红十字会2002～2006年工作规划纲要》。这次大会是一次具有重要意义的大会，是一次承前启后、继往开来、解放思想、振奋精神、与时俱进的大会。

在中共云南省委、省人民政府的大力支持下，在中国红十字会总会的指导下，云南省红十字会系统专兼职工作者、广大红十字会会员和志愿工作者围绕“以项目促发展、以发展树形象”的工作思路，以中国红十字会建会百年和中国红十字会第八次会员代表大会召开为契机，坚持以邓小平理论和“三个代表”重要思想为指导，以开创有云南特点的红十字事业为目标，以发展创新为动力，以依法建会、依法治会、依法兴会为保障，开拓进取，团结奋斗，圆满完成了2004年的各项任务，有些工作取得了突破性的进展。

2004年初，云南省红十字会组织了价值550余万元的物资发送到16个州、市，开展“红十字博爱送万家”活动，受益群众达4万余人。省红十字会还筹措50万元(当地政府配套50万元)，援助陇川县光英村房屋毁于泥石流灾害的50户景颇族群众恢复重建家园。争取云南铭鼎集团捐赠300万元，为富民县赤就乡，兴建铭鼎博爱自来水厂，以解决该乡5000人口饮水难问题。争取西安天网计算机有限公司向云南省贫困地区的19家医院捐赠价值460万元的“天网医院信息管理系统”软件及部分配套硬件。云南省红十字备灾救灾中心全年向省内各灾区调运、发放了400多吨价值870万元的救灾物资。据统计，云南省红十字会2004年共接收和募集救灾扶贫款物价值人民币1946.17万元。2004年，云南省红十字会完成5个班160名省级师资的培训任务，还承办了总会西南片区6期192人的国家级师资培训班。为昆医附一院等举办救护培训共600多人。中国造血干细胞库捐献者资料库云南省分库共完成了3600多人份血样采集和分型检验入库，已为省内22名白血病患者进行了配型，其中13人初配相符，7人进入高分辨检验，3人实现了造血干细胞的捐献。2004年，开展预防艾滋病教育宣传等项目，举办培训班243期，培训8317人。开展云南/香港红十字备灾救灾培训项目，培训省、州、县三级师资共420余人。还完成了6万名中小学生的培训工作。云南省红十字会配合省政协教科文卫体委员会视察组对贯彻实施红十字会法情况进行了视察。

云南省红十字会历次代表大会

第一届

1990年3月29日召开，常务理事9人，会长陈立英，常务副会长舒自尧。

第二届

1994年9月20日召开，常务理事15人，名誉会长和志强，会长陈立英，常务副会长舒自尧。

第三届

2002年7月23日召开，代表800人，理事55人，常务理事11人，名誉会长白恩培，会长陈勋儒，常务副会长詹海峰。

【组织机构】

截至2004年底，云南省红十字会拥有

基层组织2340个，会员86.45万人（其中青少年会员20万人），志愿工作者3000人。在高等院校和医疗系统分别建立了红十字工作委员会。

根据《中华人民共和国红十字会法》、中国红十字会总会《理顺管理体制座谈会纪要》精神，1998年云南省红十字会实现机构独立建制，2001年3月成立了中共云南省红十字会党组，2003年3月成立了云南省红十字会机关党委。依据云南省编委2002年10月15日印发的《云南省红十字会机关主要职责、内设机构和人员编制方案》（简称“三定”方案），云南省红十字会实施机关机构改革，内设二室、三部（办公室、机关党委办公室、赈济救护部、事业发展部、联络部），编制24名，在编25人，参照国家公务员管理；省红十字会下辖云南省红十字备灾救灾中心（编制21名）、云南红十字老年公寓（编制15名）、中国造血干细胞捐献者资料库云南省分库（编制7名）3个处级事业单位。目前，有昆明市、丽江市、德宏州、临沧市、怒江州、红河州、曲靖市等7个州市红十字会已经理顺了管理体制，其余9个州市红十字会争取在2005年底理顺体制。云南省各级红十字会现共有人员编制164名（其中34个县有编制共49名），到位112人；兼职干部120余人，聘用人员70余人（含临时工），初步形成了相对完整的云南省红十字会组织网络体系。

【大型项目】

（一）1996年2月3日，丽江地区发生7.0级大地震，云南省红十字会共争取国内外援助6500多万元（其中来自国外及香港、台湾地区的援助占84%），完成1700多吨救助物资的接收和分发任务，共救助灾民110余万人次，并配合卫生部门组派红十字医疗队49支957人，救护伤员28456人。云南省红十字会在此次救灾中，开创了争取外国救援物资运输飞机首次直飞我国的先例；探索并成功实施了红十字会救灾新方法：“定点救助”。

（二）1998年救助特大洪灾灾民。据统计，云南省各地红十字会共接收捐赠物款435多万元，250余万元及时发送到受灾严重的湖北、湖南、江西、黑龙江等省灾区；其余用于救助省内重灾区灾民。

（三）2003年，云南省灾害十分频繁，地震灾害尤为严重，大姚县“7·16”、“10·16”地震，昭通地区“11·15”、“11·26”地震。云南省红十字会全年共募捐和筹集救灾、救济款物价值人民币807万元，使12万群众受益。

（四）2004年7月4日，云南省德宏、保山、丽江等地发生特大洪涝泥石流灾害，造成重大人员伤亡和财产损失。中共中央政治局常委、国家副主席曾庆红，中共中央政治局委员、国务院副总理回良玉在视察德宏州盈江县救灾工作时，看望了正在现场开展救助工作的中国红十字会总会及省、州红十字会工作人员，并与大家亲切交谈。曾庆红说，红十字会做了很多工作，你们救灾工作反应很快，及时把救灾物资送抵灾区人民手中，红十字会发挥了非常重要的作用。各级政府要大力支持红十字会工作。希望红十字会的同志们把工作做得更好。云南省红十字会全年共接收和募集救灾款物价值人民币1946.17万元，及时救助灾民。

（五）2005年初，为救援印度洋地震海啸灾区，云南省红十字会共接收社会各界捐款1288万元，并通过中国红十字会总会及时援助了受灾国灾民。

（六）2005 年，云南省先后遭受了百年不遇的特大雪灾，25 年以来最严重的旱灾，以及会泽、文山地震灾害。灾害发生后，省、州、县红十字会于第一时间展开救助，发动社会募捐。省红十字会救灾工作小组 8 次深入灾害现场指导救灾。全省各级红十字会共向灾区发放价值 1000 余万元救灾款物。

（七）受总会委托，成功承办了“2005 年海峡两岸红十字青少年会员夏令营”活动。

（八）支援友邻省（市）红十字会救灾工作：1. 2003 年 2 月，支援新疆红十字会 42 万元，用于地震灾区购买救灾物资和恢复重建。2. 2005 年 8 月，支援四川省红十字会 10 万元，用于购买救灾物资和药品。

据不完全统计，近 10 年来，云南省各级红十字会共募集救灾资金 2 亿多元，救助灾民和困难人群 400 余万人次，派出医疗队 1100 多支，免费救治 42 万余人次，举办卫生救护培训 90 余万人次，向 70 多万青年人传播了预防控制艾滋病的知识和相关技能，与 60 余个国家和地区红十字会、国际组织进行了友好交往，开展了 56 个造福于易受损害群体的外援合作项目，新建了 12 个备灾救灾中心、1 座老年公寓，援助建成了 23 个乡镇卫生院、6 所博爱小学、3 个灾民新村（西双版纳州景洪市巴飘村、楚雄州武定县以赤叨村、德宏州陇川县光英村共 150 户）和 1 个博爱水厂。云南省各级红十字会以实实在在的人道行动，大力弘扬了“人道、博爱、奉献”的红十字精神，促进了云南省“三个文明”建设，受到各级党委、政府和广大人民群众称赞和好评，树立了红十字会的良好形象。

【主要特色】

（一）备灾救灾工作

云南是自然灾害多发省，具有种类多（地震、泥石流、山体滑坡、风雹、雪、凌冻、洪涝、干旱等）、分布广、频率高、危害重的特点，且抗灾能力较弱，每年受灾人口都在 2000 万人以上，成灾人口 1000 万人以上，直接经济损失达 40 亿元以上。自然灾害给人民的生命财产造成严重损失，已成为制约云南经济、社会发展的重要因素。因此，备灾救灾是云南省红十字会工作的重中之重。

1. 灾害救助。近 10 年来，云南省各级红十字会共接受援助和向社会募集款物价值 2. 6 亿元人民币，救助灾民和困难人群 420 万人次，救治灾区伤病员年均 45 万余人次。每次灾害发生，红十字会的人员最早到达现场，救助物资也最早送到灾民手中。灾区党委、政府领导称赞说：“红十字会不仅及时送来了救灾物资，更重要的是稳定了人心，增强了灾区干部群众战胜灾害、重建家园的信心和勇气”。在抓好灾害紧急救助的同时，云南省红十字会还积极争取社会力量支持，参与灾区灾后恢复重建和扶贫工作。先后援助建成了 23 个乡镇卫生院、6 所博爱小学、3 个灾民新村（西双版纳州景洪市巴飘村、楚雄州武定县以赤叨村、德宏州陇川县光英村共 150 户）和 1 个博爱水厂。

2. 网络建设。云南省红十字会在长期的救灾活动中认识到灾害的突发性及危害性，也认识到提高灾害救助时效性和科学性的重要性和紧迫性。为此，云南省红十字会借助援助加强了备灾救灾的网络建设和能力建设。云南省红十字会争取到奥地利红十字会资助 50 万美元，云南省政府投资 60 万美元，于1996年建成了云南省红十字备灾救灾中心，之后又投资160万元建设了配套设施；1998年，云南省红十字会与香港特别行政区红十字会签订了州市备灾救灾网络建设项目协议书，总投资1764万元，其中香港特别行政区红十字会援助30%（529.3万元），地方政府配套投资70%。截至2004年，已建立起昆明、临沧、文山、迪庆、丽江、怒江、曲靖、昭通、思茅、保山、大理、楚雄（牟定）、红河等13个州、市备灾救灾中心，基本上形成了以云南省红十字备灾救灾中心为轴心，各地备灾救灾中心为依托的全省红十字备灾救灾网络体系。

3. 能力建设。在香港特别行政区红十字会的支持和资助下，云南省红十字会举办了多次对全省16个州市及129个县红十字会干部备灾救灾知识技能培训班、计算机知识及信息系统培训班；建成了连接全省各州、市红十字会的计算机信息网络；组织开发了红十字会灾情信息管理、救灾物资资金管理、募捐管理等相关的计算机软件和系统。为帮助基层红十字会干部做好备灾救灾工作，提高灾害多发地区群众的备灾救灾意识，云南省红十字会编印了15万字的《云南/香港红十字会备灾救灾培训教材》、《灾害自救互救培训手册》和《灾害群众自救互救培训挂图》，同时还建立了一支300余人的省、地、县三级培训师资队伍，到2004年底，已完成对灾害多发地区6万名中小学生的培训工作。

（二）艾滋病预防与关怀工作

云南地处湄公河上游，邻近世界最大的毒品生产地“金三角”，深受毒品和艾滋病的危害。自1989年在中缅边境地区的吸毒人群中检测出艾滋病感染者146例以来，截至2004年底，监测累计报告艾滋病感染者28391例，病人1223例，死亡744例，分别位居全国省区同类项的第一、三、二位。全省16个州市均报告有感染者。云南省艾滋病流行的严峻势态，引起了党中央、国务院和中共云南省委、省政府的高度重视，要求全民行动，打一场禁毒和防治艾滋病的人民战争。1994年，云南省红十字会与澳大利亚红十字会合作开展了“艾滋病预防青年同伴教育项目”，建立了“艾滋病预防青年同伴教育模式”，形成了具有云南特色的“参与式”传授知识与生活技能培训并重的教育方法，建立了一支与同伴教育模式相适应的师资队伍300余名和2000人的志愿者队伍。截至2004年底，项目已覆盖9个州、市，在不同群体中举办青年同伴教育培训班1700余期，培训同伴教育宣传员36000多人，向70多万人传播了预防艾滋病知识和技能。青年同伴教育项目的成功，增进了云南省红十字会与澳大利亚红十字会的友谊和信任，而且吸引了包括联合国儿童基金会、艾滋病规划署、澳大利亚国际开发署、英国救助儿童会、港澳救世军等多个政府组织和非政府组织的信息、技术及相当数额的资金支持，使青年同伴教育项目不断拓展为有青年同伴教育、“爱咨家”、“阳光家园”、感染者关怀护理、感染者同伴教育、感染者生产自救互助、高危易感染人群综合干预等7个子项目组合成的“艾滋病预防与关怀项目”。2005年，云南省红十字会就争取社会力量支持，组织HIV感染者开展生产自救进行了大胆探索。此举引起中共云南省委、省政府的高度重视。中共云南省委书记白恩培在报告上做出“思路好，做法也好，我完全支持”的重要批示。《云南日报》委派资深记者对此进行了重点报道。11 年来，云南省红十字会开展的艾滋病预防与关怀项目，共争取到资助（资金及实物）1500 余万元。云南省红十字会的做法、效果和经验，得到了中国红十字会总会以及国际社会的认可和好评。云南省红十字会先后被评为全国、全省预防控制艾滋病先进集体。青年同伴教育项目曾被联合国艾滋病规划署评选为“最佳执行项目”，在联合国南非第十三届艾滋病大会上推荐，并受到联合国秘书长安南的肯定。2005 年 6 月，云南省红十字会被联合国艾滋病规划署授予“联合国防治艾滋病特殊贡献奖”。

（三）对外交往与合作

云南省红十字会抓住云南旅游资源丰富、建设旅游大省的机遇以及国外人士和组织造访频繁的优势，积极开展民间对外交往，努力争取援助与合作，始终坚持以友谊、诚信促合作，以规范、精品争项目，不断将云南省红十字会对外交往工作打造为“以项目促发展，以发展树形象”的一项特色工作。近 10 年来，云南省红十字会与 60 余个国家和地区红十字会、国际组织进行了友好交往，累计共争取到 56 个外援合作项目，援助金额累计 1.2 亿元人民币，各级政府配套资金 5500 多万元。在项目实施过程中，云南省红十字会注重学习和引进国外先进的工作模式和管理理念，坚持规范运作，力求把每一个项目都做成精品，从而形成了取信于援助方，不断争取到新项目的良性发展态势。

假肢康复项目。20 世纪 70 年代末的中越边境自卫反击战，由于战后地雷未排除尽，在给边民造成的伤害中，肢残问题十分突出。经云南省红十字会主动争取和中国红十字会总会的协调，2003 年 12 月，云南省红十字会与红十字国际委员会签订了假肢合作项目协议，并成立了红十字国际委员会——云南省红十字会假肢康复中心。该项目由红十字国际委员会援助 240 万美元，并提供技术支持，云南省政府配套 60 万美元，在 5 年内为全省符合救助条件的肢残人员免费安装假肢。该项目实施以来，已为 471 名肢残人员安装假腿 595 条和全套康复服务，受到肢残人员及其家人的欢迎，产生了良好的社会反响。当地广大干部群众称赞说，假肢康复项目使贫困肢残人员从长年需要家人服侍的“累赘”，变成了生活能自理、下田能劳动的自食其力者，项目名副其实地成为“救助一人，造福一家，稳定一方”的民心工程。国家领导人、云南省委、省人大、省政府、省政协的领导多次莅临假肢厂视察指导工作，对该项目给予充分肯定；多个国际组织代表团前来访问参观并给予好评。2004 年 5 月，红十字国际委员会副主席让·德古登先生一行及加拿大红十字会秘书长来里·密尔斯先生一行访问云南省红十字会，认真考察了假肢康复项目。德古登先生高度称赞假肢康复项目“是国际委员会在多个国家开展的假肢矫形项目中的一个成功典范，也是红十字国际委员会与中国合作的一个成功典范”。

（吴佳权、唐友全）

昆明市红十字会

【简介】

昆明市红十字会（万国红十字会昆明分会）成立于 1922 年，当时下设红十字会医院、红十字会施棺处、红十字会义地管理处，创办了5个免费接生站，为人民做了不少好事。抗日战争中，组织红十字医疗救护队开赴滇西战场开展战地救护而享誉全国。市红十字会1950年实行改组。1966年中断工作。1978年，中共昆明市委下文恢复工作。2002年5月，市红十字会由市卫生局代管调整为由市政府领导联系，设置为正县级单位，参照公务员管理，下设置两部一室（赈济救护部、组织宣传部、办公室）。

《中华人民共和国红十字会法》颁布实施以来，昆明市红十字会在昆明市委、市政府的领导和云南省红十字会的指导下，遵循国际红十字运动“人道、公正、中立、独立、志愿服务、统一、普遍”七项基本原则，大力弘扬“人道、博爱、奉献”的红十字精神，坚持以改善最易受损害群体境况的工作目标，依法建会、依法治会、依法兴会，紧紧围绕市委、市政府的中心工作，开展备灾救灾、群众性卫生救护培训、无偿献血、艾滋病预防与关怀、国际人道法传播、造血干细胞捐献宣传、红十字社区服务、红十字青少年和对外交往与合作等各项人道主义工作，为促进昆明市经济社会发展，构建和谐昆明做出了积极贡献，发挥了社团的积极作用，成为政府在人道工作领域的有力助手。昆明市红十字会先后被云南省人事厅、云南省红十字会授予集体二等功，被云南省红十字会授予“印度洋海啸救援最佳组织奖”。常务副会长阮姮被国家人事部、中国红十字会总会评为全国红十字系统先进个人，光荣出席中共昆明市第八次、第九次党员代表大会，连续10年当选昆明市政协先进政协委员，并多次受到中共昆明市委、市政府和省红十字会的表彰。

【年度工作】

2005年，昆明市红十字会国际人道救援和灾害救助工作取得成绩。在印度洋地区地震海啸灾民社会募捐活动中，紧急行动，组织广大红十字会干部和志愿工作者开展募捐活动。通过强有力的宣传，许多单位和个人纷纷来电咨询、踊跃捐款。仅一个月就募集捐款295万元，并及时全额上交省红十字会，这是历史上我会参与国际救援活动规模最大的一次。

2005年，昆明市东川、嵩明、西山、禄劝、呈贡、富民、寻甸等均遭受不同程度的旱灾。会领导先后到部分县（区）受灾乡镇进行灾情考察，并及时向省红十字会上报灾情，积极争取到总会和省红十字会的支持。中国红十字会提供价值89964元的娃哈哈矿泉水833箱，受益人数近5000人；向禄劝分发了2万余件旧衣物，120床旧棉被；向寻甸县灾民分发了25000余件旧衣物和价值1000余元的棉被。省红十字会下拨了衣物、消杀药、消毒液等价值11万余元的救灾物资全部分配给东川区7个地震乡镇。

动员广大市民、单位为受灾地区群众进行募捐。共接收捐款14万余元、衣物31558件、文具5539件，所有款项报市财政局采购办批准，进行了物资采购；衣物、文具等及时发放到旱情严重的东川、寻甸，支持了灾区的抗旱救灾工作。

2005年，昆明市会继续开展“红十字博爱送万家”活动。春节期间，与省红十字会、市卫生局联合对昆明市疾病预防控制中心螺丝塘病区麻风病休养员进行慰问，为病区休养员提供了衣物、大米、肥皂等物品。2月6日，又在安宁市青龙镇海庙村举行

"红十字博爱送万家"活动定点救助仪式，向每户村民提供了总价值7000余元的棉被、衣物和食品。各县（市）区红十字会和团体会员单位在春节前夕也纷纷开展了形式多样的"红十字博爱送万家"慰问活动。

为认真落实《云南省人民政府关于切实加强红十字会工作的通知》精神，"争取在2010年以前，县级以上（含县级）城市中有5%的居民通过救护培训，乡（镇）和行政村中有1%的居民通过救护培训"。目前，昆明市红十字会已组织了59名教师参加了省红十字会的彩票公益金师资培训；同时，利用第十个"世界急救日"，与省红十字会联合在世博园门口开展"救护与弱势群体"为主题的世界急救日宣传活动。

2005年6月14日，昆明市红十字会与市卫生局、昆明血液中心联合在东风广场，昆百大忠爱坊，百汇商业广场举行了以"献血，赠送生命的礼物。谢谢你们"为主题的内容丰富、形式多样的宣传活动，发放各种宣传资料5万余份，近300多市民参与无偿献血，献血量达7万余毫升。全年参与无偿献血人数达2001人次，采血总量为154440.19毫升，制作知识竞赛公益性广告1期，举办各种培训班10期，参加人数达850人次。各县市（区）红十字会也积极参与开展了无偿献血宣传活动。

作为2005年海峡两岸红十字青少年会员夏令营的协办基层单位，8月15日，圆满完成了以"关爱连接你我他"为主题的昆明地区营员的选拔以及来自大陆台湾、香港特别行政区和澳门等地夏令营惜别晚会的筹划和组织工作。与教育部门配合，组织城区青少年会员开展"为贫困地区献爱心、送温暖募捐活动"，为孤寡老人、烈军属做好事。昆明市红十字会通过市教育局把争取到天津市红十字会捐赠的索尼耳机1200个、足球3000个，全部发放到了14个县（市）区的中小学校。

积极做好艾滋病防治知识宣传工作。在云南/澳大利亚红十字会的支持下，成立了"昆明阳光家园红十字服务站"。先后实施完成澳大利亚红十字会、中英性病/艾滋病防治项目办公室、国际艾滋病联盟的项目，开展了宣传、综合行为干预、关爱服务和生产自救等方面工作。2005年完成各种培训班182期，共培训学员3319人，回收被污染针具9872只，发放安全套5千只；生产云南手绘工艺壁挂372幅，编织红丝带等中国结1841只，获得捐赠及销售额达13827元，使16名戒断者、感染者通过参加生产自救而得到一定的生活资助。开展戒断人员家访、接受面对面咨询、电话访谈和一帮一互助小组活动，对200余名目标人群提供心理支持；为20余名药物滥用者提供了转介服务；为6人提供了自愿咨询检测服务。

接待国内外各级红十字会、其它非政府组织和新闻媒体等部门访问20次、访问者达230人次。参加省内外项目工作会议7次，广泛宣传了市红十字会艾滋病防治关怀工作。与国际艾滋病联盟、戴托普、国际人口组织、欧洲前景集团等驻昆从事艾滋病防治关怀工作的非政府组织建立了广泛的联系和合作。红十字国际委员会罗宾・班克森戴尔女士及加拿大红十字会项目经理张云红女士等考察了昆明阳光家园红十字服务站项目工作，对昆明市红十字会在艾滋病预防宣传、生产自救项目、技能培训等工作所取得的成绩给予了充分肯定。

针对目前昆明娱乐行业服务人员对艾滋

病知识了解甚少等情况。9月2日，昆明市红十字会与“欧洲前景集团”合作，针对在娱乐场所从业的目标人群进行预防艾滋病干预项目，并取名为“昆明阳光家园红十字服务站健康亭”，目的是让每个从业人员都得到预防艾滋病的知识，减少疾病的传播。至2005年底，共发放安全套10000余只，培训娱乐场所从事商业性服务女性600多人。各县（市）区、直属单位也积极参与艾滋病防治宣传，累计放宣传资料20700余份，受教育群众达3万多人次。

昆明市成立了艾滋病防治入户宣传队，昆明市红十字会组织了23名由各社区红十字会选送到阳光家园的特殊人群，通过培训参加入户宣传队，参与艾滋病预防宣传工作，这种做法目前全国仅昆明市一家，得到了全国妇联副主席莫文秀的高度赞扬。中共昆明市委副书记田云翔对市红十字会积极参与全市禁毒与防治艾滋病工作给予了充分肯定，并指示红十字会要充分发挥社会团体的积极作用，积极探索非政府组织参与艾滋病防治工作的模式，为昆明市的禁毒、防艾工作做出贡献。

（昆　红）

西藏自治区红十字会

【年度工作】

2005年，西藏自治区红十字会以开展保持共产党员先进性教育活动为契机，紧紧围绕政府中心工作，大力推进红十字会的各项工作。

一、全力做好为印度洋海啸灾区捐赠工作

2004年12月26日发生在印度洋的强烈地震和海啸给南亚、东南亚、非洲的一些国家和地区造成巨大人员伤亡和财产损失。灾情发生后，西藏自治区红十字会根据中国红十字会总会发出的紧急通知精神，及时地向全区发出了《为印度洋海啸灾区募捐呼吁书》，公布了接受捐赠的电话、账户，向各地（市）红十字会发出了募捐通知，还在拉萨市繁华街道设立多处募捐点，积极开展募捐。此次捐款达3085032.18元。这次募捐是西藏自治区红十字会成立以来接受捐款额最高、影响力最大的一次，受到了中国红十字会总会的表彰，被授予“印度洋海啸救援最佳组织奖”。

二、精心打造“红十字博爱送万家”品牌工程

2005年西藏“红十字博爱送万家”慰问活动在全区各地展开。

“红十字博爱送万家”慰问活动慰问物资包括大米、棉衣、棉被、鞋、帽、运动衣、衣服、茶叶、糖果等，价值50万元。主要来源于中国红十字会总会支援给西藏自治区红十字会的购买物资款25万元购买的物资；拉萨海关转交给自治区红十字会用于社会公益事业的侵权货物7498件，价值21万元；西藏信通工贸有限公司赠送了价值10000元的茶叶；自治区人口和计划生育委员会、拉萨市卫生防疫站、拉萨市妇保院、拉萨市中级人民法院、拉萨市畜牧兽医总站、拉萨百货大楼募捐的衣物1500件，价值3万元。

1月至藏历年期间，这些慰问物资全部发往拉萨、日喀则、那曲、昌都、阿里五个地（市）和自治区红十字会团体会员单位中

的特困户，其中拉萨、日喀则、那曲、昌都、阿里各460户，自治区红十字会团体会员单位200户（其中各单位上报的特困户69户、麻风病康复病人32户、环保工人64户、交通警察10户、色拉寺敬老院25户）。

三、加强人道领域服务工作

（一）免费开展唇腭裂手术

西藏自治区红十字会积极争取瑞士红十字会提供赞助，邀请意大利医疗专家进藏，于3月21日～4月1日在拉萨开展免费唇腭裂手术，患者来自拉萨、日喀则、那曲、山南四地（市），共实施手术147例。

（二）免费开展白内障复明手术

西藏自治区红十字会在深圳市王树润先生的资助下，在美国塞瓦基金会的支持下，于5月7～18日在自治区藏医院为农牧民和城镇特困居民免费做白内障复明手术149例，使他们重见光明。

（三）免费义诊

西藏自治区红十字会团体会员单位——西藏司法中心医院于1月17日组织医务人员到拉萨市福利院为孤寡特困人群义诊，免费发放3000余元药品。3月8日又组织医务人员到曲水县聂当乡敬老院义诊和慰问，免费发放3500余元药品及价值1000余元的粮食。

在“五八”宣传周，自治区红十字会组织团体会员单位的医疗单位和计划生育、生殖保健工作人员到拉萨街头、拉萨市各办事处社区、堆龙孤儿院、城关区敬老院等开展医疗咨询义诊2500余人次，组织残联康复中心专业人员为残疾人进行康复指导和服务。

（四）深入开展无偿献血宣传推动工作

在纪念世界献血日活动中，广泛开展了无偿献血宣传、动员工作。6月10日与自治区血液中心、西藏大学红十字会一同在西藏大学开展了一次推动无偿献血——红十字在行动宣传和采血活动，发放献血常识小册子1000多册，登记志愿献血者70多名。

9月28～30日，西藏自治区红十字会举办了无偿献血招募与预防艾滋病知识培训班，全区各地（市）红十字会与自治区团体会员单位——西藏大学、拉萨中学、藏医学院、拉萨师范学校、西藏警察学校、色拉寺、哲蚌寺等14家单位的30名兼职联络员参加了培训班学习。

（五）捐资帮助贫困户解决住房

西藏自治区红十字会团体会员单位——西藏信通工贸有限公司组织职工捐款15万元帮助林周县松盘乡岗巴村18户贫困户新建或扩建住房。

四、深入灾区，救助灾民

西藏自治区红十字会浪卡子县、错那县遭受严重雪灾、风灾、霜灾，部分群众缺粮，生活十分困难。自治区红十字会积极争取总会的援助和自筹资金购买粮食救济灾民。4月6～18日，将价值2.6万元的20000斤大米送到浪卡子县张达乡、阿扎乡、普马羌塘乡的290户灾民手中，使1380人受益。5月16～19日，又将价值2.4万元的大米、面粉10000斤送到错那县曲卓木乡、浪波乡、错那镇的50户灾民手中。

五、继续抓好救护培训工作

5月～10月，在总会彩票公益金项目的资助下，西藏自治区红十字会先后在山南、阿里、那曲、昌都、拉萨、日喀则等6个地（市）共举办了6期救护师资培训班，参加人数共240人（其中学员216人，教师及工作人员 24 人)。

六、组织开展红十字青少年活动

8 月 7～9 日，西藏自治区红十字会与共青团西藏自治区委员会共同组织举办了 2005 年红十字青少年夏令营活动。拉萨中学、拉萨市第八中学、拉萨市第七中学的学生共 40 人参加了这次夏令营活动。

七、开展形式多样的宣传工作

西藏自治区红十字会积极组织和开展了“五·八”世界红十字日宣传周活动。

一些地（市）红十字会在“五八”世界红十字日也开展了各种形式的纪念活动。拉萨市红十字会在街头设立宣传咨询点，共发放藏汉两种文字宣传单 4500 余份，诊治病人 150 名，免费发放药品 25 个品种、价值 2000 余元。日喀则地区红十字会与瑞士红十字会、西藏眼科基金会合作，组成复明行动小组于 5 月初前往仁布县和扎什伦布寺医院开展白内障复明手术，共做手术 216 例，其中 17 名特困患者全免手术费，其余 199 名患者每人只收 100 元手术费。昌都地区红十字会积极筹措资金，先后为昌都县如意乡穷卡村贫困学生捐助棉被 30 床、大米 600 斤，为左贡县部分特困户捐助棉被 11 床、大米 400 斤，折合人民币共 4000 余元。那曲地区红十字会在那曲镇开展了红十字知识宣传和义诊活动，免费义诊 136 人次，发放了价值 2771 元的药品。

八、继续做好外援项目工作

西藏自治区红十字会与瑞士红十字会、德国尼玛协会、澳大利亚红十字会、韩国青少年振兴协会继续开展外援合作项目。6 月 7 日，与德国尼玛协会又签订了藏医藏药在中国西藏牧区的应用项目合作协议。项目主要内容是，为项目地区群众提供免费的藏医医疗服务，培训基层藏医人员，对群众进行藏药材知识和温室技术培训，援建绿色蔬菜大棚等。这个项目在那曲地区班戈县、尼玛县、双湖特区的部分乡村开展，第一期合作期限为 4 年。

6 月 13 日，西藏自治区红十字会同德国尼玛协会举办了为期 21 天的西藏药品生产企业 GMP 暨企业管理初、高级培训班，来自全区 14 家藏药生产企业的工作人员参加了培训。

【历史沿革】

西藏自治区红十字会于 1986 年 6 月 26 日在成立。同时，召开了第一次会员代表大会暨第一届理事会，聘请自治区副主席图道多吉为名誉会长，选举自治区副主席吉普·平措次登为会长，自治区卫生厅厅长次仁卓嘎、副厅长阿登为副会长。办事机构设在自治区卫生厅科教外事处，有 2 名兼职工作人员。1990 年 2 月 20 日，自治区机构编制委员会批准自治区红十字会办公室为区级建制，配备工作人员 3 名。1994 年 11 月 8 日，召开了第二次会员代表大会，聘请自治区主席江村罗布为名誉会长，自治区党委副书记丹增、自治区人大副主任朗杰、自治区副主席吉普·平措次登、自治区政协副主席才旦卓玛为名誉副会长，选举自治区卫生厅厅长次仁卓嘎为会长，阿登为常务副会长，土登、加措、李谦为副会长。根据会长提名决定次仁旺堆为秘书长。1996 年 8 月 7 日，自治区机构编制委员会批准自治区红十字会办公室为副处级建制，配专职工作人员 8 名。1998 年 9 月 25 日，召开了第三次会员代表大会，聘请自治区主席列确为名誉会长，自治区党委副书记丹增、自治区副主席拉巴平措、次仁卓嘎为名誉副会长，选举自治区副主席吉普·平措次登为会长，卫生厅厅长土登为常务副会长，阿登、德吉卓嘎、才巴、郭丹、高俊璞为副会长。根据会长提名决定次仁旺堆为秘书长。2001年3月，由自治区副主席次仁卓嘎任会长。2002年1月16日，自治区机构编制委员会批准自治区红十字会为副厅级建制，办事机构从自治区卫生厅划出，独立设置，由自治区政府领导联系。2002年7月，自治区人民政府领导班子调整，由自治区副主席崔玉英担任会长。2003年8月，区党委任命杨国庆为副会长。2003年11月，区党委组织部任命王法顺为副会长。

西藏自治区红十字会历次代表大会

第一届

1986年6月26日召开，理事35人，名誉会长图道多吉，会长吉普·平措次登。

第二届

1994年11月8日召开，理事68人，名誉会长江村罗布，会长次仁卓嘎，常务副会长阿登。

第三届

1998年9月25日召开，理事93人，名誉会长列确，会长崔玉英，常务副会长杨国庆。

【组织机构】

西藏自治区红十字会独立设置，为副厅级建制。全区7个地市都建立了红十字会，挂靠当地卫生局。在全区74个县中，有13个县成立了红十字会，西藏大学和拉萨中学也建立了红十字会。全区红十字会员17600余名，荣誉会员54名、志愿工作者500余名。团体会员单位61个。

西藏自治区红十字会机关设有办公室、联络部、组织宣传赈济救护部三个处室。

根据《中华人民共和国红十字会法》、《中国红十字会章程》和《关于理顺中国红十字会总会管理体制的通知》精神，2004年7月，西藏自治区红十字会向区编办提交了《西藏自治区地（市）、县红十字会理顺管理体制方案的请示》，待批。目前，各地（市）、县红十字会仍由地（市）卫生局代管（正科级）。

【大型项目】

（一）1987年11月，西藏日喀则地区8个县遭受严重雪灾，10余万群众损失严重，数百名外国游客和登山队员被大雪围困。西藏自治区红十字会组织自治区第一人民医院和日喀则红十字医疗队赶赴灾区参加抢险救护，并组织捐款10660元、粮食617公斤，帮助群众抗灾。同年，大兴安岭发生火灾，区红十字会捐款5000元支援灾区。

（二）1988年，西藏日喀则地区仁布县发生地震，区红十字会组织捐款10，660元、粮食847.5公斤、各种衣物422件，支援地震灾区。

（三）1989年，西藏那曲地区遭受特大雪灾，区红十字会向全区发出募捐通知，共募集现金274652元、粮食48420.25公斤、粮票14565.5公斤、茶叶1505.5公斤、衣物9240件，以及火柴、蜡烛、食盐、方便面、罐头、红糖、饼干、防雪盲镜等22个品种的物资，支援灾区。

（四）1993年，尼泊尔发生雪灾，区红十字会捐款5万元人民币。

（五）1997年11月至1998年4月，西藏那曲、阿里、日喀则等6地（市）遭受历史上罕见的特大雪灾，区红十字会及时组织医疗队36批216人次奔赴灾区，并向全国各省市红十字会发出呼吁，募集救灾物资折合人民币7067735.18元，其中捐款3541935.18元，募捐衣被价值1425800元，募捐药品价值2100000元。

（六）2004年，根据中国红十字会总会关于救助2004年内地洪涝灾害的要求，区红十字会组织开展了“捐一元善款，为灾民解难”为主题的募捐活动，共募集33277元（含食物折款），援助内地洪涝灾区。

（七）2005年，为印度洋强烈地震和海啸的灾区募捐3085032.18元。

（八）2005年11月，发展了拉萨市林周县红十字会

【主要特色】

（一）努力打造“光明”品牌工程

西藏是白内障高发地区，有许多家庭特别是农牧民患白内障患，而又无力支付手术费用造成失明。区红十字会从大力弘扬人道主义、保护人的生命和健康的宗旨出发，从1995年开始，积极争取外援和自筹资金，坚持开展“光明工程”，组织医疗队奔赴农村牧区，先后为1754余名白内障患者免费实施了复明手术，使他们重见光明，深得当地政府和人民群众的欢迎和好评。

（二）加强“藏医在西藏农村牧区的应用”扶贫系列活动

西藏自治区红十字会积极争取外援，与德国尼玛协会合作，自2000年开始，先后在拉萨市林周县、墨竹工卡县和那曲地区班戈县、尼玛县、双湖特区的部分贫困乡村开展“加强藏医在西藏农村牧区的应用”扶贫系列活动。活动内容包括为项目地区群众免费提供藏医医疗服务、培训基层藏医人员、采用藏医疗法防治牲畜疾病、对群众进行藏药材知识和温室技术培训、开展濒危藏药材温室内外种植试验、援建绿色蔬菜大棚、建立小型手工业生产基地并进行手工艺培训等，以提高群众的创收能力和致富水平。

（刘清国）

拉萨市红十字会

【简介】

拉萨市红十字会1986年7月建会，是西藏自治区最早开展红十字工作的团体机构之一。市红十字会现隶属市卫生局，行政编制4人。2006年8月召开了拉萨市红十字会第二次会员代表大会，进行了换届选举，产生了新一届理事和领导班子。会长由市人民政府副市长兼任，常务副会长由市卫生局局长兼任，副会长5人（均为兼职），秘书长1人（专职），副秘书长2人（均为兼职）。到目前为止，全市已发展团体会员单位75个，会员15000多名。其中，红十字青少年团体会员单位2个，青少年会员3800名。现拉萨市红十字会正在积极理顺管理体制，逐步完善发展红十字事业的法律法规及政策措施。

20年来，拉萨市红十字会顺应时代要求，围绕中心、服务大局，依法全面履行职责，把国际红十字会运动基本原则与中国西藏的具体实际相结合，坚持依法建会、依法治会、依法兴会。不断加强组织机构建设和机关建设，加大宣传工作力度，扩大红十字会社会影响力，参与自然灾害救助，参与灾害救助以及突发性公共卫生事件的救助工作。在各级党委、政府和兄弟省市红十字会的关心和支持下，各项工作取得了一定的成

绩，得到了上级红十字组织和各级党委政府的认可。

【年度工作】

2004年年底，印度洋发生强烈地震并引发海啸，拉萨市红十字会根据中国红十字总会和自治区红十字会的要求，动员全市红十字会员单位向海啸灾区捐款，社会各界慷慨解囊，共计募集资金33.5万多元，为灾区人民重建家园献出了一片爱心。

联合自治区红十字会，开展了2005年西藏“红十字博爱送万家”活动。选择480户特困家庭和低保家庭，按照公平、公正、公开的原则，在春节、藏历年前分别将慰问物资送到当雄、林周、尼木达孜和城关区最边远、最贫困的群众手中，受到了当地政府和群众的称赞。

“五·八”世界红十字日，拉萨市红十字会联合市卫生局、市医院、市计生委、市妇保院和城关区红十字会等会员单位，在赛康商场前设立宣传咨询点，以图片展、发放宣传资料、广播、开展义诊等多种形式，向过往的行人宣传外伤、止血、包扎等自救互救知识和技能，共发放藏、汉两种文字宣传单4500余份，诊治病人150名，免费发放25个品种、价值2000余元的药品。

为纪念“五·八”世界红十字日，拉萨市红十字会协助自治区红十字会，组织全市已筛查的110名农牧民和城镇居民白内障患者，5月7日至10日在自治区藏医院门诊部，接受由深圳个体商户王树润的捐款，开展复明工程，为农牧民患者免费进行了复明手术，使他们重见光明。

为了提高红十字会在社会的重要地位，扩大红十字会的影响力。拉萨市红十字会于6月5日至15日首次组织有4人参加的考察学习团，前往四川省绵阳、成都两市考察学习当地红十字工作的经验。加强了拉萨市红十字会与内地省市红十字会的交流和合作，增进了友谊，为拉萨市开展红十字工作提供了借鉴。

8月24日至26日，拉萨市红十字会举办了为期三天的彩票公益金项目救护师资培训，全市7县1（区）26名县、乡医疗卫生人员参加了培训。经过三天的救护理论知识和实践技能的培训，学员门全部通过了考核。达到了预期效果。

9月12日至17日，由成都市红十字会常务副会长林大东为领队的成都市红十字会考察团一行43人，对拉萨市红十字会进行实地考察并签订了友好红十字会协议书。在签字仪式上，双方红十字会还就各自红十字会工作情况进行了介绍和交流，表示今后将进一步加强两会红十字工作的交流，增强在备灾救灾、救护救助等领域的合作。

（土　登）

陕西省红十字会

【年度工作】

一、第六次全省会员代表大会成功召开

2005年9月份，按照《中国红十字会章程》规定，如期召开了陕西省红十字会第六次全省会员代表大会。大会全面总结了第五次会员代表大会以来的工作成就和基本经验，制定了《陕西省红十字事业2006～2010年发展规划》，选举产生了第六届理事会、常务理事会和新的领导机构，聘请了名誉会长、名誉副会长。

本次大会，得到了省委、省政府、中国红十字会总会的高度重视和支持。省委书记李建国，省委副书记、省长陈德铭，省委副书记杨永茂，副省长潘连生，省政协副主席李雅芳，中国红十字会常务副会长江亦曼以及省人大、省政协、省军区、共青团陕西省委主要领导出席大会。李建国、江亦曼、潘连生分别作了讲话。

二、挪威组织发展合作项目第一个三年计划圆满完成

2003年，挪威红十字会与陕西红十字会签订了组织发展援助合作项目。三年来，省、项目市、县红十字会高度重视，精心策划、精心组织，圆满完成了项目协议中的各项合作任务，专项财务审计和挪威红十字会的评估验收工作顺利通过。挪威红十字会经过考察与综合评估，已初步决定签署第二个三年组织发展合作项目协议，不但继续保留原有的2个市、4个县，再增加1个市、3个县级红十字会为项目市、县。

四、中华骨髓库陕西分库工作任务提前超额完成

2005年以来，进一步加大了宣传工作力度，由于宣传工作到位，组织措施得力，

2005年前5个月就已超额完成国家总库下达全年HLA检测任务的血样采集工作。全年完成HLA检测7850人份，超额完成2800份，全年成功配型并实现捐献移植17例。累计上传国家总库完整检测资料22898份，初检索配型成功300余例，实施移植捐献27例。挽救了一批不幸身患白血病患者的宝贵生命，产生了良好的社会效益。

五、各项业务工作取得了新成绩

（一）备灾救灾工作。

1. 备灾工作。举办了“红十字博爱送万家暨筹集红十字救助基金新闻发布会”，省内40多家企业界代表出席会议，省红十字会自筹的100万元救助物资同时送往受灾和贫困地区；与陕西家世界超市集团联合，在其所属的大型超市新设立红十字募捐箱14个；配合“世界艾滋病日”，开展了一系列宣传与筹资活动；编印了《红十字备灾救灾培训手册》，举办了灾害管理培训班；制定下发了《陕西省红十字会自然灾害和突发公共事件应急预案》，并被纳入陕西省突发公共事件总体应急预案体系。

2005年省红十字会社会募捐、接受捐赠和总会下拨救灾物资总价值共459.5万元。

2. 救灾工作。在印度洋地震海啸救援中，省红十字系统共募集救灾款240多万元，按时、按规定汇往中国红十字会总会专用账户；在3～7月份省内局部地区发生的旱灾、冰雹、洪水、泥石流等灾害中，适时召开新闻发布会，呼吁社会各界为灾区人民奉献爱心；在9月份以来省内汉江、渭河流域洪水灾害中，通过新闻媒体发布公告并开展社会募捐活动，及时向中国红十字会报告灾情。全年先后共8批向灾区运送救灾物资，总价值达310多万元。

3. 灾后重建工作。完成了2004确定的香港红十字会援建陕西省4个乡镇卫生院灾后重建项目的后续工作，现已全部建成并投入使用；完成了美国中华民族基金会援助建设的山阳县任村小学教学楼的建设项目；完成了中国红十字会基金会与天狮集团援建的榆林市榆阳区小豪兔小学的重建项目。

（二）救护培训工作。

1. 初级卫生救护培训工作。按照省人民政府转发的省红十字会等部门开展初级卫生救护培训工作意见的要求，统一了全省红十字系统卫生救护培训时间、培训内容、培训目标。完成了 2004 年利用国家彩票公益金总会下达 5 个班的培训任务，共培训师资人员 160 名；为咸阳市中澳项目培训乡村医生 355 名；为其他行业培训初级卫生救护人员 135 名。

2. 预防艾滋病工作。一是将预防艾滋病知识纳入初级卫生救护培训内容之中，同时在社会各界、大型企业、高等院校中普及预防知识，全年接受培训和普及宣传人数达 8000 余名。二是编写防治艾滋病知识宣传材料 15000 份，向广大群众发放。三是与西安电视台健康快乐栏目组联合举办以防治艾滋病为主题的“快乐人生”演唱会，宣传、普及预防艾滋病知识。四是从 10 月 1 日起，举行了一系列由省红十字会、省卫生厅、省预防艾滋病领导小组办公室主办，陕西瑞至文化传播交流有限公司承办的“2005 世界艾滋病日大型公益宣传活动”。

（三）组织建设工作。

1. 理顺管理体制工作。2005 年，将理顺市、县级红十字会管理体制纳入重要议事日程。为扩大影响、争取支持，以书面形式主动向省委、省政府汇报了“省红十字会近年来主要工作和当前存在的主要困难和问题”，省政府办公厅下发了《关于进一步加强红十字会工作的意见》。要求“在 2007 年底以前要健全或理顺各设区市红十字会管理体制，到 2010 年，全省绝大多数县红十字会达到理顺管理体制、健全组织机构的目的”。省红十字会领导还分头深入到有关市、县，督促检查理顺管理体制工作；专函致各市委书记、市长、各市编制部门，请求理顺市级红十字会管理体制。通过努力，2005 年西安市、商洛市红十字会率先理顺了管理体制，延安市红十字会落实了编制，山阳县新建立了红十字会。全年新发展基层组织 152 个，发展会员 10313 个，发展志愿工作者 1544 个。

2. 红十字青少年工作。按照全国红十字青少年工作会议要求，为进一步加强红十字青少年工作，及时转发了《中国红十字会总会、中华人民共和国教育部关于进一步推进学校红十字会工作的意见》，并与省教育厅联合下发了《关于进一步加强学校红十字青少年工作的意见》，调整了陕西省红十字会学校工作委员会成员，以条块结合的方式，努力推动红十字青少年工作。全年新发展红十字青少年会员 6165 个。

（四）宣传工作。

一是省红十字会六次代表大会前夕，5 次集中在《陕西日报》上专版专题，系统介绍省红十字会的历史和成就，4 次在省电视台播放专题新闻，并精心制作了 10 块宣传展板，将宣传工作推向了高潮；二是六次代表大会召开时，邀请省级领导出席，各大新闻媒体纷纷报道，再次掀起了宣传红十字事业的高潮；三是充分利用红十字网站这个现代信息平台，及时更新信息，增补内容，扩大影响；四是组织编印了红十字运动与工作参考资料，整理编印了《陕西省红十字会第六次全省会员代表大会文件汇编》，向有关部门和人员发放；四是全年编发《工作简报》12 期，及时向理事和有关方面报告各项工作；五是在《中国红十字报》上刊登新闻稿件和消息 20 余篇；六是重大活动都邀请省内各大新闻媒体参加。

（五）交流交往工作。

先后接待了克罗地亚、蒙古国红十字会和台湾红十字组织等代表团的来访；接待了西藏、广西、湖南等兄弟省市红十字会的来访；省红十字会领导先后访问了广西、云南等兄弟省红十字会；省红十字会领导随中国红十字会组团出访了红十字国际委员会，红十字会与红新月会国际联合会和瑞士、塞黑等国家红十字会。

【历史沿革】

红十字运动在陕西开始于1911年辛亥革命时期，新中国成立前，西安市红十字会是陕西省唯一的红十字组织，兴办有西安市红十字会医院等。新中国成立初期，有着悠久历史的西安市红十字会发挥了重要作用，继续承办了西安市红十字会医院，1951年又创办了西安市私立宏惠高级护士学校（现西安市卫生学校），参加了中国红十字会组织的城乡和国际医疗服务队，组派医护人员赴朝鲜参加战场卫生救护，并为根治淮河工程提供医疗服务。1952年为西安市各区培训了急救队，并设立了红十字急救站，遣送了散居在西北五省的500余名日本侨民。1956年为全市613个农业社培训了保健员，配备了卫生箱，并在三桥等高级农业社设立了红十字保健站，解决了一些社、队的医疗、预防和保健问题。还投资数千元在城郊主要街道设立了红十字宣传塔、标语牌等，宣传党的方针、政策和红十字运动。这段时间，西安市红十字会的房产、人力、综合实力以及各项工作在全国都有一定影响，为陕西红十字事业的发展奠定了很好的基础。

1959年11月，陕西省红十字会成立。时任省卫生厅厅长的李经伦当选陕西省红十字会第一任会长。自成立至“文革”前，陕西省各级红十字会工作重点是开展群众性卫生救护知识的培训，其大量工作实际上是各级医疗部门工作的补充。1966年6月“文化大革命”开始后，陕西省各级红十字会被迫停止工作。中共十一届三中全会以后，1980年7月经陕西省人民政府批准（陕政发〔1980〕86号），恢复了陕西省红十字会。在复会后的第一次会员代表大会上，陕西省政协主席谭文煦被选举为省红十字会第二任会长，并在1984年第三次和1988年第四次会员代表大会上继续担任陕西省红十字会会长。1994年8月，陕西省红十字会四届三次理事扩大会议后，根据《陕西省红十字会组织规章》，先后聘请了白清才、程安东省长为名誉会长，先后选举了林季周、姜信真、范肖梅、赵德全、潘连生副省长为省红十字会会长。2000年4月7日，陕西省红十字会第五次会员代表大会召开。大会全面总结了陕西省红十字会第四届理事会的工作，制定了2000至2005年发展规划，选举产生了由56名理事组成的新一届理事会，聘请了中共陕西省委书记李建国、省长程安东担任名誉会长，选举潘连生副省长担任会长，刘爱梅为常务副会长，耿庆义、赵玉哲为副会长，根据会长提名，决定张文来、杜小平先后担任秘书长。

2004年，在中共陕西省委、陕西省政府及各有关部门的重视和支持下，在中国红十字会总会的关心和指导下，陕西省红十字会以“三个代表”重要思想为指导，紧紧围绕服务于陕西、建设西部经济强省和建设社会主义和谐社会的大局，勤奋努力，开拓创新，无私奉献，较好地完成了全年的各项工作任务。

一、五届二次理事会和常务理事会议召

开

陕西省红十字会第五次会员代表大会暨五届一次理事会于2000年4月召开。多年来因故一直未召开过理事会，近年来，在中共陕西省委、省政府及省红十字会会长潘连生的支持和领导下，陕西省红十字事业有了长足的发展：省红十字会管理体制已经理顺，省会机关机构改革工作已经完成，初步建立了机关管理的正常模式；中共陕西省委、省人大、省政府先后出台了有关机关建设、资料库建设、初级卫生救护培训、理顺市级红十字会管理体制等多个重要文件和地方法规，有力地推动了陕西省红十字事业的发展；中华骨髓库陕西分库虽建库较晚，但起步快、起点高，发展迅速，成绩显著；初级卫生救护培训工作已经全面启动；救灾工作自2000年以来已募集救灾款物近4000万元人民币，被中共陕西省委、省人民政府授予“抗洪救灾”、“抗击非典”先进集体；挪威红十字会援助的组织发展合作项目进展顺利；市、县级红十字会组织建设工作初见成效；国际、国内的交流与合作日益增多。

2004年4月，陕西省红十字会召开了五届二次理事会。会议总结、报告了五届一次理事会以来的工作，布置安排了2004年的工作任务，传达了中国红十字会2004年工作会议精神，增补和调整了理事会、常务理事会组成人员，通过了《陕西省红十字会会费收缴与管理办法》，陕西省红十字会会长潘连生作了重要讲话，部分市级红十字会进行了经验交流。会议简短，内容充实，达到了预期效果。

陕西省红十字会8月份召开了第五届理事会常务理事会议。执行委员会向常务理事报告了前半年工作和后半年工作设想以及需要常务理事协调解决的有关重大问题，审议通过了陕西省红十字会秘书长人选，潘连生会长出席会议并作了重要讲话。

二、中国红十字会成立100周年庆典暨系列活动

2004年3月10日是中国红十字会成立100周年纪念日。为此，陕西省红十字会专门制定了百年庆典方案，并认真落实。一是3月10日陕西电视台对潘连生进行了专题采访，播发了中国红十字会的历史资料，介绍了陕西省红十字会的工作成就；二是筹资6万元在3月10日的《陕西日报》上制作专版，并陆续刊发了6篇系列专题采访和新闻报道稿件；三是组织编印了1000册“陕西省红十字会文件汇编”，收录了近年来中共陕西省委、省人大、省政府出台的关于陕西省红十字事业发展方面的政策性文件和地方法规；四是筹资1万元编印了5000份《发展中的陕西省红十字会》宣传画册；五是经联系和协商，陕西通网站免费为陕西省红十字会制作了3个宣传网页。同时向《中国红十字报》投稿，适时编发工作简报，与省内新闻媒体建立了良好的合作关系，有效地宣传了红十字事业，扩大了红十字会的社会影响。

三、灾后重建工作

自2002年抗洪救灾工作以来，陕西省红十字会使用香港、深圳、北京市红十字会共418万元的援助捐款，进行了水毁乡镇卫生院、学校的灾后重建工作。

2002年，重建佛坪中学教学大楼（100万元），宁陕四亩地灾民住房（50万元），镇安县柴坪中心卫生院（30万元），镇安月河卫生院、柞水下梁中心卫生院、略阳郭镇中心卫生院、宁陕四亩地中心卫生院、佛坪

岳坝卫生院（116万元）均全部竣工，通过验收并投入使用。香港红十字会又捐款为这些卫生院配置了设备，如X光机、半自动生化分析仪、心电图、B超、手术床等，培训相关技术人员工作也顺利完成。2003年由香港红十字会援助102万元、北京市红十字会援助20万元，重建华阴卫屿、华县下庙卫生院和镇安县红十字会医院已投入使用，石泉银桥乡和洛南巡检镇卫生院已基本竣工，香港红十字会检查后非常满意。目前，由香港红十字会援建的4个灾后重建卫生院的设备配置和有关技术人员培训工作正在实施之中。

为做好灾后重建工作，省红十字会成立了灾后重建项目领导小组，聘请了工程技术人员，严格按照捐赠者的要求进行操作。2004年2月，还专题召开了有关市、县级红十字会灾后重建项目管理工作会议，根据捐赠者的要求，对新确定的灾后重建项目管理工作进行了布置和安排。由于分工明确，责任落实，管理到位，保证了重建项目的顺利进行，受到了捐赠者，特别是香港红十字会的好评。

四、中国造血干细胞捐献者资料库陕西分库建设

中国造血干细胞捐献者资料库陕西分库自2003年7月上旬正式运行以来，至2004年底，累计采集到15000多名志愿者的检测血样，完成了14236份血样的HLA检测任务。其中，2004年国家管理中心下达陕西分库检测任务6000份，实际完成7168份，超额完成1168份，并将所有完整的检测数据传送到国家管理中心，达到了资源共享的目的。同时，还为国家管理中心提供捐献初配型62例，移植成功11例。经过艰苦、耐心、细致的思想工作，实现了和患者配型一致的志愿捐献者捐献率达到100%。2004年12月27日，陕西省志愿捐献者马超在北京以全国第200位、陕西省第11位志愿捐献者的身份，从中国红十字会领导手中接过荣誉证书。

五、挪威援助陕西省项目合作

2004年，挪威援助陕西省的组织发展合作项目进入第二年，也是非常关键的一年。挪威红十字会已援助陕西省270万元人民币，用于项目市、县红十字会的组织发展、办公设备配置和红十字会干部的业务知识、工作技能培训。第一个三年合作协议将于2005年结束，陕西省红十字会正在努力争取第二个三年合作协议书的签订，以使该项目在陕西省其他市、县进一步扩展。在总结以往工作经验的基础上，陕西省红十字会重新调整了项目工作委员会组成人员，并在2004年4月份举办了项目协调员、灾害管理与卫生救护师资、项目筹资技巧三个培训班，此后又对项目财会人员进行了专项业务知识培训。由于真诚、友好的合作态度，扎实、务实的工作作风，该合作项目受到了挪威红十字会、中国红十字会总会以及其他兄弟省（市）红十字会的广泛好评，第二个三年援助合作项目协议有望在2005年签订。

六、初级卫生救护培训工作启动

根据陕西省人民政府批转的省红十字会等15个部门“关于开展初级卫生救护培训工作的通知”和省物价局核准的收费标准，办理了初级卫生救护培训收费许可证，建立了收费专用账户，印制了统一的培训结业证件，完成了培训教材的编写和印刷工作，从而实现了陕西省初级卫生救护培训工作的四个统一，即统一教材、统一教学计划、统一

考核、统一发证。目前，陕西省红十字会利用总会下拨的彩票公益金资金的支持，分别在西安、渭南、商洛、安康、宝鸡、汉中、铜川等7个市举办了7期初级卫生救护师资力量培训班，共为7个市级红十字会培训师资力量279名，为初级卫生救护培训工作在全省范围内的全面开展奠定了基础。同时，还为西安杨森制药集团、西安咸阳国际机场培训了师资，并与北京通城广告公司合作，在西安部分高校中培训卫生救护大学生师资400余名，还在培训高校中设立了红十字急救箱。在陕西省红十字会培训工作的推动下，省内部分市、县级红十字会初级卫生救护培训工作已开始启动。

陕西省红十字会是陕西省艾滋病防治领导小组成员单位之一。2004年，把艾滋病防治的宣传教育纳入高等院校培训内容之中，还参加了全省艾滋病防治工作会议并作了专题发言，参与了全省艾滋病防治的大型宣传月活动，布置安排了2005年的防治宣传工作，申报了防治宣传项目。

七、备灾、救灾和救助工作

2004年，陕西省虽然没有大的灾情发生，但陕西省红十字会始终把备灾、救灾和救助纳入日常工作，随时做好救灾的准备工作。年初，省红十字会在渭南市举办了救灾、备灾干部培训班，7月份在省电视台制作专题节目招募志愿工作者，并制定了紧急救灾预案，准备了第一批价值20万元的救灾物资，随时可以送往灾区。

在备灾工作中，陕西省部分高校尝试开展了毕业生的被服回收工作，开展了“捐献一元钱、奉献一份爱心”的大学生社会募捐活动。经联系，天津元亨集团捐赠了价值40万元的心脏病救助爱心卡。陕西省红十字会还与西安海关签订了海关罚没物资定向捐赠的“合作备忘录”，海关向省红十字会移交了首批罚没的300双假冒阿迪达斯运动鞋。在西安地区设立了8个红十字募捐箱。陕西省红十字会“红十字救助基金”筹资活动开始启动。

在社会救助工作中，陕西省红十字会引进了美国中华民族基金会定向捐款10万元，为山阳县十里铺任村小学修建校舍，出资1.62万元资助山阳县80名特困小学生完成了学业；德国华人陈尼美定向捐款5000元，资助陕西特困学生李淑梅完成了学业；近百万元的2004年度“红十字博爱送万家”救助物资送往省内商洛、安康市的困难群众手中。

2004年末，印度洋突发大地震和海啸灾难。灾难发生后，陕西省红十字会立即开展了大规模的社会募捐活动，在陕西、西安电视台，各大新闻媒体发布公告，全省红十字系统共收到捐款234万元。

八、组织建设工作

为了进一步摸清陕西省各级红十字会的组织建设情况，年初，省红十字会向各市红十字会下发了“组织发展情况调查摸底表”，基本掌握了陕西省基层红十字会的组织建设情况。为了尽快理顺市级红十字会管理体制，专门致函陕西省10个市的市委书记，请他们依照有关法律、法规的规定，支持、协调理顺市级红十字会管理体制工作。8至9月份，省红十字会常务副会长刘爱梅、专职副会长赵玉哲专程赴部分市、县，了解、督促落实市、县级红十字会理顺管理体制工作。为了配合中国红十字会总会在陕西省开展的“如何理顺县级红十字会管理体制调研工作”，省红十字会组织人员分别赴商洛、宝鸡、铜川和延安市，洛南、陈仓、眉县、耀县、子长、宝塔等8个区、县进行了专题调研，并形成了调研报告上报中国红十字会总会。2004年，商洛市红十字会的理顺管理体制工作已经完成，西安市红十字会理顺管理体制条件已基本成熟，韩城、浦城、商南、镇坪4个县已为红十字会下达编制，其余市和部分县级红十字会的理顺管理体制工作正在进行之中。

2004年，陕西省红十字会批准西安咸阳国际机场成立行业红十字会，并接收为陕西省红十字会的团体会员单位，批准成立了“陕西省红十字会老年志愿者工作站”，为陕西省红十字会直属基层组织，申报成立了“陕西省红十字会健康检查中心”，该中心为省红十字会直属公益性事业单位，目前已正式开业。

九、建立和健全各项管理制度

2003年，陕西省红十字会机构改革工作完成之后，初步建立了一些机关管理制度。2004年，省红十字会把建立和健全机关管理制度当作一项重要工作，会领导亲自参与起草和修订。经过反复讨论和修改，陕西省红十字会“日常工作管理制度”、“会议制度”、“财务管理制度”、“文档管理制度”、“公文传阅程序”、“车辆管理制度”、“安全保卫工作制度”等12项规章制度经会长办公会讨论通过并下发执行，为省红十字会机关的管理工作制度化、正规化奠定了良好的基础。

十、红十字会网站正式开通

经过近一年来的精心策划、资料准备和多方协调，2004年年底，陕西省红十字会网站正式开通。网站形式新颖，内容充实，共分7个版面块，即：“走进红会”、“政策法规”、“新闻中心”、“在线咨询”、“资料下载”、“网上捐献”、“功德榜”等。陕西省红十字会网站的正式开通，为省红十字会对外宣传工作提供了一个快速、有效的阵地，为红十字会在更大范围内的对外交流、沟通与合作提供了一个平台，为社会各界广泛了解和支持红十字事业架起了一座新的桥梁。

十一、筹建陕西省红十字会办公楼和中华骨髓库陕西分库综合实验楼

经陕西省发展计划委员会批准立项，兴建省红十字会办公楼和中华骨髓库陕西分库综合实验楼。陕西省红十字成立了基建办公室，开始进行前期准备工作。

【组织机构】

陕西省红十字会现有基层组织409个，团体会员单位114个，会员38.9万人。全省10个设区市均成立了红十字会，107个县（市、区）中已有88个成立了红十字会。同时高等院校、煤矿、民航、武警、卫生等系统行业红十字会继续稳定发展。

2001年2月，陕西省机构编制委员会下发了《关于理顺省红十字会管理体制的通知》（陕编发〔2001〕08号），明确了陕西省红十字会机构实行单设，列入省委领导下的人民团体机构序列。2002年9月，陕西省委办公厅下发了《陕西省红十字会机关职能配置、内设机构和人员编制的规定》（陕办字〔2002〕71号），规定陕西省红十字会为副厅级建制，定编13人，机关内设办公室、事业发展部、赈济救护部三个部、室。2003年2月，中共陕西省委组织部批复，同意成立陕西省红十字会党组。2003年6月，中共陕西省委组织部、陕西省人事厅下发了《陕西省红十字会机关参照〈国家公务员暂行条例〉管理的实施办法》。

陕西省红十字会下辖中国红十字会西安备灾救灾中心、中国造血干细胞捐献者资料库陕西管理中心2个直属事业单位，成立了陕西省红十字会健康检查中心。

【大型项目】

1. 1998年，陕西省红十字会为“三江流域”和省内特大水灾开展募捐，共募集救灾款物价值552万元，分别送往省内的陕南和湖北省水灾灾区。

2. 1999年，陕西省红十字会为省内陕南水灾灾区开展募捐，共募集救灾款物总价值391万元，分数批送往陕南灾区。

3. 2000年，陕西省红十字会为省内安康特大水灾灾区开展募捐，共募集救灾款物总价值390万元，分5次送往安康灾区。

4. 2002年，陕西省红十字会为省内特大水灾灾区开展募捐，共募集救灾款物总价值折合人民币1533万元，分8批及时送往灾区。在香港、深圳、北京市红十字会的支持下，投资280万元开展灾后重建工作，包括佛坪县佛坪中学，镇安县柴坪镇、月河乡，柞水县下梁乡，佛坪县岳坝乡，略阳县郭镇乡，宁陕县四亩地镇等6个乡镇卫生院，宁陕县四亩地镇50户灾民的灾后住房建设。

5. 2003年抗击“非典”工作中，陕西省红十字会共募集救助款物总价值125.04万元和名人书画长卷4幅，及时转赠到有关单位和个人。

6. 2003年，陕西省红十字会为省内特大水灾灾区开展募捐，共募集救灾款物总价值1540万元，分11批及时送往灾区。在香港特别行政区红十字会、北京市红十字会的支持下，投资122万元开展灾后重建工作，包括华阴市卫屿乡、华县下庙乡、镇安县红十字医院，石泉县银桥乡、洛南县巡检乡等卫生院的灾后重建。

7. 陕西省红十字会支援新疆维吾尔自治区雪灾灾区2万元，支援内蒙古自治区雪灾灾区2万元，支援青海省红十字会1万元。

【主要特色】

一、引进挪威投资，开展组织发展合作项目

在中国红十字会总会的关心和支持下，经过挪威国家红十字会一系列考察和论证，2003年，陕西省红十字会专职副会长赵玉哲与挪威红十字会项目官员格登·泰斯番共同签署了2003年至2005年3年《挪威红十字会陕西项目备忘录》。根据备忘录，确定宝鸡市以及陈仓区、千阳县，渭南市以及白水县、华阴市为项目市、县。挪威红十字会出资，一是为项目市配备工作用车，为项目市、县装修办公室，配备计算机、摄像机、照相机、办公桌椅及必要的办公设备，改善办公条件；二是举办组织发展、信息传播、现场救护、志愿者招募、灾害救助、社区服务、项目财务管理等培训班，进行能力建设培养。

第一个三年合作项目期间，挪威红十字会共投资340万元人民币，极大地改善了项目市、县的办公条件，通过学习国外红十字会工作的新理念、新思维、新方法，能力建设有了很大提高，该合作项目受到了有关各方的一致好评。

二、开展“红十字博爱自驾游”活动

为纪念“五·八”世界红十字日，使社会各界人士参与红十字会工作，了解红十字事业，更好地弘扬红十字精神，培养少年儿童互助友爱、热爱祖国的高尚情操，并通过企业冠名的方式，为红十字会筹集救助资金，陕西省红十字会通过自愿报名的方法，利用“五一”长假，组织30个家庭（共约120名成员），由父母带领8周岁以上的子女，自驾私家车，赴陕西省商洛市的部分区县（国家级贫困县），开展红十字扶贫帮困活动。活动主要内容是：在商洛市山区开展登山植树活动，种植“红十字博爱林”；参加活动的每个家庭通过当地红十字会联系，在商南县农村选择一个农户，向他们捐赠学习、生活用品，入住农户家中，体验农村生活，并自愿扶贫帮困“结对子”；请老红军讲革命史和革命烈士的故事；举办篝火晚会等联谊活动；游览当地风景区，并组织丹江漂流活动。

三、“红十字祛痨救助工程”

陕西省商洛市下辖的商州市属国家级贫困县，部分群众温饱问题尚未解决，更为严重的是商州市又是省内结核病高发区。全市有活动性结核病人1.2万人，其中传染源病人5300人，每年又有300例左右的新发病患者。原有的结核病人不能得到及时医治，新的传染源又不断蔓延，形成了因贫无法治病，因病无法脱贫，贫困再贫困的恶性循环，个别有结核病家族史的全家患病、甚至全家死亡。据此，陕西省红十字会和省结核病防治院联合对商州市重症肺结核病人实施扶贫帮困治疗活动。双方决定，一年内收治住院患者50例，省红十字会为每例患者提供800元资助，省结核病院减免检查、住院、治疗费用的30%。另选定20例病人实行家庭督导治疗，省红十字会为每例患者提供500元的治疗药品。该活动命名为“红十字祛痨救助工程”，取得了很好的社会效益。

四、“红十字甘露工程”

榆林市横山县堡山村属革命老区，是一个典型的国家级贫困山区。全村200多户、1000多人，祖祖辈辈无一分水田，人畜饮水要到3华里以外的深沟靠毛驴驮水。该村修建了200亩水平旱台梯田和蓄水池，但苦于资金无法落实，抽水工程无法实现。经考察，陕西省红十字会认为，建立一处抽水站，人畜饮水可彻底解决，旱台梯田的灌溉及群众温饱问题也可望解决。为此，陕西省红十字会资助人民币5万元，为堡山村修建了一处抽水站，命名为“红十字甘露工程”。同时，陕西省红十字会还出资1万元在宝鸡市麟游县修建了“红十字连心桥”，出资8000元在延安市子州县修建了“红十字爱民井”。

（王安永）

西安市红十字会

【年度工作】

2005年，西安市红十字会依照《中华人民共和国红十字会法》，遵循国际红十字基本原则，在依法建会、依法治会、依法兴会，改善最易受损群体境况，备灾救灾、募捐救助，现场初级卫生救护培训，推动无偿献血和艾滋病防治等方面，充分发挥了政府人道主义工作助手的作用，有力地推动了西安市“三个文明”建设。

一、理顺管理体制。为了更好地依法履行职责，独立自主地开展人道救助工作，西安市红十字会按照中编办、省编办有关文件要求，根据社会团体机关机构改革的有关精神，起草上报了《关于理顺西安市红十字会管理体制的请示》，经市委常委会议研究同意，市编委2005年8月10日下发了《西安市机构编制委员会关于调整西安市红十字会机关管理体制的通知》。市红十字会不再挂靠市卫生局，调整为中共西安市委领导下的从事人道主义工作的副局级社会救助团体；事业编制 13 名；经费来源为财政全额拨款；业务工作直接由市政府领导联系；会长由主管副市长兼任，设专职副会长职数 1 名（副局级）、秘书长职数 1 名（处级）、副秘书长 1 名（副处级）。管理体制的理顺，为积极推进西安市与国内国际红十字会的交流与合作，争取援助项目，发展红十字事业，更好地开展人道救助，搭建了广阔的平台。

二、宣传工作。2005 年，西安市红十字会共向各理事单位、理事赠阅《博爱》杂志，《中国红十字报》各 72 份，编印《工作动态》18 期 1000 余份。在报纸刊登新闻稿件，电台、电视台报道活动 8 次。与西安电视台联合录制《自救有道》栏目 300 余期在《健康播报》栏目陆续播出。组织编写《西安市红十字会志》，印刷 2000 余册。

三、募捐救助工作。2005 年，西安市红十字会采取平时募捐与突发事件定向募捐相结合的办法，最大限度地整合社会资源，积极开展赈灾工作，效果显著。除募捐救灾衣物外，全年共募集资金 70.607 万元，全部用于救灾救助。

印度洋海啸发生后，西安市红十字会第一次参与了国际救援活动，专职副会长闫树立高度重视，严密组织，在市区设立了 6 个募捐点，全体职工每天工作 10 多个小时，持续 1 个多月，募捐人民币 61.53 万元，经中国红十字会总会转往受灾国家和地区；为 2004 年受到定向资助的蓝田县 39 个特困中小学生按时支付学杂费 6000 余元；经积极联系，民生银行资助 2 名蓝田籍优秀特困大学生，每人每年 16470 元，直至毕业；西安三泽电子公司救助雁塔区特困中小学生 40 名共 18200 元；老年志愿者救助蓝田特困中学生棉被 100 床，书籍 3000 册；在西航四小开展“手拉手走过冬天”活动，募捐大量过冬衣物，捐献给铜川陈家山煤矿遇难矿工子弟；11 月 1 日，购买棉被、面粉等过冬物品，送往周至、临潼 200 户受灾群众家中。

四、卫生救护培训。为进一步推动和加强卫生救护培训，按照国家和省政府关于广泛开展卫生救护培训的文件精神，西安市政府 2005 年 2 月下发了《关于广泛深入开展群众性现场救护培训工作的意见》，3 月，西安市红十字会召开了 11 个市级相关部门卫生救护培训工作协调会，全面布置西安市的卫生救护培训工作，并培训师资 20 名，救护员 863 人。西安市红十字会还对教学内容做了部分调整，除重点培训初级现场急救知识普及外，还增加了保健知识和艾滋病预防知识。

五、红十字青少年工作。对 19 所市级“红十字示范学校”进行了不定期的抽查和指导，推动学校积极开展红十字博爱活动，培养学生人道主义精神。如在西航四小开展了“手拉手走过冬天”活动，为铜川陈家山煤矿遇难矿工子弟捐献衣物；在为印度洋海啸灾区的募捐活动中，大学南路小学募集捐款 1 万余元。

10 月 20 日，以哲巴单秘书长为团长的蒙古国红十字会代表团在西安市 98 中学观摩了红十字青少年现场救护演练，参观了书画展，学生们的出色表演和精美书画受到了代表团成员的高度赞扬。

（李晓东）

甘肃省红十字会

【年度工作】

2005年，甘肃省红十字会在省委、省政府的领导和中国红十字会总会的大力支持下，坚持“以业务工作为中心，以宣传和组织工作推动业务工作，以业务工作促进宣传和组织工作”的总体思路，全省各级红十字会团结协作、密切配合、开拓进取、扎实工作，在人道领域及各项工作中取得了突出的成绩。

一、坚持依法治会，加快理顺管理体制，确保红十字事业健康有序发展

（一）制订地方法规，使甘肃省红十字工作真正步入法制化轨道。为了更好地贯彻落实红十字会法，在省委、省人大、省政府以及有关部门、单位和法律专家、学者的关心支持和指导帮助下，2005年7月29日，甘肃省第十届人民代表大会常务委员会第17次会议审议并通过了《甘肃省实施〈中华人民共和国红十字会法〉办法》。这部法规于2005年10月1日正式实施。“实施办法”在健全甘肃省红十字会的组织机构、落实人员编制、保障工作经费、依法开展工作等方面做了更加明确的规定，为全省红十字会今后更好地发展创造了新的契机。它的颁布是甘肃省红十字事业发展史上的一个重要里程碑，标志着甘肃省红十字工作从此将真正步入法制化轨道。2005年5月由省政府办公厅转发了省红十字会《关于加强红十字会工作的意见》。意见对各级政府大力支持红十字事业的发展，理顺红十字会管理体制，加强红十字组织建设，积极开展人道主义领域的各项工作提出了更加明确的要求，对于进一步推动全省红十字事业健康持续发展具有重要的指导意义。

（二）理顺管理体制稳步推进，部分市（州）、县（区）红十字会实现两个转变。2005年，兰州、平凉、天水、白银、定西、张掖六市按照省红十字会提出的重点工作任务，完成了理顺管理体制或机构编制已经当地编制部门批准；陇南、武威、甘南等市（州）红十字会理顺管理体制工作也得到了当地党委、政府的重视和支持，已提上议事日程；平凉市的华亭县、陇南市的西和县、定西市的岷县等三个县级红十字会已基本理顺了管理体制或机构编制已获批准。上述市、县在理顺红十字会管理体制的过程中进一步明确了红十字会的地位和作用，配备了常务或专职副会长，并根据实际工作需要配备专职工作人员，逐步建立起比较完善的组织架构和工作体系，为红十字工作的顺利开展奠定了基础。

（三）干部培训工作取得实效，红十字会干部综合素质明显提高。为建设高素质干部队伍，适应新形势和新任务的要求，甘肃省红十字会举办了全省红十字会管理干部及彩票公益金项目培训班，来自14个市（州）、部分县（区）红十字会的领导、专（兼）职干部和省红十字会全体干部一同进行了公共管理、公文写作、新闻写作、项目管理、项目执行等内容的专题培训，使红十字会干部的理论素养、知识水平、业务管理和领导能力得到提高，能够更好地在人道主义领域发挥红十字会应有的作用。一年来，各地红十字会专（兼）职干部通过大量的工作实践，增长知识，锻炼才干，组织管理能力和沟通协调能力明显提高。

（四）建立健全各项工作制度，机关工作逐步走向规范化、程序化。甘肃省红十字会为加强机关制度和作风建设、加强内部管理和干部队伍建设，使工作更加规范化、制度化、程序化，结合实际，制定了包括学习、日常管理和业务工作在内的一系列规章制度。

二、坚持以人为本，不断加强业务工作，确保红十字工作取得长足进步

2005年，全省各级红十字会坚持以人为本，关注弱势群体，增强救助实力，加大救助力度，把全力救助和关心受灾群众和生活困难群众放在首位，各项业务工作跃上了一个新的台阶。

（一）海啸募捐成效明显。2005年是甘肃省红十字会筹资募捐取得明显成效的一年。2004年年末印度洋海啸灾难发生后，省红十字会积极响应总会号召，在省委、省政府领导的大力支持下，于2004年12月31日向全省发出紧急募捐呼吁，全省各级红十字会紧急动员，在全省范围开展了声势浩大的募捐活动。省红十字会共计收到全省各地集体和个人捐款157万元，创造了甘肃省红十字会建会以来赈灾募捐历史最高记录。印度洋海啸募捐告一段落后，省红十字会及时召开新闻发布会，向社会通报了募捐情况，并对捐款万元以上的43家单位和千元以上的27名个人颁发了捐款纪念奖牌。

（二）备灾救灾工作成效显著。一年来，省红十字会把灾害救助作为压倒一切的硬任务，想灾区群众之所想，急灾区群众之所急，在第一时间把救灾物资发放到灾民手中。先后派出23个救灾慰问组，为灾区群众和生活困难群众送去了价值398.30万元的救灾救助物资。其中省红十字会下拨物资价值238.80万元，市红十字会自筹物资价值159.50万元，受益群众达8万人，使红十字会赢得了良好的社会声誉。一是及时对定西等8市州洪涝灾害进行救助。进入2005年5月份以后，兰州、定西、白银、庆阳、平凉、天水、甘南、陇南等8个市州的43个县（区）局部地方陆续发生了严重的洪涝、泥石流、冰雹等自然灾害，给当地人民群众生命财产造成严重损失。灾害发生后，省红十字会在及时向省委、省政府有关部门汇报救灾情况，并向中国红十字会总会上报灾情、申请救助的同时，紧急筹措急需的救灾物资，在灾区群众最困难的时刻，由领导亲自带队，在第一时间赶赴灾区考察灾情、慰问群众、发放救灾物资、开展救助工作；二是及时对“4·15”火灾进行救助。4月15日，省建筑总公司家属楼突发火灾，大火导致3户家庭的6人死亡，7人受伤，17户家庭的财产全部烧毁，42户家庭的财产严重损失。火灾发生后，省、市、区红十字会工作人员立即赶赴现场了解受灾情况，慰问受灾群众，看望死难者家属，并将价值2万元的面粉、棉衣、毛毯、防寒服及7000元现金送到受灾群众手中，使受灾群众感受到了红十字会的温暖。

（三）继续开展“红十字博爱送万家”活动。红十字会连续多年开展的“红十字博爱送万家”活动使越来越多的困难群众得到救助。2005年又有45600人在活动中受益。2005年春节前夕，中国红十字会副会长苏菊香率领总会一行4人，在省红十字会领导陪同下，深入到兰州、定西的贫困群众和城镇困难职工家中问寒问暖。与此同时，全省各地送温暖活动也相继展开，共为困难群众送去价值100万元的慰问物资，其中总会下

拨价值50万元，省红十字会配套21万元，市红十字会自筹29万元，使5000户、2万名贫困人口受益。2006年元旦前夕，中国红十字会顾问汤声闻率总会送温暖小组深入积石山县对少数民族群众进行慰问。省、市红十字会同时在全省各地开展了2006年元旦春节“红十字博爱送万家”活动，共送去价值128万元的慰问物资，其中总会下拨30万元物资，省红十字会筹集42万元物资，各市、县红十字会筹集56万元物资，慰问困难群众6400户，受益人口25600人。另外，省红十字会还联合省卫生厅、省残联、省慈善总会、省麻防协会等单位，分别到两当疗养院、和政疗养院对干部职工和近100名麻风病休养员开展春节前慰问活动，同时为麻风病休养员送去了价值10000元的100件新棉衣和价值22600元的10吨面粉。

（四）广泛开展国际交流、国内外合作项目及台湾事务服务工作。

一是积极开展对外交流活动。2005年3月上旬，加拿大红十字会负责亚太地区的项目官员在总会项目官员的陪同下，在兰州市同省红十字会领导就在甘肃省实施白内障复明项目和预防艾滋病教育援助项目的有关事宜进行了座谈；应中国红十字会邀请，以日本红十字会岩手县红十字血液中心所长谷口繁为团长的日本血液事业代表团一行4人来甘肃省进行了访问。

二是认真实施国内外合作项目。2005年，省红十字会利用加拿大红十字会合作项目，实施了白内障复明、艾滋病预防教育项目，共计接受加拿大红十字会援助资金折合人民币30万元，其中白内障复明20万元，艾滋病预防教育10万元，省财政为白内障复明配套10万元。省红十字会为了用好这笔项目资金，使这两项合作项目更好地造福于人民群众，曾多次派专人深入基层，全面掌握项目实施条件。白内障复明最终确定在国扶贫困县古浪县开展，省红十字会从省级医院选派我省一流的眼科专家，安全顺利地为古浪县农村贫困家庭白内障患者实施复明手术330例；艾滋病预防教育项目确定在西北师范大学、天水师范学院、靖远县卫生学校和白银戒毒所开展，共举办预防艾滋病青年同伴教育培训班36期，800多人参加了培训；在甘肃人民广播电台新闻综合频道举办了19期预防艾滋病、性病科普知识讲座。另外还争取到了一些来自民间的捐资项目。其中针对甘肃省贫困地区部分乡卫生院医疗条件差、农村小学破旧、课桌凳短缺等现状，省红十字会争取香港友人汤锦成、陈惠姿夫妇的爱心捐款53万元，在陇南市成县、白银市景泰县援建了两所总建筑面积800平方米的乡卫生院；在天水市秦城区关子镇大湾村新建一所建筑面积为180平方米小学；在西和县免费为农村贫困家庭白内障患者实施复明手术101例。争取香港佛教孔仙洲纪念中学的爱心捐款2.4万元，为平凉市泾川县完颜洼小学购置课桌凳150套，使486名农村小学生改善了就学条件。在中国红十字基金会的大力支持下，省红十字会争取天狮集团援助20万元，启动了建筑面积600平方米的陇南礼县白河镇石冲村“天狮博爱小学”重建项目。以上四项捐资建设项目除成县纸坊卫生院在春节前验收并投入使用外，其余三项工程在2006年上半年全部完工投入使用。

三是积极开展台湾事务服务工作。受理台胞寻人表格30份，处理台胞台属来信15件，接待来访人员55人次。

（五）卫生救护培训以行业培训为切入点收效显著。2005年，省红十字会对建筑、电力、民航、学校等行业和部门的一线职工和相关人员进行了救护培训。完成了以312国道为主线的高速公路红十字道路救护站医务工作者的培训，共培训12个站24名工作人员；在兰州商学院长青学院采取多媒体教学、现场表演等形式对100名学生进行救护培训。各级红十字会也在消防、交通、煤炭等行业开展救护培训工作，全省各级红十字会共培训红十字救护员3000余人。省红十字会还利用彩票公益金举办了9期救护师资培训班，培训救护师资279名，充实了卫生救护培训的师资队伍。

2005年，甘肃省红十字道路救护站建设进展较快。陇南市红十字会完成了212国道和江武公路沿线的13所红十字救护站建设。

（六）造血干细胞库建设工作稳步推进。2005年，完成中国造血干细胞库管理中心向甘肃省下达的500人份的采样任务。至此，甘肃省累计完成造血干细胞血样采集2930人份，血样检测数据入库2368人份。

（七）无偿献血、艾滋病预防工作进展顺利。2005年，甘肃省红十字会积极配合卫生行政部门，在世界红十字日、献血法颁布日开展无偿献血宣传活动，为市（州）红十字会配发无偿献血宣传画3500多册。在开展推动无偿献血和造血干细胞采样宣传工作时，半数以上的造血干细胞志愿捐献者加入了无偿献血的行列。各级红十字会也进行了积极的宣传动员，仅天水市张家川县红十字会就组织174个单位770人参加了无偿献血。

甘肃省红十字会积极参与省艾滋病防治领导小组的宣传培训工作，分别在西北师范大学、天水师范学院和白银市通过加拿大红十字会提供的预防艾滋病同伴教育项目，开展艾滋病预防知识的宣传和普及。省红十字会还联合兰州铁路局在列车上及各站点利用张贴挂图、发放安全套、问卷调查等形式开展预防艾滋病知识宣传活动，对铁路系统605名艾滋病宣传骨干进行了预防艾滋病知识的培训，并先后配发宣传画1000多张，宣传手册6000册，制作了艾滋病预防宣传展板20块。

（八）其他人道主义领域服务工作得到拓展。2005年，全省各级红十字会运用各种载体，不断拓展社会服务和社会救助领域，送温暖、献爱心、扶贫济困，努力在“群众所需、红十字所为”的结合点上拓展工作空间，真正成为群众的贴心人。一是积极开展义诊活动。一年来，天水、平凉、白银等地红十字会利用世界红十字日和其它纪念活动，在农村组织开展了义诊活动。据不完全统计，全省各级红十字会共组织开展义诊50多次，义诊人数达3万多人次；二是举办“健康援助”活动。2005年，省红十字会组织黄河医院免费为张掖山丹县、临泽县等地贫困家庭妇科肿瘤患者免费手术治疗9例，为贫困家庭的白内障患者免费提供人工晶体，实施白内障复明手术113例，总计减免医疗费用12万元；三是武汉健民药业集团向省红十字会捐赠了价值11.4万元的安瘤乳口服化疗抗癌药品，省红十字会将这批药品转交省肿瘤医院，用于在该院治疗的贫困患者中的适应病人，这批药品可解决19名肿瘤患者一个疗程的治疗需要；四是举办“关爱妇女，健康第一”大型健康知识讲座。黄河医院在“三八”妇女节期间举办了以妇科常见疾病的预防和保健为主要内容的大型健康知识讲座，来自北京的知名专家及甘肃省有影响的专业人员为兰州地区的广大妇女送去了一份关爱妇女健康的节日礼物，活动吸引了近千名妇女踊跃参加。

三、坚持贴近群众，努力增强红十字事业的凝聚力

（一）基层组织日渐完善，会员和志愿者队伍日益壮大。根据红十字会法及甘肃省人民政府办公厅转发省红十字会《关于加强红十字会工作意见的通知》精神，全省各级红十字会大力加强组织建设，发展基层组织，壮大会员和志愿工作者队伍。截至2005年底，全省14个市（州）、76个县（区）红十字会共发展基层组织1635个，吸收会员和志愿者30余万人，队伍自身建设不断得到加强。

（二）红十字青少年活动日趋活跃。2005年，全省各级红十字会根据青少年的不同年龄、不同知识层次，开展许多有益于青少年身心健康和德育教育的红十字青少年活动，激发了青少年对红十字事业的热情。一是将红十字青少年活动同学校素质教育、健康教育和德育教育结合起来。平凉市红十字会通过在各学校开展书画展览、诗歌朗诵、知识竞赛、运动会等活动扩大了红十字会的影响，先后有1500多人次参加，多样的活动形式增强了红十字青少年工作的吸引力；二是将红十字青少年活动同“学优创先”结合起来。兰州市七里河区王家堡小学教师作为甘肃省学校红十字工作先进单位的代表，参加了中国红十字会总会、教育部、卫生部、共青团中央共同召开的全国红十字青少年工作会议，并做了大会交流；三是将红十字青少年活动同发展学校红十字组织结合起来。学校是青少年集体活动的重要场所，因此在学校尤其是在高校建立红十字组织，对青年学生踊跃开展红十字活动、培养高尚的道德情操至关重要。2005年，省红十字会积极与兰州大学、西北师范大学、兰州商学院热心红十字事业的师生代表以及校方有关领导进行接触，在高校内进行了广泛深入地宣传动员，以上3所大学的365名同学已经成为红十字志愿工作者，为在全省高校建立红十字会组织奠定了基础。

（三）社区红十字服务工作稳步推进。为使红十字服务真正走进社区，在2004年工作的基础上，继续指导帮助白银、嘉峪关两市已有的社区红十字示范点建设。省红十字会还在兰州市考察了2所条件较好的社区卫生服务中心，并召开了开展社区红十字服务座谈会，共同研究和探讨红十字社区服务工作内容和工作方式。

四、加大宣传工作力度，确保红十字社会影响力进一步扩大。2005年，全省各级红十字会利用广播、电视、报刊、网络等各种媒体，刊发省红十字会各类新闻报道150余条，编发《甘肃省红十字会简报》24期，召开新闻发布会3次，重大活动基本上做到电视里有画面，报纸上有图文，广播里有声音，社会上有影响。同时紧紧围绕重大活动和重要节日开展了一系列内容丰富、形式多样的宣传活动，在社会上产生了较大影响，“人道、博爱、奉献”的红十字精神逐渐深入人心。

（一）以法规促宣传，红十字会法实施办法宣传全面到位。“实施办法”自2005年7月29日省人大常委会审议通过至10月1日正式实施的阶段就是广泛宣传扩大影响的阶段，省红十字会紧紧抓住这个时机，要求

各级红十字会组织红十字会工作人员、红十字会会员、志愿工作者深入社区、学校、团体会员单位，采用多种形式宣传，保证了“实施办法”的宣传力度和效果。一是“实施办法”颁布后，省红十字会会同省人大常委会、省政府、省卫生厅等8个单位共同召开了新闻发布会；二是利用电视、广播、报纸、网络等媒体刊发新闻报道，甘肃电视台播放了为期10天的电视图文宣传；三是制作了横幅悬挂在东方红广场，印制“实施办法”单行本4000册下发全省各级红十字会，还深入兰州市部分社区进行宣传，兰州市红十字会在3县5区悬挂大型宣传横幅45条，散发宣传资料3000多份。

（二）以行动促宣传，成效明显。2005年是甘肃省红十字会成立20周年。全省红十字系统开展了以“爱的奉献——红十字与你同行”为主题，以“办实事，见实效”为主要内容的甘肃省红十字会建会20周年纪念活动。一是把为社会办好事办实事作为宣传活动的重要内容。平凉市红十字会为崆峒区崆峒镇西沟小学的200名贫困生送去了可以使用一年的学习用品；陇南市红十字会组织市疾控中心工作人员深入农村为2200名小学生进行了预防碘缺乏病健康教育及红十字基本知识讲座；二是联合甘肃电视台公共频道组织开展“爱心陇原行”公益宣传活动，为基层群众送去了红十字会的真情关爱，取得了较好的宣传效果；三是摄制电视专题片《前进中的甘肃省红十字会》，以详实的内容充分展示了省红十字会建会20年来为甘肃经济社会发展做出的突出贡献和省红十字会发展壮大的历程。

（三）以服务促宣传，“五八”纪念活动有声有色。5月8日是“世界红十字日”，2005年的主题是“自救互救——红十字在行动”。全省各级红十字会根据这个主题，把为群众服务作为“世界红十字日”的主旋律，开展了丰富多彩的宣传纪念活动。省红十字会在东方红广场举行了隆重的“五八”纪念活动，活动吸引了上万名现场群众的关注和参与，22家医疗卫生单位近百名专家为群众进行了义诊，100多名群众参加了无偿献血，发放宣传资料5万份。同时还在精彩的文艺表演中穿插进行红十字基本知识有奖竞答，现场气氛空前活跃，达到了较好的宣传效果。平凉市红十字会聘请医学专家进行了义诊；白银市红十字会为部分特困、低保心脏病患者发放了“元亨强心卡”，举办了红十字会基本知识、卫生救护知识、心肺复苏急救知识的讲座；金昌、陇南、庆阳、武威、酒泉、嘉峪关、临夏、甘南等市（州）及部分县（区）红十字会也都积极开展了丰富多彩的宣传活动。

（四）以典型促宣传，南丁格尔奖反响强烈。定西市人民医院护理部主任王亚丽被红十字会国际委员会授予第40届南丁格尔奖章，成为甘肃省第一位获得国际护理界最高荣誉奖的护理工作者，这对全省医疗卫生系统广大干部职工给予了极大的鼓励。载誉归来的王亚丽同志受到了省委书记苏荣、省长陆浩、副省长李膺等领导接见。为了号召和激励全省护理工作者和红十字工作者向王亚丽学习，省红十字会、省卫生厅联合发出了在全省卫生系统和红十字会系统向王亚丽学习的决定，省委宣传部组织中央和省内各大媒体赴定西采访王亚丽同志先进事迹，并在《甘肃日报》连续报道。省委宣传部、省红十字会、省卫生厅、定西市委联合主办了王亚丽先进事迹报告会，分别在定西、兰州、山东等地作了巡回报告，激发了全省卫生系统和红十字会系统工作人员爱岗敬业、无私奉献的热情。

【历史沿革】

在1985年甘肃省红十字会正式批准成立以前，甘肃省就开展了红十字活动。1937年，平凉县成立了中国红十字会平凉分会，为因战争和贫困造成的伤病人员及遗弃孤儿开展了大量的人道主义救助工作。1946年、1949年，定西、兰州又分别成立了中国红十字会定西分会和中国红十字会兰州分会。1985年7月6日，经甘肃省人民政府批准，甘肃省红十字会正式成立，开启了甘肃省红十字事业发展的新纪元，甘肃省红十字事业进入了一个新的发展阶段。20年来，甘肃省红十字会在组织建设，赈灾救济、社会救助、普及卫生救护和防病知识、红十字青少年工作、推动无偿献血、传播国际人道法和红十字运动基本知识等方面取得了显著成绩。近几年来，甘肃省红十字会在拓宽人道主义服务领域方面做了大量工作。2001年—2004年，甘肃省红十字会共争取到天津市红十字会和3位香港友人的援助资金150多万元，在定西、天水、白银、庆阳4市新建博爱小学8所，乡镇卫生院1所。

2004年12月27日，甘肃省红十字会第四次会员代表大会召开。甘肃省委书记、省人大大常委会主任苏荣给大会发了贺信。甘肃省委副书记、省长陆浩，中国红十字会常务副会长江亦曼等出席了会议。大会全面总结了甘肃省红十字会第三届理事会的工作，制定了2005年至2009年发展规划，选举产生了由86名理事组成的新一届理事会。大会聘请省委副书记、省长陆浩为甘肃省红十字会名誉会长，省人大常委会副主任石作峰，省政协副主席周宜兴为甘肃省红十字名誉副会长，副省长李膺当选为会长，李玉堂当选为专职副会长，李存文、陆代森、张和平、王幸、李贵富、焦建民当选为副会长，根据会长提名决定陈瑞铭为秘书长。

甘肃省红十字会历次代表大会

第一届

1985年7月6日召开，理事17人，会长李屺阳，专职副会长傅唯一。

第二届

1990年11月13日召开，代表92人，理事44人，常务理事10人，名誉会长马玉海、张学忠、陈剑虹，会长李屺阳，专职副会长洪惠民、梁淑凤。

第三届

1994年6月23日召开,代表141人,理事55人,常务理事12人,名誉会长李屺阳,会长陈绮玲,专职副会长刘克玲、梁世章。

第四届

2004年12月27日召开，代表251人，理事86人，常务理事15人，名誉会长陆浩，会长李膺，专职副会长李玉堂。

【组织机构】

甘肃省红十字会现有基层组织1635个，会员30.13万人（其中青少年会员14.234万人）。全省14个市、州建立了红十字会，86个县（市、区）中有76个已建立了红十字组织，兰州铁路局、武警甘肃总队卫生系统也建立了行业红十字会。

根据《中华人民共和国红十字会法》和中国红十字会总会《理顺管理体制座谈会纪要》精神，2004年12月，在中共甘肃省委、省政府的重视关心下，省机构编制委员会印发了理顺甘肃省红十字会管理体制的通知，将甘肃省红十字会从省卫生厅划出，由省政府领导直接联系，单独设置，人员编制增加到12名，核定副厅级专职副会长1名，处级领导职数5名，内设办公室、组织宣教处、赈济救护处，为甘肃省红十字事业的发展提供了体制上的保证。

【大型项目】

（一）参与国内、国际间的救灾援助

1. 1998年，为“三江流域”水灾开展募捐，共筹集款物价值200多万元，支援了内蒙古、湖北等灾区。

2. 2004年底，印度洋地震并引发海啸的灾害发生后，甘肃省红十字会积极响应中国红十字会总会发出的紧急募捐号召，有组织，有计划，紧张、规范、有序地开展为印度洋地震海啸灾区的募捐活动。在这次社会募捐活动中，全省红十字会共计收到集体和个人捐款1575900.95元，创造了甘肃省红十字会建会以来赈灾募捐工作最高记录。

（二）对省内受灾地区的救助

1. 1990年，甘肃省古浪、景泰、天祝三县交界处发生6.2级地震，直接经济损失1.5亿元，省红十字会紧急开展救助和募捐活动，共筹集现金13万元、衣服83657件(套)，6万斤粮票，对灾区实施救助。

2. 1995年，甘肃省永登县发生5.2级地震，省红十字会及兰州、天水、平凉、定西、陇南、庆阳等市红十字会和兰化公司红十字会立即行动，募集衣被、帐篷、药品、食品等送往灾区，救助灾民。

3. 2000年，甘肃省宕昌县遭受百年不遇的特大洪水、泥石流灾害，景泰县发生5.9级地震，灾情发生后，省红十字会筹集了价值156万元的救灾物资运往灾区。

4. 2001年，甘肃省岷县、礼县等6县发生特大暴洪灾害，省红十字会紧急筹集了价值45万元的救灾物资对灾区实施救助。

5. 2002年，甘肃省部分市、县发生严重的冰雹、暴洪等自然灾害，省红十字会通过各种渠道积极开展了募集救灾物资工作，先后为7县（区）23个乡镇的受灾群众提供了总价值78.6万元的生活必需品和救灾物资，受益人口为15.7万人。

6. 2003年，甘肃省民乐、山丹发生6.2级的地震，省红十字会在中国红十字会总会、红十字会与红新月会国际联合会的支持下，共接受400多万元的捐款和物资，并及时发往灾区。

7. 2003年，“非典”期间，甘肃省红十字会共接受社会各界捐助款物折合人民币420.33万元，所有物资按有关规定及时下发到“防非”工作第一线。

（三）合作项目

1. 1999年～2004年，甘肃省红十字会与加拿大红十字会合作，利用加拿大红十字会援助的12万加元和省内配套资金，在定西市、白银市的6个乡卫生院开展卫生项目。培训卫生院业务人员及村医96人，配备医疗设备120件（套），改建农村卫生厕所364所。

2. 2001年～2003年，甘肃省红十字会与加拿大红十字会合作，在清水县、徽县、武山县开展白内障复明项目，免费为贫困家庭的白内障患者手术复明804例。

3. 2002年～2003年，甘肃省红十字会与加拿大红十字会合作，在兰州、白银、定西、天水4市开展艾滋病预防项目，共举办艾滋病预防培训班10期（其中：师资培训班1期，青年同伴教育培训班4期，红十字会骨干培训班1期，戒毒人员培训班4期)，共培训348人。

【主要特色】

近几年来，甘肃省红十字会拓宽人道主义服务领域，突出开展了兴教助学活动。

2001年～2004年，省红十字会共争取到天津市红十字会和3位香港友人的援助资金150多万元，在定西、天水、白银、庆阳4市新建博爱小学8所，乡卫生院1所。

2001年以来，省红十字会还积极为8所受援乡村中、小学校牵线搭桥，使这部分中、小学校与天津、香港特别行政区的部分学校开展了手拉手助学活动。活动中，天津、香港特别行政区的部分学校捐赠了价值31万元的电脑、打印机、电视机、VCD等教学设备，使边远山区的孩子们增长了见识，培养了他们关心社会、奉献爱心的人道主义精神。

（刘雪峰）

兰州市红十字会

【简介】

兰州市红十字会1958年召开了第一次会员代表大会，并经兰州市人民政府批准成立。1967年"文革"动乱期间停止工作，1986年，兰州市红十字会召开了第二次会员代表大会，开始恢复工作，办事机构挂靠在兰州市卫生局，科级建制。1998年机构改革时，为了加强红十字会工作，市政府批准红十字会办公室升格为副县级建制，事业编制3人。2002年机构调整时，保留红十字会办公室，仍为副县级建制，事业编制3人。2004年，兰州市红十字会召开了第二届第三次理事会，选举产生了以副市长张世珍为会长、施兴民为常务副会长的新领导集体，同年10月施兴民同志在中国红十字会第八次全国会员代表大会上当选为中国红十字会理事。2005年，兰州市红十字会理顺了管理体制，撤销红十字会办公室，红十字会列入"人民团体"序列，副县级建制，事业编制5人，张高奎为专职副会长，负责日常工作。

【年度工作】

一、依法理顺管理体制，完善各级红十字会组织机构

2005年，按照中国红十字会总会及甘肃省红十字会的要求，兰州市积极理顺市级红十字会的管理体制，争取三列（列编、列支、列位），独立自主地开展工作，健全县区红十字会的组织机构，8个县、区年内完成红十字会组织的换届和成员增补工作，并建立乡镇上、街道红十字会组织，积极争取各级党委和政府的支持，把红十字会工作纳入依法管理的轨道。积极发展会员及会员单位，壮大红十字会员和志愿者工作队伍，尽快建立起红十字网络体系，加强会费收缴管理。

二、加大宣传力度，提高红十字会的社会知名度

2005年，全市各级红十字会始终把宣传、贯彻红十字会法和红十字标志使用办法作为红十字会的中心任务来抓，积极开展红十字人道主义精神的宣传，切实规范红十字标志的使用，在积极做好"世界红十字日"、"普法日"、"世界献血日"，进行国际人道和红十字基本知识宣传的同时，广泛利用社会资源，策划和组织了形式多样的具有一定影响和规模的宣传活动，以扩大红十字会的社

会影响。

三、依法履行职责，做好各项业务工作

1. 备灾救灾。各级红十字会始终把筹备救灾物资作为一项重要任务，不断加大筹措赈济资金和物资的工作力度，积极探索新的筹资路子，引导社会力量支持公益事业。通过各种渠道，确保救灾物资有较大幅度的增加。提高了红十字会的自然灾害救助能力。

2. 卫生救护。依据《甘肃省红十字会贯彻〈中国红十字会关于广泛深入开展救护工作的意见〉的实施意见》的通知精神，全市各级红十字会要积极与公安交警部门协调配合对机动车驾驶员进行救护培训工作，与卫生行政部门配合对个体医疗机构的医护人员进行救护培训。同时，进一步加强了红十字道路救护站的建设，在重要路段和有条件的地方设置红十字急救站，开展道路救护。

3. 推动无偿献血工作，进一步加大宣传力度。普及无偿献血科学知识，配合做好献血动员和组织工作，使无偿献血工作正常有序的开展。

4. 加强造血干细胞捐献者资料库的建设。根据省红十字会的要求，年内完成了省造血干细胞捐献者资料库下达兰州200人份的捐献者资料入库任务。

5. 依据中国红十字会总会、国家教委《关于进一步推进学校红十字会工作意见》的通知精神，全市各级红十字会大力推进红十字青少年工作，加强了对红十字青少年工作的指导，积极与教育行政部门配合，以青少年思想道德教育和红十字人道主义精神的传播为主要内容，以点带面，开展了形式多样的红十字青少年活动。

6. 开展“红十字博爱送万家”活动，以及对社会弱势群体和受灾群众救助工作。

7. 创造条件，开展社会红十字服务工作。积极同卫生、民政等部门配合，依靠已有的社区卫生服务中心（站），增加了社区红十字服务内容，并招募红十字社区志愿工作者，推动社区红十字服务工作的开展。

（姚　刚）

青海省红十字会

【年度工作】

一、省委、省政府高度重视红十字会工作

2005年，中共青海省委、省人民政府分别印发《通知》，要求各有关部门“研究解决影响红十字会职能作用发挥的突出问题”。根据省委19号文件精神，青海省红十字会就制约青海红十字事业发展的“州（地、市）、县（区、市）红十字会没有理顺管理体制、青海省红十字会备灾救灾中心未立项建设、中国造血干细胞捐献者资料库青海省分库机构、编制未落实”几个突出问题，专报省委、省政府。为此，中共青海省委办公厅印发了《关于解决影响人民团体和群众团体职能发挥有关问题的通知》，青海省人民政府办公厅印发了《关于研究办理省人民团体和群众团体提出的有关问题和建议的通知》，要求有关部门研究、解决制约青海红十字事业发展的几个突出问题；省委办公厅向省依法治省领导小组办公室、省交通厅、省发改委、省国有资产管理委员会下发了《关于支持红十字会依法开展工作的函》。在省委、省政府的领导和重视下，青海红十字事业呈现出了前所未有的发展势头。

青海省人民政府办公厅下发了《关于进一步加强红十字会工作的通知》。为支持红十字会依法开展工作，青海省人民政府办公厅于2005年4月下发了《青海省人民政府办公厅关于进一步加强红十字会工作的通知》。“通知”从“提高认识，依法支持红十字会工作”、“加大对红十字事业的扶持力度”、“帮助红十字会提高救灾救助能力”、“加强红十字会组织机构和干部队伍建设”四个方面就进一步加强红十字会的工作进行了全面的安排、部署。特别是在加强红十字会的组织机构建设、依法理顺各级红十字会管理体制问题上，“通知”要求各州（地、市）政府及有关部门，于“2005年年底前理顺各州（地、市）红十字会管理体制，在2006年年底前理顺各县（区、市、行委）红十字会管理体制，配备专职工作人员，并帮助解决好各级红十字会工作人员参照国家公务员制度管理问题，工作经费列入地方财政预算”。

二、充分发挥政府助手作用，积极开救助工作

2005年9月29日，青海省人民政府办公厅印发了《关于在全省开展“博爱一日捐”募捐救助活动的通知》，并决定：每年10月1日至12月31日委托青海省红十字会在全省范围内组织开展“博爱一日捐”募捐救助活动，吸纳社会慈善资金，改善青海省灾区、贫困地区困难群体的基本生产生活条件，共创和谐青海、平安青海，促进青海省社会稳定和经济发展；全省性“博爱一日捐”募捐救助活动，由青海省“博爱一日捐”募捐救助活动组委会领导，由省红十字会及全省各级红十字会承办；主题是：捐出您一日工资、一日生活费，救助一个贫困家庭或一个贫困人。

2005年，青海省红十字会累计募集救灾救助款物折合人民币达960余万元，特别是在2005年11月8日首次组织的全省性“博爱一日捐”募捐救助活动中，全省各行政、企事业单位、驻军各部队、武警部队、中央驻青各单位等单位累计向青海省红十字会捐款捐物折合人民币达650万元，为青海省红十字会人道救助工作的开展奠定了坚实的物质基础。

2005年4月、11月，针对青海省部分地区遭受自然灾害侵袭的实际，省红十字会及时向海东地区民和回族土族自治县、海南藏族自治州共和县、海西蒙古族藏族自治州格尔木市、黄南藏族自治州河南县、果洛藏族自治州达日县、玉树藏族自治州囊谦县、称多县7个县（市）发放了价值102万元的救灾粮。

2005年5月，在第15个助残日和国际护士节到来之际，青海省红十字会对黄南州同仁慢性病防治院的医务工作者和正在该院接受治疗的麻风病患者进行了慰问，并捐赠了价值1.6万元的生活物资和2000多元常用药品。

2005年7月29日，在中国人民解放军建军78周年纪念日到来前夕，青海省红十字会专程前往总后青藏兵站部进行慰问，并为该部队战斗在海拔4000米以上的“三站”（兵站、泵站、机务站）官兵送去了价值近10万元的抗缺氧药品，同时也送去了红十字会对高原官兵的一片关爱之情。

2005年8月，根据信访部门转送的求助信和中共青海省委、省政府领导的批示，青海省红十字会通过社会募捐形式，为台

属、红斑狼疮病患者刘海霞，水电四局职工、白血病患者李鹏，贫困居民、宫癌Ⅲ期患者伊秀兰等捐赠治疗费57764.5元。

2005年1月13日，青海省红十字会开展了“红十字博爱送万家”活动。启动仪式结束后，由青海省红十字会系统工作人员组成的10个慰问组和各州（地、市）、县（区）红十字会的工作人员陆续将350余万元的救灾救助物资送往全省8个州、地、市的43个县（区、市）及省级部分困难企业的12500余户贫困家庭，受益人数达55000余人。

三、宣传与社区服务工作深入有效

2005年5月8～14日，青海省红十字会与省依法治省工作领导小组办公室联合在全省范围内组织开展了一次以“贯彻红十字会法，发展红十字事业”为宣传主题的红十字会法宣传周和集中上街宣传活动。在5月8日的集中上届宣传活动中，仅西宁地区就有省、市133单位的近2000人参加了集中上街宣传活动，发放各类宣传材料20余万份。省委、省人大、省政府对省依法治省工作领导小组办公室和青海省红十字会联合组织的红十字会法宣传活动给予了高度评价。2005年6月3日，为提高社区红十字志愿工作者的服务能力和水平，对社区的100多名红十字志愿工作者进行了心肺复苏、四项救护知识和红十字知识的培训；2005年春节、“五一”、“七一”及老年节期间，青海省红十字会组织组织泰宁、中华巷两个社区红十字服务站的志愿者，对社区的20户特困家庭和2名贫困老党员进行了慰问，给他们送去了大米、棉被、羊毛衫、牛绒裤、衣服等价值近万元的慰问物资；对社区下岗、失业人员和60岁以上的老人免费体检1247人次，并建立了健康档案；在社区开展健康教育25次，发放宣传资料2600余份、展板98块、接受健康咨询2000余人次；为老、弱、病、残等社会脆弱群体上门服务139人次，捐款捐物3000余元。2005年5月，为配合学校的素质教育，提高少年儿童应对意外伤害的自救护意识和能力，青海省红十字会与社区红十字服务站联合，在西宁市黄河路小学开展了两次以“自救、自护”为主要培训内容的主题队会，120名红十字青少年接受了意外伤害的止血、固定、包扎、搬运四大技术和心肺复苏术的培训。

四、群众性卫生救护培训工作取得良好成绩

根据《青海省人民政府办公厅关于进一步加强红十字会工作的通知》中关于“到2010年，公安、交通、旅游等部门以及运输、矿产开发、地质、建筑、电力等高危行业的初级卫生救护知识普及率要达到90%以上”的要求，青海省红十字会的群众性卫生救护培训工作率先在省委、省人大、省政府、省政协办公厅系统展开，之后逐步拓展到了党、政机关、事业单位、国有企业和旅游、交通等行业。在教学内容上，以止血、包扎、固定、搬运和徒手心肺复苏为主要内容；在培训重点上，以理论学习为基础，结合结业考试，突出了实际操作；在教学方式上，以集中培训为主，采取“集中培训”和根据单位需要“送教上门”相结合的灵活方法。2005年，青海省红十字会累计培训初级卫生救护员4000名。同时，根据中国红十字会总会彩票公益金“卫生救护师资培训项目”要求，2005年，青海省红十字会共举办卫生救护师资培训班6期，为西宁市、海东地区及六州培训卫生救护师资195名；

顺利完成了总会彩票公益金“卫生救护师资培训项目”关于利用3年时间在青海省红十字会系统培训485名卫生救护师资的任务。

五、广泛开展国际救援与合作

2004年12月底，印度洋地区海啸灾难发生后，青海省红十字会在第一时间作出反应，于2004年12月31日在《青海日报》上发出了《关于援助印度洋地区地震海啸灾民的紧急呼吁》，公布了捐款帐户和捐赠热线。元月4日，省委书记、省红十字会名誉会长赵乐际，省委副书记、省长宋秀岩，省人民政府副省长、省红十字会会长邓本太等省委、省政府领导在省红十字会举行的捐款仪式上带头为灾区民众捐款，此后全省各地广泛开展了声势浩大的救灾募捐工作。青海省红十字会累计接收全省社会各界捐款达260余万元。

2005年2月，根据加拿大红十字会援助“卫生救护项目”协议要求，为大通、河卡、茶卡3个项目点的红十字急救站购置、捐赠了价值10余万元的医疗设备。2005年3月，我青海省红十字会再次与加拿大红十字会达成援助“2005年白内障复明扶贫项目”援助计划，青海省红十字会利用项目资金，为玉树州、果洛州和西宁地区的130名贫困白内障患者实施复明手术。

六、无偿献血与艾滋病防治工作稳步推进

2005年“五八世界红十字日”、“世界献血者纪念日”期间，青海省红十字会与省卫生厅等在西宁市联合举行了两次无偿献血集中宣传活动。2005年3月，青海省红十字会引进加拿大政府国际发展署援助的“艾滋病预防宣传项目”，并在海西州格尔木市和海北州刚察县实施；青海省红十字会利用项目资金编印艾滋病预防知识培训教材汉、藏文版各600册；为项目实施地培训“青年同伴教育主持人”40名、“青年同伴教育志愿者”400名，使项目实施地的10万余名18—25岁的各族青年了解、掌握了预防性病、艾滋病的相关知识。

七、造血干细胞捐赠者资料库青海省分库建设

2005年4月22日，青海省红十字会在青海民族学院举行了“青海省造血干细胞志愿捐献登记活动”启动仪式，这标志着中国造血干细胞捐献者资料库青海省分库的工作正式展开。4月～8月，青海省红十字会分别在青海卫生职业技术学院、青海民族学院、青海大学等高等院校进行了造血干细胞志愿捐献报名暨血样采集工作。截至目前，报名志愿捐献造血干细胞的社会各界人士达1030名，采集并送检血样540份，入库502份，圆满完成了中国造血干细胞捐献者资料库下达给“青海省分库”检测500人份HLA分型数据的任务。

【历史沿革】

1981年9月17日，中国红十字会青海分会恢复，与中华医学会青海分会合署办公，无专职工作人员，会务由秘书长监管。1984年7月1日，中国红十字会青海分会接中国红十字会总会通知，经青海省人民政府批准，更名为青海省红十字会。8月23日，青海省编制委员会批准青海省红十字会设专职工作人员2名，挂靠青海省医药卫生学会联合办公。1998年3月，省红十字会配备了专职副会长，同年8月，省委、省政府为加速青海红十字事业的发展，依法理顺了青海省红十字会的管理体制，批准青海省红十字会为直属省政府领导的、独立的厅级

机构，机关内设办公室、救灾赈济部、宣传救护部，人员编制17名。同年10月，省编委又批复了“青海省红十字会备灾救灾培训中心”、“青海省中心血站”的机构和编制。1999年5月，省红十字会召开了第三次全省会员代表大会，选举中共青海省委副书记、省纪委书记白玛为会长，尼玛为常务副会长，并产生了由88位理事组成的第六届理事会；在2003年1月召开的青海省红十字会六届二次理事会上，由于工作变动部分理事进行了调整，白玛不再担任会长，选举青海省副省长邓本太为会长；目前，理事会由101名理事组成。

2002年，青海省红十字会根据中共青海省委、省政府关于“社团机构改革”的通知精神，结合红十字会工作逐渐向建设造血干细胞捐献者资料库、参与社区服务、推动无偿献血及推进国际交往与合作等领域拓展，并以加强机关工作职能为目标，顺利完成了青海省红十字会的机构改革工作。根据中共青海省委、省政府下发的机构改革方案，省红十字会机关内设部（室）及职能得到了进一步加强，内设部室由原来的3个增加到5个，即办公室、宣传救护部、救灾赈济部、联络部和机关党委，人员编制由原来的17人增加到22人；将下属单位“青海省红十字会备灾救灾培训中心”更名为“青海省红十字会备灾救灾中心”。

2002年1月，《青海省实施〈中华人民共和国红十字会法〉办法》的颁布施行，为青海红十字事业的健康快速发展提供了强有力的法律、法规保障。“实施办法”颁布施行后，海西州及部分所辖县和海东地区的互助县按“实施办法”有关规定，分别设立了两级红十字会的日常办事机构，并配备了专职工作人员。

【组织机构】

1998年以前，由于青海省红十字会的机构未独立（挂靠在省卫生厅），在历次大的自然灾害中，失去了许多得到国内外援助的机会。1998年，中共青海省委、省政府依法理顺省红十字会管理体制，批准青海省红十字会为直属省政府领导的独立机构。目前，青海省县级以上按行政区域全部建立了红十字会地方组织，基层组织由1998年的129个发展到现在的750个，增长了5.8倍，会员由3万多人发展到现在的10万余人，增长了3.3倍。青海省红十字会机关内设办公室、宣传救护部、救灾赈济部、联络部和机关党委，人员编制22人，下设“青海省红十字会备灾救灾中心”。

2005年9月27日，中共青海省印发了《关于成立中共青海省红十字会党组的通知》，中共青海省红十字会党组成立。

2005年12月17日“青海省省红十字会第四次全省会员代表大会”在青海会议中心隆重举行。大会选举产生了由97名代表组成的青海省红十字会第七届理事会和26名成员组成的第七届常务理事会；七届一次理事会聘请中共青海省委书记赵乐际为省红十字会名誉会长；聘请中共青海省委副书记刘伟平、省人大副主任宋彭生、省政协副主席鲍义志为省红十字会名誉副会长；选举省人民政府副省长邓本太为省红十字会会长；选举尼玛为省红十字会常务副会长；根据会长提名决定了省红十字会的秘书长和副秘书长。此次会议规模之大、规格之高是青海红十字会事业发展史上前所未有的。截至2005年初，青海省红十字会共发展基层组织750个，会员10万余人，其中红十字青少年39245人。

【大型项目】

（一）1998年7月，我国“三江”流域发生了百年不遇的洪涝灾害，青海省部分地区也发生了不同程度的洪涝、干旱、冰雹等自然灾害。为支援沿江各省（区）及省内的抗灾救灾工作，省红十字会全体工作人员全力以赴投入抗灾救灾工作，共募集救灾款物折合人民币100余万元，创下了省红十字会有史以来的第一个百万元记录。这批救灾款物被及时发往黑龙江、湖南、湖北、内蒙古及省内部分受灾地区。

（二）在中共青海省委、省政府领导和中国红十字会总会的支持下，青海省红十字会与有关国家开展了合作：2000年以来，青海省红十字会积极开展民间外交，寻求国际援助与合作，先后有加拿大、美国和日本等10余个国家红十字会的代表对青海省进行了考察、访问。省红十字会的代表和红十字青少年也先后应邀出访了欧洲9国、日本、泰国、港、澳、台等国家和地区。2000年以来，青海省红十字会先后引进意大利亚洲国际团结协会、加拿大政府、加拿大红十字会以及港、澳地区红十字会和台湾红十字组织的“雪灾紧急救助”、“卫生救护”、“白内障复明扶贫”、“艾滋病预防”、“红十字博爱小学”和加拿大政府国际发展署2005年援助的“艾滋病预防宣传”等外援项目8项（次），累计引进外援资金2000多万元。2004年5月，青海省红十字会引进澳门特别行政区红十字会援助资金15万元人民币，在省内国定贫困县循化撒拉族自治县白庄乡建设了青海省红十字会的第一所红十字博爱小学——夕昌藏族小学。该项目于7月初动工，9月1日正式投入使用。该项目的实施，改变了白庄乡夕昌小学179名学生的学习环境。青海省红十字会利用“卫生救护”项目资金，在省内国道沿线建立红十字急救站6个；利用“白内障复明扶贫”项目资金，使1000余名贫困白内障患者重见光明。

（三）自1998年以来，每年的农历大年初一和“六一”国际儿童节，青海省红十字会都要前往西宁市儿童福利院慰问生活在那里的孤残儿童及节日期间仍然坚持在工作岗位上的教职员工，并给他们送去饺子、水果、玩具等礼物，使那些生活不能自理、失去父母关爱的孤残儿童能与正常儿童一样享受到了节日的快乐。

（四）青海省红十字会将关注、关爱麻风病人纳入救助工作范畴。从2003年起，省红十字会每年都要前往黄南州同仁慢性病防治院，对该院的麻风病患者和长期奋战在麻风病防治一线的医务工作者进行慰问。

（五）对监狱服刑人员实施人道关怀。8年来，青海省红十字会每年都要前往西宁监狱、西宁女子监狱，通过在服刑人员中传播人道主义观念、传授卫生保健知识等，为监狱服刑人员送去红十字会的人道主义关怀。此项工作对感化服刑人员，激励服刑人员振作精神，加快改造进程起到了积极的作用，得到了中共青海省委、省政府和中国红十字会总会的肯定。

（六）为防止艾滋病在青海省的蔓延，自2003年以来，青海省红十字会利用加拿大红十字会援助的“艾滋病预防青年同伴教育”项目，在以上高危人群中举办了“艾滋病青年同伴教育培训班”，并取得了一定的效果，受到了社会各界的一致好评。

（阿 珍）

西宁市红十字会

【简介】

西宁市辖四区三县，总面积 7665 平方米，总人口 204.97 万。西宁市红十字会成立于 1984 年，挂靠在市卫生局，与医政管理处合署办公，由医政处工作人员兼职员负责日常工作。截至目前，全市累计发展基层红十字会组织 71 个，其中团体会员单位 16 个，累计发展会员 9699 名，红十字青少年会员 17447 名。

【年度工作】

一、开展红十字会法宣传活动

为促进西宁市红十字会事业发展，向社会宣传红十字会法，按照青海省依法治省工作小组办公室、青海省红十字会《关于在全省进一步开展〈中华人民共和国红十字会法〉学习宣传活动的通知》、《关于在全省开展红十字会宣传活动周的通知》要求，在“五八”世界红十字日宣传周和“助残日”活动期间，市红十字会、各基层红十字会紧紧围绕“贯彻红十字会法、发展红十字事业”这个主题，采用多种形式，大力宣传《中华人民共和国红十字会法》和《青海省＜中华人民共和国红十字会法＞实施办法》，并组织医务人员在市区主要街区开展了以“平等共享促进残疾人就业”为主题的宣传咨询、义诊活动，通过宣传活动，使社会各界了解红十字会、支持红十字会。

二、积极开展各种扶贫救助募捐活动

2005 年春节前夕，中国红十字会总会顾问王立忠在省、市红十字会领导的陪同下，一行来到西宁市城东区刘孙艳、马有才、王国情等贫困户家中，并亲自将红十字会慰问品一一送到每位老人的手中，详细询问他们的生活情况。还来到湟中县塔尔寺贫困僧人索南民珠老人家，给他送去了大米、牛绒衣裤、糖果、茯茶等慰问品。市、区、县红十字会领导也分别将慰问品发送到 800 户贫困户家中，切实把红十字会的温暖送到了贫困人口的家中。

当印度洋发生强烈地震引发海啸后，西宁市红十字会立即向各基层红十字会、广大红十字会员、社会各界发出紧急呼吁，并在新闻媒体公布了捐赠热线，呼吁全社会都行动起来，伸出援助之手，发扬“一方有难、八方支援”的优良传统，积极开展捐款救灾活动。募捐活动受到市人大、市委、市政府、市政协领导的关心和支持，市级各单位、市属各级医疗卫生机构、医药公司等部门和部分个体医生也纷纷献出一颗爱心，带头捐款，共收到捐款 1 万余元，并上交省红十字会。

根据西宁市政府办公厅《关于在全市开展“博爱一日捐”募捐救助活动的通知》精神，西宁市红十字会广泛动员社会各界积极开展募捐活动，吸纳社会慈善资金，通过募捐活动，为困难群众办好事、办实事，据统计，市红十字会共收到社会各界募捐款 7 万余元。年底，参加了以“弘扬人道主义、温暖千家万户”为主题的青海省红十字会 2006 年红十字博爱送万家活动，市、区、县红十字会领导将慰问品送到四区、三县 800 户特困户家中。

三、开展义诊和社会公益活动

在各级卫生行政部门的大力支持配合下，西宁市红十字会坚持组派定点长期医疗队、巡回医疗队赴农村无偿为当地农民群众服务。市一、二、三医院红十字会分别组织

5 名医护人员深入到果洛、玉树州等地进行为期半年的定点下乡医疗活动，累计诊疗病人 4300 余人次，实施手术 87 例，推广和指导开展“三新”技术 11 项。免费赠送医疗器械等物品价值 2 万元。全市各医疗单位红十字会组派巡回医疗队到大通、湟中、湟源等农村开展卫生“三下乡”活动达 24 次，诊疗病人 12000 余人次，免费测血压 2000 余人次、发放健康教育宣传材料 20000 余份，并积极向农民群众宣传卫生科普知识，以提高广大人民群众自我防病保健能力。同时，市疾控中心、大通、湟源、湟中三县疾控中心红十字会组织会员认真开展结核病普查工作，免费诊治结核病患者 700 余例。

四、开展助残、防盲活动

2005 年，西宁市红十字会配合“视觉第一，光明行动”和加拿大红十字会扶贫等项目，筛查白内障患者 400 余名，在项目实施中，严格掌握筛查标准，优先照顾五保户、特困户人家，认真做好病人的登记、筛选、护送等辅助工作，确保白内障复明手术工作的顺利实施。还配合省、市残联先后到城东地区、大通县等地对残疾人进行疾病调查、诊治工作，免费体检 200 余人次。配合中残联公益基金贫困肢体残疾儿童矫治项目，在西宁市第二人民医院、海北州人民医院开展贫困残疾儿矫治手术 100 例。

五、开展无偿献血和防治艾滋病宣传活动

西宁市红十字会把无偿献血和艾滋病防治作为工作的重点，加强无偿献血和防治艾滋病的宣传，根据省红十字会的通知和安排，组织开展以“推动无偿献血”、“无偿献血光荣”、“远离艾滋病”为主题的专项宣传活动，并按照西宁市人民政府办公厅《关于在全市开展 121 联合行动计划红丝带爱心一元捐活动的通知》要求，及时向市区、县各社发局、市属、系统各医疗卫生单位、民营医院转发“通知”，共收到全市行政、事业单位、学校等部门的捐款共 10 万余元。

六、做好救护师资培训工作

为确保中国红十字会彩票公益金项目救护师资培训工作的顺利实施，西宁市红十字会组织 20 名卫生急救人员参加了省红十字会举办的公益金项目救护师资培训班学习。在省红十字会的指导下，遵照“逐级培训、以点带面”的原则，面向农村、面向基层开展培训工作，先后在各区、县举办专项培训班 3 期，培训急救人员 56 名，培训班采取理论学习与实际技能操作相结合的培训方式，注重对学员运用急救理论知识解决临床和实际工作能力的培养，确保了培训效果。

七、社区卫生服务站试点工作进展顺利

西宁市红十字会在城东、城西区设立了 2 个红十字社区卫生服务试点站，一年来，在省红十字会和两个区政府的大力支持下，两个红十字社区卫生服务站试点工作进展顺利，积极在辖区内开展入户调查，建立居民健康档案，医务人员出诊、随访病人 450 人次，开展多种形式宣传义诊活动 6 次，免费发放药品价值 4 万余元，为残疾人、贫困住户减免诊疗费 1 万余元，开展健康知识讲座 5 次。西宁市红十字会在红十字社区卫生服务站的宣传和影响下，目前，已有 20 名红十字志愿者自觉加入，他们经常配合社区开展健康教育、计划生育等宣传活动，，主动到孤寡残疾人家庭上门服务，受到了社区居民的好评。

（西　红）

宁夏回族自治区红十字会

【年度工作】

2005 年，宁夏回族自治区红十字会在中国红十字会总会的指导和大力支持下，在自治区党委、政府的领导下，充分发挥自身优势，认真履行职责，团结一致，开拓创新，各项工作都取得了可喜的成绩，圆满地完成了年初确定的各项工作目标。

一、社会救助工作

2005 年，宁夏回族自治区的泾源县、隆德县、彭阳县、中宁县等地区遭受龙卷风、冰雹、强降雨袭击，给当地群众造成重大损失。宁夏回族自治区红十字会先后共组织了 4 次大型赈灾救助活动和 1 次博爱送温暖活动，向灾区和困难群众发放救灾、救助帐篷、棉被、大米、食用油、衣服等物资对困难群众进行救助，共发放救灾款物 138.5 万元，受益群众达 9000 多人次。在做好灾害救助同时，自治区红十字会把社区贫困群众救助和助学兴教工作作为工作重点来抓，在上海市红十字会、中国红十字基金会（天狮集团）、澳门特别行政区红十字会的援助下，筹资 67.5 万元，在中宁县、泾源县、平罗县援建了三所博爱学校，解决了当地贫困学生上学困难。“六一”儿童节期间，宁夏红十字会到宁夏特殊教育学校和西夏区胜利小学看望慰问了宁夏儿童福利院 100 多名儿童和在特殊教育学校上学的 260 名聋哑残疾学生及西夏区胜利小学的贫困学生，并向他们赠送了价值 7 万多元的运动服、体育用品和学习用品。为了帮助社区困难群众，先后在 8 个社区成立了红十字会，发展了一批红十字志愿者，通过开展募捐和志愿服务对社区群众进行救助。

2005 年，宁夏红十字会接到广西壮族自治区红十字会、海南省红十字会呼吁，得知两省区遭受了严重的灾害，灾区群众正面临着严重的生活困难急需救助，宁夏红十字会急灾区群众之所急，紧急筹集救灾款购置了 40 吨大米对广西、海南两省区受灾地区的群众进行了救助。

2005 年 1 月，印度洋地区发生强烈地震引发海啸后，宁夏回族自治区红十字会在全区进行社会募捐，援助受灾国灾民，捐款活动得到了社会各界的积极响应，短短的 20 天时间就募捐了 108 万元。通过捐款活动的开展进一步扩大了红十字会知名度，有力地支持了受灾国灾民。这次捐款活动也是宁夏回族自治区红十字会自成立以来组织开展规模最大，效果最好的一次国际救援活动。

二、理顺红十字会管理体制工作

宁夏回族自治区党委、人大、政府对全区市、县（区）红十字会理顺管理体制工作十分重视，自治区党委常委会召开会议专题听取了自治区红十字会工作汇报，并就理顺地级红十字会管理体制进行了研究部署。自治区人大常委会颁布施行的《宁夏回族自治区实施〈中华人民共和国红十字会〉办法》对红十字会的管理体制做了明确具体的规定。自治区人民政府印发的《关于进一步加强红十字会工作的通知》也就理顺红十字会管理体制做了安排部署。自治区编办发文一次性理顺了全区 5 个地级红十字会管理体制，为全区基层红十字会工作开展创造了有利条件。

2005 年，全区各级红十字会依法加强

基层组织和会员、志愿工作者队伍建设，进一步健全基层组织，发展红十字会员，使更多的志愿者参与红十字工作，2005年，全区有红十字会基层组织41个，团体会员210个，全年发展会员368人，其中成人会员140人，青少年会员228人，会员累计总数为14200人，成人会员累计总数为6550人，青少年会员累计数为7650人，红十字志愿者700人。

三、救护培训工作

2005年，宁夏红十字会组织红十字志愿者和师资人员深入到学校、社区、机关单位、街道、矿区广泛开展救护培训工作，普及群众性自救互救知识。通过现场演示紧急救护技能、救护知识、发放救护知识宣传资料，让群众互动参与，增强了群众安全防范意识，了解救护常识，加深了群众对红十字会工作的认识。按照中国红十字会总会的统一安排，宁夏回族自治区红十字会在基层红十字会系统，公安、消防、交通、司法、系统举办了6期救护师资培训班，培训师资232人，累计培训师资533人。举办各有关行业救护知识普及讲座、培训班365次，培训救护员13100人。根据《中国红十字会2005—2009年预防控制艾滋病工作规划》，按照总会统一部署宁夏回族自治区红十字会会同卫生、共青团、妇联等部门深入社区、大学、街道、劳教所开展预防艾滋病宣传工作。12月1日世界艾滋病日，宁夏回族自治区红十字会在宁夏医学院和凤凰北街社区举办了二期预防艾滋病知识讲座和演讲比赛，印发有关预防艾滋病宣传单1000多份，在30多个社区张贴预防艾滋病知识宣传画100多张，通过报纸在全区范围内开展了预防艾滋病知识有奖知识问答活动。

为了更好推动无偿献血工作开展，11月5日，宁夏回族自治区红十字会、宁夏血液中心在银川市西夏区成立了第一家无偿“献血屋”，为无偿献血者提供更方便、快捷、优质的服务。在献血屋成立仪式上，来自宁夏大学、宁夏司法警官学院、宁夏医学院的195名大学生无偿捐献了血，共捐献40600毫升血液。

截至12月份，银川市已有16359人次参加无偿献血。在第三季度卫生部公布的无偿献血先进城市名单中，银川市排第6位。无偿献血工作在全区已经被广大群众所理解和接受，逐渐成为越来越多的人的自觉行动。全区无偿献血工作正朝着持续、顺利、健康的方向发展。

四、对外交流、合作工作

由美国红十字会援助的固原市原州区河川乡改水、改厕、健康教育项目，前期准备工作已经完成，项目将从2006年开始实施，项目总投资367万元，项目实施后可使该地区8个乡、124个行政村13万多人受益。2005年，宁夏回族自治区红十字会先后接待了美国红十字会、上海红十字会、广西红十字会、内蒙红十字会同仁。承办了全国报刊宣传工作会议和全国社区志愿服务培训班，接待了260多位全国红十字会同仁。

五、红十字青少年工作

为了充分发挥红十字会在学校素质教育中作用，弘扬人道、博爱、奉献的红十字精神，丰富学生的第二课堂，宁夏红十字会利用暑假期间组织获得“第六届全国青少年春蕾杯征文比赛部分获奖学生”和长期参与红十字会组织的社会活动的志愿者到首都北京、古都西安、海滨城市青岛和我区固原、中卫等地感受祖国改革开放以来经济建设、社会发展变化情况，以及宁夏贫困地区经过多年不懈努力家乡脱贫致富变化情况，使学生们更加热爱祖国、热爱家乡。银川市26所学校的87名学生参加了由宁夏红十字会组织的红十字青少年夏令营活动。夏令营的主题是“热爱祖国、热爱家乡，参与社会实践”。

六、造血干细胞志愿捐献工作

造血干细胞志愿捐献者资料库宁夏分库成立以来，做到了当年建库，当年超额完成分配任务，当年就有一位志愿者初配成功。在5月8日的分库启动仪式上，宁夏回族自治区党委书记陈建国、政府主席马启智专门致信表示祝贺。为了扩大宣传面，使更多的志愿者了解这项社会公益活动，宁夏分库通过新闻媒体加大宣传力度，利用电视台，广播电台举办了多次专题节目，开通了咨询热线电话，调动了市民捐献热情，取得了较好的社会效果。截至12月份，全区有1000多名志愿者报名、登记、咨询志愿捐献造血干细胞，有512名志愿者采集了造血干细胞血样，有507名志愿者造血干细胞资料录入中华骨髓库，有1名志愿捐献者HLA初配成功。

【历史沿革】

1984年12月15日，宁夏回族自治区人民政府正式批准成立“宁夏回族自治区红十字会筹备委员会”，自治区政府副主席马腾霭担任筹委会主任，自治区卫生厅副厅长牛琦、民政厅副厅长行程、教育厅副厅长王世福、宁夏医学会会长丁素石、副会长邹伯勋担任副主任。经过筹委会近两年的工作，1986年9月6日，宁夏回族自治区人民政府正式批准成立宁夏回族自治区红十字会，并决定召开宁夏回族自治区红十字会第一届会员代表大会。1986年9月6日，宁夏回族自治区红十字会第一届会员代表大会召开，全区有104名代表出席了会议，大会选举产生了会长马腾霭、副会长牛琦、行程、王世福，秘书长邹伯勋、副秘书长王岐山，选出理事23名。大会讨论制定了宁夏回族自治区红十字会1986～1990年工作规划。至此，宁夏红十字会正式成立。新成立的宁夏回族自治区红十字会把发展基层组织、卫生救护、灾害救助作为工作重点。经过不懈努力，各地红十字会基层组织陆续建立并开展工作。到2005年，宁夏红十字会共发展基层红会42个，会员发展14650名，卫生救护、社会救助、敬老助残等项工作开展得有声有色。

2001年2月召开的宁夏红十字会第四次会员代表大会，聘请自治区党委书记毛如柏、自治区主席马启智兼任宁夏回族自治区红十字会名誉会长，大会选举冯炯华为会长，陈守信、马玉章为副会长，根据会长提名决定刘静为秘书长。2001年3月19日，自治区机构编制委员会办公室下文理顺了宁夏回族自治区红十字会管理体制，宁夏红十字会由“自治区卫生厅代管”改由自治区政府领导联系，实行财政经费单列。宁夏红十字会逐步走上了依法建会、依法兴会、依法治会的轨道，各项工作进入快速发展阶段。2004年12月26日，经自治区党委常委会研究，由现任自治区党委书记陈建国兼任宁夏回族自治区红十字会名誉会长。

宁夏回族自治区红十字会历次代表大会

第一届

1986年9月6日召开，会长马霭，副会长牛琦、王世福、行程，秘书长邹伯薰。

第二届

1990年3月召开，会长杨惠云，副会长马成义、牛琦、王世福、行程，秘书长秦小明。

第三届

1994年3月召开，会长刘仲，副会长马成义、徐彦振、马文理、王金巅，秘书长陈学文。

第四届

2001年2月召开，名誉会长毛如柏、陈建国、马启智，会长冯炯华，副会长陈守信、马玉章，秘书长刘静。

【组织机构】

宁夏回族自治区红十字会现有红十字会基层组织211个，其中：成人会员6600人，青少年会员7650人，会员累计总数为14250人，红十字志愿者310人。宁夏回族自治区红十字组织网络已初步形成。同时，为了加强学校红十字会建设，宁夏回族自治区红十字会在银川二中高等院校、职业学校、中小学校、厂矿系统建立了学校红十字会。

宁夏回族自治区红十字会机关设有综合处、业务部。下辖中国造血干细胞捐献者资料库宁夏分库管理中心、备灾救灾中心2个直属事业单位。

根据《中华人民共和国红十字会法》和《宁夏回族自治区实施〈中华人民共和国红十字会法〉办法》，2005年5月，宁夏回族自治区机构编制委员会办公室下发《关于银川市等五个地级市红十字会机构编制有关问题的通知》，银川市、石嘴山市、吴忠市、中卫市、固原市的红十字会机构单独设置，为了有利于加强政府对红十字会工作的领导和协调，红十字会由市政府领导联系。核定领导职数1名为副处级，事业编制3—5名。目前，全区5个地级市红十字会理顺管理体制工作已经全面展开，机构已经组建完成，人员已经配备到位。21个县（市、区）都成立了红十字会组织。宁夏回族自治区地市级红十字会有：银川市红十字会、固原市红十字会、石嘴山市红十字会、吴忠市红十字会、中卫市红十字会。

【大型项目】

（一）积极开展灾害救助工作，有力地支援了受灾地区的重建工作

1986年～1989年的4年间，宁夏红十字会共为灾区发放救灾款物总价值12万多元。

1990年，为宁南山区和部分受灾县援助救灾物资总价值10万元。组织50人参加的医疗队分赴宁南山区开展医务援助活动，时间共两个月。

1991年，发放救灾款物总价值25.6万元。

1992年，向宁南山区干旱地区发放救灾款3万多元。

1993年，向“5·5”风暴拨救灾款2.87万元；

1994年，向宁夏回族自治区盐池县、彭阳、中卫县发放救灾物资价值10万元

1996年，宁夏回族自治区17个县（市）100个多乡镇遭受冰雹灾害，宁夏红十字会发放救灾物资价值10万元，药品287箱（价值24万元）。

1997年为贫困户发放面粉2500公斤，为青铜峡市瞿靖镇救助药品2万元。

1998年我国“三江”地区发生洪涝灾害，宁夏红十字会全力做好赈灾募捐，共募集款物总价值104万多元支援灾区抗洪。

1999年，向盐池、隆德、泾源、中卫、灵武、吴忠市发放救灾物资6.2万元。

2000年，在中国红十字会总会的大力支持下，向宁夏回族自治区遭受旱灾、雹灾和洪水灾害袭击的灾区群众发放救灾物资价值162.8万元。

2001年，全年共向灾区群众发放救灾款物价值120万元。

2002年，宁夏红十字会加大了救灾扶贫力度，在全区开展8次救助活动，共发放救灾物资价值100多万元。

2003年，在防治“非典”斗争中，宁夏回族自治区红十字会共向一线医务工作者捐款物170多万元，有力地支援了抗“非典”斗争。

2004年11月6日，宁夏煤业集团白岌沟煤矿矿井发生意外事故，造成部分矿井停产，部分设施损坏，给白岌沟煤矿正常生产和煤矿职工的生活带来一定的影响，宁夏红十字会得知发生意外事故后，紧急调集价值15万元的救灾物资到白岌沟煤矿慰问了煤矿职工。

2005年6月，宁夏回族自治区固原市彭阳县、隆德县、泾源县遭受龙卷风、冰霜、强降雨袭击灾害给当地群众造成了巨大损失，宁夏红十字会紧急筹集救灾款购置了灾区群众急需的大米、帐篷、棉被等救灾物资对灾区群众进行救助，共发放救灾大米5400斤、帐篷40顶，棉被1300条。

（二）积极开展红十字博爱送温暖活动

2000年到2004年，宁夏红十字会配合中国红十字会总会在宁夏开展了“红十字博爱送温暖”活动，共筹集150多万元，对固原、泾源、海原、盐池县、贺兰县、红寺堡光彩新村、西吉县城郊乡芦子沟村、宁夏煤业集团精煤分公司和宁夏教育系统贫困职工和困难群众进行慰问救助。

【主要特色】

为了推动宁夏回族自治区贫困地区教育事业发展，解决贫困地区学生上学困难问题，自治区红十字会从2000年开始在全区实施“助学兴教工程”，通过项目合作引进资金，在青铜峡市、同心县、中宁县、平罗县、泾原县援建了5所红十字博爱学校，解决了近1000多名贫困家庭孩子上学困难。配合“新农合”工作援建了所红十字村卫生室。自治区红十字会每年对在校的贫困学生进行帮助，使贫困学生在红十字会的帮助下能顺利完成学业。

（刘雁平）

银川市红十字会

【简介】

银川市红十字会于1987年恢复建会。目前，全市基层红十字组织33个，会员人数1.2万人。近年来，市红十字会根据自治区红十字会部署，积极开展依法募捐活动，实施救灾救助、自救互救、社区服务和红十字青少年工作，关注弱势群体，办了不少得人心、暖人心的好事、实事，起到了党和政府在人道救助领域工作中的助手作用。2005年12月，在中共银川市委、市政府的重视支持下，银川市红十字会机构单独设置，银川市红十字会不再挂靠市卫生局，机构单独设置，工作由市政府分管领导直接联系、指导，市红十字会机关编制核定为3名，经费由市财政单独编制预算，纳入会计核算中心监管。机关党务、人事、后勤事务由市人民政府办公厅代管。依法理顺管理体制后，建立了符合红十字事业发展的工作运行机制，社会救助实力不断增强。

【年度工作】

2005年，银川市红十字会在中共银川市委、市政府的领导下，在自治区红十字会的具体指导下，认真履行红十字会法所赋予的职责，发扬“人道、博爱、奉献”的红十字精神，充分发挥政府人道事务工作方面的助手作用，各项工作取得了一定进展。

一、理顺管理体制工作

为了加强市政府对红十字会工作的领导和协调，2005年，银川市机构编制委员会先后下发文件，对市红十字会的体制、人员编制、经费来源、领导职数作了规定，调整理顺了银川市红十字会的管理体制，银川市红十字会成为宁夏第一个理顺管理体制的地市级红十字会。通过这次调整，银川市红十字会不再挂靠市卫生局，机构单独设置，工作由市政府分管领导直接联系、指导，经费由市财政单独编制预算。随着银川市红十字会管理体制的理顺，为红十字会逐步建立适应和谐社会和市场经济体制要求、充满生机与活力、密切联系群众、符合自身特点的组织机构和运行机制打下了基础。

二、开展“博爱送温暖活动”

银川市红十字会按照中国红十字会总会、自治区红十字会“红十字博爱送万家”活动要求，贯彻落实市委、市政府的指示，深入到困难群众家中进行走访慰问，关怀、帮助城乡困难群众，发放了价值12万元的面粉、棉被、衣物等救灾物资，把党和政府的关怀以及红十字会的温暖送给困难群众，为弱势群体做好事、善事、实事，发挥了政府人道领域助手作用，为构建和谐社会做出了贡献。

三、开展世界红十字日宣传周活动

银川市红十字会制订了宣传工作方案，积极与新闻媒体联系，为他们提供报道素材。银川市红十字会进行电视宣传35条次，报刊宣传16篇，各区（县、市）红十字会也开展了相应的活动。同时，在宣传活动中，银川市红十字会发动红十字会员、志愿工作者积极参与，宣传红十字会法，宣讲红十字“人道、博爱、奉献”精神，达到了良好的效果，提高了人们对红十字会的认识，扩大了红十字会的影响。5月8日，银川市红十字会组织市属医疗机构在南门广场开展“关爱农民，关注健康”大型宣传活动，进行义诊、献血、捐献造血干细胞、普及初级卫生救护知识、预防禽流感、艾滋病预防宣传。

四、为印度洋海啸灾区募捐

印度洋海啸发生后，银川市红十字会通过新闻媒体向全市社会各界发出了“发扬中华民族传统美德，援助印度洋海啸灾民”的紧急呼吁，开展接收捐赠服务活动，并在元旦期间上街设点募捐。截至募捐活动结束，市红十字会共收到了来自社会各界的捐款共计人民币73560元。

五、开展“爱心一元捐”活动

在这次活动中，银川市红十字会组织了两次大型宣传活动，共发放艾滋病防治宣传画30000余份、健康宣传手册50000余份、宣传彩页50000余册、安全套30000余个、宣教扑克1000盒、餐巾纸2000包。市委、市政府领导高度重视，亲自参加了捐赠。市长白雪山、副市长马云海等领导看望并慰问了住院治疗的艾滋病感染者，参加了艾滋病防治大型宣传活动。全市迅速掀起了爱心一元捐的热潮，各机关团体、企事业单位以及社会各界群众人人献出一片爱心，踊跃捐助。全市共有50多家单位参加捐款，收到爱心捐款20万元，形成了遏制艾滋病的社会氛围。

六、宣传预防禽流感

为了配合市政府进一步开展高致病性禽流感防控工作，银川市红十字会开展了预防禽流感宣传活动。在这次宣传活动中，银川市红十字会组织人员分别到兴庆区、永宁县，深入学校、农村、禽类集中屠宰企业、社区、集贸市场等人群聚集区，重点针对流动人口和高暴露人群开展宣传活动。通过宣传活动，提高了广大群众的防范意识，达到了防控高致病性禽流感的发生的目的。

七、开展无偿献血活动

在“世界献血者日”期间，银川市红十字会与市卫生局联合组织开展了宣传活动。现场设立义诊宣传咨询点，市属医疗机构的医护人员在现场开展义诊咨询活动。活动中，共发放各种宣传册6000本、宣传彩页5000张、明信片2000张，义诊咨询人数600余人。当日，300多名市民积极加入到无偿献血者的行列中。

（银　红）

新疆维吾尔自治区红十字会

【年度工作】

2005年，新疆红十字会在向印度洋海啸募捐活动中接受捐款517万元；在元旦、春节期间开展的“红十字博爱送万家”活动中，筹资80万元物资慰问了全区4000个贫困家庭；接受传播红十字运动和国际人道法基本知识3800人次；举办卫生救护师资培训班7期，培训师资250余人；举办艾滋病预防与关怀项目各类项目培训班152期，培训各类人员9148人次；接受救灾捐赠款物465万元，下拨救灾款32万元，发放救灾物资450万元，救助人口11.9万人。中国造血干细胞捐献者资料库新疆分库采集捐献造血干细胞志愿者血样533份。

2005年，新疆红十字会接受救灾款物：中国红十字会总会10万元，浙江红十字会5万元，海南省红十字会2万元，福建省泉州市红十字会5万元；接受向印度洋海啸募捐款517万元（已按规定上交总会）；接受中国红十字会总会粮食、棉被、棉衣和帐篷价值94.25万元，香港红十字会粮食价值88.964万元，浙江省红十字会救灾物资价值29.5万元，上海市红十字会救灾物资价值69.4万元，福州海关捐赠罚没物资价值100万元，乌鲁木齐市天山区北方大寺捐赠衣物价值30万元。另外，接受中国红十字会总会委托储备在新疆红十字会备灾中心棉帐篷300顶，价值61万元。接受救护师资培训项目资金：中国红十字会总会彩票公益金24.7396万元。接受资助贫困大学生项目资金：上海市红十字会18万元。接受支援新疆6县农牧区备灾项目资金：194.74万元。接受支援新疆机构独立设置县（市）级红十字会传真机项目资金13.824万元。接受援助新疆和田地区策勒县达玛沟乡英吾斯塘“天狮博爱小学”项目资金：中国红十字基金会20万元。接受援助新疆贫困白内障患者复明项目：加拿大红十字会3万加元（折合人民币19.94万元）。接受艾滋病预防与关怀项目资金：中国红十字会总会和国外葛兰素史克公司、英国红十字会、澳大利亚红十字会、加拿大基金、红十字会与红新月会国际联合会、Tides 基金的非政府组织 97 万余元。接受开展“红十字博爱送万家”活动款物：中国红十字会总会援助物资价值 50 万元，新疆红十字会自筹物资价值 30 万元，共计 80 万元。

2005 年 4 月，自治区政协副主席、自治区红十字会名誉副会长张贵亭率自治区政协教科文卫委员会 20 多位委员视察了自治区红十字会工作，听取了红十字会依法履行职责的情况，并提出了意见和建议。吐鲁番等地人大、政协对本地红十字会工作进行调研和视察。在五八世界红十字日、全国法制宣传日期间，全疆红十字会系统重点组织开展了学习和宣传红十字会法及常用法律、法规活动，新疆红十字会印发红十字法规书籍 14000 册。10 月至 11 月在各地自查的基础上，对全疆各地州市红十字会“四五”普法效果进行了考核验收，同时抽查了 22 个县、市红十字会和部分基层红十字组织的普法教育与法制建设情况。

2005 年，新疆红十字会重点对未理顺管理体制的巴州、克州两个地级红十字会进行督导。全疆 96 个县、市、区，已有 66 个县级红十字会机构独立设置。全疆红十字会专职干部已增至 260 余人，红十字会基层组织近 2300 个，成人会员 37 万余人，红十字青少年会员 8 万余人，红十字志愿工作者达 3000 余人。

5 月，库热西·买合苏提会长对伊犁、塔城等地区红十字会进行了工作调研；自治区政协委员对克拉玛依市红十字会进行了工作调研。5 月 13 日，新疆红十字会党组书记、常务副会长王建共对博州及两县一市红十字会进行了工作调研和考察。

6 月 21 日至 22 日，新疆红十字会召开了全疆红十字会工作会议，总结了前一阶段红十字会整体工作，部署了 2005 年度工作任务，自治区副主席、红十字会会长库热西·买合苏提作了讲话。会后，举办了红十字会干部培训班。

9 月，中国红十字会总会机关党委书记高崇华率工作调研组对新疆红十字会进行工作调研，分别走访了乌鲁木齐市、昌吉州、吐鲁番地区的部分基层红十字会组织，了解了红十字会工作的基本状况。

2005 年，农村红十字工作开始起步和发展。昌吉州、阿勒泰地区、阿克苏地区所辖县、市全部建立了农村红十字组织并开展工作。

2005 年，新疆红十字会按《中国红十字会会费收缴管理办法》实际收缴会费 18200 元，向中国红十字会总会上缴会费 6000 元，比上年度增长 18%。

5 月 7 日，新疆红十字会和乌鲁木齐市红十字会、天山区红十字会、完美公司联合在乌鲁木齐国际大巴扎欢乐广场隆重举办了以“尊重人的尊严——自救互救”为主题的纪念“五八”世界红十字日大型文艺演出、宣传咨询、义诊献血活动。200 名红十字志愿者和工作人员组织了面向社会群众的红十字基本知识有奖竞答，向广大市民进行了备灾救灾、卫生救护、社区服务、无偿献血、艾滋病预防、造血干细胞捐献等内容的宣传，100 余名完美公司员工和市民参加了无偿献血活动。这次活动收到很好的宣传效果。

2005 年 11 月，新疆境内发生禽流感疫情后，新疆红十字会迅速印制《禽流感防控手册》2万册，及时分发到自治区有关单位和各级红十字会组织，积极进行社会宣传，受到乡村领导、养禽户和农牧民的欢迎。

2005年，新疆红十字会积极进行红十字运动和国际人道法基本知识传播。新疆红十字会结合举办彩票公益金支持的7期卫生救护培训班和香港红十字会支持的10期农牧区救灾防灾知识培训班进行传播。各地州市和一些县级红十字会也能主动争取结合党政机关干部普法教育培训班，适时开展红十字运动知识和人道法知识传播，在各类培训班中共传播40多次。全年接受传播3800人次。

2005年，新疆红十字会与自治区教育厅联合下发了《关于成立学校红十字工作委员会的通知》，与自治区教育厅联合转发了中国红十字会总会、教育部《关于进一步推进学校红十字会工作的意见的通知》，制定了《自治区学校红十字工作委员会2005—2009年工作目标》。全区50%以上的地级红十字会成立了红十字学校工作委员会，部分县级红十字会也成立了红十字学校工作委员会。

乌鲁木齐市、昌吉州等红十字会在红十字青少年中开展了“三个一”爱心捐助、孤寡老人“三定一包”、爱心送温暖、卫生救护知识培训、救助贫困儿童、红十字夏令营等活动。乌鲁木齐市学校红十字会开展的“三个一”爱心捐助参与率达90%以上，学生对防震、防火、自救和预防艾滋病知识知晓率达50%以上。

2005年，新疆红十字志愿工作者队伍不断扩大。新疆红十字会艾滋病/性病预防与咨询培训中心培训艾滋病工作志愿者135名，在伊宁市社区成立了“艾滋病志愿者之家”，使之成为红十字会与社区百姓联系的纽带。由红十字会的红丝带志愿者组成的反对歧视艾滋病感染者及家人的文艺宣传队深入社区进行宣传演出，引起社区百姓的关注。乌鲁木齐市红十字会建立了“红十字会志愿者专业委员会”，红十字志愿者参加无偿献血宣传395人次，志愿者无偿献血1.6万毫升。昌吉州红十字会将红十字会志愿工作者按职业、特长进行分类，定期为弱势群体服务。

乌鲁木齐市红十字会与自治区中医院、新疆医科大学第五附属医院联合组建了“中西医癌症康复中心”，为癌症病人提供康复训练场所；乌鲁木齐市红十字会抗癌专业委员会组建了由癌症病人组成的“生命之光”演出队，发行《抗癌天地》通讯，举办康复学习班，先后组织癌友参加郊游、绿化荒山活动，为癌症病人办理免费进入公园证146个。

2005年1月2日，新疆红十字会向全疆发出募捐呼吁，积极为印度洋地震、海啸灾区募捐善款。全疆红十字会系统共接收捐款517万元。

5月23日，中国红十字会总会召开“印度洋海啸募捐表彰大会”，新疆红十字会获得“印度洋海啸救援最佳组织奖”荣誉称号。

2005年，新疆红十字会向全区发生各类自然灾害的伊犁州、和田地区、喀什地区、阿勒泰地区、阿克苏地区等12个地州市的45个县、市下拨救灾款32万元，发放救灾物资价值450.1万元，救助人口11.9万人。其中，农村人口占95%。另外，新疆红十字会通过广西红十字会向广西遭受洪水灾区援助5万元，通过海南省红十字会向海南遭受台风袭击的灾区援助 5 万元。

2005 年，新疆红十字会在元旦、春节期间开展的“红十字博爱送万家”活动中，将筹集的 4000 箱价值 80 万元慰问物资分发至全疆各地 4000 个贫困家庭。乌鲁木齐市红十字会与银都酒店在春节前联合举办了第八届“献爱心送温暖”联谊会，慰问孤寡老人、癌症病人、孤儿 155 人，送去慰问品价值 1.78 万元。乌鲁木齐市红十字会一次性给予 100 名贫困生资助 2 万元，先后组织了 6 支红十字医疗队下基层为民服务，举办自救互救、保健、常见疾病预防等各类培训班 102 期，培训 20517 人。

2005 年，新疆红十字会利用 24 万元国家彩票公益金在全疆举办卫生救护师资培训班 7 期，培训师资 250 余人；选派 20 余人参加了中国红十字会总会举办的卫生救护师资培训班及提高班。乌鲁木齐、昌吉、阿勒泰、阿克苏、吐鲁番、克拉玛依、伊犁、哈密等地州市红十字会在交通、电力、煤炭、建筑、旅游、服务等行业及社区中开展了初级卫生救护知识培训。乌鲁木齐市红十字会在公务员队伍中进行自救互救培训近千人，在高危人群、特殊行业中进行急救培训 1667 人。

2005 年，新疆红十字会与民政厅联合下发了《关于开展社区红十字服务工作的通知》和《关于开展社区红十字服务示范县（市）活动意见的通知》。乌鲁木齐市、昌吉州、阿勒泰地区、哈密地区、阿克苏地区红十字会在社区建立并启动红十字服务工作站，开展了对弱势人群的扶贫帮困工作，红十字服务工作已进入城市和农村社区。青河县、玛纳斯县、米泉市和乌鲁木齐市水磨沟区通过了自治区级考评，分别被自治区红十字会和自治区民政厅命名为“自治区社区红十字服务示范县（市、区）”。

2005 年 9 月 3 日，新疆红十字会与中国平安人寿保险股份公司新疆分公司、乌鲁木齐市红十字会、乌鲁木齐血液中心在乌鲁木齐市人民广场联合举办了“献出一份爱，平安到永远”大型宣传暨爱心捐血活动，发放宣传资料上万份，60 余名平安员工和社区志愿者无偿献血 1.3 万毫升，采集造血干细胞志愿捐献者血样 37 人份。9 月 6 日至 10 日，中国红十字会无偿献血招募者师资培训班在乌鲁木齐举行，来自全国各省（自治区、直辖市）红十字会的 60 名代表参加了培训，香港红十字会派专人参加授课。昌吉州红十字会将推动无偿献血工作纳入目标管理考核指标，全年无偿献血人数就达 11150 人次，献血量达 313.96 万毫升。阿克苏地区红十字会和 地区中心血站联合宣传推动无偿献血，仅上半年无偿献血人数达 4230 人，献血量达 149.06 万毫升。

2005 年，乌鲁木齐市红十字会向有关部门起草了《乌鲁木齐市遗体器官捐献管理办法》，全市遗体捐献登记 22 人，实现捐献 7 人。昌吉州红十字会有志愿捐献遗体登记 8 人。克拉玛依市红十字会有志愿捐献遗体登记 30 人，其中 2 例实现遗体捐献公证。

2005 年，新疆红十字会从国外非政府组织筹集艾滋病预防与关怀项目资金 97 万余元，分别在伊犁州、乌鲁木齐市、伊宁市和哈密市等开展了艾滋病感染者同伴教育、艾滋病感染者自我护理培训、吸毒人群的目标人群教育、外来务工人员的目标人群教育、哈萨克族青年的目标人群教育、治疗前准备等项目，举办各类项目培训班 152 期，培训各类人员 9148 人次。9 月 14 日，新疆红十字会在伊犁伊宁市召开了艾滋病工作总结暨志愿者表彰大会，表彰了10位优秀志愿者，为30名志愿者颁发了感谢奖。

“12·1”世界艾滋病日，自治区红十字会与乌鲁木齐铁路局红十字会合作在乌鲁木齐市火车南站广场联合开展预防艾滋病大型咨询宣传活动。各地红十字会开展了丰富多彩的艾滋病知识及反对歧视宣传活动。

新疆红十字会艾滋病预防宣传教育项目得到了中国红十字会总会和国外葛兰素史克公司、英国红十字会、澳大利亚红十字会、加拿大基金、红十字会与红新月会国际联合会、Tides基金的资助和好评。

2005年，中国造血干细胞捐献者资料库新疆分库在各地州市红十字会建立了捐献造血干细胞志愿者服务工作站，所辖区、县红十字会建立了志愿者服务工作点，并开展了捐献造血干细胞的宣传动员、组织协调、报名登记等工作。全年共采集血样533人份，并将组织配型实验室寄送的志愿者HLA血样检测数据通过专用网络系统传输到中国造血干细胞捐献者资料库国家管理中心数据库。5月，中国造血干细胞捐献者资料库管理中心配置给新疆分库的价值4万余元网络传输设备起用。5月21日，在克拉玛依市举办捐献造血干细胞采集血样大型宣传活动中采集血样227人份。7月19日，新疆分库志愿者江涛与一位白血病患儿HLA分型数据初步配型相合。12月4日，在国际志愿者日的前一天，与兵团西部计划志愿者在乌鲁木齐市血液中心举办了以“志愿中国，和谐社会”为主题的捐献造血干细胞宣传与捐献活动，27名志愿者献上了生命的承诺。

2005年，新疆红十字会进行的合作项目有5个。一是香港红十字会援助新疆六县农牧区备灾项目，总投入预计288.8万元，对农牧民进行备灾防病知识培训，分4年（2004～2008年）完成。截至2005年底，新疆红十字会接受该项目援助资金194.7万元，按项目预算下拨和用于阿克苏地区、阿勒泰地区、昌吉州红十字会及项目县（市）、6个受益卫生院的项目资金、备灾车辆、医疗设备、有关教学用品，以及村民培训和卫生院医务人员培训。二是香港红十字会援助新疆机构独立设置县级红十字会传真机项目（2002～2005年）已完成，共配备了72个县级红十字会的传真机总价值13.824万元。三是加拿大红十字会援助新疆贫困白内障患者复明项目，总投资9万加元，分3年（2005～2007年）完成，2005年已投入3万加元（折合人民币19.94万元）为博州136例贫困白内障患者免费提供人工晶体和移植手术。四是中国红十字基金会援助新疆和田地区策勒县达玛沟乡英吾斯塘“天狮博爱小学”项目，总预算41.6万元，其中，中国红十字基金会援助20万元，策勒县政府自筹21.6万元，2005年4月开工，建成工期为一年。五是上海市红十字会援助新疆大学助学金项目，共援助20万元，分4年（2005～2008年）资助新疆大学18名贫困生完成学业，2005年已发放6.17万元。

2005年10月下旬至11月中旬，自治区红十字会由会领导带队分三组对全疆14个地州市红十字会进行了目标管理考核，对22个县级红十字会进行现场检查。自治区红十字会每两年进行一次目标管理考核工作，2005年是第三次。通过次项考核对指导和推进各级红十字会全面开展红十字会业务十分有效。乌鲁木齐市、昌吉州、阿勒泰地区、吐鲁番地区、阿克苏地区红十字会被评为目标管理先进单位。

2005年9月17日至23日，应中国红十字会邀请，红十字国际委员会东亚地区代表团团长傅天羽先生（Mr. Denis Allistone）和传播代表任浩对新疆红十字会进行了为期一周的工作访问。17日晚，自治区副主席、红十字会会长库热西·买合苏提在乌鲁木齐市会见了傅天羽先生一行。还到南疆地区考察了由红十字会支持的洛浦县吉牙乡卫生院，以及由红十字会援建的岳普湖县下巴扎乡二村小学和策勒县达玛沟乡小学。

【历史沿革】

1987年2月24日，中国红十字会新疆分会成立，名称为：新疆维吾尔自治区红十字会与红新月会联合会，同时，在乌鲁木齐市召开了第一届理事会，会议产生理事48名，自治区人民政府顾问伊敏诺夫·哈米提当选为会长，热合甫·阿巴斯、张彤、沙地尔·卡地尔、樊广禄当选为副会长，樊广禄兼秘书长，新疆维吾尔自治区红十字会与红新月会联合会与自治区卫生部门合署办公，由自治区卫生厅医政处负责日常工作。

1990年7月，在新疆维吾尔自治区红十字会与红新月会联合会一届三次理事会会议上，选举中共新疆维吾尔自治区党委副书记贾那布尔、自治区政府副主席毛德华为名誉会长，热合甫·阿巴斯为会长，增补龚金牛为副会长。

1993年，《中华人民共和国红十字会法》颁布施行后，红十字会组织在全区的县（市、区）进一步发展，各级红十字会组织按照红十字会法的规定，认真履行职责，指导基层红十字会工作，并积极组织、宣传、动员开展全社会无偿献血活动，积极为各地血站建设争取国际援助项目。

1994年6月，新疆维吾尔自治区红十字会与红新月会联合会召开了第二次会员代表大会，各地参会代表98人，大会选出二届理事62名，并聘请自治区原领导铁木尔·达瓦买提、阿不来提·阿不都热西提、贾那布尔、毛德华为名誉会长，选举自治区政府副主席米吉提·纳斯尔为会长，热合甫·阿巴斯为常务副会长，亚森·吐尔逊、龚金牛、艾拜都拉、张彤、苏丹·张波拉托夫为副会长，肖耀陵为秘书长。

1995年11月，经上级有关部门批准，“新疆维吾尔自治区红十字会与红新月会联合会”正式更名为“新疆维吾尔自治区红十字会”。

1996年9月，新疆维吾尔自治区人民政府办公厅下发文件，印发自治区红十字会机构改革方案。明确自治区红十字会为正厅级，全额财政拨款，增加厅、处级领导职数。

1997年7月，新疆维吾尔自治区红十字会召开了二届三次理事会暨新疆红十字会成立10周年纪念大会。会议增补15名理事，补选王有、古丽布斯坦、吾甫尔·阿西木为副会长。

1998年5月28日，《新疆维吾尔自治区实施〈中华人民共和国红十字会法〉办法》颁布施行，“实施办法”具体地明确了自治区红十字会的宗旨、性质、地位、作用和任务，为自治区红十字事业的发展提供了法律保障。6月，新疆维吾尔自治区红十字会召开了二届四次理事会。会议通过了二届常务理事会及常务理事会下设的执行委员会；聘请了买买提明·扎克尔为名誉副会长；选举阿不都热衣木·阿不都拉、司马义

·哈提甫、尼相·依不拉音、哈斯木·托乎提为副会长；钟儒兴为秘书长。9月，中共新疆维吾尔自治区党委组织部发文，批准自治区红十字会机关参照《国家公务员暂行条例管理实施办法》执行。10月，自治区人民政府办公厅发文，批准成立自治区红十字会基金。12月，新疆维吾尔自治区红十字会依法实现了机构独立设置，实现了自治区红十字会的性质由人民卫生救护团体向人道主义社会救助团体的转变及红十字会机构由挂靠政府卫生部门向机构体制单独设置的转变。

1999年7月，新疆维吾尔自治区红十字会召开了第二届五次理事会。会议通过会长米吉提·纳斯尔因工作变动不再担任会长的请求，选举自治区政府副主席买买提明·扎克尔为会长，会议上还更换和增补了部分理事。理事总人数为110人。

2000年3月，新疆维吾尔自治区人民政府下发《关于自治区红十字会管理体制有关问题的会议纪要》，自治区副主席买买提明·扎克尔主持会议。会议决定：（一）各地、州、市及县（市）红十字会要尽快独立设置，按社团机制进行管理。关于自治区红十字会成立党组问题，建议自治区党委组织部研究，并请考虑增加一名党组领导职数；（二）同意救灾备灾和卫生救护培训中心机构设置，列事业编制6名，受自治区红十字会领导，请自治区编委下发文件；（三）同意把救灾赈济部从办公室分离出来单独设置；（四）由自治区红十字会对《关于印发新疆维吾尔自治区红十字会机构改革方案的通知》中确定的职责和任务提出修改方案，报经自治区政府批准后实施。4月，自治区红十字会“艾滋病/性病预防咨询培训中心”成立。5月，自治区编委发文，批准成立“新疆维吾尔自治区红十字会救灾备灾中心”，同时挂“新疆维吾尔自治区红十字会卫生救护培训中心”牌子。该中心为自治区红十字会下属事业单位，列事业编制6名，全额预算管理。

2002年2月，自治区政府办公厅发文，印发自治区红十字会机关主要职责、内设机构和人员编制方案。

2003年9月，自治区编委发文，批准成立“中国造血干细胞捐献者资料库新疆分库”。

2004年9月，中共新疆维吾尔自治区红十字会党组成立。10月12至13日，新疆维吾尔自治区红十字会第三次会员代表大会暨三届一次理事会召开。中共中央政治局委员、新疆维吾尔自治区党委书记王乐泉等自治区领导会见了与会代表，王乐泉作了重要讲话。中国红十字会常务副会长王立忠莅临大会并在开幕式上讲话。大会选举产生了自治区红十字会第三届理事117人、常务理事18人；理事会聘请司马义·铁力瓦尔地（自治区政府主席）为名誉会长，杜秦瑞（自治区人大常委会副主任）、张贵亭（自治区政协副主席）为名誉副会长；选举库热西·买合苏提（自治区政府副主席）为会长，王建共为常务副会长，阿不都热依木·阿不都拉为副会长；钟儒兴为秘书长。

2004年，新疆维吾尔自治区红十字会认真贯彻《中华人民共和国红十字会法》和《新疆维吾尔自治区实施〈中华人民共和国红十字会法〉办法》，坚持依法建会、依法治会、依法兴会方针，依法认真履行红十字会职责，积极开展“四五”普法教育，推进地、县红十字会理顺管理体制，努力创建红十字会救援工程、生命工程和爱心工程。全年下发救灾物资176万元，救助人口29万人次。1月，自治区红十字会在全区启动“红十字博爱送万家活动”，向建设兵团六师102团捐赠救灾物资21万元。2月，自治区红十字会召开了全区红十字会宣传工作会议。5月，自治区红十字会召开了纪念中国红十字会建会100周年暨“双先”表彰大会和全区红十字会工作会议。9月，中共新疆维吾尔自治区党委批准成立新疆维吾尔自治区红十字会党组，党组成员3人，王建共任党组成员、书记（正厅级），阿不都热依木·阿不都拉和钟儒兴任党组成员。10月，新疆维吾尔自治区红十字会第三次会员代表大会召开。11月，调整配备了新疆红十字会机关中层干部。12月，召开了自治区红十字会三届一次常务理事会。

2004年10月12至13日，新疆维吾尔自治区红十字会第三次会员代表大会在乌鲁木齐市召开。中共中央政治局委员、自治区党委书记王乐泉等自治区领导会见了与会代表并合影留念，王乐泉作了重要讲话。中国红十字会常务副会长王立忠莅临大会并在开幕式上讲话。会议审议批准了《关于新疆维吾尔自治区红十字会第二届理事会工作报告的决议》、《关于〈新疆维吾尔自治区红十字会2005～2009年工作规划纲要〉的决议》和《关于〈新疆维吾尔自治区红十字会1994～2004年赈济财务报告〉的决议》；选举产生新一届理事会，理事会理事共117人。

新疆维吾尔自治区红十字会三届一次理事会聘请自治区主席司马义·铁力瓦尔地担任新疆维吾尔自治区红十字会名誉会长。自治区人大副主任杜秦瑞、自治区政协副主席张贵亭担任新疆维吾尔自治区红十字会名誉副会长。选举产生常务理事会，常务理事共18人；选举自治区副主席库热西·买合苏提为会长，王建共为常务副会长，阿不都热依木·阿不都拉为副会长，秘书长钟儒兴由会长提名决定。理事会还通过了《关于新疆维吾尔自治区红十字会执行委员会组成的决议》和《新疆维吾尔自治区红十字会理事会理事职责》。

筹资与宣传 2004年，新疆维吾尔自治区红十字会以“迎百年、办实事”为主题，号召全区红十字会广泛开展各种纪念宣传活动。3月，自治区红十字会召开了宣传工作会议。5月8日世界红十字日，全区各级红十字会组织开展了形式多样的纪念活动，自治区红十字会在《新疆日报》专版刊登了纪念中国红十字会成立100周年文章；制作纪念邮折1000册，纪念信封5000个；5月10日，自治区红十字会召开了纪念中国红十字会建会100周年暨“双先”表彰大会，自治区红十字会与自治区人事厅联合表彰了一批先进集体与个人；与自治区党委宣传部联合下发了《加强红十字会宣传工作的通知》；在布瑞琳广告杂志《风景线》开辟了红十字会宣传专栏；举办13期各类业务培训班，传播红十字运动基本知识，接受培训2000余人，在中国红十字会2004年国际人道法传播评估表彰会上获三等奖；下发《红十字会法规》单行本2000册。

3月，新疆维吾尔自治区人民政府办公厅转发自治区红十字会关于在全区开展为中国造血干细胞捐献者资料库新疆分库募捐活动的意见。6月，自治区直属机关工作委员会下发通知，要求自治区直属机关开展为中国造血干细胞捐献者资料库新疆分库的募捐活动，募集资金58万元。9月，接受广东省中山市完美日用品有限公司向中国造血干细胞捐献者资料库爱心捐款10万元及向自治区红十字会捐赠价值25万元营养保健品。全年，全区红十字会系统为造血干细胞资料库建设募集专项资金113.47万元。

救灾赈济 2004年1月，五家渠市102团八一水库垮坝，自治区红十字会下拨21万元的救灾药品及衣物、帐篷，救助灾民。7月，吐鲁番市发生火灾，自治区红十字会下拨救灾款2万元和价值8万元的药品衣物；为阿勒泰地区哈巴河县、布尔津县发生洪灾地区下拨救灾款24万元及10万元救灾物资。自治区红十字会全年向阿勒泰、吐鲁番等灾区下拨救灾款26万元，救灾物资价值74万元。

卫生救护 2004年，自治区红十字会与自治区13个部门联合下发了《关于广泛深入开展救护工作的意见》的通知。分别在乌鲁木齐、昌吉、库车、和田市举办了4期彩票公益金卫生救护师资培训班，培训141人。

社区服务 2004年2月，新疆维吾尔自治区红十字会在“红十字博爱送万家”活动中共计慰问困难家庭3750户，发放慰问物资价值75万元。昌吉市被中国红十字会评为全国首批社区红十字服务示范市。

艾滋病预防与控制 2004年4月，澳大利亚红十字会选派艾滋病技术顾问常驻新疆维吾尔自治区红十字会，协助其艾滋病/性病预防咨询培训中心开展艾滋病预防项目，培训中心举办了一期艾滋病工作管理培训班。5月，新疆维吾尔自治区红十字会与加拿大基金合作，在米泉市乡村开展预防艾滋病同伴教育项目。6月，新疆维吾尔自治区红十字会完成制定《新疆红十字会预防艾滋病工作三年战略规划》，并以中、英、维三种文字印刷下发。还在全区红十字会系统举办各类预防与关怀培训班100期，培训1798人。通过随访感染者及家人，为他们提供家庭护理、自我护理、降低毒品危害等相关知识和技巧。12月1日世界艾滋病日之前，新疆维吾尔自治区红十字会制作并在新疆卫视播出了“红十字会在行动”专题片。

交流与项目合作 2004年4月，新疆维吾尔自治区红十字会应邀派专人赴澳大利亚墨尔本参加第十五届降低毒品危害国际大会。9月，新疆维吾尔自治区红十字会副会长阿不都热依木·阿不都拉随中国红十字会代表团赴德国红十字会、塞尔维亚和黑山红十字会访问。2004年10月25日，吉尔吉斯斯坦红新月会会长伊白莫娃、副会长奥斯莫诺夫一行三人访问新疆维吾尔自治区红十字会，就备灾合作、组织发展交流及国际合作等共同关心的问题进行交流。12月，新疆维吾尔自治区红十字会与香港特别行政区红十字会合作的“普及农牧区群众防灾防病知识、建立红十字会基层备灾机制项目”正式启动。至年底，新疆维吾尔自治区红十字会对巴楚—伽师县地震灾区的重建项目基本完成，加拿大红十字会援助的第二期小项目基本完成。

中国造血干细胞捐献者资料库新疆分库建设 2004年2月，经中国造血干细胞捐献者资料库国家管理中心审核确认，新疆分库正式挂牌启动。6月，新疆分库工作委员会成立并召开第一次工作会议。8月，新疆分库与中国平安保险乌鲁木齐分公司联合在乌鲁木齐人民广场举行了“2004年爱心捐血月暨造血干细胞捐献有奖知识问答及采集血样”互动宣传活动，这是新疆首次开展志愿捐献造血干细胞血样采集活动。全年，有528人份造血干细胞捐献者资料检测数据成功输入中国造血干细胞捐献者资料库。

【组织机构】

新疆维吾尔自治区红十字会共有基层组织1500多个，各族红十字会员43万余人(其中青少年会员7万人)，占全区常住人口的2.2%。

新疆维吾尔自治区红十字会机关设有办公室、事业发展部部、赈济救护部。下辖备灾救灾卫生救护与艾滋病/性病预防咨询培训中心、中国造血干细胞捐献者资料库新疆分库管理中心两个直属事业单位。

根据《中华人民共和国红十字会法》和中国红十字会总会《理顺管理体制座谈会纪要》精神，2000年3月，新疆维吾尔自治区人民政府下发《关于自治区红十字会管理体制有关问题的会议纪要》。目前，全区14个地、州、市中已有乌鲁木齐市、昌吉州、吐鲁番地区、哈密地区、博州、阿勒泰地区、阿克苏地区、喀什地区、和田地区、塔城地区、克拉玛依市和伊犁州12个地、州、市红十字会依法实现机构独立设置并理顺管理体制。96个县（市、区）中已有52个县级红十字会单独设置。地、州、市红十字会为处级，县（市、区）红十字会为科级，参照公务员管理。

【大型项目】

近年来，新疆维吾尔自治区红十字会积极开展红十字博爱系列社会工程活动。救援工程、生命工程和爱心工程成为和平时期体现红十字会人道主义救助工作的主要内容。

救援工程，是以积极参加国家的救灾减灾和扶贫计划为目标，扩大和加强备灾救灾基地建设，提高救灾能力和实效。新疆是自然灾害的频发地区，每年各类灾害的发生，都会给灾区各族人民的生产、生活和生命财产带来很大损失。为了防患于未然和保证灾民得到及时救助，新疆维吾尔自治区红十字会一直把备灾救灾作为全区红十字会救援工程的龙头工作来抓。目前，全区已建成红十字会备灾救灾仓库5座，并在县以上红十字会基本建立了救灾信息网络。多年来，红十字会积极加强备灾救灾工作，及时向中国红十字会总会和社会各界通报灾情，呼吁募捐。不论是1996年南疆伽师、皮山等县发生6级以上地震及沿天山一带发生的百年不遇的洪灾，还是1998年春夏之交，吐鲁番、伊犁、阿勒泰、阿克苏等地区遭受沙尘暴和特大洪水袭击，以及昭苏县发生6.1级震灾和巩留县尼勒克县水灾，自治区红十字会都积极关注灾情并参与救灾，在社会募捐活动中，还接受了大量来自国内外的救援款物支援救助了灾区灾民。在1998年“三江”流域发生特大洪灾时，新疆维吾尔自治区红十字会向全区红十字系统发出呼吁，为灾区募集了350万元的款物；2001年初春，阿勒泰、塔城、昌吉等地发生特大雪灾时，自治区红十字会接受区内外捐赠的款物近700万元支援了灾区；2003年2月24日，新疆巴楚一伽师一带发生里氏6.8级强烈地震，造成268人死亡，4000多人受伤，经济损失达13亿元。自治区红十字会得到灾情的信息后，迅速行动，在第一时间将救灾物资运往灾区救助灾民，并发动全区各级红十字会，设立了救灾募捐热线，公布了赈灾账户，共接收到捐赠款物2600余万元，全部用于灾民救助和灾后重建，使50万灾区人民受益，同时完成了对灾区1所乡卫生院、69个村卫生室、3所乡镇小学、2个备灾救灾仓库的援建任务。在自治区抗震救灾表彰大会上，自治区红十字会被自治区党委和人民政府表彰为“抗震救灾先进集体”。在抗击“非典”期间，自治区红十字会共接受并转赠防“非典”款物价值102.5万元。在备灾救灾和社会募捐中，全区各级红十字会都充分发挥了作用。红十字会向灾区人民的无私人道援助，受到全社会的广泛赞誉。

生命工程，是以积极参与国家初级卫生保健和社区卫生为目标，组织社会力量开展卫生救护培训、医疗、急救、无偿献血及造血干细胞捐献等工作，保护人的生命和健康。新疆维吾尔自治区红十字会坚持在全区进行卫生救护知识宣传和救护技能培训，通过学习止血、包扎、固定、搬运、心肺复苏等技术，使更多的人成为具有救护技能的红十字会救护员，并具备在第一时间对意外事故受害者和突发病人实施院外抢救的能力。十几年来，新疆红十字会举办了10多期卫生救护师资培训班，培训师资300余人次。全区红十字会共培训救护员40余万人次，其中，培训机动车驾驶员30余万人次，其他行业人员10余万人次。还在各地设立红十字医院、救护站、药店、诊所10余所，派出红十字医疗救护队281个，救治人数7.7万人。新疆维吾尔自治区红十字会一直积极参与开展无偿献血的宣传、组织、动员工作。1997年，哈密、巴州、喀什等城市被评为全国无偿献血先进城市，受到表彰。昌吉州、哈密地区等地已实现临床用血百分之百来自血无偿献血。新疆艾滋病的发病率居全国前列，自治区红十字会于2000年4月成立艾滋病/性病预防咨询培训中心，积极参与全区预防艾滋病工作。为普及预防艾滋病知识和提高民众自我防护意识，大力开展“预防艾滋病青年同伴教育项目”，组织青年人参与，在青年人中开展预防艾滋病知识的宣传。项目工作已从乌鲁木齐市扩展到伊犁、哈密、昌吉等地。几年来，自治区红十字会共举办预防艾滋病各类项目培训班500多期，培训青年1万多人，使数百名青年成为宣传预防艾滋病知识的志愿者。

爱心工程，是以积极参与国家建立城乡社会保障体系为目标，发动红十字会会员和社会群体兴办公益事业，为最易受损害群体服务。近几年来，新疆红十字会坚持开展“红十字博爱送万家”、“红十字服务进社区”等活动，共筹集200多万元物资，慰问孤、老、病、残、特困户和下岗职工。各地红十字会积极组织志愿者对孤寡老人、五保户进行长期“三定一包”服务。乌鲁木齐市红十字会成立了抗癌委员会，建立了“抗癌乐园”，使癌患者活有所乐，活有所学，活有所为，增强了战胜癌魔的勇气和信心。在红十字青少年中，每年坚持开展向贫困地区学校捐助“三个一”（一元钱、一件学习用品和一件生活用品）爱心活动。昌吉州已启动建立“红十字会博爱基金”。1999年以来，自治区红十字会坚持在元旦与春节、肉孜节与古尔邦节、国庆节与中秋节，以及世界红十字日期间采取多种形式为社区和广大农牧区贫困群众送温暖献爱心，真正把红十字会的关爱送进千家万户。

（宁英锁）

乌鲁木齐市红十字会

【简介】

乌鲁木齐市红十字会成立于1956年，

文革时期停止工作。1985年机构重新恢复，事业单位编制2名，规格为正科级，挂靠市卫生局。1993年批准成立区县红十字会机构，各核定编制1至2名，市红十字会增编至7名。

1998年底，经市编委批准，乌鲁木齐市红十字会机构独立设置。由正科级升格为正处级单位，内设办公室、组织宣传部和救灾赈济部，核定事业编制12名，县级领导职数2人。隶属关系由原来的市卫生局代管，转变为由市政府领导联系，参照公务员管理，经费由市财政全额预算。1999年，乌鲁木齐市红十字会成立了机关党组。2001年初增设了救护培训中心，核定自收自支事业编制5名，2005年6月改为差额拨款。目前，乌鲁木齐市红十字会有2部1室1个中心，编制17人。

乌鲁木齐市红十字会机构独立设置后，各区红十字会机构也相继独立设置，目前全市7个区全部实现机构独立设置，规格为正科级单位，分别接受区委和区政府的直接领导。天山区、新市区、水磨沟区和乌鲁木齐县红十字会各有事业编制3名，沙依巴克区红十字会有事业编制4名，头屯河区、东山区和达坂城区红十字会各定事业编制2名。全市现有基层组织807个，其中包括街道红十字会47个，医疗卫生等团体会员单位158个，180所大、中、小学成立了红十字会。目前，全市共有红十字会员23.8万余人。此外，还成立了乌鲁木齐市红十字会抗癌专业委员会、志愿工作者专业委员会、机动车驾驶员行业分会和4个区级红十字青少年委员会。

【年度工作】

2005年，乌鲁木齐市红十字会以健全和完善组织机构，增强组织活力和社会化工作能力为重点，全面加强基层组织的管理和建设。4月中旬市红十字会召开了年度工作会议，总结和安排了全市红十字会工作，并与区县红十字会签订了年度目标责任书，安排部署了2005年的工作任务。各区县红十字会也先后召开了理事会。全市基层组织和会员人数按五年规划的目标要求稳步增长。全年新发展组织49个，吸收会员8929人，会费收缴达95%。现全市共有基层组织807个，会员23.8万人。

宣传活动丰富多彩。“五·八”世界红十字日期间，乌鲁木齐市红十字会与自治区红十字会联合举办了大型文艺演出和现场无偿献血宣传活动，同时开展宣传咨询活动，发放宣传册2000份，现场有近百人无偿献血。还在全市范围内开展了红十字关爱进社区慰问活动，有近千名志愿者宣誓参加红十字志愿服务行动。在“五·八”宣传月活动期间，全市各区县、街道红十字会先后开展宣传咨询活动20余次，同时还在学校开展了包扎比赛、红十字精神主题队会、知识问答、演讲比赛等形式多样的校园红十字活动。

2005年，乌鲁木齐市全市各级红十字会组织利用各种时机，以多种形式不间断地开展宣传活动，特别是“献血者日”和“抗癌明星表彰”等活动社会影响广泛。

2005年，新闻单位报道乌鲁木齐市红十字会工作共260篇次。

开展急救培训，提高健康水平。2005年，乌鲁木齐市红十字会培训中心根据社会需求，在公务员队伍中开展了心理健康与心理调适、预防保健、自救互救的培训，有近千人参加。乌鲁木齐市红十字会还分别在高危人群、特殊行业中共培训1667人，其中驾校244人、电力688人，建筑507人，其它行业（酒店、地调处、污水厂、铁路公安处）培训328人。各区县红十字会举办的自救互救、预防保健、常见急症等各类培训102期，共计培训20517人。

2005年，乌鲁木齐市红十字会以“博爱进千家”活动为主线，按照“四清一实”的工作要求广泛开展社会救助和服务活动。年初，乌鲁木齐市红十字会接受并转发了中国红十字会送温暖物资8万元，并在水磨沟区举行了2005年乌鲁木齐市红十字会博爱送千家活动启动仪式，全市七区一县的400家贫困户得到捐助。春节前，乌鲁木齐市红十字会与银都酒店联合举办了第八届“献爱心送温暖”联谊会，慰问孤寡老人、癌症病人、SOS村的孩子等155人，送慰问品价值1.78万元。“六一”节期间市红十字会和各区红十字会看望了达坂城被资助的14位特困学生，同时一次性救助36名品学兼优的学生，为他们送去了新学期的学费和“六一”节的礼物，

2005年，全市红十字医院组织4支医疗队先后参加“三节”、“六一”期间的送温暖活动。

印度洋海啸发生后，乌鲁木齐市红十字会下发紧急募捐通知，共募集善款2836651.4万元，并及时汇集捐款上缴自治区红十字会。救灾工作结束后，乌鲁木齐市红十字会将捐款单位和个人的情况分两批在《乌鲁木齐晚报》上公布，并对在印度洋海啸募捐工作中做出突出贡献的集体和个人给予表彰。

根据乌鲁木齐市红十字会出台的乌鲁木齐市红十字会备灾救灾预案，各区县红十字会的备灾救灾预案也相应出台，各区县红十字会继续在街道、学校、宾馆等基层组织积极举办备灾救灾知识培训学习班，还开展各类灾害的紧急避险演习。全年共举办备灾救灾培训班149期，有8940人参加培训。

2005年，乌鲁木齐市红十字会在全市新增设红十字募捐箱14个，更换破损募捐箱7个，开启募捐箱25次，收集募捐款1.2万元。目前，全市共有红十字募捐箱117个。

根据上级红十字会的安排，乌鲁木齐市红十字会制订了2005年艾滋病预防宣传工作计划，同时将艾防计划纳入乌鲁木齐市红十字会对区县红十字会的目标管理考核之中。

乌鲁木齐市红十字会将“艾防”宣传纳入救护培训工作中，在旅游、建筑和电力行业培训31期，受教育人数1447人。继续在各基层组织、特别是建会中学中进行“艾防”宣传，全年举办培训班178期，有1万余人接受教育。

2005年，乌鲁木齐市红十字会本着协调、发展、提高的原则，紧密结合学校的精神文明建设和德育教育，进一步加大区县红十字会对学校红十字会的业务管理和指导作用，完善红十字青少年工作。全年吸收会员2750人。

根据中国红十字会和国家民政部有关精神，乌鲁木齐市红十字会以改善社区弱势群体生活状况为着力点，发挥红十字会的优势，全面开展红十字服务进社区活动。乌鲁木齐市红十字会与市民政局联合下发了《关于开展创建社区红十字服务示范活动的通知》，进一步修改完善了《乌鲁木齐市红十字会社区红十字服务工作达标验收标准》，

促进了社区红十字服务工作规范、有序、健康地开展。根据社区红十字服务达标验收标准，目前，乌鲁木齐市共有400个社区成立了红十字会组织，并将社区红十字服务工作纳入社区整体工作之中。

（乌　红）

铁路、商业系统红十字会

中国铁路红十字会

【年度工作】

一、组织艾滋病宣传活动。2005年11月至12月，铁道部与中国红十字会总会合作，联合组织开展了红丝带神州行——预防艾滋病列车宣传活动。该活动在全国主要铁路沿线面向流动人口和普通大众宣传艾滋病防治知识。11月29日，在北京站候车大厅举行了红丝带神州行——预防艾滋病列车宣传活动仪式。11月30日，在北京—乌兰巴托—莫斯科（K3次）旅客列车车厢里开展了红丝带神州行——预防艾滋病列车宣传活动，来自5个国家的140多名旅客和青年志愿者参与到活动中来，使旅客对艾滋病防治知识的获得途径更加直接和简单。12月1日，在二连浩特站开展了艾滋病防治知识宣传教育活动，铁路文工团献上了一场大型文艺演出。11月26日至12月4日，昆明铁路局红十字会会同云南省红十字会、昆明市红十字会先后派出近百名志愿者，在昆明车站联合开展了3次大型艾滋病防治知识宣传咨询活动，昆明铁路局的青年志愿者在车站候车厅、列车车厢向旅客发放了有关宣传材料（3万多份）和安全套，进行了艾滋病问卷调查，并开展了为艾滋病病毒感染者募捐的活动。11月29日至12月13日，北京铁路局在车站和部分列车上开展了形式多样的艾滋病防治知识宣传活动。

2005年铁道部分别与卫生部、中国红十字会总会合作，制作了5000套宣传画、150000份全中文宣传折页、5000份中蒙文宣传折页和1000套磁带，在全路铁路站段进行宣传，创建了抗击艾滋病的良好社会环境。

二、救护员师资培训工作。全国铁路红十字救护员师资培训是中国红十字会总会下达并出资安排的人道主义救助项目，也是彩票公益金卫生救护师资培训项目之一。铁道部运输局下发了培训工作的电报通知，中国铁路红十字会锦州宣教服务中心制订了详细的培训项目计划，并分别在大连、黄山铁路疗养院举办了3期培训班，共培训人员162人，均为铁路车站、旅客列车承担客运服务的主管人员或客运人员。培训内容包括理论知识、操作技能和授课能力等。学员普遍认为：教学准备程度充分、内容新颖、可操作性较强、教师授课清晰、观点有前瞻性。三期培训班满意度均为100%，学员考试合格率达到100%。培训工作的主要效益：一是提高了铁路企业领导者的思想认识，站车应急救护工作得到了重视；二是提供了14个铁路局开展卫生救护培训的师资，广铁、柳州等铁路局开展了相关培训；三是规范了站车红十字药箱的使用方法，为铁路站车现场应急救治工作打下了基础。本轮培训有162名培训学员均获得全国统一救护师资证书，本项目经费支出20万元。中国铁路红十字会锦州宣教服务中心对培训资料进行了登记、造册、存档，基本完成了培训任务。

【历史沿革】

20世纪80年代至90年代初期，济南铁路局、兰州铁路局、北京铁路局、上海铁路局、呼和浩特铁路局、乌鲁木齐铁路局、柳州铁路局共七个铁路局先后成立了铁路局红十字会组织。其中兰州、上海铁路局各分局也成立了红十字会组织，并开展了带行业特点的红十字会工作。1992年，济南铁路局红十字会被中国红十字会评为先进集体，并在中国红十字会六届理事会上介绍了经验。此后，由兰州、济南、呼和浩特、柳州等铁路局红十字会酝酿，要求铁道部成立铁路红十字会，把七个局的红十字会工作统一起来，向当时中国红十字会领导顾英奇反映得到肯定。之后，向当时铁道部卫生保护司司长路文德提出要求。经铁道部卫生保护司请示铁道部副部长傅志寰，同意成立中国铁路红十字会，并指示根据铁路具体情况只在运输系统，即各铁路局建立和开展红十字会工作。铁路红十字会会长由卫生保护司司长路文德担任，副会长由兰州铁路局刘志忠担任，秘书长由铁路部卫生保护司原医政处副处长孙英元担任。铁路红十字会办公室设在铁道部卫生保护司医政处。1994年，铁道部在兰州铁路局西宁分局召开大会，正式成立中国铁路红十字会。1994年，筹建了铁路红十字会锦州宣教中心，并陆续开展了红十字宣教和培训铁路列车救护员的工作。以后，又依据铁路客运工作的需要，在铁道部第四工程局黄山疗养院、济南铁路局烟台地区招待所成立了铁路红十字会培训中心，在大连铁路疗养院成立了铁路红十字康复中心。

中国铁路红十字会历次代表会议：

第一次1994年，在兰州铁路局西宁分局召开了中国铁路红十字会成立大会。除成立铁路红十字会的铁路局以外，其他铁路局也派代表参加了大会。大会中心议题是建立和发展组织，讨论按铁路特点在客运安全服务、灾害事故急救、宣传教育、救助弱势群体和无偿献血方面开展红十字会工作。

第二次1998年，在呼和浩特铁路局召开了由各铁路局和部分铁路分局红十字会负责人参加的会议。按照中国红十字会总会的精神，总结前一段的工作，部署当年的工作。

第三次1999年，在西安铁道部临潼疗养院召开了由各铁路局和部分分局红十字会负责人参加的会议。重点是交流经验、发展组织、推动工作。之后，除沈阳，郑州铁路局和广铁集团公司外，都相继建立了铁路红十字会组织。

第四次2000年，在烟台铁路红十字会培训中心召开了会议。会议内容为总结上一年度工作，并提出新一年度工作要求，同时还举办了铁路优秀红十字学员夏令营活动。

第五次2002年，在柳州铁路局召开了铁路红十字会工作会议，贯彻中国红十字会七届理事会精神，请柳州铁路局副局长、红十字会会长汪书庆介绍开展铁路红十字会工作的经验。广西壮族自治区红十字会秘书长到会祝贺并讲话。中国铁路红十字会提出年度工作的八项要求。

【组织机构】

中国铁路红十字会除兰州铁路局有单设的机构和人员以外，其他铁路局都挂靠在卫生主管部门（医政处，卫生处，医政科）。

中国铁路红十字会会长为路文德，副会长为兰州铁路局原副局长刘志忠（专职），南昌铁路局党委书记高维生为红十字会常务副会长，中国铁路红十字会秘书长由劳卫司医政处处长梁渤洲担任。兰州，柳州和南昌铁路局铁路红十字会组织比较健全，由局领导任红十字会会长，各有关业务处长任理事。其余的铁路局和部分分局红十字会职务由其医政科室人员分管或兼职担任。

【主要特色】

1. 各铁路局红十字会在“五八世界红十字日”和“世界艾滋病日”，利用铁路站车优势，广泛宣传《中华人民共和国红十字会法》和预防滋病知识。多年来，铁路红十字会开展各种宣传活动130多次，在基层站段和列车上放发宣传资料41万多份。昆明铁路局红十字会多年来与云南省红十字会合作，在“世界艾滋病日”组织铁路各医疗和疾病控制单位在昆明站、昆明北站、开远站等采用多种宣传形式，向过往旅客和铁路职工、家属宣传艾滋病预防知识，受到云南省红十字会的好评。从1997年至2002年，该会还与云南省红十字会、澳大利亚红十字会合作，在昆明、开远、南昆线、威舍等地举办20多期艾滋病预防青年同伴教育培训班，约5000余名青年职工、学生接受了艾滋病预防的知识教育。

2. 2002年，中国铁路红十字会宣教服务中心和有关铁路局红十字会配合客运部门共举办9期旅客列车红十字救护员培训班，共培训721名旅客列车红十字救护员。2003年3月，铁道部、卫生部、中国红十字会总会联合下发了关于印发《旅客列车急救药箱管理办法》（暂行）的通知，要求按15部委联合通知的要求力争逐步达到每趟旅客列车有两名经过培训的铁路红十字救护员。2004年，中国铁路红十字会认真贯彻上述文件精神，铁道部劳卫司和运输局共同印发了《铁路自救互救基础》全路统一教材8000册，还与铁道部运输局共同举办了两期铁路客运部门红十字自救互救骨干培训班，有80余人接受了培训。各铁路局举办了多期红十字救护员培训班，培训客运乘务人员1500多人。2005年，由成都铁路局客运部门牵头，两个月举办了六期红十字救护员培训班，培训旅客列车救护员453人，经考试合格发证上岗。中国铁路红十字会宣教服务中心协助柳州局红十字会举办了两期共95人的红十字救护员培训班。哈尔滨铁路局2005年9月培训了100名列车红十字救护员。受培训合格上岗的红十字救护员大都在救治旅客外伤、急诊，甚至接生的初级处理中发挥了良好的作用，受到旅客的赞扬。

3. 各铁路局在灾害和疾病发生时，积极协助救灾物资的运输工作。如上海铁路局和地区红十字会发挥铁路特点，2002年，在上海南站、南浦站、杨浦站、北郊站、无锡站，新龙华站用火车专列协助运输救灾物资174车共10440吨，支援了江西，云南，河北等省的救灾工作，并给予适当的优惠政策。上海市新闻媒体对此进行了报道。在募捐工作中，上海铁路分局的24个基层单位的16425人募集衣被32008件发往灾区。

4. 配合卫生部门组织无偿献血活动。铁路系统参与无偿献血的职工人数逐年增加。据不完全统计，每年参加无偿献血的都超过1万人。上海铁路局有一个职工已累计无偿献血8000毫升，获得上海市红十字会颁发的无偿献血金奖。

全国各铁路局红十字会在救助弱势群体，开展社区服务和红十字青少年活动方面也做了大量工作。

（铁　红）

中国商业系统红十字会

【年度工作】

在全国商业企业开展紧急救护、无偿献血、健康教育、造血干细胞捐献、危困职工救助等活动。

1. 策划、论证“生命第一”爱心救助工程：通过社会化募捐、根据社会捐资人意愿，向全国的中小学生赠送“校园意外伤害保险”，积极开展红十字青少年工作，弘扬人道、博爱、奉献的红十字精神；

2. 策划“博爱之窗”项目：通过社会化募捐，在全国商业企业营业场所安装“博爱之窗”募捐箱，对商业企业员工进行紧急救护培训，对在商场遭受意外伤害的顾客进行紧急救助。

【历史沿革】

2000年11月15日，由中国商业联合会向中国红十字会总会提出申请。12月28日，中国红十字会总会批准成立中国商业系统红十字会。

聘请中国商业联合会会长何济海为名誉会长，中国商业联合会国际部部长王树培任会长，根据会长提名决定周伟为秘书长。

2002年，增选王树民为副会长。周伟调离，由孙莲任秘书长。

【组织机构】

中国商业系统红十字会现有会员21万人，在部分商业企业内部分别建立了基层红十字会组织。

中国商业系统红十字会机关设有办公室、事业发展部。下辖商业系统顾客紧急救护办公室、全国备灾救灾紧急运输大队筹备处、“生命第一”爱心救助工程办公室。

【大型项目】

1. 2001年，商业系统红十字会启动了全国商业企业顾客紧急救护系统。

2. 2003年，商业系统红十字会筹备了全国备灾救灾紧急运输大队。

3. 2005年，商业系统红十字会启动了“生命第一”爱心救助工程。

【主要特色】

公益事业市场化运作。

（王树民　孙　莲）

生产建设兵团红十字会

新疆生产建设兵团红十字会

【年度工作】

一、召开会员代表大会

兵团红十字会第二次会员代表大会于2005年1月26日在乌鲁木齐召开。原兵团政委陈德敏等领导接见与会代表并讲话。大会回顾了第一次会员代表大会以来兵团红十字事业取得的成绩，总结了兵团红十字事业发展的基本经验；通过了《兵团红十字事业2005—2009年发展规划》，确定了兵团红十字事业的发展方向；选举产生了新一届理事会、常务理事会。第二次会员代表大会的胜利召开，在兵团红十字事业发展的进程中具有重要的意义，为兵团红十字事业在新时期、新阶段的发展奠定了坚实基础。

二、积极推动兵团红十字会地方法规建设

2005年，新疆生产建设兵团红十字会认真贯彻落实《中国红十字会2001—2005年法制宣传教育规划》，按照中国红十字会总会《关于开展"四五"普法总结验收工作的通知》要求，制定了《兵团红十字系统"四五"普法总结验收工作实施方案》，下发至各师（市）红十字会（卫生）系统，开展了以《中华人民共和国红十字会法》及《中国红十字会章程》、《国际人道法》、红十字运动基本知识为主要内容的传播宣传工作。

兵团副司令员、兵团红十字会会长阿勒布斯拜?拉合木亲自主持召开了兵团红十字会常务理事会第一次会议，要求兵团红十字会制定《新疆生产建设兵团实施〈中华人民共和国红十字会法〉办法》及《新疆生产建设兵团实施〈中国红十字会章程〉办法》。兵团红十字会执委会召开专题会议，成立了起草小组，在认真学习中国红十字会有关法律、法规、文件的基础上，结合兵团实际情况，制定了实施办法。

三、加大宣传力度，扩大社会影响

红十字事业的发展需要全社会的参与。在第二次会员代表大会召开之际，新疆生产建设兵团红十字会积极与兵团日报社、兵团电视台等新闻媒体联系，得到了新闻媒体的大力支持。会议期间，《兵团日报》、兵团电视台对会议情况进行了连续报道，引起了社会广泛的关注。

为了让更多的人认识和了解红十字精神和红十字会性质、宗旨，新疆生产建设兵团红十字会克服人员少、经费不足等困难，在有关部局的大力支持下，利用他们举办的各类业务培训班及各种学习机会，积极开展《国际人道法》及红十字运动基本知识的传播，年内已在9个班次510人中进行了传播，收到了良好的效果。

为了拓宽宣传渠道，更加广泛的开展宣传工作，新疆生产建设兵团红十字会以重要节日和纪念日作为开展宣传工作的重点，利用报刊、电视、网络开展宣传。在"两节"

期间开展的"红十字博爱送万家"活动中，以及在"五·八"世界红十字日宣传周、世界急救日、对弱势群体救助工作、接待红十字国际委员会和总会领导等活动中，及时联系媒体对活动进行宣传报道。活动期间，累计在《中国红十字报》及网站上刊登报道8篇、《兵团日报》上刊登文章5篇、兵团电视台报道新闻4条、兵团政务网上发布9条信息，发放各类宣传资料3500余份。营造了良好地舆论氛围，为红十字事业的发展奠定了良好的社会基础。

四、积极参加灾害救助，协助兵团做好人道领域救助工作

2004年底印度洋地区发生强烈地震引发海啸，根据中国红十字会总会开展救助募捐活动的要求，新疆生产建设兵团红十字会立即做出反应，在第一时间向全兵团发出了募捐倡议，举行了现场募捐活动，极大地调动了兵团社会各界人士的捐款积极性。据统计，新疆生产建设兵团红十字会在此次募捐活动中共募集善款18.3745万元，取得了很好的社会效果。

新疆自然灾害频发，2005年2月，一师发生里氏6.2级地震，大小余震80余次，造成经济损失约1.0976亿元。地震灾害发生后，根据红十字会法的有关规定，兵团红十字会积极开展救灾工作，共募集救灾药品100余件价值30万元，医用物资150余件价值20万元，油料2吨价值1万元，受益人数3800人。同时新疆生产建设兵团红十字会将灾情向总会作了报告，总会为灾区拨付了2万元救助款，购买了近20吨面粉，送到受灾群众手中。

2月16日，十四师发生雪灾，新疆生产建设兵团红十字会及时将情况向总会作了汇报，总会调拨了1000床棉被和1000件棉衣，总价值10.618万元。8月9日，222团遭受洪灾，给群众的生产、生活造成重大损失，新疆生产建设兵团红十字会领导及时赶赴现场进行灾情考察。经执委会研究决定给予222团救助资金2万元。对于其他师（市）发生的各种自然灾害新疆生产建设兵团红十字会也及时向总会进行了报告，积极争取总会的支持，年内总会调拨粮食120吨，对各师的贫困职工进行了救助。

五、卫生救护师资培训项目全面启动

首先在北京为兵团培训46名卫生救护师资，新疆生产建设兵团红十字会非常珍惜此次机会，将各师（市）红十字会推荐的人员分为四批，由新疆生产建设兵团红十字会领导亲自带队参加培训，经考核所有参加培训的人员都取得了救护培训师资证书。由于兵团学员良好的作风、突出的表现，受到了中国红十字会总会的好评。下半年，总会又拨付了国家彩票公益金救护师资培训项目经费20万元，在兵团举办5期救护师资培训班，新疆生产建设兵团红十字会按照总会国家彩票公益金卫生救护师资培训项目"四统一"（即统一教学计划、教材、质量标准、考核发证）的要求，培训师资160人，为兵团救护员普及培训，增强兵团红十字会人道救助实力奠定了基础。

利用各种活动发放宣传资料，利用各种培训班宣讲相关知识，借助采供血机构流动采血车开展现场宣传动员，推动无偿献血工作。

2005年，新疆生产建设兵团红十字会首次参加了红十字国际委员会组织的第40届南丁格尔奖推荐工作。按照南丁格尔奖申报要求，在层层推荐、筛选、综合评定的基础上，推荐2名优秀护理工作者参评。虽未

获奖（全国仅 5 人获奖），但从中得到了有益的尝试，为今后两年一度的南丁格尔奖推荐工作积累了可贵的经验。

六、积极拓展红十字志愿服务工作

在“五·八”世界红十字日、世界急救日、国际护士节、世界艾滋病日等有特殊意义的日子里，新疆生产建设兵团红十字会从兵团卫生系统招募了 30 余名志愿参加服务的医务人员，开展现场咨询、健康体检和无偿献血等活动，取得了较好的效果。

为了做好红十字志愿工作者招募、管理、培训和规范志愿服务工作，新疆生产建设兵团红十字会根据《中华人民共和国红十字会法》、《中国红十字会章程》，结合兵团实际起草了《新疆生产建设兵团红十字志愿工作者管理办法》，待理事会进一步讨论修改后实施。“管理办法”的出台将使兵团红十字志愿服务工作更加科学、规范开展。

七、加强交流，促进事业发展

2005 年 9 月，新疆生产建设兵团红十字会利用中国红十字会总会在新疆举办的“无偿献血招募师资班”机会，及时与辽宁省红十字会领导进行沟通，当他们得知新疆生产建设兵团红十字会各项工作尚处于起步阶段后，当即决定给予资金支持，并表示今后还将给予大力支持与帮助。

9 月 18 日，红十字国际委员会东亚地区代表处主任傅天羽先生一行访问新疆，经积极协调，傅先生一行抽出时间到新疆生产建设兵团红十字会进行了访问。兵团副司令员朱鉴凡与傅天羽先生一行就有关问题进行了会谈，并向客人介绍了兵团及兵团的发展现状。傅天羽先生表示今后会多关注兵团红十字会建设与发展，在适当的时候给予帮助和支持。

另外还与上海、广东红十字会洽谈了支援项目。

八、加强基础建设，增强服务能力

新疆生产建设兵团红十字会注意加强机关自身建设，把实践“三个代表”重要思想，构建和谐社会与红十字会人道理念的业务工作相结合，把加强政治素质教育与提高业务能力相结合。机关工作人员的整体素质、业务能力及办事质量明显提高，提高了为基层和广大人民群众服务的能力。

加强基层组织建设，积极发展会员队伍。新疆生产建设兵团红十字会针对各师组织机构不健全、无专职红十字会工作人员的实际情况，因地制宜地为基层红十字会建会工作提供直接而有效的帮助，指导各师做好红十字会会员代表大会的筹备工作。2005 年 5 月，三师胜利召开了红十字会第一次会员代表大会，选举产生了三师红十字会领导机构，大会取得圆满成功。兵团红十字会还对原有的团体会员单位及个人会员进行了重新认定、登记、发证，并向他们深入宣传红十字会人道救助理念，重申会员义务，督促会员交纳会费，团体会费收缴率明显提高，会员意识得到了强化。

【历史沿革】

1991 年 3 月，新疆生产建设兵团（以下简称兵团）红十字会成立大会召开，选举产生了第一届理事会，聘请兵团司令员刘双全为名誉会长，兵团副司令员伯塔依·库平当选为会长，产生理事了 29 人、常务理事 10 人。2004 年初，经一届二次理事会会议讨论增补 4 名理事、3 名常务理事。

兵团红十字会第一届理事会在无一名专职工作人员的特殊情况下，依照红十字会宗旨，在救灾、帮困、预防艾滋病、无偿献血等领域开展了大量的工作。

2004 年，兵团红十字会第一届理事会

依照《中华人民共和国红十字会法》、《中国红十字会章程》、《国务院办公厅转发中国红十字会总会关于进一步加强红十字会工作意见的通知》精神，在兵团实施机构改革、压缩机关编制的情况下，积极协调、主动工作，使成立已13年的兵团红十字会获得了独立工作机构编制，为理顺兵团红十字会管理体制迈出了可喜的一步。

2005年1月，兵团红十字会第二次会员代表大会召开。兵团党委书记、政委陈德敏，兵团副司令员阿勒布斯拜·拉合木，中国红十字会副会长郭长江等出席会议并作了讲话。大会审议并通过了一届理事会《工作报告》、《兵团红十字事业2005～2009年发展规划》，传达了中国红十字会第八次会员代表大会精神，依法完成了换届选举，产生了由66名理事组成的新一届理事会。兵团副司令员阿勒布斯拜·拉合木当选为会长，王国建当选为常务副会长，张国昌（专职）、梅新顺、王辉雄当选为副会长，根据会长提名决定张岩为秘书长。

兵团红十字会第二届理事会聘请兵团司令员华士飞为名誉会长。

兵团红十字会历次代表大会

第一届

1991年3月10日召开，代表100人，理事33人，常务理事13人，名誉会长刘双全，会长伯塔依·库平，常务副会长汪艾翔。

第二届

2005年1月26日召开，代表131人，理事66人，常务理事12人。名誉会长华士飞，会长阿勒布斯拜·拉合木，常务副会长王国建。

【组织机构】

兵团红十字会机关设办公室（宣传发展部）、赈济救护部，设专职副厅级领导职数1名、处级领导职数2名。兵团所辖14个师186个团红十字组织机构正在建设和逐步完善中，三师图木舒克红十字会于2005年5月17日召开会员代表大会，选举产生了新一届理事会。2006年相继又有3个师成立了红十字会，值此已有5各师成立了红十字会。

（张　岩）

特别行政区红十字会

香港特别行政区红十字会

【年度工作】

（一）新一届的管治层

香港红十字会的管治层在2005年下旬展示了新的面貌：新的特区行政长官曾荫权先生及夫人曾鲍笑薇女士分别接任为本会的赞助人及会长；前任会长兼总监董赵洪娉女士则获邀成为副赞助人，继续支持本会的工作。董事会亦于9月份选出新一届任期3年的执事委员，包括主席杨铁樑爵士、副主席林胡秀霞女士、新任义务司库穆兆景先生及5位分别出任各服务部门管理委员会主席的总监。

（二）响应时代的需要

经历55年的发展，香港红十字会的服务继续保持活力，不断响应社会和时代的要求。2004年底发生的南亚海啸，香港红十字会获得市民热烈支持，共筹得6亿2千万元的善款。紧急救灾阶段过后，本会积极投入灾后复原工作，并首次于印度尼西亚及斯里兰卡设立海外办事处，聘用专职人员执行及督导在8个受灾国家达40项的重建项目，本会的参与大大提升了香港在国际红十字运动中的形象和地位。另一方面，随之而来的是对本会能力的考验：为确保妥善运用捐款、有效落实重建计划和应付各式各样不能预计的外在因素，耗尽了各委员和职员的精力。2005年6月，本会1名赈灾主任在印度尼西亚亚齐省受到不明身份人士鎗伤颈部，虽然在及时抢救后最终得以完全康复，却令我们不敢低估从事人道工作所面对的风险。不过，当本会上下及各捐款机构代表在12月份的海啸一周年回顾活动中，目睹报导重建工作进度的录像专辑，及亲耳倾听远道而来的灾区灾民诚挚的感谢后，则不禁从心里认同：“无论面对多少困难、付出多少努力，也是大家义无反顾的事。”

在青少年会员人数急速增长的带动下，2004年香港红十字会的会员及义工人数突破了2万人，并再次获社会福利署嘉许为2005年全港十个最高义工服务时数的公众团体之一。志愿工作者从来都是本会服务发展的强力后盾，愈来愈多年青一代的加入，可确保本会的人道工作得以薪火相传，继而延续、扩展。

香港红十字会输血服务中心在2005年9月进入新的里程，正式接办了香港骨髓捐赠基金的服务，并成立“香港骨髓捐赠者資料库”。借着中心多年来在招募捐血者及处理血液所累积的丰富经验，在香港社会以至内地及国际间建立的广泛网络，骨髓捐赠服务和1998年成立的脐带血库一样，为危急的病人提供更多的支持。

同一月份，董事会确认已试验近两年的心理支持服务先导计划，成立了专家顾问小组及跨部门工作小组、聘用专职人员及临床心理学家、制作训练教材和拟定动员机制，希望能在两年内训练出一支不少于250人的小区心理支持服务队和普及这方面的知识，为日后在大型灾难及紧急事故中受影响的人士及有需要的家居病人提供心理支持服务，更全面地发挥红十字会危难中见关怀的作用。

2003年非典型肺炎在香港爆发，令国际社会及香港市民十分关注大型疫症的防备工作，香港红十字会在过去两年亦在多个小区开展基层小区健康教育计划。2005年10月，因应来势汹汹的禽流感威胁，本会特别成立了统筹及应变小组，对外制作一系列的防流感宣传教育资料，向小区、学校及高危人士传播防流感知识；对内则拟定应变计划、训练义工队、为员工及义工提供流感疫苗注射和制作防疫包，以备不时之需。

青年及义工事务部在多所大专院校推动的国际服务领袖培育计划亦已渐具雏形，大学生透过红十字会作为平台，把关怀足迹推展到广东河源山区、泰国布吉和寇立以至非洲肯尼亚，大大扩阔他们的人道视野。

（三）与香港共享殊荣

2005 年 5 月，红十字国际委员会宣布，香港红十字会推荐的广华医院护士冯玉娟女士获颁发第 40 届南丁格尔奖，是首名香港护士获此殊荣。同年 7 月，在医管局主席胡定旭、东华三院主席王定一及本会主席杨铁樑见证下，冯女士连同其它 4 位国内得奖者，于国家主席兼中国红十字会名誉会长胡锦涛手中接过这项护理界的最高殊荣。她在致辞中把荣誉归功于全港五万名护理人员的共同努力，并希望将奖项献给在沙士疫症期间为病人牺牲的香港护士刘永佳先生，场面感人。

输血服务中心继年前取得 ISO9001 及优质生产标准质量管理体系 CGMP 认证后，进一步于 2005 年 8 月通过 ISO14001 环境管理体系认证审核，成为全球首个结合三项认证体系标准的血液中心，确立中心作为血液收集及处理的典范。

由香港红十字会、红十字国际委员会及两所本地大学主办，来自 14 所大学法律学院学生参加的红十字国际人道法模拟法庭比赛于 2006 年 3 月 4 度于香港高等法院举行，是项比赛已成为目前亚太地区最大规模的同类比赛。澳洲昆士兰大学最终在决赛中擊败香港大学，从律政司司长黄仁龙先生手中摘取冠军。

香港红十字会特殊学校在去年继续展示其全人发展的杰出成就，雅丽珊红十字会学校学生梁育荣先后在 2005 年亚太区伤残人士硬地滚球锦标赛和 2006 年全国锦标赛中夺得多项冠军；玛嘉烈红十字会学校学生杨德俊及王柏熙亦于中日韩国际少儿艺术展示活动大赛中夺得多项金奖。其它同学亦在本地举行的各项小区、体育及文化比赛中取得优异成绩。

（四）检视现况、迎接挑战

要确保会务持续发展，需要不断自我检视、自强不息。香港红十字会董事会在 2005 年 10 月每年一度举行的政策论坛中，提出有必要加强本会在行政体系、人力资源、沟通传讯、政策评估和资源发展方面的管理水平，否则无法满足未来服务发展所需的支持。董事会决心在未来一年制定相应的管理改进措施，提升香港红十字会的管治质素。

（五）财务情况

全年总收入（不包括赈灾项目及各特定基金）：港币＄356600000 元。

全年总支出（不包括赈灾项目及各特定基金）：港币＄347900000 元。

2005 年至 2006 年度服务数字：

职员人数：（于 2006 年 3 月）

输血服务：266 名。

特殊教育及复康服务：494 名。

秘书处及其他部门：164 名。

（七）输血服务

志愿捐血人士：144787 人（包括首次捐血人士：42342 人）。

收集血液单位：197255 单位。

制成血制品：431649 单位。

最高个人捐血纪录：350 次（累积数字）。

（八）医护服务

提供急救训练：8 类、666 班、6467 小时训练时数、14316 名学员。

提供健康护理训练：5 类、15 班、994 小时训练时数、417 名学员。

医院内的关怀病人服务：接触 84572 名院友、借出 27471 本图书、借出 34467 本杂志、进行超过 400 项活动。

辅助行动器材租借：2576租用个案。

（九）国际及赈灾服务

援助国内水灾赈灾工作：港币6207011元。

与国内红十字会非紧急赈灾合作项目（8省备灾项目及无偿献血推广）：港币3918299元。

南亚海啸重建及发展：港币106651217元。

国际赈灾及备灾项目：港币13826182元。

曾前赴海外参与人道工作的专业志愿人士：24名。

国际福利：65多宗求助个案。

寻人服务：278宗个案，6700多次面谈、家访及电话查询。

本地援助物资派发：2368个衣物包，2027件毛衣及棉褛，429条毛毡及棉被。

（十）特殊教育及复康服务

3所特殊学校的学生人数（于3月31日）：450名。

医院学校（于3月31日）：471所。

顺利宿舍宿生人数（于3月31日）：38名。

（十一）青年及义工事务

红十字青少年队伍（于3月31日）：349队。

红十字青少年人数（于3月31日）：约16000人。

红十字青少年组织的服务项目：组织了145个健康教育服务服务计划；为学校、医院福利机构提供了15000次定期服务；因应社区的要求提供了4300多次单次服务活动。

为红十字青少年提供的培训：1200多次。

红十字成人义工队伍（于3月31日）：43队。

红十字成人义工人数（于3月31日）：超过2400人。

红十字耆英团（于3月31日）：20队。

红十字耆英团团员人数（于3月31日）：超过450人。

红十字耆英团提供的社区服务：1200多次。

【历史沿革】

（一）20世纪50年代：

1949年，当时的香港是英国统治下的殖民地。由于中国政局出现了重大变化，大量移民涌入香港。香港人口由1946年的90万人急剧上升至1949年的200万人。英国红十字会代表与香港总督商讨在香港成立分会的可能性。当时主要考虑于紧急需要时为移民提供协助与服务，并负责“国际福利工作”。香港红十字会于1950年7月12日成立，成为英国红十字会的分会。工作重点为协助那些在第二次世界大战期间流落亚洲地区的难民返回所属国家，以及提供寻人服务，帮助因战乱与家人失散的人士寻回家属或返回家园。

1950年6月，朝鲜战争爆发，香港红十字会于1951年开始负责准备食物、医疗药品等包裹，运送到日本给战俘。1955年英国红十字会与中国红十字会达成协议，由香港红十字会负责于边境送递包裹予被扣留在中国国境的外籍人士。

香港红十字会捐血服务于1951年开始，协助政府为全港志愿捐血人士进行登记。于1952年成立捐血服务部，开展志愿捐血的新纪元。

1952年，香港红十字会于东华医院开

展“调剂性治疗”，由志愿工作人员协助提供工艺制作班予病童。此发展成为今日的医院学校。

50年代香港资源贫乏，救济和赈灾工作所需的物资主要依靠外国捐助。香港红十字会于1953年开始，把外国捐助的衣物进行分类、贮藏及分派，成为政府备灾及救灾的后勤好帮手。当时更招募志愿工作人员，协助英国红十字会工作人员关怀和照顾在医院的军人及其他住院人士。此服务便发展成现今的关怀病人服务。其中一群妇女志愿工作人员为医院剪裁及制作纱布绷带和棉花球，此发展成现今有不同国籍人士及长者参与的成人义工队。

香港红十字会于1956年开设青少年部，成立第一队青少年团。

（二）20世纪60年代：

1962年，得到国际难民基金及英国红十字会支持，全港第一所为身体伤残，未能在一般学校就读的儿童而开办的雅丽珊郡主儿童安置所及学校得以落成，为60名儿童提供照顾。至今发展成为三所特殊教育学校及1所宿舍：雅丽珊郡主红十字会学校（1966年）、甘乃迪中心（1967年）、玛嘉烈戴麟趾红十字会学校（1973年）及顺利宿舍（1968年）。学校不单提供课堂教学，更有课外活动、各样综合和功能治疗。严重弱能者，更有个别学习程序和特殊器材协助；课程由教师、职业治疗师、社会工作员及教育心理学家共同设计。

（三）20世纪70年代：

由于60年代期间的社会变化及于四五十年代出生的孩子已长大，香港人在香港这片土地的过客心态渐变为有感情、带动社会团结和排外的取向。香港红十字会于70年代时便发挥着服务先导者及动员社会互助和自助的角色。

1975年，越南政权易手，香港红十字会协助把英国红十字会、国际红十字会及其他国家捐助的药物及救济物品运到越南。同时，越南政局的变化，触发大规模的难民潮。1975年5月，一艘丹麦货轮载着第一批3700多名越南难民来港。香港红十字会及时为他们提供了各类救济品及寻人服务。随着越南难民数量的增加，救济这些难民成为十分迫切的问题。1979年5月，联合国难民事务高级专员邀请香港红十字会接管当时仍属政府羁留中心的“北启德难民营”。直至1987年，当难民服务已不属于紧急救援工作时，难民收容中心的责任才转交予其他福利服务机构。

1976年，香港红十字会配合政府条例开办工业急救课程，以提升并保障工人的生命安全。

香港志愿捐血的华人由1954年的7%增至1970年的35%，显示出捐血教育及推广的成效。

（四）20世纪80年代：

香港红十字会进一步改善及自我提升，各项服务逐渐踏上了轨道，焦点移至被忽略及缺乏关照的人群，同时也继续扩大志愿工作人员队伍，深化红十字青少年于人道服务的价值观念，关注儿童的精神及行动治疗，鼓励华人志愿捐血。香港红十字会坚定的人道宗旨、为关怀和扶助伤病者和弱势社群的工作方向，并未因为当时香港社会上九七回归所带来的政治考虑而有巨大变化。

（五）20世纪90年代：

香港红十字会开始与中国红十字会展开紧密接触。1991年的华东水灾赈灾工作更进一步让香港红十字会了解国内红十字会的体系和工作。1997 年 7 月 1 日，香港红十字会顺利由英国红十字会转移归属于中国红十字会，成为高度自治的中国红十字会分会。香港红十字会的活动空间同时进一步扩大至不单是国内，而及于国际。

1997 年 4 月，政府委托香港红十字会推出了“长者安居广东省续领综合社会保障援助计划”。

通过举办各项赈灾、输血、急救的地区及国际性活动，香港红十字会充分发挥香港及其国际城市的特点，推动及参与国际间的合作和交流，并与世界各地红十字组织紧密合作，为保护生命及减轻人类疾苦而努力。

（六）21 世纪初：

承接 1997 年的地位转变，香港红十字会紧密与国际红十字会联络及合作，通过参与本地、国内及国际间的项目，巩固及确定香港红十字会的服务方向。受全球性经济下滑影响，政府大幅削减对香港红十字会的资助，私人捐助下降。本会的传讯及资源发展部随之成立，正为解决财政困难、维持服务负起艰巨的任务。

香港红十字会于“国际人道法”的传播工作继续加强，于 2003 年开始举行“国际人道法仿真法庭比赛”，由香港的大学法律系学生扩大至 2005 年的 11 所东亚及东南亚国家的大学法律系学生参与。

在 2003 年“非典型肺炎”爆发和 2004 年底“南亚海啸”两项举世关注的事件中，香港红十字会所进行的工作获得市民肯定，反映出公众对香港红十字会的高度信任和所赋予的期望。

【组织机构】

香港红十字会成立以来都邀请历届的香港总督/特区行政长官为赞助人。赞助人既是香港政府首长，也是香港红十字会的名誉领导。会长一职一般邀请香港总督/特首的夫人出任。周年大会及顾问团会议均由会长主持。赞助人和会长虽然不参与会务决策，却带动社会各阶层对香港红十字会的支持。

香港红十字会的管理制度依靠志愿人士组成不同的管理委员会，集体领导各个服务部门的工作，并向公众负责。最高委员会是董事会，由主席主持董事会会议。主席以下设有副主席、义务司库、总监均由董事会成员选举产生，任期 3 年。以上执事人员均为主席委员会成员，由董事会议决授予处理事项及在紧急而董事会非运作情况下，以董事会之名义及代表董事会行事。

香港红十字会的 5 位总监于其服务委员会协助下分别管理香港红十字会辖下的 5 个部门：输血服务、国际及赈灾服务、特殊教育及复康服务、青年及义工事务和医护服务。

董事会之下委任 1 名专职秘书长，负责在主席及副主席指导下担任香港红十字会的行政管理工作，并根据董事会之政策和方向，策划、联系、执行和发展会内各项服务和计划（输血服务除外）。

顾问团的成员为香港特别行政区政府主要官员和社会知名人士。他们的参与，增加了香港红十字会的公信力，从而使公众更支持红十字会的工作。

【主要特色】

香港红十字会的理想：

我们力求这世界每一个人都尊重及保护人的生命和尊严；所有人都能不分种族、信仰及背景，乐意和自愿地向伤病者、受困苦者及弱势社群施以援手。

香港红十字会的使命：

我们倡导人道精神，相信及尊重人类生命的价值及个人的尊严。

我们提供无私至善的关怀，保护生命和健康，扶助容易受伤害的人士，让他们有能力过着安全及有尊严的生活。

我们宣扬志愿服务精神，组织和训练义工，并提供机会，让他们得以助人自助，实践人道精神。

我们支持世界红十字运动，致力扩展全球的人道服务网络，提高人们对生命及尊严的关注，倡导持久和平。

【大型项目】

（一）1949年：

香港总督委派医务卫生署长协助成立英国红十字会香港分会，提供寻人、协助难民及为军部医院提供服务。

（二）1950年：

1. 7月12日，英国红十字会正式批准成立香港分会。

2. 成立第一队义务妇女工作队，为政府医院提供折制纱布。

（三）1951年：

教导荔枝角医院精神病人制作工艺品，是医院学校的雏形。

（四）1952年：

成立捐血服务部，首年志愿捐血人数483人。

（五）1953年：

1. 赈灾仓库启用。

2. 制作第一套中文捐血宣传片，鼓励华人捐血。

3. 派发衣物予石硖尾大火灾民。

（六）1954年：

第1所医院学校在荔枝角医院儿科部开办。

（七）1955年：

协助运送食物包裹至中国边境，交予中国红十字会转交予被扣留的外籍人士。

（八）1956年：

嘉诺撒圣方济各书院成立第一队红十字会青少年团。

（九）1959年：

成立流动眼科医院于郊区提供服务。

（十）1962年：

1. 特殊学校雅丽珊郡主红十字会学校及儿童安置所启用。

2. 赈济受台风温黛袭港影响的灾民。

3. 霍乱蔓延，于漆咸道隔离中心分派衣物及提供福利服务。

4. 国内难民大量涌港，协助赈济。

（十一）1965年：

位于夏悫道的香港红十字会总部落成启用。

（十二）1966年：

在慈云山开办第一所走读伤残儿童学校。

（十三）1967年：

第二所特殊学校甘乃迪中心启用。

（十四）1968年：

1. 在慈云山开办伤残青少年宿舍。

2. 大屿山石壁度假营舍启用。

（十五）1969年：

1. 成为公益金会员机构。

2. 红十字青少年在慈云山徙置区展开为期9个月的健康卫生运动。

（十六）1973年：

1. 流动捐血车投入服务。

2. 第3所特殊教育学校玛嘉烈戴麟趾红十字会学校启用。

（十七）1975 年：

1. 开办成人医疗用具借用服务（辅助行动器材租借服务前身）。

2. 丹麦货轮“马士基”号载来 3700 多名越南难民，香港红十字会难民服务大为扩展。

（十八）1976 年：

1. 开办工业急救训练课程。

2. 修建为适合伤残人士使用的石壁度假营舍落成启用。

（十九）1979 年：

1. 扩展寻人服务，协助越南难民。

2. 接管北启德难民营，并在营中设立越南难民医疗中心。

（二十）1980 年：

邵逸夫会长率领代表团首次访问中国红十字会。

（二十一）1981 年：

慈云山伤残青年宿舍迁往观塘顺利邨易名“顺利宿舍”。

（二十二）1984 年：

位于京士柏道的输血服务白普理大厦落成启用。

（二十三）1985 年：

“红十字精神”中学视听教材制作完成，分送全港中学。

（二十四）1987 年：

1. 将北启德难民营移交予基督教难民服务处管理。

2. 开展儿童医疗用具借用服务。

（二十五）1988 年：

“红十字精神”小学视听教材制作完成，分送全港小学。

（二十六）1989 年：

位于湾仔修顿中心的青年及福利事务部港岛总部启用，由英国红十字会青少年活动赞助人威尔斯王妃戴安娜主持开幕。

（二十七）1990 年：

由英国红十字会“海外分会”升格为高度自治的“分会”。

（二十八）1991 年：

1. 为中国华东水灾大规模赈灾筹款，共筹得港币 1.44 多亿元。

2. 与医院管理局签署管理合约，输血服务中心纳入医院管理局架构。

（二十九）1992 年：

成立第一队有长者参与的制服队伍。

（三十）1994 年：

工业急救训练中心易名“急救训练中心”，由政府卫生署资助经常开支。

（三十一）1995 年：

1. 协助社会福利署举办健康护理课程，为安老院保健员提供合资格护理训练。

2. 医院图书馆服务易名“关怀病人及图书服务”，由医院管理局资助。

3. 主办亚太区首届急救比赛。

（三十二）1996 年：

位于沙田的香港红十字会白普理中心落成。

（三十三）1997 年：

1. 随着香港回归中国，香港红十字会由英国红十字会分会转为中国红十字会内一个享有高度自治的地方分会。

2. 获政府委托作为“长者定居广东省续领综援计划”中介机构。

3. 香港红十字会网页启用。

（三十四）1998 年：

1. 领导香港红十字会 30 年的会长邵逸夫先生及主席郑楝材博士荣休，分别由董赵洪娉女士及杨铁樑先生继任。

2. 与香港大学医学院及红十字国际委员会在港合办“大型紧急医疗援助国际培训班”。

3. 输血服务中心成立全港首间免费的脐带血库。

4. 关怀病人及图书服务在葵涌医院（精神科医院）设立全港首间“迷你病人影院”。

（三十五）1999 年：

1. 输血服务中心取得 ISO 9002 品质管理认证。

2. 首次派出一位麻醉师前往非洲肯尼亚协助红十字国际委员会的人道工作。

（三十六）2000 年：

1. 庆贺香港红十字会成立 50 周年。

2. 举办“名人服务庆金禧”筹款活动。

3. 为推广急救知识举办“急救动力共闯 2000”。

4. 发行香港红十字会 50 周年纪念邮票及九广铁路纪念车票。

5. 举行“凝聚爱心能量、共建关怀社群”服务大行动——动员全港市民参与社会服务。

6. 出版香港红十字会 50 周年纪念书册。

7. 举办国际大型研讨会——以输血服务、青年工作、特殊教育及推广人道精神为题。

8. 举行“青年力量 2000”。

（三十七）2001 年：

1. 因应服务发展，把“青年及福利事务部”分拆为“青年及义工事务部”和“医护服务部”。

2. 建立全面计算机联网系统。

3. 派出一位义务顾问医生前往非洲肯尼亚进行三个月的志愿战地医疗工作。

4. 引入“心理支持”服务。

5. 雅丽珊郡主红十字会学校学生苏桦伟代表香港参加国际伤残奥委会世界田径锦标赛，打破伤残男子 100 米的世界纪录。

6. 开展“艾滋病同伴教育计划”。

（三十八）2002 年：

1. 获中国红十字会颁发“特殊贡献奖”。

2. 输血服务中心取得 ISO9001 的 2000 年版认证及“2002 年亚洲医疗机构管理奖”。

3. 获政府资助开展“假日之友”残疾人士假期日间照顾服务。

4. 于青山医院（精神科医院）的第 2 所“病人迷你影院”投入服务。

5. 与红十字会与红新月会国际联合会及菲律宾红十字会合办“第二届东南及东亚区红十字会急救比赛”。

6. 雅丽珊郡主红十字会学校学生苏桦伟获 2002 年“香港杰出运动员”奖。

（三十九）2003 年：

1. 香港爆发非典型肺炎，全会动员积极进行推广防炎、关怀病者及医护人员、制作“防炎消毒包”予长者及长期病患者等工作。

2. 举办首个红十字知识进修营，提升职员、志愿工作领袖对红十字使命和国际人道法的认识。

3. 举办“首届国际人道法仿真法庭”比赛。

4. 积极将捐血教育拓展至小学及社区。

5. 一位护士以香港红十字会志愿工作人员身份到非洲肯尼亚的战地医院工作。

（四十）2004 年：

1. 为庆祝红十字运动在中国推行 100

周年，主办了“两岸红十字百周年精英荟萃”活动。

2. 为庆祝特殊教育及复康服务的50周年，举办了“五十周年国际研讨会”。

3. 红十字长者制服队伍——“耆英团”进入10周年，举行了首次“耆英团联合大会操”。

4. 举办“第二届国际人道法仿真法庭”比赛，除本港法律系学生外，首次有国内北京、新加坡及菲律宾的法律系学生参与。

5. 进一步推动“心理支持”服务，与机场管理局合作，派出心理支持服务队，参与各航空公司的空难演习。

6. 开展“社区健康教育”及“校园健康大使”计划。

7. 成立“传讯及资源发展部”专责筹募经费。

8. 玛嘉烈戴麟趾红十字会学校迁往牛池湾新校舍。

9. 实施新人事架构及薪酬制度，并获选为“2004年度良好人事管理奖”。

（四十一）2005年：

1. 输血服务引进ISO14001环境保护质量管理认证。

2. 南亚海啸救灾工作获破纪录的支持，截至10月底，获香港市民共6.2亿多元的港币捐款。在受灾地区的救援及重建工作逐步扩展，于印尼及斯里兰卡设立救灾办事处。

3. 主办红十字会与红新月会国际联合会于香港召开的“全球海啸救灾工作会议”，有40个国家的红十字会代表及国际组织代表出席。

4. 举办“第三届国际人道法仿真法庭”比赛，共有东亚及东南亚地区11所大学的法律系学生参赛。

5. 香港特别行政区行政长官曾荫权先生及其夫人曾鲍笑薇女士分别接任本会新的赞助人及会长。

6. 自9月1日起接手管理“香港骨髓捐赠者资料库”。

7. 首次提名香港护理人员角逐“南丁格尔奖”，冯玉娟女士成为首位香港得奖者。

（关曼怡）

澳门特别行政区红十字会

【年度工作】

（一）关怀弱势社群

澳门特别行政区红十字会一向致力于扶助社会上的弱势社群，向他们伸出关爱之手。2005年，澳门特别行政区红十字会为澳门的弱势社群，如长期病患者、智障及肢障人士、院舍青少年、单亲家庭等开展了多项关怀活动。

（二）开展志愿服务

澳门特别行政区红十字会的急救义工和社区义工的人数迅速增长，义工队的服务得到了社会各界的认同。政府各机关及社团在举办大型活动时，均邀请红十字会提供驻场的急救服务。

为了配合未来社区义务工作发展的需要，澳门特别行政区红十字会组织了“医护义工队”，提供健康教育的课程，定期到澳门多个地点为长者进行免费的健康检查。

（三）加强青少年发展培训

澳门特别行政区红十字会于2003年成立了青少年制服团队，专门为在校的青少年提供一系列的长期培训，让他们参与多项志愿服务，希望他们能在德、智、体、群、美五方面得到全面的发展。

（四）急救知识走入社区，救护技能逐渐普及

澳门红十字会学校于2005年举办了各类型的急救护理课程及讲座共195次，培训了来自不同阶层的学员2751名，其中参加讲座的人数达1500人。急救课程所收取的费用全部拨入澳门特别行政区红十字会的赈灾基金及青少年发展基金。

（五）宣传推广

澳门特别行政区红十字会2005年制作了多款宣传海报、单张、公益广告等，并定时更新网页内容，希望借此使澳门市民对澳门特别行政区红十字会工作有更深入的了解，同时唤起他们关注国内外的灾情并及时加以援手。

（六）提升人力资源素质

为优化人力资源，澳门特别行政区红十字会为员工提供了多方面的培训，例如：人力资源评估、体验式学习训练、急救、传媒关系及红十字基本知识培训等。在非紧急医疗护送服务方面，澳门特别行政区红十字会邀请了香港医疗辅助队及圣约翰救伤队的教官到澳门任教，定期为急救员传授专业急救、搬运及防护传染等知识和操作技能。澳门特别行政区红十字会将继续有针对性地为员工提供适当培训，不断提高红十字会的服务质量。

【历史沿革】

1920年，红十字运动开始在澳门展开，当时的澳门红十字会隶属于葡萄牙红十字会。

1946年，太平洋战争结束后，大批难民涌入澳门，澳门红十字会为难民提供医疗服务并派发衣服食物等。

1975年，东帝汶发生独立革命，不少难民涌入澳门，澳门红十字会承担起逃避战乱难民的救援工作。

1979年，越南发生难民潮，澳门红十字会协助移居安置行动将难民分配到不同的国家，同时加强了寻人服务，为难民寻找失散的家人，此后正式成为日内瓦中央寻人处的会员之一。

1980年，第一支较具规模的澳门红十字会义工队正式组成，为澳门市民及越南难民提供义务服务。

1987年，葡萄牙红十字会将在澳门运作多年的属会正式命名为“澳门红十字会——葡萄牙红十字会分会”。

1990年，澳门红十字会总部搬到位于西湾的夕阳别墅。

1992年，澳门红十字会急救学校正式成立，并在澳门教育暨青年局注册，成为一所获政府承认的教授急救知识的学校。义务急救队也于同年成立。

1999年，澳门回归祖国，澳门红十字会成为中国红十字会一个享有高度自治的分会。

2000年，澳门特别行政区行政长官何厚铧为新口岸中土大厦三楼的“亨利.杜南”中心主持揭幕礼，中心启用为澳门特别行政区红十字会秘书处办公室。办公室的扩展，令员工有了更舒适的工作环境。

2003年，澳门特别行政区红十字会开展了非紧急医疗爱心护送服务，护送行动不便的病患者往返医疗机构与家居，将位于西湾夕阳别墅的总部改建为爱心护送服务中心。

【组织机构】

根据组织章程规定，澳门特别行政区红十字会会员大会是澳门特别行政区红十字会的最高权力机构。澳门特别行政区红十字会

中央委员会在会员大会中选出，代表会员大会在两届大会之间以大会的名义工作，负责全面的工作及政策的制定。监察委员会也在会员大会中选出，负责审查澳门特别行政区红十字会的账目及行政合法性。理事会由中央委员会通过提名选举产生，是主要执行机构，负责管理日常事务。

【大型项目】

（一）捐助受灾地区开展重建工作

1. 备灾救灾是澳门特别行政区红十字会的一项重点工作，响应红十字会与红新月会国际联合会和中国红十字会因应世界各地或中国内地发生的灾害而做出的救灾募捐呼吁，收集善款和物资帮助灾民。

澳门特别行政区红十字会历年来参与的赈灾工作遍及世界各地，主要包括对1996年云南大地震、1998年国内水灾、1999年台湾大地震、2000年科索沃战乱、2002年华东水灾、2003年淮河水灾、2004年国内水灾及2004年印度洋地震海啸、2005年国内水灾等的救助工作。

2. 国内灾害的救援工作

2005年，国内灾害不断，当中尤以广西、福建、湖南、江西、四川、重庆、黑龙江、安徽及内蒙等地的水灾较为严重。另外，江西发生的5.7级地震造成了全省大面积的房屋破坏，澳门红十字会为此进行多个募捐活动，共筹得550多万元善款。

同年7月中，黑龙江省牡丹江地区突降暴雨，使沙兰中心小学遭受洪水袭击，造成严重伤亡。随后，本会派员加入中国红十字会总会组成的灾情考察组前往当地考察灾情，发放物灾及慰问受灾者，并向沙兰博爱小学捐款人民币50万元作为重建资金。而该校已于2005年12月1日正式落成使用。

3. 印度洋地震海啸赈灾工作

2004年底，印度洋地区发生地震海啸后，澳门特别行政区红十字会立即派出人员前往印度尼西亚重灾区亚齐省考察灾情，并及时发动澳门市民捐献，共筹得澳门币411740819元。

2005年1月9日，澳门特别行政区红十字会举行了“人道力量遍濠江”筹款活动，得到澳门广大市民的支持。

（二）设立国际人道法推广活动中心

2000年，由红十字国际委员会和澳门特别行政区红十字会合作设立的“国际人道法推广活动中心”由中国红十字会会长彭珮云、红十字国际委员会东亚地区代表及澳门特别行政区红十字会代表揭幕投入运作。中心的宗旨是协助红十字国际委员会发展国际人道法的传播工作，包括：在澳门及所属地区内广泛地传播红十字运动知识、国际人道法、红十字标志的使用，举办有关人道法的培训班、研讨会和讲座、设立国际人道法文献资料中心等，并以资源共享的途径发展地区性的传播信息网络。

（三）2005年交流活动

澳门特别行政区红十字会2003年成立青少年发展基金。该基金2005年获香港上海汇丰银行及澳门工商界知名人士的热心捐助，使澳门特别行政区红十字会在2005年开展了一系列的青少年发展活动，活动包括中学急救队成立培训工作、中学生暑期免费急救课程、“2005年海峡两岸红十字青少年会员夏令营”、制服团队同心同根万里行—伟大建设之旅等活动。

（四）建会85周年庆典系列活动

2005年7月，澳门特别行政区红十字会举行了“85周年会庆暨表彰大会”，向澳门87位（个）人士和机构颁授感谢状及红十字会勋章，以感谢他们长期以来对澳门红十字会各项工作的大力支持。

颁发的勋章包括“红十字会慈善勋章”、“红十字会教育勋章”、“红十字国际救援勋章”及“红十字服务勋章”等。

中国红十字会常务副会长江亦曼率领总会代表团抵澳祝贺，中国红十字会会长彭珮云也给澳门特别行政区红十字会发了贺电表示祝贺。

（五）健康检查日

澳门特别行政区红十字会与其它社会服务机构每年合办“健康检查日”，为澳门居住于护老院的长者进行健康检查。澳门特别行政区红十字会还派出义工参与政府举办的“健康城市日”活动。

（六）第四届东亚运动会

第四届东亚运动会于2005年10月至11月间在澳门举行，是澳门特区首次主办如此大型的运动会，实属空前盛举。为了配合是次的运动会，澳门红十字会学校为第四届东亚运动会组委会工作人员举办了六个成人急救课程，共培训了99名拥有该等技术的急救员，以确保东亚运活动期间，提供完善的医疗救服务。

（七）红十字会急救比赛

为提升急救队在急救方面的知识及意外现场的应变能力，保持急救服务的素质，本会在2005年举行首届的急救比赛。由本会急救义工自行组队参与，内容以“理论测试”及“个案演练”的两方面进行。

【主要特色】

（一）非紧急爱心医疗护送

非紧急爱心医疗护送是专门为行动不便的慢性病人而设立的，护送其往返医院和居所的服务。现已有2部中型爱心护送专车及2部救护车投入服务。

（二）澳门红十字会学校

澳门红十字会学校成立于1992年9月，在澳门教育暨青年局正式注册，是获政府承认的一所教授急救知识的学校。学校提供各种急救课程，并为单位举办急救知识讲座，向市民推广正确的急救知识和技巧，以达到救人自救的目的。

（三）急救义工队

澳门红十字会学校培训出一批拥有急救专业知识的人士大部分成为澳门特别行政区红十字会急救义工队队员，为澳门各政府部门及各界团体机构所举办的各种活动提供免费的紧急救护服务。

（四）青少年制服团队

青少年制服团是澳门特别行政区红十字会青少年发展计划重点项目之一，目的是通过一系列的学习和培训，让青少年认识及宣扬红十字理念，鼓励青少年尝试参与多元化的活动，包括急救训练、医疗保健、社会服务、环境保护、体验式学习及国际交流等活动，使他们能在锻炼中成长，日后成为社会栋梁，服务社群。

（五）传播红十字运动及人道法

澳门特别行政区红十字会自1993年开始国际人道法的推广工作，1998年起参与中国红十字会的传播计划，现阶段仍继续承担传播的使命，积极在澳门拓展红十字运动知识和国际人道法的推广教育工作。澳门特别行政区红十字会每年都和红十字会与红新月会联合会或红十字国际委员会联合开办人道法及红十字基本知识的课程，对来自内地和东亚各国的参加者进行培训。

（六）援建博爱小学

2003年起，在中国红十字会的协调下，澳门特别行政区红十字会在内地为贫困地区援建博爱小学，希望借此使贫困地区及灾区的儿童得到良好的教育环境，此计划得到了许多热心人士的支持。至2005年9月，首阶段的20所红十字博爱小学已陆续建成并投入使用，其余选址将配合大西北开发计划而进行。

（七）行动辅助器租用服务

行动辅助器租用服务是为遇上意外到急症室求诊的病患者提供行动辅助器，包括腋下拐杖、套臂拐杖及轮椅等，让其治疗后离院时即可使用，减轻伤病者及其家人的负担。

（苏祖恩）

资讯篇

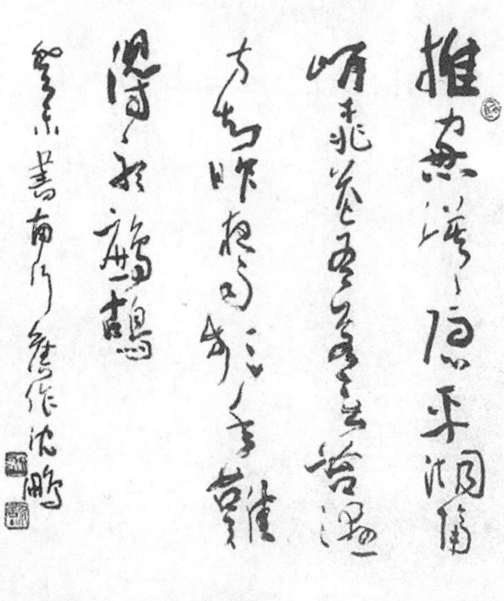

▲南行（书法） 沈鹏 作

▲牵牛花（中国画） 齐良芷 作

▲ 博爱矜慈（书法） 李铎 作

▲水牛图（中国画） 黄胄 作

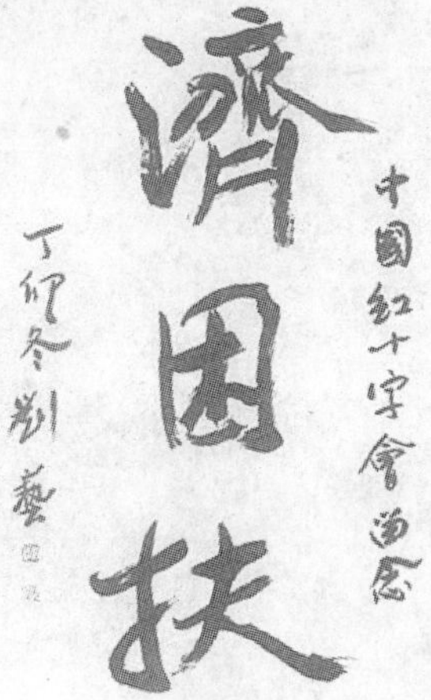

▶ 济困扶危（书法） 刘艺 作

以上均为中国红十字会收藏的捐赠作品

公共词条与篇目

国际委员会与国际联合会

红十字国际委员会

成立日期：1863年。该组织系瑞士民间团体，由于历史的原因，其特殊中立地位一直得到历次日内瓦公约的正式承认。

宗旨：根据《日内瓦公约》以及国际红十字与红新月运动章程所赋予的使命和权力，在国际性或非国际性的武装冲突和内乱中，以中立者的身份，开展以保护和救助战争和冲突受害者的人道主义活动。

主要负责人：主席雅格布·克伦贝格尔博士，于1999年就任至今。

总部：在瑞士日内瓦。网址为：http：//www.icrc.org/。

出版物：《年报》（Annual Report）；《国际红十字评论》（Internation Review of Red Cross），季刊，英、法文。

组织机构：（1）代表大会：最高权力机构。制定工作原则和总政策并监督委员会的全部活动。代表大会由国际委员会委员组成。委员以自行遴选的方式在瑞士公民中选举产生，每四年选举一次。（2）执行理事会：负责指导日常事务和监督行政管理工作，成员由代表大会选举产生。

主要活动：包括探视战俘和被拘押的平民，协助战俘的交换，为战乱情况下的受害者提供医疗服务和救济。开展国际间的寻人工作帮助失散亲人团聚，传播国际人道法也是其重要活动之一。

2005年同中国红十字会的关系：

5月24～26日，联络部多边处副处长裘海玲赴上海参加国际委员会东亚地区办事处与军队举办的人道法及战俘待遇培训班。

7月19～21日，国际委员会主席克伦贝格尔来华与我外交部签署在北京设立地区代表处协议。

7月20日下午，中共中央总书记、国家主席、中国红十字会名誉会长胡锦涛会见克伦贝格尔。

红十字会与红新月会国际联合会

成立日期：1919年。

宗旨：激励、鼓舞、协助和促进各国家红十字会与红新月会开展旨在防止和减轻人类痛苦的各种形式的人道主义活动，从而为维护和增进世界和平做出贡献。

成员：各国国家红十字会或红新月会，目前有181个正式成员。

主要负责人：主席托罗苏亚雷斯（西班牙人）为联合会最高领导人，2001年11月当选，任期4年。秘书长马库·尼斯卡拉（芬兰人），2003年11月上任。

总部：在瑞士日内瓦。网址：http//ifrc. org/。

出版物：《聚焦》（Spotlight），季刊。《国际融合》（Transfusion Intemational），季刊。《青年公报》（Youth Bulletin），季刊。《年报》（Annual Report）。《世界灾害年度报告》（World Disasters Report）。均为英文、法文。

组织机构：（1）大会：联合会最高权力机构，由其成员国家红会的代表组成，每两年举行一次。（2）领导委员会：是联合会大会闭幕期间的最高决策机构，由联合会主席、5名副主席和20名国家红会成员组成，每年举行两次常会。其职能主要有负责和促进大会决议的解释、执行和实施，准备下届大会的议程，并向联合会主席提供咨询，指导联合会秘书处的工作等。（3）秘书处：负责日常工作。秘书长为最高行政长官，由领导委员会推荐、主席任命。

主要活动：宣传红十字与红新月运动原则，救灾，备灾，与各国红十字会或红新月会合作开展各项人道主义工作。

2005年1月4~6日，国际联合会东亚地区办事处主任亨利、约汉斯·帕罗分别接受中国中央台记者关于海啸救助的采访。

1月10日，联络部部长王小华与国际联合会东亚地区办事处主任亨利讨论红十字会工作组赴海啸灾区事宜。

3月2~6日，常务副会长江亦曼赴香港参加由红十字会与红新月会国际联合会举办的东南亚海啸重建工作研讨会。

3月16日，红十字会与红新月会国际联合会东亚地区办事处代表奥德瑞与赈济救护部进行工作会谈。

3月17日，红十字会与红新月会国际联合会驻东亚地区办事处主任亨利来总会向会领导和机关干部介绍联合会改革等有关情况。

3月28日，副会长苏菊香与红十字会与红新月会国际联合会驻东亚地区办事处主任亨利进行了工作会谈。

4月6日，国家副总理吴仪会见了红十字会与红新月会国际联合会主席托伦等一行。红十字会与红新月会国际联合会主席托伦是应我会的邀请，于5~8日来华进行工作访问。

4月26~29日，常务副会长江亦曼赴日内瓦参加第11届领导委员会会议。

5月18~25日，联络部副部长龚怡怡赴日内瓦参加捐款国红会会议。

5月23日，常务副会长江亦曼、副会长苏菊香、副会长兼秘书长郭长江以及总会相关人员听取了联合会东亚地区办事处主任亨利的项目管理介绍。

6月14日，联络部部长王小华、副部长龚怡怡与联合会办事处主任亨利进行工作会谈。

6月27日，副会长苏菊香与联合会东亚地区办事处主任进行工作会谈。

7月6~8日，常务副会长江亦曼、副会长苏菊香出席了在京召开的由联合会东亚地区办事处主办的东亚5国红十字会领导人会议。

7月18日，副会长苏菊香在总会与联合会东亚办事处代表奥德瑞就我国灾害情况进行会谈。

8月2日，副会长苏菊香与联合会东亚地区办事处主任亨利水灾呼吁事进行会谈。

8月10日，赈济救护部部长史解放与东亚地区办事处主任亨利就救灾呼吁事进行会谈。

12月8日，赈济救护部部长史解放与联合会办事处主任亨利进行会谈。

驻华代表机构：红十字会与红新月会国际联合会于2000年2月在北京设立东亚地区办事处。驻华代表：阿里斯特尔·亨利（英国人），2003年5月上任。办公地点：北京建国门外大街外交公寓4251号。电话：010—65327662/63/64。

国际红十字与红新月运动章程及七项基本原则

1986年10月第二十五届红十字国际大会修改并通过

目 录

序 言

红十字与红新月国际大会声明：各国红十字会和红新月会、红十字国际委员会和红十字会与红新月会国际联合会合在一起构成了一个世界性的人道主义运动，其任务是防止并减轻无论发生在何处的人类疾苦；保护人的生命和健康；保障人类尊严，尤其是在发生武装冲突和其他紧急情况的时候；为预防疾病、增进健康和社会福利而工作；鼓励志愿服务，鼓励本运动的成员随时做好准备提供帮助，鼓励对那些需要本运动保护和帮助的人持有普遍的同情感。

红十字与红新月国际大会重申，在履行其职责时，本运动恪守其基本原则：

人道：

国际红十字与红新月运动的本意是要不加歧视地救护战地伤员。在国际和国内两方面，努力防止并减轻人们的疾苦，不论这种痛苦发生在什么地方。本运动的宗旨是保护人的生命和健康；保障人类尊严；促进人与人之间的相互了解、友谊和合作，促进持久和平。

公正：

本运动不因国籍、种族、宗教信仰、阶级和政治见解而有所歧视，仅根据需要，努力减轻人们的疾苦，优先救济困难最紧迫的人。

中立：

为了继续得到所有人的信任，本运动在冲突双方之间不采取立场，任何时候也不参与带有政治、种族、宗教或意识形态的争论。

独立：

本运动是独立的。虽然各国红十字会或红新月会是本国政府的人道工作助手并受本国法律的制约，但必须经常保持独立，以便任何时候都能按本运动的原则行事。

志愿服务：

本运动是个志愿救济运动，绝不期望以

任何方式得到利益。

统一：

任何一个国家只能有一个红十字会或红新月会。它必须向所有的人开放，必须在全国范围内开展人道主义工作。

普遍：

国际红十字和红新月运动是世界性的。在运动中，所有红会享有同等地位，负有同样责任和义务，相互支援。

国际红十字与红新月运动再次提出：本运动所信奉的箴言“战时行善”和“通过人道获得和平”，共同表达了运动的理想。

国际红十字与红新月运动宣告：通过它的人道主义工作和理想的传播，本运动正在促进持久和平。和平不仅仅是没有战争，而且还是各国和人民之间积极合作。合作应以尊重、自由、独立、国家主权、平等、人权为基础，以公平合理地分配资源，满足人民需求为基础。

第一章　总　则

第一条　定义

1. 国际红十字与红新月运动（简称“运动”）包括按本章程第四条规定所承认的各国红十字会和红新月会（简称“各国红会”）、红十字国际委员会（简称“国际委员会”）和红十字会与红新月会国际联合会（简称“联合会”）。

2. 本运动的成员除在本章程范围内保持其独立外，任何时候都应依照基本原则行事，为完成共同任务而开展各自的工作，并互相合作。

3. 本运动的成员同 1929 年 7 月 27 日或 1949 年 8 月 12 日签定的日内瓦公约缔约国一道参加红十字与红新月国际大会（简称“国际大会”）。

第二条　日内瓦公约缔约国

1. 日内瓦公约缔约国遵照公约、本章程以及国际大会决议，同本运动的成员合作。

2. 每一缔约国均应敦促在其领土上建立国家红会，并鼓励其发展。

3. 所有国家，特别是已承认了在本国建立的国家红会的国家，应尽可能支持本运动成员工作；本运动的成员也将根据各自的章程，尽可能地支持各国的人道主义活动。

4. 任何时候各国都应尊重本运动的成员信守其基本原则。

5. 本运动的成员对本章程之贯彻应不影响各国之主权，还须对国际人道主义法的各项条款给予应有的尊重。

第二章　本运动的成员

第三条　各国红十字会和红新月会

1. 各国红会系本运动的基本成员和重要力量。它们依据自身的章程和本国立法从事符合本运动的任务和基本原则的人道主义活动。各国红会支持政府当局为满足各自国家人民的需要而开展的人道主义工作。

2. 在国内，各国红会是独立自主的全国性团体，为其志愿工作者和专职人员的活动提供了一个必不可少的组织机构。通过开展有益于社会的教育、卫生和社会福利等方面的活动，各国红会与政府当局在预防疾病、增进健康、减轻人类疾苦等方面合作。

同政府当局一道，各国红会组织紧急救

济活动和其他活动，救助日内瓦公约规定的武装冲突受难者、自然灾害的灾民，以及遭受其他灾害需要救助的灾民。

它们传播并帮助政府传播国际人道主义法。在这方面各国红会应积极主动。它们宣传本运动的原则和理想，并协助也在宣传这些原则和理想的政府。它们还与政府合作，确保国际人道主义法得到尊重，保护红十字与红新月标志。

3. 在国际上，各国红会在资源允许的范围内，救助日内瓦公约规定的武装冲突受难者和自然灾害以及其他灾害的灾民。这类救济可以是服务和人员的方式，也可以是物质、经费和道义的方式，并应通过有关国家红会、国际委员会或联合会提供。

只要办得到，各国红会应为需要援助的红会的发展工作做出贡献，以便加强整个运动的力量。

本运动成员间的国际援助，将依照章程第五条和第六条进行协调。接受这种援助的一国红会，需在本国国内进行协调，并应视情况征得国际委员会和联合会的同意。

4. 为了完成这些任务，各国红会招聘、培训和派遣执行任务所需的人员。各国红会应鼓励每个人，特别是青年人参与该会的工作。

5. 根据联合会章程，各国红会有义务支援联合会的工作，如有可能，它们应志愿支援国际委员会的人道主义活动。

第四条 承认各国红会的条件

一个国家的红会如欲得到第五条第2节（2）款的承认，须具备下列条件：

1. 它应建立在一个独立的国家领土上，而且改善战地武装部队伤者病者境遇之日内瓦公约已在该国生效。

2. 是该国唯一的全国性的红十字会或红新月会，并由一个中央机构领导；在与本运动的其他成员交往时，中央机构是唯一有资格代表该会的。

3. 本国合法政府已依照日内瓦公约和国家立法正式承认它为志愿救护团体，担任政府当局的人道主义工作助手。

4. 具有独立的地位，从而得以按照本运动的基本原则进行活动。

5. 采用日内瓦公约规定的红十字或红新月为其名称和标志。

6. 组织机构应能便于履行该会章程所确定的任务，并在平时就做好准备，一旦发生武装冲突，应能履行公约所规定的法定任务。

7. 该会活动须遍及本国领土。

8. 在吸收志愿工作者和专职工作人员时，不得考虑种族、性别、阶级、宗教和政治见解。

9. 严守本章程，爱护团结本运动各成员的友谊，并与本运动各成员合作。

10. 尊重本运动的基本原则，以国际人道主义法指导其活动。

第五条 红十字国际委员会

1. 国际委员会1863年成立于日内瓦。它得到日内瓦公约和历届红十字国际大会的正式承认，是一个独立的人道主义团体，具有合法地位。委员从瑞士公民中互选产生。

2. 根据该委员会的章程，国际委员会的职责主要是：

（1）维护并宣传本运动的基本原则，即人道、公正、中立、独立、志愿、统一和普遍；

（2）承认会约第四条所规定的承认条件的任何新成立或改组的国家红会，并通告其他国家红会；

(3) 承担日内瓦公约所赋予的任务，为忠实执行适用于武装冲突的国际人道主义法而努力，并受理有关违反该法的诉讼；

(4) 作为特别在国际和其他武装冲突以及内乱时进行人道主义工作的中立团体，应始终致力于保护和救助受此类冲突与其直接结果影响的军人和平民中的受难人员；

(5) 确保日内瓦公约规定的中央查人局工作运转正常；

(6) 考虑到战争不可避免，应与各国红会、军民医疗单位以及其他有关当局合作，致力于训练医务人员和准备医疗器械；

(7) 为了解和传播适用于武装冲突的国际人道主义法知识而努力工作，并为发展该法做好准备；

(8) 执行国际大会委托的工作。

3. 国际委员会可以其特殊中立和独立团体以及中间人的身份，对属于其职责范围内的各项人道主义性质的工作采取主动行动，并考虑需要此类团体研究的一切问题。

4. (1) 国际委员会应与各国红会保持密切联系。经取得同意，国际委员会将与各国红会就共同关心的问题进行合作，例如，武装冲突时的准备工作，尊重、发展、批准日内瓦公约，宣传基本原则和国际人道主义法。

(2) 如发生本条第 2 节 (4) 款提及的并需要协调来自其他国家红会的援助的情况，国际委员会应和该国红会或有关国家合作，根据与联合会缔结的协议协调此类援助。

5. 在本章程范围内，并根据第三、第六和第七条的规定，国际委员会和联合会将就共同关心的问题保持密切联系。

6. 国际委员会亦应同各国政府当局及其认为对其工作有助的任何国家的或国际的机构保持联系。

第六条　红十字会与红新月会国际联合会

1. 红十字会与红新月会国际联合会由各国红十字会与红新月会组成。遵照自己的章程进行活动。享有法人团体应有的一切权利和义务。

2. 联合会是一个独立的人道主义组织，其性质是非政府、非政治、非种族、非教扼的。

3. 联合会的宗旨是经常激励、鼓舞、便利和促进各国红会所从事的各种各样的人道主义活动，目的在于防止并减轻人类疾苦，从而为维护和促进世界和平作出贡献。

4. 为了实现第 3 节所定的宗旨并以本运动的基本原则和国际大会决议为依据，参照本章程第三、第五和第七各条的规定，联合会在本章程范围内并以其自身章程为依据，特别有以下职责：

(1) 作为各国红会之间联络、协调和学习的常设机构，根据各国红会的要求向它们提供帮助；

(2) 鼓励和促进在所有国家建立和发展独立并获承认的国家红会；

(3) 采用一切可能的方法向所有灾民提供救济；

(4) 在灾害救济准备、救济活动的组织及其实施等方面向国家红会提供援助；

(5) 根据国际大会通过的《红十字与红新月灾害救济原则与条例》组织、协调和指导国际救济活动；

(6) 鼓励和协调各国红会与本国政府机构合作参与旨在保障公共健康和增加社会福

利的活动；

(7) 鼓励和协调各国红会交流关于对儿童和青年进行人道主义国际理想教育以及发展各国青少年之间的友好关系；

(8) 协助国家红会从全体国民中招募会员，并对他们进行运动的基本原则和理想的教育；

(9) 根据与国际委员会签定的协议，向武装冲突的受害者提供帮助；

(10) 帮助国际委员会促进和发展国际人道主义法，并与其合作，在各国红会中宣传国际人道主义法和基本原则；

(11) 在国际上，尤其是处理涉及联合会大会通过的决定和建议等方面的事宜，担任其成员红会的正式代表，并担任成员红会独立完整的监护人和其利益的保护人；

(12) 执行国际大会委办的任务；

5. 在每个国家，联合会应通过该国红会或经其同意进行活动，并须遵守该国的法律。

第七条 协作

1. 本运动的各成员应根据各自的章程和本章程第一、第三、第五、第六各条的规定，相互合作。

2. 国际委员会和联合会应在各级保持经常的相互联系，以便根据需要保护和帮助人们的最高利益，协调两机构的工作。

3. 在本章程和各自章程的范围内，国际委员会和联合会应就协调两机构的工作相互达成协议。如由于某种原因而不存在上述协议，第五条第 4 节 (2) 款和第六条第 4 节 (9) 款应不再适用；国际委员会和联合会应参照本章程其他规定解决有关两机构各自活动范围的问题。

4. 本运动各成员在各自有关章程范围内，依据共同使命和基本原则的精神，开展地区性的合作。

5. 本运动各成员在保护自身独立和特性的同时，应尽量同活跃在人道主义领域内的其他团体合作，只要这类团体寻求与本运动类似的目的，并准备尊重本运动各成员信守的基本原则。

第三章 法定机构红十字与红新月国际大会

第八条 定义

国际大会是本运动的最高审议机构。本运动各成员的代表与日内瓦公约缔约国代表一道参加大会会议。缔约国履行公约规定的职责，并根据本章程第二条全面支持本运动的工作。代表们一道审查并决定共同感兴趣的人道主义事务和其他有关事务。

第九条 成员

1. 国际大会的成员有各国红会、国际委员会。联合会和日内瓦公约缔约国的代表团。

2. 每个代表将拥有平等的权利，即一票表决权。

3. 一个代表只能属于一个代表团。

4. 一个代表团不得由另一个代表团或另一个代表团的成员代替。

第十条 职能

1. 国际大会完全遵循基本原则，致力于本运动的统一和任务的完成。

2. 国际大会努力尊重和发展国际人道主义法以及其他特别与本运动有关的国际公约。

3. 唯国际大会有权：

（1）修改本章程和《国际红十字与红新月运动议事规则》（简称“议事规则”）；

（2）在其成员要求下，就章程和规则的解释及实施所出现的分歧做出最后决定；

（3）对常设委员会、国际委员会和联合会根据第十八条第 2 节（2）款向大会提出的问题做出决定。

4. 国际大会按个人身份选举本章程第十六条第 1 节（1）款规定的常设委员会委员时，应考虑委员的个人资历和平均地域分配的原则。

5. 在本章程以及议事规则的范围内，国际大会恪以决议的形式通过所做出的决定、建议和宣言。

6. 国际大会可根据国际委员会和联合会的章程以及本章程，向两组织指派工作。

7. 国际大会认为需要，经出席大会而又参加表决的三分之二的多数成员同意，制定有关诸如议责和颁发奖章的规定。

8. 根据议事规则，国际大会可在会议期间设立附属机构。

第十一条　程序

1. 除非另作决定，国际大会每 4 年召开一次。大会应由一个国家红会中央机构或国际委员会或联合会依照上届国际大会或第十八条第 1 节（1）款规定的常设委员会的委托而召集。对国家红会、国际委员会或联合会在大会期间提出主办下届会议的建议，应予以优先的考虑。

2. 如遇特殊情况，常设委员会可改变国际大会的地点和时间；常设委员会可主动地或根据国际委员会、联合会或至少三分之一的国家红会的建议，采取行动。

3. 国际大会选举大会主席、副主席、秘书长、副秘书长和其他会议官员。

4. 国际大会的所有与会者应遵循基本原则，提交的所有文件须符合这些原则。为了使国际大会的讨论赢得大家的信任，主席和所有当选负责主持会议的官员应确保任何发言人不管在任何时候都不得涉及政治、种族、宗教和意识形态性质的争端。国际大会主席团按议事规则规定，在批准散发文件前也应采用同样标准。

5. 除有权参加国际大会的成员外，第十八条第 1 节（4）款提到的观察员可参加大会的各种会议，大会另定除外。

6. 国际大会不得修改国际委员会或联合会章程，也不得做出与本章程或国际大会决议相抵触的决议。

7. 国际大会应努力按议事规则规定的全体一致的原则通过决议；如达不到全体一致，将按规则进行投票表决。

8. 除受本章程规定的限制外，国际大会也受其议事规则的约束。国际红十字与红新月运动代表会议。

第十二条　定义

国际红十字与红新月运动代表会议（简称“代表会议”），系本运动各成员的代表集会及讨论有关本运动集体事宜的机构。

第十三条　成员

1. 代表会议成员包括各国红会、国际委员会和联合会的代表团。

2. 每个代表团均有平等的权利，即一票表决权。

第十四条　职能

1. 代表会议在本章程的范围内，应对国际大会、常设委员会、各国红会、国际委员会或联合会可能提出的有关本运动的所有问题发表意见，或在必要时做出决议。

2. 如在国际大会开幕前举行会议，代

表会议应：

(1) 向国际大会提出担任第十一条第3节所提的职务的人选；

(2) 通过国际大会的暂定议程。

3. 在本章程范围内，代表会议以决议形式通过决定、建议或宣言。

4. 尽管有第十条第7节的一般规定，代表会议可由出席会议而又参加表决的代表的三分之二多数修改亨利·杜南奖章规则。

5. 代表会议可向国际大会提出任何问题。

6. 代表会议可向本运动任何成员提出问题，要求考虑。

7. 必要时，代表会议可由出席会议而又参加表决的代表三分之二多数通过设立附属机构，指明任务、任期和成员。

8. 对于按本章程专属国际大会权极限以内的任何问题，代表会议不得作最后决定，也不得作出同国际大会决议相抵触的决定，或国际大会已经决定可保留列入下届会议议程的问题的决定。

第十五条 程序

1. 在每届国际大会前，召开代表会议；任何时候如有三分之一的国家红会或国际委员会、联合会或常设委员会要求，代表会议也可召开。原则上，代表会议与每届联合会大会同期召开；代表会议也可主动召开会议。

2. 代表会议选举其主席和副主席。代表会议、联合会大会以及同时召开的国际大会，应由不同的人主持。

3. 代表会议的所有参加者应尊重基本原则，提交代表会议的所有文件亦应遵循这些原则。为了使会议的讨论赢得大家的信任，主席和所有当选负责主持会议的官员应确保任何发言人不管在何时都不得涉及政治、种族、宗教和意识形态性质的争端。

4. 除有资格参加代表会议的成员外，如代表会议没有另作决定，第十八条第4节(3)款提到的那些来自即将被承认的国家红会（即在可预见的将来有可能得到承认的国家红会）的观察员，可参加代表会议。

5. 代表会议应努力按议事规则规定的全体一致的原则通过决议，如达不到全体一致，将根据议事规则进行表决。

6. 代表会议应遵循议事规则。在必要时，代表会议可以出席会议而参加表决的成员的三分之二多数对议事规则加以补充，除非国际大会另有决定。

红十字与红新月常设委员会

第十六条 定义

红十字与红新月常设委员会（本章程称“常设委员会”）系两届国际大会期间的大会代表机构，执行第十八条规定的职能。

第十七条 成员

1. 常设委员会由9名委员组成，即：

(1) 5名来自不同国家红会的成员，每名成员均由国际大会按第十条第4节以个人身份选举产生，任职至下届国际大会闭幕或至下届常设委员会正式成立时为止。

(2) 2名系国际委员会代表，其中1名应为国际委员会主席。

(3) 2名联合会代表，其中1名应为联合会主席。

2. 如第1节(2)款或(3)款提到的成员不能参加常设委员会某次会议，他可指定一名代理人参加该会议，只要该代理人不是常设委员会的成员。如第1节(1)款提及的成员出缺，常设委员会本身可任命上次选举得票最多而未中选的候选人担任成员。只要该候选人不是现任成员的同一国家红会成员，如果表决票数相等，平均地域分配原则将是决定性因素。

3. 常设委员会至少应在下届国际大会开会前一年邀请该届国际大会东道组织的一位代表以咨询人身份参加其会议。

第十八条　职能

1. 常设委员会应为下届国际大会做出以下安排：

（1）选定国际大会地址并确定日期，如果前届大会未就此做出决定或者根据第十一条第2节规定由于特殊情况需要；

（2）制定大会日程；

（3）准备大会暂定议程，以便提交代表会议；

（4）全体一致确定第十一条第5节提及的观察员名单；

（5）召集大会，争取多数人参加。

2. 在国际大会休会期间，在最后由大会裁定的条件下，常设委员会应解决：

（1）有关本章程和议事规则的解释与实施所引起的意见分歧；

（2）国际委员会或联合会可能向该委员会提出的有关两机构间分歧的问题。

3. 常设委员会应：

（1）促进本运动工作的和谐，并就此在各成员间进行协调；

（2）鼓励并敦促贯彻国际大会的决议；

（3）根据上述目的，审查涉及本运动整体的所有问题。

4. 常设委员会应为下次代表会议做出安排：

(l）选定代表会议的会址和会期；

（2）准备代表会议的暂定议程；

（3）全体一致地确定第十五条第4节提到的观察员名单。

5. 常设委员会颁发亨利·杜南奖章。

6. 常设委员会可向代表会议提出任何有关本运动的问题。

7. 常设委员会可一致同意设立必要的专门机构并指定这类机构的成员。

8. 在行使职能时并在国际大会最后裁定条件下，常设委员会应视情况需要采取任何措施，但本章程规定的本运动各个成员的独立性与主动性，应经常得到严格的保证。

第十九条　程序

1. 常设委员会至少每年应召开两次会议。主席可主动地或应委员会3名成员的要求，召开非常会议。

2. 常设委员会总部设在日内瓦。由主席选定并经多数成员同意，常设委员会可异地举行会议。

3. 常设委员会应与国际大会同时同地召开。

4. 所有决议均须由出席成员的多数表决通过，除非本章程或议事规则另有规定。

5. 常设委员会应从成员中选举一名主席和一名副主席。

6. 在本章程和议事规则的范围内，常设委员会应制定自己的议事规则。

第四章　最后条款

第二十条　修改

修改本章程和议事规则的任何提案均须列入国际大会的议程，并且至少提前6个月将提案文本交大会所有成员。在听取了国际委员会和联合会的意见后，任何修改均须经出席国际大会而又参加表决的代表的三分之二多数通过。

第二十一条 生效

1. 本章程将取代1952年第十八届国际大会通过的章程。凡与本章程抵触的早期规定应即废止。

2. 本章程将从1986年11月8日生效。

与奥林匹克运动

红十字会与红新月会国际联合会、国际奥林匹克委员会备忘录

国际奥林匹克委员会和红十字会与红新月会国际联合会共同认为，在普遍的基本道德准则的基础上，所有人类均享有在肉体和精神上憧憬和谐发展，享受和平并具有尊严的生活的权力。

国际奥委会和奥林匹克运动的整体目标是通过组织不含有任何歧视的体育活动和宣扬奥林匹克精神教育青年人从而为建设一个和平和更加美好的世界做出贡献。奥林匹克精神包括友谊、团结和公平竞赛的原则。为达到这一整体目标，国际奥委会需要与其他组织合作，并在其能力之内，参与提供救助、促进和平的活动。

国际联合会依照红十字与红新月运动的基本原则鼓舞、协助和促进作为其成员的各国红十字会和红新月会开展旨在改善最易受损人群境遇的人道主义活动。国际联合会促进各国红会之间的合作，以便加强他们能够更有效地开展灾害管理、卫生和社会服务等工作的能力。

国际奥委会和国际联合会决定依据各自的宗旨和原则开展合作以促进国际团结并为可持续的人类发展做出特别贡献。国际奥委会和国际联合会将鼓励国家奥委会和国家红会为达到上述目的而开展的各种活动，特别是在为弱势易损人群提供帮助和志愿服务方面。为此，双方同意建立联合工作组以便开展和维护在国家范围内的合作伙伴关系。联合工作组每年至少举行一次会议。

除非协议一方以书面形式通知另一方要求中断协议，本协议将长期有效。

本协议以英文和法文两种语言为原本，2003年5月16日签署于西班牙马德里市。

红十字会与红新月会国际联合会主席
胡安·马努埃尔·苏亚雷斯·托罗
国际奥林匹克委员会主席
雅克·罗格

红十字运动与奥林匹克运动

一 历届奥运中红十字会的作用

4年前北京“申奥”成功万众欢腾的情景还历历在目，可现在距2008北京奥运会开幕已不到800天了。中国民众对奥运的热情和政府对奥运的支持无疑是成功举办奥运的重要保证。在过去的十几年间，中国确实取得了很大的进步。但在很多方面，中国仍然是一个发展中国家。鉴于中国和北京在国际范围内举办类似奥运会这样大型活动的经验并不是很多、国际形势复杂多变、突发事件和自然灾害难以预测。借鉴和学习国外成功举办奥运的经验，做好应对各种事件的准备，对中国和北京而言都是至关重要的。本

文将简要介绍各国红十字会在历届奥运会中的作用，这对2008北京奥运会的成功举办是不无裨益的。

红十字志愿者与奥运会志愿者

国际红十字会是由志愿者组成的历史最悠久、规模最大的人道救助组织，包括红新月会在内，其活动遍及全球。志愿服务是红十字会和红新月会七项基本原则之一。红十字会的绝大部分工作都是通过志愿者的服务完成的，志愿者所贡献的红十字服务是无价的。例如，红十字志愿者每年在全世界对最脆弱群体的服务超过2亿人次，集中表现了人道的力量。

奥运会是世界性的体育盛会，其花费是巨大的。历史上奥运会庞大的开支给举办地的人民和政府带来沉重的负担，使得想申办奥运会的城市望而却步。上世纪70年代奥运会陷入困境，以至1980年普莱西德湖冬季奥运会和1984年洛杉矶夏季奥运会都是在没有竞争对手的情况下获得了承办权。由于没有任何政府愿意承办奥运会，国际奥委会不得不首次同意由民间集资来承办1984年洛杉矶奥运会。结果洛杉矶奥运会不仅成功举办，尚盈余2.5亿美元，开创了奥运史上的奇迹。在促成洛杉矶奥运会成功的各种因素中，奥运志愿者的贡献功不可没。

是红十字会首先把大规模有组织的志愿者机制引入了1980年普莱西德湖冬季奥运会。红十字志愿者承担了比赛期间的安全、奥运赛场和突发事件所需的卫生急救业务和第一反应站的任务。1984年洛杉矶奥组委会接受了1980年普莱西德湖冬季奥运会的经验，与红十字会密切合作招募了2.87万志愿者，其中许多人本来就是红十字志愿者。在第二十三届洛杉矶奥运会的正式报告中有专门的章节介绍奥委会与红十字会的合作。从此以后，奥运会志愿者与运动员的人数比例快速增长，1996年亚特兰大夏季奥运会的这一比例是4.6比1，而1998年长野冬季奥运会的比例则高达14.7比1。

在1992年第二十五届巴塞罗那奥运会的正式报告中第一次出现了奥运志愿者的定义："志愿者是作出独立的、利他承诺合作的个人。其在奥林匹克运动会组织中发挥它/它的最佳能力，执行被分配给他/它的任务而不接受付款或其他性质的酬谢"。奥运志愿者定义的出现是对前十几年奥运志愿者行动的总结和肯定，是红十字与奥林匹克两大运动相互学习帮助的结果。二十多年来，红十字会与奥委会的合作不断得到加强和深化，并已形成为国际惯例。

红十字会与奥委会的合作源远流长

1980普莱西德湖、1984洛杉矶、1996亚特兰大，2002盐湖城（美国）从1978年开始准备1980年普莱西德湖冬季奥运会的安全服务和志愿者，到2002年盐湖城冬季奥运会，美国红十字会为奥林匹克社区在比赛期间的安全做准备、为奥运赛场和城市突发事件提供急救卫生业务和第一反应站已经有28年的历史。美国红十字会在准备奥运和奥运安全方面都充当了缺一不可的角色。红十字会是美国这几届奥运组委会的成员。

1996年亚特兰大夏季奥运会：1993年美国红十字会项目负责人就进入亚特兰大奥运组委会为1996年奥运会做准备，主要是为观众提供卫生保健和帮助开发红十字小分队。红十字会组织了来自全美各地的4000多名医疗专业志愿者（医生、护士、急救员等），其中400名是红十字志愿者。红十字志愿者掌管：比赛场馆内红十字第一反应小分队、社区内的饮水站、公共教育、紧急避难所并为医院供血。

亚特兰大奥组委做到了平均每2万人中有一支紧急医疗技术人员和医务人员组成的小组，每1万人中有一支红十字第一反应小组。正是因为有数目充分的红十字志愿者和对灾害的准备，当一颗炸弹在亚特兰大奥运世纪公园爆炸，炸死了一人并伤害许多人时，红十字第一反应者在现场，立即对危机做出了反应。他们首先在现场及时抢救伤员。红十字会护士负责到医院帮助受害者的家属和汇集伤亡者的名单，红十字会还开通了国际灾难救济询问热线。

2002年盐湖城冬季奥运会：此届奥运会是2001年美国纽约遭受“9.11”恐怖袭击四个月后的一次奥运会，安全问题受到了格外的重视。应公共安全官员的请求，美国红十字会在公园市、盐湖城、洛根市和普罗沃市的奥林匹克场地之外设立了紧急事件第一反应站。红十字特有的红一白色紧急反应车在十五个红十字第一反应站的外面待命。除了盐湖城地区的红十字会之外，邻近地区的红十字会和红十字救灾志愿者也处在待命状态。

1988 **汉城（韩国）**

韩国红十字会参与了汉城奥运会从筹备到闭幕历时七载的全过程。与其说红十字会是参与者，不如说是策划者。1981年汉城奥运会组委会成立，选举韩国红十字会会长为汉城奥组委会首任主席。汉城奥运会与红十字会的密切合作由此可见一斑。首先，征募志愿者的工作就是由279个志愿者帮助完成的，其中99名志愿者来自韩国红十字会。红十字会还在卫生医疗救护培训方面发挥了重要的作用，从1987年到1988年对10种行业的卫生急救人员进行了教育培训。汉城奥运组委会除从选定的医院获得医疗人员之外，还与韩国红十字会和其他相关机构密切合作，确保有在不同的行业所必需的医疗人员。奥运会期间共计有844名医疗人员确保在各比赛场馆，他们全经过两年以上的定向教育培训；其中186人来自韩国红十字会，主要负责医疗急救。汉城奥组委会还为观众设立了多处急诊所，每个急诊所面积至少有4.5平方米，由一位医师、一位护士，和几名紧急治疗人员组成。当选定的医院不能提供所需的医务人员时，奥组委就从韩国红十字会、韩国运动伤害防护协会和国防部获得人员。

1992 **巴塞罗那（西班牙）**

西班牙红十字会在1992年巴塞罗那奥运会期间发挥了重要作用，主要负责医疗救护。1989年3月巴塞罗那奥组委会分别与西班牙加泰罗尼亚红十字会签署了红十字会为1992年巴塞罗那奥运会提供医学服务的协议，与西班牙红十字会签署了红十字会为奥运火炬接力提供沿途急救服务的协议。历史上，西班牙红十字会曾为卫生业务提供了一个高水平的服务，包括医院、输血和护士学校。由于社会和政治变动，西班牙红十字会决定放弃这些操作，许多医院被卖了或被转换了。到1998年西班牙红十字会只保留了14家医院，3个血库，1个门诊病人透析中心和一家综合诊所。现在西班牙红十字会仍拥有573个急救站，51个海事急救站，880辆急救车，421辆其他机动车和327艘船只。

2000 **悉尼（澳大利亚）**

2000年悉尼奥运会借鉴了1996年亚特兰大奥运会的经验，并制定了自己的医疗计划。为观众提供的卫生保健包括：

第一反应者、先进的生命维持队、急救站和诊所。在以上的三项服务中，第一反应者是由红十字志愿者承担。所有的红十字志愿者都经过急救和维持生命的基础训练，

散布在人群中。悉尼奥林匹克运动会的志愿者超过46，000人，损耗率（半途退出志愿服务）仅为2%。

2004 **雅典（希腊）**

2004年雅典奥运会，1所红十字医院为奥运提供医疗服务。大约有500名红十字志愿者成为“雅典2004”志愿者。主要为观众提供急救和其他志愿服务。

2006 **都灵（意大利）**

在奥运会开幕之前，意大利红十字会会长就参加了传送奥林匹克火炬活动。当他把火炬传给一名艾滋病患者时说：“这次事件代表一则关于希望的重大信息，当奥林匹克火炬一路通过意大利时，火炬也携带了一些红十字运动的根本原则，特别是在与不宽容作斗争”。

意大利红十字会为都灵冬季奥运会提供卫生救护系统和紧急事件服务。为奥林匹亚的竞赛场,训练场,奥林匹亚村和有关事件特别提供了3537名职员昼夜服务。准备了90多辆医疗救护车、急救车、小客车和特别的越野车辆并采取各种方法参与运送患者和保护市民。他们也事先安排好了准备参与应对NBCR(核、生物、化学和辐射)风险的中坚力量、心理支持和救助受伤的运动员。

在皮埃蒙特区的意大利红十字会的170多个单位不仅服务奥运,并且在奥运会期间也要保证对市民和弱势群体的普通服务和需求。

总　　结

红十字会是世界上规模最大、历史最悠久的志愿者组织。红十字是世界各国人民公认的救援救生标志。红十字志愿者都经过卫生急救和CPR（心肺复苏）的培训。红十字奥运服务主要是为观众提供卫生急救和对紧急事件的第一反应，以及其它人道救助。奥运会需要大量训练有素的志愿工作者。奥运会提供了极好的机会促进志愿主义。红十字会与奥委会的合作源远流长，它们之间的合作有力地保证了奥运会的安全举办，促进了红十字精神和奥林匹克精神的广泛传播。

红十字会与奥委会的合作已远远超出奥运会的范围。2003年5月16日,红十字会与红新月会国际联合会主席托罗与国际奥委会主席罗格共同签署合作备忘录,明确指出:“国际奥委会和国际联合会决定依据各自的宗旨和原则开展合作,以促进国际团结并为可持续发展的人类发展做出特别贡献。国际奥委会和国际联合会将鼓励国家奥委会和国家红十字会为达到上述目的而开展的各项活动,特别是在为弱势易损人群提供帮助和志愿服务方面”。合作备忘录也将有助于红十字和红新月会与奥委会一起工作,促进体育运动能为和平和各民族之间的相互理解作出贡献。

二　北京市红十字会能为2008奥运做什么

2008年北京奥运会将敞开胸怀迎接八方来客。北京是世界上最大的文明古城之一,也是人口密度最大的城市之一。北京奥运的三大理念是“绿色奥运,科技奥运,人文奥运”。北京市民的文明素质是人文奥运最直观、最重要的表现。言谈举止的礼貌仅仅是文明素质的一个方面,市民的文明素质包蕴着更深刻的内涵。如果说:绿色奥运是要促进人类社会与

自然界之间的和谐发展，那么，人文奥运就是要促进人类自身的和谐发展。红十字运动的"人道"、"博爱"、"奉献"和"志愿服务"等精神，都很好地体现了人文奥运的理念。本文从人文的角度阐述北京市红十字会与2008北京奥运会的关系和任务。

问题的提出

奥运的脚步正在步步逼近，现在距2008北京奥运会开幕的时间已经不多了。除了众所周知的北京市人口流动量大、交通拥挤、不确定的风险因素多等问题外，最令人担忧的就是市民对突发事件缺乏认知和警惕性、缺乏自救互救的能力。因此，一旦出现突发事件会惊慌失措，造成不应有的重大灾害。例如，2004年2月5日北京市密云县的迎春灯展，因一游人在桥上跌倒，引起人群拥挤，导致踩死37人，挤伤15人。再如，2004年10月17日北京国际马拉松赛，两名参赛选手猝死。特别引人深思的是在众目睽睽之下，选手倒地十多分钟之内竟没有人能实施紧急医疗救助。如果市民中有多一些人经过红十字卫生救护和CPR(心肺复苏)培训，那么当遇到这种情况时，就会有人能出手相助。在发达国家，经过卫生救护和CPR培训的市民比例已成为衡量城市文明的标志之一。

奥运会是人员高度密集的大型国际事件，除各国来宾之外，其观众主要都是来自北京和全国各地。如果2008年观众的心理素质和应变能力还处于2004年北京密云迎春灯展时的水平，那么任何一件小事都可能造成不堪设想的后果。事实说明无论是在反应突发事件还是在普及卫生救护知识方面，民众素质都有待提高，而且已经是刻不容缓。民众素质是安全奥运和人文奥运的关键环节。

北京市红十字会

北京市红十字会是从事人道主义的救助团体，始建于1928年10月29日。最初主要的活动是救护伤兵、救助难民和赈济灾民；规模很小，人员也很缺乏。新中国建立以来，特别是1993年《中华人民共和国红十字法》颁布以来，红十字会的工作取得了很大的进展。目前北京的18个区县全部成立了红十字分会，97.7%的街道和83.7%的乡镇建立了红十字会，基层组织1481个，会员86.7万（其中青少年会员24.3万），志愿工作者7.1万人。1996年建立了北京市红十字"999"急诊抢救中心。现有急救车100多辆，配有车载电话系统和全球卫星定位系统，日出车量超过200余次。救治了20余万人，占北京市院外急救日工作量的50%左右。红十字会积极参加人道主义救援活动，在抗险救灾、准备和应对重大事件和突发事件（如2003年的非典疫情）方面发挥了重要作用。红十字会有广泛的群众基础和组织保证，应积极准备参与奥运、服务奥运，展现这一国际组织在奥运中的作用。

红十字标志是全世界人民所熟悉的救生、救援标志，它是没有国界的，红十字七项基本原则广为人知。红十字带给人们的积极、稳定的心理情绪和精神力量是其他任何组织都无法相比的，红十字是联结各国人民的纽带。

北京市红十字会能为2008北京奥运会做什么

1. 红十字卫生救护培训：为了办好北京奥运会，使来北京的宾客健康更有保障，届时需要大量医务工作者。但很多突发疾病往往发生于医院以外的日常生活环境中，可能没有专业的医务人员在场。前几届奥运会已经证明，建立一支训练有素的、能胜任执行心肺复苏（CPR）和救护工作的红十字志愿团队是至关重要的。北京市“人文奥运”行动规划已将红十字会列为培训志愿者单位之一。北京市红十字会救护培训中心已在18个区县建立了救护培训分中心。在2008奥运会之前红十字会要举全力参与对以下三部分人的卫生救护培训：（1）奥运志愿者：北京市奥组委将要招募约10万名奥运服务志愿者，重点是大学生。（2）直接服务于奥运的重点行业人员，特别是消防队员、公安警察、公交和出租汽车司机、宾馆饭店的服务人员、比赛场馆的工作人员，以及其他相关的人员。（3）市民：红十字会计划到2008年普及救护培训人数要达到北京市常住人口的2%（约28万人），其中取得初级救护员证书者达到常住人口1/80（约18万人）。

经过红十字会培训的志愿者和人员不仅要具有医疗急救知识、意识和能力，还要具有红十字的奉献精神、社会责任感。一旦出现意外事件，他们作为奥运服务人员能在现场很好地发挥“第一反应者”出手相救的作用，真正实现人文奥运的精神。这些经过红十字会培训的奥运志愿者会传播红十字精神和急救知识，带动市民整体素质的提高。从这个意义上来说，红十字会培训奥志愿者是提高市民整体素质的一个重要组成部分，是实现“人文奥运”理念、推动首都精神文明建设的有效手段。

2. 奥运期间设立“红十字奥运服务站”：北京奥组委已经委托北京市卫生局负责奥运期间的医疗救护工作。其服务的对象主要是奥运村和比赛场馆内的运动员、观众和奥林匹克大家庭成员。而许多突发事件和疾病往往在赛场以外的公共场所发生。北京市红十字会计划在奥运会场馆外面、大规模群众集会地点和名胜旅游点等人员集中的地方设立“红十字奥运服务站”。主要是帮助市民和来宾对可能发生的各种事件作预防、准备和反应。红十字服务的对象是比赛场馆外的大量的观众和游客，使无论比赛场内还是比赛场外的运动员和观众都安全、健康。

3. 红十字运动深入社区：重点组织社区群众学习心理健康、常见病预防的知识；学习自救、互救的基本技能，学习备灾、救灾和紧急避险的常识并组织实际演练，使公众在突发事件中能处乱不惊，听从指挥，有组织地疏散和自救互救。此项工作对实现人文奥运也是必不可缺少的，因为掌握避险防灾知识的文明观众是实现安全奥运的坚实基础。

红十字运动深入社区也是实施可持续发展社会的重要步骤，是构建和谐社会的有效手段。红十字会是帮助政府实施人道主义的得力助手，对社会上最易受损害的群体提供救助是它的使命。红十字组织要利用它广泛的群众基础来关心最易受损害的群体，及时地发现问题和解决问题。通过红十字会的人道主义救助行动，能够在一定程度上，化解社会矛盾，消除社会障碍，从而有助于社会的稳定和可持续发展。

红十字会在行动

为积极迎接奥运，北京市红十字会已把卫生救护培训工作和发展志愿者队伍工作列为2008年奥运前的工作重点，并且开始在北京77所大学中加大对学生的救护培训力度；在学校和社区群众中广泛开展多种形式的减灾避险、自救互救、健康知识教育；并且已与北京公安、消防、交通、旅游等重点为奥运服务的部门积极联系，开始了卫生救护培训合作计划。

为了奥运安全和应对意外事件，北京市红十字会系统于2005年10月举行了全市救护技术大演练。来自各行业的红十字志愿工作者以及青少年红十字志愿者共一千多人参加了这次演练活动。这是一次围绕“新北京，新奥运”的战略构想，配合奥运步伐的人道主义拓展活动，取得了很好的效果，今后计划每年组织类似演习和演练活动。

目前，北京市红十字会已在各个区县组建起红十字会志愿救援队，今后两年红十字会要着力建立和培训街道和社区的红十字志愿援救队伍，切实提高市民对突发事件的应急能力。一旦发生意外事件，当地红十字志愿救援队可以组织志愿者协助政府，开展群众性的自救互救，减少灾难的损失。

奥运会将为北京人民和红十字会留下宝贵财产

红十字精神与奥运精神以及人文奥运的理念高度和谐，传播红十字精神与奥运精神对于人的教育、公民素质的提高和社会文明程度的提升都具有战略意义。

如果说奥运会从雅典到北京是东西方两大文明的交汇，那么奥委会和红十字会的合作则是国际奥林匹克和国际红十字两大运动的结合。缺乏东方文化的奥林匹克是不完全的，没有红十字的奥运会也不是完美的。

我们希望通过红十字奥运服务，形成一支高水平的、人员相对稳定的红十字志愿者团队；形成一种招募和保持这种志愿团队的机制和规范的管理办法，使红十字会始终保持有招之即来的志愿者团队，从容反应各种灾难。经过奥运会，社会文明和人文素质会有大幅度的提高。这将是奥运会留给北京人民和红十字会的宝贵财产，这才是“奥运会结束了，但奥林匹克精神永存”的真谛。

三 红十字志愿者与奥运会志愿者

国际红十字会是由志愿者所组成的世界上最大的人道主义组织，其志愿服务的历史已经超过140年。国际奥委会是当代最大的国际体育组织，四年一度的奥林匹克盛会需要众多的奥运志愿服务。2008北京奥运会正步伐隆隆地向我们走来，奥运志愿服务的活动已经是时不待人。本文论述红十字志愿服务与奥运志愿服务之间的关系，以期红十字的志愿服务对2008北京奥运会的成功举办能有所贡献。

志愿者的概念

宏观而言，红十字志愿者的志愿服务与奥运会志愿者的志愿服务不尽相同。前者范围广泛、不论何时何地，只要有人道救助的需要，就有红十字志愿者的服务；志愿服务多为自然的或人为的突发事件。而后者主要围绕奥运会，时间、地点、及服务对象相对集中；志愿服务多为事先就作准备的重大事件。除了红十字志愿者和奥运会志愿者之外，世界上还有不计其数的形形色色的志愿者。尽管不同的社会、不同的文化以及不同性质的志愿服务（宗教性的、政治性的，体育和健康性的，等等），使志愿者的概念也不尽相同，但仍然可能建立若干共同的基本点：

——自觉的承诺：即是出自个人的，非强制性的承诺。

——利他主义：无须任何酬谢，非营利的动机。

——社会的贡献：以某种方式服务于社

会，有益于社会。

也就是说，志愿者的承诺行动是基于自由意志的个人决定，是以团结一致和利他主义的原则为动机的。虽然志愿者起始于个人的决定，但志愿服务是要通过有组织的协作才能实现的，而这些组织往往是非营利性的。这些组织帮助志愿者设定项目，以适合志愿者参与社会、加强社会责任感与参与这一个共同努力合作的动机和欲望。志愿服务有助于加强市民的社会责任感和公民意识。不带任何歧见的、规模庞大的奥运会需要众多的志愿者，为市民参与志愿服务提供了极好的机会和广阔的舞台。红十字志愿者以其已有的经验和训练加入奥运志愿者的行列，可以更好地服务奥运，促进红十字精神与奥林匹克精神的结合与传播。而众多的奥运志愿者在奥运会后将会继续志愿服务，成为潜在的红十字志愿者。

奥运会与奥运志愿者

四年一度的奥运会已经成为世界人民通过体育比赛来加强交流、促进和平的盛大节日。奥林匹克运动的宗旨是“通过没有任何歧视、具有奥林匹克精神（友谊、团结和公平精神）的体育活动来教育青年，增进其相互了解，从而为建立一个和平的更美好的世界做出贡献”。奥运会是世界性的体育盛会，其花费是巨大的。现代奥运会如果没有志愿者的参与简直是无法举办的。一般认为奥运志愿者的演变经历了四个基本历史时期：

从 1896 年雅典奥运会到 1936 年柏林奥运会。这一时期的特点是志愿服务很多来自体育协会和体育俱乐部以及奥运会本身（如运动员，等）的无名志愿者。主要志愿服务来自譬如童子军等团体和军队。

从 1948 年伦敦奥运会到 1976 年蒙特利尔奥运会。这个时期铭刻了时代的社会和政治情况的痕迹。大多数奥运会在工业化国家举办，这些国家象征着第二次世界大战后的新政治、新社会和新经济动力。志愿服务因举办国的志愿服务和社会工作的传统的不同而不同。志愿工作的整体重要性在继续增加，尽管童子军和军队的服务依然重要，但来自个人的志愿服务开始得势。

从 1980 **年普莱西德湖冬奥会到** 1988

年汉城奥运会。这毋庸置疑地是奥林匹克志愿者当代模型开始涌现的时期。在普莱西德湖冬奥会时，志愿者被合并进了奥组委会的计划；而当洛杉矶奥运会时志愿者的作用更是必不可少了。在萨拉热窝、卡尔加里和汉城奥运会全都是接受志愿人员，虽然志愿人员来自不同的组织。

从 1992 年阿尔贝维尔冬奥会/1992 年巴塞罗那奥运会到 2008 年北京奥运会。奥林匹克志愿者当代模型确立，并合并在奥运组委会和在人力资源计划里。奥运会规模的不断扩大，已经成为“超级事件”。毋庸置疑，志愿者将发挥越来越重要的作用，不仅仅是在这一“超级事件”中，而且也将在电视转播所覆盖的广袤地区和与奥运相平行的各种文化节目中。

1992 年第二十五届巴塞罗那奥运会的正式报告中第一次出现了奥运志愿者的定义：

“志愿者是作出独立的、利他承诺合作的个人。其在奥林匹克运动会组织中发挥他/她的最佳能力，执行被分配给他/她的任务而不接受付款或其它性质的酬谢”。

综上所述，奥运志愿者的规模是近二十几年来才快速发展的。如今奥运志愿者已成为奥运会的重要组成部分，志愿精神也已成为奥林匹克精神的精华。

有资料可查的历届奥运会志愿者与运动员、媒体记者的人数见图一和图二。

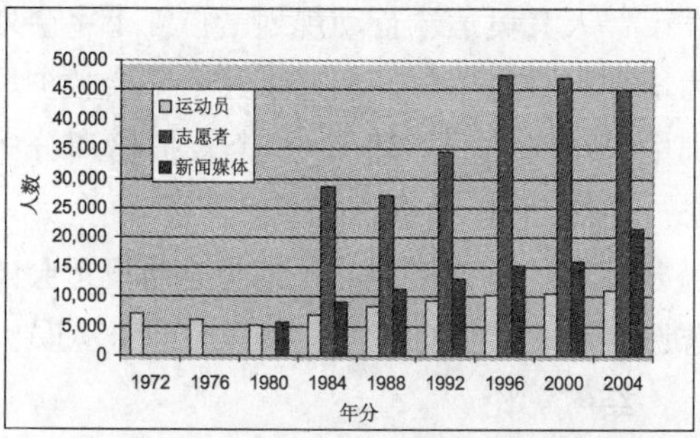

（图一）1972 年以来夏季奥运会人员结构

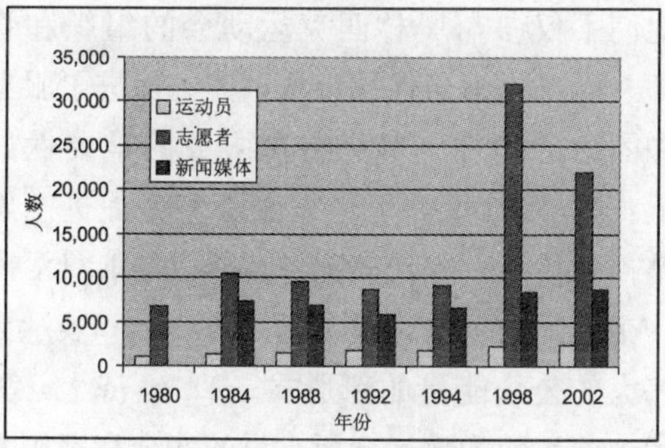

（图二）1980 年以来冬季奥运会人员结构

红十字会和红十字志愿者

红十字运动是国际性的人道主义运动，其宗旨是“保护人的生命和健康；保障人类尊严；促进人与人之间相互了解、友谊和合作，促进持久和平”。红十字运动鼓励志愿服务，鼓励红十字运动的成员随时做好准备提供帮助，鼓励其成员对那些需要保护和帮助的人持有普遍的同情感。红十字运动明确指出：“本运动是个志愿救济运动，绝不期望以任何方式得到回报”。

志愿服务是红十字运动七项基本原则之一，志愿者是红十字运动的灵魂和核心。从红十字会诞生的第一天起，红十字志愿者就是红十字运动的承担者、执行者和传播者。红十字志愿者是完全出自自愿地，不分国家、政治、宗教、种族和阶级，不图任何酬劳，以积极的行动，献出个人的时间与精力，有组织地参与红十字服务，令生命得到保护、社会得到改善。红十字志愿者的志愿服务是红十字人道、公正、中立、独立、统一和普遍原则的有机结合和完美体现。红十字运动已经跨越了三个世纪，一部红十字运动史就是一部红十字志愿者的历史。因此，可以说没有红十字志愿者就没有红十字运动。

一般而言，和平时期的红十字志愿服务包括了社会工作的各个方面，从助弱扶贫、医疗急救服务到抢险救灾服务，等等。尤其是在进入 21 世纪以来，面对日益频发的大规模自然灾害和人为灾难，红十字会加强了对重大事件和突发事件的准备和反应。对任何举办城市和举办国而言，奥运会无疑都是重大事件。因此，准备和反应奥运会自然也成为了红十字会的工作重心之一。红十字志愿者较其它志愿者能更快地进入奥运志愿者的角色，特别是在专业服务方面，例如卫生救护和反应紧急事件方面。

是红十字会首先把大规模有组织的志愿者机制引入了 1980 年普莱西德湖冬季奥运会。红十字志愿者承担了比赛期间的安全、奥运赛场和突发事件所需的卫生急救业务和第一反应站的任务。1984 年洛杉矶奥组委会继承了 1980 年普莱西德湖奥运会的经验，与红十字会密切合作招募了 2.87 万志愿者，其中许多人本来就是红十字志愿者。在第二十三届洛杉矶奥运会的正式报告中有专门的章节介绍奥委会与红十字会的合作。第二十四届汉城奥运会组委会首任主席就是韩国红十字会会长。韩国红十字会参与了汉城奥运会从筹备到闭幕历时七载的全过程，从征募志愿者到对志愿人员的卫生医疗救护培训等各方面方面都发挥了重要的作用。西班牙红十字会承担了第二十五届巴塞罗那奥运会从火炬接力到奥运会结束的全部医疗服务，不仅是地面的，也包括在水面的医疗救护。西班牙红十字会也承担了对奥运志愿者的卫生急救培训服务。第二十六届亚特兰大奥运会爆炸事件发生后，红十字奥运志愿者是事件的第一反应者，及时投入了抢救伤员和疏导群众的工作。

奥运志愿服务的三个步骤和四个阶段

奥运志愿者一般要经过三个步骤和四个阶段。三个步骤是单独面试、训练和参与。其中训练是最重要的，是保证成功参与的关键。四个阶段是（1）“演练阶段”：经常测试设施和进行模拟演练（在奥运会之前一、两年），（2）在奥运会和残疾人奥运会比赛准备阶段（在奥运会之前几个月），（3）在奥运会比赛和在残疾人奥运会比赛阶段，和（4）在奥运会结束之后的阶段。

但是，如何组织和管理好互不相识、肤色各异、语言不同、相聚在五环旗下的奥运会志愿者实在是一项庞大而复杂的系统工程，需要各组织、各部门之间的密切配合和协调。奥运会志愿者不是乌合之众，而是被组织起来的、有一定专长的、执行奥组委所分配任务的、具有奉献精神的个人。对于规模庞大的奥运会，志愿者的工作是不会自发完成的，必须经过组织和培训。志愿者的管理是一个重要的元素。如果志愿者想做贡献但没有经过训练、实习和协作，志愿者是无法实现他们良好的愿望的。红十字会在志愿者的征募、培训和管理方面有长期的经验，可以从各方面协助奥组委的志愿服务工作。

前几届奥运会已经证明，建立一支训练有素的、能胜任执行 CPR（心肺复苏）和救护工作的奥运志愿团队是至关重要的。北京市“人文奥运”行动规划已将红十字会列为培训志愿者单位。北京市红十字会救护培训中心现已陆续扩建了 18 个救护培训分中心。在 2008 奥运会之前红十字会要全力以赴办好卫生救护培训，尤其是参与奥运会的志愿者和直接服务于奥运的重点行业人员。

结　论

志愿者，包括奥林匹克志愿者和红十字志愿者提供了团结协作和无私奉献的范例，他们不仅参与奥林匹克运动会的组织和管理，而且也为当代社会从整体上促进了服务和团结的精神。奥运志愿服务的重要性如下：1）政治上，奥运志愿服务将促进志愿精神的传播，它代表把各自分散的能量汇入一个共同的项目，是市民参与社会和表示更伟大的公众能量的新形式。2）经济上，奥运志愿者使为奥运会所支付的薪金和费用大大减少；如果能提供充分地训练，结果是能获得更多高质量的人员。3）文化上，志愿主义涉及有关多元文化和团结的基础教育，将有力地提高市民的人文素质和社区的文明程度；有助于和谐社会和可持续发展。

尽管中国红十字运动已历经百年，但与发达国家相比我国的红十字运动还相对地弱小。我们希望通过红十字参与奥运志愿服务，促进红十字与奥林匹克两大运动的结合与传播。通过声势浩大的奥运会，使更多的人认识红十字、了解红十字；使红十字精神深入人心。即使在奥运会结束之后，奥运会所倡导的志愿服务精神并没有结束，在奥运会之后会有更多的奥运志愿者加入红十字志愿者的行列。这将是奥运会留给北京人民的宝贵的无形财产，也是红十字运动与奥林匹克运动相结合的宝贵产物。

四 红十字志愿者在突发事件中的特殊作用

志愿服务在推动社会发展，消除贫困和扶助弱势群体中所发挥的作用已广为人知。在众多的志愿服务中，相比其它社团组织的志愿服务，红十字志愿服务有其自身的特点和许多不可替代的作用。本文结合广义志愿服务，着重探讨红十字志愿服在突发公共事件中的特殊作用并提出北京市红十字会的措施。

（一）志愿服务和志愿者

志愿服务有如下特点：是积极主动的个人意志，不是强制的法律责任或个人义务；是公民社会意识的体现、是个人才干的发挥和延伸；志愿者的价值不仅体现在工作上的成就感，还能产生满足感和愉悦感、使其在志愿服务中实现自我价值；志愿服务是个人对社会的回馈；志愿服务是社会文明进步程度的标志（和谐社会）；志愿服务促进了可持续发展与国际合作（国内救灾、国际救援）。

志愿服务是红十字运动七项基本原则之一。红十字运动是国际性的人道主义运动，其宗旨是防止并减轻发生在无论何处的人类疾苦；保护人的生命和健康；保障人类尊严，尤其是在发生武装冲突和其它紧急情况的时候；为预防疾病、增进健康和社会福利而工作；鼓励志愿服务，鼓励对那些需要保护和帮助的人持有普遍的同情感。红十字运动明确指出：“本运动是个志愿救济运动，绝不期望以任何方式得到回报。”

志愿者是红十字运动的灵魂和核心，是红十字运动的承担者。红十字志愿者是完全出自自愿地，不分国家和个人（不分国籍、种族、阶级、党派和宗教信仰），不图任何酬劳，以积极的行动，献出个人的时间与精力，有组织地参与红十字服务，令生命得到保护、社会得到进步。红十字志愿者的志愿服务是红十字人道、公正、中立、独立、统一和普遍原则的有机结合和完美体现。

（二）各国、各地区志愿服务概况

为了更好地了解和推动我国的红十字志愿服务，首先了解一下世界各国和各地区的志愿服务概况是不无裨益的。

国外许多国家的志愿服务源远流长。在一些西方国家志愿服务起源于宗教性的慈善服务。最初的志愿服务都是个体的、分散的和无组织的，十九世纪初逐渐形成民间各种慈善组织的志愿服务活动。但这些志愿服务活动仅限于和平时期。瑞士商人亨利·杜南在亲眼目睹了战场上伤员的悲惨处境，亲自参加了救助活动后，1862 年发表了《索尔弗里诺回忆录》。他写道：“在和平年代成立一支完全由合格志愿人员组成的以在战时能够依靠热心和奉献精神照顾受伤人员为目的救济组织难道是不可能的吗？”1863 年国际红十字会由此而诞生。国际红十字会的诞生标志着志愿服务质的飞跃：从和平时期的慈善志愿服务扩展到战争时期的人道救助志愿服务，志愿服务进入了一个更高的境界。国际红十字的人道志愿服务开启了有组织的全球化志愿服务时代。

在 20 世纪，应对各种天灾人祸，例如相继爆发的两次世界大战和世界各地频发的自然灾害、大规模传染病等，红十字志愿服务发挥了巨大的作用，并逐渐发展成为全球最大的从事人道主义工作的国际民间组织。20 世纪，除红十字志愿服务外，其它志愿组织也纷纷出现和壮大，如“国际绿色和平组织”、“世界动物保护协会”、“国际儿童组织”等等。所有这些志愿组织和志愿活动对调节社会各类矛盾，协调政治、经济、文化、科学技术和谐发展都是必不可少的机制，是人类物质文明和精神文明发展的产物，是社会文明进步的标志。

进入 21 世纪，联合国将 2001 年定为“2001 国际志愿者年”以在全球范围倡导和弘扬志愿精神。2002 年 1 月波恩大学发展研究中心（ZEF Bonn）和联合国志愿者计划（UNV）联合发表了有关志愿者的研究报告。统计表明在发达国家中志愿者的人口比例平均超过 10 %，在欧美等发达国家这一比例更接近 20%（参见图一）。

在发展中国家，除捷克和罗马尼亚之外，志愿者在全国人口中的比例基本都少于 2%。据中国民政部“2000 年民政事业发展统计”报告，我国志愿者的数目是 377. 2 万人，仅占 13 亿人口中的 0. 3%。这一比例即使在发展中国家排名也是相当低的（参见图二）。但我国的香港和台湾地区，志愿者在当地人口中的百分比分别是 14 % 和 13. 6%，接近于西方发达国家的水平。我们常说要实现现代化，赶上发达国家的水平，但千万不能忽视的一点就是除了追求物质上的现代化，还必须实现人的现代化。志愿者的志愿服务正是人的现代化的直接体现。

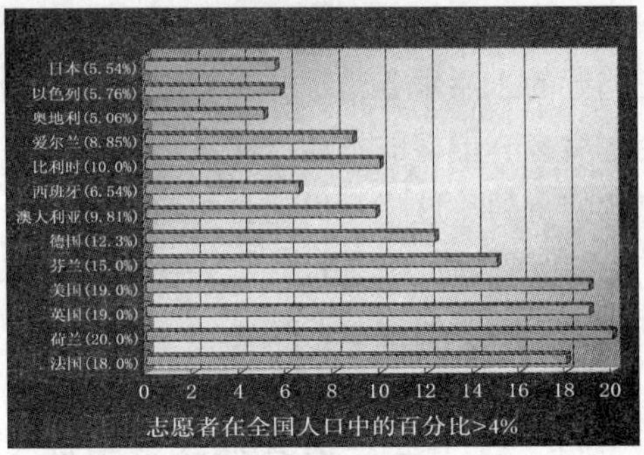

（图一）发达国家志愿者在全国人口中的百分比

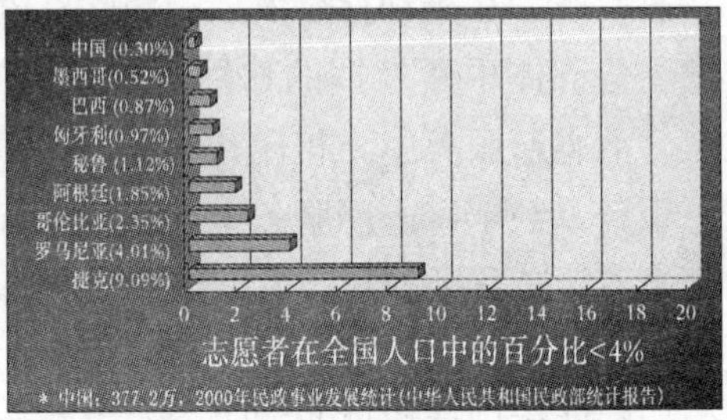

（图二）发展中国家志愿者在全国人口中的百分比

志愿者对社会的贡献功不可没。以经济为例，2000 年 20% 的瑞士人志愿服务了 7. 4 亿小时相当于贡献了 220 亿美元；英国志愿服务每年对社会的贡献已从 1993 年的 250 亿英镑增长到目前的

400 亿英镑；中国 2001 年志愿服务 189 亿小时，相当于 2，980 万个全日劳动力，其贡献值折合人民币 1968 亿人民币。志愿者对社会的贡献并不仅仅在经济的层面，他们的服务几乎渗透到社会的各个方面。

（三）各国红十字会在应对重大突发公共事件中的特殊作用

红十字会的跨世纪历史实践证明：她在应对突发事件和重大事件中有许多政府或其他组织所不可替代的特殊作用。正因为这样，各国政府在制定危机管理和灾害紧急反应计划时都把红十字会列为重要的合作伙伴。本文从近几年来红十字应对恐怖事件的事实来说明它的特殊作用。

美国红十字会有120万红十字志愿者，平均每273个美国人中就有一名。美国红十字会97%的工作都是由志愿者来完成的。红十字服务已经成为美国人民生活中不可缺少的一部分。2001年9月11日纽约的世贸中心遭到恐怖袭击，红十字会于第一时间在纽约和有关地区设立了29个临时避难所。全天24小时都有红十字心理卫生志愿者在救灾现场为急救队员提供心理帮助。另外，在遗体辨认中心和殡仪馆也有许多红十字心理健康志愿者。红十字还在3个医疗中心开设了家庭支援中心，并公告全国任何寻找亲人下落的人都可以给他们所在地的红十字办公室打电话请求协助。在整个救灾过程中，红十字会共组织了50423起工作，其中48491起是由志愿者完成的。美国红十字会共募集了一亿五千万美元用于受影响人员的安置工作。红十字还接到172612个要求心理辅导的电话，29820个请求提供最新信息的询问电话，并接受献血1592295次。另外红十字还提供了11549，338份餐食。

加拿大红十字会“9.11”期间也在第一时间派出100多名红十字志愿者到纽约帮助救灾。来自北美地区的57万多名红十字志愿者参加了9.11救灾工作。

西班牙红十字会创立于1863年，目前有62.7万会员和14.8万志愿者。西班牙红十字会在西班牙近代史的大多数重要事件中都曾经扮演了至关紧要的角色。在2004年3月11日的马德里列车连环爆炸事件发生后（201死，1800伤），西班牙红十字会的第一反应有：调集了26辆救护车转移伤员；在爆炸地点附近设立了2处救护站；5支流动献血服务队在马德里各处巡回采集血；及时发布了信息公报《西班牙：马德里爆炸》，使公众及时了解真相；5支流动心理支援队四处巡回照看受害者和他们的亲属；运送和分发赈灾物品。大约7000名志愿者参加了救护工作，其中900人是红十字组织的志愿者，其余是其他组织的志愿者和见义勇为的个人。马德里爆炸事件也说明了培训志愿者的重要性。志愿者也需要接受情绪上和心理上培训，以准备他们将会应对的工作。因为有些志愿者在恐怖袭击血腥的现场不仅不能救助伤员，他们反而成为需要被心理救助的对象。红十字志愿者主要来自红十字会在医疗和法庭小组、心理支持小组、无偿献血、电话调查（包括国际追查）和突发事件响应计划方面的志愿者。其主要活动有社会关怀、健康服务、国际合作和紧急情况反应。根据最近的调查显示，红十字会是西班牙最被公众了解和最有声誉的组织。

俄罗斯红十字会是俄联邦处理突发公共事件时的一个重要的协同者和参与者。2002年10月23日晚，莫斯科杜布罗夫卡剧院发生人质危机（912名人质中130名丧生）。事发后，恐怖分子拒绝同俄联邦政府谈判，但同意与红十字会的代表接触。国际红十字会的代表得以携带药品和医疗设备进入被武装分子占据的剧院救助伤病员，并得以将一些患病人质、妇女和儿童带出了剧院。这个事件说明，即使在暴力冲突中红十字组织也可以作为第三方从中斡旋，为改善人质状况和营救人质发挥政府不可替代的作用。2004年9月1日俄联邦南部的别斯兰市第一学校人质危机（1200多人被扣为人质，326人质死亡），事发后，俄国红十字会立即启动紧急救援机制。事件期间红十字志愿人员一直在现场安抚人质、人质的家庭和朋友。同时做好了协助递送食物和其它必需物品给人质的准备。人质事件结束后，红十字立即投入了对伤员的抢救和对受害者及其亲人的心理治疗。

英国建立突发事件应急机制已有很长的历史。2005年7月7日伦敦连环爆炸（56人死亡、700多人受伤）。爆炸发生后，英国红十字会在几分钟内就投入行动。救护车和训练有素的志愿者被派遣到了四个爆炸的现场，为几百个遭遇爆炸的人提供救生紧急服务；在关键地点设置了露天避难所；另有25辆救护车是处于待命状态。许多红十字紧急反应志愿者都是一接到电话就奔赴现场，并立即投入抢救和安抚伤员工作。红十字会对突发紧急事件的高效快速反应是他们精心演练和长期准备的结果。英国红十字会在事发两年前就开始大规模培训紧急救援人员。紧急救援人员都具有基本急救技能和重大事故紧急救援技能。必须指出的是，大规模培训紧急救援人员不仅有助于国家应对恐怖袭击，这些人员在国家遇到各种自然灾害时也可发挥重要作用。

（四）北京市红十字志愿者和红十字志愿者救援队

北京市现有2313支红十字志愿服务队（其中：学校411支；街道乡镇1860支；机关，企事业单位42支），71035名红十字志愿者（其中：青少年38857人；乡镇街道29989人；机关，企事业单位2189人）。相对于发达国家，尽管我们红十字志愿者的比例还比较小，但红十字志愿者的队伍正在发展壮大，正逐渐成为志愿服务中越来越重要的力量。例如，“北京市红十字会造血干细胞捐献志愿者之家”就是很好的例子，这是一群已经成功地捐献了造血干细胞的青年人组成的“大家庭”，一年多来利用业余时间深入社区、学校数十次，热情宣传捐献造血干细胞的知识、动员广大群众积极参加志愿捐献工作，并进行相关课题的社会调查，取得了显著成绩，受到了中国红十字会彭珮云会长的称赞。

据红十字国际委员会的统计，从1993年至1997年，每年所报道的自然灾害为400起。而从2000年至2002年，每年所报道的自然灾害增加至700多起。在不到10年的期间，每年的自然灾害几乎增加了一倍。在我国一方面是经济连年持续增长，另一方面是屡发不止的水灾、火灾、矿难和公共卫生危机，以及其它突发公共事件。我国媒体最近提出，我国正进入“突发公共事件的高发期”和“社会高风险期”。

面对突发公共事件增加的严峻局面，为了更好地保护公众的安全，履行红十字人道主义使命，北京市红十字会已经在各区县组建红十字志愿者救援队。红十字志愿者救援队是贮备在民间的、经过培训的、有专门知识和专门设备的、能招之即来投入救助的一支队伍。2005年10月北京市红十字会举办了突发公共事件演习，其目的是通过演练警示人民群众，提高应对灾害能力，加强与各相关组织以及与民众之间的协调机制和救灾的综合实力。今后红十字会还将不断加强对广大群众的自救互救知识培训，壮大社区红十字志愿者队伍，使其能在突发事件来临时起到减灾避险，帮助民众的实际作用。

（五）北京市红十字志愿者服务站

红十字标志是全世界人民普遍认知的标志，红十字“人道、公正、中立”等基本原则为各国、各阶层人士广为接受。红十字带给人们的稳定的心理情绪和安全感是其它任何组织和团体都无法相比的。因此，当北京市有重大群众性活动时都应设立有醒目标志的“红十字志愿者服务站”。“红十字志愿者服务站”是综合性、多功能的，是集宣传站、第一救助站和第一反应站为一体。平时传播红十字精神、帮助市民对可能发生的任何紧急事件作预防、准备和反应；对突发疾病的人员进行初步救治及时送往医院，为有困难的人；提供心理咨询、健康知识和人文关怀服务。一旦发生突发意外事件，启动红十字第一反应，抢救伤员，协助政府和有关部门开展救援工作，做好群众的疏导、安置、组织等工作。

（六）结论

红十字志愿服务的特点是由红十字的宗旨和原则所决定，容易为各方所接受。在许多危机情况下，甚至敌对的双方都能接受（譬如莫斯科人质危机的例子）。不应把红十字志愿服务与慈善活动混为一谈，红十字志愿服务有更深层的含义。红十字志愿服务以人道精神而非慈善精神为本；红十字服务他人不是施舍。红十字志愿服务更集中地体现了“以人为本”的思想（例如，战场抢救就是人道救助而不能说是慈善）。人道无国界决定了红十字志愿服务无国界。红十字志愿服务是不间断的、持续的过程。有苦难的地方就有红十字，有红十字的地方就有希望。面对自然灾害频发、恐怖活动猖獗、突发公共事件增加的严峻局面，准备和应对重大和突发公共事件已经成为红十字会在新形势下的新使命！

五　惊恐才是突发事件中的大敌

——踩踏事件及其教训

2006 年 1 月 12 日 363 名朝觐者在沙特麦加踩踏事件中遇难，几百人受伤。其后 2 月 4 日在菲律宾首都马尼拉又发生了至少造成 88 人死亡的踩踏悲剧。近年来无论国外还是国内，大型公共安全突发事件不绝于耳。这些事件无论是自然灾害引起的还是人为制造的，都对人民生命财产和社会稳定带来严重威胁。北京市现有常住人口已经达到 1500 多万，而且人口密度越来越大，大型公共活动也越来越频繁。尤其是 2008 年夏季奥运会将在北京举行，有关专家估计在奥运会前后来京的外宾和游客将会超过百万人。这么多人云集北京将会对北京的公共卫生医疗保障和公共安全形成极大的冲击。尤其是大型体育比赛和大型公共活动大多集中在大型场馆举行，高度集聚的人群容易受到突发事件的影响而产生混乱和事故。应对可能发生的突发事件，处理发生的危机，最大程度地减轻灾害损失，保护民众的人身安全和健康，已成为红十字会的新使命。本文试图分析比较国内外突发事件情况，汲取经验和教训，为 2008 年北京奥运会的安全，为构建和谐社会发挥红十字会的作用。

人群高度密集，拥挤踩踏风险高

2004 年 2 月 5 日是中国传统的元宵节，到北京密云县密虹公园观看迎春灯展的游人从平日的二、三千人激增到三、四万人，因一游人在桥上跌倒而引起拥挤踩踏，导致 37 人死亡，15 人挤伤。2004 年 2 月 1 日，在沙特麦加发生的拥挤踩踏事件，至少造成 244 人被挤压致死，另有 200 多人受伤。2005 年 1 月 22 日，在沙特麦加再次发生拥挤事件,致使约500名朝觐者受伤。由于在麦加的拥挤踩踏事件连年不断,沙特当局格外重视朝觐活动的人群控制和安全。2006年1月沙特部署了6万多人的安全部队,重点防范拥挤踩踏事件、恐怖袭击的发生以及人群间易传播疾病等。但不幸的是1月12日沙特麦加还是发生了拥挤踩踏事件,363人遇难,上千人受伤。2006年2月4日上午菲律宾首都马尼拉一座体育馆外聚集2万多人,发生了至少造成88人死亡的踩踏悲剧。

谣言借惊恐杀人

2005年10月25日四川省通江县广纳镇小学，有人在突然断电而一片漆黑的楼道中喊了声“鬼来了”，引起学生的恐慌，争相逃跑，造成10名小学生死亡，40多名小学生受伤的踩踏惨剧。无独有偶，2005年8月31日，伊拉克首都巴格达当近万名信徒通过阿扎米亚桥涌向清真寺的时候，人潮中突然发出“有自杀炸弹!”的惊叫。刹那间，桥上人群乱作一团。人们争相逃命、互相踩踏，许多人跳入河中或被挤下桥梁，不少人被活活地踩死在桥面上。在这场灾难性踩踏事件中死亡人数超过1000人，300多人受伤。2005年7月29日，由于有谣言说暴风雨可能导致附近一个大坝决堤，印度马哈拉施特拉邦首府孟买郊区的居民在四散逃命过程中发生踩踏事故，造成16人死亡，近20人受伤。

这几个事件的共同特点是谣言杀人。谣言的制造者不用一枪一弹、利用人们的惊恐心理就轻易造成十几人、上千人的死亡，不能不说是触目惊心。

同是突然断电，结果大不相同

广纳镇小学踩踏事件是由于断电后谣言引起人群失控。但因断电而引发恐慌、造成当代历史上伤亡最惨重的踩踏事件是1990年7月2日发生在沙特麦加附近一处地下通道，1426名朝觐者被踩死或窒息而死。这起上千人被踩死事件是因为断电使得空调停止工作，通道内温度迅速升高，人们争先恐后逃出通道所致。

美国东北部和加拿大东南部既有像纽约和多伦多这样人口超过500万的超级国际大都会，也有像底特律、克利夫兰和渥太华这样近百万人口的重要工业和政治大都市。2003年8月14日下午这些地区发生了历史上最大规模的停电，各大城市断电近30个小时，影响到5000多万人的生活。停电造成整个交通系统陷入全面瘫痪，地铁、公交、电梯以及机场被迫停运。停电使数百万人涌上街头，摩肩接踵再向城外涌去。几十万名地铁乘客被困在十几米深的地下等待救援。几万人挤在码头等待渡轮。人们相互询问是否又发生了恐怖袭击，但并没有惊慌失措。停电事故发生后，有关部门立即启动了突发事件应急机制。政府、公众和红十字会等团体在救灾过程中密切配合、各尽其责，有条不紊地将停电地区带出了危机。

处变不惊，可使突发事件伤亡减至最少

2001年9月11日恐怖分子劫机撞毁美国纽约世界贸易中心双子大厦。飞机撞击纽约世贸中心产生巨大的爆炸，大厦可怕地摇晃起来，人们沿着紧急出口的救生楼梯往下跑，但是大家都很有秩序，没有任何人推推搡搡，也没有任何人高声喊叫或者企图挤到前边去。虽然救生楼梯很窄，两个大人勉强通过，但是逃生的人们还是自动排成了一行往下跑，留下通道让消防队员迎头而上。逃生的人相互鼓励、相互帮助。大厦倒塌前，在飞机撞击层以下的楼层，99%的人都逃离了出来。据事后的调查显示，其中70%的人在逃生中都得到过他人的帮助。

2005年7月7日英国伦敦发生三列地铁和一辆公交车连环爆炸事件，造成56人死亡、700多人受伤。伦敦地铁是世界上最繁忙的地铁之一，每天的客流量达300万人。爆炸选在早晨上班高峰时间显然是要造成最大的人员伤亡。但英国民众处变不惊，在突发事件面前十分镇静，无疑是使爆炸事件中的伤亡人数减至最少的一个重要因素。整个事件中没有一起伤亡是由于民众争相逃命踩踏所致。炸弹在地铁列车上爆炸之后，一切都陷入黑暗之中。令人窒息的烟雾充满了车厢，人们被烟堵得喘不过气来。黑暗中列车司机的指示通过乘客"口耳相传"从车头传达到车尾，人们都听从指挥，井然有序地离开车厢，逃出地铁隧道。

从以上事件可以学到什么

1）突发事件并不一定演变成公共灾难。以上事例说明，尽管突发事件是不可避免的，但惊恐才是在突发事件中的大敌，绝大多数踩踏事故都是由于群体恐慌而造成的。但如果公众对突发事件有所准备，突发事件并不一定演变成灾难事件。"飞机撞楼"和"地铁爆炸"都是远比"行人跌倒"更为恐怖的事件。但无论是在纽约还是在伦敦，由于民众沉着应变，即使在生命危急的关头仍能听从消防队员和列车司机的指挥，帮忙救助受伤者，突发的恐怖事件并没有进一步引发非理性的集体行为，也没有扩展为更有破坏性的、更为惨痛的灾难。在这两起恐怖事件中，没有一起伤亡是由于民众争相逃命踩踏所致。而北京密云灯会却因"一人跌倒"的突发事件而引发了"众人惊恐"、37人死亡、15人受伤的公共安全事件。

2）仅仅由政府和保安部队来防范和反应突发事件是远远不够的。应对重大突发事件，政府应有所准备。但民众有多少心理准备，则是问题的另一方面。良好的公民素质和心理准备不是"应急"就可以"急"出来的。如果说北京密云县灯会踩踏事件是灯会的组织工作不妥，那末在沙特的麦加尽管天上有数架直升飞机协助配备有闭路电视的指挥部来监控和疏导人群，地面有6万多名军警维持秩序，沿路有大型的电子屏幕随时更新信息，还依然发生了363人死亡的拥挤踩踏事件。血的事实说明防范和反应突发事件不仅仅是政府和集会组织者的事，更是集会参与者每一个人的事。民众既是突发事件的承受者，也是防范和反应突发事件的参与者。如果民众没有应急心理准备和反应突发事件的能力，一有事就惊慌失措，即使有再先进的设备和更多的军警维持秩序也无济于事。

3）民众对突发事件的反应是事态发展的关键。心理学研究表明：在遇到突发事件时，群体的推理能力和道德约束力降低是公众在危机中产生非理性行为的重要原因，其突出表现为群体性的"轻信"与"盲从"。事实一再证明大多数非理性行为于事无补并有可能造成次生危机、导致事态的进一步恶化，使个体处于更加不利的位置。我国四川省通江县广纳镇小学、伊拉克首都巴格达阿扎米亚桥、印度孟买郊区以及菲律宾首都马尼拉的拥挤踩踏事件都是因"轻信"与"盲从"所致。在遭遇突发事件、生命危急的关头，人们能处变不惊、保持理性行为、救助他人和听从现场抢救人员的指挥等良好的公众心理素质和反应突发事件的能力是减少突发灾难事件损失的关键所在。

4）良好的公众心理素质和反应突发事

件的能力不是天生的，而是要通过日常的宣传、教育、培训和演习来达到的。早在1993年2月26日，纽约世贸中心就发生过汽车炸弹爆炸事件。这次爆炸造成6人死亡，2人失踪，1000余人受伤。事发之后，为提高民众应对灾害的能力，纽约市当局和红十字会进一步加强了对民众应对灾难的演练和危机意识的教育，并专门在其网站上公布了该市平常可能遭到的飓风、雷暴、恐怖袭击等各种灾害该采取的应对措施，包括从住宅、地铁、高楼等地撤离时应注意的各种事项等等。所有这些措施都对提高民众素质、减少突发事件的灾害损失发挥了至关重要的作用。英国政府、民众和红十字会应对突发重大事件由来已久，上世纪就经历了多起"爱尔兰共和军"制造的恐怖事件。英国政府和红十字会对2005年7月7日伦敦地铁爆炸事件的高效快速反应和民众的处变不惊是他们长期准备和精心演练的结果。美国9·11事件发生后，尤其是伊拉克战争以来，伦敦一直是恐怖分子袭击的一个目标。英国红十字会培训了数万名紧急救援志愿者，对其传授基本急救技能和重大事故紧急救援培训。事实证明大规模培训紧急救援人员不仅有助于国家应对恐怖袭击，这些人员也可在国家遇到各种自然灾害时发挥重要作用。

纽约遭911恐怖袭击后，美国政府和红十字会对应付突发事件的紧急措施作了很多改进，2003年8月的美加大停电检验了改进的效果。结果表明，紧急反应部门运作协调有效；民众能处变不惊、保持理性行为。纽约总体局势相当平静，只发生了一起抢劫案。对比1977年7月13日，纽约也曾停电25小时，晚上全城5个区都出现了混乱，数个居住区发生了抢劫。到恢复电力供应时，纽约超过1700个店铺遭到抢劫或破坏，共有3000多人被捕，财产损失估计在1.5亿美元。由此可见，良好的公众心理素质和反应突发事件的能力不是天生的，而是要通过日常的宣传、教育、培训和演习来达到的。

结　论

凡事预则立，不预则废。准备和反应重大事件和突发事件，已成为红十字会在新历史时期的新使命。北京市红十字会可以作为政府的助手加强在社区和对市民的防险备灾与红十字文明健康教育工作。组织社区群众重点学习心理健康、常见病预防的知识；学习自救、互救的基本技能；学习备灾、救灾和紧急避险的常识并组织实际演练，使公众在突发事件中处乱不惊，听从指挥，有组织地疏散和自救互救。为了安全奥运和应对意外事件，去年10月北京市红十字会系统举行了一千多人参加的救护技术大演练。这是一次围绕"新北京，新奥运"的战略构想，配合安全奥运的演习。北京市红十字会将积极开展红十字志愿者培训；在各个部门组建起具有一定急救水平的红十字会救援队；积极参与奥运、服务奥运；展现红十字会这一国际组织在奥运中的积极作用。北京市红十字会计划以后还要在现场进行演练。我们的目标是到2008年，救护培训普及人数将达到北京市常住人口的2%即28万人，取得初级救护员证书者将达到常住人口的1.25%即18万人。因为这不仅意味着防灾减灾，更象征着社会的文明与进步。我们相信，随着公民素质的提高，2008年北京夏季奥运会一定能安全举办，人们将会生活在一个更加安全、更加美好的环境中。

（韩陆）

中国红十字会总会及省、自治区、直辖市、铁路、商业系统、生产建设兵团、特别行政区分会联络方式

●中国红十字会总会

地址：北京市东城区北新桥三条 8 号

邮编：100007

电话：010—84025890

电子信箱：redcross@chineseredcross.org.cn

中国红十字会网址：http://www.chineseredcross.org.cn

●中国红十字会总会机关服务中心

【联络方式】

地址：北京市东城区北新桥三条 8 号

邮政编码：100007

电话/传真：010—64023704

电子信箱：redcross@chineseredcross.org.cn

●中国红十字会总会报刊社

【联络方式】

地址：北京市东城区干面胡同 43 号

邮政编码：100010

《中国红十字报》编辑部电话/传真：010—65254766

《中国红十字报》编辑部电子信箱：editor@cnrcpress.com

《博爱》期刊编辑部电话：010—65254012

《博爱》期刊编辑部电子信箱：editor@cnrcpress.com

中国红十字年鉴编辑部电话/传真：010—65249584

中国红十字年鉴编辑部电子信箱：zhnj2004@yahoo.com.cn

●中国红十字基金会

【联络方式】

地址：北京市东城区干面胡同 53 号

邮政编码：100010

电话/传真：010—65124154

电子信箱：crcf@crcf.org.cn

网址：http://www.crcf.org.cn

●中国造血干细胞捐献者资料库管理中心

【联络方式】

地址：北京市东城区干面胡同 53 号

邮政编码：100010

电话：010—65126600

传真：010—65594434

电子信箱：bmb@redcross.org.cn

网址：http://www.cmdp.com.cn/

http://www.bmb.redcross.org.cn/

●中国红十字会总会训练中心

【联络方式】

地址：北京市东城区干面胡同 53 号

邮政编码：100010

电话：010—65124447（中继线）

电子信箱：dongxiaona2003@163.com

●中国红十字会援外物资供应站

【联络方式】

地址：上海市徐汇区桂林路35号

邮政编码：200235

电话：021—64750400

●北京市红十字会

地址：北京市宣武区太平街19号（陶然亭公园内）

邮编：100050

电话：6355876663556189（传真）

电子信箱：beijing@redcross. org. cn

网址：www. bjredcross. org. cn

捐赠电话：83558512/83539946/83536017（传真）

接受捐赠户名：北京市红十字会基金管理办公室

开户行：北京商业银行德外支行

账号：7001201050515—81

●北京市东城区红十字会

地址：北京市东城区美术馆后街12号楼

联系人：范有余

邮政编码：100010

救助热线：010—64033179/64070652

●北京市宣武区红十字会

地址：宣武区广外鸭子桥路29号

联系人：王秀丽

邮政编码：100055

救助热线：010—83975516

●北京市朝阳区红十字会

地址：北京市朝阳区日坛北街33号

联系人：周秀玲

邮政编码：100020

救助热线：010—65094673

传真：010—65094674

●北京市通州区红十字会

地址：北京市通州区北大街124号（农干培训中心C楼5层）

联系人：董淑玲

邮政编码：101101

救助热线：010—60514834

●北京市西城区红十字会

通讯地址：北京市西城区白云观北里6号楼

联系人：王丽青

邮政编码：100045

救助热线：010—63408072/63493205

●天津市红十字会

地址：天津市和平区陕西路16号

邮编：300020

电话：022—27300121

传真：022—27312349

电子信箱：tjredcross@tjredcross. com

网址：http：//www. tjredcross. com/

捐赠电话：022—27300620/27302132（传真）

接受捐赠户名：天津市红十字募捐站

开户行：工行和平路分理处

账号：0302010209034957907

●河北省红十字会

地址：石家庄市合作路42号

邮编：050051

电话：0311—85989814

传真：0311—87046792

网址：http：//www. hebredcross. org

捐赠电话：0311—85989814/85989812/87046792（传真）

接受捐赠户名：河北省红十字会

开户行：中国银行石家庄泰华支行

账号：00330208091001

●河北省邯郸市红十字会

地址：邯郸市陵园路77号邯郸市卫生

局转市红十字会

联系人：曹雪梅

邮政编码：056001

救助热线：0310—3013162

传真：0310—3013162

电子信箱：qinging001@163. com

●河北省西柏坡救援中心（平山县红十字医院）

地址：河北省平山县建设北大街

联系人：李贵芳

邮政编码：050400

救助热线：0311—82901660

传真：0311—82901660

●山西省红十字会

地址：太原市东华门 23 号

邮政编码：030013

电话：0351—3580815

传真：0351—3580815

电子信箱：: zuotong66@163. com

捐赠电话：0351—3580561

接受捐赠户名：山西省红十字会

开户行：中国银行太原市北城支行

账号：40975698092001

●山西省大同市天镇县红十字会

地址：山西省大同市天镇县红十字会

联系人：张如升

邮政编码：038200

救助热线：13935263269

●内蒙古自治区红十字会

地址：内蒙古呼和浩特市赛汗区昭乌达路 352 号石油化工研究院六楼

邮编：010010

电话：0471—4961188、4967101

传真：0471—4908610

电子信箱：: nmgredcross @ nmgredcross. org. cn

网址：http://www. nmgredcross. org. cn

捐赠电话：0471—4932905/4967401/4957549/3336455

接受捐赠户名：内蒙古自治区红十字会

开户行：中国农业银行呼和浩特市鼓楼支行

账号：5—510101040004334

●内蒙古自治区呼和浩特市红十字会

地址：内蒙古自治区呼和浩特市新华东街 1 号市党政机关办公大楼 940，941 室

联系人：鲁剑钧

邮政编码：010010

救助热线：0471—4606129

传真：0471—4606129

●内蒙古自治区包头市红十字会

地址：内蒙古自治区包头市稀土高新区民族东路 20 号

联系人：丁鹏程

邮政编码：010010

救助热线：0472—5175536

传真：0472—5100229

电子信箱：red@btredcross. org

●内蒙古自治区包头市昆都仑区红十字会

地址：内蒙古自治区包头市昆都仑区党政大楼 212 房

联系人：王东

邮政编码：014010

救助热线：0472—5305336

传真：0472—5310126

●内蒙古自治区兴安盟红十字会

地址：内蒙古自治区乌兰浩特市新桥西街文化楼

联系人：孙海

邮政编码：137400

救助热线：0482—8319090

传真：0482—8319188

电子信箱：xinganmenghonghui @163. com

●**内蒙古自治区宁城县红十字会**

地址：内蒙古自治区宁城县物资局四楼

联系人：高玉祥

邮政编码：024200

救助热线：0476—4233748

●**内蒙古自治区赤峰市红山区红十字会**

地址：内蒙古自治区赤峰市红山区昭乌达路南段路东红山区政府院内

联系人：季占东

邮政编码：024000

救助热线：0476—8351117

传真：0476—8351117

●**内蒙古自治区克什克腾旗红十字会**

地址：内蒙古自治区赤峰市克什克腾旗经棚镇应昌路公路管理 1 区原办公楼 201

联系人：林少岭

邮政编码：025350

救助热线：0476—5230995

传真：0476—5230995

●**内蒙古自治区敖汉旗红十字会**

地址：内蒙古自治区赤峰市敖汉旗红十字会

联系人：宋成贺

邮政编码：024300

救助热线：0476—4339516

●**内蒙古自治区赤峰市红十字会**

地址：内蒙古自治区赤峰市红山区鑫刚大厦四楼西侧

联系人：卞涌馨

邮政编码：024000

救助热线：0476—8337590

传真：0476—8337590，8354964

●**内蒙古自治区阿鲁科尔沁旗红十字会**

地址：内蒙古自治区赤峰市阿鲁科尔沁旗红十字会

联系人：毛景文

邮政编码：025550

救助热线：0476—7232953

传真：0476—7232953

电子信箱：bx000301@yahu. com. cn

●**内蒙古自治区赤峰市巴林右旗红十字会**

地址：内蒙古自治区赤峰市巴林右旗红十字会

联系人：陈拉坦敖其尔

邮政编码：025150

救助热线：0476—6216698

传真：0476—6216698

●**内蒙古自治区林西县红十字会**

地址：内蒙古自治区林西县红十字会

联系人：赵凤海

邮政编码：025250

救助热线：0476—5322234

传真：0476—5322234

电子信箱：lxcybsj066@163. com

●**内蒙古自治区赤峰市松山区红十字会**

地址：内蒙古自治区赤峰松山大街松山区红十字会

联系人：李雪岩

邮政编码：024005

救助热线：0476—8468244

传真：0476—8466252

●**辽宁省红十字会**

地址：辽宁省沈阳市和平区太原北街 2 号

邮编：110001
电话：024—23448158
电子信箱：yhy851101@sina.com
捐赠电话：024—23448155/23448158（传真）
接受捐赠户名：辽宁省红十字救助基金
开户行：农行和平广场支行营业厅
账号：182—185001040000460

●辽宁省辽阳市红十字会

地址：辽宁省辽阳市民主路38号
联系人：吴素贤
邮政编码：111000
传真：0419—2122495

●辽宁省大连市红十字会

地址：辽宁省大连市西岗区西安街3号
联系人：乔善春
邮政编码：116011
救助热线：0411—83708282
传真：0411—83708282
电子信箱：dlredcross@163.com

●辽宁省大连市普兰店市红十字会

地址：辽宁省大连市普兰店市孛兰路北段
联系人：刘作广
邮政编码：116200
救助热线：0411—83125237
传真：0411—83112176

●辽宁省大连市旅顺口区红十字会

地址：大连市旅顺口区黄河路82号
联系人：李学力
邮政编码：116041
救助热线：0411—86395333
传真：0411—86395231

●辽宁省大连市庄河市红十字会

地址：辽宁省大连市庄河市昌盛街
联系人：郭连君
邮政编码：116400
救助热线：0411—89706217
传真：0411—89706196

●辽宁省大连市瓦房店市红十字会

地址：辽宁省大连市瓦房店市西长春路西段
联系人：桑喜超
邮政编码：116300
救助热线：0411—85726843
传真：0411—85687213

●辽宁省大连市金州区红十字会

地址：辽宁省大连市金州区香水路149号
联系人：赵丹
邮政编码：116100
救助热线：0411—87693208
传真：0411—87695407

●吉林省红十字会

地址：吉林省长春市人民大街1486号
邮编：130051
电话：0431—8919277
传真：0431—8919277
电子信箱：jlredcross2000@yahoo.com.cn
网址：www.jlredcross.org.cn
捐赠电话（传真）：0431—8906590
接受捐赠户名：吉林省红十字会
开户行：交行营业部
账号：221000601012015147297

●黑龙江省红十字会

地址：黑龙江省哈尔滨市南岗区十字街33号
邮编：150008
电话：0451—82729867

传真：0451—82713508

电子信箱：zxp_1958@yahoo.com.cn

捐赠电话：0451—82712120

接受捐赠户名：黑龙江省红十字会

开户银行：交通银行哈尔滨分行革新支行

账号：00066201014975002O

●上海市红十字会

地址：上海市延安东路34号甲四楼

邮编：200002

电话：021—63237254

传真：021—63237248

捐赠热线：021—63217999

接受捐赠户名：上海市红十字人道救助基金

开户行：上海交通银行静安支行

账号：066687—00149005337

●上海市杨浦区红十字会

地址：上海市榆林路3号楼4楼

联系人：徐晨

邮政编码：200082

救助热线：021—65419450

●上海市徐汇区红十字会

地址：上海市漕溪北路336号902室

联系人：郭萍

邮政编码：200030

救助热线：021—64647403

●上海市黄浦区红十字会

地址：上海市延安东路300号西楼1408室

联系人：钱湘雯

邮政编码：200002

救助热线：021—63380410

●上海市闸北区红十字会

地址：上海市洛川东路151号4楼

联系人：陶福珍

邮政编码：200072

救助热线：021—56338686

●上海市卢湾区红十字会

地址：上海市马当路365号二楼

联系人：许岚

邮政编码：200025

救助热线：021—53060138

●上海市普陀区红十字会

地址：上海市大渡河路1663号2号楼529室

联系人：马毓

邮政编码：200333

救助热线：021—52564588

●上海市虹口区红十字会

地址：上海市海南路15号306室

联系人：杨明华

邮政编码：200080

救助热线：021—63250125

●上海市静安区红十字会

地址：上海市愚园路300号23楼2305室

联系人：于琳

邮政编码：200040

救助热线：021—62521077

●上海市长宁区红十字会

地址：上海市武夷路333号1楼

联系人：陈家洛

邮政编码：200050

救助热线：021—62254202

●上海市闵行区红十字会

地址：上海市莘东路521号北二楼217—219室

联系人：康蓓蕾

邮政编码：200240

救助热线：021—64926562

●上海市宝山区红十字会

地址：上海市樟岭路2号北五楼508室

联系人：冯海林

邮政编码：201900

救助热线：021—66785796

●上海市浦东新区红十字会

地址：上海市德平路289号1107室

联系人：林瑾葆

邮政编码：200136

救助热线：021—50372774

●上海市嘉定区红十字会

地址：上海市南大街272号

联系人：宋培令

邮政编码：201800

救助热线：021—59530302

●上海市金山区红十字会

地址：上海市石化卫二路429号2号楼201-204

联系人：薛美华

邮政编码：201500

救助热线：021—57932132

●上海市青浦区红十字会

地址：上海市青浦区青舟路200号民防综合大楼五楼（区教育局东南侧）501-507室

联系人：张国成

邮政编码：201700

救助热线：021—69735509

●上海市松江区红十字会

地址：上海市中山中路38号

联系人：潘益时

邮政编码：201600

救助热线：021—57718101

●上海市南汇区红十字会

地址：上海市惠南镇卫星东路145号（金汇广场内）

联系人：宋辰

邮政编码：201300

救助热线：021—68006816

●上海市奉贤区红十字会

地址：上海市南桥镇大寺路15号

联系人：陆艳

邮政编码：201300

救助热线：021—67116623

●上海市崇明县红十字会

地址：上海市城城桥镇一江山路616号

联系人：黄萍

邮政编码：202150

救助热线：021—69693647

●江苏省红十字会

地址：江苏省南京市中山北路49号机械大厦12B楼

邮编：210008

电话：025—57713291

传真：025—57713271

电子信箱：njhn2000@yahoo. com. cn

网址：www. jsredcross. org. cn

捐赠电话：025—57717090/57714527/57713898

传真：025—57717090/57713271。

接受捐赠户名：江苏省红十字会

开户行：中国光大银行南京分行中山北路支行

账号：077340100304014063

●江苏省南京市红十字会

地址：江苏省南京市北京东路43号—1

联系人：周毅

邮政编码：210008

救助热线：025—83612986
传真：025—83612907

●**江苏省无锡市红十字会**

地址：江苏省无锡市后西溪 19 号
联系人：吴选声
邮政编码：214001
救助热线：0510—2707192
传真：0510—2707192

●**江苏省常州市红十字会**

地址：江苏省常州市红梅南路 37 号
联系人：孙育林
邮政编码：213003
救助热线：0519—8155025
传真：0519—8155335

●**江苏省溧阳市红十字会**

地址：江苏省溧阳市南环路 18 号
联系人：王东育
邮政编码：213300
救助热线：0519—7269371
传真：0519—7269371

●**江苏省苏州市红十字会**

地址：江苏省苏州市体育场路 4 号
联系人：郝如一
邮政编码：215006
救助热线：0512—65233429
传真：0512—65233429
电子信箱：rendao@publicl. sz. js. cn

●**江苏省常熟市红十字会**

地址：江苏省常熟市环城东路 64 号
联系人：张伟怡
邮政编码：215500
救助热线：0512—52713169

●**江苏省张家港市红十字会**

地址：江苏省张家港市东环路 3 号
联系人：顾一文
邮政编码：215600
救助热线：0512—58987103
传真：0512—58987107

●**江苏省太仓市红十字会**

地址：江苏省太仓市县府街 10 号
联系人：黄淑娟
邮政编码：215400
救助热线：0512—53523246
传真：0512—53523246

●**江苏省吴江市红十字会**

地址：江苏省吴江市笠泽路 138 号
联系人：吴恒菁
邮政编码：215200
救助热线：0512—63488362
传真：0512—63482313

●**江苏省昆山市红十字会**

地址：江苏省昆山市同丰西路 458 号
联系人：刘超英
邮政编码：215300
救助热线：0512—57366380
传真：0512—57366380

●**江苏省平江区红十字会**

地址：江苏省苏州市皮市街 228 号—230 号
联系人：任芳
邮政编码：215005
救助热线：0512—67273047
传真：0512—67296318

●**江苏省苏州市沧浪区红十字会**

地址：江苏省苏州市十梓街 389 号
联系人：宁咏梅
邮政编码：215006
救助热线：0512—65245974

●**江苏省苏州市金阊区红十字会**

地址：江苏省苏州市广济南路 268 号

联系人：钟梅
邮政编码：215008
救助热线：0512—65337046
传真：0512—65336728

●江苏省苏州市虎丘区红十字会

地址：江苏省苏州市运河路8号
联系人：徐娟梅
邮政编码：215011
救助热线：0512—68093978
传真：0512—68254358

●江苏省苏州市相城区红十字会

地址：江苏省苏州市相城区行政中心10号楼
联系人：孙秀珍
邮政编码：215131
救助热线：0512—85182662
传真：0512—85182662

●江苏省苏州市吴中区红十字会

地址：江苏省苏州市吴中东路101号
联系人：仰惠娟
邮政编码：215128
救助热线：0512—65271619
传真：0512—65271619

●江苏省盐城市红十字会

地址：江苏省盐城市开放大道79号
联系人：李书万
邮政编码：224002
救助热线：0515—8335632

●江苏省镇江市红十字会

地址：江苏省镇江市将军巷9号
联系人：周以泰
邮政编码：212001
救助热线：0511—5017507
传真：0511—5017507

●江苏省丹阳市红十字会

地址：江苏省丹阳市云阳镇健康路丹阳市卫生局内
联系人：徐子洋
邮政编码：212300
救助热线：0511—6521120
传真：0511—6522253

●江苏省通州市红十字会

地址：江苏省通州市金沙镇建设路93号
联系人：邹宪章
邮政编码：226300
救助热线：0513—6514487/6116355
传真：0513—6514487

●浙江省红十字会

地址：杭州市秋涛北路324号
邮编：310020
电话：(0571) 86466691
传真：(0571) 86466692
网址：http://www.zjredcross.org.cn
电子信箱：zfc@zjredcross.org.cn
fhp@zjredcross.org.cn
救灾救助热线：(0571) 86469000
卫生救护培训热线：(0571) 86457999
造血干细胞捐赠热线：(0571)86461999
开户行：中国工商银行杭州市武林支行
银行账号：1202024309014402947
开户名：浙江省红十字会

●浙江省杭州市红十字会

地址：浙江省杭州市孝女路2号
联系人：吴德水
邮政编码：310006
救助热线：0571—87083005
传真：0571—87070879

●浙江省杭州市上城区红十字会

地址：浙江省杭州市上城区华藏寺巷21幢6楼

联系人：方关行

邮政编码：310009

救助热线：0571—87010063

传真：0571—87010063

●浙江省杭州市下城区红十字会

地址：浙江省杭州市下城区竹竿巷8号5楼

联系人：王其伟

邮政编码：310006

救助热线：0571—87067026

传真：0571—87067026

●浙江省杭州市西湖区红十字会

地址：浙江省杭州市西湖区外东山弄32号3楼

联系人：齐红

邮政编码：310013

救助热线：0571—87993799

传真：0571—87993799

●浙江省杭州市拱墅区红十字会

地址：浙江省杭州市拱墅区拱宸桥台州路1号1210室

联系人：李健

邮政编码：310015

救助热线：0571—88259738

传真：0571—88259738

●浙江省杭州市江干区红十字会

地址：浙江省杭州市江干区庆春东路1号北6楼

联系人：张静

邮政编码：310016

救助热线：0571—86974929

传真：0571—86974929

●浙江省杭州市滨江区红十字会

地址：浙江省杭州市滨江区行政中心社发局内

联系人：陈冠英

邮政编码：310051

救助热线：0571—87702089

传真：0571—87702091

●浙江省杭州市萧山区红十字会

地址：浙江省杭州市萧山城厢街道崇化63幢2号

联系人：孙先传

邮政编码：311200

救助热线：0571—82680241

传真：0571—82678800

●浙江省杭州市余杭区红十字会

地址：浙江省杭州市余杭区临平将军殿弄

联系人：朱坤地

邮政编码：311100

救助热线：0571—86238954

传真：0571—86238954

●浙江省杭州市临安市红十字会

地址：浙江省杭州市临安市政府内

联系人：谢壮红

邮政编码：311300

救助热线：0571—63746266

传真：0571—63734290

●浙江省杭州市富阳市红十字会

地址：浙江省杭州市富阳镇桂花路17—4

联系人：吴炽华

邮政编码：311400

救助热线：0571—63317264

传真：0571—63317264

●浙江省杭州市桐庐县红十字会

地址：浙江省杭州市桐庐县桐庐镇劳动路

联系人：黄秀雄

邮政编码：311500

救助热线：0571—64627087

传真：0571—64627087

●浙江省杭州市建德市红十字会

地址：浙江省杭州市建德市新安江镇江滨路 1 号

联系人：陈伯乐

邮政编码：311600

救助热线：0571—64720075

传真：0571—64720075

●浙江省杭州市淳安县红十字会

地址：浙江省杭州市淳安县千岛湖镇行岗路 1 号

联系人：余衍贵

邮政编码：311700

救助热线：0571—64825991

传真：0571—64812246

●浙江省瑞安市红十字会

地址：浙江省瑞安市安阳新区市政府大院综合楼 314—318 室

联系人：周锦文

邮政编码：325200

救助热线：0577—65812900

传真：0577—65828179

电子信箱：rahszh@163. com

●安徽省红十字会

地址：合肥市长江中路 221 号

邮编：230001

电话：(0551) 2601935

传真：(0551) 2601935

网址：http：//www. 96399. org

电子信箱：anhuirc@sohu. com

救灾救助热线：(0551) 96399

造血干细胞捐赠热线：(0551) 96399

开户行：中国工商银行合肥市四牌楼支行

银行账号：1302010109008828152

开户名：安徽省红十字会

●安徽省宿州市红十字会

地址：安徽省宿州市淮海路 77 号

联系人：徐淑敏

邮政编码：234000

救助热线：0557—3022805

传真：0557—3022805

电子信箱：szredcross@163. com

●安徽省马鞍山市红十字会

地址：安徽省马鞍山市佳山路梨苑 1 号卫生大厦 8 层

联系人：何少锋

邮政编码：243000

救助热线：0555—2366511

传真：0555—2366518

电子信箱：wsjhhb@hotmail. com

●安徽省当涂县红十字会

地址：安徽省当涂县姑孰镇提署东路 177 号

联系人：姚卫东

邮政编码：243100

救助热线：0555—6720601

传真：0555—6711256

●安徽省六安市叶集改革发展试验区红十字会

地址：安徽省六安市叶集改革发展试验区卫生局

联系人：台德学

邮政编码：237431

救助热线：0564—6497210
传真：0564—6497210
电子信箱：yshyujn@mail. la. ah163. net

●安徽省六安市红十字会

地址：安徽省六安市卫生局内
联系人：沈永平
邮政编码：237001
救助热线：0564—3379206
传真：0564—3379206
电子信箱：luho _ 2005@yahoo. com. cn

●安徽省黄山市红十字会

通讯地址：安徽省黄山市屯溪区北海路174号
联系人：张松
邮政编码：245000
救助热线：0559—2353644
传真：0559—2353644
电子信箱：zhso721@yahoo. com

●安徽省黄山市黟县红十字会

地址：安徽省黄山市黟县广安路1号
联系人：张华旗
邮政编码：245500
救助热线：0559—5522044
传真：0559—5522187
电子信箱：wsj2004@yahoo. com. cn

●安徽省黄山市徽州区红十字会

地址：安徽省黄山市徽州区黄山路233号
联系人：王海波
邮政编码：245061
救助热线：0559—3511900
传真：0559—3582093
电子信箱：huizhouhonghui@126. com

●安徽省黄山市黄山区红十字会

地址：安徽省黄山市黄山区红十字会办公室
联系人：胡菊萍
邮政编码：245700
救助热线：0559—8530368
传真：0559—8532412

●安徽省芜湖市红十字会

地址：安徽省芜湖市渡春路2号
联系人：曹林
邮政编码：241000
救助热线：0553—3837406
传真：0553—3837406
电子信箱：caolin68@163. com

●安徽省芜湖县红十字会

地址：安徽省芜湖县湾址镇芜湖南路延伸段8号
联系人：施斌生
邮政编码：241100
救助热线：0553—8810942
传真：0553—8810947

●安徽省繁昌县红十字会

地址：安徽省繁昌县繁阳镇中心花园6号
联系人：王赋斌
邮政编码：241200
救助热线：0553—7872350
传真：0553—7872350
电子信箱：fcxwsjbgs@yahoo. com. cn

●安徽省芜湖市镜湖区红十字会

地址：安徽省芜湖市北京东路97号镜湖区政府大楼二楼
联系人：章建中
邮政编码：241000
救助热线：0553—3122059

传真：0553—3122012

●安徽省芜湖市新芜区红十字会

地址：安徽省芜湖市长江路35号新芜区政府卫生区内

联系人：王秀芝

邮政编码：241000

救助热线：0553—3878584

传真：0553—3878584

电子信箱：whksy@kwq. gov. cn

●安徽省芜湖市马塘区红十字会

地址：安徽省芜湖市利民路418号（马塘区政府内）

联系人：孙建新

邮政编码：241000

救助热线：0553—4835375

传真：0553—4835375

●安徽省全椒县红十字会

地址：安徽省全椒县外环路卫生局大楼

联系人：张文金

邮政编码：239500

救助热线：0550—5197001

电子信箱：qjredcross@163. com

●安徽省明光市红十字会

地址：安徽省明光市红十字会

联系人：张献奎

邮政编码：239400

救助热线：0550—8021454

传真：0550—8021454

●安徽省定远县红十字会

地址：安徽省定远县定城镇曲阳大街北段

联系人：张洪

邮政编码：233200

救助热线：0550—4021317

传真：0550—4021317

●安徽省来安县红十字医院

通讯地址：安徽省来安县第二人民医院

联系人：温月发

邮政编码：239236

救助热线：0550—5960627

传真：0550—5960499

●安徽省凤阳县红十字会

地址：安徽省凤阳县红十字会（府城镇洪武路26号）

联系人：顾守斌

邮政编码：233100

救助热线：0550—6711955

传真：0550—6721706

●安徽省天长市红十字会

地址：安徽省天长市卫生局办公楼内

联系人：朱玉刚

邮政编码：239300

救助热线：0550—7042635

传真：0550—7042639

●安徽省滁州市红十字会

地址：安徽省滁州市委大院048信箱

联系人：史庆荣

邮政编码：239000

救助热线：0550—3034831

传真：0550—3034831

●安徽省滁州市琅琊区红十字会

地址：安徽省滁州市琅琊路102号

联系人：刘文章

邮政编码：239000

救助热线：0550—3012051

传真：0550—3012051

●福建省红十字会

地址：福建省福州市湖前路58号

邮政编码：350001

电话：0591 — 8784185087841854

传真：0591—87835854

电子信箱：fujian@redcross. org. cn

网址：www. fjredcross. org. cn

捐赠电话：0591 — 87841804

接受捐赠户名：福建省红十字会博爱工程基金

开户行：中国银行福州鼓屏支行

账号：811100486508094001

●福建省厦门市红十字会

地址：福建省厦门市同安路2号天鹭大厦B座

联系人：杨碧英

邮政编码：361003

救助热线：0592—2131572

传真：0592—2102282

电子信箱：xmhsz@sohu. com

●江西省红十字会

地址：江西省政府大院内西二路10号2楼

邮政编码：330046

电话：0791—6250075

传真：0791—6252815

网址：www. jxredcross. org. cn

电子信箱：jx_hsz@sina. com

救助热线：0791—6210586

接受捐赠户名：江西省红十字会

开户行：中国工商银行南昌市省政府大院分理处

帐号：1502206509024926606

●江西省上饶市红十字会

地址：江西省上饶市滨江东路7号（赣印3楼）

联系人：刘春英

邮政编码：334000

救助热线：0793—8239193

传真：0793—8239193

●江西省上饶县红十字会

地址：江西省上饶县红十字会

联系人：林建华

邮政编码：334100

救助热线：0793—8441490

●江西省广丰县红十字会

地址：江西省广丰县红十字会

联系人：蒋丽涛

邮政编码：334600

救助热线：0793—2632566

●江西省玉山县红十字会

地址：江西省玉山县红十字会

联系人：吴柏巨

邮政编码：334700

救助热线：0793—2557314

●江西省横峰县红十字会

地址：江西省横峰县红十字会

联系人：唐智明

邮政编码：334300

救助热线：0793—5785702

●江西省铅山县红十字会

地址：江西省铅山县红十字会

联系人：卢松瑞

邮政编码：334500

救助热线：0793—5329910

●江西省弋阳县红十字会

地址：江西省弋阳县红十字会

联系人：方文生

邮政编码：334400

救助热线：0793—5883150

●江西省德兴市红十字会

地址：江西省德兴市红十字会

联系人：詹赤钢

邮政编码：334200

救助热线：0793—7511802

●江西省鄱阳县红十字会

地址：江西省鄱阳县红十字会

联系人：黄松泉

邮政编码：333100

救助热线：0793—6270325

●江西省余干县红十字会

地址：江西省余干县红十字会

联系人：王旺水

邮政编码：335100

救助热线：0793—3203040

●江西省万年县红十字会

地址：江西省万年县红十字会

联系人：张万春

邮政编码：335500

救助热线：0793—3832619

●江西省婺源县红十字会

地址：江西省婺源县红十字会

联系人：程红亮

邮政编码：333200

救助热线：0793—7351890

●江西省南昌市西湖区红十字会

地址：江西省南昌市西湖区万福寺18号（西湖区政府内）

联系人：王敏

邮政编码：330025

救助热线：0791—6597497

传真：0791—6597497

电子信箱：xhqwsj@163. com

●江西省赣州市章贡区红十字会

地址：江西省赣州市阳明路26号

联系人：廖琦

邮政编码：341000

救助热线：0797—8296337

传真：0797—8298254

●江西省宜春市红十字会

地址：江西省宜春市红十字会（市政府办公楼6楼）

联系人：吴海璐

邮政编码：336000

救助热线：0795—3286985

传真：0795—3286985

电子信箱：whr0602@yahoo. com. cn

●江西省新余市红十字会

地址：江西省新余市堎上路218号

联系人：柳莲英

邮政编码：338000

救助热线：0790—6457001

传真：0790—6423322

电子信箱：hxm5766@sina. com

●江西省南昌市红十字会

地址：江西省南昌市民德路411号院内9号楼一楼

联系人：李安海

邮政编码：330008

救助热线：0791—6776042

传真：0791—6787359

●江西省萍乡市红十字会

地址：江西省萍乡市芙蓉宾馆907室

联系人：杨爱民

邮政编码：337000

救助热线：0799—6879182

传真：0799—6879182

●江西省崇义县红十字会

地址：江西省崇义县城章源大道1511号

联系人：郭运君

邮政编码：341300

救助热线：0797—3812459

传真：0797—3820101

电子信箱：cxcycws@126.com

●**江西省景德镇市红十字会**

地址：江西省景德镇市珠山路原市政府大院内

联系人：陈琦

邮政编码：333000

救助热线：0798—8223040

传真：0798—8223040

●**江西省乐平市红十字会**

地址：江西省乐平市卫生局

联系人：吴晓琴

邮政编码：333300

救助热线：0798—6214292

传真：0798—6214287

●**江西省南昌市进贤县红十字会**

地址：江西省进贤凤凰街108号

联系人：胡荣华

邮政编码：331700

救助热线：0791—5665211，2802361

传真：0791—7077055

●**江西省赣州市红十字会**

地址：江西省赣州市新赣南路5号

联系人：张燕萍

邮政编码：341000

救助热线：0797—8239114

传真：0797—8239114

●**江西省九江市红十字会**

地址：江西省九江市滨湖路7号

联系人：金衍荣

邮政编码：332000

救助热线：0792—8227693

传真：0792—8227693

电子信箱：honghui@jiujiang.gov.cn

●**江西省浔阳区红十字会**

地址：江西省浔阳区政府院内

联系人：高云霞

邮政编码：332000

救助热线：0792—8115421

●**江西省庐山区红十字会**

地址：江西省九江市十里大道1480号

联系人：钱振华

邮政编码：332000

救助热线：0792—8251369

●**江西省九江县红十字会**

地址：江西省九江县二中路

联系人：韦红兵

邮政编码：332100

救助热线：0792—6819622

传真：0792—6819622

●**江西省庐山红十字会**

地址：江西省庐山管理局院内

联系人：张婷

邮政编码：332900

救助热线：0792—8288379

●**江西省瑞昌市红十字会**

地址：江西省瑞昌市赤乌路111号

联系人：刘瑞萍

邮政编码：332200

救助热线：13317921383

●**江西省武宁县红十字会**

地址：江西省武宁县交通路175号

联系人：刘合雄

邮政编码：332300

救助热线：0792—2772801

传真：0792—2772801

●**江西省修水县红十字会**

地址：江西省修水县凤凰路29号

联系人：彭建宁

邮政编码：332400

救助热线：0792—7226479

●江西省永修县红十字会
地址：江西省永修县西二路
联系人：陈龙
邮政编码：330300
救助热线：0792—3223619

●江西省德安县红十字会
地址：江西省德安县东风路60号
联系人：熊礼宾
邮政编码：330400
救助热线：0792—4360712

●江西省星子县红十字会
地址：江西省星子县匡庐路282号
联系人：熊元星
邮政编码：332800
救助热线：0792—2670836

●江西省都昌县红十字会
地址：江西省都昌县东风大道130号
联系人：曹仁元
邮政编码：332600
救助热线：0792—5232766

●江西省彭泽县红十字会
地址：江西省彭泽县龙城大道830号
联系人：查义秀
邮政编码：332700
救助热线：0792—5663852

●江西省湖口县红十字会
地址：江西省湖口县三星大道
联系人：沈国华
邮政编码：332500
救助热线：0792—6326710

●江西省共青经济开发区红十字会
地址：江西省共青社会发展局内
联系人：王晓光
邮政编码：332020
救助热线：0792—4357661

●江西省庐山区红十字医院
地址：江西省九江市三里街114号
联系人：梅翠霞
邮政编码：332000
救助热线：0792—8580792
传真：0792—8580792
电子信箱：haolonghsjhr@126. com

●江西省武宁县红十字会急救中心
地址：江西省武宁县建设路5号
联系人：罗会晏
邮政编码：332300
救助热线：0792—999
传真：0792—2767586

●山东省红十字会
地址：山东省济南市青年东路1号
邮编：250011
电话：0531—86908197
传真：0531—86917935
电子信箱：shandong@sdredcross. org
网址：www. sdredcross. org. cn
捐赠电话：0531—86917935
开户行:济南市工商银行历下区分行支行
账号：1602003009008827157

●山东省青岛市红十字会
地址：山东省青岛市隆德路9号
联系人：岳立成
邮政编码：266071
救助热线：0532—85976999

●山东省威海市红十字会
地址：山东省威海市青岛北路28号
联系人：张萍
邮政编码：264200
救助热线：0631—5300001

●山东省济南市红十字会
地址：山东省济南市经二纬六路10号

联系人：刘成海

邮政编码：250021

救助热线：0531—87081598

●山东省济宁市红十字会

地址：山东省济宁市吴泰闸 105 号

联系人：谢龙利

邮政编码：272000

救助热线：0537—3151999

●山东省即墨市红十字会

地址：山东省即墨市振华街 144 号

联系人：杨洪信

邮政编码：266200

救助热线：0532—88519999

传真：0532—88519999

电子信箱：jmredcross@163. com

●青岛经济技术开发区（黄岛区）红十字会

地址：青岛经济技术开发区长江中路 369 号 509 室

联系人：宋森

邮政编码：266555

救助热线：0532—86988663

传真：0532—86988666

●山东省青岛市崂山区红十字会

地址：山东省青岛市苗岭路 15 号

联系人：赵增顺

邮政编码：266061

救助热线：0532—88962951

传真：0532—88962950

●山东省胶南市红十字会

地址：山东省胶南市珠海路 51 号

联系人：王磊

邮政编码：266400

救助热线：0532—86169110

传真：0532—86175390

电子信箱：jnnsnzn@126. com

●山东省莱西市红十字会

地址：山东省莱西市威海东路 19 号

联系人：孙秀凤

邮政编码：266600

救助热线：0532—81879762

传真：0532—88468700

●河南省红十字会

地址：郑州市政七街 32 号

邮编：450003

电话：0371—65955321

传真：0371—65961296

电子信箱：hnredcross 200586 @ sina. com

网址：www. henanredcross. org

捐赠电话：0371—65944750/65944729/65961296（传真）

接受捐赠户名：河南省红十字会

开户行：浦东发展银行郑州分行健康路支行

账号：65376040154900000061

●河南省郑州市红十字会

地址：河南省郑州市伊河路 151 号

联系人：王万鹏

邮政编码：450007

救助热线：0371—67170099

传真：0371—67170800

电子信箱：haifang22@126. com

●河南省焦作市红十字会

地址：河南省焦作市解放中路（工业楼）328 号

联系人：陈晓栋

邮政编码：454002

救助热线：0391—3933224

传真：0391—3933224

●河南省安阳市红十字会

地址：河南省安阳市东风路 25 号

联系人：牛茂修

邮政编码：455000

救助热线：0372—5918897

传真：0372—5918890

●湖北省红十字会

地址：武汉市武昌区水果湖洪山则路 63 号茶港小区写字楼 9 层

邮编：430071

电话：027—87325005

传真：027—87325268

电子信箱：hbredcroess@yahoo. com. cn

接受捐赠户名：湖北省红十字会

开户行：中国银行刘家湾支行

账号：13044108094001

●湖北省武汉市红十字会

地址：湖北省武汉市江岸区胜利街 155 号

联系人：刘彤

邮政编码：430014

救助热线：027—82835768

●湖北省黄石市红十字会

地址：湖北省黄石市武汉路 203 号

联系人：程燕莉

邮政编码：435000

救助热线：0714—6221833

传真：0714—6259440

电子信箱：chyl1963@sina. com

●湖北省石首市红十字会

通讯地址：湖北省石首市文峰路

联系人：赖光平

邮政编码：434400

救助热线：0716—7273437

传真：0716—7277268

●湖北省大冶市红十字会

通讯地址：湖北省大冶市保康巷 26 号卫生局

联系人：王如意

邮政编码：435100

救助热线：0714—8719105

传真：0714—8730385

电子信箱：wry5819@tom. com

●湖南省红十字会

地址：湖南省长沙市五一大道 492 号粮油贸易大厦 11 楼

邮编：410011

电话：0731—2584999

传真：0731—2584928

网址：www. hnredcross. gov. cn

接受捐赠电话：0731—2584968

接受捐赠户名：湖南省红十字会

开户行：长沙市商业银行浏阳河支行

银行账号：9402013160001398

●广东省红十字会

地址：广州市先烈南路 17 号大院

邮编：510060

电话：020—83825686

传真：020—83825686

电子信箱：gdredcross @ gdredcross. org. cn

捐赠专用账号：3602010709000314124

户名：广东省红十字会

开户行：中国工商银行广州市东风东路支行

●广东省广州市红十字会

地址：广东省广州市麓景路狮带岗 1 号

联系人：刘进兴

邮政编码：510091

救助热线：020—83598400

●广东省深圳市红十字会

地址：深圳市田贝一路 21 号卫生局内

联系人：陈壮

邮政编码：518020

救助热线：0755—25601682

●广东省深圳市盐田区红十字会

地址：广东省深圳市盐田区行政文化中心 515 室

联系人：曾晓莲

邮政编码：518081

救助热线：0755—25228515

传真：0755—25228100

电子信箱：ytqwsj0217@21cn. com

●广西壮族自治区红十字会

地址：广西壮族自治区南宁市新竹路 20 号（广西科学活动中心 6 楼）

邮编：530022

电话：0771—5860326(传真)、5870362

电子信箱：gxhh888@126. com

网址：www. gxhh. org

接受捐赠户名：广西区红十字会

开户行：南宁市工行桃源支行

账号：2102108009249007743

●广西壮族自治区昭平县红十字会

地址：广西昭平县昭平镇北秀街 1 号

联系人：潘亮臣

邮政编码：546800

救助热线：0774—6682154

传真：0774—6682154

●广西壮族自治区柳州铁路局红十字会

地址：广西壮族自治区柳州市鹅山路三区一号柳州铁路局红十字会办公室

联系人：朱立健

邮政编码：545007

救助热线：0772—3922521

传真：0772—3920651

●广西壮族自治区岑溪市红十字会

地址：广西壮族自治区梧州岑溪市工农路 156 号

联系人：唐钊安

邮政编码：543200

救助热线：0774—8232171

传真：0774—8222549

●广西壮族自治区北海市红十字会

地址：广西壮族自治区北海市海城区北部湾西路 8 号

联系人：黄家智

邮政编码：536000

救助热线：0779—3031332

传真：0779—3031332

●广西壮族自治区平果县红十字会

地址：广西壮族自治区平果县马头镇东街 65 号

联系人：蓝湖

邮政编码：531400

救助热线：0776—5825931

电子信箱：pghw931@163. com

●广西壮族自治区灵山县中医院

地址：广西壮族自治区钦州市灵山县灵城镇燕山路

联系人：黄荣海

邮政编码：535400

救助热线：0777—6527777

传真：0777—6522689

电子信箱：gxlszyy@163. com

●广西壮族自治区容县红十字会

地址：广西壮族自治区容县容州镇西上街 277 号

联系人：何烈琪

邮政编码：537500

救助热线：0775—5320557

传真：0775—5322096

●广西壮族自治区南丹县红十字会

地址：广西壮族自治区南丹县民生街县卫生局内

联系人：杨新科

邮政编码：547200

救助热线：0778—7215594

传真：0778—7212800

电子信箱：ndhh594@3126. com

●广西壮族自治区全州县红十字会

地址：广西壮族自治区全州县桂黄中路114号

联系人：唐忠胤

邮政编码：541500

救助热线：13768030966

传真：0773—4815333

●广西壮族自治区田东县红十字会

地址：广西壮族自治区田东县平马镇朝阳路2号

联系人：冯雪梅

邮政编码：531500

救助热线：0776—5222345

传真：0776—5231816

电子信箱：tdrcs@163. com

●广西壮族自治区柳江县红十字会

地址：广西壮族自治区柳江县柳南路县卫生局内

联系人：刘苏克

邮政编码：545100

救助热线：0772—7212279

传真：0772—7217466

●广西壮族自治区桂平市红十字会

地址：广西壮族自治区桂平市桂南中路市卫生局内

联系人：卢旭航

邮政编码：537200

救助热线：0775—3382092

传真：0775—3385223

●海南省红十字会

地址：海口市流芳路8号

邮编：571100

电话：0898—65331824

传真：0898—65304627

网址：hainanredcross. org

捐赠电话：0898—65331824/65331817/65366647

接受捐赠户名：海南省红十字会

开户行：市工行国兴大道分理处

账号：2201028629024900508

●重庆市红十字会

地址：重庆市渝中区学田湾正街69号

邮编：400015

电话：023—6385990563621893

传真：023—63859905

电子信箱：bgs@cqrc. org

网址：www. cqrc. org（中文实名：重庆市红十字会）

●四川省红十字会

地址：四川省成都市文庙西街80号

邮政编码：610041

电话：028—86138841

传真：028—86138841

电子信箱：sichuanredcross@yahoo. com. cn

网址：http://www. sichuanredcross. org. cn

捐赠电话（传真）：028—86153300

银行户名：四川省红十字会

开户行：工商银行滨江支行

账号：4402204009024905774

●贵州省红十字会

地址：贵州省贵阳市中华北路242号省政府大院5号楼3楼

邮编：550004

电话：0851—6857817

传真：0851—6824372

电子信箱：guizhouhsz@tom. com

网址：www. gzredcross. org

捐赠电话：0851—6831361（传真）

接受捐赠户名：贵州省红十字会

开户行：中国银行贵阳市云岩支行

账号：00742808092

●云南省红十字会

地址：云南省昆明市关上中路85号（政通大厦7楼）

邮编：650200

电话：0871—7195099/7196666

传真：0871—7195088

电子信箱：wjq129@vip. sina. com

网址：http：//www. ynredcross. com

捐赠电话：0871—7192222、7193333

接受捐赠户名：云南省红十字会

开户行：中国银行云南省分行营业部

账号：01726008092001

●西藏自治区红十字会

地址：西藏自治区拉萨市鲁定南路25号

邮编：850001

电话：0891—6860067

传真：0891—6861825

电子信箱：trc@publac. ls. xz. cn

捐赠电话：0891—6862530

接受捐赠户名：西藏自治区红十字会

开户行：中国银行西藏自治区分行

账号：00164008092001

●陕西省红十字会

地址：陕西省西安市未央路123号

邮编：710016

电话：029—86512638

传真：029—86512638

电子信箱：shszhway@shaanxi. gov. cn

网址：http：//www. snredcross. org. cn/

捐赠电话：029—86530614/86515482（传真）

接受捐赠户名：陕西省红十字会

开户行：中行经济技术开发区支行

账号：0104211149026980930001

●甘肃省红十字会

地址：甘肃省兰州市畅家巷57号

邮编：730030

电话：0931—8813473

传真：0931—8813472

电子信箱：gsshszh2005@126. com

捐赠电话：0931—88134710931—8735130

接受捐赠户名：甘肃省红十字会

开户行：工商银行兰州金城支行

账号：2703000609024940126

●青海省红十字会

地址：青海省西宁市西大街12号

邮编：810000

电话：0971—8252284

传真：0971—8252292

接受捐赠户名：青海省红十字会

开户行：工商银行西大街支行

账号：0609026445729

●宁夏回族自治区红十字会

地址：宁夏回族自治区银川市解放西街

101 号

邮编：750001

电话：0951—5055705

传真：0951—5055972

电子信箱：lyp006@163. com

网址：www. nxredcross. org. cn

捐赠电话：0951—5046999/5055705/5055972（传真）

接受捐赠户名：宁夏回族自治区红十字会

开户行：银川市商业银行营业部

账号：100010189800000408

●新疆维吾尔自治区红十字会

地址：乌鲁木齐市延安路边 123 号

邮编：830001

电话：010—25778792567191

传真：0991—25707052556420

电子信箱：xjrc123@126. com

捐赠电话：0991—2570705/2577879/2565243（传真）

接受捐赠户名：新疆维吾尔自治区红十字会

开户行：中国银行乌鲁木齐市解放南路支行

账号：3660000850080910001

●中国铁路红十字会

地址：北京市复兴路 10 号铁道部劳卫司医政处

邮编：100844

电话：51844987

传真：51841957

电子信箱：liangbochou1945 @ hotmail. com

●中国商业系统红十字会

地址：北京市复兴门内大街 45 号

邮政编码：100801

电话：010—66094501

传真：010—66094544

电子信箱：shanghong9@sohu. com

捐赠电话：010—66094501、66094554、66094544（传真）

接受捐赠户名：中国商业系统红十字会

开户行：中国工商银行北京分行长安支行西单分理处

账号：0200013392000033389

●新疆生产建设兵团红十字会

地址：新疆乌鲁木齐市光明路 15 号

邮政编码：830002

电话：0991—2890820

传真：0991—2890820

电子信箱：lly2368526@126. com

捐赠电话：0991—2890820

接受捐赠户名：兵团财务局（兵团红十字会）

开户行：农行兵团分行乌鲁木齐市建设路支行

账号：703101040000073

●香港特别行政区红十字会

地址：香港夏悫道 33 号香港红十字会总部

电话：（852）28020021

传真：（852）28027359

电子信箱：info@redcross. org. hk

网址：http：//www. redcross. org. hk

●澳门特别行政区红十字会

办事处：澳门新口岸宋玉生广场 235 至 287 号中土大厦三楼“亨利·杜南”中心

电话：853—313003

传真：853—313024

电子信箱：secretariat @ redcross. org. mo

网址：www. redcross. org. mo

捐款电话：（853）313003/（853）313024（传真）

捐款户名：澳门红十字会

银行：中国银行（澳门支行）

账号：01—01—20787663（澳门币）、01—112—384823（港币）

图书在版编目(CIP)数据

中国红十字年鉴:2005/2006卷/《中国红十字年鉴》编辑部编.—北京:台海出版社,2007.8

ISBN 978-7-80141-525-7

Ⅰ.中… Ⅱ.中… Ⅲ.红十字会—中国—2005~2006—年鉴 Ⅳ.D632.1-54

中国版本图书馆CIP数据核字(2007)第111779号

中国红十字年鉴:2005/2006卷

ZHONGGUO HONGSHIZI NIANJIAN:2005/2006 JUAN

编　　者:《中国红十字年鉴》编辑部
责任编辑:吕　莺
特邀编辑:李兰颂　傅　虹　冯志国
封面设计:李兰颂　傅　虹　冯志国
彩页设计:刘　澈
责任校对:江　文　陆　湘
出版发行:台海出版社
经　　销:全国新华书店
印　　刷:北京铁科华腾印刷有限公司
开　　本:787毫米×1092毫米　1/16
印　　张:50
字　　数:1500千字
插　　页:36
印　　数:1-1500
版次印次:2007年8月第1版　　2007年8月第1次印刷

台海出版社(北京景山东街20号)
邮政编码:100009　　电话:010—84045799
ISBN 978-7-80141-525-7　　定价:330.00元

《中国红十字年鉴·2004/2005创刊号》
《中国红十字年鉴·2005/2006卷》

《中国红十字年鉴·2004/2005创刊号》、《中国红十字年鉴·2005/2006卷》相继出版。它们既是全面反映中国红十字会百余年发展历程的编年史，也是综合反映开创中国特色红十字事业新局面的大事记。对从事红十字事业的专兼职工作者和广大志愿者，它们是内容丰富、查阅方便的工具书；对关注红十字事业发展的社会各界人士和热心公益事业的爱心人士而言，它们是了解红十字事业历史进程的百科书。

请尚未订阅《中国红十字年鉴·2004/2005创刊号》、《中国红十字年鉴·2005/2006卷》的单位和个人从速订阅。每本定价为330元（含邮费），欢迎踊跃订购。

《中国的南丁格尔》

《中国的南丁格尔》一书，是一部人物专题报告文学集。全书传主为43位南丁格尔奖章获得者。

该书真实记录了我国自第29届至第40届南丁格尔奖章获得者感动人心的事迹，生动地展示了他们不平常的人生经历。对正在从事医疗护理工作或有志于医疗护理工作的读者将会起到净化心灵、启迪人生的作用。

该书设计精美，内容丰富，感情真挚，可读性强。每本定价为33元（含邮费），欢迎踊跃订购。

户　　名：中国红十字会总会报刊社
开 户 行：中国工商银行北京东四南支行
账　　号：0200001009014416907

联 系 人：白琳　刘亚昆
电话传真：010-65238052

北京市红十字会

2006年北京市红十字会在党的十六届五中、六中全会精神指引下，以科学发展观统领全局，紧紧围绕党和国家的中心工作，同心同德、开拓进取，红十字事业呈现生机勃勃局面，在构建社会主义和谐社会首善之区的进程中发挥了积极作用。

2006年北京市红十字会紧抓机遇，不断探索，各项工作都取得了长足进展。组织建设发展壮大；募捐救助、灾害救援工作不断增强；拓展了救护培训领域，提升了参与服务“奥运”的能力；少儿住院互助金工作稳步推进；造血干细胞捐献工作快速发展；红十字青少年活动丰富多采；社区服务成效显著；红十字宣传传播工作更加广泛深入；对外交往交流合作得到进一步加强。北京市红十字会圆满完成了2006年的各项工作任务，弘扬了“人道、博爱、奉献”的红十字精神，推动了红十字事业的健康发展。

北京市副市长、市红十字会会长孙安民在纪念五八红十字日庆典会上致辞。

北京市红十字会与首尔红十字会建立友好关系十周年签字仪式。

北京市红十字会向门头沟区清水镇二次捐赠救助物资。

电视剧爱在生命中传递开机仪式。

红十字国际委员会代表参观红十字博爱超市。

演员彭丽媛认真学习包扎救护知识。

北京市东城区红十字会

左上：2005年11月22日，东城区红十字会第七次会员代表大会在京东宾馆隆重召开。

左下：东城区副区长、区红十字会会长章冬梅带头抽取血样，光荣成为造血干细胞志愿者。

右下：2006年9月19日下午，东城区红十字会常务副会长刘京生、办公室主任范有余等工作人员，“十一”前夕慰问退休教师赵国华一家。

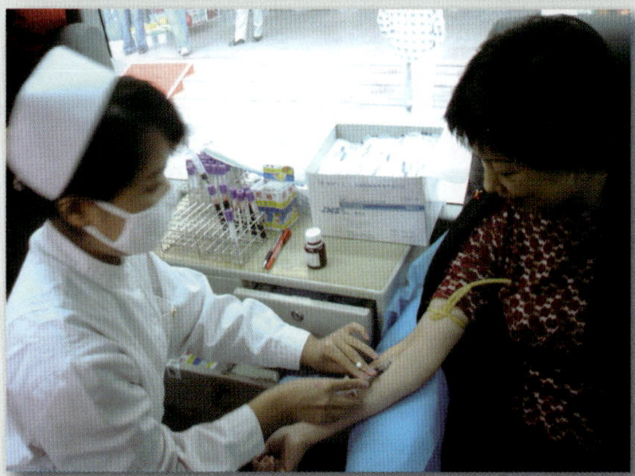

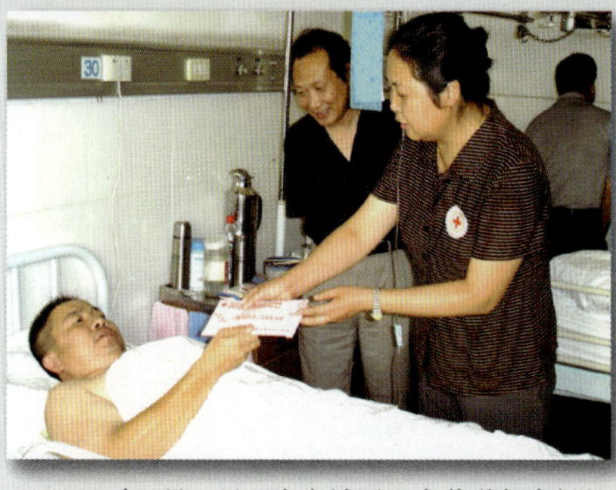

2005年9月11日，在东城区王府井世都商场门前，犯罪分子撞伤群众，东城区红十字会及时对受伤人员进行了有效的救助。

2006年9月8日，东城区红十字会在王府井大街举办了主题为“捐献造血干细胞，救助血友病患者”的大型招募捐献造血干细胞志愿者活动。

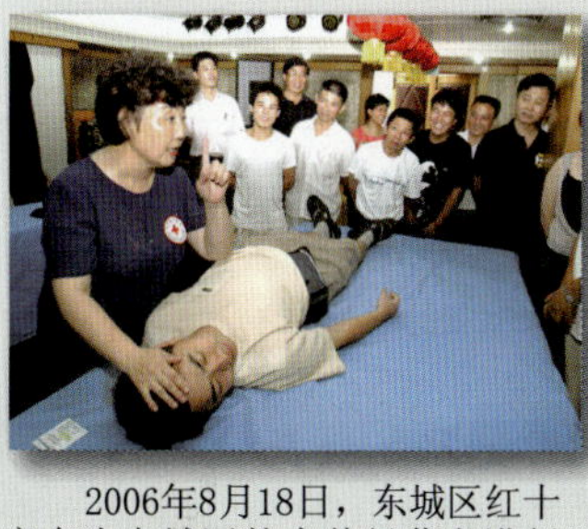

2006年8月18日，东城区红十字会为东城区的个体经营者进行现场救护知识培训。

2006年10月17日，东城区红十字会、东城区教委共同在北京二中礼堂召开2006年度“博爱助学”大会。

建国门街道红十字会在街头开展纪念五八红十字日活动。

内蒙古自治区红十字会

筹资工作

2006年，自治区政府办公厅下发了《关于在全区开展博爱一日捐募捐活动的通知》，委托自治区红十字会在全区开展“博爱一日捐”募捐活动。在各级党委、政府的统一部署下，全区各级红十字会募集款物3200万元。

宣传工作

2006年，进一步加强了与新闻媒体的合作，分别与内蒙古电视台和内蒙古人民广播电台开办了《爱心1+1》和《爱就是力量—红十字在行动》专栏。

救灾救助工作

2006年，全年各级红十字会投入救灾救助款物2468万元，救助了15万多名受灾群众和困难群众。

卫生救护培训工作

2006年，全区700名救护培训师资资料已全部录入师资信息资料库。各级红十字会培训救护员50952人，有148003人得到了救护防病知识普及。呼和浩特市、乌兰察布市红十字会和呼和浩特市公安交警支队受到中国红十字会总会和卫生部的表彰。

新农合试点工作

2006年，在兴安盟科右中旗开展了“新农合”试点工作，先后向该旗捐赠了104.56万元的款物。

造血干细胞捐献工作

2006年，成立了造血干细胞工作志愿服务队，开展了宣传、数据录入工作。全年采集造血干细胞血样1178份，累计采集造血干细胞血样5059份。

组织与青少年工作

2006年，自治区红十字会进一步规范了红十字会团体会员的管理，全区累计发展红十字会员达803446人，比去年增加了22万人，增长了37%。新发展青少年会员193274人，累计发展565073人。

“博爱一日捐”启动仪式现场自治区红十字会会长宝音德力格尔（左一）接受妇联捐款。

自治区红十字会桂忠副会长慰问阿巴嘎旗受灾群众。

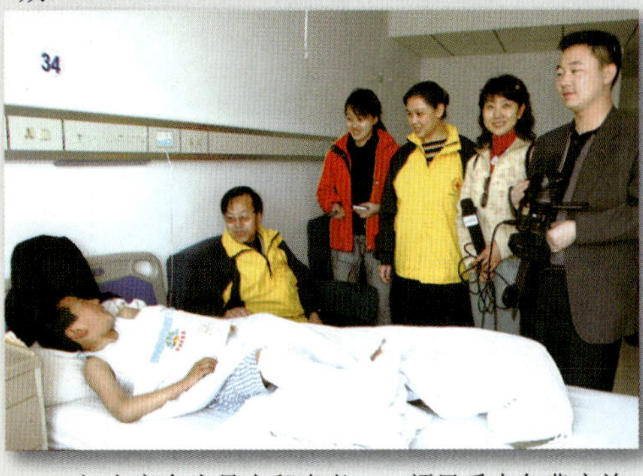

红十字会为足内翻患者——额日禾木免费实施手术。

全区“博爱一日捐”资助贫困大学生活动见面会现场。

左：中蒙两国红十字会志愿者在“12.1世界艾滋病日”期间在扎门乌德市开展宣传活动。

右：博爱卫生站在化德县建成投入使用。

浙江省红十字会

浙江省红十字会始建于1924年。在历届理事会的领导和红十字专兼职工作者、会员、志愿者的共同努力下，红十字事业不断发展壮大。

2005年11月，浙江省红十字会举行第五次会员代表大会，浙江省委书记习近平、省长吕祖善出任名誉会长，省人大常委会副主任徐志纯、省政协副主席徐鸿道出任名誉副会长，大会选举产生了以省人大常委会副主任鲁松庭为会长、张国强为常务副会长的新一届理事会，通过了《浙江省红十字事业2005至2009年发展规划》。

近年来，浙江省红十字会救灾救护救助等工作成绩斐然。多次参与重大自然灾害和突发事件的救助工作，募集款物累计达1亿多元，总受益人数近500万人次，在印度洋海啸募捐中募集人民币1600多万元，被总会评为最佳组织奖。积极开展初级卫生救护培训工作，近五年来累计培训红十字救护员42万多人次，为减轻灾害事故和突发事件的伤残率发挥了重要作用。连续多年开展“红十字博爱送万家”活动，累计发放救助款物2000多万元；造血干细胞资料库建设成效显著，已有7000多名志愿者的配型资料入库并有6人实现捐献；社区服务稳步推进，建立了近100个街道红十字会和200多个社区红十字服务站。

各级红十字会也从实际出发，因地制宜，取得了可喜的成绩。温岭市红十字会整体推进农村社区服务工作，成为全国社区红十字服务示范市；瑞安市红十字会以扎实的工作成为全国红十字会系统鲜活的典型；杭州市萧山区红十字青少年工作走在全国的前列，滨江区长河街道天官社区红十字服务站关爱智障病人的事迹受到总会领导的赞扬。

省红十字会机关在博爱送万家活动中开展捐款活动，鲁松庭会长带头捐款1000元。

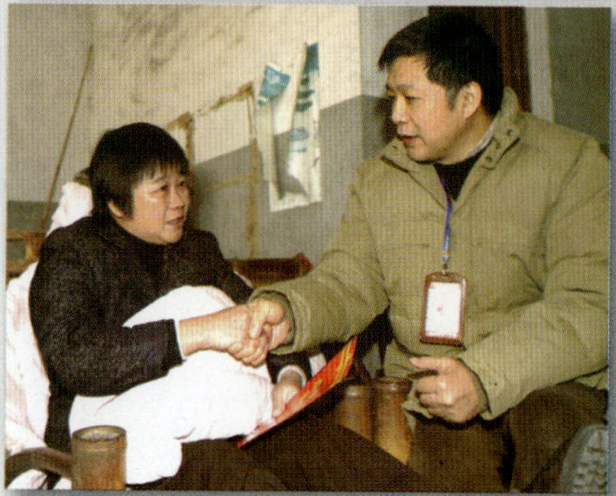

张国强常务副会长在青田山区与下肢瘫痪、因病致贫的农妇亲切交谈，勉励她勇敢面对困难。

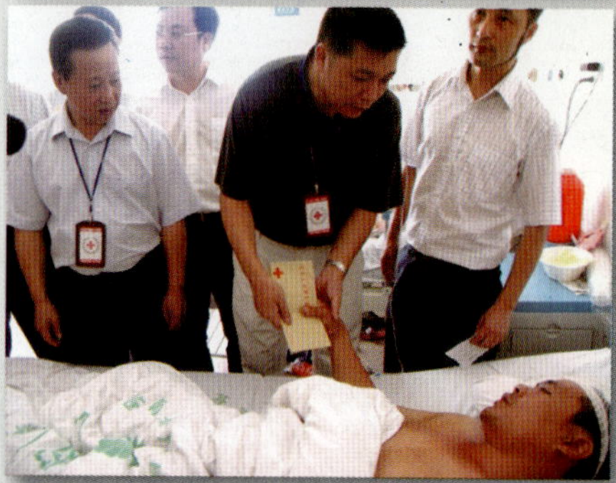

省红十字会常务副会长张国强（中）率领救灾工作组，在苍南县人民医院慰问在台风“桑美”中受伤的灾民。

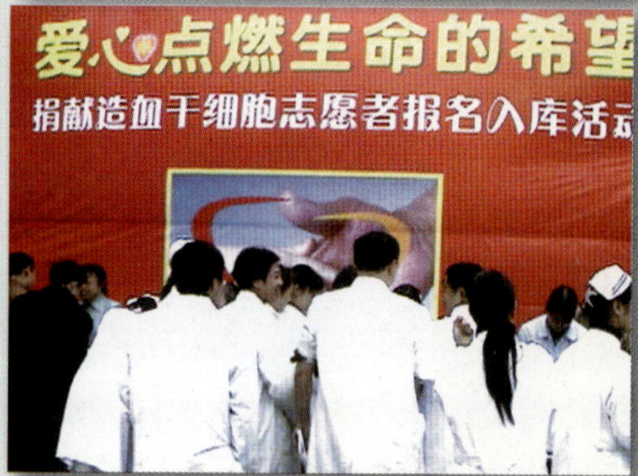

红十字会组织的捐献造血干细胞志愿者报名活动现场人头攒动。

2006年五八世界红十字日浙江省红十字会举办“关爱农民，关注健康”大型纪念活动。

深入台风灾区救灾。

江苏省红十字会

2006年，江苏省红十字会紧紧围绕中共江苏省委、省政府提出的“两个率先”和“全面达小康、建设新江苏”的宏伟目标，通过以为民做十件实事的实际行动来纪念建会50周年。为泗阳县援建1所红十字博爱小学，建立1个科技扶贫示范点；以溧水县特殊教育学校为基地，成立“江苏省红十字会残疾儿童希望之家”；结合灾后重建，援助建湖县冈西镇新农村住宅建设，帮助58户贫困白内障患者免费实施复明手术和2400名特困学生的学习生活；开展了近60万人次参加的预防艾滋病宣传和同伴教育；筹集了350多万元款物在元旦前开展“博爱送万家”慰问活动。与此同时，江苏省红十字会还开展“以博爱心怀构建和谐社会”国际交流研讨会、纪念大会和“博爱礼赞”文艺演出等系列纪念活动，不断营造有利于红十字事业发展的舆论氛围和社会环境，扩大了红十字会的社会影响。

11月29日下午，江苏省红十字会成立50周年纪念大会在南京隆重举行。中国红十字会会长彭珮云，中共江苏省委书记、省人大常委会主任、省红十字会名誉会长李源潮，省长梁保华，省政协主席许仲林等领导出席大会。

11月20日上午，江苏省红十字会在南京举办“以博爱构建和谐社会”国际交流研讨会。省政府副省长何权、省红十字会会长吴锡军、中国红十字会秘书长王海京和红十字国际委员会、哈萨克斯坦国家红新月会、德国红十字会勃兰登保州分会、挪威援华项目、国际SOS组织、港澳台地区红十字组织的代表以及省有关部门、单位、团体共100多位代表出席了研讨会。

5月8日，江苏省红十字会在全省开展“博爱在江苏、人道万人捐”活动。省政府副省长何权、省红十字会会长吴锡军和部分单位带头捐款。

12月22日，江苏省红十字会开展“博爱送万家”慰问活动。省人大常委会副主任王湛、省军区司令员胡树杰和政府副秘书长朱步楼等领导参加了启动仪式。

纪念江苏省红十字会成立50周年大型文艺演出“博爱礼赞”在南京举行。省四套班子领导和省军区、总会领导以及部分境外红十字组织、公益团体的友人等近3000人观看了演出。

南京市红十字会

2005年，南京市红十字会遵循国际红十字运动七项基本原则，以“改善最易受损害群体的境况”为目标，紧紧围绕全市中心工作，在各级党委、政府和社会各界的关心、支持下，通过广大红十字工作者、红十字会员、红十字志愿者的共同努力，在人道领域积极发挥政府助手作用，备灾救灾、救护培训、无偿献血、组织建设、社区服务、博爱救助等工作均取得进展。

全年有240人登记志愿捐献遗体，42人实现了捐献；有1554人登记捐献造血干细胞，3人实现了捐献；有98708人次参加无偿献血，献血量2930万毫升。

全年共举办救护知识普及讲座1501场，举办各种竞赛活动101场，发放宣传资料18万份；全年普及救护培训84482人次，新机动车驾驶员初级卫生救护知识培训10.84万人，急救员培训、复训1826人，培训紧急救护师115人。

截至2005年底，全市有基层红十字会组织642个，成人会员32014人，青少年会员36542人。有社区红十字工作（活动）站480个，社区红十字志愿者5509名。

4月22日召开了南京市红十字会第九次会员代表大会。

为印度洋海啸灾区募集捐款313.96万元。

举办以“救护与弱势群体——红十字在行动”为主题的“世界急救日”纪念活动。

成立了由23名心理咨询师和心理保健师组织的南京市红十字急救与灾难应变志愿工作队。

全年共发放救灾救助款物560.98万元。

广泛开展“红丝带一元捐”和艾滋病防治宣传活动。

苏州市红十字会

“善”字系列救助计划简介

仅仅两年多时间，苏州市红十字会的“善”字系列救助计划就先后开出5朵“姐妹花”。它们分别是专门救助5种贫困对象的“德善”（尿毒症）、“明善”（白内障等眼疾）、“诚善”（大中小学生）、“义善”（白血病）、“吉善”（急症儿童）计划。截至2006年底，“善”字系列救助计划共募集善款455万元人民币，先后救助贫困尿毒症病人100位、白内障患者50位、屈光不正者5500位、大中小学生350位、白血病人10位、急症儿童26位。

据苏州市红十字会专职副会长郝如一称：打造“善”字系列救助品牌的创意起源于“德善”，思路来自对于红十字会筹资工作的总结——无具体对象、无救助目标的募捐常常应者寥寥，反之则效果较好。两年实践表明：“善”字系列救助计划的推出，得到社会积极响应，尤其是外企参与的热情更高。苏州市红十字会决心着力打造“善”字品牌，通过几年的努力，使之成为全市构建和谐社会、推进文明建设的一项工程、一大亮点、一块招牌、一座丰碑。

福建省红十字会

福建省人大进行红十字会法律法规执法调研。

福建省红十字会领导接受爱心企业捐赠。

福建省红十字会被省委、省政府评为“2006年防抗台风抗洪抢险救灾先进集体”。

福建省红十字会携手《海峡都市报社》共同发起“海都红十字特别救助行动”

福建省红十字会联合福建电视台公共频道创办《海峡西岸红十字》电视栏目。

新“海峡号”列编启用并成功实施第一次遣返作业。

福建省红十字会领导与新“海峡号”全体船员合影。

山东省红十字会

山东省红十字会第七次会员代表大会胜利召开。

山东省副省长、省红十字会会长王军民为特困农民参加“新农合”捐款。

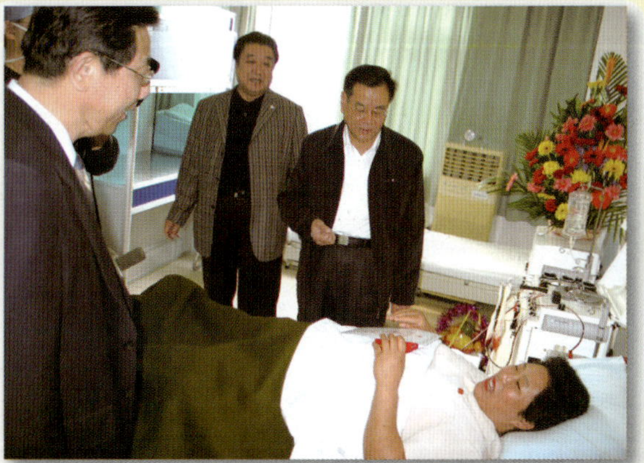

山东省红十字会常务副会长张心宝（右一）、秘书长玄兴华（左一）看望捐献造血干细胞的周淑玉同志，并向其颁发证书、证章。

山东省红十字会副会长王志民（右二）向山东大学患大病贫困生发放救助金1万元。

山东省红十字会举行纪念五八世界红十字日大型义演宣传活动，书画家现场捐赠艺术作品。

威海市红十字会

2006年2月28日威海市红十字会第二次会员代表大会胜利召开。

总会外事会议在威海召开，威海市副市长、市红十字会会长梁良到会致辞。

威海市副市长、市红十字会会长梁良在送温暖启动仪式上讲话。

威海市红十字会常务副会长陈宗利（左）向试点村干部发放新农村建设救助款。

威海市红十字会向大学生传播红十字运动及造血干细胞知识。

威海市红十字会秘书长张萍在为大学生讲解红十字运动知识。

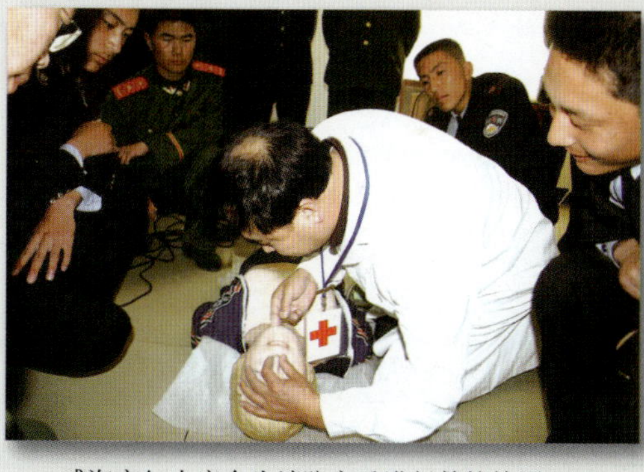

威海市红十字会为消防官兵进行救护培训。

威海市红十字会为外资企业员工进行救护培训。

烟台市红十字会

“博爱周”期间，为农民工免费查体。

“世界艾滋病日”万名市民在“珍惜生命，共防艾滋”横幅上签名。

2006年9月9日世界急救日宣传演练活动现场。

烟台市地处山东半岛中部，东连威海，西接潍坊，全市土地面积13745.95平方公里，辖芝罘、福山、牟平、莱山4个区及长岛县，代管龙口、莱阳、莱州、蓬莱、招远、栖霞、海阳7个县级市。

烟台市红十字会是山东最早成立的地级市会之一，2004年理顺管理体制，现有基层组织388个，会员18万人。2006年共筹集发放灾害救援和困难救助款物62.9万元，受益人口达25926人次；资助15000多名特困农民参加“新农合”； 免费为在烟的农民工查体义诊1300人次。为救助烟台患白血病台胞和迅速扩大中国造血干细胞捐献者资料库容，一周内采集血样4923人份，占全省五分之一；卫生救护师资已达37人，培训急救员3731名；共争取募集各项款物达1188.3万元；全市共开展各种宣传43次，印刷发放宣传品2.8万份。全市开展防治艾滋病知识宣传33次，全民健康教育63次，在各种媒体刊发新闻稿件141篇，“捐献造血干细胞，行动在高校”大型公益演出作品获中国红十字总会音像类宣传全国一等奖；编写出近2万字的史料《中国红十字运动的缔造者－吕海寰》。

山东瑞康药业有限公司捐赠人民币100万元，用于“红十字关爱患病儿童”活动，图为该公司外景。

烟台市红十字会外景。

海峡两岸的重症肌无力病友及医学专家在烟台市红十字会的组织下相互交流治疗和康复的经验。

河南省红十字会

2006年，河南省红十字会认真贯彻执行《中华人民共和国红十字会法》，在组织建设、救灾、救助、艾滋病预防、造血干细胞资料库建设、红十字知识传播等方面取得了显著成绩。

积极开展救灾救助工作，在“红十字博爱送万家”活动中，全省红十字会共筹集了棉被、棉衣、面粉等价值311.05万元的救助物资。开展“新农合”试点工作近一年来，共组织卫生知识宣传、教育和培训20万余人次，发放医疗救助物资价值256.64万元，筹募救助资金41.93万元，救助大病患者24人，发放救助金3.7万元。中国造血干细胞捐献者资料库河南分库快速发展，共采集血样2.2万人份。开展艾滋病预防青年同伴教育项目，全省共举办艾滋病预防青年同伴教育培训班75期，培训大学生1500人。

“世界红十字日”省红十字会与郑州市红十字会联合开展了系列关爱农民、送健康、送温暖活动。

“世界急救日”省红十字会与郑州市红十字会联合举行了以“拯救生命，一视同仁”为主题的纪念活动，为参加活动的100多名志愿者进行了心肺复苏、止血、包扎、固定、搬运等急救知识培训。

“世界艾滋病日”省红十字会组织大学生志愿者在郑州火车站广场和大学校园开展了艾滋病预防知识宣传活动。

加强港台及对外交流与合作，香港天邻基金会全年共组织70余名医务人员来豫开展医疗事工服务活动。

协调省公安厅、省交通厅，联合转发了中国红十字会、公安部、交通部关于深入开展救护培训工作的通知，为在全省广泛开展群众性的救护培训工作奠定了基础。

广州嘉禾药业向河南省红十字会捐赠药品。

世界红十字日健康援助进农家活动。

世界艾滋病日组织志愿者在火车站广场开展宣传活动。

世界急救日对市民进行救护技能培训。

艾滋病预防青年同伴教育培训现场。

报名捐献造血干细胞的大学生在采集血样车前合影。

武汉市红十字会

2006年11月，武汉市市长李宪生两次听取市红十字会工作汇报并作出重要指示，充分体现了中共武汉市委、市政府对红十字会工作的高度重视。

2006年11月，武汉市副市长、市红十字会会长刘顺妮率市红十字会代表团出访日本。图为刘顺妮副市长（右）会见日本大分市副市长矶崎贤治。

2006年10月，中国红十字会秘书长王海京率团来汉检查武汉市江汉区创建全国红十字社区服务示范区评审验收活动。2006年12月，汉江区被授予“全国红十字社区服务示范区”光荣称号。图为王海京秘书长（左二）、武汉市红十字会专职副会长谢江虹（左一）、江汉区副区长、区红十字会会长殷玉梅（左三）、武汉市红十字会副秘书长王萍（右一）在评审会现场。

2006年9月，总会召开全国红十字系统卫生救护培训工作大会。图为武汉市红十字会专职副会长谢江虹在大会上介绍市红十字会救护培训工作经验。

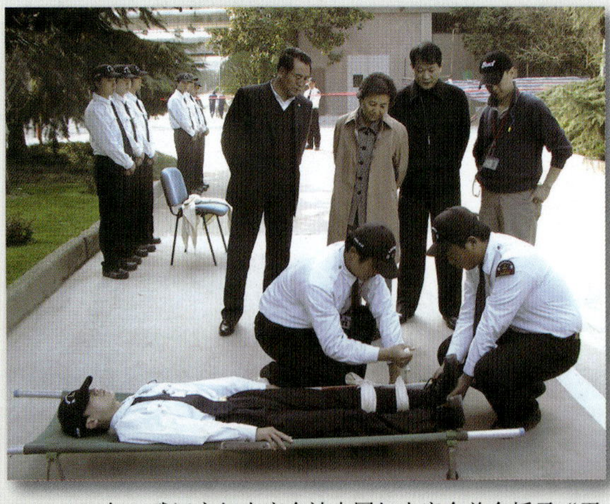

2006年，武汉市红十字会被中国红十字会总会授予“卫生救护培训工作先进集体”光荣称号。图为中国红十字会常务副会长江亦曼来汉视察救护培训工作。

2006年盛夏，武汉市红十字会举办了百名红十字青少年“心手相牵农村行”活动。图为活动启动仪式现场。

深圳市红十字会

2006年深圳市红十字会为广东水灾地区募集款物1900多万元。图为市红十字会领导视察肇庆灾区。

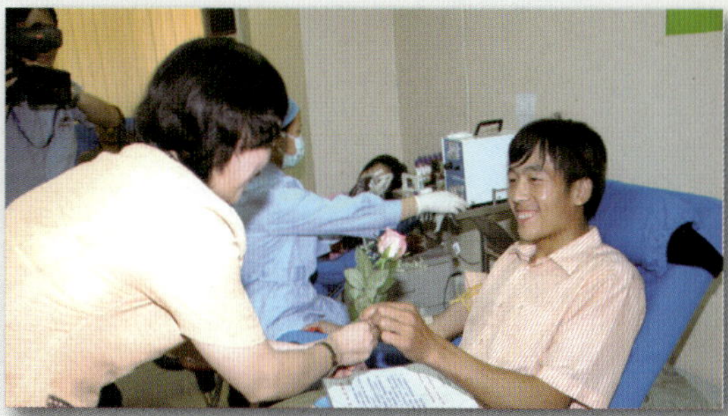

2006年，深圳市连续五次被评为全国无偿献血先进城市。市红十字会致力于发动、宣传无偿献血。秘书长赵丽珍为无偿献血者送上玫瑰以示敬意。

深圳市红十字会器官捐献志愿者服务队成立，致力于打破老观念，树立新风尚。

深圳市红十字会发起“红十字博爱粤东光明行”活动，为国家级贫困县的贫困白内障患者实行免费手术。

举办“爱心61”活动，发动社会爱心人士为地中海贫血症患儿捐款。图为爱心燃料卡发放仪式。

广东省红十字会

2006年8月，广东省人民政府副省长、省红十字会会长雷于蓝到潮州市饶平县视察灾情。

2006年1月，广东省人民政府副省长、省红十字会会长雷于蓝到清远连南瑶族自治县送温暖。

2006年7月，广东省红十字会常务副会长徐火周、中国红十字会总会赈济救护部工作人员赴广东韶关乳源瑶族自治县视察灾情。

2005年1月印度洋地震海啸发生后，广东省红十字会的义工主动到红十字会帮助清点募捐款。

2006年2月，广东省中山市红十字会举行第19次慈善万人行活动。

广西壮族自治区红十字会

广西壮族自治区副主席、红十字会会长刘新文向社区居民发放广西红十字会编写的《城乡居民紧急避险读本》。

广西壮族自治区副主席、红十字会会长刘新文代表灾区人民接受捐款。

广西红十字会副会长方南亭（左一）向桂林阳朔灾区村民发放救灾物资。

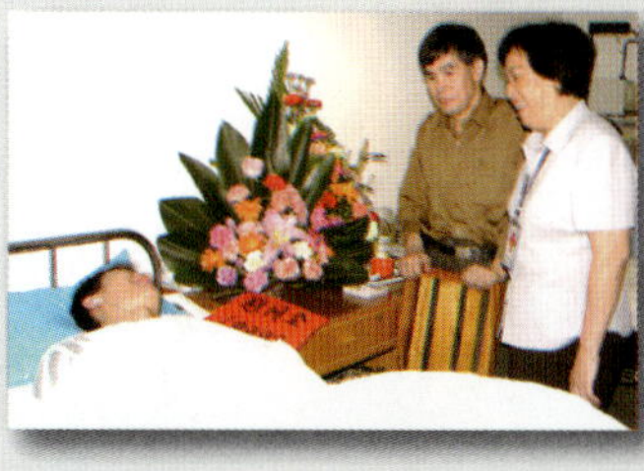

广西红十字会副会长蒋芳英（右）慰问广西首例捐献造血干细胞的在校大学生志愿者。

广西红十字会秘书长龙军胜（中）视察实施灾后重建项目的村庄。

广西红十字会组织慰问民族助学班的同学们。

五八世界红十字日，市民踊跃为新农合大病救助项目捐款。

广西召开全区红十字青少年工作会议，表彰先进集体和个人。

2006年，在广西壮族自治区党委、政府的领导下，在中国红十字会总会的指导下，广西红十字会认真贯彻落实红十字会法，以开展自然灾害救助，实施国际、国内援建项目，加强宣传筹资为工作中心，在卫生救护培训、红十字青少年工作、推动无偿献血和造血干细胞库建设等方面取得了可喜的成绩。

年内，自治区红十字会为水灾救助工作募捐款物价值840多万元，并通过中国红十字会争取灾后重建款260万元，建设灾民新村4个（161）户、乡镇卫生院1所。上海、香港、杭州、新疆等兄弟红十字会也向广西伸出援助之手，支援灾区救灾工作。中国造血干细胞捐献者资料库广西分库稳步发展，截至2006年底，共实现入库HLA分型数据6460人份，并有8人成功捐献。全区共有8个市级和12个县（区）级红十字会实现机构独立设置，现有县级以上红十字会组织123个，团体会员单位1289个，个人会员22万多名，志愿工作者2万名，基层红十字会组织1762个。

重庆市红十字会

美国雷曼兄弟公司向重庆市白血病儿童救助基金会捐款20万美元。

重庆市白血病儿童救助基金会为病患发放第一批救助金。

为重庆市白血病儿童救助基金会募捐现场。

2006年纪念五八世界红十字日活动在巴南区金风镇举行。

2006年“博爱送万家”救助金发放仪式。

中国红十字会彩票公益金矿井遇险急救技术培训班授课现场。

在西南大学采集造血干细胞血样。

江西省红十字会

中共江西省委书记、省红十字会名誉会长孟建柱在江西省红十字会第五次会员代表大会上作重要讲话。

江西省人民政府副省长、省红十字会会长胡振鹏（前排中）到“11·26”九江地震灾区一线察看灾情。

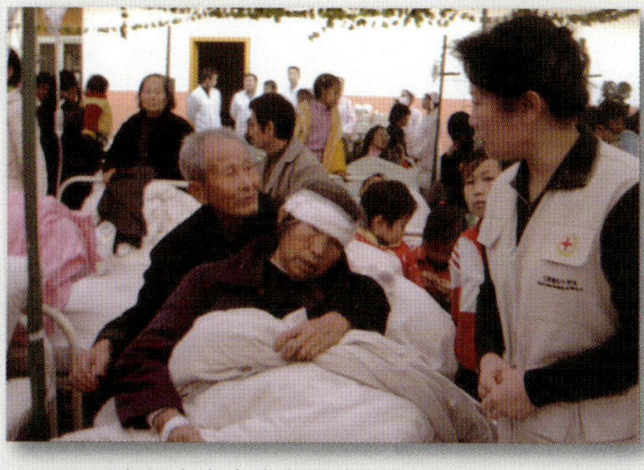

江西省红十字会常务副会长方娅（右）看望九江地震受灾群众。

江西社会各界通过红十字会踊跃为九江地震灾区捐款。

中共江西省委、江西省人民政府授予江西省红十字会“11·26”九江抗震救灾和灾后重建工作先进集体荣誉称号。

江西省红十字志愿护理服务中心荣获首届中华慈善奖。

江西省红十字会第五次会员代表大会胜利召开。

为高速公路红十字志愿者开展卫生救护培训。

香港特别行政区红十字会

香港红十字会秘书长陈启明先生于2005年5月访问斯里兰卡，了解海啸救援工作需要及进展。

香港红十字会义工参与一年一度的空难事故演习，并模拟安慰死难者的家属。

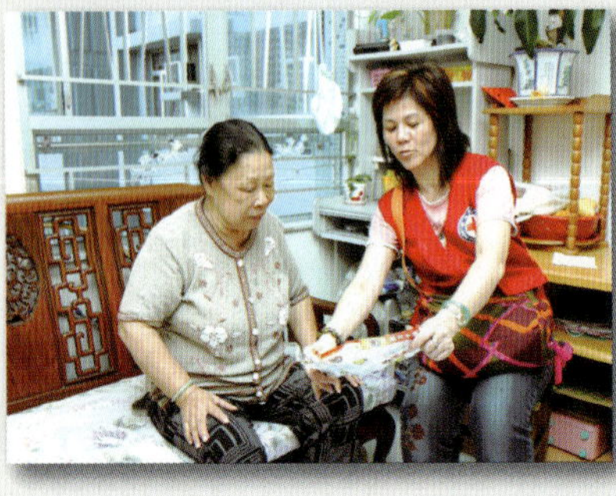

香港红十字会义工向独居长者派发“防流感卫生包”。

香港理工大学学生到广东河源市山区探访贫困学童。

澳门特别行政区红十字会

急救义工在体育比赛中为受伤的运动员治疗。

社会义工队为长者提供量血压的医护服务。

昆山市红十字会

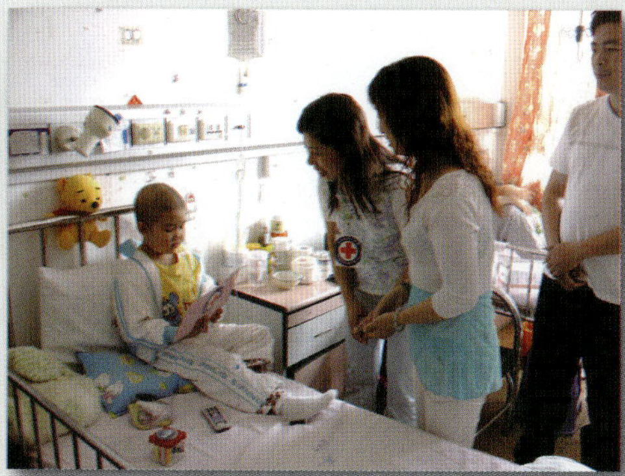

慰问白血病患儿。

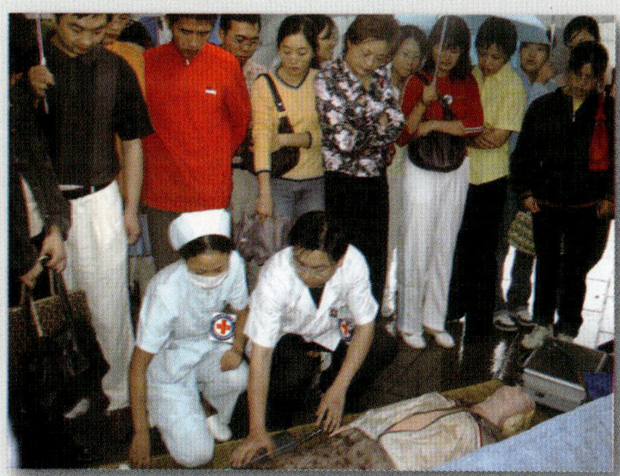

卫生救护操作演示。

社区红十字服务活动。

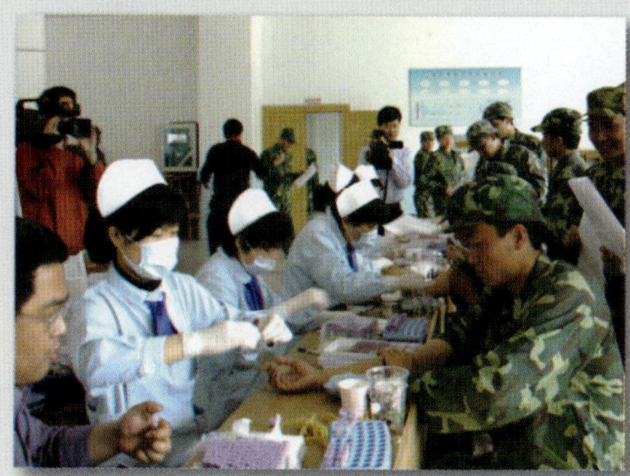

武警官兵参加造血干细胞捐献。

五八红十字日宣传活动。

昆山市红十字会始终坚持以“保护人的生命和健康，发扬人道主义精神，促进和平进步事业”为宗旨，把“改善最易受损害群体的境况”为工作目标，大力开展三项红十字博爱系列工程（救援工程、生命工程、爱心工程）。目前，昆山市红十字会已发展红十字基层组织124个，会员4万多名。

2006年，昆山市红十字会为孤寡老人、白血病患者、聋哑学校、民工子女学校送去慰问款物达10万余元；为红十字青少年、社区居民、外企员工、消防、宾馆、供电、机动车驾驶员等行业人员及群众培训和普及初级救护知识达9000余人次；为艾滋病患者发放救助款10万元；为四川窿昌山区300名失学儿童及昆山籍113名贫困生送去了助学金37.6万元；有470人参加造血干细胞志愿者采样，6位造血干细胞志愿者成功地实施捐献；有11000余人加入到无偿献血志愿者队伍。

2006年，昆山市红十字会通过各种创建活动，分别获得全国社区红十字服务示范市、全国红十字卫生救护工作先进集体、江苏省社区红十字服务示范市、江苏省无偿献血促进奖、中国红十字总会报刊征订特等奖、江苏省红十字报刊征订二等奖、“2004至2005”年度昆山市精神文明单位等荣誉称号。

昆山市红十字会开展的人道主义工作，对稳定社会、发展经济起到了积极作用，在某些方面有着政府部门和其他团体不可替代的作用。随着社会文明进程的加快，红十字会工作将得到党和政府的更加重视和社会各界的更大支持，昆山市红十字事业也将更加迅猛发展。

助学活动。

无锡市红十字会

无锡市四套班子领导参加无锡人道万人捐表彰大会并向先进单位及个人颁奖。

无锡市政府副市长、市红十字会会长麻建国接受新闻记者采访。

无锡市政府副市长、市红十字会会长麻建国等参加“温情共享，新春送温暖”活动发车仪式。

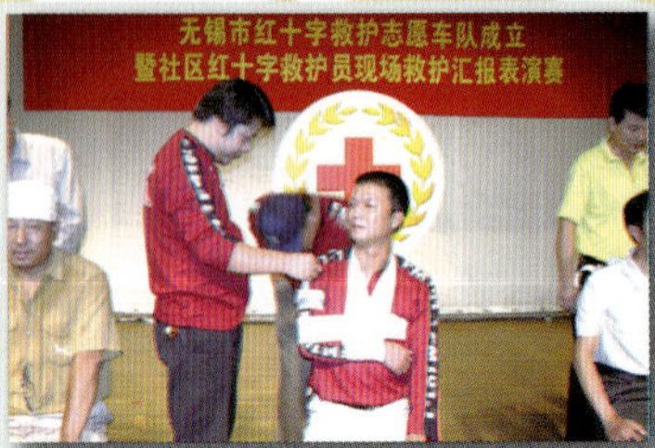

社区救护队参加市红十字会组织的社区红十字救护员现场救护汇报表演赛。

无锡市委书记、市红十字会名誉会长杨卫泽通过中国红十字会总会为海啸灾区捐款500万元人民币。

无锡市二泉网络社区和江南大学“骑迹”俱乐部共同开展“捐献骨髓，拯救生命”无锡至苏州单车宣传活动。

“十五”期间，无锡市红十字会认真贯彻实施《中华人民共和国红十字会法》和《江苏省实施红十字会法办法》，在组织建设、募捐救助、救护培训、献血捐髓、社区服务、红十字青少年工作等各个方面取得了新的成绩。全市现有红十字会基层组织434个，团体会员单位142个，会员38万人，其中青少年会员36万人，有社区红十字志愿工作者3916人。自2002年全市开展“关爱生命，人道万人捐”活动以来，共募集红十字备灾救助基金2741.54万元，其中援助印度洋海啸灾区、中国预防艾滋病基金、新疆地震、省骨髓库建设等款物655.03万元，向全市因病致贫的特困家庭发放博爱助学、助医、助困款物327.18万元，先后建立了白血病人骨髓移植专项救助金、预防艾滋病社会救助专项金，市备灾救助基金由2001年的88万元增加到2005年的1133万元。广泛宣传招募造血干细胞捐献志愿者，共先后组织采样活动34次，有4500多人成为中华骨髓库捐髓志愿者，7人成功捐献，无锡市王经女士成为中华骨髓库向香港捐赠骨髓第一人。积极开展社区红十字服务示范区活动，全市已有78%的地区创建成为社区红十字服务示范区（市），其中南长区和惠山区荣获2004全国首批社区红十字服务示范区。红十字青少年工作已进入规范化管理轨道，全市已有136所学校达到市规范化管理标准。

徐州市红十字会

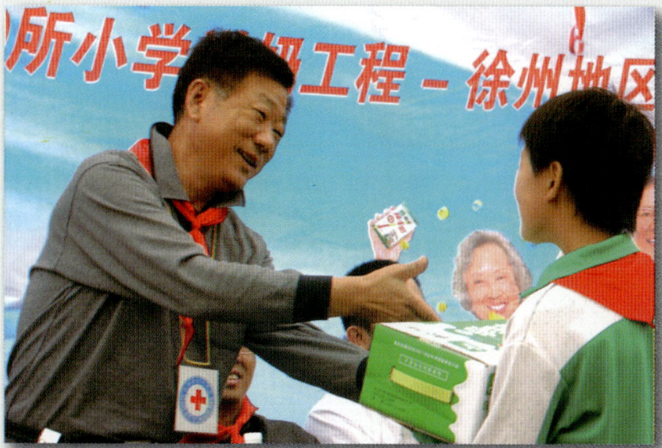

徐州市红十字会联合蒙牛乳业徐州分公司向沛县朱寨镇蔡小楼小学学生捐赠一年学生奶。

“五八世界红十字日”纪念活动中，残疾女孩现场签定器官捐献协议（左下）。

徐州市红十字会举办艾滋病同伴教育主持人培训班。

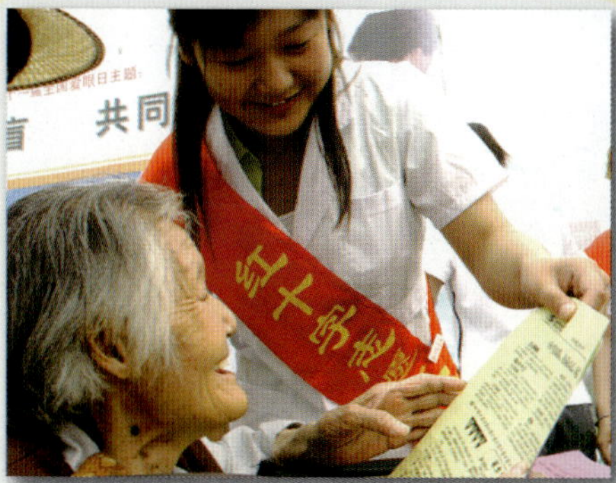

“六六爱眼日”红十字志愿者街头发放眼保健知识宣传单。

徐州市红十字会始建于1913年，1957年重建，2002年理顺管理体制，单独建制。全市现有地方红十字会12个，基层红十字会组织671个，冠名单位7个，团体会员单位17个，会员37.7万。2006年，市红十字会宣传工作分别被中国红十字会总会、江苏省红十字会评为三等奖；5月，在全市开展“博爱在彭城、人道万人捐”活动，募集善款71万余元；6月，参加市级机关工委组织的“优秀基层党组织”、“优秀机关党建带头人”、“市级机关勤政廉政好干部”、“五好党员”等评选活动并分别获奖；9月，被省红十字会、省卫生厅评为“无偿献血促进奖”单位；10月，尹宝梅秘书长荣获总会“报刊发行十大标兵”荣誉称号；11月，被省红十字会、省人事厅评为“全省红十字会系统先进集体”；12月，两名志愿者完成造血干细胞捐献；年内先后发放博爱救灾款物20余万元、博爱扶贫助困款物25万元、博爱助学款3万余元、博爱助医款7万元。

左图：徐州市红十字会开展结对帮扶爱心助学活动。

右图：徐州市红十字会举办“世界急救日”红十字青少年卫生救护操作比赛。

扬州市红十字中心血站

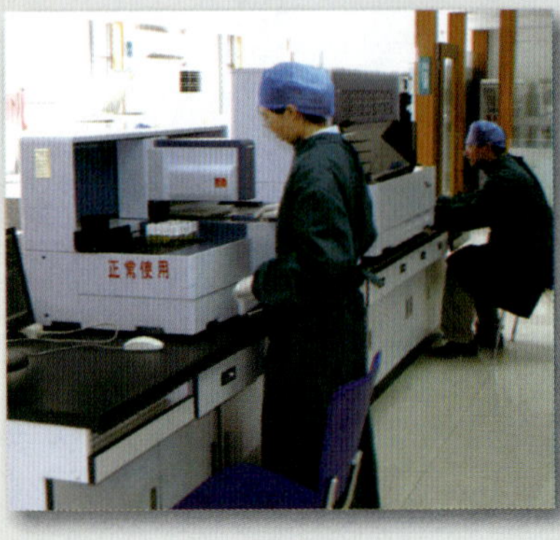

先进的检测仪器。

献血教育从孩子抓起。

血站新大楼。

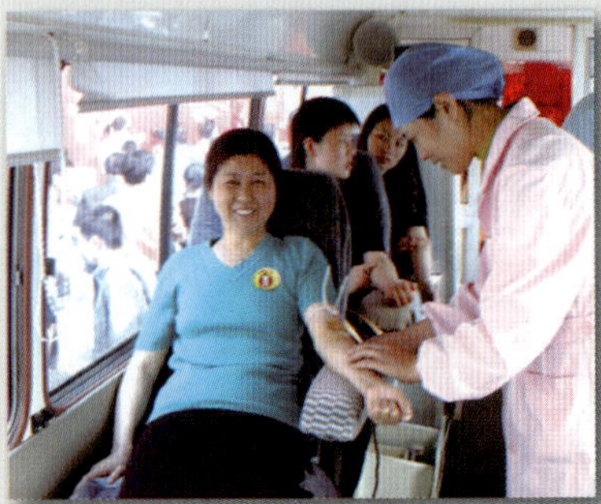

无偿献血志愿者。

献血宣传。

街头无偿献血。

扬州市红十字中心血站创建于1965年，是扬州公益性全民事业单位，是市唯一法定的采供血机构。设有江都、高邮、宝应、仪征四所分站，承担全市192所医疗机构的临床用血任务。

多年来，中心血站加强血站管理，提高全员素质，不断增强技术和服务水平，严格控制血液质量，有效地保证了全市临床用血的安全。2000年中心血站开发了计算机综合业务管理系统；2001年实施了ISO质量管理体系，通过了上海质量审核中心的周期复审。2004年9月，扬州市委宣传部等六部门联合授予血站“青少年校外活动示范基地”称号，2005年12月，被评为省文明单位，2006年7月，血站成为市卫生系统首家通过省一级档案管理达标工作的单位。扬州市无偿献血工作得到迅速发展，2005年市区无偿献血量占临床用血比例达100%，年供血量950万毫升，成分输血率达92.0%。近年来，中心血站不断加大技术设备投入，先后购进了全自动酶免加样分析系统两套、血细胞分离机、低温离心机、血细胞计数仪、血凝仪等质控检测仪器。确保血液质量和临床用血安全。

为改善服务环境，提高服务水平，中心血站于2004年6月搬迁至新建的采供血综合楼。该楼建筑面积达3500平方米，有宽敞整洁的接待、候采大厅，温馨舒适的采血室、休息室，营造了宽松和谐的献血环境和文化氛围，体现了血站对无偿献血者和临床患者以人为本的理念和人性化服务。

拥有光荣和梦想的血站人如今又有更新更高的目标，他们将进一步强化质量管理，健全采供血网络服务体系，向临床用血100%来自自愿无偿献血的目标不断努力，为保障全市450万人民群众的身体健康做出积极的贡献。

盐城市红十字会

2006年，是盐城市红十字会工作取得显著成效的一年。

一年来，全市红十字会主要工作目标创建会以来最好水平：全市9个县（市、区）已有8个理顺红十字会管理体制；援助建湖县冈西镇双墩村20户贫困灾民20万元建成庭院型农民住宅；“响水县红十字博爱小学”1852.2平方米教学楼建成使用；盐城市红十字会备灾救灾中心项目已开始启动；市政府办公室专门下发文件加强卫生救护培训工作；全市4所中学、6所小学被评为江苏省红十字会示范学校；创办“红十字博爱超市”，为400个特困低保户每户发放300元博爱救助卡长年选购生活用品；开展博爱万人捐活动，全市共募捐红十字救助金256.36万元，拨发72万元款物救助灾民，开展博爱送万家活动，52万元物资送到千家万户。盐城市红十字会2006年获得全国红十字卫生救护工作先进集体、全国红十字会系统十佳宣传单位称号、江苏省红十字会工作先进集体，大丰市被授予全国社区红十字服务示范区，亭湖区红十字会入选央视2006感动中国活动。取得这样好的成绩，充分展示了盐城市红十字会系统的精神风貌，全市困难群众更多的享受到发展红十字事业带来的新成果。

上海市红十字会

2006年1月，上海市各级红十字会“千万人帮万家”帮困送温暖活动共慰问了16772户特困家庭，帮困款物达700万元。

2006年9月9日，上海市红十字会在卢湾区体育馆隆重举办纪念“世界急救日”暨全市救护技能竞赛活动。

2006年，上海市红十字会向内蒙古、云南、青海、河北、江西五省区共援建了五所红十字博爱学校。

在2006年五八世界红十字日纪念大会上，上海市区县二级红会共收到社会各界捐赠款物达3300余万元。

厦门市红十字会

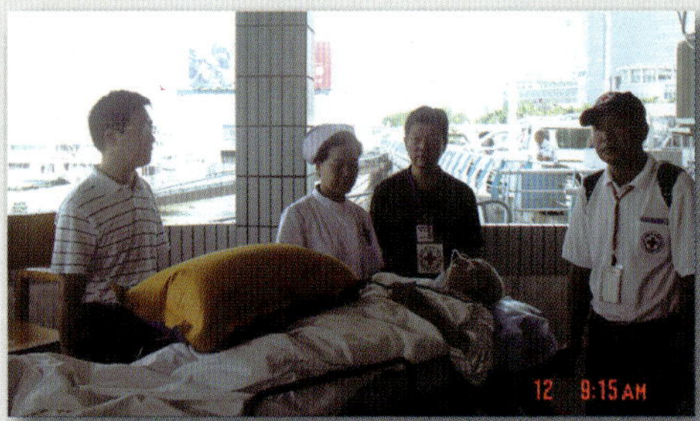

厦金红十字组织携手护送患病台胞经厦金航线返台就医。近年来先后护送62名患病台胞安全返金。图为大陆医护人员首次护送患者直抵金门。

厦门市红十字会举办爱心助学慈善晚餐会，来自23个国家和地区的爱心人士捐献30余万元善款资助贫困学子完成学业。

厦门市红十字会启动资助“百村千户特困农民卫生饮水工程”，市区红十字会首批资助600户农村贫困户解决饮水问题。图为厦门联发集团捐赠爱心款45万元。

厦门市红十字会与厦门市台商协会举办慈善晚餐会，募集130余万元爱心款资助贫困先心及唇腭裂患儿进行手术治疗。图为市领导、市台商协会、市红十字会领导到医院看望手术儿童。

陕西省红十字会

陕西省副省长罗振江视察陕西省造血干细胞资料库。

陕西省人大常委会副主任、省红十字会会长潘连生在“红十字心血管病博爱救助工程”新闻发布会上讲话。

挪威红十字会项目官员泰斯番·格登先生与白水县残疾矿工交谈。

陕西省红十字会专职副会长赵玉哲为灾民发放救灾物资。

青岛市红十字会

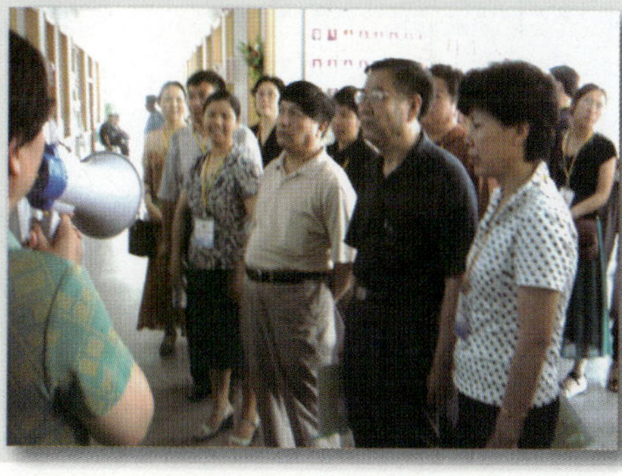

上左图：“微尘”以第一名的成绩当选第二届全国十大社会公益之星。青岛市红十字会党组书记、常务副会长刘丽萍代表微尘群体在北京人民大会堂接受全国人大常委会副委员长司马义·艾买提的颁奖。

下左图：7月5日至6日，山东省红十字会工作现场会在青岛召开期间，中国红十字会事业发展部部长蓝军、山东省红十字会常务副会长张心宝视察市红十字会工作。

上右图：天狮集团捐资20万元援建青岛胶南市博爱小学，山东省副省长、省红十字会会长王军民与青岛市副市长、市红十字会会长臧爱民为天狮博爱小学揭牌。

安徽省红十字会

中共安徽省委书记郭金龙、省长王金山、中国红十字会常务副会长江亦曼等领导会见省红十字会“七大”代表并合影留念。

安徽省红十字会举行预防艾滋病大型广场宣传活动。

安徽省红十字会第七次全省会员代表大会现场。

安徽省召开全省红十字青少年工作会议，文海英副省长出席会议。

安徽省红十字会隆重举行建会50周年纪念晚会。

安徽省红十字会举行2006新年音乐会。